中国经济伦理思想通史

思想通史

〔汉唐卷〕 上

葛晨虹　王文东　任俊华
张霄　李兰芳　等著

王小锡　主编

江苏人民出版社

图书在版编目(CIP)数据

中国经济伦理思想通史. 汉唐卷. 上卷 / 葛晨虹等
著. -- 南京：江苏人民出版社，2025.5
ISBN 978 - 7 - 214 - 27787 - 9

Ⅰ. ①中… Ⅱ. ①葛… Ⅲ. ①经济伦理学－经济思想
史－中国－汉代－唐代 Ⅳ. ①F092

中国版本图书馆 CIP 数据核字(2022)第 244230 号

中国经济伦理思想通史
王小锡　主编

汉唐卷　上
葛晨虹等　著

责 任 编 辑　魏　冉
装 帧 设 计　刘葶葶
责 任 监 制　王　娟
出 版 发 行　江苏人民出版社
地　　　址　南京市湖南路 1 号 A 楼,邮编:210009
照　　　排　江苏凤凰制版有限公司
印　　　刷　苏州市越洋印刷有限公司
开　　　本　718 毫米×1000 毫米　1/16
印　　　张　21.25　插页 6
字　　　数　330 千字
版　　　次　2025 年 5 月第 1 版
印　　　次　2025 年 5 月第 1 次印刷
标 准 书 号　ISBN 978 - 7 - 214 - 27787 - 9
定　　　价　258.00 元(上下卷)

(江苏人民出版社图书凡印装错误可向承印厂调换)

总　序

　　《中国经济伦理思想通史》(全七卷)是国家社科基金重大项目"中国经济伦理思想通史研究"(11&ZD084)课题的最终研究成果。

　　本课题历时6年,经过艰苦努力和认真打磨,形成了《中国经济伦理思想通史》约280万字的最终研究成果。我们的课题研究宗旨是"全面、系统、创新、深刻、精当、可靠",为此,课题组全体成员在课题研究期间始终坚持这一宗旨,努力朝着预期的目标前进。课题组充分利用集体力量,在科学分工及责任明确的基础上,平均每年至少召开一次由课题组全体成员参加的专题研讨、学术攻关会议。同时,不定期地召开了数十次子课题组研讨会,适时讨论和解决研究中遇到的学术问题。课题从开题到最终成果定稿,我们先后聘请了学术顾问和相关专家学者参加专题研讨会或课题工作座谈会,及时为课题的进展把脉并提出指导性意见。课题研究伊始,我们聘请图书管理专业人员与课题组成员一起收集了80多万字与课题研究内容和研究路径相关的资料目录,为本课题研究提供了较为全面的学术信息资料。课题研究虽然十分艰难,但推进有序。

　　本课题有7个子课题组,分别是:

　　一、中国经济伦理思想通史基本问题研究

　　负责人:王小锡

主要成员:郭建新、汤建龙、陶涛

二、先秦经济伦理思想研究

负责人:王泽应

主要成员:贺汉魂

三、汉唐经济伦理思想研究

负责人:葛晨虹、王文东

主要成员:任俊华、张霄、李兰芳、李朝辉、刘沛恩
　　　　　郭子一、尹梦曦、唐春玉、刘昱均

四、宋元经济伦理思想研究

负责人:刘可风

主要成员:阮航、解丹琪

五、明清经济伦理思想研究

负责人:周中之

主要成员:苏令银、周治华

六、民国经济伦理思想研究

负责人:王露璐

主要成员:李明建、张燕、谢新春

七、新中国经济伦理思想研究

负责人:郭建新

主要成员:刘琳、张露、白雪菲

《中国经济伦理思想通史》在坚持马克思主义立场、观点、方法的基础上,本着不忘本来、借鉴外来、着眼未来的思维视角,努力讲好中国故事。《中国经济伦理思想通史》力图全面展示中华文化独特瑰宝的尊荣和魅力;梳理和挖掘中国经济伦理思想的历时性和共时性相统一的完整体系;揭示三千年中国经济伦理思想发展历程及其基本规律;以科学的理念给哲学、经济学、伦理学、经济伦理学等学科建设和经济建设以独特的启迪;用历时与共时兼容、传统与现代交融的客观、科学的中国话语的研究成就体现中国风格和中国精神;等等。期盼

《中国经济伦理思想通史》为中华文明的建设和发展发挥应有的作用。

《中国经济伦理思想通史》是"中国经济伦理思想通史研究"课题组全体成员共同努力的结果，是集体智慧的结晶。课题组全体成员参与了《中国经济伦理思想通史》写作过程中的各卷提纲、相关专题和书稿的研讨等工作；各子课题负责人在拟定《中国经济伦理思想通史》相关分卷的撰写提纲的基础上，主持了提纲斟酌、书稿撰写和初稿修改等工作，并完成了全书统改工作；课题组首席专家主持了《中国经济伦理思想通史》撰写工作全过程，并召集各子课题负责人在完成《中国经济伦理思想通史》各卷审改工作的基础上进一步统改、定稿。

在"中国经济伦理思想通史研究"课题的研究过程中，许多著名专家学者给予了重要的学术支撑。课题组学术顾问(以姓氏笔画为序)万俊人、朱贻庭、华桂宏、李建华、宋希仁、柯锦华、唐凯麟、章海山等始终关注课题研究进展，参与课题组研讨、审稿等系列学术活动；课题组特邀学者(以姓氏笔画为序)杨义芹、邵汉明、徐小跃、樊和平、薄洁萍等参加了课题开题报告会或相关主题研讨会议，他们为本课题研究的顺利、深入展开提供了可贵的学术指导。同时，课题研究参考、借鉴了国内外有关专家学者的研究成果。在此，对有助于本课题研究的专家学者和相关学术成果作者表示由衷的感谢。

"中国经济伦理思想通史研究"首席专家　王小锡

2021 年 6 月

引 言

汉唐时期在中国封建社会前后持续了约一千一百年,这个时期的经济伦理思想上承先秦诸子,下启宋元,丰富和发展了古代经济伦理思想内容,是中国经济伦理思想史发展中的一个重要环节。汉唐时期丰富的经济伦理思想,与那个历史时期的社会变迁、政治制度变更发展以及经济社会、思想文化的变革和发展等大社会背景息息相关。恩格斯指出,"在历史上出现的一切社会关系和国家关系,一切宗教制度和法律制度,一切理论观点,只有理解了每一个与之相应的时代的物质生活条件,并且从这些物质生活条件中被引申出来的时候,才能理解"①。如同理解中国文化特质一样,我们把握汉唐经济伦理思想,也必须和产生汉唐经济伦理思想的那个时期的社会历史状况和物质生活条件联系起来。比如,汉唐时期经济伦理思想有一个突出特点,即儒、道、佛经济伦理思想的融通合流并以儒家经济伦理思想为主导。儒家思想在历史选择中长期处于主导或统治地位,对包括经济伦理思想在内的中国文化影响深远。但事实上是"亚细亚历史道路"造就了儒家,儒学因为最大程度地适应了中国历史宗法社会土壤,最终又被历史选择。儒家思想产生及其成为中国文化的主流,是有其历史必然性的。另外,理解汉唐经济伦理思想,还须把具体经济伦理主张放置在儒道佛合流的进程中去。如,中国化本土化了的汉唐佛教,即是吸取了儒家"内圣外王"思想精神

① 《马克思恩格斯选集》第 2 卷,北京:人民出版社 1995 年版,第 38 页。

后,产生出了强调修行与经世相结合的价值取向,其经济伦理思想既主张知足、稳定的生产伦理和个体物质生活,又以利他甚至出世超越为目的,体现出既入世又出世的世俗-神圣一体化的思想特色。

汉唐经济伦理思想无论是理论内涵还是表现形式,都有不同于先秦经济伦理思想的特色和精神。汉唐经济伦理思想的主要特色在于:第一,以儒家经济伦理思想为主导并一定程度上寻求到了与封建国家治理方式和经济政策结合的具体路径。先秦诸子的经济伦理思想多是理论形态或观念系统,相当程度上与西周分封制下各诸侯国的经济实践相分离。诸子学中的经济伦理经过秦汉社会变迁、思想整合、封建国家的选择,有的变化形态(如道家变为黄老道家),有的被吸收融入其他学派(如墨家被儒家等吸收转化),有的持续发展(儒学由私学发展为官学)。儒家经济伦理思想在汉代独尊儒学环境下分化并演变为经学今、古文学中各具特点的经济伦理思想,对汉代治国理政、经济政策以及汉代史家、汉赋的经济伦理思想产生了实质性影响。汉末、魏晋至隋唐,多元经济伦理思想不断丰富,儒家经济伦理由于适应封建社会经济、政治和文化发展的需要,成为影响封建国家经济生产、分配、交换、消费等主要环节的最主要的伦理思想。第二,儒、道、释经济伦理思想的冲突与融合是中古社会经济伦理思想之主脉。道教、佛教的传入和兴盛,使汉唐时期儒家为主流的思想文化在特殊机缘与历史基础上发生了重大融通变化,由此形成了儒、道、佛三大系统的经济伦理思想的互动共存。三教经济伦理思想在总体上既相冲突又相吸收,共同影响和促进中国中古社会封建国家经济社会发展和文化繁荣。这是汉唐时期中国经济伦理思想史发展演变的一个主要特点。

汉唐经济伦理思想的内容体现于儒、道、释经济伦理思想的论题和特质中。儒家经济伦理思想论题是以民为本、崇尚仁义、因循自然、耕读务本,强调经济活动的政治合理性、道德合理性和社会合理性,这是其适应于自然经济、宗法社会,成为主流经济伦理思想形态的一个根本因素。秦汉时期诸子思想交融,儒学吸收阴阳、道、墨、法诸家思想建构了新的理论形态,经董仲舒、汉武帝等人努力,逐渐发展成为封建国家官方主导意识形态和具有社会影响力的民间思想。汉代经学昌明,儒学又是经学的中坚,因此儒家经济伦理思想影响了经学经济伦理思想的基本价值取向,今、古文经学以及其后儒者,对经济伦理问题的关注聚焦于如何达到政通人和、物阜民丰、合理分配、改善民生等方面。今、古文经学讨论经济问题是将其置于安顿封建社会伦理秩序大视野下,从天道、仁义、人伦、治道等方面探究社会物质财富的占有、生产、交换、分配和消费等问题。在国家政策层面,儒家关于仁政德治、农耕立国、民贵君轻、富国强民、民生为大、兴公利抑私欲、德本财末等问题的探讨,体现出汉唐儒家经济伦理思想的民本主义精神特质。

道家经济伦理思想以无为而治、返朴归真、知足重生为论题,在汉初总结亡秦教训中受新起的封建国家重视,黄帝和老子思想相结合,形成黄老道家。黄老道家主张超越义利、虚无为本、因循自然、为政节俭,强调农业经济活动要在自然秩序和人为秩序互动中完成,这一思想因适应汉初需要被采纳,汉代封建国家实行休养生息、重农抑商、轻徭薄赋、提倡节用的经济政策。黄老道家至儒学独尊后退居其次。汉末兴起的道教以道家思想为宗,其经济伦理思想强调行无为而任自然,身国共治,以农为本,建宫立观,农道合修。道教基本教义表现为尊道贵德的哲学原理、生道合一的价值根据、以道导欲的基本准则、天道承负的报应理论;道教学说中的经济伦理表现为天地人共有的产权伦理、道本与自力的经营伦理、均富与救急的分配伦理、贵生而轻物的消费伦理、和顺而节制的生态价值、重农以证道的合修伦理。基于道观经济实践以及教义学说,道教形成了以济世利人的利他主义和追求朴真的自然主义为核心的一些思想特质。利他主义是入世经营、利益他人、利益自己,自然主义是顺应大道、修行得道、出世超越,道教经济伦理实践力图以自然主义为原则把利他主义和自然主义协调起来,这是贯穿道教经济伦理思想的基本精神特质。

佛教经济伦理思想以万法如幻、因缘和合、自利利人、济世救人、涅槃解脱为基本论题。这一主题是佛教传入中国本土后在汉唐社会适应封建小农经济和血缘宗法社会过程中不断本土化的结果,体现出既追求入世又强调出世的世俗-神圣一体的思想特色。中国佛教经济伦理的价值追求,强调修行与经世的结合,经济伦理不仅是世间法的一个部分,追求知足、和谐、稳定的现实生活,同时又以超越、解脱为目的,希求出世间。汉唐佛教学说中的经济伦理核心价值体现为私财限定、寺产公有的产权伦理,自食其力的生产伦理,自利利人的分配伦理,持守中道的消费伦理,外同他善、内自谦敬的僧团伦理、庄严国土、利乐有情的经济生活和修行实践之价值目标。由此佛教发展出了独具特色的自利利人、普度众生、出离解脱的经济伦理思想。可以说,中国佛教经济伦理实践既自利利人、普度众生,同时又出离世间、涅槃解脱,力图把入世救世主义与出离解脱主义协调起来,这是贯穿佛教经济伦理思想体系的基本精神特质。

汉唐儒、道、佛经济伦理思想在中国经济伦理思想史上具有承上启下的意义。对于儒家来说,这种承上启下的意义在于:一是儒家对商周以来中国农业社会经济伦理思想之主流的承接超越了其他思想流派,并表现出一定的包容性、全面性、自觉性和创造性。二是秦汉以来的儒家在整合传承先秦诸子经济伦理思想相关成分基础上,形成了以民为本、重农耕、尚仁义、守诚信、崇和合、求大同为核心的思想,儒士通过通经致用、入仕参政的方法,以及官方思想、民间生活两大路径,使这些基本观念影响了汉唐迄宋元时期封建国家治国理政、经济政策基本价值导向之稳定性和延续性。三是宋元以来士人阶层宣扬和建立儒家道统,倡导返归周公-孔孟正宗,但在经济伦理思想层面大体还是承接汉唐儒家经济伦理思想之基本主题和思路框架。

对于道教来说,其经济伦理思想承上启下的意义主要表现为:一是道教对中国农业社会的经济伦理思想有很大包容性,在有意识承接和转化诸家经济伦理思想方面做出了次于儒家的历史性贡献。二是道教经济伦理思想广泛吸纳佛教、民间观念和理论学说,坚持道家伦理思想,走官方和民间两大路径,发展和补充封建社会经济和思想文化。三是道教经济伦理思想开创了唐末至宋元道教经济伦理思想发展之主流价值取向,它强调以农修道、以道促农,农道一体,融儒家、佛家思想于道家之中,在三教合流趋势中为中古经济伦理思想发展开出有特色的理论主题。

对于佛教来说,其经济伦理思想承上启下的意义主要表现在:一是汉唐佛教经济伦理思想是在原始佛教经济伦理思想革新基础上的进一步发展,不仅体现了中国佛教弟子和学者的创造性智慧,也体现了中华民族对佛法义理的开拓性贡献。二是汉唐寺院经营活动及其经济伦理思想,奠定了佛教在中土进一步发展的重要物质基础和精神文化基础,在某种意义上,也为整个中古封建社会发展提供了一种宗教性精神动力。三是隋唐时期最为中国化的佛教流派禅宗及其经济伦理思想,对宋元时期佛、儒经济伦理思想产生了独特而巨大的影响。四是汉唐佛教学者和寺院经营活动对经济伦理思想的努力实践和深入阐释,使佛教本土化更加切入中国人经济生活、精神文化之深层空间。

总之,汉唐时期是中国历史上重要的历史时期,这个时期的经济伦理思想得到了丰富发展,取得了超越前人的丰硕成果,因而具有重要的历史地位和思想史地位,对后世历代在经济、政治、社会以及中国传统文化思想方面都产生了深远的影响。

第一章
汉唐经济伦理思想的社会背景

汉唐时期在中国封建社会前后持续了一千一百多年，这个时期的经济伦理思想上承先秦诸子，下启宋元，丰富和发展了古代经济伦理思想内容，是中国经济伦理思想史发展中的一个重要环节。汉唐时期丰富的经济伦理思想，产生发展于那个历史时期的社会变迁、政治制度变更发展以及经济发展、思想文化发展等大社会背景之中。正如恩格斯所指出的，"在历史上出现的一切社会关系和国家关系，一切宗教制度和法律制度，一切理论观点，只有理解了每一个与之相应的时代的物质生活条件，并且从这些物质生活条件中被引申出来的时候，才能理解"①。我们要理解把握汉唐时期的经济伦理思想，就不能不首先深入到产生汉唐经济伦理思想的那个历史时期的社会背景中去。

汉代与唐代是我国历史上两个非常强盛的朝代，史称汉唐盛世。汉朝、唐朝不论是建国背景，还是其国运经历，都有很多相似之处。汉唐两代都承接秦、隋两朝结束了长期分裂动乱，建立了统一的"秦制""隋制"，并以秦隋两代速亡为"秦鉴""隋鉴"，开启了"文景之治""贞观之治"和"开元盛世"。汉与唐时期各自都有几百年多民族统一的局面和社会的长治久安，所以汉唐社会的政治、经济、文化以及对外交往等方面都得到了显著的发展，充分展示了中华民族强大生命力和创造力，在历史上无论是经济还是政治、文化等方面都起着承前启后、创新发展的作用。因此，汉唐时期是中国历史上重要的历史时期，这个时期的经济伦理思想也得到了丰富发展，具有比较重要的历史地位和思想史地位，对后世历代在经济、政治、社会以及中国传统文化思想方面都产生了深远的影响。

第一节　汉唐社会的政治背景

随着秦王朝的建制以及"汉承秦制"，中国历史上出现了一种新的政治体制，即皇帝专制、中央集权和官僚制度三位一体的新政体，可以说是中国历史早期政治文明发展最重要的成果，"百代都行秦政法"。它不仅奠定了此后两千多年中国封建体制政治的基本模式，也开启了隋唐时期的政治

---

① 《马克思恩格斯选集》第 2 卷，北京：人民出版社 1995 年版，第 38 页。

复兴。

一、从"文景之治"到"贞观之治"

长期的战乱,给汉初社会经济造成了严重破坏,农民大量流散死亡,物质极度匮乏。汉初的统治者不得不把稳定社会秩序,恢复发展经济作为治国的首要任务,实施"黄老无为"、与民休息、轻徭薄赋的国策。如,汉高祖实施的按军功授田,减免赋役,重农抑商的政策。到文帝时,社会发展呈现出复杂局面,一面是"富商大贾周游天下,交易之物莫不通,得其所欲"①的盛况,另一面是严重的土地兼并和贫富两极分化。汉初的"重农抑商"政策已行不通。文帝实行了"贵粟政策"和"轻徭薄赋"政策。按照这种政策,在当时的社会背景下,国家卖爵可以多得粮食,可减轻租税;商人为买爵位以提高社会地位,就要向农民买粮,而粮价由此可以提高。这样做的目的,是国家有粮,商人有爵,农民有钱。文景两帝多次减免田租,为的是避免过多损耗民力国力,对周边国家则以"和亲"的方式维持和平。文景两帝还很重视农业,下令百官关心农桑,并注重"以德化民"。所有这一切新政举措的实施,使当时的社会状况和百姓的生活较此前有了明显改善。文景时期政治的清明,社会的稳定,人口的增加,经济的发展,都较之前有很大发展,出现了人有家足、国库充实的繁荣盛世景象。正如班固在《汉书》中描述的:"京师之钱累巨万,贯朽而不可校。太仓之粟陈陈相因,充溢露积于外,至腐败不可食。"②

武帝时,经济繁荣发展,综合国力当时已很强。同时国家内外各种社会矛盾也日益突出,黄老之学基础上的政策已不适应。"不变更制度,后世无法;不出师征伐,天下不安。"③政治与社会必须要有大的变革,即汉王朝对内需要进一步加强中央集权,统一思想,巩固王朝统治,建立巩固的社会秩序,维护国家统一。在诸子百家中,主张大一统思想,具有完备王制理论和严格等级观念的儒学,得到了更多的关注。汉武帝采纳了董仲舒"罢黜百家,独

---

① 《史记·货殖列传》。
② 《汉书·食货志上》。
③ 《资治通鉴·世宗孝武皇帝下之下》。

尊儒术"的建言。重要的是,不仅在思想文化和朝野教育层面罢黜了诸子百家之学,独尊儒术,在用人选官方面,也只选择主张并通晓儒学之道的人才。从此,儒家学说被确立为新的统治思想。

汉武帝的全面改革是在"汉承秦制"的基础上制礼作乐,实行新的大一统。汉武帝为强化中央集权体制,具体采取五项措施。一是改革中枢体制,削弱相权,通过广举贤良,不拘一格任用人才参与决策,事实上组成了一个"内朝"作为决策机构,而丞相以及三公九卿实为"外朝",是执行机构。二是实行"推恩令",取消诸侯国政治特权,诸侯国的官吏由皇帝任免,逐步使诸侯国同于郡县。三是恢复监察制度,监察官直接听命于皇帝,实行"以内治外,以小治大"的治术。四是改革军事制度,即军权予皇帝,削弱征兵制,推行募兵制。五是整顿财政,改革币制,铸造法定通用货币,废除一切旧币,严禁仿铸。

汉武帝时期还实施了富国强兵之策,巩固边疆,拓展疆域。北伐匈奴,西通西域,南平百越、西南通西南夷、东定朝鲜。汉朝的疆域较之秦始皇时期扩大了近一倍,可见汉武帝时期之效。

唐朝初期和汉初所面临的情况有相像之处,也是刚刚平息隋末动乱,急需安民恤人,还社会太平。与汉初统治者推崇"黄老无为"之学不同,唐太宗从"隋鉴"中总结了一个重要的历史经验教训,即"为君之道必须先存百姓"[1]。唐太宗在贞观年间反复申说的"载舟覆舟"之喻,足可见他深刻的民本思想。其具体的施政举措,诸如止徭役、息征战、戒奢纵、取信于民、居安思危等,也可反映出民本思想取向。这就是贞观之治核心的思想内容,也是贞观时期政治治理思路的理论基础。

在君臣关系上,唐太宗更是兼听纳谏与群臣的谠言直谏,因而太宗一朝,主纳公谏,臣进直言,一度蔚然成风。这不仅对贞观一代清明政治的形成起到了推进作用,对整个唐代言论也产生了良好的影响。让臣下敢于说话,敢于发表并坚持自己的见解,甚至敢于对皇帝提出谏言批评,这样一种较为宽松的政治环境,对减少专制决策和政务处理上的失误,具有重要的

---

[1]《贞观政要·君道策》。

意义。①

从历史发展进程来看,较之前朝而言,唐太宗能够广任贤良,虚心纳谏,相对形成了君臣相得,上下同心,国家政治稳定,人民安居乐业,经济迅速发展,社会繁荣昌盛的局面。中国再次出现了自两汉全盛期以来从未有过的太平盛世新景象,直到唐玄宗开明治世的"开元盛世"为鼎盛期。

二、汉唐时期的国家治理模式

秦始皇建立的新型政治体制,首先确立的是以皇帝为至尊的君主专制,并制定了皇权之尊的一系列施政、礼法制度。皇帝拥有至高无上的权力,从中央到地方的主要官吏,都由皇帝直接任免,按照皇帝的律令和意志行政,皇帝还掌握军权,只有皇帝才能调动军队。为避免皇权纷争,采用嫡长子继承皇位的皇位继承制度。发布诏书是皇帝的全权。君主专制的确立,消除了以往的宗法家长式的国王制,规定了国家制度的中央集权性质。

与君主专制相匹配,秦汉都建立了一套三公九卿制的庞大官僚机构。三公即丞相、太尉、御史大夫。三公之间不统属,直接对皇帝负责。九卿即廷尉、治粟内史、奉常、典客、郎中令、少府、卫府、太仆、宗正。九卿由皇帝任免,不得世袭。丞相是"百官之长",上承天子"助理万机"。太尉协助皇帝掌管全国军队。御史大夫主要协理国政,掌管图籍法令,为丞相之副,并拥有考课监督之权。其下为诸卿,诸卿下设若干部门处理具体事物,部门长官一般称令。西汉后期,丞相制转向三公制,到东汉初期,太尉、司徒、司空等三公都成了宰相,原丞相位置一分为三,汉初时的丞相一度拥有的一人之下万人之上的地位一去不返了。唐朝时期继承和完善了隋朝时的"三省六部制",设"三省"为中书省、门下省、尚书省,"六部"为尚书省下属,设吏部、户部、礼部、兵部、刑部和工部。唐与汉政体最大的不同,是相对结束了以往国家事务和皇家事务没有区分的历史。适应了封建国家日益繁忙的政务状况,使中央官府的科层结构相对更加明晰,增强了政府的职能,特别是三省之间既分工明确,又相互制衡,多少避免了权力过度集中,在减少决策失误

---

① 吴宗国:《国学研究》第三卷,北京:北京大学出版社1995年版,第369页。

方面算是进了一步。"三省六部制"的有效运作,为唐朝前期经济、文化发展的繁荣,提供了政治制度上的保证。这些治理机构和治理方式,也为后世历代封建政权所沿用。

对全国各地方的治理,汉唐时期基本实施了秦朝建立的郡县制。秦废分封后,将全国分为了 36 郡,后随疆域的扩展,又调整增设为 40 郡。郡县制以地域划分行政单位,郡县制为两级行政体制,以郡统县。郡下设县,县以下设乡,乡下设里,县下还设亭,国家行政机构到乡、亭一级,"里"基本就是受国家控制的最基层的行政组织。

隋唐对郡县制、州县制实行了多方面改革,但其治理模式基本没有改变。县以上主管官员均由皇朝中央任免,职务不能世袭。自秦始,中央通过层层控制,将全国的行政、司法、军事大权,事实上最后全部集中在皇帝手中,并通过严密的户籍制方式将全体民众纳入国家的管控下。由于汉初统治者将秦亡的原因主要归结为废分封,没有彻底采用郡县制,而是实行郡县与分封并行的体制,史称"郡国并行制"。汉高祖在剪除异姓诸侯王后,陆续分封了九个子弟为王,即"同姓诸侯王"。诸侯王在封国内拥有一定军权、政权和财政权,封国处于半独立状态。随着诸侯及地方势力渐渐坐大,同姓诸侯王对中央的威胁日益显现。"七国之乱"后,景帝下令诸侯王不得治其封国,将任用诸侯王领地官吏的权力收归中央,再经汉武帝颁行旨在强化中央集权的"推恩令",诸侯们只能衣食租税,不得独立治民参与政事,彻底消除了"郡国并行制"。

中央集权制内部也存在着各种分裂的因素。中央集权体制不仅与分封制相对立,也与地方分权相博弈。在县以下的乡村还存在着宗族、豪强、士绅等地方势力,对这个层次的地方势力,中央的干预会存在一些衰减和有限,并且这些地方基层势力时代不同强弱也不尽相同,因此,历代中央集权王朝衰落与消亡,虽然情况各有不同,但不能处理好与地方政府及地方社会势力的关系,还有与各民族的关系,无疑是最重要的原因。一般来说,在中央集权制下,地方官府的政治、经济、军事权力由中央授控,基本没有自己的独立性。当中央集权强大时,地方政府会服从中央,并成为中央政府的有力支撑。但当中央集权衰弱和产生危机时,地方政府及地方社会势力往往会成为朝廷政府的对立面因素,形成分裂割据的力量。如汉末的

"州牧"设置,汉武帝设十三州部,每部一刺史,成帝时改刺史为州牧。东汉灵帝时,为镇压农民起义,再设州牧,并提高了它的地位,居郡守之上,还掌控一州的军政大权,形成了诸如刘表荆州牧、袁绍冀州牧等地方割据政权。再如唐代中后期,特别是安史之乱后,内地也普遍设立藩镇,藩镇割据严重破坏了唐王朝的政令统一,至唐末某些超强藩镇的出现,最后导致了唐朝的灭亡。

就中国历史而言,大一统国家的分裂主要出自自身的政治原因,但是基于中国社会的历史传统和物质条件,汉唐大一统的中央集权治理之路还是为当时封建王朝的秩序维护和盛世出现起了巨大作用。

三、汉唐时期逐步构建的法律制度

在承接"秦制""隋制"的基础上,汉唐统治者对法律制度的建设也有了更多的重视,对法律制度体系作了增损完善的进一步构建。可以说,汉唐统治者有了进一步的依据和运用法律制度治国安民的自觉性。特别在唐朝的贞观年间,出现了与民本思想相一致的皇权有限观念,并在施政的过程中有所体现。这实际上是中国历史上的某种"守法的精神"①的体现。汉高祖时,就在秦律六篇的基础上,增订有行政、民政方面的法律《兴》《厩》《户》三篇,制定了《九章律》以及军法、礼仪制度等,进一步完善了中央集权专制政体中的法律方面的机制内容。据《张家山汉墓竹简》记载,汉律涉及的内容较为广泛。如《田律》规定了民众要及时缴纳各种赋税,否则得被刑事处罚。而《户律》规定民众不能自由迁徙。《钱律》还有防止私造货币的规定。汉武帝时,为了打击地方豪强士绅,起用了大批执法严厉的酷吏,并进一步严密了法律制度,命张汤作《越宫律》27篇,赵禹作《朝律》6篇,据《汉书》记载,武帝时律令合计达到了359章,死刑法令409条1882事,死罪判例13472件,②可见汉代有关刑法的律令规模达到了古代历史空前的一个高峰。加之汉武帝建立完善的监察制、察举制、募兵制,以及盐铁专卖制等等,汉代在推行德治

---

① 吴晗:《吴晗史学论著选集》第二卷,北京:人民出版社1988年版,第488页。
② 《汉书·刑法志》。

仁政思路的同时,也充分发挥了法律制度的治世作用。而经济领域的法律也很注重由儒家的诚实信用、伦理纲常等道德规范和社会风俗习惯加以调节。如在公平交易方面,《唐律疏议·杂律》规定"诸买卖不和,而较固取者,及更出开闭,共限一价……若参市,而规自入者,杖八十。已得赃重者,计利,准盗论"。① 同时,还对度量衡器规定了使用制度,以制约奸商,维护公平和市场秩序。在诚实信用等方面《唐律疏议·杂律》还规定,"诸造器用之物及绢布之属,有行滥、短狭而卖者,各杖六十。得利赃重者,计利,准盗论。贩卖者,亦如之。市及州、县官司知情,各与同罪。"②《唐律疏议·户婚律》规定不得盗卖他人财物,"诸妄认公私田,若盗贸卖者,一亩以下笞五十,五亩加一等,过杖一百,十亩加一等,罪止徒二年。"③并且《唐律疏议·诈伪律》还规定"知情而取者坐赃论"④。对第三人明知为赃物的情况下仍交易的,要依坐赃论罪,等等。

隋朝时期也是我国历史上法律制度规范化、系统化的一个历史时期。唐朝明确规定,国家的政治法律形式为律、令、格、式四种。"律"基本上是刑法,唐律有 12 篇 500 条。"令"是有关国家各项制度的规定,唐令大致为 30 篇 1500 余条。"格"是将皇帝诏敕整理为具有永久法律效力的法规。"式"就相当于政府机关的施政细则。唐高宗时,还颁布了对律进行解释的《律疏》,后来被称为《唐律疏议》。它是中国现存最早有系统的古代法典,典内含有对当时立法的解释。唐律在形式上趋于划一,概念清晰明确。汉律、唐律本质上体现了儒家社会治理思路中德主刑辅的特点。整个方法、精神依照封建礼治,维护等级体制和宗法家族制。在实际运作中,各级官员按照令、式施政。律保证令、式的执行。格适应社会的变化,对律、令、式进行补充修订。唐代法律体系这种律、令、格、式的分工协作,相辅相成,调整了各方面的社会关系和社会治理,提高了国家机构统治的效能,为汉唐时代尤其是盛唐时期的社会经济发展提供了来自法律制度的保障。

---

① 长孙无忌等著,刘俊文点校:《唐律疏议》,北京:中华书局 1983 年版。
② 长孙无忌等著,刘俊文点校:《唐律疏议》,北京:中华书局 1983 年版。
③ 长孙无忌等著,刘俊文点校:《唐律疏议》,北京:中华书局 1983 年版。
④ 长孙无忌等著,刘俊文点校:《唐律疏议》,北京:中华书局 1983 年版。

第二节　汉唐社会的经济背景

汉唐时期是我国地主封建经济迅速发展的一个历史繁荣时期。与这一时期相适应所产生的主要经济思想、经济制度和政策，都为此后历代封建经济发展奠定了一定的基础。

一、汉唐时期的土地制度

中国古代社会是农业社会，以农立国，土地制度是经济制度的根本。先秦时期土地属于封建国有，实行井田制度。商鞅变法时期实行了"除井田，民得买卖"①。秦统一后，为了掌握六国土地占有情况，秦政府颁布法令，进行全国性的土地登记，即"使黔首自实田"②。黔首，即百姓。这次登记，实质上是表明承认当时土地的占有情况，并按照实际的田亩数交纳税赋，也即"履亩而税"。这标志着土地私有制以国家统一法令的相对形成获得了合法地位，并使用了具有法律文书性质的契约。西汉以后，"私田"概念广为使用，也即"置私于民间"③，"私田百顷"④等，土地买卖关系也更加普遍。

土地私有制度的确立，促进了封建地主经济的发展，但与此同时，贫富分化和土地兼并也日益严重。在汉文帝中期至汉武帝时，官僚、商贾和地主三位一体，土地兼并更为迅疾，大土地所有者与失地农民形成了新的租佃经济关系，大量自耕农破产沦为佃农或者奴婢。贫富分化和土地兼并的恶化还是历次农民起义的主因。这种贫富两极分化的现实，给当时的统治者提出一个具有重大意义的问题：在私田制条件下，国家必须对私人危害生产、危害社会、危害封建国家的经济行为进行有效干预。综观汉唐历史，汉唐两

---

① 《汉书·食货志上》。
② 《史记·秦始皇本纪》。
③ 《汉书·五行志》。
④ 《后汉书·济南王康传》。

代主要是从"限田"和税赋两方面入手调控社会经济状况的。在"限田"方面，面临较大规模的土地兼并，朝廷都会制定某些"限田"的具体措施。汉武帝时，董仲舒倡导儒家的仁政思想，主张限田、薄敛，针对"富者田连阡陌，贫者无立锥之地"的危局，提出要对私人置田数量作出限制以及堵塞土地兼并之路的对策，"古井田法虽难卒行，宜少近古，限民名田以澹（赡）不足，塞并兼之路①。虽然这个政策在当时并未得到实际落实，但在思路上开了国家政策干预的先河。汉哀帝时，师丹等大臣也根据当时的实际情况，制定了"宜略为限"的"限田"政策。但在贵族官吏的反对下未能实现。西汉末年，针对土地兼并失控的状况，王莽也在疾呼"田为王田，卖买不得"②，想把地主的土地私有制变为封建土地国有制，以此来阻止土地兼并买卖。在当时朝野一片反对声中，这种政策最终也没有得到实施。由于土地兼并越演越烈，贫富两极分化，民不聊生，最终引发了绿林、赤眉农民大起义。

唐朝初期还实行了北魏制定的"均田制"，如《唐律疏议》中规定，"田里不鬻，谓受之于公，不得私自鬻卖"③。均田制严格说是一种按人口分配土地的制度，所分之田不准买卖，有些田地可以世袭作为世袭业田，有些人死后须还田给朝廷官府。均田制的实施，有利于农业生产积极性的提高，也增强了朝廷中央对全国的土地控制和税收控制。然而到了唐朝中期，土地兼并越来越严重，许多情况下根本无法实行土地还授朝廷官府，官府控制的土地也越来越少，所以最后随着经济发展和土地兼并状况，均田制很快就被废除了，在当时它也只是一种"限田"的政策。

在"税赋"方面，汉代实行的一个是向拥有耕地的农民征收地租（土地税），再一个是无论有无土地、财产，均要交纳的人口税。此外农民还有其他徭役兵役等等。每逢贫富两极分化加剧，经济危机来临时，政府都会运用"轻徭薄赋"这个杠杆，以缓解社会矛盾。如在主张休养生息的汉代初期，汉惠帝时已经将田租减成十五税一，汉文帝时甚至采取了全免田租的措施。到景帝时根据当时的状况，调整为三十税一，并成为定制。唐代时期，税赋变成了"租庸调"制，它以人丁为征收依据，而不是论土地和财产多少。到唐

---

① 《汉书·食货志上》。
② 《汉书·王莽传中》。
③ 长孙无忌等著，刘俊文点校：《唐律疏议》卷一二《户婚上·卖口分田》，北京：中华书局1983年版。

德宗时,颁行了"两税法",即不再按人丁征收租庸调,而是以资产为本,按贫富等级征收财产税和土地税。这一税法较好地适应了封建经济发展的要求,对后世历代产生了很大影响。

二、汉唐时期的农业经济

我国古代农业无论在生产规模,还是在生产工具和耕作技术方面,两汉时期都取得了巨大的进步。铁制农具和牛耕已经普遍运用和推广,汉武帝时,盐铁收归国营,铁犁的使用数量由北向南不断增长,铁犁的规格、形式也越来越改进、越来越合理。与此同时,北方地区已广泛使用二牛抬杠的耦耕法。东汉时,一些地方出现较为轻便的一人一牛挽犁,南方地区推广使用了耕牛。此外,两汉时期有关农业的知识也已经比较丰富了。大量农民掌握了基本的辨识土壤、施用农家肥、优选良种和田间管理的农业经营常识。汉武帝时,负责农事的都尉赵过,则创造了一种以轮耕制为特点的耕作方式,称作"代田法",因每年轮耕,调节了地力,增加了产量,很适合我国西北干旱地区。汉武帝时的著名农学家氾胜之撰写了农书《氾胜之书》,此书不仅记载了许多农业生产经验,还发明了一种提高粮食产量的耕种法,称作"区种法"。这种方法的具体内容是在田的面积较为狭小的地区,进行"窝种"和"沟种",集中施肥和灌溉,便于管理,保证产量。东汉晚期,崔寔著有《四民月令》,按年度记录了北方地区的农业生产活动。到了唐代,一方面,土地的利用率不断提高,《蛮书》和《新唐书·南蛮传》中已有稻麦轮作复种的一年两熟制和三种水稻一年两熟制的记载。另一方面,农田的大面积开垦,尤其是江南水田的开发促进了农作物种植分布的变化。唐以前,粟仍然是我国的主要粮食作物,其次是麦,这些作物的产地,主要在北方黄河流域和华北平原、黄土高原以及河西走廊等地带。安史之乱后,北方粮食产量有所下降。从唐代中叶起,随着北方人的不断南迁,水稻品种以及进步的耕作技术等也越来越多地在南方北方交流开来,水稻在全国粮食生产中开始占据首位,这种情况在很大程度上促进了经济重心的南移。[1]

---

[1] 车发松:《唐代长江中游的经济与社会》,武汉:武汉大学出版社1989年版,第31—39页。

随着农业生产力的提高，一些农业劳动力分离出来，专门从事其他经济作物的生产。唐代中后期，已有了农业、渔业等综合开发，也出现了专业化的桑园和茶农等等。唐代农业生产和农业技术的重大进步，从当时的《四时纂要》《耒耜经》等农业专著的记载中可以得到印证。

在一个传统的内陆农业国，水利建设是农业生产和经济发展的基础，历朝历代对此均非常重视。两汉的水利工程大发展始于汉武帝，当时不仅在关中形成了若干灌溉系统，如白渠、灵渠和成国渠等，在京师附近也兴建了漕渠。汉武帝和汉明帝两次都动用了数十万民士，历经一年多，大规模治理黄河水患，其功效时常都长达百年。到唐代，北方和南方的水利工程一体化建设更加完善。

在汉唐的水利建设中，具有特殊历史意义的还是汉武帝在京师附近开凿的漕渠，它不仅是农用灌溉工程，同时还兼有漕运功能。这一功用已经超出了农业生产，甚至超出了单纯的经济。隋朝统治者为了加强中央与地方的联系，联通南北的运河主干水网，开凿了大运河。再加上唐朝运河交通网的发挥，又在各地开凿了近30条运河漕渠，唐运河以连结长安、洛阳与江淮间的漕渠、汴水和淮官河为主，已成了唐王朝的交通生命线。如安史之乱后，在藩镇割据的状况下，唐王朝仍延续了150多年，基本上就是靠大运河转运来的南方财赋支撑的。由此可见，大运河的开通是中华民族的一大创举。它大大便利了当时中国东部和南北的交通，有力推动了各地区之间的经济、文化的交流，对发展和巩固多民族国家的统一，国家的长治久安等发挥了巨大的作用。

三、汉唐时期的手工业经济

在汉唐手工业发展中，成就突出的首先是冶铁行业。西汉初，冶铁业就分有官府经营的和私营的。后实行盐铁业国营后，私营和官营的盐铁业也都收归王朝国有，并在中央和各地设立盐官、铁官，强化了统一经营的控制管理。虽然汉武帝实行这一措施的一个重要原因是，对匈奴进行了十多年的征战，国库财政亏空，物资短缺，充实国家财政是主要目的，但这种体制改革，实际上将冶铁业的发展向前推进了一大步。对全国采矿规划统一编制，对铁制品的种类、规格和生产数量统一规定，促进了采矿规模和冶铁规模不断扩大。西汉时冶铁在燃料上已经开始使用原煤和煤饼，淬火技术和锻鋈技法也都得到广泛应用。东汉时期还发明了水力鼓风炉，出现了低温锻钢技术。

两汉的漆器业从技术到规模也都有了空前的发展。制造漆器的工序很多，技术复杂，要求标准也很高。漆器产品以今天的四川成都和广汉等地的产品最为著名。制瓷业在北方起步较晚，到了唐代有所发展，并以邢州（今邢台）白瓷最为出名，它与越州（今绍兴）的青瓷齐名，因此人们常用"南青北白"概括唐瓷的特点。不过陶瓷艺术最能表现盛唐气象的莫过于唐三彩。这种工艺充分表现了唐人对异域文化广收博采的自信和气魄。另外，东汉时的煮盐技术、酿造业的生产规模和技术也都有新的发展，巴蜀地区当时已利用火井煮盐了。

手工业的发展与纺织业密切相关。人们常常以"男耕女织"来概括农耕社会。因而纺织业历来被视为农业社会的本业，自纺织技术发明以来，历朝历代都对此十分重视。在世界的古代社会中，中国是最早种桑养蚕、生产丝织品的国家。从商周到战国时期，丝绸生产技术已发展到相当高的水平。汉唐时期的纺织技术和纺织品更是发展到一定的历史高度，引起世人注目。比如1972年在湖南长沙马王堆一号汉墓出土的丝织品，集中体现了汉时的丝织品不仅种类繁多，制作精美，而且纺织印染技术已经达到非常精巧的地步。东汉以后，养蚕、纺织业开始在长江流域和淮河以南地区推广，并以蜀地的织帛为名品。汉唐的丝与丝绸具有特殊的历史意义，这一珍贵手工业品成为当时商品交易以及对外贸易的主要商品和最受中外人们欢迎的商品，并以它命名了我国古代著名的国际通道——"丝绸之路"。多年来，不少研究者都曾想用"玉之路""宝石之路""佛教之路""陶瓷之路"等来命名，但都因为这些名称只反映某个局部，终不能替代。中国的丝绸制品迄今仍然是中国奉献给世界的最重要的产品。丝绸之路的开通，始于西汉在西域设立行政管理机构，即西域都护府时。中外交流的陆路"丝绸之路"由东向西，从长安经河西走廊，再分北道南道通往中亚、西亚至欧洲。当时的"海上丝绸之路"由今天的广东、广西的一些口岸通向南海、南洋、印度洋的海上航线，最后到达欧洲。丝绸之路的开辟，是人类文明史上的一个伟大创举，不仅促进了汉唐的兴盛,还大大促进了东西世界经济、文化的交流融会。它是沿线多民族共同创造的文明之路,友谊之路。

四、汉唐时期的商业经济

为防止商人囤积居奇,牟取暴利,以稳定物价,历朝历代或重或轻都采用过限制商业活动的"重农抑商"的政策。但随着农业、手工业发展,各类产品日益增多,也必然促进了市场和商品交换的发展,"重农抑商"政策也往往是一种权宜之策。西汉时,在黄河、长江、珠江流域就形成了经济中心,诸如今日的西安、邯郸、北京、南阳、苏州、广州、成都等。这些经济中心往往是一个地区的交通中心和商品集散地。到了唐中后期以后,城市的经济发展,商业贸易的繁荣,商业活动的范围在空间和时间上不断扩大,打破了以往"坊市制度"——将商业区和居住区分开,居住区内禁止经商的规定,居民开始在街道上设立店铺,经营买卖,同时开夜市,繁荣了城市。唐朝诗人王建将之描述为"夜市千灯照碧云,高楼红袖客纷纷,如今不似时平日,犹自笙歌彻晓闻"[1]。

在金融方面,汉武帝时铸五铢钱为法定货币,通行全国,东汉初年再次重铸五铢钱,以及唐玄宗时铸"开元通宝",消除了诸多当时因币制混乱而造成的商品交换的困局。到了唐代,金融市场有一定发展,出现了大宗大额的商品交易,因铜钱不便大量携带,白银在流通领域开始出现,在某些方面发挥着货币的作用。唐代后期出现了类似纸币的"飞钱",[2]这种汇兑方法寓意钱在两地间飞来飞去,以此得名。但它不能用来购买商品,还不是真正的货币。

在对外贸易和对外交往方面,唐朝是我国的一个鼎盛期。除了陆路国际通道外,对外贸易、交往主要依靠泉州、胶州、广州、扬州四大贸易港。中唐以后,泉州就有很多外国人尤其是阿拉伯商人在此居住经商。泉州面对出海口,沟通南北往来,成为当时国际交往的重要门户。扬州是南方也是全

---

① 《全唐诗》卷三〇一。
② 《中国经济通史》(隋唐五代卷),北京:经济日报出版社 2000 年版,第 429—431 页。

国最大的物资集散地,是中外商人聚集的地方,都市生活有相当发展。唐代还在广州设置了市舶使,专管对外贸易,征收舶脚税。唐中后期的广州聚集了从各地特别是南洋诸国来的商人,"其海外杂国若耽浮罗、流求、毛人、夷亶之州,林邑、扶南、真腊、于陀利之属,东南际天地以万数,或时候风潮朝贡。蛮胡贾人,舶交海中"①。可见唐中晚期的对外商业活动已突破了国家、民族的地域限制,拓展了"丝绸之路"特别是海上"丝绸之路",在贸易交流的同时促进了东西方文化的相互交流渗透,汇集为以唐朝中国为核心同时又向周边国家和地区扩散的经济圈和文化圈,使唐朝成为能够兼收并蓄、开放多元的朝代。经济贸易的开放发展,对此时期的经济伦理思想等文化发展也奠定了相应的社会发展基础。

第三节　汉唐时期的文化背景

伴随着汉唐时期经济和社会的繁荣发展,思想文化和科学技术领域的许多方面,在中国历史上也具有了奠基性和里程碑式的发展。它内生的民族精神深深融入中华民族血液,它创造的精神文明成果,成为推动中国历史社会文明进步的巨大动力。

一、汉唐时期的儒学

从"焚书坑儒"到"独尊儒术",儒学在汉代得以复兴,确立了它此后几千年封建社会意识形态的正统地位。"焚书坑儒"使先前流传的儒家经学遭受毁灭性打击。经学主要是研究儒家正统的思想和经典的学问。儒学经典主要有《易经》《尚书》《诗经》《仪礼》《春秋经》五经。汉惠帝后,废除了《挟书令》和《妖言令》,儒家经典开始广泛讲习和传授,再经汉儒们的传承发展,至汉武帝后,儒家经典成了中国古代国家巩固统一、整合文化的有利思想理论

---

① 《韩昌黎文集校注》第四卷,上海:上海古籍出版社 1986 年版,第 284 页。

武器。汉儒的杰出代表有陆贾、贾谊和董仲舒。陆贾著《新语》，他是首位针对汉初的实际，对秦朝政治上的失误进行系统批判的人。他提出废弃秦朝"法治"，改行儒家"德教"的主张和对策，符合汉初统治者的要求，一定程度上推动了汉初治国方式的转变。贾谊著有《新书》，他主张实行"以礼为治"的"德教"。"以礼义治之者积礼义，以刑罚治之者积刑罚。刑罚积而民怨背，礼义积而民和亲。"他还认为"礼者禁于将然之前，而法者禁于已然之后"，礼义优于法令。他的主张实际上间接地促进了汉朝的礼乐制度建设。

与陆贾、贾谊不同，董仲舒的"德教"深得孔孟德治仁政之道，重在"以德化民"。他认为国家的治理重点不是先忙于"定制度，兴礼乐"，而首先是统治者要"以义正我"，以身作则，重在"显德以示民"。待教化取得成效，再制礼作乐，将教化的成果用制度巩固下来。董仲舒"以德化民"的思想，为此后的儒学提供了新的理论武器，并影响着以儒学为中心的文化整合的进程。董仲舒作为《春秋》公羊学大师，最重要的贡献是将阴阳五行及法家、黄老、名家的思想同儒家思想结合起来，提出了一个"天人感应"的宇宙伦理模式。其核心是确立君权、父权、夫权的统治地位，把封建等级制度、政治秩序神圣化为宇宙的根本法则。即君为臣纲，父为子纲，夫为妇纲，都是天命所定。"君臣父子夫妇之义，皆取诸阴阳之道，君为阳，臣为阴；父为阳，子为阴；夫为阳，妇为阴……五道之三纲，可求于天。"①随着"独尊儒术"的确立，儒学开始了理论上的"大一统"时代。

东汉讲求"通经致用"，统治者用"三纲五常"等系统的道德观念和相应的行为规范模式去教化和约束百姓。汉章帝时，召开了著名的白虎观会议，会议由班固将所涉及的有关政治制度、伦理道德、风俗习惯、人伦日用等方面的共识和皇帝的一些决断，编写成了《白虎通义》，使之成为一部儒家政治伦理的重要文献。至此，儒学在政治伦理和日常伦理方面都取得了封建社会的支配地位。

唐朝初期，由于上层统治者尊崇道教，道教空前繁盛，与道教相比，儒学虽然处于低潮，但它毕竟是被唐代立为排名第二的国学，也是当时国家教育的重要内容。如唐代的科举考试，很多内容都考察对儒学经典的解释。唐

①《春秋繁露·基义》。

太宗时,儒学的经书尤其在"五经"的文字校勘和著述方面,取得显著进展。《五经正义》还被定为官私学教育的必备教材。到了唐中后期,儒学开始有所复兴。最为著名的代表人物是韩愈和他的学生李翱。他们提出了儒学的"道统"问题,并推崇儒学经典《大学》《中庸》,认为儒学之道内涵的仁与义是社会普遍遵循的准则。而佛、道之"道"却没有仁与义的内容,只能算是一家之言。儒学之法才是治理国家的礼乐刑政。这些都为儒学的复兴扫清了思想上的障碍,并为此后的宋明理学树立了典范。后来的理学家都以接继和维护儒学的"道统"为担当、为己任。

二、汉唐时期的佛教

佛教传入中国始于西汉末,史载东汉初汉明帝夜梦金人,遣使蔡愔等十八人西行求经,汉桓帝时有安息国沙门安世高来华传经。与儒学一样,佛教也非常重视经学典籍的传承,不同的是佛教产于古印度,属于外来宗教,无论"口解"还是"文传",都要靠佛经翻译的方式,可见佛教的传播和发展要取决于佛经翻译的时间和翻译佛经的水平。东汉末年,两位名叫安世高和支娄迦谶(支谶)的外国僧人先后到来,洛阳才有了较大规模的佛经翻译活动,他们都来自大月氏,安世高翻译的佛经并不多,他对于佛教史的意义是开创了译经的时代。而支娄迦谶却翻译出了一大批佛经,如《般舟三昧经》等,因为他翻译的佛经"凡所出经,类多深玄。贵尚实中,不存文饰"[①],对中国佛教的发展产生了重要影响。另外,支娄迦谶翻译的佛经,都是大乘佛教的经典,如《道行般若经》,"般若"在古印度语中即是"智慧"。这一理念表示世间一切事物,都是由因缘所生,没有固定不变的自性,这即所谓的"缘起性空"。世上的一切现象和世俗间的所有认识,都是虚幻不实的。只有通过"禅修"等方式获得这种特殊的智慧——"般若",才能破除妄见,认识和把握世界的本质,得到解脱。这种当时印度佛教中大乘一派的理论,在中亚地区很有影响。中国注重大乘佛教并非偶然,是因为最早到达中国的僧人,不是来自印

---

① 《出三藏记集》卷七,《大正藏》卷五十五,第49页上。参见[日]高楠顺次郎等编《大正藏》,东京:大正一切经刊行会,大正十三年(1924年)至昭和九年(1934年)(本章中《大正藏》均为此版本)。

度而是来自中亚地区。①佛教由古印度传入中亚地区后,根据当地的人文实际,有了新的发展变化,形成了自己重大乘佛教的特色,这必然为承继中亚地区的中国佛教奠定了重大乘、重义理、重禅修的发展方向。

讨论佛教在中国的发展,不得不提东晋时著名的西域高僧鸠摩罗什。在他之前,佛经虽在翻译传播方面有了很大发展,但由于早期的外国僧人不谙汉语,他们的中国助手又不懂外语,严重影响佛经的翻译质量。佛经教义以及一套与汉文化差异很大的术语,对中国人来说,是既陌生又难以理解和接受的。佛教经典的翻译问题更加突出。鸠摩罗什的出现,历史性地解决了这个难题。他被前秦大将吕光从西域带回凉州(今甘肃武威)滞留了 16 年,比较熟练地掌握了汉语和汉族文化传统,加上他本身精通梵语、胡语,这些都促使他成了佛经翻译中大师级的人物,他翻译的佛经行文流畅,文字优美,"手执胡本,口宣秦言。两释异音,交辩文旨",②他在长安近 20 年,翻译出佛经 35 部,共 294 卷。

隋唐时期,佛教进入了发展的黄金时代,这一时期佛教发展的最大特点,就是佛教由外来的宗教转向创立具有中国本土特色的宗教宗派,其中主要宗派有八大宗:天台宗、三论宗、禅宗、华严宗、净土宗、律宗、唯识宗和密宗。这方面最著名的是唐初的高僧玄奘。他西行求法前后 17 年,不仅将沿途所见所闻做记录完成了《大唐西域记》,还以惊人的毅力组织翻译完成了 1331 卷印度佛经,同时还创立了唯识宗本土教派,在中国历史上是东西方文化交流中里程碑式的人物。

佛教作为一种理论比较成熟、形式比较规范的宗教,在信仰和理论方面,给中华文明带来了新鲜的思想内容。与此同时,佛教从传入中国时,就逐步与中国本土思想文化相融合,一方面是佛教本身就具有劝善导俗的社会教化功能,与儒学的"德治"文化和道家的"善道"文化相融合,使自己化为中国文化的内在组成部分。

---

① 蒋天枢:《陈寅恪先生编年事辑》,上海:上海古籍出版社 1981 年版,第 83 页。
②《大品经序》,《大正藏》卷五五,第 53 页。

三、汉唐时期的道教

与佛教不同,道教是中国本土文化的本土宗教。道教尊崇道家的老子为始祖,把《道德经》作为基本经典。道家是先秦诸子百家中的一家,是把天地万物的本原和法则抽象为"道"的思想学派。道家虽为道教的思想源头,但绝非典型宗教。在汉初,黄老之学很有影响,即使儒学取得"独尊"局面,道教的地位并未降低,并在"宫中立黄老、浮屠之祠"①。汉初的黄老之学只是有些宗教色彩,而以黄老思想为基础形成的黄老之道,就具有了宗教特性了。直到汉末,道教才有了较为完备的宗教形态。

东汉末年,旱灾频发,瘟疫流行,政府横征暴敛,社会矛盾尖锐。黄巾起义的领袖张角依据道教经典《太平经》,创立了太平道,提出"苍天已死,黄天当立"的口号,使一场宗教运动演变成一场声势浩大的农民起义。起义虽然失败,但道教在民众中影响力很大,"以善道教化天下"的观念发展也很快。如当时张鲁在汉中建立的割据政权,就是我国历史上为数不多的自称"君师"的政教合一政权。道教作为本土的"宗教",继承了源自殷商时代的鬼神观念,把日月星辰、江海山岳和祖先都视为神灵进行祭祀祷拜,也继承了殷商以来的巫术和神仙方术传统,相信卜筮,以卜筮决疑惑、断凶吉。战国时,神仙思想在《庄子》和《楚辞》等书中仍能见到。当时出现了一些追求长生成仙之术的方士,利用阴阳五行学说解释方术,之后又演变为道家的修炼术。汉初将黄老学说中神秘主义因素、神仙长生、阴阳五行理论糅合在一起,使谶纬之学盛行。连很多儒家学者都拿阴阳五行等方术作为学术形式和理论方法,建立了一套复杂而具有神秘色彩的"天道""王道"儒学体系。

唐朝社会在思想文化上的兼容与开放,使宗教文化呈现出空前的繁荣和多样性,儒、道、佛全面发展,但三家学说的地位也在发展和交融中发生着变化。唐高宗时,曾下诏"老教、孔教,此土先宗,释教后兴,宜崇客礼,令老先,孔次,末后释"②。武则天时,曾转奉佛教,后又被唐玄宗改为崇道抑佛。

---

① 《后汉书·襄楷传》。
② 参见《续高僧传》卷二十四《历代高僧传》,上海:上海书店 1989 年版。

唐朝统治者尊崇道教的特点,一是神话老子,二是推崇《道德经》。唐高宗称老子为"太上玄元皇帝",修建轩辕黄帝庙,老子得以神格化,从古代圣贤变成了供人膜拜的神。另外,唐玄宗还亲自注释《道德经》,规定《道德经》为诸经之首,还设立道举制度,将道教纳入国家教育和考试内容,还规定道教节日,在天下广修道观。由于国家朝廷扶持,道教神仙谱系、道教经典、道教礼仪、道教宫观等方面都有了新的发展。道教在唐朝走向了全盛期。

道教主要以追求人能够长生成仙为目的,讲求内修外养,具有一套相应的理论和实践方法。道教在注重养生的发展过程中,充分吸取继承了中国古代传统医学成果,也为传统医学的发展增加了新的内容。由于中国古代巫医不分,道教中的许多人既是道士又是医生,有的在宗教和医学领域都有很深的造诣。如葛洪、陶弘景、孙思邈等,他们既有道学经书,又有医学名著。因而,道教对祖国中医药理论和中医治疗方式都有多方面的巨大影响。

道教始终非常重视其所具有的教化民众的功能。早期道教在创建和发展中,各教派都自觉将"以善道教化天下"作为宗旨。如太平道创建者张角,以《太平经》为经典,派遣弟子到各地传道,教化民众重天爱地,尊上利下,弟子敬事其师,顺勤忠信不欺。五斗米道创始人张陵在《老子想尔注》中,提出人法"道意","奉道戒,积善成功,其精成神,神成仙寿"[①]的理论。葛洪更是提出了以神仙养生为内,儒术应世为外,努力把道教方术与儒家纲常名教结合起来,主张在道术修炼中以儒家忠孝、仁恕、信义、和顺为本。这种理论和实践的调和,让道教更加适应封建社会发展需求,也使中国传统文化中出现了儒、释、道"三足鼎立"的局面。

四、汉唐时期的文学与艺术

秦汉时期的文学,已渐从经学、史学中独立出来,形成了中国文学史中主要的文体风格。汉代文学主要有汉赋、散文和乐府诗三种。辞赋是汉代主要文体,多是汉初政治见解及身世感慨之作,作者借物抒怀,文辞朴实。如汉赋早期代表人物贾谊的《吊屈原赋》《鵩鸟赋》,借屈原的遭遇比附自己,

---

① 饶宗颐:《老子想尔注校正》,上海:上海古籍出版社 1991 年版。

批判当时的社会制度,提出"远浊世而藏"的消极思想。通常认为汉赋的定型始于司马相如,后盛行于东汉。司马相如因代表作《子虚赋》得汉武帝关注,被召回宫廷写《天子游猎赋》。在该赋中,他所描绘的事物并非仅限于皇家宫苑,而是延伸到皇家宫苑之外,概括了整个王朝所有的事物。[1] 司马相如后,辞赋作者也纷纷进入宫廷作赋。王莽时期的扬雄,东汉时期的班固、张衡等,都创作有著名的大赋作品,最终使汉大赋具备了班固在《两都赋·序》中所称的"润色鸿业"的作用。

汉初散文,多出自政论性文章,很多政论性文章都颇具文采,如贾谊的《过秦论》《治安策》,晁错的《论贵粟疏》,枚乘的《上书谏吴王》,邹阳的《谏吴王书》等等,有的言辞慷慨,剖析深刻,有的情感深厚,规劝真切,都对后世散文的发展产生了很大的影响。司马迁的《史记》在文学上叙事生动,感情真挚,论理精辟,成为散文和传记文学的典范。司马迁著《史记》时,所引用的我国以前的古书,把古典难懂的词句,译成当时浅显易懂的语言。受此影响,唐宋以后散文家,在批驳繁缛艰涩的文风时,往往都以《史记》为标杆。柳宗元更是"参之太史以著其洁"[2]。他们还发动了"古文运动",反对骈文,改革文风和语言,主张以散形单句作文,发挥"文以载道"的功用。此时期散文简洁生动的文风,对后世产生很大影响。

汉代乐府诗,是朝廷音乐机构——乐府从民间采集民歌进行加工配乐的文学形式。它继承了《诗经》现实主义传统,并以这种新的形式,反映汉代社会底层民众的思想感情。像乐府诗的代表作《孔雀东南飞》等,都出自民间,来自现实生活中,作品内容丰富,语言鲜活,情感真实动人,具有很高的艺术价值,推动了东汉杂言和五言诗的发展。

唐代是中国文学的新高峰,尤以诗歌最为繁盛,最为著称。《全唐诗》就收集有二千二百余人的四万八千九百余首诗篇,内容丰富,体裁多样,作者众多。千余年来,唐诗已融入中国人的文化血脉之中。如诗仙李白、诗圣杜甫,还有"初唐四杰"王勃、杨炯、卢照邻、骆宾王。盛唐著名边塞诗人有高适、岑参,著名田园诗人有王维、孟浩然。中唐有著名诗人卢纶等"大历十才

---

[1] 曹道衡:《汉魏六朝辞赋》,上海:上海古籍出版社1989年版。
[2]《韦中立论师道》。

子"。之后还有众多著名诗人，如白居易、元稹、韩愈、孟郊、刘禹锡、李贺、杜牧、李商隐等等。唐后期，出现了诗歌与音乐搭配、句式长短不等的"词"，开启了宋词的繁盛时代。

汉唐时代也是古代艺术繁荣发展的新阶段。特别是在绘画、雕塑、书法和音乐歌舞方面，无论数量还是内容和技艺水准，都达到了空前高峰。

汉代绘画形式多样。长沙马王堆一号、三号汉墓出土的帛画代表了汉画最高水平。在敦煌莫高窟壁画中，也以唐代部分最为丰富，最为辉煌。唐代的人物画、山水画形成了中国独特的新画科。

汉代雕刻的主要艺术形式是石刻画像，广存于石物、石碑建筑上，内容大多把现实与幻想融为一体。唐代雕塑多是以佛教文化为中心。诸如敦煌石窟、龙门石窟、炳灵寺石窟、麦积山石窟的众多佛教造像，雕塑艺术有较大发展。

书法是最具中国特色的艺术，是一种"表达最高意境与情操的民族艺术"。① 东晋王献之、王羲之诸帖的产生，成为后世书法创作的经典范本。唐代四大书法家虞世南、欧阳询、褚遂良、薛稷，都是"二王"书体的继承者。盛唐后，发展出了"颜体"为代表的唐人书体。

此外，唐代的乐舞艺术也很发达。白居易的《霓裳羽衣曲》，就真实反映了唐代庞大的乐舞机构，盛大的表演场景，宏伟的气魄以及精湛的乐舞技艺，展示了中国音乐舞蹈辉煌的时代。

一般来说，文学艺术是伴随着社会生活和生产劳动产生的，并随之发展而发展。同时文学艺术作为审美的社会意识形态，还直接受到政治、伦理、哲学、宗教等观念文化的影响。汉唐时期文学艺术的繁荣发展，充分显示了我国历史上这两个朝代较为发达的物质文明和精神文明状况，当然，也反映了当时社会生活状况以及社会不平等状况。如唐代大诗人白居易的《卖炭翁》，就是诗人通过描述卖炭翁的遭遇，反映当时底层劳动人民生活的艰辛，并通过对当时"宫市"中宫使欺压百姓的场景描述，反映统治阶级对百姓的压迫和掠夺，表达作者对劳动人民的深切同情，以及对当时社会不公的揭露和抨击。又如杜甫的《茅屋为秋风所破歌》，"安得广厦千万间，大庇天下寒

---

① 宗白华：《美学散步》，上海：上海人民出版社1981年版，第116页。

士俱欢颜,风雨不动安如山",表达了诗人关心民间百姓生活疾苦的感情和价值取向。虽然文学对社会的作用是精神性的,没有物质作用那样直接的社会效果,但它最终会影响每个历史时期人们的各种社会实践活动,促进社会的历史变革。因而,文学艺术在汉唐时期的经济和社会发展中,对当时人们思想情感和社会伦理价值的互动影响,是不能被忽视的。

五、汉唐时期的科学与技术

如果说汉代的科学技术基本形成了初步体系,那么到了唐代已发展到了古代历史的鼎盛期。在天文历算方面,东汉的张衡制造的浑天仪,用直观形象的方法帮助人们了解天体运动的规律。唐初李淳风再制浑天黄道仪,更可以用来观测日月星辰在各自轨道上的运行情况。在历法上,与西方相比,中国传统历法的制定,兼顾到了地球绕太阳运转的周期和月亮圆缺变化的周期,属阴阳合历。汉武帝时,邓平等人制成《太初历》,后被刘歆改为《三统历》保留在《汉书·律历志》中传世。唐玄宗时,僧一行主持制定了《大衍历》,在观测日月食和五星运动方面,还创立了一套计算视差影响的公式,从而可以更加准确地作出预报。这些在当时都是突出的成就。

在中医药学方面,作为一个学科体系,还有阴阳五行学说明人体生理现象和病理变化的关系,将生理、病理、诊断、用药、治疗、养生等问题结合在一起,形成了整体观念和独特的人,具有浓厚的中国传统特色。中医学始于战国,到汉代中医理论定型,其标志是中医学的典籍《黄帝内经》问世。同时,自秦汉以来,经许多医药学家长期搜集、编纂的《神农本草经》药典也已形成。东汉末年张仲景的《伤寒杂病论》,经后人搜集整理,分编为《伤寒论》和《金匮要略》,更加系统论述了运用"望闻问切"辩证施治的样式,张仲景被后世尊为"医圣"。到唐代,官方的医药制度更加完备,有效推动了中医药学的发展。孙思邈著《备急千金要方》《千金翼方》,共收载药物800余种,后人将两书合称"千金方",被誉为中国最早的一部临床使用的百科全书,孙思邈也被后人尊称为"药王"。

造纸技术是我国古代四大发明之一,举世闻名。在东汉人蔡伦之后,造纸业从纺织业中独立出来。随着造纸原料的扩大,造纸技术的提高,造纸产量的增加,造纸成了古代的一个新兴行业,中国文化从此摆脱了甲骨、金石和竹本的束缚,根本上改变了书籍抄写、文化传播的历史,特别是通过"丝绸之路"在世界范围内的不断传播,造纸技术和印刷技术有力推动了东西方社会的文明进步。它不仅为古代东方各国的知识信息大提速作出了贡献,还为欧洲的文艺复兴奠定了一定的物质基础。正如一些外国学者所评价的,"这对后来西方文明整个进程的影响,不论怎样估计都不会过分"。①

除此之外,汉唐在雕版印刷技术、农业技术、算学和地质学等方面都有新的发展进步,处于当时世界的领先地位。

汉唐时期较雄厚的物质条件和比较长期的稳定的社会生活状态,为当时科学技术的发展打下了有利的基础。汉唐时期的社会条件不仅为科技发展提供了实验条件、实验场所和实验材料等物质条件,还提供了相对稳定的社会环境。经济生产和社会生活的发展促进了人们对科学技术的需要,对文化艺术的需要,进而又引发新的科技创新和丰富的思想文化发展。汉唐科学技术以及思想文化的发展,又反过来有力地推动了汉唐时期经济、政治、社会以及思想文化的发展。汉唐的经济伦理思想也是在这样一个大的历史背景中产生发展的。

---

① 张岱年,方克立:《中国文化概论》,北京:北京师范大学出版社1994年版,第17页。

第二章
汉代儒学复兴初始的经济伦理思想

战国时期,秦孝公任用商鞅变法,废井田、开阡陌、重农桑、奖励军功,为秦统一天下奠定了坚实的经济基础。秦始皇灭六国之后,在全国推行郡县制,统一度量衡,并以郡县制为基础建立了统一的专制皇权。汉代继承秦制,开始了专制皇权在中国的长期统治。强秦的速亡,使得汉初的几代君王及其统治集团不得不反省秦亡的教训。由于秦王朝采用法家思想,过于强调严刑峻法,偏重强制性的外控方式,摒弃儒家强调的道德教化,以致新建立的中央集权的君主专制制度缺乏人们心理上、思想观念上的认同,单靠刑罚强制无法维系新制度。因此,汉初以亡秦为鉴,放弃法家功利主义经济伦理思想,采取黄老道家无为而治、与民休养生息的经济伦理思想及其政治、经济政策,重农抑商,提倡节俭,有力促进了社会经济的恢复与发展。政治、经济的统一,反映在经济伦理思想文化方面,就不再是先秦诸子各家各派独立的经济伦理思想,而带有诸子思想融合的特点。例如,西汉初期黄老道家"自然主义"倾向的经济伦理思想是以黄老经济伦理思想来整合、融合其他各家如阴阳家、儒家、法家、墨家的经济伦理思想。由于黄老道家无为而治的经济伦理思想居于主导地位,这个时期的儒家经济伦理思想在融入黄老经济伦理思想的同时,也在渐渐复兴的过程中表现出了对诸子经济伦理思想的融合趋势。

第一节　秦汉之际诸子学统绪与汉初经济伦理选择

秦王朝崇尚法治,采用功利主义的法家经济伦理思想,实行严刑峻法,很快失去政权,汉王朝代之而起。汉初统治者以秦为鉴,为了扭转战争造成的经济凋敝形势,采用黄老道家"无为"的经济伦理思想,恢复了经济、稳定了政治局势。这个时期,由于秦存在的时间比较短,诸子学说并未被秦完全消灭,诸子经济伦理思想还有一定程度的流行。汉武帝时期政治经济元气逐渐恢复,武帝举贤良对策,接受了董仲舒"罢黜百家,表彰六经"的建议。于是,武帝之后儒家经济伦理思想博采众长,代替黄老经济伦理思想成为主导。

一、秦汉之际诸子学统绪

春秋以降的思想家面对战乱、分裂的社会现实,纷纷提出统一天下的各种学说,其学说反映在经济伦理思想方面,就是诸子经济伦理思想。诸子经济伦理思想表面相互攻伐,其思想实质均以统一天下为目的。到了战国时代,诸子经济伦理思想渐渐趋向统一融合。秦汉之际比较活跃的诸子经济伦理思想有法家、黄老道家和儒家经济伦理思想。

战国时期,秦国采用法家思想。秦始皇在"严而少恩"的法家经济伦理思想指导下,"以法为教""以吏为师"①,焚毁诸子书籍,将法家经济伦理思想视为绝对权威。而秦王朝的迅速灭亡,使得法家经济伦理思想失去统治地位。西汉初期,崇尚自然无为的黄老道家经济伦理思想居于主导地位。由于秦王朝统治的时间不长,儒生以及儒家典籍并没有受到致命的破坏。而汉初采用黄老道家"无为"经济伦理思想,并不拒斥儒家学说,还吸收儒家思想。因此,虽然秦王朝打压、汉初黄老盛行,儒家思想包括儒家经济伦理思想还是传承下来了。

(一) 秦汉之际法家功利主义经济伦理思想

春秋战国时期,各国争雄,最后秦统一中国。秦的强盛与其经济上采用法家功利主义经济伦理思想有着直接关系。其中,最有影响的思想家是商鞅和韩非。

第一,商鞅重农抑商的功利主义经济伦理思想。

战国时期,秦孝公为富国强民,于公元前 356 年和公元前 350 年,先后两次任用商鞅实行以废井田、开阡陌,实行郡县制,奖励耕织和战斗,实行连坐之法为主要内容的变法。商鞅变法,使秦国迅速从一个贫穷落后的国家一跃而成为战国七雄中最强大的国家。商鞅变法成功使法家功利主义经济伦理思想在秦国成为权威。

---

① 《史记·秦始皇本纪》

商鞅(约公元前 390—前 338 年)是战国中期著名思想家、军事家,是法家的代表人物。其著作《商君书》是战国流传最广的法家著作。

商鞅主张重农抑商的功利主义经济伦理思想。其在秦国推行"重农抑商"的经济政策。商鞅认为国家富强靠的是经济实力和军事实力,而经济实力在先秦时代主要体现在农业生产。商鞅变法有一条政策:凡男子耕种,女子纺织,使粮食增产,布帛增加者,可以免除本身的徭役赋税。免除这两项赋税,能够提高自耕农的生产积极性,促进农业生产。此外,变法还规定:凡是从事工商业和因懒惰而贫穷者,不仅本人,连同妻子要没入官府,充当奴婢。这是重农抑商的有力措施。正是这些措施大大刺激了老百姓的生产热情和勠力杀敌的愿望。重农抑商的经济政策最终使秦国拥有了雄厚的经济实力,为武力统一中国打下了坚实的经济基础。

第二,韩非"重本轻末"的功利主义经济伦理思想。

韩非子(约前 280—前 233)是战国末期法家最重要的代表人物。韩非继承发展法家代表人物及其先驱的思想成就,著有《韩非子》(被后人辑成)。《韩非子》是一部集先秦法家思想之大成的著作,它为秦的统一以及统一后秦帝国的建立、运行提供了理论基础。

韩非主张"重本轻末"的功利主义经济伦理思想。他认为,农业生产是一国经济的根本,从事工商业则是末技,要发展经济,就应该重农轻商。

韩非"重本轻末"的功利主义经济伦理思想以法家功利主义经济伦理思想为基础,广泛吸收先秦诸子的经济伦理思想,并借鉴、总结了春秋战国时期的历史经验和利弊得失。韩非批判继承了法家的三个代表人物商鞅、申不害、慎到的功利主义经济伦理思想。作为荀子的学生,韩非受荀子经济伦理思想影响较大,同时也深受墨、道等学派经济伦理思想的影响。他的《解老》《喻老》,是从法家功利主义经济伦理思想出发解释、发挥《老子》经济伦理思想的。同时,他也吸收了墨家尚同、尚贤的思想。

秦统一天下前后,均采用重本轻末、严刑峻法的功利主义经济伦理思想。统一之前,秦强大而有统一之赫赫战功;统一之后,秦王朝却经二世就被推翻。秦的短命,使得西汉初期的思想家为了巩固江山,重新审视法家思想,转而寻找能够代替严酷少恩的其他思想。他们找到了黄老道家。因此,汉初"无为而治"的黄老道家经济伦理思想开始走进历史的视野。

（二）秦汉之际黄老道家"无为而治"的经济伦理思想

黄老思想史称"黄老之学"，是"黄帝之学"与"老子之学"相结合的思想学说，强调"道""法""德"，继承、改造老庄原始道家思想，以道家思想为核心，兼采儒、法、名、阴阳、墨等诸家思想，融会贯通，兼收并蓄诸子之学尤其是法家与儒家思想。

黄老道家"无为而治"的经济伦理思想提倡无为，主张"与民休息"，强调国家朝廷的无为，对社会、百姓采取少干预或者不干预的经济政策，使社会经济、政治、文化等在休养生息中恢复发展。

汉初七十年间，由于政治上推行黄老无为之治，经济上采用黄老道家"无为而治"的经济政策，政治清明、经济繁荣、文化复兴、社会秩序安定、民风淳厚，一派太平盛世景象，史称"文景之治"。汉初推崇黄老的几位皇帝也都身体力行，强调简朴等经济伦理思想。黄老道家"无为而治"思想逐渐成为汉初经济社会的主导经济伦理思想，国家渐渐从战争创伤中修复，社会逐渐繁荣起来。

（三）秦汉之际儒家德性主义经济伦理思想

西汉王朝初期，以亡秦为鉴，为缓和社会矛盾，主动采用与民休息、无为而治黄老经济伦理思想，取得了政治、经济、社会稳定和谐、繁荣发展的局面。经济繁荣、国家统一，为汉武中兴打下了坚实的基础。伴随着汉武中兴，儒家德性主义的经济伦理思想也复兴了。

汉初儒家代表人物有陆贾和贾谊，二人上承荀子、下启董仲舒，对儒家德性主义经济伦理思想的发展起着承上启下的作用。

汉初，儒生已经渐渐可以从事学术活动和教学活动了，但是并没有真正发挥政治作用。"孝惠、吕后时，公卿皆武力有功之臣。孝文时颇征用，然孝文帝本好刑名之言。及至孝景，不任儒者，而窦太后又好黄老之术，故诸博士具官待问，未有进者。"①意思是说，从孝惠到文景时代，虽然有一些儒生任

---

① 《史记·儒林列传》

博士,然而,有的皇帝好刑名,有的好黄老,对儒者并不重视,儒生博士没有实际权力,仅仅带有顾问性质。例如秦博士伏生以《尚书》教于齐鲁之间,朝错(即晁错)、张生、欧阳生都曾经就学于伏生。申公、辕固、韩婴都是《诗》博士,"燕赵间言《诗》者由韩生"。① 韩婴著《诗》内外传数万言,今存《韩诗外传》。辕固生景帝时为《诗》博士,曾与黄生在景帝面前讨论汤武受命还是以下犯上的问题,又曾与窦太后辩儒、道优劣问题。据《史记儒林列传》载:

> 窦太后好《老子》书,召辕固生问《老子》书。固曰:"此是家人言耳。"太后怒曰:"安得司空城旦书乎?"乃使固入圈刺豕。景帝知太后怒而固直言无罪,乃假固利兵,下圈刺豕,正中其心,一刺,豕应手而倒。太后默然,无以复罪。②

可见,景帝是认同辕固生的思想的。

总之,汉初的儒家德性主义经济伦理思想虽然还不显达,但是已经不像秦时期一样被抑制了,而且还处在逐渐上升的过程中。具有顾问性质的儒生们在从事学术活动、教学活动的过程中,他们所秉持的经济伦理思想也在悄悄地复兴了。

二、汉初经济基础和文化环境

秦汉时期封建土地私有制已经确立起来。经过战国时期兼并战争、秦的横征暴敛、楚汉战争,社会经济衰败、民生凋敝,人民生活困苦不堪,这个时候,恢复生产、与民休息就是汉初政治经济文化的必然选择。因此,强秦之后,汉初的经济、文化呈现出了宽松的氛围,经济政策倾向于给老百姓更多的自由,文化土壤也给予了诸子经济伦理思想包括儒家经济伦理思想酝酿转型的时间和空间,汉初黄老道家经济伦理思想盛行之时,儒家经济伦理思想也在争取着自己的用武之地,在悄悄地壮大。

---

① 《汉书·儒林传》
② 《史记·儒林列传》

（一）汉初的经济基础

秦王朝连年征战，吞并六国，建立了中国历史上第一个大一统的中央集权制封建王朝；确立了封建土地私有制，承认土地私有；采用重农抑商、奖励耕战、统一货币与度量衡以及通关塞、修驰道等政策，促进了社会经济的发展。然而，秦王朝取得政权后，依然用法家的耕战理论与政策治理国家，严酷少恩，征派繁重的赋税和徭役，最终导致政权土崩瓦解。

西汉取得政权后，"汉承秦制"，秦的基本制度如土地私有制、地主经济、中央集权、地方政权的郡县制、三公九卿制度等等均被继承下来。但是，秦王朝的迅速覆灭与汉初面临的严重经济、政治困境，迫使汉王朝为避免秦的覆亡命运而总结亡秦教训，以巩固本朝政权。

汉初政治经济形势十分严峻。连年战争与秦繁重的徭役和赋税、秦末农民起义和楚汉战争，使社会经济遭受重创。灾荒疫病连续发生，农村残破，田野荒芜，都市衰落，人口急剧减少；物资奇缺，物价飞涨，百姓食不果腹、流离失所。国家财政极其困难。同时，西汉政权尚不稳固，北方匈奴也常骚扰边境。因此，汉初统治者面临的重大问题便是取得政治稳定、经济富足。

严酷的政治经济形势，迫使汉初统治者必须转变经济伦理思想。汉高祖刘邦采纳陆贾的建议，改变战争时期统治政策，采用"与民休息"的经济伦理思想，尽量减少国家对经济活动的干预，减轻人民的赋税负担，以便尽快医治战争创伤，恢复和发展生产。

汉初冶铁业分国营（中央政府）、官营（地方经营）和民营三种类型。汉武帝在元狩三年收冶铁为国营，有利于国家财政，而民间冶铁业日渐凋敝。纺织业也有国营民营之分。

"与民休息"的经济伦理思想具体体现在重农、轻徭薄赋和崇俭三大基本经济政策方面。秦王朝时期，重农是与战争结合在一起的；汉代重农则是为了安天下、治天下。西汉初期政治和平，工农业生产逐渐恢复和发展，国家安定统一。虽然汉初重视农业发展，但由于经济环境宽松，工商业也出现了繁荣的景象。这就是汉初著名的"文景之治"。汉初七十年下来，到汉武帝初年,社会经济已经是一片繁荣。

（二）汉初的文化环境

汉初"与民休息"的经济政策是以黄老道家"无为而治"经济伦理思想为基础的。黄老道家是汉初政治经济统治的指导思想。汉初的文化环境较为宽松。

黄老道家属于新道家,新道家假托黄帝,同时也批判继承了老子的思想,与先秦杨朱、老庄思想是有不同的。黄老道家以先秦道家思想为主,兼儒、墨、名、法、阴阳家的一些思想,融合而形成黄老学说。司马谈《论六家要旨》所谈的道家指黄老道家。《黄老帛书》是学界公认的黄老著作。现存《黄老帛书》一书借黄帝言,从道家贵柔思想出发,吸收儒家的惠民思想,强调主政贵清静,对百姓少干预,同时行仁政、惠民,不违农时,薄赋敛,然后乃可以实现天下大治。

汉初,陆贾倡议实施黄老"无为而治""与民休息"的经济政策,宰相曹参主持推行"与民休息"的政策。汉初的文帝、景帝和窦太后都尊崇黄老。汉武帝之前,黄老道家学说一直在政治经济思想、政策上占有优势地位。

文景时期主用黄老道家经济伦理思想,辅以儒家和法家思想,不仅强调无为,还注重礼与德的作用,既承认法律的重要性,又坚持约法省简,务在安民。

汉武帝时期确立了儒家经济伦理思想的正统地位,辅之以法家经济伦理思想,乃"德主刑辅",即先用德礼教化,教化无效再施之以刑罚。这种刚柔相济的治国之道,成为武帝以后的指导思想,对后世历代王朝的影响很大。汉宣帝曾说:"汉家自有制度,本以霸王道杂之。"[①]秦始皇焚书坑儒所毁坏的很多文献书籍,通过汉代学者的不懈努力和发掘记录得以重现,包括古文尚书,也是这时候发掘整理出来的。汉武帝采纳董仲舒等的意见"罢黜百家,表彰六经"后,经学经济伦理思想成为主流。

经学学术分为今文经学和古文经学。与今文经学兴起有关的经学博士

---

① 《汉书·元帝纪》

官,在宣帝时期于太学中立学官的,《易》有三家,《书》有三家,《诗》有三家,《礼》有一家,《春秋》有两家,共十二博士。(东汉初年,增加到十四博士。)到汉武帝时期,儒家经学经济伦理思想已经居于主导地位。东汉晚期,古文经学开始走向发达,今文经学则日益衰微。这是后话。

三、汉初制度建设与经济伦理选择

(一)汉初的制度建设

西汉初期"承秦制",沿袭了秦的专制主义中央集权制度。汉王朝也不全是照搬秦制度,而是有因有革,在地方上实行郡国并行制。在赋税制度方面,凡秦已实行的税制,汉代均继续实行。有所变化和发展的方面,主要表现在新的税目的增加和旧税税率的增减等。

西汉初,刘邦立即恢复了按民有土地数量征收田租的制度,税率从秦"收泰半之赋"①减到了十五税一,税率降幅很大。汉代田租的征收办法,一则以实物缴纳,属于实物税,与秦相同;二则是按固定税率以田地多少与产量高低相结合的办法征收;其三,田租征收时,还需要逐户估产——正因为征收田租时要看产量高低,故仲长统有"今通肥饶之率,计稼穑之入"②以征收田租的主张。除按私有土地的数量征收田租之外,整个西汉时期,也同秦一样还有田亩附加税刍、稿税的征收之制。

(二)汉初的经济伦理选择

汉初统治者以秦为鉴,为缓和社会矛盾、稳定社会秩序、恢复经济,采用了黄老道家"无为而治"的经济伦理思想。高祖刘邦实行的恢复经济、轻徭薄赋、约法省禁的经济政策,就是黄老经济伦理思想的具体体现。在汉高祖、惠帝、文帝、景帝统治的五六十年间,西汉王朝一直采用黄老经济伦理思

---

① 《汉书·食货志上》
② 《后汉书·仲长统传》附《昌言·损益》

想,与民休息、轻徭薄赋、让利于民,经济得以复苏、政权得到稳固。

　　经过汉初几十年的休养生息,西汉达到了空前繁荣的阶段,人民生活富足。汉初社会财富的积累为后来武帝中兴提供了坚实的经济基础。

　　汉初重农抑商,商人社会地位低下。文帝时期出台了贵粟政策,商人竞买爵位,社会地位得以改善、提升。西汉时期,全国已有数个商业中心,如长安、洛阳、邯郸等。丝绸之路是当时世界最重要的商路。伴随着商业的发展,一些经商思想纷纷出现。(到东汉时期,中原地区商道线路发达,各地货物往来更加频繁。)黄老经济伦理思想的实行,不仅提升了商人的社会地位,扩大了贸易领域,也促进了社会经济的快速发展。

第二节　陆贾、贾谊的德性主义经济伦理思想

　　西汉初期,陆贾、贾谊分别作《新语》和《过秦论》以总结强秦速亡的教训。陆贾认为秦二世而亡的主要原因有两个:一个原因是严刑酷法;另一个原因是赋敛无度、滥用民力。贾谊《过秦论》三篇,从政治得失和人心向背两个方面分析了秦亡的经验教训。他认为陈胜、吴广揭竿而起并获得天下响应,是因为秦二世"繁刑严诛,吏治刻深;赏罚不当,赋敛无度。天下多事,吏不能纪;百姓困穷,而主不收恤"①。这个时期,虽然黄老道家经济伦理思想处于显学地位,然而儒、道经济伦理相争又相融。陆贾、贾谊为了解决时代提出的问题,博采众家之长,创立了汉代"新儒学",形成了新儒学德性主义经济伦理思想。他们上承荀子,下启董子,到了董仲舒,儒学发展为系统的思想体系。因此,陆贾与贾谊的德性主义经济伦理思想,前承荀子遗绪,后开董氏新风,是汉代儒家德性主义经济伦理思想发展史上承上启下的一个重要阶段。

---

① 《新书·过秦中》

一、陆贾"治以道德为上，行以仁义为本"的伦理思想

在中国思想史上，陆贾上接先秦下开两汉，是继往开来的关键人物。他总结秦亡汉兴的经验教训，提出了"治以道德为上，行以仁义为本"的经济伦理主张，着重阐释了以仁义为体、以刑罚为用的思想，主张无为而治，重民、重农，提倡节俭。陆贾的经济伦理思想促进了西汉初期社会经济的稳定和发展，同时也影响着儒家德性主义经济伦理思想的价值方向，其后的德性主义经济伦理思想家贾谊和董仲舒均深受其影响。

（一）"以仁义为本"的思想

陆贾鉴于强秦覆亡的历史教训，力谏开国皇帝刘邦以仁义治国，提出"攻守异术，文武并用"的思想，反复强调天下可以"马上得之"，而不可以"马上治之"。《史记·儒生陆贾列传》记载：

> 陆生时时前说称《诗》《书》，高帝骂之曰："乃公居马上而得之，安事《诗》《书》！"陆生曰："居马上得之，宁可以马上治之乎？且汤武逆取而以顺守之，文武并用，长久之术也。昔者，吴王夫差、智伯极武而亡，秦任刑法不变，卒灭赵氏。乡使秦以并天下，行仁义，法先王，陛下安得而有之？"①

陆贾总结了秦得天下与失天下的经验教训，说明打天下可以"逆取"，守天下则要"顺守"。他认为治理国家是需要文武并用的，不可专任"刑法"，要"行仁义，法先王"，并在《新语》中明确提出"得天下"后治国方式应从战时政治转为和平政治，得到了汉初君臣的一致赞同。陆贾为复兴儒家德性主义经济伦理思想找到了历史根据和现实基础。

陆贾用仁义理念批判秦王朝的苛法暴政，积极推行儒家的仁义道德观念和治世方式。陆贾将行仁义视为治理天下最重要的事情，他指出：

① 《史记·郦生陆贾列传》

> 握道而治，据德而行，席仁而坐，杖义而强。(《新语·道基》)
>
> 夫谋事不并仁义者，后必败。(《新语·道基》)

陆贾在推行儒家德性主义经济伦理思想的同时，也吸收了道家和法家的一些经济伦理思想因素，以适应当时的社会需要。道家重道而轻仁义，法家重刑轻德。陆贾把仁义与道德相提并论，并且认识到片面强调"尚刑"而排斥仁义的危险性，同时也吸取了《黄老帛书》"先德后刑"的思想。陆贾指出：

> 治以道德为上，行以仁义为本。故尊于位而无德者黜，富于财而无义者刑；贱而好德者尊，贫而有义者荣。(《新语·本行》)
>
> 德盛者威广，力盛者骄众。齐桓公尚德以霸，秦二世尚刑而亡，故虐刑则怨积，德布则功兴，百姓以德附，骨肉以仁亲，夫妇以义合，朋友以义信，君臣以义序，百官以义承。(《新语·道基》)

陆贾"以仁义为本"，高扬儒家经济伦理道德，为汉王朝的长治久安作出了理论贡献。

（二）"无为而治"的思想

西汉建国之初，国贫民疲，国家的主要任务就在于与民休养、恢复战争创伤。面对百废待兴的社会现实，陆贾吸收道家清静无为的经济伦理思想，特别强调要从古代君王和秦王朝的覆灭中认真吸取经验教训，无为而治而使国家大治。陆贾对无为的作用大加赞赏：

> 夫道莫大于无为，行莫大于谨敬。何以言之？昔虞舜治天下，弹五弦之琴，歌《南风》之诗，寂若无治国之意，漠若无忧民之心，然天下治。周公制作礼乐，郊天地，望山川，师旅不设，刑格法悬，而四海之内，奉供来臻，越裳之君，重译来朝。故无为也，乃有为也。[1]

无为乃最大之道，也是古圣先王的治国之道，只有无为才能达到有为的

---

① 《新语·无为》。

目的。那么,什么是无为政治的理想境界呢?陆贾说:

> 君子之为治也,块然若无事,寂然若无声,官府若无吏,亭落若无民;闾里不诉于巷,老幼不愁于庭;近者无所议,远者无所听;邮驿无夜行之吏,乡闾无夜召之征;犬不夜吠,乌不夜鸣;老者息于堂,丁壮者耕耘于田;在朝者忠于君,在家者孝于亲。于是赏善罚恶而润色之,兴辟雍庠序而教诲之。然后贤愚异议,廉鄙异科,长幼异节,上下相差,强弱相扶,小大相怀,尊卑相承,雁行相随,不言而信,不怒而威,岂恃坚甲利兵,深刑刻法,朝夕切切而后行哉!(《新语·至德》)

至德之世实行的是礼义之治。虽有君臣、尊卑、大小、长幼、强弱、贤愚的等级差别,但各种关系是和谐的。这种和谐,是通过道德、教育、赏罚方能维持和达到的。周室之衰,社会道德败坏,政治紊乱,"大道隐而不舒,羽翼摧而不申"①,孔子"欲匡帝国之道,反天下之政,身无其位而世无其主,周流天下,无所合意",于是"追治去世,以正来世;案纪图录,以知性命;表定六艺,……使善恶不相干,贵贱不相侮,强弱不相凌……为世而不绝,功传而不衰。《诗》《书》《礼》《乐》为得其所,乃天道之所立,大义所行也"。在陆贾看来,西汉结束了纷争和混乱,正是实现这种理想社会的极好时机。

无为并不排斥有为,要做到有为而不妄为,主张尽量减少君主执政过程中的主观因素,而必须以法度为准绳。就政治措施而言,为政简易,举措不众,刑罚不滥;就最高统治者的个人修养而言,要在一定的法度内行事。《新语·慎微》中说"因天时而刑罚,顺阴阳而运动,上瞻天文,下察人心",《新语·无为》中也说"夫王者之都,南面之君,乃百姓之所取法则者也,举措动作,不可以失法度"。这里的"法度"就是按既定的政治规则去治事。只要躬行无为之道,自我约束和对自己的行为负责,尚德轻刑,使臣民各安其事,就可以达到理想的"至德"之世。陆贾无为而治的经济伦理思想在一定程度上适应和改善了当时统治阶层与老百姓之间的关系,从而促进了汉初社会经济的稳定和发展。

---

① 《新语·本行》。

（三）得之于民的重民思想

陆贾继承了先秦时期的民本思想，通过总结历史经验，提出了丰富的重民思想。

陆贾认识到政权得失、国家治乱的根本在于民心向背。他从亲身经历的秦亡汉兴这一政权更迭的历史过程中看到了老百姓（即"民"）的力量，认为"得民"还是"失民"是国家社稷能否长治久安的关键所在。《新语·至德》中说："欲建国强威，辟地服远者，必得之于民。"陆贾认为"怀道者众归之，临刑者民畏之"①乃天地之性，是万古不变的普遍法则，所以要得民心就须"治以道德为上，行以仁义为本"②。陆贾力倡要以德化民，强调只有重视道德的教育和感化作用，才可能使"民畏其威而从其化，怀其德而归其境，美其治而不敢违其政"③，达到"不罚而畏罪，不赏而欢悦"④的境界。坚甲利兵和严刑酷法无法实现其政，必须尊德任贤，从而"得民心，服远近，成仁义之化"。

陆贾主张君主应节俭省身，节省民力，重农桑，强调对民要"风之以俭"，"君之御下，民奢侈者则应之以俭，骄淫者则统之以理"⑤。强调统治者率先垂范，带头过俭朴的生活，罕兴力役，不仅可以为社会移风易俗树立榜样，而且也可以保证更多的劳力从事农桑之事，老百姓便会丰衣足食，国家也能够长治久安。反之，统治者如果追求骄奢淫逸的生活则必然会大肆征伐，对人民横征暴敛，从而导致民心背失乃至家破国亡的危机。"利绝而道著，武让而德兴，斯乃持久之道，常行之法也"⑥，统治者应施行仁义礼乐教化百姓，"不兴不事之功"，从而"稀力役""省贡献"，以养育民力。

陆贾强调在上位者还要"笃于义而薄于利"，不与民争利。《新语·本行》中说："夫释农桑之事，入山海，采珠玑，捕豹翠，消筋力，散布泉，以极耳目之好，快淫侈之心，岂不谬哉？"他认为统治者与民争利是荒谬的，并以历

---

① 《新语·至德》。
② 《新语·本行》。
③ 《新语·无为》。
④ 《新语·无为》。
⑤ 《新语·无为》。
⑥ 《新语·怀虑》。

史上鲁庄公穷奢极欲,苛捐杂税剥削百姓而导致人亡国危的事实规劝统治者一定要谨守仁义道德,而不可贪图民利。陆贾关于重民的经济伦理思想注意到了民心向背的重要性,有利于和缓君民关系,减轻老百姓劳役负担,发挥其生产的积极性,对社会经济的稳定和发展有着积极意义。

陆贾思想以儒家仁义道德为本,并吸收道家、法家经济伦理思想因素,为汉初以仁义道德为基础的制度建设提供了比较坚实的价值支撑,同时也和汉初黄老政治关于与民生息、轻刑薄赋、省事节用的社会实践相结合,促进了汉初社会政治经济的稳定与发展。他的经济伦理思想对于后世,尤其是董仲舒经济伦理思想的形成和发展具有很大影响。

二、贾谊的经济伦理思想

贾谊(前200—前168),是西汉初期著名的政论家、文学家,作有政论文《过秦论》《论积贮疏》《陈政事疏》(《治安策》)等,辞赋有《吊屈原赋》等。贾谊总结秦亡原因,分析各种社会矛盾,提出重农抑商、先义后利、以义制利的经济伦理思想。

(一) 重农抑商

贾谊继承法家的重农经济伦理思想,主张富安天下、以富安国的根本对策就是重农抑商。国家富裕,主要是指国家拥有更多的粮食积蓄,也就是要"粟多而财有余"。贾谊认同管仲"仓廪实而知礼节,衣食足而知荣辱"的思想,认为一个国家能否有充足的粮食积贮,是关系到国家安危和社会稳定的重大问题,而储蓄粮食的根本对策就在于实行重农抑商。

贾谊说,"夫积贮者,天下之大命也"①。"积贮",就是屯积五谷,以防备水旱兵灾。他指出,西汉建国近四十年,由于"生之者甚少而靡之者甚多"②,"公私之积,犹可哀痛"③,国家会有因粮食匮乏而覆亡的危险。他认为积贮

① 《汉书·食货志上》。
② 《汉书·食货志上》。
③ 《汉书·食货志上》。

可以防备灾荒,不积贮粮食则有危害:一旦发生旱灾,国家无力赈灾;万一边境有急,国家无法筹粮;这样"兵旱相乘,天下大屈"①,一旦有人聚众作乱,后果不堪设想。因此,为了内安社稷、外御强敌,储备充足的物资就很紧要了。同时,他也从正面指出"苟粟多而财有余,何为而不成""怀敌附远,何招而不至"的大利。他还进一步提出了"今驱民而归之农,皆著于本,使天下各食其力"②的具体办法。

（二）先义后利、以义制利

贾谊通过分析秦王朝的过失,提出先义后利、以义制利的思想,指出治理天下要施仁术。他认为,只有施行"仁政"才能安民众,用礼义教化百姓,从而才能实现政治稳定、天下大治。贾谊在《大政》一文说:

　　故欲以刑罚慈民,辟其犹以鞭狎狗也,虽久弗亲矣。故欲以简泄得士,辟其犹以弧怵鸟也,虽久弗得矣。故夫士者,弗敬则弗至。故夫民者,弗爱则弗附。故欲求士必至、民必附,惟恭与敬、忠与信,古今毋易矣……

　　夫民之为言也,暝也;萌之为言也,盲也。故惟上之所扶而以之,民无不化也。故曰民萌。民萌哉,直言其意而为之名也。夫民者,贤、不肖之材也,贤、不肖皆具焉。故贤人得焉,不肖者伏焉,技能输焉,忠信饰焉。故民者积愚也……

　　夫民者,诸侯之本也;教者,政之本也;道者,教之本也。有道然后教也,有教然后政治也,政治然后民劝之,民劝之然后国丰富也。故国丰且富,然后君乐也,忠臣之功也。臣之忠者,君之明也。臣忠君明,此之谓政之纲也。故国也者行之纲,然后国臧也③。

西汉建立初期,整个社会疏于礼法,上下尊卑不分,亟需重建社会秩序。贾谊说,"近习乎形貌,然后能识,则疏远无所放,众庶无以期,则下恶能不疑

①《汉书·食货志上》。
②《汉书·食货志上》。
③《新书·大政下》。

其上？君臣同伦,异等同服,则上恶能不眩其下?"①

先义后利、以义制利,首先需要建立等级尊卑秩序,以利于社会的稳定与安全。贾谊说:"卑尊已著,上下已分,则人伦法矣。于是主之与臣,若日之与星。臣不几可以疑主,贱不几可以冒贵。下不凌等,则上位尊;臣不逾级,则主位安。谨守伦纪,则乱无由生。"②"古者圣王制为列等,内有公、卿、大夫、士,外有公、侯、伯、子、男,然后有官师、小吏,延及庶人,等级分明,而天子加焉,故其尊不可及也。"③礼义就是用来确立上下尊卑的等级观念的。

以礼义治国,而不是处处言利,才能维护西汉王朝的社会等级秩序,从而达到巩固王权、长治久安的目的。贾谊指出"贵贱有级,服位有等。等级既设,各处其检,人循其度……是以天下见其服而知贵贱,望其章而知其势,使人定其心,各著其目。"④

贾谊先义后利、以义制利的经济伦理思想和治理天下施仁术的施政理念,为上接受,对现实政治产生了深远的历史影响。

陆贾、贾谊的德性主义经济伦理思想,以儒为宗,融合道、法。虽然其思想并未成熟而存在着杂糅诸子的痕迹,却是汉代儒学复兴经济伦理思想形成过程中的一个阶段,他们也因之成为其中承前启后的重要人物。

第三节 "文景之治"的经济伦理思想

汉初黄老思想提倡清静无为。黄老道家"无为而治"的经济伦理思想,主张官府清静无为,实行少干预或不干预政策,以便社会经济、政治、文化等各个方面能够得到自由发展。汉初七十年,经济伦理思想成就斐然:政治清明、经济繁荣、文化复兴,社会秩序安定,民风淳厚,一派太平盛世景象。

---

① 《新书·等齐》。
② 《新书·服疑》。
③ 《新书·阶级》。
④ 《新书·服疑》。

一、文景盛世"与民休息"的经济政策

文景时期，国家进一步倡导以农为本，推行"轻徭薄赋""约法省禁"的经济政策，"与民休息"，社会生产逐渐得到恢复和发展，史称"文景之治"。

这一时期，黄老无为而治的"自然主义"倾向的经济伦理思想强调"明法"，实行"约法省禁"，主张法律不可轻废。所谓"明法"，是指法律要明确，要公布于天下，使民众了解法、懂得法，从而在行为上知所趋避。其具体表现是"约法省刑""罚不患薄"，希望统治者能够吸取秦朝灭亡的教训，刑法上宽简从轻。

汉初采用黄老思想，一度实现了社会稳定和经济发展。但随着社会经济的发展，其弊端也开始显露出来。黄老思想坚持清静无为，使得封建等级权威被削弱；推崇无为而治，对诸侯王采取纵容态度，致使后者势力日益膨胀，乃至发生叛乱。其对经济的自由放任，也使社会上出现了腐败之风，一些不良商人与地方官吏勾结，大量侵吞国家财产，并垄断国家的经济命脉。在文帝十一年前后，汉文帝在贾谊、晁错等大臣的极力劝阻下终于抛弃了黄老道家经济伦理思想，奉行积极有为的儒家经济伦理思想。景帝即位后也采取了一系列积极有力的措施，才扭转了汉初奉行无为思想所造成的凋敝、混乱局面，出现了繁荣昌盛的"文景之治"。

二、汉文帝的经济伦理思想

汉文帝刘恒是刘邦庶子，封国在今山西中部，当时属偏僻边区，远离政治中心。刘恒得到太尉周勃、丞相陈平等功臣集团和刘氏宗室的一致赞同即帝位，深明君道，很有政治才能。他的统治为汉王朝的巩固发展奠定了基础，在两千多年的封建政治史上也颇具特色，文帝时期也被史家称颂为可以同西周的成康媲美的治世。在国家治理、促进经济发展方面，汉文帝提出了轻徭薄赋、以农为本、崇尚俭朴等经济伦理思想。

（一）轻徭薄赋

汉文帝重视农业生产,为促进农业经济发展,提出了轻徭薄赋的经济伦理主张并加以推行,促进了社会经济活力的恢复。当时,社会上已出现"法律贱商人,商人已富贵矣;尊农夫,农夫已贫贱矣"[1]的现象。对此,文帝提倡"以农为本",多次发布政令劝农,以发展农业经济。文帝一再强调:"农,天下之大本也,民所恃以生也。"[2]他恢复古代的"籍田礼",带头种田,鼓励农耕。同时,多次减免田租,有时减一半,有时全免,口赋和徭役也减少三分之二。此外,还裁减警卫,压缩皇室马匹调去资助政府驿站,赦免宫女奴婢为庶人,以及赏赐孤寡老人等。

（二）崇尚俭朴

汉文帝崇尚俭朴的经济伦理思想体现在两个方面:第一,减轻租赋徭役,有效控制政府财政开支。他在位二十二年中,没有新建宫室苑囿,还经常撤掉旧有的苑囿将土地赐予贫民。平时节省宫廷生活费用,修建陵墓也不用金银贵重物品殉葬,只用些陶器,建筑也尽量省工。临死前下遗诏说,天下万物有生就有死,不必过于悲伤。丧事一切从简,还将大部分宫女放回家。第二,坚持保境安民的原则,尽量避免用兵作战。曾有将军建议出兵,恢复秦王朝时疆土。文帝却说打仗是凶险的事情,纵使能够获胜损耗也很大,民众受不了,他只希望边境和平安宁,暂不考虑用兵。他曾派陆贾出使南越,通过交涉折服了割据南方自号"武帝"的赵佗,使其纳贡称臣不再扰边。又采纳晁错的建议移民充实北部边区,加强对匈奴的防御力量。由于他采取守势,努力减少军事活动,人民的徭役负担大大减轻,有可能安心生产,社会经济逐步恢复发展,粮食价格降到十多钱一石,全国呈现一派和平繁荣景象。

---

① 《汉书·食货志》。
② 《汉书·文帝纪》。

（三）约法省禁

汉文帝在恢复经济的同时，注重"惩恶亡秦之政，论议务在宽厚"（《汉书》卷二三《刑法志》），施行"约法省禁"的政策。他废除和修改了一些严刑苛法，如文帝元年曾废除一人犯罪，父母家属连坐的法令；二年废除诽谤妖言罪；十三年废止割鼻、断足等残害肢体的肉刑，代之以笞刑。文帝规定罪犯服劳役有一定的刑期，凡不逃亡而服刑期满的，可免为庶人。这改变了自古以来"万民之一有过被刑者终身不息，及罪人欲改行为善而道亡繇至"①的传统制度，是爱护社会劳动力的一项重大改进。

文帝君臣强调教化，这个时期，许多官吏断狱从轻，不求细苛，以至于有"刑轻于它时而犯法者寡"（《汉书》卷五一《贾山传》），"断狱数百，几致刑措"（《汉书》卷四《文帝纪》）之说。这同秦王朝末年"图圄成市"，"赭衣半道，断狱岁以千万数"的残酷景象形成鲜明对比，也正是"文景之治"得以出现的条件。

三、汉景帝"清静无为"的经济伦理思想

汉景帝推崇黄老道家，主张清静无为，给老百姓相对自由的发展空间，民生渐渐得到了恢复发展。汉王朝建立后，加强中央集权，对封建割据势力进行了一系列斗争，巩固了统一的局面。而封国的存在，对中央集权是个离心力。随着社会经济的恢复和发展，诸王的势力日益膨胀，"夸州兼郡，连城数十，宫室百官同制京师"（《汉书》卷一四《诸侯王表》）。诸王掌握着封国内的赋税征收、官吏任免、钱币铸造等政治经济大权，日益骄横，"出入拟于天子"，甚至"不听天子诏"，时刻想举兵夺取皇位。平定七国之乱后，景帝"抑损诸侯，减黜其官"（《汉书》卷一四《诸侯王表》），把王国的行政权和官吏的任免权全部收归中央，"令诸侯王不得复治国"（《汉书》卷一九《百官公卿表》），不能掌握政权和军队，诸侯王国实际上变成了和中央直接统辖的郡一样的地方政权，从而加强了皇权。

---

① 《汉书·刑法志》。

景帝很注意发展农业生产。他下诏允许农民自由迁徙到地广人稀地区去从事垦殖。正式确定田租税率为三十分之一,又比过去减少一半。规定男子二十岁开始服徭役,比过去推迟了几年。这些政策都有助于农业生产。公元前167年七月,文帝下诏"除民田之租税"(《汉书》卷四《文帝纪》);公元前156年六月,景帝"令田半租"(《汉书》卷五《景帝纪》),即三十税一,成为汉朝的定制。文景时又减少地方的徭役、卫卒,停止郡国岁贡,开放山泽禁苑给贫民耕种,并颁布了赈贷鳏寡孤独的法令。这些措施的施行,减轻了农民的负担,农民生活得以相对安定。文景之世,"流民既归,户口亦息"(《汉书》卷一六《高惠高后文功臣表序》);粮价大大降低,谷至石数十钱,上下饶羡,社会经济得到恢复。

黄老经济伦理思想既对汉初社会稳定、经济发展起到了一定的积极作用,也有一定的时代局限性。黄老思想坚持清静无为、与民休息的策略主张,在促使生产、经济和民生有一定恢复发展的同时,也使得封建等级权威被削弱。维护封建社会秩序的重要手段就是等级制,它是封建伦理制度的核心内容。但是汉初提倡黄老经济伦理思想,推崇无为,对诸侯王采取纵容态度,致使其势力日益膨胀。另外,汉初黄老经济伦理思想也在一些地方导致了经济的自由放任,出现了腐败的社会风气。一些不法商人与地方官吏勾结,大量侵吞国家财产,并垄断国家的经济命脉。同时,黄老思想的无为而治也使朝廷对匈奴采取消极避让政策,致使匈奴不断南侵。由于奉行黄老思想而引起的各种社会矛盾和消极结果,连一些崇尚黄老之学者也看出来了。所以这个时候及稍后出现的黄老之学不再一味强调"无为",而是强调应顺事物发展规律而为。在文帝十一年前后,汉文帝在贾谊、晁错等大臣的极力劝阻下,终于放弃了黄老之道,奉行积极有为的儒家经济伦理思想。景帝即位后采取一系列积极有力的措施,扭转了汉初奉行无为思想所造成的凋敝、混乱局面,造就了繁荣昌盛的文景之治。

汉初黄老经济伦理思想融会贯通战国诸子百家经济伦理思想,"无为而治""与民休息"的主张在汉初具有一定的社会适应性和时代局限性。但是黄老经济伦理思想由学术到政治,由学术到经济,对稳定汉初社会秩序,促进汉初社会经济的发展确实起到了一定的积极作用。从高祖刘邦总结秦亡教训,行黄老无为政治,采取"与民休息"政策,到文景时期倡导以农为本,进一步推行"轻徭薄赋""约法省禁",出现了汉王朝第一个治世——文景之治。

第三章

儒学中兴时期今文经学的经济伦理思想

汉代是经学昌明的时代,经学又首先以隶书写成且被尊为官学的今文经典为主干。汉初承秦制,儒家经书在口耳传授之际逐步以汉代通行的隶书体文字写成,若干儒学经典也开始在西汉政府中得立为学官,其中经学博士官在汉文帝时立有三位,是传《诗经》的博士申培公、韩婴,以及传授书经的伏生的弟子欧阳生。汉景帝时,设三个博士官,即《诗》博士辕固生、《春秋》博士董仲舒及胡母生。儒家经学的研究成为当时官方所重的唯一学术。博士学者在师承传授下进行经学研究,其所依之典籍为西汉隶书文字新编之儒经。他们在对经学之解释及对政府体制、经济政策之意见上,与后来发展出的另一批古文经学研究者的观点多有不同,两派较竞,形成了两汉学术史上的今、古文经学之争。用秦以前六国文字书写的经书称为古文经,古文经学者为与今文经学者区分,遂自称为古文经学学派,并称对方为今文经学学派。

经学包含着丰富的经济伦理思想,相对于先秦而言,经学中的经济伦理思想是承前启后的学术思想创造,是经济伦理思想史上的一个重要发展阶段。千百年来,中国政治经济社会的基本格局,都由两汉奠定。两汉文化、政治、经济、道德以经学为中心,经学是两汉学术的骨干,也是支持、规整两汉政治、经济的精神力量。今文经学又是经学的中坚,儒家的经济思想影响了经学经济伦理思想的价值取向。今文经学对经济伦理问题的探讨,一直是与财富、生产、消费等概念本身及其发展规律的理论探讨联系在一起的。今文经学讨论经济问题,将其置于社会伦理关系之下,从天道、仁义、人伦、等级、治道等方面讨论物质财富的占有、生产、交换、分配和消费等问题,今文经学的经济思想实质上就是一种伦理经济思想。

第一节 董仲舒今文公羊学的经济伦理思想

董仲舒(前 179 —前 104),广川郡(今衡水景县广川镇大董古庄)人,西汉思想家、政治家、教育家。汉武帝元光元年(前 134),下诏征求治国方略,董仲舒应诏在《举贤良对策》中提出"天人感应""大一统"学说和"罢黜百家,表彰六经"的主张。汉武帝元光元年起,董仲舒任江都易王刘非国相 10 年;

元朔四年(前125),任胶西王刘端国相,4年后辞职回家,著书立说,朝廷每逢大事,都让使者及廷尉到他家询问意见。汉武帝太初元年(前104),董仲舒病逝。西汉"推明孔氏,抑黜百家,立学校之官,州郡举茂材孝廉,皆自仲舒发之"①。《春秋繁露》十七卷是董仲舒专治春秋《公羊传》、阐释《春秋》大义之作,系后人辑录董仲舒遗文而成书,书名为辑录者所加,隋唐以后才有此书名出现。最早的《春秋繁露》版本,是南宋嘉定四年(1211)江右计台刻本。书名为"繁露",《四库全书总目》云:"繁或作蕃,盖古字相通,其立名之义不可解。"《中兴馆阁书目》谓"繁露,冕之所垂,有联贯之象;《春秋》比事属辞,立名或取诸此,亦以意为说也。"《汉书·艺文志》言《公羊董仲舒治狱》十六篇,《汉书·董仲舒传》载"《玉杯》《蕃露》《清明》《竹林》,皆为所著书名,数十篇,十余万言"。《四库全书总目》认为"书虽未必全出仲舒,但其中多根极理要之言,非后人所能依托"。董仲舒继承先儒传统,吸收诸子智慧,对汉代社会经济问题的主要方面都进行了阐述,他的经济伦理思想涉及天人感应之学,而以义利论、经济关系和仁政德治诸方面的分析和阐述为主。

一、经济伦理思想的依据和目标

董仲舒在《举贤良对策》中认为"道之大原出于天"②,自然、人事都受制于天命,因此反映天命的政治秩序、经济理性和政治思想都应该是统一的。董仲舒有儒的民本主义思想情怀,同时在汉代又维护汉武帝的集权统治,为汉代社会政治统一和经济发展作出了一定的贡献。董仲舒是西汉公羊学派的宗师,以治《春秋》为主业,他认为"春秋,大义之所本也"③,以为"不学春秋,则无以见前后旁侧之危,则不知国之大柄"④。董仲舒经济伦理思想的各个方面,就是通过研究、分析和阐述《春秋》大义而提出的。董仲舒经济伦理思想的立足点是现实社会,他以理想社会的标准来批评和要求改进现行的制度,从"天意"和《春秋》中寻找理论依据,为他的经济伦理思想确立理论前

---

① 《汉书·董仲舒传》。
② 《汉书·董仲舒传》。
③ 《春秋繁露·正贯》。
④ 《春秋繁露·俞序》。

提、基础和目标。

　　董仲舒伦理思想的基础是"天人感应"说,这个学说是继承发展先秦儒家的天命论,同时吸收阴阳五行学说而提出的。董仲舒认为,人的结构与天地耦合,成人有骨366节,这与一年之天数相副;人体内有五脏,与五行相副;外有四肢,与四季相副,人与天数相似。"天人同类",有相同的结构、气质和情感,因此可以相互感应。① 这里的"天"是人按照宇宙的客观程序拟制的,作为上帝的"天"是"圣人"按照自己的主观意图造作出来的。以此为基础建立的思想体系显然是颠倒了的世界观,是神学目的论的形式。

　　"天"有时泛指那种没有物质内容的数的总和,董仲舒说:"天、地、阴、阳、木、火、土、金、水、九,与人而十者,天之数半也"②,其中心思想是"道之大原"所从"出"的"天",显系有神圣性的上帝。董仲舒迎合"大一统"的帝国所应有的"大一统"的世界雄图,把"天"妆点成至高无上、主宰人间、有人格、有道德意志的神。汉武帝在天人对策中向董仲舒所发的问题,其中就包括了答案:

　　　　三代受命,其符安在? 灾异之变,何缘而起? 性命之情……未烛厥理……何修何饬,而膏露降、百谷登?③

　　宇宙内的一切,从自然、社会以至人类,都是照着天的目的意志而显现的。董仲舒的"天"不是作为自然而然的存在去理解的,天的自然性被赋予目的性。董仲舒以神学家的思想和头脑解释道:"天"之所以赋予它自身以这样的形象和本性,正足以证明"天"有一个目的,甚至这个目的之内还含有道德的动机。

　　　　天高其位而下其施,藏其形而见其光。高其位,所以为尊也;下其施,所以为仁也;藏其形,所以为神也;见其光,所以为明也。故位尊而施仁,藏形而见光者,天之行也。④

　　"天"有一个使自己"尊"的目的即无形,证明"天"有一个使自己"神"的

---

① 《春秋繁露·人副天数》。
② 《春秋繁露·天地阴阳》。
③ 《汉书·本传》。
④ 《春秋繁露·离合根》。

目的。有光，证明"天"有一个使自己"明"的目的。这就把自然的天加以目的化，使之成为宗教的"天"。按照"圣人法天"的公式，董仲舒立即由天国转到人间，由上帝转到人主：

> 为人主者法天之行，是故内深藏所以为神，外博观所以为明也，任群贤所以为受成，乃不自劳于事，所以为尊也，泛爱群生，不以喜怒赏罚，所以为仁也。①

> 天积众精以自刚，圣人积众贤以自愿，天序日月星辰以自光，圣人序爵禄以自明。②

董仲舒从"天"的目的意志中找到了人主所应遵循的道德法，而从人主所需要的道德法中又可窥见"天"的目的和意志。因此，在宇宙观上，董仲舒由此以"天人相与"的理论论证天、人相通，认为人的形体是按照天的形体构造的，人的道行、喜怒哀乐，以及国家的庆、赏、刑、罚，都同天有密切的关系。董仲舒说：

> 人之德行化天理而义，人之好恶化天之暖清，人之喜怒化天之寒暑。③

> 天地之生万物也，以养人。故其可食者以养身体，其可威者以为容服。④

天本无目的可言，在自然界只存在因果关系。天有目的之说，便于统治者假借天的目的来推行自己的主张。从"天人感应"的神学目的论出发，董仲舒认为君权是神授的。

> 德侔（相等）天地者称皇帝，天佑而子之，号称天子。⑤
> 天子受命于天，天下受命于天子。⑥

皇帝奉天之命统治人间，至高无上，这就是说"为人主者，居至德之位，

---

① 《春秋繁露·离合根》。
② 《春秋繁露·立元神》。
③ 《春秋繁露·为人者天》。
④ 《春秋繁露·服制象》。
⑤ 《春秋繁露·三代改制质文》。
⑥ 《春秋繁露·为人者天》。

操生杀之势"①,民众就应无条件地忠于他。而君权过重,则将危害社会,因而董仲舒又发明阴阳灾异说。他认为,君主为政有失,天就出现灾害,以示谴责与警告;如果不知悔改,就出现怪异来使之惊骇;若是不知畏惧,大祸就临头了。

天人感应说的合理性成分在于,董仲舒看到了人和自然之间存在着某些关系。当时天文、物理和医学的发展发现了自然界特别是同类物之间相互感应的现象,例如"马鸣则马应之,牛鸣则牛应之";天气变化对人体的某些影响,"天将阴雨,人之病故为之先动,是阴相应而起也"②。董仲舒利用这些自然现象之间的相互感应,论证了其天人感应的理论。

董仲舒的理想社会是"大一统",并认为"大一统"是《春秋》的根本含义。他说:"春秋大一统者,天地之常经,古今之通谊也。"③《春秋》最重"元","谓一元者,大始也。"④"元",是大一统的开始,"唯圣人能属万物于一而系之元"⑤,因此他希望圣人能成就大一统的功业。董仲舒在贤良文学对策中向汉武帝提出"推明孔氏,抑黜百家"的建议,主张"诸不在六艺之科、孔子之术者,皆绝其道,勿使并进"⑥。这项建议的提出并被采纳有其必然性。秦朝统一中国后,焚书坑儒,最终不能完成真正从思想上统一封建国家、建立稳定社会秩序的历史任务。董仲舒以类似于"汉兴循而未改"⑦的言辞,提醒当政者,他说:"今师异道,人异论,百家殊方,指意不同,是以上亡以持一统……臣愚以为诸不在六艺之科……者,皆绝其道,勿使并进。邪辟之说灭息,然后统纪可一而法度可明,民知所从矣。"⑧如果思想不统一,则会导致"上亡以持一统,法制数变,下不知所守"⑨的结果。因此,治国之君必须掌握统一学说,使"邪辟之说灭息,然后统纪可一,而法度可明,民知所从矣"⑩。董仲舒

① 《春秋繁露·威德所生》。
② 《春秋繁露·同类相动》。
③ 《汉书·董仲舒传》。
④ 《春秋繁露·玉英》。
⑤ 《春秋繁露·重政》。
⑥ 《汉书·董仲舒传》。
⑦ 《汉书·食货志上》。
⑧ 《汉书·董仲舒传》。
⑨ 《汉书·董仲舒传》。
⑩ 《汉书·董仲舒传》。

以儒学作为安邦定国的理论基础,从稳定社会秩序、巩固封建国家政权出发,适应了历史发展的大趋势,也顺应了当时社会的需要,从而奠定了封建大一统国家的思想和文化根基。

二、"义利兼取"与"义以为上"

义与利是先秦儒家伦理思想中重要的讨论范畴,也是重要的经济伦理范畴。先秦儒学讨论经济问题离不开基本伦理规范,不舍弃"利"来言"义"。也就是说,儒家的传统是不单从"利"的角度谈论经济问题,更主要从伦理规范等方面、从"义"的角度来讨论如何规范经济行为,认为"义""利"抉择是经济生活中值得关注的重要理论和实践问题。伦理规范制约经济行为,例如,孔子就强调基本伦理规范对经济活动的影响作用,他说:"富与贵,是人之所欲也,不以其道得之,不处也;贫与贱,是人之所恶也,不以其道得之,不去也。"[1]又说:"不义而富且贵,于我如浮云。"[2]这里的"道"就具有规范的意义。孔子有着明显的重视"义"的倾向,认为认识和处理好"义"和"利"的关系,严辨义利,是经济生活中的一个重要问题。先秦儒家学者及其他各学派对此都有不同的看法,对此不断有争议,形成了义利之辨。孔子的经济伦理思想对不同阶级的人有不同的标准和要求,例如说:"君子喻于义,小人喻于利。"[3]士、知识分子重视伦理规范,提出对民众要重视生产技能、作用以及他们的物质利益。孔子还说:"君子谋道不谋食"[4]"所重民(小人)、食、丧、祭"[5],提出"足食、足兵、民信之矣"[6]。这里无轻视劳动、生产之意,只不过认为劳动和生产应由"小人"(普通人)去做罢了。

孟子的经济伦理观点也很有特色,突出在治国理政中恰当发挥义与利的作用方面,例如他说:"仁义而矣,何必曰利"[7]。他把孔子的"君子喻于义、

①《论语·里仁》。
②《论语·述而》。
③《论语·里仁》。
④《孟子·滕文公上》。
⑤《论语·尧曰》。
⑥《论语·颜渊》。
⑦《孟子·梁惠王上》。

小人喻于利"的观点进一步发展成"或劳心,或劳力;劳心者治人,劳力者治于人;治于人者食人,治人者食于人。天下之通义也"①。于是,先秦儒家关于经济伦理的一般观点就进一步发展成关于脑力劳动和体力劳动之间存在着不同社会分工并由劳力者创造物质财富,而由劳心者管理财富、分配财富的基本论点了。

董仲舒对先秦儒家思想有深切地领会,他继承和发展了孔孟的义利观,比较全面和深入地论述了义、利问题。董仲舒针对当时江都易王刘非有野心,想寻求一己之私利,侵害国家天下之公利,提出"正其谊(义)不谋其利,明其道不计其功"②。这里的义、利思想中,"利"是私利,而"谊(义)"则包含了公利,他的目的并不是只要民众讲义、不要民众讲利,以至要取消物质利益。他的基本观点是要求统治者讲义,重视物质利益尤其是关心民众的物质利益。董仲舒主张行仁政,他对于"利"的认识有独特的内涵。

第一,"利"指人所拥有的、维持生活的一般的物质利益。董仲舒说:"天之生人也,使之生义与利。"③义、利是一种客观存在,上合天理(自然规律)、下合人情(人性需求)。"利以养其体""体不得利不能安"④,而养体、安体之"利"就是一般的生活资料、物资财富,为生活所必需,是社会生存发展不能缺少的资料。董仲舒讲"利",总要与"天"论相联系,从"天"的角度来说明"利"之存在的必然性,如说:

> 天生五谷以养人。⑤
> 五谷,食物之性也,天之所以为人赐也。⑥
> 天地之生万物也以养人。⑦
> 天之常意在于利人。⑧

五谷在内的一切"利"都是因人而来,自然、人世间的"生育养长,成而更

①《孟子·滕文公上》。
②《汉书·董仲舒传》。
③《春秋繁露·身之养重于义》。
④《春秋繁露·身之养重于义》。
⑤《春秋繁露·止雨》。
⑥《春秋繁露·祭义》。
⑦《春秋繁露·服制》。
⑧《春秋繁露·止雨》。

生,终而复始",都是为"利活民者无已"①。这里强调"天"、人与"利"的关系,也就是在强调"天"给人以"利",人之有"利"、人之不可缺"利"、人之求"利"是自然需要,属客观必然。"天常以爱利为意,以养长为事"②,因此"天虽不言,其欲赡足之意可见也"③。圣明君主,正是"见天意之厚于人也,故南面而君天下,必以兼利之"④,因此董仲舒要求应重视民众的利益,以爱利天下为意,以安乐一世为事。

第二,"利"有公利和私利之分。公利不同于私利,董仲舒把公利提升到"义"的高度来认识,他认为维护天下之公利,为公利作贡献,以维护公利,是符合"义"的原则和要求的。由此,董仲舒提出"为天下兴利"、公利受赏的思想。

> 量势立权,因势制义,故圣人之为天下兴利也,其尤春气之生草。⑤
>
> 有功者赏,有罪者罚;功盛者赏显……不能致功,虽有贤明,不予之赏。⑥

基于公利和"义"的紧密联系,董仲舒在经济伦理主张中提倡大兴天下之公利,主张以功(公)利标准来考核国家官吏。私利也可分为食禄者的私利和百姓的私利。董仲舒主张抑制食禄者的私利,保障老百姓的私利,推广实施教化,让他们也懂得"义"。义、利各有所归,孔子说:"君子喻于义,小人喻于利";⑦孟子说:"夫以百亩之不易为己忧者,农夫也。"⑧董仲舒认为:"夫皇皇求财利常恐乏匮者,庶人之意也;皇皇求仁义常恐不能化民者,大夫之意也。"⑨这种义、利分归是儒家一脉相承的思想。君子行仁行义,只有小人才是求财求利的,食禄者的私利自然要受到抑制。因此,董仲舒反对食禄者与民争利,提出"不与民争利"的道德准则和"盐铁皆归于民"等惠民政策主

---

① 《春秋繁露·诸侯》。
② 《春秋繁露·王道通三》。
③ 《春秋繁露·诸侯》。
④ 《春秋繁露·诸侯》。
⑤ 《春秋繁露·考功名》。
⑥ 《春秋繁露·考功名》。
⑦ 《论语·里仁》。
⑧ 《孟子·滕文公上》。
⑨ 《汉书·董仲舒传》。

张,目的就是要保有人民的私利。在教化观念上,董仲舒发挥孔子"食之教之"的思想,主张先"饮之食之",而后"教之诲之","先饮食而后教诲,谓治人也"①。如果不保证百姓的私利,那么教化也是无法实行的。如果百姓对私利无所好,那么君主、食禄者的政权也就无效了,这就是所谓的"民无所好,君无以权也"②。

"义"在董仲舒的公羊春秋学思想中是《春秋》之大义所在,依此而论,"义"的内涵涉及道德规范和准则,凡是符合仁、礼、忠、恕、信、教化、仁政、德治等行为的规范和准则都有"义"可言,"义"当然也包括人们在生活中应遵循的、正确而必要的、属于"人之正路"③的原则。董仲舒有多方面的具体论说,例如:

> 大义不越等,贵贱如其伦,义之正也。④

> 夫德不足以亲近,而文不足以来远,而断之以战伐为之者,此固春秋之所疾已,皆非义也。⑤

> 《春秋》立义:天子祭天地,诸侯祭社稷,诸山川不在封内不祭。有天子在,诸侯不得专地,不得专封,不得专执天子之大夫,不得舞天子之乐,不得致天子之赋,不得适天子之贵。⑥

> 鲁隐之代桓立,祭仲之出忽立突,仇牧、孔父、荀息之死节,公子目夷不与楚国,此皆执权存国,行正世之义,守惓惓之心,《春秋》嘉气义焉,故皆见之,复正之谓也。⑦

> 教,政之本也;狱,政之末也。⑧

> 教化不立而万民不正也。⑨

> 夫上下之化,下之从上。⑩

---

① 《春秋繁露·仁义法》。
② 《春秋繁露·保位权》。
③ 《孟子·离娄上》。
④ 《春秋繁露·精华》。
⑤ 《春秋繁露·竹林》。
⑥ 《春秋繁露·王道》。
⑦ 《春秋繁露·王道》。
⑧ 《春秋繁露·精华》。
⑨ 《汉书·董仲舒传》。
⑩ 《汉书·董仲舒传》。

化大行故法不犯，法不犯故刑不用。①

君子笃于礼，薄于利。②

国之所以为国者，德也。③

为政而任刑，谓之逆天，非王道也。④

圣人之道，不能独以威势成政，必有教化。⑤

"义"是重要的经济伦理范畴，其意思涉及相当广泛，体现在如下几个方面的具体含义之中：

第一，对人的"求利"本性施行公利教化。董仲舒从"天"的角度说明"利"存在的必然性，从人性的角度谈"利"及明确"义"与"利"的关系，从而引出他的教化、等级思想和义重于利的结论。追求私利是人的本性，董仲舒说："夫万民之求利也，如水之走下。"⑥但如果放任个人追逐私利，必会导致损害社会公利。在如何防止这种情况方面，教化比法律更重要。追逐私利，放任则如流水，如果不用教化加以提防，则会泛滥成灾。但董仲舒强调提防私利为害并不是要消灭人的私利，而是防止求利行为对公利的侵害和对社会的破坏。董仲舒引孔子的话说："导之以政，齐之以刑，民免而无耻。"⑦各种教育"渐民以仁，摩民以谊，节民以礼"，达到"教化行而习俗美"，虽然"刑罚甚轻"，但"禁不犯"⑧。理想的行仁讲义的人道社会，不仅是讲教化，而且更要求统治者以身作则，以自己的表率进行身教。董仲舒认为，形成舍己奉公、有利于国家安定的社会风气和精神面貌，统治者要率先垂范。他引用孔子的话说："君子之德风，小人之德草，草上之风必偃。"⑨董仲舒比喻，如同泥在制陶器的模子中和金属在熔炉里，全靠制作冶炼者的铸造而成器，意思如孔子所说"子欲善而民善矣"⑩。

---

① 《春秋繁露·身之养重于义》。

② 《春秋繁露·王道》。

③ 《春秋繁露·保位权》。

④ 《春秋繁露·阳尊阴卑》。

⑤ 《春秋繁露·为人者天》。

⑥ 《汉书·董仲舒传》。

⑦ 《汉书·董仲舒传》，孔子语见《论语·为政》。

⑧ 《汉书·董仲舒传》。

⑨ 《汉书·董仲舒传》，孔子语见《论语·颜渊》。

⑩ 《论语·颜渊》。

第二,人的"求利"行为应置于等级制秩序之中。人性是好利的,万民求利"如水之走下",因此董仲舒认为必须把求利行为置于等级制的秩序之中,要求按等级秩序应有和许可的求利行为才是道德的,否则就是禁止的。禁止的求利行为必然造成对社会秩序的破坏,造成动乱和纷争。因此,遵守等级秩序也就是最大的"义"。"礼重于身"①,也就是义重于利。遵守等级秩序重于求"利"行为本身。

第三,"不与民争利"的经济施政方略。不与民争利的经济伦理思想完全是儒家"仁义"政治原则的一种具体要求与合理体现。董仲舒对"仁"有至为精当的阐述。他说:

> 仁者,爱人之名也。②
> 仁者,所以爱人类也。③
> 泛爱群生,不以喜怒赏罚,所以为仁也。④

仁政,即"仁"的原则在政治生活和国家政策方面的具体应用,"仁"所针对的对象是"民"即百姓,其主要内容是以"不与民争利"为准则推行经济施政方略。首先,要爱民,君民之间的关系应该是一种水乳交融的仁爱关系,"君者,民之心也;民者,君之体也。心之所好,体必安之;君之所好,民必从之。"⑤因此,"君民者"应"贵孝悌而好仁义"⑥。爱民自然是仁政的根本要求。董仲舒认为,即使三皇五帝般的圣明君主,也不敢有专利之心,而是要对人民竭尽仁爱之情。他赞扬春秋齐顷公"内爱百姓,问疾吊丧",爱民有道的良好政治给他带来"卒终其身""国家安宁"⑦的结果。反之,"失恩则民散,民散则国乱"⑧。国家安宁,必须实行仁政,平政爱民。安民、乐民,要行孝悌,"孝悌者,所以安百姓也。"⑨治人"懂能愿","使人心说(悦)而安之,无使人心

---

① 《春秋繁露·楚庄王》。
② 《春秋繁露·仁义法》。
③ 《春秋繁露·必仁且智》。
④ 《春秋繁露·离合根》。
⑤ 《春秋繁露·为人者天》。
⑥ 《春秋繁露·为人者天》。
⑦ 《春秋繁露·竹林》。
⑧ 《春秋繁露·保位权》。
⑨ 《春秋繁露·为人者天》。

恐"①。"引其天性所好,而压其情所憎",如此就能"倡而民和之,动而民随之"②。"德"就是安民、乐民,"其德足以安乐民者,天予之"③,因此"为人君者"必须"固守其德以附其民"④。其次,要消除暴政。董仲舒总结历史经验教训提出:"圣人者贵除天下之患",⑤百姓最大的"患"就是苛政与暴政,即使他们有作恶犯法行为,也是与苛政、暴政之患有关。因此必须除患,只有"天下者无患,然后性可善"⑥。如果不施教化,用过重的刑罚,就会导致暴政。使用过重的刑罚,会使犯法者越来越多,造成社会动乱。

董仲舒不是一概反对使用刑罚,而是主张教化为先,如有不及者再用刑罚。董仲舒还沿着教化思想,提出用物质经济手段予以赏罚调控,"设赏以劝之""设法以畏之"⑦。他还主张"赏不空施,罚不虚出"⑧,可赏可罚要有事实根据,劝、畏要有具体表示。"以畏罚而不可过也。"⑨关键是罚"不可过",过了就是暴政了。暴政之一是战伐,"春秋爱人而战者杀人"⑩,征战是违背"义"的准则的。过重的赋税徭役等苛政,"苦民尚恶之,况伤民乎;伤民尚恶之,况杀民乎!害民之小者恶之小也,害民之大者恶之大也;今战伐之于民,其为害几何!"⑪对那些不归顺者应"仁义以服之","此春秋之所善也";如果以战伐为之,就是违背道义之行。⑫因为战伐还要区分"义"和非"义"、道与非道,如"夏无道而殷伐之,殷无道而周伐之,周无道而秦伐之,秦无道而汉伐之",都是"有道伐无道,此夫理也"⑬。

董仲舒强调义、利兼顾的经济伦理思想,当义与利两相比较,需要作出抉择时,他又主张以义为上、重义轻利。实际上这种"义"不是对立于"利"的

①《春秋繁露·基义》。
②《春秋繁露·正贯》。
③《春秋繁露·尧舜不擅移汤武不专杀》。
④《春秋繁露·保位权》。
⑤《春秋繁露·盟会要》。
⑥《春秋繁露·盟会要》。
⑦《春秋繁露·保位权》。
⑧《春秋繁露·保位权》。
⑨《春秋繁露·保位权》。
⑩《春秋繁露·竹林》。
⑪《春秋繁露·竹林》。
⑫《春秋繁露·竹林》。
⑬《春秋繁露·尧舜不擅移汤武不专杀》。

他者,义就是"公利"。董仲舒肯定"利以养其体",同时指出"义以养其心",二者不可缺少,各有其用,心不得义不能乐,体不得利不能安。二者相比,"义"重于"利"。因为"体莫贵于心",所以"养莫重于义"。既然"心"贵于"体",那么养心之义就要贵于养体之利。

董仲舒提出"仁""义"的区分,并从道德上区分治人的两个方面,即"以仁安人,以义正我"①。这两个方面都重于安人与养体之利。在这两者之中,"正我"又先于"安人",如果自己不正,还要用义安人,本身就是不义的。可见,在董仲舒的义利思想中,修心养性之义处于最突出的地位。人之所以追求义,正是人之有别于动物的地方,人不是像鸟兽那样"苟为生苟为利而已","天之为人性命",总还要"使行仁义而羞可耻"②。所以,"凡人之性,莫不善义"③,有的人缺乏"义"的行为,是"利败之也"④。这就是说,追求私利而败坏了伦理要求的"公利"。

董仲舒揭露封建官吏贪财忘义的严重问题,统治者恶行诸如苛政、暴政、与民争利、以权谋私等,都是因为重利而轻义,故说"利者盗之本也"⑤。有不少贪官污吏"去理而走邪",是因为"亡义而徇利"⑥。董仲舒对"弃义贪财,轻民命"⑦,贪赃枉法,损公肥私等不义之行怀着愤懑之情。他提出一种社会理想和改良现实的愿望,就是要求重视道德教育、净化社会风气,要求官吏行仁政,廉洁奉公,重义而轻利。"重仁廉而轻财利"⑧"正其谊不谋其利",这是其本心之所在。董仲舒痛击不义之行,出自"诚心"而不是"存心",要求先正我后正人,在他看来这种良心是符合"义"的。对此他自己讲得最明白不过了:"矫者不过其正,弗能直,知此而义毕矣。"⑨

董仲舒肯定"义"具有高于"利"的价值,认为如果人类社会中没有良心友爱、克己奉公等这些广泛的"义",那么,国家将不能长治久安,个人将不能

---

① 《春秋繁露·仁义法》。
② 《春秋繁露·竹林》。
③ 《春秋繁露·竹林》。
④ 《春秋繁露·玉英》。
⑤ 《春秋繁露·王道施》。
⑥ 《春秋繁露·身之养重于义》。
⑦ 《春秋繁露·五行变数》。
⑧ 《春秋繁露·为人者天》。
⑨ 《春秋繁露·玉杯》。

取信自存。如果一个国家、一个社会到了这种地步,那么与其"由其道而胜,不如由其道而败"①,与其"生以辱,不如死以荣"②。正是因为如此,董仲舒才毫不含糊地断定义"大于利而厚于财也"③。人们往往"亡义而徇利,去理而走邪",并非一概是不忠,"则其智之所不能明也","民之皆趋利而不趋义也,固其所暗也"。义为大,利为小,而对普通人来说,"小者易知也,其于大者难见也"④。正是因为如此,国家才需要推行教化,圣人以事明义,以焰耀其所暗。

三、经济关系与等级秩序伦理

经济关系构成社会等级秩序之基础,而社会等级秩序引申相应的伦理纲常,对经济关系产生调节和制约作用。董仲舒所讲的等级伦理是一种纯粹人伦关系上的道德规范,这就是"三纲",是处理君臣、父子、夫妇等伦常关系的一套伦理要求。董仲舒吸取阴阳家学说并将其应用于人伦关系理论,提出了所谓的阳尊阴卑论。他认为,天有阴阳二气,阳主生,阴主杀;阳主德,阴主刑;阳主光明,阴主黑暗;阳主温暖,阴主寒冷;阳主赐与,阴主夺取;阳主欢喜,阴主忧郁;阳主宽厚,阴主威猛;等等。天好生不好杀,好德不好刑,尊阳而卑阴。阴阳二气,功能各异。

> 君臣、夫子、夫妇之义,皆取阴阳之道:君为阳,臣为阴;父为阳,子为阴,夫为阳,妻为阴。⑤
>
> 仁义礼智信五常之道,王者所当修饬也。⑥
>
> 阴者阳之合……妻者夫之合,子者父之合,臣者君之合。⑦
>
> 循三纲五纪,通八端之理,忠信而博爱,敦厚而好礼,乃可谓善。⑧

---

① 《春秋繁露·俞序》。
② 《春秋繁露·竹林》。
③ 《春秋繁露·生之养重于义》。
④ 《春秋繁露·生之养重于义》。
⑤ 《春秋繁露·五行之义》。
⑥ 《汉书·董仲舒传》。
⑦ 《春秋繁露·基义》。
⑧ 《春秋繁露·深察名号》。

> 君臣父子夫妇之义，皆取诸阴阳之道。君为阳，臣为阴；父为阳，子为阴；夫为阳，妻为阴。①

董仲舒关于"三纲五常"的学说是一个完备的体系，从理论上为汉武帝实现稳定的政治统治提供了利器。他明确提出"君为臣纲、父为子纲、父为妻纲"的思想，并附会上阴阳之意和天意来进一步论述其尊卑关系。君臣、父子、夫妇之间的关系是以"阳尊阴卑"②为核心。王道之三纲，可求于天，因此三纲之道是不能改变的。

三纲是实现理想社会等级秩序的总纲，"纲"概括了人们生活中最主要的社会关系，在这三种关系中，父子、夫妇关系是基础。这种对家族宗法伦常关系的强化，是与自给自足的家庭小农经济相适应的。董仲舒认为，"凡物必有合"③。"合"就是相互配合，协调统一；"合"要靠上对下的慈爱和下对上的忠孝。董仲舒强调人与人之间的关系是"合"，提出三纲的根本用意在于维护不同等级人们之间的安定团结和国家社会的和谐稳定。三纲作为封建社会上层建筑的意识形态，它与当时中国社会的经济基础是相适应的。

董仲舒主张用等级秩序的伦理关系来制约和规范人的求利活动，这样的等级规范就是一种经济伦理规范，虽然它的调节对象仍然是人与人之间的一般社会关系，但也包含人与人之间的社会经济关系和人的一切经济行为。董仲舒根据人性求利这一客观情况而提出以德仁实施教化的主张，他的社会经济关系中的等级伦理思想也是建立在这一基础之上的。荀子曾说："人生而有欲，欲而不得，则不能无求；求而无度量分界，则不能不争。"荀子认识到若有一个"度量分界"，就能抑制争夺，而"礼"就是调节物欲的"度量分界"，所以要"制礼义以分之"，使"贵贱有等，长幼有序，贫富轻重皆有称者也"④。在以"礼"约束求利行为这一点上，董仲舒继承了先秦儒家的观点。他指出：

> 好色而无礼则流，饮食而无礼则争，流争则乱；夫礼，体情而防乱

---

① 《春秋繁露·基义》。
② 《春秋繁露·阳尊阴卑》。
③ 《春秋繁露·基义》。
④ 《荀子·礼论》。

者也。①

　　礼者……序尊卑贵贱大小之位,而差外内远近新故之级者也。②

　　君子非礼而不言,非礼而不动。③

　　上下之伦不别,其势不能相治,故苦乱也;嗜欲之物无限,其数不能相足,故苦贫也。④

　　董仲舒把"大富则骄,大贫则忧;忧则为盗,骄则为暴",看作"众人之情"⑤。富人虽然不盗,但能凭"富贵之资"骄矜自恃,横行霸道。造成争乱的不仅是生活不下去的大贫之人,还有那些养尊处优的大富之人。圣明的君主正是洞察到这种"众人之情","见乱之所从生,故其制人道而差上下也"⑥,"别内外差贤不肖而等尊卑也"⑦。董仲舒是把社会人伦关系中的等级规范移植到社会经济关系中来,从而形成社会经济关系中的等级规范。社会经济关系也必须确立一种像家庭伦常那样的人伦等差关系,使每一类人以至每个人的所得都有道德上的明确规定,这样人们就不会为物质利益去争夺厮杀了。如要以乱为治,以贫为富,就"非反之制度不可"。如"弃其度制,而各从其欲",就会"大乱人伦而靡斯财用"⑧,这样,动乱和纷争就难于避免了。董仲舒研究《春秋》大义,认为《春秋》最敬重的是"名分",最反对的是"僭越"。《春秋》规定"亲有尊卑,位有上下",各守其位,"各死其事"而"事不逾矩"⑨。

　　董仲舒极力提倡以等级规范来约束人们的求利行为,这跟他主张以教化来约束人们的求利行为一样,其目的并不是要完全制止和消灭人的物质欲望。虽然他认为"民之情,不能制其欲",要逐渐地"使之变化,目视正色,耳听正声,口食正味,身行正道"。这种等级制规定"非夺之情也,所以安其情也"⑩。他也讲节制欲望,讲等级经济伦理多以节欲论的形式出现,如说

---

① 《春秋繁露·天道》。
② 《春秋繁露·奉本》。
③ 《春秋繁露·天道》。
④ 《春秋繁露·度制》。
⑤ 《春秋繁露·度制》。
⑥ 《春秋繁露·度制》。
⑦ 《春秋繁露·楚庄王》。
⑧ 《春秋繁露·度制》。
⑨ 《春秋繁露·五行相生》。
⑩ 《春秋繁露·天地施》。

"节欲顺行而伦得"①,节的是按等级制规定所不应有的非分欲望,而对符合等级规范的欲望并不是要"节""夺",而是要"安"。圣人治理国家是"因天地之情性,孔窍之所利,以立尊卑之制,以等贵贱之差,设官府爵禄,利五味,盛五色,调五声,以诱其耳目",但"使之有欲,不得过节,使之淳朴,不得无欲,无欲有欲,各得其足"②。等级制规定不是消灭人的物质欲望,而是主张在自己所立足的等级层次上充分地享有应得的经济利益。

大富或大贫导致横行纷争,因此董仲舒立了两条原则:"使富者足以示贵而不至于骄,贫者足以养生而不至于忧",并主张"以此为度而调均之"③。"调均"就必然要"有时损少而益多,有时损多而益少",但基本的标准仍然是"少而不至绝,多而不至溢"④,从而避免"富者奢侈羡溢,贫者穷急愁苦"⑤。他讲的"调均""利可均布",并不是要人人平均、绝对平均,而是一种等级制"平均",即人们只能追求按上下、尊卑这种等级制占有关系所应得的利益,对这些应得利益政府应给予充分满足。

社会经济关系中的等级按上下尊卑关系来划分,因此"虽有贤才美体,无其爵不敢服其服;虽有富家多赀,无其禄不敢用其财",必须"各度爵而制服,量禄而用财"⑥。按照这种上下尊卑关系,"贵贱有等,衣服有制,朝廷有位,乡党有序,则民有所让而不敢争"⑦。社会国家就是通过这种等级制的利益"调均""均布",从而达到有序、和谐与安定的。

四、"不与民争利"的道义准则

董仲舒提出重义轻利的义利论,试图为当时处理经济关系中的等级伦理提供基本的指导性原则,至于具体到处理如何取利、得利这一问题上,落实到现实生活和经济伦理实践,就要解决好国家、食禄者、地主与民众的利

---

① 《春秋繁露·天地施》。
② 《春秋繁露·保位权》。
③ 《春秋繁露·度制》。
④ 《春秋繁露·基义》。
⑤ 《汉书·董仲舒传》。
⑥ 《春秋繁露·服制》。
⑦ 《春秋繁露·度制》。

益冲突。董仲舒为此明确提出"不与民争利"的道义准则。

国家、食禄者、地主与民众的利益相冲突,往往是前者损害后者,这是一个严峻的现实问题。董仲舒讲的"与民争利"表现为国家"与民争利",食禄者"与民争利",地主"与民争利"。董仲舒所谓"与民争利",主要是指国家行为和代表国家办事的官吏行为方面。国家"与民争利",首先是封建国家直接从事工商业活动与民争利,"民"主要指工商业者。董仲舒没有特别注意到工商业者兼并土地与民争利的情况,而是把他们当作被国家争夺去利的"民"来看待,可见他的重点是放在国家行为上。国家与民争利的表现之一,是封建国家财政上的榨取,即他所说的"赋敛无度以夺民财"①,"田赋、口赋、盐铁之利二十倍于古"②。另一表现是徭役过度,赋税繁多,"多发徭役以夺民时,作事无极以夺民力"③,徭役之征更胜于租税,是"三十倍于古"④。食禄者"与民争利",指封建官吏和诸侯王等经营工商业和兼并土地,与工商业者和小农争利。当时那些依靠国家俸禄过活的人,"身宠而载高位,家温而食厚禄",还要"乘富贵之资力",来"多其牛羊,广其田宅"⑤。地主"与民争利"是土地兼并,"民"是小生产者即自耕农。当时参与兼并土地的还有商人,董仲舒只提到官僚和地主,对此《管子·轻重》和《史记·货殖列传》谈土地兼并,则只提到商人。综合起来看,土地兼并是最普遍的"与民争利"现象,也是当时最严重的社会问题。董仲舒说,秦"用商鞅之法,改帝王之制,除井田,民得买卖"⑥。土地兼并的原因是公有的土地"井田"变成了私有而成为商品,可自由买卖,而真正能有钱获得大量土地的,只有官吏、地主和商人。这个逻辑从土地私有制方面说明了土地商品关系,说明了土地兼并的客观趋势,指明土地兼并的主要手段是土地买卖。

董仲舒反对"与民争利",因为"与民争利"阻碍了民众的谋生之路。国家、食禄者和地主与民争利,受害者自然是"民",这里的"民"是指遭受土地兼并之害的农村贫民。有权、有势、有钱者凭借富有的资财和权力地位,"以

---

① 《春秋繁露·五行相胜》。
② 《汉书·食货志上》。
③ 《春秋繁露·五行相胜》。
④ 《汉书·食货志上》。
⑤ 《汉书·董仲舒传》。
⑥ 《汉书·食货志上》。

与民争利于下,民安能如之哉!"百姓没有力量与他们竞争,而争利者们又"务此而亡已",结果则是"民日削月朘,寖以大穷"①。董仲舒指出土地兼并的结果是"富者田连阡陌,贫者无立锥之地"②,两极分化的现象严重,"富者奢侈羡溢,贫者穷急愁苦,穷急愁苦而上不救,则民不乐生","此民所以嚣嚣苦不足也"③。当时无以聊生的贫民,"常衣牛马之衣,而食犬彘之食"④,谋生之路已经由于被争而受到了严重侵害。这里反映出董仲舒的经济伦理思想的鲜明民本主义思想意识。

董仲舒反对"与民争利"的根本着眼点在于从伦理的角度,来论证与民争利对封建伦理秩序规范系统的巨大危害性。第一,"与民争利"损害了"义"。"义"是对人君和统治集团的要求,"皇皇求仁义常恐不能化民者,大夫之意也"⑤。国家和食禄者"与民争利",明目张胆地损害了"义"。这个观点具有普遍正义性。董仲舒去世后西汉盐铁会议上,这个观点被继承发展,文学贤良等儒生们说:"食禄之君违于义而竞于利。"⑥可见,"竞于利"就必然"违于义"。鲁国宰相公仪休回到家里看见妻子织帛,就气愤地把妻子赶出门去;吃饭时有葵菜,气愤地把家里种的葵菜全拔掉了。公仪休认为自己已经吃了国家的俸禄,还怎能同织女、菜农争利。董仲舒高度赞扬公仪休的行为合乎"义",认为君子行仁讲义之大事,"则舍公仪休之相鲁,亡可为者矣"⑦。统治阶层的人们求财利、与民争利,不仅直接践踏和损害了"义",而且还使百姓犯法作乱,跟着争利害"义"。由于"大人病不足于上,而小民赢瘠于下""富者愈贪利而不肯为义,贫者日犯禁而不可得止"⑧。与民争利妨害了民众的谋生之路,使其生活无着落,民众就会偷盗猖獗,无所不为。食禄之君"忘义而徇利",破坏了"化民"的大事,"夫处位动风化者,徒言利之名尔,犹恶之,况求利乎"⑨。因此"与民争利"本身就带了违背仁义的坏头,使

---

① 《汉书·董仲舒传》。
② 《汉书·董仲舒传》。
③ 《汉书·董仲舒传》。
④ 《汉书·食货志上》。
⑤ 《汉书·董仲舒传》。
⑥ 《盐铁论·错币》。
⑦ 《汉书·董仲舒传》。
⑧ 《春秋繁露·度制》。
⑨ 《春秋繁露·玉英》。

百姓思想受到坏的影响。第二,"与民争利"破坏了等级伦理规范。每个人的立足点都是被等级之网固定着的,下不能超越等级侵占别人的利益,上也不能侵占下的利益。食禄者与民争利,导致上级争夺下级的利益,破坏等级名分。富贵之人有政治特权和经济力量兼并贫弱者,他们的"下侵"行为不仅本身直接破坏了等级秩序,而且百姓的违礼犯法行为也是受他们"下侵"行为的影响而逼迫出来的。可见,在上者与民争利的"下侵"行为跟害"义"行为一样,在伦理上犯了错误。董仲舒说:"乘车者君子之位也,负担者小人之事也",居"君子之位"则当为"君子之行"即"义";若"居君子之位而为庶人之行"即求利,"其祸患必至也"①。"与民争利"行为对等级秩序的损害必然破坏有序社会。对等级制度的破坏,影响到社会的安定,导致社会动乱,最终必然危及统治阶级的政权地位。董仲舒极力劝解各种食禄者包括帝王人君,必须安守其位,重义轻财,不能只为了眼前利益而破坏等级秩序,牺牲长远利益。第三,"与民争利"违背了"天意"。董仲舒讲的"天"有物质之天、精神之天,精神之天指超人意识。他把人事附会天意,为人事寻找客观依据。他把物质之天本身及其运动形式与人及其人事进行类比,即"天人相类";然后得出人事变化都是天意安排的结论,即"天人相通""天人感应"。这就是"以类合之,天人一也"②。"一"就是他为人事寻求的根据,某一人间之事合理与否、存在与否,就要看天人之间在此能否"一"。"天人"相类、相通(如天不重与,人亦不可占双份)是从伦理上判断"与民争利"违背天意的依据。事实上,董仲舒把"与民争利"从伦理上判断为"非",是根据仁义礼的规定以及这种行为侵害了人民的谋生之路。他把这个问题上升到天意来认识,就正是把这一判断标准作为过渡中介的。

遵循仁义礼就是合乎天意的,否则就违背了天意。如果没有这样一个依据作为中介性标准,那么是否违背天意就无从可知了。天意的目的就是要寻找更有说服力的依据。在他看来,人间社会的事情应该不应该如此,最大的依据莫过于"天意"是否如此。董仲舒把自然现象作了神学目的论的解释,以使天人相通、相应。他认为,上天的赐予是有区别的,"予之齿者去其

①《汉书·董仲舒传》。
②《春秋繁露·阴阳义》。

角,傅其翼者两其足"①。又说:"天不重与,有角不得有上齿,故已有大者不得有小者,天数也。"②"古之所予禄者,不食于力,不动于末,是亦受大者不得取小,与天同意者也;夫已受大,又取小,天不能足,而况人乎!"③可见,"有大俸禄者亦皆不得兼小利与民争业,乃天理也"④。董仲舒从利民、从义、从等级等方面立论,但"与民争利"这种行为的不可行,最终还是被他归结到是因为"天不重与"这一至高无上的理论根据之上。他不可能意识到,他把客观存在的"天"说成是有意志的,物质之天便转化为精神之天,他从寻找客观依据出发,本意是寄希望于"唯物"地说明问题,而最后却陷入了唯心主义。

"不与民争利"在本质上是一种仁政思想。董仲舒确立"不与民争利"的道德准则,提出依此检验一切有关的经济活动,并提出自己的一套经济伦理政策主张。第一,"盐铁皆归于民"。董仲舒根据"不与民争利"的道德准则,提出国家必须脱离直接经营的工商业活动,不应"颛(专)川泽之利,管山林之饶"⑤。国家如果直接从事这样一些最易赢利的工商业活动,既违背了"义"、违背了"礼",又侵害了人民的谋生之路,因此提出"盐铁皆归于民"⑥的政策主张。第二,"薄赋敛,省徭役"。繁重的赋税徭役负担使民众无法忍受,这是违背以"义"化民的主张的,会逼使百姓做出悖义、犯礼的行为。董仲舒称赞"古者税民不过十一,其求易供;使民不过三日,其力易足",而汉继秦之后"循而未改"的制度是力役之征"三十倍于古",各种征税"二十倍于古"⑦。他批评秦汉时期的苛政"竭民财力,百姓散亡,不得从耕织之业"⑧。繁重的赋税徭役造成贫困,国家财政与生产活动之间此消彼长,董仲舒阐述了过重的赋役"夺民财""夺民时""夺民力"⑨,最后导致影响耕织之业的连锁反应过程。他阐发《春秋》大义说:"春秋之法,凶年不修旧,意在无苦民

---

① 《汉书·董仲舒传》。
② 《春秋繁露·度制》。
③ 《汉书·董仲舒传》。
④ 《春秋繁露·度制》。
⑤ 《汉书·食货志上》。
⑥ 《汉书·食货志上》。
⑦ 《汉书·食货志上》。
⑧ 《汉书·董仲舒传》。
⑨ 《春秋繁露·五行相胜》。

尔。"①从维护社会伦理规范、减轻民众负担和发展生产的角度出发,董仲舒提出仁政主张:"劝农事,无夺民时,使民岁不过三日,行十一之税"②,"薄赋敛,省徭役,以宽民力"③。第三,"受禄之家"应"食禄而已"。各级官吏、诸侯王等,利用政治特权和手中的经济实力,渗入工商业从事生产经营活动,侵占土地,这是不得人心的。各级官僚、诸侯王等完全是从私欲出发而追求更大私利,他们的行为不仅侵害了百姓的利益,而且破坏了仁义礼智等基本规范。这些人不但下侵民利,而且对上怀觊觎之心。董仲舒奉劝那些"受禄之家",既已通过国家财政的渠道取利于民,享受国家的俸禄,就不要再"与民争利",应该谨守等级,"食禄而已"④。第四,"限民名(占)田,以澹不足,塞并兼之路"。面对"富者田连阡陌,贫者无立锥之地"的土地兼并局面,董仲舒提出:"古井田法虽难卒行",但"宜少近古,限民名(占)田,以澹不足,塞并兼之路"⑤。要求限田,这一主张对后世产生了深远的影响。董仲舒不寄希望于"难卒行"的井田制,而是想立足实际,解决现实社会中存在的实际民生问题。

董仲舒明确提出限田的思想和政策主张,为巩固中央集权的国家政权起了很大作用。董仲舒把"不与民争利"作为限田这一政策思想的道德准则,在客观上也起了保护人民利益的作用。他的限田论最具积极意义的地方,在于其基础思想是"不与民争利"的主张,这是一种带有经济主张的伦理规范,在一定程度上限制了统治阶级对民众利益的剥削,也在一定程度上照顾了民众的利益,反映了董仲舒继承孔孟儒家经济伦理思想的一种民本主义思想情怀。

---

① 《春秋繁露·竹林》。
② 《春秋繁露·五行顺逆》。
③ 《汉书·食货志上》。
④ 《汉书·董仲舒传》。
⑤ 《汉书·食货志上》。

第二节　何休今文公羊学的经济伦理思想

何休(129—182)是董仲舒以后汉代春秋公羊学史上继往开来、承前启后的历史人物,在早期春秋公羊学理论体系的发展和总结中,何休是集大成者。何休生于东汉顺帝永建四年(129),字邵公,任城樊县(今山东济宁市东)人。[1] 父何豹,曾担任东汉"少府"要职,位居九卿之一。少府在秦和西汉时掌山海池泽收入和皇室手工业制造等,为皇帝的私府,东汉时职权范围有所缩小,掌御衣、宝货、珍膳等,但仍是朝廷的重要职能机构。《后汉书》本传记何休:"为人质朴讷口,而雅有心思。"年轻时性格内向,朴实厚道,不善言辞,不喜欢炫耀才华,然内心有主见,有较强的悟性及对知识的接受能力,善于独立思考,用心专一。他不仅精于《易》《京氏易》《尚书》《诗》《韩诗外传》《礼》《左传》《穀梁》,而且涉猎《论语》《孝经》和各类纬书。何休撰有多种著作,除解诂《公羊传》之外,尚"注训《孝经》《论语》、风角七分",并"作《公羊墨守》《左氏膏肓》《穀梁废疾》"。何休年轻即以列卿子门荫制度之赐而成为郎中,后辞去郎官专心从学。陈蕃当政期间,被征辟"与参政事"。不久党锢之祸发生,何休受牵连而被免官。汉灵帝建宁二年(169),第二次党锢之祸来临,何休在劫难逃,成为其中受牵连而死、徙、废、禁六七百人中的一员。何休由此因党事招致废锢免官,退归田里,致力于学术研究,撰写出经学史上自成体系、不朽的《春秋公羊传解诂》等重要著作,形成了公羊学领域中独树一帜的"何氏学",与博学通达、遍注群经、享有"经神"之誉的古文经学大师郑玄双峰并峙,同领汉末经学风骚。光和二年(179)朝廷对党锢部分解禁,给何休再入仕途提供了机会。他被举荐担任议郎,后迁为谏议大夫,不久一病不起,于灵帝光和五年(182)怀着对东汉王朝爱恨交织的复杂心理以及对改良政治的未竟遗憾,逝世于谏议大夫的任上,终年54岁。何休概括的"三科九旨"等一系列命题是后世春秋《公羊》学的理论核心。清代公羊学家刘

---

[1]《后汉书·儒林列传》。

逢禄指出:"无三科九旨则无《公羊》,无《公羊》则无《春秋》。"①这里揭示了何休在春秋《公羊》学发展史上的特殊地位,不愧为一代公羊学巨子。何休在其庞大复杂的思想体系中阐述了对经济伦理问题的理性认识,这种认识虽然不成系统,却颇具鲜明的特色。这种特色在于他围绕提倡井田制,以关心国计民生为宗旨,试图为解决当时封建国家的经济凋敝、人伦关系的紧张、道德秩序的紊乱提供方案,从而挽救急剧没落之中的东汉王朝。

一、经济均平主义和公私兼重主义

汉代封建制社会中农业仍占据着经济生活的主导地位,而土地问题在农业领域里则是起决定性作用的要素。因此,思想家的学说体系中一般包含着有关经济方面的思想,而对封建农业问题、农业与手工业之间的本末关系的思考,则是其经济伦理思想的主体,其中的重点往往落在土地这一关系着国家命脉、社会安危的基本问题之上。这是中国封建社会中经济伦理思想的根本命题与显著特征。

恢复井田,以解决土地兼并带来的社会关系分裂和严重不均,这是何休所关注的一个核心问题。恢复井田首先是行仁政的一个方面,作为经济伦理思想领域里要讨论的一个传统问题,在东汉后期随着土地兼并问题的日益严重而得到全面重视和深入研究。当时不少思想家(如崔寔、仲长统、班固等)认为要挽救深重的经济危机,就必须恢复井田制,从根本上解决土地兼并问题,以保证封建统治秩序的稳定。这方面的政论所在多有,如:

> 必欲行若言,当大定其本,使人主师五帝而式三王。荡亡秦之俗,遵先圣之风,弃苟全之政,蹈稽古之踪,复五等之爵,立井田之制。②

> 井田之变。豪人货殖,馆舍布于州郡,田亩连于方国……荣乐过于封君,势力侔于守令,财赂自营,犯法不坐。刺客死士,为之投命。致使弱力少智之子,被穿帷败,寄死不敛,冤枉穷困,不敢自理。虽亦由网禁

---

① [清]刘逢禄:《公羊何氏释例》,载[清]阮元、[清]王先谦《清经解/清经解续编》,南京:凤凰出版社2005年版。
② 《后汉书·崔骃传》。

疏阔，盖分田无限使之然也。今欲张太平之纪纲，立至化之基趾，齐民财之丰寡，正风俗之奢俭，非井田实莫由也。①

先秦《孟子》一书首先简要叙述了井田制，汉代《穀梁传》《韩诗外传》等书对井田制都有讨论，班固在《汉书·食货志》中综合《孟子》《穀梁传》《韩诗外传》等书关于八家共井、助耕公田的说法，重新叙述了井田制。班固认为：

> 理民之道，地著为本。故必建步立亩，正其经界。六尺为步，步百为亩，亩百为夫，夫三为屋，屋三为井，井方一里，是为九夫。八家共之，各受私田百亩，公田十亩，是为八百八十亩，余二十亩以为庐舍。出入相友，守望相助，疾病相救，民是以和睦，而教化齐同，力役生产可得而平也。

> 民受田：上田夫百亩，中田夫二百亩，下田夫三百亩。岁耕种者为不易上田；休一岁者为一易中田；休二岁者为再易下田，三岁更耕之，自爱其处。农民户人已受田，其家众男为余夫，亦以口受田如此。士、工、商家受田，五口乃当农夫一人。此谓平土可以为法者也。若山林、薮泽、原陵、淳卤之地，各以肥硗多少为差。有赋有税。税谓公田什一及工、商、衡虞之人也。民年二十受田，六十归田。七十以上，上所养也；十岁以下，上所长也；十一以上，上所强也。②

何休参证上述关于井田制的记载和讨论，在《春秋公羊传解诂》中解释"宣公十五年，初税亩"云：

> 是故圣人制井田之法而口分之，一夫一妇受田百亩，以养父母妻子，五口为一家。公田十亩，即所谓什一而税也。庐舍二亩半，凡为田一顷十二亩半，八家而九顷，共为一井，故曰井田，庐舍在内，贵人也；公田次之，重公也；私田在外，贱私也。井田之义，一曰无泄地气，二曰无费一家，三曰同风俗，四曰合巧拙，五曰通财货，因井田以为市，故俗语曰"市井"。种谷不得种一谷，以备灾害。田中不得有树，以妨五谷。环庐舍种桑荻杂菜，畜五母鸡、两母豕。瓜果种疆畔，女工蚕织，老者得衣

---

① 《后汉书·仲长统传》。
② 《汉书·食货志》。

帛焉,得食肉焉,死者得葬焉。多于五口,名曰"余夫",余夫以率受田二十五亩。十井共出兵车一乘。司空谨别田之高下,善恶,分为三品:上田一岁一垦,中田二岁一垦,下田三岁一垦。肥饶不得独乐,硗埆不得独苦,故三年一换土易居,财均力平,兵车素定,是谓均民力,强国家。①

何休在这里系统提出了恢复井田制的主张,对井田制的基本内容、主要特征及其价值、作用等,进行了具体而深刻地阐述。第一,何休描绘了井田的一般情况,详述了具体实行井田制的方法,同时认为制井田之法无疑是平均土地的分配方式,对公田采取助耕制,按什一之率划分公私土地各自所占的比重,强调个人的生存条件优先于公家的赋税收入。这是何休经济伦理民本思想的突出体现。第二,井田制的基本功能在于它不仅是土地分配方式,而且也是一定单位的生产和生活共同体,举凡耕、织、畜、林以及商贾等各类生产活动,都在井田制范围内进行,从而有效地保障普通民众的基本生活需求。第三,土地分配达到公平是实施井田制的基本目的之一。何休按照今文经学的原理,主张根据土地肥瘠条件合理授田,按时"换土易居",同时基于保护地力,便于开展再生产的要求,提倡对质量不同的土地实行不同的耕种方式。

井田制同时也是一个完整的社会组织系统,具有健全完善的社会管理功能。井田制作为社会的基层结构,行政管理、生产组织与协调、生活秩序、文化教育等社会活动的基本要素一应具备,国家通过它达到实施有效统治的目的。何休在《春秋公羊传解诂》中云:

> 在田曰庐,在邑曰里。一里八十户,八家共一巷,中里为校室。选其耆老有高德者,名曰父老,其有辨护伉健者为里正,皆受倍田,得乘马。父老比三老孝悌官属。里正比庶人在官之吏。民春夏出田,秋冬入保城郭。田作之时,春父老及里正旦开门,坐塾上。晏出后时者不得出,莫(暮)不持樵者不得入。五谷毕入,民皆居宅。里正趋缉绩,男女同巷,相从夜绩至于夜中。故女功一月得四十五日作,从十月尽正月正(止)。男女有所怨恨,相从而歌,饥者歌其食,劳者歌其事。男年六十,

① 《春秋公羊传注疏·宣公十五年》。见[清]阮元校刻:《十三经注疏》,北京:中华书局1980年影印版。下引文同。

女年五十,无子者,官衣食之。使之民间求诗,乡移于邑,邑移于国,国以闻于天子。故王者不出牖户尽知天下所苦,不下堂而知四方。十月事讫,父老教于校室。八岁者,学小学;十五者,学大学。其有秀者,移于乡学;乡学之秀者,移于庠之秀者,移于国学。学于小学,诸侯岁贡小学之秀者于天子,学于大学,其有秀者,命曰进(按,一作"造")士。行同而能偶,别之以射,然后爵之。士以才能进取,君以考功授官。[①]

何休描绘了一幅美妙和谐的社会组织蓝图,耕者有田,人伦有序,男女有归,井田制一旦变成现实,就意味着圣王德治仁政的降临,儒家理想的实现,太平盛世的来到。在此太平盛世,歌舞升平而"颂声大作":

> 三年耕余一年之畜,九年耕余三年之积,三十年耕有十年之储。虽遇唐尧之水、殷汤之旱,民无近忧,四海之内莫不乐其业。故曰:颂声作矣。[②]

恢复井田制的主张,汉代儒家中不论是古文经学派还是今文经学派,都不乏其人。何休上述观点,以今文经学家的立场,融发展经济与整治人伦为一体,对井田制作如此系统、完整而具体的描述,从而形成完备的经济伦理学说。这显示出何休不仅是春秋《公羊》学政治理论的杰出总结者,而且同时也是当时不可多得的经济伦理思想家。对何休这方面的理论造诣,后人曾予以了很高的评价。如陈澧在其著作《东塾读书记》中言:"《公羊》宣公十五年《传》云:什一行而颂声作。何《注》言圣人制井田之法,遂及于出兵车,选父老里正,女功缉绩,求诗造士,凡六七百言,盖荟萃古书而贯串之;所谓'学海',于此可见一斑。"[③]就是一个明显的例子。

何休主张凡是从事经济活动,必然遇到人地矛盾、人我冲突;解决这些问题,必须从实际出发,对不同性质和类型的矛盾采取不同的解决方法,因地制宜,灵活处置。如《春秋公羊传解诂》"昭公元年"云:"分别之者,地势各有所生。原宜粟,隰宜麦,当教民所宜,因以制贡赋。"典型地反映了何休的这一思想。由此来看,何休的经济伦理思想学说富有强烈的现实感,体现出

---

① 《春秋公羊注疏·宣公十五年》。
② 《春秋公羊注疏·宣公十五年》。
③ 转引自吕思勉:《吕思勉读史札记》"何劭公为学海"条,上海:上海古籍出版社 1982 年版,第 670 页。

很强的针对性。他在解释史事以阐发自己的经济伦理见解时，目光始终没有离开当时的社会现实，他努力将历史与现实联系在一起，因而他的经济伦理思想充满明显的经世色彩和政治内涵，具有强烈的现实意义和实践价值。

何休在《春秋公羊传解诂》"襄公十五年"注解"采邑"性质的一段文字，就表明了其现实意义和实践价值："诸侯入为天子大夫，不得氏国称本爵，故以所受采邑称子。所谓采者，不得有其土地、人民，采取其租税尔。"何休虽然是为采邑作经济学性质的名物界定，实际上也体现了他反对诸侯分裂割据，反对为私利害公义甚至与民争利的伦理认识。东汉末年封建割据的迹象已经显露，社会正处于分崩离析的前夜，何休强调"不得有其土地、人民"云云，正是针对着这样一种现实，显示出他关心民生，从而为民利呼吁的伦理精神。

何休以恢复井田制为中心内容的经济伦理思想，在很大程度上与东汉后期井田之议风行的趋势相一致。当时土地兼并愈演愈烈，农民纷纷破产以至趋于流亡，民生凋敝，人伦失序，有志之士多出言批评土地兼并，同情民众失地流亡之遭遇。何休的经济伦理学说不乏空想性，却具有一定的历史合理性，一是表现为它的社会批判价值，即对现实生活中土地兼并现象的否定，对不合理经济秩序的针砭；二是表现为它的理想主义色彩，即对官民一体和谐，相对合理的经济生活的憧憬和追求；三是表现为对儒家民本主义精神的体现，较多地注意到普通民众的生存问题，希望能够协调私利与公义之间的关系，使统治者能够尽量多地从民众利益出发，协调官民、人地以及各种利益冲突，为社会长治久安提供稳固的基础。

从总体来看，何休关于恢复井田制的经济伦理思想具有一定的理想性，甚至空想性，因此是不现实的，其实质是企图否定土地私有制，而恰恰这种土地私有制正是中国封建社会的地主经济和小农经济赖以存在的基础，是封建经济的伦理现实。这是一种适合于封建社会生产力发展水平的生产关系，是作为奴隶社会的井田制或土地国有制的对立物而出现的，在经济基础上具有其合理性，在伦理价值上也有其应世性。企图用否定土地私有制的办法来解决当时的经济危机问题，当然是不切实际的幻想。[1] 这一思想作为

---

[1] 参阅任继愈主编：《中国哲学发展史》（秦汉卷），北京：人民出版社1985年版，第717页。

一种理想主义的经济伦理主张,是针对当时土地兼并日趋严重的现实而提出的,反映了何休改良社会、稳定民众生活的初衷,含有民本主义因素,因此有着值得肯定的价值。

二、"民以食为本"的经济道德理性

经济活动是与社会其他领域的活动息息相关的。何休认为,经济活动是基础,直接制约着社会政治机制的运转,社会政治状况是否清明,封建统治秩序是否巩固,王朝命运是否长盛不衰,归根结底要以经济上的成败得失为基本前提:

> 颂声者,太平歌颂之声,帝王之高致也。《春秋》经传数万,指意无穷,状相须而举,相待而成,至此独言颂声作者,民以食为本也。夫饥寒并至,虽尧舜躬化,不能使野无寇盗;贫富兼并,虽皋陶制法,不能使强不陵弱。[①]

何休明显地意识到了经济与政治、伦理与经济之间的内在辩证关系,并在力所能及的范围内提出了保护民生、协调贫富矛盾,以便很好地处理这层关系的个人主张。这一观点是古代"衣食足而知荣辱,仓廪实而知礼节"等传统思想的发展,反映出何休具有清醒的现实主义意识。

制定任何经济政策,推行任何经济措施,须顾及普遍民众的利益,使民众享有起码的生存条件,从而确保封建统治的长治久安。何休的这一思想倾向使经济行为具有了道德意义,形成了经济政策与伦理根据的内在关联。统治者与被统治者是同一对矛盾中既相互对立又相互依存的两个方面。经济利益由双方共同分享,如何分配经济利益,关系到双方的直接利益,是一个很大的难题。如果经济利益分配相对合理,那么社会矛盾就可以得到缓解,统治秩序就可以得到维持;如果经济利益分配过于不合理,那么就会酿成社会危机,爆发社会动乱。而经济利益分配的基本方式方法,就是一定的经济政策和措施;指导经济利益的分配方式方法的理论,就是一定的经济政

---

① 《春秋公羊传解诂·宣公十五年》。

策和伦理思想。在封建社会里,毫无疑义,利益双方中占主导地位的是统治者一方,他们操纵着经济利益分配的决定权,而广大被统治者只是一个被动的角色。因此,制定经济政策和措施,只是统治者单方面的事情;而对这一问题提建议、提对策,主要对象也只是统治者一方。由此就决定了何休提出的通过改变经济政策而改善贫富关系的思想具有很大局限性。

从有关经济伦理问题论述内容来看,何休本人对这层关系是有所意识的,他的经济伦理学说是针对统治者一方面提出的。他提醒统治者注意,在经济上如果不顾及普通民众的利益,对民众过于苛刻,剥削无度,势必导致危亡:

> 民食不足,百姓不可复兴。危亡将至,故重而书之,明当自省减,开仓廪,赡振之。哀公问于有若曰:"年饥,用不足,如之何?"有若对曰:"盍彻乎。"曰:"二,吾犹不足,如之何其彻也?"对曰:"百姓足,君孰与不足? 百姓不足,君孰与足?"①

基于这样的认识,何休主张放宽政策,大行仁民政治,给普通民众以起码的生存条件。他对统治者"竭泽而渔""杀鸡取卵"的短视行为进行了尖锐的抨击:

> 古者,三年耕必余一年之储,九年耕必有三年之积,虽遇凶灾,民不饥乏。庄公享国二十八年,而无一年之畜,危亡切近,故讳,使若国家不匮,大夫自私行籴也。②

何休经济伦理思想的人民性在于对民众的同情,更在于对统治集团的批评。对于统治者穷奢极欲,毫不厌足,而无节制地盘剥民众,造成民众生计无以为继的情况,何休痛心疾首,认为这是剜肉补疮的蠢举,必定自食其果。为此他不遗余力地呼吁统治者改弦更张,不要再与民众争利:

> 其言大而急者,美大多得利之辞也。实讥张鱼。而言观,讥远者,耻(鲁隐)公去南面之位,下与百姓争利,匹夫无异,故讳。使若以远观,为讥也。③

---

① 《春秋公羊传解诂·宣公十年》。
② 《春秋公羊传解诂·庄公二十八年》。
③ 《春秋公羊传解诂·隐公五年》。

何休重视民众生计,反对统治者横征暴敛,并不意味着他站在民众的立场完全代表民众利益发言。因为这对于统治阶级思想家来说,实在是不切实际的要求。究其本意,他还是继承儒家民本主义的一贯传统,希望通过节制剥削,轻徭薄赋,使普通民众获得生存和再生产的最基本条件。在何休看来,这才是满足统治者根本利益的最佳途径。这是何休经济伦理学说具有的人民性内涵和阶级性实质所在。

三、"爱民尊老""忧民之急"的民生伦理

"仁义"说经济伦理思想的核心和灵魂,乃是民本观为中心的民生伦理。从先秦至汉,儒家学者对"仁义"的认同和提倡,实际上就是对民本价值观的肯定与张扬。何休虽然将"尊天子"锁定为自己政治追求的理想境界与终极目标,但同时也完整地继承和发展了早期儒家的民本主义思想,从而使自己的经济伦理理论增添了人民性色彩。当尊王与重民两者发生矛盾,必须作出选择或表示倾向之时,何休实际上有时的确将民本与仁义置于更突出的地位,予以更优先的考虑。这种人本主义精神在汉代封建专制主义业已全面确立的背景下显得难能可贵。

何休主张在具体的伦理生活中毫不动摇地确立和贯彻"仁义"的法则,"仁"即爱民,"义"即正我。由于在君臣关系、君民关系中君主是矛盾的主要方面,因此,何休提倡"仁义"法则首先是针对君主而言的,君主首先恪守"仁义"的原则,正人先正己。君主必须具有"爱民尊老""忧民之急"的观念,并以身作则,为臣等作出"爱民"表率。君主只有"爱民尊老""忧民之急",才能获得民心。反之,就会使民弃君、弃仁义廉耻如敝屣,陷于不义,败坏社会风气,酿成社会动乱,贻害无穷。君主如何行仁义,何休对此曾有相关论述:

> 礼,天子亲耕东田千亩,诸侯百亩,后、夫人亲西郊采桑,以共粢盛祭服。躬行孝道,以先天下。[1]
>
> 王者千里,畿内租税足以共费,四方各以其职来贡,足以尊荣。当

① 《春秋公羊传解诂·桓公十四年》。

以至廉无为,率先天下,不当求。求则诸侯贪,大夫鄙,士庶盗窃。求例时,此月者。桓行恶不能诛,反从求之,故独月。①

政治、经济都是一定伦理原则的反映,其基本精神是一致的,伦理既以"仁义"为本,那么政治措施、经济措施同样要体现"仁义"的法则,社会治理的中心任务就是推行"仁义"之治,实施"德治"。为此,他要求统治者本于"仁义"的立场,要努力做到"爱民尊老""忧民之急",以"合诸天道":

> 称伯者,上敬老也。上敬老,则民益孝;上尊齿,则民益弟。是以王者以父事三老,兄事五更。食之于辟雍,天子亲袒而割牲,执酱而馈。执爵而酳,冕而揔干,率民之至也。先王之所以治天下者有五:贵有德为其近于道也,贵臣为其近于君也,贵老为其近于父也,敬长为其近于兄也,慈幼为其近于子弟也。礼,君于臣而不名者有五:诸父兄不名,《经》曰"王礼子"是也,《诗》曰"王谓叔父"是也;上大夫不名,祭伯是也;盛德之士不名,叔肸是也;老臣不名,宰渠、伯纠是也。②

> 日食独不省文者,与大水同礼。若但言鼓用牲,则不知其所为,必见雩者,善其能戒惧天灾,应变求雨,忧民之急也。③

何休像孟子、董仲舒等人一样,以事明理,凭借历史上的事件来证明统治者仁义爱民的必要性,企图从历史与逻辑相一致的角度,确立政治生活和经济政策中贯彻仁义原则具有根本的、普遍的意义。

> 《春秋·僖公二十六年》:楚人伐宋,围缗。

> 《春秋公羊传解诂》云:时以师与鲁,未至又道用之。于是恶其视百姓之命若草木,不仁之甚也!

> 《春秋·昭公二十六年》:夏,公围成。

> 《春秋公羊传解诂》云:书者,恶公失国,幸而得运,不修文德以来之,复扰其民围成。

不善待民众、不修文德,均是不仁不义之行,都应该受到谴责。可以说,

---

① 《春秋公羊传解诂·桓公十五年》。
② 《春秋公羊传解诂·桓公四年》。
③ 《春秋公羊传解诂·桓公五年》。

"仁义"思想贯穿于《春秋公羊传解诂》全书。何休本于"仁义"的立场，抨击统治者穷奢极欲，指出其对民众横征暴敛乃是无道行径：

> 《春秋·成公十八年》载：筑鹿囿。
>
> 《公羊传·成公十八年》云：何以书？讥。何讥尔？有囿矣，又为也。
>
> 《春秋公羊传解诂》云：刺奢泰妨民。天子囿方百里，公侯十里，伯七里，子男五里，皆取一也。

何休发挥"奢泰多取于民，比于桀也"①一句，认为统治者好大喜功、骄奢淫逸，暴民苦众，激化矛盾，动摇国家，这是十分危险的趋势。《春秋》记载隐公六年，"冬，宋人取长葛"，《春秋公羊传解诂》云："古者，师出不逾时，今宋更年取邑，久暴师苦众居外。故书以疾之。"隐公七年，"夏，城中丘"，《春秋公羊传解诂·隐公七年》云："以功重，故书也。当稍稍补完之。至令大崩弛坏败，然后发众城之，猥苦百姓，空虚国家。故言城，明其功重，与始作城无异。"民众受苦，国家空虚，由此导致的最终恶果是："（晋）厉公猥杀四大夫，臣下人人恐见及，以致此祸。故日起其事，深为有国者戒也。"②刑愈繁而世愈乱，法愈多而治愈恶，统治者从此将陷入无可奈何、没法收场的困境："古者，肉刑：墨、劓、膑、宫与大辟而五。孔子曰：'三皇设言民不违，五帝画像世顺机，三王肉刑揆渐加，应世黠巧奸伪多'。"

何休沿着儒学先师民本思想的足迹前进，通过解诂春秋史事，总结历史经验，得出了"诸侯国体，以大夫为股肱，士民为肌肤"的结论，强调君与民之间存在着一种既各有权利又各尽义务的对应关系，统治者如果不仁不义，那么也就别指望普通民众能够尽忠尽孝，犹如"时宣公无恩信于民，民不肯尽力于公田"③。统治者要想达到"不失众"的目的，就必须"忧民之急"，节制剥削，以民为重，推行"德治"与"仁政"，"君子不以一过责人，水旱螟蝝，皆以伤二谷，乃书。然不书谷名，至麦苗独书者，民食最重。"④"民食不足，百姓不可

---

① 《春秋公羊传解诂·宣公十五年》。
② 《春秋公羊传解诂·成公十八年》。
③ 《春秋公羊传解诂·宣公十五年》。
④ 《春秋公羊传解诂·庄公七年》。

复兴,危亡将至,故重而书之,明当自减省,开仓库,赡振之。"①

由上可见,从仁义为本的民生伦理出发,祸国殃民的暴虐之君人人可得而讨之,反抗暴君,乃是民众的"人权"。这一观点在《春秋公羊传解诂》一书中多处得到表述。如《公羊传》"桓公三年"解释经文"冬,有年",其中看不出"民贵君轻"思想,经过何休的解释却成了讨伐暴君的檄文。

> 《春秋·桓公三年》:冬,有年。
>
> 《公羊传·桓公三年》:此其日有年何? 仅有年也。彼其日大有年何? 大丰年也。仅有年亦足以当喜乎? 恃有年也。
>
> 《春秋公羊传解诂·桓公三年》云:恃,赖也。若桓公之行,诸侯所当诛,百姓所当叛。而又元年大水,二年耗减,民人将去,国丧无日。赖得五谷皆有,使百姓安土乐业,故喜而书之。所以见不肖之君为国尤危,又明为国家者,不可不有年。

何休对暴君的愤慨贬斥,对广大民众生计的深切关注,仁义之心,民本之意,跃然纸上,凛然可敬。又如:

> 《春秋·僖公十九年》:梁亡。
>
> 《公羊传》释曰:此未有伐者。其言梁亡何? 自亡也。其自亡奈何? 鱼烂而亡也。

何休据此发挥,指出酷虐残暴、与民为敌的统治者,终究要被民众所抛弃,状若鱼烂,强调民众反抗暴君是合理正义的行为。他在《春秋公羊传解诂》中云:

> 梁君隆刑峻法,一家犯罪,四家坐之,一国之中无不被刑者。百姓一旦相率俱去,状若鱼烂。鱼烂从内发,故云尔。著其自亡者,明百姓得去之,君当绝者。②

君如果不尽君之职责,则民可反抗之,最终则是"一人弑君,国中人人尽喜"。《春秋》文公十八年载:"莒弑其君庶其。"《公羊传·文公十八年》释云:

---

① 《春秋公羊传解诂·宣公十年》。
② 《春秋公羊传解诂·文公十八年》。

"称国以弑何？称国以弑者，众弑君之辞。"何休从诛"独夫"的角度肯定此事的正义性质，《春秋公羊传解诂·文公十八年》云："一人弑君，国中人人尽喜。故举国以明失众，当坐绝也。"暴凌民众，自然会"失众"，其下场只能是"坐绝"。何休再次肯定了这一历史规律，由此显示出他的睿智和勇气。

出于维护封建统治的考虑，何休综合经济、政治和伦理治理之需要，提出了一些建设性的意见。其一，关心民生的疾苦，倾听民众的意见，不废"刍荛之言"，"知必为国家忧，明刍荛之言不可废"①。其二，发展经济，保障民生，当选拔与任用贤能，远离奸佞，"尊贤者""通贤者"，"达贤者之心"，"不使壅塞"。不用贤能而信任奸佞，势必导致国家昏乱，社稷危亡。"当春秋时，废选举之务，置不肖于位，辄退绝之，以生过失。至于君臣忿争出奔，国家之所以昏乱，社稷之所以危亡。"②又文公元年："天王使叔服来会葬"，《春秋公羊传解诂》释云："不称王子者，时天子诸侯不务求贤，而专贵亲亲。故尤其在位子弟，刺其早任以权也……诸侯得言子弟者，一国失贤轻。"说的就是这个意思。解决这一弊端，就必须"通贤者"，扩大统治基础，提高行政效率，"礼，诸侯三年一贡士于天子，天子命与诸侯辅助为政，所以通贤共治，示不独专，重民之至。大国举三人，次国举二人，小国举一人"③。其三，限制兼并，轻徭薄赋，使民众能够获得基本的生存与再生产条件，从而缓和矛盾，防止民众因生机丧失、饥寒交迫而铤而走险、酿成动乱。这就要求统治者与民众共享资源，"天地自然之利，非人力所能加，故当与百姓共之"。通过恢复井田制将广大农民重新编组起来，在此基础上组织生产，稳定生活，巩固统治，"一夫一妇，受田百亩，以养父母妻子，五口为一家。公田十亩，即所谓什一而税也……三年耕，余一年之畜；九年耕，余二年之积；三十年耕，有十年之储。虽遇唐尧之水，殷汤之旱，民无近忧，四海之内，莫不乐其业。"④何休认为，这些措施一旦得到认真的贯彻落实，则统治者就不会有"鱼烂"之虞，"仁义"就可以具体转化为"德政"。

---

① 《春秋公羊传解诂·成公二年》。
② 《春秋公羊传解诂·隐公元年》。
③ 《春秋公羊传解诂·庄公元年》。
④ 《春秋公羊传解诂·宣公十五年》。

第三节　今文春秋穀梁学的经济伦理思想

春秋穀梁学是以阐释《穀梁传》为中心的春秋学说。《穀梁传》又称《穀梁春秋》或《春秋穀梁传》，与《左传》《公羊传》同为解说《春秋》经义之作。《穀梁传》相传是孔子弟子子夏将这部书的内容传给穀梁俶（或亦、喜、嘉、寘）。起初为口头传授，至西汉时才成书。汉武帝尊儒而公羊学大兴，卫太子刘据喜读《穀梁传》，其孙刘询闻祖父好《穀梁传》，即位后令名儒殿中辩论，评价《公羊传》《穀梁传》异同及经论是非，群臣多赞同《穀梁传》，宣帝亦喜欢《穀梁传》的解释，因此设立穀梁《春秋》博士。西汉后期《穀梁》之学大盛，影响了当时社会政治的各个方面。《穀梁传》以语录体和对话文体为主注解《春秋》，书中曾引用公羊子的话并加以辩驳，因此通常认为成书要较《公羊传》为晚。《穀梁传》所记载的时间起于鲁隐公元年，终于鲁哀公十四年，体裁与《公羊传》相似。晋人范宁撰《春秋穀梁传集解》，唐朝杨士勋作《春秋穀梁传疏》，清朝钟文烝所撰《穀梁补注》为清代学者注解《穀梁传》的较好注本。《穀梁传》宣扬儒家思想，重礼义教化和宗法情谊，对儒家民本主义为主题的经济伦理思想有独特阐释，反映了秦至汉代儒家经济伦理思想的一些特点和状貌。

一、因顺自然与取法天道的经济伦理思想基础

农业文明时代，百姓民生问题、农业经济生产活动对自然有很大的依赖性。所以穀梁学中有许多强调因顺自然与取法天道的经济伦理思想，同时也主张国家事务的安排、农业生产管理应以依循自然、不误民生之农时和促进生产为前提，真正做到仁政"保民"。

《穀梁传》经济伦理思想立足于农耕智慧的自然观和天道观，它的基础在于因顺自然与取法天道，即它从自然和天道秩序出发，要求包括经济活动在内的人类一切行为活动，都应因顺自然之规律和法则、取法天道之原理和

秩序。

在《穀梁传》的思想世界里，"天"有"天象""天秩""天意"和"法天"几个相互区别、彼此联系的表述形式，共同构成了"天"为中心的统一的天道秩序。"天象"是"天"的基础层次，指宽泛意义上的天文现象，包括苍穹中日月星辰、风雨雷电等现象。《穀梁传》记载有大量的天文现象，例如：

> 震，雷也。电，霆也。（隐公九年）

> 志疏数也。八日之间，再有大变，阴阳错行，故谨而日之也。雨月，志正也。（隐公九年）

> 恒星者，经星也。日入至于星出谓之昔。不见者，可以见也。（庄公七年）

> 其陨也如雨，是夜中与？《春秋》著以传著，疑以传疑。中之，几也；而曰夜中，著焉尔。何用见其中也？失变而录其时，则夜中矣！其不曰恒星之陨何也。我知恒星之不见，而不知其陨也。我见其陨而接于地者，则是雨说也。著于上，见于下，谓之雨；著于下，不见于上，谓之陨。岂雨说哉！（庄公七年）

> 先陨而后石，何也？陨而后石也。于宋，四竟之内曰宋。后数，散辞也，耳治也。是月者，绝不日而月也。六鹢退飞过宋都，先数，聚辞也，目治也。子曰："石，无知之物；鹢，微有知之物。石无知，故日之；鹢，微有知之物，故月之。君子之于物，无所苟而已。石、鹢且犹尽其辞，而况人乎！故五石六鹢之辞不设，则王道不亢矣！"民所聚曰都。（僖公十六年）

> 孛之为言犹茀也。其曰入北斗，斗有环域也。（文公十四年）

> 一有一亡曰有。于大辰者，滥于大辰也。（昭公十七年）

以上所引对应的《春秋》经分别是：隐公九年（经）"三月癸酉，大雨，震电。""（经）庚辰，大雨雪。"庄公七年（经）"夏，四月辛卯，昔，恒星不见。"（经）"夜中星陨如雨。"僖公十六年（经）"十有六年春，王正月戊申朔，陨石于宋，五。"（经）"是月，六鹢退飞，过宋都。"文公十四年（经）"秋，七月，有星孛于入于北斗。"昭公十七年（经）"冬，有星孛于大辰。"隐公九年的传文关注的是天气异常，剧烈变化；庄公七年、僖公十六年的传记载了"天陨石""鸟退飞"的

　　《穀梁传》记载有大量的关于水旱灾害和日月食等天灾现象，这都说明其对于天象特别是异常的天象十分关注。而关注天象，与对庄稼成熟以及农业生产和民生状态的关注息息相关。这是春秋《穀梁传》经济伦理思想建立的一个重要基础。春秋时代以来，中国人就逐步领会到要顺应自然的变化而活动，将物候变化类型分别称为春、夏、秋、冬，这就是"四时""四季"。"年"是春、夏、秋、冬四季的一次循环过程，"岁"也是"年"的不同称谓。《尔雅·释天》云："夏曰岁，商曰祀，周曰年，唐虞曰载。岁名。"邢昺疏云："年者，禾熟之名，每岁一熟，故以为岁名。""年"字来源于"捻"，谓"庄稼成熟"之意。西周分封制下主要国家处于温带，而且以农耕为主，庄稼每岁大多成熟一次，故以"年"名"岁"。

　　《穀梁传》对天象的重视反映出早期中国人"仰观俯察"的活动，正是通过"仰以观于天文，俯以察于地理"（《易·系辞》）的感性形式，人们直观地感知和触摸自然。"仰以观于天文"是古代的"占星术"，这是早期人类对于天象的观察、记录、预测和理解，说明了穀梁学对于民生背景的关心和引导。

　　《穀梁传》里有一种"自然秩序"的观念存在于其思想世界的最深层，人的活动，其中包括物质生产和经济文化生活，都应因循这种自然秩序。"天"正是以"自然秩序"的形式被人们所理解和接受。"天秩"以大自然的客观世界为基础，不完全等同于客观的自然秩序，而是从中抽绎出来的一种带有超越性力量和神秘色彩的秩序观念。"仰观俯察"所体会到的正是天地的秩序与节奏，这种秩序首先表现为时间的有序以及自然事物随之所产生的各种有序的变化。有序必有其主宰，如此才能维持和延续，这就是至上神的存在、皇天上帝意志。时间上年月的划分正是古人以经验体会到的神（皇天上帝）的意志与安排。以每一年为周期，以每一月为顺序，将人们体会和感受到的神灵的存在全部纳入有序的神事系统中，每一月各有其当祭之神，每一祭各有不同的礼节和祭祀仪式。人通过祭祀活动直接听命于神明的召唤，感应神的意旨，这是古人最重要的生活内容。

　　"天"还有"帝"的含义，是有意志、有力量的主宰之"天"。《穀梁传》提及的"通乎阴阳"的古之神人"应上公"，则是上帝意志的具体执行者之一。作为宇宙天地具体表现的自然秩序与节奏，显然具有一种神秘甚至神圣的内涵。在殷商甲骨文中经常出现的"帝令雨""帝令风"等记载，表明"帝"希望风、雨等自然现象在合适的时候出现，合于统一的自然秩序。天帝的意志正是通过自然的秩序性展示出来。"上帝"及它所代表的"天道"更像是一种自然的秩序，一种具有神圣性与合理性的天然秩序。《中庸》的"致中和，天地位焉，万物育焉"等思想体现了天地秩序的神圣性和对神圣秩序的敬畏感，其背后蕴藏的正是上天的神圣意志。

"法天"思想当来源于对依时令、节气而采摘、捕捞和耕种的认识，其中包含伦理规范体系的建构依赖于自然的意思，这一思想有其现实的依据。农业文明时代，人类生存、生活、生产活动对自然有很大的依赖性。农业在传统农耕社会里是立国的基础，农业生产进行得好坏、年成的好坏，直接与天时的掌握、对于日月星辰运行规律及春夏秋冬四时更替规律的把握分不开，这就导致整个社会都必须按照自然的秩序和节拍来安排活动。《穀梁传》的"法天"思想表明：在古代农业社会，人们将自然秩序与社会生活紧密地联系在一起，以其规律性来规范生产、生活，来建立良性的伦理秩序。这真实地反映了人们对自然的认识和理解。以四时为中心的自然秩序不仅影响到农业活动的安排和进行，而且影响到统治者的衣食住行和政令政事。

《穀梁传》认同周初以来的"敬德保民"经济伦理思想，主张国家事务的安排、农业生产管理应以依循自然、不误民生之农时生产为前提。《春秋》经记载："二十有九年春，新延厩。"《穀梁传》依此对鲁庄公的行为进行了批评：

> 延厩者，法厩也。其言新，有故也。有故则何为书也？古之君人者，必时视民之所勤。民勤于力，则功筑罕；民勤于财，则贡赋少；民勤于食，则百事废矣。冬筑微，春新延厩，以其用民力为已悉矣！（庄公二十九年）

鲁庄公在冬季发动民众筑微，垄断山林薮泽之利，与民争利；来年春季，又要求百姓为自己修新马厩，干扰春季农业生产活动。依四时之序，春生、夏长、秋收、冬藏，农事安排也须严格遵循自然秩序进行。春、夏、秋三个季节都有繁重的农事活动，冬季是农闲时节，征伐徭役、兴修水利等应集中在冬季，才能合农事、应天道。"合时"观念常常以是否对农业生产有利来作为标准。在更深层次，"法天"的目的在于为人间秩序寻找合法性根据。自然秩序由于蕴涵有天意和天道而具有了神圣性,得以成为人间政治秩序和经济施政的合法性保障。只有当人间的统治者努力将百姓民生也纳于自然秩序之中时,才是有德的、合于天道的。

宣公十五年,《穀梁传》云:"为天下主者,天也;继天者,君也;君之所存者,命也。"天是天下真正的主宰,君王从天那里继承和获得治理天下的权力,从而实现其治理天下的目的。这也符合《礼记·礼运》篇引述的孔子之语:"夫礼,先王以承天之道,以治人之情。""承天之道"构成"治人之情"的前提和根据,"治人之情"则体现为"承天之道"的展开与落实。"治人之情"答案就是实行礼治,形成人伦纲纪。《礼记·乐记》篇子夏在回答魏文侯的询问时指出:"夫古者天地顺而四时当,民有德而五谷昌,疾疢不作而无妖祥,此之谓大当。然后圣人作,为父子君臣,以为纪纲;纪纲既正,天下大定。""天地顺""四时当"正是自然之秩序性的体现;圣人以天地为则,据自然之秩序而成就君臣父子的人伦纲纪。这也是"人道"效法"天道"的最重要成果。"天道"(自然秩序)对"人道"(人间秩序)的影响和决定表现在政治、经济生活的具体运作和细致规划与实践之中。

君王在因顺自然、取法天道中居于核心地位。《穀梁传》提出"祖由天生",标志着君王在血缘上对"天"的继承,而"受命"则标志君王在精神和意志上对"天"的继承。《穀梁传》"宣公十五年"云,"为天下主者,天也;继天者,君也;君之所存者,命也。""受命于天"成为维护现实统治的最好的理论支柱,"天命"具有政治信仰的色彩。伦理、政治信仰的重要内容之一是"天命""天理",其重要功能之一是为王权服务,使整个社会认同于王权。在王权政治下,伦理、政治信仰首先反映为天命信仰。

总之,在"因顺自然""取法天道"思想中,蕴含了统治者在世间权力等级的合法性根据问题。自然秩序由于蕴涵有天意和天道而具有了神圣性,得以成为人间政治秩序和经济施政的合法性的保障。而"天道"历来主张"敬德保民",只有当人间的统治者注重百姓民生,努力把关系百姓民生的农业生产纳于自然秩序之中,不误农时,不与民争利,才是合于天道的,也才能"受命于天",具有统治民众的权力的合德合法性。在"法天"思想中,《穀梁传》强调了民生为重、敬德保民的经济伦理思想。

二、仁义治政与荒政经济伦理思想

《穀梁传》认为《春秋》贵义而不贵惠、信道而不信邪。义与惠、道与邪是对立的，义适合于道，惠不合乎道，因此是邪念的产物。义是行为应该如何的原则，惠则是小利小益，可能导致对"义"和"道"的危害。《春秋·隐公元年》记载："春，王正月。"《穀梁传·隐公元年》释云：

> 元年春，王正月。虽无事，必举正月，谨始也。公何以不言即位？成公志也。焉成之？言君之不取为公也。君之不取为公何也？将以让桓也。让桓正乎？曰不正。《春秋》成人之美，不成人之恶。隐不正而成之，何也？将以恶桓也。其恶桓何也？隐将让而桓弑之，则桓恶矣。桓弑而隐让，则隐善矣。善则其不正焉何也？《春秋》贵义而不贵惠，信道而不信邪。孝子扬父之美，不扬父之恶。先君之欲与桓，非正也，邪也。虽然，既胜其邪心以与隐矣，已探先君之邪志而遂以与桓，则是成父之恶也。兄弟，天伦也。为子受之父，为诸侯受之君，已废天伦而忘君父以行小惠，曰小道也。若隐者可谓轻千乘之国，蹈道则未也。

君要循"道"而行，"道"的内容是天理，即君尊臣卑、君主臣从。依此而论，君臣关系犹如兄先弟后的伦理关系，是由天决定的，因此叫"天伦"，是行为所循之原则和规范。

根据此种天伦关系，隐公有儿子、诸侯身份，作为儿子受命于父，作为诸侯受命于天子，他在位是合乎"道"的，也就是合乎正义的。隐公要让位给桓公，就是废天伦而忘君父，意味着把千乘之国的君位的道德因素抛弃了，这是把千乘之国的君位当作小恩小惠送给他人。可见，春秋《穀梁传》要求重义轻利，反对以功利代替道义。

据此而论，宣公弑君即位，其弟叔肸以为不义，因而不用鲁宣公的钱财。《穀梁传·宣公十七年》云：

> 冬，十有一月壬午，公弟叔肸卒。其曰公弟叔肸。贤之也。其贤之何也？宣弑而非之也。非之，则胡为不去也？曰兄弟也。何去而之，与之财，则曰："我足矣。"织屦而食，终身不食宣公之食。君子以是为通恩

也,以取贵乎《春秋》。

范泰注云:"宣公弑逆,故其禄不可受。兄弟无绝道,故虽非而不去。论情可以明亲亲,言义足以厉不轨。"①叔肸织屦而食,终身不食宣公之食,反映出义与亲情的复杂关系。义与亲情发生矛盾,应以亲情为重,不可视而不见,一走了之,更不可大义灭亲。维持亲情,自食其力,不食宣公之食,就是对鲁宣公不义的抗议。

前人以"善于经"说明《穀梁传》思想的重要性。郑玄云:"《左氏》善于礼,《公羊》善于谶,《穀梁》善于经。"②所谓"善于经",指其论述抓住了礼的根本、儒家思想之要义。《穀梁传》对"义"的论述强调重义轻利,抓住了先儒思想的关键。对"道"的论述更体现了这一点,"道"指天理、自然规律、道德规范、政治制度的最高原则。如其言:

> 人之于天也,以道受命;于人也,以言受命。不若(顺)于道者,天绝之也,不若于言者,人绝之也。

这种提法与孔、老有很大区别。孔子的"道"指的是追求克己复礼、德治仁义的理想境界,没有以天为基础的道;老子的"道"虽然与天相联系,却是"先天地而生""独立而不改""周行而不殆"的。《穀梁传》的"道"是可以被人遵行和实践的,所以它有蹈道和失道之说。

道之能行与否,不仅在于人是否自觉地追求道、实践道,而且在于是否有一定的客观条件。《穀梁传》认为"道之贵者时,其行者势也"。时与势是客观条件。这与孔子"道之将行也与,命也,道之将废也与,命也"③的说法不同。时与势的概念不是《穀梁传》的创造,孟子早用过此概念,如他说"齐人有言曰:虽有智慧,不如乘势;虽有镃基,不如待时"④。孟子有意识地将推行仁政与时、势结合起来,《穀梁传》更加明确地指出了道与时、势的关系而已,它认为行"道"需要时、势,形势不同所采取的对策也要有相应的变化。这里

---

① 《春秋穀梁传注疏·宣公十七年》。
② [汉]郑玄:《六艺论》,载《十三经注疏·春秋穀梁传注疏》。
③ 《论语·宪问》。
④ 《孟子·公孙丑上》。

没有"道之不行,已知之矣"①,为"行其义"仍然固执其道的锲而不舍的精神,而更多的是灵活与适应。《穀梁传》不仅注意到求道的动机,而且注意到了事物的外部条件。

"道"和"仁"是两个互不包容的范畴,两者独立存在的时候都可以作为一种评判标准;当其发生矛盾时,"仁不胜道"。孔子思想中尽管包含着仁、义、礼三个重要概念,并构成了"道"的内容,孔子论"道"却大抵以"仁"为主。孔子的"道"与"仁"是相应的,所以《穀梁传》的"道"在这点上与孔子的"道"也是不同的。

"道"的人道层面要求"重民""爱民",以民为本,反对"轻民命"。"君以民为本"这一思想成为为政者不能不正视的问题。《穀梁传》提出"民者,君之本也"的重要观念,所谓"本",解作"根""基"。"民为君本"实际上继承了周、秦"重民""爱民""敬德保民"的经济伦理思想传统,发展了孔子的"民以君为心,君以民为体"(《礼记·缁衣》)的思想。春秋以来社会结构的大调整带来的一个直接结果就是"民"的实际地位上升。与西周初期"敬德保民"观念倾向于将"民"的作用做抽象化、形式化的理解不同,在《穀梁传》的政治世界里,"民众"的作用已经变得更加具体、更加直接、更具有决定性了。

"民者,君之本也",意思是民众乃是君主统治的根基,是国家稳固的根本;如果失去了民众,国家政治就没有了根基,君主也就不再成其为君主。从农耕经济活动的主体来说,"民"是经济生产的根本力量。《穀梁传》经济伦理思想的核心在于"君以民为本"。晚清学者江慎中指出:"贵民重众,为《春秋》最大之义,而《左氏》《公羊》皆无其说,惟《穀梁》有之,此穀梁子之卓出二家而独有千古者也",因"(周)平(王)(鲁)桓(公)以降,诸侯力征,贵族暴横,压制之风日甚,遂不知民之为贵,而倒行逆施,以犬马土芥视之,穀梁子、孟子生当其时,特为此穷原反本,盖欲提为君者而警之,并呼为民者而觉之也。"②民本观念的产生与春秋战国特定的历史背景相联系,具有推及后世的伦理意义。

《穀梁传》多处指明民为"君之本"。例如:

---

① 《论语·微子》。

② 江慎中:《春秋穀梁传条指卷下》,载《国粹学报》第73期,南京:广陵书社2006年版。

宋人以齐人、蔡人、卫人、陈人伐郑。以者，不以者也。民者，君之本也。使人以其死，非正也。（桓公十四年）

鲁昭公悖德失民，昏庸暴乱，他被大臣季氏驱逐，败亡出奔，故其"民如释重负"（昭公二十九年）。仁民成为一项基本的治道，重视以仁义治民生是一项基本的经济伦理原则。概言之，《穀梁传》"民为君本"的经济伦理思想具体内容有如下方面：

第一，爱护百姓、在意民生。民生，基本含义指民众的基本生存和生活状态。《穀梁传》认为，爱护百姓、在意民生的人君在《春秋》中是予以褒美的。例如，僖公三年，僖公"有志乎民"，文中有赞扬之意。《穀梁传》认为对那些只顾个人享乐、罔顾百姓死活的君主，《春秋》是予以讥斥的。《春秋·成公十八年》记载："筑鹿囿。"《穀梁传》云："筑不志，此其志何也？山林薮泽之利，所以与民共也，虞之，非正也。"鲁成公筑囿以为虞猎之地，夺民利，显然是不可取的。

民生的基础在于民本。民本是儒家秉持的治道之本。《尚书·五子之歌》有"民为邦本，本固邦宁"之说，孟子有"民为贵，社稷次之，君为轻"（《孟子·尽心上》）以及"王天下"（《离娄上》）之论，特别是"王天下"理论强调君主通过民心而得天下，而不是通过暴力得天下，即"得天下有道：得其民，斯得天下矣；得其民有道：得其心，斯得天下矣；得其心有道：所欲与之聚之，所恶勿施尔也。"民之"所欲"是"有养"，民之"所恶"是"无伤"，这表明"民"在儒学讨论的国家政治体系中具有基础性的地位。《穀梁传》的"民为君之本"的思想是与之一脉相承的，传文对经文涉及"民"的问题上多有所论，如：

（经）隐公五年：冬，十有二月，宋人伐郑，围长葛。

（传）隐公五年：伐国不言围邑，此其言围，何也？久之也。

（经）桓公十四年：冬，十有二月，宋人以齐人、蔡人、卫人、陈人伐郑。

（传）桓公十四年：以者，不以者也。民者，君之本也。使人以其死，非正也。

范宁在《春秋穀梁传集解》（卷2）中释云："宋以此冬围之，至六年冬乃取之。古者师出不逾时，重民之命，爱民之财，乃暴师经年，仅而后克，无仁隐之心,而有贪利之行,故围伐兼举以明之。"语词"以",是驱使之意。齐国、蔡国、卫国、陈国的民众,迫于宋人压力而出兵伐郑国,民众本来是国君统治天下的基础,国君却让其赴死地,这是不正当的。"不以者,谓本非所得制,今得以之也。刺四国使宋专用其师,轻民命也。"①齐、蔡、卫、陈四国将民众交予宋国实现其个人目的,这是轻视人民生命的行为。因为持久战必对民众的生命和财产造成损失,与"重民""爱民"相背。既然"君以民为本",那么君主首先就应珍惜人民的生命,不能将自己的国民任意借给他国用作战争工具。

(经)僖公二十六年:公以楚师伐齐,取谷。

(传)僖公二十六年:以者,不以者也。民者,君之本也。使民以其死,非其正也。

国君应保护国人的安全,齐、蔡、卫、陈等国君却让人民听命于他国的操纵,充当战争的牺牲品,这与"驱民而之死地"几乎没有什么区别。《谷梁传》对这种荒唐的行为提出批评。

民众可以为自己的国家作战,但也不能随意驱使未接受过军事训练的民众打仗。这与孔子"教民"的理论是一致的,《论语·子路》记载:

子曰:"善人教民七年,亦可以即戎矣。"

子曰:"以不教民战,是谓弃之。"

僖公二十三年,宋襄公去世,《春秋》经文以不书"葬"的方式表示斥责,《谷梁传》解释说这是因为宋襄公在上一年与楚国的泓水之战中,"以其不教民战,则是弃其师也。为人君而弃其师,其民孰以为君哉"。泓水之战的具体情况并不是宋襄公带领未经训练的军队作战,而是他拘执古礼、不明形势、轻率用师。郑玄解释云:"教民习战而不用,是亦不教也。"②宋襄公为报私怨,率宋师以寡敌众,拘于古礼,不用平日训练的方法,结果师溃君伤,为天下耻笑。这是一种"以不教民战"的"弃师"之道。

民心在一定程度上可以决定君王的命运。庄公三年,《谷梁传》对"王"

---

① 《春秋谷梁传注疏·隐公五年》。
② 《春秋谷梁传注疏·僖公二十三年》。

有一个定义："其曰王者,民之所归往也。""王"乃是民心之所归向,"得民心与否"乃是天子是否有资格为"王"的关键。僖公十五年,秦、晋之战,晋师尚未溃败,晋侯已被秦军抓获,原因在于"晋侯失民矣",军队不愿为晋侯卖命。

《穀梁传》的"民"仍然是在与君相对应的意义上发挥作用的,"民为君本"的目的和重心都不在于"民"而在于"君"。《穀梁传》并未提出所谓"民主"的观念,但是正如章学诚主张的"论古必恕"①,后人在理解古代时必须以同情、宽和的态度,应设身处地体会古人思想的合理性与局限性,而切不可以今天的标准厚诬或鄙薄古人。

"民为君本"观念本身具有人性与人道的意义。以珍惜民生、重视民意为特征的"民为君本"思想对于保障民众的基本权利、维护社会的底线正义具有重要的价值。任何形式的社会公正都不可能是抽象的,对于古代社会而言,正义与公正就是通过"民为君本"此类具体观念和规范一步步确立和完善起来的。从这个意义上看,《穀梁传》的"重民"思想正是中国社会在逐步走向公正过程中的一个重要阶段。

第二,使民以时、取用有度。"民为君本"在经济伦理层面的另一层含义在于使民以时、取用有度。国君在治理国家、安排政务时,须考虑到民众利益,满足他们的基本生活、生存需求。先秦儒家揭示了统治者处理民众问题的基本原则,在其中就贯穿着养民基础上使民的思想。如说:

> 道千乘之国,敬事而信,节用而爱人,使民以时。(《论语·学而》)
>
> 百姓足,君孰与不足? 百姓不足,君孰与足?(《论语·颜渊》)
>
> 己所不欲,勿施于人。(《论语·颜渊》)
>
> 己欲立而立人,己欲达而达人。(《论语·雍也》)
>
> 有社稷者而不能爱民、不能利民,而求民之亲爱己,不可得也。民不亲不爱。而求其为己用,为己死,不可得也,民不为己用,不为己死,而求兵之劲,城之固,不可得也。(《荀子·君道》)
>
> 下贫则上贫,下富则上富。(《荀子·富国》)
>
> 足国之道,节用裕民而善藏其余。节用以礼,裕民以后,彼裕民故多余,裕民则民富。(《荀子·富国》)

---

① 《文史通义》内篇卷二《文德》,见章学诚:《章学诚遗书》,北京:中华书局1985年版,第17页。

孔子主张藏富于民,教民致富,富而有礼,不要竭泽而渔。孔子的治道思想以其人生哲学为基础,而其人生哲学则以"仁"为中心,"仁"的基本意思就是推自爱之心以爱人。荀子认为民富与国强互为条件,百姓富足,国家也就强盛了;爱民、利民事关国家的巩固、社稷的安危。因此,统治者一定要重视人民,为人民办好事,得到人民的衷心拥护,否则后果不堪设想。《穀梁传》继承了先秦儒家的治道原则,提出国君"重民"的两条具体规范:"使民以时"和"取用有度"。

"时"指的是农业生产活动的时节,古代农业生产的一个重要特点是时节性,农事活动的各个环节很大程度上都受季节与气候限制。生活节奏必须严格地按照自然的秩序和农作物生长的节拍来安排,保证农事活动的时间不被冲占。因而,"使民以时"就是"不误农时",大型活动的安排都不能贻误农事活动的时间。桓公八年,鲁国在五月份举行祭祀先王的盛祀仪式,《穀梁传》提出批评,因为"烝,冬事也,春、夏兴之,黩祀也。志不敬也"。正常烝祀应在冬季农闲时举行,春、夏之交农忙时节举行大规模烝祀之礼,无疑会占用民力、妨碍农事。误农而又不合"时"的祭祀活动违背自然秩序和农业规律,不可能收到祈祖降福之效果。需要耗用大量人力的活动,如敬天祭祖、修建宫室、兴办水利、训练军队等等,都应明智地放在冬季的农闲期举行。

"时"还指百姓服徭役的时段长短。庄公三十一年,鲁庄公好大喜功,"一年疲民三时",《穀梁传》对此提出批评。鲁庄公在一年之内,役使国民春筑台于郎、夏筑台于薛、秋筑台于秦,对农业生产活动造成极大的不良影响。一年疲民三时,劳民太甚,人民疲敝不堪。民力有限,统治者不能让老百姓服过长时间的徭役。庄公二十九年,《穀梁传》借批评鲁公兴修新马厩之事,提出"古之君人者,必时视民之所勤。民勤于力,则功筑罕;民勤于财,则贡赋少;民勤于食,则百事废矣"。国君应根据百姓具体情况来安排工作,当人民困苦于某一方面时,须相应地减免他们在这方面的人力、物力和财力的负担。

"使民以时"的观念表明《穀梁传》要求统治者应爱惜民力、顾念民生,以谨慎的态度对待劳民之事,防止公共权力的滥用。《穀梁传》提倡以符合自然秩序和农业规律为宗旨的"使民以时"思想,乃是古代政治智慧的结晶。

"取用有度"主要指不能横征暴敛、与民争利。国君与民众之间并不是你死我活的竞争关系,君与民乃是利益的共同体,统治者的财富在真正意义上应体现在他的国民所拥有的财富上。春秋时期各国君主为了满足自己的挥霍以及战争扩张的需要,纷纷将敛财的目光投放到民众身上。《穀梁传》对统治者与民争利的行为表示了反感,因此对国君围山圈泽、破坏井田制等现象予以强烈的谴责。庄公二十八年,鲁君筑微邑,圈占山林薮泽,设虞官来守护,将原本由国人共同享有的山林薮泽变成了私产。《穀梁传》评价道:"山林薮泽之利,所以与民共也。虞之,非正也。"鲁君围山圈泽的自私行为,是对民众基本财产权的侵害,因而是不正当的,妨害社会公正。

《穀梁传》有井田制思想,它认为与民争利的行为剥夺民众的利益,特别是土地兼并,严重地破坏了井田制。井田制是古代田制,与人民生活关系极其密切,孟子在回答滕文公为政治国之问时,曾对井田之制有详细描绘:

> 子之君将行仁政,选择而使子,子必勉之。夫仁政,必自经界始,经界不正,井地不钧,谷禄不平,是故暴君污吏,必慢其经界。经界既正,分田制禄,可坐而定也。夫滕壤地偏小,将为君子焉,将为野人焉?无君子莫治野人,无野人莫养君子。请野九一而助,国中什一使自赋。卿以下必有圭田,圭田五十亩,余夫二十五亩。死徙无出乡,乡田同井,出入相友,守望相助,疾病相扶持,则百姓亲睦。方里而井,井九百亩。其中为公田,八家皆私百亩,同养公田。公事毕,然后敢治私事,所以别野人也。此其大略也,若夫润泽之,则在君与子矣。(《孟子·滕文公上》)

从形式上看,井田是一种经界方正的方块田;从内容上看,每井九百亩,凡八家,家耕私田百亩,然后共耕公田百亩。按孟子的原意,似乎井田制只实行于野中。从性质上看,这是土地国有制下的授田制。孟子反对土地私有化,反对土地兼并,主张维护土地国有制。为了解决农民的土地问题,孟子主张国家把土地分给农民耕种。孟子主张井九百亩,其中为公田,八家皆私百亩,同养公田;公事毕然后敢治私事。孟子对滕文公谈施行井田的办法是划地主的土地为井田,分配给农民去种。而实行井田制的关键,或者维护土地国有制的关键,在于"正经界"。故行仁政,必自经界始。孟子反对"慢其经界",就是反对土地兼并于少数人之手(当然也反对大小统治者互相兼并),主张"井田制"是其仁政思想的一重要内容。因此,仁政首先是实行井田制度。"井田制"作为其"仁政"的具体措施,首先就是要制民"恒产"①,规定老百姓的固定产业,即由国家给予农民"五亩之宅""百亩之田"。孟子说:"五亩之宅,树之以桑,五十者可以衣帛矣。鸡豚狗彘之畜,无失其时,七十者可以食肉矣。百亩之田,勿夺其时,数口之家可以无饥矣。谨庠序之教,申之以孝悌之义,颁白者不负戴于道路矣。"②这给予农民的"五亩之宅""百亩之田"就是"恒产",而且不能买卖。这是承认土地国有制中个体农民的合法性和限制土地兼并的办法。有了"恒产",农民"乐岁终身饱,凶年免于死亡"③,不仅能吃得好穿得好,还有能力预防灾荒,而且还有受教育的权利,人们亲爱和睦,在生产、疾病和困难时互相帮助、扶持,即出入相友,守望相助,疾病相扶持,则百姓亲睦。

儒家关于井田制的解释反映了仁政思想,孟子以后的许多学者在解释井田制时都根据自己的思想观念来进行阐述。《周礼·地官·小司徒》《礼记·王制》亦有所论及。"藉而不税""什而取一"是井田制的最基本特征。人们只用在公田上付出劳动而不需要另外交税,而且人们对君王的付出只占他们全部收获的十分之一。民众所承受的赋税压力较小,使他们在生产力水平低下的时代满足尊老爱幼、蓄妻养子的基本生活所需。春秋时代,井田制不断受到冲击。宣公十五年,鲁国率先废除井田制,提出"初税亩"的新田税方案,承认土地的现实占有情况,以新占土地量按亩征收土地税。初税亩制度一方面挑战了周天子对全天下土地的名义上的占有权,另一方面以田赋代替藉田之制,超出了原有的"什而取一"的赋税比例,加重了民众的经济压力。《穀梁传》比孟子稍微清楚地叙述了井田制:

(经)宣公十五年,初税亩。

(传)初者,始也。古者什一,藉而不税。初税亩,非正也。古者三百步为里,名曰井田。井田者,九百亩,公田居一。私田稼不善,则非吏;公田稼不善,则非民。初税亩者,非公之去公田,而履亩十取一也,以公之与民为己悉矣!古者公田为居,井灶葱韭尽取焉。②

①②③《孟子·梁惠王上》。
②《春秋穀梁传注疏·宣公十三年》。

孟子所说井田制是九一而助，《穀梁传》则是"古者十一，藉而不税"。两者的井田制明显发生了一个重大的分歧，即税额不同。这可能是《穀梁传》为了调和孟子前后自相矛盾的说法。《孟子·滕文公上》先是说："夏后氏五十而贡，殷人七十而助，周人百亩而彻。其实皆什一也。彻者，彻也；助者，借也。"其后又说"请野九一而助"。《穀梁传》产生之后，土地使用情况实际上又有很大的变化。《穀梁传》对宣公十五年"初税亩"以及哀公十二年"用田赋"，均表示反对，并斥之为"非正"。

《穀梁传》对井田制的经田界（正经界）表现出高度的关注。初税亩取代井田制当然是社会经济发展的重要成果，但是伴随而来的无节制的盘剥和奴役却使"仰足以事父母，俯足以畜妻子，乐岁终身饱，凶年免于死亡"[1]的基本需求竟然成为百姓奢望。维护井田制、经田界等做法，实质上维护的是民众赖以生存的恒产，保护恒产不仅是民生问题，也是实现社会正义的要求。井田制、经田界其实已是传统儒家不断与政权相交涉、谋求社会正义的武器，公正与正义通过像井田制这样的具体制度、规定逐步实现得来。

第三，重视灾害，备灾养民。在生产力水平极低的条件下，民生的基础自然十分脆弱，承受灾害打击的能力极为有限。《穀梁传》提出国家应该重视各种自然灾害，采用多项措施备灾以养民，通过养民等具体实践先儒仁政精神。从思想渊源来说，《穀梁传》的这些观念无疑是继承《春秋》而来的，《春秋》经用不少篇幅描绘发生在各国的水、旱、虫、火等自然灾害，如"秋，大水""螽""不雨"等，显示出其对农事民生的关注。《穀梁传》保留了《春秋》的这一特色，进一步关注、分析灾害现象。例如，庄公七年，《穀梁传》认为水灾使高地和低谷都充满了水，淹没了小麦和水稻，导致粮食减产甚至颗粒无收。虫灾发生的规模大，持续时间长，造成"茅茨尽矣"的严重危害。

与人民生计关系最密切的是"久旱不雨"，灾害最为严重，因此民生也最受影响。僖公、文公时期发生了两次长达半年以上的旱灾，《穀梁传》以此为例作了详细的说明。僖公二年，十月起，鲁国干旱不雨，旱情持续到第二年的六月。《穀梁传》在这一期间多次提到"不雨"，一方面是对旱情的客观描述，另一方面也反映了僖公忧戚旱灾、期盼下雨的心情，对僖公关心农事、怜

---

① 《孟子·梁惠王上》。

悯民生疾苦的爱民之心进行了褒奖,称他"有志乎民者也"。对于鲁国发生在文公元年十二月至次年七月的旱灾,《穀梁传》只是在二年七月书"自十有二月不雨,至于秋七月",认为鲁文公并没有对长期干旱表示担心和忧虑,说明他"无志乎民也"。《穀梁传》由此贬斥了文公无视旱灾、不以民为志的态度。

与某些春秋学者好将自然灾害与人世兴衰相联系大谈非常之论不同,《穀梁传》正视现实,主张君王应重视灾害,但更多的是从保护农业生产、关注国计民生的角度出发,在其"重灾"观念里,重农保民是关键所在,这也是《穀梁传》经济伦理思想的一个重要价值关切点。这也似乎表明《穀梁传》对《春秋》中圣人"微言大义"的解释要更加平实、中正一些,这正是郑玄称"《穀梁》善于经"①的原因。《穀梁传》对于其他一些异常天象的解释更倾向于以自然、客观的原因去理解。例如,隐公三年对日食的观察、庄公七年对"星陨如雨"的分析、僖公十六年对"陨石于宋五"及"六鹢退飞过宋都"异象的理解等,无不体现了《穀梁传》"著以传著,疑以传疑"的客观、谨慎的认知态度和自然、平实的特色。

《穀梁传》重视应对自然灾害,落实到行动上,要求统治者应积极储备物资以备灾,并且在灾害发生后应与人民站在一起共同抗灾。庄公二十八年,鲁国发生饥荒,《穀梁传》借论述鲁大夫臧孙辰入齐借贷粮食之事,提出国家应进行粮食储备的原则:"国无九年之畜,曰不足;无六年之畜,曰急;无三年之畜,曰国非其国也。"这段话与《礼记·王制》篇相关论述相一致,表明当时人们已意识到储粮以备灾对于国家和民众的重要意义。当国家陷入灾害,统治者就应与民同戚,减少日常用度,降低礼乐规格,停止一些工程建设,挤出财物以供人民度过灾害。结合《周礼》《礼记》相关内容来看,君民同心、共同抗灾不仅是当时社会的共识,也是儒家理论关注的一个重点,从中也可以看出《穀梁传》以民生为重的恤民思想。

《穀梁传》倡荒政救助,当源于周礼传统。西周有"知稼穑之艰难"(《尚书·无逸》)的思想,《周礼》《礼记》两书系统地总结了先秦时期的荒政制度,如《周礼·地官》之"大司徒"以"荒政十二聚万民",即"一曰散利,二曰薄征,

---

① [汉]郑玄:《六艺论》,载《春秋穀梁传注疏》。

三曰缓刑,四曰弛力,五曰舍禁,六曰去几,七曰眚礼,八曰杀哀,九曰蕃乐,十曰多昏,十有一曰索鬼神,十有二曰除盗贼";以"保息六养万民",即"一曰慈幼,二曰养老,三曰振穷,四曰恤贫,五曰宽疾,六曰安富"。《礼记·礼运》有"天下为公"的大同理想,其中的防灾、救灾、养民制度涉及对弱势群体和对灾荒人口的慈善救助,较为完整地阐述了儒家慈善救助的经济伦理思想。

《穀梁传》提出开展慈善救助,重视粮食储备,其中的慈善救助思想包括救灾、救荒、救民,核心是实行仁政德治,减少社会矛盾,维护社会公平正义,确保社会健康和稳定。

(经)成公五年:梁山崩。

(传)成公五年:伯尊至。君问之,曰:"梁山崩,壅遏河三日不流。为之奈何?"伯尊曰:"君亲素缟,帅群臣而哭之,既而祠焉,斯流矣。"孔子闻之,曰:"伯尊其无绩乎,攘善也!"

自然灾害是天意,《穀梁传》提出听天变、尽人事,君主应敬天顺天,不违抗自然或上天的旨意。这是重民、养民之举。农业生产经常遇到虫灾、霜冻和水灾等各种自然灾害,《穀梁传》对《春秋》经记载的虫灾和水灾多有解释,如《春秋·桓公五年》载:"螽。螽,虫灾也。"《穀梁传》云:"螽,虫灾也,甚则月,不甚则时。"虫灾,即由于粘虫、蝗虫等农业害虫大量发生,危害作物生长,造成严重减产的灾害。《春秋·定公元年》载:"冬,十月,陨霜杀菽。"这表明其对农业生产的重视。农业生产完全靠天吃饭,雨水是一年能否丰收的决定性因素。《穀梁传》多处解释《春秋》记载的雨水现象:

(经)僖公三年:春,王正月。不雨。

(传)僖公三年:不雨者,勤雨也。

(经)僖公三年:夏,四月。不雨。

(传)僖公三年:一时言"不雨"者,闵雨也。闵雨者,有志乎民者也。

(经)僖公三年:六月,雨。

(传)僖公三年:"雨"云者,喜雨也。喜雨者,有志乎民者也。

雨水多寡与农业生产好坏关系密切,《穀梁传》认为《春秋》书"不雨"是勤雨、闵雨,对于旱灾表示忧虑,这是关心百姓("志乎民者")。《春秋》记灾是希望无灾、关心百姓。人类永远不能超越自然而呼风唤雨,只能顺应自然,与自然和谐相处。

丰年使国库充实,有可能使民众生活有改善。因此《穀梁传》对少有的丰年也有记载。《春秋·桓公三年》记载:"有年。"《穀梁传》云:"五谷皆熟,为有年也。"春秋时丰年并不多见,《春秋》唯有桓公之世书有丰年,宣公之世书有大丰年,"盖桓、宣享国皆十有八年",而书"有年"者各一岁,他年则多歉收。

《穀梁传》在粮食储备问题上具有深深的危机感,在歉收之年而民不聊生的形势下提出储备粮食、丰年补败,比较《左传》《公羊传》相关记载,这是其优越之处。例如,对于《春秋·庄公二十八年》记载"大无麦、禾,臧孙辰告籴于齐",《穀梁传》《左传》《公羊传》解释如下:

> 国无三年之畜,曰国非其国也。一年不升,告籴诸侯。告,请也,籴,籴也。不正,故举臧孙辰以为私行也。国无九年之畜,曰不足;无六年之畜,曰急;无三年之畜,曰国非其国也。诸侯无粟,诸侯相归粟,正也。臧孙辰告籴于齐,告,然后与之,言内之无外交也。古者税什一,丰年补败,不外求而上下皆足也。虽累凶年,民弗病也。一年不艾而百姓饥,君子非之。不言如,为内讳也。(《穀梁传·庄公二十八年》)
>
> 冬,饥。臧孙辰告籴于齐,礼也。(《左传·庄公二十八年》)
>
> 告籴者何? 请籴也。何以不称使? 以为臧孙辰之私行也。曷为以臧孙辰之私行? 君子之为国也,必有三年之委。一年不熟,告籴,讥也。(《公羊传·庄公二十八年》)

春秋三传对经文的不同解释显示出对储粮救助思想有不同的认识。《左传》只是说臧孙辰告籴于齐是合乎礼的,没有提出有关粮食储备的思想。《公羊传》虽然提出了粮食储备的思想,但只要求有"三年之委"就够了。《穀梁传》提出"国无九年之畜,曰不足",可以看出当时农业生产力的低下,一连九年都可能出现荒年。国家如果没有九年的粮食储备就叫作粮食不足。"无六年之畜,曰急。无三年之畜,曰国非其国也。"如果没有六年的粮食储备就叫作粮食危机,如果没有三年的粮食储备就不能算是一个国家了。《礼记·王制》云:"国无九年之蓄曰不足,无六年之蓄曰急,无三年之蓄曰国非其国也。三年耕,必有一年之食。九年耕,必有三年之食。以三十年之通,虽有凶旱水溢,民无菜色。然后天子食,日举以乐。"可见,《穀梁传》的储备救助的思想与《礼记》的相关思想是一致的。民以食为天,粮食生产和储备影响国家的稳定和发展。在农业生产力水平低下、经常遇到各种自然灾害的情况下,一定的粮食储备是必要的。

《穀梁传》提出以政治和道德手段确保诸侯之间的粮食援助,体现了对经济救助与道德和政治之间的关系的深切认识。

（经）僖公九年:九月,戊辰。诸侯盟于葵丘。

（传）僖公九年:桓盟不日,此何以日? 美之也。为见天子之禁,故备之也。葵丘之会,陈牲而不杀。读书加于牲上,壹明天子之禁（范注:壹犹专也）,曰:"毋雍泉（范注:专水利以障谷）,毋讫籴（范注:讫,止也。谓贮粟）,毋易树子（范注:树子,嫡子）。毋以妾为妻,毋使妇人与国事（范注:女正位于内）。"

齐桓公所定天子禁令第二条就是"毋讫籴",即如果一个国家发生粮荒,其他有粮食储备的国家不得囤积居奇,而要将粮食卖给发生粮荒的国家。齐桓公所定天子禁令得到了《穀梁传》的肯定。臧孙辰告籴于齐,齐桓公不仅向鲁国提供了粮食,还归还了鲁国赠送的铜器、玉器等物品,体现了对鲁国荒灾的救助与同情。总之,以政治和道德手段确保各诸侯国的粮食安全的思想在国家与国家交往中具有特别重要的意义。

《穀梁传》从民本思想出发,提出在遇到荒年的情况下"诸侯相归粟"的思想。如果一个国家无粟,有粟的国家有道德义务向无粟的国家赠送粮食。《春秋》记载,定公五年,"夏,归粟于蔡。"《穀梁传》云:"诸侯无粟,诸侯相归粟,正也。孰归之? 诸侯也。不言归之者,专辞也,义迩也。"一个国家出现粮荒,有粮国家把自己的粮食赠送给粮荒国家,符合国际道义。《春秋》未言将粮食赠送给蔡国的诸侯国之名,《穀梁传》认为这是专言鲁国,但是每一个诸侯国都有与鲁国相近的仗义之举。这是把向无粮国赠送粮食作为一种道德义务加以提倡,体现了在维护君权前提之下的某些民本主义色彩。如果遇到饥荒,在向有粮诸侯国购买粮食和接受有粮诸侯国的赠送之外,国君还要按照礼制的规定,与百姓共渡难关。

（经）襄公二十四年:大饥。

（传）襄公二十四年：五谷不升为大饥。一谷不升谓之嗛，二谷不升谓之饥，三谷不升谓之馑，四谷不升谓之康，五谷不升谓之大侵。大侵之礼，君食不兼味，台榭不涂，弛侯、廷道不除，百官布而不制，鬼神祷而不祀。此大侵之礼也。

严重的灾荒年月里，国君行大侵之礼，对自身消费及礼仪用度加以削减以示自我约束。《穀梁传》提出的措施是：大荒年里国君吃饭不能有两种以上的菜肴，亭台楼阁不得装饰，取消射箭，宫廷道路不清理，不增设新的职位，祭鬼神不使用祭品，等等。减轻赋税以减轻劳动者的负担，对劳动者给予救助，从而使劳动者能够小有余财，实现劳动力的再生产。针对《春秋》庄公二十八年"臧孙辰告籴于齐"，《穀梁传》提出"税什一，丰年补败"，托古提出应该实行税什一的税收制度，税收由税什二减为税什一，百姓手中就有一点余钱，不至于"一年不艾而百姓饥"。官府因税收减少，必将降低其奢侈程度，这里要求官府向百姓在经济上作出一定程度的让步。《穀梁传》还有两处提到古时实行什一之税，表明其对于减轻赋税非常重视。

（经）宣公十五年：初税亩。

（传）宣公十五年：初者，始也。古者什一（范宁注：一夫一妇佃田百亩以共五口父母妻子也。又受田一十亩以为公田，公田在内，私田在外。此一夫一妇为耕百一十亩）。藉而不税（范宁注：藉此公田而收其入，言不税民）。初税亩，非正也。

（经）哀公十二年：十有二年，春。用田赋。

（传）哀公十二年：古者公田什一，用田赋非正也。（范宁注：古者五口之家，受田百亩，为官田十亩，是为私得其什，而官税其一，故曰什一。周谓之彻，殷谓之助，夏谓之贡，其实一也。皆通法也。今乃弃中平之法，而田财并赋，言其赋民甚矣。）

上文强调"古者税什一"，由公田中的收成作为赋税，以实物作为赋税。初税亩田财并赋，不但要给实物，还要缴纳钱财，所以说"其赋民甚矣"。《穀梁传》不仅主张降低赋税，而且还主张以实物作为赋税。在商品经济不很发达的条件下，农业劳动者将农产品交换为货币有困难，一般是低价卖出，以钱财为赋税加重了农业劳动者的负担。以实物为税，反映了《穀梁传》的惠

《穀梁传》主张在诸侯国内部实行井田制,使劳动者小有恒产。井田制的论述如下:

（经）宣公十五年:初税亩。

（传）宣公十五年:初者,始也。古者什一(范宁注:一夫一妇佃田百亩以共五口父母妻子也。又受田一十亩以为公田,公田在内,私田在外。此一夫一妇为耕百一十亩)。藉而不税(范宁注:藉此公田而收其入,言不税民)。初税亩,非正也。古者三百步为里,名曰井田。井田者,九百亩。公田居一(范宁注:出除公田八十亩,余八百二十亩。故井田之法,八家共一井,八百亩,余二十亩,家各二亩半为庐舍)。私田稼不善,则非吏(范宁注:非,责也。吏,田畯也。言吏急民,使不得营私田)。公田稼不善,则非民(范宁注:民勤私也)。初税亩者,非公之去公田而履亩,十取一也。以公之与民为已悉矣(范宁注:悉谓尽其力)。古者公田为居(范宁注:八家共居)。井灶葱韭尽取焉(范宁注:损其庐舍家作一园以种五菜,外种楸桑,以备养生送死)。

实行井田制的核心是将劳动者固定在土地上,耕者有田,实现公私两分,有利于社会安定,有利于统治者,也有利于劳动者。其一,井田制的赋税较低。其二,民小有恒产。"井田者,九百亩","除公田八十亩,余八百二十亩。""故井田之法,八家共一井,八百亩,余二十亩,每家各二亩半为庐舍。"每家有一百亩私田,劳动者就小有恒产。《春秋·庄公三十一年》云:"秋,筑台于秦。"《穀梁传·庄公三十一年》云:"不正,罢民三时,虞山林薮泽之利,且财尽则怨,力尽则怼。"这里强调保护民众利益,使百姓小有余钱,意味着统治者要尽力富民、裕民。

（经）哀公十二年:十有二年,春。用田赋。

（传）哀公十二年:古者公田什一,用田赋非正也。(范宁注:古者五口之家,受田百亩,为官田十亩,是为私得其什,而官税其一,故曰什一。周谓之彻,殷谓之助,夏谓之贡,其实一也。皆通法也。今乃弃中平之法,而田财并赋,言其赋民甚矣。)

"税什一"乃中平之法,"田财并赋"则为过激。倡复井田是通过井田制

减轻赋税以对劳动者给予救助。《穀梁传》关于粮食储备的思想对汉代思想是有影响的,如《淮南鸿烈·主术训》云:

> 夫民之为生也,一人跖耒而耕,不过十亩,中田之获,卒岁之收,不过亩四石,妻子老弱仰而食之。时有涔旱灾害之患,有以给上之征赋车马兵革之费。由此观之,则人之生悯矣! 夫天地之大,计三年耕而余一年之食,率九年而有三年之畜,十八年而有六年之积,二十七年而有九年之储,虽涔旱灾害之殃,民莫困穷流亡也。故国无九年之畜,谓之不足;无六年之积,谓之悯急;无三年之畜,谓之穷乏。故有仁君明王,其取下有节,自养有度,则得承受于天地,而不离饥寒之患矣。若贪主暴君,挠于其下,侵渔其民,以适无穷之欲,则百姓无以被天和而履地德矣。

上述关于民生和赈灾的认识,以及对民本、国本和君本关系的认识,大体上与《穀梁传》及《礼记·王制》的思想是一脉相承的。《穀梁传》写本最后用汉隶写定于汉武帝时代,在年代上《穀梁传》要早于《淮南鸿烈》。由此而论,《穀梁传》的积贮备荒思想要早于《淮南鸿烈》的积贮备荒思想。

《穀梁传》关注"城",认为"城,为保民为之也","民所聚曰都"。君主筑城的目的应该是保护自己的国民免遭敌人侵犯;只有当国民太多,原有的城池容纳不下时,才可以组织人民在农闲时节筑城。《穀梁传》对春秋时期屡屡发生的农忙时节筑城的现象提出尖锐批评,尤其让其反感的是诸侯"城中城"的行为。

(经)成公九年:城中城。

(传)成公九年:城中城者,非外民也。

(经)定公六年:冬,城中城。

(传)定公六年:城中城者,三家张也。或曰非外民也。

范宁解释:"讥公不务德政,恃城以自固,不复能卫其人民"[1];"三家侈张,故公惧而修内城,讥公不务德政,恃城以自固"[2]。"城中城"指国君在城邑之中又圈地筑城,城内筑城的做法是国君面对公室、大夫势力日益强大的

---

① 《春秋穀梁传注疏·成公九年》。

② 《春秋穀梁传注疏·定公六年》。

局面所采取的不得已的防范措施。"城中城"实际上是将内城之外的民众当作防备的对象,这不仅与"筑城以保民"的原始宗旨相抵触,而且还会导致君民离心离德的恶果。国君的正确做法应该是修德政以安民,筑城池以保民,将自己的政治利益与广大民众的现实利益结合在一起。

综上所述,《穀梁传》在"民为君之本"观念指导下主张施政者应努力做到重灾以养民、备灾以救民、止战以保民、筑城以卫民。只有当君主能"以民为本""以民为志",妥善处理好国家与民众的关系,才能为政治结构提供稳定而坚实的基础。

第四节 今文诗学的经济伦理思想

诗学是以阐释孔子编撰的《诗》的思想为中心的学说。西汉经学有三家《诗》,即齐人辕固传《齐诗》,鲁人申培公传《鲁诗》,燕人韩婴传《韩诗》,现仅存《韩诗外传》,属于今文经。又有毛亨、毛苌传《毛诗》,毛诗与鲁诗、齐诗、韩诗构成四家诗,即齐、鲁、韩、毛四家,毛诗属于古文经。齐、鲁、韩三派诗学在西汉十分盛行,在朝里立有博士,成为官学,属今文经学。韩婴(约前200—前130),涿郡鄚人(今任丘市人),西汉文、景、武三帝时为官,文帝时任博士,景帝时官至常山太傅,后人又称他韩太傅。韩婴是当时著名的儒家学者,他讲学授徒,同时写成很多著作,其中有《韩故》《韩诗内传》《韩诗外传》《韩说》等。韩婴讲授、注释《诗经》有许多独到之处,世称"韩诗",与辕固生的"齐诗"、申培的"鲁诗"并称"三家诗"。韩婴是今文《诗》学中"韩诗学"之开创者。韩婴还对《易经》有研究,做过很多注释,著有《周易传韩氏三篇》,但未能流传于世。今文《诗》学有《韩诗外传》流传,韩婴在诗传中阐述了人性论、义利论、修养及治道思想,对汉初承接先秦儒学以研究当时的《诗》学及现实经济伦理思想问题,都有一定的贡献。

一、善、恶皆容的人性论

人是经济活动的主体,人性看法又影响到经济活动的基本价值规定。

韩婴充分地看到了人性的复杂性,试图突破性善或恶的单一的绝对化定势来讨论性善、性恶的可能性。首先,他肯定人性中包含有向善的因子:"夫人者说人者也,形而为仁义,动而为法则"①;"无仁义礼智顺善之心,谓小人"②。这是说人天生即有向往仁、义、礼、智,顺从善良的心,而人心中也天生就包含有行仁与义的可能性,因此,学问修身之道勿需他求,只要充分发展本性"善"的因子就可以了。孟子云:

> 仁,人心也;义,人路也。舍其路而弗由,放其心而不知求,哀哉! 人有鸡犬放,则知求之;有放心而不知求。学问之道无他,求其放心而已。③

韩婴几乎全部搬用上段文字:

> 孟子曰:仁,人心也;义,人路也。舍其路弗由,放其心而弗求。人有鸡犬放,则知求之;有放心而不知求。其于心为不若鸡犬哉? 不知类之甚矣。学问之道无他,求其放心而已。④

人性有为善的可能因素,因而修身当以"求其放心"为目标,在思考求得"放心"的途径上,韩婴袭用了荀子在修身途径问题上的观点。戴震总结孟子和荀子思想说:"荀子之重学也,无于内而取于外;孟子之重学也,有于内而资于外。"⑤荀子主张"无于内",故以为修身需要靠向外索求,把学看作一个向外认知的过程,"以礼义出于圣人之心,常人学后能明礼义"⑥,在外习得礼义以化性起伪;孟子主张"有于内",故认为内心已备善端,具仁义礼智,因而其学是心性良知的自悟。孟子的"学"是"资于古贤圣所言德性裨益己之德性也"⑦,并非靠尊师隆礼以化性起伪。孟子"求其放心"是建立在"有于内"的思想前提上的。

与孟子不同,韩婴既取孟子的这个"有于内",又要求荀子的那个"取于

---

① 《韩诗外传》卷二第三十四章,载许维遹《韩诗外传集释》,北京:中华书局1980年版(本章中《韩诗外传》版本下同)。
② 《韩诗外传》卷六第十六章。
③ 《孟子·告子上》。
④ 《韩诗外传》卷四第十章。
⑤ 戴震:《孟子字义疏证》,北京:中华书局1982年版,第32页。
⑥ 戴震:《孟子字义疏证》,北京:中华书局1982年版,第32页。
⑦ 戴震:《孟子字义疏证》,北京:中华书局1982年版,第32页。

外"，他抽掉荀子以性为恶的观点，而吸收其理论中通过"师法之道，礼义之化"以成修身之业的思想内容，将从师习礼看作实现"求其放心"的门径，从而折中孟、荀之说，形成了自己对人性的独特看法。

性善论和性恶论是先秦儒家两种迥然不同的人性论思想。徐复观认为，韩婴"接受了孟子以心善言性善的主张"，并且他"未尝取荀子化性起伪之义"①；金春峰则以为，韩婴"发挥了荀子的人性观点"，但"韩婴的主导思想是孟子性善的思想"②。徐复观和金春峰皆以为韩婴接受了孟子性善思想，徐论的依据是《韩诗外传》卷四所引孟子之语——"仁，人心也；义，人路也……学问之道无他，求其放心而已。"③金论增加另外两条材料以举证：一是《韩诗外传》卷二提到"夫人者说人也，形而为仁义，动而为法则"④；二是卷六指出"天之所生，皆有仁义礼智顺善之心。不知天之所以命生，则无仁义礼智顺善之心。无仁义礼智顺善之心，谓之小人。"卷五说："民非无仁义根于心也。"这已经把仁义视为人本来所具有，直接地就是性善论说法。金春峰引《韩诗外传》卷二之语，"孔子曰：'口欲味，心欲佚，教之以仁。心欲安，身欲劳，教之以恭。好辩论而畏惧，教之以勇。目好色，耳好声，教之以义。'……故防邪禁佚，调和心志"。他认为，韩婴"肯定'口欲味，心欲佚'，'目好色，耳好声'正是荀子关于人性恶的观点"⑤。韩婴将"口欲味，心欲佚"，"目好色，耳好声"等语认作孔子之言，这即意味着"口欲味，心欲佚"，"目好色，耳好声"并非韩婴之说，退一步讲，即使这是韩婴借孔子之口表达己见，那么它也不同于荀子性恶论。荀子在表达其性恶理论时说："今人之性，生而有好利焉……生而有疾恶焉……生而有耳目之欲，有好声色焉……"⑥他论性之恶重在指出"生而有"，这是韩婴之文所没有的。

韩婴有兼合孟子和荀子相关思想理论的痕迹：

> 无礼，何以正身？无师，安知礼之是也？礼然而然，是情安于礼也。

---

① 徐复观：《两汉思想史》（卷三），香港：学生书局 1979 年版，第 26 页。
② 金春峰：《汉代思想史》，北京：中国社会科学出版社 1997 年版，第 105—106 页。
③ 徐复观：《两汉思想史》（卷三），香港：学生书局 1979 年版，第 423 页。
④ 金春峰：《汉代思想史》，北京：中国社会科学出版社 1997 年版，第 222—223 页。
⑤ 金春峰：《汉代思想史》，北京：中国社会科学出版社 1997 年版，第 105—106 页。
⑥ 《荀子·性恶》。

师云而云，是知若师也。情安礼，知若师，则是君子之道。①

这段话基本出自荀子："礼者，所以正身；师者，所以正礼也。无礼，何以正身？无师，吾安知礼之是也？礼然而然，是情安于礼也。师云而云，则是知若师也。情安礼，知若师，则是圣人也。"②荀子讲"情安礼，知若师"是以性恶论为思想前提的，末句荀子说："情安礼，知若师，则是圣人也。"韩婴却说："情安礼，知若师，则是君子之道。"这里将"则是圣人也"改为"则是君子之道"，不言"则是圣人也"，而称"则是君子之道"。在荀子看来，"尧舜之与桀纣，其性一也"；"故圣人者，人之所积而致。"③荀子之"圣人"是性恶者化性起伪的结果，而韩婴坚持人性有善的可能，其主张的修身目标是拾回本心，故韩婴不能完全照搬荀子之语。韩婴曾说："子曰：'不知命，无以为君子。'言天之所生，皆有仁义礼智顺善之心。"④他的所谓"君子"也就是有"仁义礼智顺善之心"的君子，是性善论所认为的拾回仁义本性的修身成德者。因之，韩婴并不沿用荀子的"则是圣人也"，而是将"则是圣人也"改为"则是君子之道"。简言之，"君子"的遣词用句传递出了韩婴来自孟子的回归良心善性的思想；"情安礼""知若师"则表明韩婴把荀子式的"学"认作达到他所主张的求"放心"、致"良知"的修身手段，在这里韩婴实现了对孟荀之说的融合，为他的经济伦理思想的义利两取论奠定了人性的基础。

二、勿以"利"害"义"的义利两取论

"义""利"关系问题不仅关系到经济伦理关系的协调，而且关系到国家、君主、社会和个人之间关系的价值取向和行为准则，关系到社会道德与价值体系的核心等问题。以"义"为最高价值准则而抑"私"灭"利"，是秦汉以来中央集权制发展的需要，因为唯"义"而求、唯"公"而崇，毫无自私自利之心的人即便存在，也只能充当集权制公义掩盖下个人私利的工具，这种只是工具的人在社会生活中也就只能扮演服从和被支配的角色。

---

① 《韩诗外传》卷四第七章。
② 《荀子·修身》。
③ 《荀子·性恶》。
④ 《韩诗外传》卷六第十六章。

人与社会、国家、宗族之间的实际关系常常以义利之辨的形式表现出来。儒学的义利论是主体所追求的两种既相联系又相区别的道德价值导向,义利论要解决的是人在各种目标和选择中以何为善、以何为美、以何为最值得追求的价值。孔子明确义、利是人追求的两种不同的价值导向,所谓"君子喻于义、小人喻于利"①。君子把义作为价值标准和行为选择的取向,是孔子的现实社会可以实现的理想人格,圣人是不可得见终极理想人格,小人是不以道德为求而以利为目标的人,与君子构成两端。孟子把义利明确地作对立的解释,以利为错误的价值导向,义为最高的道德价值,认为君主不必言利,而应该行仁义,就可以胜坚甲利兵而王天下。既能行仁义而王天下,义便蕴含着功利目的,可称为道德合理型功利。所以,孟子的重义轻利,意蕴着内在的冲突。荀子看到孟子忽视义利融合的一面,而试图加以协调。他认为义与利对主体人来说是两种必然的存有:从道德行为活动及其结果而言,义利是独立于主体的客体;从求义和逐利的过程来看,既满足当下利益,又虑及长远利益,便不违义。义与利有其融合的一面,但以利融于义,而不像墨家义融于利。这是因为荀子以义为最高的价值标准,"先义而后利者荣,先利而后义者辱"②。这是荣辱的"大分"。在国家与自我、社会利益与个体利益发生冲突的情境下,"舍生取义",以国家和社会利益为第一义。

韩婴大体上贯彻了先秦儒家的义利观,肯定"私""利"的正当性,同时引"孔子曰:'富而可求,虽执鞭之士吾亦为之。'故阨穷而不悯,劳辱而不苟,然后能有致也。诗曰:'我心匪石,不可转也,我心匪席,不可卷也。'此之谓也。"③以此说明"利"不害"义",不违背自己的原则追求荣华富贵,满足欲利。只要合乎"义",富贵可以去追求;不合乎于"义",就不能去追求。求利、发财必须合于"义",这是原则问题,表明韩婴自己不会违背原则去求利。

韩婴清醒地意识到纯粹的求私、逐利之行,害莫大焉,绝大多数人事实上不可能只求"义"崇"公"而不讲"私"趋"利",故而指出"喜名者必多怨,好与者必多辱……夫利为害本,而福为祸先,唯不求利者为无害,不求福者为

---

① 《论语·里仁》。
② 《荀子·荣辱》。
③ 《韩诗外传》卷一第八章。

无祸"①。这里指出"利为害本",无疑深刻地揭示了单纯求利行为的危害性，这在今文经学道德价值观之义利论上自有其积极的建树和价值意义。

今文诗学在义利论上的总体取向是义、利不分而论两取。《韩诗外传》一书多言"义""利"，二字分别出现 114 次、48 次，而且其中多有关于义、利问题的精辟议论，其中的核心在于强调不以"利"害"义"，更注重义、利两取。例如说：

> 安命养性者，不待积委而富；名号传乎世者，不待势位而显；德义畅乎中而无外求也。信哉！贤者之不以天下为名利者也。②

> 在天者莫明乎日月，在地者莫明于水火，在人者莫明乎礼义……故人之命在天，国家命在礼，君人者隆礼尊贤而王，重法爱民而霸，好利多诈而危，权谋倾覆而亡。③

> ……好利而不为所非，交亲而不比，言辩而不乱，荡荡乎其义不可失也。④

> 天子不言多少，诸侯不言利害，大夫不言得丧，士不通财货，不贾于道……委积之臣不贪市井之利，是以贫穷有所欢，而孤寡有所措其手足也。⑤

> 善御者不忘其马。善射者不忘其弓。善为上者不忘其下。诚爱而利之，四海之内，阖若一家。⑥

> 古者必有命民，民有能敬长怜孤，取舍好让，居事力者……故其民虽有余财侈物，而无礼义功德，则无所用。故其民皆兴仁义而贱财利。贱财利则不争，则强不陵弱，众不暴寡，是唐虞之所以举象刑，而民莫犯法。民莫犯法，而乱斯止矣。⑦

这里主要强调了两层意思：第一，安于天命、善养心性的人，不追求外在

---

① 《韩诗外传》卷一第十三章。
② 《韩诗外传》卷一第九章。
③ 《韩诗外传》卷一第五章。
④ 《韩诗外传》卷一第十八章。
⑤ 《韩诗外传》卷一第十四章。
⑥ 《韩诗外传》卷一第十九章。
⑦ 《韩诗外传》卷一第十九章。

名利而自身显要,也就是贤明的人不以追求天下名利为重;第二,喜欢追求欲利的人常常陷入危险、权谋,也就是求利而致人误入歧途,因此常常失去义。如果以真诚爱利之心以求利,自然也不会失去义。民兴仁义而贱财利,不会引发无端的争夺,因此也就不会有动乱发生。其中"义""利"二字的用法或相对使用,有的针对现实中专营取利行为造成的危害予以批评,有的则在强调贤能之人知道如何取利、如何取义,提醒人应心怀礼义,警惕好利多诈而多危,人应明于"义",做到义、利两取。

井田制代表了公利、私利兼顾的一种上地耕种与赋税制度形式。西周时期井田制度较为普及,因土地划分为许多方块,形似"井"字形而称井田制。井田制也是周天子京畿之土地制度,其有公田私田之分。韩婴对井田制作了详细的说明:"古者八家而井田。方里为一井,广三百步,长三百步,为一里,其田九百亩。广一步、长百步,为一亩;广百步,长百步,为百亩。八家为邻,家得百亩,余夫各得二十五亩,家为公田十亩,余二十亩共为庐舍,各得二亩半。八家相保,出入更守,疾病相忧,患难相救,有无相贷,饮食相召,嫁娶相谋,渔猎分得,仁恩施行,是以其民和亲而相好。"[1]这里明确说出"家为公田十亩"与私田相配,正合"十一而藉"。孟子说的八家共耕之公田在这里改成了由各家自耕十亩,已不复共耕。但是八家相保,出入更守,疾病相忧,患难相救,民和亲而相好,则显示出井田制下人伦有序、义利相合之民风士气。秦汉以来,政治巨变,带动了土地制度的变迁,井田制瓦解,代之以土地私有制。汉代以皇帝为代表的地主阶级统治集团除对农民征收赋税之外,还有权支配那些不属于私人、没有登记的土地。私田的盛行一方面解除了由采邑发生的压迫,使得生产增加,另一方面则产生了土地兼并和贫富分化,社会矛盾冲突加剧。代采邑而新兴的士大夫地主阶级产生了,地主富豪的势力增加,土地成为可追逐的财富。一些君主虽然进行过恢复井田的努力,但是基本上归于失败。韩婴对井田制的详细说明,显然在这里寄托了他对善处义利、解决社会矛盾冲突而达到的一种理想主义情怀和思想境界。

义利问题关注的一个中心是个人在社会经济生活、政治生活中究竟应如何正确地处理义、利矛盾,今文诗学富于智慧地提出要择善处理义、利冲

---

① 《韩诗外传》卷四第十三章。

突。曾子一生言行如一，毕生清高、廉洁、自守，是学问修养、"择善固执"的一个风范，他是依儒家思想恰当处理义、利关系的一个典范。《韩诗外传》对此有如下记载：

> 曾子仕于莒，得粟三秉，方是之时，曾子重其禄而轻其身；亲没之后，齐迎以相，楚迎以令尹，晋迎以上卿，方是之时，曾子重其身而轻其禄。怀其宝而迷其国者，不可与语仁；窘其身而约其亲者，不可与语孝；任重道远者，不择地而息；家贫亲老者，不择官而仕。故君子矫褐趋时，当务为急。传云：不逢时而仕，任事而敦其虑，为之使而不入其谋，贫焉故也。《诗》云："夙夜在公，实命不同。"①

上述引文说，真正的君子行为有依规，善于自处、依义择利。曾子开始出来做鲁国莒邑的地方官，得粟三秉（十斗为一斛，十六斛为一秉）的俸禄，这个时期的曾子只注重待遇的收入而轻视自己本身的得失。他的父亲去世以后，齐、楚、晋国都欢迎他去做相国，但他都推辞了，始终不肯出去做官。这个时期，曾子是专心重视他自己本身的学养与出处动静的该和不该，因为已经没有必须孝养父母的负担了，所以他就不再重视俸禄的待遇丰薄、官职地位的高低等问题了。如果本身怀有很高的学养并把它当作高尚至宝，却不肯出来挽救自己国家的危乱，那就没有资格谈什么仁心、仁术了；如果故意自命清高而死守穷困，也不顾父母生活困难的痛苦，那也谈不上什么孝道；个人本身挑着重担，前途又很遥远，为了完成任务，就不会挑选什么地点，可以随地休息保持精力；家贫、父母年老体衰，为了孝养父母，就不需要挑选官位大小，只要收入足够赡养父母，便去做了。所以，真真君子，穿着旧鞋和破布袄，忙着向前赶去，只是为了当时实在有迫切的需要。韩婴为他所传之《诗》作如此解说：一个人生不逢时，不得已还是需要出来做官做事；既然担任了一定职务，就必须尽量尽心做好。可是只肯听命去完成任务，而不愿深入参与他的内部谋划，是因为他只是为了解决一时的贫困，并不是他要完成学养思想的真正目的。

自视清高、安贫乐道者往往不择利而处，这样的人不同于流俗，与恰当

---

① 《韩诗外传》卷一第一章。

择利且义、利两取者有很大的差异，有时甚至是对立的。《韩诗外传》一书突出对比了孔门的两个弟子——原宪（字子思，宋国人）和子贡（姓端木，字子贡[古同赣]，以字行，卫国人），他们对待义、利的不同态度足以说明儒者如何去依义择利。其中一段文字记载如下：

> 原宪居鲁，环堵之室，茨以蒿莱，蓬户瓮牖，桷桑而无枢，上漏下湿，匡坐而弦歌。子贡乘肥马，衣轻裘，中绀而表素，轩不容巷，而往见之。原宪楮冠黎杖而应门，正冠则缨绝，振襟则肘见，纳履则踵决。子贡曰："嘻！先生何病也！"原宪仰而应之曰："宪闻之：无财之谓贫，学而不能行之谓病。宪，贫也，非病也。若夫希世而行，比周而友，学以为人，教以为己，仁义之匿，车马之饰，衣裘之丽，宪不忍为之也。"子贡逡巡，面有惭色，不辞而去。原宪乃徐步曳杖，歌商颂而反，声满于天地，如出金石。天子不得而臣也，诸侯不得而友也。故养身者忘家，养志者忘身，身且不爱，孰能忝之。①

原宪个性狷介，自视清高而安贫乐道；而子贡则恰当择利，且义、利两取，是一个善于经营、生活富裕的人。孔子曾评价颜回和子贡："回也其庶乎！屡空。赐不受命，而货殖焉，亿则屡中。"②子贡不仅学业优秀，悟性极高，能够做到"告诸往而知来者"③，经常受到孔子表扬，从政也很成功。子贡最大的特长是"货殖"（"货"为货物，"殖"为繁殖），他曾问孔子道："贫而无谄，富而无骄，何如？"孔子知道子贡不是一个安守本分（"不听命"）之人，对他强行约束会适得其反，因此回答道："可也；未若贫而乐，富而好礼也。"④孔子虽然强调安贫乐道，但对货殖求富也表示认可，只要做到"见利思义"⑤、取之有道就可以了。子贡在鲁国求学，出仕后又经常受命出使诸侯各国，晚年又经商致富，家累千金。

经营商业往往被看作以求利为主要追求的活动，如司马迁所言"天下熙

---

① 《韩诗外传》卷一第九章。
② 《论语·先进》。
③ 《论语·学而》。
④ 《论语·里仁》。
⑤ 《论语·宪问》。

熙,皆为利来。天下攘攘,皆为利往"①,经商活动从根本上来说是为了谋求货利,以满足人耳目欲极声色之好,口欲穷刍豢之味。子贡经商主要是通过异地倒卖货物来赚取差价,各类史书多有记载:

> 子贡好废举,与时转货赀。喜扬人之美,不能匿人之过。常相鲁、卫,家累千金,卒终于齐。②

> 子赣既学于仲尼,退而仕于卫,废者(废举)鬻财于曹、鲁之间,七十子之徒,赐最为饶益。③

> 子贡行贩,与时转货。④

"废举"指囤积货物,子贡的货殖方法是囤积货物、异地转卖、赚取差价。经商需要特殊的天分和才能,子贡就是具有这种特殊的天分和才能之人,他能准确判断市场行情,适时把握市场商机。子贡经商成功,游走于各国之间,让孔子声名远播。

《庄子》《史记》《孔子家语》等书也有对原宪和子贡对比性的类似记载。列举如下:

> 原宪居鲁,环堵之室,茨以生草;蓬户不完,桑以为枢;而瓮牖二室,褐以为塞;上漏下湿,匡坐而弦歌。子贡乘大马,中绀而表素,轩车不容巷,往见原宪。原宪华冠𫏋履,杖藜而应门。子贡曰:"嘻! 先生何病?"原宪应之曰:"宪闻之,无财谓之贫,学道而不能行谓之病。今宪,贫也,非病也。"子贡逡巡而有愧色。原宪笑曰:"夫希世而行,比周而友,学以为人,教以为己,仁义之慝,舆马之饰,宪不忍为也。"⑤

> ……及若季次、原宪,闾巷人也,读书怀独行君子之德,义不苟合当世,当世亦笑之。故季次、原宪终身空室蓬户,褐衣疏食不厌。死而已四百余年,而弟子志之不倦。⑥

> ……既学于仲尼,退而仕于卫。废著鬻财于曹鲁之间。七十子之

---

① 《史记·货殖列传》。
② 《史记·仲尼弟子列传》。
③ 《史记·货殖列传》。
④ 《孔子家语·七十二弟子解》。
⑤ 《庄子·让王》。
⑥ 《史记·游侠列传》。

徒,赐最为饶益。原宪不厌糟糠,匿于穷巷。子贡结驷连骑,束帛之币以聘享诸侯。所至,国君无不分庭与之抗礼。夫使孔子名布扬于天下者,子贡先后之也。此所谓得势而益彰者乎!①

端木赐,字子贡,卫人。少孔子三十一岁,有口才著名,孔子每诎其辩。家富累千金,常结驷连骑,以造原宪。宪居蒿庐蓬户之中,与之言先王之义,原宪衣弊衣冠,并日蔬食,衎然有自得之志。子贡曰:"甚矣!子如何之病也。"原宪曰:"吾闻无财者谓之贫,学道不能行者谓之病。吾贫也,非病也。"子贡惭。终身耻其言之过。子贡好贩,与时转货,历相鲁卫而终齐。②

原宪独行君子之德,视"义"重于"利",甚至可说重"义"弃"利"。他甚至不认同当时的社会流俗,所以社会上的人觉得他很可笑。"子贡耻之"一句,是说子贡等于被原宪的举动羞辱了一顿。孔门弟子大多出身贫寒,生活艰难。子贡前往探视原宪之时,"乘肥马,衣轻裘,中绀而表素,轩车不容巷",一副富商大贾派头。原宪居住的房屋"环堵之室,茨以蒿莱,蓬户瓮牖,桷桑而无枢,上漏下湿",他的身上衣着是"正冠则缨绝,振襟则肘见,纳履则踵决",一副穷困潦倒的模样。子贡关切地问他何以病成这副模样。原宪极其敏感,自尊心很强,当年孔子聘他为孔氏家宰,给他提供"粟九百"的俸禄,他都拒绝不受。③ 原宪不愿让子贡看轻自己,于是答道:"宪闻之:无财之谓贫,学而不能行之谓病。宪,贫也,非病也。若夫希世而行,比周而友,学以为人,教以为己,仁义之慝,车马之饰,衣裘之丽,宪不忍为之也。"原宪一通抢白,子贡十分尴尬,面有惭色,不辞而去。但是,子贡不同于原宪,在于他不但会经商致富,而且还善于运用谋略的学术而代孔子出马,化解鲁国受侵略的危机。孔子死后,曲阜墓地是子贡一手经营的,而且他还在夫子坟上守墓六年才离去。孔门弟子中,除子贡一人别有胸襟怀抱以外,其他如颜渊、曾子、原宪等,多属于当时时代的反动,持"不同意"主张的清流人士。治国、治家之道,如果没有良好的经济、财政,必然就没有一个完善美好的秩序和生

---

① 《史记·货殖列传》。
② 《孔子家语·七十二弟子解》。
③ 《论语·雍也》。

活。儒家主流的学术思想认为要解决经济、货财问题，即"利"的问题，使"国家天下"得到"治平"的境界，只要从政治上做好，便可达到"物阜民丰"，国家安定，人民可以安居乐业。

司马迁专论子贡，夹叙夹议，大有深意，说："子贡结驷连骑，束帛之币以聘享诸侯，所至，国君无不分庭与之抗礼。夫使孔子名布扬于天下者，子贡先后也。"①子贡因孔子显而达，孔子则因子贡名而贵，故"此所谓得势而益彰者"。司马迁最后得出结论："夫纤啬筋力，治生之正道也，而富者必用奇胜。田农，掘业，而秦扬以盖一州。掘冢，奸事也，而田叔以起。博戏，恶业也，而桓发用富。行贾，丈夫贱行也，而雍乐成以饶。贩脂，辱处也，而雍伯千金。卖浆，小业也，而张氏千万。洒削，薄技也，而郅氏鼎食。胃脯，简微耳，浊氏连骑。马医，浅方，张里击钟。此皆诚壹之所致。由是观之，富无经业，则货无常主，能者辐辏，不肖者瓦解。千金之家比一都之君，巨万者乃与王者同乐。岂所谓'素封'者邪？非也？"②这里意在说明，发财、致富依靠的是人的能干和智慧，否则就落到破败。

三、儒道并举、节欲养性的行为自制思想

人的行为能否自制以及如何自制，关系到人的经济活动的效率和伦理价值。今文诗学的行为自制论融合道、儒，主张以道家无为和儒家仁义思想并举，表现出对人的生命本身的意义、价值的关注，而不是追求欲利的满足与财富的获取。面对滔滔不息永不复返的生命之流，韩婴感叹于人生"忽如过客"③，进而表现出对长寿长生的强烈渴望与追求，并将之体现在节欲养生、治气养性的修身主张中。

今文诗学受道家影响，力倡率性而为，处世无为，以顺应自然为主，对财富也持平淡冷静之态度。首先，韩婴也主张节欲养生、治气养性，淡泊名利。他引老子言：

---

① 《史记·货殖列传》。
② 《史记·货殖列传》。
③ 《韩诗外传》卷一第十七章。

> 名与身孰亲？身与货孰多？得与亡孰病？……知足不辱，知止不殆，可以长久。①

> 喜名者必多怨，好与者必多辱。唯灭迹于人，能随天地自然，为能胜理而无爱名。名兴则道不用，道行则人无位矣。夫利为害本，而福为祸先。唯不求利者为无害，不求福者为无祸。②

这里的意图在于宣扬知足常乐，教人以无为的心态对待名利、荣辱和贫富，无名无功，随顺自然，全性保身。韩婴希望统治者更应减损一己之私欲，不以天下为一己之天下，而将天下藏于天下，即"王者藏于天下，诸侯藏于百姓"③，这样才能不以物累，最终不失天下。

其次，韩婴主张守以谦德、不为人先。处世应象法天道，守以谦德。韩婴不像儒家将"谦"当作谦虚、谦让的道德品质加以宣扬，而是以老子柔弱胜刚强的处世之道来充实"谦"的内涵。"谦"不是苦修而得的品质，而是使人立于不败之地的法宝："欲益反损，欲扬反抑"，"持满之道，抑而损之"，谦而不满。

> 天道亏盈而益谦，地道变盈而流谦，鬼神害盈而福谦，人道恶盈而好谦。是以衣成则必缺衽，宫成则必缺隅，屋成则必加措，示不成者，天道然也。④

> 德行宽裕者，守之以恭。土地广大者，守之以俭。禄位薄盛者，守之以卑。人众兵强者，守之以畏。聪明睿智者，守之以愚。博闻强记者，守之以浅。⑤

上述引文以天、地之道说明，循天人一体是守谦之规律，因顺自然、时事，守之以恭、俭、卑、畏、愚、浅诸德。公仪休相鲁嗜鱼，一国人献鱼而不受，其弟谏曰："夫欲嗜鱼，故不受也，受鱼而免于相，则不能自给鱼。无受而不免于相，长自给于鱼。"⑥可以看出，韩婴提倡的谦德带有一定的阴谋和权术色彩，如此之"谦"，恰是黄老学道术影响使然。

---

① 《韩诗外传》卷九第十六章。
② 《韩诗外传》卷一第十三章。
③ 《韩诗外传》卷十第二十二章。
④ 《韩诗外传》卷三第三十一章。
⑤ 《韩诗外传》卷三第三十章。
⑥ 《韩诗外传》卷三第二十章。

韩婴认为养德以宽容大度、不分别不执着为要道。"仁道有四，礤为下"，仁礤则其德不厚，较之圣仁、智仁、德仁，礤仁为下，因为礤仁者处处强调好坏高下的差别，不能宽而容众。

> 廉洁直方，病乱不治，恶邪不匡，虽居乡里，若坐涂炭，命入朝廷，如赴汤火，非其民不使，非其食弗尝，疾乱世而轻死，弗顾弟兄，以法度之，比于不祥，是礤仁者也。传曰：山锐则不高，水径则不深，仁礤则其德不厚，志与天地拟者其人不祥……礤仁虽下，然圣人不废者，匡民隐括，有在是中者也。[1]

上述论述推崇的理想人物不是伯夷、叔齐等这些清高、不容于世的"圣之清者"，而是如柳下惠、孔子一般能藏污纳垢、与物逶迤的"圣之和者"和"圣之中者"。[2] 韩婴向往任情肆志、与客观环境相应相谐的人生，这正是道家的理想境界。

韩婴引泽中之雉的故事来说明道家如何养性：泽中之雉神采飞扬、安乐自在，自由逍遥，因它与周围环境相谐相应，能乐其性情，肆其意志；而仓中之雉所以形容憔悴，抑郁不快，是因为它与外在环境格格不入，情性受到压抑，不得其志。泽中之雉"五步一啄，终日而饱"，而仓中之雉"常啄粱粟，不旦时而饱"[3]，人们也应选择泽中之雉的生活方式，让生命自由，让精神快乐。

韩婴不仅关注个体社会价值的实现，而且更关注个体生命自由的实现和人格的完善，他肯定的受魏太子拜而不下车的田子方[4]、不任百金之聘的北郭先生夫妇[5]等，都在对个体生命自由的追求过程中保持了人格的完整与独立。

养生之"养"，即调养、保养、补养和养护之意；"生"，即生命，养护生命，使之很好地生存、生长之意。养生是通过各种方法以达颐养生命、增强体质、精神愉悦之目的。韩婴认为，珍视生命、注重养生固然可贵，但当生命的保全与仁、义、忠、信等德性之间发生矛盾时，舍生取义、杀身成仁尤显重要。

---

① 《韩诗外传》卷一第二十五章。
② 《韩诗外传》卷七第二十二章。
③ 《韩诗外传》卷九第二十二章。
④ 《韩诗外传》卷九第二十一章。
⑤ 《韩诗外传》卷九第二十三章。

刘向以比干、尾生、伯夷、叔齐之事以说明：

> 王子比干杀身以成其忠，尾生杀身以成其信，伯夷叔齐杀身以成其廉。此四子者，皆天下之通士也。岂不爱其身哉？为夫义之不立，名之不显，则士耻之，故杀身以遂其行。由是观之，卑贱贫穷，非士之耻也。夫士之所耻者，天下举忠而士不与焉，举信而士不与焉，举廉而士不与焉。三者存乎身，名传于世，与日月并而不息，天不能杀，地不能生，当桀纣之世，不之能污也。①

韩婴以赞美的笔调写比干、尾生等杀身遂行之举，认为成就了忠、信、廉等道德美名，而不管生命存在与否、生存状态如何，生命之光都将与日月并在不息。当生命遭遇道德矛盾所形成的困境时，韩婴主张放弃生命来成全美好的道德，如石奢作为楚昭王的司法官应依法缉拿杀人犯，但因为杀人犯恰巧是他的父亲，这就把石奢逼到了左右为难的境地：依法杀父是不孝，放走父亲，不行法令则是不忠。这种两难处境考验着石奢，他别无选择，最终走向了自亡，他因为以生命捍卫了忠、孝之义而显得坦荡、无悔。②

从儒家生命价值观出发，韩婴强调以礼修身。他把君子与小人的区别定位在有礼和无礼上，强调礼对于君子养生、立名、思维表达、言行举止及容貌态度的重大意义和影响：

> 君子有辩善之度，以治气养性，则身后彭祖。修身自强，则名配尧禹。宜于时则达，厄于穷则处，信礼者也。凡用心之术，由礼则理达，不由礼则悖乱。饮食衣服，动静居处，由礼则和节，不由礼则触陷生疾。容貌态度，进退趋步，由礼则雅，不由礼则夷固。③

君子以礼义来调理生气保养性命，寿命就会比彭祖更长；以礼义来修养品德加强精神力量，名声就会比得上尧帝和大禹。在思维表达方面，遵循礼义，则道理通达；不遵循礼义，则说出来的道理就悖乱糊涂；吃饭穿衣，动静居处，遵循礼义则和谐适度，不遵循礼义就会陷溺在享乐与名利中，产生疾

---

① 《韩诗外传》卷一第八章。
② 《韩诗外传》卷二第十四章。
③ 《韩诗外传》卷一第六章。

病;容貌态度、行为举止,遵循礼义就高雅,不遵循礼义就傲慢粗野。总之,以礼修身重在以礼义精神规范行为、提升品格。

韩婴大力提倡孝道,视子欲养而亲不待为人生最大的悲哀之一。为人子者应当赡养父母,甚至是"家贫亲老,不择官而仕"①。为人应忠诚:"孝子之事亲也,尽力致诚,不义之物,不入于馆。为人臣不忠,是为人子之不孝也。"②君子在行为上不以能够做出苟且困难的事情为可贵,在理论上不以能够说清楚苟且难辨的道理为可贵,在名声上不以能够苟且长远流传为可贵。君子之所以不以其为贵,是因为以上所举均不合于礼义。

总之,韩婴的修身思想以融合儒道为特征,治国则无为与礼治兼行,修身则养性与行义并举。在黄老之道与儒家之学有着激烈冲突的汉初思想史上,韩婴融合儒道的思想确为引人关注。儒道并举、节欲养性的修养思想,升华了其基于欲利之心的经济伦理理性。

第五节　今文礼学的经济伦理思想

礼学是研究古代礼制、先儒关于礼的思想及孔子后学讨论礼的价值和意义的学说。西汉《礼》学主要属于今文学,西汉中后期流行的礼类之"记"很多,③研究或编撰礼之"记"的学者有戴圣、戴德及庆普等人。戴圣是春秋宋国君主宋戴公(子撝)的第二十三世孙,梁国睢阳(今河南商丘睢阳区)人,曾任九江太守,以学习儒家经典为主,尤重礼学研究。戴圣与叔父戴德及庆普等人曾师事经学大师后苍,潜心钻研,各有所得,形成学说体系,为今文礼

---

① 《韩诗外传》卷一第十七章。

② 《韩诗外传》卷九第二章。

③ 刘向整理出当时属于礼类的《记》有131篇,《明堂阴阳》33篇,《王史氏》21篇,《曲台后仓》9篇,《中庸说》2篇,《明堂阴阳说》5篇。这201篇排在《礼古经》和今文《经》后面。在刘向、班固眼中它们属于对经的解释性著作,是"记""传""说"之类的作品。《汉书·艺文志》将《记》131篇作为一类。刘向收集到流行的绝大部分"记",而当时的"记"不一定都有131篇,不一定都在这131篇或201篇之内。礼学名家戴德及其门下流传着85篇本的《记》,其取材范围相当广;戴圣及其门下也流传49篇本的《记》,取材也不限于上面的201篇。戴德、戴圣的传本就是大、小戴《礼记》。

学大师。"由是《礼》有大戴、小戴、庆氏之学。"①郑玄明确指出二戴传授大、小戴《礼记》，孔颖达在《礼记正义》大题之下引郑玄《六艺论》云："《六艺论》云：'今礼行于世者，戴德、戴圣之学也。'"又云："戴德传《记》八十五篇，则《大戴礼》是也；戴圣传《礼》四十九篇，则此《礼记》是也。"②这段话交代了材料的出处，郑玄解决了两个问题：戴德、戴圣传授过《礼记》，分别为 85 篇、49 篇，他们所传《礼记》没有失传。《小戴礼》49 篇就是郑玄为之作注的《礼记》，这部《礼记》由孔颖达作疏，流传下来。因此今本 49 篇《礼记》，大体上仍是戴圣的传本。"戴德传《记》八十五篇，则《大戴礼》是也"句中，"《记》八十五篇"和"则《大戴礼》是也"指同一件事情。戴圣所传，前句说"《礼》四十九篇"，后句就说"此《礼记》是也"，这里的"礼"指的是《礼记》，"记"也指《礼记》。戴德所传的《记》就是《大戴礼》，《大戴礼》就是《大戴记》，即《大戴礼记》。《汉书·儒林传》云："孟卿，东海人，事萧奋以授后仓、鲁闾丘卿。仓说礼数万言，号曰《后氏曲台记》，授沛闻人通汉子方、梁戴德延君、戴圣次君、沛庆普孝公。孝公为东平太傅；德号'大戴'，为信都太傅；圣号'小戴'，以博士论石渠，至九江太守。"③可见，"大戴"就是戴德，"小戴"就是戴圣。④ 这里的《礼记》，当是司马迁所见的礼类之"记"。《汉书·景十三王传》说："河间献王所得书，皆古文先秦旧书，《周官》《尚书》《礼》《礼记》《孟子》《老子》之属。"⑤这里的《礼记》专指《小戴礼》的"礼记"之名，应是桥仁所作的《礼记章句》。桥仁是戴圣弟子，至少在戴圣弟子时代《小戴礼》就被门人称为《礼记》了。郑玄称戴圣所传 49 篇为《礼记》，只是沿袭前人称谓而已。郑玄注《小戴礼》，唯善是从，《小戴礼》大行于世，历代学者为郑玄注本作义疏，直到孔颖达作《礼记正义》。根据孔颖达的序言以及皇侃、熊安生等的义疏本，这些工作更有利于《小戴礼》流传，因此造成了《小戴礼》更为人所知。大、小戴《礼》多是孔子后学记述古代典制、记载孔子言论、学礼习礼的心得以及讨论礼的价值和

① [唐]孔颖达：《汉书·儒林传》，载[清]阮元《十三经注疏》(二卷本)，北京：中华书局 1980 年影印版，第 1229 页。
② 《礼记正义》。
③ 《汉书·儒林传》。
④ "礼记"之名，司马迁曾使用过，如《史记·孔子世家》说："周监乎二代，郁郁乎文哉，吾从周。故《书传》《礼记》自孔氏。"
⑤ 《汉书·景十三王传》。

意义的著作,其中包含的尚自然秩序的生态经济观、义利兼取的价值原则、仁内礼外的伦理思想、重慈善与荒政的经济救助伦理思想、崇尚仁义德礼以及礼治与德法一体的经济治理观,较全面地反映了孔子以后至汉初儒家经济伦理思想发展的基本面貌。

一、尚自然秩序的生态经济观

先秦儒家天人一体,崇尚自然伦理秩序的思想,整体上影响了汉代礼学对经济伦理思想理论基础的探讨。孔子曾说:"天何言哉,四时行焉,百物生焉。"[1]孟子说:"不违农时,谷不可胜食也。数罟不入洿池,鱼鳖不可胜食也。斧斤以时入山林,材木不可胜用也。谷与鱼鳖不可胜食,材木不可胜用,是使民养生丧死无憾也。"[2]他们强调财富来自自然,农业受自然的生态农业规律的影响和决定。儒家学说以"仁"为核心,仁者人也;仁者爱人,反映在经济思想上就是勤劳生财,勤劳致富,国以民为本、民以食为天、不与民争利等。人们的一切活动都应遵守自然秩序和自然规律而获取财富,由此可以推理出人们的一切活动(包括社会的、政治的、经济的)都要适应自然秩序、把握自然规律,从而形成各项行为规范和准则,顺天应人,经营治理好各项经济事务。儒家的自然秩序观,不仅在汉代的公羊学中发展成为天人感应说,而且在礼学中发展为崇尚自然的生态农业经济伦理观念。从自然秩序观的要求,强调顺天应人,形成了儒家的"人本"和"农本"思想以及顺应自然规律的经济伦理原则。

今文小戴礼学有自然生态礼仪,其所赖以确立的支柱是礼仪文化中天、地、人为一个有机的整体的理论。这种理论主要是一种"天人合一"、与自然和谐的精神,虽然不同程度地反映在先秦其他流派的思想学说之中,但在渊源上它是古代礼仪文化中的一种生活智慧和对宇宙和人类自身认识的凝结。礼学对人与自然万物的关系的思考是以人与宇宙的一体性为基础的。小戴《礼记》所理解的宇宙之道、人事之理,都可以说是从人与自然万物的思

---

① 《论语·阳货》。
② 《孟子·梁惠王上》。

考中所树立的基本观念中推演出来的。这种自然天道观强调人与自然万物是相互联系的,其特征包括三个方面:

一是统一性。《礼运》篇说:"夫礼,必本于大一。分而为天地,转而为阴阳,变而为四时,列而为鬼神。"孔《疏》曰:"夫一者,谓天地未分,混沌之元气也。极大曰天,未分曰一,其气极大而未分,故曰大一也。"《释文》曰:"大,音泰。"这个解释,意味着礼必须根源于混沌未分的元气状态的天,运用于大地,分布于众事,并随四季而变化,配合十二个月来制定事功的标准。天地自然是人类生存的基础,礼仪必须以之为根本,与之相统一。

二是变易性。《礼记》的自然天道观是变易的天道观,它继承了上古"易"的观念。"易"是自天地开辟以来,日月交替,寒来暑往,万物萌发,生生不息,新新相续,变化无住,是宇宙的第一法则。易经六十四卦的推演,就是天地之间万物变化之理的一种符号表达。古人上观天象,俯察地理,中考自身,总结出两个既相对立又相统一的最基本的宇宙因素——"阴"和"阳"。阳者,乾之称,刚之名;阴者,坤之称,柔之号。它们相交相会,相荡相摩,不断地产生出万事万物。阴阳在对立中的和合,乃宇宙造化的精灵,变易的根本。《易传》说,"乾""坤"二卦,《易》之门邪! 这是从易经的体系构造和学易的门径上说的。《周易》自"乾""坤"二卦开始,以"未济"之卦而终,表达了宇宙万物变化无穷的过程和规律。前者讲宇宙造化之本和天地生生之源,后者讲生命无尽的延续。宇宙共一乾坤,而物物又各有一乾坤,故宇宙之间的一切事物皆有生生之意。"既济"为一物告终,"未济"为之后新生机的开始。宇宙的各个角落都是生命普遍流行的境界,没有一物是绝对死寂的东西。孔子云:"天何言哉? 四时行焉,百物生焉。天何言哉?"(《论语·阳货》)《易传》云:"天地之大德曰生。"就是对宇宙生命力的述说。

三是人本性。《礼运》篇说:"故圣人作则,必以天地为本,以阴阳为端,以四时为柄,以日星为纪,月以为量,鬼神以为徒,五行以为质,礼义以为器,人情以为田,四灵以为畜。"这说明天地、阴阳、四时、礼仪皆为人创造文明时可运用之物,也即礼仪以人为本、以神为重。以人为本不是人可以肆意滥用自然物品,不加节制,而是要遵循自然万物运行的内在规律。《月令》云:"凡举大事,毋逆大数,必顺其时,慎因其类。"举行大事一定要顺应天时,谨慎依照时令属性来办事。这种依傍自然天道、顺应变化的思想把万物看成是有生命力、有条理可循的。《周易》表述为元、亨、利、贞四字。元,是初始、兴起之意;亨,是通达、茂盛之意;利,是圆熟、获得之意;贞,是贞固、收藏之意。以植物的生命来比喻,那就是春天萌生,夏天长茂,秋天成熟,冬天收藏。植物这一生命的圆圈运动,有盛有衰,展示了旧生命终结和新生命凝聚的自然的、有条理的历史过程。不唯这个大的生命过程是有条理的,就是在这个生命过程的每一个小的阶段上,包括植物生命历程在内的整个宇宙的生命历程也是依此而运行的。

宇宙生命生生不息、循环往复,必然使人产生广泛地惜生与爱人悯人的一致推想。在礼仪伦理行为规范的方向上,除了人类之中的由父母、兄弟、夫妻、家族到朋友、邻人、乡人、国人、天下人这样一个推爱的范围,在人类之外,还有一个由动物、植物到自然山川这样一个由近及远的关怀范围,前一个范围又优先于后一个范围。

神本思想源于人类早期社会对自然神灵的信仰和崇拜,表现为一种以自然神灵的指引和关照而获得有秩序、有保障的生活的意识。人类的第一意识就是对神秘世界的理解和感悟的意识,三代文化突出人们对神明意志的敬畏和通过祭祀活动与神明相交往,以获得赐福或保佑,这种思想观念在春秋以来的文化中表现仍显突出。① 神本意识是一种特殊的经济伦理意识。神本意识不仅是一种宗教意识,也是一种调节经济生产、生活消费等的伦理意识。依自然之时序分别祭祀天地诸神,安排农事、工时等活动,成为国家政治的首要活动。《月令》依古来的传统,规定了如下神事安排:

> 孟春正月,立春之时,天子……迎春于东郊……
>
> 仲春二月,玄鸟(燕子)至。……以太牢祠于高禖……择元日,命民社。
>
> 季春三月,天子乃荐鞠衣于先帝,又荐酳于寝庙,乃为麦祈实。命国难九门攘,以毕春气。
>
> 孟夏四月,立夏之时,天子亲帅三公、九卿、诸侯、大夫以迎夏于南郊。此月,农乃登麦,天子以彘尝黍,先荐寝庙。
>
> 仲夏五月,命有司为民祈祀山川百源,大雩帝。乃命百县雩祀百

---

① 如《墨子·尚同中》说:"古者圣王,明天鬼之所欲,而避天鬼之所憎,以求兴天下之利,除天下之害。"《论语·泰伯》说:"(禹)菲饮食而致孝乎鬼神。"神事活动已成为中国早期国家政治的重要组成内容。

辟、卿士有益于民者,以祈谷实。天子以雏尝黍,先荐寝庙。

季夏六月,命四监大合百县之秩刍,以养牺牲,令民无不咸出其力,以共皇天上帝、名山大川、四方之神,以祠宗庙社稷之灵,以为民祈福。

孟秋七月,立秋之时,天子亲帅三公、九卿、诸侯、大夫以迎秋于西郊。农乃登谷,天子尝新,先荐寝庙。

仲秋八月,乃命宰祝,循行牺牲,视全具,案刍豢,瞻肥瘠,察物色,必比类,量小大,视短长,皆中度。五者备当,上帝其飨。

天子乃难,以达秋气,以犬尝麻,先荐寝庙。

季秋九月,大飨帝,尝,牺牲告备于天子。天子乃以犬尝稻,先荐寝庙。

孟冬十月,立冬之时,天子亲帅三公、九卿、诸侯、大夫以迎冬于北郊。又大饮烝天子乃祈来年于天宗,大割祠于公社及门闾,腊先祖五祀。

仲冬十一月,天子命有司祈祀四海、大川、名源、渊泽、井泉。

季冬十二月,命有司大难,旁,出土牛以送寒气。乃毕山川之祀,及帝之大臣、天之神祇。命四监收秩薪柴,以共郊庙及百祀礼之薪燎。乃命太史次诸侯之列,赋之牺牲,以共皇天上帝社稷之飨。乃命同姓之邦,共寝庙之刍豢。凡在天下九州岛之民者,无不咸献其力,以共皇天上帝、社稷寝庙、山林大川之祀。

上文所叙神事是高于经济活动、政治活动的敬神尊神的信仰活动,其中包含并贯穿了古远的自然变化、人事活动、神事安排相一致的文化观念,而与《易经》中贯穿的自然现象与社会现象、自然规律与人事规律相联系、相协调的思想也不背离。神事与人事一体,自然与人为相融。孔颖达《礼记正义》于《礼记·月令》篇的题目下解释:"按郑目录云,名曰'月令'者,以其纪十二月政之所行也。"①该篇全文中的"令"当指政令。《月令》有固定的行文格式,以春、夏、秋、冬为序,各季节中又以孟、仲、季记月,先描绘一月中的物候、天象,再记述该月中天子当顺应自然规律而发布的各项政令,其中保存了年代更为久远的文化信息,记录了华夏祖先对自然现象及其规律的朴拙而又深邃的认识,尤其难能可贵的是其中蕴涵了华夏祖先充满智慧和理性的自然生态观念,这就是人应该顺应自然规律而制礼行政,在各月中必须依照自然天时的特

---

① [唐]孔颖达:《礼记正义》卷十五《月令》第六。

点来发布政令。

自然秩序首先表现为时间的有序,以及自然事物随之所产生的各种有序的变化。这种变化是至上神所主宰的,人事依这种变化进行安排,人们由此将体会到至上神的存在。对神灵的信仰崇拜就是对自然立法者的信仰崇拜。这种神事体系具有祖先崇拜的意味,即把经过历代传说而神格化了的先祖确定为四时的主宰神,这就是"奉天然后立帝,立帝然后言佐"①的原则。祖先神是人间最早的立法者,如陈澔所说"圣神继天立极,生有功德于民"②,所以和自然神一样成为人们信仰和崇拜的对象,引导着人们的各种生活,要求以事应时、以时行事。

生态礼仪对农事活动有直接的影响,其中蕴含的伦理思想内容渗透在对人事活动与自然关系的认识及实践的多个层面。例如在《月令》中体现为如下三个层面:第一层,以春、夏、秋、冬四时为序,系之以十二月,每一季、每一月,天文、气象、物候各有不同的变化和不同的神明主宰和象征物;第二层,以天子为首,顺应天时,布政施令,神事、农事、工事、兵事、民事、刑狱与时相应,训诫、教化、禁忌依乎自然而行;第三层,政令奉时,如有违自然时令,则将招致自然的回应。对这些不同层面的关系的思考反映出古代人们对其所生存的环境的认识,并由此有计划地安排社会生活的经验、智慧和理性。三个层面之中,天人感应和万物相应的思想意识渗透其间,甚至构成了存在的基础。可以说,神灵信仰和农事中心主义是其核心精神,工事、兵事以及狱讼之事以时令相贯穿,以应天顺时、合于自然、不违时令、不误农时为原则。

首先,政事和农事事关经济生活和社会伦理秩序,两者是神灵信仰支配之下的国家政治的重要内容。《月令》言:

> 正月,迎春之后,赏公卿、诸侯、大夫于朝。命相布德和令,行庆施惠,下及万民。乃命太史守典奉法,司天日月星辰之行。天子帅三公、九卿、诸侯、大夫行藉田礼。命乐正入学习舞。
>
> 二月,安萌芽,养幼少,存诸孤。命有司省囹圄,去桎梏,毋肆掠,止

---

① 李学勤主编:《十三经注疏》标点简体本《礼记正义》上册,北京:北京大学出版社1999年版,第446页。
② 陈澔:《礼记集说》,北京:中国书店1994年版,第128页。

狱讼。日夜分,则同度量、钧衡石、角斗甬、正权概。

三月,天子布德行惠,命有司发仓廪,赐贫穷,振乏绝;开府库,出币帛,周济天下;勉诸侯,聘名士,礼贤者。

四月,迎夏之后,天子行赏,封诸侯,庆赐遂行。命太尉赞桀俊,遂贤良,举长大,行爵出禄,必当其位。断薄刑,决小罪,出轻系。

五月,挺重囚,益其食。班马政,养壮佼。

六月,命妇官染采,黼黻文章,必以法故,无或差贷。黑黄白赤,莫不质良,毋敢诈伪,以给郊庙祭祀之服,以为旗章,以别贵贱等给之度。

七月,迎秋之后,赏军帅武人于朝。天子乃命将帅,选士厉兵,简练桀俊,专任有功,以征不义,诘诛暴慢,以明好恶,顺彼远方。命有司修法制,缮囹圄,具桎梏,禁止奸,慎罪邪,务搏执。命理瞻伤,察创,视折,审断,决狱讼,必端平,戮有罪,严断刑。

八月,乃命有司,申严百刑,斩杀必当,毋或枉,枉不当,反受其殃。日夜分,则同度量、钧衡石、角斗甬、正权概。易关市,来商旅,纳货贿,以便民事。养衰老,授几杖,行糜粥饮食。

九月,申严号令,命百官贵贱无不务内,以会天地之藏,无有宣出。合诸侯,制百县,为来岁受朔日,与诸侯所税民轻重之法,贡职之数,以远近土地所宜为度,以给郊庙之事,无有所私。天子乃教于田猎,以习五戎,班马政。乃趣狱刑,毋留有罪。收禄秩之不当,供养之不宜者。

十月,迎冬之后,赏死事,恤孤寡。是察阿党,则罪无有掩蔽。命百官谨盖藏。命司徒循行积聚,无有不敛。命水虞、渔师收水泉池泽之赋,无敢侵削众庶兆民,以为天子取怨于下。其有若此者,行罪无赦。天子乃命将帅讲武,习射御角力。

十一月,可以罢官之无事,去器之无用者。饬死事。

十二月,天子乃与公卿、大夫共饬国典,论时令,以待来岁之宜。

人事和神事相关,是先秦至汉代的主流思想意识。《淮南子·时则训》也有关于政事、农事和神灵信仰的思想,这是其经济伦理思想的重要组成部分。这与《月令》有着承接关系。《时则训》同样也有类似于上述的说明:

孟春之月……天子衣青衣,乘苍龙,服苍玉,建青旗,食麦与羊,服八风水,爨其燧火……布德施惠,行庆赏,省徭赋。

立春之日,天子亲率三公九卿大夫以迎岁于东郊。修除祠位,币祷鬼神,牺牲用牡。禁伐木,毋覆巢杀胎夭,毋麛,毋卵,毋聚众置城郭,掩骼薶髊。孟春行夏令,则风雨不时,草木早落,国乃有恐;行秋令,则其民大疫,飘风暴雨总至,黎莠蓬蒿并兴;行冬令,则水潦为败,雨霜大雹,首稼不入。

……

仲春之月……命有司,省囹圄,去桎梏,毋肆掠,止狱讼,养幼小,存孤独,以通句萌。择元日令民社。

是月也,日夜分,雷始发声,蛰虫咸动苏……振铎以令于兆民曰:雷且发声,有不戒其容止者,生子不备,必有凶灾……毋竭川泽,毋漉陂池,毋焚山林,毋作大事以妨农功……

仲春行秋令,则其国大水,寒气总至,寇戎来征;行冬令,则阳气不胜,麦乃不熟,民多相残;行夏令,则其国大旱,暖气早来,虫螟为害。

……

季春之月……天子命有司发囷仓,助贫穷,振乏绝;开府库,出币帛,使诸侯,聘名士,礼贤者。命司空,时雨将降,下水上腾,循行国邑,周视原野,修利堤防,导通沟渎,达路除道,从国始,至境止。田猎毕弋、置罘罗网、餧毒之药,毋出九门。乃禁野虞,毋伐桑柘。鸣鸠奋其羽,戴胜降于桑。具扑曲筥筐。后妃斋戒,东乡亲桑,省妇使,劝蚕事。命五库,令百工,审金铁皮革筋角箭干脂胶丹漆,无有不良。择下旬吉日,大合乐,致欢欣。乃合牛腾马,游牝于牧。令国傩,九门磔攘,以毕春气。行是月令,甘雨至三旬。

季春行冬令,则寒气时发,草木皆肃,国有大恐;行夏令,则民多疾疫,时雨不降,山陵不登;行秋令,则天多沈阴,淫雨早降,兵革并起。

农事作为政事之本,包含耕种、施肥、管理、收割等农业生产活动。政事又是协调农事活动有效进行的主导,而两者都要因循自然秩序而动。四时之政以分别在迎接春夏秋冬仪式之后的行赏活动最为引人重视,代表着每一季节政事的开始。其中,"孟春赏公卿大夫""孟夏封诸侯""孟秋赏军帅武人""孟冬赏死事,恤孤寡",所赏对象各有不同,自有其因时而行的道理。四时之序中阴阳观念又具有核心的作用。孔颖达《礼记正义》引庾氏语曰："四时所赏不同者,庾云:'顺时气也。春,阳气始著,仁泽之时,故顺其时而赏朝臣及诸侯也。至夏,阳气尤盛,万物增长,故用是时庆赐转广,是以无不欣说也。秋,阴气始著,严凝之时,故从其时而赏军帅及武人也。至冬,阴气尤盛,万物衰杀,故用是时赏死事者及其妻子也。'"①刑狱之事,春二月"命有司省囹圄,去桎梏,毋肆掠,止狱讼",郑玄注云:"顺阳宽也。"②"此时行宽大之政,命有司视其可救者救之,故省去囹圄。"③夏四月"断薄刑,决小罪,出轻系","此恤刑之事。是时大气始炎,恐罪人之系者或以郁蒸而生疾,故刑之薄者即断决之,罪之小者即决遣之,系之轻者即纵出之。"④与春夏的宽刑省狱正相反,秋七月"命有司修法制,缮囹圄,具桎梏,禁止奸,慎罪邪,务搏执……决狱讼,必端平,戮有罪,严断刑,天地始肃,不可以赢","孟秋之政,首言治兵,而继以明刑,顺天地肃杀之气也。""赢者,肃之反,谓政令之宽纵也。"秋八月"乃命有司,申严百刑,斩杀必当","孟秋既命严断刑矣,是月又命申严之,重民命也。于百刑中又特言'斩杀必当',以大辟之刑尤宜慎也……明有国法,幽有天道,无可逃也。"秋九月"乃趣狱刑,毋留有罪","是月杀气益盛……因天地杀气之盛,以明此月可顺时而行杀也。断刑之事,始于孟秋,申于仲秋,至是则狱辞皆具……故当刑者皆于此月趣决之。"⑤以杀气来说兵刑无别,故秋冬时节以讲武练兵,即九月"天子乃教于田猎,以习五戎,班马政",十月"天子乃命将帅讲武,习射御角力",实际上是已到了农闲季节,所谓三时农耕,一时习武。

礼具有包容性,把政令、刑罚和安民养民活动统一起来。与宽政令、省刑罚相对应,在春季当以安民行惠为务。如正月"命相布德和令,行庆施惠,下及兆民";三月"天子布德行惠,命有司发仓廪,赐贫穷,振乏绝;开府库,出币帛,周天下"。春季是生长的季节,农作物正值青黄不接,政府加以赈济,避免出现粮荒,所以"发仓库""开府库",以钱粮相赈贷,是必要的国家保障

① 李学勤主编:《十三经注疏》标点简体本《礼记正义》上册,北京:北京大学出版社 1999 年版,第 459 页。
② 同上书,第 472 页。
③ 孙希旦:《礼记集解》上册,北京:中华书局 1989 年版,第 424 页。
④ 孙希旦:《礼记集解》上册,北京:中华书局 1989 年版,第 446 页。
⑤ 孙希旦:《礼记集解》中册,北京:中华书局 1989 年版,第 483 页。

行为。秋收季节之后，应时的政令要务在于开通关市，鼓励商贾往来，促进商品货物流通，以增加府库财政收入，即八月"易关市，来商旅，纳货贿，以便民事。四方来集，远乡皆至，则财不匮，上无乏用，百事乃遂"。同时开始征收年度赋税，即九月"诸侯所税于民轻重之法，贡职之数，以远近土地所宜力度"，十月"命水虞、渔师收水泉池泽之赋"。

　　每年岁末十二月对当年的政令实施情况加以总结并对来年作出规划的政事活动，即所谓"天子乃与公卿、大夫共饬国典，论时令，以待来岁之宜"。这本身又是法制化政治生活的突出表现。马晞孟说："先王之时，岁终，令百官府各正其治，受其会，听其致事。于是，饬国典之未宜者改之，以经邦治；论时令之未协者正之，以授民事；至正月始和布焉，所谓'待来岁之宜'也。"吴澄说："国典，经国之常典；时令，随时之政令。国典有定，故饬正其旧而已；时令无常，故须商度所宜而行。来岁所宜，谓时令也；论时令必先饬国典者，时之所宜虽不同，要无不出于国典也。"①

　　礼统合政令、刑罚和安民养民活动，是因循自然、取法天道的最佳体现者。充满象征意义的政令体现出人事活动所贯彻的因循自然、取法天道的原则。一是每年分别在春分、秋分之时，应天时昼夜平分而有两次校正度量衡的政事，即"日夜分，则同度量、钧衡石、角斗甬、正权概"，郑玄注云："因昼夜等，而平当平也。"②二是在春夏秋冬扶助安养的对象不同。仲春二月，"安萌芽，养幼少，存诸孤"；仲夏五月，"养壮佼"；仲秋八月，"养衰老，授几杖，行糜粥饮食"；仲冬十一月，"饬死事"。因为春在于"助生气"，夏在于"助长气"，秋在于"助老气"③；冬则在于"因杀气之盛，以饬军士，使战者有必死之志"④。孙希旦解释说："仲春物始生，故存诸孤；仲夏物方盛，故养壮佼；仲秋物已成，故养衰老；仲冬物皆藏，故饬死事。"⑤在夏至、冬至之时，为"阴阳争"的重要时节，前者"日长至"而"死生分"，后者"日短至"而"诸生荡"；孙希旦解释说："死生分者，天以阳气生物，以阴气杀物，阳谢阴兴自夏至始，此万物

---

① 孙希旦：《礼记集解》中册，北京：中华书局1989年版，第53、54页。
② 李学勤主编：《十三经注疏》标点简体本《礼记正义》上册，北京：北京大学出版社1999年版，第475页。
③ 李学勤主编：《十三经注疏》标点简体本《礼记正义》上册，北京：北京大学出版社1999年版，第472页。
④ 李学勤主编：《十三经注疏》标点简体本《礼记正义》中册，北京：北京大学出版社1999年版，第553页。
⑤ 孙希旦：《礼记集解》上册，北京：中华书局1989年版，第424页。

死生之所由分也。""诸生荡者,阳复于下,而诸物之生气初动也。仲夏曰'死生分',惧阴之长也;仲冬曰'诸生荡',喜阳之复也。"①这两个时节行政令者的行为自应当有所禁戒,夏至时,"君子斋戒,处必掩身,毋躁,止声色,毋或进,薄滋味,毋致和,节耆(嗜)欲,定心气。百官静事毋刑,以定晏阴之所成"。冬至时与此相同,只是为了"以待阴阳之所定"(《月令》)。以这种时令变化为契机,行政令者能够洁身自律,因时处事,因地制宜,以顺应时令的变化,其所追求的还是人与自然的和谐一致。孙希旦说:"盖人身一小天地,其阴阳之气,恒与天地相为流通,虽阳主生,阴主杀,君子尝致其扶阳抑阴之意,然不收敛则不能发散,二者之气,不可相无。故天地之阴阳一有所偏,则无以育庶类;人身之阴阳一有所偏,则无以养其生。故于其始生也,务于有以养之,所以赞化育之道而尽节宜之宜也。"②

　　农业与自然的关系最为直接和密切,以农为本、适时兴工体现顺天应时的观念,这对古代农本思想具有很大的影响,也是政治的根本原则。③ 按照时令变化来安排农业生产、不误农时来源于历史经验的总结,是一条重要的经济伦理原则,国家政令也必须以此为中心,才能保障农业生产的顺利进行。《月令》正是以这个原则为自然法则的。正如王船山《礼记章句》所说:"此三代田官劝农之政,亦他亡所考而仅见于此。凡此类,则《月令》之不可废者也。"④

---

① 孙希旦:《礼记集解》上册,北京:中华书局1989年版,第497页。

② 孙希旦:《礼记集解》上册,北京:中华书局1989年版,第454页。

③ 农业生产是维系人们生活的主要产业,所谓"不务天时,则财不生;不务地利,则仓廪不盈。"(《管子·牧民》)董仲舒说:"木者春,生之性,农之本也。劝农事,无夺民时,使民岁不过三日,行什一之税。"(《春秋繁露·五行顺逆》)作为由狩猎型和采集型过渡到农耕型的生产方式,使人们的生活有了一定程度的保障。到王权国家产生之时,农业在社会生产生活中的地位更为重要,由此产生重农思想,即以农业为本的思想意识。在先秦时代农本思想具有很大的影响,特别是到了战国时代,在富国强兵为第一政治需要的前提下,各诸侯国都将重视农耕作为发展经济的基本国策。魏李悝倡"尽地力"之教。(《汉书》卷二十四上《食货志上》)秦有商鞅行"耕织致粟帛多者复其身"之令。(《史记》卷六十八《商君列传》)此外,思想家也对农业生产多有重视,孟子将"深耕易耨"与"省刑罚,薄赋敛"相提并论,作为诸侯施仁政的手段(《孟子·梁惠王上》);许行更以重农而名家,主张"贤者与民并耕而食"(《孟子·滕文公上》)。荀子也说:"春耕夏耘秋收冬藏,四时不失时,故五谷不绝,百姓有余食也。"(《荀子·王制》)后世帝王、政治家、思想家,持农本主张的也不在少数。以汉代而言,惠帝、吕后时期以"天下晏然,刑罚罕用,民务稼穑,衣食滋殖"而称于史。(《汉书》卷三《高后纪》)文帝、景帝、武帝等则每每下诏书,"以农事为天下之本",又多行"藉田礼"以为农先。(分别见于《汉书》各《帝纪》)足见"不夺民时,不妨民力,则百姓富"(公孙弘语,见《汉书》卷五十八《公孙弘传》)的治世信条为历代圣君贤相所奉行。

④《船山全书》第4册,长沙:岳麓书社1991年版,第380页。

经济是基础,生产供给生活用度,依自然时序、万物生长规律而进行。其中直接有关的规定,在《月令》中有如下方面:

> 正月:王命布农事,命田舍东郊,皆修封疆,审端径术。善相丘陵、阪险、原隰、土地所宜,五谷所殖,以教道民。田事既饬,先定准直,农乃不惑。

> 二月,耕者少舍,毋作大事以妨农事。

> 三月,命野虞毋伐桑柘。

> 四月,命野虞出行田原,为天子劳农劝民,毋或失时;命司徒循行县鄙,命农勉作,毋休于都。驱兽毋害五谷。

> 六月,烧薙行水,利以杀草,可以粪田畴,可以美土疆。

> 七月,乃命有司趣民收敛,务畜菜,多积聚;乃劝种麦,毋或失时。

> 十月,劳农以休息之。

> 十一月,农有不收藏积聚者,马牛畜兽有放佚者,取之不诘。山林薮泽,有能取蔬食、田猎禽兽者,野虞教导之。其有相侵夺者,罪之不赦。

> 十二月,令告民出五种。命农计耦耕事,修未耜,具田器。专而农民,毋有所使。

工事活动包括土木及相关工作,也要依时序、自然及农事的闲忙而定。在《月令》中也有相应的规定:

> 三月,命司空循行国邑,周视原野,修利堤防,道达沟渎,开通道路,毋有障塞。命工师令百工,审五库之量,金铁、皮革筋、角齿、羽箭干、脂胶、丹漆,毋或不良。百工咸理,监工日号,毋悖于时,毋或作为淫巧以荡上心。

> 七月,命百官始收敛,完堤防,谨壅塞,以备水潦。修宫室,培垣墙,补城郭。

> 八月,可以筑城郭,建都邑,穿窦窖,修囷仓。

> 九月,霜始降,则百工休。乃命有司曰:"寒气总至,民力不堪,其皆入室。"

> 十月,培城郭,戒门闾,修键闭,慎管龠,固封疆,备边竟(境),完要塞,谨关梁,塞蹊径。命工师效功,陈祭器,按度程。物勒工名,以考其诚。功有不当,必行其罪,以穷其情。

> 十一月,涂阙廷门闾,筑囹圄,此所以助天地之闭藏也。

工事主要有建筑与造作两方面内容。工事的政令有的与自然气候的变化直接相关,如三月的"修利堤防,道达沟渎,开通道路,毋有障塞",七月的"完堤防,谨壅塞,以备水潦",都是为了防洪防涝,保障经济生产和日常社会生活;有的与生产需要有联系,如八月的"穿窦窖,修囷仓",为的是秋收冬藏。有的与兵事有关,如十月的"培城郭,戒门闾,修键闭,慎管龠,固封疆,备边竟,完要塞,谨关梁,塞蹊径"。如此诸多任务即属于农闲之时的军事备战性质。十一月的"涂阙廷门闾,筑囹圄"则与刑狱有关,又有其应时的象征意义,即"此所以助天地之闭藏也"。造作因四季不同也有不同的程序,所以说"百工咸理,监工日号,毋悖于时",郑玄注:"百工作器物各有时,逆之则不善。"并以为正如《周礼》弓人之职的"春液角,夏治筋,秋合三材,冬定体"一类的工序安排。工事政令不与农事政令并行,安排比较集中,一、二月无工事,但有"毋置城郭"的禁令,目的在于不妨农事。建筑工事多是农民以劳役的形式向国家尽义务,故兴工之事不可以与农事冲突。

布政施令的活动有着与时相应、依自然时序而行的意味,四时变化规律性使人们有计划地生活成为可能,提醒人们应时当节地变换生活内容,这是一种自然规定与人为规定相结合的综合行为指南。四时物象变化的景象,使人获得象征性思维的直接依据,同样提示人们依时节而行政令。稍后的《淮南子·时则训》有总结:

> 制度:阴阳大制有六度:天为绳,地为准,春为春规,夏为衡,秋为矩,冬为权。绳者所以绳万物也,准者所以准万物也,规者所以员万物也,衡者所以平万物也,矩者所以方万物也,权者所以权万物也。
>
> 绳之为度也,直而不争,修而不穷:久市不弊,远而不忘;与天合德,与神合明;所欲则得,所恶则亡;自古及今,不可移匡;厥德孔密,广大以容,是故上帝以为物宗。
>
> 准之为度也,平而不险,均而不阿;广大以容,宽裕以和;柔而不刚,锐而不挫;流而不滞,易而不秽;发通而有纪,周密而不泄,准平而不失;万物皆平,民无险谋,怨恶不生,是故上帝以为物平。
>
> 规之为度也,转而不复,员而不垸;优而不纵,广大以宽;感动有理,发通有纪;优优简简,百怨不起;规度不失,生气乃理。

衡之为度也,缓而不后,平而不怨;施而不德,吊而不责;当平民禄,以继不足;勃勃阳阳,唯德是行;养长化育,万物蕃昌;以成五谷,以实封疆;其政不失,天地乃明。

矩之力度也,肃而不悖,刚而不愤,取而无怨,内而无害;威厉而不慑,令行而不废;杀伐既得,仇敌乃克;矩正不失,百诛乃服。

权之为度也,急而不赢,杀而不割;充满以实,周密而不泄,败物而弗取,罪杀而不赦;诚信以必,坚悫以固,粪除苛慝,不可以曲;故冬正将行,必弱以强,必柔以刚,权正而不失,万物乃藏。

总而言之,依自然规律行人事政令,推天理以明人事,这是礼学提出的为政大原则,更是经济伦理的根本原则。

经济生活、生产的伦理规范服务于人性和人性的需要,而从根本上来说源于自然天道的秩序要求,体现了这种要求就是正确的、善的;反之,则是不正确的、恶的。依天道四时行政令是有序化社会生活的根本保障,有违时令就是有违天道,必将招致自然之灾祸和感应天道而发生的人事之祸患,即所谓的"天谴""天罚"。《月令》言:

孟春行夏令,则雨水不时,草木蚤落,国时有恐。行秋令,则其民大疫,猋风暴雨总至,藜莠蓬蒿并兴。行冬令,则水潦为败,雪霜大挚,首种不入。

仲春行秋令,则其国大水,寒气总至,寇戎来征。行冬令,则阳气不胜,麦乃不熟,民多相掠。行夏令,则国乃大旱,暖气早来,虫螟为害。

季春行冬令,则寒气时发,草木皆肃,国有大恐。行夏令,则民多疾疫,时雨不降,山林不收。行秋令,则天多沉阴,淫雨蚤降,兵革并起。

孟夏行秋令,则苦雨数来,五谷不滋,四鄙入保。行冬令,则草木蚤枯,后乃大水,败其城郭。行春令,则蝗虫为灾,暴风来格,秀草不实。

仲夏行冬令,则雹冻伤谷,道路不通,暴兵来至。行春令,则五谷晚熟,百螣时起,其国乃饥。行秋令,则草木零落,果实早成,民殃于疫。

季夏行春令,则谷实鲜落,国多风咳,民乃迁徙。行秋令,则丘隰水潦,禾稼不熟,乃多女灾。行冬令,则风寒不时,鹰隼蚤鸷,四鄙入保。

孟秋行冬令,则阴气大胜,介虫败谷,戎兵乃来。行春令,则其国乃旱,阳气复还,五谷无实。行夏令,则国多火灾,寒热不节,民多疟疾。

仲秋行春令,则秋雨不降,草木生荣,国乃有恐。行夏令,则其国乃旱,蛰虫不藏,五谷复生。行冬令,则风灾数起,收雷先行,草木蚤死。

季秋行夏令,则其国大水,冬藏殃败,民多鼽嚏。行冬令,则国多盗贼,边境不宁,土地分裂。行春令,则暖风来至,民气解惰,师兴不居。

孟冬行春令,则冻闭不密,地气上泄,民多流亡。行夏令,则国多暴风,方冬不寒,蛰虫复出。行秋令,则雪霜不时,小兵时起,土地侵削。

仲冬行夏令,则其国乃旱,氛雾冥冥,雷乃发声。行秋令,则天时雨汁,瓜瓠不成,国有大兵。行春令,则蝗虫为败,水泉咸竭,民多疥疠。

季冬行秋令,则白露早降,介虫为妖,四鄙入保。行春令,则胎夭多伤,国多固疾,命之曰逆。行夏令,则水潦败国,时雪不降,冰冻消释。

以上所列,从否定的方面说明了违背自然天道秩序的可怕后果。《淮南子·时则训》也有相应的具体的说明:

孟春行夏令,则风雨不时,草木早落,国乃有恐;行秋令,则其民大疫,飘风暴雨总至,黎莠蓬蒿并兴;行冬令,则水潦为败,雨霜大雹,首稼不入。

仲春行秋令,则其国大水,寒气总至,寇戎来征;行冬令,则阳气不胜,麦乃不熟,民多相残;行夏令,则其国大旱,暖气早来,虫螟为害。

季春行冬令,则寒气时发,草木皆肃,国有大恐;行夏令,则民多疾疫,时雨不降,山陵不登;行秋令,则天多沈阴,淫雨早降,兵革并起。

孟夏行秋令,则苦雨数来,五谷不滋,四邻入保。行冬令,则草木早枯,后乃大水,败坏城郭。行春令,则虫蝗为败,暴风来格,秀草不实。

仲夏行冬令,则雹霰伤谷,道路不通,暴兵来至;行春令,则五谷不熟,百螣时起,其国乃饥;行秋令,则草木零落,果实蚤成,民殃于疫。

季夏行春令,则谷实解落,多风欬,民乃迁徙;行秋令,则丘隰水潦,稼穑不熟,乃多水灾;行冬令,则风寒不时,鹰隼蚤鸷,四鄙入保。

孟秋行冬令,则阴气大胜,介虫败谷,戎兵乃来;行春令,则其国乃旱,阳气复还,五谷无实;行夏令,则冬多火灾,寒暑不节,民多虐疾。

仲秋行春令,则秋雨不降,草木生荣,国有大恐;行夏令,则其国乃旱,蛰虫不藏,五谷皆复生;行冬令,则风灾数起,收雷先行,草木蚤死。

季秋行夏令,则其国大水,冬藏殃败,民多鼽窒;行冬令,则国多盗贼,边境不宁,土地分裂;行春令,则暖风来至,民气懈惰,师旅并兴。

孟冬行春令,则冻闭不密,地气发泄,民多流亡;行夏令,则多暴风,方冬不寒,蛰虫复出;行秋令,则雪霜不时,小兵时起,土地侵削。

仲冬行夏令,则其国乃旱,氛雾冥冥,雷乃发声;行秋令,则其时雨水,瓜瓠不成,国有大兵;行春令,则虫螟为败,水泉咸竭,民多疾病。

季冬行秋令,则白露早降,介虫为妖,四鄙入保;行春令,则胎夭伤,国多痼疾,命之曰逆;行夏令,则水潦败国,时雪不降,冰冻消释。

……

六合:孟春与孟秋为合,仲春与仲秋为合,季春与季秋为合,孟夏与孟冬为合,仲夏与仲冬为合,季夏与季冬为合。孟春始赢,孟秋始缩。仲春始出,仲秋始内。季春大出,季秋大内。孟夏始缓,孟冬始急。仲夏至修,仲冬至短。季夏德毕,季冬刑毕。故正月失政,七月凉风不至;二月失政,八月雷不藏;三月失政,九月不下霜;四月失政,十月不冻;五月失政,十一月蛰虫冬出其乡;六月失政,十二月草木不脱;七月失政,正月大寒不解;八月失政,二月雷不发;九月失政,三月春风不济;十月失政,四月草木不实;十一月失政,五月下雹霜;十二月失政,六月五谷疾狂。

春行夏令,泄;行秋令,水;行冬令,肃。夏行春令,风;行秋令,芜;行冬令,格。秋行夏令,华;行春令,荣;行冬令,耗。冬行春令,泄;行夏令,旱;行秋令,雾。

上述可见对《月令》思想的完善,亦可见《月令》思想的影响。旬与旬之间对应可以视为对《月令》的补充和深化。这里在动机、行为规范和行为后果之间建立起了一种严格一致的关系。有违时令的施政行为必将招致天地自然与国计民生的灾难祸害。灾异发生,各象过失,以类告人。孔颖达说:"施令有失,三才俱应者……雨水不时,天也;草木早落,地也;国时有恐,人也……为害重者则在先言之,为害轻者后言之。"[1]张虑说:"行令,或以为天之行令,或以为君之行令;天令之不时,乃君令之所致,其实一也。"[2]

---

[1] 李学勤主编:《十三经注疏》标点简体本《礼记正义》上册,北京:北京大学出版社1999年版,第468页。
[2]《月令解》,《四库全书》第116册,上海:上海古籍出版社1988年版,第547页。

灾异之说是汉代主流思想之一,它可以看作自然法思想的另一种表述方式,西周末年周大夫伯阳父以地震预言周之将亡,表明这一思想意识自有渊源。伯阳父说:"周将亡矣! 夫天地之气,不失其序。若过其序,民乱之也。阳伏而不能出,阴迫而不能烝,于是有地震。今三川实震,是阳失其所而镇阴也。阳失而在阴,川竭必塞。源塞,国必亡……昔伊、洛竭而夏亡,河竭而商亡。今周德若二代之季矣!"①古人以为自然秩序与社会的政治秩序有着必然联系,自然灾异是社会政治混乱的先兆,社会政治混乱必然招致自然的惩罚。就是说,为政不以德则将招致天谴。相反,为政以德则将风调雨顺,消灾免祸。

天人感应关系的灾异思想本质上是一种神学目的论,其目的是使人相信一个有意志的"天"在关照着人世间的一切,并以其对人事的善恶判断给人世间以奖赏或惩罚。从根本上说,"天"的善恶判断无非是人的善恶判断的折射,如《尚书·太誓》所说:"天视自我民视,天听自我民听。"以"天意"作为表达民众意愿的寄托,目的在于起到促使君主推行善政和限制无道君主的警世作用。灾异思想显得附会且荒诞无稽,在古代却有着警世的作用,其意义则在于引导人们顺应自然,合于自然地安排社会生活。

农业性生态伦理存在于人与农业生产有关的百神之间的交通礼仪中,其来源相当古老。先周部族以农耕而发祥,从原始农业文明进入早期封建文明的西周初年,以农业为主体的经济结构而兼顾其他经济形式,这是西周时代农业行生态礼仪形成的基础。在表现形态上,农业性生态伦理以祭祀与农业有关的百神为核心,并由此涉及对自然百物的关爱、敬畏。

蜡祭是祭祀与农业生产有关之百神以报赐福的礼仪。《郊特牲》说:"伊耆氏始为蜡。"杜佑《通典·礼》说:"自伊耆之代,而有其礼。古之君子,使之必报之。"又说:"伊耆乃尧以前之天子。"蜡祭之名,杜佑认为,"夏后氏更名曰嘉平,殷更名曰清祀,周因之,复名大蜡。"②伊耆氏,古人认为是神农或尧,总之是最早实行蜡祭之礼时代的代表人物。《周礼·秋官》"伊耆氏"一职,"掌国之大祭祀",故孙希旦说:"伊耆氏,秋官之属。伊,安也,耆,老也。此

---

① [春秋]左丘明:《国语·周语上》。
② [唐]杜佑:《通典·礼典·礼四·沿革四·吉礼三》。

官掌供杖,以安息老人为职,蜡息老物,故并使掌焉。始为蜡者,于将蜡之时,始命国人为蜡祭也。"①《郊特牲》云:"天子大蜡八。"即周天子所行蜡祭名为大蜡,所祭有八神。大蜡之称是对诸侯而言,孔颖达说:"蜡云大者是天子之蜡对诸侯为大。天子既有八神,则诸侯之蜡未必八也……知诸侯亦有蜡者,《礼运》云'仲尼与于蜡宾',是诸侯有蜡也。"②孙希旦则说:"蜡祭,自天子诸侯之国及党正皆有之。天子大蜡八,则诸侯及党正之蜡,于八神有不皆祭者矣。"③总之,蜡祭也有天子诸侯以下的等级差别。所谓八神,郑玄注云:"先啬一,司啬二,农三,邮表畷四,猫虎五,坊六,水庸七,昆虫八。"④《郊特牲》又说:"蜡之祭也,主先啬而祭司啬也,祭百种以报啬也。飨农,及邮表畷、禽兽,仁之至,义之尽也。古之君子,使之必报之。迎猫,为其食田鼠也;迎虎,为其食田豕也,迎而祭之也。祭坊与水庸,事也。"先啬,即始创农业之先祖,即神农,此啬同稼;司啬,即上古司农之官,即后稷;"农"是领导百姓开展农事活动的神;百种,即司百谷种子之神农古之田峻,即农神;邮表畷,即邮亭田舍阡陌之神,其中"邮"是农人往来歇息和存放农具肥料的亭舍,"表"是区分各家耕地范围的田界标识,"畷"是用于交通运输的田间大道;禽兽,即猫虎益兽之神灵;坊,堤也;水庸,沟也。总之,与农业相关的百物,各有其神。蜡祭的对象是那些与农业生产有直接或间接关系的祖先农官、田地屋舍、植物动物等神灵,表现出农耕民族的原始信仰和崇拜。

周人举行蜡祭要穿戴皮弁素服,腰系葛带,手执榛木杖,一副丧服中最简省的装束,有送一岁之终的意思。即《郊特牲》所谓"皮弁素服而祭,素服以送终也。葛带榛杖,丧杀也。蜡之祭,仁之至,义之尽也"。陈澔释云:"物之助成岁功者,至此而老,老则终矣。故皮弁、素服、葛带、榛杖以送之,丧礼之杀也。此为义之尽。祭报其功,则仁之至也。"⑤孙希旦说:"为物之将终也,故素服以送之;为物之已终也,故丧服以哀之。不忍其终者,爱恤之仁也;有始必有终者,裁制之义也。"⑥又《周礼·春官》章之职有"国祭蜡,则吹

① 孙希旦:《礼记集解》中册,北京:中华书局1989年版,第695页。

② 李学勤主编:《十三经注疏》标点简体本《礼记正义》上册,北京:北京大学出版社1999年版,第82页。

③ 孙希旦:《礼记集解》中册,北京:中华书局1989年版,第695页。

④ 孙诒让:《周礼正义》引(第5册)中册,北京:中华书局1987年版,第695页。

⑤ 陈澔:《礼记集说》,北京:中国书店1994年版,第224页。

⑥ 孙希旦:《礼记集解》中册,北京:中华书局1989年版,第697页。

《豳》颂，击土鼓，以息老物"。这表明了仪节的内在含义。蜡祭还有息耕休作之意。农夫穿戴黄衣黄冠参与蜡祭之礼，目的在于借此使劳农得以休息，以待来年。所谓"黄衣黄冠而祭，息田夫也。野夫黄冠。黄冠，草服也"。《月令》也有"腊先祖五祀，劳农以休息之"的说法。

今文礼学中的经济伦理思想从自然秩序观出发，强调伦理规范对经济活动的影响和制约作用，对财富的生产、流通、分配和消费等方面都提出了见解和主张，而且具有系统性、周全性，与其哲学、政治思想是一致的。《论语》中的整句话是"子罕言利，与命与仁"[①]，这是说孔子更多的称道"命"和"仁"，相对的就较少言"利"了，这倒是符合实际情况的。

二、仁内礼外的经济伦理规范系统

仁、礼关系问题是来自孔子思想体系中的一个基本问题。"仁"有三个层面的含义，一是恻隐、同情之心，以及推己及人的博爱；二是通于智、勇、忠、信、孝、义诸德之德性，可以称为"全德"；三是与礼或义相对的"仁"，属于"导之以德，齐之以礼"的教化施治，或与智勇并举，指向善的意愿。就仁、义而言，在广义的意义上，仁是义的基础；在狭义的意义上，仁与义各有所施，各有所长，也各有所偏，二者是并协互补的关系。孔子使用"礼"，含义泛指西周以来的社会制度，同时包括各种礼节仪式以及表示谦虚、恭敬、有礼貌之意。大体上说来，仁是内在的、自觉自律的，礼是外在的、规范性的，仁内礼外。《小戴礼》多篇礼学文献，代表了孔门七十子后学对仁内礼外思想的进一步发挥，其中不乏创新之作，大体上反映了后儒对经济伦理规范系统的一个整体思考。

（一）仁是恻隐之心和推己及人之爱

"仁"是内在的，其含义和实行首先是遵循亲疏原则，故"人者仁也，亲亲为大。义者宜也，尊贤为大"（《礼记·中庸》）。"亲亲为大"，是宗庙系统的价值原则；"尊贤为大"，则是社稷系统的价值原则。君主不能以亲亲的名义

---

① 《论语·子罕》。

对百姓的家庭进行剥夺。在一般意识中,这不会对君主产生一个民与亲的轻重次序问题。"周道亲亲。"(《礼记·表记》)但分封制下,贵族共和,天下皆其亲("同姓为兄弟,异姓为甥舅")。春秋以降,孔子由孝悌升华萃取出仁,更已成为具有普遍性和抽象性的原则,而不再只是局限于一家一姓之爱的素朴情感。这一原则要求其从恻隐之心出发推己及人,"以其所爱及其所不爱"(《孟子·尽心下》)。衡量君主的尺度不是如普通人一般能不能表现出狭义的仁,而是能不能由爱亲提升为爱百姓,以广义的仁作为施政的基础,确保公共权力的公共性使用,仁政的本质在此。所以《中庸》说:"夫政也者,蒲卢也。"《正义》云:"蒲卢取桑虫之子以为己子。善为政者,化养他民,以为己民,若蒲卢然也。"

"仁"由爱人发展出为政中的爱民。爱民,自然要求养民,发展经济,民众生活有基本的保障。《左传·桓公六年》云:"所谓道,忠于民而信于神也。上思利民,忠也。"《大学》说:"《诗》云:'乐只君子,民之父母。'民之所好好之,民之所恶恶之,此之谓民之父母。"《诗经》《左传》是两个年代不同的传统。在《大学》里,这两个传统得到了综合:思路是《诗经》的"爱民如子",诠释却是从利益角度展开。从"为国者,利国之谓仁"可以看出,这一由诉诸情感到诉诸理性的转换,更应视为文化理念的自觉和明晰、丰富和深化。在"修身齐家治国平天下"之后,《大学》对"国不以利为利,以义为利也"详加申述,说明孔门七十子后学尽管在致思措意上存在深浅侧重的不同,却仍维持着义、利关系的某种平衡。

> 仁者人也,道者义也。厚于仁者薄于义,亲而不尊。厚于义者薄于仁,尊而不亲……使民,有父之尊,有母之亲,如此而后可谓民之父母矣。母,亲而不尊;父,尊而不亲。水之于民也,亲而不尊;火,尊而不亲……(《礼记·表记》)

> 春作夏长,仁也。秋敛冬藏,义也。仁近于乐,义近于礼。礼者天地之别也;乐者天地之和也……先王之道,礼乐可谓盛矣!(《礼记·乐记》)

> 使民,有父之尊,有母之亲。

> 礼义立则贵贱等矣;乐文同则上下和矣。仁以爱之,礼以正之,民

治行矣。（同上）

教与政、礼与乐、仁与义等问题之所以成为大学乃至儒家经济伦理思想的基本概念和价值，从历史的角度说，这当然是与古代经济、政治结构存在宗庙和社稷两个组织系统密切相关，但从逻辑的角度说，这一结构二重性本身也是基于人类生活是社会性与自然性的统一的内在特征，由此生发出公平（爱、仁）与效率（礼、义）这两种价值原则和组织系统。

（二）礼是指导和约束社会经济活动的规范或原则

经济是政治的最终决定因素，政治是经济的集中表现。礼在指导和约束社会经济活动这一最基本的国家职能方面，提供了一个基本的规范或原则，这些规范或原则的理论依据之一就是礼对政治生活、经济生活的巨大影响乃至一定意义上的控制性和支配性。《礼记》中有关礼对经济活动的指导性思想原则涉及以下几个方面：

第一，经济活动以德为本，强调道德或道德规范对欲利的制约。《大学》认为，"得众"或"失众"是"得国"或"失国"的关键所在。"得众"须以"德"，"有德此有人，有人此有土，有土此有财，有财此有用"。所以说："德者本也，财者末也。"对君子来说，就应"先慎乎德"。舍本求末先务聚财，则必导致"财聚则民散"的后果；对国家来说，不当"以利为利"，而应"以义为利"。那些"长国家而务财用"的"聚敛之臣"，实在比"盗臣"还有害。

人皆有"喜、怒、哀、惧、爱、恶、欲"七情，又有"父慈、子孝"等"十义"（《礼运》），治人七情，修义讲睦，如果舍弃礼义，便一事无成。这是从人的欲望本身强调道德规范的极端重要。"礼"要以"乐"相配，以"和"为求，因为两者功能相异而作用相同：礼同民心，乐和民声；乐者为同，礼者为异。《乐记》云："是故先王之制礼、乐也，非以极口腹耳目之欲也，将以教民平好恶，而反人道之正也。"由于外物的感化，必然引起人欲的好恶。"夫物之感人无穷而人之好恶无节，则是物至而人化物也，人化物也者，灭天理而穷人欲者也。"这种以礼乐节制人欲的观点，同《大学》的"德本财末""以义为利"说，以及《礼运》的以礼治七情说，在强调德性或道德规范对于物质经济利益的制约方面,显然具有共同性。

第二,消费以礼制为差等,奉行节俭原则。农耕社会,生产力发展受自然条件和技术的影响较大,而且产品大多有季节性,因此生产及产品具有限度。没有为过度消费提供足够的生活物资之条件。消费极受限制,节俭多为人提倡。《月令》要求:工师作祭器,应"按度程,毋或作为淫巧,以荡上心,必功致为上"。《哀公问》主张君主"节丑其衣服,卑其宫室,车不雕几,器不刻镂,食不贰味,以与民同利"。《坊记》指出:"圣人"用礼来制富、制贫,从而"使民富不足以骄,贫不至于约"。孔颖达疏云:"制富者,居室丈尺,俎豆衣服之事须有法度,不足至骄也……为贫者制法也,制农田百亩,桑麻自赡,比间相赒,不令至于约也。"这些观点的基本精神可概括为两句话:消费水平以礼制为差等,总的来说是奉行节俭原则。

第三,合理分配,增产节约。礼讲差等,维护等级秩序,但也注意均衡与公平,着力于不偏不倚、惠均示平。例如,祭祀用骨为俎,《祭统》言:"贵者取贵骨,贱者取贱骨",这种"贵者不重,贱者不虚"的做法在于"示均","明惠之必均"。"善为政者"通过祭祀向贵贱人等显示自己施惠不偏的分配原则,对于治理政事有重大意义,因为"惠均则政行,政行则事成,事成则功立"。《月令》提到"天子布德行惠"之事,须"命有司,发仓廪,赐贫穷,振乏绝,开府库,出币帛,周天下"。这是将"惠均"精神施之于政事。而《乐记》"修身及家,平均天下"一语,实是对"惠均"思想的准确概括。五谷是"国用"的唯一财源(《王制》),积蓄多寡是国家安危的标志。为此需要隆重举行蜡祭,祭祀"先啬"(神农)、"司啬"(后稷)与"百种"(种籽之神),感谢它们施予人的恩惠。《大学》则从农业生产与消费的结合中总结出著名的"生财大道":"生之者众,食之者寡,为之者疾,书之者舒,则财恒足矣"。这无疑是提倡"增产节约"。

第四,财政量入以为出。礼制要求根据收入的多少来决定支出的限度。《礼记·王制》提出:"冢宰制国用;必于岁之杪。五谷皆用;然后制国用……量入以为出。"《王制》对赋税、徭役、国用、积贮等财政问题议论最多,认为:"古者,公田藉而不税,市廛而不税,关讥而不征……圭田无征。用民之力,岁不过三日……量地远近,兴事任力"。这显然是理想的财政征课原则,只是其中未提到租税负担平均的问题。《月令》弥补了其中的不足:"与诸侯所税于民,轻重之法、贡职之数,以远近乞地所宜为度。"《王制》重视积蓄财富(主要是谷物),认为"国无九年之蓄曰不足,无六年之蓄曰急,无三年之蓄,曰国非其国也"。故国家的财政支出,应以"三十年之通"(意为耕种三十年有十年结余)为前提,再"量入以为出"。

第五,振兴手工业和商业。礼书反映的夏商至春秋以来的中国社会,手工业和商业都有很大的发展。如商周时期的青铜铸造业、提花织物、制陶业,春秋战国时期的柔铁处理、官营手工设计及制造工艺。商民善经商,故后世将经商之人称"商人"。但农耕为主的社会,手工业和商业不受重视,《礼记》有关篇章从礼治立场和礼的精神出发,提振手工业和商业,将之作为国强和兴礼的重要任务。《坊记》言:"有国家者,贵人而贱禄,则民兴让;尚技而贱车,则民兴艺。故君子约言,小人先言。"子云:"上酌民言,则下天上施;上不酌民言,则犯也;下不天上施,则乱也。"振兴手工技艺是国家的责任。《曲礼》言:"夫礼者,自卑而尊人。虽负贩者,必有尊也。"这些看法同《王制》中"市廛而不税,关讥而不征"的说法实质上是相互贯通的,即不轻视工商业。

第六,市场管理奉行节约与诚信理念。《王制》提出十四种商品"不粥于市",即(1)圭璧金璋,(2)命服命车,(3)宗庙之器,(4)牺牲,(5)戎器,(6)用器不中度,(7)兵车不中度,(8)布帛精粗不中数、幅广狭不中量,(9)奸色乱正色,(10)锦文珠玉成器,(11)衣服饮食,(12)五谷不时、果实未孰,(13)木不中伐,(14)禽兽鱼鳖不中杀。其中,(1)(2)(3)(4)(5)(10)(11)七种明显属于禁物靡的范围。涉及的当禁商品,《王制》的规定是:"用器不中度,不粥于市;兵车不中度,不粥于市;布帛精粗不中数,幅广狭不中量,不粥于市;衣服饮食,不粥于市;五谷不时,果实未孰,不粥于市;木不中伐,不粥于市;禽兽鱼鳖不中杀,不粥于市"。可见当禁商品包括:用器,指弓矢、耒耜、食器等物品;兵车,指战车,战斗中的攻击车辆或载兵的车辆;布帛粗细以及幅的广狭;物奸色,即两色间杂,乱正色,即颜色不纯;五谷不成熟,果实不成熟,树木未长成,禽兽鱼鳖不中杀等。商品的"不中度",即不合规格,粗劣滥造,质量低劣。当禁商品都是所谓假冒伪劣者,完全彻底地禁止这些物品的制作、储存、流通、销售,就是诚信理念的实现。而这种禁止是一种诚信的实践,具有一定的政令性、制度化的特征,具有自上而下的特点。

《礼记》里《王制》篇开始的几段非常清楚地含有细心规划或计划经济的思想。其中提出"制农田百亩",制度规定一个农民有百亩田地;还说"天子之田方千里,公侯田方百里","君,十卿禄"等。这是说如何分配及如何使用,其中的决定是由计划决定的。其中还说到"凡居民,量地以制邑,度地以居民"。安顿人民要根据地势,以确定城市的规模。根据土地的宽窄多寡,决定居民的多少。这里体现了经济发展中注意政府的职能范围,同时注重户籍制度,因为劳动力不是自由流动的。政府有义务移风易俗,对风俗进行引导,教化人民。经济的目的要达到"无旷土,无游民",也就是说土地要充分利用,没有人员的失业,希望靠政府安排来达到经济自足。《王制》的思想设计中,商品交易的范围受到限制,如"牺牲不粥于市,戎器不粥于市,衣服饮食不粥于市"等,"不粥于市"就是说这些物品不能随便买卖。营业自由也是受限制的,如"作淫声,异服,奇技,奇器以疑众,杀"。

《礼记》中的分配思想是计划性的,没有再分配,赋税的分配主要是供给王朝的开销(包括天子的日用)。市场的作用很受限制,政府对经济的理解也是非常初级的。当然,这是农业经济背景下的经济伦理思想。《礼运》有"大同""小康"的思想,有人认为是早期儒家子游氏之作,也有人认为是秦汉之际的作品。《论语》中也可以找到符合大同与小康思想的说法,如"老者安之,朋友信之,少者怀之。"①"齐一变至于鲁,鲁一变至于道"②。大同社会是一种"天下为公"的美好社会,实现了公有制,没有剥削,有着亲如一家的人际关系。但是,它只有在"大道"当行的时候才能实现。现实的情况如《礼运》所言是"大道既隐,天下为家",在私有制和存在阶级差别的社会里,只能以礼义为纲纪,去约束人与人之间的关系,以求得社会安定繁荣。"大同"思想中包括没有失业,所有群体都很幸福满足等,"天下为公"强调公平、公正、公共,虽然是在小农经济环境下产生的理想,但反映了中华民族对命运共同体建设和自由平等生活的积极追求。《礼记》所说的先王之道显然是受到重视和效法的,但是不能因此误会儒家的经济伦理思想是以计划为主,事实上儒家圣贤在潜意识里对于市场的好处是有充分认识的,他们的认识有一定

①《论语·公冶长》。
②《论语·雍也》。

的根据且符合民众对美好生活的追求。

孔子认为,素称礼乐之邦的鲁国有可能进一步推向实行大道之行天下为公的大同社会(鲁一变至于道),而齐国则有可能达到鲁国的小康社会境地(齐一变至于鲁)。康有为的《大同书》和孙中山的"民生主义"学说中均称"大同"是古代的社会主义思想。由此可见,小戴礼学经济伦理思想还是提出了富有历史影响和学术价值的重要思想。

(三)理与欲的统一与德本财末论

先秦时代人们一般把情、欲看作两个范畴,欲是饮食男女声色货利之欲,接近于动机或需要,情是喜怒哀乐爱恶惧之情,即情绪情感。孔子主张有欲,如《论语·里仁》篇言:"富与贵,是人之所欲也","贫与贱,是人之所恶也",同时他还强调欲的满足需"以其道得之",即欲应当在道德规定的范围内求取。但是,欲和孔子宣扬的"仁"的理想人格是对立的:"克、伐、怨、欲不行焉,可以为仁矣?"(《论语·宪问》)即使一个人的贪欲无所表现都未必能成仁。可见在孔子的仁学价值标准中,欲是低下的、不入流的。从汉武帝时期"罢黜百家,独尊儒术"之后,儒家思想逐渐确立了在社会中的主导地位,孔子宣扬的成仁理想也被后来的经学家所尊奉。

欲是每个人都具有的自然本性,在人生中占有重要的位置,因而也形成了一个重大的人生问题。《小戴礼》较早把天理和人欲作为对立的范畴,提出:

> 人生而静,天之性也,感于物而动,性之欲也。物至知知,然后好恶形焉。好恶无节于内,知诱于外,不能反躬,天理灭矣。夫物之感人无穷,而人之好恶无节,则是物至而人化物也。人化物也者,灭天理而穷人欲者也。(《乐记》)

理即人的理性存在,欲即人的感性存在,都是人的本性,二者原是统一的。如果人与外物接触而被外物感化、诱惑,那么人的感性存在就能战胜人的理性存在,即欲战胜理;如果人的理性存在战胜感性存在,说明人的理性在外物诱惑的情况下能自己节制、自我反省。因而,人的理性与感性始终处于矛盾之中。《乐记》对理欲的讨论可归纳为：理是人之先天具有的本性，欲为人性的表现，欲之无度则致灭理，乃是人性之显露至过而形成的对人性自身的破坏，这显然有道家"无欲"论思想在里面。

《乐记》虽然看到了理与欲的对立统一关系，但并没有提出用理去消除欲或用欲去取代理的主张，况且理与欲的关系在这里也仅仅是关于个人理性存在与感性存在的关系，并未上升到整个社会伦理与物质利益的关系。这里也没有将理、欲等于恶，没有将理欲对立的信念，在强调人性的纯正方面，强调欲对理之损害方面却对后儒理欲论产生了重大影响。

冯友兰针对理、欲冲突，在论"中和与通"时提出：

> 假使人之欲望皆能满足而不自相冲突，此人之欲与彼人之欲，也皆能满足而不相冲突，则美满人生，当下即是；更无所人生问题，可以发生。但实际上欲是互相冲突的。不但此人之欲与彼人之欲，常互相冲突，即一人自己之欲，亦常互相冲突。所以如要个人人格，不致分裂，社会统一，能以维持，则必须于互相冲突的欲之内，求一个"和"。和之目的，就是要叫可能的最多数之欲，皆得满足。[①]

欲望相互冲突乃人之常情，而寻求相互冲突的欲之和则是一切和谐赖以建立的出发点。《乐记》认为性静欲动，天性被外物感动产生物欲，天理就灭了；而只有欲望情感的人，也就是"穷人欲"而"灭天理"的人。显然，天理、人欲相对，使两者趋于平衡，就要以礼节欲、和谐相通，通过文化的涵育，使人的身心人格处于一种知天乐命、达观恬淡的和谐状态。

《大学》对欲的节制重点放在对"德"的强调以及对"财"的控制上，因此提出"德本财末""以义为利"说，认为"得众"或"失众"，是"得国"或"失国"的关键所在。"得众"须以"德"，"有德此有人，有人此有土，有土此有财，有财此有用"，故"德者本也，财者末也。"对君子来说，就应"先慎乎德"，舍本求末，先务聚财，则必导致"财聚则民散"的后果。对国家来说，不当"以利为利"，而应"以义为利"。那些"长国家而务财用"的"聚敛之臣"实在比"盗臣"还有害。

---

① 冯友兰：《三松堂全集》（第一卷），郑州：河南人民出版社 1985 年版，第 558 页。

　　"欲"是本源的需求，"情"是欲的表现和发用，治"欲"往往也体现在治"情"上。《礼运》提出"礼治七情"说，认为凡人皆有"喜、怒、哀、惧、爱、恶、欲"之"七情"，又有"父慈、子孝……"等"十义"，要"治七情，修十义，讲修睦，去争夺，舍弃夺礼"的制约，否则便一事无成。这是从人的欲恶本身，强调道德规范的重要性。

　　《乐记》提出礼乐节制人欲说，主张以"乐"配"礼"而行，两者功能相异而作用相同："礼，节民心，乐和民声"，"乐者为同，礼者为异；同则相亲，异则相敬"。"是故先王之制礼、乐也，非以口腹耳目之欲也，将以教民平好恶，而反人道之正也"。外在的感化，必然引起人欲的好恶。这种以礼乐节制人欲的观点，同《大学》的"德本财末""以义为利"说，以及《礼运》的以"礼治七情"说，在强调道德或道德规范对于物质经济利益的制约方面，具有共同的特征。

　　《月令》《哀公问》《坊记》等篇提出节制消费说，认为消费水平以礼制为差等，总的原则是节俭。

　　《祭统》《月令》《乐记》等提出惠均说，认为财富使用、分配要讲求实用、平均。

　　《王制》提出以农立国论，认为农业是最值得重视的生产部门，把五谷看作"国用"的唯一财源，其积蓄的多寡是国家安危的标志。

　　《郊特牲》《大学》提出生财论，从农业生产与消费的结合中总结出著名的"生财大道"，认为"生之者众，食之者寡，为之者疾，书之者舒，则财恒足矣"。

　　《礼运》的大同思想蕴含着理、欲统一，包含着德、财冲突的解决，其中提出"天下为公"论，认为在社会制度方面，理想的社会是天下一体，人不为己，人人为我，我为人人。《礼运》描绘了"天下为公"的"大同"社会理想，其中关于"人不独亲其亲，不独子其子"，使老、幼、"鳏、寡、孤、独、废、疾者皆有所养"，以及"货恶其弃于地也，不必藏于己；力恶其不出于身也，不必为己"等观点，是对中国经济伦理思想的宝贵贡献。在"大道既隐，天下为家，各亲其亲，各子其子，货力为己"的情势之下，只能退而求"小康"社会。在此制度下，须制"礼义以为纪"，须"谨于礼"，"以正君臣，以笃父子，以睦兄弟，以和夫妇，以设制度，以立田里"。"礼"是"小康"社会政治、经济和社会关系的最高准则，依礼而行，则可以使理与欲、德与财的矛盾冲突控制在合理有序的限度里。

《大学》提出治国平天下论，认为个人责任和治理国家的关系密切。人民应重视个人道德修养与治理国家的关系。《大学》提出一个系列关系，把各个方面联系起来："古之欲明明德于天下者，先治其国；欲治其国者，先齐其家；欲齐其家者，先修其身；欲修其身者，先正其心；欲正其心者，先诚其意；欲诚其意者，先致其知；致知在格物"。这八个步骤的正序，依次是格物、致知、诚意、正心、修身、齐家、治国、平天下。修身是关键一环，"自天子以至于庶人，壹是皆以修身为本"，最终目的是"治国平天下"。这一推论似乎与经济无直接关系，但中国经济思想的特点是中国士大夫一般从国家、天下的宏观角度议论经济问题，而且使经济的构想无条件地服从于政治的需要。

上述思想出自《礼记》不同的篇章，其间存在的逻辑联系是：治国平天下的最高目标是大同，其次为小康。在小康社会，人由欲恶而起争夺，治国者也可能因聚敛丧失民心，故须以礼—道德规范、制约之。礼的要求体现在分配方面，是以等级为差，但恩惠均沾；体现在敛财方面，是使赋役征课轻而均平；体现在用财方面，须量入以为出，常有蓄积；体现在生活消费方面，要在承认差别的前提下，一概厉行节俭。谨守礼制，即是有德，有德者得人，得人者得土，得土则得财。人、财皆备，就能治平天下。因此"德者本也，财者末也"。

三、贵义而不舍利的利益取予原则

《小戴礼》的内容有的记述典章制度、有的记载孔子言论、有的属孔子后学礼学心得，其中"通论"礼学的有《檀弓》上下、《学记》、《经解》、《大学》、《中庸》等十六篇，占全书四十九篇的三分之一弱。若将议论甚富之《乐记》列入，则贯通古今及于一般之论说，"通论"的分量要更大一些。这些"通论"多数专论治国之要务，涉及礼、乐、刑、政各个方面，它们多出自秦汉上下众多儒家学者"通人"之手，集中了孔门后学思考前代宪章、当时形势凝聚而成的礼学思想精华。这些思想与孔子的基本观点是一脉相承的，例如孔子关于"克己复礼"[①]的言论和行动，是《大学》修齐治平说的蓝本；孔子的"见利思

义"①、"义以生利"②、消费"宁以俭"③、财政征课"从其薄"且应"度于礼"④的观点，以及"不患寡而患不均"⑤的观点，都在《礼记》中得到了阐扬。这表明早期儒家并不主张摒弃利益、抑制工商。

《小戴礼》在《大学》篇对"治国平天下"的疏解中引出"絜矩之道"概念，从一般意义讲是"己所不欲，勿施于人"；对于执政者来说，则是"民之所好，好之；民之所恶，恶之"。由此而展开对于君利与民利、君权与天命、君主与民众、制度与社会诸关系的讨论，占整个《大学》篇幅的三分之一，其基本原则是"得众则得国，失众则失国"和"国不以利为利，以义为利"。

《大学》的这个思想的核心是贵义而不舍利，也就是义、利兼取，作为行为取予的基本原则，它所表明的"义"是作为"之所以为法"的原则的正义，要求政府或执政者应该以制度的正义性及其实现作为最大的社会福祉来追求和维护。《大学》说："畜马乘不察于鸡豚，伐冰之家不畜牛羊，百乘之家不畜聚敛之臣……此谓国不以利为利，以义为利也"。这里所论之"义"，就是"以义为利"之"义"，包括政府应保障民生，开展民众教化、保护国家安全、维护社会稳定、提供水利和道路设施等，是应当做的事情，是行为应当之原则。这个"义"来源于三代社会广泛的思想文化背景，可以理解为特定条件下得到公众认可的利益关系结构或状态。《尚书·洪范》云："无偏无陂，遵王之义；无有作好，遵王之道，无有作恶，遵王之路。无偏无党，王道荡荡；无党无偏，王道平平；无反无侧，王道正直。"义、道、路，是近义词。王道之所以为王道，某种意义上就在于它的正义性，"无偏无党""无反无侧"。儒家对夏、商、周三代社会的制度结构在正义性方面基本上是认可的。即使作为儒家对立面的法家，也不得不承认"上古竞于道德"⑥，此"道德"正是《礼运》讲的"大道之行也，天下为公"。荀子曾提出："上重义，则民义克利；上重利，则民利克

---

① 《论语·宪问》。
② 《春秋左传正义·鲁成公二年》。见［清］阮元校刻：《十三经注疏》，北京：中华书局 1980 年影印版。下引文同。
③ 《论语·八佾》。
④ 《春秋左传正义·鲁哀公十一年》。
⑤ 《论语·季氏》。
⑥ 《韩非子·五蠹》。

义",而"义克利者为治世,利克义者为乱世"①。所谓的"上",不只是一个人格概念,也是一个制度的、政治的概念,指的是一个以正义为轴心的权力结构,或政治结构围绕正义运作的状态。

今文礼学的基本立场、材料和灵感都来自三代社会实践,他们的共识可用《国语·晋语四》的一句话来概括:"夫先王之法志,德义之府也;夫德义,生民之本也。"根据相关材料,对"三王之法"中义与利之关系的状况(或原则)有如下说法:

夫王人者,将导利而布之上下者也。(《国语·周语上》)

夫义所以生利也,祥所以事神也,仁所以保民也。不义则利不阜,不祥则福不降,不仁则民不至。古之明王不失此三德者,故能光有天下而和宁百姓,令闻不忘。(《国语·周语中》)

利而不义,其利淫矣。(《国语·周语下》)

言义必及利。(同上)

吾闻事君者从其义,不阿其惑……民之有君以治义也。义以生利,利以丰民。(《国语·晋语一》)

克(里克,晋大夫)闻之:夫义者利之足也……废义则利不立。(足,基础也)(《国语·晋语二》)

义以导利,利以阜姓。(《国语·晋语四》)

《诗》《书》,义之府也;《礼》《乐》,德之则也;德、义,利之本也。(《左传·僖公二十七年》)

礼以行义,信以守礼,刑以正邪。(《左传·僖公二十八年》)

不义,神、人弗助。(《左传·成公一年》)

名以出信,信以守器,器以藏礼。礼以行义,义以生利,利以平民,政之大节也。(《左传·成公二年》)

德以施惠,刑以正邪,祥以事神,义以建利,礼以顺时,信以守物。(《左传·成公十六年》)

利,义之和也。(《左传·襄公八年》)

郏文公卜迁于绎。史曰:'利于民而不利于君。'郏子曰:'苟利于

① 《荀子·大略》。

民，孤之利也。天生民而树之君，以利之也。民既利矣，孤必与焉。'左右曰：'命可长也，君何弗为？'郈子曰：'命在养民。死之短长，时也。民苟利矣，迁也，吉莫如之！'遂迁于绎。五月，邾文公卒。君子曰：'知命。'（君子是依据传统价值做出"知命"的肯定判断）（《左传·文公十六年》）

义，利也。（《墨子·经说上》）

义者，善政也。（《墨子·天志中》）

"义"不是一个抽象的理念，而是具有效率、效用的规则、制度之意。"利"，是有益之事、公众之利。虽然存在所谓"夏道尊命、殷人尊神、周人尊礼"的不同历史特征，但在反映王道政治本质的义、利关系上，其共同之处是义与利的统一。荀子早已发现，决定"治世"还是"乱世"要关注"义克利"或"利克义"，其中的关键在于"上"即君主。当然这并不取决于君主个人的一念之转，而是有着经济条件、阶级关系等历史条件的约束。

春秋时期的赵简子问子大叔揖让周旋之礼，子大叔回答说："是仪也，非礼也。"[1]礼是仪之心，仪是礼之貌；行礼必为仪，为仪未是礼，礼与仪的区分是显然的。礼的根本与核心在"心"，在于"义"，内在性的原则。其后是义与利的紧张、私利与公利的紧张。义并非抽象的道德原则，而是各方利益的集合与均衡，故与义紧张的利，只能是私利。春秋时代利的社会内容主要指私利，是指新兴势力和私家大夫的个体利益，所以有"专利""蕴利""委利"等许多说法。所谓的新兴地主阶级集团以自己的利益为轴心改变旧的利益分配结构，争取新的制度安排，就是这里描述的义与利紧张、仪与礼分离的社会背景。正是基于这一背景，《小戴礼》对"义"多有强调：

礼之所尊，尊其义也。失其义，陈其数，祝史之事也。知其义而敬守之，天子之所以治天下也。[2]

……仁者，义之本也。[3]

---

① 《春秋左传正义·昭公二十五年》。
② 《礼记·郊特牲》。
③ 《礼记·礼运》。

礼也者,义之实也……礼虽先王未之有,可以义起也。①

私(一姓之利)置诸公(众姓之利)上,颠覆了旧秩序的正义观念,这是春秋时期社会巨变、利益冲突的一种尖锐反映。礼学家对义、利关系及制度之正当性、正义性的探讨,也正是为重建二者间的统一,为社会及其制度向常态的回归提供理论的准备和支持。"义"的正当、正义这一义项即是在这样的意识中逐步萌生发育起来。不难预见,其中逐步萌生发育起来的正义概念其内容首先必然是各方认可接受(适当之宜)的利益关系、结构(义者利之和)。

心能制义曰度。②

礼以行义,义以生利,利以平民,政之大节也。③

义以出礼,礼以体政,政以正民。④

民之有君,以治义也。⑤

行义以达其道。⑥

仁生于人,义生于道。或生于内,或生于外。(郭店竹简《语丛一》)

义者,谓各处其宜也。礼者,因人之情,缘义之理,而为之节文者也。(《管子·心术上》)

"义"还是一种善,一种符合共识的制度、规范,因此是一个文化价值概念。春秋时人云:"先王之法志,德义之府也;夫德义,生民之本也。能敦笃者,不忘百姓也。"⑦某种意义上,它们不过是将义明确定为公众之利,用另一种概念和思维对王道政制之义利统一论的重申与阐释,即由早期的"义以生利"(义之制度意味较重,利则为公众抽象之利)发展转换为"义者利之和"(义之正义意味较重,利则为各别具体之利)。在现实性上,它表达的是对制度(君主行为)之"私利"化、"专利"化趋势的否定。

《大学》大段引用孟献子"畜马乘,不察于鸡豚;伐冰之家,不畜牛羊;百

---

① 《礼记·礼运》。

② 《春秋左传正义·昭公二十八年》。

③ 《春秋左传正义·成公二年》。

④ 《春秋左传正义·桓公二年》。

⑤ 《国语·晋语》。

⑥ 《论语·季氏》。

⑦ 《国语·晋语四》。

乘之家,不畜聚敛之臣。与其有聚敛之臣,宁有盗臣"的话,后接着说"国不以利为利,以义为利也。长国家而务财用者,必自小人矣",意思是掌握国家大权的人一心想着聚敛财货,必然是任用了德行浅薄的小人。这同样是对"私利"化、"专利"化趋势的否定。因为"盗臣"侵害的对象是个别利益,"长国家而务财用"的"聚敛之臣"侵害的则是制度本身的正当性和正义性。孔子认为"好恶与民同情,取舍与民同统,行中矩绳而不伤于本,言足法于天下而不害于其身,躬为匹夫而愿富,贵为诸侯而无财"①。《哀公问》篇说得更简洁:"与民同利",意谓与民众共享富禄,这是奉行礼治应当要求的。

不论是《大学》的"国不以利为利,以义为利也",还是《哀公问》的"与民同利",都是在强调"以义为上"以及义、利兼取的价值思想,他们反对弃"义"而为,或以"利"作为价值导向诱导民众,反对贵族大人"专利"行为,更反对统治者"与民争利"。

四、慈善与荒政礼仪中的救助思想

慈善与荒政礼仪既是保障社会有效运行的有机组成部分和基本手段,也是一种重要的社会救助伦理,它首先解决的是经济问题,并通过解决经济问题达到礼治德化之目的,因此归于经济伦理思想。它的基本含义是指社会成员因受灾害或因经济、社会等原因而导致遭受无法承受的灾难或无法维持最低生活水平,由国家或社会给予道义上、物质上的帮助。

"慈""善"二字文义互训。韩非子言:"慈惠,行善也。"②慈即以慈爱、优惠做善事,直接释义是"以慈行善"。"慈",《说文解字》卷十《心部》注:"爱也。从心兹声。"慈者爱,出于心,恩被于物。慈与爱是相贯通的,慈是一种发自内心世界的爱,其恩惠要遍施于万物。汉代贾谊言:"恻隐怜人,谓之慈。"孟子云:"死徙无出乡,乡田同井,出入相友,守望相助,疾病相扶持,则百姓亲睦。"③《周书》亦云:"以国为邑,以邑为乡,以乡为闾,祸灾相恤,资丧

---

① 《大戴礼记·哀公问五义第四十》。
② 《韩非子·内储》。
③ 《孟子·滕文公上》。

比服。"①充分体现了对社会组织之间相互救灾功能的重视。对人要有恻隐之心，将别人的痛苦当作自己的痛苦，将别人的危难当作自己的危难。《小戴礼》在《礼运》篇提出："……老有所终，壮有所用，幼有所长，鳏、寡、孤、独、废、疾者皆有所养。"《王制》篇构建了治理天下之制，包括封国、爵禄、职官、祭祀、丧葬、巡守、刑罚、养老、学校教育等诸多方面，在社会救助方面也着墨甚多，反映了上古社会的救助思想和救助制度。

先秦时期，由于生产力发展水平低下，加上频繁的战争和统治阶级的横征暴敛，民众生活极其贫困。战国初期李悝曾言："今一夫挟五口，治田百亩，岁收亩一石半，为粟百五十石。除十一之税十五石，余百三十五石。食，人月一石半，五人终岁为粟九十石，余四十五石。石三十，为钱千三百五十，除社闾尝新春秋之祠，同钱三百，余千五十。衣，人率用钱三百，五人终岁用千五百，不足四百五十。不幸疾病死丧之费，及上赋敛，又未与此。"②频繁的自然灾害给民众生产和生活带来了极大的危害。管子指出："水，一害也；旱，一害也；风雾雹霜，一害也；厉，一害也；虫，一害也。此谓五害。五害之属，水最为大，五害已除，人乃可治。"③在收入正常的情况下，农民尚且用度不足，一旦遇到凶年饥岁，稼穑无收，自身生存能力更是大大减弱。因此有必要实施慈善救助，并将之列入礼制建设，使赈灾救荒成为礼制系统一大内容。慈善救助礼制的内容涉及如下方面：

一是立足于防灾的积蓄。《小戴礼》在《王制》篇主张："国无九年之蓄曰不足，无六年之蓄曰急，无三年之蓄曰国非其国也。三年耕，必有一年之食。九年耕，必有三年之食。以三十年之通，虽有凶旱水溢，民无菜色。然后天子食，日举以乐。"在正常的年份，每年要储备三分之一的粮食，三年就可存一年之粮，九年就可存三年之粮。即使出现大的水旱灾害，人民也不致受饥馑之苦。农业是国民经济中最主要的生产部门，国家的财源和民众的生存主要依赖农业，但农业生产受时间、气候和自然因素的影响较大，加上频繁的战争等人为祸患，丰歉很难预料。因此，需要立足于防灾以准备积蓄。《小戴礼》的这种防灾思想应该有广泛的基础和背景。先秦墨家及早期法家

---

① 《逸周书·大聚篇》。

② 《汉书·食货志》。

③ 《管子·度地》。

都注意到了立足于防灾建设国家、发展经济。墨子谓"仓无备粟,不可以待凶饥"①。备粟是防灾抗灾的重要保证,墨子引用古《周书》曰:"'国无三年之食者,国非其国也;家无三年之食者,子非其子也',此之谓国备。"②《管子·山权数》提出:"故王者岁守十分之参,三年与少半成岁,三十三年而藏十年与少半。"这些文献虽出处不同,但基本思想是一致的,都认识到积蓄对防灾抗灾的重要作用。

二是基于身份、地位和年龄的养老。在以血缘关系为基础的宗法社会里,养老是非常重要的。礼制把社会老人主要分为四类:到了致仕年龄继续留任的老年官员,年老致仕的官员,一般的老人,孤寡无依的老人。四类老人有不同的养老措施。大夫70岁要还政于君即致任,或称"致事",类似退休制度。《小戴礼》在《曲礼上》篇云:"大夫七十而致事。若不得谢,则必赐之几杖,行役以妇人,适四方,乘安车。""几"是席地而坐时所倚靠的器具;"杖"是老人站立时拄的手杖。如果外出执行公务,还要有妇人照顾,乘坐安稳的小车。这是对老年官员特殊的照顾措施。《王制》云:"五十杖于乡,六十杖于家,七十杖于国,八十杖于朝,九十者,天子欲有问焉,则就其室,以珍从。"这些杖于家、杖于乡、杖于国,国君带着珍异之物去探望的老人,皆是留任的老年官员。

养老制度与学校教育制度紧密地结合,既是先秦时期养老制度的重要内容,也是慈善礼制的一大特色。学校即庠、序、学、胶、虞庠,也是养国老、庶老之地。"国老"是有德有爵的老人,包括到了致仕年龄继续留任的官员和致仕在家的官员。"庶老"是庶民老者和死政者之父祖。这些齿德俱尊的老人文化知识和生活经验都很丰富,对于教育后进和传播文化起着无可替代的作用。养老制度和年龄紧密地联系在一起,即"凡三王养老皆引年","引年",即引户校年,逐户校对年龄。年龄不同享受的待遇也不同,这就是《王制》所说的"五十养于乡,六十养于国,七十养于学,达于诸侯。八十拜君命,一坐再至……九十使人受"。从《王制》"五十不从力役,六十不与服戒"规定来看,礼制要求年过五十就不再承担力役,年过六十就不再参与兵戒之

---

① 《墨子·七患》。
② 《墨子·七患》。

事。这是在赋役方面对老人的特别优待。不仅本人不用承担力役,"八十者,一子不从政。九十者,其家不从政"。年高力衰,需要有人照顾,因此,还要酌情蠲免其家属,以便专职奉养。荀子也提出了相同的主张:"八十者,一子不事,九十者举家不事,废疾非人不养者,一人不事。"①孤寡无依的老人全部由国家收养,如其在《王制》篇言:"少而无父者谓之孤,老而无子者谓之独,老而无妻者谓之矜,老而无夫者谓之寡。此四者,天民之穷而无告者也,皆有常饩。"四类人中除少而无父的孤儿之外,剩下的都是老人,属于"天民之穷而无告者",国家要经常、按时给以救济。

　　三是基于量能授事的残疾人救助。残疾人是指身体上某种组织功能损坏或者不正常而造成全部或部分地丧失正常活动能力的人,包括视力、听力、言语、肢体、精神等方面的残疾人以及多重残疾人和其他残疾人。西周初年,以周公旦为首的统治者吸取了商王朝灭亡的教训,在"敬天"的同时,又提出了明德、保民的思想,反复强调要"保惠于庶民,不敢侮鳏寡","徽柔懿恭,怀保小民,惠鲜鳏寡"②。因为鳏寡之人都是民中的弱者,必须把对他们的救助工作放在极为重要的位置上,施以恩惠,加以保护。《周书》云:"无胥戕,无胥虐,至于敬寡,至于属妇,合由以容。"③周秉钧注:胥,即相;敬寡,即鳏寡,无依无靠的人;属妇,即孕妇。意思是说不要残害人民、虐待人民,对孤独无依的老人和孕妇都要包容,这也就是《礼记·王制》中所说的"恤孤独逮不足"。对于各类残疾人,《小戴礼》在《王制》篇提出:"喑、聋、跛、躄、断者、侏儒、百工各以其器食之。"在国家收养的前提下,量能授事,充分发挥他们的作用,根据个人的才能、本领使之能够生活。不少职务、差使就是由残疾人来担任的,如《周礼·秋官·掌戮》规定:"墨者使守门,劓者使守关,宫者使守内,刖者使守囿,髡者使守积。"《王制》认为,对于一些生活不能自理、需要有人照顾的残疾人,国家也要免除其家一人的力役,"废疾非人不养者,一人不从政"。礼书中的这一规定具有一定的普遍性,还见之于《荀子》的《大略》及《王制》等篇,《王制》云:"五疾,上收而养之,材而事之,官施而食之,兼覆无遗……夫是之谓天德,是王者之政也。""五疾",章诗同注为:哑、

---

① 《荀子·大略》。
② 《尚书·周书·无逸》。
③ 《尚书·周书·梓材》。

聋、跛了脚、断了手、侏儒等残疾人。可见,基于量能授事的残疾人救助在先秦已是一项普遍实行的制度。

储粮备荒对老人、残疾人等社会弱势群体实行社会救助应该是任何国家在任何时候都不可或缺的施政内容。凡有作为的君主无不把实行社会救助作为其聚集民众、安邦定国的重要措施。小戴《礼记》中形成于战国时期的篇章,基本内容与《孟子》一书的背景和相关思想有一致之处。其中救弱扶贫思想,《小戴礼》全书编撰完成前孟子也有所论,如言:"老而无妻曰鳏,老而无夫曰寡,老而无子曰独,幼而无父曰孤。此四者,天之穷民而无告者,文王发政施仁,必先此四者。"①汉代淮南道家也有类似说法,如言:"汤夙兴夜寐,以致聪明","布德施政,以振贫穷。吊死问疾,以养孤孀。百姓亲附,政令流行"②。

《小戴礼》在《礼运》篇提出的"大同之世"是中国人几千年来梦寐以求的治国安邦之理想境界。《王制》中有关社会救助的思想和主张,虽然具有某些理想化的色彩,其覆盖范围也相当有限,但从一个侧面反映了先秦时期社会救助制度的基本状况。这些思想和主张为中国后世各时期社会救助制度和救助思想的建立提供了深厚的思想源泉,是中国传统社会救助思想的起始阶段和重要组成部分。

四是对幼儿的慈善救助。《月令》篇规定:仲春之月,天子须"养幼小,存诸孤"。周代明确规定了幼儿的年龄,《周礼》乡大夫一职云:"国中自七尺以上及六十,野自六尺以上及六十有五,皆征之。"贾公彦疏:"七尺谓年二十","六尺谓年十五。"是说国都及近郊十九岁以下,郊外农村十四岁以下的都属于幼儿,是社会保护和救助的对象。《周礼》虽未对幼儿的救助内容有具体的规定,但郑玄在注中解释道:"慈幼谓爱幼少也,产子三人与之母二人,与之饩",意谓产子三人国家配给保姆二人,并按时接济粮食。国中十九岁以下及野中十四岁以下"不从征",不承担力役。

五是对灾荒人口的慈善救助。在灾害发生时,对于生产力低下,以靠天吃饭为主的农民来说,自身的救助能力是十分有限的。这就需要由政府按法定

---

① 《孟子·梁惠王下》。
② 《淮南子·修务训》。

的标准向受灾民众提供维持最低生活水平的物质援助,以安定人心,保存民力,并且稳定社会秩序。这也是统治者用来缓和阶级矛盾、抚恤民众、收买人心的仁政之举。水旱灾荒是中国历史上常见而又影响深远的自然现象,古称水、旱、饥、荒为"四殃"①,或言水、旱、风雾雹霜、疫、病虫为"五害"②。春秋时代人们已经总结出了"六岁穰,六岁旱,十二岁一大饥"③的丰歉循环规律,说明人们早就对自然灾害有了一定的认识和总结。先秦时期自然灾害的发生情况,在礼学中虽未提及,在其他文献中却载之甚详,仅见于《左传》一书的就有:螟三次,大雨雪十三次,雹九次,大水十四次,山崩三次,地震九次,蜚六次,旱三十一次,螽十二次。自然灾害给国家和人民带来了严重的灾难,因此灾荒救助格外受到重视。《小戴礼》提出了包括放贷、蠲缓、节俭、巫术等在内的救助灾荒人口的思想。

其一,放贷。《月令》篇说:"天子布德行惠,命有司发仓廪,赐贫穷,振乏绝。"《周礼》十二荒政的"散利",是贷给百姓种子和粮食。灾荒之后,农民生活贫乏,不能恢复生计,政府贷给种子和粮食,可以帮助他们恢复生产。小司徒属官"乡师"每年按时"巡国及野,而赒万民之艰阨,以王命施惠"。"艰阨"即"饥乏"之意,灾荒造成的"饥乏"比平时严重,当然在救助范围之内。用于放贷的粮食是政府的"委积"。地官"遗人"负责掌管"乡里之委积,以恤民之艰阨";"司救"官在"天患(即灾害)民病"之时负责持节巡行"国中及野,而以王命施惠"。这种"施惠"是政府组织实施的社会慈善救助活动。

其二,蠲缓。这是施恩以缓解租赋、维系民心,包括蠲免和停缓两类。蠲免有减轻租税和免除租税之别。十二荒政中的"薄征、去几、舍禁、弛力、缓刑"等都是蠲缓思想的表现。"舍禁"是免除山泽之税。《王制》篇言:古时候"关讥而不征"。国有的山泽苑囿,平时严禁人民入内,灾荒时对灾民开放,百姓可以去采摘果蔬,捕猎渔樵,以为生计。"去几"即废除关卡征税。"几",本指门槛,此指设关卡征税。春秋战国时期,各诸侯国大都实行重农抑商、扶本抑末的政策,在水陆交通要冲多设关卡,对往来商贾征收赋税。

其三,节俭。灾荒之后,粮食不足,经济困难,人民节俭省用,以渡难关。

① 《逸周书·文传篇》。

② 《管子·度地》。

③ 《史记·货殖列传》。

荒年节省人力、财力对发展生产具有重要的作用。《曲礼》篇云："岁凶，年谷不登，君膳不祭，马不食谷，弛道不禁，祭事不悬，大夫不食粱，士饮酒不乐。"《玉藻》云："年不顺成，则天子素服，乘素车，食无乐。"君王遇灾减乐、减用、减膳，"故山崩川竭，君为之不举，降服、乘缦、彻乐、出次、祝币，史辞，以礼焉。"①可以说明当时存在着救灾时礼仪贬损制度。

其四，巫术救荒。古人普遍信奉万物有灵，他们认为，世间的一切吉凶祸福、自然灾害都是天帝降下的处罚。巫在殷代的社会地位很高，一般人无不公认其能通神，能为人们禳灾祈福。所以，每当久旱不雨时，就让巫祈祷神灵降雨，或祭山川求雨，或以人为牺牲，祷告于天而禳灾，这就是基于天命主义禳弭思想的巫术救荒。商汤临大旱而有祷祀，"汤克夏而正天下，天大旱，五年不收，汤乃以身祷于桑林曰：'余一人有罪无及万夫，万夫有罪在余一人，无以一人之不敏，使上帝鬼神伤民之命。'于是剪其发，劘其手，以身为牺牲用，用祈福于上帝，民乃甚悦，雨乃大至。"②《春秋》经书中出现了二十一次雩祭，都不在孟夏四月份举行，属于为旱灾而举行的祭祀活动。将人事休咎归于天命的观念，直到西周仍占统治地位。周礼十二荒政之"索鬼神"就是"求废祀而修之"。

上述仁慈行善、救助困穷之礼制，蕴涵着最基本的道德律，它随着礼教的广泛传播而传延，修德、行善、济困扶危、惜老怜贫、矜孤恤寡遂成为中国人基本的道德规范。"凶荒之年""捐赀赈灾"总是各种善行中最重要的内容。然而这种慈善救助的道理，存在着两个缺陷：一是把慈善救助的权力，主要归之于国家的一种行政活动或朝廷的"法度"，无意中使慈善救助带有了浓厚的政治功利色彩；二是小戴礼学把仁慈救助看作消除矛盾的一种良方，但在封建国家里不可能公正地、普遍地实行慈善救助，仁慈救助也有很大的局限性。但是，小戴礼学从分析社会矛盾入手，一方面提出了慈善救助的内容和制度，另一方面主要从人们的精神世界中去寻求答案，这应该说是礼学慈善救助伦理的一个更高的层次。

---

① 《左传·成公二年》。
② 《吕氏春秋·顺民》。

五、仁义德财一体而治的理财思想

戴德和戴圣同求学于《礼经》博士后仓,后仓传授的《礼经》十七篇,就是汉代以后的《仪礼》一书。二戴虽同向后仓学习十七篇《仪礼》,但后来各自向自己学生传授的《仪礼》篇次是不同的。根据贾公彦《仪礼注疏·仪礼注疏原目》及《通典》卷七十三《汉石渠议礼》,二戴向学生传授的《仪礼》与他们从后仓学习的十七篇《仪礼》内容大体上是一致的,但是后仓弟子们在具体问题上看法是不同的。戴德编纂成的《礼记》或《大戴礼》《大戴礼记》,当是后仓以后弟子们解释、发挥或阐释《仪礼》及相关礼仪的礼类文献。《大戴礼》只在戴德门下流传,郑玄以后逐渐少有人关注,以至于被遗弃,到北周卢辨作注,《大戴礼》只剩 33 篇。由于其残缺,产生了两戴《礼记》编者是谁等学术问题。《大戴礼》尚仁崇德、遵道循礼,探讨财利、生产、消费、分配等经济和社会治理问题,其经济伦理思想主题虽然与《小戴礼》大体一致,但在具体议题及若干基本观念方面也具有自身特色。

(一)仁为至富、义为利本的价值取向

世间人以为人人希求的尊贵和财富超不出利益和物质享受,然而《大戴礼》之《曾子制言中第五十五》云:"……君子以仁为尊;天下之为富,何为富?则仁为富也;天下之为贵,何为贵? 则仁为贵也……是故君子将说(悦)富贵,必勉于仁也。"此文提出天下最尊贵者是"仁"、最贵之财富也是"仁",实践仁、达到仁的境界就获得了最大的财富,这就是以仁为贵、以仁为富。

"仁"的本义在于"爱人",以爱人达到至德,如《主言第三十九》云:"仁者莫大于爱人,知者莫大于知贤"[1],以爱人为"仁"显然来源于对孔子思想的理解。《卫将军文子第六十》云:"恕则仁也。"恕是如人之心,以如人之心对待他人,即是爱人。这里坚持了以"恕"论"仁"的儒家仁论的基本内容。"恕"是"仁"德体系中的组成部分,所以"恕"为"仁也"。《千乘第六十八》记载鲁

---

[1] 引文参阅高明译注《大戴礼记今注今译》,台北:台湾商务印书馆 1977 年版。本目引文如无标注,均出自此。

哀公问:"何如之谓仁?"孔子回答:"不淫于色"。因为淫于色则必害于德,而"仁者乐道",以行礼为上,自然"不淫于色",故仁、德相通。

仁是君德之本,《主言第三十九》指出:国君是"民之表也,表正则何物不正。是故君先立于仁,则大夫忠而士信,民教,工璞,商悫……"这是说国君是人民的表率,其行为端正,民众才能做到行为端正。国君立足于"仁",会使大夫尽忠、士人守信、百姓敦厚、工人纯朴、商人诚实不欺。因此,《诰志第七十一》讲"自上世以来,莫不降仁,国家之昌,国家之臧(善),信仁(信守仁政)"。这里的"信仁"就是信守仁德,如果"不仁",则"国不化","不化"即不能使民众受到教化而移风易俗。如《武王践阼第五十九》云:"以仁得之,以仁守之,其量百世。以不仁得之,以不仁守之,必及其世。"作为一国之君,既以"不仁"得天下,又以"不仁"守天下,国祚必不会长久,"及其世"谓止于其身而亡。"以仁守之"当然也包括以仁得富。

君子更应以仁为尊、以仁为富,即取尊求富必勉力于"仁",取之以道。以不仁而求富贵,就是不仁之人。《曾子立事第四十九》云:"巧言令色,能小行而笃,难于仁矣。"花言巧语、虚颜假色而无真诚之情,是难得有仁爱的。可见,"仁"既有积极方面的规定,也有消极否定方面的规定,"仁"的本质在于内在的心灵,而不是追求外在的雕琢和华丽。

仁与圣、知(智)、信、义诸德互相联系而为整体,如《四代第六十九》引孔子言:"圣,知之华也;知,仁之实也;仁,信之器也;信,义之重也;义,利之本也。委利生孽。"意谓圣是智的花朵,智是仁的果实,仁是信的器具,信是义的载体,义是利的根本。仁通圣、智、信、义诸德,其中的"义"为"宜",一是合乎道义之则,二是合乎贵贱、尊卑的社会规范,如《盛德第六十六》云"义者,所以等贵贱、明尊卑;贵贱有序,民尊上敬长也。"不可离义言利,单纯积聚财利。在"利"与"义"的关系上,《大戴礼》认为"义"是"利"之本,申述了春秋时期"义为利本"的思想(如《左传·僖公二十七年》有"《诗》《书》,义之府也;《礼》《乐》,德之则也;德、义,利之本也"之说),可见《大戴礼》关于义、利的思想是对传统观念的继承和发展。

君子是体现以仁为富、义为利本思想的典范,《曾子制言中第五十五》云:"君子进则能益上之誉(乐),而损下之忧;不得志,不安贵位,不博(取)厚禄,负耜而行道,冻饿而守仁:则君子之义也。"君子道义所在即是入朝为官,则能增加皇上之乐,减少百姓之忧;君不知己之志,则不处高官之位,不取丰厚之禄,背负农具而行于道路,忍受冻饿而保持仁心。《曾子立事第四十九》云:"君子祸之为患,辱之为畏,见善恐不得与焉,见不善者恐其及己也,是故君子疑以终身。君子见利思辱,见恶思垢,嗜欲思耻,忿怒思患,君子终身守此战战也。"君子忧虑祸患,害怕污辱,见到善良,唯恐不得参与其中,看到邪恶,唯恐其沾上自己。伴随着"利""恶""嗜欲""忿怒"而来的常是耻辱和祸患,因此,君子应对之保持高度警惕,就可达到"患难除之,财色远之,流言灭之"之目的。《曾子制言中第五十五》说:"君子无悒悒于贫,无勿勿于……不宛言而取富,不屈行而取位。""富以苟不如贫以誉,生以辱不如死以荣。辱可避,避之而已矣;及其不可避也,君子视死若归。"君子不应担忧物质生活之贫困,不巧言以取财富,不屈节而取爵位。与其苟合而富,宁可洁身而贫;与其屈辱而生,不如光荣赴死。污辱可避则避之,如不可避免,君子应舍生取义、视死如归。《曾子制言上第五十四》说:"君子不谄富贵,以为己说(容悦、献媚),不乘(欺凌)贫贱,以居己尊。"此即《论语·学而》所谓"贫而无谄,富而无骄"之旨。

《大戴礼》讲"富"与"财"之于修身之意义并联系"贤人"之德而有精辟的论述,如《哀公问五义第四十》引孔子言:"所谓贤人者,好恶与民同情,取舍与民同统(理),行中矩绳而不伤于本,言足法于天下而不害于其身,躬为匹夫而愿富(富裕),贵为诸侯而无财,如此则可谓贤人矣。"《主言第三十九》认为"明主之治民"必须"哀鳏寡,养孤独,恤贫穷,诱孝悌,选贤举能",因为"得贤者安存,失贤者危亡","是以国不务大而务得民心,佐不务多而务得贤臣,得民心者民从之,有贤佐者士归之。"这是讲贤人君子合理对待"富""财",明白取与舍的根本,而不以其害身。

(二)取财守德、以德取利

《大戴礼》肯定取财的合理性与客观性,强调德、财一致,君子取财有德,不可超越道德的界限而随便求取。对于个人而言,穷达夭寿是自然,虽处贫困,取财有德仍然是固守的基本道德。《文王官人第七十二》记周文王的话以讨论观人方法,提出"富贵者观其礼施也,贫穷者观其有德守也",认为富贵的人要看他们能否以礼待人,贫穷的人要看他们是否能有德行和操守而一介不取。

明主为政取财奉行有德的原则，遵循理性的聚财思想。贤明的政府善于理政，取财有道，合乎礼制，而其取财之路在于"不劳""不费"。《主言第三十九》有关于如何治理国家、主宰天下的讨论，其中涉及"道""德""明主之道"处，有如下论述：

> ……道者，所以明德也；德者，所以尊道也。是故非德不尊，非道不明。虽有国焉，不教不服，不可以取千里。虽有博地众民，不以其地治之，不可以霸主。是故昔者明主内修七教，外行三至。七教修焉，可以守；三至行焉，可以征。七教不修，虽守不固；三至不行，虽征不服。是故明主之守也，必折冲于千里之外；其征也，衽席之上还师。是故内修七教而上不劳，外行三至而财不费，此之谓明主之道也。

> ……参！女以明主为劳乎？昔者舜左禹而右皋陶，不下席而天下治。夫政之不中，君之过也。政之既中，令之不行，职事者之罪也。明主奚为其劳也？昔者明主关讥而不征，市鄽而不税，税十取一，使民之力，岁不过三日，入山泽以时，有禁而无征，此六者取财之路也。明主舍其四者而节其二者，明主焉取其费也？

> ……上敬老则下益孝，上顺齿则下益悌，上乐施则下益谅，上亲贤则下择友，上好德则下不隐，上恶贪则下耻争，上强果则下廉耻，民皆有别，则贞、则正，亦不劳矣，此谓七教。七教者，治民之本也，教定是正矣。上者，民之表也。表正，则何物不正？是故君先立于仁，则大夫忠，而士信、民敦、工璞、商悫、女憧、妇空空，七者教之志也。七者布诸天下而不窕，内诸寻常之室而不塞。是故圣人等之以礼，立之以义，行之以顺，而民弃恶也如灌。

上述记载针对曾子"不费、不劳，可以为明乎"以及"何谓七教"的提问，孔子以"道"与"德"的关系为主纲，阐述了治国取财之要道或根本方法。其中讲内修"七教"（上敬老下益孝，上顺齿下益悌，上乐施下益谅，上亲贤下择友，上好德下不隐，上恶贪下耻争，上强果下廉耻）和外推"三至"（智、仁、勇），国家财用不至耗费，可以实现大治。这里的经济措施即"取财之路"，包括六条具体原则：一是关讥而不征，即边界上只询问检查而不征税；二是市鄽而不税，即课市房的税而不课货物的税；三是税十取一，即田税收取十分之一；四是使民之力岁不过三日，即要人民服劳役，每年不超过三日；五是入山泽以时，即依照时令上山打柴下水捕鱼；六是有禁而无征，即舍弃关、市、山、泽的税收。贤明的君主节省了田税和民力者，因此对国家的财力耗费不大。在身份道德方面，君之仁、大夫之忠、士之信、民之敦、工之璞、商之悫、女之憧、妇之空空，成就这几种德性，就是教化成功的标志。

（三）因循自然、安排生产

《大戴礼》立足于农耕自然经济，提出耕作顺着时宜而进行，生产的进行应得着时宜的思想，并由此对农业经济社会如何取财，从生产的角度进行了宏观分析。如《千乘第六十八》云："食节事时""以气食得节，作事得时，劝有功"。这是说观察自然天道变化，不违时令，以便安排农耕渔牧生产。古人治历明时是为了把握天象、物候变化，以确定人事活动不违天时，从而更加合理地安排各种生产活动。《大戴礼》以农、工、商为主体，提出根据月份时令、星象、气象、物候等安排农业生产，来维持国家或士大夫家庭一年四季的生计的思想，有关篇章可以看作月令体农书，其中如《夏小正第四十七》就典型地体现了这种依循天道、安排生产的思想。此篇来源较早，文中有经、有传，今文夹杂着古文，涉及自然物候与经济活动相协调的文字摘引如下：

> 正月：
> 启蛰——言始发蛰也。
> ……
> 农纬厥耒——纬，束也。束其耒云尔者，用是见君之亦有耒也。
> 初岁祭耒始用畼——初岁祭耒，始用畼也。畼也者，终岁之用祭也。其曰"初"云尔者，言是月始用之也。初者，始也。或曰：祭韭也。
> ……
> 农率均田——率者，循也。均田者，始除田也，言农夫急除田也。
> 獭献鱼……
> 鹰则为鸠……
> 农及雪泽……

初服于公田——古有公田焉者。古者先服公田,而后服其田也。

……

三月:

……

颁冰——颁冰也者,分冰以授大夫也。

采识——识,草也。

妾、子始蚕——先妾而后子,何也? 曰:事有渐也,言事自卑者始。

执养官事——执,操也。养,大也。

祈麦实——麦实者,五谷之先见者,故急祈而记之也。

……

取荼——荼也者,以为君荐蒋也。

……

执陟攻驹——执也者,始执驹也。执驹也者,离之去母也。陟,升也。执而升之君也。攻驹也者,教之服车,数舍之也。

六月:

……

鹿人从——鹿人从者:从,群也。鹿之养也离,群而善之。离而生,非所知时也,故记从、不记离。君子之居幽也,不言。或曰:人从也者,大者于外,小者于内率之也。

驾为鼠。参中则旦。

十一月:

王狩——狩者,言王之时田也,冬猎为狩。

陈筋革——陈筋革者,省兵甲也。

啬人不从——不从者,弗行。于时月也,万物不通。

……

虞人入梁——虞人,官也。梁者,主设罔罟者也。

……

上述文字说明依循天道、安排生产的思想早在夏商时代的农业实践中就已引起人们的注意，人们通过实践已逐步认识到农业活动与周围环境之间存在着相互依赖和相互制约的关系。这一思想在《诗经·豳风·七月》以及《管子》相关篇章中也有类似的反映。当时人们已把农作物与种子、地形、土壤、水分、肥料、季节、气候等物候以及天文因素结合在一起，用相互联系的整体观点研究农事活动规律，以最大限度的理性取财。例如，通过天象观测来掌握天体运行和季节变化的规律，编制出历法和二十四节气，以指导农事活动，表示顺天应人、不违自然之意。

《夏小正第四十七》的历法与生产管理

时节	星象	气象	物候	生产管理
正月	鞠则见。初昏参中。斗柄县在下。	"时有俊风。"	启蛰。雁北乡。雉震响。鱼陟负冰。囿有见韭。獭兽献鱼。鹰则为鸠。	农纬厥耒。农率均田。獭祭鱼。
二月			"荣堇。"昆小虫抵蚳。"来降燕乃睇。"有鸣仓庚。	"往耰黍，禅。""初俊羔助厥母粥。""祭鲔""采蘩""剥鱓""荣芸。"
三月	参则伏。	越有小旱。	田鼠化为鴽。拂桐芭。鸣鸠。	摄桑，委杨。采识。妾、子始蚕。执养宫事。
四月	昴则见。初昏南门正。	越有大旱。	鸣札。囿有见杏。鸣蜮。秀幽。	取荼。执陟攻驹。
五月	参则见。初昏大火中。		浮游有殷。鴃则鸣。良蜩鸣。唐蜩鸣。	乃瓜。启灌蓝蓼。煮梅。蓄兰。菽糜。颁马。
六月	初昏斗柄正在上。	鹰始鸷。		煮桃。
七月	汉案户。初昏织女正东乡。斗柄县在下则旦。	爽死。时有霖雨。	狸子肇肆。湟潦生苹。寒蝉鸣。	灌荼。
八月	辰则伏。参中则旦。		丹鸟羞白鸟。鹿人从。	剥瓜。玄校。剥枣。
九月	内火。辰系于日。		遰鸿雁。鞠荣。陟玄鸟蛰。熊、罴、貊、貉、鼶、鼬则穴。	树麦。
十月	初昏南门见。织女正北乡，则旦。时有养夜。		豺祭兽。黑鸟浴。玄雉入于淮，为蜃。	
十一月	日冬至。	阳气至，始动。	万物不通。陨麋角。	冬猎为狩。陈筋革。
十二月	鸣弋。		元驹贲。纳卵蒜。	虞人入梁。

夏历是较早的教令或农业历法,上述记载当更为古朴、原始,《小戴礼》的《月令》篇在夏历的基础上全面、系统地总结了传统农业生产积累的相关经验,并在总体上与《大戴礼》的相关思想具有一致性,其中记载的各月禁忌多数既关乎农耕生产,也以保护生态环境为目的,集中反映出古人力求与自然相和谐的生存意识和经济伦理追求。诸如:其中说孟春正月"毋聚大众,毋置城邦",郑玄注云:"为妨农之始",目的就在于保证农民的生产。"不可以称兵",也是如此。孙希旦解释说:"孟秋选士厉兵,则春夏皆非兴兵之时,独于孟春言之者,生气之始,尤在所戒也。"祭祀山林川泽时,"牺牲毋用牝",郑玄注云:"为伤妊生之类。"孙希旦解释说:"余月祭之或用牝,惟此月特禁之。"①于此月"禁止伐木",郑玄注云:"盛德所在。"②目的在于保护动植物的生殖繁衍。七月不可以封侯割地,是与孟夏的政令正相对应,彼时"行赏,封诸侯",此时则相反,其意义在于"以顺阴气之收敛"③。十一月不可兴土工,因为此时动土会导致"地气沮泄,是谓发天地之房,诸蛰则死,民必疾疫,又随以丧"。孔颖达说:"于此之时,天地亦拥蔽万物,不使宣露,与房舍相似。今地气泄漏,是开发天地之房。"④其他闭禁之事是应冬藏之候,宫室人员往来之禁,则有政治防范的意味。

大、小戴礼的月令体思想系统与《吕氏春秋》之《十二纪》《时则训》的相关内容也是相近的,后者当来自大、小戴礼学思想。《大戴礼》的教令思想的影响又是很突出的。郑玄《三礼目录》认为:《月令》第六"名曰'月令'者,以其纪十二月政之所行也。本《吕氏春秋·十二月纪》之首章也。以礼家好事钞合之,后人因题之,名曰《礼记》,言周公所作,其中官名时事多不合周法。此于《别录》属明堂阴阳记"⑤。杨宽反驳此意见,他在 20 世纪 40 年代撰《月令考》一文认为:《月令》一篇当是战国时期晋人之作,吕不韦宾客割裂《月令》十二月之文以为《吕氏春秋·十二纪》之首章。《月令》是战国后期阴阳五行家为即将出现统一王朝所制定行政月历,分月述气候、生物、农作物之

---

① 孙希旦:《礼记集解》上册,北京:中华书局 1989 年版,第 419、418 页。
② 李学勤主编:《十三经注疏》标点简体本《礼记正义》上册,北京:北京大学出版社 1999 年版,第 466 页。
③ 孙希旦:《礼记集解》上册,北京:中华书局 1989 年版,第 443 页。
④ 李学勤主编:《十三经注疏》标点简体本《礼记正义》中册,北京:北京大学出版社 1999 年版,第 554 页。
⑤ 郑玄:《三礼目录》,原书已佚,孔颖达《礼记正义》有详尽引述。

生长发展变化,以制定有关保护、管理生产之各种政策措施,规定天子每月应办之大事。① 此说当是确当之论。《吕氏春秋·十二纪》系统介绍了一年十二个月的天象规律、物候特征、生产程序以及应当分别注意的诸多事项,其中涉及农业生产活动中注重生态环境保护的内容,如孟春之月,要祭祀山林川泽之神,献祭不用雌性禽兽,当月禁止伐树,不得毁坏鸟巢、杀害怀孕的动物和幼小动物,禁止取禽类的卵。仲春之月,禁止破坏水源、焚烧山林。季春之月,禁止用弓箭、网罗、毒药等各种形式猎杀禽兽,不许伐取桑树和柘树。孟夏之月,不许进行大规模的围猎,仲夏之月不许烧炭,季夏之月禁止砍伐山林。这与主体内容成于战国晚期的《管子》、《逸周书》的《周月》、《时训》等书相关内容也是相近的。

《月令》应是对大戴礼《夏小正第四十七》思想的承接,是建立在对夏商以来的宇宙观,某些与天文、物候、农业相关的自然科学知识的总结的基础上的。李学勤认为:"中国古代文明的宇宙论的观念,当然与科学在中国的兴起有密切的关系。古人对宇宙论的看法,促进了若干科学在中国优先发展,并规定了它们的进程和特点,作为例子,可以举出以下几点:(1) 天文学被认为是最重要的学科。(2) 历法,描述阴阳四时的运转流行,自远古即得到发展……(3) 与历法的研究配合,物候学被强调,并有丰富的内容,农业技术的发展,也特别注意其季节性。(4) 数学的进步,在很大程度同天文学说相关……(5) 把人看作与天类似而和谐的小系统的观念,在中国医学中有充分的发挥。"②西周以来中国社会早熟的农业生产,促进了对天文学、物候学、植物学的发展,对天象、气候、动植物等的观察与总结成为一般知识中的一部分,推动了历法、数学等学科的发展,形成了以数字为基础,把天象、人事、政治对应的宇宙论系统。《月令》对这些思想进行了系统总结,从而对礼学经济伦理思想的特色内涵产生了积极的作用与影响。

---

① 参阅杨宽:《月令考》,载《齐鲁学报》1941年第2期,增补后收入《杨宽古史论文选集》卷7,上海:上海人民出版社2003年版。
② 李学勤:《古代中国的宇宙论与科学发展》,载《烟台大学学报》1998年第1期。

《月令》的阴阳五行说

五行	木	火	土	金	水
四时	春	夏		秋	冬
五方	东	南	中央	西	北
五色	青	赤	黄	白	黑
五音	角	羽	宫	商	徵
五味	酸	苦	甘	辛	咸
五日	甲子	丙子	戊子	庚子	壬子
农时物候	冰解而冻释，草木区萌，赎蛰虫卵菱，春辟勿时，苗足本。不疠雏鷇，不夭麑麋，毋傅速。亡伤襁褓，时则不凋。（《五行》）天气下，地气上……寒暑调，日夜分，分之后，夜日益短，昼日益长。（《度地》）治堤防，耕芸树艺。正津梁，修沟渎，塈屋行水……三政、曰冻解修沟渎，复亡人。四政、曰端险阻，修封疆，正千伯。五政、曰无杀麕夭，毋塞华绝芋。五政苟时，春雨乃来。（《四时》）	以动阳气。九暑乃至，时雨乃降，五谷百果乃登。（《四时》）禁置设禽兽，毋杀飞鸟，五政苟时，夏雨乃至。（《四时》）	土德实辅四时入出，以风雨节土益力，土生皮肌肤……实辅四时，春嬴育，夏养长，秋聚收，冬闭藏。（《四时》《度地》）	百物乃收，使民毋怠……慎旅农，趣聚收……缺塞坼。（《四时》）	其事号令，修禁徙民，令静止。地乃不泄。（《四时》）
	毋杀畜生，毋拊卵，毋伐木，毋夭英。毋拊竿，所以息百长也。赐鳏寡，振孤独。贷无种，与无赋。所以劝弱民。发五正，赦薄罪，出拘民，解仇雠，所以建时功，施生谷也。（《禁藏》）	天地气壮，大暑至，万物荣华，利以疾薅，杀草螺。（《度地》）		山川百泉踊，雨下降，山水出，海路距，雨露属，天地凑汐，利以疾作，收敛毋留。（《度地》）	万物实熟，利以填塞空郄，缮边城，涂郭术，平度量，正权衡，虚牢狱，实廥仓，君修乐，与神明相望。（《度地》）

	日	帝	神	虫	音	数	味	臭	杞	祭	居	色	食	德
春	甲乙	太皥	句芒	鳞	角	八	酸	膻	户	脾	青阳	青	麦与羊	木
夏	丙丁	炎帝	祝融	羽	徵	七	苦	焦	灶	肺	明堂	赤	菽与鸡	火
中央	戊己	黄帝	后土	课	宫	五	甘	香	中雷	心	大庙	黄	稷与牛	土
秋	庚辛	少皥	蓐收	毛	商	九	辛	腥	门	肝	总章	白	麻与犬	金
冬	壬癸	颛顼	玄冥	介	羽	六	咸	朽	行	肾	玄堂	黑	黍与彘	水

大、小戴礼的教令思想对《管子》一书系统的教令思想也是有影响的。上表是其中的五行四时与农时物候系统中所表达的农时与生态禁令关系。①《管子》的教令思想以五行为核心，以四时变化为主要的安排农事的依据，并配以五音、五味、五色、五方、五日等，如此系统的观念当是战国晚期的思想。在这个系统中，属于阴阳五行说的著作可以分为两类：其一，明显具有阴阳五行结构的篇章，主要有《幼官》《四时》《五行》《水地》等；其二，贯穿阴阳五行思想的篇章，主要有《侈靡》《七臣七主》《禁藏》《地员》《轻重己》等。综合分析，《管子》建立了一个以气为本原、以阴阳为"天地之大理"、融阴阳说与五行说于一体、并配以四时（春、夏、秋、冬）五方（东、南、中、西、北）的比较完整的阴阳五行说体系。《管子》的阴阳五行说结构体系，内容丰富，具体包括以下五个方面：(1) 阴阳说与五行说相互融合；(2) 气为贯穿整个阴阳五行说体系的最高哲学范畴；(3) 阴阳为"天地之大理"（《四时》）；(4) 五行与五方、四时相配；(5) 天地间万事万物依据五行属性分为五类，而与五行、五方、四时相配。《管子》中的五音、五兽、的五脏与五行的对应关系均不同于《月令》。对应于木、火、土、金、水，《管子》的五声为角、羽、宫、商、徵，《月令》为角、徵、宫、商、羽；《管子》的五兽为羽、毛、课、介、鳞，《月令》为鳞、羽、课、毛、介；《管子》的五脏为脾、肝、心、肾、肺，《月令》为脾、肺、心、肝、肾。除此之外，这两种阴阳五行框架中的内容基本相似。

《管子》的阴阳五行说

五行	四时	五方	五日	五色	五音	五味	五数	五兽	五脏	五内	九窍
木	春	东	甲子	青	角	酸	八	羽	脾	隔	鼻
火	夏	南	丙子	赤	羽	善	七	毛	肝	革	目
土		中央	戊子	黄	宫	甘	五	课	心	肉	下窍
金	秋	西	庚子	白	商	辛	九	介	肾	脑	耳
水	冬	北	壬子	黑	徵	咸	六	鳞	肺	骨	口

物候是自然界的动植物和自然环境与季节的周期变化之间存在的关系。《管子》一书中虽然没有系统的物候专论，但在许多篇章中都包含着有关物候的思想。《形势解》说："春者，阳气始上，故万物生；夏者，阳气毕上，

---

① 表中引文据［唐］房玄龄注：《管子》（中华再造善本子部），北京：北京图书馆出版社 2004 年版。

故万物长;秋者,阴气始下,故万物收;冬者,阴气毕下,故万物藏。"万物按照春、夏、秋、冬的四季变化而生、长、收、藏。《管子》中包含较丰富物候思想的篇章,要属《度地》《四时》和《五行》等篇。因此,我们可以将《管子》中的《度地》《四时》和《五行》包含的物候论述与《礼记·月令》相关的物候知识比较如下,可以看出二者具有某些相似之处:

《管子》与《月令》的物候知识比较

季节	《管子》的物候知识	《月令》中相关的物候知识
春	冰解而百冻释,草木区萌,胰蛰虫卵菱。(《五行》) 天气下,地气上,万物交通……寒暑调,日夜分。(《度地》) 柔风甘雨乃至……百虫乃蓄。(《四时》)	东风解冻,蛰虫始根。 天气下降,地气上腾,天地和同,草木萌动,日夜分。 时雨将降。
夏	草木养长,五谷蓄实秀大。(《五行》) 大暑乃至,时雨乃降。(《四时》)	树木方盛。 大雨时行。
秋	凉风至,白露下。(《五行》)	凉风至,白露降。
冬	天地闭藏。(《度地》)	天气上腾,地气下降,天地不通,闭塞而成冬。

依时而作,取财有道,这是一条重要的经济伦理原则。《管子》重视农时并由此形成了系统的"务天时"的农时思想。农时对于农业生产是至关重要的,是获得农业丰收的重要保证。其中《权修》说:"地之生财有时。"《牧民》说:"不务天时则财不生。"《禁藏》说:"举事而不时,力虽尽,其功不成";"不失其时然后富"等。我们将《管子》与《月令》有关农时的论述作一比较,列表如下:

《管子》与《月令》的农时知识比较

季节	《管子》的农时知识	《月令》中相关的农时知识
春	治堤防,耕芸树艺,正津梁,修沟渎,甃屋行水,解怨赦罪,通四方……一政曰:论幼孤,赦有罪。二政曰:赋爵列,授禄位。……四政曰:端险阻,修封疆,正千伯。(《四时》) 赐鳏寡,振孤独,货无种,与无赋,所以劝弱民。发五正,赦薄罪,出拘民,解仇雠,所以建时功施生谷也。(《禁藏》)	修封疆。 省囹圄,去桎梏,毋肆掠,止狱讼。 发仓廪,赐贫穷,振乏绝,开府库,出币帛。周天下,勉诸侯,聘名士,礼贤者。 修利堤防,遗达沟渎,开通道路,毋有障塞。
夏	求有功发劳力者而举之。(《四时》) 满爵禄,迁官位,礼孝弟,复贤力,所以劝功也。(《禁藏》) 利以疾耨杀草藏。(《度地》)	行赏,封诸侯……赞杰俊,遂贤良,举长大,行爵出禄……命农勉作。 利以杀草。

季节	《管子》的农时知识	《月令》中相关的农时知识
秋	三政曰：慎旅农，趣聚收。四政曰：补缺塞坼。五政曰：修墙垣，周门闾。（《四时》） 利以疾作，收敛毋留。（《度地》）	修宫室，坏墙垣，补城郭。 穿窦窖，修囷仓。 趣民收敛。
冬	填塞空郄，缮边城，涂郭术，平度量，正权衡，虚牢狱，实廥仓，君修乐。（《度地》）	循行积聚，无有不敛，坏城郭，戒门闾，修键闭，慎管钥，固封疆。

人与自然相协调中生产、取财，获得人的整体福利，这是先秦儒家学者对传统经济伦理思想的一个共同认识和经验提炼。《管子》作为稷下道家推尊的管仲之作的集结，也有与之相一致的思想。《管子》一书的农业生态保护思想提出了"人与天调"（《五行》）、"人君天地"（《度地》）这两个在人与自然关系问题上很有意义的命题，它认为丰富的自然资源是百姓赖以生存的物质条件，因此，管理好自然资源也是统治者发展经济、治理国家的重要任务之一。《轻重甲》说："山林、范泽、草莱者，薪蒸之所出，牺牲之所起也。故使民求之，使民籍之，因以给之。""为人君而不能谨守其山林、范泽、草莱，不可以立为天下王。"君王若是不能谨慎地管理好自然资源，就不能算作是天下之王。《立政》提出要禁止乱砍滥伐，破坏生态环境。《幼官》提出"数泽以时禁发之"。《管子》与《月令》的农业生态保护要求比较如下：

《管子》与《月令》的生态保护知识比较

《管子》的生态保护知识	《月令》中相关的生态保护知识
春无杀伐，无割大陵，倮大衍，伐大木，斩大山，行大火。（《七臣七主》） （当春三月）毋杀畜生，毋拊卵，毋伐木，毋夭英，毋拊竿。（《禁藏》） （春三月）无杀麛夭，毋蹇华绝芋。（《四时》） （春季）衡顺山林，禁民斩木，所以爱草木也。……不夭麛麇，毋傅速，亡伤襁褓。（《五行》） 夏无遏水达名川，塞大谷，动土功，射鸟兽。（《七臣七主》） （夏三月）禁罝设禽兽，毋杀飞鸟。（《四时》） （夏季）毋行大火，毋断大木……毋斩大山，毋戮大衍。（《轻重己》）	（孟春之月）祀山林川泽，牺牲毋用牝。禁止伐木，毋覆巢，毋杀孩虫、胎夭飞鸟，毋麛毋卵。 （仲春之月）毋竭川泽，毋漉陂池，毋焚山林。 （季春之月）田猎罝罘罗网毕翳喂兽之药，毋出九门。 （孟夏之月）毋起土功，毋发大众，毋伐大树。 （季夏之月）入山行木，毋有斩伐。

从上述来看，《管子》与《月令》二者的阴阳五行说、物候、农时、生态保护思想有较多的相似之处，基本上形成于同一时期。相比较而言，两者都要求按照

自然规律对农事进行安排,不能违背时令季节;两者都重视农时,强调按照农时发布政令,违反农时要遭受上天与自然的惩罚,但《月令》对物候有更细致的观察。显然,与《管子》相比,《月令》在农时、物候等方面则更专业、更系统。

依时而禁的农业经济伦理思想很早就出现在三代至春秋的其他文献中,如《国语·鲁语上》"里革断罟匡君"一节载:宣公夏滥于泗渊,里革断其罟而弃之,曰:"古者大寒降,土蛰发,水虞于是乎讲罛,取名鱼,登川禽,而尝之寝庙,行诸国,助宣气也;鸟兽孕,水虫成,兽虞于是乎禁罗,鱼鳖以为夏槁,助生阜也。鸟兽成,水虫孕,水虞于是禁,设阱鄂,以实庙庖,畜功用也。且夫山不槎蘖,泽不伐夭,鱼禁鲲鲕,兽长麑麌,鸟翼卵,虫舍,蕃庶庶物也,古之训也。今鱼方别孕,不教鱼长,又行罛,贪无艺也。"公闻之曰:"吾过而里革匡我,不亦善乎! 是良罟也。为我得法。使有司藏之,使吾无忘。"师存待,曰:"藏罟不如置里革于侧之不忘也。"《大戴礼·卫将军文子第六十》载孔子语:"开蛰不杀当天道也,方长不折则恕也,恕当仁也。"这些话强调时令以及对待动植物的惜生,不随意杀生的"时禁"与主要道德理念如孝、恕、仁、天道紧密联系起来,意味着对自然的态度与对人的态度不可分离。

(四) 循礼而为、消费有节

《大戴礼》与《小戴礼》在编撰、篇目上有很大的不同,但其消费伦理在主体思想上大致是一致的。《大戴礼》强调依顺礼仪、人情,奉行节制的原则,适度、合理地消费。其中节制是总原则。《诰志第七十一》记载孔子言,"以礼会时"大概可以远离天灾:

> 知仁合则天地成,天地成则庶物时,庶物时则民财敬,民财敬以时作;时作则节事,节事以动众,动众则有极;有极以使民则劝,劝则有功,有功则无怨,无怨则嗣世久,唯圣人! ……天生物,地养物,物备兴而时用常节曰圣人……

祭祀是重要礼仪活动,也是巨大的消费活动。《大戴礼》强调祭祀繁杂,用物量大,只是顺乎人情而已,但要适度、合理、节制,反映祭祀者最真挚的情感,这一点体现了大戴礼记的消费思想。《礼三本第四十二》记载祭祀的方法和原则：

> 大飨尚玄尊，俎生鱼，先大羹，贵饮食之本也。

> 大飨尚玄尊而用酒，食先黍稷而饭稻粱，祭哜大羹而饱乎庶羞，贵本而亲用。贵本之谓文，亲用之谓理，两者合而成文，以归太一，夫是谓大隆。

> 故尊之尚玄酒也，俎之生鱼也，豆之先大羹也，一也。

> 利爵之不啐也，成事之俎不尝也，三侑之不食也，一也。

> 大昏之未发齐也，庙之未纳尸也，始卒之未小敛也，一也。

> 大路车之素帱也，郊之麻冕也，丧服之先散带也，一也。

> 三年之哭不反也，清庙之歌一倡而三叹也，县一磬而尚拊搏、朱弦而通越也，一也。

> 凡礼始于脱，成于文，终于隆。故至备，情文俱尽；其次，情文佚兴；其下，复情以归太一。

> 天地以合，四海以洽，日月以明，星辰以行，江河以流，万物以倡，好恶以节，喜怒以当，以为下则顺，以为上则明，万变不乱，贷之则丧。

举行袷祭先王的礼（大飨），用最粗朴平淡的酒食，反映了先王时代饮食的本初，也反映了《大戴礼》相关篇章反对侈靡浪费，倡导节制用度的消费伦理思想。"贵本"或"贵本而亲用"是祭礼的原则，尊重本义，切合实用，两个方面结合起来就构成了礼的绚烂形式，这种形式返归于古代的礼的淳朴，就达到了行礼的崇高境界了，当然也是经济伦理追求的理想境界。

（五）善于管理、合理分配

夏商周三代平均分配耕地的方法不一样，但这种土地的定期打乱分配却在逐步地向份地的固定化发展。《小戴礼》有关篇章保留了相关资料，同时在管理、利用土地资源问题上，体现出追求合理分配的思想意识。《夏小正第四十七》云："正月……农率均田。"当时进入阶级社会不久，保存公社每年平均分配耕地的习惯是很自然的。《小戴礼》在《月令》篇载："孟春之月……王命布农事,命田舍东郊皆修封疆,审端经术……田事既饬,先定准直,农乃不惑。"《周礼·地官·遂人》载:"以岁时稽其人民而授之田野。"这两本书记载的大体属西周的情况。《周礼》从地方基层官吏职事范围的角度谈到分配土地的问题,其"岁时"参照《夏小正第四十七》和《月令》,应为每岁正月,到了西周,还要每年正月分配一次土地。但是,西周每年正月的分配土地方式,应是大部分抽补调整,而不是打乱平分。

《大戴礼》提出"仁心"的概念,"仁心"也是公正心、公平心,因此这个概念的含义包含了分配公平的意思。《文王官人第七十二》云:"其言甚忠,其行甚平,其志无私,施不在多,静而寡类,庄而安人,曰有仁心者也。""言忠",言必由中也。"平",正也;"不在多",指施舍财物不在多而在平(均平、公平);"类",同也;"寡类",即"君子和而不同"之意;"庄而安人",人安其庄,威而不猛也。《千乘第六十八》云:"治地远近,以任民力,以节民食,太古食壮之食,攻老之事。"这里体现的均平思想是显而易见的。

上古时期没有阶级分立,也没有压迫、剥削,人们集体劳动,平均分配食物。进入阶级社会,私人占有导致社会分化,劳者少食甚至不得食,富者多占因而更有余财,由此加大贫者反抗的可能性。儒家提出推行礼制,要求善于管理,合理、公平地处理一切资源,合理调配粮食,以利人际和睦、社会稳定,这一点还是具有积极的意义的。

清代学者焦循(1763—1820)如此评价《礼记》说:"《礼记》,万世之书。……《记》之言曰'礼以时为大',此一言也,以蔽千万世制礼之大法可矣。《周官》《仪礼》固作于圣人,乃亦惟周之时用之。设令周公生宇文周,必不为苏绰、卢辩之建官;设令周公生赵宋,必不为王安石之理财。何也?时为大也。且夫所谓时者,岂一代为一时哉!开国之君,审其时之所宜,而损之益之,以成一代之典章度数。而所以维持此典章度数者,犹必时时变化之,以掖民之偏而息民之诈。夫上古之民苦于不知,其害在愚;中古以来,民不患不知,而其害转在智。伏羲神农之时,道在哲民之愚;……生羲农之后者,知识既启……唯聪明睿智,有以鼓舞而消息之。……礼之终也,明明德矣,又必新民知止,而归其要于絜矩。因天命之性以为教矣,又必不动而敬,不言而信,而归其要于无声无息,笃恭而天下平。於丈有为而见其恭己无为,於必得名而见其民无能名。吾于《礼运》《礼器》《中庸》《大学》等篇,得其微焉!"①这主要是对《小戴礼》的评价,大致也适用于《大戴礼》,其中的经济伦理思想以仁为至富、义为利本作为基本价值取向,坚持取财守德、以德取利,因循自然、安排生产,循礼而为、消费有节,善于管理、合理分配,对于中国传统社会经济伦理思想的影响是巨大而久远的。

---

① 焦循:《雕菰集》卷十六《群经补注自序·礼记郑氏注》,北京:中华书局 1985 年版。

第四章
古文经学与经学论争中的经济伦理思想

经学是两汉儒学,今、古文学家都关注现实,使经学成为汉代显学。汉初虽用黄老,但汉武时期,经过"文景之治",社会已经得到繁荣发展。因此,强调"无为"的黄老思想逐渐让位于儒学。儒学复兴,是在今、古文经学论争的过程中,逐渐成熟起来的。今文经学的重要代表是董仲舒,他通过贤良文学"表彰《六经》",使儒学居尊。古文经学大多时候为私学,但今古文论争的结果,是融合,代表人物是郑玄。

经学以儒家经典为研究对象,汉代经学时期,儒家经济伦理思想处于独尊地位。西汉中期以后,经学出现了今、古文经学之争,今文经学是汉代经学的正统,为官学,以董仲舒为重要代表。古文经学为官学在东汉初年才有一定社会影响力。今文经重视微言大义,古文经注重训诂。今文经学指运用汉代流行的隶书字体记录下来的儒经,古文经学指运用古文字(即先秦六国文字)记录下来的传本。今古文经学均视"六经"为正宗。今文经学家认为孔子是政治家,改革家,"六经"乃其"托古改制"之作,认为研究和传授"六经"的目的在于阐发其"微言大义",以寻求治国安邦之道,所本者《春秋》;古文经学家认为孔子为历史学家,"六经皆史",研究与传授"六经",遵循孔子的"信而好古""述而不作"之原则。所本者《周礼》《尚书》。今文经学重阐发"微言大义";古文经学则重论据、训诂,学风朴实。今文经学家采用阴阳五行思想,相信并宣传灾异、谶纬迷信。今文经学家多为社会改革派人物,思想较为激进;古文经学家则相反,讲求实学,注重训诂,恪守传统,思想较为保守。汉代经济伦理思想也即汉代儒家经济伦理思想的变化伴随着今文经学、古文经学的对立与融合而不断发展、融合。

第一节　古文经学的经济伦理思想

王莽篡汉建立新朝后,刘歆为国师、号"嘉新公",古文经学立于学官。随着新朝的崩溃,王莽和刘歆所设《左氏春秋》《毛诗》《逸礼》《古文尚书》及《周官经》等古文经学博士,被废弃了。东汉古文经学以"私学"存于世,郑玄是汉代经学之集大成者。郑玄立足古文,兼采今文,遍注群经,"括囊大典,网罗众家,删裁繁诬,刊改漏失"(《后汉书·郑玄传》),他的经学成就,被称为"郑学"或"通学"。

一、刘向、刘歆经济伦理思想

刘向,本名更生,字子政,沛(今江苏沛县)人,约生于公元前 77 年(汉昭帝元凤四年),卒于公元前 6 年(汉哀帝建平元年),西汉后期著名学者,中国历史文献学的奠基人。他学识渊博,少年通读诗书,善文章。他用阴阳灾异推论时政得失,屡次上书劾奏外戚专权。由于刘向谙悉春秋穀梁之学,为当时的大学者。汉成帝建始元年(前 32 年)迁升光禄大夫,后为中垒校书。曾领校书秘阁,领校群籍。刘向主张今文经。刘歆(约前 50—23),字子骏,后改名秀,字颖叔,是刘向的小儿子。少年时代"通诗书、能属文,召见成帝,待诏宦者署,为黄门郎"。青年时代即参与其父领导的校书工作,河平三年(前 26 年),"曾受诏与父向领校秘书,讲六艺、传记、诸子、诗赋、数术、方技,无所不究"。刘歆与父亲刘向不同,崇尚古文经。

刘向历经宣、元、成三世,正是西汉王朝从全盛走向衰落以至行将崩溃的时期。这时,大量土地集中在豪强地主手中,农民大量流亡或转为奴隶,农民与地主的矛盾日渐公开。中央权力衰落到对整个统治集团完全失去控制力的程度,皇族、宦官与外戚之间,上下豪强之间,争权夺利,互相倾轧,整个社会危机四伏。刘向一生大都在激烈斗争的旋涡中度过。他数遭谗毁,先后两次下狱,几至于死。但他始终站在捍卫皇族权力的立场,屡次上书请求罢退当时专权的宦官和外戚,先同外戚许、史,中书宦官弘恭、石显作斗争,后来又同成帝元舅阳平侯王凤针锋相对。

刘向晚年在"山雨欲来风满楼"的形势下,从"王氏永存,保其爵录,刘氏长安,不失社稷"的愿望出发,提出了"富国安民"的经济伦理主张。以"义利观"为前提,他把义和利等同起来,提出"义"不能离开"利",离开了"利"来讲究"义","义"就是一句空话。让人们吃得饱,穿得暖,才可进一步去追求更美好的东西。

刘向肯定食、衣、住是人们生活不可缺少的,他把人们追求物质利益或者"求利"看作必然。求"利"是人们生活的必然,"义"离不开"利"。刘向认为,如果人们求利不得,饥寒并起,不生"奸邪之心"也就难了。刘向认为奸邪之心生于饥寒,国贫者为奸邪。只有"国富"才能"民安",才能谈德教。富是国泰民安的基础,"既富乃教"为"治国之本"。刘向把耕织、工匠、陶冶都比作"本",把有关人们生活的一切物质资料生产都与"德教"并列。"富国安民",以解决西汉末期经济凋敝、社会动荡的状况。

刘向继承、发展了《管子》的经济伦理思想。关于"富国"有"君足"和"民足"以及"厚敛"与"散利"之争。西汉末年,由于豪强兼并土地、横征暴敛,劳动人民无法生活下去,中小地主及小工商业者也难以生存。刘向从儒家"足民"和《管子·富民》的思想出发,提出了"囊漏贮中""私积与公家为一体"的主张。他认为藏富于民远比藏富于仓好得多。他举出历史事实以说明过分聚敛的危害,阐发"蓄积多则赋敛重""(困)仓粟有徐(余)者,国有饥(饿)民"之理。

刘向不仅提出了"富国安民"的主张,还提出了为实现"富国安民"所应遵循的原则、应采取的措施。他讲究实际,强调经济效益。"民无食不能使,功不利人不能劝。"他认为保证百姓获取基本生活资料,是官府"使民"和要求教化的前提,而食、衣、住则是人们的生活基础,是社会安定的前提。功不利人,也不能劝,劝之则民必怨,民怨,社会就不会安定。刘向认为求富国必须注意以下几个问题:一是"勿夺农时""勿夺农功"。农业是社会最主要的经济部门。刘向把"严食"置于人民生活的首位,并认为"农事害,则寒之原也。""一日不稼,百日不食。"他提出要"勿夺农时""勿夺农功""减吏省员,使无扰民""慈爱万民,薄赋敛,轻租税""轻徭薄赋""爱民节财""欲禁自亲"。要富国足民就要爱惜民力、民财,他极力反对骄奢淫逸,提倡爱民节财,并且强调从最高统治者做起。刘向是把"俭"与"奢"提到关系"得国""失国"的高度,强烈反对"奢侈失本,淫逸趋末"的各种行为。他从"不加于无用,不损于无益"的原则出发,特别反对当时社会风靡的厚葬风气,竭力提倡薄葬。

二、扬雄经济伦理思想

扬雄学宗儒家,兼取诸子,"以为经莫大于《易》,故作《太玄》,传莫大于《论语》,作《法言》"(《汉书·扬雄传》)。《太玄》《法言》是扬雄模仿《易经》《论语》的体式而著的两部著作,也是他的代表作。扬雄是西汉杰出的儒家经济伦理思想代表人物,主张弘扬儒家经济伦理思想,提倡三纲五常的道德原则和规范。

扬雄提出,"仁,宅也。义,路也。礼,服也。智,烛也。信,符也"(《法言·修身》),充分肯定了仁、义、礼、智、信五常。

关于"仁",扬雄强调"自爱"。他说,"人必其自爱也,而后人爱诸","自爱,仁之至也"(《法言·君子》)。他认为,"天地交,万物生;人道交,功勋成"(《法言·修身》)。"或问'交',曰'仁'。"(《法言·重黎》)以仁交友,先正己而后交人,"修其身而后交",以直交友,"上交不谄,下交不骄"(《法言·修身》);交友交心,"朋而不心,面朋也;友而不心,面友也"(《法官·学行》)。扬雄主张仁治,"导之以仁","莅之以廉","临之以正","修之以礼义","老人老,孤人孤,病者养,死者葬,男子亩,妇人桑"。(《法言·先知》)

扬雄重视礼的作用。治天下,无礼乐则禽,异礼乐则貉,因此,应当"碍诸以礼乐"(《法言·问道》)。修己,"人而无礼,焉以为德"。礼不仅是外在的形式,更是形式和内容、华与实的统一,"实无华则野,华无实则贾,华实副则礼"(《法言·修身》)。因此,他强调个人修养,"人必其自敬也,而后敬诸","自敬,礼之至也"。(《法言·君子》)

扬雄也结合义与德论述过勇。扬雄关于勇的观点继承了孟子的思想。"或问'勇'。曰:'轲也'。曰:'何轲也?'曰:'轲也者,谓孟轲也。若荆轲,君子盗诸。'请问:'孟轲之勇。'曰:'勇于义而果于德,不以贫富、贵贱、死生动其心,于勇也,其庶乎!'"(《法言·渊焉》)"有义之谓勇敢"(《礼义·聘义》),贫富、贵贱、死生不能动摇对"义"和"德"的追求,脱离义与德,单纯胆力过人的"荆轲之勇"是强盗之勇。除了仁、礼、勇以外,扬雄还对义、智、信、孝、中和等道德规范和原则作了论述,总体上是对儒家经济伦理思想的继承和发扬。

扬雄的经济伦理思想具有利他主义的价值取向。扬雄具有开放的心态,在继承儒家经济伦理思想的同时,也不排斥非儒的经济伦理思想。

扬雄重视道德修为,提倡学行结合,"君子强学而力行"(《法言·修身》),"学行之,上也"(《法言·学行》)。他说:"人而不学,虽无忧,如禽何?"(《法言·学行》)扬雄指出,学并非为学而学,学的目的在于修身,从而成为体道的大人君子。扬雄认为,"学以治(疑为始)之,思以精之,朋友以磨之,名誉以崇之,不倦以终之,可谓好学也已矣"(《法言·学行》);要以圣人为典范。"或问:'圣人表里。'曰:'威仪文辞,表也;德行忠信,里也。'"(《法言·重黎》)学习圣人不仅学其表,更要学其里。

扬雄也重践行。行就是"旁通厥德"(《法言·问明》),即将德付诸言行。"君子仕则欲行其义,居则欲彰其道"(《法言·五百》)。扬雄说:"人之所好而不足者善也,人之所丑而有余者恶也。君子日强其所不足,而拂其所有余,则玄之道几矣。"(《太玄·玄冲》)君子之行就是每时每刻去恶求善,与玄道为一。因此,要"重言、重行、重貌、重好"(《法言·修身》),要"以礼动,以义止,合则进,否则退"(《法言·问明》),还要"耳择、口择","非正不视,非正不听,非正不言,非正不行"(《法言·渊骞》)。

扬雄研究《周易》,著有《太玄》,"太玄"是其经济伦理的形而上学基础。

扬雄把"太玄"作为宇宙的第一原理,建立了一个三方、九州、二十七部、八十一首、七百二十九赞的结构模式。他在《太玄赋》中云:"自夫物有盛衰兮,况人事之所极",自然万物和人类社会处于不断的变化之中。"或问:'道有因无因乎?'曰:'可则因,否则革。'"(《法言·问道》)"或曰:'经可损益与?'曰:'《易》始八卦,而文王六十四,其益可知也。《诗》《书》《礼》《春秋》,或因或作,而成于仲尼,其益可知也。故夫道非天然,应时而造者,损益可知也。'"(《法言·问神》)扬雄认为,儒家的道,体道的经都可因可革,可损可益,因为"道非天然",应该"应时而造","新则袭之,弊则益损之"。(《法言·问道》)因革统一不唯人道,天道亦然。"因而能革,天道乃得,革而能因,天道乃驯。夫物不因不生,不革不成。故知因而不知革,物失其则;知革而不知因,物失其均;革之匪时,物失其基;因之非理,物丧其己。"(《太玄·莹》)

扬雄坚持善恶混说人性论。他既不赞成孟子的性善说,也不同意荀子的性恶说,认为人性"善恶混"。他说:"人之性也,善恶混。修其善则为善人,修其恶则为恶人。"(《法言·修身》)他认为人性包含善恶两端,坚持人性有善有恶。扬雄继承了孟、荀人皆可以为尧舜的思想,从善恶混的人性论出发,认为"群鸟之于凤也,群兽之于麟也,形性。岂群人之于圣乎?"(《法言·问明》)扬雄认为,群鸟不能为凤,群兽不能为麟,而人与圣人皆为人,普通人也可以通过修养成为圣人。

第二节　经学论争与儒家经济伦理思想的变迁

两汉今、古文之争异常激烈、尖锐，两派都属于贤良文学，都属于儒家，其所争乃政治、经济利益之争。汉代经学分为古文经学、今文经学和谶纬之学。然而古文经学和今文经学的区别，并非仅仅为书写方式的区别，其经学方法论也有根本区别。在经学论争环境下，官方儒家思想适应新时代，通过白虎观会议、盐铁会议，获得了新的发展机遇。

一、《白虎通德论》经济伦理思想

公元79年即东汉建初四年，汉章帝在京师洛阳白虎观亲自主持召开了"讲议五经异同"的白虎观会议。会议表面上是由皇帝裁决今文经与古文经的争执，实际却是为了解决当时政治、经济、文化等矛盾。当时，今古文经学、谶纬神学三者为争夺各自的统治地位，斗争日益激烈，引起许多的社会问题，对东汉政权的统治造成了极大的不稳定因素。许多有关国家政治、经济、文化、社会生活等方面的制度规范已跟不上社会进步的进程，急需补充完备，并通过国家的正式文件确定下来。因此，白虎观会议非常重要。

白虎观会议的目的是解决三个问题。第一，通过宣传君权神授论证东汉政权的合理性；第二，通过引谶论经，间接地将经学与谶纬神学结合成为国家的正统思想，为三纲六纪等道德规范体系提供依据；第三，通过"正名"而"正实"，规范社会生活，形成自上而下的忠孝原则，为等级森严的人伦关系与社会秩序提供依据，巩固封建专制统治的大一统局面。

《白虎通德论》是会议的总结性文件，是由班固整理形成的一部著作，不是个别人、个别派别的思想观点，是由皇帝亲率群臣研讨后得出的决议，代表皇上的意志。表面讨论五经异同，解决的却是政治统治的纲领性问题，讨论的主题是人伦关系与社会秩序的各种行为规范和道德原则，因此，《白虎通德论》地位重要，成为处理国家各类问题的礼法根据。

关于白虎观会议上的论难,《后汉书》有如下明确记载:

> 于是下太常,将、大夫、博士、议郎、郎官及诸生、诸儒会白虎观,讲议《五经》同异,使五官中郎将魏应承制问,侍中淳于恭奏,帝亲称制临决,如孝宣甘露、石渠故事,作《白虎议奏》。(《后汉书·章帝纪》)

> 肃宗诏鸿与广平王羡及诸儒楼望、成封、桓郁、贾逵等,论定《五经》同异于北宫白虎观,使五官中郎将魏应主承制问难,侍中淳于恭奏上,帝亲称制临决。鸿以才高,论难最明,诸儒称之,帝数嗟美焉。时人叹曰:"殿中无双丁孝公。"(《后汉书·丁鸿传》)

汉宣、章帝是要通过学术讨论来达到"通经释义"的目的,以加强王权。白虎观会议产生了两部书:《白虎议奏》与《白虎通德论》,前者与《石渠阁议奏》体例相同,详细记录了会议中争论的情形,后者只是纂集皇帝最后论定。

学术争论有胜有负,失败方的思想也并不会被罢黜、被取缔。《后汉书·鲁丕传》载:

> 和帝因朝会,召见诸儒,丕与侍中贾逵、尚书令黄香等相难数事,帝善丕说,罢朝,特赐冠帻履袜衣一袭。丕因上疏曰:"……臣闻说经者,传先师之言,非从己出,不得相让;相让则道不明,若规矩权衡之不可枉也。难者必明其据,说者务立其义,浮华无用之言不陈于前,故精思不劳而道术愈章。法异者,各令自说师法,博观其义。"

皇帝亲自参与会议,是重视经学。自汉武帝之后,皇帝都十分重视经学,尤其对太学及博士官学。汉章帝召开白虎观会议之动机备见于建初四年之诏书。诏书曰:

> 盖三代导人,教学为本。汉承暴秦,褒显儒术,建立《五经》,为置博士。其后学者精进,虽曰承师,亦别名家。孝宣皇帝以为去圣久远,学不厌博,故遂立大、小夏侯尚书,后又立京氏易。至建武中,复置颜氏、严氏春秋,大、小戴礼博士。此皆所以扶进微学,尊广道艺也。中元元年诏书,《五经》章句烦多,议欲减省。至永平元年,长水校尉儵奏言,先帝大业,当以时施行。欲使诸儒共正经义,颇令学者得以自助。

《后汉书·儒林传》开篇述光武帝兴起太学、建立三雍,明帝讲论经义、敦崇学术,随后就是章帝大会诸儒于白虎观,和帝数幸东观、览阅书林。

《白虎通德论》强调均贫富,重视人伦,尤其强调"义""忠",有平均主义的价值倾向。

二、《盐铁论》的经济伦理思想之争

西汉初政府允许盐铁私营,盐铁富商大贾崛起。汉武帝时期由于对外用兵、对内兴作,国家财政陷入困难。盐铁富商大贾们"不佐国家之急"。国家财政之窘与盐铁富商之富形成鲜明对比。为了弥补财政空虚,汉武帝任用齐地大盐商、南阳大冶铁商为"大农丞,领盐铁事",与"以计算用事"、"掌诸会计事"、职任"侍中"的桑弘羊,共同谋划将盐铁业收归国家经营,实行盐铁官营、酒榷均输等经济政策。汉武帝死后,桑弘羊继续执行汉武帝时推行的经济政策,受到商人和商业集团的强烈反对。各项经济政策引起朝野激烈的争论。昭帝即位之初,大将军霍光就围绕是否改变盐铁官营、酒榷、均输等经济政策,与御史大夫桑弘羊等人展开了斗争,召开盐铁会议就是这种斗争的直接结果。公元前81年,政府召集各地贤良文学之士,就现有的经济政策广开言路,进行公开辩论,史称"盐铁会议"。

(一)围绕"盐铁官营"政策展开辩论

盐铁会议主要讨论以盐铁官营为代表的经济政策,诸如盐铁官营、均输平准、酒类专卖等。

盐铁会议辩论由两方组成,一方是贤良和文学之士,持儒家经济伦理思想。他们原为平民或担任过小官吏的知识分子,被官府举为贤良,授予了官职;大都来自民间,对下层的贫苦生活有切身的体会,对绝大多数政策特别是对专卖政策进行了猛烈的批评。这些批评有很多切中政策的弊端,得到大地主和商人阶层的支持。他们的言论代表了来自民间的要求改变官营经济政策的呼声。

辩论的另一方是以田千秋和桑弘羊为代表的朝廷官员,持法家经济伦理思想。丞相田千秋为人谨厚持重,不轻易发表意见,实际的辩论者是桑弘羊。他是武帝最为信赖的理财大臣、制定和推行盐铁官营等经济政策的实际人物。他认为官营经济政策是"为国兴榷之利"，批评贤良文学不了解国家实际财政情况，不了解大政全局，不体谅朝廷的苦衷。

贤良文学之士以民为本，指出汉武帝以来内兴功作、外攘夷狄，致使"田地日荒"[①]，"中外空虚"[②]，"百姓寒苦，流离于路"。盐铁官营政策解决了国家财政困难，百姓却"六畜不育于家，五谷不植于野，民不足以糟糠"[③]。

盐铁会议争论的主要是经济问题，其中垄断山海、盐铁、酒类，均输平准政策等是焦点。官方代表桑弘羊认为官营经济政策是正确的：

首先，专卖政策缓解国家财政困难，特别是军费开支的紧张状况。桑弘羊认为设立盐铁专营等经济政策是为了解决军费开支的紧张，如果取消盐铁专营，国家将减少大量税收，不能满足边防军费需要。

其次，盐铁专卖还可以削弱地方割据势力。桑弘羊等以吴、楚之乱为前车之鉴，认为吴王刘濞依靠富饶的地理条件，减少赋税，笼络人心，最终导致七国之乱。实行中央盐铁专营政策，会削弱割据势力实力，以维护中央的统治。

最后，该政策还可以打击富商大贾，制止他们囤积居奇，操纵市场以牟取暴利，以调剂物资、保障百姓生活必需品的供给。实行盐铁专卖和均输平准，杜绝富商大贾哄抬物价、牟取暴利的不法行为，使他们不能够掌握国家经济命脉。

贤良文学之士认为应该废除盐铁专卖政策，因为这些政策给百姓生活造成极大不便。他们指出专卖政策的种种弊端：

首先，专卖政策造成官商不分，吏治腐败，官商们利用专卖政策假公济私。以至于"吏不奉法以存抚，倍公任私，各以其权充其嗜欲"[④]。

其次，官府制作的铁器不合民用，重量和规格一致，难以让不同地区的农民使用，而且生产的器物往往质量低劣，不能满足农民的耕种需要。

再次，销售过程官僚作风严重。铁器定价不合理，销售点的设置也不科

---

① 桓宽：《盐铁论·未通》。
② 桓宽：《盐铁论·轻重》。
③ 桓宽：《盐铁论·未通》。
④ 桓宽：《盐铁论·执务》。

学,具体负责管理和销售的官员消极怠工,毫无责任心,百姓往往无法及时购买铁具,耽搁了农时,影响了生产。官府的铁器定价昂贵,经常出现百姓买不起铁具的情况。

最后,专卖加重了百姓的负担。官府经常采用分配任务的方式强迫百姓购买不合格的产品。具体办法是,强行按人口分配铁器和食盐的购买量,而且还需要农民自己到深山穷泽去运输,劳动力缺乏的地区还不得不雇人运输,给百姓带来极大的灾难。

盐铁会议上,桑弘羊等人和贤良文学针锋相对,都竭力为自己的观点辩护。盐铁专营等国家的专卖政策遭到了贤良文学的猛烈抨击,但由于当时政府财政主要来自专卖收入,桑弘羊等人认为专卖制度是国家用于安内攘外的绝佳政策,不可废除,同时,又不能不对贤良文学之士所提出的一些意见做出表示,对贤良文学揭露的百姓贫困不堪的社会现实加以承认,对商人要求分利的呼声部分作出让步。因此,桑弘羊于盐铁会议结束后上奏昭帝,罢除了对国家财政影响不大、对广大人民为害不深的酒类专卖。

(二)抑私利、强公利的功利主义价值取向

儒家经济伦理强调农业为本、工商为末,桑弘羊则打破了这一传统义利观点,提出"富国何必用本农",[1]治国应"开本末之途"[2],要发展官营工商业。

桑弘羊主张以行政干预限制富民和地方势力取得过多利益,以增加朝廷财政收入、防止贫富差距加大及自耕农破产。桑弘羊在盐铁会议上说:"家人有宝器,尚函匣而藏之,况人主之山海乎?夫权利之处,必在深山穷泽之中,非豪民不能通其利……今放民于权利,罢盐铁以资暴强,遂其贪心,众邪群聚,私门成党,则强御日以不制,而并兼之徒奸形成也。"[3]

桑弘羊还提出要散聚均利,防止贫富两极分化。他指出:"积其食,守其用,制其有余,调其不足,禁溢羡,厄利途。"[4]政权直接介入生产、流通领域,

---

[1]《盐铁论·力耕》。
[2]《盐铁论·本议》。
[3]《盐铁论·禁耕》。
[4]《盐铁论·禁耕》。

调节各种利益关系，"山海有禁而民不倾；贵贱有平而民不疑。县官设衡立准，人从所欲，虽使五尺童子适市，莫之能欺。今罢去之，则豪民擅其用而专其利。决市闾巷，高下在口吻，贵贱无常，端坐而民豪，是以养强抑弱而藏于跖也。强养弱抑，则齐民消；若众秽之盛而害五谷。"①桑弘羊以盐铁官营、均输等政策散聚均利、调控民利。他以维护君权专制为"义"。

桑弘羊认识到商业活动对于增加社会财富、增强君主专制势力非常重要，而且认识到各地不同的自然特产如果不通商交易，会在原地成为无用之物。贤良文学认为财货往来流通加剧了世俗享乐之风，破坏了农本精神，"今世俗坏而竞于淫靡，女极纤微，工极技巧，雕素朴而尚珍怪，钻山石而求金银，没深渊求珠玑，设机陷求犀象，张网罗求翡翠，求蛮貊之物，以眩中国"，徙邛"笮之货致之东海，交万里之财，旷日费功，无益于用"②。桑弘羊针锋相对地认为："农商交易，以利本末。山居泽处，蓬蒿硗埆。财物流通，有以均之。是以多者不独衍，少者不独馑。若各居其处，食其食，则是桔柚不鬻，胸卤之盐不出，旃罽不市，而吴、唐之材不用也。"③盐铁官营、均输平准有益官府，他指出，"盐铁之利，所以佐百姓之急，足军旅之需，务蓄积以备乏绝，所给甚众，有益于国，无害于人"④，平准，均输则平万物便百姓。盐铁会议最后废除了酒类专卖，盐铁仍由朝廷专营专利。

桑弘羊提出一套抑私利强公利、富国开本末之途的政策方案，把盐、铁、铸钱等利源收归官营，实行均输和酒榷，抑制私营工商业，发展官营工商业，尤其是从富商大贾手中夺取流通领域的大部分利润，以防止"家强而不制，枝大而折干"⑤，从而使国家财富占有绝对优势。桑弘羊等人认为"贤圣治家非一宝，富国非一道……汝、汉之金，纤微之贡，所以诱外国而钓胡、羌之宝也。夫中国一端之缦，得匈奴累金之物，而损敌国之用"⑥，承认商业对于社会经济发展的作用，以维护帝王专制为"义"。

---

① 《盐铁论·禁耕》
② 《盐铁论·通有》。
④ 《盐铁论·非鞅》。
⑤ 《盐铁论·刺权》。
⑥ 《盐铁论·力耕》。

（三）历史评价

汉武帝在内忧外患的情况下,推行盐铁专卖政策有其合理性,但盐铁专卖政策对中国古代商品经济打击是致命的。盐铁酒专卖政策实行过程中,出现了一系列的问题和矛盾,产生了不利于社会稳定和农业生产发展的弊端。盐铁会议以后,西汉政府仍推行盐铁专卖政策。虽然大将军霍光以谋反罪诛杀了力主推行专卖政策的桑弘羊,但没有涉及经济政策的改变,专卖制度继续执行。西汉后期一直推行盐铁的专卖,这一政策在汉元帝时期曾经被短暂废除,但由于盐铁专卖为政府财政收入的支柱,罢却后封建政府财政压力骤增,因此三年后又恢复了。这说明盐铁专营政策有利于中央财政。

三、东汉时期经济伦理思想

东汉是思想文化发展的重要转折时期,儒、释、道三教鼎立的格局就是从此发端。东汉三纲六纪,标志着封建时代核心观念体系的形成。东汉末年,玄学以无为本的思想以及佛教的传入,为传统思想增添了活力。秦王朝运用法家思想巩固政权失败后,汉朝统治者吸取教训重新认识德与法的关系,确立了以儒学为中心的统治思想——独尊儒术。独尊儒术也是两汉经济伦理思想基本特点:儒家思想成了统一的指导思想。东汉在结束新莽政权的混乱局面后,经济社会迅速恢复和发展,出现了"光武中兴""明章之治"的太平时期,丝绸之路也在这一时期形成。

刘秀时期,采取了一系列巩固政权和缓和社会矛盾的举措:"退功臣,进文吏",给战功显赫的功臣尊崇的地位和优厚的经济待遇,但不让他们参与国家政务;退功臣的同时,多次征召天下俊贤、文士担任要职。简政减吏,裁并400多县;恢复田税制,实行三十税一,遣散地方军队,废除更役制度,组织军队屯垦;颁布6道释放奴婢诏令。下令度田、检查户口,加强国家对土地和劳动力的控制;东汉初年社会安定、经济恢复、人口增长,史称"光武中兴"。

东汉前期,朝廷重视人民生活的恢复与发展,采取了安定民生、促进发展的经济政策,社会生产和生活迅速恢复,人口与田地数目大幅增加。汉明帝和汉章帝在位期间重新控制西域、治理黄河水患、平定越南等,国力空前强盛,文化得到发展,佛教也传入中国。但章帝后期,东汉处于外戚与宦官两股势力争斗中,富商豪强势力逐渐形成,政局动荡、诸侯割据,同时,粮食生产又没有跟上人口增长,加之旱灾、水灾、瘟疫、暴动、少数民族叛乱不断,人民的基本生存难以得到保障,天下大乱、民不聊生,最终引发了农民起义。

东汉经过"光武中兴"和"明章之治",国力空前强盛,引得四夷臣服。大力推广铁犁牛耕技术,大量游牧人口迁入中原,使得农耕与游牧的边界逐渐南移,许多草原得以恢复。高度重视水利,公元 69 年,明帝遣王景、王吴率数十万人治理黄河,此后八百年黄河无改道之患。修复、创建了不少水利设施。

东汉沿用了西汉的方针与政策,做了调整与改革,使之更加适于当时的社会状况。同时,东汉统治者非常重视农耕技术的改进与推广,特别是在牛耕技术、冶铁技术、水力利用等领域实现了突破性改进。

东汉是在豪强地主的支持下逐步建立的。因此,豪强地主地位稳固,势力不断膨胀。当时,土地税通常为产量的 1/30,地租却高达产量的一半。在只向国家缴纳微不足道的土地税的税收政策下,豪强地主通过土地兼并扩张实力,获取高额地租。土地兼并导致自耕农数量不断减少,自耕农的税越来越重,许多农民逃亡或投靠大地主。不逃亡的农民因负担沉重,铤而走险,被迫为匪或公开反叛。东汉的财政遭到不断削弱,呈现螺旋下降趋势。

政治权力为世家大族垄断,大量人员通过世袭、荫庇、购买等手段获得官职甚至要职,东汉行政能力衰落。东汉政府以察举制选官,察举制度后来逐渐为世家大族所垄断,他们笼络士人,结党营私。权门势家把持察举,士人不再仅仅忠于皇帝,而且还忠于故主逐渐形成双重君主标准。东汉末年割据自立的军阀,大多是世家大族出身。东汉末年的军阀割据和三国鼎立是世家大族力量不断膨胀的必然结果。另外,汉末为解决财政经济困难大肆卖官鬻爵,也进一步加速了王权的衰落。

第三节 儒家中衰时期的经济伦理思想

武帝"独尊儒术"至东汉中后期,经学经济伦理思想发展昌盛,东汉末年,经学进入中衰时代。清末学者皮锡瑞认为经学衰落的重要原因之一就是郑玄混同今古文经,使两汉家法不可复求,他从今文学家的角度对郑玄提出了批评。

一、经学中衰

郑玄生于汉末,从小攻读经籍,十三岁诵读五经,二十一岁博览群书,经学基础扎实;他游学各地,师承百家,其《诫子书》云"游学周、秦之都,往来幽、并、兖、豫之域",先后师从兖州刺史第五元、东郡张恭祖,以及当时著名的古文经大家马融。长期的游学经历以及从小对经学的钻研,使郑玄成为一代大经学大师。

当时经学开始走下坡路,他"意欲廓清经学界的混乱状况,参合古、今之学,自成一家之言。于是遍注群经,凡百万余言,蔚蔚然为一代宗师。"对于郑玄参合古今文注经的做法,有誉之者,有毁之者,誉之如范晔,其在《后汉书·郑玄传》赞谓其"囊括大典,网罗众家,删裁繁芜,刊改漏失,自是学者略识所归",认为郑学一改两汉经学文义琐碎、章句繁芜之病,取百家之长,无所不包,为天下为学者指明了一条简明的道路,避免了"学者罢老而不能通一意,白首而后能言"的局面。

毁之者认为其"兼采今古文,不复分别,使两汉家法之不可考",认为郑君之学为败坏家法之学,郑玄出而汉学衰,甚至称郑玄为"汉学之大贼"。郑玄为经作注的义例,一改当时说经中的长篇大论,文辞简洁,重在疏通文义。郑注以当时的通俗语言解,有利于传承;对经文的注释是严谨的,力求成一家之言。

二、王莽的经济伦理思想

西汉末年，国贫民瘠，内忧外患，各种社会矛盾、阶级矛盾激化。公元9年，王莽发动宫廷政变，用古文写成诏书，让五岁顽童刘婴禅位给了王莽，同时改国号为"新"。随后，王莽颁布实施了一系列新政策，如土地国有、耕地重新分配、冻结奴隶制度、强迫劳动、实行专卖制度等等。其中，王莽的货币改革从居摄二年（公元7年）就开始了，接着一共进行了四次币制改革，均以失败而告终。

王莽建国后，实行土地国有，禁止私人买卖田地奴婢；一切重要的生产都归国家管理，设立种种调均人民经济的机关，平物价、办国家赊贷机构。经济政策目的在于"均众庶，抑并兼"。王莽将全国土地改为王田，即收归国有，不准买卖。还规定，一家男子不超过八人而占田数额超过一井（九百亩）的，应将多余的田分给九族邻里乡党中无田或少田的人；原没有土地的按制度授予田地，等等。由于直接损害官僚贵族、豪强地主及商人的利益，遭到强烈反对，再加上王莽推行得过于仓促，有些过于拘泥于古代圣人的思想，改革最终失败了。

王莽四次币制改革的核心是大幅度地提高铜币的面额价值，法定的铜币名义价值与实际价值差距过大。每次币制改革，都是铸行比五铢钱大50倍到1000倍以上的大钱。如第一次币制改革靠行政命令强力推行的错刀、契刀、大泉五十三品，都是大额的虚币值钱。错刀，除"一刀"二字错嵌一点点黄金外，其余都是青铜，在流通中却抵五铢钱5000枚，等于黄金半斤；契刀，纯系青铜，重也只有17克左右，然而在流通中却顶五铢钱500枚；大泉五十，按《汉书·食货志》记载，其法定重量12铢，只比普通五铢钱重约一倍半，而在实际流通中竟抵五铢钱50枚。还有今存世绝罕、堪称古钱魁首的"国宝金匮直万"钱，只是含铜量较高的青铜质，它一枚要值五铢钱1万枚，即值黄金1斤，比错刀更离谱，必然失败。王莽正是通过这种严重的不等价交换行为，掠夺地主富豪的钱财。王莽死后，其宫中有黄金六七十万斤，这些黄金大部分是从币制改革过程中通过铸造的高额虚值币得来的。

王莽币制改革的失败,必然导致"农商失业,食货俱废",民怨沸腾,终于爆发了赤眉绿林起义,推翻了王莽政权。

三、桓谭、王充的经济伦理思想

桓谭(约前20—约56),字君山,沛国相县(今安徽淮北市相山)人。其父为成帝太乐令。桓谭"以父任为郎";或说桓谭入任,是由宋弘的推荐。桓谭官位不高,为郎官。王莽掌握大权时,天下之士大多数对王莽吹牛拍马,阿谀奉承,以求升迁。桓谭不然,他仅为掌乐大夫。桓谭参与了农民大起义,被更始政权召任为太中大夫。

桓谭认为,应打击兼并之徒和高利贷者,不让商人入仕做官,令诸商贾"自相纠告",即互相揭发奸利之事,除了劳动所得,把一切非法所得都赏给告发者,以抑制富商大贾盘剥百姓,劝导百姓务农,多生产粮食尽地力。

王充(27—约97),字仲任,会稽上虞(今浙江省上虞县)人,是东汉杰出的唯物主义思想家和教育家。王充著有《论衡》。王充所处汉代实行"独尊儒术"政策达百年之久,儒家思想已逐渐偶像化,天人感应、谶纬迷信盛行。

王充经济伦理思想强调以"义"制约利,尤其是抑制达官和豪族与民争利。王充强调道义力量,他说:"孔子能举北门之关,不以力自章,知夫筋骨之力,不如仁义之力荣也。"[1]仁义是"诸夏"与"夷狄"的最重要的区别:"诸夏之人所以贵于夷狄者,以其通仁义之文,知古今之学也。"[2]"夫韩子知以鹿、马喻,不知以冠、履譬。使韩子不冠,徒履而朝,吾将听其言也。加冠于首而立于朝,受无益之服,增无益之行,言与服相违,行与术相反,吾是以非其言而不用其法也。烦劳人体,无益于人身,莫过跪拜。使韩子逢人不拜,见君父不谒,未必有贼于身体也。然须拜谒以尊亲者,礼义至重,不可失也。故礼义在身,身未必肥;而礼义去身,身未必瘠而化衰。以谓有益,礼义不如饮食。使韩子赐食君父之前,不拜而用,肯为之乎? 夫拜谒,礼义之效,非益身

① 《论衡·效力》,见黄晖撰:《论衡校释》,北京:中华书局1990年版。
② 《论衡·别通》,见黄晖撰:《论衡校释》,北京:中华书局1990年版。

之实也,然而韩子终不失者,不废礼义以苟益也。夫儒生,礼义也;耕战,饮食也。贵耕战而贱儒生,是弃礼义求饮食也。使礼义废,纲纪败,上下乱而阴阳缪,水旱失时,五谷不登,万民饥死,农不得耕,士不得战也。"①王充指出礼义至重,讲礼义不像耕战、饮食那么有实效,但它能控制、指导世间万物,对国家的存在与发展有着巨大作用。

王充肯定合"义"之"利",朋友、国家之间的交往和联系必须有一定的物质基础和条件。他说:"夫富贵者,人之所欲也,不以其道得之,不居也。故君子之于爵禄也,有所辞,有所不辞。岂以己不贪富贵之故,而以拒逆宜当受之赐乎?"②又云:"雷二月出地,百八十日,雷出则万物出;八月入地,百八十日,雷入则万物入。入则除害,出则兴利,人君之象也。"③兴天下之大利即公利,"富贵皆人所欲也,虽有君子之行,犹有饥渴之情。君子耐以礼防情,以义割欲,故得循道,循道则无祸。小人纵贪利之欲,逾礼犯义,故进得苟佞,苟佞则有罪。夫贤者,君子也;佞人,小人也。君子与小人本殊操异行,取舍不同。"④富贵,人皆求之;富贵之心,人皆有之,即使君子也不例外。君子不同于小人在于面临义、利选择,具体取舍不同:君子重义轻利、以义制利,而小人则放纵贪利之欲,违背道德原则。

四、王符经济伦理思想

王符是东汉由盛转衰时期的政论家、思想家。东汉当时外戚和宦官交替专权,朝廷各势力不断内讧,正义之士离去,贪官污吏横行无忌;土地兼并日益严重,大批农民破产,贫富差距越来越大,加上天灾人祸,广大农民流离失所,社会风气日益败坏。王符著《潜夫论》,深刻揭露东汉中后期日益败坏的社会风气,提出以德化和法治来改变社会风气。

1. 崇尚德化

王符认为,"民有性有情,有化有俗,情性者,心也本也,化俗者,行也末

---

① 《论衡·非韩》,见黄晖撰:《论衡校释》,北京:中华书局1990年版。
② 《论衡·刺孟》,见黄晖撰:《论衡校释》,北京:中华书局1990年版。
③ 《论衡·变动》,又见《古今事文类聚》前集卷四、《合璧事类》卷三,一般认为出自《论衡·变动》。
④ 《论衡·答佞》,见黄晖撰:《论衡校释》,北京:中华书局1990年版。

也,末生于本,行起于心"(《潜夫论·德化》)。治理社会,应该先本后末,先改变民众的思想性情,再改变民众的行为,而改变民众思想的关键就在于德化。"民蒙善化,则人有士君子之心;被恶政,则人有怀奸乱之虑。"(《潜夫论·德化》)德化的关键在于君主、官吏和个人的身体力行。

2. 君主要正己修身

王符认为,一个国家良好的社会风气,关键在于君主,"世之善否,俗之厚薄,皆在于君"(《潜夫论·德化》)。一国之君,首先要提高自身的道德修养,以身作则,注重用仁德、道义、礼制来教育感化人民,"务正以为表,明礼义以为教","和德气以化民心,正表仪以率群下"(《潜夫论·德化》),唯有如此,才能引导社会风气的转变。

3. 官吏要为民表率

官吏有为民之师、率民为善的责任和义务。秦朝就曾提出官吏要有为民表率的义务,在秦简《为吏之道》中就有相关的记载,"凡戾人,表以身,民将望表以戾真。表若不正,民心将移乃难亲"。王符认为:"遭良吏,则皆怀忠信而履仁厚;遇恶吏,则皆怀奸邪而行浅薄。忠厚积,则致太平;奸薄积,则致危亡。"(《潜夫论·德化》)国家官吏,在日常生活和工作中要品行端正,以身作则给民众做好表率。

4. 加强道德修养

王符指出,要提高修养,首先在于学习。他说:"德义之所成者,智也,明智之所求者,学也。"(《潜夫论·赞学》)学问是做人的开端,是天地之间最重要的事情,即使是"上圣","犹待学问,其德乃硕,而况于凡人乎?"(《潜夫论·赞学》)他一再强调学习的重要性,希望能通过学习提高自身的修养,以实现整个社会风气的转变。

5. 加强法治

相对于德化,"法令刑赏者,乃所以治民事而致整理尔,未足以兴大化而升太平也。"(《潜夫论·本训》)王符把法治作为德化的补充,对于性恶之人,"虽脱桎梏而出囹圄,终无改悔之心"(《潜夫论·述赦》),教化已经失去了作用,只有法治才能禁止,法治正可以弥补德化的不足。

6. 赏罚要公正公开

王符曰:"尝观上记,人君身修正,赏罚明者,国治而民安。"(《潜夫论·

巫列》)"今欲变巧伪以崇美化,息辞讼以闲官事者,莫若表显有行,痛诛无状,导文武之法,明诡诈之刑。"(《潜夫论·断讼》)所谓公正,即:"赏罚之实,不以虚名。"(《潜夫论·叙录》)做到赏罚的一视同仁;所谓公开,即:君主要"崇利显害,以与下市,使亲疏、贵贱、贤鄙、愚智,皆必顺我,令乃得其欲。"(《潜夫论·劝将》)王符认为无论贤鄙愚智,如果能做到赏罚的公正公开,以明善恶,则百姓就可以"肯赴死亡而不辞者"(《潜夫论·劝将》)。

7. 厚赏重罚

王符认为,"赏不隆则善不劝;罚不重则恶不惩"(《潜夫论·三式》),"徒悬重利,足以劝善,徒设严威,可以惩奸"(《潜夫论·明忠》)。王符认为立法的要旨在于好人受到奖赏,恶人受到惩罚,赏不厚,官吏和百姓就没有做事的动力,刑罚过轻,而奸邪之人又毫不畏惧,故王符曰:"法令赏罚者,诚治乱之枢机也,不可不严行也。"(《潜夫论·三式》)

8. 减少赦赎

王符不满过于频繁的赦赎现象,他认为:"妄违法之吏,妄造令之臣,不可不诛也。"(《潜夫论·衰制》)此外,那些"下愚极恶之人",被赦免后,根本就没有"悔改之心",仍然作恶多端,赦免的结果,只是"适劝奸耳",鼓励他们为非作歹,最终成了"恶人昌而善人伤"(《潜夫论·述赦》)。王符主张减少赦赎,"若良不能了无赦者,罕之为愈,令卅岁古时一赦,则奸宄之减十八九,可胜必也。"(《潜夫论·述赦》)即三十岁赦赎一次。

王符人微言轻,其进步主张并未受到当时统治者的重视,许多主张也得不到贯彻执行,因此对于扭转当时的社会风气也没有起到多大的作用。

五、荀悦、仲长统的经济伦理思想

荀悦(148—209),生于东汉末年,著有编年体《汉纪》及政论著作《申鉴》。荀悦对义、利及其关系的论说坚持儒家正统观点。他大量引用经典,宣扬圣汉统天、汉承尧后、汉祚未终,他强调君臣大义不可坏,以礼义为核心建立良好的社会秩序,同时提出选贤举能,告诫为政者任用贤人等等。

荀悦对"义"的解释多采用汉代儒家已有的说法,如"仁义之大体,在于三纲六纪"①；"义也者，宜此者也"②，继承了小戴礼学的"义者宜也"③及"义者，宜此者也"④。"义""利"相关，他说，"然则利不可以义求，害不可以道避也"⑤，继承了孔子的"富与贵，是人之所欲也，不以其道得之，不处也。贫与贱，是人之所恶也，不以其道得之，不去也"⑥。

荀悦言："昔者圣王之有天下，非所以自为，所以为民也。不得专其权利，与天下同之，惟义而已，无所私焉。"⑦"义"指人君应当遵守的基本道德准则，是整个社会应遵循的合理的行为原则。

"义"又称"公义"，荀悦使用"公义"有多处，"推其公义，度其时宜"，指合乎时势、情势之"义"；将"公义""私心"对应、连用，如"所以厉其公义，塞其私心"⑧，指背"公义"则入"私利"，"私利"者"私心"所使之然也；与"民利"相对，如："先王之制禄也，下足以代耕，上足以克祀。故食禄之家，不与下民争利，所以厉其公义，塞其私心。其或犯逾之者，则绳以政法。是以君子劝慕，小人无怨。若位苟禄薄，外而不充，忧匮是恤，所求不赡，则私利之智萌矣。放而听之，则贪利之心滥矣；以法绳之，则下情怨矣。故位必称德，禄必称爵。故一物而不称，则乱之本也。今汉之赋禄薄，而吏非员者众，在位者贪于财产，规夺官民之利，则殖货无厌，夺民之利，不以为耻。是以清节毁伤，公义损阙。富者比公室，贫者匮朝夕，非所为济俗也。然古今异制，爵赋不同，禄亦如之，虽不及古，度时有可嘉也。"⑨是说为政者是食禄者，依循"位必称德，禄必称爵"原则，应以公义为上而不可夺民之利，与民争利则"公义"损缺。

"道义""德义"指称社会共同体所共许的价值原则，如"放邪说，去淫智，抑百家，崇圣典，则道义定矣"⑩。抛弃邪说，贬抑百家诸说，尊崇儒家经典，

① ［东汉］荀悦撰：《汉纪·孝成皇帝纪二》，北京：中华书局2002年版。
② 《申鉴·政体》。荀悦撰，黄省曾注，孙启治校：《申鉴校注补》，北京：中华书局2012年版。
③ 《礼记·中庸》，见《十三经注疏·礼记正义》，北京：中华书局1980年版。
④ 《礼记·祭义》，见《十三经注疏·礼记正义》，北京：中华书局1980年版。
⑤ ［东汉］荀悦撰：《汉纪·孝武皇帝纪一》，北京：中华书局2002年版。
⑥ 《论语·里仁》。
⑦ ［东汉］荀悦撰：《汉纪·惠帝纪》，北京：中华书局2002年版。
⑧ ［东汉］荀悦撰：《汉纪·惠帝纪》，北京：中华书局2002年版。
⑨ ［东汉］荀悦撰：《汉纪·惠帝纪》，北京：中华书局2002年版。
⑩ 《申鉴·时事》。荀悦撰，黄省曾注，孙启治校：《申鉴校注补》，北京：中华书局2012年版。

"义"的标准才能有所确定。

荀悦划分、品评君主类别的标准是能否做到"为人、从义、先公后私",以这些标准划分不同品类的君主对政事的影响。在他看来,因为"王主"能够"为人",所以可以"致兴平";"治主"能够"从义",所以"能行其政";存主"先公而后私立",则"能保其国"。而哀主、危主、亡主则恰恰因为处理政事无法做到"为人、从义、先公后私",而与前三者的结局大不一样。王主、治主、存主是属于同一层次的三种类型,哀主、危主、亡主是另一个层次的三种类型。前者可以使社稷存而不亡,后者则使社稷由"殆而危"以致走向灭亡。

在君主专制制度下,君臣关系的处理会遇到一种极端的情况,即"君"与"道"发生冲突的时候,从道还是从君。荀子说:"诛暴国之君若诛独夫。"(《荀子·正论》)在"道"与"君"发生冲突的时候,荀悦认为正确的选择也应该是"从道不从君",以道义制约君权。

荀悦对于君、民关系的认识,是继承了孟子"民为贵,社稷次之,君为轻"(《孟子·尽心下》)的思想。这里的"民为贵",理解为民对于社稷的重要性更为合适。荀悦认为,"爱民如子"和"爱民如身"都不能算作"仁之至",只有与民同乐,与民同忧才是真正的爱民之君。"下有忧民则上不尽乐,下有饥民则上不备膳,下有寒民则上不具服。"他以古圣贤王为例,"汤祷桑林,邦迁于绎,景祠于旱,可谓爱民矣"。乐民所乐,忧民所忧,在荀悦看来是双向的,"圣王以天下为忧,天下以圣王为乐。凡主以天下为乐,天下以凡主为忧"。圣王与凡主的根本区别就在于对民的态度,"圣王屈己以申天下之乐,凡主申己以屈天下之忧",而这种不同的态度对统治的影响也是巨大的,"申天下之乐,故乐亦报之;屈天下之忧,故忧亦及之"(《汉纪·杂言上》)。

荀悦对"爱民之君"的认识,植根于他对民的重要性的认识。"人主承天命以养民者也。民存则社稷存,民亡则社稷亡,故重民者,所以重社稷而承天命也。"(《汉纪·杂言上》)荀悦关于民与社稷关系的深刻认识,除了对先秦民本思想的继承外,更与他亲眼看见东汉末黄巾起义及其他农民起义的摧枯拉朽之力有关。当时的一首民谣,足可以反映农民起义前赴后继的不屈精神,"小民发如韭,剪复生;头如鸡,割复鸣。吏不必可畏,民不必可轻。"(《汉纪·政论》)荀悦以"孺子驱鸡"喻"御民之方","睹孺子之驱鸡也,而见御民之方。孺子驱鸡者,急则惊,缓则滞。"(《汉纪·政体》)荀悦的这一认识固然是服务于最高统治者,以使"民""作稳了奴隶",而不致"作奴隶而不得",但同样不能否认他对民力的深刻认识。

荀悦"天下国家一体"的观念,是就处理君、臣、民三者间的关系提出了自己的看法,"天下国家一体也,君为元首,臣为股肱,民为手足"。君、臣、民构成了封建等级金字塔的塔尖、塔身、塔基,元首、股肱、手足三者联为一体,休戚相关,才可求得金字塔的稳固长安。

不论是区分"六主""六臣",还是就论君、臣、民之间的关系,最终都是反映在"正积于上","事实于下",这可以看作荀悦政治思想的核心所在。"平直真实者,正之主也。故德必核其真,然后授其位;能必核其真,然后授其事;功必核其真,然后授其赏;罪必核其真,然后授其刑;行必核其真,然后贵之;言必核其真,然后信之;物必核其真,然后用之;事必核其真,然后修之。一物不称,则荣辱赏罚,从而绳之。故众正积于上,万事实于下,先王之道,如斯而已矣。"(《汉纪·孝元皇帝纪中》)

荀悦"正积于上""事实于下"的思想,是从选官考绩入手的。"核其真"首先是分辨忠佞贤愚的必由之路。汉代的选举制度,征辟与察举是两条重要途径,其主要的参考值就是对于被举者的道德行为的评价,即所谓"经明行修"。所以"乡里之号""时人之语""时人之论""京师之语""天下之称",乃是一种有力的荐举状,正如汉末徐幹所云:"序爵听无证之论,班禄采方国之谣"(《中论·谴交》),这就为整个社会风气"务求虚名"埋下了伏笔。东汉末,由于宦官权盛,任人唯亲,选举任官更是名实相背。当时的谣谚对这一积弊有突出反映,"举秀才,不知书。察孝行,父别居。寒素清白浊如泥,高第良将怯如鸡"(《外篇卷二》)。汉末思想家王符、仲长统对此都有深刻批判。荀悦"正积于上""事实于下"的思想,首先强调的也正是选举任官必先行考课的重要性。

荀悦"正积于上""事实于下"的思想,涉及的八个方面:德、能、功、罪、行、言、物、事,包括了功罪封赏和人物评价,最终归结于社会风气的养成。"众正积于上,万事实于下",其中寄寓的是荀悦对于理想社会政治状况的追求。

荀悦"正积于上""事实于下"的思想,针对的是汉末社会风气的虚伪不实。东汉一代,崇尚名节,其后果应该从两方面考虑,积极的一面是它所产生的道德遏制力量,延续了东汉王朝的寿命,正如清人赵翼所论,"国家缓急之际,尚有可恃,以柱倾危。昔人以气节之盛,为世运之衰,而不知并气节而无之,其衰乃更甚也"(《东汉尚名节》)。赵翼在指出"尚名节"之风的积极作用时,也论述了它所产生的消极影响。"驯至东汉,其风日盛。盖当时荐举征辟,必采名誉,故凡可以得名者,必全力赴之,好为苟难,遂成风俗。"(《东汉尚名节》)物极而反,崇尚名节走到极端,必然会使选举任官、人物评价名实相乖,乃至整个社会的价值取向趋于"务求虚名",最终整个社会弥漫虚伪之风。

为了扭转这种虚伪不实的社会风气,实现"正积于上""事实于下"的理想社会状况,荀悦首先强调了君主的垂范作用,认为只有"众正积于上",才可能"万事实于下"。这与荀悦在论"六主"时的观点是一致的。奸佞之臣固然可恨,但正是由于皇帝本人的贪欲,"伪生于多巧,邪生于多欲"(《汉纪·孝哀皇帝纪》),才造成汉末群小并进局面。汉灵帝光和元年(178 年)"初开西邸卖官,自关内侯、虎贲、羽林,入钱各有差,私令左右卖公卿,公千万,卿五百万"(《汉纪·灵帝纪》)。皇帝本人明码标价卖官鬻爵,宦官把持选举也是势所必然,上之所好,下必甚焉。

荀悦认为凡事必当"核其真"是扭转这种虚伪不实的社会风气,也是教化民众的首要措施,最终实现"万事实于下"的理想局面。从功罪赏罚出发,进而到人物道德品评、整个社会的价值取向,务求名实相符,"是以圣王在上,经国序民,正其制度,善恶要于公(功)罪,而不淫于毁誉,听其言而责其事,举其名而指其实"(《汉纪·孝武皇帝纪第一》)。

与"核真"相对的就是"辨伪",荀悦举出了四种"伪"的表现:"故实不应其声者谓之虚,情不覆其貌者谓之伪;毁誉失其真谓之诬,言事失其类者谓之罔。"对于虚、伪、诬、罔之言、行、物、事,摈弃不纳,使社会风气趋于"平直真实"。

> 虚伪之行不得设,诬罔之辞不得行;有罪恶者无侥幸,无罪过者不忧惧;请谒无所行,货赂无所用;民志定矣。民志既定,于是先之以德义,示之以好恶,奉业劝功,以用本务,不求无益之物,不畜难得之货,绝靡丽之饰,遏利欲之巧,则淫流之民定矣,而贪秽之俗清矣。息华文,去

浮辞，禁伪辨，绝淫智，放百家之纷乱，一圣人之至道，则虚诞之术绝，而道德有所定矣。尊天地而不渎，敬鬼神而远之，除小忌，去淫祀，绝奇怪，正人事，则妖伪之言塞，而性命之理得矣。然后百姓上下皆反其本，人人亲其亲，尊其尊，修其身，守其业。于是养之以仁惠，文之以礼乐，则风俗定而大化成矣。（《汉纪·孝武皇帝纪第一》）

辨伪核真则民志定，去利好义则"淫流之民定"，"一圣人之至道"则"道德定"，正人事则"性命之理得"，以仁惠礼法养民则"风俗定而大化成"。由此可见，荀悦所强调的"核其真"，是社会风气形成的第一步，也是"化民"的首要措施。荀悦《申鉴》所论"致治之术"首先要摒除的四患："一曰伪，二曰私，三曰放，四曰奢。""伪"位居四患之首，"伪乱俗"，会导致整个社会风气趋于虚伪浮华，"俗乱则道荒，虽天地不得保其性矣"（《申鉴·政体》）。这里的"保其性"与上文所论核真辨伪以定民志，实是异曲同工之语，都强调了核真辨伪是"万事实于下"局面得以实现的重要途径。

荀悦在《汉纪》一书中，对纲纪制度反复强调，希望通过"立制"来维护政治统治秩序。"圣人立制必有所定，所以防忿争，一统序也。"（《汉纪·孝成皇帝纪第四》）这里所谓的"制"，即是指君臣有序的等级制度，以及在这一制度规定下各等级的行为规范，其核心即是为了保证上下有序，不可僭越。凡是皇权的离心力量或者可能成为皇权离心力量者，荀悦都一一加以警示，从朝廷三公之设，到地方州牧之置，从皇位继承到诸侯王行径，无不涉及。

荀悦对于皇朝纲纪、制度的强调，针对的正是东汉献帝时期的政事。虽然荀悦在《汉纪》序言中申言献帝"巡幸许昌"，实则正是曹操"挟天子以令诸侯"之时，"时政移曹氏，天子恭己而已"（《荀淑传》）。当时的东汉王朝已是权柄不复。因此，荀悦对于朝廷纲纪、制度再三致意，就是希望通过"立制"来维护上下有序的封建统治秩序，重拾汉廷权威。

仲长统（180—220），字公理，山阳高平（今山东邹县西南）人，东汉末哲学家，著《昌言》三十四篇，大概在宋代散佚，现存者均已收入严可均《全汉文》中。仲长统明确提出"人事为本，天道为末"的观点。仲长统认为人们的行为与措施是关乎社会治乱的主要因素，灾异祥瑞的所谓天道则居于无足轻重的地位。

既然天道居末,对它不学、不知、不信是理智的、正确的态度,沉迷其中则是下愚之人所为。他用汉代的史实说明,刘邦、刘秀以及萧何、曹参、陈平、周勃、霍光、丙吉、魏相等二主数子之所以威震四海,建功立业,流名百世者,"唯人事之尽耳,无天道之学焉"①。仲长统明确划开具有神学意味的天道与人事的界限,强调人事、人略的重要,把"知天道""信天道"作为下愚不齿之民、昏乱迷惑之主、覆国亡家之臣才从事的低级迷信活动,表现出对天人感应神学目的论的否定态度。

仲长统认为"天之道"是星辰运行、四时代序等自然界变化的法则,而不是吉祥灾异的神学虚构。他强调自然的变化有一定规律,人们根据其变化规律决定自己的行为,就会取得成功。

仲长统还对当时流行的巫祝、祈禳、丹书、厌胜、时日、风水等神学迷信活动做了揭露批判。他指出要想寿孝吉祥,就要从讲究卫生、医治疾病和修正行为等方面努力来求得。舍此而求诸鬼神迷信,是人所深疾的迷、误、惑的行为。

仲长统的思想是矛盾的。他既有超世脱俗、寄情山水的精神追求,又时时为经济残破、战乱不息、民众流离的悲惨世界而感愤叹息;他既有社会危乱、无法救活的悲叹,又不放弃对匡世济民良策的寻求。

仲长统对东汉黑暗的社会现实作了深刻观察,揭示了造成国家衰败、社会残破的原因。他的批判笔触首先指向以帝王为中心的封建统治阶级的奢淫无度。他对恶性发展的豪强大地主势力进行了抨击,指出:他们运用诈力聚敛财富,作威作福,不要说广大劳动人民被他们敲骨吸髓,在死亡线上挣扎,就是"清洁之士"也"徒自苦于茨棘之间"。社会分配的不公,导致阶级矛盾的激化,这抓住了社会动乱的根本原因。

他认为东汉政权的不稳与外戚、宦官势力的膨胀是分不开的。豪强势力膨胀的根本原因是"分田无限使之然也",土地私有,自由兼并,造成了经济秩序的混乱。改变的办法就是实行"井田"法。土地公有,使民财均匀,是走向太平治世的根本措施。如果一时不能恢复井田制,也要采取变通措施,绝不能任人自取。为了防止外戚、宦官擅权,他主张逐层选拔人才,充实到

---

① 〔汉〕仲长统:《昌言》。

各级政府和政府的各个部门。他还主张选任称职的丞相总领朝政,或给三公以重权,削夺外戚、宦官权力。这在当时是很切实的救弊措施。

仲长统十分重视德教与刑罚的关系问题,以德教为主,提出了十六条政务原则:"明版籍以相数阅,审什伍以相连持,限夫田以断并兼,定五刑以救死亡,益君长以兴政理,急农桑以丰委积,去末作以一本业,敦教学以移情性,表德行以厉风俗,核才艺以叙官宜,简精悍以习师田,修武器以存守战,严禁令以防僭差,信赏罚以验惩劝,纠游戏以杜奸邪,察苛刻以绝烦暴。"他认为,以此十六条作为"政务",操之有常,课之有限,坚持下去,就能收到良好的效果。

仲长统的人生观是迷惘、矛盾的。一方面,他主张以儒家学说指导为人处世。在事亲、敬君、交友方面,都要尽心诚意,既要孜孜不倦,内省诸己,又要对尊长、朋友负责,勇于纠正他人的过失。他轻视天下士人的"三俗""三可贱""三奸",说:"天下士有三俗:选士而论族姓阀阅,一俗;交游趋富贵之门,二俗;畏服不接于贵尊,三俗。天下之士有三可贱:慕名而不知实,一可贱;不敢正是非于富贵,二可贱;向盛背衰,三可贱。天下学士有三奸焉:实不知详不言,一也;窃他人之记以成己说,二也;受无名者移知者,三也。"

残酷的社会现实使他的人生信念发生了动摇。理想的破灭导致了虚无主义的态度。他声称要:"叛散《五经》,灭弃《风》《雅》。百家杂碎,请用从火。"他甚至要消极避世,在老庄哲学中求得解脱。在《乐志论》中,他抒发了放浪形骸:"消摇一世之上,睥睨天地之间,不受当时之责,永保性命之期",寻求自身超越的心绪。在他身上折射出两汉儒学向魏晋玄学的过渡。他本人也成为魏晋名士的先驱。

六、崔寔的经济伦理思想

崔寔,冀州安平人,生于公元2世纪初,卒于公元170年,东汉农学家、文学家。冀州安平涿郡崔氏家族是世家地主家庭,名门望族。崔寔一生所著重要的有三部:《政论》《答讥》《四民月令》,其余所著碑、论、箴、铭、答、七言、祠文、表、记、书凡15篇。而他毕生最重要的事业,大致在公元2世纪中叶(158—166),写就了中国历史上第一部农家月令书——《四民月令》。

崔寔的主要活动时期,几乎和桓帝朝(147—166)相始终。这时已经是东汉政治经济的黑暗和破坏时期。以宦官为例:东汉末,宦官及其爪牙的罪恶,远较外戚豪门更甚。他们的暴行不一而足,有强占人田宅的,有掠人妻女的,有挖人坟墓的,宦官经济势力与政治势力相结合,势力愈大,对人民的压迫、剥削也愈残酷,这同党锢之狱事件发生之前的外戚势力膨胀的道理是一样的。

崔寔的《四民月令》体现了一系列经济思想,如按照季节变化规律所引起的市场变动来安排经营和其他活动计划;以盈利为目的,实行农、工、商兼营;按照季节变化规律和男女生理特点安排劳力使用;综合利用,量入为出的财务管理等。这些都是崔寔结合社会现实对其他庄园经营者提出的切实可行的建议。

崔寔的农业思想主要有两点:一是以农为本业,二是注重农时。崔寔不满的是农业遭到轻视的问题。他认为,"国以民为根,民以谷为命"①,而在当时由于小农经济的发展,皇权却不能很好地进行中央宏观调控,市场经济不断冲击农业生产,"农桑勤而利薄,工商逸而入厚"②。崔寔警告说:"财郁蓄而不尽出,百姓穷匮而为奸寇,是以仓廪空而囹圄实。"③可见崔寔的思想具有理性、务实和儒法兼容的特征,其处世之道则具体表现在"守恬履静、澹尔无求"之志和理性务实的生存之道。

相较于西汉儒生"奢阔无施"之谈,崔寔在《四民月令》中体现的对社会政治严格管理的政治思想及丰富的农业生产实践经验,均有更多理性色彩。从崔寔葬父等一系列言行也进一步看出,他甘守清贫,比较重视农业生产和关心人民的生活。这在当时的世家地主和官员中都是不多见的。这都得益于崔寔丰富的个人经历。如党锢是朝士与宦官之冲突,在党锢之狱以前,朝士与外戚冲突早已循环发生过好几次,然而黑暗腐败的汉王室因君权旁落,终究无所作为。以崔寔的为人及其出身,看到桓末灵初"党锢之狱"的残酷,也决不会嫌时政太宽,而要"参以霸政"用严刑峻法来"攻"与"救"。传曰:"生而富者骄,生而贵者傲。"④生富贵而能不骄傲者,未之有也。崔寔才美能高,宜在朝廷,为官期间,却从自身经验出发,心系农家,不仅显示出自身浓

①③ [汉]崔寔:《政论》,转引自[唐]魏徵《群书治要·政论》。
② [汉]崔寔:《政论·昌言》。
④《后汉书·崔骃传》。

重的农本思想,而且反映出个人的政治抱负与决心。

崔寔认为人们在农业生产中,应根据"天变于上,物应于下"的客观规律来安排农事活动,就能实现天地人物的和谐与统一;而实现天地人物和谐与统一,是夺取农业高产丰收的关键。所以它是《四民月令》所追求的主要目标。如在家庭农业的具体生产安排方面,崔寔讲究农事管理的计划性,在劳动力使用上讲究调节性,在生产项目上讲究多种经营等。崔寔认为在农闲时,要"休农息役",在农忙前夕,要"选任田者,以俟农事之起",一旦进行实际生产,则要强化管理,"有不顺命,罚之无疑"。为了不浪费劳动时间,他还对农闲时工作进行了安排,如正月,"农事未起,命成童以上入大学,学五经;师法求备,勿读书传。砚冰释,命幼童入小学,学篇章。命女红趣织布";三月,"农事尚闲,可利沟渎,葺治墙屋,以待雨";九月"治场圃,涂囷仓,修窦窖"。

相较于《吕氏春秋·十二纪》《礼记·月令》等,《四民月令》的框架结构无疑继承了传统月令书的基本特征,即以时序为经纬安排内容且与农事紧密相关,但叙述的具体内容有了很大的突破:以东汉末年豪族地主经济兴起之历史为背景,以封建庄园为记述之范围和主体单位,从庄园地主经营的视角对庄园活动作出具体规划安排,反映了王官月令向地方岁时转化的趋势,堪称我国最早之"农家历"。然而跟《政论》不同的是,与农业生产有关的《四民月令》,没有在范晔《后汉书》传中提及。

第五章
汉代新道家经济伦理思想

汉代新道家即黄老道家,其思想不再为单纯道家,而由先秦批判儒墨变为兼儒墨、合名法,积极入世,发展无道无为的思想,并将之创造性地运用到人生和政治上去。汉代新道家的经济伦理思想也是以无为为宗的。黄老道家经济伦理思想强调君主理性地认识到人的局限性,充分尊重臣民的才能和智慧,并给予他们足够的自由和空间。

第一节　黄老道家的经济伦理思想

黄老道家根据实践经验和智慧对人的有限性给予说明和阐释。正如《文子》所说:"任一人之材,难以至治。一人之能,不足以治三亩之宅。"(《文子·道原》)"巧冶不能消木,良匠不能斫冰,物有不可如之何,君子不留意。"(《文子·上德》)黄老道家认为,君主尤其要对其自己的才能的有限性有着充分清醒的自觉。君主不可强行凭借有限的一己之才,骄横跋扈、自以为是、专断偏执;否则将会使国家由治转乱,给人民带来灾难,甚至还会危及自己的身家性命。黄老道家告诫君主说:"人君者不任能而好自为,则智日困;而自负责,数穷于下,则不能申理;行堕于位,则不能持制;智不足以为治,威不足以行刑,则无以与天下交矣……则人主愈劳,人臣愈佚,是代大匠斫,夫代大匠斫者,希有不伤其手矣。"(《文子·上仁》)

一、黄老道家的兴起及其治国方略

在黄老道家看来,欲成就大事的君主必须在对自己才干的有限性有着清醒自觉认识的前提下,全然因顺、凭借臣下的智慧与力量以治国平天下,不必也不能事事躬亲。这就是黄老道家独特的理政智慧——因循政术。"因"是黄老道家的一个重要概念,几乎所有黄老道家的典籍中都有提到。"因自然以理事"之随顺、利用义;"因材质而用众"之凭借、因乘义;"因民性制礼节"之根据、依托义;"因风俗行教化"之承袭、发展义。行事者不能出于自己的主观择取,而应当顺应事物的实际情势。黄老道家认为,人们在行事时应当因而为用,君王则应因顺臣下:"因其资而宁之,弗敢极也;弗敢极,即至乐极矣。"(《文子·九守》)"自古及今,未有能全其行者也。故君子不责备于一人,方而不割,廉而不刿,直而不肆,博达而不訾,道德文武不责备于人,以力自修以道,而不责于人,易赏也。自修以道,则无病矣。夫夏后氏之璜,不能无瑕;明月之珠,不能无秽,然天下宝之者,不以小恶妨大美。今志人之所短,忘人之所长,而欲求贤于天下,即难矣。"(《文子·上义》)

"权"者,灵活权变、不墨守成规之谓也。黄老道家认为,那些仅仅知道熟记并按法规条义、习惯于按照既定处理问题的一贯模式来办事者,不能根据情势的变化治国,不懂得国家治乱的根本。

因循与无为在具体的政治实践中应当有机结合。因循强调的是君王要遥契道之体性,包容所有个体,涵纳一切个性,看重并因顺和凭借臣下及众民的智慧、才能和力量,以圆满完成治国平天下的大业。无为强调的是不干涉的立场和姿态。君王的无为,乃是以"贵因"为基础的,假如仅无为而不以"贵因"作保障,则将一事无成;同样,君王的"贵因"也是以无为为前提的,如若没有无为,"贵因"即根本无从谈起。

二、《黄老帛书》的经济伦理思想

《黄帝帛书》于1973年在长沙马王堆三号汉墓出土,全书由《经法》《十六经》《称》《道原》四篇组成。《黄帝帛书》中,刑德思想为核心内容之一。

(一)刑德相养

《黄帝帛书》阐述了刑与德的关系,提出了"刑德相养"的命题。在德与刑孰主孰客这一问题上,《黄帝帛书》明确提出先德后刑。《黄帝帛书》将刑德与天道、阴阳结合起来,从而将刑德学说提高到了自然哲学的高度,形成了"阴阳刑德"观。《黄帝帛书》提出刑德理论在实践过程中应该注意的方式或方法,其中最为重要的是"因""时"和"度"。

《黄帝帛书》的"德"包含三个层面的意义,其一是仁德,即主张"亲民""爱民";其二是德泽,主张通过实行德政,使人民有所"得",以达到"民富"

"治安"的政治目的;其三是德行,主张加强统治者的德行修养,以减少民怨。

《黄帝帛书》吸收儒家的仁义思想和墨家的兼爱思想,并以此发展和充实道家的"德"的学说。儒家倡导以血缘关系为基础的"仁爱",墨家倡导无等级差别的"兼爱",这些内容都在《黄帝帛书》中有所表现。如《十六经·顺道》论"仁""慈":"体正信以仁,慈惠以爱人,端正勇,弗敢以先人。"《经法·君正》论"兼爱":"兼爱无私,则民亲上。"在《黄帝帛书》中对"德"重新作了解释:"德者,爱勉之也。"德有仁爱和勉励两个意思,突出表现就是"亲民""爱民"。

> 吾畏天爱地亲[民],口无命,执虚信。吾畏天爱[地]亲民,立有命,执虚信。吾爱民而民不亡,吾爱地而地不兄(旷)。吾受民□□□□□□□□死,吾位□。吾句(苟)能亲亲而兴贤,吾不遗亦至矣。

这段文字中数言"亲民""爱民",其后也言及了"亲亲""兴贤"。显然,黄老道家认识到为了缓和社会阶级矛盾,必须亲民爱民,施行仁政。《黄帝帛书》中的仁政思想吸取了儒家思想,"亲亲"正是儒家的用语。黄老道家的亲民思想,与孟子仁民思想的归宿虽然是一样的,但其出发点正好相反。《黄帝帛书》将"畏天""爱地""亲民"三者相提并论,是从黄老道家"天、地、人一体观"的思维方式出发的。由天、地的至尊,推及"民"的至亲,又由"亲民""爱民"推及"亲亲""兴贤"。

黄老道家认为要按土地状况,适时种植合适的植物,并有节制地使用民力。通过减少苛捐杂税、薄收赋敛来增加人民的收入。总之,就是要通过这些"德"的具体措施使人民有所"得"。要实现"治安""民富",实行"德政"是必不可少的。但是如果统治者不具备内在的"德行","德政"就是一句空话。统治者的纵欲和敛财,也是影响"民富"和"治安"的因素,因此《黄帝帛书》中对统治者提出了要求,主张节俭省欲,反对纵欲和敛财。《称》篇中论及天下有"三死",其"一死"为"嗜欲无穷死"。敛财的危害性更大,会招致国家的败亡。

综上所述,《黄帝帛书》中,"德"与"民"始终是联系在一起的。讲仁德是为了亲民爱民,讲德泽是施惠于民,讲德行是为了减少民怨。由此,重民思想成了黄老道家"德"的重要内容,这是对老子"德"思想的丰富与发展。

(二)刑德关系

《黄帝帛书》认为,最为理想的政治只要德治,不必使用刑罚的手段,"善为国者,太上无刑"。有德无刑是政治的最高境界。

《黄帝帛书》认为,实现社会政治稳定的最佳手段就是刑德并用。刑德关系就如同日月一样,各得其所。对于统治者治国而言,刑与德正如一个硬币的两面,是共生共存的关系。只重德,没有刑是行不通的;而只重刑,没有德则会导致国家倾覆。因此,刑德两者不可偏废,只有做到"刑德相养",国家才会稳定。

在德与刑孰主孰客这一问题上,《黄帝帛书》明确提出先德后刑。其理由是"先德后刑顺于天","先德后刑以养生",认为德在先,刑在后,这是顺于天道的,也是有利于万物生长的。

(三)阴阳刑德论

帛书提出"阴阳刑德论",从天道的角度找出"先德后刑"的理论依据。《黄帝帛书》已经具有比较成熟的阴阳学说体系,在《黄帝帛书》的宇宙生成论中,阴阳学说占有重要地位:

> 黄帝日群群□□□□□□为一囷,无晦无明,未有阴阳。阴阳未定,吾未有以名。今始判为两,分为阴阳,离为□四〔时〕,□□□□□□。

这段文字有缺损,但其大意是清楚的。天地在未形成之前是一片混沌,昏暗不明,后来天地一分为二,产生了阴阳二气,阴阳二气又分化出四时季节。帛书《称》中将所有存在的一切矛盾现象用阴阳来概括和总结,认为宇宙间的一切事物和现象,都是阴和阳的统一体,阴阳是一切事物变化的基本规律。在《称》所列举的阴阳对立面中,有自然现象如天地、四时、昼夜,也有社会现象如大国小国、重国轻国、主臣、上下,还包含纷繁复杂的人事现象如男女、父子、兄弟、长少等。

《黄帝帛书》将刑德与天道、阴阳结合起来,从而将刑德学说提高到了自然哲学的高度。《姓争》谓:"刑晦而德明,刑阴而德阳,刑微而德章。"刑与阴、德与阳、刑德与阴阳两两对应起来,形成了所谓的阴阳刑德观。又因阴阳离为四时,所以刑德与四时也有了一定对应关系,这就是《观》中所说的"春夏为德,秋冬为刑"。这种思想在春秋末期就已经出现。《太平御览》卷二十二引《范子计然》"德取象于春夏,刑取象于秋冬",就已将刑德与四时联系起来。在《黄帝帛书》之后,《管子·四时》将阴阳刑德论系统地表述为:"阴阳者,天地之大理也。四时者,阴阳之大经也。刑德者,四时之合也。刑德合于时则生福,诡则生祸。"《黄帝帛书》中的阴阳刑德论开启了古代法律文化自然化的先河。

帛书认为,阴阳刑德规律是不可违背的自然规律,如果违背了这一自然规律,就会遭到自然的惩罚。《十六经·观》曰:

> 其时赢而事绌;阴节复次,地尤复收。正名修刑,执(蛰)虫不出,雪霜复清,孟谷乃萧(肃),此灾□生。如此者举事将不成。其时绌而事赢,阳节复次;地尤不收。正名施(弛)刑,执(蛰)虫发声。草苴复荣。已阳而有(又)阳,重时而无光。如此者举事将不行。

赢与宿是先秦哲学中一对对立统一的范畴。赢指发展、生长,宿则指停止、衰败。黄老道家将四时归结为赢与宿两种状态,并有"孟春始赢,孟秋始缩"①的说法。"时赢而事绌""时绌而事赢"是两种违反阴阳刑德的自然规律的状况。前者是指在春夏万物生长的时节,实行秋冬杀生的刑罚;后者是指在秋冬行刑的时节,实行春夏的德政。这两种做法都会使自然界出现反常的现象。前一种做法会导致春秋两季昆虫蛰伏不出、霜雪再现、谷物凋敝等现象;而后一种做法则会导致天气炎热、蛰虫不伏、草木复荣等反常现象。

帛书认为,阴阳刑德是可以互相转换的,并进一步提出了"赢阴布德"和"宿阳修刑"的理论主张。

> 是□□赢阴布德,□□□□□民功者,所以食之也。宿阳修刑,童

---

① 《淮南子·时则训》。

（重）阴□长夜气闭地绳（孕）者，[所]以继之也。

"赢阴布德"是说当秋冬季节阴气发展到极致时，阳气即开始萌发，而此时正是万物孕育生机，也是开始布施仁德的时候。"宿阳修刑"则是说春夏季节阳气停止时，阴气便开始转盛，也应及时整饬刑罚。

阴阳刑德论提出后，最直接的影响有两个方面。其一，将"先德后刑"的理论"天道"化，按照一年四季的顺序，春季与夏季在秋季与冬季之前，取象于春夏的"德"也应该在取象于秋冬的"刑"之前，由此决定了德与刑在一年中的先后次序是先德后刑。《观》中所说的"先德后刑以养生""先德后刑顺于天"都强调德与刑的先后是顺天道而制定的，不可更改。其二，将先德后刑的理论实用化。汉代统治者以黄老为治国之本，以阴阳刑德理论为基础，开始实行秋冬行刑的制度，死刑行刑的时间一般在立秋之后冬至之前，同时立秋之前、冬至之后不执行死刑。

（四）刑德论的用世原则

《黄帝帛书》提出刑德理论在实践过程中应注意的方式或方法，其中最为重要的是"因""时"和"度"。在黄老学的思想中，"因"是具有普遍方法论意义的重要概念，包含有因循、因顺、因任等基本含义。在《黄帝帛书》中，"因"有三层含义：其一是因天，即因顺客观自然的规律；其二是因时，即因顺事物发展的客观规律；其三是因民，即因顺民力与民心。

《黄帝帛书》强调以德治世要顺应"天时"，尊重客观自然的规律，"因天之生也以养生，胃（谓）之文。因天之杀也以伐死，胃（谓）之武。[文]武并行，由于下从矣"。《黄帝帛书》认为，因顺客观规律是遵从天道的一种表现，"天因而成之，弗因则不成，（弗）养则不生"。同时，"因天"也是圣人治世的基本方法，"天地刑（形）之，圣人因而成之"。"圣人不为始，不专己，不豫谋，不为得，不辞福，因天之则"。与"因天"思想一脉相承的是"因时"，《十六经·兵容》曰："因时秉□□必有成功。圣人不达刑，不襦传，因天时，与之皆断……静作之时，因而勒（整顿之意）之。"

《黄帝帛书》在"因天""因时"的基础上提出了"因民"的思想，这也是民本思想的一种表现。《黄帝帛书》认为"因民之力"也是"天之道"："因民之力，逆天之极，有（又）重有功，其国家以危，社稷以匡，事无成功，庆旦不飨其功，此天之道地。"《黄帝帛书·十六经·兵容》主张统治者要考量百姓的能力施政，并将此提高到事关国家社稷存亡的高度来认识，可见，《黄帝帛书》的重民思想达到了前所未有的高度。《称》甚至提出，统治者要"因地以为资，因民以为师"。

在刑德治世时，还要善于掌握时机。《黄帝帛书》强调掌握时机的重要性："圣人不巧，时反是守。""圣人之功，时为之庸。"《黄帝帛书》认为，时机是客观的，不能凭主观臆测，只能如实认识："其未来也，无之；其已来，如之。""不专己，不豫谋，不为得，不辞福，因天之则。"《黄帝帛书》提出运用时机要迅捷、果断、机密："当天时，与之皆断。当断不断，反受其乱。""时若可行，亟应勿言。时若未可，涂其门，勿见其端。"

物极必反是人类社会和自然界存在的普遍规律，《黄帝帛书》指出"极而反，盛而衰，天之道也，人之理也"，因此审时在刑德用世实践中就尤其重要。"时静不静，国家不定；可作不作，人反为之客；静作得时，天地与之；静作失时，天地夺之。"这里所说的"静"与"作"就是"德"与"刑"，动静"得时"与"失时"，所得到的结果是完全相反的。《姓争》又说："明明至微，时反以为几（机）。""明"乃指"明德"，而"微"则指刑罚，同样是强调从开明的德佑到隐约的刑罚转换的过程中，要根据事物循环往复的运动规律，及时抓住时机，处理好各种事情。

《黄帝帛书》明确主张"处于度之内"，即凡事不可超出事物变化中的数量关系和数量界限。《黄帝帛书》提出日常运用的八种度数，即规、矩、绳直、水平、尺寸、权衡、斗、石等，并说"八度者，用之稽也"。自然事物和社会生活中各有其"度"，使民要有"恒度"，赋敛也要有度等等，如果出现"过度"的情况，就会妨害国家政治生活的稳定。具体到刑德运用上，帛书尤其反对"过极失当"。"过极失当，变故易常，德则无有，昔（措）刑不当。居则无法，动作爽名。是以戮受其刑。"如果用刑过于严酷，出现过当的情况，抵消德在治世中的作用，最后的结果是统治者自己受到刑罚。用刑过度有一个专用的名词叫"达刑"，意即放纵刑罚，"达刑则伤"，放纵刑罚必然伤害国家利益，所以"圣人不达刑"。

三、《老子指归》和《河上公章句》的经济伦理思想

汉代中后期是道家思想的转型时期。在政治上失去了主导地位的道家学说不再作为统治术而为统治者所用,其存在和发展只能采取两种主要的形式:其一是作为学术思想,其二是作为长生成仙之道;对道家思想进行研究的主要形式也由汉代前期的著书立说变为对《老子》进行注释,可惜其中大部分已经亡佚了。流传下来的,则以西汉末期隐士严遵所著的《老子指归》(下称《指归》)和东汉中期托名河上公者所著的《河上公章句》最为典型。

"道"是中国古代哲学的一个重要范畴,其本义是通达的大路,春秋时引申为轨道、法则,那个时期的人已经将天上星辰运行的轨道称为天道,而将世间人事遵守的法则称为人道。《老子》是第一个赋予"道"哲学范畴的意义的,它说:"道冲,而用之或不盈,渊兮似万物之宗","故道生之,德畜之,长之育之,亭之毒之,养之覆之。"《老子》把"道"看作万物存在的根源和依靠,但宇宙万物如何由"道"而生,如何依"道"而存,"道"的性质究竟如何却说得十分含混,使得后代道家思想的研究者争论不休、莫衷一是。这也是《指归》和《河上公章句》为同一部书的核心思想进行阐释,却得出了截然相反的哲学观点的原因之一。

在对《老子》的道论思想的理解上,两部书也都明显受到了《淮南子》的直接影响。《淮南子》是汉代初期的道家理论巨著,它进一步发展、丰富了《老子》的道论,认为"道"不仅是万物的起源,更是引导天地万物生化的轨道,是天地万物必须遵守的最高法则,是所有自然现象背后起支配作用的总规律:"道者,物之所导也……山以之高,渊以之深,兽以之走,鸟以之飞,日月以之明,星历以之行,麟以之游,凤以之翔。"在此基础上,又将《老子》"道生一、一生二、二生三、三生万物"的宇宙生成论具体化,形成了一套更加系统、明确的宇宙生成过程:一生道、道生宇宙、宇宙生元气,元气化为清浊二气,二气形成天地,天地之精华成为阴阳,阴阳的精华成为四时,四时又化为万物。这种宇宙生化的结构可谓当时人类认识能力所能达到的最高水平。《指归》和《河上公章句》对"道"的涵义、宇宙生成体系的论述中就有许多对《淮南子》的借鉴之处。

《指归》并不是标准意义上的"老子注",而是介乎于注释与论著之间的分章解说,这种形式让严遵在阐释"道"的涵义时有更大自由发挥的空间。他将"道"作为宇宙的普遍法则,依照自己的理解为"道"赋予了具体内容,即"无为",或称之为"自然"。严遵认为:"夫道之为物,无形无状,无心无意,不念不忘,无知无识,无首无向,无为无事,虚无澹泊,恍惚清静。"没有形状、没有意识、淡泊虚无的"道"是宇宙天地万物的本原,"天地所由,物类所以,道为之元"。它包含万物,本身却不具有任何物质性。《淮南子》将"道"的本质理解为一种相当于原始混沌的物质,而《老子指归》却把道更置于这种原始混沌物质之上,认为它是一种更虚无、更抽象的东西,是"无无无之无""始未始之始",这种将轨道、法则凌驾于物质之上的理论属于唯心主义。严遵就是站在唯心主义的立场上,把《老子》中原本含混的部分向虚玄更进一步地深化了,也把原本简略的观点明确、详尽了。这种观点,对于后来王弼的"万物以无为本"的思想有很大启发,甚至可以认为是魏晋玄学"贵无"思想的先声。从这里可以看出道家思想和魏晋玄学一脉相承的关系,《指归》则是汉代道家思想转变为魏晋玄学的一个中间环节。

《指归》的宇宙演化理论以虚无为源。"道"作为最高法则,可以包容一切,使阴阳谐和、四时调和、万物安泰,但它不是固定不变的,而是内中包含一个从极度虚无到实有的过程。这个过程就是:道生一,一生神明,神明生太和,太和生万物。道、一、神明、太和是从虚无逐渐趋近实有的四个阶段。《指归》用四个阶段的演化充实了"有生于无"的过程:道先万物而生,其次由道生一。《指归》指出:"一者,道之子,神明之母,太和之宗,天地之祖。与神为无,于道为有,于神为大,于道为小。"如果说道是"无无无之无""始未始之始"或"虚之虚",那么"一"就是次一等的虚无,《指归》称之为"无无之无,始始之始","其为物也,虚而实,无而有"。"一"虽然无形无状,却并非无有,是一种弥漫于宇宙之中、生化万物的原始混沌物质。再次"一"生神明,神明即二,又是更次一等的无,《指归》称之为"无之无"。神明显然又向"有"迈进了一步,但它仍然还不是有。最后神明生太和,太和就是和气,这时宇宙中已经有了阴气、阳气和和气,宇宙从无到有,这是演化的最后一个阶段。经过这个阶段后,阴阳天地分明,丰富多彩的世界也就形成了。《指归》把这整个气的变化过程概括为"气化分离",因此,其宇宙演化理论是以虚无为源,而以气化为流的复杂体系，在这个体系中，宇宙上下、天地人物都被连为一体，万物都同出一源。这深化了《老子》的"道常无为而无不为"的思想，否定了万物与天地、神灵或者物质之间的意志关系，认为万物不受任何意志的支配。其时是以董仲舒为代表的天人感应神学体系在思想领域占据统治地位的时期，人们普遍认为宇宙间至高无上的主宰是"天"，它有喜怒，有赏罚，有至高无上的权威，万物的兴衰生死都是"天"有目的的安排，当时尤其强调"天"对君权的同属关系。《老子指归》万物自化思想的提出，与天人感应说截然相反，特别是敢于指出人君也是自然形成的，非天所为，在当时是很有进步意义的。

相较于《指归》的发挥和创新，《河上公章句》在理解《老子》没有说清的"道"的性质时，则比较中规中矩地继承了《淮南子》的思想，只是尽量论述得更为详尽一些。道是天地万物的根源，《老子》说："有物混成，先天地生。寂兮寥兮，独立而不改。周行而不殆，可以为天下母。吾不知其名，字之曰道。"在对这一章注释时，《河上公章句》认为："道无形，混沌而生万物，乃在天地之前。寂者，无音声。寥者，空无形。独立者，无匹双。不改者，化有常。道通行天地，无所不入，在阳不焦，托阴不腐，无不贯穿，而不危殆也。道育养万物精气，如母之养子。我不见道之形容，不知当何以名之，见万物皆从道所生，故字之曰道。"《指归》中的"道"是一无所有的虚无，而河上公却认为"道"并非无有，只是它无形、无声，是一种无所不入、无处不在的混沌物质，河上公将这种物质命名为"元气"。以"元气"解道又是《河上公章句》理论上的一大特色。河上公吸取了《管子》"道同于气"的说法。在注解《老子》"生而不有，为而不恃"这一句时，河上公说："元气生万物而不有。"先说"道生万物"，这里又说"元气生万物"，从这里可以看出作者认为元气即"道"，二者同实而异名，其实是一种东西。《指归》认为，只有虚无的无形才可以无处不在、无所不有、无所不生，才具有生化万物的普遍性，而具体的物质总有局限性。比它后出的《河上公章句》以"元气"解道，一方面吸取了《指归》的思想，以解决"道"与万物之间普遍性与具体性的问题，因为"元气"没有任何形态，可以存在于任何空间；另一方面，无形并不等于无有，"元气"归根到底是一种物质，坚持了自《老子》《淮南子》以来的朴素唯物主义宇宙观，构成了一套自己的学说体系。

在宇宙论的构建上,和《指归》一样,《河上公章句》将一比作道之子:"一,无为,道之子也"。值得注意的是,《老子指归》中道与天地并不是这种母子关系、生成与被生成的关系,《指归》的道与万物是效法与被效法的关系,《河上公章句》的独特之处便在于,认为道不但生化万物,还要像母亲一样,哺育、蓄养万物:"道之于万物,非但生之而已,乃复长养成就覆育,全其性命。"而道用以供养万物的就是精气。道生一之后,作为元气的它渗透于万物之中,使万物之中皆有元气:"道通行天地,无所不入,在阳不焦,托阴不腐,无不贯穿,不危殆。"《河上公章句》的气化过程继承了《指归》的气化分离过程。除了对道的理解不同之外,其化生万物的顺序和内容都是一样的,这样一来,就把《老子》"道生万物"的思想具体化了,也把《指归》虚玄晦涩的思想解释得更加易于理解。同时,河上公的宇宙理论体现出的另一个特点在于,它一定程度上受到了汉代盛行的天人感应理论的影响,出现了把道拟人化、神圣化的倾向。这是它与《指归》的道论思想走向两个不同方向的另一重要因素。比如:"人能强力行善,则为有意于道,道亦有意于人";"小人不知道意而妄行,强知之争,以自显著,内伤精神,减寿消年也。""道"不再是顺应自然的无意识的法则,而是有善恶之辨、能作用于人。人只有顺应道的意志,才能修养精神,延年益寿。这种理论为后代道教的产生提供了哲学依据,"道"由此逐渐从无意识的自然法则升华为全知全能的神。

综上所述,两部书对当时道家思想的演变起到了重要的作用。《指归》的道论思想为扬雄、王弼等人所继承,成为魏晋玄学所提出的"贵无""自然为本"的本体论的萌芽。《河上公章句》虽为道家学术著作,但客观上为早期道教的产生提供了理论基础。

第二节　"黄老之学"的经济伦理思想

战国时期的道家,或指黄老之学,或指老庄之学。战国末期至汉初,所谓道家之学,一般多指黄老之学。"黄老之学",过去我们所知甚少,自《黄老帛书》出土之后,对其内容才比较清楚。"黄老之学"真正把"无为而治"发展成为政治实践的道术。

一、道家道术派的施政方略

王充说："贤贤纯者，黄老是也。黄者，黄帝也；老者，老子也。黄老之操，身中恬淡，其治无为。"（《论衡·自然》）今天研究黄老之学，除了有比较可靠的《黄老帛书》之外，尚有《文子》一书。清人孙星衍谓："黄老之学，存于《文子》。西汉用以治世，当时诸臣皆能称道其说，故其书最显。"（《问字堂集·文子序》）此外尚有《管子》书中《心术》上下、《白心》、《内业》等四篇资料和《吕氏春秋》中的若干资料。

《文子》和《黄老帛书》都把《老子》书中提出的"无为而治"发展成为社会统治者安邦治国政治实践的治术。《文子》不但对于"无为"作了"不居""无累""无欲"的界说，具体论述了"圣人无为""无欲"的动因，而且解释了何以为了维持自己统治地位而施以"无为而治"。在黄老之学看来，"无为"并非"引之不来，推之不去"，而是要求最高统治者在君临天下时，"藏精于内，栖神于心，静漠恬淡"（《文子》）。所谓"无为"，是政治上"无累"，"无累"即是"无欲"。只有"无累""无欲"，才能做到"精神内守，物不能惑"（《文子》），才能做到"内能治身，外得人心，发号施令，天下从风"（《淮南子·耀称训》）。"无为"就是"无劳役，无冤刑，天下莫不仰上之德"（《淮南子·耀称训》）。这与儒家的"德治"思想是契合的，而和早期道家《老子》对于"无为而治"的解释已经有很大区别了。这里顺便指出，自战国初，儒、道、墨、名、法各派在互相批评中又互相吸收，互相影响。关于黄老之学吸收儒家思想，还要举出另一个重要代表人物慎到关于"无为而治"的提法。慎到以"人君任臣而勿自躬"来说明"无为而治"。谓："君逸乐而臣任劳，臣尽智力以善其事，而君无与焉，仰成而已，故事无不治，治之正道然一也。"否则，事无巨细，人君亲躬，必劳，"劳必倦，倦必衰"（《慎子·民杂》）。为君者，善用人臣，而不事事躬亲，这一点也是颇与儒家相接近的。当然这里所说的"无为"，实际是有所为的，即要求"任官"而为之，"乘时势"而为之。所谓"无欲"，实际上也是要求有所欲，即能够做到"因民欲"一而欲之，"因自然"而欲之而已。这就能收到"天下服"的社会效果。《经法》一书更把"无为"学说与"刑名"学说结合起来，给"无为而治"注入一种新的观念、新的思想，使道家的"无为"学说进一步渗透了法治思想。

二、刘安及《淮南子》的经济伦理思想

《淮南子》又名《淮南鸿烈》，由西汉淮南王刘安召集宾客方士编写而成，约成书于景帝中后期和武帝即位之初。《淮南子》一书综合百家之说，试图为封建国家的长治久安提供一套完备的理论，书中对为君之道进行了详尽而独特的阐述。它承袭了道家"法自然"的思想，但又反对其纯任自然的消极主张而用儒、法思想中的积极因素进行改造。它吸收了儒家有关道德自律的思想，用以改造法家关于君臣关系、重势等方面的学说，从某种程度上消解了法家的苛酷，从而建立了一套独特的思想体系，主要从君道无为、君臣异道和修身正己三个方面来论述其君道思想。

在君主专制的古代中国，言政治则必归于君道，"君道无为"可谓《淮南子》政治思想的核心。考诸史籍，先秦诸子如道、法、儒家都曾提出过"无为而治"的治世理想。老子关于"无为"之论述最多，诸如"圣人处无为之事，行不言之教""无为而无不为""我无为而民自化""圣人无为故无败"（《老子》第2、48、57、64 章），主张尚自然黜人事，认为统治者只须遵循"无为"的原则就足以治国理民了。庄子则将老子的无为思想发展到极端，认为人在自然面前毫无作为，只能听任命运摆布，主张"与政治疏离"。但他又在"不得已"的情况下提出了无为之治术："故君子不得已而临莅天下，莫若无为。无为也，而后安其性命之情"（《庄子·在宥》），相关之论述还有"古之畜天下者⋯⋯无为而万物化"（《庄子·天地》），"是故至人无为，大圣不作，观于天地之谓也"（《庄子·知北游》），强调对天地自然之因顺。梁启超先生在其《先秦政治思想史》一书中将老庄道家统称为"无治主义"，即徐复观先生所谓"把整个政治机能消解到最低限度"。可以说，先秦道家的"无为"思想具有一定的神秘色彩，难以在政治层面付诸实施。

先秦儒家也提出了"无为"的治世原则，如孔子曾言道："无为而治者，其舜也欤？夫何为哉？恭己正南面而已矣"（《论语·卫灵公》）；"为政以德，譬如北辰，居其所而众星共之"（《论语·为政》），主张君主通过树立道德榜样

去影响人民从而实现至治。此外又有法家之"无为":"明君无为于上"(《韩非子·主道》),"夫物者有所宜,材者有所施,各处其宜,故上下无为"(《韩非子·扬权》),将法与术的思想输入"无为"的概念中,认为君主因任以授官、群臣安分而守职,各得其宜便是"上下无为",强调的是君主如何掌权,其"无为"是一种支撑强化的极权主义、消除对立面的手段。《淮南子》总结了成败祸福的正反经验,尤其是秦王朝速亡和汉初依靠无为而治迅速复兴的现实,综合先秦诸家对"无为"之论述,对"君道无为"思想进行了详细论述。据高诱所注:"主,君也。术,道也",《主术训》为《淮南子》论述君道之重要篇章,其开篇即云:"人主之术,处无为之事,而行不言之教,清静而不动,一度而不摇,因循而任下,责成而不劳。是故心知规而师傅谕导,口能言而行人称辞,足能行而相者先导,耳能听而执政谏谏。是故虑无失策,谋无过事,言为文章,行为仪表于天下,进退应时,动静循理,不为丑美好憎,不为赏罚喜怒,名各自名,类各自类,事犹自然,莫出于己。"又《原道训》论曰:"是故圣人内修其本,而不外饰其末,保其精神,偃其智故,漠然无为而无不为也,澹然无治也而无不治也。所谓无为者,不先物为也;所谓无不为者,因物之所为。"《诠言训》亦言:"君道者,非所以为也,所以无为也。何谓无为? 智者不以位为事;勇者不以位为暴;仁者不以位为惠;可谓无为矣。"此外,又有《脩务训》论述:"或曰:无为者,寂然无声,漠然不动,引之不来,推之不往……吾以为不然……吾所谓无为者,私志不得入公道,嗜欲不得枉正术,循理而举事,因资而立功,推自然之势,而曲故不得容也。"

《淮南子》所论之"无为"相比老庄又带有强烈的进取精神,如果说,《老子》中的"无为"还有某些消极顺应自然规律和容易引起歧义的地方,那么《淮南子》中的"无为"论,则对《老子》的消极成分进行了彻底的改造,赋予其崭新的内容。

为将"无为而治"的思想落实于现实政治,《淮南子》引进了先秦法家关于法的思想,强调法在国家治理中的重要性。《主术训》说:"法者,天下之度量,而人主之准绳也";"所谓亡国,非无君也,无法也。变法者,非无法也,有法者而不用,与无法等",对法的地位和功能予以了充分的肯定。其主张以法为天下之度量,"不为丑美好憎,不为赏罚喜怒,名各自名,类各自类,事犹自然,莫出于己"(《主术训》),一切出于法而"莫出于己",以法为衡量事物的唯一准绳,这样便排除了君主的主观意志和个人才智的干涉,君主由此便可实现"无为而治"。《淮南子》对"无为"作了全新的解释,使"无为"成为一种特定的"有为",使"无为"和法治结合起来。

《主术训》云:"法籍礼义者,所以禁君,使无擅断也。人莫得自恣,则道胜;道胜而理达矣,故反于无为。无为者非谓其凝滞而不动也,以其言莫从己出也。"法之建立是为"禁君",法高于君主的个人意志。法既制定,人主和臣民一样都要受法的约束。法的客观性决定了君主不能以个人意志恣意妄为,"法定之后,中程者赏,缺绳者诛;尊贵者不轻其罚,而卑贱者不重其刑"。法成为实行赏罚的唯一依据。可见,法与无为并不矛盾,由法治可以通向无为。这样,《淮南子》得以把道家消极的无为思想做了某种程度的改造,"无为"意味着"其言莫从己出"而从法出,即治国要依法而不任君主之意。以客观和公正的法为依据,故君主得以实现"无为"。正是由于法制的自动和机械的职能,才使得君主能够处之无为,法律制度及其程序的运作,是君主无为而治的基础。法家言法,对臣民的威吓性,大于法的客观性。《主术训》则完全消去其威吓性,仅注重法的客观性;以客观性代替统治者的主观意志,因而使无为而无不为的政治理想,在现实上有其实现的可能。由此,重法就成为君主实现"无为"而治的前提和重要保证。

《淮南子》关于"法"的思想并非对先秦法家的简单继承,而是用道、儒思想改造过的产物。如《诠言训》中指出"法修自然,己无所与",强调法的产生应循乎自然,这里明显是"以道统法","'法'对'道'来说,处于从属的地位",是被纳入道家体系之中的。又《主术训》中言"法生于义,义生于众适,众适合于人心,此治之要也……法者非天堕,非地生,发于人间,而反以自正。"法的制定应顺应民心,这带有一定的儒家色彩。此外,《泰族训》又言道:"治国,太上养化,其次正法";"治之所以为本者,仁义也;所以为末者,法度也",可知《淮南子》关于法的思想是兼摄儒道的。《淮南子》吸收了儒家的仁义思想、墨家的平等思想和名家的辩证观,试图以较实用化的手段替代激进的法家法治理论,从而达到与各家兼善的目的,由此修正了秦以来法家设计的政治图式而构建较温和的法治理想国。经过改造后的法的学说成为《淮南子》实现"无为而治"的重要保证。

为了保证无为而治实现的可能性,《淮南子》还引进了先秦法家关于

"势"的学说。"势"最初是兵家讨论战争中如何利用地势的一个概念,为一种特殊有利的形势;由这种特殊有利的形势之自身,即可以发生力量。法家以之来言政治:"尧为匹夫,不能使其邻家。至南面而王,则令行禁止。由此观之,贤不足以服不肖,而势位足以屈贤矣"(《慎子·威德》);"君执柄以处势,故令行禁止。柄者,杀生之制也,势者,胜众之资也"(《韩非子·八经》)。"势"指"最高统治者所特有的一种力量即权势,并把这种力量看作人君可以倚恃,能够不为而自成的优越条件"。法家强调势,主要是为了以势来加强君主对法的推行力量,是以为君主专制服务为根本原则的。

《淮南子》也反复强调"势"的观念,并把它看作君主实现"无为"的力量凭借,它说:"权势者,人主之车舆;爵禄者,人臣之辔衔也。是故人主处权势之要,而持爵禄之柄,审缓急之度,而适取予之节,是以天下尽力而不倦。夫臣主之相与也,非有父子之厚,骨肉之亲也。而竭力殊死,不辞其躯者何也?势有使之然也"(《淮南子·主术训》);"是故权势者,人主之车舆也;大臣者,人主之驷马也。体离车舆之安而手失驷马之心,而能不危者,古今未有也"(《淮南子·主术训》)。它把权势比作君主的车舆,认为是国治邦安所必不可少的重要凭借。又"是故得势之利者,所持甚小,其存甚大。所守甚约,所制甚广。是故十围之木,持千钧之屋,五寸之键,制开阖之门,岂其材之巨小足哉,所居要也"(《淮南子·主术训》),强调君主乘势便可以收到政治上"事少功多"的实效。它还举历史上的例子加以说明,指出:"卫君役子路,权重也。景桓公臣管晏,位尊也。怯服勇而愚制智,其所托势者胜也"(《淮南子·主术训》)。君主之所以能使勇者和智者为其所用,主要依靠权势的力量。

这里"势"的观念与法家之"势"并无太大的不同,完全是基于君主的想法和利益,主张君主凭借权势驾驭人臣,把"势"看作保证君主凌驾一切的手段。而一旦君主的"势"被剥夺,则被视为衰落的征兆。《氾论训》中严厉批评齐简公放任大臣争权夺势的做法:"昔者齐简公释其国家之柄,而专任其大臣。将相摄威擅势,私门成党,而公道不行。故使陈成田常、鸱夷子皮得成其难。使吕氏绝祀而陈氏有国者,此柔懦所生也。"然而,下面几段话中"势"的观念则更多地打上了儒家的烙印,它肯定"势"是君主驾驭群臣的重要手段,更强调君主凭借"势"可以在无形中影响民众,实现教化的功能。其曰:"舜之耕陶也,不能利其里,南面王,则德施乎四海,仁非能益也,处便而势利也"(《淮南子·俶真训》);"故灵王好细腰,而民有杀食自饥也;越王好勇,而民皆处危争死。由此观之,权势之柄,其以移风易俗矣。尧为匹夫,不能仁化一里。桀在上位,令行禁止。由此观之,贤不足以为治,而势可以易俗明矣"(《淮南子·主术训》);"孔丘墨翟,修先圣之术,通六艺之论,口道其言,身行其志,慕义从风,而为之服役者不过数十人,使居天子位,则天下遍为儒墨矣"(《淮南子·主术训》)。

这里言"势"偏重于强调君主可以凭借其具有的权势来给臣民做出某种道德表率,从而进行更有效的"仁化",使其德"施乎四海",以此来移风易俗,影响并规范臣民的德行。"势"在这里似乎更是德治的一个辅助手段,而儒家的"化民"思想在此亦"被完美地融入了一个实际是法家的体系",这与法家学说一味强调凭借"势"为君主利益服务显然是不同的。安乐哲先生在其书中以《韩非子》作为法家的代表论述了《淮南子》中的"势"与先秦法家"势"的不同,他说:"在《韩非子》中,君主被建议掩藏他的权势之目的,以防止他的下臣迎合他的模式,并因而欺君罔上。然而《主术训》主张,君主运用权势向其臣民推行某种合理的行为模式,并且推动他们去实现他的道德之理想。在《韩非子》中,下臣了解和效仿君主的模式只会是某种欺骗的手段;但在《主术训》中,它却构成了教化的基本内容"。可见,《淮南子》中的"势"实际上已经成为法家和儒家学说的混合物,它"最终解决了法家势治思想与儒家德治思想之间的矛盾",而又被纳入了道家无为的体系,由此君主便可实现"无为而治"。

老子的无为思想强调"不出户,知天下;不窥牖,见天道"(《老子》第47章),强调自身之内在体验,具有某种程度的神秘色彩,难以在政治层面上推行。《淮南子》则强调"知天下""见天道"必须转而外求,它以法家"术"的观念为基础对"无为"思想进行了改造。《淮南子》意识到君主个人的智慧和力量是有限的:"汤、武,圣主也,而不能与越人乘干舟而浮于江湖;伊尹,贤相也,而不能与胡人骑骒马而服驹骖;孔、墨博通,而不能与山居者入榛薄险阻也。由此观之,则人之知于物也,浅矣。而欲以遍照海内,存万方,不因道之教,而专己之能,则其穷不达矣,故智不足以治天下也。桀之力,制伸钩,索铁歙金,椎移大牺,水杀鼋鼍,陆捕熊罴。然汤革车三百乘,困之鸣条,禽之焦门。由此观之,勇力不足以持天下矣",并由此得出结论:"智不足以为治,勇不足以为强,则人材不足任,明也"(《淮南子·主术训》)。君主要做到"不下庙堂之上,而知四海之外",就不能专恃一己之才,应当"因物以识物,因人以知人",因为"积力之所举,则无不胜也。众智之所为,则无不成也。"(《淮南子·主术训》)具体而言,就是要"以天下之目视,以天下之耳听,以天下之智虑,以天下之力争",以求达到"号令能下究,而臣情得上闻,百官修同,群臣辐辏"(《淮南子·主术训》)的效果。因众人的智力而用之,人君便可实现无为,即不任一己之力而为。这也是对实现无为而治提出的又一重要办法。

君主如何才能做到因众人之智?《淮南子》云:"圣主之治也,其犹造父之御,齐辑之于辔衔之际,而急缓之于唇吻之和,正度于胸臆之中,而执节于掌握之间,内得于心中,外合于马志,是故能进退履绳,而旋曲中规,取道致远而气力有余,诚得其术也"(《淮南子·主术训》);"魏两用楼翟而吴起亡西河,潜王专用淖齿,而死于东庙,无术以御之也。文王用吕望召公奭而王,楚庄王专任孙叔敖而霸,有术以御之也"(《淮南子·氾论训》);《主术训》强调"术"的重要性:"有术则制人,无术则制于人。"《诠言训》则更明确地指出:"无为制有为,术也";"术"即君主用人之方法。《淮南子》强调因人授任,人尽其才,因任授官,循名责实,这样就在融合诸家思想的基础上提出了一套完整的用人学说,以往学者对此多有论述,故不赘述。由上,君主用"术",使众人各得其宜、各尽其能,便成功地以众人之有为而实现君主之"无为"。由用术而达到无为,则无为已由老庄纯消极的内容转换为积极的内容。

《淮南子》以实现"无为而无不为"的道家理想政治为旨归,引进了先秦法家"法""势""术"的观念,并用儒道思想进行了有益的改造,从而保证了"无为而治"实现的可能性。

《主术训》分别对君道和臣道进行了论述:"主道圆者,运转而无端,化育如神,虚无因循,常后而不先也。臣道方者,论是而处当,为事先倡,守职分明以立成功也。"主道圆即君主掌握总原则,臣道方,即臣下负责具体事务,君臣要各行其职,各处其位:"君臣异道则治,同道则乱。各得其宜,处其当,则上下有以相使也。"它主张君道无为而臣道有为,君主要因而不为,其主要职责为"因循而任下,责成而不劳",对臣下"循名责实";臣则是统治体制中具体分工负责的成分,要"守职分明"。也就是说,在实际的政治生活中要做到君逸臣劳,分任责成,即"上操其名,以责其实;臣守其业,以效其功"。君臣各安其位,君主便能如祭祀时替死者受祭的尸一样,轻松享受成功:"君人之道,其犹零星之尸也,俨然玄默,而吉祥受福。"(《淮南子·主术训》);"处尊位者如尸,守官者如祝宰。尸虽能剥狗烧彘,弗为也,弗能无亏;俎豆之列次,黍稷之先后,虽知弗教也,弗能无害……故位愈尊而身愈佚,官愈大而事愈少。譬如张琴,小弦虽急,大弦必缓"(《淮南子·诠言训》)。

《淮南子》关于君臣关系的主张大体上因袭了先秦法家"君臣之道,臣事事而君无事。君逸乐而臣任逸劳,臣尽智力以善其事,而君无为焉,仰成而已,故事无不治"(《慎子·民杂》)的君臣理论。《淮南子》则吸收了儒家思想的因素,对法家的君臣关系进行了修正和改造,在爵禄奖赏的基础上,又注入了道德责任的观念。它说:"夫疾风而波兴,木茂而鸟集,相生之气也。是故臣不得其所欲于君者,君亦不能得其所求于臣也。君臣之施者,相报之势也。是故臣尽力死节以与君,君计功垂爵以与臣;是故君不能赏无功之臣,臣亦不能死无德之君。君德不下流于民,而欲用之,如鞭蹄马矣。是犹不待雨而求熟稼,必不可之数也。"(《淮南子·主术训》)君臣之间不再是君主支配一切,而是君臣彼此之间负有一种责任和义务的关系,它还指出,"君臣不和,唐虞不能以为治"(《淮南子·主术训》),认为君臣之间保持和睦相处才能实现国家的有效治理。《淮南子》用儒家思想对先秦法家的君臣异道进行了调和与改造,从而进一步加强了无为思想在政治上的可行性。

以老庄为代表的先秦道家在论道中兼谈到治身的问题,如老子说:"故贵以身为天下,若可寄天下;爱以身为天下,若可托于天下"(《老子》第13章),认为君主只要贵其身,全其德,就能收到天下大治的效果;庄子亦提出"内圣外王"(《庄子·天下》)的主张,所谓内圣即治身,而外王则指治国。他们都强调人君修身对于治国的重要性。儒家以修身为治国平天下之本,《大学》中言"物格而后知至,知至而后意诚,意诚而后心正,心正而后身修,身修而后家齐,家齐而后国治,国治而后天下平。自天子以至庶人,壹是皆以修身为本",《中庸》说"知所以修身,则知所以治人……则知所以治天下国家矣",都强调了一条由个人修身而治人治天下的路子。可以说,在治道问题上,道儒两家都主张以修身为本。《淮南子》继承了儒道两家关于修身的学说,强调君主修身对治国的重要性,如:"吾所谓有天下者,非此谓也。自得而已。自得,则天下亦得我矣……所谓自得者,全其身者也。"(《淮南子·原道训》)认为身与天下为一体,君主全其身就可以使天下臻于至治,这里主要因袭了道家的思想。又云:"欲成霸王之业者,必得胜者也。能得胜者,必强者也。能强者,必用人力者也。能用人力者,得人心者也。能得人心者,必自得者也。故心者,身之本也,身者,国之本也,未有得己而失人者也,未有失己而得人者也。故为治之本,务在宁民。宁民之本,在于足用。足用之本,在于勿夺时。勿夺时之本,在于省事。省事之本,在于节用。节用之本,在于反性。未有能摇其本而静其末,浊其源而清其流者也"(《淮南子·泰族训》),这里总结了前面所引的道家以"自得"为"得天下"的主张,但明显地已和儒家融合在一起。

《主术训》强调"权势之柄,其以移风易俗矣",处在势位的君主的个人修养对整个国家的社会风气有直接影响,其谓"所理者远,则所在者迩;所治者大,则所守者小",即是指国与身的关系。《诠言训》引詹何之言明确提出修身正己是治国理民的关键:"未尝闻身治而国乱者也,未尝闻身乱而国治者也。矩不正,不可以为方,规不正,不可以为员。身者事之规矩也,未闻枉己而能正人者也";又《齐俗训》云:"古之圣王,能得诸己,故令行禁止,名传后世,德施四海。"都强调君主修身在国家治理中的重要性。有学者便指出,《淮南子》中治身的路径是通向经世治国的。君主应如何修身正己呢?《主术训》将其概括为"清静而不动""行为仪表于天下",以此来"行不言之教"。

首先,君主要节欲反性。《泰族训》把"为治之本"由"宁民"最终归结于"反性",《诠言训》也有类似的论述,把"为治之本"由"安民"最终归结于"节欲""反性""去载"。《缪称训》说"性者,所受于天也",即"人的性命秉自道与天地,先天上具有得自天、地之道的遗传特质。天地道之性清静、安宁,人之性也应该是清静、安宁"。

《淮南子》中有很多人性清静之论述:"清静恬愉,人之性也"(《淮南子·人间训》);"人性安静"(《淮南子·俶真训》)。所谓人性静愉,其含意有二:从意识上说,人的本性好内静,而不喜外动,不急躁、无偏见、平和清静乃是精神的理想状态;从情感上说,人的本性少欲寡求,自足自得,没有激动的情绪起伏,不沉湎于名利享乐。这是汉初道家的思想,源于《庄子·天道》篇,其中云:"虚静恬淡寂寞无为者,天地之平而道德之至。"人性来自天道,天道自然无为,故人性亦应仿效之。然而,《淮南子》又指出,无穷的嗜欲扰乱了人的清静恬愉的本性:"人性安静而嗜欲乱之"(《淮南子·俶真训》);"嗜欲者,性之累也"(《淮南子·原道训》);"人性欲平,嗜欲害之"(《淮南子·齐俗训》)。所以它说,"至人之治也……约其所守,寡其所求,去其诱慕,除其嗜欲,损其思虑"(《淮南子·原道训》)。君主只有节制自己的嗜欲,返回到恬淡无欲的素朴本性,才能达到治国理民的实效。

《淮南子》认为,国家昏乱的主要原因就在于君主奢侈无度、挥霍浪费、横征暴敛、嗜欲无厌,它说:"一日而有天下之富,处人主之势,则竭百姓之力,以奉耳目之欲,志专在于宫室台榭,陂池苑囿,猛兽熊罴,玩好珍怪。是故贫民糟糠不接于口,而虎狼熊罴厌刍豢,百姓短褐不完,而宫室衣锦绣。人主急兹无用之功,百姓黎民憔悴于天下,是故使天下不安其性"(《主术训》)。百姓不能安其性,国家就不会安定,政权也不会巩固。其曰:"夫水浊则鱼噆,政苛则民乱……是以上多故则下多诈,上多事则下多态,上烦扰则下不定,上多求则下交争";"是故人主好鸷鸟猛兽,珍怪奇物,狡躁康荒,不爱民力,驰骋田猎,出入不时,如此则百官务乱,事勤财匮,万民愁苦,生业不修矣。人主好高台深池,雕琢刻镂,黼黻文章,绨绤绮绣,宝玩珠玉,则赋敛无度,而万民力竭矣";"目妄视则淫,耳妄听则惑,口妄言则乱"(《淮南子·主术训》)。可见,正是君主的奢侈腐化,纵欲无度,导致民不聊生,天下大乱。所以《缪称训》说:"福生于无为,患生于多欲";《齐俗训》亦云:"夫纵欲而失性,动未尝正也,以治身则危,以治国则乱,以入军则破,是故不闻道者无以反性";《精神训》则通过历史上人君因过于贪恋身外之物而不能有所节欲,最终导致国家灭亡的例子来说明节欲对治国的重要性:"夫人主之所以残亡其国家,损弃其社稷,身死于人手,为天下笑,未尝非为非欲也。夫仇由贪大钟之赂而亡其国,虞君利垂棘之璧而擒其身,献公艳骊姬之美而乱四世,桓公甘易牙之和而不以时葬,胡王淫女乐之娱而亡上地。使此五君者,适情辞余,以己为度,不随物而动,岂有此大患哉?"由此,《主术训》提出君主要"处静以修身,俭约以率下",并对尧的清静俭约大加赞美:"尧乃身服节俭之行,而明相爱之仁,以和辑之。是故茅茨不剪,采椽不斫;大路不画,越席不缘;太羹不和,粢食不毁"。

《诠言训》把治身养性归结为四条:原天命、治心术、理好憎、适情性,认为："原天命,治心术,理好憎,适情性,则治道通矣。原天命则不惑祸福,治心术则不妄喜怒,理好憎则不贪无用,适情性则欲不过节。不惑祸福则动静循理,不妄喜怒则赏罚不阿,不贪无用则不以欲用害性,欲不过节,则养性知足。"认为"凡此四者,弗求于外,弗假于人,反己而得矣。"可以说,《淮南子》关于君主"清静而不为"、节欲反性的概括总结,把君主的品格修养有效地纳入到了无知无欲、无为自然的体系之中。

其次,在"清静而不为"的基础上,《淮南子》还对君主提出了儒家式的道德要求,以便能更好地"行为仪表于天下"(《淮南子·主术训》)。

《淮南子》强调君主要贵正尚忠。君主握国家之柄,操生杀之机,贵正尚忠是至关紧要的,《主术训》中说:"人主贵正而尚忠。忠正在上位,执正营事,则谗佞奸邪无由进矣……是故圣人得志而在上位,谗佞奸邪而欲犯主者,譬犹雀之见鹯,而鼠之遇狸也,亦必无余命矣……故人主诚正,直士任事,而奸人伏匿矣。人主不正,则邪人得志,忠者隐蔽矣。"君主贵正尚忠,才能保证忠直之士在上位,而避免奸佞之臣为非作乱:"使人主执正持平,如从绳准高下,则群臣以邪来者,犹以卵投石,以火投水"。

《主术训》进而对君主提出澹泊、宁静、宽大、慈厚、平正等内在的修身要求,它说:"人主之居也,如日月之明也。天下之所同侧目而视,侧耳而听,延颈举踵而望也。是故非澹泊无以明德,非宁静无以致远,非宽大无以兼覆,非慈厚无以怀众,非平正无以制断。"这是道家思想,但显然带有浓厚的儒家色彩。

《诠言训》提出了一个类似于儒家正心、诚意、修身、齐家、治国、平天下的治道过程,它说:"能有天下者,必不失其国;能有其国者,必不丧其家;能治其家者,必不遗其身;能修其身者,必不忘其心;能原其心者,必不亏性;能全其性者,必不惑于道。故广成子曰:慎守其内,周闭而外,多知为败,毋视毋听,抱身以静,形将自正,不得之己而能知彼者,未之有也。"这里明显不是纯粹的儒家治国平天下的思想,已融入道家思想体系。

道家和儒家关于君主治身与治国相结合的思想在《淮南子》中得到了完美的结合,《淮南子》从道家立场出发,提出了君道无为的思想,其承袭了道家"法自然"的思想,但又反对其纯任自然的消极主张而引入了法家关于法、势、术的思想,并用儒、道思想中的积极因素进行了改造,对无为思想进行了详尽而独特的论述。此外,《淮南子》又提出"君臣异道"的思想,用以补充并保证君道无为之实现。它还强调君主之修身对于治国的重要性,并综合儒道提出了一系列关于修身正己的思想,以期为当时之国家治理提供一些有益的借鉴。

第六章

汉唐史家与赋家的经济伦理思想

汉唐史书以及两汉赋家作品中蕴含的经济伦理思想,是时代经济伦理精神的客观反映。就史书而论,西汉司马迁撰写的《史记》、东汉班固撰写的《汉书》、南朝范晔撰写的《后汉书》、西晋陈寿撰写的《三国志》、北齐魏收撰写的《魏书》、唐房玄龄等编撰的《晋书》、唐令狐德棻等编撰的《隋书》等,对封建社会经济思想、经济政策有客观的记述和深刻的反映,对经济伦理思想有重要的研究,在中国思想史上有重要的影响。《史记》中有经济史专论《货殖列传》,认为人类一切经济活动都是为了追求一定的经济利益,这是人的自然本性决定的,司马迁肯定这种自然本性的伦理正当性,并且看到了利对义的决定作用,提出了"利以生义"和"本富为上"的观点;《平准书》探讨了国家这一经济伦理主体通过宏观经济调控手段对微观经济主体调控本身的伦理意蕴。《汉书》中《食货志》《货殖传》反映了班固的"以食为本"的生产观、按照礼制进行财富分配的分配观、商业活动中如何处理义利关系的义利观以及小农经济条件下"崇俭黜奢"的消费观。《后汉书》反映了东汉后期经济思想家仲长统关于当时社会的贫富关系、豪强地主与平民、国家与人民之间的经济关系的描述。三国魏晋隋唐史家的经济伦理思想中,《三国志》主要包含两个方面的价值倾向:一是"富国强兵"的功利主义价值取向,二是统治者"崇俭黜奢"的价值实践和倡导。《魏书》经济伦理思想核心体现在政府对民众所负有的经济伦理责任——"聚人以财"的民生观和体现中国传统分配的公平公正的"井乘定赋"思想。《晋书》经济伦理思想研究主要从农商观和财富观两个方面进行了探讨。在农商观上,两晋时期主流思想是"重农抑商",而作为唐朝编撰的史书,《晋书》却体现了农商平等、本末俱利的价值诉求,这一变化是需要注意的。在财富观上,《晋书》提出了"家殷国富"的思想,认为经济个体的富裕与幸福是国家存在的基础,因此,对于财富分配来说,国家对民众负有根本的责任。《隋书》经济伦理主要探讨了利义兼顾的生产伦理、薄赋于民的分配伦理、由俭入奢的消费伦理以及在商业关系上以国家利益为本的交换伦理。西汉赋家陆贾、贾谊、司马相如、张衡以及东汉赋家徐幹、王粲的赋作中,蕴藏着丰富的经济伦理思想,反映了汉代赋家群体的经济价值取向与时代背景之间存在着重要依存关系。

第一节　司马迁和《史记》的经济伦理思想

司马迁以其巨著《史记》闻名于世,是公认的史学家、文学家,然而他在经济伦理方面的思考却并不为人熟知,尤其是司马迁史学家的独特视角,立足历史现实和汉朝实际,对经济伦理问题做出的与众不同的解读,对今天我们进行经济伦理研究,仍有重要的借鉴意义和参考价值。

司马迁的经济伦理思想,集中体现在《史记》的《货殖列传》和《平准书》两篇经济史专论中,其中《货殖列传》更多地从经济伦理的视角展现了司马迁的义利观,而《平准书》则在继续义利问题探讨的同时,将国家这一重要的经济伦理关系主体置于经济伦理关系中,重点探讨了汉初经济调整与经济伦理关系、武帝经济变革与经济伦理关系变迁、卜式桑弘羊之争与经济伦理评价等经济伦理问题。本书也拟从这两篇专论入手对司马迁经济伦理思想进行概要分析。

一、《货殖列传》对于义利问题的探讨

司马迁在《货殖列传》中从人皆自利的自然人性论出发,分析了虞夏至汉武帝时期的经济活动,对经济利益与道德即义利关系进行了深入分析。

(一)人皆自利的自然人性论

《史记·货殖列传》一句"天下熙熙,皆为利来。天下攘攘,皆为利往",道出了司马迁对于人性的认识。司马迁认为人的一切经济活动从根本上来说,都是为了谋求一定的利益,以满足自身的物质文化需要,这是由人的自然本性决定的,是不以人的意志为转移的。

为了论证自己的这一观点,司马迁谈古论今,引虞夏至今人们在经济活动中的历史表现说明了人类经济活动的内在根源即在于人们日益增长的物质文化生活需要,在于人们为了满足这些需要而做出的主动追求财富的行为。司马迁指出,"夫神农以前,吾不知已。至若诗书所述虞夏以来,耳目欲极声色之好,口欲穷刍豢之味,身安逸乐,而心夸矜势能之荣使。"[①]正因为人们自古以来就要为了满足口欲穷刍豢之味,身安逸乐,而心夸矜势的需要,

---

① 《史记·货殖列传》。

而不懈努力,人们才能在没有任何外力作用的条件下,自发地追求财富。因此,"富者,人之情性,所不学而具欲者也"。①

人的这种自然本性在司马迁看来,是人自古以来就形成的,具有"终不能化"的特点,"俗之渐民久矣,虽户说以眇论,终不能化。故善者因之,其次利道之,其次教诲之,其次整齐之,最下者与之争"。既然这种追求财富、满足欲望的任性是不能改变的,那么一个社会对这种自然任性的态度,就体现了这个社会的成熟程度。所谓善者即成熟社会,肯定会根据这种自然任性去设计自己的社会政治经济政策,善于依靠并充分利用人们这种求利爱财本性,使其朝着有利于社会发展、社会和谐和统治秩序稳定的方面发展,最大限度地发挥人们这种自发追求财富的主动性和积极性,从而使整个社会经济得到推动和发展。这种政策在司马迁看来,就是经过改革发展的黄老之术,是发展了的休养生息政策。

在对"善者因之"的经济政策进行分析的同时,司马迁还详细论证了经济政策之善者、其次与最下各个等次的区别。

首先,对于作为善者的经济政策,司马迁认为汉初实行的"黄老之术"、与民休息,政府不干预人们的经济活动,让人们在市场这只看不见的手的调节下,去实现利益的最大化,让人们"各任其能,竭其力,以得所欲。故物贱之征贵,贵之征贱,各劝其业,乐其事,若水之趋下,日夜无休时,不召而自来,不求而民出之"。②当然,作为一个史学家,司马迁也看到了这种经济政策在使汉初经济得到恢复和发展的同时,存在着诸如社会分配不均和贫富两极分化等弊端。对于这些"巧者有余,拙者不足"和"凡编户之民,富相什则卑下之,伯则畏惮之,千则役,万则仆"的社会现实,司马迁认为这是"物之理也",是"贫富之道,莫之夺与"。③因此,司马迁认为这些弊端是不可避免的,而且也不能因为这些弊端的存在,去否定这种经济政策本身。司马迁认为这些人力所不能改变的弊端可看作一种自然现象,不必理会,建议汉武帝继续执行这种与民休养生息的黄老之术的经济政策。

其次,司马迁还分析了作为"其次"和"最下"几个等次的经济政策,之所

---

① 《史记·货殖列传》。
② 《史记·货殖列传》。
③ 《史记·货殖列传》。

以不能成为善者的原因,就在于这些经济政策的"有为",在于这些经济政策违逆了人们的自然本性。无论是"利道之""教诲之""整齐之"还是"与之争"都会或多或少地限制人的自然本性,在一定程度上影响人们在经济活动中积极性、主动性和创造性的发挥。好的经济政策之所以好,应该是比"利道之""教诲之""整齐之"更能节省社会资源,更能有效地促进社会经济发展。人不仅是"经济人",要受到市场经济这只看不见的手的调节,人还是"社会人""道德人",人的经济活动还要受到法律、道德等看得见的手的制约。

(二)利以生义的功利论

在义与利的关系问题即经济利益(经济关系的具体表现)与道德的关系问题上,司马迁继承和发展了管子学派关于"仓廪实而知礼节,衣食足而知荣辱"的观点,进一步提出了经济利益是道德基础的主张。他认为:"礼生于有而废于无。故君子富,好行其德;小人富,以适其力。渊深而鱼生之,山深而兽往之,人富而仁义附焉。富者得势益彰,失势则客无所之,以而不乐。夷狄益甚。谚曰:'千金之子,不死于市。'此非空言也。故曰:'天下熙熙,皆为利来;天下攘攘,皆为利往。'夫千乘之王,万家之侯,百室之君,尚犹患贫,而况匹夫编户之民乎!"①从这段话中,我们可以看出司马迁认为礼即道德的存在与否,与人们占有社会财富的多寡密切相关。如果没有一定的物质基础和经济利益作保障,道德便无从谈起。正如渊深、山深是鱼儿得以生存、野兽得以出没的必要条件一样,仁义道德也是依附于人民物质生活的富裕而存在的。自古以来,千乘之王,万家之侯,百室之君都害怕贫困,更何况一般的平民百姓。在司马迁看来,人富裕之后,自然就会有仁爱礼义之心,就会行仁义之事。

"天下熙熙,皆为利来;天下攘攘,皆为利往",这不仅没有任何坏处,还是仁义道德得以产生、发展的基础和保障。只有以一定的物质基础作保障,道德教化才能顺利进行,"人富而仁义附焉"。因此,与儒家提倡的"何必曰利"的价值取向不同,司马迁的"富"已经不仅仅具有经济价值,还具有了

---

① 《史记·货殖列传》。

一定的道德内涵。在这一点上,司马迁继承并发展了其老师董仲舒的观点。董仲舒在儒家"君子爱财,取之有道"观点的基础上,提出了"义利"两养即"利以养其身""义以养其心"的主张,但同时又认为"养其身"仅仅局限于满足人的基本生活需要,相比之下"养其心"则重要得多,因为人的存在如果仅仅是"苟为生,苟为利",人就与动物无异。司马迁非常认同董仲舒关于义利两养的观点,但同时又认为董仲舒作为一个儒家学者在对待人的自然本性方面存在一定的局限。

司马迁的这种义利两养的主张更多地存在于社会法治不健全,制度体系不完善、不成熟的市场经济初期。表面看来好像钻法律漏洞、坑蒙拐骗可以迅速致富,但随着市场经济的不断发展,随着社会法治的逐渐健全,这种情况则会逐渐消失,诚信经营、合法致富成为社会主流。因此,经济与道德的二律背反只是一时的,从长期社会发展来看,经济与道德是相互促进的,当然,我们也不能把道德建设想象成经济发展带来的必然结果,还需要社会不断地进行核心价值观的倡导,不断地营造有利于社会和谐的道德建设氛围。

司马迁认为人的这种求利爱财本性不仅具有伦理上的正当性,而且还是经济社会发展的内在动因。这种"终不能化"的本性,有其存在的意义和价值,没有必要一味地加以否定和限制。甚至从一定意义上来讲,民富即义。相反地,最好的经济政策,就是善于利用人的这种自然本性,发展社会经济的政策。司马迁这种"善者因之"的主张,对"利"的伦理正当性的论证,并把"利"纳入道德应然的做法,在今天仍具有重要的现实意义。当前,我国正在全面构建社会主义市场经济体制以及与之相适应的法律、道德体系,我们应该像司马迁那样"坦言利",充分调动人们在经济和社会发展中的积极性、主动性和创造性,从而实现社会政治、经济、文化的和谐、稳定与可持续发展。

人的思想不是凭空产生的,它来源于人们的物质生活和精神生活。司马迁的义利观念也与当时社会的政治经济发展状况和司马迁本人所从事的职业和生活密切相关。司马迁看到物质力量即经济利益的决定作用不是偶然的,是与其对历史的深入研究分不开的。正是因为明晰了社会历史变迁和朝代更替的本质和规律,司马迁才得出了自己独特的伦理体悟:道德是不能离开一定的物质基础而存在的,道德总是统治者的道德。只有那些已飨其利者才是有德者,何者为有德的标准是由统治阶级确立的。在《史记》中,司马迁明确阐发了自己的这一主张,他指出"'何知仁义,已飨其利者为有德。'故伯夷丑周,饿死首阳山,而文武不以其故贬王;跖、蹻暴戾,其徒诵义无穷。由此观之,'窃钩者诛,窃国者侯,侯之门仁义存',非虚言也"①。

(三) 本富为上的义利互进论

司马迁在看到利对义的决定和基础作用的同时,也看到了义对利的意义和价值,提出了本富为上的义利互进论。

在《史记·货殖列传》篇,司马迁对于历史和现实生活中社会各阶层追求财富情况进行了深刻而生动的描述。司马迁分别刻画了士君子阶层、农工商虞阶层和既不事农商又无为官之能却耻于言利的人对财富的态度。

首先,司马迁分析了士君子阶层贤人、高士守信死节、廉洁奉公,甚至为了国家利益不惜牺牲生命的行为。在史学家司马迁的心目中,这些被社会舆论推崇的"喻于义"的君子,其道德行为究其根源而言也难以逃脱"归于富厚"的动机,"故求富益货也"②。官员、士大夫阶层的廉洁奉公和高风亮节,与农工商虞的求利行为,目的都是求富,只是求富的手段不同,因为"廉吏久,久更富,廉贾归富"③。司马迁引范蠡、计然、子赣、白圭、猗顿等以德致富的事例证明了只要是合法正当的求利,就有利于人们对道义的追求;同样"廉吏""廉贾"因为合乎道义也可以求得更大的利。道义与经济利益是可以相互促进的。

其次,对于农工商虞的求富行为,司马迁提出了本富为上的主张。司马迁对于人们经济行为的这种伦理区分,实际上反映的是我国传统的农本观点。司马迁虽然看到了末业较本业农业而言,是迅速致富的更便捷手段,因为,"夫用贫求富,农不如工,工不如商,刺绣文不如倚市门"④,但是司马迁同

---

① 《史记·游侠列传》。
② 《史记·货殖列传》。
③ 《史记·货殖列传》。
④ 《史记·货殖列传》。

时也看到了高收益背后的高风险,本业比末业更适合守富,这也许就是很多商人"以末致财,用本守之",最终成为封建地主的原因吧。通过比较,司马迁辩证地论述了农工商虞四者的关系。农工商虞四业都是一个社会经济良性运行的必备条件,缺少其中任何一种行业,社会经济都不能得到有序发展,因为"此四者,民所衣食之原也。原大则饶,原小则鲜"①;但"'农不出则乏其食,工不出则乏其事,商不出则三宝绝,虞不出则财匮少。'财匮少而山泽不辟矣。"衣食是民生之本,农业的基础地位不可动摇。

再次,对于既不事农商又无为官之能却耻于言利的人,司马迁认为这些没有一技之长,却成日空谈道德的人,甚至比不上那些可以凭借一技之长而立行于世的"岩处奇士"。用今天的话来讲,社会需要的是德才兼备的人才,那些有德无才者与有才无德者一样,对社会没有什么意义和价值。真正的有德者,应该把德与能相结合,做一个对社会有用的人。

司马迁还看到,"富无经业,则货无常主,能者辐凑,不肖者瓦解。千金之家比一都之君,巨万者乃与王者同乐。岂所谓'素封'者邪? 非也?"财富既然可以带来与权力同样的快乐和价值,人们为了追求财富,便会各尽其能。除了本业和末业之外,还有很多的求富手段。司马迁对这些求富手段进行了伦理上的区分。司马迁在肯定那些依靠自己劳动致富的手段的同时,也指出了一些非"治生之正道"的"奸富"或"恶业",如"攻剽椎埋,劫人作奸,掘冢铸币,任侠并兼,借交报仇,篡逐幽隐,不避法禁,走死地如骛"的不务生产的"闾巷少年","博戏驰逐,斗鸡走狗,作色相矜,必争胜"的人,"舞文弄法,刻章伪书,不避刀锯之诛"的吏士等等。

司马迁对于本富、末富和奸富的区分,反映了司马迁在义利问题上的基本观点,司马迁提倡的是有道德内涵的富,是依靠合法正当手段的富,反对的是不择手段的富,是不合道义的奸富。

二、《平准书》的经济伦理思想

如果说《货殖列传》是以史为鉴,时间跨度从三皇五帝至汉武帝时期,偏

---

① 《史记·货殖列传》。

重于从义利关系这一基本伦理关系来探讨社会经济伦理关系及其活动的话，《平准书》则是以今为镜，关注了从西汉政权建立到汉武帝时期，特别是作者亲身经历的正在如火如荼地进行社会经济改革，着重探讨了国家这一经济伦理主体通过宏观经济调控手段干预微观经济的探索及其对经济伦理关系发展和经济伦理活动的影响，我们这里会着重从汉初经济政策的调整及经济伦理关系、武帝经济变革与经济伦理关系变迁、卜式桑弘羊之争与经济伦理评价等三个维度来探讨《平准书》的经济伦理思想。

（一）汉初经济政策的调整及经济伦理关系

《平准书》首先对汉初社会经济状况、国家财政状况及相应的国家宏观经济政策做了概要描述。

全篇开篇就对西汉建立之初，国家的整体经济形势作了概要的描述："汉兴，接秦之弊，丈夫从军旅，老弱转粮饷，作业剧而财匮，自天子不能具钧驷，而将相或乘牛车，齐民无藏盖。"[①]长时间的战乱对社会经济造成极大的破坏，不仅人民生活贫苦，处在社会阶层最顶端的天子及其官员也面临着严重的经济危机。贫穷是摆在新生政权和各阶级阶层之间等所有经济伦理主体的共同问题，而这也显然是新成立的国家政权要重点解决的。

为了改善社会经济状况，增加国家财政收入，汉初根据休养生息的基本原则，采取了鼓励商业发展、允许民间铸币、运粮边关拜爵和颁布卖爵令等一系列措施。

在国家政权建立的初期，为了巩固农业的基础地位，汉高祖采取的"令贾人不得衣丝乘车，重租税以困辱之"[②]经济政策奠定了汉初社会经济伦理关系的基石，商作为四民之末，商业发展和商人地位都受到了严格的限制。但这种经济政策显然是与汉初的社会经济形势和国家经济状况不相适应的，于是随后的统治者对这一经济政策进行了调整，"为天下初定，复弛商贾之律，然市井之子孙亦不得仕宦为吏。量吏禄，度官用，以赋于民。而山川

①《史记·平准书》。
②《史记·平准书》。

园池市井租税之入,自天子以至于封君汤沐邑,皆各为私奉养焉,不领于天下之经费。漕转山东粟,以给中都官,岁不过数十万石"①。在坚持商人及其子孙不得为官这个基本政治立场不变的前提下,逐渐放开对商业发展的限制,以改善社会经济状况和国家财政紧张的局面。国家财政方面,则按照量出为入的原则,来确定税赋的比例与额度,作为国家财政行政办公费用支出重要组成部分,由于自天子以至封君有汤沐邑收入可以自给自足,大大减少了国家行政办公费用的压力,所以当时从社会整体情况来看,税种较少、税赋不重。

不仅如此,国家还出台了宽松的货币政策,允许民间铸币,来促进经济发展,由此却出现物价飞涨、虚假经济繁荣的景象。"为秦钱重难用,更令民铸钱,一黄金一斤,约法省禁。而不轨逐利之民,蓄积余业以稽市物,物踊腾粜,米至石万钱,马一匹则百金。"②而物价飞涨影响的仅仅是一般市民的生活。大商人囤积居奇,天子至封君靠汤沐邑产出关系不大,只有没有土地、没有产业的一般市民、贫民辛辛苦苦挣来的硬通货一下子贬值,生活受到严重影响。汉文帝时,为了解决荚钱多且轻的弊端,开始铸四铢钱即半两钱,但由于还允许民间铸币,社会上出现了因为铸币而富比天子的王侯和大商人。"故吴诸侯也,以即山铸钱,富埒天子,其后卒以叛逆。邓通,大夫也,以铸钱财过王者。故吴、邓氏钱布天下,而铸钱之禁生焉。"③吴王刘濞因为境内有铜山,大量铸钱,富比天子,加之大规模煮盐、招纳工商,势力日益壮大,处处与中央政权对抗。矛盾在汉景帝颁布削藩令后升级,吴王刘濞联合楚赵等国公开叛乱,史称"七王之乱"。

平定"七王之乱"虽然以胜利告终,但艰苦的平叛使本就不充裕的国库日益紧张,雪上加霜的是匈奴还多次侵犯帝国北部边境,边境粮草供给困难。于是"募民能输及转粟于边者拜爵,爵得至大庶长。"④到汉景帝时,发生大面积旱灾,"亦复脩卖爵令,而贱其价以招民;及徒复作,得输粟县官以

---

① 《史记·平准书》。
② 《史记·平准书》。
③ 《史记·平准书》。
④ 《史记·平准书》。

除罪。"①

经过六十余年的休养生息,社会经济状况和国家财政得到改善,出现了"文景之治"的繁荣景象。至汉武帝时期,如果不遇上大的自然灾害,老百姓都能过上比较安定的生活。国家财政和物资储备也有了一定的积累:"都鄙廪庾皆满,而府库余货财。京师之钱累巨万,贯朽而不可校。太仓之粟陈陈相因,充溢露积于外,至腐败不可食。"②与此相对应的社会经济生活和经济伦理关系也发生重要变化。"众庶街巷有马,阡陌之间成群,而乘字牝者傧而不得聚会。守闾阎者食粱肉,为吏者长子孙,居官者以为姓号。故人人自爱而重犯法,先行义而后绌耻辱焉。"③家庭经济状况直接影响着社会生活和社会交往。物质生活的富足,社会地位的稳定,使社会道德风尚也随之改善,人人知道自爱,把犯法看得很重,崇尚行义,厌弃做耻辱的事。但任何事情都有两面性,经济发展使贫富差距日益拉大,出现了富人恃财而骄、横行乡里的现象。社会风气方面,则奢靡之风日益严重。可见社会经济发展与道德风尚之间的关系远非二律背反或相互促进这么简单,社会道德状况除受经济因素决定外,还与社会价值观的倡导情况、国家法治的健全程度密不可分。

(二)汉武帝时期的经济变革与经济伦理关系变迁

汉武帝作为一代君主,在历史上写下了浓墨重彩的一笔。扫匈奴、征朝鲜、平南越、通西域,连年征战,国家财政陷入前所未有的危机,国库空虚,"大农陈藏钱经耗,赋税既竭,犹不足以奉战士。"④加之自然灾害的影响,地方财政也难以为继,根据《平准书》记载,"山东被水灾,民多饥乏,于是天子遣使者虚郡国仓㢔以振贫民。犹不足,又募豪富人相贷假。尚不能相救,乃徙贫民于关以西,及充朔方以南新秦中,七十余万口,衣食皆仰给县官。数岁,假予产业,使者分部护之,冠盖相望。其费以亿计,不可胜数。于是县官

---

① 《史记·平准书》。
② 《史记·平准书》。
③ 《史记·平准书》。
④ 《史记·平准书》。

大空。"①与国家财政危机和百姓生活难以为继并存的则是,"而富商大贾或蹛财役贫,转毂百数,废居居邑,封君皆低首仰给。冶铸煮盐,财或累万金,而不佐国家之急,黎民重困。"②贫富极度分化,商人在经济伦理关系中逐渐成为主导,连封君都要看商人脸色。这种情况显然是统治者和贫苦百姓都不能忍受的。一场经济变革逐渐酝酿成熟。

为了加强国家对社会经济的管理力度,增加国家财政收入,汉武帝开始了以币制改革、选商为官、均输平准、算缗告缗为主要内容的全方位的经济变革。

首先,国家收回民间铸币的自由,逐渐把制造发行货币的权力收归中央政权,并逐渐建立起了以皮币、白金和五铢钱构成的国家货币体系。币制改革使中央政权逐渐获得了经济上的主动权,为国家宏观调控的实现奠定了基础。

紧接着,汉武帝开始了增加财政收入的全面探索。能否懂经济、增加国家财政收入成了新的选官用官的标准,以东郭咸阳、孔仅、桑弘羊为首的一大批商业精英走向政坛。商业精英与国家权力结合,催生了一种新的经济形式——官办产业的出现。"于是以东郭咸阳、孔仅为大农丞,领盐铁事;桑弘羊以计算用事,侍中。"③东郭咸阳本就是齐国的大盐商,孔仅是南阳的大铁商,深深体会到盐铁在社会经济中的基础作用,所以从盐铁专卖开始,将自己生累千金的本事,货与帝王家。用东郭咸阳和孔仅的话说,"山海,天地之藏也,皆宜属少府,陛下不私,以属大农佐赋。原募民自给费,因官器作煮盐,官与牢盆。浮食奇民欲擅管山海之货,以致富羡,役利细民。其沮事之议,不可胜听。敢私铸铁器煮盐者,钛左趾,没入其器物。郡不出铁者,置小铁官,便属在所县。"④至此,东郭咸阳和孔仅已经彻底地背叛了自己的商人身份,成为统治阶级的一员。他们不仅为统治者出了盐铁官办的主意,亲自操刀实施,更向统治者建议对于私铸铁器煮盐的人,给予夺去左脚脚趾并没收器物的严厉惩罚,以保证不会有人为了高额利润而铤而走险、以身试法。

---

① 《史记·平准书》。
② 《史记·平准书》。
③ 《史记·平准书》。
④ 《史记·平准书》。

但要负责全国的盐铁官卖,仅仅依靠东郭咸阳和孔仅是不够的,很多盐商、铁商因为精于此道,而获选为官。这些商人放弃自己身份的同时,与统治者合流,官商、农商之间的经济伦理关系发生重大改变。

如果说东郭咸阳、孔仅直接由商入官,还有能否得到最高统治者完全信任之忧问题的话,那么从13岁起就工作和生活在天子身边的桑弘羊,无疑是天子的近臣和心腹,在从政之初就有了比别人更多的优势和更高的起点。汉武帝不仅信任桑弘羊、重用桑弘羊,为桑弘羊一系列创新政策的实施开绿灯,更在临终之际,把桑弘羊作为托孤重臣,其感情可见一斑。桑弘羊也没有辜负汉武帝的重托,一生兢兢业业,恪尽职守。

从当上大农丞,管理有关会计事务开始,桑弘羊逐步建立了均输制度来流通货物,到任治粟都尉,领大农之时,桑弘羊的商业智慧与政治权力完美结合。首先,桑弘羊看到"诸官各自市,相与争,物故腾跃,而天下赋输或不偿其僦费"①的情况,在大农设置部丞数十人,分配到全国各地负责,在各县设置盐铁官,"令远方各以其物贵时商贾所转贩者为赋,而相灌输。置平准于京师,都受天下委输。召工官治车诸器,皆仰给大农。大农之诸官尽笼天下之货物,贵即卖之,贱则买之。如此,富商大贾无所牟大利,则反本,而万物不得腾踊。故抑天下物,名曰'平准'。"②以商人所转贩者为赋,借助商人智慧,利用国家宏观调控能力,掌握了全国商业发展的命脉,使商人因为获得不了高额利润而返本务农,从而在不影响社会经济发展的前提下,巩固了农业的基础地位。桑弘羊的这项主张得到了汉武帝的支持,于是"天子北至朔方,东到太山,巡海上,并北边以归。所过赏赐,用帛百余万匹,钱金以巨万计,皆取足大农。"③因为均输平准政策的实施,在天子巡游,赏赐用帛百余万匹,钱币和黄金以巨万计的情况下,大农都补给充足。不仅如此,为了保证粮食等国家重要战略物资的储备,桑弘羊还请求,官员可以缴纳粮食补官,犯罪的人可以纳粮赎罪,老百姓向国家缴纳数量不等的粮食,可以免除终身徭役,还不受告缗令的影响。向各地政府交纳粮食也可以得到不等的好处。在这一政策的激励下,山东漕运到京的粮食每年增加了六百万石。

---

① 《史记·平准书》。
② 《史记·平准书》。
③ 《史记·平准书》。

一年之中,太仓、甘泉宫仓堆满了粮食,边境剩余的粮食和其他物品,按均输法折为帛五百万匹。对此,司马迁给予高度评价,"民不益赋而天下用饶。"①不向百姓增收赋税而国家地方财政能很好地支撑全国的花费。"平准之立,通货天下。既入县官,或振华夏。"②可见,司马迁高度认可桑弘羊的均输平准之策。

在币制改革、选商为官、均输平准的基础上,为了对付积货逐利的商贾,有公卿建议:"郡国颇被灾害,贫民无产业者,募徙广饶之地。陛下损膳省用,出禁钱以振元元,宽贷赋,而民不齐出于南亩,商贾滋众。贫者畜积无有,皆仰县官。异时算轺车贾人缗钱皆有差,请算如故。"③这是说要对为富不仁的商人征收巨额财产税。比巨额财产税更可怕的是,告缗令的实施,"杨可告缗遍天下,中家以上大抵皆遇告。杜周治之,狱少反者。乃分遣御史廷尉正监分曹往,即治郡国缗钱,得民财物以亿计,奴婢以千万数,田大县数百顷,小县百余顷,宅亦如之。于是商贾中家以上大率破,民偷甘食好衣,不事畜藏之产业,而县官有盐铁缗钱之故,用益饶矣。"④大部分商人破产,商业发展受到严重打击。很多商人处境悲惨,辛辛苦苦经营所得,一夜之间尽归国有。百姓的生产积极性也因此遭到极大破坏,人们开始不思生产,偷甘食好衣,而不发展自己的产业。正如司马迁所评价的,"增算告缗,哀多益寡"⑤。

算缗告缗的实施还对社会风气造成了极坏的影响,"世家子弟富人或斗鸡走狗马,弋猎博戏,乱齐民"⑥。为了改善社会风气,国家采取的是"株送徒"的政策,用先入网案犯供出同案犯的方法,使得数千人被供出,同时由于入财者得补郎,国家选官用官制度遭到极大破坏,并形成了恶性循环,进而成为社会经济发展的重大阻碍。特别是山东面临水灾,出现了"及岁不登数年,人或相食,方一二千里"⑦的情况,天子不得已令这些灾民迁徙到江南定

① 《史记·平准书》。
② 《史记·平准书》。
③ 《史记·平准书》。
④ 《史记·平准书》。
⑤ 《史记·平准书》。
⑥ 《史记·平准书》。
⑦ 《史记·平准书》。

居。不仅如此,汉武帝巡游郡国时,还出现了官员因为不能招待好皇帝和随从而自杀、被杀的情况。皇帝还发现"新秦中或千里无亭徼"①的情况,为了促进社会发展,皇帝在新秦中试点,"令民得畜牧边县,官假马母,三岁而归,及息什一,以除告缗,用充仞新秦中"②。告缗自此成为统治者需要时就随手拿起、不需要时就暂时废止的利器。正因为算缗告缗政策的不确定性,我国历史上,百姓在财产方面有着极强的不安全感,因担心财产有随时被没收之虞,生产积极性受到制约。

(三)卜式桑弘羊之争与经济伦理评价

卜式和桑弘羊一样,是得到汉武帝和司马迁高度评价的历史人物。所谓"弘羊心计,卜式长者"③,如果司马迁认为桑弘羊以智慧闻名于世,卜式则是举世公认的道德楷模。尽管如此,但卜式和桑弘羊在官办经济、财富共享等问题上存在着不同的主张。甚至在天旱求雨时,卜式发出了"烹弘羊乃雨"的言论,可见其对桑弘羊的切齿之恨。但卜式对桑弘羊如此不满,并不是因为私人恩怨,而是对桑弘羊所实施的官办经济的反对。

卜式的出现在一定程度上促成了后来的算缗告缗政策的实施。作为《平准书》除汉武帝和桑弘羊之外的第三号人物,卜式是作为道德榜样出场的。首先在汉武帝征匈奴时,卜式"上书,原输家之半县官助边"④。在汉武帝派使节询问卜式"欲官乎""家岂有冤,欲言事乎"⑤时,得到的答案是否定的,在使节进一步追问"苟如此,子何欲而然?"⑥时,卜式回答:"天子诛匈奴,愚以为贤者宜死节于边,有财者宜输委,如此而匈奴可灭也。"⑦丞相公孙弘认为这是不合人情的,并对汉武帝说卜式有不轨之心,不要理他。捐半数家财助边未果,并未影响卜式的报国之心。在贫民迁至卜式乡里,地方财政难

---

①《史记·平准书》。
②《史记·平准书》。
③《史记·平准书》。
④《史记·平准书》。
⑤《史记·平准书》。
⑥《史记·平准书》。
⑦《史记·平准书》。

以保障的情况下，"卜式持钱二十万予河南守，以给徙民。河南上富人助贫人者籍，天子见卜式名，识之，曰'是固前而欲输其家半助边'，乃赐式外繇四百人。式又尽复予县官。"①卜式的这一善举使汉武帝看到了卜式的拳拳之心，于是给了卜式可以免除四百人赴外服徭役的权力，卜式又把这一权力给了县官。卜式主动把钱拿出来与国家、贫民共享的行为和当时富人争相隐匿财产的现象形成了鲜明的对比。汉武帝就把卜式作为道德楷模，让百姓学习效法。后来卜式为汉武帝牧羊，被封为县令、齐相，正式成为统治阶级的一分子。

而在汉武帝平定南越之乱时，卜式的一封上书，在使天下富人汗颜的同时，坚定了汉武帝实行算缗告缗政策的决心。卜式说"臣闻主忧臣辱。南越反，臣原父子与齐习船者往死之"②。汉武帝对于卜式的上书给予了高度评价，下诏并布告天下说："卜式虽躬耕牧，不以为利，有余辄助县官之用。今天下不幸有急，而式奋原父子死之，虽未战，可谓义形于内。赐爵关内侯，金六十斤，田十顷。"③但汉武帝的这一号召，并没有得到天下人的响应。国家的数百侯爵没有请求从军抗击羌、越的，汉武帝对此万分失望，在这些侯爵缴纳恭赋时，以各种名目剥夺了百余人的侯位。同时为了对付那些不能与国家百姓同甘苦、共命运的富豪，"天子既下缗钱令而尊卜式，百姓终莫分财佐县官，于是告缗钱纵矣"④。算缗告缗政策出台。卜式与算缗告缗政策的实施没有直接关联，汉武帝用极少数道德楷模的标准要求大多数人未果才是算缗告缗政策出台的导火索。有了卜式的主动共享作为参照，没有卜式道德觉悟的大多数富豪就不得不面临被告缗破产的命运了。

而卜式对桑弘羊的不满，集中表现在由他所实施的盐铁专卖、均输平准的政策。从一定程度上来说，盐铁专卖和均输平准都是国家在宏观调控方面的创新，是国家兴办国有经济的开始。这种国有经济的发展对于国家政权稳定、缩小贫富差距、完善社会保障无疑具有重要的积极意义。但经济与政治权力的结合带给社会政治经济的绝不仅仅限于正面的影响。

---

① 《史记·平准书》。
② 《史记·平准书》。
③ 《史记·平准书》。
④ 《史记·平准书》。

卜式就看到了这种国有经济的弊端,他在齐国为相时看到"郡国多不便县官作盐铁,铁器苦恶,贾贵,或强令民卖买之。而船有算,商者少,物贵"①。官卖的盐铁不仅质量低劣,而且价高,还存在着利用职权强卖的情况。不仅如此,官方还垄断经营,使物价飞涨。卜式还让孔仅把自己的观点告诉汉武帝。但这很显然触及了汉武帝所代表的统治者的深层利益,汉武帝因此对卜式不满。

在天遇旱灾,皇帝令官求雨的时候,卜式说:"县官当食租衣税而已,今弘羊令吏坐市列肆,贩物求利。"②官员的收入应该来源于国家的赋税,但桑弘羊让官员摆摊设点,从事货物买卖而求利。这是与民争利的行为,煮了桑弘羊,天自然就会下雨了。按照儒家传统观点,"君子喻于义,小人喻于利"③,官员和老百姓应各司其职、各守其分。卜式的观点值得我们反思。

桑弘羊与卜式孰是孰非,我们无意做出评价,但由此可以看出,当时社会已经有了不同的经济伦理评价标准,是更加关注效率,还是更加关注公平,这可能就是《平准书》给我们的经济伦理启示吧。

第二节　班固和《汉书》的经济伦理思想

本节研究的是班固和《汉书》的经济伦理思想,《汉书》记载了上起秦朝末年下至王莽地皇四年整个西汉王朝以及王莽新朝在内的两百余年的历史,比较全面地反映了西汉的政治、经济、文化状况及王朝兴衰的过程,为我们研究班固和《汉书》经济伦理思想提供了丰富资料。本节以《汉书》中《食货志》《货殖传》为主要参考资料,从经济史实中探寻班固的经济伦理思想。本节主要从以下四个方面对班固《汉书》的经济伦理思想进行相应的分析:(1)以食为本的生产观;(2)均赋明礼的分配观;(3)义利互进的商业论;(4)崇俭黜奢的消费观。

---

① 《史记·平准书》。
② 《史记·平准书》。
③ 《论语·里仁》。

一、以食为本的生产观

物质资料的生产活动,是以一定社会关系联系起来的人们,通过改造自然,创造自己生存的物质资料的活动。它是人类社会赖以存在和发展的基础。在生产、交换、分配、消费所构成的社会经济运动总过程中,生产是起点,居于主导地位。因此班固在《汉书》中关于生产活动的伦理价值,成为我们研究其经济伦理思想所关注的首要问题。

(一)生产过程的价值取向

发展生产的直接目的就是满足国家和人民生存发展的需要,《汉书·食货志》开篇就提到:"《洪范》八政,一曰食,二曰货。食谓农殖嘉谷可食之物,货谓布帛可衣,及金、刀、龟、贝,所以分财布利通有无者也。二者,生民之本,兴自神农之世。"[1]在班固看来,以食作为生产的根本,其历史源远流长,自中华文明早期的神农之世就已经产生了。因此,作为养万民根本的粮食必须引起统治阶级的重视。"食足货通,然后国实民富,而教化成"[2],表明班固重视食的目的是实现国富民强,和谐发展生产的目的是国家殷实人民富裕,但其最终目的是实现社会道德生活和人际关系的和谐,形成良好的政教风化。因为经济基础决定上层建筑,只有实现了国富民强的基础,才能提高社会整体的道德水平。

班固认为先进的耕作技术和生产工具可以提高农民的生产积极性和工作效率,从而提高粮食产量。他在《汉书》中详细记载了赵过"代田法"的推广。汉武帝末年,赵过奉命在三辅推行代田法,先是"二千石遣令长、三老、力田及里父老善田者受田器,学耕种养苗状"[3],其后又"令命家田三辅公田,又教边郡及居延城"[4],治粟都尉赵过在农民生产经验的基础上,总结出一套

①《汉书·食货志》。
②《汉书·食货志》。
③《汉书·食货志》。
④《汉书·食货志》。

适合黄土高原耕作的代田法,每亩产量可超过原来一斛到两斛。汉政府在关中和西北边郡加以推广,提高了土地单位面积的产量。赵过以最高农官的身份,把这项新技术、新农具用行政手段大力推广开来,可见对农业的重视。班固也评价说:"其耕耘下种田器,皆有便巧。"①重视农业中的先进技术的价值取向,表明班固在生产上务实的品格。

在生产过程中,除了重视农业中生产技术的使用以提高生产力外,班固还强调应当保持人与自然的和谐,生产不应该以损害自然的利益为代价,据《汉书·货殖传》记载:"育之以时,而用之有节。草木未落,斧斤不入于山林;豺獭未祭,罝网不布于野泽;鹰隼未击,矰弋不施于徯隧。既顺时而取物,然犹山不茬蘖,泽不伐夭,蝝鱼麛卵,咸有常禁。所以顺时宣气,蕃阜庶物,蓄足功用,如此之备也。"②

生产也要按照一定的时令,符合自然生产发展的要求。在草木的叶子没有凋落时,不能进入山林砍伐;在农历正月前,不能到江湖打鱼;在农历九月前,不能到田野捕兽;在农历七月前,不能到小路边上捕射飞鸟。除了要顺应时令生产外,还不能在山里砍小树,在湖边割嫩草,不能捕捉幼小的虫、鱼、兽,不能采集鸟蛋。这是为了顺应时令气候,使各种生物得以繁殖。这样做就可以充分发挥自然的功效,使各种财物储备富足。发展生产应顺应天地的自然规律"育之以时"。另外,根据土地的自然情况不同,土地的使用情况也应该不同,"民受田:上田夫百亩,中田夫二百亩,下田夫三百亩。岁耕种者为不易上田;休一岁者为一易中田;休二岁者为再易下田,三岁更耕之,自爰其处……此谓平土可以为法者也。若山林、薮泽、原陵、淳卤之地,各以肥硗多少为差。"③百姓接受田地,好田是一百亩,中田就是二百亩,差田就是三百亩。每年耕种的人不交换好田;休耕一年的交换一次中田;休耕两年的交换两次差田,三年就交换耕种,自行改变位置。如果是山地、林地、大湖、丘陵、盐碱浸渍之地,就各按肥沃贫瘠的程度作为等级来使人民利用土地资源。

无论从目的还是手段看,发展生产都包含深刻的社会伦理意义。生产

---

① 《汉书·食货志》。
② 《汉书·货值传》。
③ 《汉书·食货志》。

既是一个自然过程、物质变化过程，同时，又与人类价值观的形成、发展和变化密切相关。物质生产本身虽然没有价值取向，但物质生产的主体有价值取向的。无论是吸取先进生产技术以促进生产的提高，还是在生产过程中重视生态，都与生产主体的价值取向密切相关。

（二）生产伦理建设与社会治理

班固在《食货志》中引用管仲的话说："仓廪实而知礼节"，"民不足而可治者，自古及今，未之尝闻。"①他认为物资不充足是没有办法治理百姓的，所以想要使国家繁荣，社会稳定，就要先"富之"然后再"教之"。"凡治国之道，必先富民"，班固认为治国的根本方式即在于先"富之"后"教之"。发展生产的直接目的是富民富国，满足人民的基本生活物资需求，而最终目的是在此基础上提高人们的道德水平，实现"四民有业"士农工商协调发展，进而稳定社会秩序，实现封建政治统治的长治久安。

班固认为治理人民的根本方法在于解决土地问题。《食货志》认为统治者要设置田亩，"理民之道，地著为本。故必建步立亩，正其经界。六尺为步，步百为亩，亩百为夫，夫三为屋，屋三为井，井方一里，是为九夫。八家共之，各受私田百亩，公田十亩，是为八百八十亩，余二十亩以为庐舍。出入相友，守望相助，疾病相救，民是以和睦，而教化齐同，力役生产可得而平也。"②所以一定要建立步来设置田亩，纠正土地的分界。这样人们进出互相友善，大家互相帮助，有疾病就互相救护，人民因此和睦，从而使政教风化统一。

在解决土地占有关系和消除贫富对立上，班固把西周的"井田制"作为参考模式来制定自己的"田制"思想。他综合了《孟子·滕文公》篇、《周礼·大司徒·遂人》篇和《诗经·小雅·大田》、《豳风·七月》的内容，记载了古代的井田制度。从班固的记述中可以看出，班固赞赏古代的井田制度，但因时代发展，世势变化，要完全恢复古代的井田制度是不可能的，所以，班固赞赏古代的井田制度，主要是赞赏井田制度平均分配土地的精神，他同意"不

---

① 《汉书·食货志》。
② 《汉书·食货志》。

患寡而患不均,不患贫而患不安"的观点,主张"正其经界",以口授田,每位农民都应该有一份土地,以保证农业生产的正常进行和发展。因此,他反对贵族豪强兼并土地,对那种"富者田连阡陌,贫者亡立锥之地"的现象,深恶痛绝,主张限制土地兼并,以便保证农民的正常生产和生活,生产过程中不能伤害农民的利益。

二、均富明礼的分配观

中国传统经济伦理观把道德人格的完善、道德生活的和谐看作生产活动的最终目的,班固在这种思想的支配下,十分重视分配道德,把分配看成能否缓和阶级矛盾、减少社会纷争,保持人际关系和谐的关键所在,从而形成了"道之以德,齐之以礼"和"不患寡,患不均"的平均分配伦理观。这种平均主义的分配观实际上是一种在等级制度基础上的"制礼明分"的均衡分配。

班固在《汉书·货殖传》中提出:"昔先王之制,自天子、公、侯、卿、大夫、士至于皂隶、抱关、击柝者,其爵禄、奉养、宫室、车服、棺椁、祭祀、死生之制,各有差品,小不得僭大,贱不得逾贵,夫然,故上下序而民志定。"[①]班固认为,社会中本来就存在一定的社会秩序和等级,每人都应该安于其所处的社会阶层而不得僭越。然后按照他们各自的社会地位,去分享所应得的物质利益,从而保证了上下有序、下富上尊、贵贱不逾的"先王之制"能够得到实践。这种平均主义分配观是由生产过程中历史规定的特殊社会形式,以及汉朝生活再生产过程中阶级互相所处关系产生的分配关系所决定的。

班固所主张的平均分配并不是一种绝对的平均,而是在维护封建地主阶级统治的前提下,各阶级、阶层各得其所应得的相对均衡。他在《汉书·食货志》开篇引用孔子的话:"不患寡而患不均,不患贫而患不安,盖均亡贫,和亡寡,安亡倾。"他不担心分配的少而担心不平均,平均了就没有贫苦,协调处理好这个问题就没有多寡之分,这样社会才能安定。他认为,统治阶级之间的相互侵夺,会造成统治阶级内部的不稳定,会导致尔虞我诈、你死我

---

① 《汉书·货殖传》。

活的残酷斗争。因为相互侵夺的结果是一些贵族富起来，一些人没落贫穷，造成贫富不均和国家的分裂动乱。贵族阶级内部贫富的对立，往往是动乱的根源。因此，他要求富者要"富而教之"，对财富的占有要遵循礼制的规定，以保证整个社会的均衡和谐。

班固认为上不可争夺国家利益，下不可堵塞百姓生路。他认为山川铜铁鱼盐之利应当属于国家，山海资源的垄断权应归朝廷，不能由私人控制与垄断，私人不能利用国家资源积累财富。他对一些大商人"公擅山川铜铁鱼盐市井之人，运其筹策，上争王者之利，下锢齐民之业"①表示不满，认为"皆陷不轨奢僭之恶"。这一观点还突出地表现在对桑弘羊均输平准、盐铁官营等财政政策的评价上，他认为桑弘羊代表汉武王朝的意志打击那些置社稷黎民于不顾的富商大贾，力佐汉武帝将铸钱、煮盐、冶铁三大利收归国有，运用均分的经济伦理手段挽救了西汉政府的财政危机，国用饶给，而民不益赋。

统治者应该善待人民，若使人民过于贫穷，会激化社会矛盾，所以既不能使富者太富，也不能使贫者太贫，而应折衷取之，这样就会相安无事。所以，班固主张轻赋薄敛等一系列"善民""富民"的分配政策。他在《食货志》中记载了针对汉初的经济凋敝现象，汉文、景、武、昭各帝，积极采纳了贾谊的"积蓄"、晁错的"贵粟"和耿寿昌的"常平仓"等均衡分配的建议，还记载了"约法省禁，轻田租，什伍而税一，量吏禄，度官用，以赋于民"②的做法，肯定了统治者在租税问题上调控各阶层利益关系的重要性，要把国富建立在民富的基础上的观点，这是相当有远见卓识的，对由此产生的西汉经济繁荣局面大为赞扬，同时批判了西汉后期出现的"豪富吏民訾数巨万，而贫弱愈困"及"天下虚耗，人复相食"的现象。特别揭露了新莽末年"枯旱霜蝗，饥馑荐臻"，造成百姓流离失所，饿死者十之七八的惨状。他主张富者、贫者各得其分，不要使富者太富以致骄奢、贫者太贫以致不足以活命，否则，社会矛盾的激化势必引发农民起义，出现乱势。"取民有制"，满足百姓的基本生活要求，维持好等级差别，才能保证全社会人人各得其所，安居乐业。

---

① 《汉书·货殖传》。
② 《汉书·食货志》。

班固的均衡分配经济伦理思想,要求社会财富的平均分配,实现社会公平和公正。这种平均主义的分配要求在农民起义中得到了最集中的体现,同时也作为调整经济利益关系和阶级利益关系的道德原则,成为中国传统经济伦理思想的组成部分。

三、义利互进的商业论

班固肯定商品流通和交换的道德价值,他认为商品流通和交换可以"分财布利通有无"①,因此商人的交换活动是有价值、有意义的活动,通过交换劳动获取利益也是合理正当的。但是在商品交换过程中要遵守"以义制利""义中取利"的伦理原则,他反对见利忘义的奸商,以及弄法犯奸的地主豪强。

在中国传统经济伦理思想关于交换的伦理依据中,儒家"重义轻利""义以制利"的义利观起到了基础性和指导性作用。班固的经济伦理思想也受儒家思想的影响,他秉承"贵义而贱利"的交换经济伦理思想。他在《货殖传》开篇就表明了观点:"昔先王之制,自天子、公、侯、卿、大夫、士至于皂隶、抱关、击柝者,其爵禄、奉养、宫室、车服、棺椁、祭祀、死生之制,各有差品,小不得僭大,贱不得逾贵……于是在民上者,道之以德,齐之以礼,故民有耻而且敬,贵义而贱利。此三代之所以直道而行,不严而治之大略也。"②他认为要用道德来引导人们在经济过程中的行为,用礼制来统一他们,使人民有廉耻而且讲礼仪,重视仁义而轻视财利。沿着夏、商、周三代的正确道路去发展,就不需采用严酷的政治,只需要道德约束就能使国家长治久安。

从《汉书》中我们可以看出,班固以儒家的道德标准和价值观念为基础,以"义"为准绳去褒贬人物,深刻地反映了班固"贵义贱利"的经济伦理思想。关于西周末年以来的社会变化,班固着意指出,齐桓晋文之后,"礼义大坏:上下相冒,国异政,家殊俗,者欲不制,僭制差亡极"③,在这样的历史条件下才出现了"编户齐民同列而以财力相君,守道循理者不免于饥寒之患"这样

① 《汉书·食货志》。
② 《汉书·货殖传》。
③ 《汉书·货殖传》。

令人痛心疾首的事变。班固在《货殖传》中对在巨富的编撰上有"贵义贱利"的思想倾向。如班固对子贡的经商致富是持保留意见的，"七十子之徒，赐最为饶，而颜渊箪食瓢饮，在于陋巷……然孔子贤颜渊而讥子赣，曰'回也其庶乎？屡空。赐不受命，而货殖焉，意则屡中。'"①他认为子贡"不受命而货殖焉"，不过是侥幸得中罢了，后人不可效仿。认为"富者骄而为邪"，他主张富而教之，前提条件是富，只有富了进行思想教育才能收到好效果。但班固"贵义而贱利"的经济伦理思想并不是不要经济利益，只要道德高尚，而是要解决经济发展中的奸富问题。

《货殖传》中宣曲任氏，在秦朝末年"豪桀争取金玉"的形势下，"独窖仓粟"，楚汉战争时"民不得耕种，米石至万"，任氏因此致富。后来，"富人奢侈，而任氏折节为力田畜"，别人争买贱货，他则不计贵贱，唯在良美。家约规定"非田畜所生不衣食，公事不毕则不得饮酒食肉"。对任氏这种"折节力田，务于本业，先公后私，率道闾里"而致富者，班固大加赞赏，视为善富，认为"富而主上重之"。相反，对那些乘国家危难之机大发横财者，班固则坚决反对。

当时，晁错曾指出，有许多"商贾大者积贮倍息，小者坐列贩卖，操其奇赢，日游都市，乘上之急，所卖必倍。故其男不耕耘，女不蚕织，衣必文采，食必粱肉；亡农夫之苦，有仟伯之得。"②"乘上之急，所卖必倍"，就是乘国家危难之时，大发国难财。对靠这种手段致富者，班固是不赞成的。同时对"商贾以币之变，多积货逐利"，班固也不赞成，他认为靠这种手段致富，不会给社会增加财富，对"国实民富"并没有多少好处。西汉建国之初，经济困难，一些"不轨逐利之民，蓄积余业以稽市，物踊腾粜，米至石万钱，马至匹百金"。这些富商大贾操纵市场，造成物价上涨，引起市场混乱，给国家经济造成一定困难。还有一些工商业者"冶铸煮盐，财或累万金，而不佐公家之急"等等。在班固的眼里，士农工商都应该以国家利益为重，在国家困难之时，应该帮助国家，而不应该乘国家困难之机，大发不义之财。所以，他对这些在国家危难之机"不佐公家之急"而大发国难财的工商业者是大力反对的，

① 《汉书·货殖传》。
② 《汉书·食货志》。

主张国家要通过管理和教育，予以解决。班固还反对工商业者通过贿赂王侯、利用国家权力而致富。在《货殖传》中，他对成都罗裒"数年间致千余万""举其半赂遗曲阳、定陵侯，依其权力，赊贷郡国，人莫敢负。擅盐井之利，期年所得自倍"表示不满，认为正常经商者不应该交通王侯等官吏，靠借助官吏的权势去致富。班固认为，如果依靠这种超经济手段去致富，就是以奸取利。

四、崇俭黜奢的消费观

提倡崇俭黜奢不仅是《汉书》中的消费伦理思想，同时也是中国传统经济伦理思想关于消费的一贯思想。小农经济的条件下，社会总财富供给不足，因此消费的总体趋势是强调节俭。在《汉书·食货志》中，班固提到"生之有时，而用之亡度，则物力必屈。"生产物资如果在使用的时候没有节制，那么物资一定会穷尽。班固还引用贾谊《论积贮疏》强烈表达自己反对奢侈浪费的思想感情："古之治天下，至纤至悉也，故其畜积足恃。今背本而趋末，食者甚众，是天下之大残也；淫侈之俗，日日以长，是天下之大贼也。残贼公行，莫之或止；大命将泛，莫之振救。生之者甚少，而靡之者甚多，天下财产何得不蹶！"①

古代人治理天下，相当细致和全面，所以他们的积蓄足以令人放心。现在背弃根本，趋向末端，吃闲饭的人相当多，这是天下最大的伤害；过分奢侈的风俗，一天一天地增长，这是天下最大的害处。残忍暴虐的行为公开进行，没有人来制止；国家将倾覆，没有人来拯救。生产的人更加减少而浪费的人更多，天下的财产怎么能不竭尽呢？

过分奢侈才是导致农民舍本求末、国家灭亡的根本原因。可悲的是在汉代统治阶级的一些人看来，农民之所以饥寒交迫和乱法犯禁，只是因为"本末不足相供"，亦即弃农经商的人太多了，这是一种错误认识。所以，如果一味盲目地抑制工商业的发展并不能解决实质问题，反而更加破坏社会经济的发展秩序。班固充分地认识到了农民饥寒交迫和铤而走险的根本原

---

① 《汉书·食货志》。

因在于封建官府与地主阶级的残酷剥削和压迫,而这种压迫的根本原因在于财富的分配和消费违背了适度原则。奢靡之风引起了财富不均,农民离开土地到城市谋生,绝大多数是迫不得已的。事实上,大批农民离乡背井,更多的是成为流民,能够经商的是极少数。认为农民"背奉"就是"趋末","趋末"就是从事商业,这种认识是不深刻的。班固在《汉书·昭帝纪》说:"比岁不登,民匮于食,流庸未尽还。"说明离乡外出的农民,很多是去从事暂时性的雇佣劳动。他们所从事的这种雇佣劳动,只是弥补生计不足的一种"暂时措施"和"副业"。农民都无法养家糊口,哪里又有多余的财富去从事商业活动、去消费呢?与其说他们是"背本趋末",不如说是"以末补本"。没有人种田,就会极大影响生产力的发展,这种现象所造成的后果是很严重的,甚至会影响到国家的存亡。正如班固在《汉书·食货志》中所说:"公卿大夫以下争于奢侈,室庐车服僭上亡限。物盛而衰,固其变也。"事物由极盛而转为衰败,这本来就是变化的规律。

这种崇俭黜奢的消费道德观念,一方面限制了剥削者的骄奢淫逸、挥霍无度,另一方面也培养了广大人民艰苦朴素、勤俭节约、珍惜劳动成果、反对铺张浪费的优秀道德品质。但是这种消费观要求人们清心寡欲,安贫乐道,甘于受苦,忍耐清贫,剥夺了广大人民追求幸福生活的权利,虽可以使奢靡之风有所收敛,但同时也影响了生产力的发展和人民生活水平的提高。

第三节 《后汉书》的经济伦理思想

一、《后汉书》生产发展背景

东汉光武帝即位后,对四方用兵,连年战争导终致财政窘困,与此同时,商人们趁机放高息,不仅不济国家之困,反而给国家的经济政治秩序带来更多的麻烦。于是,光武帝开始从财政上集权,之后是盐铁官营,垄断大宗商品交易,导致大量商业资金进入土地,其经济关系开始向庄园经济发展。

东汉时期土地私有制持续发展,尤其是地主中的大商人豪强的经济力量得到加强,后来出现了一些具有相当规模的大地主田庄。地主制的不断发展,使土地所有权得到集中,这种转变必然导致贫富分化,尤其是在土地买卖程度比以前有明显提高的东汉时期,土地兼并更显得突出些。西汉时期大土地私有制的发展,受到政府的干预和限制多一些,东汉时期则少一些,政府对大地主的土地兼并,几乎采取了放任政策,这助长了土地高度集中的趋势。东汉时期,政府继续推行秦西汉以来的"禁民二业"政策。《后汉书·刘般列传》载:明帝时"下令禁民二业"。但商人地主势力发展的事实表明,"禁民二业"政策所起的作用是有限的。

西汉末年,新兴的庄园经济日趋成熟,《后汉书·樊宏列传》对其庄园进行了以下描述:"父重字君云,世善农稼,好货殖。重性温厚,有法度,三世共财,子孙朝夕礼敬,常若公家。其营理产业,物无所弃,课役童隶,各得其宜,故能上下勠力,财利岁倍,至乃开广田土三百余顷。其所起庐舍,皆有重堂高阁,陂渠灌注。又池鱼牧畜,有求必给。"这种庄园,是早期庄园发展的代表。这种庄园是一个包括农、林、牧、副、渔综合经营的经济个体,随着这种个体逐渐增多,庄园经济很快得到充分的发展。

从政治角度看,东汉政权是在地主支持下得以建立的,很多庄园主参与了这个政权建立过程。如王莽末年的农民起义时,樊宏将庄园变成武装隐蔽处,"与宗家亲属作营堑以自守,老弱归之者千余家。"[1]在战争的混乱环境下,他"遣人持牛酒米谷劳遗赤眉"[2],使用各种手段将其庄园保护了下来。所以,之后东汉的统治者对庄园主们给予政策上的保护,比如"察举""征辟"等制度都是用来为庄园主接近政权而建立的。东汉初期,庄园主利用宗族成员、奴婢、"客"在其占有的土地上进行生产,其土地范围十分广阔。一经政治保护,庄园经济进一步发展。《后汉书·仲长统列传》记载其事,"使居有良田广宅,背山临流,沟池环匝,竹木周布,场圃筑前,果园树后。舟车足以代步涉之艰,使令足以息四体之役。养亲有兼珍之膳,妻孥无苦身之劳"。

---

[1]《后汉书·樊宏传》。
[2]《后汉书·樊宏传》。

仲长统所言是对现实基础的描述,是对当时庄园生活的客观反映,是一番良田安稳的景象。

从阶层角度看,很多新兴的世家都能够追溯到战国时期。比如廉范,是"赵将廉颇之后也,汉兴以廉氏豪宗,自苦陉徙焉。世为边郡守"①,这个家族数代人"广田地,积财粟",到了东汉,几世累积成为显赫大族。另有一批如弘农杨氏,汝南袁氏,南阳樊氏、阴氏,都是由庄园主积聚成为世家大族。其祖先都掌握着大量的土地及财富。

庄园经济使地主拥有的土地比前代范围更大。这在《后汉书》中可得一见,如章帝时刘康"多殖财货,大修宫室,奴婢至千四百人,厩马千二百匹,私田八百顷"②,庄园主在其土地范围内,运作各种经营,积累了巨额财富。仲长统在《昌言·理乱篇》中说:豪人之室,连栋数百,膏田满野,奴婢千群,徒附万计。船车贾贩,周于四方;废居积贮,满于都城。琦赂宝货,巨室不能容;马牛羊豕,山谷不能受。妖童美妾,填乎绮室,倡讴伎乐,列乎深堂。宾客待见而不敢去,车骑交错而不敢进。三牲之肉,臭而不可食;清醇之酎,败而不可饮。③ 这就是说庄园主的经济实力已经可以比肩王侯,这在前代是未曾得见的。私有经济的发展使得政治与经济逐渐发生交合。

二、《后汉书》的生产伦理

东汉时期,圈有大范围土地的庄园规模已经十分庞大,各地都出现了大的土地主。济南安王刘康"奴婢至千四百人,厩马千二百匹,私田八百顷"④。马防"兄弟贵盛,奴婢各千人已上,资产巨亿,皆买京师膏腴美田……防又多牧马畜,赋敛羌胡"⑤。可以看出,东汉对社会底层开始加重奴役,私有经济在大土地所有制下渐渐成熟。同时,农民对地主的人身依附加强。东汉时期大土地私有制发展,土地更多地集中在地主手中。自耕农多离开土地破

---

①《后汉书·廉范传》。
②《后汉书·光武十王列传》。
③《后汉书·仲长统传》。
④《后汉书·光武十王列传》。
⑤《后汉书·马援传》。

产流亡,流民问题与西汉时期同样严重。如顺帝永建二年,荆豫兖冀四州都有"流冗贫人"。桓帝永兴元年,"百姓饥穷,流冗道路,至有数十万户,冀州尤甚"①。这些离开土地、被置于生产之外的流民,在东汉政府不能进行有效调节的情况下,大多转化为依附性较强的"客""宾客"和"徒附",原有佃农、雇农的地位,也随之下降了。汉代自汉武帝开始到东汉安帝,曾实行"赋民公田",不断地"复""赐""赋""与",给民以土地,表明小农是在不断地失去土地。在小农不断失去土地的同时,地主却是在不断圈占土地,小土地所有制受到大土地所有制的强烈排挤,使小土地所有者失去了他们赖以生存的仅有的少量土地,他们为了维持生活,不得不沦为依附者或奴婢。农民失去了土地,对经济关系而言就是大的变革,小农经济遭到破坏,衣食温饱不能解决,有的成为社会之流民,有的则为封建地主阶级服务。这一定会影响道德评价的变化,无恒产则言利,彼此交之于利,为后期动乱埋下祸患。

政权上东汉上层建筑必须倚赖于庄园经济的进步。因为涉及国家赋税。赋税是封建国家赖以生存的重要支柱,东汉庄园主对国家缴税服役。同时,庄园主还要向国家纳田租。东汉后期,田租一般的税率是"三十税一"②,再加上田亩附加税,东汉政府依此每年获得大量的钱财,维持政权运转。此外,庄园主的土地,还要交纳刍稿税。"刍""稿"同田租一样,也出自田地。这些还不够,庄园主及其家属还必须向国家缴纳人头税。还要对国家服徭役。东汉政府规定,成人每人每年要亲身服役一月,不去者用钱二千直接雇人代服一月之役。此外,还有"更赋",它是成人每年每人必

---

① 《后汉书·孝桓帝纪》。

② 《后汉书·桓帝纪》延熹八年八月条云"戊辰,初令郡国有田者亩敛税钱"。

《后汉书·光武帝纪上》注引《东观汉记》曰"为季父故春陵侯诣大司马府,讼地皇元年十二月壬寅前租二万六千斛,当稿钱若干万。"除了要交纳田租之外,庄园主及其家属、依附人口还必须向国家交纳人头税。《汉书·高帝纪上》云"四年……八月,初为算赋。"颜师古注引如淳曰《汉仪注》民年十五以上至五十六出赋钱,人百二十为一算。"汉代的人头税,除成年人的算赋之外,还有未成年者的人口税,叫作"口赋""口钱"或"头钱"。《汉书·昭帝纪》载元凤四年令"毋收四年、五年口赋"。颜师古注引如淳曰《汉仪注》民年七岁至十四出口赋钱,人二十三。

《汉书·景帝纪》载后元二年五月诏曰"今訾算十以上乃得宦,廉士算不必众"。颜师古注引服虔曰"訾万钱,算百二十七应为百二十之误也。"

《汉书·西域传》其"赞"云"孝武之世……算至车船,租及六畜"《汉书·翟方进传》。有"税城郭埭及园田,过更,算马牛羊,增益盐铁"的话。颜师古注引张晏曰"一丝牛马羊头数出税,算千输二十也。"

《后汉书·朱景王杜马刘傅坚马列传》论曰"永平中,显宗追感前世功臣,乃图画二十八将于南宫云台,其外又有王常、李通、窦融、卓茂,合三十二人。故依其本弟系之篇末,以志功臣之次云尔"。

须戍边三日之役的替代税,每人每年三百钱,这是法定的,豁免权一般不赋予庄园主。这些钱的数量不是一个小数目。同时,庄园主拥有大量财产,还要向国家交纳财产税。"赀算"是对商贾以外居民征收的财产税,它是以财产为税基,以户为单位征收的一个税目,其税率为每一万钱家产纳税一百二十钱。对于庄园中养殖的大量牲畜,国家仍要收取"马口钱"或"六畜税"。综合经营的庄园更须向国家交纳包括酒税、盐铁税、鱼税以及各种土特产税在内的杂税。可见,其国家政权运营与大庄园经济的联系密切,这样的经济关系深刻地影响了当时的社会道德。在义利关系上明显地趋向于取利。

地主实力增强后,在政治上要求更大的权利。原本东汉皇室就是以刘秀为首的南阳地主诸众组成。永平三年(60),汉明帝刘庄在南宫云台阁命人画了二十八将的像,被称为云台二十八将。这二十八人在东汉建立的过程中,战功最为卓越。其中南阳的地主占十一人。[①] 同时,在东汉时期,在郡县右职的就任者中,出身为地主者也占有较大比例。如桓帝时期的朱穆,二十岁为南阳督邮,新太守问"君年少为督邮。因族势为有令德"[②]。可知,当时因族势出仕已是十分普遍。可以看出,社会上层建筑重要影响的主要施加者就是这群新兴的地主阶级。这个阶级与其他阶级之间的共存是东汉经济关系的一个重要影射,并深刻地影响了之后的经济关系。西汉和东汉前期选士还不注重阀阅,公卿中尚有许多家世低贫者。到了东汉中后期则出现了"贡荐则必阀阅为前","选士而论族姓阀阅",由于东汉提倡儒学,传授经典的学地很多,官吏往往在其中选拔。《后汉书·桓荣列传》记载:"中兴而桓氏尤盛,白荣至典,世宗其道,父子兄弟代作帝师,受其业者皆至卿相,显乎当世。"另一方面,东汉的选士逐渐倾向重视门第。《章帝纪》记载曰:"每寻前世举人贡士,或起畎亩,不系阀阅"。这种情况助长了世族势力的强大。一般在儒学的各个宗师身边,会聚集很多其门生故吏。

---

① 《后汉书·马武列传》论曰:"永平中,显宗追感前世功臣,乃图画二十八将于南宫云台,其外又有王常、李通、窦融、卓茂,合三十二人。故依其本弟系之篇末,以志功臣之次云尔。"

② [宋]吕祖谦编纂、[南朝宋]范晔原著:《后汉书详节》卷十二《朱穆》,上海:上海古籍出版社 2007 年版,第 201 页。

另外,私有经济的发展带来诸多政治上的重大影响。东汉时期世家的扩张,使得高官世袭之家层出不穷。

一是"世吏二千石"以上的家族越来越多。樊宏在光武帝时为光禄大夫,其子樊儵在明帝时为长水校尉,其孙樊梵在和帝时为大鸿胪。马援在光武帝时为陇西太守、伏波将军,其子马廖、马防在章帝时为卫尉、光禄勋,马光在和帝时为太仆,其孙马豫、马康在和帝时为步兵校尉、侍中,马巨在安帝时为长水校尉。窦融在光武帝时为大司空,其子窦穆为城门校尉,其孙窦勋尚王公主,其曾孙窦宪在和帝时为大将军,窦笃为卫尉,窦景为侍中,窦瑕为颍川太守。

二是大官僚家族累世得宠封贵。《后汉书·邓禹传》记载:"邓氏自中兴后,累世宠贵,凡侯者二十九人,公二人,大将军以下十三人,中二千石十四人,列校二十二人,州牧、郡守四十八人,其余侍中、将、大夫、郎、谒者不可胜数,东京莫与为比。"《后汉书·梁统列传》载:"冀一门前后七封侯,三皇后,六贵人,二大将军,夫人、女食邑称君者七人,尚公主者三人,其余卿、将、尹、校五十七人。"

这些世族内部,还存在一些经济互助。贫困的成员能够得到宗族富裕的庄园主的经济救济,这在《后汉书》中屡次被提及,而宗族救济贫困是东汉经济关系中的一个常见现象,《后汉书》称樊重"赈赡宗族,恩加乡闾",朱晖"尽散其家资,以分宗里故旧之贫羸者,乡族皆归焉",这种救济活动十分频繁,每年都会定期举行,对帮助贫困宗族人员、稳定社会秩序有一定的积极作用。但是这些救助还是掩盖不了他们在经济上的不平等。

三、《后汉书》关于仲长统思想的描述

仲长统是汉末唯物主义哲学家,进步的思想家、文学家,是东汉社会批判思潮的代表人物。其经济思想广为人知,《后汉书》对仲长统的思想进行了描述。仲长统所在年代,土地兼并十分严重,地主阶级"田亩连于方国""徒附万计",在国家和地主的剥削下,"田无常民,民无常居"。这种情况在以往是极为少见的。他指出:"井田之变,豪人货殖,馆舍布于州郡,田亩连于方国。身无半通青纶之命,而窃三辰龙章之服。不为编户一伍之长,而有

千室名邑之役。荣乐过于封君，势力侔于守令。财赂自营，犯法不坐。刺客死士，为之投命。至使弱力少智之子，被穿帷败，寄死不敛，冤枉穷困，不敢自理。虽亦由网禁疏阔，盖分田无限使之然也。今欲张太平之纪纲，立至化之基趾，齐民财之丰寡，正风俗之奢俭，非井田实莫由也。"①仲长统认为井田制破坏之后所产生的恶果是极为严重的，这使得土地兼并加剧。他认为土地兼并问题的解决还是要回到井田制上来。

仲长统支持土地国有，反对土地兼并。土地国有是他的重要主张。他认为有草的地方都应收为官方田地。远方的州县，山陵洿泽，都应收为国有。但他的主张为私有制发展壮大的条件所限，其恢复井田制的主张不得不转为限田，他说："今者土广民稀，中地未垦；虽然，犹当限以大家，勿令过制………若听其自取，后必为奸也。"②现在土地多人民少，很多地没有开垦，虽然如此，也要限制，不能使其过度开垦，如果听任自取，以后大家就学得奸猾不可控了。

另外，他主张国家在选拔官吏时应少选富人，多留给贫困人一些机会。如果官吏贪腐必然祸乱国家。取"奉禄诚厚，则割剥贸易之罪乃可绝也"③。他还认为，减税不会令人民多益，但俸禄太低，官吏贪污则就十分严重了。仲长统认为增税是提高政府财政能力、恢复政府正常行政职能的重要手段。仲长统从国家整体出发批判了三十税一的税收政策，认为对于东汉社会来说，这一税率过低，长期实行三十税一，会使政府财力减弱，在遇到重大问题时往往会捉襟见肘。政府应该弃用这一政策，改行什一税，通过提高农业税来充实中央财力，以备不时之需。

仲长统曾提到"急农桑以丰委积，去末作以一本业"，表明他非常重视农业生产。另外，他还将天人关系的理论应用于生产实践，指出农业生产应顺应自然规律，"指星辰以授民事，顺四时而兴功业"④是仲长统对天人关系的实际应用。仲长统还注重民众在从事农业时主观能动性的发挥："物有不

①《后汉书·仲长统传》。
②《后汉书·仲长统传》。
③《后汉书·仲长统传》。
④ [唐]魏徵等：《群书治要》。

求,未有无物之岁也,士有不用,未有少士之世也。"①

四、范晔经济伦理思想的民本基础

民本思想作为一种政治思想在我国古代极为重要。民本思想常被史家用来思考、审视、评判历史进程。其根本源于中国先贤对国家体制的一种规律性思考。民本思想强调重民为本,对于国家存在、政权持续具有不以君主意志为转移的规律性,民为邦本,本固邦宁。

《后汉书·光武帝纪》记载,东汉初战争刚止、灾害又盛、人民饥饿,每家人丁不足,刘秀以重人安民为政策,稳定社会民心。他公开地说"天地之性人为贵"。用律规定"民有嫁妻卖子欲归父母者,恣听之。敢拘执,论如律"。放被迫买卖的妻、子归家,加以法律保护。他令各地"检核垦田顷亩及户口年纪",严办贪吏。他"身衣大练,色无重彩,耳不听郑卫之音,手不持珠玉之玩"②,而且规定自己的陵墓不能超过三顷。东汉明帝继位后,"遵奉建武制度,无敢违者"③。到了永平时期,就出现了"天下安平,人无徭役,岁比登稔,百姓殷富,粟斛三十,牛羊被野"的昌盛景象。范晔赞光武帝"务用安静,解王莽之繁密,还汉世之轻法"④;推崇章帝"事从宽厚","除惨狱之科","深元元之爱","著胎养之令","平徭简赋",称赞其统治时期"气调时豫,宪平人富"⑤;赞扬和帝在位,"齐民岁增,辟土世广"⑥。可见,范晔赞同这种有"人性"的统治,通过对帝王的褒贬实现自己的民本价值论。《后汉书·隗嚣列传》中,范晔借隗嚣《移檄告郡国》列举了王莽的罪状。在王莽三大罪状中,第二条为"分裂郡国,断截地络","规锢山泽,夺民本业","造起九庙,穷极土作","发冢河东,攻劫丘垄",是为"逆地之大罪也";第三条为"尊任残贼,信用奸佞,诛戮忠正","行炮烙之刑,除顺时之法","攻战之所败,苛法之所陷,饥馑之所夭,疾疫之所及,以万万计",是为"逆人之大罪也"。王莽逆天地人,任人饥饿而死,而不救济,范晔从反面表达

---

① [汉]仲长统:《昌言·损益》。
② 《后汉书·循吏列传》。
③ 《后汉书·显宗孝明帝纪》。
④ 《后汉书·循吏列传序》。
⑤ 《后汉书·章帝纪》。
⑥ 《后汉书·和帝纪论》。

了他所提倡的民本思想。

范晔还以民本思想评论东汉史事和官吏。他大量采用民间的歌谣、俚语，赞扬清官良吏。如西汉时南阳太守召信臣开沟渎，起水门，广灌溉；东汉时南阳太守杜诗做水排，铸农器，修陂塘，拓土地。《后汉书·杜诗列传》称其为南阳太守时，"性节俭而政治清平，以诛暴立威，善于计略，省爱民役。造作水排，铸为农器，用力少，见功多，百姓便之。又修治陂池，广拓土田，郡内比室殷足"，南阳太守性情节俭而政治清平，爱民便民，使百姓力少而功多，足见其对杜诗的赞扬。这种节俭而与民同富的做法深得人心，独乐乐不如众乐乐，足见其赞扬杜诗与民之"义"，而非取民之"利"。有义自利民，利民自存己，这是其精神的精髓。百姓将杜诗比作西汉时为民兴利的召信臣，并编作歌谣称赞说"前有召父，后有杜母"。《后汉书·张堪列传》记载其为渔阳太守，开稻田，"劝民耕种，以致殷富。百姓歌曰：'桑无附枝，麦穗两岐。张君为政，乐不可支'"。劝导人民耕种，富民于安地，百姓作歌为念，与民同乐，是为政者之大乐，这是范晔要表达的化民之治。《廉范列传》记载，建初中，廉范为蜀郡太守，"成都民物丰盛，邑宇逼侧，旧制禁民夜作，以防火灾。而更相隐蔽，烧者日属。范乃毁削先令，但严使储水而已。"如王景为庐江太守，"驱率吏民，修起芜废，教用犁耕，由是垦辟倍多，境内丰给"[1]。第五伦为乡啬夫，"平徭赋，理怨结，得人欢心"[2]钟离意为官，"以爱利为化，人多殷富"[3]。庞参为汉阳太守，"抑强助弱，以惠政得民。"[4]宋均为官，为民所爱，其生病时，"百姓耆老为祷请，旦夕问起居"[5]。何敞为汝南太守，"修鲖阳旧渠，百姓赖其利，垦田增三万余顷"[6]。张纲为广陵太守，慰安百姓，在郡一年，去世时，"百姓老幼相携，诣府赴哀者不可胜数"。其"自被疾，吏人咸为祠祀祈福，皆言'千秋万岁，何时复见此君'"[7]。种暠任益州、凉州刺史，治理有方，"甚得百姓欢心"。他去世

① 《后汉书·循吏列传》。
② 《后汉书·第五伦传》。
③ 《后汉书·钟离意传》。
④ 《后汉书·庞参传》。
⑤ 《后汉书·宋均传》。
⑥ 《后汉书·何敞传》。
⑦ 《后汉书·张纲传》。

后,"并、凉边人咸为发哀","匈奴闻曷卒,举国伤惜。单于每入朝贺,望见坟墓,辄哭泣祭祀"①。吴祐任胶东侯相,"政唯仁简,以身率物。民有争诉者,辄闭门自责,然后断其讼,以道譬之。或身到闾里,重相和解。自是之后,争隙省息,吏人怀而不欺"②。民本思想在《后汉书》中随处可见,范晔将民视为政本,他以《后汉书》传达了其关于王道如何为政的"正"思。

第四节　三国魏晋隋唐史家的经济伦理思想

一、《三国志》的经济伦理思想

《三国志》,西晋陈寿著。《三国志》记载了从东汉中平元年(184)黄巾起义,到太康元年(280)晋武帝司马炎灭吴的近百年军阀割据、彼此混战的历史。其中,以魏、蜀、吴三国的政治、经济、军事为主体。《三国志》以记载人物为主,缺乏传统史学记载王侯、百官的"表",以及记载经济、地理的"志"。尽管如此,我们依然可以从魏蜀吴三国当政者的经济思想、经济政策等方面看出这个时代主要的经济价值取向。

（一）富国强兵的功利观

从经济伦理角度来看,《三国志》充满了功利主义色彩。所谓功利主义,是指从行为结果来判断人的行为,强调目标给人带来的利益,人们应当根据不同的情境,来达到利益最大化。对于魏蜀吴三国来说,最重要的目标就是如何在战争中取得胜利或者至少不被其他国家兼并,实现这一目标就要"富国强兵"。东汉末年,战乱频繁,经济凋敝,土地荒芜,军阀并起,连年混战。

---

① 《后汉书·种暠传》。
② 《后汉书·吴祐传》。

许多军阀在战争中被歼灭,更多的军阀则因为缺粮而溃散,据《三国志·魏书·武帝纪》:"自遭荒乱,率乏粮谷。诸军并起,无终岁之计,饥则寇略,饱则弃余,瓦解流离,无敌自破者不可胜数"。袁氏兄弟败亡的因素有很多,粮食匮乏是重要原因之一,"袁绍之在河北,军人仰食桑椹。袁术在江、淮,取给蒲蠃。民人相食,州里萧条"①。曹操同样面临粮食匮乏的严峻局面,他屡次用兵,皆因粮食断绝而罢。蜀国诸葛亮数次北伐,都因粮尽而还。孙吴政权统治的江南地区生产亦受到极大的破坏,"军兴日久,民离农畔,父子夫妇,不听相恤"②。因此,曹操将强兵足食定为国策,"夫安国之术,在于强兵足食"③。诸葛亮在四川实行了"务农殖谷,闭关息民"④的经济政策。东吴陆逊在少谷,"表令诸将增广农亩"⑤。面对社会动荡,经济极端贫困的社会现实,魏蜀吴三国统治者始终处于对峙状态之中,谁也没有兼并他人的条件,相反,却要时刻提防他国的兼并。在此情况下,以利益为目标的富国强兵是最为现实的选择。这种功利主义思想从曹操用人战略中可清楚地看出来。曹操发布《求贤令》曰:"夫有行之士未必能进取,进取之士未必能有行也。陈平岂笃行,苏秦岂守信邪? 而陈平定汉业,苏秦济弱燕。由此言之,士有偏短,庸可废乎! 有司明思此义,则士无遗滞,官无废业矣。"有行之士指有操守的知识分子,进取之士指有才能的人才。有行未必有才,有才未必有德。二者比较,曹操偏重于勇于开拓的进取之士,体现了他"唯才是举"的人才观。治理国家以功利为目标,发展经济亦以功利为目标。在经济与道德目标选择上,魏蜀吴三国自然偏重于现实的经济利益,从生产、分配、消费上更为重视国富兵强的目标。从经济伦理角度而言,魏蜀吴三国的经济政策充满了功利主义色彩,这种功利主义是急切而紧迫的。

马克思说:"不论生产的社会形式如何,劳动者和生产资料始终是生产的要素。但是,二者在彼此分离的情况下只在可能性上是生产因素。凡要进行生产,就必须使它们结合起来。"⑥对于任何生产来讲,劳动者和生产资

---

① 《三国志·魏书·武帝纪》。
② 《三国志·吴书·吴主传》。
③ 《三国志·魏书·武帝纪》。
④ 《三国志·蜀书·后主传》。
⑤ 《三国志·吴书·吴主传》。
⑥ 《马克思恩格斯全集》第24卷,北京:人民出版社1972年版,第44页。

料相结合才能够创造财富,如果二者分离,永远都不能够创造财富。因此,对于三国时期的统治阶级而言,如果要恢复生产,仅仅拥有生产资料是远远不够的,更重要的是要吸引到足够的劳动力来从事生产活动。实际上,东汉末期,统治者的腐败,天下大乱,黄巾军等农民起义,董卓入京师的大肆杀戮,军阀间的彼此征战,连年的自然灾害导致的饥荒以及瘟疫等让人口急剧减少。据统计,东汉桓帝永寿三年(157)中国的户口数为1617.796万户,人口数量为5648.6856万。西晋武帝灭吴的太康元年(280),中国的户口数为245.9840万户,人口数量为1616.3863万人。人口的急剧下降同时意味着劳动力和兵员的减少。另外,由于东汉末期土地兼并加剧,财富高度集中,豪强地主等不事生产的食利阶层更是有增无减,这些食利阶层占有国家大部分的财产而本身并不创造财富。财富的真正创造者是数量众多的庶民。因此,吸引劳动力的归附就成为重要的经济政策导向,占有人口越多,就能产生出越多的劳动成果。经济是战争的决定因素,财富的多寡直接关系到战争的胜负。因此,重视民力的作用,以及如何占有人口就成为统治阶级必须要考虑的任务。人力资源本身就是一种财富,是一种在战争中取得胜利的保证,是各方都必须争取的稀缺资源。三国时期的有识之士普遍重视人力资源的作用。蜀主刘备说:"夫济大事必以人为本"①,所谓"济大事",就是消灭其他军事势力,统一中华,重新构建大一统的封建王朝。"济大事"必须要以人为本,重视民心所向,这是关乎政权合法性的问题,本身是政治伦理应该考虑的问题。然而,在封建时代,得到民心意味着得到民众的支持,由此,就可以在百姓可以承受的范围内进行相应的赋税的征收和徭役的征发了。所以,孙吴陆逊上书孙权说:"臣愚以为四海未定,当须民力,以济时务。"②由此可见,刘备所说的"济大事",陆逊所说的"济时务"等功利目标必须要依靠民众的力量。民众不仅可以补充兵员,最重要的是民力可以创造大量的财富。

因此,如何赢得民力就成为最高统治者的重要任务,"帝王之道,莫尚乎

---

① 《三国志·蜀书·先主传》。
② 《三国志·吴书·陆逊传》。

安民"①,政权合法性的根本在于使百姓能够安居乐业,而"安民之术,在于丰财"②,百姓安居乐业的重点莫过于使百姓丰衣足食。对于这个问题,孙吴重臣陆逊说得最为清楚:"国以民为本,强由民力,财由民出。夫民殷国弱,民瘠国强者,未之有也。故为国者,得民则治,失之则乱。"③国家以人民为基础,因为国家的财力人力都出自人民。人民殷富而国家贫弱,或者人民贫困而国家富强的情况是不可能的事情。因此,治理国家,得到人民的支持就能够治理得好,失去人民的支持国家就会变得混乱。藏富于民是中国自古以来的传统,渊源极早。《周易》中有"损上益下,民说无疆"的观点,重视百姓的经济利益;管子有"仓廪实而知礼节,衣食足而知荣辱"的富民思想;儒家有"足食""富而后教"的观点,道家同样主张人民富裕的重要性:"我无事而民自富"。然而,三国时期的富民思想更多地蕴含了强烈的功利思想。陆逊富民的最终目的是国家强盛之后有更大的图谋,"乞垂圣恩,宁济百姓,数年之间,国用少丰,然后更图"④。公元220年,魏文帝即位,御史大夫王朗上书劝谏文帝养育民众时说:"丁壮者得尽地力,则无饥馑之民;穷老者得仰食仓廪,则无馁饿之殍……医药以疗其疾,宽繇以乐其业,威罚以抑其强,恩仁以济其弱,赈贷以赡其乏。"其目标指向依然是富国强兵,"十年之后,既笄者必盈巷。二十年之后,胜兵者必满野矣"⑤。在功利观的视角下,由于战争的需要,统治者需要征收更多的徭役时,民富就会让位于国家的政治军事需要了。如蜀相诸葛亮尊奉"为政以安民为本"的方针,施行"唯劝农业,无夺其时;唯薄赋敛,无尽民财"⑥的政策,由于重视农业,轻徭薄赋,以及诸葛亮杰出的治国才能,巴蜀之国出现"田畴辟,仓廪实,器械利,蓄积饶"⑦的繁荣景象。然而,蜀国的统一战争使这种富裕现象成为泡影。诸葛亮初见刘备,分析天下形势时提到"益州险塞,沃野千里……民殷国富"⑧等现象,而到章武

① 《三国志·魏书·杜恕传》。
② 《三国志·魏书·杜恕传》。
③ 《三国志·吴书·陆逊传》。
④ 《三国志·吴书·陆逊传》。
⑤ 《三国志·魏书·王朗传》。
⑥ 《诸葛亮集》,北京:中华书局1960年版,第64页。
⑦ 《三国志·蜀书·诸葛亮传》。
⑧ 《三国志·蜀书·诸葛亮传》。

三年(223)春,上疏《出师表》时说:"今天下三分,益州疲敝";同年,诸葛亮南征孟获时的情况是"军资所出,国以富饶"①,数次北伐,都出现"粮尽而还""粮尽退军"的局面。有人评价诸葛亮时说:"诸葛丞相诚有匡佐之才,然处孤绝之地,战士不满五万,自可闭关守险,君臣无事。空劳师旅,无岁不征,未能进咫尺之地,开帝王之基,而使国内受其荒残,西土苦其役调。"②也就是说,相对于闭关守险、务农耕殖的经济政策来说,通过北伐实现国家的统一才是诸葛亮战略的最终目的。

如何富国强兵,魏蜀吴三国从生产、分配、消费等经济活动流程中进行了改革。在此处我们主要从经济伦理的角度对生产形式和分配方式进行相应的分析。

东汉末期,政局动荡,战火相连,人口大量死亡,出现了"白骨露于野,千里无鸡鸣"的局面,人民流离失所,土地荒芜,生产凋敝。为了迅速恢复和发展农业生产,魏蜀吴三国都采取了相应的经济改革措施,其中最重要的莫过于屯田制的实施。

曹魏接受枣祗等的建议,实行屯田。曹操在解释屯田的目的时说:"夫定国之术,在于强兵足食,秦人以急农兼天下,孝武以屯田定西域,此先代之良式也。"③治理国家的根本,在于有强大的军队和充足的粮食,秦国因重视农业兼并天下,汉武帝用屯田的方法稳定西域,这是过去非常好的经验。在先秦法家"农战"思想指导下,曹操继承与发展了汉武帝屯田之策,颁布《屯田令》,逐步将屯田方式推广至全国,招募流民,屯种官田和无主荒田,并设置司农、典农等官职进行管理。经营结果,给国家增加了大量的粮食,任峻"募百姓屯田于许下,得谷百万斛,郡国列置田官,数年中所在积粟,仓廪皆满"④。王昶屯宛,"广农垦殖,仓谷盈积"⑤。特别是邓艾在淮河流域进行的大规模军屯,不仅恢复了当地的农业生产,而且解决了军食,稳定了军队,"且田且守。水丰常收三倍于西,计除众费,岁完五百万斛以为军资。六七

---

① 《三国志·蜀书·诸葛亮传》。
② 《三国志·蜀书·诸葛亮传》。
③ 《三国志·魏书·武帝纪》。
④ 《三国志·魏书·任峻传》。
⑤ 《三国志·魏书·王昶传》。

年间,可积三千万斛于淮上,此则十万之众五年食也"①。在东汉末期生产凋敝的情况下,曹魏屯田,不仅恢复了残破的社会经济,而且保证了它在三国争霸中始终处于优势地位,为后来西晋统一全国奠定了经济基础。蜀国屯田渭水南岸,主要为北伐提供后勤保障。孙吴主要屯田于长江南北,以供给对抗曹魏和征讨山越的粮食。

屯田收入的分配更多地偏向于国家。按照劳动力来源,屯田可以划分为军屯和民屯两种。民屯,指国家招募或强制迁徙流亡百姓,采用军事组织方式进行管理,将他们强制性地束缚在土地上,专门从事农业生产活动,从而使流散的劳动力与土地重新结合。军屯是由军队的士兵和他们的家属(即所谓的"士家")在军队的驻扎地从事垦殖的农业活动。对于曹魏来说,民屯开始于建安元年(196)的许下屯田。军屯正式开始于建安二十三年(218),以后逐渐扩大,有的地区军屯规模甚至达到数十万人。民屯收获谷物等成果分配方法是:租用官牛者,官六民四;用私牛者,官民平分。军屯成果的剥削率大致与民屯相同。汉初实行"与民休息"的指导原则,田租率为"十五税一",至文景之世,税率进一步下降为"三十税一"。因此,屯田的剥削率与汉代普遍的税率相比,已经繁重许多。主要原因在于屯田土地的所有权归属为国家,相当于屯田客、士家等仅仅租用国家的土地而已。这与西汉以来,农民租种豪强地主田地的税率大致相同,"或耕豪民之田,见税什五",这种税率是相当繁重的,"故贫民常衣牛马之衣,而食犬彘之食"②,如果遇到贪官污吏的进一步剥削,百姓就会无法生存,租田农民只得逃往山林,成为盗贼,每年这种案件数以千万计,"重以贪暴之吏,刑戮妄加,民愁亡聊,亡逃山林,转为盗贼,赭衣半道,断狱岁以千万数"③。由于屯田剥削程度较重,曹魏的屯田客、士家等逃亡的现象也屡有发生。但是,屯田制的实施,相较于租私人豪强的土地,屯田客的负担固定,特别在战争环境下,能使他们的生产基本进行下去,对生产的发展起到重要作用。尽管屯田为曹魏集团积累了大量的粮食,达到了"富国强兵"的目的,然而,由于屯田带来的收益,大部分归属于国家,并没有真正达到"富民"的效果。

---

① 《三国志·魏书·邓艾传》。
② 《汉书·食货志》。
③ 《汉书·食货志》。

东汉末期,随着豪强地主兼并土地日趋严重,"豪人之室,连栋数百,膏田满野"①。豪强地主依靠权势不缴纳赋税,并且,许多平民依附于豪强来规避国家税收。这样,就会出现这样几个方面的问题:首先,财富愈发集中于豪强地主手中,直接影响国家的税收;其次,官府为了保证税收数额,就把豪强应缴纳的赋税分摊到数量更少的自耕农身上,使得许多农民不堪忍受沉重的负担而逃亡。这样,劳动成果的分配不仅增加了豪强地主的财富,而且加强了他们政治上的权利。豪强地主财富的增加意味着国家财富的减少。为了解决这一问题,曹操在经济上打击了豪强地主,"重豪强兼并之法",下令曰:"袁氏之治也,使豪强擅恣,亲戚兼并;下民贫弱,代出租赋,衒鬻家财,不足应命;审配宗族,至乃藏匿罪人,为逋逃主。欲望百姓亲附,甲兵强盛,岂可得邪! 其收田租亩四升,户出绢二匹、绵二斤而已,他不得擅兴发。郡国守相明检察之,无令强民有所隐藏,而弱民兼赋也"②。曹操的《抑兼并令》具有重要的意义,首先,租调制的施行消除了豪强地主转嫁税赋和弱民兼赋的问题,打击了豪强地主的兼并。其次,消除了地方官员乱收苛捐杂税的现象,除了固定的租调以外,"不得擅兴发",有利于调动农民的生产积极性。因此,租调制的实施,不仅增加了政府的财政收入,而且实现了"百姓亲附,甲兵强盛"的政治目的。

(二)崇俭黜奢的消费观

消费是社会经济运动中的一个重要环节,封建统治阶级的消费伦理对社会再生产有着非常重要的影响。在中国古代,由于生产力发展水平有限,如果统治者为了满足自己的奢侈生活,无休止地征发徭役,滥用民力,增加赋税,就会导致大量劳力不堪重负而脱离生产,以及社会再生产的难以进行,从而引起整个社会经济运动生产链条的断裂,引发社会动乱。于是在中国古代,"奢侈或节俭,不仅仅是一个人的道德修养问题,更是一个社会问题"。因此,崇尚节俭、抑制奢侈就成为中国古代经济伦理的重要问题。一

---

① 《后汉书·仲长统传》。
② 《三国志·魏书·武帝纪》。

般说来,统治阶级的"崇俭黜奢"有两个重要作用:(1)可以引导"节俭"之风,矫正腐化堕落的社会风气。"上有所好,下必从焉",中国历史上,社会风气的败坏往往是从上层社会开始的;而社会风气的好转同样也来自上层社会的倡导与实践。(2)"节俭"也是一种创造财富的手段。英国著名经济学家亚当·斯密说:"节俭可增加维持生产性劳动者的基金,从而增加生产性劳动者的人数……节俭可推动更大的劳动量,更大的劳动量可增加年产物的价值"[①],节俭下来的财富可以用于社会再生产,从而为社会创造更多的财富。

东汉中后期,社会风气逐渐转向奢靡,"时天下承平日久,自王侯以下,莫不逾侈"[②],且呈现愈演愈烈之势,"乃奔其私嗜,骋其邪欲,君臣宣淫,上下同恶。目极角抵之观,耳穷郑卫之音。入则耽于妇人,出则驰于田猎"[③]。对社会生产造成严重破坏,导致了"兵役连年,死亡流离"的可怕后果。及至东汉末期,军阀割据,社会益趋混乱。如何纠正这股奢靡之风,直接关系到军阀在混战中成功与否。纵观历史,我们不难发现,凡是国家节俭则昌盛,国家嗜欲淫逸则败亡,也就是墨子所说的"俭节则昌,淫佚则亡"[④]。考诸《三国志》中军阀成功和失败的根源,尽管有其他许多要素,但奢侈与节俭是一条重要的衡量标准。

从《三国志》中我们可以发现,袁绍、袁术等军阀尽管势力一时强大,但是他们因循旧习、奢靡无度而终归败亡。袁绍占有青、冀、幽、并四州之地,实力远远在群雄之上,然而,"袁族富强,公子宽放,盘游滋侈"[⑤],终于在官渡之战中败于实力远弱于己的曹操。而袁术更是由奢侈而败亡的典型。袁术早年为避董卓之祸逃亡至南阳,"南阳户口数百万,而术奢淫肆欲,征敛无度,百姓苦之"[⑥]。袁术称帝之后,更是荒淫无耻,极端奢侈,从而使治下民不聊生,由于饥饿,以至于出现了人民相食的人间惨剧,"荒侈滋甚,后宫数百

---

① (英)亚当·斯密:《国富论》(上卷),郭大力等译,商务印书馆1972年版,第310页。

② 《后汉书·张衡传》。

③ 《后汉书·仲长统传》。

④ 《墨子·辞过》。

⑤ 《三国志·魏书·崔琰传》。

⑥ 《三国志·魏书·袁术传》。

皆服绮縠,余粱肉,而士卒冻馁,江淮间空尽,人民相食"①。陈寿评价袁术时说其"奢淫放肆,荣不终己,自取之也"②,可谓一语中的。同时,这也反映了陈寿的经济伦理思想的偏向,即从历史兴亡的角度来批判统治者的骄奢淫逸。

魏、蜀、吴三国统治者对当时东汉末期那种"奢侈"之风的危害有着清醒的认识,所以,在他们当政期间,不仅个人躬行节俭,而且向社会大力倡导"俭以养德"的社会风气,甚至以法律形式限制过度消费。《三国志》记载"汉末王公,多委王服,以幅巾为雅,是以袁绍、崔豹之徒,虽为将帅,皆著缣巾。魏太祖以天下凶荒,资财乏匮,拟古皮弁,裁缣帛以为帢,合于简易随时之义,以色别其贵贱,于今施行,可谓军容,非国容也"③。由此可见,曹操明确主张简易朴素,反对奢侈华丽。建安十年(205),曹操下达"禁厚葬"的命令,其旨意也是推崇节俭,反对浪费。曹操尚俭的结果是,卞后"性约俭,不尚华丽,无文绣珠玉,器皆黑漆"④,曹植"舆马服饰,不尚华丽"⑤,更为重要的是,曹操将俭朴推行到全国,并且将节俭作为选拔人才的重要参考标准:"太祖为司空丞相,玠尝为东曹掾,与崔琰并典选举。其所举用,皆清正之士,虽于时有盛名而行不由本者,终莫得进。务以俭率人,由是天下之士莫不以廉节自励,虽贵宠之臣,舆服不敢过度。太祖叹曰:'用人如此,使天下人自治,吾复何为哉!'"⑥曹操时代,节俭之风盛行,东汉末期骄奢之风为之改变。曹操之后,曹丕继承其父遗风,"以俭率下",追求朴实无华的道德品格和行政方式。曹魏集团对节俭的提倡,不仅转变了东汉末期腐朽堕落的社会风气,选拔了一批廉洁奉公的官僚队伍,也为社会的再生产,恢复经济提供了重要的制度保障。蜀汉地处"天府之国",蜀汉上下亦是以节俭为尚。孙吴据守江东,为巩固统治集团的地位,孙权也提倡节俭,反对奢侈,《三国志》记载孙权"笃尚朴素,服不纯丽,宫无高台,物不雕饰,故国富民充,奸盗不作"⑦。也就

---

① 《三国志·魏书·袁术传》。
② 《三国志·魏书·袁术传》。
③ 《三国志·魏书·武帝纪》。
④ 《三国志·魏书·后妃传》。
⑤ 《三国志·魏书·曹植传》。
⑥ 《三国志·魏书·毛玠传》。
⑦ 《三国志·吴书·陆凯传》。

是说,孙权崇尚朴素,所以才会国富民强,社会秩序井然。总之,三国鼎立之所以出现,与各自的开国元勋提倡"崇俭黜奢"的风气有着莫大的关系。

二、《魏书》的经济伦理思想

《魏书》,北齐魏收著。《魏书》主要记载了鲜卑民族从道武帝拓跋珪建魏到东魏孝静帝禅位给北齐文宣帝高洋的一部断代史。《魏书》经济思想主要集中在《食货志》中。从经济伦理角度而言,其核心思想主要表现为聚人以财的民生观和井乘定赋的分配观。

(一) 聚人以财的民生观

所谓聚人以财,语出《周易·系辞下》:"天地之大德曰生,圣人之大宝曰位。何以守位,曰仁;何以聚人,曰财。"天地最基本最具有普遍价值的道德品质就是使万物生生不息;圣人效法天地,依照天地之德而治理天下,使人类文明亦生生不息。天地万物的生成变化是一种自然状态,人类文明发展进化的最终结果是秩序的建立。《周易·序卦传》曰:"有天地然后有万物,有万物然后有男女,有男女然后有夫妇,有夫妇然后有父子,有父子然后有君臣,有君臣然后有上下,有上下然后礼义有所错。"秩序的建立使社会中每个人都有自己的位置,其中,处于社会秩序顶层的应该是具备天地之德的圣人。因此,圣人大宝的"位"不仅仅是权力的象征,更是基于道德基础之上的责任承担。这种责任表现出来就是"仁",所谓仁,核心在于人与人之间亲善友爱,圣人之仁即是对于天下民众的亲善友爱,圣人之仁反映在政治上就是要对天下百姓实行仁政。所谓仁政,就是要爱护百姓,确保人民生活在稳定的秩序之下,满足人民的衣食住行等基本生活需要。由此可见,所谓"守位曰仁"和"聚人曰财"两个概念是密切相关的,对于圣人而言,施行仁政就能够获得百姓的支持,自然能够守护自己的权位;而仁政的最基本要求是以财养民,亦即圣人治国要满足人民基本的衣食住行等物质生活需要。只有满足人民基本物质生活需要,才可以赢得人民的拥戴,这就是所谓的"聚人曰财"的观念。因此,"聚人曰财",就是指政府在治理国家时,首先要满足人民群众基本的衣食住行等日常生活需要,这样才能够得到人民的拥护,从而起到聚集民心、稳定政权的作用。从经济伦理角度而言,"聚人曰财"思想的根本在于统治者要重视民众最基本的生存权利,如果统治阶级不重视民众的生存的权利,其统治的合法性就会遭到质疑,从而很可能失去权位。《魏书·食货志》中,两次引用《周易》"聚人曰财"的观点,一是在《魏书·食货志》开篇论述谷货的重要性时说:"夫为国为家者,莫不以谷货为本。故《洪范》八政,以食为首,其在《易》曰'聚人曰财'。《周礼》以九职任万民,以九赋敛财贿。是以古先哲王莫不敬授民时,务农重谷,躬耕千亩,贡赋九州",显然,魏收继承了传统的食货为本的观念,认为治国的根本在于统治者要重视食货在满足人民基本物质需要中的作用。二是引用任城王元澄论述新旧五铢钱宜并通用基础上强调货的重要性:"臣闻《洪范》八政,货居二焉。《易》称:'天地之大德曰生,圣人之大宝曰位,何以守位,曰仁;何以聚财,曰财。'财者,帝王所以聚人守位,成养群生,奉顺天德,治国安民之本也。"[1]《魏书·食货志》继承了班固的经济思想,强调财货在养育众生,承继天地生生之德,治国安民中起着重要作用。

因此,统治阶级首要的施政措施就是要满足人民群众衣食住行基本物质生活需求,保障人民生存的权利。如果一个国家的人民处于饥寒交迫的状态,其责任不在个人而在国家。魏收说:"且一夫不耕,一女不织,或受其饥寒者。饥寒迫身,不能保其赤子,攘窃而犯法,以至于杀身。"[2]如果一个男人不耕田,一名妇女不纺织,社会上就会有人因此而受到饥寒的逼迫,以至于不能养活自己的孩子。在这种情况下,为了生存,就会有人去偷窃犯禁,甚至有被杀的可能。然而,如果因为劳动者失去从事劳动的权利,而引发一系列社会问题,其根本原因就是政府责任的缺失造成的,"迹其所由,王政所陷也"[3]。所谓王政,就是王道政治,亦即儒家所谓的"仁政"。如前所述,在中国封建社会,"仁政"是评价一个政府合法性的重要标准。而"仁政"的首要要求就是要保证人民基本的生存权利,亦即满足人民衣食住行等基本物质生活需求。

---

① 《魏书·食货志》,亦见于《汉书·食货志》。
② 《魏书·食货志》。
③ 《魏书·食货志》。

一般说来,中国古代历史评判社会好坏的价值标准之一是人民基本生存权利是否得到满足。例如,汉高祖刘邦吸取秦亡的教训,采纳萧何"与民休息"的建议,采取一系列发展生产的措施,经过数代努力,终于使社会经济达到较高发展水平,从而造就了历史上一代盛世。同样,东汉光武帝以柔道治国,采取各项恢复社会经济的措施而为人所称道。相反,中国历史上的乱世,往往与统治者荒淫无道,剥夺了人民基本生活权利密切相关。例如,西晋末年,由于统治集团腐败,出现了贾后专政、八王之乱等统治阶级争权夺利的残酷战争,使无数人民死于战乱和饥馑之中。魏收评论这段历史时说:"晋末,天下大乱,生民道尽,或死于干戈,或毙于饥馑,其幸而自存者盖十五焉。"①显然,当"生民道尽"时,政府就失去其存在的价值而走向灭亡。

《洪范》八政,以食为首。《魏书·食货志》在记载北魏一代经济史事的时候,首先叙述的就是北魏历代帝王对于农业生产的重视。如魏太祖拓跋珪平定中原,面对北方众多强大的割据政权,在处理纷繁的事务中,经营谋划的第一件大事就是把人民吃饭问题作为根本,"方事虽殷,然经略之先,以食为本。""又躬耕籍田,率先百姓。"②魏太宗拓跋嗣"敕有司劝课留农"③。魏世祖拓跋焘"委政于恭宗。真君中,恭宗下令修农职之教,事在《帝纪》"④。魏高宗拓跋濬"诏使者察诸州郡垦殖田亩、饮食衣服"⑤。

在《魏书·食货志》中最受推崇的经济政策莫过于北魏孝文帝的均田制改革了。北魏自建国以后,经过历代君主的励精图治,政治得以巩固,经济上得到一定程度的发展。但是,依然有许多问题阻碍着社会的发展和稳定,其中,战乱以及豪强兼并导致的大量人口不能从事生产劳动是最重要的问题之一,"富强者并兼山泽,贫弱者绝望一廛""或争亩畔以亡身,或因饥馑以弃业"⑥。豪强地主占有大量土地,贫弱百姓却因没有田地耕种而陷入绝望之中,甚至有的地方百姓因为争夺田亩的边界而死亡,有的人民则因为饥馑而放弃劳动生产。因此,为了解决人民的生存问题,孝文帝于太和九年

---

① 《魏书·食货志》。
② 《魏书·食货志》。
③ 《魏书·食货志》。
④ 《魏书·食货志》。
⑤ 《魏书·食货志》。
⑥ 《魏书·高祖纪》。

(485)下诏"均给天下之田"。《均田令》内容较多,现摘其要者列举如下:(1) 关于种植粮食的土地。"诸男夫十五以上,受露田四十亩,妇人二十亩,奴婢依良。丁牛一头受田三十亩,限四牛。"(2) 关于种植桑树、枣树、榆树等经济作物的土地。"诸初受田(桑田)者,男夫一人给田二十亩,课莳余,种桑五十树,枣五株,榆三根。非桑之土,夫给一亩,依法课莳榆、枣。""诸桑田皆为世业,身终不还。"(3) 关于照顾弱势群体的土地分配。"诸有举户老小癃残无受田者,年十一已上及癃者各授以半夫田,年逾七十者不还所受,寡妇守志者虽免课亦授妇田。"(4) 关于土地分配顺序。"若同时俱受,先贫后富。"①尽管上述引用的仅仅是《均田令》里的制度条文,但是,通过分析依旧可以看出其明显的价值取向。首先,重视人民基本生存权利是均田制的核心思想。从授田主体看,年龄在 15 岁以上 70 岁以下的成年人都可以分得相应的露田,其中男子分得 40 亩,女子分得 20 亩,授田具有普遍性。从土地用途看,露田为主,主要种植粮食,满足人民最基本的物质生活需求。桑田为辅,主要种植桑树、枣树、榆树等,因为这些树木对于满足人民衣食住行具有基础性作用。如桑树可以养蚕,而蚕丝是制作衣服的基础性原料,孟子说:"五亩之宅,树之以桑,五十者可以衣帛矣",也就是说,人民的生活与桑树密切相关。在中国古代,自然灾害频繁,一旦遇灾,粮食往往颗粒无收,灾民遍野,死者甚众,仅《魏书·食货志》明确记载的灾荒就达五次之多②,而桑树、枣树、榆树的树皮树叶都是可食之物,可以用来应对不时之需。另外,榆树不仅可以用来制作碗筷等饮食器具,也可以用来制作家具,同时也是制作车毂的重要器材。由此可见,均田制的根本目的就是满足人民衣食住行等基本生活的需要,北魏孝文帝有《均田诏》曰:"劝课农桑,兴富民之本",从而达到"天下太平,百姓丰足"的理想。其次,重视弱势群体利益是均田制的重要特点。如上所述,授田的标准是 15 岁至 70 岁的成年劳动力,然而,如果家庭成员年龄全在 15 岁以下、70 岁以上或者是残疾人,按此标准,就无人能受田,因此,为了保证他们的生活,允许年龄在 11 岁以上者可受"半夫之田";70岁以上老人及残疾人亦可受田。寡妇不改嫁"虽免课亦受田者"并不仅仅是

---

① 《魏书·食货志》。

② 分别是永兴年间的水旱之灾;神瑞二年京师平城粮食歉收;太和十一年,大旱,京都平城民饥;正光年间,"四方多事,加以水旱,国用不足";延昌二年,徐州民俭(歉收)。

贞节方面的原因,更多的是考虑到其在社会中的弱势地位。另外,如果有不同家庭授田,应当依照先贫后富原则进行分配,这些都体现了照顾弱势群体利益的特点。再次,促进生产发展,增加整个社会财富是均田制根本目的之一。从均田令中可以看出,普通平民、奴婢、耕牛皆可受田,表明均田制的设计者希望调动社会上一切能够创造价值的劳动力和生产资料来进行农业生产,从而增加整个社会的财富。因为"耕牛是当时社会中的最强动力,对提高农业生产中的劳动率有突出的作用"[1]。把耕牛纳入到受田之列,不仅可以提高劳动生产率,而且对于鼓励人民饲养耕牛,从而提高劳动产量,起到了至关重要的作用。并且由于只限四头牛受田,虽然有利于豪强地主的利益分配,但是,这种利益占有毕竟是有限的。另外,"秦汉以来,奴隶在农业生产方面早已失去了重要意义;贵族、豪强所拥有的大量奴婢,主要已经不是生产奴隶,而是为了他们奢靡生活服务的寄生性的奴仆"[2]。中国传统的生产伦理认为,如果有成年男子不种田,那么天下就会有人挨饿;如果有成年女子不织布,那么天下就会有人受冻。因此,从伦理角度而言,奴婢参加劳动,就会增加整个社会的财富,从而避免由于"一夫不耕,一女不织"而将饥寒交迫转移到社会其他人身上,"或受其饥寒者"[3]。

实际上,均田制并不是绝对平均,也不是将豪强地主的土地拿来进行分配,而是在尽量不触犯地主利益的前提下,保障人民最基本的生存权利。诚如李安世论述均田制就是使"细民获资生之利,豪右靡余地之盈",普通百姓能够获得赖以生活的财产,豪强地主没有多余土地的好处,从而达到"雄擅之家,不独膏腴之美;单陋之夫,亦有倾田之分"的目的。从实际效果来看,均田制改革,一方面,由于赋税的增加,增强了中央政府的权力,另一方面,由于保障了普通百姓基本的生存权利,提升了普通百姓的社会地位。中央权力的加强和庶民权利的提升,间接地打击了豪强地主的利益。从这个角度而言,北魏均田制改革打破了魏晋南北朝豪强地主占据社会主流的利益格局,为隋唐统一中国奠定了经济制度基础。

"洪范八政,货居二焉",财货的流通与民众的生活亦息息相关。对于财货而言,魏收在《魏书·食货志》除了叙述北魏一朝的货币史外,他重点选取了任城王元澄的两篇上疏来论述自己的财货观念。魏初至太和年间,"钱货无所周流",至太和十九年(495),孝文帝下令铸造货币,名曰太和五铢,颁行天下。宣武帝永平三年(510)冬,北魏政府第二次铸造货币,名曰永平五铢。然而,由于众多客观条件限制,诸如北魏地区间商业发展不平衡、战乱导致的国家分裂、北魏铸造钱币工艺以及钱币发行等问题,北魏政府铸造的货币并未在其统治区域内统一使用,如太和五铢"虽利于京邑之肆,而不入徐扬之市。土货既殊,贸鬻亦异,便于荆郢之邦者,则碍于兖豫之域"①;永平五铢铸造后,"京师及诸州镇或铸或否,或有止用古钱,不行新铸,致商货不通,贸迁颇隔"②。由于北魏货币并未在其统治区域内推广,从而使商品不能流通,以至于严重影响了贫苦百姓的生活,"致使贫民有重困之切,王道贻隔化之讼"③。由于货币流通受阻,人们只能以谷帛等实物作为一般等价物进行商品贸易。但是,使用谷帛作为流通手段的弊端有很多,如由于布帛不统一,人们不得不将这些布撕开进行商品贸易,从而使人民白白地付出织布的辛苦,却不能免于饥寒交迫的生活,"至今徒成杼轴之劳,不免饥寒之苦"④;如以谷物作为贸易的媒介,人们则不得不忍受肩挑背驮的辛苦,"五谷则有负担之难"。这在元澄看来并不是政府养育百姓的方法,"实非救恤冻馁,子育黎元"⑤。

在商品贸易中,货币起着重要的作用,"钱之为用,贯繦相属,不假斗斛之器,不劳秤尺之平,济世之宜,谓为深允"⑥。钱作为价值尺度,可以用绳子穿起来进行使用,而不需要像使用斗斛量谷物那样进行度量,也不需要像使用秤尺量布帛那样进行测量,却能为世人在商品交易时提供极大的帮助。因此,在元澄看来,货币在商品贸易中占有极其重要的地位,而商品贸易又是百姓生活中不可或缺的,也是政府治理国家、安定百姓的核心方式之一,

---

① 《魏书·食货志》。
② 《魏书·食货志》。
③ 《魏书·食货志》。
④ 《魏书·食货志》。
⑤ 《魏书·食货志》。
⑥ 《魏书·食货志》。

"财者,帝王所以聚人守位,成养群生,奉顺天德,治国安民之本也"①。因此,作为负责任的政府,必须创制统一货币来促使商品流通,满足人民的基本生活需要。任城王元澄在谈到他关于商品贸易和货币流通的理想时说:"臣猥属枢衡,庶罄心力,常愿货物均通,书轨一范。""然则钱之兴也始于一品,欲令世匠均同,圜流无极。"②也就是说,元澄关于商品贸易的理想即是商品畅通无阻,关于货币的理想即是统一货币,从而使货币在商品流通中起着重要作用。因此,作为北魏创始货币的"太和五铢"在元澄心中占有着重要地位,元澄"谨重参量,以为'太和五铢'乃大魏之通货,不朽之恒模,宁可专贸于京邑,不行于天下!"③尽管元澄希望国家能够统一货币的尺度,然而,如前所述,由于众多原因,北魏的"太和五铢"和"永平五铢"并未在北魏境内得到广泛通行。但是,货币既然对于百姓生活有着重要的作用,因此,退而求其次,任城王元澄两次上疏提出了在北魏境内除了禁止使用"鸡眼钱""镮凿钱"等恶钱外,其他在百姓之中具有信用的古钱或者足额足量的钱币一律可以使用。尽管从历史角度而言,北魏政府的铸造货币以及货币使用情况并不成功,甚至比其他政权(如东晋政权)的货币使用更为落后,但是,从魏收、元澄等人的经济思想来说,其货币伦理思想的核心在于立足百姓日常生活和社会经济生活发展的需要,这种思想是永远不会落后的。

(二) 井乘定赋的分配观

孝文帝于太和九年(485)冬十月下诏"均给天下之田,还受以生死为断"。均田的目的主要有两个方面,一是促进社会生产的发展,实现国富;二是改善民生,"劝课农桑,兴富民之本"。为了实现富国富民的目的,与土地分配相对应的则是政治制度和税收征收制度的改革,即要改变豪强地主对于国家税赋的截留以及对于贫苦农民的盘剥,也就是要改变原有不公平的财富分配方式。这种新的政治制度和赋税征收制度的价值偏向主要体现在孝文帝于太和十年采纳李冲建议而实行的"三长制"和"新租调制"等制度设

---

① 《魏书·食货志》。
② 《魏书·食货志》。
③ 《魏书·食货志》。

计之中。

所谓租调制,主要指以户为单位进行赋税征收的一种方法。这种方法创制于曹魏时期,建安九年(204),曹操鉴于豪强兼并土地并将税赋转嫁给贫困百姓的事实,颁布了田租户调令:"其收田租亩四升,户出绢二匹,绵二斤而已,他不得擅兴发"①。在户调征收上,并不是所有"户"平均缴纳"绢二匹,绵二斤",这种平均的征收方式自然有利于财富多者(如豪强地主),而不利于财产弱少的贫苦百姓。因此,曹魏在制度设计上,首先按照州郡户数的总和确定征收绢绵的总数。然后,将州郡民户按照财产的多少分出等级,再按照户等进行相应的征收,富裕则多收,贫穷则少收。从而达到了"无令强民有所隐藏,而弱民兼赋"②的赋税征收目的。从理论上讲,这种户调的征收方式是公平公正的,然而,在实践当中,除非有国家的强力支持,才能够得以实现其制定政策的目的,反之,弊端是非常多的。因此,曹操之后,这种评定民户等级的户调征收方式就遭到破坏,豪强地主依靠权势,往往将自己的评级评低而可以少交赋税,而国家征收赋税又有定额,其结果就是"弱民兼赋",直接导致了财富分配的不公平。这种现象到西晋后期越演越烈,到了北魏时期,曹魏创制的这种租调制已经被破坏殆尽,成为豪强地主盘剥百姓的工具。

魏晋时期,战火连年,大量人口遭到屠杀,人们为了生存,大量依附在豪强地主建立的具有准军事性质的"坞堡"里面。北魏政府依靠武力统一了中国北方,却无力削平成千上万的"坞堡"组织,于是承认既定事实,将魏晋以来的"坞堡"作为社会基层政权组织,改坞主为宗主,形成了"宗主督护制"。在宗主督护制下,这些豪强地主不仅拥有政府赋予的政治权利,而且拥有一定的军事实力,因此,这些政权就成为游离于中央政权边缘的半独立势力。他们不仅大肆兼并土地,而且利用所掌握的政治军事权利,将税赋转嫁给处于弱势地位的百姓,而地方官吏更是忌惮于这些豪强地主的权势而"纵富督贫,避强侵弱"。一般说来,中国古代封建社会财富分配主要体现在两个维度上:一方面,是劳动主体如农民、手工业者、商人为了维持生存需要通过劳

---

① 《三国志·武帝纪》。
② 《三国志·武帝纪》。

动获取最基本的生产生活资料；另一方面，就是以中央政府为代表的政府机构，为了维持社会政治、经济秩序，提供公共服务，而需要赋税来维持官僚体系的运转。以皇权为代表的政府机构和广大百姓的良性互动能够促进生产的发展，政府轻徭薄赋更能激发劳动者的生产积极性，反之，政府机构的横征暴敛则会扼杀劳动者生产积极性。然而，北魏的财富分配有三个利益主体进行博弈：以北魏拓跋氏为代表的中央政府；占有大量土地的豪强地主；作为劳动生产主体的百姓。北魏政府为了支付维持政府运作的俸禄支出、军事支出、经济事业支出、救恤支出以及皇室成员的生活支出等，必然要征收一定数量的赋税。而豪强地主凭借权势，将许多人口隐藏起来，甚至达到异常严重的程度，"旧无三长，惟立宗主督护，所以民多隐冒，五十、三十家方为一户"。在内部，宗主严重剥削农民，"魏初不立三长，故民多荫附。荫附者皆无官役，豪强征敛，倍于公赋"①。在外部，"宗主督护制"则严重侵蚀了国家的赋税。这样，受豪强地主苞荫户口截留国家赋税的影响，如果国家要征收到足够的赋税，必然会持续增加户调征收的额度，"先是，天下户以九品混通，户调帛二匹、絮一斤、丝一斤、粟二十石；又入帛一匹二丈，委之州库，以供调外之费。至是，户增帛三匹，粟两石九斗，以为官司之禄。后增调外帛满二匹"②。早期北魏赋税仅比曹魏户调多一点，而后期越发增加，增加的额度甚至超过了曹魏户调的数倍。也就是说，由于豪强地主苞荫户数以及偷逃税收的影响，北魏政府为了征收到维持政府运转的赋税，必然导致这些赋税都由没有宗主督护的农民来承担，这样，又会导致更多的农民破产，从而依附于豪强地主或者逃亡。由此国家征收的户数必然减少，在赋税征收总数额不变的情况下，剩下未逃亡的农民又承担了更重的负担，而豪强地主则借此疯狂地兼并土地，苞荫人口，抢占国家税源，从而形成恶性循环。

在三方利益分配中，沉重的赋税使大量农民破产，国家税收的随意增加影响的是国家的公信力，而豪强地主则是原来这种租调制的赢家。因此，如何将受到豪强地主苞荫的人口统计出来成为新的赋税改革的关键。在人口统计上，太和十年（486），北魏孝文帝接受李冲的建议，下令废除宗主督护

---

① 《魏书·食货志》。
② 《魏书·食货志》。

制,建立三长制,"五家立一邻长,五邻立一里长,五里立一党长,长取乡人强谨者"①。三长的重要职责就是掌握乡里的土地状况,统计人口,实行税赋征调等。侯旭东先生在《北朝"三长制"四题》一文中考订出初立三长时期朝廷搜括民户所得达 15 万户,计 60 万口。② 关于赋税征收,北魏孝文帝时期实行了新的租调制,"其民调,一夫一妇帛一匹,粟二石。民年十五以上未娶者,四人出一夫一妇之调;奴任耕,婢任绩者,八口当未娶者四;耕牛二十头当奴婢八"③。太和八年(484)的赋税标准中,帛 7 匹,絮 2 斤,丝 1 斤,粟 22.9 石,新的租调制中一夫一妇的户调仅需要帛 1 匹,粟 2 石。因此,新租调制实施以后,"百姓咸以为不若循常,豪富并兼者尤弗愿也。事施行后,计省昔十有余倍。于是海内安之"④。新租调法实施初期,老百姓没有认识到新法在减少税赋上的力度,而等到新法实施之后,才看出现在的负担比过去减轻的力度非常大。于是,新法得以在全国推广。在国家、豪强、普通农民的利益博弈中,国家总税赋数量并没有随着对个体税赋征收的减少而减少;普通民众则受益于国家均田制和新租调制的改革,需要缴纳赋税的减少,使他们在财富分配过程中得到更多的利益;三长制的实施和宗主督护制的废除在一定程度上打击了豪强地主对于国家税赋的截留和对普通自耕农的盘剥,特别是奴婢需要承担一夫一妇四分之一的税赋,耕牛需要缴纳税赋本身就是对豪强利益的一种限制。

从上可以看出,孝文帝在政治制度和租调制度上所谓的"革旧从新",从形式上讲,就是将以宗主督护制度为基础的旧的国家税收体制转变为以三长制为基础的新的国家税收体系上来。从本质上讲,孝文帝所谓的"旧"指的是不公平的财富分配方式,"自昔以来,诸州户口,籍贯不实,包藏隐漏,废公阉私。富强者并兼有余,贫弱者糊口不足。赋税齐等,无轻重之殊;力役同科,无众寡之别。虽建九品之格,而丰埆之土未融;虽立均输之楷,而蚕绩之乡无异"⑤。这种不公平的分配方式不仅损害了广大贫苦百姓的利益,而

---

① 《魏书·食货志》。
② 侯旭东:《北朝"三长制"四题》,载《中国史研究》2002 年第 4 期。
③ 《魏书·食货志》。
④ 《魏书·食货志》。
⑤ 《魏书·食货志》。

且使纯朴的教化未能树立,民风奸诈无情,"致使淳化未树,民情偷薄"。孝文帝所谓的"新"指的是公平的财富分配方式,这种公平的财富分配方式并不是凭空创造,而是中国历史当中固有的治国原则和伦理准则。孝文帝通过考察历史,总结了中国历史上征收税赋的两大指导原则:一是任土错贡,二是井乘定赋。从历史上看,任土错贡和井乘定赋都源于夏商周三代时期,渊源极早。所谓任土错贡,又为"任土作贡",语出《尚书·禹贡》:"禹别九州,随山浚川,任土作贡"。禹划分九州,按照山川确定各地的边界,并且命令各地向中央进贡土特产。所谓井乘定赋,语出《孟子·滕文公上》:"方里而井,井九百里,其中为公田。八家皆私亩,同养公田;公事毕,然后敢治私事,所以别野人也。"井田制主要体现的是"均税赋"的课税原则。因此,任土错贡原则从生产上表明物产丰富,井乘定赋原则从分配上表明税赋征收的公平。所以,孝文帝说:"夫任土错贡,所以通有无;井乘定赋,所以均劳逸。有无通则民财不匮,劳逸均则人乐其业。此自古之常道也。"[1]按照土地实际出产的物品缴纳贡品,就能做到互通有无;按照土地和人口的多寡缴纳赋税,就能均衡劳逸。能做到互通有无,则百姓能够获得更多的财富;能做到均衡劳逸,则能够调动百姓生产的积极性。这是自古以来不变的治国法则。这里的任土错贡和井乘定赋不仅仅是一种征税原则,更是一种向儒家理想中夏商周三代伦理精神的回归,也是一种治国原则,其核心即在于财富分配方式的公平公正。在孝文帝看来,这种公平的财富分配方式的核心是不变的,财富分配的形式却是随着时代的发展而不断变化的,"是以三典所同,随世洿隆;贰监之行,从时损益。故郑侨复丘赋之术,邹人献盍彻之规。虽轻重不同,而当时俱适"[2]。在孝文帝看来,北魏太和年间实行的三长制和新租调制改革即体现出了华夏治国理论当中的这种财富分配的公平公正精神。

三、《晋书》的经济伦理思想

《晋书》经济伦理在中国经济史中占有重要地位,因为它不仅转变了中

---

[1]《魏书·食货志》。
[2]《魏书·食货志》。

国传统的重农抑商的农商观,提高了工商业的地位,而且还提出了民殷国富的理论体系。在探讨《晋书》经济伦理之前,我们需要厘清两个问题:一是《晋书》的经济伦理,二是历史事实表现出的经济伦理,这两者有着根本的区别。由于《晋书》的编撰是以唐太宗"览古今之失,察安危之机"为指导思想来总结两晋灭亡的历史教训,因此,《晋书》经济伦理所反映的是唐代初期的官方思想,而《晋书》历史事实展现的则是晋代的经济伦理思想。例如,在农商关系上,两晋严格遵循重农抑商传统,而《晋书》则重视农商的共同发展。在财富观上,两晋时期,统治阶级认为只有农业能够创造价值,赋税较重;而《晋书》则认为农业和商业都能给社会创造价值,注重轻徭薄赋。消费上,两晋时期纵欲主义盛行,而《晋书》则崇俭黜奢,并用历史事实证明节俭兴国、奢靡亡国的道理。本节以《晋书》历史事实为背景,核心在于论述《晋书》作者的经济伦理思想。其中,《晋书·食货志》是我们研究的主要参考资料。

(一) 本末俱利的农商观

农业是人类衣食之源,生命之本。在以自然经济占主体的古代,发展农业,重视农业是国家最重要的政策。中国重农意识源远流长,从传说中的神农氏已经开始,"士有当年不耕者,则天下或受其饥矣;女有当年而不绩者,则天下或受其寒矣"①。农业的发展,增加了粮食和财富,人们"以其所有易其所无",出现了最早的商品交换。中国先民亦重视商业,据《周易·系辞传下》记载:"庖牺氏没,神农氏作,斫木为耜,揉木为耒,耒耨之利,以教天下,盖取诸《益》;日中为市,致天下之民,聚天下之货,交易而退,各得其所,盖取诸《噬嗑》。"神农氏不仅教导人民耕作,从事农业生产,而且聚集天下货物,使人民从事商业交易,满足各自所需。《尚书·洪范》记载周武王治理国家的八项政事中,最重要的内容是如下两项:"一曰食,二曰货",食指农业生产的稻、黍、麦、菽、稷等可食之物;货指布帛等可衣之物,以及贝壳、龟甲、金、银等货币等价物。依照经济活动环节不同,食主要集中在生产环节,货主要集中在交易环节。由此可见,在中国古代社会早期,重视农业,并没有贬低

① 《吕氏春秋·开春论·爱类》。

或否定商业的意思,因为农业和商业都能够给社会创造收益。

这种状况直到春秋时代依然没有根本转变。一方面,重农思想是所有人的共识,这是毋庸置疑的;另一方面,春秋时期的思想家除了重视农业外,亦重视工商业的作用,因为农业和工商业都能够给人民带来收益。然而,到了战国时期,为了在残酷的争霸战争中取得胜利,从富国强兵战略出发,法家思想家商鞅首先提出了重本抑末思想。商鞅认为,农业是立国之本,"民不逃粟,野无荒草,则国富"[①];其他行业是立身之本,"夫民之不可用也,见言谈游士事君之可以尊身也,商贾之可以富家也,技艺之足以糊口也,民见此三者之便且利也,则必避农"[②]。农业富国,利于战争;工商富身,利于个人。因此,治理国家的根本在于抑制其他行业的发展,促使民心向农,"僇力本业,耕织致粟帛多者复其身;事末利及怠而贫者,举以为收孥"[③]。农业是本,工商是末,重本抑末的核心在于重农抑商。商鞅重本抑末、重农抑商政策终于使弱小的秦国变得强大,为后来秦始皇消灭六国奠定了坚实的物质基础。历史的经验,农业社会的现实,使重本抑末、重农抑商成为中国封建社会历代王朝推行的基本经济国策,也成了中国古代封建社会基本的价值法则。

两晋时期,重农抑商的价值导向进一步加强。所谓重农抑商,就是将重农与抑商统一起来,重农是目的,抑商是手段。中国古代社会农商关系主要体现在抑商上面,而两晋时期的抑商达到了异常严格的地步。晋武帝早在致力于全国统一时,就曾下诏:"使四海之内,弃末反本,竞农务功"[④],劝课农桑的同时,甚至下令告诫地方官员要求禁止游民及商人的活动,"务尽地利,禁游食商贩"[⑤]。时齐王攸亦上疏曰:"都邑之内,游食滋多,巧伎末业,服饰奢丽,富人兼美……宜申明旧法,必禁绝之。"[⑥]为了达到重农的目的,两晋统治者采取了许多打击商业活动的措施。首先,晋武帝为了维护社会稳定,鼓励农民发展农业生产,通过平籴法严厉打击商人通过粮食的低买高卖的行为来获取利益。一般说来,农作物受天气影响比较大,风调雨顺,农作物丰

---

① 《商君书·去强》。
② 《商君书·农战》。
③ 《史记·商君列传》。
④ 《晋书·食货志》。
⑤ 《晋书·食货志》。
⑥ 《晋书·齐王司马攸传》。

收,粮食供给增加,价格下降;反之,农作物歉收,粮食供给减少,价格上升。这样就会出现"谷贱伤农,米贵伤民"的现象,降低农民生产的积极性,危害整个社会的稳定。为了解决这一问题,春秋时期的经济学家范蠡提出了平粜法。范蠡认为,粮食价格波动是有周期性的,当粮食价格过低必将损害农民的利益,从而影响农民从事农业生产的积极性,当粮食价格过高必将损害商人的利益,从而影响商人从事商品贸易的积极性。因此,国家应当控制粮食价格波动的幅度。当需求大于供给,粮食价格过高时,国家就应当增加粮食供给。当需求小于供给,粮食价格过低时,国家就应当向市场收购粮食。以使国家粮食价格趋于平稳,从而使农民和商人都能够获得利益,"农末俱利",这就是"治国之道也"。晋武帝则从鼓励农业生产稳定出发,认为如果丰收年景粮食散在民间而国家不收购,凶荒之年贫弱之家缺少粮食而国家没有储备,就会使奸商获利,"豪人富商,挟轻资,蕴重积,以管其利"①,豪强富商,凭借少量的钱财,收购大量的粮食,囤积居奇,以获取暴利。所以,国家首先应当通过垄断粮食收购,一方面稳定物价,构建粮食保障体系,"乃立常平仓,丰则籴,俭则粜,以利百姓"②,另一方面,借助国家垄断经营来打击商业交易活动。由此可见,范蠡和晋武帝平籴(粜)法的价值取向是有极大差异的:范蠡的价值取向是农商俱利,而晋武帝的价值取向则是重农抑商。其次,通过重税打击商人。据《隋书·食货志》记载:"晋自过江,凡货卖奴婢、马牛、田宅,有文券,率钱一万,输估四百入官,卖者三百,买者一百;无文券者,随物所堪,亦百分收四,名为散估。"在商品交易中,收取百分之四的税收,甚为繁重,本质在于增加财政收入,而指导思想则在于抑制商品交易。再次,通过严重的人身侮辱来限制人们经商。如西晋时朝廷规定:"侩卖者,皆当着巾白帖额,题所侩者卖者及姓名,一足着白履,一足着黑履。"③这种严重的人身侮辱,即使在封建社会也是很罕见的。

两晋尽管对于从事商业活动进行了严格的限制,然而豪强地主却凭借封建特权经营商业,并获取大量的利益,如王戎"性好兴利,广收八方园田水

---

① 《晋书·食货志》。
② 《晋书·食货志》。
③ 《太平御览·资产部八》。

碓①，周遍天下，积实聚钱，不知纪极。每自执牙筹，昼夜算计，恒若不足"②。惠帝时的太子司马遹甚至在宫中西园设置市场，进行商品交易。因此，当时有识之士批判这种风气时说："秦汉以来，风俗转薄，公侯之尊，莫不殖园圃之田，而收市井之利。渐冉相放，莫以为耻，乘以古道，诚可愧也。今西园卖葵菜、蓝子、鸡、面之属，亏败国体，贬损令问。"③显然，传统的思想是重农抑商，并制定了诸多政策打击商业行为和商人，然而，这并不能禁止官僚豪族从垄断性的商业中获取的巨大利益。

如前所述，由于《晋书》是唐代官方编撰的，从总结历史兴衰的角度进行撰写和选材的，必然带有唐代官方和作者的思想倾向。从农商关系来讲，《晋书》记载的历史事实反映那个时代的价值倾向在于重农抑商，而《晋书》作者的观点则体现了士农工商平等的价值取向。

《晋书》作者认为，由于天地间蕴藏着丰富的财富，人们既可以通过春耕夏种秋收冬藏从土地上取得粮食来满足基本的生存需要，也可以通过登上宝山去开采美玉，泛舟海上去捕捞珍珠来丰富人类的日常生活。然而，由于财富分布差异，每个地方盛产的物品是不一样的，有的地方盛产粮食，有的地方盛产食盐，有的地方盛产蚕丝，有的地方盛产稀奇珍贵的物品，"东吴有齿角之饶，西蜀有丹沙之富，兖、豫漆丝之廥，燕齐怪石之府，秦、邠旄羽，迥带琅玕，荆、郢桂林，旁通竹箭，江干橘柚，河外舟车，辽西旐𩤱之乡，葱右蒲梢之骏，殖物怪错，于何不有。"④既然物产如此丰富，人们就应当因地制宜，依照当地实际情况进行生产。作者通过考察历史指出，远古时期的少昊、禹、稷等帝王依照日月星辰的变化，制定历法，使人民不耽误农时，从而做到春天播种，夏天耘田除草，秋天收获果实，冬天储存食物。君王治理天下的方法主要有两个方面：一是勤于民事，二是能够因地制宜，发展农业生产。因此，面对天地万物赋予人类的丰富资源，人们应当效法少昊、禹、稷等勤劳的美德，依照当地的实际情况，进行劳作。《晋书》认为："若乃九土既敷，四

① 碓：春米谷器具。
②《晋书·王戎传》。
③《晋书·江统传》。
④《晋书·食货志》。

民承范"①,如果天下的土地已经划分为各种不同的资源,士农工商四民能够继承少昊、禹、稷等帝王勤劳的传统,那么,世间所有的财富都能够得到开采,就能够不断满足人民的物质文化需求。财富不仅包含物质财富,而且包含精神财富。作为四民之首的士阶层,创造的正是精神财富,因此,士阶层应当通过勤奋的学习和研究来明白做人的道理,从而更好地治理天下。"天之所贵者人也,明之所求者学也,治《经》入官,则君子之道焉"②,维持人类文明的延续。农业劳动满足人民的基本生存需要,需要引起统治者足够的重视,"《周礼》,正月始和,乃布教于象魏。若乃一夫之士,十亩之宅,三日之徭,九均之赋,施阳礼以兴其让"③。从事手工业的人要坚守本业,"父兄之习,不玩而成"④。因此,对于社会上的所有行业来说,都要加以重视,统治者治理国家更要注意这点。而对于社会上的所有人来说,人成年之后,就应当依靠自己的劳动养活自己,无论从事什么职业,都要勤劳的工作,都能够给社会创造价值。所谓"十五从务,始胜衣服,乡无游手,邑不废时,所谓厥初生民,各从其事者也"⑤。天地蕴藏有巨大的财富,人们只要通过自己的勤劳,就能够将这些财富发掘出来。就其价值偏向而言,世间只存在勤劳和不勤劳的道德偏向,而没有职业上的偏向,从这点来说,士、农、工在价值创造上是平等的。

对于财富创造来说,农业和手工业主要负责生产,而一个重要的问题是,生产出的产品如果没有流通,就不能实现其本身的价值。从此处来说,商品交易通过让商品价值实现来创造价值。在《晋书·食货志》中,作者专门举了三国时期徐邈的例子来证明其他行业和商品交易的价值。魏明帝时,徐邈任凉州刺史,由于凉州土地贫瘠,雨水少,不利于农作物种植,百姓常常为缺粮所苦。徐邈为了解决这一问题,除了广开水田之外,更重要的工作就是借助于当地盛产食盐的优势,开采食盐,通过食盐与其他地方交换谷物。这两项措施使得当地"家家丰足,仓库盈溢"⑥。徐邈不仅解决了地方军

---

① 《晋书·食货志》。
② 《晋书·食货志》。
③ 《晋书·食货志》。
④ 《晋书·食货志》。
⑤ 《晋书·食货志》。
⑥ 《晋书·食货志》。

民粮食问题,还用多余的财政购买奢侈品,运回内陆进行买卖,"以市金锦犬马,通供中国之费"①,从而出现了"财货流通"的局面,这些都是徐邈的功劳。由此可见,商品交易在富国富民上起到了重要的作用。所以,作者总结说:"是以太公通市井之货,以致齐国之强;鸥夷善废敛之居,以盛中陶之业。"②相比于农业,商业同样能够创造价值,并且借助商业实现国富民强是一件让人钦慕的事情。

因此,《晋书》恢复了中国早期的"农商俱利"的传统,"昔者先王……勖农桑之本,通鱼盐之利,登良山而采符玉,泛瀛海而罩珠玑。日中为市,总天下之隶,先诸布帛,继之以货泉,贸迁有无,各得其所"。"农商俱利"传统的恢复,从经济上转变了魏晋南北朝历史中抑制商业活动、以商人为贱的价值取向和伦理精神。

(二) 家殷国富的财富观

《晋书·食货志》提出了一个与财富伦理相关的社会理想——"家殷国富",即统治者治理国家,最理想的状态就是百姓殷实,国家富强。所谓家殷,就是使百姓通过辛勤的劳动获取财富,从而能够承担起抚育儿童,赡养老人的责任,并且有所积蓄,据《晋书·食货志》论述民殷:"若乃上法星象,下料无外,因天地之利,而总山海之饶。百亩之田,十一而税,九年躬稼,而有三年之蓄,可以长孺齿,可以养耆年";所谓国富,就是国家在民富的基础上,将征收赋税取得的财政收入用于国家的军事、官员俸禄、宗教祭祀、水利交通以及国家的建筑、科学教育、社会保障体系等支出,从而使社会良性运转,进一步为民众的正常生产生活提供保障。据《晋书·食货志》论述国富:"因乎人民,用之邦国,宫室有度,旗章有序,朝聘自其仪,宴飨由其制,家殷国阜,远至迩安。"由此可见,民殷和国富二者是相辅相成的关系,民殷是国富的基础,国富服务于民殷。那么,如何才能实现家殷国富的目标,《晋书·食货志》认为,国家应该从财富的生产、交易、分配、消费等经济活动进行统

①《晋书·食货志》。
②《晋书·食货志》。

一的制度安排。

　　如前所述,《晋书·食货志》的作者认为,由于天地间蕴藏了丰富的资源,人们应当按照天地自然的规律,通过自己的劳动来使这些资源变成财富,"若乃上法星象,下料无外,因天地之利,而总山海之饶"①,即如果上能效法日月规律,下能管理天下万物,充分利用天地间的资源,就能够聚集天下的财富。因此,在《晋书·食货志》的作者看来,尽管天地之间存在着无穷无尽的资源,但这些资源只是潜藏的财富,人们必须通过辛勤的劳动才能将潜在的财富变成现实财富。亦即人们只能通过勤劳才能有资格获取基本生活资料和财富。对于统治阶级来说,社会分工和制度安排使社会各行各业的人坚守本职工作,知识分子以学问做官,农民以躬稼收获粮食,手工业者以手艺服务社会,商人以贸易获取财富,从而使社会上每个人都投入到劳动之中。《晋书·食货志》描述的理想社会形态即是"乡无游手,邑不废时,所谓厥初生民,各从其事也",意即社会上没有游手好闲的人,国家不会荒废农时,自古以来的百姓都从事着自己的本职工作。因此,财富的创造不仅需要各行各业人民的辛勤劳动,而且政府也有责任给予人民从事劳动的机会。这样,既能够使民众在劳动中获取基本的生活资料,也能使国家变得富强。

　　建立完善的社会保障体系是家殷国富的特点之一。在《晋书·食货志》中,我们能非常明显地看到唐太宗君臣对于构建一个负责任政府的不懈努力。在他们看来,所谓的民殷国富不仅包含正常情况下民众和国家的富裕,而且还包含了非正常情况下对于弱势群体的救济,因此,"救水旱之灾,恤寰瀛之弊"②就成为一个合格政府应当具备的道德责任。

　　轻徭薄赋是实现家殷国富的必备条件。一般认为,赋税是指"国家凭借政治权利参与国民收入分配取得财政收入的活动。体现国家同社会集团、社会成员之间的分配关系"③。中国古代社会是一种宗法社会,家天下是宗法社会的核心理论,而"普天之下,莫非王土,率土之滨,莫非王臣"的财产制度是它的物质基础。也就是说,天下所有物质资源的所有权以及人本身都归属于国有。因此,从名义上来说,国家有绝对的权力来分配人民创造的财

---

①《晋书·食货志》。
②《晋书·食货志》。
③ 于光远主编:《经济大辞典》,上海:上海辞书出版社1992年版,第2318页。

富。《晋书·食货志》作者认为,社会创造的财富并不是无限制地去索取和消费的,进而提出了家殷国富的财富分配方式。既然国富的前提是民殷,没有民殷就没有国富;那么,国家征收的赋税也要用到国家机器运转上,而不是统治集团的个人消费,"因乎人民,用之邦国"①。因此,就将国家征收税赋控制在一定标准之内。《晋书·食货志》曰"百亩之田,十一而税……家殷国阜",意思并非现实中征收十分之一的税收,而是表明政府只有轻徭薄赋,才能实现家殷国富。财富的分配往往与财富的消费有着紧密的联系。《晋书·食货志》的作者将轻徭薄赋的分配观和崇俭黜奢的消费观念上升到国家兴亡的角度来论述。作者通过考察历史指出,但凡君王崇尚俭朴,取之有度,用之有节,就会国泰民安。如商朝和周朝的兴起,都是遵循了这样的道理,"商周之兴,用此道也"②;如光武帝刘秀时期的赋税政策是"田租三十税一",百姓家生了儿子,免除其三年的人头税,"民有产子者复以三年之算"③,及汉明帝刘庄继位依然实行轻徭薄赋的政策,从而恢复了社会凋敝的经济,使社会出现了"草树殷阜,牛羊弥望,作贡尤轻,府廪还积,奸回不用,礼义专行"④的繁荣局面。相反,如果统治阶级横征暴敛,穷奢极欲,就会招致天下大乱,如商纣暴虐,"厚赋以实鹿台之钱,大敛以增钜桥之粟……悬肉成林,积醙为沼"⑤,终于招致士兵倒戈,自焚于鹿台的悲惨下场。

四、《隋书》的经济伦理思想

《隋书》是魏徵主持编撰的现存最早的隋史专著,对隋朝诸多方面都有所记述。其中对于隋朝的经济伦理方面的论述主要集中在《食货》一卷之中,除该部分之外,其他部分对经济方面也有所记录。在《食货》开篇,魏徵写道,"王者量地以制邑,度地以居人,总土地所生,料山泽之利,式遵行令,敬授人时,农商趣向,各本事业"⑥。这是对隋朝整体经济状况进行的总结:

---

① 《晋书·食货志》。
② 《晋书·食货志》。
③ 《晋书·食货志》。
④ 《晋书·食货志》。
⑤ 《晋书·食货志》。
⑥ 《隋书·食货志》。

统治者度量土地划分区域与居住范围,统计闲余土地数目,以进行开发与耕种,所进行的开采活动遵守自然规律,生产耕种按照百姓生活进行安排,农民与商人都本分地进行着自己的活动。综述之,隋朝的经济伦理精神集中体现为以人为本、利益兼顾的生产伦理,薄赋于民的分配伦理,由俭入奢的消费伦理,国利为本的交换伦理。下面我们将从以上所提及的方面进行阐述。

(一)以人为本、利义兼顾的生产伦理

在隋朝建国初期,京师仓廪虚空,国家的经济基础较为薄弱,土地问题较为突出,魏徵记载到"(开皇十二年)时天下户口岁增,京辅及三河地少而人众,衣食不给"①。正如《孟子·滕文公上》所说,"夫仁政,必自经界始。经界不正,井地不钧,谷禄不平,是故暴君污吏必慢其经界。经界既正,分田制禄可坐而定也"。仁政的开端便在于土地的划分、确定田地界限。土地分配问题的地位十分重要,对于土地的管理涉及国家社会的稳定性。土地问题体现在经济伦理方面主要便是生产资料的分配问题。土地对于小农经济为主的中国来说是安定百姓的重要因素,同样对于国家来说,农业经济对于国家的财政收入具有支撑作用。"皆遵后齐之治",隋朝沿袭后齐实行了均田制,"职事及百姓请垦田者,名为永业田"②,永业田的分配问题便涉及官员与平民的利益分配、官员各个等级之间的利益分配及官员个人利益与政府利益的分配问题。在《食货》诸多分散的语句里,不难看出,生产资料的分配在生产伦理方面有着重要的地位。

在《隋书·食货志》的记载中,我们看到诸多矛盾。在官员与平民的利益分配中,百姓在土地资源的分配中地位有所上升,但仍旧处于弱势。均田制规定"率以十八受田……六十六退田""其丁男、中男永业露田,皆遵北齐之制""其方百里外及州人,一人夫受露田八十亩,妇四十亩"。均田制规定了百姓的土地分配数目,以及普通百姓的耕种年限。而对官员的土地分配

---

① 《隋书·食货志》。
② 《隋书·食货志》。

则与百姓有所不同。就分配土地的位置规定方面,"京城四面,诸坊之外三十里内为公田。受公田者,三县代迁、户执事官一品已下,逮于羽林武贲,各有差。其外畿郡,华人官第一品已下,羽林武贲已上,各有差"①。在分配土地的位置上,官员与百姓十分不同,在京城周围三十里之内的土地是对官员进行分配的土地,而百姓的土地则是在"方百里外及州"②的区域。除此之外,从官员土地数量方面来看,官员所分得土地的数量多以"顷"为单位,而百姓的土地则以"亩"为单位,一顷相当于百亩,可见官员所分配的土地面积明显多于百姓所获土地面积。在差异悬殊的基础之上,外官还占有一部分公廨田,使官民占地差异更大。这两方面的差异充分说明了,在生产资源的分配之中,自古官员因为政治地位较贫民高而占有更多的社会资源。但是在隋朝初期的生产伦理之中,百姓的地位有所提高。面对政治仍旧不稳固的境况,经济基础的稳定对于政治上层建筑的决定作用被提升至十分重要的地位,而作为以小农经济为主的经济基础中的生产者——农民,其地位被充分重视,而"有恒产者有恒心"的安抚政策使经济基础逐渐夯实,经济基础反作用于政治上层建筑,从而稳定了国家的政权。而官员作为国家的统治阶级,作为生产效率的代表者,其土地数量的占有更说明了在公平与效率之中国家对于效率的同样重视。

在统治阶级内部利益分配的生产伦理之中,"京官又给职分田。一品者给田五顷。每品以五十亩为差,至五品,则为田三顷,六品二顷五十亩。其下每品以五十亩为差,至九品为一顷。外官亦各有职分田,又给公廨田,以供公用"③。不同等级官员所占有的资源数量之间存在着严苛的差别,凸显了政治地位对经济地位的影响,不同官员所占有生产资料数目的不同在一定程度上巩固着封建等级制度,经济基础影响着上层建筑,同时上层建筑对于生产资料占有的多少对其社会地位同样是一种巩固,使得社会地位的高低更为固定。生产资源的流动性较弱,从一定程度上说明了上层建筑对于经济的反作用。虽然从政治方面讲,这种分配方式使得朝野之内形成稳定的局面,但是这种较为固化的生产资料分配方式使得经济的活力受到约束。

①《隋书·食货志》。
②《隋书·食货志》。
③《隋书·食货志》。

在生产资料的分配问题方面,户籍作为公平分配的标准之一,难以避而不谈。开皇初年,"户口益多隐漏"①,诸多户的人口并没有如实登记在册,诸多人口仍旧面临着没有土地的问题,呈现"户口多漏"的情况。而在诸多百姓没有登记在册的情况下,地方豪强"户至数万,籍多无妻"②,占有诸多空头户籍,而多分有土地。户籍统计存在的问题使得效率与公平问题无法得到充分地解决。户籍问题涉及经济伦理之中的公平问题,户籍作为登记在册的人口数量对于生产资源的分配有着重要的意义。户籍不实造成生产资料的分配不均,百姓之间的利益冲突无法解决,对于政治的稳定十分不利。诸多的人口的未登记使得"耕者有其田"的经济政策无法推行,作为以小农经济为基础的国家,户籍问题是公平问题,百姓"恒心"依于"恒产"便依赖于此,没有户籍的百姓无法获得一定数额的土地,在小农经济条件之下,丧失土地便意味着百姓无法通过农业满足其个人的生存需要,就整个社会来说则影响了生产效率,同时动摇了政治的稳定性。一旦涉及人的生存与价值问题,便涉及民本主义的根基,百姓满足基本的经济需求是发展道德教化的前提,只有基本的欲求有所满足才能够实现更高层次的追求。土地关系作为生产关系四个环节的首要环节,是其余三个环节的基础,不稳固土地关系对于为政以德的国家长远发展十分不利。

(二)治国以德、薄赋于民的分配伦理

国家通过赋税等方式对社会财富的二次分配对于国家的稳定十分重要,二次分配是国家对效率与公平进行协调的重要举措。

隋朝对于效率是公平的前提与基础有了更深一步的认识。生产的效率决定着分配的方式,在效率较高之时,政府充分顺应社会与历史的发展规律,减轻对百姓的压迫,以保证百姓的生产积极性,从而实现社会的可持续发展。《隋书·食货志》中记载到"陈平,帝亲御朱雀门劳凯旋师,因行庆赏……自余诸州,并免当年租赋,十年五月,又以宇内无事,益宽徭赋。百姓

---

① 《隋书·食货志》。
② 《隋书·食货志》。

年五十者,输庸停防"①。因国家战事的胜利对天下人民减轻了赋税压力,这一举措的实施,既减轻了战争为百姓带来的生产与生活的破坏与影响,又能够使得生产力得到快速恢复,使得生产力和生产关系相互协调。面对国库丰实的情况,统治者在总结统治经验之后,"河北、河东今年田租,三分减一,兵减半,功调全免"②,将压在人民肩上的担子减轻。而在生产效率受到自然约束之时,在天灾面前,国家对于百姓的赋税要求也有所降低,"其遭水旱之州,皆免其年租赋"③。除此之外,仓作为储备粮食的重要方式,充分发挥其平衡作用,减轻被时间所限的自然因素对百姓带来的影响,"开仓赈给"④以保证社会公平。在《隋书·食货志》中有多处关于"仓"的作用的记载:"司仓掌辨九谷之物,以量国用。国用足,即蓄其余,以待凶荒;不足则止"⑤,"自是之后,仓廪充实,虽有水旱凶饥之处,皆仰开仓以振之"⑥,在面对灾年的时候,充实的仓储能够帮助国家渡过难关。除此之外,在齐还建立起了富人仓,"诸州郡皆别置富人仓"⑦,富人作为社会阶层的一部分,面对国家财富收支的不稳定性,对国家财富的调控有着重要的作用。"得支一年之粮,逐当州谷价贱时,斟量割当年义租充入。谷贵,下价粜之;贱则还用所粜之物,依价籴贮。"⑧富人仓是调节粮食价格的重要杠杆,充分发挥了利益分配的作用,其盈利的性质使得贫富之间的差距拉大。整体而言,不论在丰年还是在灾年,国家的生产效率发展都遵从自然与社会的发展规律,充分发挥人的积极性,将人的价值放在第一位,充分实现"民本"的要义,实现经济伦理所提倡的科学发展与可持续发展。

就公平方面来说,"谲诡赋税,异端俱起"⑨,若一个国家的赋税制度无法完善,对于第一次分配之中存在的诸多分配不均的问题则无法调节,无法保证社会公平则民心不安,进而会动摇国家统治的根基。隋朝建国之后,国家

---

① 《隋书·食货志》。
② 《隋书·食货志》。
③ 《隋书·食货志》。
④ 《隋书·食货志》。
⑤ 《隋书·食货志》。
⑥ 《隋书·食货志》。
⑦ 《隋书·食货志》。
⑧ 《隋书·食货志》。
⑨ 《隋书·食货志》。

税收则主要依靠租、庸、调三项进行调节。租，为土地收获的粮食，调，为家户提供的纺织品，租调制度自曹魏开始，在隋唐改良沿用。庸制作为均田制的补充制度，是指力役的代替物。赋税制度并不是一成不变的，"赋税常调"①，应当随着国家具体的生产情况进行调整，自然的生产活动不仅仅与自然联系在一起，还与户籍管理、国家政治状况相关。隋朝对齐的税制进行了学习，在政治仍未稳固之时对百姓采取宽松的赋税制度以使百姓在国家进行的第二次分配之中获得利益。隋初，对于百姓纳税的年龄有了诸多调整，对于庸制便存在"帝入新宫。初令军人以二十一成丁"②的记载，成丁的年龄较周的"十八成丁"又延后三年。而对于老者，则实行"纳庸代役"的政策③。除此之外，在调和庸的方面也有了调整。诸多年限的调整使得百姓被国家剥削的时间有所缩减，而获得更多自由生产的时间，这是以人为本的伦理思想的体现，在充分尊重人的地位的基础之上使其价值充分发挥。而对于幼者与老者的特殊化对待，更是道德主义的充分体现，分配公平使得百姓获利更多，这种压迫的减轻使得人民的生产积极性有所提升，对于社会效率的提升具有积极的作用。而"庸"所带来的布匹也成为国家收入的一部分，人们为了获得更多的自由耕作时间而上缴的布匹丰盈了国库，这充分说明了分配的公平对于效率具有一定的反作用。

户籍制度同样与分配伦理的公平问题紧密联系在一起，"请于所管户内，计户征税"以及"未受地者皆不课"④，各种与国家再分配相关的苛捐杂税都以户籍作为收纳基础。隋朝的户籍制度比较混乱，在《隋书·食货志》中有着这样的记载"吏道因而成奸，豪党兼并，户口益多隐漏"，地方豪强为躲避二次分配所带来的经济压力而进行户口隐漏，"高颎又以人间课输，虽有定分，年常征纳，除注恒多，长吏肆情，文帐出没，复无定簿，难以推校，乃为输籍定样，请遍下诸州"⑤。政府对于公平十分重视，百姓的课税都有定分，但无奈户籍的问题无法使公平的政策得到贯彻落实。百姓则"或诈

---

① 《隋书·食货志》。
② 《隋书·食货志》。
③ 参见钱穆《中国经济史》，北京：北京联合出版社 2014 年版，第 178 页。
④ 《隋书·食货志》。
⑤ 《隋书·食货志》。

老诈小，规免租赋"①，为了逃税而对自身的年龄进行谎报。由此可见，赋税的基础——户籍管理存在诸多不公之处。对此，朝廷采取了诸多的措施，以保证在再次分配之中的公平。"高祖令州县大索貌阅，户口不实者，正长远配，而又开相纠之科。大功已下，兼令析籍，各为户头，以防容隐。"②政府对户口进行了彻查与核对，而对于户口不实之人，实施了惩罚。在政府的管理方面，"每年正月五日，县令巡人，各随便近，五党三党，共为一团，依样定户上下。"③每年清查户口，建立了管理户籍的单位，以方便核对。户籍的管理取得了成效，"于是计帐进四十四万三千丁，新附一百六十四万一千五百口""自是奸无所容矣"，④曾未登记在册的人口都得到落实，避免了诸多逃、漏赋税的现象，实现了再次分配之中的公平，避免了社会贫者更贫、富者更富的两极分化问题，充分发挥国家的作用，实现二次分配的真正意义，做到了利义兼顾。

效率与公平的良性互动实现了二者兼顾的局面，既充分认识到人的价值，又充分实现了人的价值，利义兼顾的分配伦理使隋初的经济逐渐过渡到稳定的状态，这种良好的经济伦理状态使社会呈现出和谐的景象，呈现"藏库仍满"国家粮仓积累的数目不断增加的局面，是经济"道德主义"复苏的重要前提。《隋书·食货志》记载了"有品爵及孝子顺孙义夫节妇，并免课役"⑤，此时将道德同国家财富的分配综合在一起，道德地位与经济地位联系在一起，同"品爵"地位相似，道德同政治地位一样在社会之中具有重要的影响力。经济的发展同道德教化联系在一起，实现真正的"为政以德"。"既富而教，方知廉耻，宁积于人，无藏府库"⑥，国家在经济有所发展的基础上对百姓进行德智培育便成为国家稳固的重要举措，道德与经济的协调发展是国家长治久安的保证。

国家财富的分配带有"道德主义"色彩，赋税制度的规范化使得国家的收支实现了平衡，减轻了百姓负担，是从"民本"思想基础之上对国家利益与百姓

---

① 《隋书·食货志》。
② 《隋书·食货志》。
③ 《隋书·食货志》。
④ 《隋书·食货志》。
⑤ 《隋书·食货志》。
⑥ 《隋书·食货志》。

利益进行了协调,实现了"既薄赋于人,又大经赐用""用处常出,纳处常入……曾无减损"①。国家收支的合理使用,使得隋初社会处于稳定的状态。

(三)官利为主、逐欲为常的交换伦理

交换环节作为连接生产、分配和消费的环节,其所遵循的经济伦理对于经济的整体发展具有重要的作用。从《食货志》的记载中我们看到隋朝的经济交换活动主要分为官与民之间以及民与民之间的活动。而这两种活动主要依靠商品交易来实现。商品交易的主要媒介是货币。一般说来,在商品交易中,买方通过交易获取自己需要的物质,卖方则获取了货币财富。商人依靠商品交易,通过自己的辛勤劳动或者囤积居奇等非法活动获取大量的财富。隋朝官民之间最早可以用以进行交换的是酒和盐,"先是尚依周末之弊,官置酒坊收利,盐池盐井,皆禁百姓采用。至是罢酒坊,通盐池盐井与百姓共之,远近大悦"②,在隋朝初期国家仍然对诸如盐之类的生活资料进行严密的控制,酒坊也是官办的。对于官办商品,其获取的利益主要被国家所占有,利益的天平倾向于国家一方,百姓在交换活动之中始终处于被动的地位。后来逐渐放开了对于酒坊和盐的控制,盐和酒的流通转向了民间,百姓被允许经营酒厂和进行盐的交换,利益的争夺从官民转向百姓内部。交换权利使百姓有了更多获利的机会,是"民本"政策的体现,百姓不再是砧板上的鱼肉,而获得了公平的商品交换的权利,劳动人民的价值在新的交换形式之中得到挖掘,社会财富出现新的增长方式。由此社会的生产效率也会因为新的社会财富增长方式的出现而有所提升。而百姓在此交换过程之中,充分发挥主观能动性,根据自身的需求和市场的要求决定商品价格,以使利益最大化。

除此之外,国家与百姓之间的交换活动还有国家对个人的借贷行为。国有商品经济开始出现借贷活动,《隋书·食货志》言:"先是京官及诸州,并给公廨钱,回易生利,以给公用"③,为了筹得国家公费,国家拨出银两进行放

---

① 《隋书·食货志》。
② 《隋书·食货志》。
③ 《隋书·食货志》。

贷生利，以充实国用。国家充分利用商业回报率高的特点，将财政的来源之一转移到商业，国家财富通过发展商业的方式进行聚集，社会财富从百姓的手中转移到政府手中。百姓在需要资金之时从国家处获得资金，而国家通过对百姓的借贷获得利息，增加国家财政收入。财政收入多元化，生产关系得到调整，对于农业的依赖度降低。私营商业对于国家物力的补充也具有一定的影响。

《隋书·食货志》记载了南方自东晋以来便有着"人竞商贩，不为田业"①以商业为主的经济发展模式，而北方仍旧保持着以农业税收为主要财政来源的发展模式。伴随着商业作为新兴的交换模式的兴起，我国原有的那种自给自足的小农经济下的交换模式被打破。在商业的交换模式之中，人们的需要得到满足，不论是生产的还是生活需求的满足都能使得百姓生产效率得到提升，借助自发的交换活动，生产关系得到了调整，社会资源得到充分利用，减少了资源的浪费，避免了国家调控的滞后性。而以商业形式进行的交换活动弥补了小农经济的交换所具有的缺乏活力的缺陷，使经济发展更有动力，而平等的交换地位使得交换活动更具有公平性，在一定程度上形成了效率与公平的良性互动。

伴随着交换活动的广泛推行，为保证公平，隋朝沿袭前朝以钱作为一般等价物进行社会交换。"高祖既受周禅，以天下钱货轻重不等，乃更铸新钱"②，隋朝初年，商品于货币价值多样，诸多利益协调便依靠这一交换原则。梁、陈时期的交换制度之中，既有钱又有其他一般等价物，诸如布帛、粟帛等，双重的交换体系"轻重不一"，十分容易形成交换的不公平。自梁便存在着私自铸币的社会现象，而在隋朝依旧如此。魏徵记述到："锡镴既贱，求利者多，私铸之钱，不可禁约"③，人们在私利的驱使之下，竞相私自铸造钱币而造成钱币严重贬值。在经济的发展之下，利益的分配总是同"利义"结合在一起，而"钱"作为一般等价物的存在更是社会公平问题的核心。"而京师以恶钱贸易，为吏所执，有死者。数年之间，私铸颇息。大业已后，王纲弛紊，

---

① 《隋书·食货志》。

② 《隋书·食货志》。

③ 《隋书·食货志》。

巨奸大猾,遂多私铸,钱转薄恶"①,而诸多官员在处理个人利益同集体利益之时,选择违背集体利益满足一己私利,加重了经济发展的不公平性,"货贱物贵,以至于亡"②,所致结果便是社会财富在分配环节的严重不公平,货物严重贬值而价格昂贵,社会财富集中在少数人的手中使得百姓更为贫困,贫富差距两极分化,而造成国家衰亡。货币问题关系着"利义"问题,也涉及社会财富的分配问题,"括天下邸肆见钱,非官铸者皆毁之,其铜入官""数年之间,私铸颇息"③,国家具有经济调控的能力,但隋朝后期功利主义和拜金主义盛行,国家在面对经济问题时,没有充分发挥能动性,"王纲弛紊,巨奸大猾"④,多余欲望不断膨胀,人们背离经济伦理的约束,法度的不完善必定造成欲望肆起,社会经济紊乱,利高于义,经济基础的混乱必然导致社会糜烂、国家衰败。

隋唐时期疆土开拓活动十分活跃,引发了对外的交换活动。《隋书·食货志》中记载到隋炀帝"又以西域多诸宝物,令裴矩往张掖,监诸商胡互市。啖之以利,劝令入朝"⑤,因为西域所具有诸多宝物而可以互通有无、进行交换。统治者个人欲望的膨胀更是一个国家的灾难。隋炀帝时期的对外交换活动主要为引入奇珍异宝,以满足其自身不断膨胀的物质欲求,在此追求之下,经济浪费严重,"自是西域诸蕃,往来相继,所经州郡,疲于送迎,糜费以万万计"⑥。经费浪费于此,商业发展所需要的支撑更是巨大的,这样巨大的花费在隋朝后期成了沉重的发展包袱。除此之外,作为商业发展支撑的运河,修建水渠便成了对百姓的严酷剥削,从役者不仅包括丁更包括妇。"四年,发河北诸郡百余万众,引沁水,南达于河,北通涿郡。自是以丁男不供,始以妇人从役"⑦。这种剥削是隋朝后期享乐主义不断发展的表现,是对社会生产力的极大浪费。由此可见,在隋朝后期,奢靡之风、享乐主义盛行,过度的交换活动成了享乐主义的"帮凶"。对于欲望的

---

① 《隋书·食货志》。
② 《隋书·食货志》。
③ 《隋书·食货志》。
④ 《隋书·食货志》。
⑤ 《隋书·食货志》。
⑥ 《隋书·食货志》。
⑦ 《隋书·食货志》。

过度追求造成社会资源的浪费，百姓生活的困苦。隋炀帝为满足私人欲望寻找所要之物，"征发仓卒，朝命夕办"①，造成社会人力和物力资源的极大浪费，"百姓求捕，网罝遍野，水陆禽兽殆尽，犹不能给，"②百姓不再耕田，而从有限的自然资源之中找寻隋炀帝所求"珍宝"，诸多自然资源被浪费，却仍无法满足统治者的欲望。从商人手中高价购买诸多珍奇之物以满足自身膨胀的欲望，"而买于豪富蓄积之家，其价腾踊"③，扰乱了社会经济秩序，从而使得百姓成为其欲望膨胀的牺牲品。

（四）私欲渐兴、由俭入奢的消费伦理

《隋书·食货志》开篇写道："所谓取之以道，用之有节，故能养百官之政，勖战士之功，救天灾，服方外，活国安人之大经也。"④消费伦理作为经济伦理的重要部分对经济活动产生影响。在隋朝初期，君主坚持适中节制的消费观，面对国家经济基础不稳固的国情，"用之有节"的消费观既来自生产的状况，又对生产效率具有积极的反作用。

隋朝建国初期，国家经济基础薄弱，其至连政治经济重镇的京师也出现"仓廪虚空"的局面，面对战乱始戢、国家经济遭到极大破坏的现实，隋文帝杨坚"既平江表，天下大同，躬先俭约，以事府帑"，以身作则，举国躬行勤俭之道。"节用"是隋初较为提倡的消费伦理观念。一国之君作为国家资源最大的掌控者，杜绝奢侈浪费更是对社会风气具有引导性的作用。《隋书·食货志》记述到："帝既躬履俭约，六宫咸服浣濯之衣。乘舆供御有故敝者，随令补用，皆不改作。非享燕之事，所食不过一肉而已"⑤，统治者在衣食住行诸多方面均坚持勤俭的态度，对个人欲望进行严格地约束。"有司尝进乾姜，以布袋贮之，帝用为伤费，大加谴责。后进香，复以毡袋，因答所司，以为后诚焉"⑥，对浪费行为的惩戒是对劳动力的珍视与节约，

---

① 《隋书·食货志》。
② 《隋书·食货志》。
③ 《隋书·食货志》。
④ 《隋书·食货志》。
⑤ 《隋书·食货志》。
⑥ 《隋书·食货志》。

更加说明了"节用"思想的重要性。在诸多战事与自然灾害之中,隋朝的生产力受到严重的破坏,"节用"所展现的是统治者与民一心,"节用"思想的推行同当时生产密切相关。一方面是收入,一方面是支出,在面对经济基础薄弱的情况下,"节用"是对生产、消费约束的充分认识,是从实际出发的最佳选择。这种认识对于生产具有一定积极的反作用,对于隋朝初期生产效率低下的境况具有弥补作用。一丝一线作为产品,是劳动力凝集的产物,而国家对于劳动产品的节约,同样是对于生产者的尊重与珍视,是对于人的价值的重视。在这种经济伦理思想之下,劳动力的生产积极性能够得到激发,和谐生产关系,从而刺激生产效率提升,实现生产力与生产关系的和谐发展。

节俭的消费伦理是对于效率与公平关系的统筹,统治者躬行"用处常出,纳处常入"[1]的"消费有道"的态度。隋朝虽然坚持节俭戒奢,对于诸多方面都进行节约支出,但是对于鼓励将领、体恤百姓的国家支出方面毫不吝惜。《隋书·帝纪第一》记载"虽啬于财,至于赏赐有功,亦无所爱吝"[2],在效率低下之时国家将支出充分利用,积极调整生产关系,协调生产力与生产关系之间的矛盾,也是对公平的重视,以公平带动效率的提升,从而实现效率与公平的良性互动,促进国家经济的增长。隋朝早期提倡勤俭的消费观能够避免享乐主义对政治造成影响。

而在隋朝后期,在小农经济为基础的经济发展模式之下,商业也有所发展。早在后周时期政府对于商业的压制便有了松动的迹象,《隋书·食货志》记载"闵帝元年,初除市门税。及宣帝即位,复兴入市之税"[3]。小农经济作为自给自足以家庭为单位的生产方式,对于自然的依赖十分严重,经营规模小、生产效率低,但作为一个农业大国无法摆脱农业作为国家经济基础的国情,而商业的出现则弥补了小农经济所具有的不足。商业作为新的效率增长的方式对于国家收入、建设方面都有着影响。"六年,将征高丽,有司奏兵马已多损耗。诏又课天下富人,量其赀产,出钱市武马,填元数,限令取

---

① 《隋书·食货志》。
② 《隋书·高祖杨坚下》。
③ 《隋书·食货志》。

足。"①在国家进行战争之时,财政已经不足以支撑国家的征战行为,富商的经济支持成为国家行动的重要保证。小农经济具有自给自足的特点,对于国家需求无法在短时间之内进行支持,而国家把持的商品经济能够在短时间之内对资源进行调配,以满足国家的需求。除此之外,商人的价值还在于参与国家内部事务,"九年,诏又课关中富人,计其赀产出驴,往伊吾、河源、且末运粮。多者至数百头,每头价至万余。又发诸州丁,分为四番,于辽西柳城营屯,往来艰苦,生业尽罄"②,在诸多的艰苦行动任务之中,商贾们出资购备物资进行运粮行为,"始建东都,以尚书令杨素为营作大监,每月役丁二百万人。徙洛州郭内人及天下诸州富商大贾数万家以实之。新置兴洛及回洛仓"③,国家政策的实施之中,商人所发挥的作用也不容小觑。隋朝的商品经济对于国家政策的依赖度较高,商业的发展并不主要依靠市场,而是主要依赖于国家,国家对商业具有绝对的控制权。商业成为国家增加财政收入、物力补充的重要来源之一。国家鼓励商业发展,商业促进国家兴盛,二者相互扶持使中国以小农经济为主的经济固定形态得到突破。商业的发展较于农业的发展所带来的利润更大,使得生产效率的提升更快,作为国家发展新的活力,商业将隋朝的经济带入新的境况,同时商业的兴起避免了单一经济令国家可持续发展力量不足的状况,减轻了农业发展的压力,促进经济长期的发展。

而隋朝后期,隋炀帝为满足一己私利而进行对外商贸,造成国家资源的巨大浪费。《食货志》记载:"晋自中原丧乱……又岭外酋帅,因生口翡翠明珠犀象之饶,雄于乡曲者,朝廷多因而署之,以收其利。历宋、齐、梁、陈,皆因而不改。"④商品经济发展不当所带来的奢靡之风是个人利益高于集体利益、眼前利益高于长远利益的选择,商品经济虽然能够暂时缓解国家的财政压力,但一旦缺乏伦理道德的约束,便十分容易令人堕入享乐主义的深渊,而使国家经济陷入混乱之中。

---

① 《隋书·食货志》。
② 《隋书·食货志》。
③ 《隋书·食货志》。
④ 《隋书·食货志》。

魏徵认为,"商旅奸诈,因之以求利"①,商业的兴盛是人对自身的物质利益等自然欲望的追求与满足,是对于人的解放,同样是人对于自身价值的认识与肯定,但是如果缺乏道德伦理的约束,便很容易走向"义"的反面,使人们在欲望之中迷失。同时商业发展是功利主义兴盛的表现,虽然人人追逐"小利"会使社会生产力不断发展,提升人们的生产积极性,促进社会财富的不断积累和增加,但同时对于国家也具有消极的一面。道德伦理的作用在经济发展之中不可忽视。

在经济伦理的意义上讲,伴随着商业的不断发展,奢侈消费是"利"的膨胀、"义"的衰退,奢侈之风的盛行对道德方面也有着恶劣的影响。"天禄有终",人力物力都并非取之不尽、用之不竭,奢靡之风是对人力物力的浪费,而节用则实现人力物力的可持续发展,是对于资源的眼前利益与长远利益的协调,是国家长治久安的重要思想基础。

司马迁为《平准书》,班固述《食货志》,上下数千载,损益粗举。"自此史官,曾无概见。夫厥初生人,食货为本。圣王割庐井以业之,通货财以富之。富而教之,仁义以之兴,贫而为盗,刑罚不能止。故为《食货志》,用编前书之末云。"②魏徵认为百姓的生活是建立在"食货"的基础之上的,好的经济调控政策能够使百姓安居乐业,实现公平与效率的和谐。在"衣食足"的基础之上推行道德教化,能够使过度欲望消除,避免国家走向欲望不断膨胀的享乐主义极端,实现国家的长远发展。《食货志》的作用就在于总结前人的经验,警醒后人。在魏徵看来"隋惟责不献食,或供奉不精,为此无限,而至于亡"③,隋朝的灭亡与不断膨胀的物欲相关,社会人力物力的极大浪费使得百姓苦不堪言,国家经济基础动荡不安,最终走向灭亡。"故天命陛下代之,正当兢惧戒约,奈何令人悔为不奢。若以为足,今不啻足矣;以为不足,万此宁有足邪。"④一个国家、朝代的统治者应当将经济发展与道德约束同时重视起来,不可偏废其一,兢兢业业的同时更应该躬行节俭,充分吸取前人教训,辩证地看待眼前利益与长远利益的关系,居安思危。而能够使得国家长远发

---

① 《隋书·食货志》。
② 《隋书·食货志》。
③ 《新唐书·魏徵传》。
④ 《新唐书·魏徵传》。

展的治国要义则在于"不夺其时,不穷其力,轻其征,薄其赋,此五帝三皇不易之教也。"①不论社会生活还是自然生产,都应当遵循其发展的规律,重视人的作用,才能充分发挥人的主观能动性,实现经济的发展与社会的稳定。"古语曰:'善为人者,爱其力而成其财。'若使之不以道,敛之如不及,财尽则怨,力尽则叛。"②人的关系始终是社会和经济发展处理的核心,充分重视劳动者的地位,珍惜人力和物力、杜绝享乐主义,以人为本,才能够避免社会矛盾,进而实现经济的长久发展。

居安思危,是经济长期发展的前提,"不蹈平易之涂,而遵覆车之辙,何哉? 安不思危,治不念乱,存不虑亡也"③,只见得眼前利益,而不懂得将历史与未来结合看待,做到"瞻前顾后",必然会走向灭亡。协调好眼前利益与长远利益、百姓利益与统治阶层的利益、公平与效率的关系是经济伦理的基本要义,遵从"道"的发展才能够实现国家的协调发展与可持续的发展。

第五节　汉代赋家的经济伦理思想

一、汉代赋家群体的伦理价值取向

西汉初年,经过了三年灭秦、五年楚汉战争,主要任务是拨乱反正,恢复经济。统治者主要以黄老思想为治国理念,不与民争利,且思想较为自由。《汉书》记载"景帝不好辞赋"。这个时期的赋,最有代表性的是贾谊的《吊屈原赋》《鵩鸟赋》,另外还有淮南小山《招隐士》、庄忌《哀时命》。此期较为特别的作家是枚乘,他曾游于吴地、梁地,其创作的《七发》,讽谏了各诸侯王的奢靡,形式上大肆铺排,是向散体大赋的过渡。汉武帝到东汉中期,汉赋开始繁荣。汉武帝对辞赋兴致颇深,他不仅大力提倡辞赋作品,而且自己参与

---

① 《隋书·食货志》。
② 《隋书·食货志》。
③ 《新唐书·魏徵传》。

创作。班固在《两都赋序》中曾描述:"大汉初定,日不暇给。至于武、宣之世,乃崇礼官,考文章。内设金马、石渠之署,外兴乐府、协律之事,以兴废继绝,润色鸿业。是以众庶悦豫,福应尤盛,白麟、赤雁、芝房、宝鼎之歌,荐于郊庙。神雀、五凤、甘露、黄龙之瑞,以为年纪。"天下的大一统盛世激发了文人的诗文情怀,所以,规模宏大、以歌颂为主的大赋开始兴盛。这个时期的代表作有司马相如《子虚赋》《上林赋》,扬雄的《羽猎赋》,班固的《两都赋》,张衡的《二京赋》。

两汉辞赋家大多怀有政治抱负,他们普遍对事业有着宏大的渴望,但是在大一统的局面下,辞赋家们没有别的选择,不能出仕,只能归隐。春秋战国时期,古代士人就有了避世之思想,孔子曰:"天下有道则见,无道则隐"。孟子也说过:"穷则独善其身,达则兼济天下。"身处乱世,出仕往往是危险的,赋家蔡邕就因名高被董卓强征入仕,很快因董卓覆灭而牵连入狱而死。汉末许多文人退隐原因是不满王莽篡位夺权,"汉室中微,王莽篡位,士之蕴藉义愤甚矣。是时裂冠毁冕,相携持而去之者,盖不可胜数"①。汉朝的统一导致辞赋家多工于仕途,但赋家入官场也多淡泊名利,能够以其坚定性情抵御现实的不良影响。比如扬雄,"除为郎,给事黄门,与王莽、刘歆并。哀帝之初,又与董贤同官。当成、哀、平间,莽、贤皆为三公,权倾人主,所荐莫不拔擢,而雄三世不徙官。及莽篡位,谈说之士用符命称功德获封爵者甚众,雄复不侯,以耆老久次转为大夫,恬于势利乃如是。"②扬雄先后与董贤、王莽同官为僚,他们贵为三公,权倾人主,当时趋炎附势者甚众,以求升官封侯,扬雄却淡然处之,清静无为,三世不徙官。张衡也"不慕当世,所居之官,辄积年不徙"③。这些都体现了他们有着更高的价值追求。

两汉赋家因为追求高远,往往无法立足于现实,对于政治理想的追求,使他们常常碰壁,不得不在辞赋中寻找心灵的寄托。他们从中可以找到为自己种种行为辩护的理由,最终达到精神上的慰藉和解脱。贾谊就是个例子。贾谊年少多才,皇帝十分器重他,准备待以公卿之位,但是因谗言所害,

---

① 《后汉书·逸民列传》。
② 《汉书·扬雄传》。
③ 《后汉书·张衡列传》。

他被远贬为长沙王太傅。面对各种多变之人生,其在《鵩鸟赋》中感叹:"夫祸之与福兮,何异纠缳。命不可说兮,孰知其极……天不可预虑兮,道不可预谋;迟速有命兮,焉识其时";"纵躯委命兮,不私与己。其生兮若浮,其死兮若休。澹乎若深泉之静,泛乎若不系之舟。不以生故自宝兮,养空而浮。德人无累兮,知命不忧。"可见,其对老庄之哲学甚为倚重,且伴有自身独特之思考,这些都说明作者在受谗被贬之后无能为力,想要出世却无法完全做到。道家思想在汉代赋家作品中随处可见,扬雄在《解嘲》中反复阐述"物盈则亏"的道理:"炎炎者灭,隆隆者绝……攫拏者亡,默默者存;位极者宗危,自守者身全。是故知玄知默,守道之极……故为可为于可为之时,则从;为不可为于不可为之时,则凶。"杜笃《论都赋》中也言及:"德衰而复盈,道微而复章……物罔挹而不损,道无隆而不移,阳盛而运,阴满则亏。"无为的态度在两汉赋家作品中经常可见,如张衡《东京赋》主张,"为无为,事无事,永有民以孔安。遵节俭,尚素朴,思仲尼之克己,履老氏之常足。将使心不乱其所在,目不见其可欲。贱犀象,简珠玉,藏金于山,抵璧于谷。翡翠不裂,玳瑁不蔟"。清净无为、尚简去奢是他的主要主张,而这些主张都是老庄思想的进一步阐述。在老庄的著作中可见"为无为,事无事","不贵难得之货","藏金于山,藏珠于渊"等观点。赋家淡泊名利也是受到了道家思想的影响,比如扬雄《逐贫赋》:"扬子遁世,离俗独处。左邻崇山,右接旷野。邻垣乞儿,终贫且窭。礼薄义弊,相与群聚。"冯衍《显志赋》:"嘉孔丘之知命兮,大老聃之贵玄。德与道其孰宝兮,名与身其孰亲。陟山谷而闲处兮,守寂寞而存神。夫庄周之钓鱼兮,辞卿相之显位……离尘垢之窈冥兮,配乔、松之妙节。"赋家还表达出了与时变化的思想,比如《后汉书·冯衍传》:"风兴云蒸,一龙一蛇,与道翱翔,与时变化,夫岂守一节哉?用之则行,舍之则藏,进退无主,屈申无常……常务道德之实,而不求当世之名。"其观点紧随《庄子·山木》:"若夫乘道德而浮游则不然,无誉无訾,一龙一蛇,与时俱化,而无肯专为。一上一下,以和为量,浮游夫万物之祖。"可见,赋家群体的价值观念离不开汉朝开国的大时代环境影响。

二、西汉赋家的经济伦理思想

（一）陆贾的经济伦理思想

陆贾是西汉著名思想家、政治家、外交家。他早年追随刘邦,因能言善辩而闻名。他的经济思想继承了先秦儒家。其经济伦理思想主要体现在《新语·无为》篇中。他认为:"道莫大于无为,行莫大于谨敬。何以言之?昔虞舜治天下,弹五弦之琴,歌《南风》之诗,寂若无治国之意,漠若无忧民之心,然天下治。周公制作礼乐,郊天地,望山川,师旅不设,刑格法悬,而四海之内,奉供来臻,越裳之君,重译来朝。故无为者乃有为也。"陆贾认为最大的道就是无为,行道在于谨慎与恭敬。他在文中举了大舜和周公的例子,谈到原来大舜治理天下的时候,经常弹弹琴作作诗,虽然看上去安静地好像没有治国的意思,淡漠地好像没有忧虑天下之心,却达到了天下大治。周公也是如此,不依靠军队、刑法,仅靠制礼作乐就引得万邦来朝、万民归心。这种无为才是大为。其中隐言不需刻意去治理而自治,不刻意求利而自利。既然万国来朝,目的也就达到了,这就是《大学》中所说的君子以义为利,不以利为利的原因吧。以义为利,其利自在其中矣。

然后陆贾重点分析了秦始皇因严刑峻法、过度作为而终至灭亡的教训。"秦始皇帝设刑罚,为车裂之诛,以敛奸邪,筑长城于戎境,以备胡、越,征大吞小,威震天下,将帅横行,以服外国,蒙恬讨乱于外,李斯治法于内,事逾烦天下逾乱,法逾滋而天下逾炽,兵马益设而敌人逾多。秦非不欲为治,然失之者,乃举措暴众、而用刑太极故也。"①秦始皇虽用严法重刑威慑于内,筑长城而防于外,但举措太众,刑罚太极,正所谓"事逾烦天下逾乱,法逾滋而天下逾炽,兵马益设而敌人逾多"。管理越复杂,事情越繁杂,天下越出乱子,法律越多,盗贼越横行,兵马多陈,敌人越多。陆贾认为秦朝并非不忧患,并非不勤政,并非不图治,而是其"太极",这些举措超过了

---

① ［汉］陆贾:《新语·无为》。

应有的尺度,最后因"极"而亡国。从经济伦理的角度来看过重的徭役赋税使得百姓生产生活无法正常进行,社会经济的源头——生产就遭到了破坏。而严刑峻法使得百姓没有安全感,生活在恐惧和忧虑之中,生产的积极性、主动性都受到极大影响。久而久之,社会经济必然遭到破坏。民不安无利则虽有法而不治。所以才会盗贼多有,民不聊生。陆贾的分析清晰地向我们展示了秦王朝社会经济政治政策影响社会经济伦理活动和经济伦理关系,社会经济伦理活动和经济伦理关系又反过来影响了社会政治秩序和王朝的命运。

陆贾还着重分析了君主的道德修养特别是消费伦理观念对百姓的影响。他列举了周襄王不事后母、秦始皇骄奢靡丽、齐桓公好妇人之色、楚平王奢侈纵恣,而老百姓受其影响的例子。"夫王者之都,南面之君,乃百姓之所取法则者也,举措动作,不可以失法则也。昔者,周襄王不能事后母,出居于郑,而下多叛其亲。秦始皇骄奢靡丽,好作高台榭,广宫室,则天下豪富制屋宅者,莫不仿之,设房闼,备厩库,缮雕琢刻画之好,博玄黄琦玮之色,以乱制度。齐桓公好妇人之色,妻姑姊妹,而国中多淫于骨肉。楚平王奢侈纵恣,不能制下,检民以德,增驾百马而行,欲令天下人饶财富利,明不可及,于是楚国逾奢,君臣无别。故上之化下,犹风之靡草也。王者尚武于朝,则农夫缮甲兵于田。故君子之御下,民奢侈者则应之以俭,骄淫者则统之以理;未有上仁而下残,上义而下争者也。故孔子曰:'移风易俗。'岂家至之哉?先之于身而已矣。"[1]这里陆贾认为君主崇尚什么下面就爱好什么,上行下效,而为之尤甚。陆贾尚俭而排奢,推崇孔子的移风易俗思想,认为社会的正良之风应从上层建筑做起,上之化下,像风靡草一样,不得不谨慎对待。

陆贾的思想是怀古的、无为的,也可以说是自由主义的经济思想,他认为舜治理天下并未刻意有为、重点管理,天下却大兴。周公也是如此,周公用"德主刑辅"的经济思想进行国家管理,不刻意追求兴盛而兴盛自来,这样就减少了刑罚的成本、保证了经济的"生机"。对于秦始皇的做法,陆贾总结其教训,认为其"事逾烦天下逾乱,法逾滋而天下逾炽,兵马益设而敌人逾

---

[1] ［汉］陆贾:《新语·无为》。

多。秦非不欲治也,然失之者,乃举措暴众而用刑太极故也"。他认为秦王也想大治,但他欲望太大,控制太多,最后不得不频繁使用刑罚来消除混乱,然而这样做如火上浇油,结果物极必反、事与愿违。百姓得不到安定,严重地破坏了国家的经济和生产关系。所以,汉朝建立后,他向刘邦建议与民休息,不要过度干预百姓生活。他认为"释农桑之事,入山海,采珠玑,求瑶琨、探沙谷、捕翡翠、口毒瑁、搏犀象,消筋力,散布泉以极耳目之好"(《新语·本行》)不可取,将经济生产的基础荒废了而行耳目之好是十分愚蠢的。又用"舜弃黄金于崭岩之山,禹捐珠玉于五湖之渊"(《新语·术事》),说明其崇拜古德,弃虚就实,重农尚俭和主张薄赋的经济思想。他厌弃舍本逐末的社会治理,在提到"古今成败之国"的有关语句中,重点指出了骄奢纵欲对社会之影响。他说秦始皇与民争利,收以重税依然不能满足其欲望,导致百姓吃不上饭,这种弃本的做法,严重影响了经济的发展。陆贾认为只有"应之以俭"[1]"不兴无事之功""不藏无用之器"才能够达到"稀力役而省贡献也"。奢靡之风的消灭必须借助于勤俭的形成,必须"损上而归之于下"[2],这样,损而益之,则对国家恢复有大作用。只有这样,百姓才能富裕,国家的富足才有持续不断的支撑。

(二)贾谊的经济伦理思想

贾谊,是西汉著名的思想家。他博通古今,十八岁开始从事政治活动,对天下大势了如指掌。他的作品很多,他著名的篇章是《鹏鸟赋》。

贾谊从祸福之变谈起,认为人不应过度关注一时的兴盛,而应该更加豁达一点。从这一人生观出发,贾谊在经济伦理思想上也认为应该舍弃小智自私,追求大智大义。"小智自私兮,贱彼贵我;达人大观兮,物无不可。贪夫殉财兮,烈士殉名。夸者死权兮,品庶每生。怵迫之徒兮,或趋西东;大人不曲兮,意变齐同。愚士系俗兮,窘若囚拘;至人遗物兮,独与道俱。众人惑惑兮,好恶积亿;真人恬漠兮,独与道息。释智遗形兮,超然自丧;寥廓忽荒

---

① [汉]贾谊:《新语·无为》。
② [汉]贾谊:《新语·辨惑》。

兮，与道翱翔。乘流则逝兮，得坻则止；纵躯委命兮，不私与己。其生兮若浮，其死兮若休；澹乎若深渊之静，泛乎若不系之舟。不以生故自宝兮，养空而浮；德人无累兮，知命不忧。细故蒂芥兮，何足以疑！"①

《鹏鸟赋》主要是抒发对超然无争、人我一体的自由境界的向往和追求，但也体现了贾谊反对过度看重物质利益，而放弃精神追求的思想。要做大人、做烈士，而不能做小智与贪夫，应多关注形而上，顺道而行。

如果说《鹏鸟赋》体现了贾谊在义利问题上的基本观点的话，那么《论积贮疏》就向我们全面展示了贾谊的经济伦理思想。

贾谊首先引管子的话来论述经济基础对于道德建设的决定性作用，肯定了发展经济对社会道德风尚的形成乃至社会秩序稳定的影响。"管子曰：'仓廪实而知礼节。'民不足而可治者，自古及今，未之尝闻。古之人曰：'一夫不耕，或受之饥；一女不织，或受之寒。'生之有时，而用之亡度，则物力必屈。古之治天下，至孅至悉也，故其畜积足恃。"（《论积贮疏》）这里贾谊强调国家必须有基本的经济积累，即勤俭的美德才能不受贫患，他反对用之无度，反对奢靡之风。"今背本而趋末，食者甚众，是天下之大残也；淫侈之俗，日日以长，是天下之大贼也。残贼公行，莫之或止；大命将泛，莫之振救。生之者甚少而靡之者甚多，天下财产何得不蹶！汉之为汉几四十年矣，公私之积犹可哀痛。失时不雨，民且狼顾；岁恶不入，请卖爵、子。既闻耳矣，安有为天下阽危者若是而上不惊者！"（《论积贮疏》）这里贾谊阐述了奢侈不积的危害，是背本而逐末，认为这种不良作风能够亡国。"夫积贮者，天下之大命也。苟粟多而财有余，何为而不成？以攻则取，以守则固，以战则胜。怀敌附远，何招而不至？今驱民而归之农，皆著于本，使天下各食其力，末技游食之民转而缘南亩，则畜积足而人乐其所矣。可以为富安天下，而直为此廪廪也，窃为陛下惜之！"②贾谊一再强调财有余之大用，积蓄以防不备的财富伦理观，令民众务本，由此达到富安天下的目的。

贾谊也提出了很多经济政策，他认为应由政府垄断币材的铜，同时收回铸币权，限制非法赢利。他觉得以此可以促进农业生产："采铜作者

---

① ［汉］贾谊：《鹏鸟赋》。
② ［汉］贾谊：《论积贮疏》。

反于耕田";可以维持阶级等级的消费、以此来分别贵贱:"以铸兵器,以假贵臣,小大多少,各有制度,以别贵贱";还可以掌控市场:"铜不布下,毕归于上,上挟铜积,以御轻重。钱轻则以术敛之,钱重则以术散之,则钱必治,货物必平矣";另外掌握通货,平衡物价,打击王侯:"挟铜之积,以临万货,以调盈虚,以收畸羡,则官必富,而末民困矣"[①],从而抑制诸侯王的分裂势头。

(三) 司马相如的经济伦理思想

司马迁评价司马相如的赋时说:"其卒章归之于节俭,因以讽谏""相如虽多虚辞滥说,然其要归引之节俭"[②],班固也这么认为。"节俭"是司马相如赋中的主要意识。在西汉盛世武帝时期提出节俭的品质,是有其特殊历史意义的。当时初入朝为官的司马相如看到社会奢靡之风横行,认为不可持久,于是作《上林赋》,在颂扬国家强大的同时,又批判挥霍浪费之风,以此求谏君上节俭。赋中子虚夸耀楚之云梦,乌有夸耀齐之海滨,司马相如先借乌有先生之口,批评楚国"奢言淫乐,而显奢靡",子虚所言是"彰君恶,伤私义"又借无是公之口,批评齐楚荒淫无道:"楚则失矣,而齐亦未为得也。夫使诸侯纳贡者,非为财币,所以述职也。封疆画界者,非为守御,所以禁淫也。今齐列为东藩,而外私肃慎,捐国逾限,越海而田,其于义固未可也。且二君之论,不务明君臣之义,正诸侯之礼,徒事争于游戏之乐,苑囿之大,欲以奢侈相胜,荒淫相越,此不可以扬名发誉,而适足以贬君自损也。"

他批判诸侯王的淫逸,但对天子揭露较为委婉。齐楚二国的宫殿苑囿之盛无可企及,但仍比不上天子的上林苑。接下来他描述天子的游猎:"于是乎背秋涉冬,天子校猎。乘镂象,六玉虬,拖霓旌,靡云旗,前皮轩,后道游。孙叔奉辔,卫公参乘,扈从横行,出乎四校之中。鼓严薄,纵猎者,河江为陆,泰山为橹。车骑雷起,殷天动地。"

---

① [汉]贾谊:《新书·铜布》。
② 《史记·司马相如列传》。

这样的场面,是何等的阔绰,他在这里大肆铺排:"于是乎游戏懈怠,置酒乎颢天之台,张乐乎胶葛之宇,撞千石之钟,立万石之虡,建翠华之旗,树灵鼍之鼓,奏陶唐氏之舞,听葛天氏之歌。千人唱万人和,山陵为之震动,川谷为之荡波。"游猎、宴会场面之宏大,体现了极大的奢靡铺张。天子都觉得自己"此大奢侈",认识到如此下去"恐后叶靡丽,遂往而不返,非所以为继嗣创业垂统也"。这样的结尾是刻意安排的,先揭露皇帝的奢靡生活,充分铺排,使之拉开差距,然后归于节俭,天子解酒罢猎、幡然省悟。他意在奉劝天子不能无限制扩展自己的欲望,劝谏天子"德隆于三王,而功羡于五帝"。

《上林赋》不仅劝谏节俭,还充分关心劳动人民。毕竟没有了人民,国将不国,天子也成了孤人。显然人民的福祉是统治的基础,不重视人民冷暖,亡国指日而来。《上林赋》借无是公之口,表达了对百姓的无限同情,"齐楚之事,岂不哀哉!地方不过千里,而囿居九百。是草木不得垦辟,而民无所食也。夫以诸侯之细,而乐万乘之侈,仆恐百姓被其尤也。""民无所食""百姓被其尤"的结果完全是统治者一手造成的,"终日驰骋,劳神苦形,罢车马之用,抏士卒之精,费府库之财,而无德厚之恩,务在独乐,不顾众庶,忘国家之政,而贪雉兔之获,则仁者不由也。"追求个人私欲而造成的危害甚大,司马相如提出要与民同乐,化私为公、为共,方可见仁政之精神。对此,他提出了具体的方案:

"地可垦辟,悉为农郊,以赡萌隶。隋墙填堑,使山泽之民得至焉。实陂池而勿禁,虚宫馆而勿仞。发仓廪以救贫穷,补不足,恤鳏寡,存孤独。出德号,省刑罚,改制度,易服色,更正朔,与天下为更始。于是历吉日以斋戒,袭朝服,乘法驾,建华旗,鸣玉鸾,游于六艺之囿,驰骛乎仁义之涂,览观《春秋》之林,射《狸首》,兼《驺虞》,弋玄鹤,舞干戚,载云罕,掩群《雅》,悲《伐檀》,乐乐胥,修容乎《礼》园,翱翔乎《书》圃,述《易》道,放怪兽,登明堂,坐清庙,次群臣,奏得失,四海之内,靡不受获。"

他主张还地于民,还山泽于民,还破池于民,使民常足,不致匮乏,让上林池泽都可为民所用。他从思想上指出其必要性,认为天子只有做到"还田于民",施"仁政""与民同乐",才能稳固自身的地位。由此可见司马相如主张生产者掌握生产资料的经济伦理思想,基于这个思想,他极力反映民生疾苦、不避讳社会矛盾，着眼于解决的方案。

（四）张衡的经济伦理思想

张衡的著名赋作是他的《二京赋》。《二京赋》展现了一幅盛世图景，同时揭露当权者的穷奢极欲。这两篇赋的价值很大，一方面此赋对差距巨大的社会现实进行了描述和讽刺，同时劝谏天子进行改善，另一方面，此赋从正面树立了儒家学者心目中理想的君主形象，塑造了一位勤政爱民、体恤民生的理想天子形象，然后提出其强国固本的政治主张。在赋中凭虚公子重墨描述了西京天子的奢华生活，其宫殿巨大奢侈，美女数不胜数，狩猎时无比欢盛。但天子仍不满足："惟帝王之神丽，惧尊卑之不殊；虽斯宇之既坦，心犹凭而未摅；思比象于紫微，恨阿房之不可庐。"《西京赋》天子被权力蒙蔽，委心于物，大肆浪费，耗民资财。赋中，张衡借安处先生之口批判如此的生活，力陈奢靡之弊，言及秦始皇骄奢淫逸，终致秦朝短命覆灭。他指出："今公子苟好剿民以媮乐，忘民怨之为仇也；好殚物以穷宠，忽下叛而生忧也。夫水所以载舟，亦所以覆舟。"张衡认为天子应遵循圣王之道，勤政爱民，体察民苦，应"进明德而崇业，涤饕餮之贪欲"，使"海内同悦"，方是治国之道，强国之本。他还认为应归真返璞，《东京赋》提出："遵节俭，尚素朴，思仲尼之克己，履老氏之常足"；"贱犀象，简珠玉，藏金于山，抵璧于谷。"不崇尚金玉，而要克己复礼，常常知足，从而达到以身作则国家兴盛的结果。他倡导这样的理念："方其用财取物，常畏生类之珍也；赋政任役，常畏人力之尽也。取之以道，用之以时。"《东京赋》用物不用尽，常常留有余地，内心怀有敬畏感，倡导俭而不陋的作风，追求的是"取之以道，用之以时"，强调了一种可持续的发展观。一时之多取，必损后世之福祉，天人之和谐的基本点就在于人的生产生活如何向自然界索取，一时多欲，殃及后世子孙，王治就无法持续。张衡的经济伦理思想讲求的是适度平衡，过度则恐尽，持中才能长生久视。这种可持续发展理念在今日尤为珍贵。

三、东汉赋家的经济伦理思想

（一）徐幹的经济伦理思想

徐幹的经济伦理思想体现在他的《中论》一书中。他对孔融提出的"六乡六遂"表示赞成，他说："县以六卿六遂之法，所以维持其民而为之纲目也。使其邻比相保相受、刑罚庆赏相延相及，故出入、存亡、臧否、顺逆，可得而知矣。如是奸无所窜，罪人斯得。"（《中论·民数》）他强调民与民之维系，这种关系互相延伸、互相涉及，以至于坏事和奸人逃不过这种网络。他强调民数和劳动分工的关系："先王周知其万民众寡之数，乃分九职焉。九职既分，则勤劳者可见，怠惰者可闻也。然而事役不均，未之有也。事役既均故民尽其力而人竭其力，然而庶功不兴者未之有也。庶功既兴，故国家殷富，大小不匮，百姓休和，下无怨疾焉。然而治不平者未之有也？"徐幹认为，民数是国家的立国之本。在文中，他如是言道："治平在庶功兴，庶功兴在事役均，事役均在民数周，民数周为国之本也。"[1]在《中论》一书中，徐幹在《历数》《民数》等篇章里，论述了与民生息息相关的历法问题、民数问题，并于文中再三强调其对国家安定、富强的重要意义。

他主张民业应世世代代相传，不用频繁转变职业。他受孟子关于体力劳动和脑力劳动分工的学说影响，把民众区别为君子与小人，从生活上分其贵贱。他支持养奴婢，而无论官职大小；劳动者不能蓄养奴婢。他还认为君子贵爵禄，不是因为偏爱物质享受，而是注重荣誉。

（二）王粲的经济伦理思想

王粲写有《务本论》，强调以农业为本："古者之理国也，以本为务；八政之于民也，以食为首，是以黎民时雍，降福孔皆也。"这里他强调经济基础食

---

① ［汉］徐幹：《中论·民数》。

物是首要之本,没有这个本,八政不能推行。"故仰司星辰以审其时,府耕籍田以率其力,封祀农稷以神其事,祈谷报年以宠其功。"不能违农时,也不能不发挥人的能动性,合理计功。"设农师以监之,置田畯以董之,黍稷茂则喜而受赏,田不垦则怒而加罚。"讲求共同监督,加强管理,赏罚有据,这样才能把这个本做好。"都不得有伏民,室不得有悬耜。野积逾冬,夺者无罪;场功过限,窃者不刑,所以竞之于闭藏也。先王籍田以力,任力以夫,议其老幼,度其远近,种有常时,耘有常节,收有常期,此赏罚之本。种不当时,耘不及节,收不应期者,必加其罚。苗实逾等,必加其赏也。农益地辟,则吏受大赏也。农损地狭,则吏受重罚。"此处王粲认为应该将吏治考核与农业损益相连,坚决不可令土地变少。"夫火之焚人也,甚于怠农;慎火之力也,轻于耘耜。通邑大都,有严令则火稀,无严令则烧者数,非赏罚不能济也。"严限火灾能保护土地,火灾的损害远大于不勤劳耕地。所以,要加强对火灾的防范与赏罚。

事实上,务本论并不限于一般重农者所谓"八政于民、以食为首"之类的老生常谈,而是具体提出了根据劳动质量与收获情况实行严格的奖惩制度。对好的要奖,不好的要罚,对农民如此,对地主官吏也要如此。此外,由于封爵被废,人们有小功,一时不得爵赏,必须不断积累,等到立功多了才能封侯,这就使得赏不及时,为善不速。他认为以钱财为赏者难予供给,以免除税役为赏者,岁入减少,如果能以空头的爵衔行赏,则既节省了费用,又实现了现实的目的。

《中国经济伦理思想通史》学术顾问（以姓氏笔画为序）

万俊人
清华大学人文学院原院长　文科一级教授
教育部"长江学者"特聘教授　中国伦理学会原会长

朱贻庭
华东师范大学教授　中国伦理学会"终身成就奖"获得者

华桂宏
南京师范大学校长　经济学教授
中华外国经济学说研究会副会长
教育部经济学类本科教学指导委员会委员

李建华
武汉大学特聘教授　教育部"长江学者"特聘教授
中国伦理学会原常务副会长

宋希仁
中国人民大学教授　中国伦理学会"终身成就奖"获得者

柯锦华
中国社会科学杂志社哲学部原主任　编审
第十至十二届全国政协委员　国务院原参事

唐凯麟
湖南师范大学教授
《伦理学研究》原主编　中国伦理学会原副会长
中国伦理学会"终身成就奖"获得者

章海山
中山大学教授　中国伦理学会"终身成就奖"获得者

中国经济伦理
思想通史

〔汉唐卷〕 下

王文东 葛晨虹 等著

王小锡 主编

江苏人民出版社

图书在版编目(CIP)数据

中国经济伦理思想通史. 汉唐卷. 下卷 / 王文东等
著. — 南京：江苏人民出版社，2025.5
ISBN 978 - 7 - 214 - 27787 - 9

Ⅰ. ①中… Ⅱ. ①王… Ⅲ. ①经济伦理学－经济思想
史－中国－汉代－唐代 Ⅳ. ①F092

中国版本图书馆 CIP 数据核字(2022)第 244231 号

中国经济伦理思想通史

王小锡　主编

汉唐卷　下

王文东等　著

责 任 编 辑	鲁从阳	
装 帧 设 计	刘葶葶	
责 任 监 制	王　娟	
出 版 发 行	江苏人民出版社	
地　　　址	南京市湖南路 1 号 A 楼,邮编:210009	
照　　　排	江苏凤凰制版有限公司	
印　　　刷	苏州市越洋印刷有限公司	
开　　　本	718 毫米×1000 毫米　1/16	
印　　　张	35　插页 6	
字　　　数	540 千字	
版　　　次	2025 年 5 月第 1 版	
印　　　次	2025 年 5 月第 1 次印刷	
标 准 书 号	ISBN 978 - 7 - 214 - 27787 - 9	
定　　　价	258.00 元(上下卷)	

(江苏人民出版社图书凡印装错误可向承印厂调换)

第七章
三国魏晋隋唐儒家经济伦理思想

汉末以来，由于社会政治环境和文化条件的变化，以经学为代表的儒学不断遭受弱化或边缘化的窘境，发端于夏、商、周三代，建立于孔孟学说的儒家经济伦理思想不断接受考验，与复杂的政治经济环境与多元格局相适应的伦理思想文化相伴而起，相辅而生。玄学的兴起，道教的创立，佛教的传入，儒、道、佛三教并存发展，相互论争排挤，又包容互补，儒家思想在多元文化格局中持续发展变迁，经济伦理思想呈现出新变化、新气象和新特征。虽然这一时期三教冲突、融合，但是儒家经济伦理思想在封建国家治理方式和经济政策选择方面始终居于主导或统治地位，对包括经济伦理思想在内的中国文化影响深远。儒学因为最大程度地适应了中国历史宗法社会土壤，最终被历史选择。儒家民本主义为核心的经济伦理思想产生并成为中国传统社会经济伦理思想之主流，不仅有其历史必然性，而且在中国经济伦理思想史上具有承上启下的意义，这种意义表现为：首先，儒家对商周以来中国农业社会经济伦理思想之主流的承接超越了其他思想流派，并表现出一定的包容性、全面性、自觉性和创新性。其次，秦汉以来的儒家在吸收、整合和传承先秦诸子经济伦理思想相关成分的基础上，形成了以民为本、重农耕、尚仁义、守诚信、崇和合、求大同的核心思想，并且一以贯之地发展延续下来。儒士通过通经致用、入仕参政的方法和官方思想、民间生活两大路径，使这些基本观念影响了汉唐以降宋元时期封建国家治国理政、经济政策基本价值导向之稳定性和延续性。最后，宋元以来士人阶层虽然宣扬、鼓吹和建立儒家道统，倡导返归周公—孔孟之正宗，但其在经济伦理思想层面大体还是承接汉唐儒家经济伦理思想之基本思路、主题内容和结构框架。

第一节 多元文化格局与经济伦理变迁

中国历史上从三国至南北朝经历了长达 360 多年的政治割据时期，被认为是社会发展规律中合久必分的主要时期之一，朝代前后更迭多达 29 个，局部战争频发，经济发展呈隔离态势。东汉末年，以经学为主导的伦理思想逐渐随着东汉王朝的衰败而走向衰微，社会动荡，政局险恶，造成了玄学的兴起，其基本教义为《老子》《庄子》《周易》，合称三玄。在此时期，本土道教创立教团组织，道教注重修炼养生，以老子、庄子提出的清静无为、见素抱朴、坐忘守一等作为修道方法，被信众继承发扬。自两汉始，佛教传入中土，信众大量增加，不仅有普通百姓，更有达官显贵，如后赵皇帝石勒、前秦王苻坚等。经过三国魏晋时期长时间的论争、融合，以儒道佛三元思想为核心的多元文化格局逐渐走向成熟。

人类历史上的经济发展受所处时代社会伦理思想的反作用影响是不容置疑的，三国魏晋隋唐时期亦不例外。与马克思历史唯物主义经济基础决定上层建筑（包括意识形态的上层建筑）不同的是，这一时期是由政治上层建筑决定意识形态上层建筑的。也就是说，政权的拥有者才是经济发展的决策者，而伦理思想所发挥作用的时空，也由政权的拥有者所决定。据此可知，政权拥有者是整个社会经济发展的原动力和基础，经济发展变迁取决于政治的治乱。这一历史时期以儒学为核心的主导地位发生变化，转而随着政权的更迭而变成玄学、道教、佛教共同影响经济发展的时代特征。经济伦理上出现多元化，在不同的阶层中表现出不同的倾向，文人名士倾向于玄学、名教,苦难百姓选择道教、佛教,统治者钟意儒家思想。魏晋时期三教鼎立局面出现,经济发展在多层次多元经济交叉中进行,三者在相互包容、彼此互补、融合发展中同生共融,中华传统文化格局就此形成。然而,以多元伦理思想为指导的经济发展,却在政权争夺的复杂化、经济发展的难度化中发挥着作用。于是,这一时期表现出不同于以往的经济发展特征,即多元文化背景下的战乱纷争,百姓苦难,迁徙求存,经济发展几近停滞。但以儒家思想为主导的经济伦理到大一统之时,又显现了强劲的生命力。

一、经学衰微与玄学兴起

经学至东汉末年受政治变化的影响,已渐渐失去其主导地位。虽然经历汉朝 400 多年的独尊地位,经学从董仲舒"罢黜百家、独尊儒术",兴建太学,设五经博士,开设讲解《易经》《诗经》《尚书》《礼记》《公羊传》《穀梁传》《左传》《周官》《尔雅》等太学课程,到汉成帝时博士增至 3000 人,王莽执政时博士弟子达 1 万余人,再加上东汉光武帝及汉明帝的扩展,招收的太学生多达 3 万人。然而,经学作用的发挥并未如其地位的显赫,对社会经济发展未见奇效。以经学为主导的伦理思想在东汉末年逐渐失去发挥作用的空间,伴随着东汉王朝的衰败,黄巾军起义、董卓之乱、关东群雄相争等,造成战火不断,经济割据与局部暴敛相伴而生,经济呈破碎景象。伦理思想对经济发展的反作用受到极大限制。受到排挤的士人群体,逐渐转向玄学。

三国魏晋时的社会状况是,百姓为了躲避天灾战乱,大量人口南迁,农田荒芜,经济受到极大破坏,出现衰退,留守的豪强世族纷纷率领族人建坞堡自卫。货币因政权分裂,无人回收铸造,于是大量私钱出现,尽管三国鼎立时也铸造了铜币,但因无法统一导致流通不畅,布帛谷粟等实物被认可,而时人提出用名实一致来衡量人的德行与才能,商业上依然存在弃本逐末之风,政治经济衰退后的经学失去了其存在的政治经济基础,退出历史舞台已成必然趋势。

东汉经学衰微主要有以下几个方面的表现:第一,汉末为经学教育所设的太学失去往昔繁盛,变成无实质内容的交会之所。第二,诸子之学重新受到重视,何晏、王弼崇尚老庄,鲁胜研究墨学,阮裕精于公孙龙的《白马论》,刘劭、傅嘏善谈名理,思想理论发展向多角度延伸。第三,道家的"无为"与"自然"逐渐成为魏晋玄学本体论的主要指导思想。

　　玄学的出现是伦理思想领域的一次演进,也是该时代伦理思想特征在经济发展上的选择。从经学转向追逐玄学,借老子思想中的"无为"与"自然"之理论思想,魏晋玄学家提出重新思考本末、有无等基本范畴,探讨哲学的根本问题,探讨本体论思想,崇本举末、体用一致。玄学直接与如何对待"名教"联系起来,围绕名教与自然的关系问题进行了激烈的辩论。思想家们提出与"名教"相对的"自然",即老子"莫之命而常自然"中的自然,指万物非人为本然状态的"自然"之意,另外还指人的自然本性和自然情感等。当时的思想家将注意力转向老庄,试图利用老庄哲学中关于本末、一多、有无关系的论证来补儒所缺、纠儒所偏,为儒学找到形而上的本体论依据,以此来证明纲常名教的合理与合法性。最具代表性的是何晏、王弼的"贵无论",裴頠的"崇有"派和郭象的"独化"说,他们或者以无为本,或者主张无不能生有,或者强调万物的自生、独化,即把本末、有无作为自己哲学的最根本问题。

二、玄儒结合与佛道方兴

　　魏晋时期,玄学为要,但玄儒结合、佛道兴盛已是时代发展的主旋律,均成为统治阶层政治统治、经济发展的理论依据。经济方面,晋武帝统一中国后,以发展农业生产为主,让百姓过安稳日子,颁布占田制度和课田制度,限制了王侯官员,使百姓都有了田种,开垦荒地,鼓励生产,粮食、人口增多,赋税收入随之增加,国家渐渐富裕起来,有人把这些年称为"太康繁荣"。但好景不长,晋武帝贪图享乐的本相很快暴露,大修宫殿陵庙,贪图享乐,不管国事。风气蔓延到晋朝的贵族和官员,他们比阔斗富出了名,攀比较量,土地兼并严重,财产集中,分配又不均,民穷财尽。不仅如此,此后战乱给经济发展带来的伤害是毁灭性的,五胡乱华,北方汉族人口锐减。以农业为经济主体的古代社会,人口的锐减,必使田地荒芜,农业衰败,加上战争对粮草的破坏,土地资源的闲置,农业发展严重受阻。但同时,北移南迁的老百姓促进了南方经济的发展,南北经济发展趋势因此趋向平衡,民族交流频繁,民族融合成为时代特征。

玄学,成为魏晋时期的主要伦理思想,实则是儒家与道家相互融合而产生的一种哲学文化思潮。受政治经济发展影响,玄学也是"名教"与"自然"关系发展演变的结果,玄学本身不离儒道。以名为教的道德教化,在实际中出现了名实脱节的伦理失范与道德危机。正是这种玄儒之间的交涉碰撞引起二者的融合交流。阮籍、嵇康提出了"越名教而任自然"的伦理思想。

著名玄学家郭象,以道家的方式来解释儒家问题,他的著作《庄子注》,用"寄言以出意"的玄思方式将《庄子》中斑斓瑰丽的寓言和想象转化成了平实而明晰的论说之言,走出《庄子》注我"之路,实际的路径是"入乎其内—出乎其外—入乎其内"的过程。以玄学家为代表的玄儒结合,已然成为当时伦理思想文化的特征之一。

魏晋南北朝时期,佛道二教迎来了其在中土大地的发展机遇,获得广泛传播,部分佛经被翻译成汉语,并建起了一些寺庙。佛道的出现与发展一方面源自外在客观条件的成熟,另一方面也是先秦以来诸子百家思想在解决现实国家政治经济治理上遇到了无法突破的困境,而此时佛教的传入与道教的出现,无疑为当时的人们提供了更多的选择,为解决现实问题在思想层面提供了理论资源。佛教的兴盛成为寺院经济繁荣的重要起因,这一时期的佛教主要有小乘禅学和大乘般若学,前者的宗旨在于修炼凝神,守意明心;后者则多用否定的思辨方法,论证现实世界的虚幻不实。

隋唐一统天下,统治者基于经验总结采取三教并用的国家政策,为隋唐三教鼎立局面形成提供了政治上的支持。隋朝政府为了在政权上取得稳定局面,提出三教并兴的文化政策,为新政权下多元伦理思想的发展营造了稳定的社会环境。隋朝政府从杨坚夺取政权到统一南北,对三教同时进行了恢复和利用,使儒道佛三教得到了政府方面的有利支持。

唐朝时,儒道佛三教鼎立局面进一步深化。政治上,唐朝沿用隋朝三省六部制和科举制度,与唐代重视教育相承接。经济上,唐朝经济发达,国力强盛,经济重心南移,提高了生产技术,发展了农业,相对先进的生产工具出现。唐玄宗天宝年间,人口达到 8000 万左右,当时的丝织业、制瓷业等手工业极为发达。唐后期的造船业、造纸业和制茶业迅速发展。思想文化方面,唐政权欲在儒道佛三教关系间找到平衡点,巩固政权,稳定社会关系,达到政治统治的目的。因此,怎样协调三教关系,使三教各自发挥作用,成为唐代官方的议事重点。

三、儒学在三教关系中的发展

隋唐时儒道佛三教兼容并蓄,鼎立局面基础形成,然而儒家伦理思想的发展依然有别于佛道二教。这一时期儒学依然发展的事实可以从具有代表性的人物那里获得印证。颜之推是"南北两朝最通博最有思想的学者,经历南北两朝,深知南北政治、俗尚的弊病,洞悉南学北学的短长,当时所有大小知识,他几乎都钻研过,并提出自己的见解。《颜氏家训》二十篇就是这些见解的记录"[①]。颜之推在三教鼎立局面下为儒家思想恢复发展迈出了新的步伐。《颜氏家训·勉学》篇为学习儒学可以"增益德行,敦厉风俗",退一步也可以"薄技在身"。他非常认同名教"礼为教本,敬者身基"的思想。他认为实施这种思想的手段就是读圣贤之书,内容即《颜氏家训·教子》讲的"孝仁礼义导习之",目的是做到"诚孝、慎言、检迹、立身、扬名",施教的对象是君子,是他培养君子道德品质的思想。他认为君子应具备的几种品质主要有:"守道崇德,重视节操";在义利关系上"舍生取义";"修身慎行",以便更好地"应世经务",成为国家的有用之才。

另一位主张儒家思想,且在经济发展上有建树的人物是杜佑。他将富国安民作为自己的使命,分析时弊,提出裁减官员,以便节省开支。他还精于吏道,受到朝野青睐。他为统治者分析粮食、土地与人口三者间的关系,认为应当轻徭薄役,反对征收人头税,而且应当只征收土地税、山泽及工商税,为了使百姓减少流亡,土地应当落实到百姓身上。南北朝时期,齐国竟陵王萧子良最喜欢学问,在建康西郊的鸡笼山下建"西邸",是学者们往来的地方,他召集文人在此抄写儒家经典和诸子百家的著作。萧子良从小信佛,

---

① 范文澜:《中国通史简编》(修订本),北京:人民出版社 1958 年版,第 528 页。

就请来僧人讲解佛经,在场的范缜就对佛教所讲内容不赞同,萧子良请出家和尚和范缜辩论,结果都无法说服对方,范缜的《神灭论》多年后才发表。

随着隋朝一统天下局面的出现,隋政权为了政治经济稳定繁荣,一方面面临构建怎样的思想意识形态,另一方面存在如何看待儒家伦理思想的问题。王通以恢复儒家伦理道德的新时期"圣人"自居,效仿孔子,授徒讲学,在仁义礼智、义利关系、道德修养和道德教育等方面提出了独特的见解。在经济伦理方面,王通继承并发挥了孔子有关义利的思想,强调了儒家先义后利、重义轻利的观点,进一步强调了义利之辩在道德上的重要性。"道"是为公的,是尽义务的,是无私的,而"利"则是私利,是财利,是私欲。他判断君子与小人完全采用儒家的义利观,他对当时社会上一味追求个人私利的情况深恶痛绝。① 隋王朝也正是基于儒家思想在政治经济伦理层面的重要价值而作出了选择。

基于国家政权稳定的考虑,唐朝对佛教发展在政治、经济上进行限制,为避免佛道带来的社会混乱,唐朝统治者在三者间不断寻找平衡,进而采取制造三教论议的手段来掌握主动权。

唐代是中国历史发展的鼎盛时期,儒家伦理思想逐渐复兴并重新确立其正统地位,出现了以道统为己任、重视心性问题为特征的韩愈和李翱的伦理思想。韩愈、李翱援佛入儒,重构儒家的心性理论。在政治上,韩愈维护中央集权,主张以德礼为先,而辅以政刑,对农民实行"仁政"和"刑罚"并举的策略。在佛教空前发展的前提下,韩愈力图恢复儒学正统,梳理出儒家"道统"与佛教的"祖统"相对抗,对抗的核心就是坚持儒家伦理思想,并将其作为排佛的根本出发点和落脚点。

四、经济伦理变化的新气象和新特征

经济伦理学是伦理学的重要组成部分,它既丰富了伦理学在经济发展方面的实践应用,又为经济发展提供了伦理方面的理论指导,成为现今社会经济发展的重要理论指导来源。经济伦理学关注的基本问题是伦理学在经

---

① 罗国杰:《中国伦理思想史》(上),北京:中国人民大学出版社 2008 年版,第 441—443 页。

济领域的价值与标准,基本任务是发现并找到伦理学与经济学两者间的契合点与转化点,由此找出促使经济健康高效发展的理论指导原则。经济伦理学的本质在于发现经济学与伦理学二者的互动发展规律,并在此基础上运用伦理学规范原理指导现实社会经济的发展,并使之朝着健康、合理的方向前进,为人类社会的高度文明提供物质和精神支持。不同时期的经济伦理必定与该时期的政治、经济以及社会发展状况直接相关。在政治与经济的关系中,通常经济基础决定上层建筑,上层建筑反作用于经济基础。然而在魏晋南北朝长达360年的混乱时期,政治处于割据状态、经济趋于隔离,建之于其上的代表上层建筑、意识形态的经济伦理出现了不同于以往的特征,表现出多元与复杂的现象与特征。

汉晋时期政治上割据,经济上隔离,社会处于混乱状态,伦理思想意识形态无法正常发挥作用。东汉末年政治腐败,皇权虚弱无力,宦官当道,地方权力过大,群雄割据而起,农民纷纷高举起义大旗,战乱一触即发。经济上,一方面农民起义军提出土地"均平"分配原则,另一方面地方割据势力为了兼并更大范围的土地,依靠各自的财力组织军队,各割据势力逐渐发展成了拥有私人武力的军阀,如曹操、袁绍、孙坚父子及刘备等,最终形成魏蜀吴三国鼎立局面。政治中心多元化,经济发展失去统一管理,分割成区域经济,南方地区得到开发,拓宽了资源。伦理思想多元发展,玄学兴起,名教与自然关系问题成为魏晋时期玄学家关注讨论的重点,佛教与道教因势兴起,儒道佛三教鼎立而生,伦理思想多元无尊。作为上层建筑的三教伦理思想无任何一方能在政治、经济发展建设中发挥决定性导向作用,伦理思想意识形态基本失去其社会功能,政权争夺成为魏晋南北朝时期经济、思想发展的导向与核心。

政权争夺导致经济发展严重受阻。此一时期的经济伦理的道义主题已不单纯表现为农民争夺土地要求均平,而更多的是政治的复杂与经济的困难所引发的功利主义的伦理思想倾向。魏晋南北朝以来的经济伦理伴随政权更迭表现出一系列新气象:第一,生存本位。连续不断的战乱致使人口锐减,农田荒芜,农业衰败,粮食供给不足,加上战争对粮草的损坏,社会资源趋于耗尽,经济生产力降低,生存成为此一阶段的主要目的。第二,集多项功能于一身。东汉末年的主要经济组织是坞堡,农民以农业为主自给自足,平时务农,战时杀敌,具有生产性与战斗性兼顾的特点。第三,人口流动引发经济需求。政治动乱导致大规模人口迁徙,第一次是汉末三国之初,起于黄巾之乱,第二次为八王之乱与五胡乱华,史称永嘉之乱,第三次出现于东晋末年及南北朝时期。这种迁徙在家族间演变为森严的等级疏离,在民族间演变为迁徙后的关系疏离,却也引起民族大融合。第四,经济被动受制于政治,贸易断绝。因政治割据,双方或多方相持,为达到军事目的,经济上出现隔离,区域间的正常贸易被隔断。第五,经济来源单一,导致苛捐杂税繁重。第六,不平等分配频繁。南北朝时期,出现中国历史上罕见的官商勾结与官僚资本,再次出现经济与政治二者配合的疏离,这些均源自世族或士族特权。第七,佛教寺院经济成为时代特色。除宗教文化意义之外,在财政方面却削弱了税基,减少了劳动力,随之削弱了经济生产力,大兴土木、雕塑佛像,扭曲了资源分配。

此一时期经济伦理的特征同样取决于政治经济的稳定与否与发展状况,表现为多元政治割据、小农生产为主体、经济疲软的经济伦理特征。经济伦理主要特征表现在:由于政治上政权争夺篡弑突出,君主荒淫现象多次发生,所行所为离心离德,从而在经济上生产发展不足,贵农抑商,致使社会分化加剧。此一时期很多君主荒侈,皆因专制政治所致,君主往往以"适己之心"对待[①];当然多元政治体制也为经济发展带来两方面的贡献:为中华民族扩大了活动空间,开发了南方资源;提高资源使用效率,新技术节省了劳动力,提升了土地生产力。政治上的乖离与荒淫增加了人民的赋税负担与制度成本。经济隔离与阶级森严提高了交易成本;社会疏离与特权阶层,增加了人民负担。总之,魏晋南北朝时期社会动荡引发的苦难与多元伦理思想的冲突相适应,隋唐虽然实现了国家的统一,但一方面统治阶级为确保江山安稳,无暇顾及百姓的生存状态,另一方面长期战乱所带来的后遗症依然存在,百姓的生活品质亦无法快速得以改善。

---

① 侯家驹:《中国经济史》,北京:新星出版社2010年版,第238—224页。

第二节　傅玄经济伦理思想

　　傅玄(217—278),字休奕,北地泥阳(今陕西省铜川市耀州区东南)人。傅玄仕于魏晋两朝,值此社会动荡、儒学衰微、玄学大行其道之际[1],魏晋出现了很多亟待解决的社会问题。傅玄作为当时清醒的思想家,他从社会实际问题着手,提出了"分民定业""贵农贱商""平赋役""息欲"和"明制"的经济伦理思想,试图以儒家经世致用之学来解决社会流弊,对当时社会、政治、经济产生了积极的影响,王沈评价傅玄"足以塞杨墨之流遁,齐孙孟于往代"。[2] 傅玄的经济伦理思想充满着浓郁的现实关怀,他以稳定政局、改革时弊、富国安民为己任,来重建儒家经济伦理新秩序,这可视为儒家经济伦理思想在魏晋时期的延续和艰难发展之时期。可惜的是,《傅子》一书在宋元之后,已大部分亡佚。清代徐步云等人从《群书治要》《永乐大典》《太平御览》及《文选》注中辑出遗文,编成 2 卷,共 4 万余字,这是研究傅玄经济伦理思想的主要著作。此外,他的经济伦理思想还零星见于《晋书·傅玄传》中。

一、"分民定业"的劳动分工伦理

　　西晋初建于三国战乱之后,国力贫弱,农工停废。傅玄生活在三国与西

---

① "虚无放诞之论盈于朝野"之际,《晋书》,第 1316 页。
② 《晋书》卷 47《傅玄传》。[唐]房玄龄撰:《晋书》,北京:中华书局 1974 年版(本书同一典籍出处不再重复标注版本,下同),第 1323 页。

晋交接的年代,一方面目睹长期战乱给社会经济造成的极大破坏;另一方面因统治阶级内部和豪强地主的土地兼并,迫使大量农民逃离家园,流散四方。他从稳定封建社会秩序和统治者的长治久安出发,多次上疏,希望西晋王朝采取措施,使百姓安居乐业,发展农业生产。傅玄继承了管仲士农工商"定居乐业"的理论,提出了"分民定业"的劳动分工伦理。泰始二年(266年),傅玄上书晋武帝,要求确认士农工商的从业人数。他说先王把社会职业结构分为士农工商四种,"各专其业而殊其务"①,人人都有正当的职业,社会无闲散游民。而自汉魏以来,"不定其分",违反了"分定之法","农工之业多废",社会上滞留着大量的无业游民,造成了士农工商从业人员混乱的社会现象。

魏末晋初,因连年战乱和大规模人口向南迁移,北方出现了大量闲置的无主荒地。地广人稀的现象,亟须招抚社会无业游民进行农业生产以恢复农业经济。傅玄认为,要解决滞留无业游民问题,首先要"亟定其制",遵先王之制行"分数之法"。他说:"为政之要,计人而置官,分人而授事"②,"分其业而壹其事,业分则不相乱,事壹则各尽其力。"③分人授事,分民定业,使民各尽其事,各司其职。

傅玄"分民定业"的劳动分工伦理,旨在缓和社会矛盾而言。他认为把众多的流民以合理的人数安置在士农工商的职业结构中,人人各守其业、各尽其职,"农以丰其食,工以足其器,商贾以通其货"④。人口与职业的合理分配,可以有效地提高劳动生产效率,减少因社会职业的流动、工作的变迁而带来的社会不安定因素;同时,人在劳动中可以培养出高尚的职业伦理精神,"士守其训,农勤其务,工精其用,贾守其常"⑤。士农工商四个行业的人从事的是实实在在的劳动,他们在劳动中形成了"思训""思务""思用""思常"的职业伦理精神。这种传统职业伦理精神的建构,使得民众能坚守自己的"本"业而不受商业"末"业的吸引,天下的百姓才能免于流离之苦。

---

① 《晋书》卷47《傅玄传》,第1318页。
② 《晋书》卷47《傅玄传》,第1319页。
③ 《傅子·安民》,刘治立校注:《〈傅子〉评注》,天津:天津古籍出版社2010年版,第77页。
④ 《晋书》卷47《傅玄传》,第1318页。
⑤ 《傅子·检商贾》,第22页。

傅玄"分民定业"的劳动分工伦理继承自管子"定居乐业"的伦理观,不过二者因社会实情的不同,实际效用也有所不同。首先,管仲反对四民混杂住在一起,"四民者勿使杂处",即根据四民的职业来规定四民的住处,禁止任意迁徙。在管仲看来,如果四民混杂住一起,因为各自从事的职业不同,彼此间的思想差异容易造成职业的变迁,这不利于职业伦理精神的形成;而傅玄只是要求四民各自专注于自己的职业领域即可,"各一其业而殊其务",不反对他们混住。其次,管仲处于封建领主经济占统治地位时期,他要求四民职业必须是世袭的,不允许四民职业轻易地变换。管仲认为四民在长期的工作中能"安于"自己的职业,进而耳濡目染中"精于"自己的职业;而傅玄"分民定业"的劳动分工伦理,主要着眼点在于将大规模的流民重新固定在一定行业里,其职业是否世袭不作为重点考虑。最后,管仲主张,根据现有士农工商的人口数量来分乡居住;而傅玄则要求,根据社会经济发展的客观要求来安排士农工商的从业人数。管仲和傅玄的经济伦理思想,因生产方式处于不同历史阶段,决定了二者的实际效用也会有所不同,不过"从本质上而言都是封建主义的组织形式,目的还在于恢复或发展封建生产力,巩固封建生产关系,从而巩固封建地主政权"[1]。

傅玄"分民定业"的劳动伦理设想,符合社会经济发展的必然要求。因为只有士农工商职业人数的均衡,社会经济才能实现良性发展。而"四定"实际上是"三定",即明确士、工、商的从业人数,剩下的务农人数就是"三定"之后的结果。魏晋时期,"文武之官既众",机构庞杂,官众兵多,"拜赐不在职者又多",再加上服兵役又抽离了一部分的人口,造成了"南面食禄者参倍于前"[2]的现象。要维持如此庞大的官僚机构和军队开支,一些"冗散无事"官吏便"坐食百姓"。傅玄建议裁汰冗员、整顿吏治,主张把多余、闲散的封建官吏和商人都转向农业,增加农业人口数量,减少非农业人口游民,"计天下文武之官足为副贰者使学,其余皆归之于农"[3]。闲散官吏归农之后亲自耕种,一则"收其租税",增加国家的财政收入;二则"家得其实",自食其力,

---

① 胡寄窗:《中国经济思想史》中册,上海:上海人民出版社1978年版,第24页。
②《晋书》卷47《傅玄传》,第1319页。
③《晋书》卷47《傅玄传》,第1319页。

形成自给自足的劳动伦理；三则"天下之谷可以无乏"①，让他们体会劳动生产的艰辛，可谓一举数得。为了论证冗散之官参加农业生产的必要性，他说古时的"圣帝明王，贤佐俊士，皆尝从事于农矣"②。如"禹、稷躬稼，祚流后世"，"伊尹古之名臣，耕于有莘；晏婴齐之大夫，避庄公之难，亦耕于海滨"③。傅玄官民同耕的劳动伦理思想，颇有古代周公"先知稼穑之艰难"④和孔子"禹、稷躬稼而有天下"⑤之遗风，这种劳动伦理思想在"以农立国"的传统社会里，有着正确的价值导向作用。

傅玄是中国古代经济伦理思想史上，第一个主张根据社会经济发展的需求来规定四民从业人数的思想家。他的"分民定业"思想的实际意义在于：在经济凋敝、劳动人口大量锐减的历史条件下，士农工商各个行业按照适当的比例分配劳动力，这有利于缓解战争对经济的严重破坏，对社会的稳定和国家的长治久安有着重要的现实意义。但是，叶世昌先生认为他的"分民定业"思想带有很大的空想性⑥，在当时的历史背景下不具有可操作性。一方面，社会的实际分工比傅玄想象的要复杂得多，并不是单纯地由士农工商四种职业的人组成。另一方面，在战争频仍的动荡年代，即使是在短暂统一的西晋，封建国家也没有能力对各行业劳动力的分配比例作出合乎实际的计算。即使能够计算出，也不可能按相应的比例进行安排，而且要使士、工、商多余人口归农，有没有大量无主荒地来分配给社会闲散游民，也是个悬而未决的问题。因此，傅玄"分民定业"思想的出发点虽好，但却是一种无法实现的愿景。

二、"贵农贱商"的农业生产伦理

从"分民定业"的劳动分工伦理出发，傅玄提出了"贵本贱末""重农抑商"的农业生产伦理。"贵农贱商"一直是儒家一以贯之的传统，但傅玄与之

① 《晋书》，第 1319 页。
② 《晋书》卷 47《傅玄传》，第 1319 页。
③ 《晋书》卷 47《傅玄传》，第 1319 页。
④ 《尚书》。
⑤ 《论语·宪问》。
⑥ 叶世昌：《古代中国经济思想史》，上海：复旦大学出版社 2003 年版，第 195 页。

前狭隘的民本思想家不同在于:他虽然坚持"以农立国"的农本思想,但他对商业并不是一概地加以排斥。相反,他并不否认商业的社会价值。他说:"夫商贾者,所以伸盈虚而权天地之利,通有无而壹四海之财,其人可甚贱,而其业不可废。"①这句话表明了傅玄对商业和商人的不同态度。他承认商业在社会生活中的突出作用,它能互通有无、方便民生。但对商人却是蔑视,说商人是卑贱的。商人以追逐商业末利为目的,破坏了儒家所推崇的淳朴民风,"商贾专利"导致了"民财暴贱""富乎公室"的贫富分化:

> 及秦乱四民而废常贱,竞逐末利,而弃本业。苟合壹切之风起矣。于是士树奸于朝,贾穷伪于市,臣挟邪以罔其君,子怀利以诈其父。一人唱欲,而亿兆和。上逞无厌之欲,下充无极之求,都有专市之贾,邑有倾世之商。商贾富乎公室,农夫伏于陇亩,而堕沟壑。上愈增无常之好以征下,下穷死而不知所归,哀夫!且末流滥溢,而本源竭,纤靡盈市而谷帛罄,其势然也。②

傅玄把农业的破产归之于商业的过度发展,而商业的畸形发展又在于统治者"上逞无厌之欲,下充无极之求"。鉴于商业对农业生产的不利影响,傅玄提出了抑商的主张,要求明君做到"止欲而宽下,急商而缓农,贵本而贱末"③。傅玄的抑商设想,实际上是取消商人的专卖特权和禁止人民擅开山泽之利,质言之,统治者应该通过行政手段来掌握重要商品的买卖和水湖山泽之利。他认为商人在经济活动中,应该按照平等互惠、诚实经营、互利共赢的商业交换伦理来保证市场秩序的正常进行,而这种商业交换伦理的遵行,又需依儒家重义轻利的价值导向和思想传统来解决。傅玄把商贾之"伪"、百官之"奸"、人子之"诈"等人伦道德的瓦解和社会奢侈风气的盛行,皆归之于君主的贪婪堕落。他在道义上对官商勾结、以权换利垄断经营而牟取暴利的行为予以谴责,认为要杜绝"商贾专利"的根本途径还在于明君的"止欲而宽下""贵农而贱商"。

傅玄"贵本而贱末"的思想对后世产生了一定的影响。明清之际的王夫

---

① 《傅子·检商贾》,第22页。
② 《傅子·检商贾》,第22页。
③ 《傅子·检商贾》,第23页。

之对商业和商人的看法也有类似的观点。一方面,王夫之充分肯定商业沟通有无、周济穷困的作用,"通贫弱之有无"。从这一立场而言,王夫之认为,"故大贾富民者,国之司命也",赋予商人和商业崇高的社会地位。另一方面他又意识到,如果对商人和商业活动不加以管控而任其发展,就会导致商业与农业争夺劳动力的局面,助长社会奢侈腐化之风气,"贾人者,暴君污吏所亟进而宠之者也"。不难看出,儒家士大夫们贱商,是为了防止形成垄断商人,遏制商业侵蚀、危害农本之业。

傅玄"贵农贱商"的思想,是一种富民的民本思想。他在继承和发扬管子"仓廪实而知礼节,衣食足而知荣辱"经济伦理思想的基础上,提出"夫家足食,为子则孝,为父则慈,为兄则友,为弟则悌。天下足食,则仁义之教可不令而行也"①的新见解,要求统治者亲民、爱民、安民、富民。傅玄认识到,人民道德水平的高低和时代呈现的精神面貌,是以一定的物质基础为前提的。他分析道:"民富则安乡重家,敬上而从教,贫则危乡轻家,相聚而犯上。"②民富,也就是让老百姓掌握必要的物质财富,给老百姓一定数量的生产和生活资料。老百姓有"恒产",兄友弟恭、父慈子孝、家族和睦才有了物质基础,无形之中就消灭了犯上作乱的现象。相反,如果民贫,封建礼仪道德就失去了其经济基础,人民犯上作乱,这显然不利于社会的稳定。自古以来,农业是国民经济的基础,是人类的衣食之源、生存之本,是整个社会赖以存在和发展的基础。老百姓能否积极地从事劳动生产,是整个社会稳定的前提条件。

在傅玄看来,统治者亟待解决的社会问题,是如何迅速地恢复和发展农业经济,保障农业的基础地位。傅玄在曹魏时期做过弘农太守、领典农校尉,对农业、农民的状况有了一定程度的了解。为此,他主张置农官,兴修水利,提前预防农业灾害。中国自古以来以农兴邦,善治国者必重水利,水利兴则农业兴,水利兴则百业兴,水利兴则国家稳。要发展农业,则要发展水利,除水害,国家应该加大对农业水利基础设施的建设,依靠懂得农业技术的专业人才,对农业灾害做到防微杜渐,未雨绸缪。傅玄对农业发展的新见解,实乃忧国忧民之见。

---

① 《晋书》卷47《傅玄传》,第1319页。
② 《傅子·安民》,第77页。

三、"平赋役"的财政收支伦理

赋役是国家的财政来源,关乎着国家安全,而恢复农业生产,关键之处又在于赋役制度的稳定。傅玄以史为鉴,结合先秦儒家仁爱、民本等德政思想和当时的社会实际,提出了"平赋役"的财政收支伦理思想。以此说明,恰当的赋役是国家稳定的基础和前提,而无节制地征收赋役则会加重人民负担,激化社会矛盾。为此,傅玄首先说明了"平赋役"的重要性:

> 战国之际,弃德任威,竞相吞伐,而天下之民困矣。秦并海内,遂灭先王之制,行其暴政,内造阿房之宫,继以骊山之役,外筑长城之限,重以百越之戍,赋过大半。倾天下之财,不足以盈其欲。役及闾左,竭天下之力,不足以周其事。于是蓄怨积愤,同声而起,陈涉、项梁之俦,奋剑大呼,而天下之民,响应以从之。[①]

魏晋之际,军阀混战,长期的战争造成了人口的锐减,而封建统治者对老百姓征收的徭役和赋税却没有随之减少,反而在不断地增加。傅玄看到老百姓承受着来自统治阶级施压的经济剥削,以及老百姓不堪忍受起来造反的事实,意识到这一问题会严重影响到西晋政权的稳定,因此主张"役赋有常,不过其节":

> 昔先王之兴役赋,所以安上济下,尽利用之宜。……记民丰约,而平均之,使力足以供事,财足以周用。乃立壹定之制,以为常典。……上不兴非常之赋,下不进非常之贡,上下同心,以奉常教。民虽输力致财,而莫怨其上者,所务公而制有常也。[②]

魏晋之时,农民、中小地主与豪门大族之间矛盾的焦点,主要集中于赋税方面。豪强地主占有大量土地,拥有巨额财富,却规避赋役。而农民土地少,却是主要的赋税承担者,而且豪强地主和中小地主往往把赋役转嫁给农民。傅玄意识到赋役的轻重缓急关乎国计民生、社会安定,赋役之兴绝不能

---

① 《傅子·平赋役》,第52页。
② 《傅子·平赋役》,第51—52页。

伤民之财、夺民之时、竭民之利。由此可见,他的"平赋役"与"贵农贱商"的思想是一致的,都是企图通过经济手段来达到政治上的和谐。他对国家的赋役制度提出了道德约束:一则要"安上",即合理的赋役可以保障国家机器的正常运转;二则要"济下",全面地考虑人民的实际负担能力;三则要"至平","记民丰约,而平均之",根据财产的多寡来征收不同的额度,使每一个纳税人的税收负担与经济能力相适应,让人民有足够的财力来进行农业的简单再生产。此外,财政收支要平衡,"上不兴非常之赋,下不进非常之贡"。统治者让百姓承担合理的赋役,这样才能做到税负公平。

从社会现实出发,傅玄认为国家应该制定出相对稳定的赋役政策,国家以"定制"征税,百姓按"常事"纳税的管理体制。如此一来,既稳定了国家的财政收入,又可以让农民有充足的时间从事农业生产,不误农时。傅玄富民的民本思想与孔子的"道千乘之国,敬事而信,节用而爱民,使民以时"[1]的民本思想并无二致,二者都是站在"民为邦本"的立场上来维护人民的利益。在傅玄眼里,治国之道如孔子所言一般,在于取信于民、关爱民生、珍惜农时。在古代,农业对于国家的安全、社会的安定具有决定性的意义,不伤农时是取信于民的重要内容,是爱惜民力、鼓励耕织的重要体现。如果赋税政策朝令夕改,统治阶级横征暴敛,那必然会加重农民的经济负担而致民贫,民贫则农危,农危则国乱。总之,合理的赋役政策是整个社会安定和谐的关键。

在儒家轻徭薄役的德政观点上,傅玄认为赋役的轻重缓急,应根据不同时期的历史情境而有所变通,灵活应用。赋役的轻重缓急要做到因时制宜、因地制宜,"故世有事,即役烦而赋重;世无事,即役简而赋轻"[2]。社会相对安定时,可以适当地减少农民的徭役,减免农民的赋税,使老百姓有充足时间休养生息、发展生产。当社会动荡、战争频繁时也可以适当加重赋役。但加重赋役有一定的道德底线,所征的赋税产品只能是当地人们的劳动产品。否则农民只能被迫贱卖自己的劳动所得,商人趁机哄抬物价以"暴贵",或者过分压低农产品价格以"暴贱"的方式牟取暴利,这显然与儒家天下为公的道德理想背道而驰。

---

① 《论语·学而》,杨伯峻:《论语译注》,北京:中华书局1980年版,第4页。
② 《傅子·平赋役》,第52页。

怀着传统儒家天下为公、世界大同的崇高理想，傅玄持有赋役应"唯公然后可正天下"的道德价值论。他认为，如果征税是服务于国家，"俭而有节"，既出于公心又能做到公平，那么老百姓即使劳苦一些，他们还是可以接受的。他举例说："若黄帝之时，外有赤帝、蚩尤之难，内设舟车门卫甲兵之备，六兴大役，再行天诛，居无安处。"①那时的老百姓不得不劳，但因为"用之至平"，劳动人民还是"劳而不怨"。夏禹治水，工程浩大，但为国家的公利而非统治者个人的私利，契合了儒家"俭而有节，所趣公也"②的公平原则，劳动人民还是"乐尽其力"而不敢辞劳。总之，傅玄坚持把国家的公利和统治者的私利区分开来，把节约财政开支作为赋役制度的原则内容，明确地提出把公平作为财政制度的根本内容，这在当时是难能可贵的。

四、"息欲"与"明制"的消费伦理

傅玄试图从人性方面寻找其经济伦理思想的逻辑起点，他在儒家人性论思想的基础上，提出了自己的人性学说，他说：

> 人之性避害从利。③
> 夫贪荣重利，常人之性也。④
> 人怀好利之心，则善端没矣。⑤
> 商、韩、孙、吴，知人性之贪得乐进，而不知兼济其善。⑥
> 人有好善尚德之性，而又贪荣而重利。⑦

傅玄进一步对自然人性做了一种道德上的判断：人性是避害从利的。傅玄分析了人性的二重性：一方面人既有"好善尚德之性"，另一方面人又有"贪荣而重利"之性。人好利的高扬和善的沉沦促使人人皆好利重利。人好

①《傅子·平赋役》，第52页。
②《傅子·平赋役》，第52页。
③《傅子·贵教》，第57页。
④《傅子·戒言》，第59页。
⑤《傅子·贵教》，第56页。
⑥《傅子·贵教》，第56页。
⑦《傅子·戒言》，第60页。

利重利具体化,就是现实中的人以追求物质财富为最高的目标。人好利与性善之间的紧张对立,形成了傅玄"息欲"与"明制"消费伦理思想的逻辑出发点。

魏晋时期的九品中正制培养和造就了一大批特殊的地主阶层,这些人不仅享有经济和政治的特权,而且还控制了社会的话语权。门阀士族的贵族们凭借着"血统"上的天然屏障,不拘于礼法,不泥于形迹,肆无忌惮地放情纵欲,过着骄奢淫逸的腐朽生活:

> 上之人不节其耳目之欲,殚生民之巧,以极天下之变。一首之饰,盈千金之价。婢妾之服,兼四海之珍。纵欲者无穷,用力者有尽。用有尽之力,逞无穷之欲,此汉灵之所以失其民也。上欲无节,众下肆情,淫奢并兴,而百姓受其殃毒矣。①

魏晋以降,门阀士族之间争奇斗富的奢侈现象在中国历史上实属罕见,享乐主义的腐败之风弥漫社会上下。这种极端享乐主义与儒家倡导的"见利思义"的价值取向南辕北辙,出现了"时俗放荡,不尊儒术"②"越名教而任自然"的"名教"危机。嵇康的"自然"是一种简单生理需求的"自然",但如果对"任自然"不加以限制而任其发展,那必定会走向纵欲主义的极端。杨朱是一个极端的利己主义者,他说:"天生人而使有贪有欲","故耳之欲五声,目之欲五色,口之欲五味,情也"③。如果人,"耳不乐声,目不乐色,口不甘味,与死无择"④。换言之,在杨朱看来,如果个体生命的欲望得不到满足,那与死没有什么区别。他赋予人情欲的满足以伦理上的正当性,大声高呼人不仅要及时行乐,而且要大胆追逐物质财富。但"情"对"物"的欲望是一种私欲,人的本能欲望不加以节制就会导致奢侈享乐主义的风行。傅玄对汉末以来的社会大动荡有着深刻的认识,他从有限物力与无限物欲的辩证关系出发,提出了"息欲"和"明制"的治身理国原则。所谓"息欲"就是节制人内在的无穷欲望,而"明制"就是彰明法度,使用民力有常。他说:

---

① 《傅子·校工》,第 18 页。
② 《晋书》卷 35《裴颜传》,第 1044 页。
③ 《吕氏春秋译注》,张双棣、张万彬、殷国光、陈涛注译,北京大学出版社 2000 年版,第 42 页。
④ 《吕氏春秋·情欲》,同上,第 43 页。

天下之福,莫大于无欲;天下之祸,莫大于不知足。无欲则无求,无求者,所以成其俭也。不知足,则物莫能盈其欲矣。……逞无极之欲,而役有尽之力,此殷士所以倒戈于牧野,秦民所以不期而周叛。曲论之,好奢而不足者,岂非天下之大祸邪?①

傅玄继承了儒家黜奢崇俭的消费观,吸收了道家"祸莫大于不知足"的思想,把节俭、息欲、知足融为一体,纳入他的经济伦理思想中。他觉察到人类的欲望是无穷无尽的,在自然经济条件下,生产力水平低下,社会物质财富总是有限的。有限的物质财富和无限的物质欲望之间形成了一种"短缺经济"的矛盾状态。在他看来,秦始皇造阿房宫、建骊山墓、筑长城皆是"倾天下之财不足以盈其欲"之故,因而抑制人无穷的欲望只能靠"一曰息欲,二曰明制。欲息制明,而天下定矣"②方法。若"不息欲于上,而欲求下之安静,此犹纵火焚林,而索原野之不凋瘁,难矣"③。在上者不节制内在的无尽欲望,想要在下者卑躬屈膝地顺从,这是绝对不可能的。

傅玄继承了儒家的人性论传统。在他看来,性之善的复归一方面需要儒家礼乐仁义的道德教化,礼乐之教不可废,这是人道的基础;另一方面法家的刑罚对人性恶的一面起着震慑、警告作用,礼与法二者相得益彰,"礼法殊途而同归,赏刑递用而相济"④。人的好利之性须依靠礼法进行规范和调节,礼法并重或明德慎刑才是治国之道。傅玄礼法相济的管理模式突破了传统儒家过于强调德政,即依靠管理者的道德榜样效应治国的窠臼,这在当时而言是极大的进步。

综上所论,魏晋是中国历史上变革复杂的历史时期,傅玄继承和发扬了先秦儒家人性、德政、民本等思想传统,试图用儒家经世致用之学来解决社会问题。他提出的"分民定业""贵农贱商""平赋役""息欲"与"明制"思想中的新见解和新观念丰富和充实了儒家经济伦理的内容,因而既有一定的理论深度,又有较强的现实针对性,是他对入晋前后社会问题的积极思考。他的"分民定业""贵农贱商""平赋役""息欲"与"明制"的经济伦理思想中不乏

---

① 《傅子·曲制》,第 74 页。
② 《傅子·校工》,第 18—19 页。
③ 《傅子·检商贾》,第 23 页。
④ 《傅子·法刑》,第 40 页。

创造性的见解,对当时和后来的社会产生了广泛的影响。他的"分民定业""贵农贱商"思想中关于恢复农业经济的独特见解,对于今天建设社会主义现代化农业仍有一定的指导意义。他的"平赋役"思想中的赋役制度是后来西晋占田制,唐朝租庸调制、两税法等赋税制度的理论来源。他提出的"息欲"与"明制"消费思想,使得后来的统治者注意以崇俭节流来保障经济运行。遗憾的是,傅玄在西晋统一全国后死去,他所提出的经济伦理主张也被悬搁一侧。西晋之后的没落与衰败,在很大程度上是因为失去了傅玄这位卓越的理财家。

第三节　颜之推经济伦理思想

颜之推(531—590?),字介,生于梁武帝中大通三年,卒于隋开皇年间,祖籍琅邪临沂,世居建康(今南京市),是中国古代的文学家、教育家,生活年代在南北朝至隋朝期间。颜之推以自己一生的体会和感悟写成《颜氏家训》一书,涉及士大夫立身、治家、处世、为学方面,以此训导后代子孙"绍先王之道,继家室之业"①,建构了以农为本、黜奢从俭、读书为务的经济伦理思想,在封建家庭教育发展史上有重要的影响。颜之推以此教育后代学子服膺儒家思想,用儒家经济伦理思想求生存,反映了他坚守儒家思想的决心和毅力。袁衷称赞此书"六朝颜之推家法最正,相传最远",享有"古今家训,以此为祖"的美誉。

---

① 《颜氏家训·勉学》。檀作文译注:《颜氏家训》,北京:中华书局 2017 年版,第 125 页。

一、以农为本的生产观

中国古代社会是以"亲亲、尊尊"为原则而建立的宗法等级制度。宗法制度是以家族为核心,以血缘为纽带,强调个人维护家族利益的使命。颜之推出生在一个传统、典型的宗法等级制度下的儒门家庭里,自幼熏染儒家伦理思想。侯景之乱后,他被迫周旋于南北两朝,先后任职于南梁、北齐、北周、隋,历任四姓,三为亡国之人,即他所说的"一生而三化"。这样一个"自春秋以来,家有奔亡,国有吞灭,君臣固无常分矣"①的大震荡、大裂变时代,朝代变革、君主易位、士人命运无常,儒家价值体系中的仁义、忠孝、国家观念逐渐弱化,孝亲保命、兴旺家族成了士大夫们的理性选择。在以家族为本位的等级制度里,"孝"观念得以风行,正如唐长孺先生所说:"自晋以后,门阀制度的确立,促使孝道的实践在社会上具有更大的经济上和政治上的作用,因此亲先于君、孝先于忠的观念得以形成",且"孝道的提倡也正是所有的大族为了维护本身利益所必须的"②。可见,家族意识的彰显、国家意识的没落迎合了变革频繁的魏晋时代。

马克思在揭示人类历史发展规律时说:"人们首先必须吃、喝、住、穿,然后才能从事政治、科学、艺术、宗教等等。"③家族的日常生活总是渗入着生产劳动,生产活动为人的生存奠定了物质基础。在以农立国的传统社会,在靠天吃饭的自然条件下,家族的延续和生存依赖于农业生产活动。颜之推看到了农业生产的重要性,主张在家庭经济中以农为本,重视农业生产活动。他说:

> 生民之本,要当稼穑而食,桑麻以衣。蔬果之畜,园场之所产;鸡豚之善,塒圈之所生。爰及栋宇器械,樵苏脂烛,莫非种植之物也。至能守其业者,闭门而为生之具以足,但家无盐井耳。④

---

① 《颜氏家训·文章》,第 150 页。
② 唐长孺:《魏晋南北朝史论拾遗》,北京:中华书局 1983 年版,第 238 页。
③ 《马克思恩格斯选集》(第 3 卷),北京:人民出版社 1972 年版,第 574 页。
④ 《颜氏家训·治家》,第 34 页。

颜之推的劳动生产伦理意味着家族成员要超越个体的自私性,张扬家族成员间相互尊重的伦理道德。这种家族成员共同劳动的伦理向度扬弃了个体的私欲,促进个体的认同和家族的整合,从而对构建新型的家族伦理秩序有着重要的现实意义。

颜之推深知乱世中"稼穑之艰难"和"贵谷务本之道",他从经济伦理学的角度出发要求重视粮食生产。农业生产需要劳动者投入大量的时间和精力。而家族本位的伦理思想,恰恰与劳动密集型的产业方式不谋而合。家族本位的伦理思想,强调对家族经济利益的权衡和重视,它催生了节俭、无私奉献的经济伦理观念,赋予劳动以崇高的伦理价值,使得家族内部以为家族利益而劳动萌发出神圣的价值。颜之推说一茬庄稼要经过耕地、播种、薅草、松土、收割、运载、脱粒、簸扬等多道工艺劳作,粮食才可以入仓,家族成员才得以生存。颜之推从农本思想出发,进而认识到经济和道德之间的内在关联。

自给自足的小农经济所生产的物质生活资料是有限的,颜之推从经济伦理学的角度分析了人口和财富之间的比例关系,他常说:"常以二十口家,奴婢盛多,不可出二十人,良田十顷,堂室才蔽风雨,车马仅代杖策,蓄财数万,以拟吉凶急速,不啻此者,以义散之;不至此者,勿非道求之。"[①]在家庭人口规模的认定上,他设想一个二十口人的家庭便是理想的家庭人数,因为固定的劳动力是农业生产得以开展的必要前提。他对生活所需的奴婢、田产、车马、财产等生活资料进行限额的规定,这些限额的生活资料既可以维持家族的和睦,又能避免招致他人的妒忌或谋害。可见,颜之推以农为本的生产观,是对身处乱世中的个人和家族的保护之举,是保存个体生命和家族绵延的一种被迫选择。

二、黜奢从俭的消费观

颜之推"一生而三化""三为亡国之人",历仕南梁、北齐、北周、隋四朝。在频繁的政权更迭和险恶的政治斗争中,他自觉地以儒家节制、朴素的消费

---

① 《颜氏家训·止足》,第 194—195 页。

思想为立身之本,以儒家的道德修养来节制物质欲望,形成了颜之推简单、朴素的消费观。

首先,颜之推认为在日常消费上,应该节制自己的生活欲望,约束自己的消费行为,推崇简朴节用的生活方式。他说:"《礼》云:'欲不可纵,志不可满。'宇宙可臻其极,情性不知其穷,唯在少欲知足,为立涯限尔。"①宇宙之大可达到它的极限,而人的欲望是无穷无尽的,人应寡欲而知足。在生活上,颜之推更欣赏北方"躬俭节用,以赡衣食"的俭朴方式:"堂室才蔽风雨,车马仅代杖策,蓄财数万,以拟吉凶急速,不啻此者,以义散之。"②人的衣食住行、吃穿用度,只要能满足人基本的生存需求就可以了。如果所积蓄的钱财超过了婚丧急用的数量,就应该仗义疏财。他还说:"天地鬼神之道,皆恶满盈。谦虚冲损,可以免害。人生衣趣以覆寒露,食趣以塞饥乏耳。形骸之内,尚不得奢靡,己身之外,而欲穷骄泰邪?"③人生在世,衣服能御寒,饮食能充足就足够了,形体之内尚不应该奢侈浪费,形体以外就更不能穷奢极欲了。

从"少私寡欲"的节俭原则出发,颜之推以身作则,要求后代子孙简礼薄葬:

> 吾当松棺二寸,衣帽之外,一不得自随。……灵筵勿设枕几,朔望祥禫,唯下白粥清水干枣,不得有酒肉饼果之祭。……其内典功德,随力所至,勿剥竭生资,使冻馁也。四时祭祀,周、孔所教,欲人勿死其亲,不忘孝道也。④

颜之推嘱托后代自己的葬礼一切从简,"随力所至,勿剥竭生资"⑤,量力而行,绝不能超出自身的经济承受能力。葬礼不行招魂复魄之礼,只备二寸厚松木棺材,不使用任何的随葬品,连墓志铭也省略不用。不修墓垒坟,朔望之日的祭品也只能用白粥清水干枣,谢绝亲友们的祭奠。他还强调葬礼的规格绝不能超过先母之上,"汝曹若违吾心,有加先妣,则陷父不孝,在汝

---

① 《颜氏家训·止足》,第 197 页。
② 《颜氏家训·止足》,第 198 页。
③ 《颜氏家训·止足》,第 198 页。
④ 《颜氏家训·终制》,第 321—322 页。
⑤ 《颜氏家训·终制》,第 322 页。

安乎?"①否则就是不孝。在他看来,厚葬久丧对于经济发展和家族稳定是百害而无一利。厚葬不仅会浪费大量的人力财力物力,而且还耽误农业生产的正常进行。因而,颜之推对自己身后事坚持量力而行的低消费水平,"勿为妖妄之费"②,要求薄敛俭葬,减轻子孙们的经济负担,督促他们"以传业扬名为务,不可顾恋朽壤"③。颜之推从生前的日常消费到死后丧葬开销都以节约为宗,这对于家族财富的节约、士族子弟奢侈消费行为的遏制都有积极的现实意义。

其次,在家庭消费上,颜之推主张妥善处理好日常生活中"施"与"奢""俭"与"吝"的关系:

> 孔子曰:"奢则不孙,俭则固;与其不孙也,宁固。"又云:"如有周公之才之美,使骄且吝,其余不足观也已。"然则可俭而不可吝已。俭者,省约为礼之谓也;吝者,穷急不恤之谓也。今有施则奢,俭则吝;如能施而不奢,俭而不吝,可已。④

如果在日常家庭消费上过于奢侈,"奢则不孙",就会造成物质财富的巨大浪费,更有甚者以至于破产,同时也容易使人好逸恶劳难以立身。但是如果过于简朴反而鄙陋,"俭则固"。节俭是奢侈和吝啬的中道,奢侈是过度的消费,而吝啬则是过度的节俭⑤。在他看来,家庭消费宁"俭"勿"奢"。但是"俭"不等同于"吝","俭"是指俭省节约以合乎礼数;而"吝"是连穷困急难的人也不施以经济援助。对"己"要俭,对他人却不能"吝"。他批评现在的人走的是"施则奢,俭则吝"的极端消费路线。在"施"与"奢"、"俭"与"吝"之间,颜之推主张走一条"施而不奢,俭而不吝"的中庸路线。具体而言,一方面要以古人恭谨简朴、谦卑自守的美德感化"素骄奢者",从而"敛容抑志";另一方面以古人的"贵义轻财,少私寡欲,忌盈恶满,赒穷恤匮"⑥来启发"素

---

① 《颜氏家训·终制》,第 322 页。
② 《颜氏家训·治家》,第 46 页。
③ 《颜氏家训·终制》,第 324 页。
④ 《颜氏家训·治家》,第 35—36 页。
⑤ 黄云明:《宗教经济伦理研究》,北京:人民出版社 2001 年版,第 157 页。
⑥ 《颜氏家训·勉学》,第 104 页。

鄙吝者",使他们"赧然悔耻,积而能散也"①。颜之推的"施而不奢,俭而不吝"的中庸消费伦理反对两个极端,一个是"治家失度,而过于严刻",结果"妻妾遂共货刺客,伺醉而杀之"②;一个是"但务宽仁",结果发生侮辱宾客,侵犯乡里的事。他认为这都不利于家族的生存和向心力的凝聚。

颜之推"施而不奢,俭而不吝"的中庸消费伦理,是由中国古代社会的经济形态决定的。中国古代社会是自给自足的农业社会,这种自然经济形态决定了古代社会安土重迁的观念,再加上交通不便,人口流动性小,孔子说:"父母在,不远游,游必有方。"③人们长期聚居在一起,血缘关系成了人际交往的主要凭证。人与人之间的亲疏远近、依赖信任在很大程度上取决于血缘关系,即以所谓的亲亲原则来决定自己与他人的关系。血缘关系的地域化就是家族关系的生存形态,家族或乡党从根本上讲是有同一血缘的同姓人员。这种熟人的人际社会决定了在人与人的相处过程中,彼此之间的利益存在着交叉的空间或共同利益。而古代社会儒家仁爱的伦理准则也决定了人与人之间情感的维系远远要重于利益面前的锱铢必较,因而彼此之间也不太可能去过分计较利益的得失、经济上的付出。颜之推的中庸消费伦理中对家族内部成员的经济援助,也正是儒家为实现家族内部的和谐而创造的一种礼仪规范。这种重义轻利、见利思义的经济伦理观,使熟人间利益可以获得一种大致的均衡,是维系家族整体利益、维持家族生存的不二法则。

三、读书为务的从业观

自汉武帝"罢黜百家,独尊儒术"之后,儒家思想一直是封建社会的主流意识形态,在封建社会中占统治地位。到了魏晋南北朝,儒家思想在现实面前呈现出日渐衰微之势,引发了以颜之推为代表的文人为儒学的振兴而宣传呐喊。颜氏家族世代以习儒为业,颜之推也耳濡目染儒家思想的教导,在经历侯景之乱和"三为亡国之人"政局动荡后,他深刻体会到儒学在乱世中

---

① 《颜氏家训·勉学》,第 104 页。
② 《颜氏家训·治家》,第 37 页。
③ 《论语·里仁》,第 40 页。

可以成为立身之本、生活之资,为此他强调读书的重要性,鼓励士族子弟积极读书,走一条安稳的"学也,禄在其中矣"的仕途经济。在他看来,有"薄技在身",即使是在离乱之际,失去了政治庇佑也依然可以成为生活之资,"有学艺者,触地而安"。家族子弟通过读书,既能为个体的生存谋得衣食之源,更重要的是可以复兴先祖之业、荫泽家族。他说:"祖考之嘉名美誉,亦子孙之冕服墙宇也,自古及今,获其庇荫者亦众矣。夫修善立名者,亦犹筑室树果,生则获其利,死则遗其泽。"①

对于身处离乱之际的士族子弟而言,读书为务的从业观不仅仅是一份获得衣食之源的生存保证,更为重要的是,它对家族子弟的道德修养提出了高层次的伦理要求:"古之学者为人,行道以利世也;今之学者为己,修身以求进也。"②"道"是儒家宣扬的一套政治理念与道德价值,"修身以求进"即孔子的"修己以安人",以"为己"的德性修养进而更有效地"求进",治国平天下。借此,颜之推批判当时腐朽、没落的教育体制。这种体制下教育出来的人,严重脱离实际,知识浅薄,庸碌无能,缺乏任事能力。在他看来,传统的儒学强调的是一种对儒家君子人格的张扬和挺立,培养的是"修己以安人""修己以安百姓"的君子,而不是空疏无用的清谈家。在颜氏看来,儒家修身、齐家、治国的经世致用之道,是个人与家族于乱世中生存下去的唯一选择。他通过重新推崇儒家经世致用之道,使之成为家族成员共同遵守的伦理规范,并以此来重建儒家的伦理新秩序。士族子弟通过学习儒家的内圣之学以追寻道德的完善,培养出独特的君子人格。这种德性之学的完善,使人们在具体的经济生活中,形成了一种对道德追求要优先于对物质欲望追求的路线。

显然,颜之推的从业观,寄托了他对士族子弟继承儒家君子人格典范的希望。读书为务的从业观,在颜氏看来,即使是政权更迭频繁的乱世,"学也,禄在其中矣"的价值信条依然可以为动乱之际的士人找到一条精神寄托之路。抑或在经济窘迫、仕途不得志的境遇下,士族子弟通过道德主体规范自身行为而形成具体的判断,有教养、有德行的君子依然可以安贫乐道、不

①《颜氏家训·名实》,第176页。
②《颜氏家训·勉学》,第106页。

失节操,可以坚挺儒家独立的君子人格,这可谓是对孔子"君子固穷,小人穷斯滥矣"①观念的继承和发展。

第四节　杜佑经济伦理思想

杜佑(735—812 年),字君卿,唐京兆府万年县(今陕西西安)人。杜佑出身于门第显赫的士族官僚家庭,历经玄宗、肃宗、代宗、德宗、顺宗、宪宗六朝,是中唐时期著名的政治家、思想家和史学家。杜佑一生宦海浮沉,69 岁时担任宰相一职,唐宪宗称他为"国之元老,人之具瞻者也"。杜佑认识到儒家民本思想的重要性,且在长期的从政生涯中积极以"富国安人之术为己任"的道德自律,致力于国家和地方的重建和整顿工作。杜佑花 30 多年撰写《通典》一书,记述了历朝历代与治国相关的政治、经济、民生、军事等方面的思想,以期继往开来解决"国不富,民不安"的现实难题,因而富国安民的经济伦理思想贯穿《通典》全书,是杜佑探寻和思考解决社会问题的根本所在。

一、富国教民的政治伦理观

杜佑编撰《通典》一书,详细地追溯了历代经济、政治、军事、民生等方面的典章制度,希冀为唐朝统治者提供经世致用的济世良药。在《通典》庞大的体系中,有九个门类,在安排这九个门类的编排顺序时,杜佑把食货置于

---

① 《论语·卫灵公》,第 161 页。

最前面,这在以往的正史志中是没有的。在《通典·食货典》中共有 12 卷,杜佑把田制排第一。《通典》中首列食货,食货篇中又首列田制,他在《通典·自序》中提纲挈领地解释了这种结构安排的用意。

> 夫理道之先在乎行教化,教化之本在乎足衣食。易称聚人曰财。洪范八政,一曰食,二曰货。管子曰:"仓廪实知礼节,衣食足知荣辱。"夫子曰:"既富而教。"斯之谓矣。……制礼以端其俗,立乐以和其心,此先哲王致治之大方也。故职官设然后兴礼乐焉,教化隳然后用刑罚焉。[①]

在他看来,治国安邦之道包含着经济和政治两个重要的组成部分。但在二者的先后顺序上,杜佑认为经济对治道、教化起着决定作用,经济的发展关乎国计民生,经济基础是政治、思想上层建筑得以存在和发展的前提。安史之乱后,杜佑清醒地认识到:治理一国百姓,首要之处莫过于发展经济,让老百姓富裕起来。如果不大力发展经济,那么民众就难以教化,社会秩序的重建也难以进行。只有在解决人民衣食温饱后,进而才能谈仁义道德的教化、政治秩序的遵循等其他问题。

杜佑引述了孔子师徒"庶、富、教"经济伦理主张:"昔贤云:'仓廪实知礼节,衣食足知荣辱。'夫子适卫,冉子仆。曰:'美哉庶矣。''既庶矣,又何加焉?'曰:'富之。''既富矣,又何加焉?'曰:'教之。'故知国足则政康,家足则教从,反是而理者,未之有也。"[②]孔子的"庶、富、教"经济伦理思想,是杜佑借以论证富民是国之"利"的根本所在。只有国家经济恢复、百姓丰衣足食、人民生活水平提高的情况下,国家推行的教化政策才容易为民所接受和遵从。

关乎"足国"之道,杜佑以"民为邦本"的治国理念为核心,认为行仁政才能得民心,得民心又在于给老百姓一定数量的生产和生活资料。于是,他在人口、土地和政治制度方面提出了独特的经济伦理构想。在深入研究田制对农业生产影响的基础上,杜佑认为应该建立有利于劳动者和土地牢固结合的户籍和土地管理制度。人口和土地都是治国之要务,"欲理其国者,必

---

① 《通典·食货》。[唐]杜佑撰,刘俊文、王文锦、徐庭云、谢方点校:《通典》,北京:中华书局 1988 年版,第 1 页。

② 《通典·食货七·丁中》,第 156 页。

先知其人,欲知其人者,必先知其地"①。与管子学派不同之处在于,杜佑从人口经济学的角度,认为应先从户籍着手,这在中国经济伦理思想史上是十分独特的。

户籍制度关系到赋税劳役、官吏俸禄、军队编制、礼乐教化等一切国家活动和政府事务,因而有必要对全国人口进行新的清理和编排。但是,经过安史之乱,无数饱尝战乱之苦的百姓被迫颠沛流离、食不果腹、衣不蔽体,因此户籍的管理、农业生产的恢复关键还在于土地制度。但是由于唐朝中央政府承认土地买卖,这就为大地主通过合法买卖兼并农民土地提供了政策上的依据。到唐中叶,由于土地兼并,大批农民失去了土地。安史之乱更是造成了大量人口的流散、逃亡,土地集中于少数的豪门贵族、大地主、大商人手中,均田制名存实亡。均田制的破产,导致了建立在其之上的赋税制度——租庸调制也跟着破产。杜佑清楚地觉察到土地正在走向私有的事实,田制的整顿、土地的分配、户籍的清理等问题,自然应在承认土地私有的基础上进行。郭锋对杜佑的土地制度给出了这样的总结:

> 大致上是一种承认国有制、私有制等多种层次的土地所有制,主张可以并存发展;所有权与使用权可以通过授田征税、租佃耕种或买卖占有等多种形式实现分离;以及中央政府有权干预土地和财富分配,有权对全国的人口土地资源进行宏观调控的多样化发展、集权式管理观点。②

杜佑多层次的土地所有制,也就是承认土地之"利"应该为社会所有阶层所共享。如果土地之"利"只是被少数的豪门贵族、大地主、大商人所垄断,那么不仅危害社会经济的发展,反而会引发新的社会矛盾。这一点如西周大夫芮良夫所言:"夫王人者,将导利而布之上下者也。"③国家应通过行政手段来调节社会各阶层的利益纠纷,承担起调整社会生产关系的责任。通过公平的人道原则来分配上下等级间的土地财富,既维持了统治者的现有

---

① 《通典·食货三·乡党》,第 55 页。

② 郭锋:《杜佑评传》,南京:南京大学出版社 2003 年版,第 286 页。

③ 《国语·周语上》。上海师范大学古籍整理组校点:《国语》(上册),上海:上海古籍出版社 1978 年版,第 12 页。

利益,又能对被统治阶级的利益予以适当关注。显然,这仍然是一种小农社会的经济伦理思想。可见,在自然经济条件下,发展经济不仅是一种经济学的考量,更是一种政治学的考量,同时内在地蕴含着一种伦理学的向度,即通过德政主张将经济问题化为政治伦理问题,因此杜佑多层次的土地所有制具有政治功利主义的色彩。

总之,杜佑人口、土地的构想,是针对土地兼并而设想的一种足国足民方案,目的在于维持封建小农经济的稳定,是从收取民心、缓和阶级矛盾角度来探寻中国古代经济伦理思想与现实契合的成分和机制,从而凸显儒家德政伦理思想对于解决现实问题的合理性。他以儒家德政思想来劝诫统治阶级在维护既得利益的同时,必须对被统治阶级的利益有所照顾,将仁政的农本思想贯穿在施政纲领中,这样才有利于缓和阶级矛盾,恢复农业经济。

土地、人口问题的解决依赖于政治制度的保障,杜佑以国家行政手段来解决人口、土地问题和百姓生存所需,再辅之以郡县制的政治制度的设想,与古希腊哲学家亚里士多德的政治学有着相似之处。亚里士多德认为要使城邦内的每一个成员都过上富足的生活,就要使每一成员都有必要的财富、健康的体魄和完美的道德人格。而要达成这一目标,在政治上必须实行共和的政治体制。杜佑引述孔子"庶、富、教"的理论从人口、土地的具体层面解决百姓的利益诉求,再辅以"国足则政康,家足则教从"教化之道,这也是孔子"庶、富、教"另一种延伸。二者除了"庶"和"健康的体魄"有稍许的差异外,都把人格的完善当作终极性目标,把道德的健全看作是人类生活的终极所在。可见从古至今,东西方经济思想的发展始终是在经济学与伦理学的双向轨道上、同一维度下不断向前深入和发展。

人口、土地、郡县制都是从"足国"的层面来解决唐中叶出现的社会危机。足国是治国的经济目标,就富国而言,这是天下君主的共同目标,是君主安邦治国的重要物质基础。民富是天下安定、社会长治久安的基础,是国富的前提,而国富又有利于促进民富。就富国与富民的辩证关系而言,杜佑的富国更多是从国家的政治视角和经济层面而言,而富民是攸关天下万民的利益诉求,是从社会的伦理层面而言的。在社会经济凋敝、土地兼并现象严重、小农经济趋于破产、大批劳动人口流离失所的情况下,如何使天下万民富裕起来,这是一个关系到社会方方面面的政治伦理学的问题。杜佑从现实出发,认为要发展农业经济,首先得劝民归农,使民"各安其业"。

二、"教化之本在乎足衣食"的生产伦理观

在封建社会里,占主导地位的经济形态是农业经济。小农经济是中国封建社会农业生产的基本模式,要使民"各安其业",先得劝民归农。

杜佑建议国家应该通过行政干预如"贵粟"的方式,抑制豪商富室对农民的经济剥削来劝民归农,以保证农业生产的顺利进行。杜佑还记载了汉初地广人多而国家财富却没有增长的情况,并引用了晁错的分析:

> 地有遗利,民有余力,生谷之土未尽垦,山泽之利未尽出也,游食之民未尽归农也。民贫则奸邪生,贫生于不足,不足生于不农,不农则不地著,不地著则离乡轻家。民如鸟兽,虽有高城深池,严法重刑,犹不能禁也。夫寒之于衣,不待轻暖;饥之于食,不待甘旨。饥寒至身,不顾廉耻。人情一日不再食则饥,终岁不制衣则寒。夫腹饥不得食,肤寒不得衣,虽慈母不能保其子,君安能以有其民哉?[①]

从民贫、不足、不农、不地著、离乡轻家、奸邪等一系列的恶性循环来看,解决民贫关键在于贵农,"方今之务,莫如使民贵农"。杜佑继承和发展了法家李悝"尽地力之教"的思想,将儒家的道德教化原则用之于劳动生产领域。他认识到农民不归农,四处流亡,土地与劳动分离,则地难尽其利,人难尽其力。今驱逐游民归农,使天下游食之人重新固定在农业生产这一领域中,显然,这有利于恢复封建生产力,巩固封建生产关系。

仅仅停留在安民的层面还不够,安民必须富民。如果安民不以发展经济来富民,那么安民就是一种空洞的教条和说教,所以,还必须通过发展经济,来建构安民的物质基础:"夫理道之先在乎行教化,教化之本在乎足衣食。易称聚人曰财。洪范八政,一曰食,二曰货。管子曰:'仓廪实知礼节,衣食足知荣辱。'夫子曰:'既富而教。'斯之谓矣。"安民之所以成为可能,必须满足两个相应的条件。一个是通过仁义道德对"民""教之","制礼以端其

---

① 《通典·食货一·田制上》,第7—8页。

俗,立乐以和其心",通过礼乐之仪"端其俗""和其心";另一方面是采取东方法家学派发展经济的富民举措。二者相比较而言,杜佑更为倚重通过发展农业经济实现安民的目的。

古代中国封建社会里,"土地财产和农业构成经济制度的基础"①。在生产力水平低、工商业不发达的封建社会,农业作为最基础的物质生产部门一直被视为国家的支柱产业。中国历代统治阶级,都把农业看作立国之本、强国之术、治国之要。从先秦商鞅重农抑商的"众民、强兵、广地、富国"的政治伦理观、孔子"富国教民"的生产观及荀子"下富则上富"的富国论,到秦汉魏晋时期的农业思想史来看,历代的思想家和王朝统治者大多重视农业,奉行农本政策。杜佑的富民思想继承了先秦特别是两汉的农本思想,不过更为重要的是,他与时俱进地根据时代的需求提出了自己独特的见解,他的富民思想可概括为"安定和发展经济以生财、取财、用财"②。足民的基础在于发展农业经济,农业问题又涉及农业的管理、农业劳动力和土地资源等问题。具体而言,主要从以下几个方面来分析。

其一,生财之道。杜佑肯定了农业的基础性地位。"理道之先在乎行教化,教化之本在乎足衣食",如果百姓四处流散、朝不保夕,那么道德教化则失去了物质基础,国家也没有了赋税来源。农业兴,则万事兴,他从农业生产和国家财用的关系来谈谷、地、人三者之间的辩证关系:"谷者,人之司命也;地者,谷之所生也;人者,君之所治也。有其谷则国用备,定其地则人食足,察其人则徭役均。知此三者,谓之治政。"③国以民为本,民以食为天。无论是管理者还是生产者,统治者还是被统治者,维持生存是第一位的,解决吃饭问题而后言其他。粮食生产依靠土地和劳动者,因此发展农业生产还需得解决农民的土地问题。农民有了土地这一最基本的生产资料,老百姓的生存问题才有解决的可能。

杜佑重农安民的经济伦理思想,主要是想把农民固定在土地上以供封建地主剥削,这是他剥削阶级的本质体现。他认为,以适当的形式使劳动与土地结合起来,粮食就会源源不断地生产出来,那么富农有了物质基础,安

---

① 《马克思恩格斯全集》(第4卷),北京:人民出版社1959年版,第54页。

② 郭锋:《杜佑评传》,南京:南京大学出版社2003年版,第284页。

③ 《通典·食货一·田制上》,第3页。

民就有了经济基础。相反,人"不地著",劳动者与土地分离,劳动力就无法作用于土地。土地寸草不生,直接影响到国家财政收入和社会安定,造成"富有连畛亘陌,贫无立锥之地"的社会危机。

其二,杜佑认为,解决国贫民困的社会危机还需靠"天下之田尽辟,天下之仓尽盈"的方法,在以"行其轨数,度其轻重,化以王道,扇之和风,率循礼义之方"①的王道之教。农业生产的发展,人民富足有余,这就为封建道德风尚与文化发展奠定了基础。可见,杜佑对劳动人民创造财富的方式进行了道德思考和价值评估,既把物质资料的生产看作维持人类社会不断前进的源泉,同时也把它作为人类社会安定的物质基础,即生产劳动实现了经济价值和社会伦理价值的有机统一。

必须注意的是,杜佑的"教化之本在乎足衣食"的生产伦理虽然承接了孔孟一派的仁政思想,但又有别于传统儒家过分彰显伦理道德对经济的示范效应,把利益、财富等问题局限在伦理学的范围进行思考。杜佑明显更突出经济对于道德的决定作用,他的富民的经济伦理思想将发展经济、道德教化等内容有机结合在安民、富民的框架之下,使儒家经济伦理思想随时代需要不断地增加新的内容,这就拓展了儒家经济伦理学的广度与深度。

但是恢复农业生产的关键是,如何将人民固定在土地上不任意迁徙呢?杜佑认为最理想的办法就是恢复井田制,他还列举了井田制的种种好处:

> 使八家为井,井开四道而分八宅。凿井于中,一则不泄地气,二则无费一家,三则同风俗,四则齐巧拙,五则通财货,六则存亡更守,七则出入相同,八则嫁娶相媒,九则有无相贷,十则疾病相救。是以情性可得而亲,生产可得而均;均则欺凌之路塞,亲则斗讼之心弭。②

杜佑和后来的李翱一样,都主张恢复井田制。不过杜佑是以恢复井田制而使人民固定在土地上不任意迁徙,而李翱是想借由井田制以轻徭薄赋而富民。井田制的经济结构是维系社会内生性的组织结构和社会秩序的土地制度,这种土地制度让社会上下形成一种稳定的"家族—村落—国家"或"家族—宗族—民族"般的小国寡民式和"家国一体"的社会共同体。杜佑认

---

① 《通典·食货十二·轻重》,第296页。
② 《通典·食货三·乡党》,第54页。

为这种稳定的社会共同体,有着"不泄地气、无费一家,同风俗、齐巧拙、通财货,存亡更守、出入相同、嫁娶相媒、有无相贷、疾病相救"十大改善社会风气的好处。这也是孟子所说的施行仁政的内涵是恢复和实行井田制,而理想的井田制度是形成"乡田同井,出入相友,守望相助,疾病相扶持"[1]社会伦理规范的经济基础所在。这种伦理规范通过对社会生活秩序和个体生命的合理设计和安排,成为社会共同体稳定的核心价值观。而统治者也正是运用这种蔚然成风的社会教化、人伦道德以自上而下的方式来约束人们的思想、规范人们的行为,从而使整个社会安然有序。从这个角度而言,恢复井田制,将人民固定在土地上不任意迁徙,在当时无疑是最好的制度。

其三,在自然经济条件下,农业的发展往往是天时地利人和的综合性考量的结果。在靠天吃饭的自然条件下,农业生产更多依靠水利工程的建设。杜佑在《通典》中,记载了从战国至唐代各朝兴修水利工程而利国利民的事实。蜀守李冰父子开凿都江堰,一时间"灌溉诸郡,于是蜀沃野千里,号为陆海";秦国修郑国渠,使贫瘠关中变沃野之地,从此无凶年等。杜佑一生力行儒家民本思想,他在任淮南节度使时,以农为本发展农业经济,治理当地的灌溉水利工程,治理沿海滩涂,变弃田为良田。水利工程的建设关键在人,因此杜佑重农安民思想还体现在能否造福一方百姓,维护百姓利益的人才制度上:"其择人有四事,一曰身……四事可取,则先乎德行;德均以才,才均以劳。"[2]选贤任能是以服务百姓为宗旨,官吏的选举尤其要考察参选者的德行。总之,这都是杜佑农本思想的深刻流露,这种王道的民本主义经济伦理思想的践行,实际上又复归到儒家仁政的经济伦理思想的轨道上来了。

三、"富上足下"的分配观与节用的消费观

富民之道除了依靠农业生产和兴修水利的"生财",还必须重视薄敛的"取财"和"用财"之道。取财之道在封建社会里主要表现为轻徭薄赋,用财之道主要是统治者要节用爱民。杜佑试图以合理的赋税原则来达到国足民

---

① 《孟子·滕文公上》。杨伯峻:《孟子译注》,北京:中华书局1960年版,第119页。
② 《通典·选举三·历代制下》,第360页。

足的目的,"赋既均一,人知税轻,免流离之患,益农桑之业,安人济用"①。均平赋税,减半徭役,户口数自然增加,赋税收入也自然增加,农业生产也进入良性循环之中。而均平赋税、减半徭役的关键,又在于统治者的轻敛薄赋和勤俭节用。

在杜佑看来,赋税的轻重直接影响到农业生产。在对历代赋税制度做了深入研究的基础上,特别是吸取了汉、隋两朝的理财经验,杜佑认为应该制定相对宽松的赋税政策,以轻徭薄赋、节用爱民。他说:"夫家足不在于逃税,国足不在于重敛。若逃税则不土著而人贫,重敛则多养赢而国贫。不其然矣。"②逃税和重敛都不是解决社会危机的办法。他对隋朝实行"益农桑之业"的轻税之法加以大力褒奖。

从薄敛的取财之道看,杜佑从薄敛和重敛的利弊事实来说明执政者薄敛的重要性:"敛厚则情离,情离则易动,人心已去,故遂为独夫,殷辛、胡亥是也。"③国家征收赋税一定要适当公平,如果统治者一味地以聚敛为重,民心浮动,人民无法生存,动乱必然会发生。他称赞唐太宗和高宗实行的租庸调制,"犹存古井田调发兵车名耳",因而"泽及万方,黎人怀惠"。他还说:"自燧人氏逮于三王,皆通轻重之法,以制国用,以抑兼并,致财足而食丰,人安而政洽。"④燧人氏至三王皆通晓轻重论,以恰到好处的赋税政策,抑制了土地兼并,举国上下百姓丰衣足食、社会稳定。

杜佑还引述了前人魏文侯和南齐萧子良的观点来说明轻徭薄赋的正确性。魏文侯言:"夫贪其赋税不爱人,是虞人反裘而负薪也。徒惜其毛,而不知皮尽而毛无所附。"⑤如果贪恋赋税收入,不爱惜劳动人民,不与民休养生息,那便是本末倒置,不可避免地陷入危国亡身的结局。萧子良曰:"守长不务先富人,而唯言益国,岂有人贫于下而国富于上耶?救人拯弊,莫过减赋,略其目前小利,取其长久大益。"⑥百姓利益和国家利益在整体上是一致的、协调的,不可厚此薄彼或把二者对立起来。那种过分强调取之于民用以

---

① 《通典·食货七·丁中》,第158页。
② 《通典·食货七·丁中》,第156页。
③ 《通典·食货十二·轻重》,第295页。
④ 《通典·食货十二·轻重》,第295页。
⑤ 《通典·食货四·赋税上》,第67—68页。
⑥ 《通典·食货五·赋税中》,第89页。

积累的做法,不但是对经济规律的违拗,还会严重地挫伤人民的积极性。因而,足民之要务莫过于减赋以安民,重敛以竭民力是"小利",薄敛以足民是"大益"。从长远看,薄敛惠民以利,通过行仁政的经济政策减轻人民负担,以静抚民、休养生息,从而保护农民的生产积极性。

杜佑深刻意识到薄敛的民本思想,对唐王朝社会秩序的重建具有举足轻重的作用,"若赋敛之数重,黎庶之力竭,而公府之积,无经岁之用,不幸有一二千里水旱虫霜,或一方兴师动众,废于艺殖,宁免赋阙而用乏,人流而国危者哉!"①质言之,杜佑以轻税之法反对横征暴敛的短视行为,主张与民休养生息,防止贫富分化:既不能让富者太富,也不能让贫者过贫,维持社会的一种均衡和谐,做到相对公平。因此,杜佑建议应把赋税法定化,做到"赋有常规,人知定制"。

为此,在赋税的征收方面,杜佑主张十分之一的轻税。这样的税率比或重或轻的如三十、二十税一或十税五都合适。

> 什一者,天下之正中,多乎则大桀小桀,寡乎则大貊小貊。故什一行而颂声作,二不足而硕鼠兴。古之圣王以义为利,不以利为利,宁积于人,无藏府库,百姓不足,君孰与足。是故钜桥盈而殷丧,成皋溢而秦亡。记曰:"人散则财聚,财散则人聚。"②

杜佑的什一之税直接承接了孟子的赋税原则,把它说成是"尧舜之道"。其中的大桀小桀、大貊小貊分别比喻赋税过重或过轻,既不利于国用,也不利于民生,因此税率适中对国用民生都有好处,保证了赋税徭役的相对公平。

税收是取之于民而用之于民的,税收涉及"取",也涉及"用"的层面。在"用"的层面上,杜佑主张节用的"节流"之道。在刚经历战争破坏的情况下,一般百姓的生活是非常贫困的,维持生计已算是万幸。因而,杜佑的节俭消费主要是针对君主士大夫等上层统治者而言的,希望他们在生活上勤俭节约。他通过历史上皇帝节约与浪费两方面的对比来说明节用的重要性:

---

① 《通典·食货十二·轻重》,第296页。
② 《通典·食货四·赋税上》,第70页。

（汉）高祖、孝文、孝景皇帝，修古节俭，宫女不过十余，厩马不过百余匹。故时齐三服官输物不过十笥。方今齐三服官作工各数千人，岁费数巨万。蜀广汉主金银器，岁各用五百万，三工官官费五千万，东西织室亦然。厩马食粟将万匹。百姓重困，请从省俭。①

汉初，社会经济衰弱，朝廷推崇黄老治术，无为而治。无为也是道家提倡的德政，也就是轻徭薄赋、与民休息的王道经济伦理政策。三位崇尚节俭的皇帝以身作则节省了国家的开支，贵族官僚也效仿君主，人民负担得以减轻，一时出现"文景之治"的太平盛世。"节俭爱民，食不重肉"的隋文帝，考虑到隋初农业生产力落后、消费水平低的情况，"克勤理道，克俭资费"，鼓励皇亲贵族勤俭节约，反对下属铺张浪费，创下了经济富庶、政治安定、人民安居乐业的开皇之治，一时"宇内称理，仓库盈溢"。可见，只要君主节俭治国、节用爱民，天下方能大治。而反面典型隋炀帝挥霍无度、恣情纵欲，不顾百姓生活困苦，为满足一时私欲开运河、修宫殿、筑长城，让天下百姓陷入苦役的汪洋中，最后官逼民反，咎由自取。杜佑作为时代清醒的有识之士，看到唐王朝战后重建工作的困难重重，企图通过正反两方面的对比来强调节用的重要性，这在当时是极其可贵的。

综上所论，杜佑在唐王朝由盛而衰、重建工作困难重重的时代困境下，"至于往昔是非，可为来今龟镜"，他试图寄希望于总结以往政治、经济等制度的变迁、沿革来吸取教训而改革内政积弊，为稳定政局而不遗余力。这一时期，儒家经济伦理思想在面临社会之大变革的历史条件下，以杜佑为代表的儒家士大夫们除了努力坚守儒家经世致用的传统外，还根据时代的需求修补了儒家经济伦理思想的不足和缺陷，使儒家经济伦理思想能适应时代的需要而自我更新，建构起新的理论体系。他根据社会经济的变化，提出了富国教民的政治伦理观、"教化之本在乎足衣食"的生产伦理观、"富上足下"的分配观和节用的消费伦理观，这些经济伦理思想始终贯穿着富国安民的经济伦理构想，体现了儒家以民为本的思想传统。

---

① 《通典·食货七·历代盛衰户口》，第144页。

第五节　韩愈、李翱经济伦理思想

儒家经济伦理思想在魏晋时期受到了玄学、佛教和享乐主义的挑战,其失去了一统天下的正统地位。在经历唐太宗"贞观之治"和唐玄宗"开元之治"后,封建制度走向了它的鼎盛时期。但唐朝的经济繁荣和国力强盛局面并未持续很长时间,随着安史之乱的爆发,唐王朝在经此重创之后,开始由盛转衰,各种矛盾、斗争十分尖锐和复杂,儒家经济伦理思想呈日渐衰微之势。面对这一状况,以韩愈、李翱为代表的儒家继承者们,自觉站在儒家的立场上,从经济伦理学的角度阐明了他们对于改革时弊的观点。

韩愈(768—824),字退之,河南河阳(今河南孟州)人,唐代杰出的文学家、哲学家、政治家,被后人誉为唐宋八大家之首。李翱(772—836),字习之,今甘肃秦安东人,是韩愈的学生。李翱和韩愈一样,皆极力维护儒家思想,反对佛教,认为佛教的流行破坏社会生产,消耗社会财富,使人民贫困交加。韩愈一生官运不济,命途多舛,几次遭贬,他的经济伦理思想主要着眼于封建王朝的长治久安和繁荣富强。李翱发展了韩愈的思想,使儒家学说向着系统理论的方向发展。

一、"相生养之道"的分工伦理观

在中国封建社会中,历代统治者均免不了利用儒家学说来维护政权稳定。虽然在历史变迁中有时把儒家学说推入或盛或衰的时代境遇中,但封建朝代的统治者都把儒家思想作为安邦治国的官方思想形态。韩愈生活的时代,大唐盛世不再,藩镇割据势力盘根错节,唐王朝统治力量大不如前,儒学也丧失了辅弼政统的功能。值此之际,时代呼唤着儒学理论的革新。韩愈在面临儒家思想呈日渐衰微之势,一生以复兴儒学为己任。

韩愈继承了前人士农工商四民并重的思想,从历史出发来解释封建经济制度的形成。他说:"古之时,人之害多矣。有圣人者立,然后教之以相生养之道。为之君,为之师,驱其虫蛇禽兽而处之中土。寒,然后为之衣,饥,然后为之食……为之工以赡其器,为之贾以通其有无……若古无圣人,人之类灭久矣。"①他认为在远古时代,人类生存的自然环境极其险恶,圣人为拯救人类教以"相生养之道",以自己的聪明睿智创造了君、师、士大夫、农民、商人的职业分工,形成亦农亦商的社会格局。圣人在教百姓"相生养之道"的同时,还以诗书、礼乐、刑政来确立人的道德伦常关系。

韩愈在此清楚地指出,士农工商的职业分工是社会经济发展的必然结果。他从封建社会经济发展的客观必然性出发,赋予农工商阶层在伦理上的正当性。他还进一步指出:"粟,稼而生者也;若布与帛,必蚕绩而后成者也;其他所以养生之具,皆待人力而后完也,吾皆赖之。然人不可遍为,宜乎各致其能以相生也。"②人类生活所需的粟米、布帛、器物、用具等物质生活资料都是人通过劳动创造的。人的需求是多方面的,但人的能力是有限的,所以社会存在着各行各业的劳动者。各行各业的人既相互分工,又相互依赖,各尽其能,各司其职,共同推动社会经济的良性发展。

与古代社会不同的是,韩愈在传统的"四民"说之外,增加了佛道的僧尼和道士。他说:"古之为民者四,今之为民者六;古之教者处其一,今之教者处其三。农之家一,而食粟之家六;工之家一,而用器之家六;贾之家一,而资焉之家六;奈之何民不穷且盗也!"③新增出来的佛道两家,合称"六民"。韩愈认为"古之为民者四",以前只有士农工商四民。在这四民中,士虽然不

---

① 《原道》,〔唐〕韩愈撰,马其昶校注,马茂元整理:《韩昌黎文集校注》,上海:上海古籍出版社1986年版,第15—16页。

② 《圬者王承福传》,〔唐〕韩愈撰,马其昶校注,马茂元整理:《韩昌黎文集校注》,上海:上海古籍出版社1986年版,第53页。

③ 《原道》,第15页。

直接参与农业生产,但他们作为社会制度和法律的创设者,主要从事的是社会政治活动。农、工、商三民专门从事社会经济生产活动,都是"相生养之道"的重要成员。在韩愈看来,"四民"都是圣人之"教",他从儒家道统论出发来说明"四民"中的任何一"民"的存在都有伦理上的合法性,为儒家经济伦理思想溯本清源。他说儒家思想的传承有一个道统,这个道统一脉相承,由尧传给舜,舜传给禹,禹传汤,汤又传给文武周公,再传孔子,孔子又传孟子,但孟子以后就"不得其传焉",结果佛老横空出世,"四民"变为"六民"。士农工商的职业分工符合社会发展需求,彼此之间具有同等的伦理正当性,但是"今之为民者六",这些僧尼和道士不农、不工、不贾,都是"游食之人",从儒家的道统而言,没有存在的合法性。

韩愈所处的唐代,统治阶级对佛道两教采取兼容并蓄的宽容、扶持态度,使得佛道两教在唐朝得以迅速发展,大批的农民依身寺院或道观成为和尚和道士。这些僧尼和道士不劳而获、不耕而食、不织而衣,主要通过对农、工、商的经济剥削而获得衣食之源。佛道两教中佛教发展势头尤为强盛,佛教宣传的"因果轮回""出世解脱"的出家、出世思想与儒家的仁义伦理纲常背道而驰,这势必招致儒家知识分子的不满和反抗。以韩愈为代表的儒家士大夫们从道统出发来维护先王之道,以孔孟的仁义道德学说批佛抑老,以重建儒家的统治秩序。他从各家各派对"道"的不同理解出发,提出了自己对"道"的独特看法,以重建新儒学。他指出:

> 博爱之谓仁,行而宜之之谓义,由是而之焉之谓道,足乎己而无待于外之谓德。仁与义为定名,道与德为虚位。故道有君子小人,而德有凶有吉。老子之小仁义,非毁之也,其见者小也。……其所谓道,道其所道,非吾所谓道也。其所谓德,德其所德,非吾所谓德也。凡吾所谓道德云者,合仁与义言之也,天下之公言也。老子之所谓道德云者,去仁与义言之也,一人之私言也。①

韩愈站在儒家立场上,以儒家积极入世态度直面抨击佛道两教的出世教义,以拨乱反正之态度来争取儒家文化的主体地位,直指佛老破坏了封建

---

① 《原道》,第 13 页。

社会的纲常名教,损害了社会的文化传统。举国上下事佛妨碍先王之道的推行,扰乱民心,既破坏生产、践踏钱财,又扰乱社会秩序。韩愈提议应该对佛教采取"投诸水火,永决根本,断天下之疑,绝后代之惑"的坚决态度来反佛灭佛。

在此基础上,韩愈看到了佛、道两教的存在不仅会危害社会经济的良性发展,而且在"六民"共同存在的情况下,农、工、商生产的有限物质财富的分配也会趋于紧张,"农之家一,而食粟之家六;工之家一,而用器之家六;贾之家一,而资焉之家六"①。韩愈把僧道看作社会的寄生虫,他们只消费不生产,他在《谢自然诗》中批评道教:"人生有常,男女各有伦,寒衣及饥食,在纺绩耕耘。下以保子孙,上以奉君亲。苟异于此道,皆为弃其身。"韩愈批评道教抛弃人伦道德,不顾君亲子孙,不耕不织,却耗费社会物质资源。故而他在《送灵师》中批评佛教:"佛法入中国,尔来六百年。齐民逃赋役,高士著幽禅。官吏不之制,纷纷听其然。耕桑日失吏,朝署时遗贤。"佛教的盛行破坏了先王之道和儒家的君臣伦理,既抢占劳动力,扰乱社会秩序,又逃避赋役,破坏农业生产,伤风败俗,这实际上是"禁相生养之道"。他主张"人其人,火其书,庐其居,明先王之道以道之"②,用儒家传统经济伦理思想来批判佛、道两教,这实为击中佛道宗教经济伦理思想的要害。

二、"亦农亦商"的生产伦理观

从农、工、商"相生养之道"的理论出发,韩愈突破了传统儒家重本抑末的经济伦理思想框架。他十分重视商人在经济生活中的"通财货""通有无"的作用,视商业为国民经济的重要组成部分。从某种程度而言,这对于一个坚信孔孟教义、以继承儒家道统自称、把从事农业和手工业的体力劳动者看作"小人"的大儒来说,的确是难能可贵的,这也是韩愈经济伦理思想的重要内容。这在一定程度上说明,在封建地主经济的发展过程中,商品经济得到一定程度的发展。商品经济发展的事实,促使儒家对商业不得不采取新的

---

① 《原道》,第 15 页。
② 《原道》,第 19 页。

态度。韩愈对商业的重视主要体现在他反对食盐专卖，肯定盐商阶层存在的价值，这一思想集中体现在《论变盐法事宜状》一文中。唐初，政府对采盐、售盐尚无明文规定。唐肃宗乾元年间，盐铁使第五琦为增加财政收入，上疏改革盐法，行榷盐法，朝廷对食盐进行垄断性的收购、运输、销售。代宗年间，刘晏支持盐政，他进一步改革盐法，将民制、官收、官运、官销改为民制、官收、商运、商销的运营模式。唐穆宗长庆二年(822 年)，户部侍郎张平叔上疏实施盐法改革，将刘晏的盐法制度改为"官出粜盐"，食盐直接由朝廷官销，并陈其利害十八条。韩愈在《论变盐法事宜状》中，从十三个方面来批驳张平叔的"官出粜盐"弊端。由于其内容丰富，不能逐一解释，遂摘若干条稍加说明：

> 臣今通计所在百姓，贫多富少，除城郭外，有见钱籴盐者，十无二三。多用杂物及米谷博易。盐商利归于已，无物不取，或从赊贷升斗，约以时熟填还。用此取济，两得利便。今令州县人吏坐铺自粜，利不关已，罪则加身，不得见钱及头段物，恐失官利，必不敢粜。变法之后，百姓贫者无从得盐而食矣。求利未得，敛怨已多，自然坐失盐利常数。所云获利一倍，臣所未见。①

安史之乱后，百姓生活大多不富裕，极少有闲钱购买食盐。而盐商经营方式灵活多变，因为"利归于已"，所以即使农民拿不出钱买盐，也可以用米谷杂物换盐，或从盐商处赊贷。这样一来商人获利，消费者得盐，"两得利便"。若由政府卖盐，各级官吏"利不关已，罪则加身"，农民拿不出现钱或上等的绢物来换盐，"无从得盐而食矣"，结果百姓不满，商人无利可图，"求利未得，敛怨已多，自然坐失盐利常数"②。官府在运输食盐的过程中，往往强行"和雇"农民的牛车，骚扰百姓生活，损害农民利益。在验车、装盐、缴盐的各个环节，还要处处遭到官吏的敲诈、刁难、盘剥，反而加重了老百姓的经济负担，使他们穷困潦倒而流散各地。更有甚者，还会导致社会动荡、政权不稳，"今既夺其业，又禁不得求觅职事，及为人把钱捉店、看守庄硙，不知何罪，一朝穷蹙之也！若必行此，则富商大贾必生怨恨；或收市重宝，逃入反侧

① 《论变盐法事宜状》。[唐]韩愈撰，马其昶校注，马茂元整理：《韩昌黎文集校注》，第 646 页。
② 《论变盐法事宜状》，第 646 页。

之地,以资寇盗。此又不可不虑者"①。他清醒认识到这种"官出粜盐"的盐法制度不仅扰民、损民,破坏农业生产,而且还迫使盐商沦为寇盗,危害社会秩序。那么如何使商人获利,百姓受益,兼顾农商的利益诉求呢?

韩愈搬出了传统儒家德政思想,认为要兼顾农商利益必须富民。"不以事扰之",农民生活"渐裕"后自然有现钱购买食盐。可见,韩愈反对官府垄断食盐专卖的经济伦理设想,落脚点始终在于安民、富民,这是他"恤民生"思想在盐法理论中的集中体现。更为重要的是,一向以儒家道统继承者自居的韩愈,居然公开地为商人利益叫屈辩护,这在中国古代思想史上是极其罕见的。韩愈这一观点,显然与农工商并重的社会分工理论是一致的。这种农工商"相生养"生产伦理是他经济伦理思想的新创见,清代的王夫之评价此为"仁民"之策。

韩愈的经济伦理思想还体现在他的赋税理论中。赋税是中国封建王朝财政收入的主要来源,是维系国家机器运转的主要经济支柱。他从四民分工理论出发,肯定农民向国家交税的伦理正当性:"民者,出粟米麻丝,作器皿、通财货,以事其上也。"②又说:"民不出粟米麻丝,作器皿、通财货,以事其上,则诛。"③在韩愈眼里,国君作为统治者制定社会法令制度,老百姓缴纳租税也是其应该遵守的伦理规范。但老百姓的收成有好有坏,资产有增有减,生活水平有富有贫,负担也有轻有重,因此韩愈主张缴纳赋税要做到因人而异、因时而异。

他说:"财已竭而敛不休,人已穷而赋愈急,其不去为盗也亦幸矣。"④他还说:"赋有常而民产无恒,水旱疠疫之不期,民之丰约悬于州。"⑤自然灾害与地方官吏无休止的横征暴敛,民不聊生,生活极端贫困,这是老百姓无法生活下去的根源。在韩愈看来,"民产无恒"和"水旱疠疫之不期"的现实情况决定了赋税的征收,要根据财富的多寡和收成的好坏而承担相对平均的赋税,这与韩非的"论其赋税以均贫富"的均平经济伦理思想有着异曲同工

---

① 《论变盐法事宜状》,第 652 页。

② 《原道》,第 16 页。

③ 《原道》,第 16 页。

④ 《送许郢州序》。[唐]韩愈撰,马其昶校注,马茂元整理:《韩昌黎文集校注》,上海:上海古籍出版社 1986 年版,第 237 页。

⑤ 《赠崔复州序》。[唐]韩愈撰,马其昶校注,马茂元整理:《韩昌黎文集校注》,第 249 页。

之妙。韩愈设想通过一种相对公平的赋税制度来维护封建地主阶级的统治秩序，以缓和社会矛盾，使现存各阶层所得利益能得以调和和均衡。这对减轻农民的经济负担，调动他们的生产积极性，遏制地主阶级的巧取豪夺都有着积极的意义。

韩愈相对公平的赋税制度的落实，必然要求反对横征暴敛，主张轻赋薄税。只有轻赋薄税，提高老百姓的生产积极性，让他们劳有所得，农民才能安心耕织，生产更多的粟米麻丝；手工业者才能安心生产，制造出更多的器皿；商人才能正常地从事商业活动，沟通有无。尤其是当发生水旱灾荒，百姓生活难以继续时，赋税问题兹事体大。在他看来，如此紧急情况，赋税应免则免，应延则延，"急之，则得少而人伤；缓之，则事存而利远"[①]，这显然是儒家仁政思想的体现。他目睹过京畿大旱，"今年以来，京畿诸县夏逢亢旱，秋又早霜，田种所收，十不存一"[②]的惨状，官吏不顾实际情况而催逼租赋，百姓竭尽全部家当也无法足额缴纳赋税，最后被逼到"弃子逐妻以求口食，拆屋伐树以纳税钱，寒馁道途，毙踣沟壑。有者皆已输纳，无者徒被追征"[③]的悲惨地步。

韩愈认为，赋税的问题需要儒家的仁政学说及封建统治者的"相生养之道"的爱民、惠民、安民措施来解决，因而他的"恤民生"经济伦理思想还体现在其"在物土贡"的征税思想中。唐德宗年间，宰相杨炎（727—781）实行两税法，即以"资产为宗"的户税和地税制度。两税法实行一段时间后，产生了钱重物轻的弊端。韩愈作为两税法的反对者，积极地思考如何在保证国家财政收入的基础上，满足老百姓生活需求的方案。为此，他提出了"在物土贡"的征税方法，以反对两税法中的定税计钱。

韩愈指出，两税法的实施直接导致了钱重物轻现象，即谷米布帛价格过低，而货币购买力太高，"钱重物轻，为弊颇甚"。"夫五谷布帛，农人之所能出也，工人之所能为也"，农民、手工业者生产五谷布帛不生产现钱，但是两税法实行货币税后，他们被迫贱卖农产品换钱以交税。但是唐朝由于货币数量有限，百姓生产的五谷布帛价格只能愈贱。过贱则伤农，破坏了农民的

---

① 《御史台上天旱人饥状》。[唐]韩愈撰，马其昶校注，马茂元整理：《韩昌黎文集校注》，第588页。
② 《御史台上天旱人饥状》。[唐]韩愈撰，马其昶校注，马茂元整理：《韩昌黎文集校注》，第588页。
③ 《御史台上天旱人饥状》。[唐]韩愈撰，马其昶校注，马茂元整理：《韩昌黎文集校注》，第588页。

生产积极性。韩愈本着国家利益和百姓利益兼顾的原则,主张恢复"在物土贡"的实物税,认为赋税全部缴纳实物,方能提高五谷布帛的价格,刺激农民的生产积极性。韩愈认为实物税制度做到了因地制宜,民间生产什么就征收什么:"今使出布之乡,租赋悉以布;出绵丝百货之乡,租赋悉以绵丝百货;去京百里,悉出草;三百里以粟;五百里之内,及河渭可漕入,愿以草粟租赋,悉以听之。"①如此,农民休养生息,专心务农,"人益农,钱益轻,谷米布帛益重","谷米布帛必重,百姓必均矣"②。

韩愈看到了两税法实行后的弊端,把钱重物轻的现象归之于两税法产生的负面效应。不可否认,两税法的确加剧了钱重物轻的局面,但这不是主要原因。藩镇割据势力仍然存在,地方大肆吸纳现钱,朝廷和地方铸钱数量没有跟上中唐商品经济的发展速度,那么出现钱重物轻的现象便不足为奇了。

三、"复性"的富国教民观

封建社会的重敛政策,是由于人之性遭到了人之情的遮蔽和浸染,那么解决的办法就是通过"复性"消除遮蔽在人之性上的人之情,使人之性恢复到先前的光明。他说:"人之所以为圣人者,性也。人之所以惑其性者,情也。喜、怒、哀、惧、爱、恶、欲七者,皆情之所为也。情既昏,性斯匿矣。"③

李翱在"复性"的哲学基础上,为统治阶级提出了解决方案,"故善为政者,莫过于理人","理人者,莫大于既富而又教之"④,即"富之""教之"的观点。他认为"富之"必须在"教之"之前,"富之"是"教之"的物质基础。在李翱看来,要"富之",则应该恢复西周时代通用的井田制和什一税。

李翱把井田制看作是最好的土地制度,认为实行这种土地制度可以从根本上解决社会贫富悬殊的问题,有利于农业生产的恢复和发展。什一税

---

① 《钱重物轻状》。[唐]韩愈撰,马其昶校注,马茂元整理:《韩昌黎文集校注》,第595页。
② 《钱重物轻状》。[唐]韩愈撰,马其昶校注,马茂元整理:《韩昌黎文集校注》,第596页。
③ 《复性书·上》,《钦定四库全书》。[唐]李翱:《李文公集》卷1,上海:上海古籍出版社1993年版,第6页。
④ 《平赋书》,《钦定四库全书》。[唐]李翱:《李文公集》卷3,上海:上海古籍出版社1993年版,第12页。

是根据西周的井田制而制定的税率政策,孟子也曾在减税主张中认为最恰当的税率标准是什一税。不过由于西周井田制在春秋战国早已破坏殆尽,西周的籍法、彻法也形同虚设,想在税率方面恢复十分取一也不太可能。不过什一税作为一种轻徭薄赋的富民政策一直受到儒家的推崇,故孔子、孟子及其后来的儒家学派都竭力要求恢复什一税。李翱认为实行什一税的经济政策有利于保护农民的生产积极性,可以让百姓有固定的生产和生活资料,也是孟子所说的"恒产"。老百姓有了"恒产",生活富裕起来了,这就有利于社会的教化和道德风尚的形成。

人们在"富之"的基础上再"教之","人既富,然后可以服教化反淳朴"[①]。"教之"即教老百姓以道德伦理规范,李翱提出了"不动心"的道德修养方法。他所说的"不动心",也是"圣人者寂然不动",心不受外物和人之情的诱惑和干扰,保持"清明"的状态。要达到这种"不动心"的道德修养境界,他认为要分成两个步骤。首先,心进入一种"弗虑弗思,情则不生"[②]即什么都不想的虚静状态。但在这种虚静状态中有动有静,故人之性仍然受到人之情的浸染和遮蔽。最佳的状态是心什么都不想,连虚静的状态都不追求,"知本无有思,则动静皆离"[③],心进入一种绝对静止状态,也就达到了"寂然不动"的道德境界,而这种境界也是《中庸》里"至诚"的道德精神境界。

在这种道德境界中,人之情不再发作,人之性完全被彰显,人的善性得以完全恢复了,儒家"大道"的仁义道德就能被运用于社会的伦理教化之中,"教其父母使之慈,教其子弟使之孝,教其在乡党使之敬让"[④]。"慈""孝""让"的道德伦理规范形成之后,进一步引导整个社会的风气,"赢老者得其安,幼弱者得其养,鳏寡孤独有不人病者皆乐其生。屋室相邻,烟火相接於百里之内,与之居则乐而有礼,与之守则人皆固其业,虽有强暴之兵不敢陵"[⑤]。整个社会的物质文明和精神文明都在和谐良好的环境中进行。

---

① 《平赋书》,第12页。
② 《复性书·中》,第8页。
③ 《复性书·中》,第8页。
④ 《平赋书》,第14页。
⑤ 《平赋书》,第14页。

可见，李翱和孔孟的儒家经济伦理思想，可谓是一脉相承、互相契合，他的轻徭薄赋、什一税的经济伦理政策显然是孔子德政和孟子"有恒产则有恒心"的民本思想的发展和一以贯之，二者皆提倡对人们的物质生活需求予以满足，照顾百姓的利益，通过各种经济政策来保证农民的生产积极性。他的"教之"观在继承孔子"庶、富、教"思想的基础上，进一步发展了"富之"与"教之"之间的辩证关系，他不仅认识到了经济对于道德的决定作用，经济发展水平决定道德水准高下，"是以与之安则居，则复而可教；与之危而守，则人皆自固"[1]。同时，他还清楚地洞察到道德对经济的反作用，道德水平的高低反过来也会影响经济发展水平。李翱的道德对经济的反映论，弥补了儒家经济伦理思想在这一方面的不足，在他看来，经济的发展为人的道德水平提供了物质保证，"有土地"后有"有仁义"。但是"有土地"之人是否一定"有仁义"的道德水准呢？那就不一定，这两者之间还需要通过"教"的中间环节去抑"情"而扬"善"，"教人忘嗜欲而归性命之道"而"复性"，这就复归到儒家经济伦理思想的理路上来了。

综上所论，韩愈、李翱等儒家知识分子终身以捍卫儒学传统为己任，以忠君爱民、治国兴邦、中兴大唐为旨归。他们在继承儒家思想的基础上，主张仁政治国，用儒家的德政主张来解决社会问题。从韩愈、李翱的经济伦理思想来看，儒家经济伦理传统在经历魏晋南北朝"名教"危机而衰微之后，开始呈现出复苏的气象。在这复苏的过程中，儒家经济伦理思想随着社会经济的发展也相应发生着变化，修补了传统儒家思想的不足。儒家经济伦理思想在这一历史时期还有一个新特征，就是儒与佛、道的相互对抗、相互融合的趋势，儒释道三家关系在曲折中艰难发展着，儒家经济伦理思想呈现出和以往不一样的特点。总而言之，韩愈、李翱所代表的儒家知识分子在面临佛、道两教的危机和挑战时，及时从儒家的立场来维护儒家经济伦理传统，并且跟随社会发展而显现出与时俱进的品质。

_____

[1]《平赋书》，第12页。

第六节 贞观—开元时代的国家经济伦理思想

贞观—开元时代的国家经济伦理思想是中古社会经济伦理发展较为发达的一个时代。这是唐太宗李世民在位的贞观年间（627—649 年）至唐玄宗李隆基在位的前期开元年间（713—741 年），共 114 年（如果算到"安史之乱"则为 129 年，开元晚期唐朝转入衰败）封建国家的经济伦理思想。贞观—开元时代，中国封建社会一时呈现前所未有的盛世景象，声教远播，海外闻名。"贞观"为唐太宗年号，取自周易"天地之道，贞观者也"①一句，意即以正道示人。贞观—开元时代，其间有着短暂的失序，但总体上政局稳定，经济繁荣，文化昌盛，唐朝成为当时世界上最文明、最富强的帝国。盛唐是这样一个时期：与同时期世界其他国家相比，盛唐时期的中国不仅经济发达，综合国力居世界首位，经济总产值占世界三分之一以上，而且人民也相当有教养，文化之繁荣在世界产生了极大的吸引力，唐都长安是当时世界文化的一个重要中心。"贞观之治""开元之治"，以经济之盛、海内富实被载入史册。开创、领导这个盛世的唐太宗和唐玄宗，坚持儒主道辅，以儒家农桑为本、教化为先以及道家清静无为、节制不争的经济伦理思想为主导，提出了系统的国家经济伦理思想，为封建社会的繁荣和发展提供了重要的价值指导和精神动力。

---

① 《易经·系辞下》。《十三经注疏·周易正义》，北京：中华书局 1980 年版。

一、儒主道辅的经济伦理价值取向

从贞观初年开始,唐朝最高统治阶层开始了两项最重要的工作:一是完善由隋朝发展而来的基本政治制度,如中央延续三省六部制,特设政事堂,以利合议问政,并收三省互相牵制之效;地方上沿袭了隋代的郡县两级制,分全国为十个监区(道)。行府兵制,寓兵于农;均田制、租庸调制、科举制等皆有所发展。三省职权划分初步体现了分权原则:中书省发布命令,门下省审查命令,尚书省执行命令。政令的形成先由诸宰相在设于中书省的政事堂举行会议,形成决议后报皇帝批准,再由中书省以皇帝名义发布诏书。诏书发布之前,必须送门下省审查,门下省认为不合适的,可以拒绝"副署"。诏书缺少副署,依法即不能颁布。只有门下省"副署"后的诏书才成为国家正式法令,交由尚书省执行。这种政治运作方式很有点类似西方十七世纪兴起的分权制。唐太宗规定自己的诏书也必须由门下省副署后才能生效,从而有效地防止了他在心血来潮和心情不好时作出有损清誉的不慎决定。二是组织学者和大臣们广泛讨论与研究隋朝灭亡的原因,其中最深刻的教训是隋朝统治者与民争利,不顾民生,把老百姓逼到生死线上,导致社会不稳,民变纷起,最终使国家分崩离析。这两个方面工作的有效推进,为儒主道辅的经济伦理主题奠定了政治基础。唐太宗开始治国就从根本之处入手,坚定不移地确立以儒家思想为主、辅之以道家思想的价值取向,实行以民为本、藏富于民的经济政策。这样从贞观年间到开元年间,经过君臣兢兢业业的努力,历经一百多年,终于使唐朝成为强盛的封建王朝。

(一) 以儒治世、富民教民一体并行

南北朝以来的中国经济伦理思想发展史中,儒家的民本主义、佛教的解脱主义、道家和道教的自然主义,三者从冲突到融合,构成了经济伦理思想发展的核心主题。至隋末唐初,儒、释、道三教并存,民本主义、解脱主义、自然主义更是交融汇合,形成经济伦理思想之特色和强音。唐初宗教多元,奉行信仰自由政策,儒家思想用于经世致用,是治世之道,道、佛用于养身、养

心，统治者对道、佛实行优待，但是在不同时期或尊或抑，情况有所不同。

　　经历了战乱建立起来的唐朝，民众生活困苦，土地荒芜、经济凋敝随处可见，发展农业生产是当时经济生活中的头等大事。贞观二年（628年），唐太宗对大臣们说："凡事皆须务本，国以人为本，人以衣食为本。"①这表明唐太宗深刻认识到了国家和民众的关系、民众和农业的关系。"民以食为天"是一个千古不变的道理，只有解决了最基本的生存问题，才有可能在此基础上谈论发展的问题。唐太宗对农民的辛劳有足够的认识，要求太子诸王加强对农业知识的学习，提高对农业重要性的认识。这是因为，国家以百姓为根本，而百姓以农业为根本，只有经营衣食，使民众生活改善，在此基础上教化民众，才能稳定社会秩序，建立稳固的统治，从根本上实现大治。

　　儒家思想在经济伦理思想方面以民为本，注重以农业立国，实行富民与教化一体而治，同时注意轻徭薄税、均平救济、赈济鳏寡孤独等。贞观初年，唐太宗总结历史经验和教训，对三教功用进行了综合考虑，认为儒家是发展经济、统一社会、实行富民教化的主导思想和根本法宝。据《贞观政要》记载：

　　　　贞观二年，太宗谓侍臣曰："古人云：'君犹器也，臣犹水也，方圆在于器，不在于水。'故尧、舜率天下以仁，而人从之；桀、纣率天下以暴，而人从之。下之所行，皆从上之所好。至如梁武帝父子，志尚浮华，惟崇释老之教。武帝末年，乃频幸同泰寺，亲讲佛经，百寮皆大冠高履，乘车扈从，终日谈说苦空，未尝以军国典章为意。及侯景率兵向阙，尚书郎以下，多不解乘马，狼狈步走，死者相继于道路。武帝及简文，卒被侯景幽逼而死。孝元帝在江陵，为万纽于谨所围，帝犹讲老子不辍，百寮皆戎服以听。俄而城陷，君臣俱被囚执。庾信亦叹其如此，乃作《哀江南赋》，乃云：'宰衡以干戈为儿戏，缙绅以清谈为庙略。'此事亦足为鉴诫。朕今所好者，惟在尧舜之道，周、孔之教，以为如鸟有翼，如鱼依水，失之必死，不可暂无耳。"②

唐太宗以梁武帝父子及梁孝元帝君臣崇信佛教、道教，贻误国事为例，

---

① 《贞观政要》卷8《务农》。[唐]吴兢编著：《贞观政要》，上海：上海古籍出版社1978年版。
② 《贞观政要》卷6《慎所好》。

提示当朝引以为戒。他大力弘扬儒学,于正殿之左,置弘文馆,精选天下文儒,令以本官兼署学士,给以五品珍膳,更日宿直,以听朝之隙引入内殿,讨论坟典,商略政事,或至夜分乃罢。诏勋贤三品以上子孙为弘文馆学生。[①]

尊儒方针政策,武周时期一度遭到破坏。武则天当权,大力弘扬佛法,宣传佛教教义,使佛经典成为对抗儒家学说的思想武器,致使"国家太学之废,积以岁月久矣"。

唐玄宗即位后,决心继续推行儒学治世,以促进经济和文化发展。他采取了一系列净化措施,以儒家伦理为主,推行以"孝"为核心的家庭道德规范建设。此外,他对儒学的推重还体现在兴办学校,发展学校教育;改定乐舞,布德施化。这些措施为以儒治世、富民教民思想打下了基础。

儒家经济伦理思想以民为本、崇尚仁义、因循自然、耕读务本,强调经济活动的政治合理性、道德价值合理性和社会合理性,这是其适应于自然经济、宗法等级社会,从先秦至两汉以来得以传播发展,最终成为主流经济伦理思想形态的一个根本因素。贞观初年李世民确立的以儒治世、富民教民一体并行的国策,使得儒家经济伦理思想居于治国主导地位,并使其在一定程度上寻求到了与封建国家治理方式和经济政策结合的具体形式或路径。

(二)贵安静、尚无为的节欲思想

初唐时期的施政方略不仅是多面的,而且都是逐步完善的,以儒家思想为主,辅之以道家思想的价值取向方略也是如此。儒家经济伦理思想强调民本以及富民教民的价值方针,道家思想则强调"人君简朴""安静无为"的价值取向。于是,在儒家主导思想之外,唐初从高祖到太宗贞观时期,再到玄宗开元年间,还一度以道家为辅助,推行"静"为"化"之本的安人理国方针。武德九年(626 年)八月,唐太宗即位,对大臣们说:"我新即位,为国者要在安静。"[②]"吾即位日浅,国家未安,百姓未富,且当静以抚之。"[③]"梁武帝君臣惟谈空苦,侯景之乱,百官不能乘马。元帝为周师所围,犹讲《老子》,百官

---

① 《贞观政要》卷 7《崇儒》。
② 《新唐书·突厥传》。[宋]欧阳修、宋祁撰:《新唐书》卷 215,北京:中华书局 1975 年版。
③ 《资治通鉴·唐纪七》。[宋]司马光撰,[元]胡三省音注:《资治通鉴》,北京:中华书局 1956 年版。

戎服以听。此深足为戒。朕所好者,唯尧、舜、周、孔之道,以为如鸟有翼,如鱼有水,失之则死,不可暂无耳。"①唐太宗所谓"安静",主要是指不进行对外战争,减少百姓兵役负担,有似于秦汉以来道家的不争、尚俭。

"安静"还包括新的内容。武德九年十一月,唐太宗和群臣商议"止盗"对策,提出了"安人理国"的四项措施,即"去奢省费""轻徭薄赋""选用廉吏""使民衣食有余"。唐太宗指出:"凡事皆须务本,国以人为本,人以衣食为本。凡营衣食,以不失时为本。夫不失时者,在人君简静乃可致耳。"②"君依于国,国依于民。刻民以奉君,犹割肉以充腹,腹饱而身毙,君富而国亡。"③治国必先安民无疑是远见卓识。贞观元年(627年),唐太宗重申"为君之道,必须先存百姓"④,次年进一步阐明治国在于"人君简朴乃可致耳"⑤。以"存百姓"为宗旨、以"简静"为特征的治国方略被明确地规定下来。此后,唐太宗夙夜孜孜,惟欲清静,使天下无事。

抚民以静的治国方略是与以衣食为本的经济伦理思想相联系的。贞观二年(628年),唐太宗对大臣们说:"凡事皆须务本,国以人为本,人以衣食为本。凡营衣食,以不失时为本。"⑥这段话揭示的民为邦本的思想与静为农本的观念是一致的。唐太宗说:"夫安人宁国,惟在于君。君无为则人乐,君多欲则人苦,朕所以抑情损欲,克己自励耳。"⑦君主"抑情损欲"在国家统治中具有积极的作用。他又说:"若安天下,必须先正其身,未有身正而影曲、上治而下乱者。朕每思伤其身者不在外物,皆由嗜欲以成其祸。"⑧可见,抚民以静不仅包括以"简静"的方式存养百姓,还包括人君不主观穿凿、妄加强为,而要循道而为,克己少欲。

唐玄宗执政于王室多难之际,他在以儒家为主政思想的同时,也曾择取道家观点来治理经济环境。在理身与理国的关系上,唐玄宗强调理身是理

---

① 《资治通鉴·唐纪八》。
② 《贞观政要》卷8《务农》。
③ 《贞观政要》卷1《论政体》。
④ 《贞观政要》卷1《君道》。
⑤ 《贞观政要》卷8《务农》。
⑥ 《贞观政要》卷8《务农》。
⑦ 《贞观政要》卷8《务农》。
⑧ 《贞观政要》卷1《君道》。

国的根本:"圣人理国,理身以为教本,失理国者复何为乎?但理身尔。故虚心实腹、绝欲忘知于无为,则无不理矣。"①理国的原则亦是"无为"。当然,这种"理国无为"是较为现实化的,表达了一种高明的认识和思想境界,而未将"兼忘天下"或"使天兼忘我"当成理国的最高境界。

"理国无为"主要表现之一为不烦政扰民。因为"有为则政烦,而人扰动生大伪,是以难理"②。以无为理国,关键还是在于"我无事",而"我无事"的前提则是"少私寡欲,以虚心实腹为务"。唐玄宗引证经文曰:"不贵难得之货,不见可欲。"即不以珍物为贵,可欲之物当视而不见,不为其所动,以知足为足。如此则可少私寡欲,达到虚心实腹。唐玄宗提出八句道诀:"必以不贪为宝,以知足为富。内保慈位,外能和同。念身何来,从道而有。少私寡欲,夷心注元。"③这一道诀当然是以《道德经》作为理论基石,以"清静无为"作为贯通原则,反映在经济伦理思想上就是:"爱民者,使之不暴卒,役之不伤性;理国者,务农而重谷,事简而不烦:则人安其生,不言而化也。此无为也。"④可见,役民不伤、务农去烦、使民乐生等构成了"清静无为"的基本内容,为推行富民政策与劝农措施提供了根据。

唐玄宗孜孜不倦于"富而后教""济生人为意""男耕女桑"以及"清静无为"等思想,自然有一定的积极意义。他本人向来有多欲奢豪的名声,但是,仍然不能低估他经济伦理思想多少付诸实践而取得较大的成果。白居易曾指出:"太宗以神武之姿,拨天下之乱。玄宗以圣文之德,致天下之肥。当二宗之时,利无不兴,弊无不革,远无不服,近无不和。贞观之功既成,而大乐作焉,虽六代之尽美,无不举也;开元之理既定,而盛礼兴焉,虽三王之明备,无不讲也。礼行故上下辑睦,乐达故内外和平,所以兵偃而万邦怀仁,刑清而兆人自化,动植之类咸熙姁而自遂焉,虽成康文景之理,无以出于此矣。"⑤

① 唐玄宗语,载杜光庭《道德真经广圣义》。胡道静、陈莲笙、陈耀庭选辑:《道藏要辑选刊》第 2 册,上海:上海古籍出版社 1989 年版,第 46 页。
② 唐玄宗语,载杜光庭《道德真经广圣义》。
③《通徽道诀碑文》。[清]董诰等纂修:《全唐文》卷 41,北京:中华书局 1975 年版。
④ 唐玄宗御注《道德真经疏》。《道藏·洞神部·玉诀类》第 11 册,北京:文物出版社;天津:天津古籍出版社;上海:上海书店 1988 年版,第 804 页。
⑤《才识兼茂明于体用科策一道》。[唐]白居易、朱金城注:《白居易集笺校》卷 47,上海:上海古籍出版社1988 年版。

从经济方面说,唐太宗拨乱反正,实施"与民休息"政策,使社会经济得到恢复与发展,而唐玄宗则注意文治,贯彻富民政策,"致天下之肥",使日益发展的社会经济走向繁荣阶段。唐朝政治家陆贽说:"朝清道泰,垂三十年。"[①]北宋欧阳修在《新唐书·玄宗本纪》赞曰:"开元之际,几致太平。"明清之际的王夫之更从上下数千年的历史比较中,得出了这样的结论:"开元之盛,汉、宋莫及矣。"[②]开元时期承续贞观故事,儒主道辅,创造了中国封建社会经济、文化繁荣发展的一个黄金时期。

(三)"藏富于民"的仁治德化观

以民为本的思想落实到实践上,就是在政策上推行"藏富于民"。对于一个国家而言,吏治清明固然重要,但是更具有根本意义的是树立怎样的国策,给国家和社会发展打下什么样的基础,从而促进经济发展。

唐代统治者认识到,治国的核心枢要之一在于解决民生问题,处理好君、民关系。贞观八年(634年),唐太宗与魏徵讨论为政问题,其中有如下一段对话:

> ……太宗谓侍臣曰:"隋时百姓纵有财物,岂得保此?自朕有天下已来,存心抚养,无有所科差,人人皆得营生,守其资财,即朕所赐。向使朕科唤不已,虽数资赐赏,亦不如不得。"

> 魏徵对曰:"尧、舜在上,百姓亦云'耕田而食,凿井而饮',含哺鼓腹,而云'帝何力'于其间矣。今陛下如此含养,百姓可谓日用而不知。"又奏称:"晋文公出田,逐兽于砀,入大泽,迷不知所出。其中有渔者,文公谓曰:'我,若君也,道将安出?我且厚赐若。'渔者曰:'臣愿有献。'文公曰:'出泽而受之。'于是送出泽。文公曰:'今子之所欲教寡人者,何也?愿受之。'渔者曰:'鸿鹄保河海,厌而徙之小泽,则有矰丸之忧。鼋鼍保深渊,厌而出之浅渚,必有钓射之忧。今君逐兽砀,入至此,何行之太远也?'文公曰:'善哉!'谓从者记渔者名。渔者曰:'君何以名?为君

---

① 《奉天论前所答奏未施行状》。[清]董诰等纂修:《全唐文》卷468,北京:中华书局1975年版。

② 《读通鉴论》卷22《玄宗》。[明]王夫之撰:《船山全书》第10册,长沙:岳麓书社2011年版。

尊天事地,敬社稷,保四方,慈爱万民,薄赋敛,轻租税,臣亦与焉。君不尊天,不事地,不敬社稷,不固四海,外失礼于诸侯,内逆民心,一国流亡,渔者虽有厚赐,不得保也。'遂辞不受。"

太宗曰:"卿言是也。"①

魏徵通过引述晋文公逐兽迷路、渔夫指点迷津的典故,借渔人之口把治国的核心问题扼要向唐太宗做了阐述,要点是国君应尊奉天地,敬重社稷,保卫边疆,爱护百姓,减轻各种徭役赋税。这显然是对民本思想的简洁表述。正是由于不尊天地,厚赋敛、重租税,隋朝虽在短短30多年间结束了数百年的分裂局面,人口户数翻了一番多,从开国时不足400万户,直线上升至900万户;修葺北方万里长城,开凿从江南到洛阳,再到幽州的"之"字形大运河,绵延千里,把中原、河北和江南三大区域紧紧联系在一起,再通往首都长安所在的关中;对外方面,北平突厥,南绥百越,西逐吐谷浑,东征高句丽,但是隋朝很快就败亡了。

治理国家最根本的理念就是以民为本。唐以隋为前车之鉴,实行"藏富于民"的政策就在于实践以民为本的思想。首先,赎回外流人口,发展生产。隋末离乱,人口剧减,"……中国人归之者甚众,又更强盛,势陵中夏。迎萧皇后,置于定襄。今定襄郡。薛举、窦建德、王世充、刘武周、梁师都、李轨、高开道之徒,虽僭称尊号,俱北面称臣,受其可汗之号。……控弦百万,戎狄之盛,近代未有也"②。"贞观初,户不及三百万,绢一匹易米一斗。至四年,米斗四五钱,外户不闭者数月,马牛被野,人行数千里不带粮,民物蕃息(繁盛),四夷降附者百二十万人……"③《旧唐书·地理志》记载了贞观十三年(639年)户口大簿分州县的人口数字,翁俊雄对其进行了详细加总,算出户3003202,口12311698,平均每户4口人④,但是这个统计并不完全准确,因《旧唐书》脱漏了洛州等要州的人口数字。唐太宗即位后,关心户籍变动情况。贞观时期,采取增加人口的措施之一是赎回外流人口。史载"隋末,中国人多没于突厥,及突厥降,上遣使以金帛赎之。五月,乙丑,有司奏,凡得

---

① 《贞观政要》卷1《论政体》。
② 《通典·边防典十三·突厥上》。
③ 《新唐书·志四十一·食货一》。[宋]欧阳修、宋祁撰:《新唐书》,北京:中华书局1975年版。
④ 参阅翁俊雄《唐初期政区与人口》,北京:北京师范大学出版社1990年版,第30页。

男女八万口"①。可见,突厥内扰,俘掠汉民,使得人口减少。另一方面,汉民避乱而入犯。贞观三年(629年),张公谨建议攻取突厥时特别提道:"华人在北者甚众,比闻屯聚,保据山险,王师之出,当有应者。"②当时在突厥的汉人数目巨大,这是唐初户口耗减的原因之一。贞观四年(630年),颉利降唐。次年四月,唐太宗以金帛购汉人因隋乱没突厥者男女八万人,尽还其家属。同年,党项羌前后内属者三十万口。③贞观二十一年(647年)六月,因铁勒诸部内附为州县,唐太宗下诏曰:"隋末丧乱,边民多为戎狄所掠,今铁勒归化,宜遣使诣燕然等州,与都督相知,访求没落之人,赎以货财,给粮递还本贯,其室韦、乌罗护、靺鞨三部人为薛延陀所掠者,亦令赎还。"④如此一来,前后赎回外流人口约二百万人,对于解决中原地区劳动力缺乏起了一定的作用。

其次,奖励嫁娶,生育人口。为鼓励和保证育龄期内男女的婚配,诏令责成乡里亲戚或"富有之家"对贫乏不能嫁娶者,采取"资送"办法:"贫窭之徒,将迎匮乏者,仰于其亲近及乡里富有之家,哀多益寡,使得资送以济。"⑤政府把婚姻及时与户口增加作为地方官员的职责,规定"刺史、县令以下官人,若能使婚姻及时,鳏寡数少,量准户口增多,以进考第。如其劝导乖方,失于配偶,准户减少,以附殿失"⑥。唐太宗以婚数与户口增减作为考核官员、决定升降的标准,还以物质鼓励男口的生育。这些措施使人口迅速增长,贞观二十三年(649年),全国户数接近三百八十万户,比武德年间净增了一百八十万户。

第三,兴修水利,固根培源。水利是发展农业的根本,以农为本,发展农业,必然要重视水利工程建设。贞观年间,水旱不绝,治水成为一项紧迫的任务。贞观十一年(637年)七月,洛水暴涨,淹没六百余家。唐太宗下诏自责:"暴雨成灾,大水泛滥,静思厥咎,朕甚惧焉。"⑦

贞观年间兴修二十余处水利工程,而且成效显著。水利工程的大量修

①《资治通鉴·唐纪九》。
②《新唐书·列传卷十四·屈实尉迟张秦唐段》。
③《旧唐书·太宗本纪》。刘昫等撰:《旧唐书》,北京:中华书局1975年版。
④《资治通鉴·唐纪十四》。
⑤《令有司劝勉民间嫁娶诏》。[清]董诰等纂修:《全唐文》,北京:中华书局1975年版。
⑥《令有司劝勉民间嫁娶诏》。
⑦《旧唐书·五行志》。

建,促使新式灌溉工具不断被发明、使用。四川地区的筒车就是其中的一项重要发明。杜甫《春水》诗描绘的情形是"接缕垂芳饵,连筒灌小园。已添无数鸟,争浴故相喧"①。耕作技术也有了极大发展,如出现了曲辕犁技术,可以根据需要调节耕地的深度和宽度,这一技术不仅适用于江南的水田,在黄河流域也比较流行。当时的粮食单产量达到了 100—160 公斤左右(比汉朝时期的产量提高了近 1 倍),唐朝成为当时世界上技术先进的农业大国。贞观年间农业的发展,使得农产品价格稳定,粮食价格一直徘徊在 15 钱左右。一匹绢的价格也维持在 200 钱上下。史家评论认为这是"汉以来的最低价格,以后千年间再也没有到过这种低价"②。

第四,经济政策、法律制度、文化政策相协调。贞观、开元时代的统治者吸取前朝亡国的教训,取信于民,一度实行大幅度让税,配合与民休息政策,通过富民以求建立诚信社会。曾有人向唐太宗建议要把官吏中的异己分子清除出去,并献策当朝组织一批人伪装成谋反、贪污者,引诱大臣上钩,揭露其真实面目。唐太宗对上书人说:"朕欲使大信行于天下,不欲以诈道训俗。"③他认为这么做固然可暴露异己分子,但也会失信于天下。上下相疑,害莫大焉。君主行诈而要臣下正直,无异于源浊而望水清。权威靠法律与制度的公正和严明来保障,而不能一遇危机就想用重刑震慑。治乱世虽用重典,但如果超越法律规定加重刑罚,风雨过后,就会故态复萌,既失法律的信誉,又让万民看出执政者的无能。唐太宗提出"法贵简而能禁,罚贵轻而必行"的原则,刑罚在于禁止邪恶和触犯法律,故刑不必重,做到"法贵简而能禁,罚贵轻而必行;陛下方兴崇至德,大布新政,请一切除去碎密,不察小过。小过不察则无烦苛,大罪不漏则止奸慝,使简而难犯,宽而能制,则善矣"④。(杨相如疏语)平时常抓不懈,依法办事,有法必依,如此则在国家层面就做到了基本的诚信。

---

① 《春水》。[清]彭定求等编:《全唐诗》卷 226,北京:中华书局 1980 年版。

② 彭信威:《中国货币史》,上海:上海人民出版社 1965 年版,第 336 页。

③ 《贞观政要》卷 5《诚信》。[唐]吴兢编著:《贞观政要》,上海:上海古籍出版社 1978 年版。

④ 《资治通鉴·唐纪二十六》。

（四）工、商并重的思想

隋亡的教训之一在于扰民废业，唐初统治者深以为鉴，告诫自己"抚民以静"。唐太宗在《金镜》这篇诏文中说："多营池观，远求异宝，民不得耕耘，女不得蚕织，田荒业废，兆庶凋残，见其饥寒不为之哀，睹其劳苦不为之感，苦民之君也，非治民之主也。"①决心不做殷纣之类"苦民之君"，而要做"治民之主"，其中的一项重要经济伦理举措，就是调动小手工业者、商人的积极性，注重以农为本，同时手工业、商业并重。

唐王朝重视农业，的确也不歧视手工业和商业。农业的兴旺发达为手工业、商业的发展提供了物质条件。盛唐官、私手工业种类齐全，分工细密，技术先进，质地精良。唐代手工业主要有纺织、印染、矿冶、金工、造船、玉雕、木器、瓷器、制糖、制茶、印刷、造纸、服饰、皮革等业。例如，1970年西安市郊发现了窖藏金银器，考古确定系李守礼邠王府遗物，其中出土了碗、盘、碟、壶、罐、锅、盒、炉等金银器，工艺细致，仅焊工活就有大焊、小焊、两次焊、掐丝焊等。器物图案，花形不同，鸟状互异，整齐中有变化，变化中有规律。镂刻也是巧夺天工，一件模仿皮囊形制的银壶，两面各铸一马，马身涂金，颈系飘带，嘴衔一杯，昂首扬尾，生气勃勃，是盛唐金银器的杰作。手工业的兴旺，加上交通的发展，南北技艺交流日益频繁，推动了商品经济的发展。

私营手工业与商业的发展，说明唐王朝在经济伦理方面突出对商品经济关系以及私人利益的关注，也更能说明当时经济发展来源于唐王朝实行宽惠政策，对民间经济因素等多种力量的有效调动，从而使私营手工业与商业真正成为除农业之外的促进经济繁荣的最重要的动因。工、商业及商品关系的发展，使货币的作用和功能大大加强，同时也产生了新的富裕商人阶层。例如当时定州何名远以纺织作坊主身份，购置绫机五百张，成为当地豪富。以行商走南闯北、货贩致富者不乏其例。货币在商品流通中日益重要的作用，产生了金钱拜物教，因求钱致祸、腐化堕落者渐多，危害甚巨，令人警醒。开元时期的宰相张说（667—731年）曾经历仕四朝、三秉大政，可是好

---

① 《金镜》，《全唐文》卷10。

物贪财,排斥异己,事发后被贬。张说痛定思痛,认识到钱财其实也是一味药材,能治病,也能害人,于是撰《钱本草》,体式与语调仿《神农本草经》。此文苦心孤诣,总结人生之阅历,其中云:

> 钱,味甘,大热,有毒。偏能驻颜采泽流润,善疗饥,解困厄之患立验。能利邦国、污贤达、畏清廉。贪者服之,以均平为良;如不均平,则冷热相激,令人霍乱。其药,采无时,采之非理则伤神。此既流行,能召神灵,通鬼气。如积而不散,则有水火盗贼之灾生;如散而不积,则有饥寒困厄之患至。一积一散谓之道,不以为珍谓之德,取与合宜谓之义,无求非分谓之礼,博施济众谓之仁,出不失期谓之信,入不妨己谓之智。以此七术精炼,方可久而服之,令人长寿。若服之非理,则弱志伤神,切须忌之。①

该文的经济伦理思想要点,首先强调对钱的追求要有度、合道,如果超出了度和道,便会让人挖空心思往钱钻,导致"大热"。因此,钱是有药性的,服过头便会"中毒"。其次,分析钱的药理:小钱能"疗饥",救人于水深火热之中;大钱则能"利邦国",让国家富强起来。钱能"污贤达",但亦"畏清廉"。如果人人都能正气浩然,钱害就不存在了。"贪者服之,以均平为良;如不均平,则冷热相激,令人霍乱。"钱财多占者最好将余财用于社会,否则祸害无穷。"其药,采无时,采之非礼则伤神。"钱要取之有道,不然神灵便要降罪下来。"如积而不散,则有水火盗贼之灾生;如散而不积,则有饥寒困厄之患至。"要会积攒钱、会花钱、会挣钱,否则会有灾难至。最后,张说告诫世人,获取钱财要讲道、德、义、礼、仁、信、智,此谓"君子爱财,取之有道"。在讲究"七术"的基础上获取钱财,可以"久而服之,令人长寿",不然就会"弱志伤神"。张说疾呼对金钱以"道""德""仁""义""礼""智""信"予以约束②,隐约地透露了商品经济发展冲击人们传统道德观念的信息。

唐朝给工商业制定了很多有效政策,如允许商业性的行会存在、制定专卖权利制度、商税制度化和规范化以及扶商政策等,为商业发展提供了许多便利条件。史籍记载,长安市有二百二十行,东京南市有一百二十行。同一

---

① 张说:《钱本草》,《全唐文》卷 226。
② 张说:《钱本草》,《全唐文》卷 226。

行业往往就有行会的组织。行会有行头，或称行首。一个市的行数越多，说明该市商业越发达。商业行会是商人的组织，有的行会也吸收为商人制造金银器、铁器等的工匠参加，因为他们附属于商人。一些出售自制物品的工匠，也以商人的身份加入某一行会。商业的发达，破坏了自足自给的庄园生产组织以及各地方在经济关系上的独立性，人民的生活已依靠商业的交换。商业关系好比一张网，它把能够独立存在的各地方社会联系为一个整体，而使其发生密切的依靠关系，不再是自给自足的孤立存在。

唐朝商业发达，鼓励向外交流，开拓进取，因此开放程度很高，路上、海上的贸易兴盛，"丝绸之路"自汉代以来就是联系东西方物质文明的纽带，这条商业通道在盛唐时期达到了它的最高价值，亦是唐代实施儒主道辅的经济伦理思想之重要成效。当时通往中亚各国的道路有三条：（1）自长安向西，穿过河西走廊、塔里木盆地，越过葱岭，直达中亚；（2）从广州出海，越马来半岛、苏门答腊等地至锡兰，再向西入波斯湾抵达中亚；（3）由锡兰至波斯湾后，沿阿拉伯海岸，到达红海。通往印度南海诸国的道路有四条：（1）越葱岭后，南行经乌浒水至阿富汗境，沿加布里河东下至西印度；（2）由剑南西川入西藏，南行过雪山经尼泊尔至印度；（3）由桂林经云南永昌至缅甸，再从缅甸到印度；（4）海路，由广州或河内出海，经马来半岛，可达印度尼西亚、锡兰或印度。通往朝鲜半岛及日本的道路有四条：（1）由幽州过江西走廊，经辽阳渡鸭绿江至平壤；（2）海路，由登州（今山东蓬莱）出海，经辽东半岛抵达朝鲜半岛，由朝鲜半岛至日本；（3）从扬州沿长江出海，前往日本；（4）由楚州出淮河口，沿山东半岛，经朝鲜半岛再至日本。通往回纥的道路则是从中受降城（今内蒙古五丈原）可达。通往大漠南北的道路是从夏州（陕西榆林市横山区）出塞外，经大同、云中等地抵达。[①] 这些通道多是商业往来最重要的道路，其中最著名的是横贯亚洲的"丝绸之路"，这条国际通道东起长安安远门（西门），向西穿过河西走廊或经今新疆境内的塔里木河北面的通道，在今喀什以西越过葱岭，经大宛（今费尔干纳盆地）和康居南部（今撒马尔罕附近）西行；或经今新疆塔里木河南面的通道，在莎车（今莎车县）以西越过葱岭，再经大月氏（今阿姆河上、中游）西行。这两条西行路线都在木鹿城（今

---

① 《新唐书·地理志七下》。

马里)交会,然后向西经西楼城(今里海东南达姆甘附近)、阿蛮(今哈马丹)、斯宾(今巴格达东南)等地,抵达地中海东岸,转达罗马各地。通过这条道路,大量中国丝、丝织品和其他商品西运各国。其他商品以及东西方各种经济和文化交流,也多通过这条道路。因而,丝绸之路在历史上起到了促进欧亚非各国和中国的友好往来和经济、文化交流的重要作用。丝绸之路还有支线:(1)沿新疆天山北路的通道及伊犁河流域西行,至西域各国;(2)由中国南部出海西航,或经由滇、缅通道,再自今缅甸南部通过海道西进。这些国际商道,显示出盛唐时期中华伦理发展特有的开放、包容和进取的特质和精神风貌。

唐朝统一货币和度量衡,也为商业发展提供了有利条件。唐初统一钱币的工作,开始于武德四年(621年)废隋五铢钱,铸开元通宝钱,其后,盗铸颇多,高宗时曾一度改铸乾封泉宝,后又准开元通宝流行。武周时,为了统一钱币,曾令百姓依所悬样钱用钱,但仍有盗铸。天宝时全国有铸钱炉99座,每年铸钱22万贯。[1] 唐代虽通行用钱,然而绢、布等仍像前代那样当作货币使用,罗马、波斯、日本等国的金币或银币在某些官僚豪商群体中也有使用。

唐朝疆域空前辽阔,在西域设立了四个军事重镇(安西四镇),西部边界直达中亚的石国(今属哈萨克斯坦),为东西方商旅往来和经济贸易提供了安定的社会秩序和有效的安全保障。这条商路上品种繁多的大宗货物在东西方世界往来传递,使丝绸之路成为世界的黄金走廊,唐王朝借此居大国之位,声威远播。当时唐王朝深信自己是世界上最文明富强的国家,不担心外来文化把自己淹没,除了接受大批的外国移民外,还接收一批又一批外国留学生来中国学习先进文化,仅日本官派的公费留学生就接收了七批,每批都有几百人。民间自费留学生则远远超过此数。日本留学生学成归国后,在日本进行了第一次现代化运动——大化改新(中国化运动),上至典章制度,下至服饰风俗,全部仿效当时的贞观王朝,使处于原始部落状态的日本民族凭空跃进了一千年。

---

① 《通典·食货典一·钱币下》。

二、唐太宗李世民的经济伦理思想

唐太宗姓李，讳世民（据说有"济世安民"①之意），死后庙号"太宗"，谥"文皇帝"，史书通常称"唐太宗"，有时也称"文皇帝"。李世民于公元 599 年 1 月 23 日生于"武功之别馆"②，卒于公元 649 年（贞观二十三年）7 月。李世民生活的时代是从隋末丧乱到唐初大治的历史转变时期。唐初面临隋朝留下的民生凋敝的局面。北周留给隋朝 690 万户，而且没有大的战乱，而隋末天下大乱，人口锐减，到唐初武德年间仅 200 余万户。唐太宗即位后，因目睹大隋的兴亡，认识到了农民阶级对君主专制统治稳定的重要性，所以常用隋炀帝作为反面教材，纠正前朝之弊端，稳定社会秩序，恢复经济。

（一）以农耕为本的生产伦理

儒家传统经济伦理思想的核心是以民为本、崇尚仁义、因循自然、耕读务本，其中"民本"是核心，唐代统治者依此确立了"民本"思想，意味着建立了封建国家经济伦理思想的基石和根本。

唐太宗的民本思想不是笼统地局限在"以农为本"的范围内，而是有其具体的内容和深刻的内涵，较全面地反映在历史学家吴兢编撰的《贞观政要》一书各篇之中，其中以《君道》《政体》《纳谏》《教诫太子诸王》《俭约》《务农》《征伐》诸篇为重要，可以说集合了此前中国民本主义经济伦理思想之精华。

第一，"为君之道，必须先存百姓"。能认识到国家与民众之间存在着既对立又依存的关系无疑是唐太宗开明君民观的表现。唐太宗鉴于隋亡于虐民的教训，把"存百姓"当作"为君之道"的先决条件，同时又把"存百姓"跟帝王"正其身"相联系。他认为王朝的长治久安取决于百姓的能否生存，而百

---

① 《旧唐书·太宗本纪》。
② 《旧唐书·太宗本纪》。

姓的存亡又取决于君主自身能否克己制欲。他把国治、民存、君贤三者有机地联系起来,从民为邦本的政治思想出发引申出农本论的经济伦理思想。"国以民为本,人以食为命,若禾黍不登,则兆庶非国家所有。既属丰稔若斯,朕为亿兆人父母,唯欲躬务俭约,必不辄为奢侈。朕常欲赐天下之人,皆使富贵,今省徭赋,不夺其时,使比屋之人,恣其耕稼,此则富矣。"①人离不开衣食,"营衣食"就是大力发展农业,追求衣食富足。重视农业是封建社会普遍的历史现象。隋末统治者践踏了农本思想,而唐太宗则维护了农本思想。重农是一条基本原则,它的表现形式就是静为农本的观点。一方面要让农民休养生息,另一方面统治者征役不违农时。两者比较而言,与民休息是静为农本的核心内容,而不夺农时则是休养生息的必要条件。

第二,"国以民为本,人以食为本"。唐太宗曾与朝臣谈论"安人之道",大臣王珪进言:"昔秦皇汉武,外则穷极兵戈,内则崇侈宫室,人力既竭,祸难遂兴……失所以安人之道也。"王珪希望唐太宗能吸取秦皇汉武之教训,太宗表示:"夫安人宁国,惟在于君。君无为则人乐,君多欲则人苦。"②又说:"若安天下,必须先正其身,……朕每思伤其身者不在外物,皆由嗜欲以成其祸。"③贞观二年(628年),唐太宗对其侍臣说:"凡事皆须务本,国以人为本,人以衣食为本。"他从贞观初年起就下决心励精图治,戒骄戒淫。唐太宗经常以儒家经典《尚书》中有关"民惟邦本,本固邦宁"及荀子"君舟民水"等警句鞭策自己,以免重蹈"覆舟"。

第三,"凡营衣食,以不失时为本"。隋末战乱,经济凋敝,号称富庶的山东地区竟茫茫千里,人烟断绝。唐太宗多次下诏要求臣下努力"营衣食",劝课农事,推行北魏以来的均田制,视为恢复发展生产、改善民众生活的头等大事。为进一步贯彻农本思想,唐太宗抓住不夺农时之关键,强调君主的清静寡欲,认为如果穷兵黩武,劳民伤财,只会导致生产荒废。从农本思想出发,唐太宗强调"农时甚要,不可暂失"④。

唐太宗对农本思想有切实的推进和贯彻实践,其中以如下方面最为

---

① 《贞观政要》卷8《务农》。
② 《贞观政要》卷8《务农》。
③ 《贞观政要》卷1《君道》。
④ 《贞观政要》卷8《务农》。

重要：

第一，劝课农桑。唐太宗恢复了被废弃达数百年之久的籍田仪式，颁布《籍田诏》以劝课农桑。施行之日，盛况空前。"太宗贞观三年正月，亲祭先农，躬御耒耜，藉于千亩之甸。……此礼久废，而今始行之，观者莫不骇跃。"①天子亲耕籍田是古代仪式，唐太宗鉴于前代不重农事的教训，躬御耒耜，群情振奋，显然这有助于提倡举国上下尽力农耕。

第二，抑制怠惰。鼓励人尽其力，地尽其利。贞观初年，某些地方官吏深体太宗旨意，曾于任内大力贯彻农事政策，如"洛阳因隋末丧乱，人多浮伪"，洛州都督窦轨并遣务农，各令属县有游手怠惰者皆按之。贞观十六年（642年），唐太宗对大臣说："朕常欲赐天下之人，皆使富贵……使比屋之人，恣其耕稼。"②于此表达了他奖励农耕的经济伦理思想。

第三，身体力行。唐太宗重视劳动力，不夺农时，他深知人力重要，而非天命。贞观四年（630年），唐太宗巡视农业，跟诸州考使谈了一番"劝农"之理，他强调"国以人为本，人以食为命，若禾黍不登，恐由朕不躬亲所致也"③。他要求诸位使者到州县，深入民间，遣官人就田陇间劝励，不得令有送迎。若迎送往还，多废农业，若此劝农，不如不去。

贞观八年、九年、十三年、十四年、十五年、十六年，皆是丰收之年。杜佑描绘说："自贞观以后，太宗励精为理。至八年、九年，频至丰稔，米斗四五钱，马牛布野，外户动则数月不闭。至十五年，米每斗值两钱。"④所谓"夜不闭户"，大概属歌功颂德之辞。粮价从斗米一匹绢，跌至斗米四五钱，再跌至斗米两三钱，确是农业生产迅速恢复与发展的标志。史称贞观时期"官吏多自清谨"⑤，"官得其人，民去愁叹"⑥，多少反映了以民为本、农耕为要的生产伦理思想之现实意义与积极作用。

---

① 《旧唐书·礼仪志》。
② 《贞观政要》卷8《务农》。
③ 《贞观政要》卷1《君道》。
④ 《通典·食货典七·食货》。
⑤ 《贞观政要》卷1《政体》。
⑥ 《新唐书·列传第一百二十二·循吏》。

（二）均平分配和合理调节伦理思想

唐初在经济政策和制度上实行均田制与租庸调制,奖励垦荒,去奢省费,轻徭薄赋,使农民有可能安定生产,耕作有时,衣食有余,安居乐业。唐初赋税徭役比隋朝有所减轻,尤其力役征发,比较有节制,注意不夺农时。对灾区免除租赋,开仓赈恤。另外还紧缩政府机构,以节省政府开支,减轻人民的负担,并通过互市换取大批牲畜,用以提高农耕生产力。

首先,推行均田,奖励垦荒。隋末丧乱之后,存在大批空荒之地,为唐初实行均田制提供了前提。武德七年(624年)四月,唐高祖颁布均田令,规定:"丁男、中男(给库田)一顷,……所授之田,十分之二为世业,八为口分。世业之田,身死则承户者便授之;口分,则收入官,更以给人。"①这种计口授田的土地分配法,是继承北魏、隋朝的均田制而稍加损益,具有限制士族、豪强对土地垄断的作用。

封建地主土地私有制决定了"均天下之田"只是有限的改良举措。元代马端临说:"似所种者皆荒闲无主之田……固非尽夺富者之田,以予贫人也。"②空荒地较少的地区即"狭乡",农民往往得不到法定的百亩。唐太宗鼓励农民迁往空荒地即"宽乡",以便给足田数。贞观元年(627年),"朝廷立议,户殷之处,得徙宽乡"。出于军事上的考虑,唐太宗停止议迁移事。至于一般农户特别是饥民,则鼓励他们从狭乡迁往宽乡。贞观十八年(644年)二月,唐太宗巡视灵口后,"诏雍州录尤少田者,给复移之宽乡"③。可见,推行均田制的重点在于宽乡占田,奖励垦荒。

其次,实行租庸调法。唐初赋役称租庸调法,初定于武德二年(619年)二月,修订于武德七年(624年)四月。受田户每年纳粟二石,叫作租;服役二十日,如不服役可用绢代役,一天折绢三尺,二十天共计六丈,叫作庸;纳绢二丈,另加丝绵三两;或者纳麻布二丈五尺,另加麻三斤,叫作调。唐初比隋

---

① 《旧唐书·食货志》。
② 《文献通考·田赋》(二)。[宋]马端临撰,上海师大、华东师大古籍研究所点校:《文献通考》(点校整理本),北京:中华书局2011年版。
③ [宋]王钦若等编修:《册府元龟》卷42,北京:中华书局1960年版。

代放宽了直接生产者徭役折色的年龄,严格了服庸时间的计算方法。唐太宗对租庸调法没有作过重大的更改或调整。唐王朝推行轻徭薄赋政策,除了与阶级斗争形势有关外,还取决于拥有社会财富的丰裕程度。唐初"武德以后,国家仓库犹虚"[1],没有丰裕的物质条件,也就无法侈谈什么薄赋于民。

第三,防止滥用民力。民本主义思想的主要内容之一是防止统治者滥征民力,反对劳役无时。至于限制役使民工,唐太宗从刑法上加以约束,如唐律规定"修城郭、筑堤防,兴起人功,有所营造,依《营缮令》,计人功多少,申尚书省,听报始合役功。或不言上及不待报,各计所役人庸,坐赃论减一等"[2]。唐律对违令者予以刑事处分,显然意在防止滥用民力,引起民变。《贞观政要》亦有记载:

> 制驭王公、妃主之家,大姓豪猾之伍,皆畏威屏迹,无敢侵欺细人。商旅野次,无复盗贼,囹圄常空,马牛布野,外户不闭。又频致丰稔,米斗三四钱,行旅自京师至于岭表,自山东至于沧海,皆不赍粮,取给于路。入山东村落,行客经过者,必厚加供待,或发时有赠遗。此皆古昔未有也。[3]

唐太宗以杰出的政治智慧,引古鉴今、古为今用,执政思想体现出与时俱进和不与民争利的功利主义特点。

(三)赈灾济贫的民生伦理思想

民生问题是儒家经济伦理思想的一个重要主题。先秦思想家荀况曾提出:"君者,舟也;庶人者,水也;水者载舟,水者覆舟。"[4]儒家较早地深刻地认识到君、民关系如船和水,君(统治者)如一条船,而广大民众犹如河水,水既可以把船载负起来,也可以将船淹没。唐太宗非常重视民生问题,强调赈灾济贫的民生伦理思想。贞观后期,魏徵在《谏太宗十思疏》中说:"怨不在大,

---

[1]《内外官料钱上》。[宋]王溥:《唐会要》卷91,北京:中华书局1957年版。
[2]《唐律疏议·擅兴律》。
[3]《贞观政要》卷1《君道》。
[4]《荀子·王制》。王先谦撰:《荀子集解》,北京:中华书局1988年版。

可畏惟人。载舟覆舟,所宜深慎。"水能载船,也能翻船,所以应高度谨慎。唐太宗在与君臣讨论国家的治理问题时多次引用和发挥了这一观点:"君,舟也;人,水也;水能载舟亦能覆舟。"①即位之初下令轻徭薄赋,让百姓休养生息,贞观早期,唐太宗的确做到了爱惜民力,不轻易征发徭役。

设置义仓、赈灾备荒以赈灾济贫,是隋唐时期的一项重要民生举措。隋文帝开皇年间设立以藏粮备荒为宗旨的仓储制度,唐对隋制作了改进。贞观二年(628年)春,尚书左丞戴胄援引《礼经》古训上书说:"今丧乱之后,户口凋残,每岁纳租,不实仓廪。随即出给,才供当年,若遇凶灾,将何赈恤?"他根据隋文帝办社仓的经验,提出每年秋熟时计算田亩,抽取一定数量的粮食,"各纳所在,为立义仓。若年谷不登,百姓饥馑,当所州县,随便取给"。唐太宗明确强调:"为君之道,必须先存百姓……既为百姓,先作储贮;官为举掌,以备凶年,非朕所须,横生赋敛,利人之事,深是可嘉。"②地方官员"举掌"的义仓,取之于民,用之于民,目的都在救灾赈荒。

唐太宗非常重视救灾工作,经常派遣重臣前往各地"慰抚",开仓赈贷,在位二十三年中,除了贞观五年、六年、十三年、十四年及十六年外,其他十八个年头每年都有"赈恤"的任务。宋人对唐代可称者三君之治有如下"赞"词:

> 甚矣,至治之君不世出也!禹有天下,传十有六王,而少康有中兴之业。汤有天下,传二十八王,而其甚盛者,号称三宗。武王有天下,传三十六王,而成、康之治与昭宣之功,其余无所称焉。虽《诗》《书》所载,时有阙略,然三代千有七百余年,传七十余君,其卓然著见于后世者,此六七君而已。呜呼,可谓难得也!唐有天下,传世二十,其可称者三君,玄宗、宪宗皆不克其终,盛哉,太宗之烈也!其除隋之乱,比迹汤、武;致治之美,庶几成、康。自古功德兼隆,由汉以来未之有也。至其牵于多爱,复立浮屠,好大喜功,勤兵于远,此中材庸主之所常为。然《春秋》之法,常责备于贤者,是以后世君子之欲成人之美者,莫不叹息于斯焉。③

---

① 《贞观政要》卷2《论政体》。
② 《通典·食货典十二·轻重》。
③ 《新唐书·本纪第二》。

自汉以来后世修前代之史,多以借鉴存亡之道为要,上述为宋代宋祁、欧阳修、范镇、吕惠卿等合撰《新唐书》,盛赞唐太宗之治,"自古功德兼隆,由汉以来未之有也",虽然过于溢美,但却也道出了宋代史家对盛唐之治的重视与敬慕。

(四)戒奢、去靡、从简的消费伦理

唐太宗和大臣在"商榷古今""寻讨经史"中总结出历史教训:君主"躬履节俭"还是奢侈纵欲,关系到国家的盛衰兴亡,由此得出戒奢、去靡、从简是一条重要的为政治国原则。唐太宗身边的一些官吏不断用这个道理向他进谏,深化了他对"躬履节俭"重要性的认识。贞观十七年(643年),唐太宗问谏议大夫褚遂良:"昔舜造漆器,禹雕其俎,当时谏者十有余人。食器之间,何须苦谏?"遂良答:"雕琢害农事,纂组伤女工。始尚奢淫,危亡之渐。漆器不已,必金为之。金器不已,必玉为之。所以谏臣必谏其渐,及其满盈,无所复谏。"①君臣一问一答,思想上达成默契。基于对"躬履节俭"的深刻认识,唐太宗成为中国封建社会以戒奢节俭著称的开明君主之一。

贞观初年唐太宗反思隋炀帝治国之道,对奢靡浪费多有批评,体现了儒家民本主义思想。李世民认为:

> 多营池观,远求异宝,民不得耕耘,女不得蚕织,田荒业废,兆庶凋残。见其饥寒,不为之哀,睹其劳苦,不为之感,苦民之君也,非治民之主也。薄赋轻徭,百姓家给,上无暴令之征,下有讴歌之咏,屈一身之欲,乐四海之民,忧国之主也,乐民之君也。②

唐太宗想做治民之主、乐民之君,因此十分强调克己寡欲。他曾对大臣说:"为君之道,必须先存百姓,若损百姓以奉其身,犹割股以啖腹,腹饱而身毙。若安天下,必须先正其身,未有身正而影曲,上治而下乱者。"③贪婪奢靡的统治者犹如"诣人自食其肉,肉尽必死";"君依于国,国依于民。刻民以奉

---

① 《贞观政要》卷2《求谏》。
② 《金镜》,《全唐文》卷10。
③ 《贞观政要》卷1《君道》。

君,犹割肉以充腹,腹饱而身毙,君富而国亡。故人君之患,不自外来,常由身出。夫欲盛则费广,费广则赋重,赋重则民愁,民愁则国危,国危则君丧矣",故"常以此思之","不敢纵欲"①。贞观君臣论政,形成的社会政策的基本指导思想之一就是"去奢省费",并且身体力行,较成功地促进了经受战争创伤的经济的恢复和发展。其基本做法有如下方面:

第一,禁绝鹰犬,节制田猎。唐太宗深知帝王徇奢侈而亡国,所以能时常居安思危,戒奢尚俭。他说:"安人宁国,惟在于君,君无为则人乐,君多欲则人苦。"君王尤须谨慎,"抑情损欲,克己自励"②,常以隋炀帝恣情放逸、奢侈自贤致亡国的历史教训警省自己。田猎,唐太宗乐以为之,但他在这方面也能有所节制。他曾对臣僚说:"朕不听管弦,不从畋猎,乐在其中矣。"③可见,唐太宗还是能听取臣下省田猎之娱、去奢省费的劝诫,躬身俭约,廉慎克己。

第二,禁止不重要的营造,禁饰宫宇。唐太宗早年患风疾,不适宜居于潮湿的地方,群臣鉴于"夏暑未退,秋霖方始,宫中卑湿",奏"请营一阁以居之"。唐太宗却回答说:"朕有气疾,岂宜下湿? 若遂来请,靡费良多。昔汉文(帝)将起露台,而惜十家之产。朕德不逮于汉帝,而所费过之,岂为人父母之道也。"大臣们"固请至于再三,竟不许"。④ 唐太宗以隋炀帝广造宫室、奢靡过度为例,对臣下说:"广宫室,好行幸,竟有何益?"表示"深以自戒"⑤,所以,唐太宗"抑损嗜欲,躬行节俭","无为无欲","每存简约,无所营为","砥砺名节,不私于物"⑥。可见,唐太宗即位中期以前基本做到了无以太平渐久而骄逸,"励心苦节,卑宫菲食"还是比较符合实际的。

第三,释放宫女,去奢省费。唐太宗即位后两次释放宫女。鉴于隋亡的教训,贯彻去奢省费的原则,反对滥用人力财力。社会经济凋敝、财政匮乏之际,掖廷宫人"无用者尚多","虚费衣食"⑦,因此就有裁减之必要。释放宫

---

① 《资治通鉴·唐纪八》。
② 《贞观政要》卷8《务农》。
③ 《贞观政要》卷8《务农》。
④ 《贞观政要》卷6《俭约》。
⑤ 《贞观政要》卷10《慎终》。
⑥ 《贞观政要》卷10《慎终》。
⑦ 《资治通鉴·唐纪十五》。

女"非独以省费"而已,还有"兼以息人"的目的。唐太宗诏云:"恐兹幽闭,久离亲族。一时减省,各从罢散,归其戚属,任从婚娶。"①让宫女返回民间,任从婚娶,建立家庭,生男育女,这种做法跟奖励婚姻的指导思想是有联系的。

第四,节俭薄葬。隋末以来,厚葬之风极盛,伤财劳民,积弊颇深,延续至贞观年间。贞观十一年(637年),唐太宗下诏倡导薄葬节用,诏书指斥厚葬流弊说:"以厚葬为奉终,以高坟为行孝,遂使衣衾棺椁,极雕刻之华;灵辒冥器,穷金玉之饰。"致使"富者越法度以相尚,贫者破资产而不逮,徒伤教义,无益泉壤"。"为害既深,宜为惩革"②。贞观十年(636年),长孙皇后崩,唐太宗亲写碑文:"王者以天下为家,何必物在陵中,乃为己有。今因九嵕山为陵,不藏金玉、人马、器皿,皆用土木形具而已。庶几奸盗息心,存没无累。"③萧瑀临终留遗书说:"气绝后可著单服一通,以充小敛,棺内施单席而已,冀其速朽,不得别加一物。无假卜日,惟在速办。自古贤哲,非无等例,尔宜勉之。"④诸子遵其遗志,敛葬俭薄。魏徵去世,因其生前俭素,仅"以布车载枢而葬"⑤。

第五,君率其上,臣下亦能戒奢去靡。唐太宗的"躬履节俭"为各级官吏作出了一个榜样,魏徵曾说:"(陛下)贞观之初,时方克壮,抑损嗜欲,躬行节俭,内外康宁,遂臻于治。论功则汤、武不足方,语德则尧、舜未为远。"⑥崇尚节俭在各级官吏中一度蔚然成风。吴兢在《贞观政要》卷六《俭约》第18篇第一章中对贞观廉政作了概括性的描述:"(贞观)二十年间,风俗简朴,衣无锦绣,财帛富饶,无饥寒之弊。"其中列举如下事例:

> 岑文本为中书令,宅卑湿,无帷帐之饰,有劝其营产业者,文本叹曰:"吾本汉南一布衣耳,竟无汗马之劳,徒以文墨,致位中书令。斯亦极矣。荷俸禄之重,为惧已多,更得言产业乎?"言者叹息而退。

> 户部尚书戴胄卒,太宗以其居宅弊陋,祭享无所,令有司特为之

① 《放宫女诏》,《全唐文》卷4。
② 《贞观政要》卷18《俭约》。
③ 《资治通鉴·唐纪十》。
④ 《旧唐书·列传》。
⑤ 《资治通鉴·唐纪十一》。
⑥ 《贞观政要》卷10《慎终》。

造庙。

> 温彦博为尚书右仆射,家贫无正寝,及薨,殡于旁室。太宗闻而嗟叹,遽命所司为造,当厚加赗赠。

> 魏徵宅内,先无正堂,及遇疾。太宗时欲造小殿,而辍其材为徵营构,五日而就。遣中使赍素褥布被而赐之,以遂其所尚。

《俭约》篇举出唐太宗臣下四人,即中书令岑文本、户部尚书戴胄、尚书右仆射温彦博及魏徵,他们生活简约、不事铺张,是勤于政事、克公去私的典范,其中可见贞观时期君臣在消费及为政方面一定程度上体现出戒奢去靡、从简的廉政伦理要求。不仅如此,唐太宗提出在富足之时也要奉行戒奢、从简。

> 贞观五年,太宗以天下粟价,率计斗值五钱,其尤贱处,斗直两钱,因谓侍臣曰:"国以人为本,人以食为命。若禾黍不登,则兆庶非国家所有。朕为亿兆父母,既属丰稔若斯,安得不喜?唯欲躬务俭约,必不得辄为奢侈。朕常欲赐天下之人,皆使富贵。今省徭薄赋,不夺农时,使比屋之人恣其耕稼,此则富矣;敦行礼让,使乡闾之间,少敬长,妻敬夫,此则贵矣。但令天下皆然,朕不听管弦,不从畋猎,乐在其中矣。"①

唐太宗基本不贪求雕镂器物、珠玉珍玩,能够克制自己的骄奢之欲,史书说他"省畋猎之娱,息靡丽之作,罢不急之务",是比较符合实际的。

第六,教育子孙廉洁节俭。唐太宗重视子弟教育,他曾说:"自古帝子,生于深宫,及其成人,无不骄逸,是以倾覆相踵,少能自济。我今严教子弟,欲皆得安全。"②唐太宗要求皇太子更要勤俭廉政,对太子左庶子于志宁、右庶子杜正伦说:"朕年十八,犹在民间,民之疾苦情伪,无不知之。及居大位,区处世务,犹有差失。况太子生长深宫,百姓艰难,耳目所未涉,能无骄逸乎!卿等不可不极谏。"③太子承乾不遵礼法、好嬉戏,于志宁等多次直谏,唐太宗奖赏颇厚。然而承乾喜声色及田猎,所为奢靡,最终因欲谋乱而被废。

戒奢尚俭的思想在贞观君臣身上一度的确付诸了行动,但是唐太宗毕

---

① 《贞观政要》卷8《论务农》。
② 《贞观政要》卷10《敬师傅》。
③ 《资治通鉴·唐纪十》。

竟是专制制度下的帝王,不可能完全做到言行一致,克终俭约。但他力戒奢侈腐化,确实卓有成效,这为后世治国者提供了经验和借鉴,因此值得肯定。

三、唐玄宗李隆基的经济伦理思想

唐朝最杰出的帝王除唐太宗外,就是唐玄宗了。宋代欧阳修说:"唐有天下,传世二十,其可称者三君,玄宗、宪宗皆不克其终,盛哉,太宗之烈也!"[①]所谓"可称者三君",即太宗、玄宗、宪宗,大体上符合事实。唐玄宗(685—762年),又称唐明皇,原名李隆基,谥"至道大圣大明孝皇帝",自唐朝后期起常称"孝明皇帝""明皇""唐明皇"等。中唐思想家韩愈说:"高祖、太宗,既除既治,高宗、中(宗)、睿(宗),休养生息,至于玄宗,受报收功,极炽而丰。"[②]韩愈所论有一定道理,玄宗不仅守成,而且大有建树,某些方面甚至超越了先祖之功业。

(一)富民、致富的政策取向

诗人杜甫在《忆昔》一诗中描写开元盛世之繁荣景象:"忆昔开元全盛日,小邑犹藏万家室。稻米流脂粟米白,公私仓廪俱丰实。九州道路无豺虎,远行不劳吉日出。齐纨鲁缟车班班,男耕女织不相失。"[③]诗句极富现实主义的描写,一定程度上反映了开元新政富民政策之效果。

唐先天年间,玄宗正式即位。先天二年(713年)三月,晋陵尉杨相如上疏陈时政,说:"臣不敢远征古昔,博引传记,请以隋炀帝、太宗文武皇帝言之。"由此阐述了"贞观之治"的一番道理:"贞观之际,太平俗洽,官人得才,功赏必实,刑不谬及,礼无愆度。于时天下晏如,遗粮在亩,盛德洽于人心,而祥风游乎海内矣。非太宗之明懿聪达,虚心治道,与天下贞臣正士同心戮力,岂能致于此乎?"杨相如最后强调:"臣所以举隋氏纵欲而亡,太宗抑欲而昌,愿陛下详择。……在去邪佞之士,进忠贤之人……如此,则朝廷无僻谬,国政必清平矣。"这份奏疏打动了唐玄宗,"帝览而善之"①。玄宗前期施政的显著特色是效仿"贞观之治"。直至开元中期,如吴兢所说:"比尝见朝野士庶有论及国家政教者,咸云若以陛下之圣明,克遵太宗之故事,则不假远求上古之术,必致太平之业。"②"克遵太宗之故事",这不仅是朝野士庶的呼声,而且也是唐玄宗本人前期的意愿。

　　唐德宗即位初,有识之士就已经把"贞观、开元之太平联系起来考察了"。③唐宪宗深有体会地说:"太宗之创业如此,玄宗之致理如此。"分创业与致治,自有不同,而且前者之功业胜过于后者。唐穆宗时下诏曰:"我国家贞观、开元,同符三代,风俗归厚,礼让皆行。"主要是就社会风气而言的。唐文宗时,刘蕡在贤良对策中指出:"太祖肇其基,高祖勤其绩,太宗定其业,玄宗继其明,至于陛下,二百余载,其间圣明相因,扰乱继作,未有不用贤士、近正人而能兴者。"④这可以说是对前人认识的总结,论述了"贞观之治"与"开元之治"的关系。唐太宗开创的"贞观之治"是封建时代太平治世的典范,唐玄宗的"开元之治"是"依贞观故事"的结果,是继承了"贞观之治"的事业,其中可归结为三个字:"继其明"。唐朝史臣亦以精彩言论议论之:"我开元之有天下也,纠之以典刑,明之以礼乐,爱之以慈俭,律之以轨仪。黜前朝佞幸之臣,杜其奸也;焚后庭珠翠之玩,戒其奢也;禁女乐而出宫嫔,明其教也;赐酺赏而放哇淫,惧其荒也;叙友于而敦骨肉,厚其俗也;搜兵而责帅,明军法也;朝集而计最,校吏能也。庙堂之上,无非经济之才;表著之中,皆得论思之士。而又旁求宏硕,讲道艺文。昌言嘉谟,日闻于献纳;长辔远驭,志在于升平。贞观之风,一朝复振。"⑤虽然其中不乏溢美之辞,但对照开元时期尤其是前十多年的政治、经济、文化发展,考察经济伦理方面实施的如像"民本""礼教"等政策,此说基本上还是符合实际的。最后两句"贞观之风,一朝复振",揭示了"贞观之治"与"开元之治"的关系。唐玄宗"依贞观故事"是成功的,他在一定意义上在一段时期内重新恢复"贞观之风",又开创了新的

---

① 《谏诤部·规谏一〇》。[宋]王钦若等编修:《册府元龟》卷533,北京:中华书局1960年版。
② 《上贞观政要表》。
③ 《旧唐书·崔佑甫传》。
④ 《旧唐书·刘蕡传》。
⑤ 《旧唐书·玄宗本纪》

"盛世",从而推动了唐代社会的发展。

唐玄宗秉承唐初立国之民本思想,提出"食为人天,富而后教"①。"既富而教,奚畏不理!"②所谓"富",注重物质生产;"教",注重儒家礼教。传统社会囿于"为富不仁"的观念,不甚强调百姓的衣食之"富"。唐玄宗把"富而后教"提高到治国的高度,处理好了富与教的关系,一方面兼顾了富与教,另一方面又置富于教之上,同时还处理好了国富与民富的关系问题。天宝二年(743年),玄宗颁诏云:"古之善政,贵于足食;将欲富国,必先利人。"③足食、富民先于富国,只有百姓富足了,封建国家赋税才有来源。唐玄宗对此有一个逐步深化的认识过程。开元初,他只是设想而已,"思使反朴还淳,家给人足"④。开元中,出现了"开元之治",他提出:"为国之道,莫不家给人足。"⑤至天宝时期,他总结了"临驭万邦,迨今四纪"的经验,认为已经达到了温饱无虞、人易自重、教易收效的目标,他说:"衣食既足,则廉耻乃知"⑥,能达到"富而后教"。"教"也可以促"富",是渗透到各种"劝农"的措施中的道德礼仪教化。

发展生产是最主要的致富手段。唐玄宗和大臣强调:"赡人之道,必广于滋殖。"⑦民务稼穑,才能衣食丰足,发展农业生产是致富之源。劝农就是敦促农民发展生产的思想环节。劝农致富之教在唐玄宗经济伦理思想中占有重要的地位。

水利是农业的命脉,是促使民生立国的经济伦理思想有效实施的重要基础。唐前期农业生产递增、确保最大多数民众粮食有效供给与水利建设是同步发展的。贞观年间兴修水利计二十六处,高宗年间计三十一处,武则天年间十五处,玄宗年间四十六处,为唐前期的最高数字。⑧ 水利建设的重点是黄河中下游与关中地区。水利工程进展最快的是开元前期,开元一年

① 《旧唐书·宇文融传》。
② 《处分朝集使教五道之二》。[宋]宋敏求编:《唐大诏令集》卷14,北京:中华书局2008年版。
③ 《邦计部·河渠二》,《册府元龟》卷497。
④ 《禁珠玉锦绣敕》,《唐大诏令集》卷18。
⑤ 《遣使选择边兵诏》,《唐大诏令集》卷17。
⑥ 《天长节推恩制》,《全唐文》卷25。
⑦ 《劝天下种桑枣制》,《唐大诏令集》卷111。
⑧ 《新唐书·地理志》。

至十年高达二十二处，开元十一年至二十九年（包括开元中）有十六处，天宝年间仅八处。可见，玄宗朝的水利建树以开元前期最为出色，开元后期不如前期。玄宗是唐前期水利建设的佼佼者，特别是他在前人导引黄河灌溉工程的基础上，予以修复与扩大，形成了关中平原的灌溉系统，在确保关中的水土保护方面发挥了良好的作用。与此相应的是人口剧增，中宗神龙元年（705 年）为六百十五万户，开元十四年（726 年）增至七百零七万，二十八年（740 年）再增为八百四十一万，天宝十三年（754 年）激增至九百零六万，唐代户数达到最高，杜佑称为"唐之极盛"，"圣唐之盛，迈于西汉"①。

（二）恤人、惠农的养民思想

北宋思想家李觏论"开元之治"时指出：唐玄宗"以安天下、济生人为意，此其所以兴也"②。所谓"济生人为意"，就是"惠养黎元"的思想。这是对开元之治经验的恰当总结。

"惠养黎元"是开元时期经济伦理思想的一个特色。开元元年（713年）冬十月，玄宗接见京畿县令，"戒以岁饥惠养黎元之意"③。开元三年（715 年）盛夏，他身居避暑台榭有感而发道："天其养长，在物最灵，惟人为贵。"④由此出发引申出恤人思想，从恤人思想引出"惠养黎元"的政策措施。概言之，开元施政贯彻恤人、惠农的养民思想，政策层面包括如下方面：

第一，先济贫，再致富。这也就是玄宗所说的："将给小康，必弘厚贷。"设置义仓就有"必弘厚贷"的含义，他说："义仓元（原）置，与众共之，将以克济斯人，岂徒蓄我王府。"⑤义仓积谷，防荒备灾，是取之于民、用之于民的一种公共慈善设施。州县除义仓外，有时也动用当地仓储救济。如开元十四年（726 年）秋，全国发生水灾加旱灾，玄宗诏遣御史中丞宇文融检覆"赈给"。

---

① 《通典·食货典七·历代盛衰户口》。
② 《礼论第七》。[宋]李觏撰：《李觏集》卷 2，王国轩点校，北京：中华书局 1981 年版。
③ 《资治通鉴·唐纪二十六》，开元元年十月条。
④ 《原减囚徒敕》，《唐大诏令集》卷 38，又《全唐文》卷 254。
⑤ 《发诸州义仓制》，《全唐文》卷 23。

京师逢灾,则动用太仓赈济。开元二十一年(733年),关中久雨害稼,京师饥,诏出太仓米二百万石,以济贫民。这是京师无偿赈灾发粮最多的一次。

第二,适当减免租税。开元五年(717年),河北遭涝及蝗灾,颁令无出今年租。六年后,河南府遭水灾,玄宗下敕说:"(今)不支济者,更最赈给,务使安存。"①开元二十三年(735年),玄宗于东都亲耕藉田并下制云:"天下诸州损免处,税地先矜放,其非损免外;有贫乏未纳者,并一切放免。"②适当减免当年与来年租税显然有助于调动生产的积极性。

第三,恩蠲。重大庆典时推行具有推恩意味的特殊蠲免。开元、天宝时期,全国性的恩蠲主要有三次:第一次为开元二十七年(739年),玄宗加"开元圣文神武皇帝"尊号,下敕曰:"百姓间或有乏绝,不自支济者,应须蠲放及赈给。"③第二次为天宝七年(748年),玄宗受册加"开元天宝圣文神武应道皇帝"尊号,大赦天下,百姓免来年租庸。第三次为天宝十四年(755年),玄宗颁《天长节推恩制》,宣布"天下百姓今载租庸,并宜放半"。蠲免赈灾不失为间接的致富手段。玄宗本人说:"比岁小有僭亢,颇非丰稔,遂使开仓赈乏,空囹恤刑,兼蠲徭省赋,故得家给人足。"④家给人足局面的出现,跟惠养黎元的措施是分不开的。

(三)耕织分工、不失农时的思想

男耕女织是小农经济最基本的生产形态与劳动分工形式。耕桑及时,有序分工,农民会获得丰收,基本民生会得以保障。唐玄宗认为,"衣食本于农桑"⑤。"农事伤则饥之本,女功害则寒之源。"⑥养民之道以耕为本,辅之以织,耕织并举,粟帛兼顾。因此,要不失农事,不妨农事。

唐玄宗关心男耕女桑,目的在于防止小农家庭的破坏与逃户的出现。封建赋税的实物方面不外乎农产品与丝麻织品两类,玄宗承唐初的租庸调

---

① 《将离东都减降囚徒敕》,《唐大诏令集》卷79。

② 《开元二十三年籍田敕》,《唐大诏令集》卷。

③ 《开元二十七年间尊号敕》,《唐大诏令集》卷9。

④ 《天长节推恩制》,《全唐文》卷25。

⑤ 《处分朝集使敕五道之一》,《唐大诏令集》卷101。

⑥ 《禁珠玉锦绣敕》,《唐大诏令集》卷108。

制,征收粮食与绢布。唐玄宗频频劝农,教诫官员切勿"扰以妨农",致失农时,是与国家钱谷不入、杼柚其空的税利损失有关。男耕女桑不相失,既为农民创造丰产增收条件,又为国家增加税收,可谓公、私两利。

开元时期社会经济的发展约分两个阶段。开元十二年(724年)以前,属于发展时期。唐玄宗采取各种措施来治理政治、经济环境,如限制佛教势力,不允许新营佛寺,将僧尼还俗,以增加劳动力;颁诏恤农赈灾,强调不夺农时,劝以男耕女桑;推行括户授田,改革赋役,将流民列为编户,安置农业生产;罢除冗吏,去奢省费,罢不急之役,以待农闲。这些措施的综合治理,都是围绕着发展农业生产这个中心任务而展开的。开元十二年,各地取得了大丰收,正如群臣上言封禅所说,"年谷屡登,开辟以来,未之有也"①。从开元十三年(725年)至开元末,是社会经济发展的繁荣阶段。连年丰收,一派富庶的情景。天下无贵物,两京米斗至二十文,面三十二文,绢一匹二百一十文。开元二十八年(740年),"西京、东都米斛直钱不满二百,绢匹亦如之。海内富安,行者虽万里不持寸兵"②。总之,开元时期确实是"全盛日",封建农业经济高度繁荣。修撰于天福五年至开运二年间(940—945年)的《旧唐书》,书中"经籍志"记载了包括《氾胜之书》《四民月令》《齐民要术》,也包括《钱谱》《鸷击录》《鹰经》《相鹤经》《相贝经》在内的农家二十部一百九十二卷著作,这些农书在很大程度上体现了对历代尤其是盛唐时期农业科技和生产经验的概括和总结。

从贞观至开元时期,唐朝达到了强盛,这也是中国中古时期封建社会经济文化和国力达到的一个高峰,更是中国古代儒道融合,在经济伦理思想实践方面达到的一种境界。盛唐时期唐朝经济高度发展,疆域广大,鼎盛时为7世纪,当时中亚的绿洲地带受唐朝支配,最大范围南至罗伏州(越南河静)、北括玄阙州(俄罗斯安加拉河流域)、西及安息州(乌兹别克斯坦布哈拉)、东临哥勿州(吉林通化)的辽阔疆域,国土面积达1076万平方公里(一说1240万平方公里)。中唐后漠北、西域的领地相继失去,到晚唐时衰退到等同中国本土的大小,但仍然保有河套地区。盛唐时期文化空前繁

---

① 《郊议》,《唐会要》卷8。
② 《资治通鉴·唐纪三十》(开元二十八年十一月条)。

荣,共产生了 2000 多位各具风格的诗人,留下了 5 万多首诗歌,李白、杜甫更是整个古代诗歌史上两座并峙的高峰。中唐时期以韩愈、柳宗元为代表,兴起了声势浩大的古文运动,创造出古代散文的典范精品。在人类文化的其他领域(如小说、音乐、舞蹈、绘画、雕塑等方面),盛唐世界为人类留下了丰富的文化遗产,涌现出许多具有很高造诣的文学艺术大师。

四、大唐律的经济伦理思想

大唐律来源于《武德律》《贞观律》。李渊起兵晋阳,入长安后,约法十二条。武德元年(618 年),鉴于隋炀帝烦法酷刑导致严重后果,废除隋《大业律令》,由裴寂、刘文静等依照隋《开皇律》,重新修订法律。公元 624 年(唐高祖武德七年),《武德律》奉诏颁行,唐律初创。唐高祖以宽简易知作为损益《开皇律》的指导思想。唐太宗即位后,力图完善《武德律》,指示群臣讨论致治与立法的原则。贞观元年(627 年)正月,唐太宗任命长孙无忌、房玄龄和一批"学士法官",本着"意在宽平"①的精神厘改法律。公元 636 年(唐太宗贞观十年),《贞观律》正式颁诏全国,《唐律》奠基。《唐律》以隋《开皇律》作为蓝本,是《武德律》的进一步完善。唐高宗永徽初年,长孙无忌、李勣、于志宁等臣领衔,以《武德律》《贞观律》为蓝本,制定《永徽律》,于永徽二年(651 年)行世。同时,长孙无忌等十九位大臣奉敕"网罗训诰,研核丘坟"②,对《永徽律》的精神实质和律文逐条逐句详加注疏,于永徽四年(653 年)编成《唐律疏议》一书,该书强调"德礼为政教之本,刑罚为政教之用,犹昏晓阳秋相须而成者也"③,要求礼法结合、相辅相佐,形成密不可分的"本""用"关系。《唐律疏议》不仅是单纯的释文,更有补充唐律之所未备者。大唐律是盛唐社会的重要标志,是影响深远的封建法律规范体系的典范。以《唐律疏议》为中心,大唐律的经济伦理思想集中体现在如下方面:

第一,以宽仁为原则指导立法,以配合儒主道辅的经济治平方略。唐太宗指示群臣讨论致治与立法的原则时,"有劝以威刑肃天下者,魏徵以为不

---

① 《旧唐书·房玄龄传》。
② 《进律疏议表》,《全唐文》卷 136。
③ 《唐律疏议·名例》。

可。因为上言王政本于仁恩,所以爱民厚俗之意,太宗欣然纳之,遂以宽仁治天下,而于刑法尤慎"①。

"宽仁"有利于稳定有序的经济秩序的建立,有利于贞观时期的社会稳定。史载贞观时期全国处死刑者甚少,最少的一次全国囚犯只有二十九人。贞观六年(632年),死刑犯增至二百九十人。这一年岁末,唐太宗准许他们回家办理后事,第二年秋天再回来就死(古时秋天行刑)。次年九月,二百九十名囚犯全部回还。那时的社会政治修明,官吏各司其职,人民安居乐业,国人心中没有多少怨气。丰衣足食的人不会为生存铤而走险,心气平和的人也不易走极端,因此犯罪的概率低之又低。

第二,重视生命价值,对社会弱势群体实行恤刑,体现人道主义精神。唐律延续汉律关于以"仁"作为调整人际关系的准则,为理政、司法、治世提供基本原则。人本思想推动了德礼为本、刑罚为用的司法原则,其表现为:一是重视生命的价值,实行死刑复审制度。唐太宗曾诰谕群臣:"死者不可再生,用法务在宽简。"②在隋朝死刑复奏的基础上,《唐律疏议》在"死囚复奏报决"中规定:"死罪囚,谓奏画已讫,应行刑者,皆三复奏讫,然始下决。"如果"不待复奏报下而决者,流二千里"③。二是对社会弱势群体实行恤刑,予以宽宥。《唐律疏议》规定:"诸年七十以上、十五以下及废疾,犯流罪以下,收赎。(犯加役流、反逆缘坐流、会赦犹流者,不用此律;至配所,免居作。)八十以上、十岁以下及笃疾,犯反、逆、杀人应死者,上请;盗及伤人者,亦收赎";"诸犯罪时虽未老、疾,而事发时老、疾者,依老、疾论。若在徒年限内老、疾,亦如之。"④唐律中的这种矜恤老幼妇残的法律延续到晚清修律,体现了明德慎罚的司法人道精神。

第三,顺天行罚、顺天理讼,避免耽误农时,影响正常的经济活动。所谓顺天行罚,就是指司法活动合于天象,顺乎时令,并与阴阳相对应。《唐律疏议》"立春后不决死刑"规定:"诸立春以后、秋分以前决死刑者,徒一年。"该

---

① 《新唐书·刑法志》,《新唐书》卷46。
② 《贞观政要》卷8《刑法》。
③ 《唐律疏议·断狱》。
④ 《唐律疏议·名例》。

条疏议解释说:"依《狱官令》:'从立春至秋分,不得奏决死刑.'违者,徒一年."①所谓顺天理讼,就是农忙时节不受理民事案件。唐代的务限法,就是顺天理讼的司法观念的产物。农忙时节入务,不受理民事案件,以免有误农时。

第四,维护公平、诚信的经济秩序和交易原则。《唐律疏议·杂律》规定:"诸卖买不和,而较固取者,及更出开闭,共限一价……若参市,而规自入者,杖八十。已得赃重者,计利,准盗论."②严格规定度量衡器的使用,制约奸商,维护公平秩序。《唐律疏议·杂律》还规定:"诸造器用之物及绢布之属,有行滥短狭而卖者,各杖六十。得利赃重者,计利,准盗论。贩卖者,亦如之。市及州、县官司知情,各与同罪."③不得盗卖他人财物,"诸妄认公私田,若盗贸卖者,一亩以下笞五十,五亩加一等,过杖一百,十亩加一等,罪止徒二年"。《唐律疏议·诈伪律》规定:"知情而取者坐赃论。"对第三人明知某物为赃物,仍然坚持交易,要依坐赃论罪。这些规定无疑维护了公平、诚信的经济秩序和交易原则。

第五,保护饥民宽乡占田。唐初鼓励民众迁往空荒之地("宽乡")占田,饥民包括灾民、流民,以及部分自耕农。唐律规定:宽乡占田逾限不作违反律令论处,移民垦荒可以得到减免租税的优待。《唐律疏议》卷十三解释:"若占于宽闲之处不坐。谓计口受足以外,仍有剩田,务从垦辟,庶尽地利,故所占虽多,律不与罪。"如果"人居狭乡,乐迁就宽乡",可免除赋役负担:"去本居千里外,复三年。五百里外,复二年。三百里外,复一年之类。"官员不按赋役令执行,要受"徒二年"的刑律处分。这些反映了唐初鼓励农民移居宽乡垦荒的意志。贞观十八年(644年)二月,唐太宗巡视雍州灵口村见到百姓,"问其受田,丁三十亩,遂夜分而寝,忧其不给。诏雍州录尤少田者,并给复,移之于宽乡"④。显然,饥民宽乡占田超越限度,律法仍然予以保护,这是有利于经济发展的举措。

第六,惩治腐败以打击经济犯罪。唐太宗对惩治腐败的律令十分重视,

---

① 《唐律疏议·断狱》。

② 《唐律疏议·杂律》。

③ 《唐律疏议·杂律》。

④ 《帝王部·惠民一》,《册府元龟》卷105。

认为这是"禁暴惩奸,弘风阐化,安民立政,莫此为先"①。严密的法律条文,辅之以细致的法治教育,这套健全的法治系统为惩治腐败和促进廉政发展创造了良好的社会环境。

第七,制裁违反农时、非法动工行为以保护农业生产。《唐律》有《擅兴律》,其中有关于"非法兴造"的条文,指出"诸非法兴造及杂徭役,十庸以上坐赃论"。《唐律疏议》释云:"非法兴造,谓法令无文。虽则有文,非时兴造亦是。若作池亭宾馆之属及杂徭役,谓非时科唤丁夫,驱使十庸以上,坐赃论。"所谓"非时兴造",就是农忙动工,违反农时,故被视为"非法",体现了不夺农时、与民休息思想。

第八,对谋私、行贿受贿、贪赃枉法、贪污盗窃行为予以处罚。《唐律疏议》卷11《职制》篇第138条对贪赃枉法、以权谋私的不法官吏视其情节给予如下处罚:"诸监临主司受财而枉法者,一尺杖一百,一匹加一等,十五匹绞。不枉法者,一尺杖九十,二匹加一等,三十匹加役流。"即使"诸有事先不许财,事过之后而受财"者,也要按照受财多少与枉法与否,分别受到"笞四十""流二千里"直至"役流"和"绞"刑的处罚。

《唐律疏议》卷十一第140条对收受贿赂的官吏作了惩治规定:"诸监临之官,受所监临财物者,一尺笞四十,一匹加一等;八匹徒一年,八匹加一等;五十匹流二千里。与者,减五等,罪止杖一百。乞取者,加一等,强乞取者,准枉法论。"②《唐律》还把那些侵吞和盗窃国家财物的不法官吏,列入《贼盗》篇中,给予比一般盗窃行为重二倍的处罚,如第283条规定:"诸监临主守自盗及盗所监临财物者,加凡盗二等,三十匹绞。"

第九,规范家长对家庭财富的管理和支配权。家庭财富的管理和支配权集于家长之手,大唐律维护家长制下家长对家庭财富的管理和支配。在家庭私有制下,大量财富集中于家长之手,而封建政权从建立封建家庭的秩序入手,以稳固封建统治,也总是以法律的形式树立和保护家长在家庭内的绝对财产支配权。大唐律令规定:"凡是同居之内,必有尊长。尊长即在,子孙无所自专。若卑幼不由尊长,私辄用当家财物者,一匹笞十,十匹加一

---

① 《旧唐书·刑法志》。
② 《唐律疏议·职制》。

等。"①这一规定影响及后代，如宋代规定："家长在，而子孙弟侄等，不得辄以奴婢、六畜、田宅及余财私自质举，及卖田宅。其有质举卖者，皆得本司司文牒，然后听之。"②法律赋予封建家长莫大的权力，防止家庭其他成员动用或处分财产，所以谁做了家长，谁就握有全部财产的支配权。

第十，维护道、佛经济和政治上的既得利益，严禁私自入教。《唐律疏议·户婚律》有"私入道"条，其中规定："诸私入道及度之者，杖一百。若由家长，家长当罪。已除贯者，徒一年。本贯主司及观寺三纲，知情者，与同罪……即监临之官，私辄度人者，一人杖一百，二人加一等。"③这条法律规定非常严格，具体执行起来却是另一回事。因此，反对道教过分膨胀，严禁伪滥道众的呼声一直很高。唐玄宗即位之时，姚崇就贡献十策，其中有限制佛、道二教一条。④ 当时玄宗励精图治，尚能接受姚崇建议，约束僧尼道众。

《唐律疏议》也维护佛教僧侣集团的经济利益和社会地位。唐律对佛教三纲作了法权意义上的规定，一定程度上保护和促进了寺院经济的繁盛和发展。《唐律疏议》云："观有上座、观主、监斋；寺有上座、寺主、都维那，是为三纲。"⑤这个规定是对僧官制度的巩固。南北朝以来，每个寺院的首脑是寺主。寺主不仅管理宗教事务，也是寺院经济的管理者，更是影响利益分配的核心人物。

唐律规定"观寺部曲"在社会上的法律地位和经济地位。"观寺部曲"这

---

① 《唐律疏议·户婚律》。

② 《户婚律·典卖指当论竞物业》。［宋］窦仪：《宋刑统》卷13，吴翊如点校，北京：中华书局1984年版。

③ 《唐律疏议·户婚律》。

④ "十策"即十条意见："垂拱以来，以峻法绳下；臣愿政先仁恕，可乎？朝廷覆师青海，未有牵复之悔；臣愿不幸边功，可乎？比来壬佞冒触宪网，皆得以宠自解；臣愿法行自近，可乎？后氏临朝，喉舌之任出阉人之口；臣愿宦竖不与政，可乎？戚里贡献以自媚于上，公卿方镇浸亦为之；臣愿租赋外一绝之，可乎？外戚贵主更相用事，班序荒杂；臣请戚属不任台省，可乎？先朝亵狎大臣，亏君臣之严；臣愿陛下接之以礼，可乎？燕钦融、韦月将以忠被罪，自是诤臣沮折；臣愿群臣皆得批逆鳞，犯忌讳，可乎？武后造福先寺，上皇造金仙、玉真二观，费钜百万；臣请绝道佛营造，可乎？汉以禄、莽、阎、梁乱天下，国家为甚；臣愿推此鉴戒为万代法，可乎？"实际上是对唐玄宗提出了尖锐的问题：(1)你能否施行仁政，改变武则天以来以严刑酷法治天下的做法？(2)你能否不再因贪图边功而派兵出击已经安定的青海边关？(3)你能否制裁亲信们的不法行为？(4)你能否不再让宦官们参政？(5)你能否除租赋外不收受大臣公卿们献媚的礼物？(6)你能否禁止自己的亲朋出任公职？(7)你能否以严肃的态度和应有的礼节对待文武大臣？(8)你能否允许大臣们"批逆鳞，犯忌讳"？(9)你能否禁止营造佛寺道观？(10)你能否汲取汉相王莽等逆臣乱天下的教训？(参见《新唐书·姚崇传》)

⑤ 《唐律疏义·名例律》。

一名称首见于唐律。"观寺部曲"是寺观户阶层,通常"不贯入籍",而是作为贱口附籍于寺观,寺观户与寺观之间的关系是当时比较典型的封建人身依附关系。

总括上述,大唐律从立法原则、经济秩序和交易原则,到保护饥民、惩治腐败、制裁违反农时、打击经济犯罪、规范家庭财富管理和支配、维护佛道教集团的利益等方面,都蕴含着丰富的经济伦理思想。由于《唐律》与《唐律疏议》在历史上是承上启下的综合性法典,大唐律的经济伦理思想也就不仅是包含保障盛唐发展的精神性力量,而且也具有思想史上承上启下的经济伦理规范的意义。

第八章

汉唐道教经济伦理思想

汉末动乱分离，社会分化离析后建立三国，魏、蜀、吴各自为政，相互对峙，最后三国归晋。西晋实现短暂的统一之后，又进入五胡乱华南北朝的分裂、轮替。魏晋南北朝以来，学术思想的风气一反两汉的质朴，普遍趋向于形而上的追求，佛、道学术便在此制度和精神文化变迁时期的土壤中滋生、传播、发达起来。隋唐结束了数百年分裂动荡的局面，经过数十年的恢复和发展，经济发展，国力强盛，社会安定，思想多元，儒、佛、道从冲突到融合，在冲突中相互吸收融合，在融合中冲突激荡，最终并存发展。

道教是一包含学术、宗教、道德、艺术、政治等在内的文化体系，其整体思想系统的核心是伦理，而道教伦理的主题则是对生命的超越，即追求得道成仙，解决生命存在的终极问题，这既是道教劝善立德的生命伦理学的出发点，又是其创教立说的理论目的。道教伦理思想在其产生、发展、演变的漫长历史时期，其教义、组织、活动场所、教徒以及宗教仪轨等形态复杂，与经济有着千丝万缕的联系。道教伦理没有脱离社会经济而独立存在，而道教伦理思想的内涵正是产生和发展于道教与经济的密切联系之中，其经济伦理思想更是服务和服从于道教生命伦理问题的解决。在解决生命伦理问题的过程中，道教经济伦理思想以弘道立德、得道成仙为标榜，尽管这一标榜在道教经济伦理发展的各阶段其内涵有所不同甚至不断转换，但它对生命求得道成仙的超越性则是矢志不移的。

道教经济伦理思想发生于魏晋南北朝时期道教创教立说及道观经济活动，它是指通过道教创教立说、经营活动、信仰方式以及持戒守律行为等，影响、规范和引导修道者从事精神修炼、经济活动的价值要求、思想观念和行为规范的总称，道教通过这些方面来谋求经济行为中的平衡、同福共享及自利利他，推动实现人与人之间的伦理协作，最终实现它所追求的超越的价值观和理想境界。汉唐道教经济伦理思想是道教伦理体系乃至中国古代伦理思想史的一个重要组成部分，它随道教的形成和发展而演化，随着道教与佛、儒的冲突、融合而更替发展，从而形成了中国伦理思想史上一种具有特殊、深厚影响力的宗教经济伦理思想。

第一节　汉唐道教经济伦理思想的发展脉络

道教经济伦理思想远承道、儒、墨等传统经济伦理思想,在汉末借助道教创建之后具体形成,发展于尊崇道术的社会文化环境。严格意义上看,道教经济伦理思想产生于道教创教立说及其经济实践。道教各派都有自己传播与活动的物化载体即宫观(道观或道馆等),它们是道教各派传播与活动的基础,当然也是道教经济领域的一种文化现象。宫观所涉及的一切经济活动统称为道观经济。概言之,道教经济伦理思想是随着道教的建立、发展和道观经济活动而逐步形成和发展的一种伦理思想形式,它广泛存在于魏晋南北朝以来,道教为开展精神信仰和实践方式而进行的物质资料和精神生活诸方面的生产、分配、交换、消费等活动,以及道教相关信仰服务和实践活动之中。可以说,道教经济伦理思想,是道教在认识、创造、使用或支配财富过程中修道者个体与个体、个体与自然、个体与社会之间相互联系的一种伦理思想,在相当程度上它是道教作为宗教的信仰行为的价值实践。它包括道教在信仰和实践活动中对经济活动、经济关系等的看法、评价和规范等内容。

一、汉唐道教经济伦理思想的萌芽和产生

道教经济伦理思想的产生和发展与道教创教立说及其后的发展方向大体上是一致的。道教没有专论经济伦理问题的经典论著,大量的经济伦理

思想和经济伦理理论观点都散落在相关的典籍中。汉魏社会经济形态的变迁、道教兴起与发展,特别是道教修道理论、经济诉求和经济活动的产生,对道教经济伦理思想的产生有着直接的影响。

汉末社会大庄园制经济随着统治制度的解体,跌入巨大的贫富差距旋涡之中,普通百姓陷入深重的贫困和奴役苦难中,儒家纲常伦理和道德理想逐渐走向破灭。道家认为只有以"神明"定于天下,才能够使社会伦理纯朴归善。加上秦汉之际在寻求解决现实问题之方法的过程中,出现了大规模的神仙信仰与方术仙道活动,逐渐同黄老道结合起来,最终演化成原始道教运动。道教建立人间太平盛世的社会理想,在本质上是道家伦理思想乌托邦的宗教表述。道教思想总体上属于宗教伦理学说,其目的之一在于要解决当时社会中出现的深重的经济危机、政治危机和道德危机。汉末以来的动乱给社会带来深重苦难,整个社会道德堕落现象相当严重。在这种历史条件下所形成的道教学说,提出了反对争夺、节制人欲、遵循道德的要求,以传统的长生不死理想为牵引机制,引导人们走向以尊道贵德为价值取向的内在自我控制,从而形成了一种十分精致而作用强大的社会道德劝化体系。

(一)《周易参同契》——黄老道家向道教的转化

东汉桓帝时吴人魏伯阳认为《周易》及老庄之学,与修炼丹药而成神仙的方术,彼此原为一贯,于是将易、老庄、神仙丹道融会贯通,著成《周易参同契》[①]一书。"契"意在说明周易、黄老学说和丹道的殊途同归。该书是黄老

---

① 彭晓著《参同契解义序》云:"魏伯阳,会稽上虞人,修真潜默,养志虚无,博赡文词,通诸纬候,得古人《龙虎经》,尽获妙旨,乃约《周易》撰《参同契》三篇,复作《补塞遗脱》一篇。所述多以离言借事,隐显异文。密示青州徐从事,徐乃隐名而注之。桓帝时,公复授与同郡淳于叔通,遂行于世。"(参阅彭晓《周易参同契分章通真义》卷下第85章,见《道藏》第2册,北京:文物出版社;天津:天津古籍出版社;上海:上海书店1988年版。)淳于叔通为后汉桓帝时人,袁宏的《后汉纪》及陶弘景的《真诰》等书均有记载。葛洪的《神仙传》还记述了魏伯阳和其弟子虞生炼丹得仙的故事,其开篇说:"魏伯阳昔,吴人也。本高门之子,而性好道术。"结尾说:"伯阳作《参同契》《五相类》凡三卷,其说是《周易》,其实假借爻象以论作丹之意"(见[晋]葛洪:《神仙传校释》,胡守为校释,北京:中华书局2010年版)。《抱朴子内篇·遐览》录有《魏伯阳内经》一卷。《周易参同契》载于《旧唐书·经籍志》《北堂书钞》《颜氏家训》《真诰》俱有征引,陆德明《经典释文》记载虞翻曾注过《参同契》,足证《周易参同契》确为后汉之书。何况《参同契》正文中早已隐有"魏伯阳歌"的廋词(《颜氏家训·书证篇》解为"魏伯阳造"),据此《参同契》为桓帝时魏伯阳所著,殆无疑义。

道家向道教转化时期的主要著作,它说明修炼神仙方术的不易原则,使丹道修炼方法成为有体系、有科学基础的理论。

《周易参同契》提出一个人没有财富,没有社会地位,自守贫贱而不甘于"空竭货财",这是把从事修道,从而把精神满足当作高于物质利益之事。因此,《周易参同契》提出要"通炉火之道",真正与道相通。其中有云:"惟斯之妙术兮,审谛不诳语。传于亿代后兮,昭然而可考。"这说明该书撰作者认为自己得到了一种千圣不传的妙术,仅能传于贤者,得此术者可以"御白鹤兮驾龙鳞,游太虚兮谒仙君,受图箓兮号真人"。这里实际上是关注如何长生久视、得道成仙,是古代神仙家、秦汉方仙道、黄老道的学者们为同死亡作斗争长期积累的理论和方技的总结,其中隐藏着可以返老还童的妙术,自然不出仙学之范畴。该书提出的丹学包括外丹学和内丹学,但其核心部分应该是人元大丹的同类阴阳交感之术。总括而言,《周易参同契》的经济伦理思想元素体现在两个方面:一是在财富观上,强调精神、养生重于物质追求;二是在价值观上,反复强调"金性不败朽,故为万物宝,术士服食之,寿命得长久"[1]。克服物欲,守护自然生命,使其生生不息,长存久立,这是《周易参同契》经济伦理思想之主题。

(二)《老子道德经河上公章句》——道家学说向道教理论的过渡

东汉问世的《老子道德经河上公章句》[2]一书本意在于发挥老子学说,它利用汉代的哲学、医学和养生学的成就注解《道德经》,阐明其哲学宇宙观和养生修身道德观,其中特重于治国治身之道,而尤以炼养长生为主旨,以求长生致福为主要内容。《老子道德经河上公章句》一书以黄老学派无为治国、清静养生的观点注释《老子》经文,由于其"贵清静而民自定"的主张,关注民众日常生计,因此适应了当时经济凋敝、人民需要休养生息的形势。加

---

[1] 潘启明:《周易参同契解读》,北京:光明日报出版社 2005 年版,第 154 页。同时参阅《道藏》第 2 册,北京:文物出版社;天津:天津古籍出版社;上海:上海书店 1988 年版,第 76 页。

[2]《老子道德经河上公章句》的成书年代存在争议,主要有三种说法:一说为西汉宣成之世或稍前,以金春峰为代表;一说为东汉时期,王明、冯友兰、任继愈先生均持此说;一说为魏晋时期,系魏晋葛洪一派道教徒所作,谷方先生持此说法。依《中国道教史》(第一卷,成都:四川人民出版社 1988 年版)这里认为《老子道德经河上公章句》一书成书于东汉。

上统治者的提倡,黄老学派思想在汉代盛行七十余年。该书立足于发展经济,以满足民众基本需要之立场,集中批判了散漫懒惰、为政失误,从而妨碍农业生产,造成粮食短缺的行为,在多处注释中提到了贵农思想,可以看作在发挥老子思想中阐述经济伦理思想的重要著作。它的经济伦理思想与《老子》本身具有的农业生态智慧相联系,形成了具有道家特色的经济伦理思想。《老子道德经河上公章句》以身国同构的逻辑,要求为政者将自身的修养与民本或关怀农业的思想协调统一。《益证第五十五》有注文"高台榭,宫室修。农事废,不耕治。五谷伤害,国无储也。好饰伪,贵外华。尚刚强,武且奢。多嗜欲,无足时。百姓不足而君有余者,是劫盗以为服饰,持行夸人,不知身死家破,亲戚并随之也"。① 文字中深刻体现了其关注农业发展的经济伦理思想,内容具体涉及俭朴少欲、勤于农事、储备粮食、注重民生等。道教反对穷奢极欲、恣肆逞欲;任意地大规模修筑宫殿等行为,导致人民没有足够的财力;无力耕治田畴,致使庄稼歉收、国库亏空;民众经济来源困窘,无以维持生计。如此一来,天下饥困,引发很多社会矛盾。《淳风第五十七》注文"珍好物之滋生彰著,则农事废,饥寒并至,故盗贼多有也"②,也是反对奢侈、重视农业的反映,希图以发展农业避免社会动荡。《贪损第七十五》对于"民之饥,以其上食税之多,以是饥"的注解是:"人民所以饥寒者,以其君上税食下太多。"③君主不应横征暴敛,应因势利导,鼓励农业生产,使人民安居乐业。这里涉及国家财政政策。《独立第八十》注"使民有什伯之器而不用。使民重死,而不远徙",其中讲"使民各有部曲什伯,贵贱不相犯也。器谓农人之器而不用者,不征召夺民良时也。君能为民与利除害,各得其所,则民重死而贪生也。政令不烦则民安其业,故不远迁徙离其常处也"④。这里要求统治者顺天应时,不夺农时,为民谋利。如此一来,百姓才会安于生产,社会才会趋于和谐稳定。

---

① 王卡点校:《老子道德经河上公章句》,北京:中华书局 1993 年版,第 203—204 页。
② 王卡点校:《老子道德经河上公章句》,北京:中华书局 1993 年版,第 221 页。
③ 王卡点校:《老子道德经河上公章句》,北京:中华书局 1993 年版,第 289 页。
④ 王卡点校:《老子道德经河上公章句》,北京:中华书局 1993 年版,第 289 页。

（三）《太平经》——太平道立教依傍的经典

《太平经》是早期道教立教依傍的核心经典之一。东汉顺帝时（126—144 年），琅玡人宫崇诣阙，献其师于吉所得神书《太平清领书》，该书"以阴阳五行为家，而多巫觋杂语"①。《太平清领书》一般被认为就是《太平经》，张角依《太平经》建立太平道，借助《太平经》这部书以提升"太平道"的神圣性和神秘性，以唤起民众的信仰。汉末天下大乱，民众普遍希望天下太平，《太平经》以"太平"为名，明确提出："澄清大乱，功高德正，故号太平。若此法流行，即是太平之时。故此经云：应感而现，事已即藏。""圣主为治，谨用兹文；凡君在位，轻忽斯典。"②可谓应时而出，符合民众的愿望，无疑使其具有现实的合理性和价值。顺应民心，也就适应了时代的需要。《太平经》卷十八记载，早期道教徒自称："吾欲使天下万神和亲，不复妄行害人，天地长悦，百神皆喜，令人无所苦。……助天地为理，共兴利帝王。"太平道利用和改造了《太平经》中关于"太平""平均"等思想观点，却未真正采用《太平经》基本思想。

《太平经》成于东汉中晚期，作者不可考，系东汉黄老道重要经典，原书分甲、乙、丙、丁、戊、己、庚、辛、壬、癸 10 部，每部 17 卷总共 170 卷。今道藏本仅残存 57 卷，另有唐人闾丘方远节录的《太平经钞》10 卷，敦煌遗书《太平经目录》一卷。《太平经》内容涉及天地、阴阳、五行、灾异、神仙等，对道教教义的发展具有广泛而深远的影响。

《太平经》比较倾向于反映民间人氏对经济伦理基本观念和理想境界的认识，它认为"饮食""男女相得""衣服"为"三急"，需要关注解决；提出"太平均"的解决之道，其中说"太者，大也，乃言其积大行如天，凡事大也，无复大于天者也。平者，乃言其治太平均，凡事悉理，无复奸私也"③；"太者，大也；平者，正也。"④《太平经》追求的是和谐公正安宁平等的太平世界，其经济伦

---

① "于吉"也作"干吉"。参阅《后汉书》卷 3 下《襄楷列传》，北京：中华书局 1973 年版，第 184 页。

② 王明：《太平经合校》，北京：中华书局 1960 年版，第 10 页。

③ 王明：《太平经合校》，北京：中华书局 1960 年版，第 245 页。

④ 王明：《太平经合校》，北京：中华书局 1960 年版，第 245 页。

理思想大纲体现在如下方面：第一，财产共有平均，反对专制垄断。它认为天地间的一切财物都应归"中和"所有，"以共养人"①。以此为基础，《太平经》反对垄断和剥削，更反对聚敛财富。第二，自食其力，劳动致富。《太平经》认为："天地乃生凡财物可以养人者，各当随力聚之，取足而不穷。"②个人通过劳动以获取生活资料，人人都是自食其力者。因此，不劳而获，取非其物，都是与"中和"为仇，其罪当死。第三，禁止浮华浪费，靡费财物。解决社会存在的"三急"，所费之物都是应当的，而过此三者则为奇伪之物，在禁止之列，否则会造成天下贫困愁苦，灾变连起。酒对人有弊而无利，"推酒之害万端，不可胜记"③；"太古以降，中古以来，人君好纵酒者，皆不能太平，其治反乱"④。《太平经》提出禁酒要求，从节约粮食和维护社会安定的角度来看都具有积极进步的意义。第四，重农而不轻商。《太平经》对农业生产技术、掌握农时、粮食储备以及劳动者素质对农业生产的影响等问题都有独特论述，说明它对农业的重视。《太平经》认为农业生产受自然条件的影响外，劳动者素质的高低和劳动质量的好坏也是一个重要因素。生产技术、生产条件、天时地利等是农业获得好收成的重要因素。可以说，《太平经》是道教创建时期第一部对于经济伦理问题予以系统关注的经典。

（四）《老子想尔注》——五斗米道依傍的经典

《老子想尔注》为东汉天师张道陵所撰，另一说为张鲁撰，二说无本质区别，实际上可看作张氏祖孙相传的一家之学。原书共四卷，收入道藏太玄部（已佚）。⑤ 现存敦煌残本，唐人写本，底本据敦煌 S6825 号。《隋书·经籍

---

① 王明：《太平经合校》，北京：中华书局 1960 年版，第 247 页。
② 王明：《太平经合校》，北京：中华书局 1960 年版，第 243 页。
③ 王明：《太平经合校》，北京：中华书局 1960 年版，第 214 页。
④ 王明：《太平经合校》，北京：中华书局 1960 年版，第 269 页。
⑤ 《老子想尔注》长期在道教中流传。元时茅山道士刘大彬撰《茅山传》卷九《道同册》首引《道德·五千文》称为"张镇南古本"，并云"数系师内经有四千九百九十九字，由来缺一。是作'三十辐'应作'卅辐'，盖从省易文耳。"今敦煌残卷《老子想尔注》正作"卅辐"，可证确为张镇南古本。《道藏阙经目录》有"想尔注《道德经》二卷"。据陈垣考订《道藏阙经目录》乃明《正统道藏》较《元藏》所缺之目录。（见陈垣《南宗初河北新道教考·藏经之刊行第五》）由此可见，《老子想尔注》元时尚存。元世祖忽必烈至元十八年（1281年）下诏焚毁道经，元刻《玄都宝藏》经板被焚。再经元末战乱，元藏不可复见，《老子想尔注》从此佚亡。

志》、两唐志均不著录,现代流行本为饶宗颐著的《老子想尔注校证》(上海古籍出版社1991年版)。《老子想尔注》的内容采用了《太平经》的思想,部分吸收了《老子道德经河上公章句》,并借《老子》为题来发挥道教思想理论。

《老子想尔注》经济伦理思想的特色在于节制物欲和消费上的侈靡,强调精神修养重于物质追求,强调帝王治世修道可致太平,其主要内容包括四个方面:一是修道者以勤修大道为本,要求一切行为,要坚守道诫。《老子想尔注》认为"道"是专一、真诚、清静自然、好生乐善的,谨守道诫就可延年增寿,除灾得福。"守道诫"就是遵守"道"所规定的戒律。"道"是绝对的"一",道气无处不在。真正的"守一"就是"守道诫"。道诫的内容大体指道贵中和、真诚、道乐清静等。注文认为:"诫为渊,道犹水,人犹鱼。鱼失渊去水则死,人不行诫守道,道去则死。"二是生命为重,清静为本。《道德经》云:"浊以静之徐清。"《老子想尔注》释云:"求生之人,与不谢,夺不恨,不随俗转移,真思志道";"内自清明,不欲于俗"。《道德经》云:"归根曰静。静曰复命。复命曰常。"《老子想尔注》释云:"道气归根,愈当清净","知宝根清静,复命之常法也"。"人法天地"应如天清地静。归根到底是要人"无欲"。"入清静,合自然,可久也","不合清静,不可久也",所以"道人当自重精神,清静为本"。为了使信徒"常清静为务",规定"晨暮礼上下",故宫观称暮为入"静"。三是长生仙寿是最重要的价值。善保精气就可以实现仙寿,要和五脏五行之气,和则相生,战则相克。《老子想尔注》认为:"奉道诫,积善成功,积精成神,成神仙寿,以此为身宝矣。"四是道治天下是实现天下太平、无有争端的理想社会的主要途径。《老子想尔注》关注帝王如何行道的问题,认为行道不应只是道士的事,帝王也应行之。"道之为化,自高而降,指谓王者,故贵一人,制无二君,是以帝王常当行道,然后乃及吏民,非独道士可行,王者弃捐也。"古圣君王都是师道行道,以教化天下,实现太平之治;后世帝王渐渐失道,"虽有良臣,常难致治"。一旦帝王失道过度,天命难违心将降祸以戒。相反,若帝王行道就可以至诚感天,于是"五星顺轨,客逆不曜,疾疫之气,都悉止矣"。因此,"治国之君务修道德,忠臣辅佑在行道,道普德溢,太平至矣。吏民怀慕,则易治矣"。君臣行道,太平可以实现,民众遂得安顺。"道"是生道,清静寡欲、乐善好生之道。

战争是杀生的,故"兵不合道"。早期道教推行这些纲领,遵行诚信、廉明、乐善重生、归朴等教义,在当时社会形势下有着积极的意义,故"民、夷信向之"。总之,《老子想尔注》的基本内容虽然与《道德经》不尽相同甚至有相当的违背,这种情况既可以看作它顺应时代的发展,也可以看作曲尽其意之发挥,但它对于早期道教神学的建立以及对于道教与道家关系的探究则具有非常重要的意义和价值,对于早期道家经济伦理思想的发展来说也做出了一定的贡献。

（五）早期民间道教运动中的经济伦理思想

早期道教经济伦理思想主要着眼点有二:一是底层民众经济生活的改善,尤其是温饱的解决,以及自食其力意义上的经济公平。二是少数道徒超物质利益的精神自由之满足。某些道教方士兴盛炼丹术,修道者得道成仙要靠炼丹之术,而炼丹花费高昂,下层信徒无力问津,因而丹鼎派中的经济伦理思想难以在民众中扩大影响。三国时期,道士左慈、甘始、郗俭、葛玄等都是个人活动,曹操将当时社会上有影响的一些方士召集到身边,以谋求养生方术以延年,同时防止他们鼓动造反。门阀士族加入道教,促使道教分化为上层神仙道教和下层民间道教。早期道术在门阀士族中传播,地位日益提高,而民间巫术发展起来的符箓派也以长生成仙为宗旨,但其主要活动是符水治病、祈祷禳除、互助救困,对社会下层有较大吸引力。

东汉顺帝年间(126—144年),张陵入居鹤鸣山(在今四川省成都市大邑县)修炼。张道陵博通五经,熟知盛行于世的黄老之学、谶纬思想与神仙方术,据此声称太上老君授以新出正一盟威之道,并吸收了巴蜀地区少数民族早期宗教的某些成分,创立了五斗米道,在经济伦理方面主要反映了战乱时期下层民众的民生诉求。张陵死后,张鲁之父张衡继行其道。张衡死,张鲁继为首领。经历曹魏和西晋,至东晋时,五斗米道取得了很大的发展,势力发展至北方和中原地区。

五斗米道创始人"三张"(张陵、张衡、张鲁)在经济伦理思想方面主要的观念和作为大体有四项:一是实行政、教合一,推行特殊经济措施,要求道民互助合作、自立自养;二是设立"义舍"(无偿供给行旅食宿的邸舍)、"置义米肉",使"行路者量腹取食"①,救灾扶困,吸引流民;三是用道教推行教化,去鄙俗、淳风气,祛邪布正;四是宣扬道家因循自然、取法天道的思想,反对暴虐,要求节制、节俭、节欲、勤力修道。这些因素是道教经济伦理思想萌芽和产生时期的基本构成要素。

二、汉唐道教经济伦理思想的积累和发展

两晋至南北朝时期,道教不仅在民间得到了广泛发展,更是在上层社会、贵族集团扩张了势力,逐步实现了教义的理论化和系统化,并形成了统一的教主、戒律和初步的宗教仪式,使得经济伦理思想体现出一定规范意义上的伦理型宗教特征。这个时期是道教经济伦理思想的积累和发展期,诸多道教派别、经书都直接或间接地涉及经济伦理思想。

(一)门阀士族中的道教经济伦理思想

东晋以后道教在社会各阶层传播发展,上层门阀士族中的扩展尤为迅速。经济伦理发展方面出现特色:一方面,门阀士族将道教伦理和玄学思想结合起来,生活上谋求以道导欲、以道制利;另一方面,道教的包容、宽和与得众精神,又不使士族阶层脱离民众,成为高高在上者。门阀士族中上层一部分人(如晋哀帝、简文帝、孝武帝等)在经济上享有优厚的特权,政治上垄断权位,生活上奢侈淫逸,精神上空虚无聊,带头信奉道教,寻求精神寄托;也有部分士族轻视财富,好高骛远,追求任情纵性,精神超越。道教在上层社会的流行,使得一些贵族人士更注重服饵养生、志山乐水的仙术,或某些治病广嗣之术,而不满意于早期五斗米道家长式的祭酒统民制度,反映下层民众追求平等、救穷周急愿望的教义,以及来自原始巫教的方术仪式。因此,五斗米道传播到上层之后,自身性质必然发生变化,蜕去神道旧壳以充实仙道之内涵,以图上升为官方宗教。

---

① 《三国志·魏志·张鲁传》云:"诸祭酒皆作义舍,如今之亭传。又置义米肉,悬于义舍,行路者量腹取足。"

东晋后期道教内部发生了两件事情:一是孙恩、卢循利用五斗米道发动的大规模起义被统治阶级镇压下去,二是《上清》《灵宝》等一批新的道教经典问世并广泛传播。前者使原始道教继黄巾起义失败后又一次遭到沉重的打击,从此一蹶不振;后者是门阀士族接续葛洪对民间道教教义的进一步改造,开启南朝道教变革发展之新机。这是道教史上有重要意义的两件大事。[1] 早期道教经济伦理思想对平等、均富及基本生活资料予以满足的要求受到冲击,加上受末世论的影响和支配,其神学性的经济伦理理念与世俗道德在超脱世俗方面有着高度的区分,这与当时社会矛盾和一系列的社会伦理危机造成人们的绝望与期望心理有关。末世论的影响造成了世俗价值取向神学化的倾向。就世俗的一切财富来说,本质上虽然越来越趋于以宗教终极关怀为价值衡量标准,而表现形式上却又是相通的,人们只有归依道法,舍弃或者获取世俗财富的行为才成为有意义、有价值的行为,这种行为成为通向长生久视、得道成仙之路的途径。

东晋道教在社会上层部分地依附于文化士族而发展,道教伦理在经济层面的节制、勤劳、淡泊名利等,与儒家伦理的仁、义、礼、智相一致,琅琊王氏家族有王羲之一门最有代表性。“王氏世事张氏五斗米道,凝之弥笃”[2],“时东土饥荒,羲之辄开仓赈贷。然朝廷赋役繁重,吴会尤甚,羲之每上书争之,事多见从”[3]。王羲之为道士书写《老子》《黄庭经》,以换取白鹅或写字换取百钱等,反映了世族名士对于人生和财富的洒脱、任情和随意的态度。

总之,民间道教运动在向世族阶层发展的过程中,从重视经济均平、改善物质生活,到充实精神生活、改进修行方术、成仙途径等多个方面丰富充实了道教经济伦理思想。

(二) 金丹派农道合修的经济伦理思想

东晋哀帝年间(362—365 年),江东天师道盛行,出现了以撰作道书、传播经法为首务的道教经箓派。天师道由此获得了一种向义理化演变发展的

---

① 任继愈主编:《中国道教史》,北京:中国社会科学出版社 2001 年版,第 124 页。

② [唐]房玄龄:《晋书》,北京:中华书局 1974 年版,第 2103 页。

③ [唐]房玄龄:《晋书》,北京:中华书局 1974 年版,第 2097 页。

重大机遇。上层社会中道教思想广为流传,其经济伦理思想更多由注重财富转入逍遥快乐、养生养性等仙术思想。道教神仙教义与方术也逐渐统一,融合在一个完整的理论体系之中。新道派相继产生,更自觉注重理论的系统性和严整性,其中主要有以葛洪为代表的金丹派和上清派、灵宝派、三皇派。

葛洪确立了金丹道神仙道论体系,其著《神仙传》《抱朴子》蕴含着丰富的经济伦理思想。《神仙传》一书中收录了传说中的 92 位仙人事迹,[①]其中很多人物并不是道士但都被葛洪列入传中,故事情节大多复杂、奇特、生动。由于无钱不能炼丹,无丹则难以成仙,故该书一方面极尽对钱财、经济富余吹捧之能事,另一方面则要求信徒精诚努力、求道不息,一旦得道成仙,则可任意挥洒,达到富而不再求财的至善仙境。

《抱朴子》是东晋时期对道教理论体系的建构产生深远影响的一部著作,有内、外篇两大部分,《内篇》以玄、道为本体,论证神仙之存在,备述金丹、黄白、辟谷、服药、导引、隐沦、变化、服玦、存思、召神、符箓、乘跻诸术;《外篇》论时政得失,托古刺今,讥评世俗,述治民之道,主张任贤举能,爱民节欲。《抱朴子》一书反映了葛洪内道外儒、道为本儒为末、崇本以举末的儒道双修思想。其中的经济伦理思想要点,有如下方面:

第一,肯定世俗社会钱财的积累,肯定财富的价值和意义。修道成仙离不开世俗社会敛积钱财的支持,葛洪提出:"及欲金丹成而升天,然其大药物皆用钱直,不可卒办。当复由于耕牧商贩以索资,累年积勤,然后可合。"[②]他明确肯定了修道者拥有钱财的合理性,提出敛积钱财是为了合炼金丹,钱财再多,如果不知还丹金液,就不知道死生皆有法,即不知道长生不老。有钱人常常服些其他的各种药物,只不过是延长一点寿命,对现世养生有点好处罢了。财富的价值和意义,在于助成合炼金丹,长生成仙,而非侈奢消费。而只有贤人才能接受长生不老术,富贵之人再富贵,也难得此道。葛洪嘲讽那些凡夫俗子,蝇营狗苟,只是贪慕世俗钱财、富贵而已。现实中很多东西得不到实现,更寻求一种精神上的解脱和长生不老的仙术,故葛洪认为这个

---

① 现存两种版本:一为九十二人附二人传本,见于《道藏精华录百种》等道典中;二为八十四人传本,见于《四库全书》中。唐人梁萧又称其"凡一百九十人",可见今人《神仙传》并非全本。

②《抱朴子内篇·地真》。

比那些暂时的富贵要来得更加有价值。所以求金丹，比求富贵重要；因为成为贤人才能得到仙丹，所以在世上做个贤人、好人又最重要，做贤人、做好事然后才能成仙得道。

第二，节制消费，一切以修道为追求。适量节食有利于修道，服食得当有利于健康。葛洪反对单行辟谷可致仙的观点，主张择仙术之善者而兼习之，尤其必修金丹。他认为单行辟谷可成仙是行气家"一家之偏说"，但并不怀疑辟谷术的健身延年效果。"辟谷"源自道家养生中的"不食五谷"，又称却谷、去谷、绝谷、绝粒、却粒、休粮等。辟谷最早的记载源自庄子："藐姑射之山，有神人居焉。肌肤若冰雪，绰约若处子，不食五谷，吸风饮露，乘云气，御飞龙，而游乎四海之外……"①辟谷分服气辟谷和服药辟谷两种类型。服气辟谷主要是通过绝食、调整气息(呼吸)的方式来进行，服药辟谷则是在不吃主食(五谷)的同时，通过摄入其他辅食(中草药等)对身体机能进行调节。

葛洪认为绝谷断粮只能强身健体而已，绝谷之法有辅助服食丹药的百日绝谷法，有服食石药而绝谷的，有饱餐后不让食物消化的绝谷，有服用符水的绝谷，还有服气吐纳的绝谷，等等。除去金丹术，其他方法都不能成仙。如果想要服食金丹大药，先不吃东西一百来天为好；如果不能停食，只要这样服食大药就行，只是得到仙道稍微迟缓而已，没有大的妨碍。如果遭遇大的灾荒，隐居逃匿在深山老林里，懂得这种法术，就可以凭着它而不会饿死。不能辟谷的人，没有应急决断的方法，到急难时就没有有效的帮助了。止息于人间断绝肉类，如果闻到肥美鲜嫩的香气，都不可能不在心中产生食欲；如果不便与世隔绝，委弃家庭，到山岩栖身，在山洞居处的人。本来就不可能成功地直接中断各种美味，也不要自寻痛苦，不如不要断谷绝食，只是适量节食。

第三，反对以聚敛财富为富贵，主张精神追求方面的解脱。修身得道是最大的富贵。葛洪批判"缓赈济而急聚敛，勤畋弋而忽稼穑"②的思想，以"淡泊肆志"为"尊贵快乐"。这样无疑就支持对经济困顿人群的救济，要求上层人士不要忽视农业生产，要求保证民众基本的生产和消费。当然，丹鼎道派

---

① 《庄子·逍遥游》。郭庆藩：《庄子集释》，北京：中华书局1961年版。
② 《抱朴子内篇·君道》。

是上层道教流派,发展到了葛洪已十分成熟,具备了祭献、礼仪、修行、伦理条规等一般宗教要素。葛洪坚持儒道双修,迎合了当时上层人士的需要,同时也被当时上层人士看作正统道士的代表人物。葛洪认为修身得道是最大的富贵,因此他倡导修道者不管身份、地位、职业如何,在朝还是在野,都应各司其职、勤学力行、求道为贵,以淡泊肆志、升仙解脱、逍遥自在为乐。

第四,玄道乃富贵之根本和目的,致富求财仅为手段。如何致富求财,这尤论对世俗个人,还是对国家来说,都是重要的甚至是核心的话题。葛洪的道教思想以修养玄道为中心,因此"如何致富求财"的话题服务于修养玄道。富贵的本质在于安命,最富莫过贵生、得道、成仙。葛洪著《抱朴子》一书,倡导离弃俗人求财取宝之心,追求走符合"仙道"的升天之路。获取仙药是成仙的必要手段,因此既肯定人间财富,也强调儒道之教,认为世俗财富有度,求财有道有法,至盈必有亏。这些思想表明道教理论化时期力图把济世与救人解脱的理想结合起来,把成仙与积德的思想融为一体,体现出道教把道德规律、道德目标在承负报应论的信仰中联结起来,强调通过自我努力、积德苦修,按照反者道之动的原理最终征服自我欲望而实现自我升仙得道之目标。

长寿而不是聚敛财富,成为葛洪的道教经济伦理思想追求的最大的价值。葛洪描述的玄道"涵乾括坤,其本无名。论其无,则影响犹为有焉;论其有,则万物尚为无焉。……方者得之而静,圆者得之而动,降者得之而俯,升者得之以仰"①。"夫玄道者,得之乎内,守之者外。用之者神,忘之者器。此思玄道之要言也。得之者贵,不待黄钺之威。体之者富,不须难得之货。高不可登,深不可测"②。道教贵生,生命存在本身即一种终极的价值。利莫大于生,长寿就是一种富贵,上智不能移下愚,书为晓者传,事为识者贵。

第五,农业劳作以身体力行、农道合修之伦理要求为原则。"农道"一词始见于《洞灵真经》中《农道》第八篇。《洞灵真经》本名《庚桑子》,亦名《亢仓子》,旧题周代庚桑楚撰。另说唐人王士元托战国人庚桑子撰《洞灵真经》,系摘录《庄子》等古书改编而成,唐天宝中受尊为道教四子真经之一。原本

---

① 《抱朴子内篇·道意》。
② 《抱朴子内篇·畅玄》。

三卷,合为一卷。

魏晋以前,仙人隐士多崇尚农道合修,在世俗生活和经济活动中践行道家和道教神仙信仰思想。如宋人寇先"以钓鱼为业","得鱼,或放或卖或自食之。常着冠带,好重荔枝,食其葩实焉"[1];又有祝鸡翁者,"养鸡百余年,鸡有千余头"[2];常山道人昌容,"能致紫草,卖与染家,得钱以遗孤寡"[3]。还有食术菖蒲根、饮水不饥不老的高道商丘子胥,"好牧猪"[4];而济阴人园客因擅长桑蚕之业,身后为乡人设祠供奉,成为桑蚕业的保护神。葛洪年十三,家道中落,乃"饥寒困瘁,躬执耕稿,承星履草,密勿畴蓑。……伐薪卖之,以给纸笔,就营田园处,以柴火写书。……常乏纸,每所写,反复有字,人鲜能读也。"[5]汉晋列仙大多崇尚身体力行,他们多被后世道书美化,说成是善于饲养、耕种、伐薪的修道者。在一定意义上,他们是道教提倡的农道合一、勤于劳作、事上修道思想的化身,体现了道教经济伦理理念实践落实的一个基本方面。

(三) 道教改革派节制取财活动、规范信仰行为的经济伦理思想

南北朝时期,道教思想体系进一步充实、完善,道教组织进一步壮大,其经济伦理思想进一步发展,各方面发展趋于成熟。与此同时,道教内部也出现了许多问题,由此涌现出众多的道教改革家、理论家。北方和南方的道教改革派主张节制取财活动、规范信仰行为,这是这一时期道教经济伦理思想的主题。

北方天师道(五斗米道)改革的代表人物是北魏寇谦之。寇谦之在个人修炼上注重服食修道,同时服食又是一种消费思想。寇谦之"少修张鲁之术,服食饵药,历年无效",后来成公兴带他在华山修道,使其因"食药"达到了"不复饥"的境界;后又带他到嵩山修道,"乃将谦之入嵩山。有三重石室,

---

① 刘向:《列仙传》上卷,上海:上海古籍出版社1987年版,第9页。
② 刘向:《列仙传》上卷,上海:上海古籍出版社1987年版,第12页。
③ 刘向:《列仙传》上卷,上海:上海古籍出版社1987年版,第17页。
④ 刘向:《列仙传》上卷,上海:上海古籍出版社1987年版,第19页。
⑤ 《晋书·葛洪传》。

令谦之住第二重"。成公兴升仙后,寇谦之"守志嵩岳,精专不懈"。据说寇谦之的精诚感动了太上老君,神瑞二年(415年)十月乙卯,寇谦之"忽遇大神,乘云驾龙,导从百灵,仙人玉女,左右侍卫,集止山顶,称太上老君"。太上老君表明驾临嵩山的缘由,"往辛亥年,嵩岳镇灵集仙宫主,表天曹,称自天师张陵去世已来,地上旷诚,修善之人,无所师授"。鉴于此,太上老君赞曰:"嵩岳道士上谷寇谦之,立身直理,行合自然,才任轨范,首处师位,吾故来观汝","授汝天师之位,赐汝《云中音诵新科之诫》二十卷。号曰'并进'"①。太上老君要求寇谦之"宣吾《新科》","专以礼度为首,而加之以服食闭炼"。太上老君遣人"授谦之服气导引口诀之法。遂得辟谷,气盛体轻,颜色姝丽。弟子十余人,皆得其术"②。

寇谦之道教改革含有限制非法取财的伦理要求,因此对整饬道教组织,纯正信仰,有重要的经济伦理意义。寇谦之道教改革的主要目的是要"清整道教,除去三张伪法,租米钱税,及男女合气之术"③。其中的"租米钱税",即早期五斗米道教民均应向祭酒交纳租米钱税。五斗米道初创时曾规定入道者交五斗米,方可成为道徒。"汉之一斗仅略多于今之一升。五斗,约为今一亩平常产量的六分之一,故贫民不难入道。入道时纳五斗米。治病一次,亦纳五斗米。其他献纳,如义米,似亦限于一次五斗,不许或多或少,故曰'通限五斗米'。此种制度,随道徒发展竟使农民普遍习惯于以五斗为单位。故魏晋以后全国均以五斗为解。"④可见五斗米道所收信米,是其重要的经济来源,比较符合一般百姓的承受能力,而非苛税。后来五斗米道组织松懈,东晋时期一些道官祭酒以借收租米钱税为名向道徒敲诈勒索,他们"取人金银财帛,而治民户,恐动威迫,教人危愿,匹帛、牛犊、奴婢、衣裳,或有岁输全绢一匹,功薄输丝一两,众杂病说,不可称数"⑤。这种情况极大地损害了五斗米道的形象,削弱了五斗米道的民间影响。寇谦之制定了新法来制止这

---

① 《魏书》卷35《经籍四·集志》云:"魏之世,高山道士寇谦之,自云尝遇真人成公兴,后遇太上老君,授谦之为天师,而又赐之《云中音诵科诫》二十卷。"

② 《释老志》。[北齐]魏收:《魏书》卷114,北京:中华书局1974年版。

③ 《释老志》。[北齐]魏收:《魏书》卷114,北京:中华书局1974年版。

④ 任乃强校注:《华阳国志校补图注》,上海:上海古籍出版社1987年版,第75页。

⑤ [北魏]寇谦之撰:《老君音诵戒经》,见《道藏》第18册,北京:文物出版社;天津:天津古籍出版社;上海:上海书店1988年版。

种恶劣的行为,他宣布:"吾今并出新法,按而奉顺,从今以后,无有分传说愿输送,仿署治箓,无有财帛,民户杂愿,岁常保口厨具,产生男女,百灾疾病,光怪众说厨愿,尽皆断之……若有道官浊心不除,不从正教,听民更从新科正法清教之师。"[①]"道官授署职治符箓,随家丰俭,意欲设会,任意。人数三人以上,复能重设。诸肴和会可通,若不能者,无苦也。"[②]如此一来,以厨会制取代租米制,就禁止了道官过分索取道民财帛之措施,减轻了道民的经济负担,缓和了二者之间的矛盾。

寇谦之之后,南朝陆修静对南方的天师道进行了改革。陆修静搜集道书(其中有上清、灵宝、三皇各派的经典),加以整理甄别,鉴定其中经戒、方药、符图等 1228 卷,分为"三洞"(即洞真、洞玄、洞神)。泰始七年(271 年),陆修静撰定《三洞经书目录》,成为中国最早的道教经书总目,奠定了后世纂修《道藏》的基础。改革后的南方天师道被称为南天师道。南朝道教学者陶弘景对以前流行于南方的葛洪金丹道教、杨羲的上清经箓道教及陆修静的南天师道,进一步总结、充实和改革,开创了茅山宗。茅山宗在经济伦理方面,使农道合一思想从民间方向向士族方向发展,士大夫和统治阶级上层更多人理解并实践农业精神、理性取财与修道行为相合一的理念。道教经济伦理思想,在士族阶层层面,更打通了世俗和信仰的关系,不仅在世俗方面更有基础和影响力,在信仰方面也更加精致和深刻。陶弘景是陆修静门徒孙游岳的弟子,中年隐居修道于茅山,着手弘扬上清经法,广泛搜集整理上清经,建立了较为系统、完善的神仙信仰体系。陶弘景居茅山后,开设道馆,招收徒弟,弘扬上清经法,使茅山成为上清派的传道基地和实践园地。

(四) 两晋南北朝时期道教经济伦理思想依傍的主要经典

两晋南北朝时期,道教著作有《黄庭经》《抱朴子》内外篇、《上清大洞真经》《刘子》《度人经》《三皇文》《三天内解经》等,这些经典是道教经济伦理思

---

① [北魏]寇谦之撰:《老君音诵戒经》,见《道藏》第 18 册,北京:文物出版社;天津:天津古籍出版社;上海:上海古籍出版社。

② [北魏]寇谦之撰:《老君音诵戒经》,见《道藏》第 18 册,北京:文物出版社;天津:天津古籍出版社;上海:上海古籍出版社。

想的主要依傍。

《黄庭经》和《上清大洞真经》是道教上清经箓派依傍的主要文本,其中所包含的经济伦理思想原则主要有三:一是生命重于物质、精神重于肉体,一切世俗活动(包括经济生活)都在于保护生命,维护精神安宁;二是消费行为遵循养生与养性、养德相结合的原则;三是天地是人的父母,人与大自然具有相感应的特点,天地万物与人是一个整体,因此一切活动要遵循天人合一之道。《黄庭经》大概产生于西晋时期,包括《内景经》《外景经》与《中景经》三部。《中景经》多疑为后来人所作。《黄庭经》自晋代以来流传很广,是上清派尊奉的主要经典之一,后来又成为全真道功课之一。《黄庭经》把道教教理与医药养生理论相融合,以存思、存神、养精补气、炼髓凝真为主,追求乘云登仙。《黄庭经》与《周易参同契》《悟真篇》被誉为道教三大内丹经典著作,在历史上被誉为"寿世长生之妙典"。《黄庭经》收入《正统道藏》洞玄部本文类,不著作者姓氏,也不著年代。《黄庭经》的思想承袭了《黄帝内经》《老子道德经河上公章句》以及《太平经》等书中的脏腑理论与养生学说,与《太平经》中的"思神""守一"等道教神仙思想相结合,将道教内丹派的固精炼气说从理论上推到了比较完善的程度,为唐宋以来内丹说的重要渊源。

葛洪著《抱朴子》一书,在广泛搜集整理各类道书的基础上,以师传金丹道论为中心,阐述了仙道学说思想体系,成为汉晋道教理论的集大成者。葛洪将道教修仙理论与儒家纲常名教结合起来,把名教内容融入道教教义,强调长生成仙要以忠孝、和顺、仁信为本,修习长生术还需积善立功。《抱朴子》全书分为《内篇》和《外篇》,《内篇》讲神仙方药、鬼怪变化、养生延年、禳邪祛祸;《外篇》言人间得失、世事臧否。葛洪追求的是神仙道教,他的神仙道教理论体系体现于《内篇》中。《内篇》二十卷,每篇为一卷。二十篇即《畅玄》《论仙》《对俗》《金丹》《至理》《微旨》《塞难》《释滞》《道意》《明本》《仙药》《辨问》《极言》《勤求》《杂应》《黄白》《登涉》《地真》《遐览》《祛惑》。《畅玄》《地真》论述了哲学本体观。《畅玄》云:"玄者,自然之始祖,而万殊之大宗也。"《地真》云:"人能知一,万事毕。知一者,无一不知也。不知一者,无一之能知也。道起于一,其贵无偶,各居一处,以象天地人,故曰三一也。"《论仙》《对俗》《至理》《塞难》《辨问》反复辩说了神仙的存在与可信。这些篇章在经济伦理思想方面的主要贡献,在于把修道理念、长生思想与儒家仁义为本、取财有道的观念结合在一起,开拓了道教经济伦理的视角和思想领域,使其更具包容性和适应性。

南朝道士陶弘景著《养性延命录》《真诰》和《真灵位业图》等书。《养性延命录》是陶弘景总结归纳前人养生理论和方法的基础上,撰集成的一部道教养生著作。该书收入《正统道藏》洞神部方法类,题为华阳陶隐居集。卷首有序说明此书编撰的缘起:"夫禀气含灵,唯人为贵,人所贵者盖贵为生。生者神之本,形者神之具。神大用则竭,形大劳则毙。……余因止观微暇,聊复披览《养生要集》。其集乃钱彦、张湛、道林之徒,翟平、黄山之辈,咸是好事英奇,志在宝育。或鸠集仙经真人寿考之规,或得采彭铿、老君长龄之术。上自农黄以来,下及魏晋之际,但有益于养生,乃无损于后患。诸本先皆记录,今略取要法,删弃繁芜,类聚篇题,分为上下两卷,卷有三篇,号为《养性延命录》。"①陶弘景采撷"上自农黄以来,下及魏晋之际"诸家养生精华,经过"删弃繁芜,类聚篇题"而成《养性延命录》一书,全书上下两卷共六篇,分别冠以"教诫篇第一""食诫篇第二""杂诫忌禳祈害篇第三""服气疗病篇第四""导引按摩篇第五""御女损益篇第六",收集、征引的魏晋以前养生著作达三十多种,其中辑录了一些早已散佚的早期养生学著作,如晋代著名养生家张湛的《养生要集》,使其精华部分得以流传。

《养性延命录》一书阐明了经济伦理思想的一些原则性观点,其要在于饮食消费、养性、养生与修道的结合与统一。饮食消费以合理取财为前提,书中虽然没有展开论述,但其中暗含修道者体道得德、尊道贵德,并以仁义养身、取财有道的自然品德。这是养性延命的前提和基础。陶弘景引经据典,从贵人重生的生命哲学出发,论述了养生在修道中的意义和必要性,强调养生与修道是统一的,即所谓"养生者慎勿失道,为道者慎勿失生,使道与生相守,生与道相保"②。这种将养生与修道视为一体的思想对道教影响甚深,为道教确立"生道合一"的经济伦理基本教理奠定了基础。

陶弘景在平时观察中已掌握和运用了丰富的经济生活原理和经济实践知识,尤其是农业生产方面的知识,特别包括土壤知识和地理知识。这是他

---

① [梁]陶弘景集,王家葵校注:《养性延命录校注》,北京:中华书局2014年版,第1—4页。

② [梁]陶弘景集,王家葵校注:《养性延命录校注》,北京:中华书局2014年版,第14页。

在金陵句曲山开创茅山道以及后来茅山道在道教体系中独树一帜、长盛不衰的重要原因。《真诰》阐述了茅山宗的教理教义,其经济伦理思想的主题是因循自然、取法天道,内容主要有四个方面,即因地制宜的土宜观,因时而行的耕道观,与人为善的农业善行观,益于身心发展的消费观。道教创教之初,道士们兼修农业以自立和济世,即以农修道。道教经济伦理思想正是在这一宗教与农业生产相互交融的历史过程中逐步产生和发展的。

第一,因地制宜的土宜观。"土宜"谓各地不同性质的土壤,对于不同的生物各有所宜。陶弘景提出土地划分,已有了土地对于居民及生物的适宜性即"土宜"思想,首先提倡大力垦荒为田。当时茅山地理位置优越,土地质量非常好,但土地还未充分开发,需要开垦宅基地进行耕种,"今父老相传言,乃言大茅之西北平地棠梨树间名下薄处,言是司命君故宅,耕垦至肥良,多见砖瓦故物。今当垦赤石田,赤石田,今中茅西十许里,有大塘食涧水,隐居今更筑治为田十余顷"①。"因地制宜"的"土宜"思想强调根据土地性质进行种植与合理使用的重要性和土地分类的思想。垦荒行动选择大茅西北平地和中茅西十里许,因为这两处是司命君故宅和大塘食涧水,经过耕垦后可致肥田。耕种前需选择土地,才能达到事半功倍的效果。这里显示出对经济活动规律在一定意义上的深刻认识,其中《真诰》如此写道:"其地肥良,故曰膏腴,水至则浮,故曰地肺。""句曲山其间有金陵之地,地方三十七八顷,是金陵之地肺也,土良而井水甜美,居其地必得度世见太平。""金陵之土似北邙及北谷关,土坚实而宜禾谷,掘其间作井,正似长安凤门外井水,是清源幽澜,洞泉远浊耳,水色白。"②总之,凡是经济活动都要考虑土地之宜,要坚持"择地而居""择土而耕"的精神。

第二,因时而行的耕道观。"耕道"一词最早出现在《吕氏春秋》一书,其中说:"夫稼,为之者人也,生之者地也,养之者天也。是以人稼之容足,耨之容耨,据之容手。此之谓耕道。"③"耕道"意为田间耕作的通道,但由于构筑此通道的特殊要求和目的,后来的"耕道"引申为农业生产耕作技术或农耕要道。陶弘景在具体讨论道与物的关系中阐述了耕道思想,他在《真诰》中

---

① [南朝]陶弘景:《真诰》,《道藏》第20册,第553页。
② [南朝]陶弘景:《真诰》,《道藏》第20册,第553—554页。
③ 《吕氏春秋·审时》。陈奇猷:《吕氏春秋校释》,上海:学林出版社1984年版。

以"竹子"为例分析了世间万物的物性，并从神秘性的角度讨论了"竹子"栽种的方法和注意点。他说："我案《九合内志文》曰：竹者为北机上精，受气于玄轩之宿也。所以圆虚内鲜，重阴含素，亦皆植根敷实，结繁众多矣。"①他在种植方面主张多种作物同时种植，以满足人的多种需要，如说："有仙人展上公者，于伏龙地植李，弥满其地。其尝向人说：昔在华阳食白李，味异美，忆之未久，而忽以三千年矣。有郭四朝又于此地种五果，又此地可种奈，所谓福乡之奈，以除灾厉。秦时道士周太宾，及巴陵侯姜叔茂者，来住句曲山下，又种五果，并五辛菜。常卖以市丹砂而用之。今山间犹有韭薤，即其遗种也。"②陶弘景还主张采用杂交技术培植像酆稻以及具有神秘想象和夸张的"火枣交梨"③那样的优良品种，以便于在有限的土地面积上生产出能满足更多人需求的农产品。"酆都稻名重思，其米如石榴，粒异大，色味如菱，亦以上献仙官。"④陶弘景描述"交梨火枣"时说："贵妃手中先得三枚枣，色如干枣，而形长大，内无核，亦不做枣味有似于梨味耳。"⑤凡事依时而行，合乎自然，就地取材。如在灌溉上，主张利用已有的自然水源进行灌溉，主张靠近水源丰富的地区进行劳动耕作，"此田虽食洞水，旱时微少，塘又难立。今塘尚决，补筑当用数百夫，则可溉田十许顷，隐居馆中门人亦于此随水播植，常愿修复此塘，以追远迹，兼为百姓之惠也"⑥。这表现出道教在种植技术方面的创新意识。

第三，与人为善的农业善行观。"道""农""术"三者有机和谐地共处于道教的信仰和行为当中。陶弘景认为修道的方式是多样的，《真诰》一书多次列举长期专心修道、真情所至能使多年枯树再生的故事，其中强调农业活动亦为修道，农事促进修道，亦农亦道，亦技亦道，农、道、技合一，条条道路皆可达到目标。人的心智是在具体的劳动实践中得到提高和改善的。事农

---

① 《养性延命录》。

② ［南朝］陶弘景：《真诰》，《道藏》第20册，第567—568页。

③ 梨在春天开花，春为木；秋天成熟，秋为金。梨皮色微青，青色为木；肉白色，白色为金。原本相克的金（阴）木（阳）互融一体，蕴天地阴阳相交相生之意。枣为红色为火，枣肉色黄属土，火生土，有相生相承之义。所以化相克为相爱；示相生为传承，没有"战争"，便是和谐；和谐就能尽天年；多食梨、枣抑或果能成神仙矣。

④ ［南朝］陶弘景：《真诰》，《道藏》第20册，第580页。

⑤ ［南朝］陶弘景：《真诰》，《道藏》第20册，第570页。

⑥ ［南朝］陶弘景：《真诰》，《道藏》第20册，第558页。

是艰苦的，却是磨炼身心的最好途径，所以在其著作中常以农业生产喻修道。

第四，益于身心发展的消费观。如何合理消费，或消费是否合道，直接影响身心发展。陶弘景认为："百病横夭，多由饮食。饮食之患，过于声色。声色可绝之逾年，饮食不可废之一日。为益亦多，为患亦切。多则切伤，少则增益。"①各种疾病导致意外死亡，多数是饮食的原因。饮食不当，尤其是过度造成的祸患超过了声色。饮食、声色享受等是人体必需，要注重饮食等消费活动。陶弘景的消费思想还将消费与医学知识、动植物学知识、药物学知识紧密结合。陶弘景根据农作物性质，对农作物作了分类，这种分类对他行医和对农作物的消费提供了有益的指导和帮助。他对农产品的消费也是秉着"养生、重生、长生"的原则进行论述的，对动植物的特性和营养成分有着独到的分析，甚至已经注意到各种农产品之间搭配的禁忌。这对各种疾病的预防具有指导作用，因此可以看成是一种医学思想。这一思想不仅属于医学，更属于农学中的消费思想。他说："世人之食桃以补身，不知桃皮之胜也，桃皮别自有方。"②桃皮虽然可作为食品，但陶弘景更视它为一种治病的药材使用。陶弘景还主张发现和试种新的农作物品种，尤其是采用杂交技术创造新的果蔬品种，文中所列举的带有幻想性质的白李、五果等就是典型。

北齐刘昼撰《刘子》(明袁孝政注)③一书，专讲清心寡欲、韬光养晦之道，其中又兼含儒、墨、名、法、农各家之说。《刘子》专门以《贵农》为篇，明确提出"贵农""重农"的经济伦理思想，该书有关经济伦理思想的篇目还有《防欲》《崇学》《专学》《从化》《法术》《赏罚》《知人》《荐贤》《适才》《慎言》《伤谗》《慎隙》《戒盈》《辩乐》《文武》《贵农》《言苑》和《九流》等。其卷三列《贵农》

---

① [南朝]陶弘景：《养性延命录》，《道藏》第18册，第478页。

② [南朝]陶弘景：《真诰》，《道藏》第20册，第520页。

③ 《刘子》一书的撰作者历来也有不同的看法，如两《唐书》和郑樵《通志》皆认为《刘子》十卷为刘勰(约465—约532，字彦和，生活于南北朝时期)所撰。从南宋开始，人们认为是刘昼所撰。刘昼(514—565)，字孔昭，渤海阜城(今河北阜城东)人，北齐文学家。宋陈振孙《直斋书录解题》卷十《杂家类》云："《刘子》，五卷，刘昼孔昭撰。播州录事参军袁孝政为《序》，凡五十五篇。《唐志》十卷，刘勰。今《序》云：'昼伤己不遇，天下陵迟，播迁江表，故作此书。时人莫知，谓为刘勰，或曰刘歆，刘孝标作。'孝政之言云尔，终不知昼为何代人。其书近出，传记无称，莫知其始末，不知何以知其名昼，字孔昭也。"傅亚庶撰的《刘子校释》(北京：中华书局1998年版)一书，谓刘子为刘昼。本文采刘昼撰《刘子》说。

《爱民》篇，说明其对农业经济的重视。首先，《贵农》篇提出衣食为民之本，物质生产是根本，肯定农业的基础地位，其中云："衣食者，民之本也。民者，国之本也。民恃衣食，犹鱼之须水，国之恃民，如人之倚足。鱼无水则不得而生，人失足必不可以步，国失民亦不可以治。先王知其如此而给民衣食。"①衣食是民之本，民是国之基，民需要衣食，衣食是经济活动的产物，国家需要民。衣食丰足是治理国家的根本，治理国家需要注重给民衣食、重视农耕。其次，系民以地以保持社会安定。农业生产既然无小事，统治者在其中必然要起表率作用，"国非无良农也，而主者亲耕；世非无蚕妾也，而后妃躬桑，上可以供宗庙，下可以劝兆民"②。鼓励人民积极农耕，可达到"衣食饶足，奸邪不生，安乐无事，天下和平"③。统治者不仅作为表率要鼓励农耕，还要实行一定良策，不妨农时，不贪恋珍宝、浪费财力。"衣食为民之本，而工巧为其末也。是以雕文刻镂伤于农事，锦绣纂组害于女工。农事伤，则饥之本也；女工害，则寒之源也。饥寒并至而欲禁人为盗……故建国者必务田蚕之实而弃美丽之华，以谷帛为珍宝，比珠玉于粪土。"④第三，食物是民之生存大急，要仓有所储，危急时刻能解燃眉之急。"衣之与食，唯生人之所由。其最急者，食为本也。"⑤这种看法和《太平经》的"三急"思想是一脉相承的，强调粮食生产、储备及理性消费对于国家发展之基础性。其中举例说明粮食储存的重要性如"尧汤之时，有十年之蓄。及遭九年洪水，七载大旱，不闻饥馑相望，捐弃沟壑者，蓄积多故也"⑥。《刘子》还认识到缺乏粮食存储的原因在于食者多、耕者少，"谷之所以不积者，在于游食者多而农人少故也……今一人耕而百人食之，其为螟虫亦以甚矣"⑦。游食者多，国无所储，民无饱食，很大程度上不利于社会稳定、经济发展。

在早期天师道组织里，神职人员"师"不可以收钱，"治"却收受属下道民

① ［北齐］刘昼：《刘子》，见《道藏》第21册，北京：文物出版社；天津：天津古籍出版社；上海：上海书店1988年版，第737页。
② ［北齐］刘昼：《刘子》，见《道藏》第21册，第737页。
③ ［北齐］刘昼：《刘子》，见《道藏》第21册，第738页。
④ ［北齐］刘昼：《刘子》，见《道藏》第21册，第738页。
⑤ ［北齐］刘昼：《刘子》，见《道藏》第21册，第738页。
⑥ ［北齐］刘昼：《刘子》，见《道藏》第21册，第738页。
⑦ ［北齐］刘昼：《刘子》，见《道藏》第21册，第738页。

的信米、信物,这是当时天师道活动的经济基础。"神不饮食"可以说是道教与古代一神教的分野,"师不受钱"则是道教对自己内部的规定。作为世间神师的道士没有薪水,天师治拥有道民交纳的"信米信物"等集体财产,道民参加斋会时一般都要对他们的宅箓或其他所收到的箓,拜一个言功章,对该祭的将军表示谢意,希望保佑合家平安。"师不受钱"意思是祭酒和天师的男女官不可以收纳道民的信物,大部分道民的供物都归于"治",一切交纳财物、管理财物和其他集体活动都发生在"治"举行"会"的时候。大家选举祭酒,而祭酒则选举自己的职员。"都功"是专门负责治内财产的职员,其职责,一是管理所有的信物和其他财产,包括收入和消费;二是管理"治"的各种建筑,包括给客人提供"义舍"以及桥梁和道路。道民的命米、法信和其他供品,是为了大家的利益而用。各"治"的都功道官责任不小,但非财主。都功不是一个众生的神师,道民的"赎回"或者"赎罪"不是从他手上得到,所有的济度功能全是个人的责任。

总之,两晋南北朝时期道教经典繁多,这一时期道教经济伦理思想依傍的文本还有《上清大洞真经》《太上洞玄灵宝无量度人上品妙经》《三皇文》等。这些道经内容不仅涉及如何劾召鬼神、符图及存思之术,还涉及如何助人、度人,如何通过信仰、行善以求得幸福生活,要求人们皆当齐心修斋、六时行香,诵念道经,以求降福消灾,并由此达到成仙的目的。

三、汉唐道教经济伦理思想的兴盛和转衰

隋唐时期,随着道教的持续发展,道教经济伦理思想进入了一个兴盛时期。隋朝大体上是一个过渡的时期,隋朝实行佛、道兼容政策,虽以崇佛为主,但对道教甚为重视,道教经济伦理思想由此获得了一个良好的发展机遇,至唐朝实行宗教信仰自由政策,道教经济伦理思想发展进入了兴盛时期。唐玄宗末年至代宗初年(755 年至 763 年)的安史之乱,席卷半壁江山。唐朝规定卖度牒,作为财政危机之时的敛财法。出家的道士、女冠原则上不准许拥有奴婢、田宅资财,只有把资财的 3/10 上缴国家,作为国家的恩典才允许蓄积一部分财产。中唐以来建议课僧道之议屡提,宪宗元和六年(811年)宰相李吉甫建议对僧道课税。两税法实行后,唐政府逐步承认道观及道

徒拥有庄田、资财之权利，而道观及道徒也得向政府纳税，寺院占田受限。到宣宗大中年间，随着道教的转衰，道教经济伦理思想也呈现出由盛而转衰之势。

（一）隋唐道教对南北朝道教经济伦理思想之承接

隋朝把开国年号命名为"开皇"（此号取自道经），隋文帝还建道观、度道士，扶持道教发展，在位时于长安为道教修建了10座道观。隋朝道教宫观制度正式形成，道观设置由此进入了一个大发展时期。隋朝以佞佛出名，隋文帝"雅信佛法，于道士蔑如也"[①]，"至于道观，羁縻而已"[②]。当开皇三年（583年），新都城大兴城建成时，"乃于都下畿内造观三十六所，名曰玄坛，度道士二千人"。隋炀帝营建东都时，"复于城内及畿甸造观二十四所，度道士一千一百人"[③]。两京的道教势力已有相当的规模，道士人数超过《新唐书》所载唐代道士约一倍，从全国来说，道教的势力应该是相当可观的。[④]

茅山宗经济伦理思想以道家为宗，承接南北朝道教上清派经济伦理思想，内容要点有如下方面：第一，茅山宗主旨以道家老子之"道"为基础，以此来阐述万物生成发展之规律，并教导道徒无论修生还是经世活动，当先效法天道，而后与道合真。第二，茅山宗建宫立观，推行农耕自食，农道合修，勤力耕作，认为农业经营和养性修道根本同一，即都在顺应大道、修行得道，达成出世超越之目的。第三，茅山宗提倡修道者清静寡欲，经济消费奉行严格守戒自制，个人修炼方法上要求钻研道经，遵守法戒，斋醮多依天师道道法精髓。第四，茅山宗认为修养重在调意和精神修养，身形兼修，通过炼神达到炼形，而不重符箓、斋醮和外丹之功利主义，对房中术更是排斥。第五，茅山宗要求道士怀有济世度人之心，为世俗祈福迎祥，驱除世间邪恶，帮助人们了解和认识真道，弘扬乐人之善、济人之急、解人之危、利物济人之道德

---

① 《隋书·经籍志》。
② ［唐］道宣：《集古今佛道论衡》卷乙，［日］高楠顺次郎等编：《大正藏》第52册，大正一切经刊行会，大正十三年（1924年）至昭和九年（1934年）。
③ 《历代崇道记》。参阅罗争鸣辑校《杜光庭记传十种辑校》，北京：中华书局2013年版。
④ 王永平：《道教与唐代社会》，北京：首都师范大学出版社2002年版，第18页。

观,以达净化心灵,澄心静意,开通智慧,趋向真善美之境。隋代茅山宗组织制度较健全,为其后发展奠定了基础,因此也为道教经济伦理思想的发展也做出了一定的贡献。

唐、隋相承,道教茅山宗经济伦理思想持续发展,而上清派在道教诸派中理论最为繁富,经戒、科仪、符箓、斋醮、炼养、金丹、医药等无所不备,对道教教理、修炼理论及其组织发展贡献很大。上清派道士多隐居修道,对因循自然、取法天道之农耕生活更有深切体验,因此其经济伦理思想立足于农道合修、贵生养性,对传统自然经济之农田耕作、种植养殖、园艺技术、医术养生等多有研究,由此产生了很多价值意义重大的农书、医术。上清派以存神服气为修行方法,辅以育经、修功德,立意畅玄皆以道家"道法自然"为根基,不摄或少引佛学,保持发扬道教的传统特色,大体上属于保守派。上清派的影响唐代已远播大江南北,故《全唐文》有云:"茅山为天下道学之所宗。"上清派最早崇奉《上清大洞真经》,谓读之万遍即可成仙,誉之为"仙道之至经"。《黄庭内景经》也是其崇奉的另一部重要经典,它倡导道法自然,无为而治,认为人体百脉关窍各有主神,需用存思法以存守身神。尽管经中缺乏具体做法,功理、功效也多有不实之辞,但借存思身内诸神、身外诸物来集中意念,达到精神内守,神不外驰,正体现了上清经法之根本。上清派多注重个人精、气、神的修持法,不重符箓、斋醮和外丹,容易为士大夫贵族阶层所理解和接受,也正是该派能较快发展、壮大的一个重要原因。

(二)道教经济伦理思想之发达、繁盛

唐代贞观—开元时期,由于上层统治尊崇道教,经济发展、文化繁荣,推动了道教经济伦理思想趋向于两极。其中的一极是,道观经济兴盛,借鉴了儒家经济伦理思想成分并与世俗经济伦理相协调,以道家经济伦理思想中的自然主义为主,强调入世救世,经营与修道一体,认识农业经营活动与自然条件之间的关系,要求经营活动合乎规律,不违背自然;对于消费活动的认识,形成了推崇简朴、均平的消费信条;对人与土地关系的认识,体现了物我一体、合理利用土地的农业生态智慧;对人类与自然生命的关系的思索,形成了正确处理生产与自然关系的"有形皆含道性""好生恶杀"

"慈心于物"的思想，由此使道观经济伦理思想对唐代世俗社会经济之生产、分配、消费等产生了广泛影响。另一极则是，伴随道教理论之发展，道教经济伦理理论也不断丰富、完善。唐代道教尊崇老、庄，追求出世超越，因此其伦理理论多以尊道贵德、无为而治、返璞归真、知足重生为论题，主张超越义利、虚无为本、因循为用、为政节俭。而且道教更善于采百家之长，以经世致用治国安邦，强调农业经济活动是在自然秩序和人为秩序的关联互动中完成的，以因顺自然秩序为主，其经济伦理思想强调行无为而任自然，身国共治，以农为本，建宫立观，农道合修，关注此岸世界，道徒以入世的态度经营现实生活，希求达到长生成仙的境界。道教在哲学原理、价值根据、行为准则、报应理论，以在产权、经营、分配、消费、生态等理论方面均有阐述，既为修道成仙做理论论证，也为道观经营做学理上的说明。

唐代道教经济伦理思想之发达、繁盛，主要体现在三个方面：一是道教经济伦理理论有很大的发展，道教学者大量涌现，相关教义、教理和典籍的整理和编纂超出了前人；二是道教教派繁多，而且发展迅速，达到了兴盛；三是道教在饮食禁忌、养生、节日等方面的经济伦理观念，对当时官方、民间社会产生了普遍而有力的影响。

第一，道教理论建设之发展。唐高宗奉《道德经》，唐玄宗立崇玄馆，诸生诵习《道德经》，是时以老子《道德经》《老子道德经河上公章句》《老子想尔注》为道教依以立教的理论依据。《庄子》在唐代被尊为《南华真经》，成为道教主要依傍的文本之一。唐代涌现了许多道教学者，如孙思邈（581—682年）、成玄英（608—？）、李荣（生卒年不详）、王玄览（626—697年）、司马承祯（647—735年）、吴筠（？—778年）、李筌（生卒年不详）、张万福、施肩吾（780—861年）、杜光庭（850—933年）等，他们对道教教理、教义和修炼方术等方面作了全面的发展。王公大臣及儒生、道士等纷纷研究和注疏《老子》《庄子》。隋唐时代注疏笺解《老子》者近30家，其他受老庄思想影响的著述也很多，如通玄先生的《道体论》、司马承祯的《坐忘论》等。成玄英、李荣为代表的重玄学派，对道教理论发展产生了重大影响。

唐代学者继前人学术之大成，编撰了大型道书，其中特别是《道教义枢》《传授三洞经戒法箓略说》《开源道藏》等大型道书的出现，为道教兴盛之重要标志。[①]

《道教义枢》原书本十卷,举凡道教义理名数之重要者,分为三十七门,首以骈文提其旨要,名之曰"义",次加以解释,皆广引经籍及魏晋诸师之说并加论析之。《道教义枢》在体例上分别对每条教义作了系统论述,释义中亦有兼释及其他名义者,其术语、义理不仅多取于佛教者,且条分缕析,尽破四句,唯立中道之论析方法,颇似释家,能反映出唐代道教理论吸取佛教义理而演化的状况。所论限于义理,不涉及方术名义。

"道德"这一范畴是《道教义枢》一书首先阐明的基本概念。该书如此定义"道德":"道者,理也,通者(也),导也。德者,得也,成也,不丧也。言理者,谓理实虚无。……言通者,谓能通生万法,变通无壅。……言道(导)者,谓导执令忘,引凡令圣。……德言得者,谓得于道果。……言成者,谓成济众生,令成极道。……言不丧者,言上德不失德,故云不丧也。……然道德玄绝,自应无名,开教引凡,强立称谓。故寄彼无名之名,表宣正理,令识名之无名,方了玄教。故《灵宝经》云:'虚无常自然,强名字大道。'"[②]以道为虚无之理,可见《道教义枢》与隋唐时期重玄派有很大关系。《道德义枢》谓"有无斯绝,物我都忘",为道德之极致。孟安排又从体用关系论道德,他认为:"道义主无,治物有病;德义主有,治世无惑。"

张万福、张承先等人对道教科仪、经戒法箓传授进行了系统的整理和增删,使其更加丰富和完备。张万福编撰《传授三洞经戒法箓略说》意义最为重要,该书分上下二卷,卷首阙文,该书成书于唐玄宗先天元年(712年)。现存部分先叙经戒法箓,次述法信盟誓。该书认为,道教经戒是修道者必修科范,否则不得成仙,犹如涉海而需舟楫一样,以信教对象的品位、贤愚、禀气清浊等区别分别授予不同的戒律。

唐代道书数量益增,汇编成藏。开元间(713—741年),唐玄宗命史崇玄与崔湜等四十余人撰《一切道经音义》及《妙门由起》共约150卷,亲自为之作序。在此基础上,唐玄宗发使四处搜访道经,加上原来京中所藏纂修成藏,目曰《三洞琼纲》。这是历史上第一部《道藏》,总计三千七百四十四卷(一说

---

① 卿希泰:《中国道教史》第2卷(修订本),成都:四川人民出版社1996年版,第259页。
② 孟安排:《道教义枢》,《道藏》第24册,北京:文物出版社;天津:天津古籍出版社;上海:上海书店1988年版。

五千七百卷,一说七千三百卷)。他又下令诸州郡传写一切道经,以广流布。《混元圣纪》卷九载:唐玄宗天宝七年(748年)闰六月,"丙辰,诏曰:玄宗妙本,实备微言;垂范传学,将弘至化。朕所以发求道之使,远令搜访,因闻政之余,亲加寻阅。既刊讹谬,爰正简编,必有阐扬,以崇劝道。令内出一切道经,宜令崇玄馆即缮写,分送诸道采访使,令管内诸道转写"①。《开元道藏》是中国历史上第一部道藏,其编纂体例采取三洞分类法,分三洞三十六部(即洞真、洞玄、洞神各十二部)。天宝七年(748年)诏令传写,至唐末五代,毁于兵火。

第二,道教内部支派兴盛。唐代道教派别承袭魏晋南北朝,其来源一是继承魏晋神仙道教的传统,二是魏晋天师道的流变。唐代专门从事外丹黄白术的金丹派道士和以各类气法修炼,兼服食药物养生的炼养派道士,则是继承方仙道传统的神仙道教流派。上清派、灵宝派、正一派等经箓派道教,实际上是魏晋天师道在神仙道教影响下的流变。楼观派(唐初改楼观为宗圣观)道士以终南山为中心,形成终南山道团,宗老子和关尹子,修习《老》《庄》,实为神仙道教和经箓派道教的融汇。较大道派是茅山宗、楼观派,还有张天师一系的复起。唐天宝七年(748年),玄宗令有关部门审定张天师子孙,以隆真嗣,册追祖天师张陵为太师。至中晚唐时,龙虎山天师道即龙虎宗壮大,为宋元以后龙虎山天师道的兴盛奠定了基础。唐代道教派别有上清派、正一派、楼观派、洞渊派、北帝派、金丹派、炼养派、占验派等等。

第三,道教若干经济伦理观念对唐代官方、民间社会均产生了一定的影响。道教经济伦理思想强调尊道贵德、无为而治,唐贞观—开元时代实行儒主道辅国策,道教影响唐政府采取"静为农本"的思想,"静"即休养生息、轻徭薄赋、因循为用、为政节俭、因顺自然。道教知足重生、虚无为本、身国共治的思想观念对官方和民间的消费、养生、节日等活动都具有一定的作用,尤其是道教若干经济禁令及饮食消费中的修道思想作用于民间风俗,形成了具有道教信仰特色和风格的地方风习,对民众影响尤为突出。

---

① [宋]谢守灏:《混元圣纪》卷9,《道藏》第17册,北京:文物出版社;天津:天津古籍出版社;上海:上海书店1988年版,第166页。

首先,道教在鱼、肉饮食方面的消费思想影响了政府禁令。其次,饮食尚修道、养生、求福。再次,道教节日及节日饮食习惯中的素食、禁食。最后,食品追求养生。炼制并服食丹药是道教修炼过程中的一个重要组成部分,平时饮食也特别讲求营养。孙思邈曾撰有《千金食治》一书,该书是《备急千金要方》原书第 26 卷。人们对神仙的向往与崇拜,对道教的饮食也颇为推崇,道教的养生学说为人们所接受,道教的许多饮食品种不断被引入民间,从而成为广大民众所喜食的佳肴。

唐代饮食消费中鲜明的道教色彩同统治者推崇道教,推广、普及道教有着直接的关系。道教经济伦理思想在自身的发展进程中也在不断吸收、接纳中国传统文化的精髓以丰富、发展自己,不断接近市民、百姓,逐渐为民间百姓所接受。这在唐代士人精神生活中留下了很深的印记,在整个唐代文化中产生了深远的影响。宋代以后,宫观寺院成为市民、百姓娱乐活动的中心,商贸的集散地,其导源均在唐代。

(三) 隋唐道教经济伦理思想依傍的若干主要经典

隋唐时期道教经济伦理思想依傍的经典除《道德经》《老子道德经河上公章句》《老子想尔注》《南华真经》(庄子)外,其他道书如《三洞奉道科戒营始》《阴符经》《太白阴经》《太上老君说常清静妙经》《玄纲论》《坐忘论》《太上大道玉清经》《太上一乘海空智藏经》《道德真经广圣义》《南华真经注疏》《道德真经藏室纂微篇》《通玄真经注》《九转流珠神仙九丹经》《黄帝内经素问》等,也是道教经济伦理思想赖以依傍者。

《三洞奉道科戒营始》原题"金明七真撰"(盖托名),简称《三洞奉道科戒》(敦煌抄本题为《三洞奉道科戒仪范》),书成时间一说是南北朝,一说是隋唐之际。《三洞奉道科戒营始》吸纳佛教术语及相关戒律,从道观经营、经济劳作、产业物品、道士行为诸方面对道教经济伦理思想做了阐述。如在道观经营方面,规定"药圃果园,名木奇草,清池芳花,种种营葺,以用供养,称为福地,亦曰净居,永劫住持,勿使废替,得福无量,功德第一";财物安置方面,规定"凡车牛骡马,并近净人坊,别作坊安置。不得通于师房,及斋厨院内出入,并近井灶";在对待俗客财产方面,规定"凡有俗客,或门徒,若本部官人,皆别安俗坊,所将人畜,并不得侵损常住,若赎者住";在种植营业方面,规定"凡药者,救病所须,当别立药圃栽莳,当处所有……华果供养之先,绕观院内,及廊舍内外,皆栽花果珍草,以时收采,供养三宝";在蔬菜种植方面,规定"凡菜,斋食所资,当除五辛之外,时有名菜瓜瓞之属,皆须种植";在道观财产方面,规定"庄田碾硙,常住所资,随处访求,依法置立。其中区别净秽,检校营为,皆适当时,务令得所";在导师行为及财物方面,规定"凡出家之人,务存清素,远弃骄奢,须从俭省。所居之处,皆不得华丽靡曼,床席器玩,并须敦朴,不得同俗,使内外开通,表里无拥,不得以帘幔帷幌而自隐藏其绳床。凡拂、如意、香炉、法具,常安左右。凡诸非法器服玩弄,皆不得畜。此道士之重戒"。① 这些经济伦理思想对隋唐道派融合及宗教形式规范化产生较大影响。

《阴符经》(全称《黄帝阴符经》或《轩辕黄帝阴符经》《黄帝天机经》)是唐代道教重要经书,后世道教规定道士必诵习此书,是《玄门功课经》的主要经书。李筌著《黄帝阴符经疏》解释此经典,将内容概括为两部分:第一,自然界及其发展变化的客观规律,天性运行为自然规律,人心则顺应自然规律;天、地、人生杀的变化情况,人的生杀之气的和收,应与自然同步,才能把握好事物成功的机遇。人的后天禀性巧拙的生成和耳目口鼻的正确运用,主要效法自然五行相生原则,修炼自身。第二,专心致志可收到非凡的功效,掌握好这微妙的自然规律,以随机应变为原则。

李筌继承《老子道德经河上公章句》《太平经》等道教重农的思想,在《黄帝阴符经疏》和《太白阴经》中阐述了重视自然生态、鼓励发展农业的思想。李筌在《黄帝阴符经疏》中提出:"人理性命者必须饮食滋味也。……谷者,人之天也。天所以兴,王务农;王不务农,是弃人也。人既弃之,将何有国哉!""天生天杀,道之理也。"②万物生于天地间,天地对万物既无喜爱也无憎恶。天地无心,以人心体现天性,恣意纵欲嗜杀则违逆天性,终被天地所弃而自生自灭!如能顺应天道,回归自然,又掌握修炼理法者,则可夺天地之造化,取再生之神机,由此而得健康长寿之道! 人与天地自然是不可以分割

① 《洞玄灵宝三洞奉道科戒营始》卷一《置观品》,见《道藏》第24册。
② 《黄帝阴符经疏》卷中《富国安人演法章》,《道藏》第2册。

开来认识的,这是天道之玄理。李筌还提出:"天地,万物之盗;万物,人之盗;人,万物之盗,三盗既宜,三才既安。"这是说天地是一对阴阳,万物皆在天覆地载之中,在天地的动态平衡中繁衍滋生。天之道,损有余而补不足,始终保持动态平衡,这是自然规律。人类在从大自然中开发获取资源的同时,也欠下了天地万物的债务。欠债是要偿还的,若人类只知一味地开发猎取而不知偿还,则终有一天债务缠身偿还不起而自毁家园。天地万物和人三者之间的盗取关系,是天道使然,是天地自然保持平衡的一种调节,这样万物才会各安其所,生生不息。李筌在《太白阴经》中提出国富在粟、国强在兵的思想,其中《国有富强篇第五》认为:"国之所以富强者,审权以操柄,审数以御人。课农者,务之事,而富在粟。……安兵而劝农桑,农桑劝,则国富。"①《国有富强篇第五》论述了国家富强与研究权谋、操纵权谋、发展农业的关系,鼓励发展农业、种植业,阐述了国家富有与发展商业、人民财物充足的关系,讨论了开发利用资源与创造财富的关系。其中提出"地诚任,不患无财",认为土地是国家最宝贵的财富,也是国家赖以存在的物质基础,只要充分开发并充分利用地上地下的一切资源,就会创造出无穷的财富。

唐开元至大历年间道士吴筠撰《玄纲论》,是基于道家哲学的创造性发挥,该书大体上体现了唐代道教茅山派的理论水平。《玄纲论》一卷②,上篇是宇宙生成论、道德修养论和社会政治观,其中认为道是"虚无之系,造化之根,神明之本,天地之源"(《道德章第一》),即"道"是宇宙万物的根源,自然生成万物,因此"自然"是道德、天地之纲常。天地万物生成的根源为自然之道,由于元气而具备千姿百态的形态。"自一气之所育,播万殊而种分",故生天地人物之形者是元气(《元气章第二》)。吴筠从"有无""动静"等方面论道的生成性及修道的方法,认为若做到"有"同于"无",则"有"不灭,神仙长

---

① 《太白阴经》卷1《人谋上·国有富强篇第五》。参阅张文才译注:《太白阴经解说》,长沙:岳麓书社2004年版,第24页。

② 《正统道藏》收入太玄部,《通志·艺文略》著录《玄纲论》为三卷,《文献通考·经籍考》五十二则录为一卷。《道藏》本分为上中下三篇,共三十三章。上篇《明道德》,九章;中篇《辩法教》,十五章;下篇《析凝滞》,九章。吴筠在上唐玄宗的《进玄纲论表》中说明作此论的由来:"重玄深而难赜其奥,三洞秘而罕窥其门,使向风之流浩荡而无据,遂总括枢要,谓之《玄纲》。"此表和《玄纲论后序》及《化时俗》章、《明道德》章等,收入[清]董诰等纂修的《全唐文》卷925、卷926(中华书局1975年版),但《道藏》本缺载。《玄纲论》是吴筠道教理论的重要组成部分。据唐礼部侍郎权德舆所撰《宗玄集序》称,吴筠献《玄纲论》三篇,得到唐玄宗的"优诏嘉纳",称此论"总论谷神之妙"。权德舆《吴尊师传》称其"尤为达识之士所称"。

生；"道"能自无生有、化有为无，修道就要具备"道"的这一特性，超越动静，与至静至虚的"道"契合，方可解脱生死之累。吴筠从天道阴阳变化推究人世治乱原因，主张以道家政治观为"心灵"、以儒家政治思想为"容饰"，本末结合，天下垂拱而化。中篇具体讲解了修道的方法，体包括"道在至精，靡求其博"，当"周览以绝疑，约行以取妙，则不亏于修习"（《神道设教章第十》）；"道虽无方，学则有序"，其序为"始于正一，次于洞神，栖于灵宝，息于洞真"（《学则有序章第十一》）；心应物而不为物累，不动念，特别是要做到"无为"，无为则心理，有为则心乱（《形动心静章第十五》）；"宝神"而修，关键在于"阳胜"，因为"阳胜则阴销而仙"（《阳胜则仙章第十二》）；"制恶兴善"，"立功改过"。下篇以问答形式回答了世人疑问，进一步申述前两篇的思想。

　　唐开元至大历间道士司马承祯著《坐忘论》，也是基于道家哲学的创造发挥，体现了唐代道教茅山派的理论水平。司马承祯在《坐忘论》[①]卷首云："人之所贵者，生也；生之所贵者，道也。"世间第一件可贵之事在于生存在世间，明道修真最可贵。人离不开道，呼吸寄生，吐故纳新，无时不在道中。但是，修身以解决衣食等消费问题为基础和前提，正如司马承祯所云："修道之身，必资衣食。事有不可废，物有不可弃者，当须虚襟而受之，明目而当之，勿以为妨，心生烦躁。若见事为事而烦躁者，心病已动，何名安心？夫人事衣食者，我之船舫。我欲渡海，事资船舫。渡海若讫，理自不留。何因未渡，先欲废船？衣食虚幻，实不足营。为欲出离虚幻，故求衣食。虽有营求之事，莫生得失之心。则有事无事，心常安泰。与物同求，而不同贪；与物同得，而不同积。不贪故无忧，不积故无失。迹每同人，心常异俗。此实行之宗要，可力为之。"[②]本论"坐忘"之旨在于"离形去智，同于大通，是谓坐忘。夫坐忘者，何所不忘哉，内不觉其一身，外不知乎宇宙，与道冥一，万虑皆遗。""修道之人，要须断简事物，知其闲要，较量轻重，识其去取，非要非重，皆应绝之。犹人食有酒肉，衣有罗绮，身有名位，财有金玉。此并情欲之余

---

① 另有石刻本神形《坐忘论》，指出七阶《坐忘论》为道士赵坚著（晋魏隋唐时期道士，不可考），批评七阶《坐忘论》讲的不是坐忘，而是坐驰，长生修炼应当形神俱全。且称之为形神《坐忘论》。
② 《坐忘论》。引自［宋］张君房《云笈七签》卷94《仙籍语论要记》，载张继禹主编《中华道藏》第29册，北京：华夏出版社2004年版。

好,非益生之良药,众皆徇之,自致亡败"①。按修习次第,《坐忘论》分《信敬》《断缘》《收心》《简事》《真观》《泰定》《得道》七章,从方法的内容上将修仙过程分为五渐门,即斋戒(浴身洁心)、安处(深居静室)、存想(收心复性)、坐忘(遗形忘我)、神解(万法通神),称"神仙之道,五归一门";将修道分为七阶次,即敬信、断缘、收心、简事、真观、泰定、得道。五渐门、七阶次又可概括为简缘、无欲、静心三戒。他认为,只需勤修三戒,就能达到"与道冥一,万虑皆遗"的仙真境界。可以说,《坐忘论》也是一部修道明理、入室炼养的道书。

道书《太上大道玉清经》《太上一乘海空智藏经》《道德真经广圣义》《南华真经注疏》《道德真经藏室纂微篇》《通玄真经注》《九转流珠神仙玉经》《黄帝内经素问》等,探究了道与物性、农业生产、修道与务农等主要经济伦理问题。其中《太上大道玉清经》卷二《慈悲方便品第六》说:"有情无情,禀道而生。"探讨了物性与时地以及道与物性的关系,研究了农业禁忌、农业灾害、优良品种推介、修道与务农的关系等。

要而言之,上述道经阐述的经济伦理思想主要涉及如下方面的问题:(1)自然灾害形成的原因及其应对、预防措施;(2)顺应自然、遵时而行、循道而为;(3)农业养蚕、农业技术、工具和制度问题;(4)时、气、道三者与物的关系;(5)作物的起源、土地的种类及其与物性的关系;(6)勤、俭、备荒,重农、劝农和敬农的思想;(7)发挥人力作用;(8)动物、植物的物性和时、地、道的关系;(9)生态与农业的关系,道与物的关系;(10)农产品的加工和消费,保护役畜与报应思想;(11)农业和商业的关系,国家富强与研究权谋、发展农业的关系,开发利用资源与创造财富的关系。

晚唐时期道教显衰退迹象,但经济伦理思想亦有发展,唐末道教更强调修道与经世的结合,以农业理论来说明修行义理,出现了以《农道》作为专篇的《洞灵真经》。《洞灵真经》即《庚桑子》(或称《亢仓子》《亢桑子》),《历世真仙体道通鉴》卷四谓:"庚桑子,陈人,得老君之道,能以耳视而目听。居畏垒之山,其臣去之,其妾远之,居三年,畏垒大穰。后游吴,隐毗陵盂峰,道成仙去。"唐玄宗于天宝元年(742年)诏封庚桑子为洞灵真人,尊《庚桑子》一书为

---

① 《坐忘论》。引自[宋]张君房《云笈七签》卷94《仙籍语论要记》,载张继禹主编《中华道藏》第29册,北京:华夏出版社2004年版。

《洞灵真经》。《洞灵真经》以论道为中心,分为《全道》《用道》《政道》《君道》《臣道》《贤道》《训道》《农道》《兵道》九篇。书中多方发挥老子思想,《全道》篇论养性全神之道云:"物也者,所以养性也。今世之惑者,多以性养物,则不知轻重也。是故圣人之于声色滋味也,利于性则取之,害于性则捐之,此全性之道也。"又称"故圣人之制万物也,全其天也,天全则神全矣。神全之人,不虑而通,不谋而当,精照无外,志凝宇宙,德若天地,然上为天子而不骄,下为匹夫而不惛,此之为全道之人"。《用道》篇称高士之道为"咽气谷神,宰思损虑,超遥轻举,日精炼仙";称人主之道为"清心省念,察验近习,务求才良,以安百姓"。《政道》篇云:"政烦苛则人奸伪,政省一则人醇朴。"皆与《老子》之旨相合,故为道教一并崇奉。注本有何璨注三卷,收于《正统道藏》。

《农道》篇专门论证了农业作为治国之根本,其中云:"人舍本而事末,则不一令,不一令则不可以守,不可以战。人舍本而事末,则亦产约,亦产约则轻流徙,轻流徙则国家时有灾患。皆生远志,无复居心。人舍本而事末则好知,好知则多诈,多诈则巧法令,巧法令则以是为非,以非为是。古先圣王之所以理人者,先务农人。农人非徒为坠利也,贵行其志也。人农则朴,朴则易用,易用则边境安,安则主位尊。人农则童,童则少私义,少私义则公法立。力博深农则亦产复,亦产复则重流散,重流散则死亦处无二虑,是天下气一心矣。天下一心,轩皇几连之理不足过也。古先圣王之所以茂耕织者,以为本教也。"这里指出农耕为"本",在国家治理和民众生活中具有极大的重要性,其精髓在于提出了关乎农耕之道的"耕道",体现道教对于农业经济的重视。

唐末五代时期道士谭峭的《化书》是一部语录体的长篇论文,其中综论万物变化与帝王教化万民之道,涉及修道原理、哲学政治、内丹术、道德伦常等思想,包含着崇尚自然、仁义经世、财富平均和节俭消费等丰富的经济伦理思想。谭峭在《化书》中全力阐述"化"之道,认为"道"在天地不可见,能见到的是"道"的转化。此转化也不可见,见到的是转化出的具体形态,即清气化为天,浊气化为地,中和之气化为人,斑杂之气化为万物,气化生成万物,万物消亡化为气。如此无始无终,循环不已。《化书》全书有相互关联的六个部分即道、术、德、仁、食、俭。谭峭认为,道为虚无,无以自守,以术补其不足;术为虚无之窍,缥缈间无可显,唯神气可用之,以德来补其不足;德为清净,无法体现出来,以仁来补其不足;仁为博爱,空洞无实,以食来补其不足;食为民之天,社会动荡不安,以俭补其不足。六种转化依次展开,是为"化书"。《化书》的经济伦理思想主要有如下方面:

第一,自然主义的道德观。道德是人禽所共有,其存在具有普遍性,举凡人性、人的活动体现的本性,诸方面都有道德可寻。谭峭论人的本性云:"夫禽兽之于人也何异? 有巢穴之居,有夫妇之配,有父子之性,有死生之情。乌反哺,仁也;隼悯胎,义也;蜂有君,礼也;羊跪乳,智也;雉不再接,信也。孰究其道? 万物之中,五常百行无所不有也……"①这里讲动物和人类一样讲究道德、恩爱亲情,比如乌鸦有反哺之仁、隼有怜爱幼胎之义、蜜蜂有尊君之礼、羊有跪乳之智、野鸡有从一而终之信。五常之德实乃万物之常理,通行之道德。万物如同人一样有着由善良本性和七情六欲所酿就之性情。"老枫化为羽人,朽麦化为蝴蝶,自无情而至于有情也。贤女化为贞石,山蚯化为百合,自有情而至于无情也。是故土木金石,皆有情性精魄。"②无情之植物会化为有情之物,有情之动物又会化为无情之非生物与植物,在非生物和植物等物质的内部,实际上存在着与动物一样的性情、精神和魂魄。万物皆有性与情,亦即非生物、植物、动物和人一样都怀有性情,人超越于其他物类的聪明之处,只不过是能够"存一"以同化"情"与"性",让蠢蠢欲动之"情"消融于无所牵挂之"性":"故人能一有无,一死生,一情性……"③在"消弭有无之别,无差别对待生与死,统一性与情"方面,人比其他物类多了一份能动性和超越性。

第二,道德退化论。道家普遍认为人类社会经历了一个"……失道而后德,失德而后仁,失仁而后义,失义而后礼"(《道德经》第三十八章)的发展状况,谭峭也认为自上古至秦汉,经济生活的复杂化,人类的道德在发生变化。社会道德呈不断堕落之态:"三皇,有道者也,不知其道化为五帝之德。五帝,有德者也,不知其德化为三王之仁义。三王,有仁义者也,不知其仁义化

---

① [五代]谭峭:《化书·仁化·田猎》,《道藏》第 23 册。
② 谭峭:《化书·道化·老枫》,《道藏》第 23 册。
③ 谭峭:《化书·道化·铅丹》,《道藏》第 23 册。

为秦汉之战争。"①伏羲、女娲、神农所在的三皇时期是有道之社会,黄帝、颛顼、帝喾、尧、舜所在的五帝时期是有德之社会,夏、商、周三代之君所在的三王时期是仁义之社会。秦汉时期则是以战争来维护成败与统治之社会,至五代时期百姓遭受重重剥削,此时实行道德仁义也是无济于事。当时的社会,"一日不食则惫,二日不食则病,三日不食则死。民事之急,无甚于食,而王者夺其一,卿士夺其一,兵吏夺其一,战伐夺其一,工艺夺其一,商贾夺其一,道释之族夺其一,稔亦夺其一,俭亦夺其一。所以蚕告终而缲葛苎之衣,稼云毕而饭橡栎之实。王者之刑理不平,斯不平之甚也;大人之道救不义,斯不义之甚也。而行切切之仁,用戚戚之礼,其何以谢之哉!"②统治的维持,需要减免赋税和徭役,让百姓安居乐业、衣食丰足。假仁假义,则无法治乱。君主和各级官吏的层层剥削是国家危乱之根源:"王取其丝,吏取其纶;王取其纶,吏取其綍。取之不已,至于欺罔;欺罔不已,至于鞭挞;鞭挞不已,至于盗窃;盗窃不已,至于杀害;杀害不已,至于刑戮。欺罔非民爱而哀敛者教之,杀害非民愿而鞭挞者训之。且夫火将逼而投于水,知必不免,且贵其缓;虎将噬而投于谷,知必不可,或觊其生。以斯为类,悲哉!"③百姓正处于重重剥削之下,忍受欺罔、鞭挞、杀害和刑戮之苦,但在积怨已久之后,必将迈上铤而走险的绝路。社会风气堕落,社会败亡将不可避免。谭峭论大"道"逐级降格云:

> 虚化神,神化气,气化形,形化精,精化顾盼,而顾盼化揖让,揖让化升降,升降化尊卑,尊卑化分别,分别化冠冕,冠冕化车辂,车辂化宫室,宫室化掖卫,掖卫化燕享,燕享化奢荡,奢荡化聚敛,聚敛化欺罔,欺罔化刑戮,刑戮化悖乱,悖乱化甲兵,甲兵化争夺,争夺化败亡。其来也势不可遏,其去也力不可拔。是以大人以道德游泳之,以仁义渔猎之,以刑礼笼罩之,盖保其国家而护其富贵也。故道德有所不实,仁义有所不至,刑礼有所不足,是教民为奸诈,使民为淫邪,化民为悖逆,驱民为盗贼。上昏昏然不知其弊,下恍恍然不知其病,其何以救之哉!④

---

① 谭峭:《化书·道化·稚子》,《道藏》第23册。
② 谭峭:《化书·食化·七夺》,《道藏》第23册。
③ 谭峭:《化书·食化·丝纶》,《道藏》第23册。
④ 谭峭:《化书·道化·大化》,《道藏》第23册。

随着大"道"逐级降格,人的精气神形不见了,变成了等级差别、奢华享乐、欺压争夺,以至于国家败亡,统治者想以道德仁义教条或法律刑罚手段来巩固荣华富贵,但社会风气无可救药,道德衰败成为必然。

第三,道德治世理国论。经济伦理之根基不在于形式的规范,而在于帝王自身,即所谓的"大人"应该正本清源。这个"本"和"源"在于自然主义的道德,即无为寡欲、清正爱民、随顺自然。这正是帝王自身的道德素养,帝王应"神交"天地和百姓(即在虚无之中,与天地和百姓精神相通,心心相映),这种"神交之道"的依据是:"牝牡之道,龟龟相顾,神交也;鹤鹤相唳,气交也。盖由情爱相接,所以神气可交也。是故大人大其道以合天地,廓其心以符至真,融其气以生万物,和其神以接兆民。我心熙熙,民心怡怡。心怡怡兮不知其所思,形惚惚兮不知其所为。若一气之和合,若一神之混同,若一声之哀乐,若一形之穷通。安用旌旗,安用金鼓,安用赏罚,安用行伍?斯可以将天下之兵,灭天下之敌。是谓神交之道也。"[1]谭峭从动物习性入手探寻大人与百姓的相处之道,他发现龟的雌雄交接之法是用目光相互注视,鹤的雌雄交接之法是音声相和,虽然没有肉体接触,但因心中有情爱,所以能够凭神气而交接。人也能效仿,只要大人的精神与天地相合,就能靠真心、真气和真神与百姓相亲相爱,亦即在大人和百姓之间,他们的精神世界是统一的,他们的神、气、声、形是相通的。大人不需依靠任何外在力量,仅凭神交便能一统天下。谭峭真诚希望君主不要企图以智谋巧诈来压制百姓,因为"君有奇智,天下不臣。善驰者终于蹶,善斗者终于败。有数则终,有智则穷。巧者为不巧者所使,诈者为不诈者所制"[2],君主使用智谋,换来的是百姓不再臣服于他;君主也不能把礼乐视为约束百姓之手段、伤害百姓之工具,因为"君子作礼乐以防小人,小人盗礼乐以僭君子"[3]。这就叫"聪明反被聪明误,以德治国乃正道":"无所不能者,有大不能;无所不知者,有大不知,夫忘弓矢然后知射之道,忘策辔然后知驭之道,忘弦匏然后知乐之道,忘智虑然后知大人之道。是以天下之主,道德出于人;理国之主,仁义出于人;亡

---

① 谭峭:《化书·道化·神交》,《道藏》第23册。
② 谭峭:《化书·德化·异心》,《道藏》第23册。
③ 谭峭:《化书·德化·弓矢》,《道藏》第23册。

国之主,聪明出于人。"①若成为统率天下的君主,就应坚守无为之德,若以仁义治国者,最多只能成为统领一方之主,而以聪明巧诈治国者,其下场便是沦为亡国之君。可见,无为而治胜过有为之治,谭峭认为:"民不怨火而怨使之禁火,民不怨盗而怨使之防盗。是故济民不如不济,爱民不如不爱。天有雨露,所以招其怨;神受祷祝,所以招其谤。夫禁民火不如禁心火,防人盗不如防我盗,其养民也如是。"②有为之治看上去是济物爱民之举,实际上是一种自私扰民,是盗取百姓财物之借口。所以,帝王应该控制自己的欲望,清静养心,无为而治。

第四,财富平均和节俭消费。《化书》针对治乱问题,提出最有效的治理方法是与百姓同甘共苦,倡导财富利益的平均,厉行节俭。谭峭以生物比附,引发论证:"蝼蚁之有君也,一穴之宫,与众处之;一丘之台,与众临之;一粒之食,与众蓄之,一虫之血,与众呼之;一罪之疑,与众戮之。故得心相通而后神相通。神相通而后气相通,气相通而后形相通。故我病则众病,我痛则众痛,怨何由起,叛何由始? 斯太古之化也。"③蝼蚁群中的蚁王无论居住还是食物分配等方面,都与众蝼蚁有福同享,在抵御外侮方面与众蝼蚁有难同当,因而能够做到心、神、气与大家相通,息息相通,永无叛乱滋生。作为一国之君,也应与百姓同甘共苦,以使风气大化,天下太平。在饮食均等方面,《化书》提出:"夫君子不肯告人以饥,耻之甚也。又不肯矜人以饱,愧之甚也。既起人之耻愧,必激人之怨咎,食之害也如是。而金笾玉豆,食之饰也;鼓钟戛石,食之游也;张组设绣,食之惑也;穷禽竭兽,食之暴也;滋味厚薄,食之忿也;贵贱精粗,食之争也。欲之愈不止,求之愈不已,贫食愈不足,富食愈不美。所以奢僭由兹而起,战伐由兹而始。能均其食者,天下可以治。"④饮食会激起人的羞耻之感和愧疚之心,饥者因不得之而为耻,饱者因有余之而有愧。饮食过于奢侈和贪婪,将引起争夺和战争;唯有平均饮食,方能天下大治。可见,饮食和道德之联系就在于温饱是仁义礼智信等伦理

① 谭峭:《化书·德化·聪明》,《道藏》第 23 册。
② 谭峭:《化书·德化·养民》,《道藏》第 23 册。
③ 谭峭:《化书·仁化·蝼蚁》,《道藏》第 23 册。
④ 谭峭:《化书·食化·奢僭》,《道藏》第 23 册。

规范施行的前提,亦即"食为五常之本"①。这可谓先秦齐国法家"仓廪实而知礼节"思想的延伸。谭峭认为,饮食等生存基本问题上若能讲究平等、谦让、关爱、得体与守信,道德教化自然而然就会畅行无阻:"苟王者能均其衣,能让其食,则黔黎相悦,仁之至也;父子相爱,义之至也;饥饱相让,礼之至也;进退相得,智之至也;许诺相从,信之至也。教之善也在于食,教之不善也在于食。其物甚卑,其用甚尊;其名尤细,其化尤大。是谓无价之宝。"②"教之善也在于食",亦即视"食教"为无价之宝。"五常为食之末"③之理论见解也具有合理性。《化书》还提出经济行为和消费生活方面的节俭。"俭者,均食之道也。食均则仁义生,仁义生则礼乐序,礼乐序则民不怨,民不怨则神不怒,太平之业也。"④节俭是"均食"之良方,均食而生仁义、序礼乐、民不怨、神不怒,直至创造太平之基业。君主尤应率先垂范:"故自天子至于庶人,暨乎万族,皆可以食而通之。我服布素则民自暖,我食葵藿则民自饱。善用其道者,可以肩无为之化。"⑤相反,奢侈却具有极坏的传染效应:"是知王好奢则臣不足,臣好奢则士不足,士好奢则民不足,民好奢则天下不足。"⑥"节俭"是君主的老师,"夫俭者,可以为大人之师"⑦;节俭是一切变化的关键,"是知俭可以为万化之柄"⑧;节俭是维护道德的保障,"所以议守一之道,莫过乎俭;俭之所律,则仁不荡,义不乱,礼不奢,智不变,信不惑"⑨。《化书》发出告诫警醒令,谭峭采用类推与递进手法展开说理,认为伦理教化应从"节俭"上抓起,以示范效应,可以扭转社会风气。"君俭则臣知足,臣俭则士知足,士俭则民知足,民俭则天下知足。天下知足,所以无贪财,无竞名,无奸蠹,无欺罔,无矫佞。是故礼义自生,刑政自宁,沟垒自平,甲兵自停,游荡自耕,所以三皇之化行。"⑩谭峭试图以"同甘共苦,倡导平均,厉行节俭"之伦

---

① 谭峭:《化书·食化·鸱鸢》,《道藏》第23册。
② 谭峭:《化书·食化·鸱鸢》,《道藏》第23册。
③ 谭峭:《化书·食化·鸱鸢》,《道藏》第23册。
④ 谭峭:《化书·俭化·太平》,《道藏》第23册。
⑤ 谭峭:《化书·食化·无为》,《道藏》第23册。
⑥ 谭峭:《化书·俭化·食象》,《道藏》第23册。
⑦ 谭峭:《化书·俭化·君民》,《道藏》第23册。
⑧ 谭峭:《化书·俭化·化柄》,《道藏》第23册。
⑨ 谭峭:《化书·俭化·御一》,《道藏》第23册。
⑩ 谭峭:《化书·俭化·三皇》,《道藏》第23册。

理推广策略,切中社会道德败坏之肯綮。

第五,"太和"的伦理境界。人人平等、天下大治是谭峭所期望的理想社会。在这样的社会里,"无亲无疏、无爱无恶",做到人人平等,以臻大和睦。这也就是"太和"境界:"非兔狡,猎狡也;非民诈,吏诈也。慎勿怨盗贼,盗贼惟我召;慎勿怨叛乱,叛乱禀我教。不有和睦,焉得仇雠;不有赏动,焉得斗争。是以大人无亲无疏,无爱无恶,是谓太和。"①这种境界是奉行道家之无为思想,以求达至人人平等之大同世界。人人平等,则可天下大治。谭峭有一番精当的解释:"藏于人者谓之机,奇于人者谓之谋。殊不知道德之机,众人所知;仁义之谋,众人所由。是故有赏罚之教则邪道进,有亲疏之分则小人入。夫弃金于市,盗不敢取;询政于朝,谗不敢语,天下之至公也。"②奉行"没有赏罚之策、没有亲疏之别的天下至公之道",倘若君主轻视财货,盗贼就不敢胡作非为,当君主问政于朝廷之际,谗言是无法流通的。故此可知,治理天下非"天下至公"莫属。由此可见,《化书》的"人人平等,天下大治"之伦理理想,是以道家的无为而治之方行儒家的天下大同之愿,是道家思想和儒家理想的结合,是道家经济伦理思想在中古时期的转折性标志之一。

第六,对儒、道、佛伦理的整合和超越。谭峭以发展的眼光强调积极有为之"化",在"化"中实现道家的无为而治之"道",他熔道家、儒家和佛家等思想于一炉,以"化"的原理提炼出独具特色的道教经济伦理体系。其一,以"道"为经济伦理本体。《化书》讲"化",是因为"道"在天地之间是不可见的,又是左右一切的伟大力量,而且道化生万物的动态过程又可为人所感知,所以应该密切关注"道之化"。《化书》曰:"道之委也,虚化神,神化气,气化形,形生而万物所以塞也。"③道在虚无中化生了神,神化为气,气又化为形,万物之形生成以后,变化之道便堵塞了。这是道化生万物之过程,人类应该据此反向推导出如何化自己、化社会、化伦理,这便是道之用。故《化书》又曰:"道之用也,形化气,气化神,神化虚,虚明而万物所以通也。"④道之显现与使用可谓大,应把握"通"与"塞"的源头与变化机制,达到"道之虚空"与"人之

---

① 谭峭:《化书·仁化·太和》,《道藏》第23册。
② 谭峭:《化书·德化·谗语》,《道藏》第23册。
③ 谭峭:《化书·道化·大同》,《道藏》第23册。
④ 谭峭:《化书·道化·大同》,《道藏》第23册。

实存"交融相通的大同境界："是以古圣人穷通塞之端,得造化之源,忘形以养气,忘气以养神,忘神以养虚。虚实相通,是谓大同。"①这种境界本为道家工夫修炼的理想状态,但亦可借用为道教伦理存在之本体依据。倘若所有的百姓都能如此践行,便可运用"道之化"以达到忘却外物与生死的神奇状态,其内外环境自然会"大同"。故《化书》言："故藏之为元精,用之为万灵,含之为太一,放之为太清。是以坎离消长于一身,风云发泄于七窍,真气薰蒸而时无寒暑,纯阳流注则民无死生,是谓神化之道者也。"②其二,对儒家伦理的超越。《化书》有六大主题,即道化、术化、德化、仁化、食化、俭化,如果一个人的道行不够、悟性不高,则应教之以守虚之术,如果守虚亦难达到,则应教之以"德、仁、食、俭"等伦理规范。《化书》尚清静简易,由此批评儒家:

> 儒有讲五常之道者,分之为五事,属之为五行,散之为五色,化之为五声,俯之为五岳,仰之为五星,物之为五金,族之为五灵,配之为五味,感之为五情。所以听之者若醯鸡之游太虚,如井蛙之浮沧溟,莫见其鸿濛之涯,莫测其浩渺之程。日暮途远,无不逆行。殊不知五常之道一也,忘其名则得其理,忘其理则得其情。然后牧之以清静,栖之以杳冥,使混我神气,符我心灵。若水投水,不分其清;若火投火,不问其明。是谓夺五行之英,盗五常之精,聚之则一芥可包,散之则万机齐亨。其用事也如酌醴以投器,其应物也如悬镜以鉴形。于是乎变之为万象,化之为万生,通之为阴阳,虚之为神明。所以运帝王之筹策,代天地之权衡,则仲尼其人也。③

在谭峭看来,儒家竟然把五常(仁、义、礼、智、信)与五种修身之事(貌、听、视、思、言),与五行(土、金、木、水、火),与五色(黄、赤、青、白、黑),与五声(宫、商、角、徵、羽),与五岳(东岳泰山、西岳华山、北岳恒山、中岳嵩山、南岳衡山),与五星(土星、金星、木星、水星、火星),与五金(金、银、铜、铁、锡),与五灵(麒麟、凤凰、乌龟、龙、白虎),与五味(咸、酸、甘、苦、辛),与五情(喜、怒、忧、思、恐),对应起来,繁琐、错误、牵强附会。谭峭认为,若用儒家之伦

---

① 谭峭:《化书·道化·大同》,《道藏》第23册。
② 谭峭:《化书·道化·大同》,《道藏》第23册。
③ 谭峭:《化书·德化·五常》,《道藏》第23册。

理规范信条来规范道德,简直就像小小的蠛蠓遨游太空,若井底之蛙浮游苍天,无法见到道德的边际,永远不能达到旅程的终点。因此,应该反向思考,化繁为简,用道家清静无为之德行化生万物,协调阴阳,契合神明。可见,《化书》可谓以道家为根基而创作的"帝王道德守则",同时亦可视为道家黄老思想在五代时期的伦理延伸。《化书》有时也借用儒家的道德信条来重新定义,形成关于"道德仁义礼智信"和"圣"之新解:

> 旷然无为之谓道,道能自守之谓德,德生万物之谓仁,仁救安危之谓义,义有去就之谓礼,礼有变通之谓智,智有诚实之谓信,通而用之之谓圣。道,虚无也,无以自守,故授之以德。德,清静也,无以自用,故授之以仁。仁用而万物生,万物生必有安危,故授之以义。义济安拔危,必有臧否,故授之以礼。礼秉规持范,必有疑滞,故授之以智。智通则多变,故授之以信,信者,成万物之道也。[①]

能虚静无为就是有道,能守道不改就是有德,能生养万物就是仁慈,能救人安危就是有义,能有所取舍就是有礼,能讲究变通就是明智,能诚实不欺就是有信,能守住道德仁义礼智信者就是圣人。《化书》依赖道家来获得儒家伦理之新解,而且套用阴阳五行家之思想来求取道德五常之新义:

> 道德者,天地也。五常者,五行也。仁,发生之谓也,故均于木。义,救难之谓也,故均于金。礼,明白之谓也,故均于火。智,变通之谓也,故均于水。信,悫然之谓也,故均于土。仁不足则义济之,金伐木也。义不足则礼济之,火伐金也。礼不足则智济之,水伐火也。智不足则信济之,土伐水也。始则五常相济之业,终则五常相伐之道,斯大化之往也。[②]

仁义礼智信之道德运行犹如天地之间五行相生相克:仁就像木之生长,义就像金子之救苦救难,礼就像火一样明白,智就像水一样随时随地变通,信就像土一样诚实厚道。如果五常之间有偏缺,其内部就会互相滋生和抑制,最终达到五常之平衡,实现伦理之大化。《化书》含有佛教慈悲为怀的伦

---

① 谭峭:《化书·仁化·得一》,《道藏》第23册。
② 谭峭:《化书·仁化·得一》,《道藏》第23册。

常信条,如人类的杀生是对动物界伦理之破坏,是道德败坏的标志:"且夫焚其巢穴,非仁也;夺其亲爱,非义也;以斯为享,非礼也;教民残暴,非智也;使万物怀疑,非信也。夫膻臭之欲不止,杀害之机不已。羽毛虽无言,必状我为贪狼之兴封;鳞介虽无知,必名我为长鲸之与巨魟也。胡为自安,焉得不耻?"①人类杀生的恶性无休无止,动物们认为人类实乃最邪恶的怪物,可是人类却心安理得。人类有时是以维护礼为借口而杀生的,但改变不了其道德败坏的本性:"牺牲之享,羔雁之荐,古之礼也。且古之君子,非不知情之忧喜、声之哀乐能动天地、能感鬼神。刀杌前列,则忧喜之情可知矣;鹰犬齐至,则哀乐之声可知矣。以是祭天地,以是祷神明,天地必不享,苟享之必有咎;神明必不歆,苟歆之必有悔。所以知神龙见,丧风云之象也;凤凰来,失尊戴之象也;麒麟出,亡国土之象也。观我之义,禽必不义也;以彼为祥,禽必不祥也。"②人类杀害动物作为礼仪以祭祀天地鬼神,这种行为天地和神鸟神兽都将为之发怒;人类怀着极其自私的念头,把幸福快乐构筑在其他动物的痛苦和牺牲上,必须构筑一个具有普适性的道德规范,作为天地灵长的人类应该首先遵守之。

《化书》的"太和"伦理理想对于构建一个经济上均平、政治上公正、思想上宽容的节俭型和谐社会具有切实有效的意义。它提出的天下至公之伦理理想,是对《礼记·礼运》倡言的"天下为公"思想在伦理方面的有益构想(即由天下为公的伦理要求出发,建构出天下实现至公的理想社会),这种理想激励着仁人志士为之奋斗不已,其中就包括孙中山的"天下为公"之民主革命。《化书》是五代时期道教之经典,它从独特的生物学视角寻找人类伦理之源,痛斥当时道德堕落之状况,认为伦理教化之根基在于帝王无为寡欲,清正爱民,其实施策略即为与民同甘共苦,倡导平均,厉行节俭,其伦理理想则为由人人平等而至天下大治。这是融儒家、佛家思想于道家之中的理论创新。

---

① 谭峭:《化书·仁化·田猎》,《道藏》第23册。
② 谭峭:《化书·仁化·牺牲》,《道藏》第23册。

第二节 汉唐道观经营中的经济伦理思想

　　"经营"的含义在广义上指筹划并管理,如筹划并管理农业、商业、手工业等,[①]狭义的"经营"仅限于农、工、商业的管理,而且是与生产相对应的一个名词,因此,狭义的"经营"是指生产活动以外的活动。广义的"经营"至少涉及技术活动(生产、制造、加工),商业活动(购买、销售、交换),财务活动(筹集和利用钱财),会计活动(清理财产、成本、统计等),管理活动(计划、组织、协调等),等等。综合上述"经营"的含义,道观经营,概指道观在"经营"活动中涉及的生产、交换、筹集和利用钱财、管理财产、运用财物等经济活动和经济行为。根据《三洞奉道科戒营始》,道观经营物涉及:"药圃果园,名木奇草,清池芳花,种种营葺","车牛骡马","别立药圃栽莳","栽花果珍草","有名菜瓜瓠之属"[②],等等。道观经营不仅造就道教现实存在以至发展壮大的物质基础和实际条件,而且本身是道教思想的客观实质载体,它使修道者

---

① 在中国古代文献典籍中,"经营"的具体含义体现在如下几个方面:第一,筹划营造。例如,《尚书·召诰》篇云:"卜宅,厥既得卜,则经营。"扬雄在《法言·五百》中云:"经营然后知干桢之克立也。"李轨注曰:"言经营宫室,立城郭,然后知干桢之能有所立也。"第二,规划营治。例如,《诗经·大雅·江汉》云:"江汉汤汤,武夫洸洸。经营四方,告成于王。"《史记·项羽本纪》云:"自矜功伐,奋其私智而不师古,谓霸王之业,欲以力征经营天下,五年卒亡其国。"叶适在《上宁宗皇帝札子》之二云:"故臣欲经营濒淮沿汉诸郡,各做家计,牢实自守。"第三,周旋、往来。例如,《文选·司马相如〈上林赋〉》云:"终始灞浐,出入泾渭;酆、镐、潦、潏,纡馀委蛇,经营乎其内。荡荡乎八川分流,相背而异态。"郭璞注曰:"经营其内,周旋苑中也。"《后汉书·冯衍传下》云:"疆理九野,经营五山,眇然有思陵云之意。"李贤注曰:"经营,犹往来。"第四,经办管理,多用于农工商业等。例如,柳宗元《田家》诗之一云:"努力慎经营,肌肤真可惜。"
② 《洞玄灵宝三洞奉道科戒营始》卷一《置观品》,《道藏》第24册。

有了中心和基础,从而拓展精神信仰的空间,才能以德为本、以德为行,乐善好施、友爱互助,谦虚谨慎、勤俭朴素,热爱自然、保护环境,淡泊名利、和光同尘。汉唐道观经营中的经济伦理思想,在不同的时期或阶段主要体现有所不同或特点有侧重。其中,道观经营初兴时期体现为借力自立、修道聚财,道观经营壮大时期体现为借助供奉、道农并作,道观经营兴盛时期体现为经济自立、修道自养。

一、初兴时期:借力聚财、兴道求存

道教初创道观时,经济活动就随之而起,这个时期的经济伦理思想以借助外力来获得自主独立,求得生存之机缘,同时以修道为名聚集进一步发展之经济支持,图谋在乱世中存在之资。张道陵创教,设"二十四治",《三天内解经》记载"二十四治"内"置男女官祭酒,统领三天正法,化民受户,以五斗米为信",并"立祭酒,分领其户,有如官长,并立条制,使诸弟子随事轮出米绢、器物、纸笔、樵薪、什物等。令人修筑道路,不修筑者皆使疾病"。① 祭酒制度的建立,凝聚了信众,在信众的支持下,道观经济初现端倪,这对推动五斗米道在巴蜀地区及汉中地区的传播起到了重要作用。

早期道教宫观非常简陋,仅为修道者隐居修道的场所,不但规模较小,而且数量也不多。道观作为道教信徒集中活动的场所,最早出现在北朝。道士结草为楼,就是早期的"观"。实际上,"观"是一个具有观望和迎候神仙作用的场所。楼观道的形成是"观"作为道教活动场所名称的最早记录。楼观道创始之初,可能的人物为尹喜、其从弟尹轨以及尹轨的弟子梁谌。② 北魏孝文帝时,道士王道义修楼观台,"将门弟子六七人来居……修观宇,兴土木,工丁匠就役,日常百数……楼殿坛宇,一皆鼎新",又"令门人购集真经万余卷"③。这种举措为道教学术研究奠定了基础。北周武帝多次与道士卫元嵩、严达等交谈,接受了"主(道教)优而客(佛教)劣"④的观念,后迫于压力而

---

① 《神仙传》卷四《张道陵》。[晋]葛洪:《神仙传校释》,胡守为校释,北京:中华书局 2010 年版。
② 卿希泰主编:《中国道教史》第 1 卷,成都:四川人民出版社 1996 年版,第 430—433 页。
③ 《历世真仙体道通鉴》卷三十,《道藏》第 5 册。
④ 《历世真仙体道通鉴》卷三十,《道藏》第 5 册。

将二教同废。"建德三年,岁在甲子,五月十七日,初断佛、道两教,沙门、道士并令还俗。三宝福财,散给臣下,寺观塔庙,赐给王公。"①佛、道二教同时被废,同年六月令立"通道观",选著名道士、僧人 120 人到通道观研究《老》《庄》《周易》。"通道观"是道教尤其是楼观道的学术研究机构,表面意图是保存儒、释、道三家。"通道观"的建立,第一次以官方的形式出现了"道观"这个概念。作为官方资助的研究机构,"通道观"的经济模式对后代道观经济的形成有着直接的影响。隋代道观模式承袭自北周,唐代道教道观化,则直接承袭自隋。

南方道馆有官立和私立两类。南朝有名可查的道馆有 59 座,梁时《九锡三茅真君碑》碑阴记载道馆名录多达 63 座,南朝道馆数量大约 200 座。② 道观经济是道教经济的主要载体,它是伴随着修道需要而产生,随道教的发展而发展。道馆为道教的进一步发展提供了基础和条件,同时道馆经济也是整个封建社会经济领域的一种特殊现象,它并非只是消极地顺应社会经济发展的要求。道馆经济有相对的独立性,对宗教传播、社会发展、民风习俗、道德伦常和文化生活产生一定的影响。

二、壮大时期:借助供奉、道农并作

道观经济大规模出现于晋宋之际,大概在道教祭酒制度衰落和道官制度兴起之后。这个时期开始了道观经营的壮大时期。这个时期的经济伦理思想在道教改革的基础上谋求自我发展,一方面借助于家庭、官僚富家、皇家、贵族、士庶等的供奉,另一方面则是道观自我经营、自谋生活,倡导农业耕作为重,在此基础上,大力推行内敛、自主、致静的精神修养,把道、农合一作为道教发展的内在的精神力量。

自魏初天师道北迁至晋宋之际,道教组织出现了混乱,科律废弛。许多道民在三会之日不赴师治,不参加集会,不报户籍,不交租米税信。一些道官更"妄相置署,不择其人,佩箓惟多,受治惟多,受治惟大,争先竞胜,更相

---

① 《广弘明集》卷 8。[南朝梁]僧祐、[唐]道宣:《弘明集·广弘明集》,上海:上海古籍出版社 1991 年版。
② 据陈国符所辑《道学传》佚文和陶弘景《真诰》的简要统计。

高下","纵横颠倒,乱杂互起,以积衅之身,佩虚伪之治箓。身无戒律,不顺教令,越科破禁,轻道贱法。恣贪欲之性,而耽酒食,背盟威清约之正教,向邪僻妖巫之倒法"①。

简寂观是陆修静修道、传教、整理道经、编撰道教斋式仪范类道书之所,在唐以前一直是庐山道教最重要的宫观和最大的修炼场,鼎盛时道人多达五六百人,香火极盛,后来出现了许坚、钱朗、孙晟、郗法遵等高道。晋宋之际,陆修静改革道教之后,道观大量出现,道观经济亦开始大规模发展。南方道馆主要分布在长江中下游,江苏、浙江、江西、湖北、湖南等地区的城市和山林之间尤多。早期道馆多是师徒相伴的修道团体,规模较小者以一个师父为核心,加上若干弟子构成,或者亦有独居、三两道友结茅岩居者,"静隔人物,修习至道"②。东晋道士张忠,"其居依崇岩幽谷,凿地为窟室。弟子亦以窟居,去忠六十余步"③。晋永嘉中,道士任敦于茅山石室修道,立洞天馆。丹阳许迈家族世代奉道,立观修道。许迈曾于悬霤山立精舍,在茅山建有修道的宅舍和洞室。许迈之子许翙在雷平山建有洞室修道,曾居方隅山洞方原馆中。这类简易道馆人数很少,多半依赖于家庭或者官僚富家的供养。大型的道馆多依皇家、贵族、士庶赐田或供奉,在南北朝时期大量出现。

道观经济的发展使道教能更好地修道、传教,同时也为道教理论家整理道经、编撰斋式仪范类道书提供了方便。他们不仅可以更便利地研究事关弘道立德的理论问题,而且可以使道书把经济问题作为重要现实问题来关注,推进道教经济伦理思想的深入发展。魏晋南北朝时期的道书中涉及道与物性、农业生产与季节时令的关系、治理土地温度和湿度、农作物病虫害的防治,以及发挥人的能动性、利用畜力、施肥、选种等问题的研究。这些研究都包含着丰富的经济伦理思想。在《道藏》收集的经书中,魏晋南北朝的有40余篇,经书内容不仅包含道论、修道、道易、阴阳五行学说,还包括与农业经济有关的经济内容。例如,其中有天地人三才关系、工与商的关系、时与农事关系、农与兵关系、仪式与农业的关系、物候气候与农事的关系、富国

---

① 《道门科略》,《道藏》第24册。
② [唐]王悬河:《上清道类事相·道学传》。《正统道藏·太平部》,上海:上海商务印书馆影印,1923—1926年。
③ 《晋书·隐逸传·张忠》。

与发展农业的关系的探讨，也有天文学、工具论、积蓄、重农、动植物生存或生产条件、农业起源、土地观、灾害观、庙产及其来源、农产品消费观、生产技术和产品加工技术等问题的研究。道经《赤松子章历》[①]《老君变化无极经》《太上大道玉清经》等都有涉及经济伦理问题的研讨。早期上清派经典之一的约出于东晋南朝的《上清黄气阳精三道顺行经》（又名《藏天隐月》，《上清大洞真经目著录》："上清黄气阳精三道顺行一卷"）介绍了诸如莲花、大树等优良品种，与早期上清派经典某些内容有相似之处。《洞真太上太霄琅书》以儒、释、道相融合的倾向，要求轻财重道、知足常乐，具体研究了送租的必要、灾害种类及其发生原因，论述了谦让、包容、勤俭的必要和表现，分析了山居之家以简为妙、心力与农业收成的关系。《真诰》非常重视农业经济，介绍了杂交等农业技术，研究了食物与养生的关系，论述了施舍道人的必要性，同时对土宜、优良品种、耕种灌溉技术及农业社会伦理思想进行了阐述。《元始五老赤书玉篇真文天书经》论述了"道"的化物功能，从道易的角度论证了年度收成与该年属性的关系。《太上洞玄灵宝五符序》深入分析了农业的起源，研究了物种的变化，说明了人与自然的依存关系，阐述了土地性质决定物性、时节决定物性以及农业生产活动与农时的关系，最后对农产品加工与消费办法进行了研究。《五岳真形图序论》阐释了土质与生产之间的关系，研究了农家乐的思想，提出要注重动植物品种改良的意义、方法以及注意耕作技术、农产品加工与消费的观念。《洞神八帝妙精经》说明了"道"的作用、"道"与物性之间的关系，提出了规模养殖以及防护农业自然灾害的思想。《洞神八帝元变经》与《洞神八帝妙精经》均产生于东晋时期，它们首先从"易"的角度论述了年度属性与农业收成的关系，论述了农作物生长、农业生产与时的关系，论证了农产品消费过程中需要注意的一些原则，提出了注意节俭、积累的思想。《太上灵宝元阳妙经》阐述了修道可以避灾以及农产品加工、消费的方法、心理等消费思想，提出勤与苦行的必要，论述了农业生产技术、物性决定论、生产目的和农家乐的思想。《太上妙法本相经》有《正统道藏》收藏本和敦煌本之分，其中具有丰富的农业社会伦理思想，《正统道

---

① "赤松子"又作"赤诵子"，相传为神农时雨师，能入火自焚，随风雨而上下。《淮南子·齐俗训》《列仙传》详载其事。

藏》收藏本中论述了道及其对物性的决定作用,提出农业须以"勤"为本,强调人力的作用以及人力胜天的思想,论述了农业生产技术以及物种和物性可变的主张,要求人力劳作应顺天应地守时。敦煌本还专门阐述了可持续发展的生态农业理念,研究了农家乐、中耕和施肥技术、爱护役畜、物候的理念。《正一法文天师教戒科经》论述了道与神的关系,并说明了农业神(如主田种之神、主六畜之神、主渔捕之神)的种类,提出农业生产过程中敬畏神灵的必要性。《冲虚至德真经》论述了道,并且说明了物种可变及其变化,阐述了天地人三才关系,说明了人与万物的同源同构性,同时以强烈的护生意识阐述了时地与农业生产和物性以及消费与物性的关系。《刘子》中的《贵农》可说是一篇道教经济伦理思想的专论。《上清道宝经》主要说明了农作物品种的改良和农产品的物性,突出因物性消费和因物性种植的思想。《太上赤文洞神三录》为南北朝时期陶弘景的作品,介绍了农业生产过程中各种农作物的种植方法。

概言之,上述道书蕴含着两条重要的道教经济伦理思想原则,一是农作物生长和农业生产事关国计民生,自立、勤劳、节俭以及循序渐进对修道来说不仅是必要的,而且是必需的;二是物性具有决定性和可变性,农业是根本,修道与务农是内在联系的,修道离不开入农,入农即修道,农、道一体不分。

三、兴盛时期:身国共理、修道自养

道观经营状况对道教的发展与传播有着重要的影响。道观经营如果遭到削弱,道教的传播与发展就会受到阻碍;道观经营如果兴盛发展,道教的发展就会兴旺,社会影响力也将增大。隋唐时期道观经营的发展说明了这个道理。隋唐是道观经营的兴盛时期,这个时期的经济伦理思想强调经济自立、修道自养,但是,并不是说不存在道观在田地、财物等方面的供奉,而是说这个时期的道教经济伦理思想的主流是在传统的财力供奉的基础上道教内部强调和发展经济自立、修道自养之特质,由此才使道教真正发展起来,不仅在组织体制,而且在信仰、思想、文化诸方面,形成支持大唐盛世的一种精神内力。

隋唐时期道观经济进一步发展,在统治者崇道政策的影响下,道教经济发展进入兴盛阶段。唐初官方确定道教地位高于佛教,规定道士、女冠在僧尼之上,并明确表明这样做的目的是"尊祖之风,贻诸万叶"①。朝廷不断给道观以田地、财产以及各种经济资助,道士、女冠给"口分田",赏赐田地、财物给一些著名的道观,如此举措,既为道士修道生活提供了经济保障,同时也促进了道观经济的繁荣发展。由此导致的一个客观现实是,道观拥有大量田产,道士们可以通过生产劳动来解决自己的吃饭穿衣问题。

道观经济上的自给自足,使其发展为一种独立的社会经济实体,道观不仅从事与农业和农产品有关的经营活动,甚至还可以在修道地点开展商业和贸易活动。唐末五代时,四川成都道观周围出现了所谓的"蚕市",就是依托道教节日和重大法事活动形成的商贸集市。集市性的经济与文化活动,增加了道观的经济收入,同时也扩大了道教对社会的影响力。

唐代驻观修道的风气影响了道士们进行精深的理论研究,《道德经》的思想受到极大的重视。道士们借助注解道家经典,提出"身国共理"的观念,为全面发展时期的道观经济伦理思想奠定了基础。道教各派对《道德经》倾注了许多精力,形成了自身特色,正如宋末元初道士杜道坚云:"道与世降,时有不同,注者多随时代所尚,各自其成心而师之。故汉人注者为'汉老子',晋人注者为'晋老子',唐人、宋人注者为'唐老子'、'宋老子'。言清静无为者有之,言吐纳导引者有之,言性命祸福兵刑权术者有之。纷纷说铃,家自为法。曾不知道德本旨,内圣外王之为要。"②道教主要派别对老子思想的注疏重于"身国共理(治)"即"理身理国"的层面,这是当时道教经济伦理思想发展的一个特色。当然,"理身理国"体现了唐代道教继续向上层化发展,是参玄问道的统治阶层与道门中人的互动的结果。

上清派第十二代宗师、隐居于天台山玉霄峰的司马承祯,自号"白云子",他对"道之体性"以及"无为"为"理国之要"做了精到的探究。《大唐新语》载司马承祯与唐睿宗的对话:

> 睿宗雅尚道教,稍加尊异,承祯方赴召。睿宗尝问阴阳术数之事,

---

① 《令道士在僧前诏》,《全唐文》卷6。
② 《玄经原旨发挥》卷下,《道藏》第12册。

承祯对:"《经》云:损之又损之,以至于无为。且心目一览,知每损之尚未能已,岂复攻乎异端而增智虑哉!"睿宗曰:"理身无为,则清高矣;理国无为,如之何?"曰:"国犹身也。《老子》曰:游心于淡,合气于漠,顺物自然而无私焉,而天下理。《易》曰:圣人者,与天地合其德,是知天不言而信,不为而成。无为之旨,理国之要也。"①

司马承祯强调的是治理身国的基础及实践原则,这里的自然即道之体性(道性),无为是自然体性的本然呈现(无为者顺乎自然)。受般若中观和万法唯心思想的影响,唐代道教把"道体"同"空性"沟通,如王玄览云:"道体实是空,不与空同。空但能空,不能应物;道体中空,空能应物。"②敦煌 P2806号《本际经》卷 4《道性品》云:"道性者即真实空,非空,不空亦不不空,非法非非法,非物非非物,非人非非人,非因非非因,非果非非果,非始非非始,非终非非终,非本非末,而为一切诸法根本。"③相应地,"自然""无为"的内涵也被转换了。譬如孟安排解释"自然义":"自然者,本无自性。既无自性,有何作者?作者既无,复有何法?此则无自无他,无物无我。"④将道之自然体性等同于无自性的空寂性。成玄英、李荣等重玄学家,亦循此思维路径。如成玄英云:"自然者,重玄之道也。"⑤将自然理解为"不滞于不滞"的至空至虚的状态。《本际经》亦将道的自然体性(无为顺乎自然)等同于佛教的无滞空性观念,如云:"道性众生性,本与自然同。"自然并非道性之因,道并非效法于自然,自然真性即道性,即真实空。至于"无为"的内涵变更,我们从鸠摩罗什对"无为而无不为"的佛化解释可知一鳞半爪:"损之者无粗而不遣,遗之至乎忘恶,然后无细而不去,去之至乎忘善。恶者非也,善者是也。既损其非,又损其是,故曰损之又损,是非俱忘。情欲既断,德与道合,至于无为,已虽无为,任万物之自为,故无不为也。"⑥无为之为就是要不着两边、是非俱忘、

① [唐]刘肃:《大唐新语》卷 10,北京:中华书局 1984 年版,第 158 页。

② 《道藏》第 23 册。

③ 有关《本际经》的道性自然—真空说,参见姜伯勤《敦煌艺术宗教与礼乐文明》之《宗教篇——敦煌的中国道教精神》,北京:中国社会科学出版社 1996 年版。

④ 孟安排:《道教义枢》卷 8,《道藏》第 24 册。

⑤ 《道德经开题序诀义疏》卷 2。转引自卿希泰主编《中国道教史》第 2 卷,成都:四川人民出版社 1996 年版,第 175 页。

⑥ 参见汤用彤《读〈道藏〉札记》,《汤用彤学术论集》,北京:中华书局 1983 年版,第 407—408 页。

信守中道。由于道家的"道"的实有义被置换为空性义，故为无为不是所谓的"以辅万物之自然而不敢为"（《道德经》第六十四章），而是对至空之道体的实践和追求。

司马承祯继承了对"道""自然""无为"等的佛化解释。他所说的"理身"既指"存神、固炁、养精、保身"等修命功夫，更指"修心修性"的功夫。具体说来，"理身无为"贯穿于"断缘""收心""简事""真观""泰定"等修道的阶次之中。"断缘"是要斩断尘缘，弃有为之事；"收心"是要离却一切虚幻之境，住无所有，不著一物，自入虚无；"简事"即要以无为的方式处事，舍弃名物；"真观"是要"观本知末"，知"色想外空，色心内妄"；"泰定"则是要求修道者"无心于定，而无所不定"，对定慧也不能起执着之心。① 可见，司马承祯的"理身无为"，同老庄"顺任自然"内涵已有所歧离，他强调的是一种凝空心而不凝住心，灭动心而不灭照心，心空灭境、无所染著的状态。由于身亦非"真有"，"理身"决不能"执身"，而"国犹身也"，推之，"理国"亦不能"执国"，将国当成私有之物。司马承祯将道家所追求的"窅然丧其天下焉"（《逍遥游》）之艺术化的理国之道，创造性地转化为一种安于"业""命"的宗教化的理国之道。由于"业由我造，命由天赋"，理国实取决于人君的福德资粮的丰硕与否。司马承祯的理国之道，带有神道设教的劝诫成分。

道士杜光庭隐于青城山白云溪，一方面他继承了成玄英、司马承祯等人的学说，对《老子道德经》的研究颇有成就，将以前注解诠释《道德经》的六十余家进行比较考察，概括意旨，分为"五道""五宗"，对重玄之道尤其推重；另一方面他又很推崇唐玄宗的《御注道德经》并发挥其玄旨，撰成《道德真经广圣义》五十卷，"内则修身"，"外以理国"，囊括无遗，又主张"仙道非一"，不拘一途，调和儒、道思想，认为老子的思想主旨，非谓绝仁、义、圣、智，在乎抑浇诈聪明，将使君君、臣臣、父父、子子，见素抱朴，泯和于太和，体道复元，自臻于忠孝，把孔孟之道统一于老君之道。在《道德真经广圣义》中，杜光庭将《道德经》教义归结为 38 条，依次序直接涉及"理身理国"者有："教以无为理国"；"教以道理国"；"教诸侯以正理国"；"教以理国理身尊行三宝"；"教人理身，无为无欲"；"教人理身，保道养气，以全其生"；"教人理身，崇善去恶"；

---

① 《坐忘论》，《道藏》第22册。

"教人理身,积德为本";"教人理身,勤志于道";"教人理身,忘弃功名,不耽俗学";"教人理身,不贪世利";"教人理身,外绝浮竞,不衒已能";"教人理身,不务荣宠";"教人理身,寡知慎言";"教人理身,绝除嗜欲,畏慎谦光"。①这充分体现了杜光庭诠注《道德经》的理趣所在。在杜光庭看来,各家所释之理,"或深了重玄,不滞空有;或溺推因果,偏执三生;或引合儒宗;或趣归空寂。莫不并探骊室,竞掇珠玑"②。唯有不滞空有、以重玄为宗的义理最为精妙。对重玄之道的推崇,正是杜光庭"理身理国"思想的核心。

杜光庭对作为理身理国的先在根据"道"有其深刻体认。他认为,有道之体、道之用(可道是有生有化道之用)。道之体性(道性)表现为自然,"大道以虚无为体,自然为性。道为妙用,散而言之,即一为三;合而言之,混三为一,通谓之虚无自然。大道归一体耳"③,"虚无为体,自然为性,莫能使之然,莫能使之不然,不知其所然,不知其所不然,故曰自然而然"④。对于体道的伦理方式和实践准则——"无为"之为,杜光庭的说法则更为繁复些。他认为滞于有为或无为皆非体道的常态,只有有无双遣,忘言遗教,才能契合重玄之道:"至道自然,亦非有为,亦非无为……湛寂清静,混而不杂,和而不同,非有非无。""圣人无为,无为之为亦遣;圣人忘教,滞言之教俱忘。"⑤对"有为"和"无为"都要双遣,表面上看似不符道家崇尚"无为"之旨。关键在于如何理解"有为"与"无为"内涵。杜光庭对老子"上德无为而无以为,下德为之而有以为"的解释曰:

> 上德之君性合于道而命合乎一。体自然为用,运太和为神。动合乎天,静合乎地,与道相得而无所为也。此无为非效学无为而为。于无为是无以为也。阴阳为之使,鬼神为之谋,进退推移,与化无极,玄默寂寥而与化俱,此谓心迹俱无为矣。然行以包育于物,亦所以彰其迹也。下古德衰,心迹明著,其知有为为非,知无为为是,有为则浇薄,无为则淳和。有此分别,故韬心藏用,行此无为之事,制彼有为之为。故云为

---

① 胡道静、陈莲笙、陈耀庭选辑:《道藏要辑选刊》第 2 册,上海:上海古籍出版社 1989 年版,第 8—10 页。
② 胡道静、陈莲笙、陈耀庭选辑:《道藏要辑选刊》第 2 册,第 4 页。
③ 胡道静、陈莲笙、陈耀庭选辑:《道藏要辑选刊》第 2 册,第 111 页。
④ 胡道静、陈莲笙、陈耀庭选辑:《道藏要辑选刊》第 2 册,第 10 页。
⑤ 胡道静、陈莲笙、陈耀庭选辑:《道藏要辑选刊》第 2 册,第 260 页。

之。心欲于无为游，行无为于迹，乃涉矜有也。知无为为美，有为为恶，舍恶从善，慕此无为以分别。故是有所以而为也。①

道家极力批判的失道失德，即成玄英所称的"有欲之人，唯滞于有"②。杜光庭认为，"夫摄迹忘名，已得其妙，于妙恐滞，故复忘之，是本迹俱忘，又忘此忘，总合乎道。有欲既遣，无欲亦忘，不滞有无，不执中道，是契都忘之者尔"③。理身理国所应遵照的是合乎道体自然的"心迹俱无为"。

所谓"心迹俱无为"，根本在心的无为，既要知心之无为，亦当忘心之无为。"无为之要诀之于心。以言而传，斯非道矣。"④这就将心与道进一步沟通起来。故"理身之道，先理其心，心之理也，必在乎道，得道则心理，失道则心乱，心理则谦让，心乱则交争"⑤。而"修心之法执之则滞著，忘之则失归，宗在于不执不忘，惟精惟一尔……圣人设本教为众生为其生死轮回，展转流浪，恶趣永失真常。故出我心以灭他心。上士若能法圣人之心，去住任运，不贪物色，不著有无，灭动心，了契于道，既契道已复忘照心，动照俱忘，然可谓长生久视、升玄之道尔"⑥。故所谓的心迹俱无为，实际是心与道冥合，反归空明澄澈的本然状态的呈现。理国是以理身为本的，"凡有所作者起于心也……夫理国者之无为者，不滞于有作"⑦。有作或是"心无为迹有为"的表现，或是"心有为迹有为"的表现。前者知心之无为之理，故能简别有为无为之善恶，但未忘心之无为，故在迹上乃涉矜有。后者则表现出政虐而苛、赋重役烦等，乃理国之祸也。总之，作为理身理国之最佳选择方式的"为无为"，首先是心智活动的净化（既知又能忘知），同时也意向于心智活动的外在表现（身之迹、国之迹），是纯化了的心智与行动的有机统一。杜氏的理身理国观，已将佛教的止观和禅定思想同道家和道教的自然无为思想有机地融合在一起。

---

① 胡道静、陈莲笙、陈耀庭选辑：《道藏要辑选刊》第 2 册，第 151—152 页。
② 《道德经开题序决义疏》卷 1，转引自卿希泰主编《中国道教史》第 2 卷，成都：四川人民出版社 1996 年版，第 174 页。
③ 胡道静、陈莲笙、陈耀庭选辑：《道藏要辑选刊》第 2 册，第 38 页。
④ 胡道静、陈莲笙、陈耀庭选辑：《道藏要辑选刊》第 2 册，第 209 页。
⑤ 胡道静、陈莲笙、陈耀庭选辑：《道藏要辑选刊》第 2 册，第 98 页。
⑥ 胡道静、陈莲笙、陈耀庭选辑：《道藏要辑选刊》第 2 册，第 255—256 页。
⑦ 胡道静、陈莲笙、陈耀庭选辑：《道藏要辑选刊》第 2 册，第 226 页。

道教强调内外丹的修炼。外丹修炼是通过合成外药的形式采集天地之元炁;内丹修炼则包括命功和性功的双修。内外丹的修炼都要顺乎自然之"天道",方能长生成仙。由于外丹修炼的成效不甚显著,内丹的性命双修之法日渐成为主要修炼法门,而其中的修性功夫,又成为修行的重中之重。这表明道教进一步从外在超越之路转向了内在超越之路。从性功的角度出发,道教强调修性要"为无为"方能体道,理国亦是同理。从命功的角度出发,道教常强调身与国在结构形态上的相近,因此在功能的运作上也是相近的。杜光庭强调道与心相冥契,就将理身的重心转到心性的修养上来。其对"理身理国"所遵循的终极基础和中心原则的阐述是相当深刻的,但他也从命功的视野来省思治身与理国关系,以理身为理国的参照系。他说:"天真皇人谓黄帝曰:未闻身理而国不理者。夫一人之身,一国之象也。胃腹之位犹宫室也,四肢之别犹郊境也,骨节之分犹百官也,神犹君也,血犹臣也,气犹民也。知理身则知理国矣。爱其民所以安国也,惜其气所以全身也。民散则国亡,气竭则身死,亡者不可存也,死者不可生也,所以至人销未起之患,理未病之疾,气难养而易浊,民难聚而易散。理之于无事之前,勿追之于既失之后。"[1]"'爱以身为天下者若可托天下',言圣人内爱其神外爱其民也。"[2]杜氏的说法是对葛洪的"理身理国"观的继承与发挥。他从个体(身)与社会(国)的双重层面,对如何重新调整人的生存根基和价值理念的问题作了深刻的反思。这种身国同理共治(身国同道、身国相拟)的思想,也一直是唐以后道门讨论的主题。道教"理身理国"观之身国共治主张,是唐代道教经济伦理思想的一个重要基础。"理身理国"的思维特色是"身国互喻",中心原则是"无为而为",主要内涵是返朴、善下、通和。无为原则是"理身理国"经济伦理思想的最高境界。

在政策层面,唐王朝在经济上赋予道教许多特权,道观经济由此在本质上成为封建地主经济的重要组成部分,加强了道教经济活动的世俗化发展趋势。

第一,道观占田受国家保护,具有合法化特征。道教在政治、经济上获

---

[1] 胡道静、陈莲笙、陈耀庭选辑:《道藏要辑选刊》第2册,第46页。

[2] 胡道静、陈莲笙、陈耀庭选辑:《道藏要辑选刊》第2册,第244页。

得大力支持,唐朝均田制规定僧尼道士女冠受田,明文规定道士、女冠的受田数量,"凡道士给田三十亩,女冠二十亩,僧尼亦如之"①。法令承认寺观占田,道观可以合法地占有一定数量的土地。道士受田数大大低于均田农民百亩的受田额,又使道观占有土地受限。均田令还规定道士受田的条件:"道士受《老子经》以上,道士给田三十亩。"②"道士通二篇,给田三十亩。"③均田令取消了对妇女的授田,却增加了对女冠的授田。

唐代在宗教管理上实行度牒制度,只有持有祠部颁发的度牒的人,才能成为国家正式承认的在籍道士或僧人。祠部关于道士受田的规定与长庆二年(822年)敕文规定入道受牒的条件一致:"诸色人中,有情愿入道者,但能暗记《老子经》及《度人经》,灼然精熟者,即任入道。其《度人经》情愿以《黄庭经》代之者,亦听。"④这一条件限制了入道人数,某种意义上也限制了道观广占田地的做法。

官方加强对道士的控制,建有登记、统计、管理制度。仪凤三年(678年),高宗令道士宜隶宗正寺,班在诸王之次。⑤ 开元二十五年(737年)春,正月壬午,玄宗制云:道士、女冠宜隶宗正寺,僧尼令祠部检校。⑥ 唐玄宗时期对道教事务管理严格,各州县对本地道士情况造籍登记,统计道观、道士数量。度道即入籍仪式隆重,官方代表亲临主持,道士出处行止须在官署立案。中央官制在宗正寺内设崇玄署,职掌管道教事务。

> 崇玄署,令一人,正八品下;丞一人,正九品下。掌京都诸观名数与道士帐籍、斋醮之事。

> 道士、女官、僧、尼,见天子必拜。凡止民家,不过三夜。出宿者,立案连署,不过七日,路远者州县给程。天下观一千六百八十七,道士七百七十六,女官九百八十八;寺五千三百五十八,僧七万五千五百二十

---

① 《尚书户部郎中员外郎》。[唐]李林甫等修:《唐六典》卷3,北京:中华书局1992年版。

② [唐]白居易编:《白氏六贴》卷26《事类集》,南宋绍兴间刻本。

③ 《大宋僧史略》卷中引唐祠部格。[北宋]赞宁撰:《大宋僧史略校》,富世平点校,北京:中华书局2015年版。

④ 《尊崇道教》。[宋]王溥:《唐会要》卷50,北京:中华书局1957年版。

⑤ 《佛祖统纪》卷三九。见[宋]志磐撰、释道法校注:《佛祖统纪校注》(全3册),上海:上海古籍出版社2012年版。

⑥ 《旧唐书·玄宗本纪》。

四,尼五万五百七十六。两京度僧、尼、道士、女官,御史一人莅之。每三岁州、县为籍,一以留县,一以留州;僧、尼,一以上祠部,道士、女官,一以上宗正,一以上司封。①

道教上层人物可获得较高的政治待遇,政府对他们或宠以职官,或赏以封爵。例如,道士史崇玄被封为河内郡开国公、叶法善被封为越国公、冯道力被封为冀国公。田令规定有封爵者享受相应的占田份额,例如,"国公若职事官正二品,各四十顷;郡公职事官从二品,各三十五顷;县公若职事官正三品,各二十五顷"②。大批的道徒由此趋于参与政治,以图获得经济上的实惠,形成占有大量土地的道教地主。

李唐时代正式奠定道观制度,政府对道观的赐地多有记载。例如,唐玄宗时代,赐田规模很大,开元二年(714年),敕改怀仙观为龙瑞宫,把"东(至)秦皇酒瓮射的山,西(至)石□山,南(至)望海玉□香炉峰,北(至)禹陵内射的潭五云□□白鹤山淘砂径茗□宫山□□潭莳田荽池"③的大片山林川泽、田园池塘,赐给龙瑞宫;代宗宝应年间(762—763年),将陇右马牧地,赐诸寺观凡千余顷。

道观从公卿士庶的施舍中也获得了大量的财物和田产。那些亲王贵主、公卿士庶、文人学士向道成风,他们舍宅舍庄为观,风气甚盛。由庄宅建立的道观,一般都拥有大片田产,如睿宗为金仙、玉真二公主立观,"乃以公主汤沐邑为二观之地"④,王建诗云:"仙居五里外门西,石路亲回御马蹄。天使来栽宫里树,罗衣自买院前溪。野牛行傍浇花井,本主分将灌药畦。楼上凤凰飞去后,白云红叶属山鸡。"⑤玉真公主自给性的大庄园内有溪流泉石、花木楼台,农耕与经济作物(药材等)兼营。唐朝政府也曾下令限制施舍,例如,玄宗即位初即"敕五公以下不得辄奏请将庄宅置寺观"⑥。贺知章于天宝初"请为道士,还乡里,诏许之,以宅为千秋观而居。又求周宫湖数顷为放生

---

① 《新唐书·百官志》。

② 《通典·食货典二·田制下》。

③ 陈垣:《道家金石略》之《龙瑞宫记》,北京:文物出版社1988年版,第145页。

④ 《两京新记》卷3。[唐]韦述著、辛德勇辑校:《两京新记辑校》,西安:三秦出版社2006年版。

⑤ 《九仙公主旧庄》。《全唐诗》卷300。

⑥ 《杂记》,《唐会要》卷50。

池,有诏赐镜湖剡川一曲"①。

赐田和施舍是唐后期道观土地的重要来源。例如,韦皋镇西川时,曾舍给葛化"良田五百亩,以赡斋储"②,大中二年(848 年),饶州修葺开元观,"远近归心,争舍美利"③。另一方面,土地兼并成为道观田产的一个重要来源,唐睿宗、玄宗时曾下令没收寺观逾制之田,但又以法令的形式肯定需还田的口分田可以"常住田"的名义变为道观恒产。

> 寺观广占田地及水碾砗,侵损百姓,宜令本州长官检括。依令式以外及官人百姓将庄田、宅舍布施者,在京并令司农即收,外州给贫下课户。④

> 天下寺观田,宜准法据僧、尼、道士合给数外,一切管收,给贫下欠田丁。其寺观常住田,听以僧、尼、道士、女冠退田充,一百人以上不得过十顷,五十人已上不得过七顷,五十人以下不得过五顷。⑤

道观占田使均田制遭到崩坏,中唐以来土地兼并由是愈加激烈,势力雄厚的道观广占田地从而形成规模巨大的道观经济。唐代宗时"凡京畿之丰田美利,多归寺观"⑥。例如,汝州鲁山县的女灵观本来规模不大,仅"祠堂后平地,左右围数亩",但到大中初,该观借"神现于樵苏者曰:'吾商於之女也,帝命有此百里之境'"⑦,轻易兼并了大片土地。敦煌文书 P2005 号《沙州都督府图经》载,沙州神泉观拥有称为"神泉观庄"的田产。当然,也有道观庄产遭到侵噬而衰败,如饶州开元观原有庄田,因里中民多葬于观地而不得不迁址。婺州开元观"原置之地,四面通衢。其后居人所侵,基地渐狭。大殿之后,便逼居人私舍。亦有州司势要,占地造宅。道士明知其事,未尝敢言"⑧。 总之,在政府保护之下,道观占田具有合法性,均田制下道士、女冠享有口分田并以将其转化为"常住田"的形式变为道观恒产。均田制瓦解后,

---

① 《新唐书·隐逸·贺知章传》。

② [唐]杜光庭:《道教灵验记》之《南康王梦二之神人告以将富贵验》,《云笈七签》卷 117,《道藏》第 22 册。

③ [唐]杜光庭:《道教灵验记·饶州开元观神运殿阁过湖验》,《云笈七签》卷 122,《道藏》第 22 册。

④ 《唐隆元年诫励风俗敕》,《唐大诏令集》卷 110。

⑤ 《祠部员外郎》,《唐会要》卷 59。

⑥ 《旧唐书·王缙传》。

⑦ 《太平广记》卷 312《夏侯祯》引《三水小牍》。

⑧ [唐]杜光庭:《道教灵验记·婺州开元观蒙刺史复常住验》,《云笈七签》卷 122,《道藏》第 22 册。

道观土地的来源除皇室官府的赏赐和公卿士庶的施舍外,主要通过土地兼并买卖来获得。

第二,道观经济活动与一般社会经济相融合,具有世俗化的特征。道观经济活动是道教生存和发展的基础,因此道观除了应该具备从事宗教活动的一切必需设施建筑外,还应有保障宗教活动顺利进行的经济活动,如"净人坊、骡马坊、车牛坊、俗客坊、十方客坊、碾坊"以及"药圃果园,名木奇草,清池芳花,种种营茸,以用供养,称为福地,亦曰净居,永劫住持,勿使废替"①。道观从事的经济活动有经营田园、租佃、放债举息等业务,它们和世俗化的封建地主经济并不存在本质上的差异,这就决定了道教经济活动不可避免地向世俗化趋势转化。

道观经济活动的基本内容为经营常住庄田,道观的兴衰在很大程度上就取决于常住庄田经营的好坏。所谓"庄田碾磑,常住所资,随处访求,依法置立其中,区别净秽,检校营为,皆适当时,务令得所"②。《正一威仪经》亦载:"正一住观威仪,庄田碾磑,家人使役,五行什物,六畜器具,果木花药,一切所须,皆共爱惜,供养十方,当责福田。"杜光庭《道教灵验记》记载两座道观的兴衰云:"衢州东华观物产殷赡,财用丰美","杭州余杭上清观田亩沃壤,常住丰实",但都因其经营不善而衰败。③ 关中永仙观原来不过是一座"年代将远,或多颓圮"的左玄元庙,天宝二年(743年),才开始量加修茸,观主田名德劝勉有方,归化如市。在他的主持下,"乃于县东缵旧业,创新制,周回数里,垣□百雉,……并植奇树珍林,广芝田兰圃,不可胜数"。天宝六年(747年),玄宗御赐观额,"别新度七人以充洒扫"④。永仙观经济活动蒸蒸日上,当地"缙绅处士、孝廉秀才先后辈"等为田名德立颂德碑曰:

> 自尊师厥初,既而桂索小山,□征太谷,槐移儒市,杏摘仙林,桃□□□□李,请真君之宅,海榴湘桔,朱柿紫榛,异药千品,名花万类,庶青华之可采,岂秋实之无望。虽因在生成,亦爱资树植,穿畦种予,汲

① 《洞玄灵宝三洞奉道科戒营始》卷1《置观品》,《道藏》第24册。
② 《洞玄灵宝三洞奉道科戒营始》卷1《置观品》,《道藏》第24册。
③ [唐]杜光庭:《道教灵验记·衢州东华观监斋隐常住验、杭州余杭上清观道流隐欺常住验》,《云笈七签》卷122,《道藏》第22册。
④ [清]王昶撰:《金石萃编》卷96《永仙观碑》,北京:中国书店1985年版。

井浇根,昔□□□□□□□□□七宝,间于三珠缀染,覆院垂门,□座列背,缋成帏,翠成盖,当畏景赫而清阳,尊师是赖。……初上元岁,大兵□□,□蚕失事,五谷不登,天降凶灾,人受冻馁,尊师乃□□□食以待穷者,凡所蒙活,数逾千计。①

经济实力雄厚的道观不但能经受住战争的破坏,而且还能拿出粮食救济数以千计的灾民。永仙观由创业时受四方施舍的艰难处境,到大灾之年慷慨赈济灾民的变化过程,说明道观经济活动的好坏对道观兴废的重要作用。因此,道教非常重视常住庄田的经营,专门委派有威望的大德高道董理其务。唐末,淮南屡遭兵灾,道教宫观"处处荒摧",为了振兴江淮道教,朝廷特派西京昊天观大德谢遵符到扬州,任命为"淮南管内威仪,兼指挥诸宫观庄田等务"②,负责经营淮南道教庄田。道教中人有亲身力作以获衣食的传统,梁太清(547—549 年),道士许明业"身率门人,作田播种"③。唐代衡山道士王十八勤于耕植,"馆中常有好菜蔬"④。诗人唐求在《题青城山范贤观》一诗中叙述他经历千难万险,四处寻求人生"真谛"的一片诚心,借此摆脱人世间名利纷争的超尘思想,诗云:"数里缘山不厌难,为寻真诀问黄冠。苔铺翠点仙桥滑,松织香梢古道寒。昼傍绿畦薅嫩玉,夜开红灶爇新丹。钟声已断泉声在,风动茅花月满坛。"⑤郑遨,昭宗时举进士不第,入少室山为道士,徙居华阴,种田自给。与道士李道殷、罗隐之友善,世目为三高士。赐号逍遥先生,月给薪禄。遨好酒,尝为咏酒诗千二百言,海内传书。又有千里外人,潜使画工写其形容,列为屏障,可见他为时望所重的一斑。⑥ 一些山中道观,"田畴平坦,药畦石泉,佳景差次"⑦。南唐沈玢《续仙传序》称:"十洲间动有仙家数十万,耕植芝田,课计顷亩,如种稻焉。"这是对唐代道教经营常住庄田的最好的说明。

---

① 陈垣:《道家金石略》之《田尊师碑》,北京:文物出版社 1988 年版,第 151—152 页。

② [朝鲜]崔致远:《桂苑笔耕集》卷 14《上昊天观声赞大德赐紫谢遵符充淮南管内威仪指挥诸宫观制置》,丛书集成初编本,北京:中华书局 1985 年版,第 136 页。

③ [唐]王悬河:《三洞珠囊》卷 1《救导品》,《道藏》第 25 册。

④ [元]赵道一:《历世真仙体道通鉴》卷 34《王十八》,《道藏》第 5 册。

⑤ 《题青城山范贤观》,《全唐诗》卷 724。

⑥ 《郑遨》,《全唐诗》卷 855,第 9670 页。

⑦ 《太平广记》卷 41 引《广异记》王老条。

　　唐代道观还普遍从事畜牧业、商业、高利贷等经济活动,具体经营方式有"沽酒买肉,坐贾贩卖,牧牛养马"等。[1] 例如,衢州东华观拥有牛十余头。[2]"长安贵游尚牡丹,三十余年矣。每春暮,车马若狂,以不耽玩为耻。金吾铺围外寺观,种以求利,一本有数万者。"[3]高利贷经营也很普遍,例如茅山紫阳观有"小牛六头,车一乘"[4],在附近县置一库收质,每月纳息充常住;忠州仙都观,以香客所施舍的钱作为常住本钱,从事放贷;北岳真君庙还曾支本庙利润钱,用于维修殿堂。衡山玉清广福观道士"心营半载,箕敛万缗"[5],可见其经营有方,获利甚丰。

　　道教教义和世俗约束两方面都反对道士、女冠贪求私欲、广蓄资产。《要修科仪戒律钞》规定:"道法清虚,不希名利,闲居静室,谓之仙家。出家之人,清堂虚室,耽著既甚,有十恶累:一则广占荒野,别畜田宅;二则种植园林,自求地利;三则出入贮积,丝绵谷帛;四则畜贩奴婢;五则爱养六畜;六则贪聚八珍;七则好乐玩物;八则雕饰帷帐;九则衣着奇异;十则财宝弥勤。此之十事,于身不得为清虚,得之在身为患累。若有此者,妨向道心,碍净解慧。"世俗方面也约束道士、女冠从事经济活动,例如高宗龙朔三年(663 年),长安西华观道士郭行真因"广取财物","徒知仆妾,是求庄宅为务"等罪名遭流放,而"其私畜奴婢、田宅、水车牛马等,并宜没官"[6]。又如德宗时金华观道士盛若虚,据陆长源判决:"本是樵童牧竖,偶然戴帻依师,不游元牝之门,莫鉴丹田之义。早闻愔犯,苟乃包容,作孽既多,为弊斯久。常住钱谷,惟贮私家,三盏香灯,不修数夕。至于婢仆,遍结亲情,良贱不分,儿女盈室,行齐犬马,义悖清廉,恣伊非类之徒,负我无为之教,贷其死状,尚任生全,量决二十,便勒出院,别召精洁玉守,务在焚修。"[7]世俗方面要求道教徒们过寡欲生活,这并不能阻止道教徒们欲求私利的欲望,反映出道士们普遍从事经济活

---

① 朱法满编:《要修科仪戒律钞》,《道藏》第 6 册。

② [唐]杜光庭:《道教灵验记·衢州东华观监斋隐常住验》《杭州余杭上清观道流隐欺常住验》,《云笈七签》卷 122,《道藏》第 22 册。

③ 《太平广记》卷 490。

④ 《修造紫阳观敕牒》(陈希烈),《全唐文》卷 345。

⑤ 《王清广福观碑铭》(倪少通),《全唐文》卷 928。

⑥ 《法苑珠林》卷 69。

⑦ 《断金华观道士盛若虚判》(陆长源),《全唐文》卷 510。

动的现实。

政治上优礼道教上层人物，赐予道士良田、财物，涌现出了一批富甲一方的道教地主。例如，五世为道士的叶法善家族，祖父叶国重善于经营，"周览庐室，躬省仓廪，考畴人之疆亩，讯家僮之作业，皆俭以遵约，味不甘口，色无养目"①。法善以降，家业始终不坠。玄宗时，东都道门威仪使张探玄也拥有私居、庄碾、园墅等财产。晋州紫极宫女冠崔炼师，置辎车一乘，佣而自给。洛阳北邙山玄元观道士李义范放高利贷，曾贷李生妻一千钱助葬。这些道教地主和世俗地主并无二致，弟子多畜钱财宝货、牛马奴婢。

道教经济活动的世俗化使政府逐渐放宽对宗教徒们的限制。唐肃宗至德二年（757年），为恢复两京筹措军费，侍御史郑叔清建议施行卖度牒，提出：诸道士、女道士、僧尼，如纳钱，请准敕回授余人，并情愿还俗授官勋邑号等，亦听；如无人回授及不愿还俗者，准法不合畜奴婢、田宅、资财。既助国纳钱，不可更拘常格，其所有资财，能率十分，纳三分助国，余七分并任终身自荫；身殁之后，亦任回与近亲。② 安史之乱时，作为临时性的敛财之法，按国家卖度牒的规定，出家的道士、女冠原则上不准许拥有奴婢、田宅资财，只有把资财的3/10上缴国家，作为国家的恩典才允许蓄积一部分财产。当时道教徒中拥有财产，从事经营活动者已相当普遍。因此，中唐以来建议课僧道之议屡提。德宗初年都官员外郎彭偃献策：

> 今天下僧道，不耕而食，不织而衣，广作危言险语，以惑愚者，一僧衣食，岁计约三万有余，五丁所出，不能致此，举一僧以计天下，其费可知（中略）。臣伏请僧道未满五十者，每年输绢四匹，尼及女道士未满五十者，输绢二匹，其杂色役与百姓同。（中略）僧道未满五十者，每年输绢四匹；尼及女道士未满五十者，输绢二匹。其杂色役与百姓同。有才智者令入仕，请还俗为平人者听。……臣窃料其所出，不下今之租赋三分之一。③

彭偃提出僧道不满50岁的，每年交纳四匹绢；女尼及女道士不满50岁

---

① 《永仙观碑》，[清]王昶撰：《金石萃编》卷96，北京：中国书店1985年版。
② 《通典·食货典十一·鬻爵》。
③ 《祠部员外郎》，《唐会要》卷59。

的,交纳二匹,和普通百姓一样应役,如果这样,那么出家为僧就没有什么害处了。其后又有宪宗元和六年(811 年)宰相李吉甫建议对僧道课税。两税法实行后,唐政府逐步承认道观及道徒拥有庄田、资财之权利,而道观及道徒也得向政府纳税。到宣宗大中年间,已是"天下庄产未有不征"。政府与道教经济之间的矛盾,在神权承认王权至上的前提下,以相互妥协的方式得到解决。

道观经济与王权控制的世俗地主经济的关系包含利用、控制和冲突三个层次。利用的基本形式为借用和顺应,借用是指作为统治者的唐王朝,借用道观经济为封建经济服务;作为宗教经济一方的道观经济,依托世俗地主经济而生存发展。顺应是指适用于借用需要的调适,借用、顺应具有双向性,然而从统治者一方而言,更多体现为借用,从道观经济一方而言,则更多体现为顺应。控制是指唐王朝为了维护封建世俗地主经济,在发挥道观经济应有的功能过程中,对道观经济实行的管理。总起来看,对道观经济的利用和控制,起着稳定世俗地主经济和专制制度的作用,反映了道教经济与封建世俗地主经济基本相适应的一面,构成道观经济与世俗地主经济之间关系的主流。冲突包括禁毁和反抗两个内容,禁毁是指来自统治者一方的唐朝政府控制的封建地主经济,对危害和不利于封建地主经济的某些道教经济所采取的严厉措施;冲突是指道教经济或与道教有着一定联系的经济形式,对世俗地主经济势力采取的对抗行动,它反映了道教经济与唐代封建世俗地主经济不适应的一面。

四、道观经营中的自然—禁欲主义

道观经营伦理思想是道教经济伦理的实践形式,其基本依据是源自道家的道性、人性、善行、自然等思想,从这些根本观念出发,道观经营活动贯穿的经济伦理思想之基本理念是自然主义与禁欲主义的结合。

(一) 价值目标之限定

道性在于说明"道"是万物所以成之根据,是规律、法则和本质;人性本自素朴,其中自然善德是从内在的"道"流露出来的;善行是人的本性之外露,"圣人常善救人,故无弃人;常善救物,故无弃物"(《道德经》第二十七章)。救人救物是慈善事业,"上善若水,水善利万物而不争,处众人之所恶,故几于道"(《道德经》第八章)。自然是本来如此,自然而然。依道而行,道法自然,是一切经济活动和伦理行为(善行)的根本法则。

道观经济伦理实践的基本依据之一是源自道家的尊道贵德、效法自然的思想。对于这种玄德的信仰、追求,成为道教徒开展经济活动的基本动力。

道观经济伦理实践的价值目标是修道成仙、国丰民安、欣乐太平。东晋《度人经》(即《灵宝无量度人上品妙经》)提出"仙道贵生,无量度人"①的宗旨,将"得道成仙"的追求与"度人"的职责联系在一起。这部经典为道教经济活动构筑了一个高尚纯洁的道德基础,即"不杀不害,不妒不忌,不贪不欲,不盗不淫,不憎不忌,言无华绮,口无恶声,齐同慈爱,异骨成亲,国安民丰,欣乐太平"。意谓不相互杀戮,不相互伤害,不可容不下比自己好的,不嫉自己的同行平辈,不贪婪,不纵欲,不偷盗,不淫乱,不相互嫌恶,不相互猜疑(李少微:嫌人为憎,猜疑曰妒),没有花言巧语,没有粗鄙狠恶之声。"十不二无"是天人的自觉遵行,它们有很强的超越性,又具有针对性,是崇高的道德境界。这里的"十不二无"是道教经济活动的重要价值目标,实现这一目标就要求尽可能地消弭人间的种种不平等,例如财富的两极分化。道教提出中和之财,认为所有财物都属于"中和",取得者不能拿来盘剥穷人。道教不反对人际的贫富差别,但反对富欺贫,两极分化。道教早期设义舍让路人取用食物,就体现了这一点。

道观经济活动以禁欲节制为原则,注重经济生活中控制过分之欲,要求坚持少私寡欲、见素抱朴,要求人们的一切活动遵循减少欲望,降低私念,守住朴实无华之真性的原则。如在取食或消费方面,出现于南北朝而在唐中期通行于正一派、灵宝派和上清诸派中的初真十戒(全称"虚皇天尊初真十戒"),要求"不得杀害含生,以充滋味,当行慈惠,以及昆虫"②。因为过分的欲念使人迷失本性,越走越远,直至出卖亲情,无所不用其极。这一目标在

---

① 《灵宝无量度人上品妙经》,《道藏》第 1 册。
② [宋]张君房《云笈七签》卷 40《说戒部・初真十戒》,张继禹主编《中华道藏》第 29 册,北京:华夏出版社 2004 年版,第 327 页。

人间与成仙成圣成真的目标联系在一起。道教讲的欣乐太平就是要求达到齐同慈爱,消除所有的不平等,达到国家安定、人民富裕、天下太平。道观经济将贵生的观念推广开来,要求保护生物的生存环境,让万物得以生遂,物种得以保全。

(二)伦理动力之推动

道观经济实践的伦理动力是累德增善、修道升天。道教"其为教也,咸蠲去邪累,澡雪心神,积行树功,累德增善,乃至白日升天,长生世上"[①]。

道教经济活动的信仰与追求在具体的人身上需要化成修道动力,指导行善举动。葛洪曾言:"欲求长生者,必欲积善立功,慈心于物,恕己及人,仁逮昆虫,乐人之吉,愍人之苦,赒人之急,救人之穷,手不伤生,口不劝祸,见人之得如己之得,见人之失如己之失,不自贵,不自誉,不嫉妒胜己,不佞谄阴贼,如此乃为有德。"[②]道医孙思邈强调:"凡大医治病,必当安神定志,无欲无求,先发大慈恻隐之心,誓愿普救含灵之苦。若有疾厄来求救者,不得问其贵贱贫富、长幼妍媸、怨亲善友、华夷愚智,普同一等,皆如至亲之想。亦不得瞻前顾后,自虑吉凶,护惜身命。见彼苦恼,若己有之。深心凄怆,勿避险巇,昼夜寒暑,饥渴疲劳,一心赴救,无作功夫形迹之心。如此可为苍生大医。反此则是含灵巨贼。"[③]欲修仙道,必先修人道,人道的主要内容就是实践道德义务,增进个人的道德完满。即使提倡修丹道者,认为修丹道之先,将自身道德提升看成是得道成仙的前提。即使丹道有成,还得三千行满、八百功圆。

(三)经济行为之准则

道观经济实践的行为准则是诸恶莫作、众善奉行。行善积德是道徒修持达于圆满的题中应有之义,劝善则明确了道徒的职责。道教经济活动以劝人修福修善为目的,提倡凭心地行时时之方便,作种种之阴功。"善"的基

---

① 《魏书·释老志》。
② 《抱朴子内篇·微旨》。
③ 《千金要方·大医精诚》。[唐]孙思邈:《备急千金要方》(影印本),北京:人民卫生出版社1995年版。

础是儒、释、道合一的思想。道教认为广行三教,奉真朝斗、拜佛念经与实践伦理道德同等重要。正直代天行化,慈祥为国救民,忠主孝亲,敬兄信友,是人人奉行的基本道德。道教经济活动的一个重要的特点是提倡救济公益事业,要求人们措衣食周道路之饥寒,施棺椁免尸骸之暴露,提倡并且点夜灯以照人行,造河船以济人渡,修数百年崎岖之路,造千万人来往之桥,舍药材、施茶水,剪碍道之荆榛,除当途之瓦石。道教承认功德成神的观念,其劝善的功能是寻常书本和官方文告所达不到的。

道教的经济伦理是建立在人性基础上的一种规范经济行为的价值思想,人性中既有追求财富的利己性,也有超越财富的利他性。道教希图通过各种戒律和约束进行扬善抑恶的生命超越,其经济伦理思想亦有此特点。道教中没有关于经济伦理思想的系统专著,但其生命伦理思想、社会伦理思想以及生态伦理思想中包括更具体的道教禁欲主义伦理、功利主义伦理、世俗化伦理、现实政治伦理等,均涉及如何获取财富、如何使用与分配财富等伦理思想。道教的经济伦理价值是道教伦理规范的一个重要的价值原则。随着道教的不断发展,各种戒律逐渐增多,既影响和制约着修道者的道德思想和行为,又影响和制约着其对待财富的态度、获取手段以及如何使用和分配等问题。马克斯·韦伯在《儒教与道教》一书中从一般意义上分析了宗教对拒斥财富的占有以最终达到遁世的目的,评价了"理性的禁欲主义的悖论":

> 宗教共同体本身及其宣传和自我标榜对经济手段的依附以及对民众的文化需求和日常利益的适应,迫使它们做出某些妥协,禁息仅仅是这种妥协中的一例。对于真正的救赎伦理来说,这种紧张本身最终是难以克服的。

> 宗教的炉火纯青的大师伦理以极端激进的方式通过拒斥对经济财富的占有这种紧张关系作出了反应,这就是:通过禁止僧侣拥有个人财产来实行遁世的禁欲、绝对自力更生,最主要的是把需求限制在绝对不可缺少的范围内。所有理性的禁欲主义的悖论是:它们自己创造了它们所拒斥的财富,这种悖论以同样的方式损害着各个时期的禁欲生活。无论在哪里,寺院本身都是理性经济的产地。——遁世的冥想在原则性

的变化中只能提出这样的原则；一无所有的僧侣只能享受大自然和人类自愿奉献给他的东西：植物的浆果、根茎和人的布施，因为劳动会使他分心，不能把精力集中在冥想的救世财富上，就连遁世的冥想也做出了让步：建立行乞教区(例如在印度)。——只有两条可以在原则上和内心里彻底避免紧张的途径。其一是，作为炉火纯青的宗教信仰而摒弃了泛爱普遍主义的清教天职伦理的悖论，把世上一切圣事活动——在其终极意义上完全不可思议，现在却能看得出是积极的意愿和神圣的考验——都理性地客观化了，并且接受了在全世界被贬抑为卑劣、堕落的经济结构的客观化，认为这是神所钟意的，是履行义务的实质。[1]

这里完全用"宗教""僧侣"等概念，来分析、评说中国道教未必是合适的，但信仰主义对财富和经济生活的理性、节制态度，与道教经济伦理基本主张是相近的。正如上述所言，道观"本身都是理性经济的产地"，入世精神对"遁世的冥想"做出了让步。道观经济实践的伦理精神体现于大量的伦理规范，这些规范也包容了儒家和佛教的某些基本主张，认为凡是能解决当时民众生活苦难的都被认为是善事，而困扰民众、漠视生命的都被看作恶行。这种伦理精神强烈地作用于中国传统社会的伦理思想，具有重要的现实意义和历史价值。

第三节　汉唐道观经营中的功德伦理思想

道教经济伦理思想作为道教思想的一个要素，它对"道"的信仰和坚持，

---

[1] 马克斯·韦伯：《儒教与道教》，王容芬译，北京：商务印书馆1995年版，第310—311页。

一方面表现为形而上之神圣的精神生活追求，另一方面则通过各种礼仪活动和宗教实践存在于具体生活和事事物物之中，与世俗生活中的人伦日用之事相即不离。后一个方面产生了道教的功德伦理思想，"功德"就是以善心做善行，善心和善行合一。道教继承道家有关"功德"的论述和理论，如"功成而弗居"（《道德经》第二章）、"功成事遂，百姓皆谓我自然"（《道德经》第十七章）等，不仅赞成人生在世应该立功，而且主张遵循自然之道，在立功之后不居功。这种看法成为道教修身养性、延年益寿的指导原则，故魏晋以来道教典籍大都论及功德的问题。道教是处于神圣与世俗之间的本土宗教，其信仰之花开在美丽缥缈的天国，现实组织扎根于人间尘世。道观经营是一种包括经济活动、经济行为和经济思想的宗教信仰行为，包含着一系列功德伦理思想，功为德行，德为善心，心行合一，名为功德。道观经营中的功德伦理思想可以概括为如下方面：经济自养、济世安民，悉心经营、兴旺教事，赈灾济弱、散财救急，施医助人、救死扶伤，助国护国、捐财纳钱，道法自然、修己成物。

一、经济自养、济世安民

道观是根据道教修行需要建立起来的有秩序的社会集团，它以经济上的自养，支持精神上的自立，以行济世救人之功德。道观将持久修道与从事农业劳动以维持生计并重。史载东晋时期葛洪曾随师父郑隐在山中修道，"他弟子皆亲仆使之役，采薪耕田，唯余尫羸，不堪他劳，然无以自效，常亲扫除，拂拭床几，磨墨执烛"。① 砍柴、耕田这样的农业劳作对于修道者来说，既锻炼了体力，磨炼了吃苦精神，同时也促成了物质上的收获，成就了经济上的自养，体现了道教自食其力之修道精神。

经济自养，来源于对农业生产的重视。对农业生产的重视，突出体现在各种仪式对与农业相关的神事的实践上。传统占主流地位的儒家经济伦理和世俗经济伦理反对懒惰偷生、四体不勤，要求民生在勤，勤则不匮，主张重视农业生产，自立自足，不依傍他人生存。道教某些仪式专为农业

---

① 《抱朴子内篇·遐览》。

生产而举行,这些仪式有很大一部分起源于巫术,而巫术从功能上可分为生产性巫术、保护性巫术、破坏性巫术。中国自古以来是一个发达的农业国家,农业收成决定人们生存与国家之安危,故而社会从上及下,极为重视与季节周期变化相关的农业祀典,从而形成了一套复杂繁多的周期性岁时仪式。始于周代的祭天也叫郊祭,冬至之日在国都南郊圜丘举行。夏至是祭地之日,礼仪与祭天大致相同。汉代称地神为地母,认为她是赐福人类的女神,也叫社神。汉代以后,风水信仰盛行。祭地礼仪还有祭山川和祭土神、谷神、社稷等,最为典型的吉礼为唐玄宗时期所制的《开元礼》,对四季中每一季度具体节日所应举行的祭祀活动均有安排。[①] 各家各户举行的周期性岁时宗教仪式也具有同样的性质和功能,其差别仅在于规模小、供品简略、仪式相对简单一些。国家和百姓为了应对各种自然灾害也不定时地举行驱除自然灾害的宗教仪式,例如求雨祈晴、驱除蝗灾。中岳嵩山的祭田等也是典型的具有农业意义的道教仪式。道教中很多周期性岁时祭祀活动中所供奉的神也有很大一部分与农业生产相关,这种仪式的崇拜对象以司掌气候、植物的神为主。道教中的三清、四御、诸星神、三官大帝、玉皇大帝均是这些仪式所必须供奉崇拜的对象,这种仪式所供奉的神有神农、风神、雨神、雷神、山神、河神、土地神、各种动物植物神。由于各地的动植物不同,国家地域广大,各地举行周期性岁时祭祀仪式时所供奉的神灵又有很大的区别,具有明显的地域性和民族性。道教仪式中的"农"还体现在其所使用的供品和所消耗的粮食上,仪式中所使用的诸如饼、水果、斋饭、灯油等供品全都是农产品。每举行一次大的法事,耗费供品数量大、种类多、品质好,这种耗费对道教重农意识的培养,对农业技术探索的促进力量,绝不会低于山居生活对农业的要求。道教每做一次大的法事,如此众多的信徒所消耗的斋饭和蔬菜等农作物绝不会是一个小数目,加上全国周期性岁时祭祀活动频繁,没有坚强的农业生产作为后盾是难以想象的,道教的重农意识势必推动其经济上自养和自力,势必推动其对农业技术进步的重视。

---

① ［元］王磐:《创建真常观记·甘水仙源录》卷9。陈垣:《道家金石略》(唐部分),北京:中华书局1988年版。

南朝道教受佛教寺院生活模式影响,出家修道成为新的修道风尚,道教徒努力开创新的修道和弘道方式,他们把严格修道与自耕自产、独立生产、经济上的自立自养结合起来。道观经济在当时已具有一定规模,大型道观是精神修炼的组织,同时又是经济实体。《三洞奉道科戒营始》在《置观品》中所描述的大型道馆,拥有各种用途的建筑空间,以及药圃果园、名木奇草、清池芳花,种种营葺,以用供养。

居住在山馆修道的修士更愿意过自给自足的生活,这样的生活简单质朴,符合道法自然的精神。这样的生活清新自然,同尘俗社会保持一定的距离,从事垦荒种植农业劳作是第一选择。农业劳动既能够获得日用及修道所需,也是一种难得的修行方式。这种生活成为后来禅宗所推崇的宗教生活模式。陶弘景在大茅山修道之时,就试图同门人独立自足、务农自养。他曾于道馆附近的赤石田修筑水塘,灌溉附近水田四十余顷。馆中门人在此随水播植,在劳作之余获得独特之乐。肥沃的土地和充足的水源,带来了绝好的农业收成,足可维持道馆的日用所需,同时在精神上促成了修道。

功德是通过修行获得的经验,福德等于钱财,钱财能用完,而经验则会积累产生后续效应。有大功德更容易得道成真,所以道教提倡积功累德。张道陵创立五斗米道,济世救民,倡言行善积累功德。《魏书·释老志》载:"张道陵受道于鹄鸣,因传《天官章本》千有二百,弟子相授,其事大行……"陆修静《道门科略》云:"罢诸禁心清约治民,神不饮食,师不受钱。使民内修慈孝,外行敬让。佐时理化,助国扶命……若疾病之人,不胜汤药针灸,惟服符水……积疾困病,莫不生全。"(《正统道藏》太平部)道教天师助国救民之举,使得国泰民安。《道德经》云:"圣人不积,既以为人己愈有,既以与人己愈多。"(第八十一章)不执着于回报,坚守内在的清静,回小向大,把积累的功德回向给十方三界上圣高真的威德合而为一。仙道贵生,无量度人,不仅要"度己",而且要担负起"度人"的社会责任。度人的方式很多,如以我之德行去感化他人,以我之能力去辅助他人,以我之学识去教导他人,以我之宗教修持为大众服务,等等。只有积极地为社会作贡献,功德圆满,才能名登仙籍。

二、悉心经营、兴旺教事

任何经营劳作都需要付出艰辛的劳动,道观常住庄田的经营更需如此。这种劳作是传播、弘扬道教精神所必需之行,因此也属于广义上的功德。《洞玄灵宝三洞奉道科戒营始》规定:"庄田碾硙常住所资,随处访求,依法置立其中,区别净秽,检校营为,皆适当时,务令得所。"正一派用以规范道教徒进行法事活动行为举止的经书《正一威仪经》亦载:"正一住观威仪,庄田碾硙,家人使役,五行什物,六畜器具,果木花药,一切所需,皆共爱惜,供养十方,当来福田。"道观是道教修行的场所,是道教徒生存发展的经济基础。全力以赴,全心经营,是道观兴衰的重要动力。道观庄田经营的好坏,的确事关道教事业兴衰成败。故道教对道观经济经营活动颇为重视。

道观通过经济经营活动自食自活,在这个方面它同世俗社会经营在本质上并无二致。例如,茅山紫阳观在"便近县置一库收质,每月纳息充常住"①。茅山太平观在郁冈有 730 亩常住田,"自唐迄明,皆为彼处人佃耕,每亩入租银五钱,以为香火之费"②。衡山玉清广福观道士,"心营半载,箕敛万缗"③,经营有方,获利甚丰。上都昊天观大德谢遵符被任命为淮南管内威仪,兼指挥诸道观庄田等务,负责淮南道教庄田经营,收获也可维持道观生计。道教有人人应力作以获衣食之传统。梁太清时,道士许明业"身率门人,作田播种"④。唐代衡山县道士王十八勤于耕植,"馆中常有好菜蔬"⑤。道观多处僻静山区,一些山中道观"田畴平坦,药畦石泉,佳景差次"。南唐沈玢《续仙传序》称:"十洲间动有仙家数十万,耕植芝田,课计顷亩,如种

---

① 陈希烈:《修造紫阳观敕牒》。[元]刘大彬《茅山传》卷 2,收入《正统道藏·洞真部纪传类》,上海:上海商务印书馆影印 1923—1926 年。

② 笪蟾光:《钦赐墓东田地碑文》。《茅山传》卷 5,收入《正统道藏·洞真部纪传类》。

③ 《玉清广福观碑铭》。[清]董诰等纂修:《全唐文》卷 928。

④ [唐]王悬河编:《三洞珠囊》卷 1《救导品》。《正统道藏·太平部》,上海:上海商务印书馆影印 1923—1926 年。

⑤ [元]赵道一:《历世真仙体道通鉴》卷 34,《道藏》第 5 册。

稻焉。"①

道教这种悉心经营的精神,以入世济世为基本要求,以仙道为理想追求和指引的学仙修道之路,体现了道教教义思想的基本特质。道教作为现实生活中的一种宗教,积极入世以利益社会人群,经营是为了入世,入世的目的则是为了兴旺教事,兴旺教事从根本上则是为了济世,宗旨则是要追求神仙超越和神仙境界,以得道成仙为最高理想。

三、赈灾济弱、散财救急

汉末三国以来,社会动荡不安,灾贫处处,民不聊生。道教兴起,以谋赈济贫弱。葛洪批判缓赈济而急聚敛的社会现象,要求道徒和道馆以自立自养的经济之力,致力于关心、救助老弱之人。他批判贪求利禄、耽于享乐之人,从反面提出道教应该关注"赈济"和"散财",其中云:"玩弄褒宴,是耽是务……贵珠玉而贱智略,丰绮纨而约惠泽,缓赈济而急聚敛,勤畋弋而忽稼穑,重兼并而轻民命,进优倡而退儒雅,厚嬖幸而薄战士,流声色而忘庶事……工造费好不急之器,圈聚食肉糜谷之物。然则危亡不可以怨天,微弱不可以尤人也。夫吉凶由己,汤、武岂一哉?"②葛洪批评那些搞商贸交易的商人,斥责其为"以商臣之凶逆,则谓继体无类也"。楚国商臣凶恶悖逆,继承者也没有好人。在葛洪看来,用稠粥糊口,穿粗布短衣和旧絮的袍子,淡泊纵情,不忧伤也不欢喜,这就是尊贵快乐,没有什么东西来为它作比喻,"布褐缊袍,淡泊肆志,不忧不喜,斯为尊乐,喻之无物也"③。

道教强调赈济贫弱、散财救急,这种伦理实践,使用和支配财富,显然是道家思想活力的一种延续。"故公杖策而捐之,越翳入穴以逃之,季札退耕以委之,老莱灌园以远之,阿其所好,莫与易也。故醇而不杂,斯则富矣;身不受役,斯则贵矣。若夫剖符有土,所谓禄利耳,非富贵也。且夫官高者其责重,功大者人忌之,独有贫贱,莫与我争,可得长宝而无忧焉。"④以求道的

---

① 《云笈七签》卷100《续仙传》序,《道藏》第22册。
② 《抱朴子外篇·君道》。
③ 《抱朴子外篇·逸民》。
④ 《抱朴子外篇·逸民》。

思想仗义疏财，以修道的行为使用和支配财富，这是修道者得到"尊贵快乐"的一种方式。

四、施医助人、救死扶伤

施医助人，是一种重要功德，是仁义与功利的统一。真正修道成德者，必以助人利益他人。道教中道、医不分，《三洞奉道科戒营始》规定："凡药者，救病所须，当别立药圃栽莳，当处所有……"[①]道观经济上的自养使其有条件施医助人、救死扶伤，由此使道教在经济伦理思想方面进一步探讨了生命养护与物质财富、饮食消费与养生修道、医病救人与"经略财物"、治病预防及早治疗和节省财力之间的关系等一系列问题，并形成了一些原则性的要求，道医由此成为贯彻道教积善修德、济世度人、长生成仙思想宗旨的一个极为重要的功德实践形式。

道医是道教医学的简称，指道教在经济自养的前提下，在以医传教的宗教活动和追求长生成仙的修炼过程中，通过对生命、健康和疾病的认识和体悟，形成的一套具有宗教色彩或民俗文化性质的心身医学体系。[②] 道医起于早期巫祝之禁咒祈禳，其后则用汤醴草药，逐渐采用针法与灸法。在战国以迄秦汉之际，经脉理论渐认形成，鬼神祟人之观念，渐为邪气致疾论所替代，因而发展出以"补泻"为基本原则的调经理气治病法，由针灸运用发展到汤液方面，导致医术发生典范转移的现象。古之巫医也分化成为巫与医。巫

---

① 《洞玄灵宝三洞奉道科戒营始》卷1《置观品》，《道藏》第24册。
② 《中国大百科全书·宗教卷》定义："道教为追求长生成仙，继承和汲取中国传统医学的成果，在内修外养过程中，积累的医药学知识和技术。它包括服食、外丹、内丹导引以及带有巫医色彩的仙升灵药和符咒等，与中国的传统医学既有联系又有区别，其医学和药物学的精华为中国医学的组成部分。"这里首次将道教医学作为一个正式条目列入。吉元昭治的《道教与不老长寿医学》一书给道教医学下的定义称："所谓道教医学，可以说就是以道教为侧面的中国医学。这些被看作是道教经典中的主要内容。不过现在，就像道教淹灭在民间信仰（民俗宗教）之中那样，道教医学可以在民间医疗或民间信仰中的信仰疗法中见到其踪迹。"盖建民在《道教医学》一书中说："道教医学是一种宗教医学，作为宗教与科学互动的产物，它是道教徒围绕其宗教信仰、教义和目的，为了解决其生与死这类宗教基本问题，在与传统医学相互交融过程中逐步发展起来的一种特殊医学体系，也是一门带有鲜明道教色彩的中华传统医学流派。"胡孚琛在《中华道教大辞典》之"道教医学"条云："道教医学是一种社会医学和宗教医学，重视调节人的社会环境和心理因素，激发患者的宗教感情来抗病，有用精神疗法治病的特点和人神交通的巫术倾向。"参阅盖建民：《道教医学》，北京：宗教文化出版社2001年版。

者,自然仍以其禁咒祈禳,从事奉侍鬼神的工作;医者,则以《黄帝内经》作为基本理论,产生了讲究二因(内因、外因)的中医和以"一元四素""三元(源)化生万物"理论作为基础的讲究三因(本因、内因、外因)的道医。由《马王堆医书》《太平经》《素问》的道教传本以及《素问》的注解中,即可窥知有一种根据道教思想,并广泛吸收禁咒、存思、服气、按摩诸术法的医学传统在发展。①道医使用天然药材和针灸为最常用的治疗方式,注重运用内丹功、辟谷等气功修炼之类的养生康复方式,甚至还使用画符、占卜、求签、咒语等具有神秘色彩的方式。这是道医学在治疗方式上最具特色,也是最玄秘的地方。

　　道医是随着道教的产生发展而发源兴起的,肇始于秦汉,正式形成于魏晋南北朝,鼎盛于唐宋。名医葛洪、孙思邈等都是道教人士。道教在创教初期为传教弘道、广纳信众,提出了"去乱世,致太平""身国同治"的主张,因此对能够解除大众疾苦的医术十分重视,再加上道教自身修炼的需要,医术成了道教救世、救人、救己的一种必备的技能。近现代新道教大师陈撄宁提出,"凡学仙者,皆当知医"②,医不近仙者不能为医。道医不是简单地借助使用中医医术,而是将中医药学与道教的思想主张、特殊修炼状态下对生命的独特认识和体悟,进行融会贯通,从而形成了集疾病防治、社会、心理、宗教、信仰等丰富内容的一种综合的健康知识体系。

　　以《黄帝内经》为代表的医学思想在早期道教教义教理的形成、建构过程中曾发挥了助道宣教的作用,从道教经典《老子想尔注》和《太平经》受传统医学思想的影响上就可以看出来。《老子想尔注》一书中借用医学思想和医理术语对《老子》五千文进行宗教化诠释多达七八处之多,例如关于"挫其锐、解其忿",释云:"锐者,心方欲口(图)口(恶)⋯⋯怒欲发,宽解之,勿使五藏忌怒也。⋯⋯积死迟怒,伤死以疾,五藏以伤,道不能治,故道诫之,重教之于宁。五藏所以伤者,皆金木水火土气不和也。和则相生,战则相⋯⋯"③这里用五行相生理论说明发怒会伤及五脏,成病煞人。关于"我欲异

① 宋朝以后,医者之传承渐渐依附于儒学体系,出现"儒医"的观念,不但以《易经》等儒家经典来解释医籍,排斥禁咒、服食、辟谷、调气诸法,且不承认神仙家及房中术可列入医学传统中,形成另一次典范转移的变革。道林养性之说,渐成儒门事亲之业。

② 《论〈四库提要〉不识道家学术之全体》。陈撄宁:《道教与养生》,北京:华文出版社 2000 年版。

③ 饶宗颐:《老子想尔注校证》,上海:上海古籍出版社 1991 年版,第 7 页。

于人,而贵食母",释云:"仙士与俗人异,不贵荣禄财宝,但贵食母者,身也,于内为胃,主五藏气。俗人食谷,(谷)绝便死;仙士有谷食之,无则食气;归胃,即肠重囊也。腹之为实,前章已说矣。"①这段注解依据人体六腑胃主受纳、腐熟水谷及肠受盛、化物的生理功能来阐释辟谷之术的道理。类似还有关于"知白守其黑,为天下式"则借"肾藏精,在五行属水,色黑"的医理来说明,释云:"精白与元炁同,同色,黑,太阴中也,于人在贤(肾)精藏之。安如不用为守黑,天下常法式也。"②可见,《老子想尔注》非常善于运用医理来阐发其思想。

《太平经》中也可看到医学思想的影响和渗透。《太平经》从"治身安国致太平"③的宗旨出发,援医入道,对治身之法作了多方面的阐述。首先,《太平经》强调道人要习医,掌握治邪除病之法。其中云:"人者,乃象天地,四时五行六合八方相随,而壹兴壹衰,无有解已也。故当豫备之,救吉凶之源,安不忘危,存不忘亡,理不忘乱,则可长久矣。是故治邪法,道人病不大多。假令一人能除一病,十人而除十病,百人除百病,千人除千病,万人除万病。一人之身,安得有万病乎?故能悉治决愈之也。"④这是以安不忘危、存不忘亡的预防生病思想说明道人习医对于防病治病的意义。《太平经》本着治国与理身相统一的思想,认为习医理身也是致太平的一个重要内容,是"救吉凶之源"。《太平经》中许多内容涉及医药知识,如第五十卷中就载有"草木方诀第七十""生物方诀第七十一""灸刺诀第七十五""神祝文诀第七十五"等。其次,《太平经》借医理弘扬道法。《太平经》在阐述进行斋戒存神的必要性时云:"故肝神去,出游不时还,目无明也;心神去不在,其唇青白也……夫神精,其性常居空闲之处,不居污浊之处也;欲思还神,皆当斋戒,悬象香室中,百病消亡;不斋不戒,精神不肯还返入也。"⑤这里运用医学脏腑理论关于肝开窍于目、心开窍于口、肺开窍于鼻、肾开窍于耳的思想,来论述斋戒思神能使百病消亡的意义。《太平经》卷九十六《忍辱象天地至诚与神相应大戒第二百五十三》云:"人之至诚,有所可念,心中为其疾痛,故乃发心腹不而食

---

① 饶宗颐:《老子想尔注校证》,上海:上海古籍出版社1991年版,第26—27页。
② 饶宗颐:《老子想尔注校证》,上海:上海古籍出版社1991年版,第36页。
③ 王明:《太平经合校》,北京:中华书局1960年版,第730页。
④ 王明:《太平经合校》,北京:中华书局1960年版,第294页。
⑤ 王明:《太平经合校》,北京:中华书局1960年版,第27页。

也。念之者,心也,意也。心意不忘肝最仁,故目为其主出涕泣,是其精思之至诚也……脾者,阴家在地,故下入地报地。故天地乃为其移,凡神为其动也。子欲知其大效,吾不欺真人也。真人但安坐深幽室闲处,念心思神,神悉自来。"①这里借医理明道法,运用医学五运六气思维模式,建构"以自防却不祥法"思神术,声言顺用四时五行之气,悬象而思守,可达到内可治身、外可治邪之目的。《太平经》有反对恶人乱穿凿地、保护生态的思想,也是套用医学思维模式进行论说,其中指出:"恶人穿凿地太深,皆为创伤,或得地骨,或得地血者,泉是地之血也,石为地之骨也。地是人之母,妄凿其母,母既病愁苦,所以人固多病不寿也。"②《太平经》有父天母地的观念,反对"妄凿其母"破坏生态的恶行,强调"守道不妄穿凿其母,母无病也;妄穿凿其母而往求生,其母病之矣。""凡凿地动土,入地不过三尺为法",否则会"伤地形,皆为凶地"③。这从一个侧面反映了该经擅长运用医理来弘扬道法。这里开创的借医理来弘扬道法的传统为后世道门所尊奉和沿用。

和平时期道士修道致仙往往选择在远离市井、交通不便的"洞天福地",衣食住行及医疗方面皆不易获得"供养"。故《老子想尔注》明确告诫:"道人宁施人,勿为人所施。"④这一祖训成为道教奉道修行活动普遍遵行的一个基本戒律。故古之初为道者,"莫不兼修医术,以救近祸焉"⑤。道士研习医术方药,不但可以在自己生病时进行自疗,而且还可以凭借这一本领"施人",为人诊病施药。葛洪言:"为道者以救人危使免祸,护人疾病,令不枉死,为上功也。……若德行不修,而但务方术,皆不得长生也。"⑥道教提出"内修金丹、外修道德"的修行要求,行医施药既是一种济世利人的"上功"与"大德",也是长生的一种先决条件。

魏晋时期李家道、杜子恭道、清水道的创教人也采用了以医传教的方式来立宗创派。这种带有普遍性特征的医学创教模式的形成,加强了道教与传统医学的联系,开启了后世道门崇尚医药方技的先河。道教尚医的一

---

① 王明:《太平经合校》,北京:中华书局 1960 年版,第 426—427 页。
② 王明:《太平经合校》,北京:中华书局 1960 年版,第 120 页。
③ 王明:《太平经合校》,北京:中华书局 1960 年版,第 120 页。
④ 饶宗颐:《老子想尔注》,上海:上海古籍出版社 1991 年版,第 45 页。
⑤ 王明:《抱朴子内篇校释》,北京:中华书局 1985 年版,第 271 页。
⑥ 王明:《抱朴子内篇校释》,北京:中华书局 1985 年版,第 53 页。

个基本目标是"维护生命"和"延长生命"，从这个意义上说，以"长生信仰"为特征的道教与医学在追求目标上有共通之处。《黄帝内经》指出"天覆地载，万物悉备，莫贵于人"①。《灵枢·本神》亦云："智者之养生也，必顺四时而适寒暑，和喜怒而安居处，节阴阳而调刚柔，如是则僻邪不至，长生久视。"②可见，"长生久视"不仅仅是道教追求的理想目标，同样也是中医学最基本的价值取向。道教乐生恶死，有所谓"死王乐为生鼠之喻"③，《太平御览》卷九百十一云"虽为帝王，死不及生鼠"，这应是对"死王乐为生鼠之喻"的解释。生为大利，死为巨害，道教坚决肯定生而否定死，即所谓生可惜，死可畏，故要长生，神仙为人所倾慕的主要原因在于长生。生命之所以为大利，则在于能满足人的各种欲望。"笃而论之，求长生者，正惜今日之所欲耳，本不汲汲于升虚，以飞腾为胜于地上也。"人之所欲则表现为"人道当食甘旨，服轻暖，通阴阳，处官秩，耳目聪明，骨节坚强，颜色悦怿，老而不衰，延年久视，出处任意，寒温风湿不能伤，鬼神众精不能犯，五兵百毒不能中，忧喜毁誉不为累，乃为贵耳。"④人都是忧虑、害怕死亡的。"里语有之：人在世间，日失一日，如牵牛羊以诣屠所，每进一步，而去死转近。此譬虽丑，而实理也。"人们平常不关注忧虑死亡，一是"人但莫知当死之日，故不暂忧耳。若诚知之，而刖劓之事，可得延期者，必将为之"。二是"达人所以不愁死者，非不欲求，亦固不知所以免死之术，而空自焦愁，无益于事。故云乐天知命，故不忧耳，非不欲久生也"。⑤从经验的角度论述死亡的可怕，这是从生人的角度想象死亡的情境，"且夫深入九泉之下，长夜罔极，始为蝼蚁之粮，终与尘壤合体，令人怛然心热，不觉咄嗟"⑥。我犹感切实，因为我也曾类似想象而觉恐怖，甚至梦中也有类似的想象：僵卧空棺，万古如斯。李丰楙以为《抱朴子》为"不死的探求"，很能契合葛洪的心理，其实，葛洪之所以孜孜以求神仙之术，即在于想不老不死。"夫神仙之法，所以与

---

① 《素问·宝命全形论篇》。《黄帝内经素问校释》上册，北京：人民卫生出版社1982年版，第346页。
② 《灵枢·本神》。《灵枢经校释》上册，北京：人民卫生出版社1982年版，第174—175页。
③ 《抱朴子内篇·勤求》。王明：《抱朴子内篇校释》，北京：中华书局1985年版。
④ 《抱朴子内篇·对俗》。
⑤ 《抱朴子内篇·勤求》。
⑥ 《抱朴子内篇·勤求》。

俗人不同者,正以不老不死为贵耳。"①但想不老不死,这似乎是不可能的,葛洪也知"实理有所不通,善言有所不行"②,但其为人意志力极强,坚信"我命在我不在天",亦豪杰之士也。

《黄帝内经》也高举"乐生恶死"的旗帜,其中云:"人之情,莫不恶死而乐生,告之以其败,语之以其善,导之以其所便,开之以其所苦,虽有无道之人,恶有不听者乎?"③《黄帝内经·素问》第一篇《上古天真论》专论保生养生之旨。道教珍视生命的价值和意义,以"生道合一"为基本教义,追求"深根固蒂,长生久视"之道:"道不可见,因生以明之;生不可常,用道以守之。若生亡,则道废,道废则生亡。生道合一,则长生不死。"④而《黄帝内经》也讲求"远死而近生,生道以长"⑤。这种将远死近生、生道以长视为"圣王"的思想表明医、道两家在生死观上是相通的。"许多人出于对生的渴望而求助于医学,出于对死的恐惧而信奉宗教。可见,医学与宗教的关系,就是这种'渴望'而'恐惧'的统一"⑥。生与死是任何一个人都必须面对的人生问题,对这一人生重大问题的解决,可以有许多不同的途径和方法,而医学和宗教乃是芸芸众生通常所求助的两条基本途径。道门素以"仙道贵生"来标榜自己。道教从这一立场出发,必然形成崇尚医药的传统。这是因为要达到修道长生这一度世目的,首先要祛病延年,正如葛洪引"神农曰":"百病不愈,安得长生。"⑦陶弘景也指出:"夫养生之道,当先治病……不先治病,虽服食行无益于身。"⑧而医术的作用正是在于治病防疾,延长人的寿命。掌握一定的医药知识和技能是道徒进行"自救"并进而"济人"的基础和前提。因此,修"仙道"必须通"医道"。从这个意义上说,在以长生信仰为核心的道教义理体系中暗含重视医药的逻辑因子,这是道教区别于其他宗教的一个显著特征,它是道门形成崇尚医药之风的根本原因和内在逻辑基础。

---

① 《抱朴子内篇·道意》。

② 《抱朴子内篇·塞难》。

③ 《灵枢·师传》,《灵枢经校释》上册,北京:人民卫生出版社 1982 年版,第 492 页。

④ 《太上老君内观经》,《道藏》第 11 册。

⑤ 《素问·移精变气论篇》,《黄帝内经素问校释》上册,北京:人民卫生出版社 1982 年版,第 177 页。

⑥ [日]吉元昭治:《道教与长寿不老医学》,成都:成都出版社 1992 年版,第 1 页。

⑦ 王明:《抱朴子内篇校释》,北京:中华书局 1985 年版,第 53 页。

⑧ 《真诰》卷 10《协昌期》。

南北朝时期的道医以道家人生哲学和宇宙论为基础，认为人与宇宙天地万物共同源于"炁"，"炁"者"气"也（或称"无极"①）。葛洪指出："夫人在气中，气在人中。自天地至于万物，无不须气以生者也。"②南北朝时期道教医家辈出，知名道教医家占同时代医家的比例高达 22.2%，表明魏晋南北朝时期道教医学蓬勃发展的态势。③ 著名道医首推陶弘景，他在隐居茅山期间，撰写了大量道经，弘扬了上清经法，并在医药养生诸多领域也都有著述，惜多散失。流传下来的医书有《本草经集注》《陶隐居本草》《药总诀》《养性延命录》《导引养生图》《合丹药诸法节度》《太清诸丹集要》《补阙肘后百一方》《华阳陶隐居集》《古今刀剑录》等。

五、助国护国、捐财纳钱

助国护国对于国家和人民来说，是最大的功德。道教自魏晋至隋唐时期形成的官方道教系统倡导助国护国、捐财纳币，此传统源远流长，其中包含着重要的功德伦理思想。汉末疾病流行、国贫民饥之时，张道陵创立五斗米道，济世救民，可以说道教在产生之初就提出"助国""保国"主张。例如《太平经》卷四十八《三合相通诀第六十五》谓修道者当"助国得天心"；《太平经》卷九十一《拘校三古文法第百三十二》则说："天乃与德君独厚，故为其制作，可以自安而保国者也。"这里的"助国""保国"表示以某种方式来帮助国家治理，或者保护国家安全。道教不仅"助国""保国"，而且"佐国扶命"。《老君音诵诫经》说："老君曰：吾汉安元年以道授陵，立为系天师之位，佐国扶命。"其中所谓"道"即正一盟威之道，作者指出正一盟威之道是以太上老君传授给张陵为肇始的。而"佐"即辅佐，"佐国"就是辅佐国家治理，"扶命"即扶持国家命脉的延续。既然要辅佐国家治理与扶持国家命脉延续，其行为也就蕴含着爱国的实际行动。自张陵以来，道教中类似于"助国""保国"

---

① 陈抟说："两仪即太极也，太极即无极也。两仪未判，鸿濛未开，上而日月未光，下而山川未奠，一气交融，万气全具，故名太极，即吾身未生之前之面目。"参阅《玉诠》卷 5，《道藏辑要》第 21 册，长春：吉林人民出版社 1998 年版。
② 《抱朴子内篇·至理》。
③ 参见盖建民《道教医学》，北京：宗教文化出版社 2001 年版，第 338 页。

"佐国"的言辞还有很多,如《洞玄灵宝二十四生图经》所讲的"安国育民";《太上洞玄灵宝真文要解上经》所讲的"兴国爱民,普济群生";《灵宝无量度人上品妙经》卷一所讲的"齐同慈爱,异骨成亲,国安民丰,欣乐太平";《太上无极总真文昌大洞仙经》卷一所讲的"佐天行化,助国救民";《高上玉皇本行经髓》所讲的"精心恭奉,家国安宁";等等,都以特有方式表达道教对赖以生存的国土的热爱。在这些典籍中,爱国与爱民几乎不可分割地联系在一起,说明道教的爱国一直具有人民性。道教有相当一批典籍的名称出现"护国"二字,如《太上护国祈雨消灾经》《碧霞元君护国庇民普济保生真经》《太上大圣朗灵上将护国妙经》《正一法文经护国醮海品》《护国嘉济江东王灵签》等,"护国"即意味着以实际行动保卫国家安全。道教"护国"一方面表现为精神力量的发挥,另一方面则表现为危难之际以实际行动为国分忧。正如"助国""保国""佐国"是以爱国为思想前提一样,"护国"也蕴含着深厚的爱国情感。

道观经济发展繁盛的隋唐时期,一些道士握有财富,政府要道士纳钱助国,道士自然是有钱可纳的。郑叔清曾奏曰:"诸道士、女道士、僧尼如纳钱,请准敕回授余人,并情愿还俗授官勋邑号等亦听。如无人回授及不愿还俗者,准法不合畜奴婢田宅资财。既助国纳钱,不可更拘常格。其所有资财,能率十分纳三分助国,余七分并任终身自荫,身殁之后,亦任回与近亲,又准敕纳钱百千文。"①唐肃宗至德二年(757 年),为恢复两京筹措军费,侍御史郑叔清建议向道僧开捐纳。

助国护国、捐财纳钱这一功德伦理之基础在于道教关于"助国化民"和"性命双修"的思想。《道德经》云:"善建者不拔,善抱者不脱,子孙以祭祀不辍。修之于身,其德乃真;修之于家,其德乃余;修之于乡,其德乃长;修之于邦,其德乃丰;修之于天下,其德乃普。故以身观身,以家观家,以乡观乡,以邦观邦,以天下观天下。"(第五十四章)德乃立人之本,德应于己、于人、于家、于国、于天下。德于己,能济世度人;德于人,能和谐社会;德于家,能忠善久长;德于国,国泰民安;德于天下,使世人太平,天下和乐。德以传承,子孙祭祀而不辍。宣德扬善,爱民爱国,关心天下于一体,其圣明精言传承于今日,正是道教优良传统之一。"以正治国,以奇用兵,以无事取天下……故

---

① 《筹爵条格奏》,《全唐文》卷 432。

圣人云：我无为而民自化，我好静而民自正，我无事而民自富，我无欲而民自朴。"（第五十七章）道教是助国化民的决策，治国辅政的谏言。唐代是道教发展史上的一个繁荣鼎盛时期，道士治国辅政之举，是道教由始以来爱国爱教的传承。《道德经》云："圣人无常心，以百姓心为心，善者吾善之，不善者吾亦善之，德善；信者吾信之，不信者吾亦信之，德信。圣人在天下，歙歙焉；为天下，浑其心。百姓皆注其耳目，圣人皆孩之。"（第四十九章）"江海所以能为百谷王者，以其善下之，故能为百谷王。是以圣人之欲上民也，必以言下之。欲先民，必以身后之。是以圣人处上而民不重，处前而民不害；是以天下乐推而不厌。以其不争，故天下莫能与之争。"（第六十六章）"民之饥，以其上食税之多，是以饥。民之难治，以其上之有为，是以难治。民之轻死，以其求生之厚，是以轻死。夫唯无以生为者，是贤于贵生。"（第七十五章）"甘其食，美其服，安其居，乐其俗。"（第八十章）道教注重保国护民，强调民众的重要性和治国的道理。安邦，国家稳定富强；轻赋，人民幸福安康。

第四节　汉唐道教学说中的经济伦理教义原理

　　道教经济伦理思想存在"道"和"术"两个方面，"道"的方面是哲学世界观、人生观、价值观、方法论方面的教义原理，核心是从理论上提供修道行为成立的理论根据，并解释经济伦理行为的规律、旨趣、理想与目标；"术"的方面则是从具体层面如宗教组织、实践技术、运作方式或经营方法等方面，落实教义教理思想的形式。概言之，"道"的方面是道教所讲述的中心或理论根据的核心，它是道教的基本教义或曰信条，为道教伦理的中心思想，是修道者从事包括经济活动在内的一切活动所遵循、信奉或实行的基本义理。道教经济伦理思想的教义原理在于四个方面，即尊道贵德的哲学原理、生道合一的价值根据、以道导欲的基本准则、善恶承负的报应理论。

一、尊道贵德的哲学原理

"道"与"德"是道教最根本的概念，道教关于生命、自然的思想无不是建立于这两个基本的概念。可以说，尊道贵德是道教的核心教义，也是其经济伦理思想的哲学原理。道教以尊道贵德为根本或理论依据，此基础上派生的信仰崇拜对象、修持理论、科戒仪轨，均为其原理之演绎。因此，道教经济伦理思想的哲学基础在于尊道贵德。

"道"包括天道、地道和人道，《太平经》称之为三才。三才之道在道教各派中兼而有之。人道，指人事的规律和法则，包括人与社会和人与人之间相互关系作用的规律和规则。天道，指自然规律和法则。《太平经》卷五十六至六十四称："道者，天也，阳也，主生；德者，地也，阴也，主养。……夫道兴者主生，万物悉生；德兴者主养，万物人民悉养，无冤结。""凡事无大小，皆守道而行，故无凶；今日失道，即致大乱。"事物只有符合天道和人道才能相生相养。万物多不能自生，而是相生相养。

道教认为，"道"主生而"德"主养，天地人皆不离"道""德"，"道"与"德"结合而为"道德"。从本源上说，"道"是宇宙的主宰，一切的开始与万事万物的演化者。"道"生宇宙，宇宙生元气，元气演化而构成天地、阴阳、四时、五行，由此而化生万物。道书中对"道"的解释很多，除释为"生育天地"之本原外，还释为"一阴一阳"之为用，是"理极无为"之理念，是"生生成成"之规律。各种解释的依据皆形成于对老子思想的理解。《道德经》云："有物混成，先天地生。寂兮寥兮，独立而不改，周行而不殆，可以为天下母。吾不知其名，强字之曰道。"（第二十五章）"道"为周行不殆、运化不息的宇宙自然本原元气，元气中有精，精极而灵，灵极而神，故早期道书《老子想尔注》云："散则为气，聚则成形。"太上老君归根到底指的是"灵而有性"的"神异之物"，即神灵。《道德经》云："道之为物，惟恍惟惚。惚兮恍兮，其中有象；恍兮惚兮，其中有物。窈兮冥兮，其中有精；其精甚真；其中有信。"（第二十一章）道教依道家道论立论,认为一切根本就在于此灵异之"道"。所谓"德",一谓"道"之在我者,亦即事物所具有的赖以生存的灵性禀质;二谓社会伦理、人的品德。"道"与"德"制约、驾驭宇宙的一切,天、地、人三个范畴都离不开"道"与"德"的维系。

道书繁多复杂,因所谈问题之范畴、性质不同,释意也有所不同。在自然界,"道"为元气,"德"为自然向化;"道"为天,"德"为地;"道"为阴阳,"德"为五行(金、木、水、火、土);"道"主生,"德"主养。在哲理和方技方面,"道"与"德"为本原、真理、方术、技艺。在社会方面,"道""德"为社会伦理风尚、修身准则。道者、德者,乃天地之祖,天地者万物之父。总之,法自然以顺道,顺阴阳五行运行、变易,即可得"道",由是而为"德"。

道教追求长生久视,其根本信仰便是尊"道"贵"德",其修持之首务为修道积德,达致功德圆满。唯其如此,才能达其目的。大道生育天地,长养万物。南北朝道教经典《太上老君开天经》,想象驰骋,如此论述太上老君创造宇宙天地万物及人类文明之演进:未有天地之时,一切混沌未分,老君处于玄虚之中,而万物皆从此开端。尔后始分八表、下成世界,宇宙进入"洪元"世纪。经过万劫,老君从虚空而下,制生日月,下照暗冥,安竖南北,制正东西,以朴气而生山石,动气而生飞禽走兽,精气而生人,宇宙进入"太初"世纪。经过万劫,老君降世制定万事万物之"识名",使宇宙进入"太始世纪"。又经万劫,进入"太素"世纪,天生甘露,地生醴泉,人民食之,乃得长生,死不知葬,名为上古。中古始于"混沌"之世,经历九皇、元皇、太上皇、地皇、人皇、尊卢、句娄、赫胥,至"太连"诸世,此时天生五气,地生五味,人民食之,得以生存。世界历史进入下古,首有伏羲氏,老君下降教示阴阳,推历法、演阴阳、正八方、定八卦。伏羲、女娲、神农渐次而生,老君降世为神农教尝百草、植五谷;神农殁而后有遂人氏,老君教示钻木取火,续日之光,并变生熟,以除腥臊;遂人没而后有祝融氏,老君降世教示修三纲、齐七政;经高阳而至轩辕黄帝,老君降世为帝师,人世始有君臣父子,尊卑有别,贵贱有殊;黄帝而后次有少昊、颛顼、帝喾、帝尧、帝舜、夏禹,大道生育天地及老君(或曰元始天尊)为创世主,创造一切,主宰一切。老君历世皆变化下降,传经授法,治理天下。成书于晚唐以前的《太上老君说常清静经》云:"大道无形,生育天地;大道无情,运行日月;大道无名,长养万物。"这是对自然演化的宇宙生成论的概括。另一说法为:"太上老君""元始天尊""太上道君"三号虽殊,本同为一,都是大道的化身。无形、无情、无名的大道具有生育天地、运行日月、长养万物的功能。道有清、浊、动、静,"清者浊之源,动者静之基","人能常清静,天地悉皆归","得悟道者,常清静矣"。

总之,大道无时不存,为万世之师。这是道教依道家理论对大道生育万有具体而系统的解释,亦是道教伦理的基本信念。道教的要点在于发挥老子《道德经》所说的"道生之,德畜之,物形之,势成之。是以万物莫不尊道而贵德。道之尊,德之贵,夫莫之命而常自然。"(第五十一章)尊道贵德是道教经济伦理思想的基本出发点,"德"就是"得道",是"道"在人类社会万事万物中的体现。尊道贵德就是要将"道"的生化原理和德的中和原理在人类社会生活中展开,使之成为人生和社会的价值标准。

二、生道合一的价值根据

道教重视此在的现实的生命,以生为乐,重生恶死,追求长生不死。道教感悟到生命的有限性、唯一性,从而思考生命的存在价值,并追求在实践中实现其生命价值,因此道教是贵生、乐生的宗教。道教的道德价值根据在于生命与道德的合一。"道"是"生"的基因,生命、生存、生长都是"道"的表现形式。《老子想尔注》云:"生,道之别体也。"生命存亡并不决定于天命。《老子西升经》云:"我命在我,不属天地。"生死、夭寿决定于自身,非决定于外在力量。道生万有,与生相守,生、道相保,道在则生,道去则死。故人只要善于修道养生,安神固形,便可以长生不死。道教经籍对此多有阐述:

> 道者有而无形,无而有情,变化不测,通神群生。在人之身,则为神明,所谓心也。所以教人修道则修心也,教人修心则修道也。道不可见,因生以明之;生不可常,用道以守之,若生亡,则道废,道废则生亡。生道合一,则长生不死。(《太上老君内观经》)

> 老君曰:道无生死,而形有生死。所以言生死者,属形不属道也。所以形生者,由得其道也。形所以死者,由失其道也。人能存生守道,则长存不亡也。(同上)

> 《老君妙真经》曰：人常失道，非道失人，人常去生，非生去人。故养生者慎勿失道，为道者慎勿失生。使道与生相守，生与道相保。(《云笈七签》卷三十二《养性延命录》)

道教把道家哲理与长生之道结合起来，相信生与道相守，故而采取许多修道养生的道功道术，力求形神合道、深根固蒂、长生久视。即使不刻意追求生命的长久，但认定自己的命运由自己做主，不任凭命运摆布，也是值得肯定的。

道教坚信体道修性、悟玄证道，坚信一切修道养寿、出凡入圣之理与术，皆蕴含于《道德经》。信道者如能从圣典中得到启迪，深悟清静无为，修养凡性的玄妙，则既不必幻求肉体飞升，也不必苦炼丹砂；既不必寻觅灵芝仙药，也不必海上求仙，便可体道合道，悟玄而升玄。真一妙术，发自内心；仙经不必外求，内修心性，遣欲澄心，心安无为，神即无扰，常清常静，与真道会。这就是悟玄证道者得道，是精神超脱。

> 道者，有而无形，无而有情，变化不测，通神群生。在人之身则为神明，所谓心也。所以教人修道，则修心。教人修心，则修道也。(《太上老君内观经》)

> 弃事则形不劳，无为则心自安，恬简日就，尘累日薄。迹弥远俗，心弥近道，至神至圣，孰不由此乎？(《坐忘论》)

> 湛然常寂，寂无所寂，欲了无矣，欲安能生？欲既不生，心自静矣。心既自静，神即无扰，常清静矣。既常清静，及会其道。与真道会，名为得道。(《老君清静心经》)

> 天威一发，不可禁也。获罪于天，令人夭死。(《太平经》卷十八)

> 故人为至诚，心中正疾痛应，心神至圣，乃上白于日，日乃上报于天……心神在人腹中，与天遥相见，声音相闻，安得不知人民善恶乎。(《太平经》卷一百十一)

心为身主，心神被染，蒙蔽渐深，流浪日久，遂与道隔；若净除心垢，开释神本，则与道冥合一。以《道德经》为门径，由此体道修性、悟玄证道的道教徒，必达高明智慧。道家将哲理与人的心性修养结合起来，以哲理启迪、指引修持，即以智慧导玄。天庭的虚皇、玉皇及诸天神权力无限，主宰一切。

得天心则吉,逆之则凶。天如明镜,洞见一切,人的一切行为动态,皆能感应,分别善恶,予以奖惩。这种天人感应论使人慑畏天庭、顺从天意。人体是大天地的缩体,天庭有天君和四时、五行诸神,人体中亦有之,各因阴阳五行的属性,而内外相类相通,如五脏神中的"心"属火,地位最尊,是人体内的"君",与天庭纯阳之"日神"和至尊"天君"相类相通。人在天地中,天地亦在人体中;神在天上,神亦在体中;五行相类者相通,念心思神,天神有感即至,专心善意,乃可与神交结。这便是心神相通、心神合一的信仰。道教的顺应天道、长养生命之说便是依据此神仙学理论。

从另一层面来说,生是此时此刻的生活实践,是现实的生命;道,是超越的目标,是生命向往的美好人生、理想社会。道教依据道家智慧阐述了此时此刻的生活实践、现实生命与对美好人生、理想社会的统一。正如《道德经》云:"小国寡民,使有什伯之器而不用,使民重死而不远徙。虽有舟舆,无所乘之;虽有甲兵,无所陈之,使民复结绳而用之。甘其食,美其服,安其居,乐其俗。邻国相望,鸡犬之声相闻,民至老死不相往来。"(第八十章)《太平经》有"太平将至"的中心信仰,它的出世与儒、墨救世平天下的普遍愿望有关,太平理想世界是无灾异、无病疫、无战争,君明臣贤,家富人足,各得其乐的太平世道。它提出随顺天地之格法、身国同治,同时表现出相当强的"文书崇拜"意识。试看《太平经》经钞辛部一段文字:

> 天上各异,自有自然元气阴阳,与吾文相似,各从其俗,记吾书辞而行之,即太平矣。天上无极之三光各异,自有自然元气阴阳,与吾文相似,各从其俗,记吾书辞而行之,即太平矣。天上中居各异,自有自然元气阴阳,与吾文相似,各从其俗,记吾书辞而行之,即太平矣。天上无极三光各异,其有自然元气阴阳,与吾文相似,各从其俗,记吾书辞而行之,即太平矣。天上云气各异,自有自然元气阴阳,与吾文相似,各从其俗,记吾书辞而行之,即太平矣。天上音响雷电各异,自有自然元气阴阳,与吾文相似,各从其俗,记吾书辞而行之,即太平矣。天下风雨各异,自有自然元气阴阳,与吾文相似,各从其俗,记吾书辞而行之,即太平矣。天下居中,风云气各异,自有自然元气阴阳,与吾文相似,各从其俗,记吾书辞而行之,即太平矣。地上之人各异,自有自然元气阴阳,与

吾文相似，各从其俗，记吾书辞而行之，即太平矣。……五行各异，自有自然之气阴阳，与吾文相似，各从其俗，记吾书辞而行之，即太平矣。四时各异，自有自然元气阴阳，与吾文相似，各从其俗，记吾书辞而行之，即太平矣。六甲十干各异，自有自然元气阴阳，与吾文相似，各从其俗，记吾书辞而行之，即太平矣。六甲十二支各异，自有自然元气阴阳，与吾文相似，各从其俗，记吾书辞而行之，即太平矣。八方各异，自有自然元气阴阳，与吾文相似，各从其俗，记吾书辞而行之，即太平矣。神灵各异，自有自然元气阴阳，与吾文相似，各从其俗，记吾善恶书辞而行之，即太平矣。（引者注：辛部不分卷）

从创教立说开始，道教就已自信地认为天地之格法，尽在"吾文"之中。天地之道、阴阳五行说是修道思想的主要理论基础。修道，一要修个体生命长生之道，二要修天下太平盛世之道。葛洪将追求得道成仙作为人生富贵的一个追求目标，并将其划分为好几个等级：上士得道，升为天官；中士得道，集昆仑；下士得道，长生世间。一旦神丹既成，不但长生，又可以作黄金。追求成仙的努力，也就是追求最大人生"财富"的努力。葛洪描述了理想境界中符合人道的神仙，"人道当食甘旨，服轻暖，通阴阳，处官秩，耳目聪明，骨节坚强，颜色悦怿，老而不衰，延年久视，出处任意，寒温风湿不能伤，鬼神众精不能犯，五兵百毒不能中，忧喜毁誉不为累，乃为贵耳。若委弃妻子，独处山泽，邈然断绝人理，块然与木石为邻，不足多也"[①]。人道中的神仙，主要是靠药物和术数养生延命，使内疾不生，外患不入，从而达到肉体不朽、长生不死的。任何人只要掌握了这些成仙修道的方法，都能由凡入仙，超脱于生死之外。这种把神仙人性化和现实化的做法，去掉了罩在神仙上的神秘光环，为人们学道成仙，特别是士大夫学道成仙的愿望，构建了一条通达彼岸的现实之路。葛洪认为，断定一个人是否有成仙的志向和决心，关键之一是要看他是否能够"负笈随师，积其功勤，蒙霜冒险，栉风沐雨，而躬亲洒扫，契阔劳艺，始见之以信行，终被试以危困，性笃行贞，心无怨贰，乃得升堂以入于室"[②]。求仙志向不坚之人，徒有好仙之名，而无修道之实，他们或因厌倦而中止，或因怨恚而不

---

① 《抱朴子内篇·对俗》。
② 《抱朴子内篇·极言》。

前,或被荣利所诱惑,或眷念于世俗之事,或误信歪理邪说,或失其淡泊之志,或朝为而夕欲其成,或不劳而望立见成效,至于见财色而心不动、闻俗言而志不变的人就更少了。这就是很多人求仙不得的原因。

与修个体生命之道相一致,修天下太平盛世之道,就要超越对个体生命的自我关爱,自度度人,济世利人,求得理想社会。东晋《度人经》以"贵生""度人"为宗旨,明确将得道成仙的最高追求与"度人"的职责联系在一起,在道教的发展史上完成了一次超越。这部经中构筑了一个以高尚纯洁的道德为基础的太平景象:"不杀不害,不妒不忌,不贪不欲,不盗不淫,不憎不忌,言无华绮,口无恶声,齐同慈爱,异骨成亲,国安民丰,欣乐太平。"这个理想境界是引导广大信众的精神指引,这个向标是宗教的彼岸,却又在此岸,要求其信众在现实中去追求。"欣乐太平"的前提是大家都具有高尚的道德,从正面来说,就是要达到齐同慈爱,对一切人都慈爱,当然就消除了人间的所有不平等。这与墨家"兼爱"相近,而与儒家亲亲之"爱人"的原则有重大差别。在道教的理想中,这样一种充满爱心的环境下,国家的安定,人民的富裕,过上欣乐无忧的日子,达到理想的天下太平,才有可能。在济世利人、求得实现理想社会方面,《太平经》的治世理论把基本的贫富理论和基本生活需要("备足")相连,而不是与奇物珍宝相连。财富的定义常与备足相关,贫穷常与缺乏奇物珍宝相关("财分少")。道教认为真正的财富不是一般财物,真正的富裕不是拥有奇珍异宝,而是能够积"德"得"道",从而能够得中和之"善财",顺应"天之道"是太平世道最大的财富。太平世界是和谐公正安宁的世界,凡事皆得其宜,盗贼无有,人民无怨,向往和平,反对战乱。这种思想能够拨动乱世中人们的心弦,无疑会引起社会上普遍的认同。

三、以道导欲的基本准则

欲利是一切世俗经济行为的基本动力之一,如何处理道、欲关系则是道教伦理思考的一个核心问题。道教提出以道导欲的基本准则,使经济伦理思想建立在理性的基础之上。

道教关于欲望的思想是以自然无为为基础的。《道德经》提出:"道之尊,德之贵,夫莫之命而常自然。"(第五十一章)"自然",就是没有外来的"命令"的干扰,因任事物内在的机制和功能,自然而然地生化。这也就是"无为""无欲",即不破坏自然而强为遏欲。"自然"为宇宙的本根,人也是万物中的一类,"自然"也是人的本质力量和生命的根据,从而也是人类社会存在和发展的内在原则。而这个根据和原则,与人的"欲"是互相对立的。《道德经》提出:"是以圣人欲不欲,不贵难得之货;学不学,复众人之所过,以辅万物之自然而不敢为。"(第六十四章)唐代成玄英在《老子疏》中对"欲"作了如此规定:"欲,情染也,所境也。"(第一章)情染,是指人不能无为恬淡,妄起贪欲,肆情染滞,不能守真。这种妄起的世情之有,本身是虚幻不实的外在现象,即所境。"人常能无欲无为,至虚至静者,即能近鉴己身之妙道,远鉴至理之精微也"(第一章)。无欲如婴儿,便能"致得柔和之理"(第十章),像婴儿那样而长生。人追求欲望的满足,是世情之有,此"有"为"即有之空",乃是滞留于有;人没有情欲的追求,乃是滞留于无。"有欲之人,唯滞于有;无欲之士,又滞于无,故说一玄,以遣双执。"(第一章)对有欲无欲采取双遣双非,非但不滞于滞,亦不滞于不滞,而达"重玄之道"的最高境界。

"欲不欲",即以"不欲"为"欲"。这里的"不欲"不是无任何欲,而是不欲"难得之货"。既然所欲之货不难得,那就可以自然而然地得到。这也就是说,这种欲是对"自然"的原则的一种辅助,而不是破坏;即使有所为,也不算"有为",而是"辅万物之自然而不敢为"(第六十四章)之"无为",是对"道"的运用。"不欲",也就是自然无为。"道常无为而无不为"(第三十七章),以自然无为的原则去实现人的合理的欲望,就是"欲不欲"。

"欲不欲"与持"三宝"以对待奢俭是一体两面的问题。以知足崇俭求宽裕是"欲不欲"原则的内在要求。《道德经》云:"我有三宝,持而保之。一曰慈,二曰俭,三曰不敢为天下先。夫慈故能勇,俭故能广;不敢为天下先,故能成器长。今舍其慈且勇,舍其俭且广,舍其后且先,死矣!夫慈,以战则胜,以守则固。天将救之以善,以慈卫之。"(第六十七章)这里的"俭",有而不尽用之意,和"啬"同义。俭故能广,俭啬所以能厚广。老子要求人们在主观意识上下功夫,做到"无欲"或"少私寡欲"。以"知足"求人生合乎"欲不欲"。坚持节俭,生活就会越来越宽裕;执政者坚持节俭,国家就会越来越富足。《道德经》说"俭故能广","五色令人目盲,五音令人耳聋,五味令人口爽,驰骋畋猎令人心发狂。"(第十二章)沉溺于声色犬马等感官享受,将会大大地损害身体,说明人之"欲"是自身和谐、健康可持续和幸福可持续的关键。葛洪在《抱朴子外篇》之《知止》篇中说:"知足者常足也,不知足者无足也,常足者福之所赴也,无足者祸之所钟也。""祸莫大于无足,福莫厚乎知止。"这与《道德经》讲的"知足不辱,知止不殆,可以长久"和"罪莫大于可欲,祸莫大于不知足,咎莫大于欲得,故知足之足常足矣"以及"知足者富"的观点是一脉相承的。

　　"道"在引导"欲"方面的原则是"欲不欲"。关于"欲不欲"的内涵,主要有如下方面:一是不欲以养生。道教重视生命的价值,认为人应该成为"善摄生者"(第五十章)。而"善摄生"的主要原则就是"啬"而不"厚"。"啬"即俭啬,"是谓深根固柢,长生久视之道"(第五十九章);"厚"即"生生之厚"(第五十章),是"人之生,动之死地"(同上)的危途。关于"厚",《道德经》云:"五色令人目盲,五音令人耳聋,五味令人口爽,驰骋畋猎令人心发狂。"(第十二章)过分享受的结果,不仅达不到养生的目的,相反是对身体的伤害。所以,不要"厚",而要"啬"。要"甘其食,美其服,安其居,乐其俗"。(第八十章)满足于现有的生活条件而不追求奢华的享受。二是不欲以求安。《道德经》云:"执大象,天下往。往而不害,安平泰。"(第三十五章)"天乃道,道乃久,没身不殆。"(第十六章)"安平泰"是人之所求,"执大象"是达到目的的方法。"大象"就是"道","道"就是"天","天"就是"自然"。按照自然的原则,无为不欲,就终生不会陷于危殆。人生最大的祸患就是贪欲,人可欲而不可贪;可以"持",但不要追求"盈";可以"揣",但不要追求"锐";可以有"金玉",但不要追求"满堂";可以"富贵",但不可"骄";可以"功成",但不可"居"。只有对自己的欲望如此限制,才可以"长保",避免咎灾,这是自然规律。三是不欲以求知。《道德经》云:"为学日益,为道日损,损之又损,以至于无为。"(第四十八章)道经《老子道德经河上公章句》卷下注"为学日益"曰:"学谓政教礼乐之学也。日益者,情欲文饰日以益多。"对"为道日损"的解释是:"道谓自然之道也。日损者,情欲文饰日以消损。"这里说所益所损者并不是"学"与"道"本身,而是"情欲文饰"。"'道'谓自然之道也;'日损'者,情欲文饰,

日以消损。"①就是说老子把认识分为"为学"与"为道",主"为道"而黜"为学"。"为道"是对最抽象的世界本体的认识,"为学"则是对具体知识的认识。具体知识的增加意味着人的欲望的增加,"为道日损"是通过减损具体的知识而去欲。四是无欲以为治。《道德经》云:"道常无为,而无不为。侯王若能守之,万物将自化。化而欲作,吾将镇之以无名之朴。无名之朴,夫亦将不欲。不欲以静,天下将自定。"(第三十七章)以"无为"的方法能达到"无不为"的效果,这就是"道"的普遍规律。侯王若能遵循"无为"之道,万物万事都将处于"化"也就是"无"的状态。如果处于"化"的状态还想兴起的话,我们就可以镇之以"无名之朴"。所谓"无名之朴",是"朴"的"无名"的形式,其实也就是"无欲",是"无"中还未出现任何趋势的状态。如果一切连任何趋势都没有,其状态就是"静",也就是天下一切都处于安静而稳定的状态。如果"欲"出现了,就要用道把它克服,例如虽处于统治地位,却不主宰,任人民自然发展;减少自己的欲望,减轻对人民的剥削;等等。

道教把以道导欲的基本准则应用于养生、治世,运用于神学与丹学,以图使欲望理论与求长生、炼丹成仙的修道方法融合在一起。神学与外丹学的奠基者葛洪,其思想典型地体现了道教对道家以道导欲行为原则的发挥和应用。葛洪认为,善修道者在处理"道"与"欲"的关系上应注意:一要宝精爱气,涤除外物对于人的诱惑。"知极情恣欲之致枯损,而不知割怀于所欲也。"②生理欲望的追求无厌而致伤耗精气,精灵离身而人死。"气疲欲胜,则精灵离身矣。夫逝者无反期,既朽无生理。"③二要以天理节欲。"任情肆意,

---

① 朱谦之《老子校释》将这里的学限定为学礼,并引《庄子·知北游》"礼者,道之华而乱之首也。故曰为道者日损"为证(《老子校释》,北京:中华书局1980年版,第124页)。陈鼓应云:"为学是指探求外物的知识活动。这里的'为学',范围较狭,仅指对于仁义圣智礼法的追求。这些学问是能增加人的知见与智巧的。""'为道'是通过冥想或体验以领悟事物未分化状态的'道'。这里的'道'是指自然之'道',无为之'道'。"(《老子注译及评介》,北京:中华书局1984年版,第250页)所解切近于河上公。张松如云:"(河上公)这个注释,颇得要领,确实揭示了'学'与'道'的实质",其下便说明礼与道在历史发展过程中的逐步背离(《老子说解》,济南:齐鲁书社1989年版,第311—313页)。高明服膺河上公之说:"其说诚是。'为学'指钻研学问,因年积月累,知识日益渊博。'闻道(帛书乙本为道作闻道,然郭店楚简《老子》乙篇仍作为道,似仍以作为道为安——引者)'靠自我修养,要求静观玄览,虚静无为,无知无欲,故以情欲自损,复返纯朴。"(《帛书老子校注》,北京:中华书局1996年版,第54页)这里对"为学日益"的理解较河上公宽泛。许抗生将"学"理解为"具体的知识(仁义礼等)"(《帛书老子注译与研究》,杭州:浙江人民出版社1985年版,第20页)也同样宽泛。
②《抱朴子内篇·微旨》。
③《抱朴子内篇·至理》。

又损年命,唯有得其节宣之和,可以不损。"①人的情欲必须有节度,"食饮有度,兴居有节"②。任情纵欲,必定损伐生命,"若欲纵情恣欲,不能节宣,则伐年命"③。节欲并非绝对排斥情欲。比如阴阳男女,"不交则坐致壅阏之病,故幽闭怨旷,多病而不寿也"④。但一般人由于不能守真,"情感物而外起,智接事而旁溢,诱于可欲,而天理灭矣"⑤。纵情恣欲,而天理灭,损年命。三要长生修道。"学仙之法,欲得恬愉澹泊,涤除嗜欲。内视反听,尸居无心。"⑥养心以无欲,淡默而恬愉;颐神以粹素,薄喜怒灭爱恶,便能飞升成仙。葛洪所谓的嗜欲灭理,具有道教学仙修道的特点。

以道导欲的基本准则蕴含着一系列深刻丰富的合理消费思想。道家主张生而不有、为而不恃,"道"是万物的主宰,私人欲望不能占有和垄断物质财富。欲望无限之大,财富积累到一定限度,就会招来祸患,即所谓"金玉满堂,莫之能守,富贵而骄,自遗其咎"(第九章)。"天之道"是"损有余而补不足"。因此"均富""去财消灾"就是必要的。《太平经》卷九十说"古者圣人深计远虑,知天下之财物,会非久是其有也,身在,财物固属人身,身亡,财物他人有也,故无可爱惜……养身之道,知用财法,故多得老寿也"。这是从道教养身的角度发挥《道德经》的"欲不欲"的合理消费思想的。道家从"知足"和"不知足"的利弊两端阐述了消费价值。《庄子·逍遥游》中说:"鹪鹩巢于深林,不过一枝;偃鼠饮河,不过满腹。"老子说:"知足之足,常足矣。""知足不辱,知止不殆","祸莫大于不知足"。消费行为以满足基本需要为目标,贪得无厌者必招祸殃,生活要安于俭朴,知足常乐。葛洪在《抱朴子内篇》中认为财富有度,至盈必亏,因此修道者一定要体会知足是福的道理,"其次则真知足,知足者则能肥遁勿用,颐光山林。……养浩然之气于蓬荜之中,……动息知止,无往不足。……泰尔有馀欢于无为之场,忻然齐贵贱于不争之地。……故穷富极贵,不足以诱之焉"。知足常乐,即便是在物质条件不好的环境下,比如陋室,也能养浩然之气,于是蓬荜生辉,质自华,有真本领、有

①《抱朴子内篇·释滞》。
②《抱朴子内篇·至理》。
③《抱朴子内篇·微旨》。
④《抱朴子内篇·释滞》。
⑤《抱朴子内篇·道意》。
⑥《抱朴子内篇·论仙》。

大财富,未必一定要显露出来,节欲持度,动如脱兔,静若处子,含醇守朴,无欲无忧。可以居庙堂之高而自醒,居乡村僻壤而不悲,人生无常,世事无常,一切功名富贵,不过烟云,忽而转空徒自悲,最重要是一颗平常心。《抱朴子内篇》甚至提出弃荣华而涉苦困,以富贵为不幸,以荣华为秽汗,"得仙道者,多贫贱之士,非势位之人","学仙之法,欲得恬愉淡泊,涤除嗜欲,内视反听,尸居无心,而帝王任天下之重责"。长生未必富贵,学成仙道,必须要恬静,淡泊名利,摈弃各种欲望,夫宠贵不能动其心,极富不能移其好,夫福非足恭所请也,祸非裡祀所禳也。"得精神于陋形之里,岂况仙人殊趣异路,以富贵为不幸,以荣华为秽汗,以厚玩为尘壤,以声誉为朝露,蹈炎飙而不灼,蹴玄波而轻步。"《抱朴子内篇》中以陶朱公的故事反映了财富创造和获取过程中的伦理关系,财富没有朝夕思考、节俭储藏是不行的,"资无谋夕之储"也就是仅仅有陶朱之术也不行。暗指那些仅仅知道皮毛理论,爱高谈阔论,而实际上鼠目寸光,没有实践检验,从而不知道山外有山,人外有人。"然荣华势利诱其意,素颜玉肤惑其目,清商流徵乱其耳,爱恶利害搅其神,功名声誉束其体,此皆不召而自来,不学而已成,自非受命应仙,穷理独见,识变通于常事之外,运清鉴于玄漠之域,寤身名之亲疏,悼过隙之电速者,岂能弃交修赊,抑遗嗜好,割目下之近欲,修难成之远功哉? 夫有因无而生焉,形须神而立焉。"被眼前世俗的名利富贵所诱惑,是很难真正得道成仙的。而世间持之以恒求道不已的道士们,实际是多贫困之士,"少肥仙人、富道士",金银不是为了世俗求名利,而只是为了长生,炼药不是自然之金银能比,道士虽穷但只要积德行善、求道不止,必能炼就金丹妙药,而对于富人们来说,有钱也不愿意去买药,或者买了药也没有用。《抱朴子·黄白》篇中有一段文字对此财富伦理思想有经典性的论述:

> 余曾咨于郑君曰:老君云,不贵难得之货。而至治之世,皆投金于山,捐玉于谷,不审古人何用金银为贵而遗其方也? 郑君答余曰:老君所云,谓夫披沙剖石,倾山漉渊,不远万里,不虑压溺,以求珍玩,以妨民时,不知止足,以饰无用。及欲为道,志求长生者,复兼商贾,不敦信让,浮深越险,干没逐利,不吝躯命,不修寡欲者耳。至于真人作金,自欲饵服之致神仙,不可以致富也。故经曰:金可作也,世可度也,银亦可饵

服，但不及金耳。余难曰：何不饵世间金银而化作之，作之则非真，非真则诈伪也。郑君答余曰：世间金银皆善，然道士率皆贫。故谚云，无有肥仙人富道士也。师徒或十人或五人，亦安得金银以供之乎？又不能远行采取，故宜作也。又化作之金，乃是诸药之精，胜于自然者也。仙经云，丹精生金。此谓以丹作金之说也。故山中有丹砂，其下多有金。且夫作金成则为真物，中表如一，百炼不减。故其方曰：可以为钉。明其坚劲也。此则得夫自然之道也。故其能之，何谓诈乎？诈者谓以曾青涂铁，铁赤色如铜；以鸡子白化银，银黄如金，而皆外变而内不化也。

铜柱经曰：丹沙可为金，河车可作银，立则可成，成则为真，子得其道，可以仙身。黄山子曰：天地有金，我能作之，二黄一赤，立成不疑。龟甲文曰：我命在我不在天，还丹成金亿万年。古人岂欺我哉？但患知此道者多贫，而药或至贱而生远方，非乱世所得也。若戎盐卤碱皆贱物，清平时了不直钱，今时不限价直而买之无也。羌里石胆，千万求一斤，亦不可得。徒知其方，而与不知者正同，可为长叹者也。有其法者，则或饥寒无以合之，而富贵者复不知其法也。就令知之，亦无一信者。假令颇信之，亦已自多金银，岂肯费见财以市其药物，恐有弃系逐飞之悔，故莫肯为也。又计买药之价，以成所得之物，尤有大利，而更当斋戒辛苦，故莫克为也。且夫不得明师口诀，诚不可轻作也。

《太平经》提出"中和之财"的概念，认为所有财物都属于"中和"，取得者不能拿来盘剥穷人。它并不反对人际的贫富差别，但反对富欺贫，两极分化。正一道早期的若干公益措施，如设义舍让路人取用食物，正体现了这一点。《太平经》反对粮食浪费，认为粮食的浪费在于多个方面，其表现之一在于酿酒狂饮。

今天地且大乐岁，帝王当安坐而无忧，民人但游而无事少职，五谷不复为前，无有价值。天下兴作善酒以相饮，市道尤极，名为水灭火行，为伤于阳化……推酒之害万端，不可胜记。念四海之内，有几何市，一月之间，消五谷数亿万斗斛，又无故杀伤人，日日有之，或孤独因以绝嗣，或结怨父母置害，或流灾子孙。县官长吏，不得推理，叩胸呼天，感动皇灵，使阴阳四时五行之气乖错，复旱于上古太平之君之治，令太和

气逆行。(卷五十六至六十四)

【附】《要修科仪戒律钞》卷十四《饮酒缘》引《太平经》云,真人问曰:"天下作酒以相饮,市道无据。凡人饮酒洽醉,狂咏便作,或即斗死,或则相伤贼害,或缘此奸淫,或缘兹高堕,被酒之害,不可胜记。念四海之内,有几何市,一日之间,消五谷数亿万斗斛,复缘此致害,连及县官,或使子孙呼嗟,上感动皇天,祸乱阴阳,使四时五行之气乖戾。如何故作狂药,以相饮食,可断之以否。"(卷五十六至六十四)

上述文字,反映出早期道教坚决反对酗酒,其中包含着经济伦理方面要求自制、知足、少欲、节俭、爱物、惜生诸方面的思想。《太平经》专门论述了饮酒的害处,其中主要涉及如下:① 酿酒费粮,靡费无数。"盖无故发民令作酒,损废五谷","念四海之内,有几何市,一月之间,消五谷数亿万斗斛"。② 酗酒害身,贻害无穷。"凡人饮酒洽醉,狂咏便作","伤损阳精","或缘高坠,或为车马所克贼"。③ 影响营生,祸及生命。酒醉之后,"买卖失职,更相斗死,或伤贼或早到市,反宜乃归或为奸人所得,或缘高坠,或为车马所克贼"。④ 破坏人伦,危害家庭。因酗酒"或孤独因以绝嗣,或结怨父母置害,或流灾子孙"。⑤ 危害社会,危及天地。酒醉之后,或为奸人所得,县官长吏不得推理,叩胸呼天,感动皇灵,使阴阳四时五行之气乖错,影响太平之治,令和气逆行。总之,酗酒之害"万端","不可胜记"。粮食丰收是好事,但是收获所得的粮食用来大量酿酒就走向反面了。酿酒狂饮,对社会安定产生不良影响。为了遏制粮食浪费,纵酒狂饮的形势,"神人"提出通过严刑峻法来制约这种行为。如说:敢有无故饮酒一斗者,笞二十,二斗杖六十,三斗杖九十,一斛杖三百。以此为数,广令天下,使贤人君子,知法畏辱,必不敢为。其中愚人有犯即罚,作酒之家亦同饮者。(卷五十六至六十四)

《太平经》规定对酗酒者施以鞭笞和贬降的惩罚,其中云:"但使有德之君,有教敕明令,谓吏民言:从今已往,敢有市无故饮一斗者,笞三十,谪三日;饮二斗者,笞六十,谪六日;饮三斗者,笞九十,谪九日。各随其酒斛为谪,酒家亦然,皆使修城郭道路官舍,为大土功也。"(卷五十六至六十四)对作酒、卖酒者,则罚以修城郭道路官舍。因为酒属水,建筑属土,以土治水,以补其过:"土乃胜水,以厌固绝灭,令水不过度伤阳也。"(卷五十六)

对远行的"千里之客",或家有老人、病人"药、酒可通"者,或"祠祀神灵"者用酒,不在受罚之列。

概言之,修道长生是合乎道的自然之欲。人为之欲是物欲,也就是外在的各种引诱包括色、声、味、金银财宝、权势名利等,外在物欲的影响是通过感官来实现。道教在经济伦理思想中主张物欲是修道的大害,主张应损物欲而从事于自然之欲,认为养生就是道在人欲的实现。养生以经世,抱德以终年,可谓能体道矣。养生即抱德、体道,因此,养生、长生乃是人生价值的体现,是在人生中对道的践行,是以养神为养生的根本所在。

四、天道承负的报应理论

道教没有佛教因果报思想,但以承负观解释善恶祸福,在这方面道、佛有相似之处。道教坚持天道循环、善恶承负,这是其经济伦理思想的又一个基础。所谓"承负",《太平经》卷三十九(丙部之五)《解师策书诀第五十》有最初的解释:

> 承者为前,负者为后。承者,乃谓先人本承天心而行,小小失之,不自知,用日积久,相聚为多。今后生人反无辜蒙其过谪,连传被其灾,故前为承,后为负也。负者流灾,亦不由一人之治,比连不平,前后更相负,故名之为负。负者,乃先人负于后生者也,并更相承负也,言灾害未当能善绝也,绝者复起。

上述承负说重在揭示"承"与"负"之间的因果关系与连锁反应。今人受到祸福,归结为祖先的行为恶善;今人的善恶行为,使后代得到相应的福祸报应。先人有过失,遗其恶果于后代,是"负";后人承受先人过失之恶果,是"承"。代代相负又相承,前人为善,后人亦有福荫。任何人的善恶行为都会对后代子孙产生影响。人的今世祸福也都是先人行为的结果。

承负思想从源头上说来自先秦儒、道及汉代谶纬学说。《周易·坤·文言》有"积善之家必有余庆,积不善之家必有余殃"的论说,《道德经》亦有"天道无亲,常与善人"(第七十九章)的善恶观念。《河图·纪命符》云:"天地有司过之神,随人所犯轻重,以夺其算纪。恶事大者,夺纪。过小者,夺算。随所犯轻重,所夺有多少也。人受命得寿,自有本数。数本多者,纪算难尽,故死迟。若所禀本数以上,而所犯多者,则纪算速尽而死早也。"道教继承这些思想,将神灵报应人之善恶作为约束修道者的方法之一。由于社会事实并非完全是善有善报、恶有恶报,《太平经》卷十八云:"凡人之行,或有力行善,反常得恶,或有力行恶,反得善,因自言为贤者非也。"由于这种现象在简单的善恶报应中难以解释,因此,道教利用"天道循环"说作为依据提出并论证了承负说。

承负思想的依据是天之法,道教依据天道循环说对此进行了说明。《太平经》卷七十三至八十五说:"元气恍惚自然,共凝成一,名为天也;分而生阴而成地,名为二也,因为上天下地,阴阳相合施生人,名为三也。三统共生,长养凡物名为财,财共生欲,欲共生邪,邪共生奸,奸共生猾,猾共生害而不止则乱败,败而不止不可复理,因穷还反其本,共名为承负。"这与《道德经》所说的"道生一,一生二,二生三,三生万物"(第四十二章)一脉相承。《太平经》卷四十八云:"故天之法,常使君臣民都同命,同吉凶,同一职,一事失正,即为大凶矣。中古以来,多失治之纲纪,遂相承负,后生者遂得其流灾尤剧,实由君臣民失计,不知深思念,善相爱相通,并力同心,反更相愁忧。夫君乃一人耳,又可处深隐,四方冤结,实闭不通,治不得天心,灾变怪异,委积而不除,天地所欲言,人君不得知之,大咎在此,不三并力,聪明绝,邪气结不理。"这是说有物就有欲望,有欲望就产生邪恶,有邪恶就导致乱败,乱败发展到极点又回复到本原。承负不仅是对一个家族内子孙祸福的根源而言,而且还是整个自然与社会的变化依据。天道所决定的承负使人"从事常冤",蒙受无辜的苦难。

从生命伦理的意义上审视承负说,人的生命确与"天道承负"息息相关,在天人一体的原则下,奉守"真道"是解除承负之厄的重要途径。人的生命虽然先天地被置于天道循环中,作为生命个体的人仍然可以发挥主观能动性,通过奉天地、顺五行、习道术、积善功、脱负止厄。道教认为,人的寿命是承负灾责的体现方式之一。《太平经》卷十八至三十四说:"凡人有三寿,应三气,太阳太阴中和之命也。上寿一百二十,中寿八十,下寿六十。百二十者应天,大历一岁竟终天地界也。八十者应阴阳,分别八偶等应地,分别应地,分别万物,死者去,生者留。六十者应中和之气,得六月遁卦。遁者逃亡也,故主死生之会也。如行善不止,过此寿谓之度世。行恶不止,不及三寿,皆夭也。胞胎及未成人而死者,谓之无辜承负先人之过。"年不满五十而死者都是受了承负之灾责。道教视"寿"为至善,因此那些无辜承负了先人过失而夭折的生命,相比较于因本人功过而遭遇的善恶报应,便具有了明显的悲剧性。因此,对于前者,承负说的主张者显然抱有极大的同情和怜悯,促使他们积极探求脱负止厄之道。《太平经》卷十八至三十四和卷三十七有《解承负诀》和《五事解承负法》等专题章节讲承负法,便是其中的具体体现。承负说是作为"天道"在起作用的善恶报应观,以天道、地道论人道,体现了"天人一体"的神学思想。《太平经》卷九十六强调:"天者,乃道之真,道之纲,道之信,道之所因缘而行也。地者,乃德之长,德之纪,德之所因缘而止也。"因此人们当奉天地、法天道、得天心、顺天意。天可顺不可违,顺之则昌,逆之则危。"乐生""好善"则是天地赋予人的本性,《太平经》卷九十三说:"天下人乃俱受天地之性,五行为藏,四时为气,亦合阴阳,以传其类,俱乐生而恶死,悉皆饮食以养其体,好善而恶恶,无有异也。"所以,从本性出发,人应当"乐生""好善",奉守"真道",延长生命年限、提高生命质量,甚至于得仙不死,从而解脱承负之厄。当时盛行的食气辟谷、胎息养形、守静存神、存思致神等仙道方术,都是"守一"之术,为"乐生"提供了可操习的方法。道教大力宣扬"生"的意义,鼓励人们努力修行,使"贤者得为善人;善人好学得成贤人;贤人好学不止,次圣人;圣人学不止,知天道门户,入道不止,成不死之事,更仙;仙人不止入真;成真不止入神;神不止乃与皇天同形"。可见,对承负状态下的生命,道家已从理念上的珍视和悲悯进入实践层面的引导和支援,从而凸显出修道的意义,为社会上由承负所带来的不公平现象在社会民众心理中形成的巨大压力找到了出口,而修习道术则直接影响身心健康,客观上起到了提升生命质量的作用。

断止负而免除厄运的办法只有行善积德、奉守真道、复归道德。《太平经》卷九十二说:"或有得真道,因能得度世去者,是人乃无承负之过。"卷四十说:"古者大贤人本皆知自养之道,故得治意,少承负之失也。其后世学人之师,皆多绝匿其真要道之文,以浮华传学,违失天道之要意","故生承负之灾"。奉守真道的重要途径就是守一。卷三十七称"欲解承负之责,莫如守一。守一久,天将怜之。一者,天之纪纲,万物之本也。思其本,流及其末"。

"守一"即守神,可以度世,乃至长生久视,"外则行仁施惠为功,不望其报,忠孝亦同","内常专神,爱之如赤子,百祸如何敢干",这就解脱了承负。

魏晋道教对承负理论做了进一步的阐述,葛洪认为德行功业有善报,如可使人增加年寿;相反,恶行坏事,如可使人年寿减少。对修道者来说,建立德业功勋最好,免除过错次一等;修炼道术的人把救人于危难,使人避免灾祸,在疾病面前保护人们为己任。追求仙道,首先应当用忠、孝、和、顺、仁、信作为根本,如果品德行为不加修养,只是努力学习方术,就不能长生不老。于邪恶事情干得大的,司命神会扣夺他一纪(三百天)寿命;干得小的,会扣夺一算(三天)年岁;伴随所犯过错的轻重,所扣夺的寿命也有多有少。凡世间之人承受命运、获得寿命,本来有一定的数量,数量本多的,纪算就难以度尽,要很晚才死。如果所禀受的本来就少,而所犯的过错又多,那么纪算就会迅速过尽而早年夭折。葛洪在《抱朴子内篇》中回答"为道者当先立功德,审然否?"之问,专门论述这个问题:

> ……按《玉钤经》中篇云,立功为上,除过次之。为道者以救人危使免祸,护人疾病,令不枉死,为上功也。欲求仙者,要当以忠孝和顺仁信为本。若德行不修,而但务方术,皆不得长生也。行恶事大者,司命夺纪,小过夺算,随所犯轻重,故所夺有多少也。凡人之受命得寿,自有本数,数本多者,则纪算难尽而迟死,若所禀本少,而所犯者多,则纪算速尽而早死。又云,人欲地仙,当立三百善;欲天仙,立千二百善。若有千一百九十九善,而忽复中行一恶,则尽失前善,乃当复更起善数耳。故善不在大,恶不在小也。虽不作恶事,而口及所行之事,及责求布施之报,便复失此一事之善,但不尽失耳。又云,积善事未满,虽服仙药,亦无益也。若不服仙药,并行好事,虽未便得仙,亦可无卒死之祸矣。吾更疑彭祖之辈,善功未足,故不能昇天耳。(《对俗》)

葛洪在回答"敢问欲修长生之道,何所禁忌"之问时,郑重指出:修习道术要做到"不伤不损",之中又包含防过错、防灶神等,而主要是避免犯各种错误。为此,葛洪提出要加强修养,犯了错要及时补救。他认为善恶各有报,并且举了善有善果、恶有恶报的事例。为此,葛洪专门论述了具体报应的理论:

禁忌之至急,在不伤不损而已。按《易内戒》及《赤松子经》及《河图记命符》皆云,天地有司过之神,随人所犯轻重,以夺其算,算减则人贫耗疾病,屡逢忧患,算尽则人死,诸应夺算者有数百事,不可具论。又言身中有三尸,三尸之为物,虽无形而实魂灵鬼神之属也。欲使人早死,此尸当得作鬼,自放纵游行,享人祭酹。是以每到庚申之日,辄上天白司命,道人所为过失。又月晦之夜,灶神亦上天白人罪状。大者夺纪。纪者,三百日也。小者夺算。算者,三日也。吾亦未能审此事之有无也。然天道邈远,鬼神难明。赵简子秦穆公皆亲受金策于上帝,有土地之明徵。山川草木,井灶涝池,犹皆有精气;人身之中,亦有魂魄;况天地为物之至大者,于理当有精神,有精神则宜赏善而罚恶,但其体大而网疏,不必机发而响应耳。然览诸道戒,无不云欲求长生者,必欲积善立功,慈心于物,恕己及人,仁逮昆虫,乐人之吉,愍人之苦,赒人之急,救人之穷,手不伤生,口不劝祸,见人之得如己之得,见人之失如己之失,不自贵,不自誉,不嫉妒胜己,不佞谄阴贼,如此乃为有德,受福于天,所作必成,求仙可冀也。若乃憎善好杀,口是心非,背向异辞,反戾直正,虐害其下,欺罔其上,叛其所事,受恩不感,弄法受赂,纵曲枉直,废公为私,刑加无辜,破人之家,收人之宝,害人之身,取人之位,侵克贤者,诛戮降伏,谤讪仙圣,伤残道士,弹射飞鸟,刳胎破卵,春夏燎猎,骂詈神灵,教人为恶,蔽人之善,危人自安,佻人自功,坏人佳事,夺人所爱,离人骨肉,辱人求胜,取人长钱,还人短陌,决放水火,以术害人,迫胁尪弱,以恶易好,强取强求,掳掠致富,不公不平,淫佚倾邪,凌孤暴寡,拾遗取施,欺绐诳诈,好说人私,持人短长,牵天援地,咒诅求直,假借不还,换贷不偿,求欲无已,憎拒忠信,不顺上命,不敬所师,笑人作善,败人苗稼,损人器物,以穷人用,以不清洁饮饲他人,轻秤小斗,狭幅短度,以伪杂真,贪取奸利,诱人取物,越井跨灶,晦歌朔哭。凡有一事,辄是一罪,随事轻重,司命夺其算纪,算尽则死。但有恶心而无恶迹者夺算,若恶事而损于人者夺纪,若算纪未尽而自死者,皆殃及子孙也。诸横夺人财物者,或计其妻子家口以当填之,以致死丧,但不即至耳。其恶行若不足以煞其家人者,久久终遭水火劫盗,及遗失器物,或遇县官疾病,自营医药,烹牲祭祀所用之费,要当令足以尽其所取之直也。

故道家言枉煞人者,是以兵刃而更相杀。其取非义之财,不避怨恨,譬若以漏脯救饥,鸩酒解渴,非不暂饱而死亦及之矣。其有曾行诸恶事,后自改悔者,若曾枉煞人,则当思救济应死之人以解之。若妄取人财物,则当思施与贫困以解之。若以罪加人,则当思荐达贤人以解之。皆一倍于所为,则可便受吉利,转祸为福之道也。能尽不犯之,则必延年益寿,学道速成也。夫天高而听卑,物无不鉴,行善不怠,必得吉报。羊公积德布施,诣乎皓首,乃受天坠之金。蔡顺至孝,感神应之。郭巨煞子为亲,而获铁券之重赐。然善事难为,恶事易作,而愚人复以项托伯牛辈,谓天地之不能辨臧否,而不知彼有外名者,未必有内行,有阳誉者不能解阴罪,若以荠麦之生死,而疑阴阳之大气,亦不足以致远也。盖上士所以密勿而仅免,凡庸所以不得其欲矣。①

上述文字的核心在于说明:第一,人要不断去恶就善,积善行德,具备圣心,由此就可成为善人。第二,注重善恶报应循环,劝善和惩恶相表里,告诉世人行善会得到种种好报,作恶会受百般煎熬。第三,心为身之主宰,修德起于修心。因为心起于善,善虽未为,而吉神已随之;心起于恶,恶虽未为,而凶神已随之而来。《抱朴子·内篇》的很多文字对善恶报应思想如此细致深刻的阐释,不仅对信众取利得财的经济行为有直接影响,而且对世俗社会民众生活也有广泛的影响。这一思想被后代道教理论应用,如宋代道教文献《太上感应篇》就取自上述两篇,其中列举 22 项善行、155 项恶行,宣扬"诸恶莫作,众善奉行""一日有三善,三年天必降之福;一日有三恶,三年天必降之祸",等等。其中的文字如"填穴覆巢,伤胎破卵。愿人有失,毁人成功。危人自安,减人自益。以恶易好,以私废公。窃人之能,蔽人之善。形人之丑,讦人之私。耗人货财,离人骨肉。侵人所爱,助人为非。……见他荣贵,愿他流贬。见他富有,愿他破散。见他色美,起心私之。负他货财,愿他身死。……如是等罪,司命随其轻重,夺其纪算,算尽则死,死有余责,乃殃及子孙。又诸横取人财者,乃计其妻子家口以当之,渐至死丧"等等,应是源于上引《对俗》及《微旨》两篇中的文字。

总之,承负论的要点一是前人有过失,后人承受其过责,前人有善行,则

---

① 《抱朴子内篇·微旨》。

后人可得福;二是天地人三统共生,长养财物,欲多则生奸邪,害而不止便会乱败,不可复理便还返于虚无,复归于元气恍惚。前者主要就一个家族内子孙祸福的根源而言,后者则是就整个自然与社会的变化而言。承负时间赖于天道循环,因人而异。帝王二万岁为一循环,臣承负三千岁,民承负三百岁。个人的祸福与个人行为之善恶无因果关系,听命于天道循环。因此,断止承负、免除厄运成为修道体玄者的必要的人生课题。为此,不仅要行善积德,为子孙造福,更要虔诚信道修行,勉力精进不止。天道承负,善恶报应,如影随形,个人现实命运是个人行为善恶的必然报应。上有日月之神的照察,冥中有诸神善记人的善恶,人身上有心神亦知人的善恶。天神校其善恶,依循因果报应,予以赏罚。道书中反复张扬这种天道循环、善恶承负的理论,努力使之成为信徒最根本、最具渗透性和最有影响力的信仰。

承负意寓的灾责之不确定性激励修道者从长远着眼,做一个好人,行善除恶,因此折射出极强的经济伦理意义。人的经济行为是最直接的取利行为,内合于善性,外达于善行,才是福报之行。《太平经》谓天地及人身中皆有众多之神,受天所使,鉴人善恶,掌人命籍,善自命长,恶自命短。对人之善恶,天皆遣神记录在簿,过无大小,天皆知之,赏罚分明,行善者可得天年,如有大功,可增命益年;若作恶不止,则减其寿算,不得天年;或使凶神鬼物入其身中,使其致病。善恶之标准,最要者为孝、忠。行孝者可被荐举,现世荣贵,天佑神敬,乃至白日升天;不忠不孝者,罪不容诛,天地鬼神皆恶之,令其凶夭,魂神受考。因此,要做明君、良臣、顺民,力行忠、孝。承负说还倡导诚实守信、真实无妄,《太平经》在卷三十七中举例说:"今一师说,教十弟子,其师说邪不实,十弟子复行各为十人说,已百人伪说矣;百人复行各为十人说,已千人邪说矣;千人各教十人,万人邪说矣;万人四面俱言,天下邪说矣。又言者大众多传相征,不可反也,因以为常说……以乱天正文,因而移风易俗,天下以为大病,而不能相禁止,其后者剧,此即承负之厄也,非后人之过明矣。后世不知其所由来者远,反以责时人,故重相冤也;复为结气不除,日益剧甚。"个人的不诚信,导致祸及后世的结果。多欲趋利,使人心生出恶念,承受恶念诱发的恶果。承负说强调树立端正的义利观,认为为富不仁有违天道,在个人善恶报应的延长线上,子孙后代也难逃承负之厄。人世有承负,自然亦有承负。《太平经》卷三十七说:"……天地生凡物,无德而伤之,天下云乱,家贫不足,老弱饥寒,县官无收,仓库更空。此过乃本在地伤物,而人反承负之。"五事承负是指土地伤物、邪伪不实的说法、谎言欺世、山川草木所造成的自然灾害和四时五行气杀等五种引起人们无辜遭受的承负灾害。承负说提醒人们实现人、社会与自然的和谐发展,不仅应当合理地利用资源,还应当保护自然,承担"为万二千物解承负之责"。

总之,天道承负说是道教教义的一项重要内容,它发展和补充了传统善恶报应的伦理观,对古代社会民众心理产生了广泛而深远的影响。天道承负说与佛教因果报应说(众生的生命并不限于今生今世的一个周期,而是按照前世、现世、来世的时间顺序轮回周转,众生的一切善恶活动[因]都会招致相应的结果[果报、报应],而报应就通过生命的轮回体现出来,因此众生在每一次轮回中都根据自己前世作业的性质而相应地提升或降低其生命的层次)近似,佛教传入中国以后,因果报应说便与天道承负说混杂在一起广为流传。天道承负说的不同在于它不涉及三世轮回的问题,并且认为赏善罚恶是由冥冥之中某种超人间的意志和力量(天)执掌的,而佛教因果报应论则认为完全是行为主体的自作自受。

第五节　汉唐道教学说中的经济伦理核心观念

马克思曾从生产资料所有制和社会经济发展过程的生产、分配、交换、消费几个环节,考察人类社会的运行和发展,他一方面认为生产资料所有制状况反映了生产过程中人与人之间在生产资料占有方面的经济关系,决定社会生产劳动的目的、对象、手段、方法和结果;另一方面认为生产、分配、交换、消费"构成一个总体的各个环节、一个统一体内部的差别。生产既支配着生产的对立规定上的自身,也支配着其他因素。过程总是从生产重新开始"。① 生产资料所有制是生产关系的基础,生产、分配、交换、消费这些环节是整个生产过程中既相联系又互相区别的构成经济运行过程的整体。因此,深入研究道教经济伦理的本真意蕴,必然要深入考察其在所有制以及生产、交换、消费、分配等方面的核心伦理观念。

一、天地人共有的产权伦理

中国远古时期有素朴的"公天下"或"天下为公"的宏伟理想和基本经济伦理观念,后来儒、道沿袭并提出"大同"或"上德"的理想社会,集体劳动、财富共有、平均分配是这样一种社会的基本特点和基本伦理观念。儒家追求的理想社会是不患寡而患不均、不患贫而患不安的均平状态。《道德经》提出:"天之道,损有余而补不足;人之道,损不足以奉有余。"(第七十七章)可以说,中国传统社会里共有、均分的思想有久远的渊源。《周易》经传中乾坤主导,阴阳两种势力相互作用产生万物,刚柔相推,变在其中。《易·象传》云:"天行健,君子以自强不息";"地势坤,君子以厚德载物"。乾为纯阳之卦,具至刚之性,为天之象征;坤为纯阴之卦,具至柔之性,为地之象征。《易·彖传》云:"大哉乾元,万物资始,乃统天。"朱熹注云:"'乾元',天德之大始,故万物之生皆资之以为始也。"②乾卦为昊大之阳气,具刚健有为之质,是创生万物、赋予万物之性命的原初力量。《易·彖传》云:"至哉坤元! 万物资生,乃顺承天。"朱熹云:"元者,物之始生,亨者,物之畅茂,利则向于实也……始者,气之始。生者,形之始。顺承天施,地之道也。"③坤卦具有阴柔顺承之质,是养育万物、赋予万物之形的母体。《周易》乾坤两卦揭示了天道之阴阳相需、化生万物的根本属性。

《太平经》继承了上述传统观念并做了创造发展,第五十六至第六十四卷认为:"道者,天也,阳也,主生;德者,地也,阴也,主养;万物多不能生,即

---

① 《马克思恩格斯全集》第2卷,北京:人民出版社1972年版,第102页。
② [宋]朱熹:《周易本义》,苏勇校注,北京:北京大学出版社1992年版,第89页。
③ [宋]朱熹:《周易本义》,苏勇校注,北京:北京大学出版社1992年版,第94页。

知天道伤矣;其有不生者,即知天克有绝者矣。一物不生一统绝,多则多绝,少则少绝,随物多少,以知天统伤。夫道兴者主生,万物悉生;德兴者主养,万物人民悉养,无冤结。"①天道的本性乃是阴阳相需以生养万物。故天道昌,则万物生;天道伤,则万物亡。此基础上,道教认为社会财富不是一个人或某些群体私有的,而是生于天地,万物齐一而备。这些财富不是固定在一个地方的,既不存在于天上,不存在于地下,也不在某人的手中,而是阴阳和谐的产物,它可以散布、四处漂流,由人取用。这一思想在《太平经》中又以"道""元气"等因素化生人与万物的思想做了哲学上的说明。《太平经》认为天、地、人皆由元气所生,具有相同的属性。精、气、神构成人体生命要素,结合"道"与"元气",可以说明天地万物和人体的化生:"夫道何等也? 万物之元首,不可得名者。六极之中,无道不能变化。元气行道,以生万物,天地大小,无不由道而生者也。"②《太平经》认为天地万物包括人都是从元气化生而成的:"然夫天地人本同一元气,分为三体,各有自祖始。"③化生的具体过程是:"元气恍惚自然,共凝成一,名为天也;分而生阴而成地,名为二也;因为上天下地,阴阳相合施生人,名为三也。"④这里把老子所谓"道生一,一生二,二生三,三生万物"中的一、二、三内容具体化为元气、天地和人,并由此提出生命系统由精、气、神三个要素构成:"三气共一,为神根也。一为精,一为神,一为气。此三者,共一位也,本天地之气。神者受之于天,精者受之于地,气者受之于中和,相与共为一道。故神者乘气而行,精者居其中也。三者相助为治。故人欲寿者,乃当爱气尊神重精也。"⑤关于精、气、神三要素在人体生命系统中的关系和地位,《太平经》认为精、气、神三者不是孤立存在的,而是紧密联系,共同构成一个有机的生命整体。长寿者必须爱气、尊神、重精,在精、气、神三者中,《太平经》又特别强调处于特殊地位的"气"的重要性,指出精和神的存在都要依赖于气,气对于精、神犹如水对鱼一样重要。因此,它明确表示"养身之道"在于"安身养气",故云:"阴气阳气更相摩砺,

---

① 王明:《太平经合校》,北京:中华书局 1960 年版,第 734 页。
② 王明:《太平经合校》,北京:中华书局 1960 年版,第 16 页。
③ 王明:《太平经合校》,北京:中华书局 1960 年版,第 236 页。
④ 王明:《太平经合校》,北京:中华书局 1960 年版,第 305 页。
⑤ 王明:《太平经合校》,北京:中华书局 1960 年版,第 728 页。

乃能相生。人气亦循身上下，神精乘之出入。神精有气，如鱼有水，气绝神精散，水绝鱼亡。故养生之道，安身养气，不欲数怒喜也。"①这个论证既说明了生命重于财物，同时也表明了财富为天地所共有的思想。

个人或某个组织、物种的富有，不能称为"富"。包罗万象的多样性的富有才是"富"。《太平经》(丙部之一)卷三十五《分别贫富法》曰："富之为言者，乃毕备足也。天以凡物悉生出为富足，故上皇气出，万二千物具生出，名为富足。中皇物小减，不能备足万二千物，故为小贫。下皇物复少于中皇，为大贫。无瑞应，善物不生，为极下贫。……古者圣贤乃深居幽室，而自思道德所及，贫富何须问之，坐自知之矣。"②这里说明天地生万物，不仅包括财富，也包括其他物种的丰富。天地之间的一切，是由"天地中和之气"所生，正因为此，道教认为一切财物应属于社会公有，不应为私人所独占。

基于对"公天下"或"天下为公"的传统观念的认同，道教坚持一种天地人共有的财富伦理观念。从道教发展及道观经济伦理实践来看，道教将财富分为三个层次：一是社会财富由天、地、人共有；二是道观财富由修道者共用，亦不为私人所有；三是道士个人不应积累财富，只需基本生存保障，余财用于济世救民。天地人共同拥有社会一切财富，不应为少数人所独占，财富应当在社会生活之中流通分配，使人人能获得基本生活需要。

从共有观念出发，道教在财富分配方面提倡"推通周足"，提出在财富不均的情况下，广泛投入，济贫救穷，满足民众的基本生存、生活需要。这些要求和具体措施主要包括：一是实行调配，给予饥寒者以衣食。《太平经》卷六十七《六罪十治诀》云："少内之钱财，本非独以给一人也；其不足者，悉当从其取也。"③二是既然财富共有，就应互助互利，救人济世，有财物之人应"乐于养人""周穷救急"。《太平经》同卷云："此财物乃天地中和所有，以共养人也。此家但遇得其聚处，比若仓中之鼠，常独足食，此大仓之粟，本非独鼠有也。……愚人无知，以为终古独当有之，不知乃万户之委输，皆当得衣食于是也。"④实现损有余而奉不足之精神，就是走向太平盛世之路。

① 王明：《太平经合校》，北京：中华书局 1960 年版，第 727 页。
② 王明：《太平经合校》，北京：中华书局 1960 年版，第 30 页。
③ 王明：《太平经合校》，北京：中华书局 1960 年版，第 246 页。
④ 王明：《太平经合校》，北京：中华书局 1960 年版，第 247 页。

　　财富共有的反面是财富的私人占有。道教对财富的私人占有持激烈的批评态度。《道德经》讲"上德不德，是以有德。下德不失德，是以无德。上德无为，而无以为也。下德无为而有以为。上仁为之，而无以为。上义为之，有以为。上礼为之，而莫之应，则攘臂而扔之。故失道而后德，失德而后仁，失仁而后义，失义而后礼。夫礼者，忠信之薄也，而乱之首也"。（第三十八章）这是讲有"德"的社会，不必以"德"来规范，所以是"有德"的社会。没有"德"的社会，要以"德"来规范才不会失"德"，所以是"无德"的社会。"有德"社会是不必要强化人为管理的，即使有管理机构，也没有什么事情好做；想以爱心善意去感化人家，也是找不到被感化的对象的；想以行侠仗义去帮助别人，那是有很多事情可以做的；想以礼法纲纪办事，那是没有人会接受的，他们都会挥臂把你送去的礼物扔掉。因此，当社会失道的时候，就需要社会道德；当道德失去作用时，就需要社会爱心；当社会缺乏爱心时，那要靠行侠仗义来解决问题；当连行侠仗义的人都找不到时，只好靠礼法纲纪了。实施礼法纲纪是人的关系到了缺乏忠心和信义时所使用的办法，也是造成社会混乱的祸根。老子讲的实施礼法纲纪的社会实在是私有的社会。《太平经》卷六十七《六罪十治诀》云："或积财亿万，不肯救穷周急，使人饥寒而死，罪不除也，或身即坐，或流后生。所以然者，此乃中和之财物也，天地所以行仁也，以相推通周足，令人不穷。今反聚而断绝之，使不得遍也，与天地和气为仇。"[1]积累财富而不肯救穷周急，罪大恶极，不容赦免。而有德之人更应当以道德教人，否则犯"不可除"之弥天大罪。富有者理应有救世之心，散发财物，以"周穷救饥"。如果为富不仁，不肯"周穷救饥"，饥寒者境况得不到及时有效的改善，并且因此亡命，那么必遭天谴报应。道教还认为智者当苞养愚者，力强当养力弱者，后生当养老者，主张借贷钱粮不取利息，即假贷与之，不赍费息。三是道观收入及积累的财富大多用于传播教义、建设道观等合理消费，更可用于赈灾济贫。道观经营收入、信徒的布施等各种渠道形成的财富，除用于道众基本生活和道观维修外，全部还归于社会，布之四方。这些思想和做法，三国时第三代天师张鲁在汉中传教治世就付诸实践，曾向信教者收取信米，推行"义舍"，将米肉置于路旁，供路人量腹食用，在战

---

[1] 王明：《太平经合校》，北京：中华书局1960年版，第248页。

乱灾荒之际维护了一方安宁。五斗米道与太平道作为中国民间宗教发展史上最早出现的道教两大教派,把追求财富共有,致力于建设太平世界作为基本理想。这样的理想世界,公平主宰,既无剥削压迫,也无饥寒病灾,更无诈骗偷盗,人人自由幸福,在一定意义上反映了早期道教作为民间底层信仰的一种真实思想状态。

天地人共有的产权伦理思想是在道教信仰体系和社会道德劝化体系之下,认识财富本质、性质,财富创造、获取,以及财富使用和支配等问题,并作为修道者社会行为和实践的一种道德哲学思想和价值依据。道教要求富者济贫、修道者更要周穷救饥,提出共享社会财富。这一思想一问世就体现出一种强大积极的影响力,在中国社会民间形成了一种以平均分配为主旨的均平共享观。这一思想批判了私有制社会里贫富分化、财富分配极端不均、贵族与民争利的现实,代表着一种积极进步的价值取向。

二、道本与自力的生产伦理

生产伦理观念是道教发展道观经济、从事经营活动,以及促进理财的思想基础。在这个方面,道教继承了道家顺应自然、依循规律的思想,吸收了儒家身体力行、义然后取的经济伦理观念,在坚持以"道"为根本的前提下,体现出自耕自立、自力自治、努力生产、积极救世的基本价值信念。

(一)以"道"为本,遵循自然

顺天应世是道教以"道"为本、遵循自然原则的现实体现。道教认为,一个社会如果按照真正的"道"来管理,就能致富。就是说信众必须服从教义中宣称的一切禁令、教令、戒律,与下面的人民和上面的天神不断保持联系。如果尊崇真教义,天堂就会保佑收成良好;不尊崇真教义,就会产生腐败、盗贼、叛乱,致使失去应有的财产。坚持天、地、人三才之道,是富有政府的特征。违背"道",不遵循自然变化、自然节气和一定的社会规范,国家就会由富变穷。以"道"为本,首先,顺应万物之自然。《太平经》卷五十四云:"天地之性,万物各自有宜。当任其所长,所能为,所不能为者,而不可强也;万物虽俱受阴阳之气,比若鱼不能无水,游于高山之上,及其有水,无有高下,皆能游往;大木不能无土,生于江海之中。是以古者圣人明王之授事也,五土各取其所宜,乃其物得好且善,而各畅茂,国家为其得富,令宗庙重味而食,天下安平,无所疾苦,恶气休止,不行为害。"①顺应万物之自然,任其所长,则万物得以畅茂,国家因而富强。所以,要助天生物,助地养形。其次,护佑万物之自然。贫富的标准在于物的品种的多少,《太平经》卷三十五云:"天以凡物悉生出为富足,故上皇气出,万二千物具生出,名为富足;中皇物小减,不能备足万二千物,故为小贫;下皇物复少于中皇,为大贫;无瑞应,善物不生,为极下贫。"②依财富之不同,有"富足""小贫""大贫""极下贫"不同等级,"富足"为"万二千物具生出","万二千物"包括生物在内。天地生养万物,因而是善的;人顺天道,应保护自然万物。同卷载:"上君子乃与天地相似,故天乃好生不伤也,故称君称父也。地以好养万物,故称良臣称母也。人者当用心仁而爱育似于天地,故称仁也。此三者善也,故得共治万物,为其师长也。"天道恶杀而好生,蠕动之属皆有知,万物芸芸,命系天、根在地,用而安之者在人。人应当效法天道的"恶杀而好生"。《太平经》卷五十四云:"如人不卜相其土地而种之,则万物不得成竟其天年,皆怀冤结不解;因而夭终,独上感动皇天,万物无可收得,则国家为其贫极,食不重味,宗庙饥渴,得天下愁苦,人民更相残贼,君臣更相欺伪,外内殊辞,咎正始起于此。是者万物尚不得其所,何况人哉? 天下不能相治正,正由此也。此者,大害之根,而危亡之路也〈止〉,可不慎哉? 可不深思虑之于胸心乎?"③

道教以"道"为本、遵循自然、顺天应世的思想,在农业生产活动中有切切实实的体现,其中有如力求透过事物表面现象,深入本质,切实把握规律,合理有效地开展生产。例如,道教注意到了嫁接技术,培养新品种,以提高农业产量。道教仪式中使用交梨火枣,这是一种经嫁接杂交而成的水果,它的特性表现是"色如干枣,而形长大,内无核,亦不作枣味,有似于梨味耳","上有木禾,高四丈九尺,其穗盈车,有珠玉树沙棠琅玕碧瑰之树,玉李玉瓜

① 王明:《太平经合校》,北京:中华书局1960年版,第203页。
② 王明:《太平经合校》,北京:中华书局1960年版,第30页。
③ 王明:《太平经合校》,北京:中华书局1960年版,第30页。

玉桃，其实形如世间桃李，但为光明洞彻而坚，须以玉井水洗之，便软而可食"。①这种带有幻想性的说明表明道教已有利用嫁接技术培养新水果的观念。收入道藏的《山海经》云："觞天子于文山。西膜之人乃献食马三百、牛羊二千、穰米千车，天子使毕矩受之。硕苗巨穗。"②《广成集》云："德至于土，则二苗同秀。二禾一穗，意天下和同乎？"③《历世真仙体道通鉴》云："以嘉禾为粮，谓之大禾也，其穗异常。"④这说明道教很关注农业生产产量，以获得高产为追求目标，在充满宗教性的想象中接触到了事物的本质，对后来这方面的农业科学技术的发展不无启示。再如，道教关注到了农产品的无污染及农家肥的发酵，道教仪式戒律讲究洁净，包括日常生活中的洗净和农桑产品的无污染，认为凡是施过处理不当的肥的果实就是不净的，因此而不得用作供品。即使作为肥料的大粪均得经过发酵等工序以后才能使用。《神仙养生秘术》云："用砖砌合麻，捣石灰泥缝，池上盖厕室，存大粪，可用五尺深，别无疑虑，经心修时，用钱马献供，不许人知，泄漏天机，非人勿示。"⑤对粪便进行有效的管理，防止外泄，使其充分发酵，这对启示在农业生产时均施发酵后的农家肥、开展生态农业具有积极的意义。

　　道教也关注自然灾害的防治。农业生产过程中随时存在自然灾害，道教首先认为发生自然灾害是人心不善的结果，要求人们要尚善，这种神秘主义的认识对避免灾害存在某种有益的暗示。道教采取各种手段治理或者避免灾害。例如，采取驱邪、求雨祈晴、驱蝗、祭田等仪式，来治理农事灾害。这种情况反映了古代农业生产在遭受自然灾害与困扰时民众采取巫术方式的有限应对。面对种种灾异，道教仪式作为一种驱灾祈求丰收的象征符号，能在心理层面上给当时的农人一种精神慰藉，在某种意义上有增强生产信心和维护农业社会环境稳定的作用，在技术不发达的时代，它强调采取积极的态度去治理蝗灾。道经《太上元始天尊说消殄虫蝗经》云："天下人民每年丰熟之时，全无敬信，不荷三光，将其谷米贱慢，鸡踏狗践，抛散粪秽，非为使

①《抱朴子内篇·祛惑》。
②《山海经》，《道藏》第45册。
③《广成集》，《道藏》第44册。
④《历世真仙体道通鉴》，《道藏》第47册。
⑤《神仙养生秘术》，《道藏》第18册。

用,并无护惜。皆因乾象观见天下,人民不生敬信,致令虫蝗水旱,所见如斯。……设斋醮祭,上告乾象星宿尊神,作大福利,乃得虫蝗消殄,雨顺风调,五谷秀成,仓库盈满,人民欢乐,国土太平,衣食自然。"①道教以斋醮仪式驱蝗,将宗教神秘性和农业实践经验结合起来治理蝗虫,努力寻找蝗虫发育规律,从而发现蝗虫在冬天的生长情况。《无上玄元三天玉堂大法》云:"夫蝗之为灾,乃冬雪不降,阴中生虫。妖乘火而生羽,故遇夏能飞,害苗损稼。盖虫之种子,一经雪气,入地三尺。一年之内,三经雪气,入地九尺。一年无雪,出地三尺。三年雪少,必旱,蝗出为灾矣。制禳有法,宜建坛设醮,差官将鼓风送入水中。及牒捕神,以收其妖虫也。"②道教认为在冬天除草烧荒对治理蝗虫有十分重要的作用,还注意到林地附近的禾苗很少受蝗虫危害。透过这种宗教神秘性的迷雾,可以看到道教法术仪式中所蕴含的一些有"合理内核"的农业科技思想。这都是道教贯彻以"道"为本、遵循自然、顺天应世精神的切实体现。

(二)无为与自治相统一

道教的生产治理伦理观念的核心在于既强调无为,同时要求自治自立。老子及其《道德经》影响道教至深,在思维方式上强调希望过更好的生活,但要从外在约束或社会教条式信念的束缚中解放出来,达到一种身心完整的生活。道教顺乎自然发展以及让人过自富、自朴、自正的生活,反对统治者对人民过多干涉的自由的经济主张,通过道法自然的治国之道和无为而治的思想发挥了一定的作用。唐代以儒学为治国安邦之本,但是无为而治、自由放任的道教思想在形成"贞观之治""开元之治"等盛世中的作用也不能否认。这些都显露出道教尊崇的无为与自治相统一的原则精髓对经济发展和治国的影响力。

道教早期无为而治的自由经济思想源于汉代道家。西汉思想家陆贾在道儒兼综的基础上总结秦亡教训,指出国家安定、经济发展、文化繁荣,取决

---

① 《太上元始天尊说消殄虫蝗经》,《道藏》第47册。
② 《无上玄元三天玉堂大法》,《道藏》第3册。

于统治者减少对民众的盘剥，轻赋薄捐，百姓能休养生息、安居乐业。陆贾提出："道莫大于无为，行莫大于谨敬。何以言之？昔舜治天下也，弹五弦之琴，歌南风之诗，寂若无治国之意，漠若无忧天下之心，然而天下大治。周公制作礼乐，郊天地，望山川，师旅不设，刑格法悬，而四海之内，奉供来臻，越裳之君，重译来朝。故无为者乃有为也。"①这种"无为而治"主张在政府调控、官吏管理、法律治理的社会中，适应变化，顺应自然，把握规律，减少对社会经济过分的不恰当的干预。《淮南子》对道家的无为思想进行了新诠释，认为许多圣人、贤哲（如神农、尧、舜、禹、汤等人）看似无所作为，实则积极有为，他们致力于为民兴利除害，因势利导，救世济民。五代道士谭峭也接受了道家"无为"思想，他针对战祸不已和统治者残征暴敛的现实，提出以顺万物之"情"为中心的思想，这与《道德经》一书中的"无为"相比，体现出更为积极而应世的思想。他认为，万事万物皆有规律性，违背规律可能招致失败。治理国家必须顺民心，通民情，符民意。"无为"或"有为"的决定权掌握在统治者手中。"谦者人所尊，俭者人所宝；使之谦必不谦，使之俭必不俭。我谦则民自谦，我俭则民自俭。机在此不在彼，柄在君不在人。""我耕我食，我蚕我衣，妻子不寒，奴仆不饥，人不怨之，神不罪之。"②只要统治者减少对民众人为的无道的干预，于己无所与，于民无所取，民众就会自正、自朴、自富。

无为而治对于修道者个人而言也就是"自治"，即要求自力自主、自养自足，勤于四体，乐于劳作，通过个人的努力养活自己（随其力而求衣食），最终提升修行高度。这是道教经济伦理思想的一个重要观念。道教追求的社会理想是"致太平"，为此《太平经》卷六十五提出要认识到"民者，是王者居家不肖子也，为王者主修田野治生"③。君王以民为本，倡导农耕，才可能使人民获得好的生活条件。同书卷三十五云："天生人，幸使其人人自有筋力，可以自衣食者。"人民自身有筋骨力气，应该自力更生，自耕自食。所以"至于老长巨细，各当随其力而求衣食"④。卷三十七云："夫人能深自养，乃能养人。夫人能深自爱，乃能爱人。有身且自忽，不能自养，安能厚养人乎

① 《新语·无为》。王利器校注：《新语校注》，北京：中华书局1959年版。
② 谭峭：《化书·俭化》，《道藏》第11册。
③ 谭峭：《化书·俭化》，《道藏》第11册。
④ 谭峭：《化书·俭化》，《道藏》第11册。

哉……夫地尚不欺人,种禾得禾,种麦得麦,其用功力多者,其稼善。"①人贵自养,当言重农事,肯定勤劳者多得收获。

"自治"是在守戒基础上的自主生产,是重要的经济伦理原则。守戒即遵守戒律。太平道、五斗米道都有"道诫",规范道民行为。道诫规范的行为,包括经济活动中的取利行为、日常修道行为、信众相处的交际行为等。张鲁在汉中教导道民守戒"诚信不欺诈",并规定道民违反道诫,行为犯有过失,应在静室悔过反省,累犯者罚修路一百步。《太平经》有"不孝不可久生诫""贪财色灾及胞中诫",要求人们"动作言行,无失诚信"。《虚皇天尊初真十戒文》云:"语之妄由心不诚也。心既不诚而谓之道,是谓背道求道。"《致善除邪令人受道诫文》也是劝人遵守道诫的说教。《老子想尔注》中列有一些道诫,例如"道贵中和,当中和行之;志意不可盈溢,违道诫",其中劝告"人当常相教为善,有诚信"。要求道民正视功名利禄,言行举动勿违道诫。这些道诫中,都有规定约束贪财行为的要求。即使道观经营取财,也要求诚信为上,无有偏离中道。魏晋南北朝时期,道教各道派都有戒律条文。江右灵宝派有十戒、上品大戒,江东上清派有三元品戒、观身大戒,蜀中正一派有女青鬼律、玄都律文等。灵宝派道士陆修静整理编修道书,重视戒律经典编撰。唐代道教戒律趋于成熟,孟安排撰作的《道教义枢》卷二关于道教戒律的阐述有详有略,条文详细的戒律有太清道本无量法门百二十九条、老君及三元品戒百八十条、观身大戒三百条、太一六十戒等,条文简略的戒律有道民三戒、录生五戒、祭酒八戒、想尔九戒、智慧上品十戒、明真二十四戒等。这些道诫在经济伦理方面的特色,在于以修道为核心,统括经济规范、日常生活交往规范等各方面规范,形成一个广泛覆盖的戒律系统。唐代出家的道士,可以依次受三戒、五戒、八戒、十戒,以致三百大戒。张万福撰作的《传授三洞经戒法箓略说》记载当时道士所受戒目有十六种,最简略的戒律是三戒、五戒和八戒。这些戒律的条文内容是:(1)三戒(又称三归戒),即皈依道、经、师三宝,初起心入道者,首先受三归戒。(2)五戒(又称为老君五戒),即杀戒、盗戒、淫戒、酒戒和妄语戒。老君五戒旨在使人除五欲,修五德,持

① 谭峭:《化书·俭化》,《道藏》第11册。

五戒,出五浊。(3)八戒①,其内容一是不得杀身以自活,二者不得淫欲以为悦,三者不得盗他物以自供给,四者不得妄语以为能,五者不得醉酒以恣意,六者不得杂卧高广大床,七者不得普习香油以为华饰,八者不得耽着歌舞以作娼妓。《传授三洞经戒法箓略说》列举的戒律还有无上十戒、初真十戒、七十二戒、百八十戒重律、天尊十戒十四持身品、太清阴阳戒、想尔二十七戒、洞神三洞要言五戒十三戒七百二十戒门、百二十九戒、闭塞六情戒、智慧上品大戒、三元百八十戒、智慧观身三百大戒。各种戒律授受对象不同,例如无上十戒是在俗男女所受,七十二戒是正一弟子所受,智慧观身三百大戒是上清道士所受。② 朱法满《要修科仪戒律钞》卷五云:"修斋求道,皆当一心请奉十戒。"这是认为受十戒,如法修行,十方天官无不卫护,一定可以得道。道戒的应用最广泛,一般举行斋醮仪式,科仪格式中都有奉受道戒的内容。总而言之,举凡涉及经济、娱乐、饮食等活动,统统有戒律予以规定,使道教经济伦理规范与道教其他方面的规范高度融合起来。

　　道教把戒律分成若干个等次,并对不同的等次提出不同的要求,对遵行不同等次之戒律的信徒许以各种不同的利益。这些利益从表现上看,不是经济方面的好处(如钱财、福利等),而超经济层面或大于经济利益的精神回报。这些利益如从得成神仙、倍寿长生、增年不横夭到福流子孙、家业昌盛,这些都是道教处理经济事务和社会关系的逻辑理论的基础。戒律体现了道教的禁欲主义特征,而道教的禁欲主义是一种合理的禁欲主义,其目的是超越世俗、修道成仙,服务于这个目的,一切财富都仅仅是一个手段。在某种意义上,是否拥有财富和富贵对于一个修道者来说不重要,关键是要看其有无执着之志、深厚之德、修道之心、求仙之欲。葛洪曾提出"欲得恬愉淡泊,涤除嗜欲,内视反听,尸居无心"③等修身的规范性思想,合理的禁欲主义不仅规范了修道者的行为,而且影响着他们的情感、认识、思想、意识和行为,它要求修道者先修人道,再修仙道,去掉包括父母、妻子、情色、财宝和官爵在内的世俗情欲,这使其戒律更加具有对各种形式的恶(恶念、恶视、恶语、恶行、恶欲)的遏制力。

---

① 《云笈七签》卷四十《受持八戒斋文》,《道藏》第22册。
② 《传授三洞经戒法箓略说》未记载戒律的具体内容,《云笈七签》收录了唐宋道教的一些戒律条文。
③ 《抱朴子内篇·论仙》。

世上有妖道劳民伤财，不合道德，不守戒律，私相敛财。葛洪提出"公诛除妖道，而既寿且贵；宋庐江罢绝山祭；而福禄永终；文翁破水灵之庙，而身吉民安；魏武禁淫祀之俗，而洪庆来假，前事不忘，将来之鉴也。明德惟馨，无忧者寿，啬宝不夭，多惨用老，自然之理，外物何为！"①葛洪列举了卖水大富、治病大仙借神生财，其实非真神；招摇撞骗，亵渎神灵，虚张声势，掠夺民意，其中描述细节云：

> 又洛西有古大墓，穿坏多水，墓中多石灰，石灰汁主治疮，夏月，行人有病疮者烦热，见此墓中水清好，因自洗浴，疮偶便愈。于是诸病者闻之，悉往自洗，转有饮之以治腹内疾者。近墓居人，便于墓所立庙舍而卖此水。而往买者又常祭庙中，酒肉不绝。而来买者转多，此水尽，于是卖水者常夜窃他水以益之。其远道人不能往者，皆因行使或持器遗信买之。于是卖水者大富。人或言无神，官申禁止，遂填塞之，乃绝。②

诛除妖道在于整顿戒律，使戒律起到规范修道者修行活动的作用。总之，戒律是道教自治的重要行为规范和行为方式，严守戒律有助于道教经济自主生产。道教戒律不仅使修道者获得修身立德、学道精勤、生活简朴、作风正派这些宗教操守的基本要求，而且还是达到保护动物和保护良好生态环境的主要形式，因此它能很好地贯彻道教无为与自治相统一的经济伦理原则。

（三）事在人为，勤于人事

自食自活与积极进取，这是道教修道坚持事在人为、勤于人事之原则在经济活动中的一个具体体现。道教是注意强调发挥人的主动性的宗教，对"地气""天时"等因素与生产活动的关系有深切的认识，强调人要掌握物性，认识自然，勤力耕种，摆脱贫困。《太平经》卷三十七对劳动者提出如此要

---

①《抱朴子内篇·道意》。
②《抱朴子内篇·微旨》。

求:"夫地尚不欺人,种禾得禾,种麦得麦,其用功力多者,其稼善。"①同书卷四十九云:"……夫贫而不耕,安能收耶? 学辄日贤,耕辄有收。行吾书,其口口如是矣。吾保之,不学无求贤,不耕无求收,子知之乎。"②土地是生养万物之母,勤力尽心,认真耕种,就会有所收获;反之,则会走向贫穷。收获的多少与耕种的用心程度密切相关,《太平经》卷九十六云:"比若耕田,得谷独成实多善者,是用心密,用力多也。而耕得谷少,不成善实者,是其用心小懈,用力少也。"③耕种当用心缜密,不得懈怠;人若欺地,地必欺人,懒惰、不上心是不会得到良好收成的。《太平经》卷一百十四云:"家无大小,能食谷者晨夜尽日相劝,及泽布种,天为长大,时雨风摇,枝叶使动,成其身日满,当熟以给人食,恩不重邪。"④天、地、人因素在农业生产活动中息息相关,《太平经》乙部卷三云:"故天主生,地主养,人主成,一事失正,俱三邪。是故天为恶亦凶,地为恶亦凶,人为恶亦凶。三共为恶,天地人灭尽更数也。三共为善,德洞虚合同,故至于三合而成德,化及百国。"⑤人与自然相互依存、相互影响,人类如果不体察自然之道,因循其理,如果为了一己之私利和欲望而恣意破坏资源,自然也会阻碍人的生存发展。天、地、人三才相益相得,和谐相通,才能使粮食种植有所收获,才能使经济有所发展。

好的生产治理不是消极的适应和顺应客观现实,而是要尊道行仁、积善德而后的创造进取。生产治理、获取财富有道可循,满足基本物欲,更要尊道行仁,取之有方。《太平经》卷三十五云:"至于老长巨细,各当随其力而求衣食,故万物尚皆去其父母而自衣食也。贤者得乐,不肖得苦。又子者年少,力日强有余。父母者日衰老,力日少不足也。夫子何男何女,智贤力有余者,尚乃当还报复其父母功恩而供养之也。"⑥总之,要恪尽职守,通达所知,应时而变,把握各种机会("盗机"),不断进行创新改造,至诚无欺,从而能创造财富积累善财("善者因之")。

---

① 王明:《太平经合校》,北京:中华书局1960年版,第36页。

② 王明:《太平经合校》,北京:中华书局1960年版,第65页。

③ 王明:《太平经合校》,北京:中华书局1960年版,第415页。

④ 王明:《太平经合校》,北京:中华书局1960年版,第596页。

⑤ 王明:《太平经合校》,北京:中华书局1960年版,第392页。

⑥ 王明:《太平经合校》,北京:中华书局1960年版,第394页。

三、均富与救急的分配伦理

道教在分配伦理观念上,继承和发展了传统经济伦理思想,特别是对儒家的"均"和"明分"的分配思想有着独特的发展。孔子认为贫富悬殊是社会动乱之源,提出了对财富"均"的分配原则,他说:"丘也闻有国有家者,不患寡而患不均,不患贫而患不安。盖均无贫、和无寡、安无倾。"①孔子认为贫、富是相对的,是变化的,一个社会不怕总财富少,若能比较均匀地分配,便无所谓贫与富。如果均匀分配,人们也就能和睦相处,社会也就安定,不会发生破家倾国的危险。孔子强调"义"对"利"的制约作用和等级区分的"礼"制,虽然不要求对不同阶级的人实行无差别的平均分配,但是强调不要使贫富过分悬殊,要求考虑合理抑制贫富分化,希望以德政仁治实现均平。荀子认为:"人之生不能无群,群而无分则争,争则乱,乱则穷矣。"②一国的穷和乱,由人群的无分所造成的。"分"是身份、区分,"兼足天下之道在明分"③。一个社会如果无贵贱之分,那么人们"势位齐而恶欲同,物不能赡,则必争,争则必乱,乱则穷矣"。④ 无分,则无序;无序,则不能抑制欲望的扩张。由于物质有限,欲望之争必导向暴乱和穷困。因此,只有"明分",人们才能遵照一定的等级和秩序生活。当然,生产决定分配,在封建生产方式下,要彻底解决分配矛盾是不可能的。道教继承了儒家"不患寡而患不均"以及"明分抑争"的思想,为早期底层信众反对豪门地主的兼并提供了理论根据,在一定的历史条件下有着进步的作用。

早期道书《老子道德经河上公章句》注云:"天之道,其犹张弓乎? 高者抑之,下者举之,有余者损之,不足者与之。天之道,损有余而补不足;人之道则不然,损不足以奉有余。孰能以有余奉天下,唯有道者。是以圣人为而不恃,功成而不处,其不欲见贤也。"⑤如果只是顺应"损不足以奉有余"的"人

①《论语·季氏》。
②《荀子·礼论》。
③《荀子·富国》。
④《荀子·王制》。
⑤《道德真经注》(河上公注),《道藏》第 12 册。

之道"，那么只能是造成嫌贫爱富的结果，永远难以达到"天之道"的理想境界。《道德经》最后八个字是"圣人之道，为而不争"，[①]讲求"圣人执左契，而不责于人。有德司契，无德司彻。天道无亲，常与善人"。"圣人之道"是"天之道"与"人之道"之间的自然不争的状态，不论富人还是穷人，都将面对一个平等的机会。

　　人之道是社会的一般规律和法则，天之道则是损有余而补不足，是自然界最初的自然法则。人们早已忘却"天之道"，代之而建立了人们自己的法则"人之道"，它只有利于富人而有损于贫者。"天之道"，有利于贫者，给他们带来宁静与和平，而"人之道"则相反，它是富人手中的工具，使贫者濒于"民不畏死"的绝境。[②]《道德经》提出："天之道，损有余而补不足。"（第七十七章）《太平经》卷一百零三《六罪十治诀》云："财物乃天地中和所有，以共养人也。此家但遇得其聚处，此若仓中之鼠，常独足食，此大仓之粟，本非独鼠有也；少内之钱财，本非独给一人也；其有不足者，悉当从其取也。"[③]维护社会和谐，既要财产共有，更需要经济发展上做到合理分配、"周贫救急"，整个社会平衡发展。经济发展和社会生活需要维持人类和宇宙大环境的整体和谐，遵从和谐自然的发展规律，维护人类经济发展的平衡和人类生存环境的和谐。

　　道教在总体上反对两极分化，强调"均富共利"。而贫富分化，社会不能共利同财却是现实。针对这一情况，道教以信仰天道之力试图从精神上超越残酷的两极分化。为了达到与"天之道"相通，人们就必须以无限的热情与耐力，不断实现对现实财利造成的社会分化和不平等的超越，把自我修养的价值提升到神学的高度来认真对待，念念不敢忘怀，力求将来得与天通，避免永沦下界弃民。《太平经》认为上层不能贪婪而过于分化，反对苛捐杂税造成贫者日贫、富者日富，但它并不反对正当地谋取财富，只要致富了以后让更多的人享有财富，带动更多贫穷的人致富，从而消除贫富两极分化，这种"富"就值得提倡。财富能聚也要善于理财，乐善好施，周穷救急，众善奉行，提倡救济和公益事业，否则就是罪。万事万物都有生与养的权利，也

---

① 《道德真经注》（河上公注），《道藏》第12册。
② 陈鼓应：《老子今注今译》，北京：商务印书馆2004年版，第336页。
③ 王明：《太平经合校》，北京：中华书局1960年版，第242页。

就是要赋予人们公平获取财富、自食其力的权利和机会，才能使"人之道"最终与"天之道"相齐相通。《太平经》定义"富"与"贫"不是以财富的多寡和差距为标准，当它谈及社会"平均"的理想，亦不是从财富资源的平均再分配而言。《太平经》以为"富"为"凡物悉生出"，而"贫"则是"不能备足万二千物"，可以说富与贫的标准是以自然界的生命兴旺与延续发展不绝为评判标准。富与贫的差别是从万物本身能否获得"生"与"养"的基本权利而判定，按万物的生与养的权利标准，《太平经》进一步设下它对"平均"的定义，即"平者，言治太平均，凡事悉治，无复不平"[①]。太平社会，即人人平安、生活稳定、财富平均的小康社会。

从"不伤而为平"的标准而言，道教主张民众获得经济生产上的平均，首先是指他们能得到自食其力的权利与机会，即"天生人，幸使其人人自有筋力，可以自衣食者"[②]。因此，若民不肯尽力实践自食其力的本分，而使自己陷入饥寒，那么这就是"罪"。但是，若有积财者，见民尽其筋力亦不能得衣食，而依然不肯"周穷救急"，以致使穷困者饥寒不能得生，亦是破坏"天乃乐人生、地乐人养"的平均原则。救穷乏不止，凡天地增其算，百神皆得来食，此家莫不悦喜。道教的财富平均原则，乃是要求凡物都能得生与养的权利，在此原则下，积财者本身不属伦理上的恶，但是若他们积财亿万，不肯救穷周急，使人饥寒而死，就认为这是"罪不除也"。分配财富是《太平经》"六罪十治诀"这一节的主题。不分配个人财产被认为是一种犯罪。如果他们不让他人分享财富，这样的财富则处于危险之中——这是天师很重要的财富伦理思想。天师为此列出了几种罪行：知道真道，却不让他人知道；有德，有道的力量，却不用它去启蒙他人；集聚了财物，却不准他人分享给他人。要保持财富，避免贫困的办法是合理进行分配。这是一种均分配、减贫困的思想。

救穷周急、不让穷困者因饥寒而死的伦理原则，在早期道教天师道设置的义舍制度里有实践上的例证。汉末社会动乱，主要原因是大量下层流民因为自然灾害、豪族兼并、农村破产，失去本身所依乡土而四处逃亡。天师

---

① 王明：《太平经合校》，北京：中华书局1960年版，第648页。
② 王明：《太平经合校》，北京：中华书局1960年版，第143页。

道置义米肉,县(悬)于义舍,行路者量腹取足,就是为救济大量逃亡流民而设。均富共利就是要提倡一种互助互利思想。道教汲取墨家思想,墨子在《非乐》上提出"赖其力者生,不赖其力者不生",道教亦强调人各自衣食其力,反对强取人物。墨子主张人与人之间应当实行"兼相爱,交相利"的原则,道教强调这种人与人之间的互助互利思想,主张有财物的人应当"乐以养人","周穷救急"。《太平经》取中和之财,其论述的"和",偏重"中和",更多是符合儒家仁义伦理思想,而老子是毁弃仁义的,《太平经》中的"中和"显然与老子的说法是不一致的。《太平经》重视"生",产生了一系列重视增加人口、繁衍后代的思想,主张理国之道,多人则国富,少人则国贫,提出"太平来善之宅"的妙想。原始道教的具体建筑形式开始设有"治"和净室、茅室。关于"天仓"的描述,《太平经》说:"天有倡乐乐诸神,神亦听之。善者有赏,音曲不通亦见治。各自有师,不可无本末,不成,皆食天仓,衣司农,寒温易服,亦阳尊阴卑,粗细靡物金银彩帛珠玉之宝,各令平均,无有横赐,但为有功者耳。不得无功受天衣食。"[1]上天将对善人行赏,如果遭遇天灾,谷物"不成"即没有收成,则将令其就食于"天仓",其衣服则按照阳尊阴卑的等级秩序由司农无偿提供,在有功者中进行平均分配,但无功者不能享受这种来自"天仓"的救助。"天仓"在有的榜题文字中又写作"太仓",是国家粮库,代表财产或财富。早期天师道特有宗教建筑中,还有一类如"天仓"和"亭"等的建筑物,均用来装储备粮,以实现宗教之社会保障目标。

道教继承发扬儒道两家"均贫富"的财富分配观,反对贫富悬殊的财富分配制度。《初真十戒》第七戒说:"不得贪求无厌,积财不散,当行节俭,惠恤贫穷。"《太平经》认为财物乃天地中和所有,以共养人,主张"太平均",不仅要求剥削者要"助君子周穷救急",而且还提出将皇室少府的钱财平均分配。这些思想与儒家孔子说的"闻有国有家者,不患寡而患不均,不患贫而患不安,盖均无贫,和无寡,安无倾"的思想是一致的。道家"均富"的出发点在于天道反对持盈,儒家的"均富"却是从社会治乱的角度出发。孔子说"放于利而行,多怨"(《论语·里仁》)。国家不控制人们对财富的过度追求,社会就会出现动荡,因此治国的大政方针应以"均"为指导思想。

---

① 王明:《太平经合校》,北京:中华书局 1960 年版,第 579 页。

葛洪在《抱朴子内篇》关于财富使用和分配方面,也表现出强烈的平均意识。《抱朴子内篇》有多篇文字,从分财、治生、积善、取用等方面,论述了合理分配的思想。其中有如下言:

> 庄周云:盗有圣人之道五焉。妄意而知人之藏者,明也;先入而不疑者,勇也;后出而不惧者,义也;知可否之宜者,知也;分财均同者,仁也。不得此道而成天下大盗者,未之有也。(《辨问》)

> 值贵宿则贵,值富宿则富,值贱宿则贱,值贫宿则贫,值寿宿则寿,值仙宿则仙。又有神仙圣人之宿,有治世圣人之宿,有兼二圣之宿,有贵而不富之宿,有富而不贵之宿,有兼富贵之宿,有先富后贫之宿,有先贵后贱之宿,有兼贫贱之宿,有富贵不终之宿,有忠孝之宿,有凶恶之宿。(同上)

> 诸横夺人财物者,或计其妻子家口以当填之,以致死丧,但不即至耳。(《微旨》)

> 然览诸道戒,无不云欲求长生者,必欲积善立功,慈心于物,恕己及人,仁逮昆虫,乐人之吉,愍人之苦,赒人之急,救人之穷。手不伤生,口不劝祸,见人之得如己之得,见人之失如己之失,不自贵,不自誉,不嫉妒胜己,不佞谄阴贼,如此乃为有德,受福于天,所作必成,求仙可冀也。(《微旨》)

> 若夫睹财色而心不战,闻俗言而志不沮者,万夫之中,有一人为多矣。故为者如牛毛,获者如麟角也。……千仓万箱,非一耕所得;干天之木,非旬日所长;不测之渊,起于汀滢;陶朱之资,必积百千。若乃人退己进,阴子所以穷至道也。(《极言》)

> 凡人利入少而费用多者,犹不供也,况无锱铢之来,而有千百之往乎?……若能爱之于微,成之于著,则几乎知道矣。(同上)

> 动用牛羊谷帛,钱费亿万,了无所益。况于匹夫,德之不备,体之不养,而欲以三牲酒肴,祝愿鬼神,以索延年,惑亦甚矣。(《勤求》)

这里一方面讲"分财同均"为仁,财富均平是人力主动可为,另一方面则说富贵贫贱来源于"结胎受气"。富贵、名声、地位难以兼备,对于不公正的反映,实际也是对当时社会现实的批判,归结却在"结胎受气"人生本有定命的思想上。葛洪在《抱朴子内篇》中关于"周人之急，救人之穷"的思想与《太平经》的思想相契合。取不当之财，可能会给家庭带来不幸，所以，若妄取人财物，则当思施与贫困以解之。免除这样的罪恶，只有加倍地行善来补偿，才能真正"皆一倍于所为，则可便受吉利，转祸为福之道也"。财富不能随意消耗、浪费，要靠积累。正因如此，财富的过度使用和耗费都是不道德的，不修身养性立德，即便花费千万财富求长生术也得不到。

四、贵生而轻物的消费伦理

道教是重视生命、轻视外物的宗教。重视生命、轻视外物即贵生贱物或重生轻物，就是把人的存在分为"生"（自己的生命）和"物"（生命之外的东西），认为自己的生命贵于自己生命之外的东西，生命是自己最宝贵、最有价值的东西。可以说，贵生而轻物，既是道教消费伦理的核心观念，也是道教学说中最重要的思想和最富有意义的经济伦理理论。

（一）道教消费伦理观念的来源

道教贵生轻物的消费伦理观念来源于儒家对生命的生生不息、积极乐观之态度，也来源于道家的重人、重生的思想传统。在儒家看来，"贵生"是对当下生活、生命存在的重视，是对人性完善、道德事业的重视；"轻物"是把财富看得低于生命意义，把物质追求看得低于精神追求。因此，在具体的消费观念上，儒家强调"黜奢崇俭"和"导欲"的伦理思想。这同道家的消费思想在基本精神上是一致的，都是崇尚俭朴的。孔子的消费思想大体上也是崇俭黜奢，他认为崇尚简朴，符合中道，就适合于"礼"规，因此他批评管仲过奢、晏婴过俭，这些都不合理。孔子说："礼与其奢也，宁俭。"[1]"奢则不逊，俭则固。"[2]荀子认为"人生而有欲"[3]，人不仅有满足生理需要的欲望，还有追求物质享受的欲望，而且是禹桀之所同。荀子不同意孟子的"清心寡欲"主张，

---

① 《论语·八佾》。
② 《论语·述而》。
③ 《荀子·礼论》。

反对道家的"去欲""无欲"之说,他认为这些理论都是不现实的,所以认为"人之所以为人者,以其有辨也。……辨莫大于分,分莫大于礼"。[①] 要求人们在追求欲望的满足时,考虑是否符合自己的身份和礼规,"欲虽不可尽,可以近尽也;欲虽不可去,求可节也"[②]。用"礼"去"导欲",使人们只追求合理的需要,而把精力放在高层次精神需要的满足上。这些思想的基本内涵,道教都是认同的。

道家强调的"摄生""贵生""自爱"和"长生久视",以及"保生""全生""尽年""尊生"等精神,《吕氏春秋》提出的"贵生重己"等思想,与道教经典《太平经》主张的"乐生""重生",《老子想尔注》《老子道德经河上公章句》《周易参同契》《抱朴子内篇》《老子西升经》《太上洞玄灵宝无量度人上品妙经》《悟真篇》等始终贯穿着的重人贵生的思想,具有一脉相承的关系。

(二)消费的目的在于长养生命

经济上的物质性消费不是目的,物质性消费仅满足肉体的基本需求,精神上的修道成仙是目的、是根本。道教所贵之"生"是目的,"生"首先是指生命,是源于自然并与自然构成有机整体的人的生命。道教的生命结构既包含了天(始生者)、气或精气(生命的来源)、形(生命的形体)等方面,也包含了神(生命之知情意)、性(养成者)等要素。《老子想尔注》将"生"替代"人"而与道、天、地并列为"域中四大","生"被看成是"道的别体",即道在天地间的具体显现。《太平经》在《守一明法》篇中云:"元气行道,以生万物,天地大小,无不由道而生者也。故元气无形,以制有形,以舒元气。不缘道而生自然者,乃万物之自然也,不行道,不能包裹天地,各得其所,则使高者不知危。"[③]《太上老君开天经》描述万物之形成及生命之起源:太初剖判,天地初分,中有日月,包含元气;生生之类,无形之象,各受一气而生。或有朴气而生者,山石是也。动气而生者,飞走是也。精气而生者,人是也。万物之中,人最为贵。万物是自然运化的产物,生命是阴阳精气和合的结果。万物递

---

① 《荀子·礼论》。
② 《荀子·正名》。
③ 王明:《太平经合校》,北京:中华书局1960年版,第16页。

进化生、生生不息而前行的"生"，使道教具有一种积极的进取精神。这种重视现实、参与造化的精神，使道教的消费观念以"生"为追求，"生"则超越了物质财富的占有和消耗，指向通过奋斗达到长生久视的理想境界。

道教诸经论生命，无出"贵"字。《道藏》首篇《度人经》开卷宣扬贵生、度人之旨，其中说元始天尊说经十遍，开天地而万物长，其第八遍时，妇人怀妊，鸟兽含胎，已生未生，皆得生成。生命在此得到最美好的歌颂与赞誉，从孕育到诞生，整个过程神圣而庄严。人受生于胞胎，《九天生神章经》详述生成过程："三元养育，九气结形，故九月神布气满能声。声尚神具，九天称庆，太一执符，帝君品命，主录勒籍，司命定算，五帝监生，圣母卫房，天神地祇，三界备守，九天司马在庭东向，读《九天生神宝章》九过；男则万神唱恭，女则万神唱奉；男则司命敬诺，女则司命敬顺，于是而生。九天司马不下命章，万神不唱恭诺，终不生也。夫人得还生于人道，濯形太阳，惊天骇地，贵亦难胜，天真地神，三界齐临，亦不轻也。当生之时，亦不为陋也。"[①]新生命诞生于万神唱恭、惊天骇地的庄严神圣之际，充满神奇，而又令人生畏，登临现世，无比辉煌。这些富有情感而又充满神秘色彩的经文，使人们对生命满怀敬畏，充满神圣，从而懂得应该重视一切生命的存在价值。

> 真道好生而恶杀。长生者，道也。死坏者，非道也。死王乃不如生鼠。故圣人教化，使民慈心于众生，生可贵也。(《三天内解经》)
>
> 日月合明，昆虫遂性，至化无边。(《太上洞玄灵宝无量度人上品妙经》)
>
> 凡天下均同是性，天性既善，悉生万物，无不置也。地性既善，养生万物，无不置也。圣人悉乐理天下而实法天地，故万物皆受其功大善。神仙真人助天地而不敢轻，尊之，重之，受之，佑之。(《太上境太清经》)

人类财富的多寡并不是以拥有多少金银珠宝为标准，而是以生命兴旺与物种多少为评判标准，生命关天，不可轻视，任意暴殄。《太平经》中有"分别贫富法"，所谓"富"，是指万物备足，生命各尽其年，物种延续发展而不绝。它认为，上皇的时代有一万二千多种物种生出，名为富足。中皇的时代物种

---

① [宋]张君房编：《云笈七签》(卷72)，北京：书目文献出版社1992年版，第128页。

略减,不足一万二千种,故为小贫。下皇时物种就更少了,是为大贫。此后物种难以足万,为极下贫。天、地为人之父母,此父母贫极,则人子亦大贫,结果天地人皆悉被伤,"为虚空贫家"。显然这是一种尊重生命、保护物种的思想。道教认为人最善者莫若常欲乐生,它追求长生,关怀个体生命,热爱生命,关注人生价值,希望生命无有止息。所谓道常生万物,天地乃物中之大者,人为物中之灵者。

生命如此之可"贵",超过必需的财富可能就会使生命受到牵绊,甚至会成为生命的累赘。因此,道教在消费上主张散财济人,不积累任何财富。汉唐道书大多发挥《道德经》之"圣人无积,既以为人己愈有,既以与人己愈多"(第三十一章)的论说,认为修道之人应该遵从"圣人无积"的教导,对世俗的财富不要有任何贪求。修道之士于俗间无所欲,"生"对于人来说是最宝贵的,而保养生命的关键在于遵道而行。做到道与生相守、生与道相保,维持生命的健康和长久。乐生贵生就是希望人们要尊重他人的生命,尊重万物的生存权利。自养,就是养身、养心。养身有行气导引等诸多方法。养心则主要是使心中清静,无有恶念。

> 不劳精思求财以养身……衣弊履穿,不与俗争。(《老子想尔注》)
>
> 万物之中,人最为贵。(《太上老君开天经》)
>
> 人所贵者,盖贵于生。(《养性延命录》)
>
> 人最善者,莫若常欲乐生,汲汲若渴,乃后可也。(《太平经·乐生赐天心法》)
>
> 生之所贵者,道也。(《坐忘论》)
>
> 真道好生而恶杀。(《三天内解经》)
>
> 人欲去凶而远害,得长寿者,本当保知自爱自好自亲,以此自养,乃可无凶害也。(《太平经·经文部数所应诀》)
>
> 人之行恶,莫大于嫉、杀、贪、奢、骄、淫也。若此念在心,伐尔年命矣。(《玉清经·本起品说十戒》)

玄道乃富贵之本,取金不为致富之用;富贵在于天命,最富莫过贵生、得道、成仙。葛洪将仙道方术分为"内修形神,使延命愈疾"和"外攘邪恶,使祸害不干"两个方面①，认为丹金液是"仙道之极"，因为"金丹之为物，烧之愈久，变化愈妙：黄金入火百炼不消，埋之毕天不朽，服此二物，炼人身体，故能令人不老不死"。他还引《玉经》的说法，"服金者寿如金，服玉者寿如玉"②，宣扬服食金丹可以成仙。自然界存在天然金银，由于汉魏以来"金可作"与"世可度"一直紧密联系在一起，由贱金属的铅、汞或矿物质制作金银（实际上并不能得到金银），一直是丹鼎道派方术的重要内容。葛洪描述了一种"降者得之而俯，升者得之而仰"的玄道，"夫玄道者，得之乎内，守之者外。用之者神，忘之者器。此思玄道之要言也。得之者贵，不待黄钺之威。体之者富，不须难得之货。高不可登，深不可测"。③道教以此来宣扬"玄道乃富贵之本"的思想。

（三）知足与尚简的消费原则

消费伦理贵在知足、尚简。魏晋以来的道教内丹家和外丹家都在试图修炼内外丹，夺天地之造化，掌握自己生命，术数家则想以占验预知自己命运来趋吉避凶，这一切体现在消费伦理观念上就是要超越世俗对人性的桎梏，强调在物质消费上的知止、知足、崇尚简朴，所谓"无劳尔形，无摇尔精，少思寡欲，可得长生"④。在精神追求上全身、养生、养性，并为此而进行无畏抗争。道教精神追求的永恒原则是"我命在我不在天，还丹成金亿万年"⑤和"我命在我，不在天地"⑥，这种观念一反儒家"生死由命，富贵在天"的思想，为追求长生积极同自然作斗争，提出了一种力争自己掌握人生命运的口号。"上智不能移下愚，书为晓者传，事为识者贵。农夫得彤弓以驱鸟，南夷得衮衣以负薪，夫不知者，何可强哉？"⑦"世人之常言，咸以长生若可得者，古人之

---

① 《抱朴子内篇·金丹》。
② 《抱朴子内篇·仙药》。
③ 《抱朴子内篇·畅玄》。
④ 引自[宋]张君房《云笈七签》卷37《斋戒部·释斋有九食法》，张继禹主编《中华道藏》第29册，北京：华夏出版社2004年版，第707页。
⑤ 《抱朴子内篇·黄白》。
⑥ 《老子西升经》，《道藏》第3册。
⑦ 《抱朴子内篇·金丹》。

富贵者，己当得之，而无得之者，是无此道也。而不知古之富贵者，亦如今之富贵者耳。"①由此看来，"黄白之术（金银之术）得之须有命者"，"人生宿命，盛衰寿夭，富贵贫贱，皆知之也，其法俱在太清经中卷耳"，"俞跗扁鹊和缓仓公之流。必能治病，何不勿死？又曰，富贵之家，岂乏医术，而更不寿，是命有自然也。乃责如此之人，令信神仙，是使牛缘木，马逐鸟也"②。"我命在我不在天"的命题坚持贵生轻物的思想，认为生命的存在本身即一种终极的价值。利莫大于生，长生就是财富，就是富贵。

知足、尚简体现在与修道密不可分的饮食消费，坚持素食主义，饮食尚朴去华，长养资益，既节省财物，保护了动植物，也有利于身体健康。隋代巨著《玄门大论》记载："斋法大略有九：一者麤食，二者蔬食，三者节食，四者服精，五者服牙，六者服光，七者服气，八者服元气，九者胎食。麤食者，麻麦也；蔬食者，菜茹也；节食者，中食也；服精者，符水及丹英也；服牙者，五方云芽也；服光者，日月七元三光也；服气者，六觉之气，太和四方之妙气也；服元气者，一切所禀三元之气，太和之精，在乎太虚也；胎食者，我自所得元精之和，为胞胎之元，即清虚降，四体之气，不复关外也。麤食，止诸耽嗜；蔬食，弃诸肥腯；节食，除烦浊服精，其身神体成英带；服牙，变为牙；服光，化为光；服六气，化为六气，游乎十方；服元气，化为元气，与天地合为体；服胎气，久为婴童，与道混合为一也。此之变化，运运改易，不复待舍身而更受身，往来死生也。今意方法，未必止是食事，其或是方药，或按摩等事，可寻也。"③值得注意的是，其中前面三项，这里的麤食指麻麦，蔬食指菜茹，节食指中食。粗食止诸贪欲，蔬食弃诸肥胖，节食除烦浊。这是一般意义上的饮食。第四项以下，是精神资粮，资益道身慧命。这里把基本的修斋与饮食消费结合起来，体现了道教独特的修道方法。

汉唐知识分子对道教丹药多持否定态度，其中涉及物是否皆有种、变化是否存在极限的认识问题。而葛洪提出修道成仙离不开世俗社会敛积钱财的过程，"及欲金丹成而升天，然其大药物皆用钱直，不可卒办。当复由于耕

---

① 《抱朴子内篇·金丹》。
② 《抱朴子内篇·至理》。
③ 引自［宋］张君房《云笈七签》卷 37《斋戒部·释斋有九食法》，张继禹主编《中华道藏》第 29 册，北京：华夏出版社 2004 年版，第 304 页。

牧商贩以索资,累年积勤,然后可合"①。他明确提出敛积钱财是为了合炼金丹,物质钱财的占有或获得、消费仅是一种手段,有钱人服食某些药物不过是对现世养生有点好处,只有贤人才能接受长生不老术,寻求精神上的解脱和长生不老之仙术比那些暂时的富贵更有价值。总之,求长生金丹比求富贵重要,因为成为贤人才能得到仙丹,在世上做个贤人最重要,成为贤人才能成仙得道。学仙修道之法与学习获得最重要的财富的方式不相违背,获取仙药的过程也就是不断获取财富的过程。

(四)素食、少食和节食的原则

道教要求道士食素,贯彻一种不食肉等动物产品的饮食方式,以清洁身心,涤除邪秽,客观上捍卫了严格消费的理性经济伦理原则。食素的直接原因一是持戒,如《积功归根五戒》第一戒云:不得杀生;第二戒云:不得荤酒。持此二戒,必须食素。道教认为:一切众生,含气以生,翾飞蠕动之类,皆不得杀。蠕动之类无不乐生,自蚊蚁蜒蚰咸知避死,因此应戒杀。戒荤就是戒杀的延伸。食素还由于素食有利于健康长寿,换言之,道士食素是为了养生的需要。道士出家修道的主要目的,就是追求长生成仙。素食有其好处,孙中山先生的《建国方略》提出中国人应保守中国饮食法:中国近代文明进步化,虽然有好多地方落在人家后面,可是在饮食一道上,至今尚为各国所不及。这里面非但有着烹饪上的高超技巧,并且在饮食习尚上,也足可与欧美医学卫生家发明的学理并驾齐驱。撇开古来"八珍"不说,就是平时家常所吃的金针、木耳、豆腐、豆芽等品,欧美各国早先并不知其为食品。中国人的饮食习尚暗合于科学卫生,尤为他国望尘莫及。中国常人所饮的是清茶,所吃的是淡饭加蔬菜豆腐。这些食料,经当今卫生家们证实,确为最有益于养生者也。中国穷乡僻壤之人,饮食不碰酒肉的常多长寿。结语是"单就饮食一道而言,中国之习尚,当超乎各国之上。此人生最重要之事,而中国人已无待于利诱迫势,而能习之成自然,实为一大幸事。吾人当保守之勿失,以

---

① 《抱朴子内篇·地真》。

为世界之导师也可"①。道教当为素食者之楷模。

道教除主张素食外，还提倡少食。《太平经》说："守一之法，少食为根，真神好洁，粪秽气昏。"②真神洁癖、非净不居，因此不要使过多的食物在胃肠中储留，以引起异常发酵，使真神不留。"子欲养老，守一为早，平床坐卧，与一相保，不食而饱，不德（"德"通"得"）衰老。"（《圣君秘旨》）《神仙传》记载彭祖"食戒过多，食过则症块成疾，饮过则痰癖结聚"。陶弘景在《养性延命录·食戒篇》中指出"养性之道，不欲饱食"，节制饮食消费，"先饥乃食，无渴乃饮"，才是正道。《真诰》卷五中记有："食慎勿使多，多则生病。"孙思邈讲："安身之本，必资于食。"③食欲少而数，不须顿多难消。常如饱中饥，饥中饱。多食酒肉，名曰"痴脂"，优狂无恒。贪美食令人泄痢，食熟胜于食生，食少胜于食多。

"辟谷"是少食、节食的另一种形式。"辟谷"又称"休粮"或"绝谷"，即不食五谷杂粮，通过吸收自然精华之气，进行养生。这一做法起源于先秦，盛行于晋、唐之际，道教丛林出现（宋、元以后），则鲜有蹈者。道教认为人体有"三尸"，亦称"三彭""三虫"，靠五谷而生，危害人体。若经过"辟谷"修炼，便可除"三尸"，以达到"长生不死"。辟谷时，仍食药物，并兼做导引等功夫。道教辟谷的另一个目的是养生。欲得长生，肠中常清；欲得不死，肠中无滓。人体摄入过量食物后，会大大增加消化、转化等功能的负荷，使肠胃、心肺、肝胆都得不到休息，影响寿命。肠胃中存在大量的渣滓、病菌，如得不到排除，人体就会生病。辟谷则有利于清理肠胃，断绝污秽之物。

天师道有"四不吃"的规矩，即不吃牛肉、乌龟、鸿雁和狗肉。因为牛终生劳作，普济众生；乌龟一到产卵期，两眼昏花，只待饿死升天，而乌龟崽最有孝心，宁可自己游入母嘴，给娘充饥，也不能让娘饿死，其精神可贵可嘉。失偶孤雁，终生独居，处境凄凉，矢志不渝，不再婚配，精神可嘉。狗终生随主，为主效劳，也不可食。道教在长期的发展过程中，形成了自己既有宗教色彩又符合科学养生的饮食习惯。这些饮食习俗对于保护野生动物、保护人的健康，都大有裨益。

---

① 孙中山：《建国方略》，广州：广东人民出版社 2007 年版，第 5—15 页。
② 王明：《太平经合校》，北京：中华书局 1960 年版，第 742 页。
③ ［唐］孙思邈撰、李景荣等校释：《备急千金要方校释》，北京：人民卫生出版社 1998 年版，第 554 页。

道徒吃斋、诵经和静坐属于特殊的修炼,他人不得打扰,作为道士也不得应声而起。吃斋,也就是吃饭或用餐。当人用餐时,他人是不应该去打扰的。道士斋堂用斋,有三种规矩:一是便堂,二是过堂,三是过大堂。道众斋堂吃饭,名曰过斋堂,是道教宫观的仪范之一。道士在吃饭时,与世俗吃饭有很大区别,每饭必先供养,为思十方供养,来之不易,无功享用,唯恐罪过。故每饭必先供出食,以行神、人、鬼普同供养,是为结"三缘"之举。

"斋"是"戒"的另一种行持,道教通常把"斋""戒"连称,视为修道者的基本原则。《云笈七签》卷三十七《斋戒》说:"斋者,齐也,齐整三业(身、口、意)。外则不染尘垢,内则五脏清虚,降真致神,与道合真。"这里所谓"齐整三业",指的是齐整身,意谓修斋可以净化自我的身、口、意,提升自己的道德修为,长养内在的灵性与智慧,以使内外清明而与大道合而为一,永得逍遥。

持斋的消费观念体现在素食斋、节食斋等方面,这是道教轻物重生消费思想的重要表现。素食斋法属于道教尊重自然、珍惜生命的重要斋法,修养素食斋的功德在于解冤、拔罪、祈福、禳灾、保命、延寿和免受因果轮回之苦。素食斋一般有设供斋、节食斋法等,设供斋法即经常以各种素食供奉神灵或施舍供养大众,旨在感恩神灵赐予的同时祈求神灵的福佑。素食的施舍供养大众,意义在于广结善缘、广播爱心、广种福田。节食斋法,就是以禁食的方式为斋法,其功德在于惜福感恩、禳灾解厄,内养精气、外炼形体,形体合一、益寿延年。慈心斋法,也叫素心斋法,是道教关乎自然生态,保护动物,长养慈悲心,断绝杀业,永脱轮回,得悟大道之首要斋法。

道教的素食和节食观念继承了古代久远的自然消费伦理传统。《素问》云:"天食人以五气,地食人以五味。"[①]人的饮食消费行为与外界自然息息相关,外界环境中地理、气候的变化,势必影响人体内的阴阳变化,因此要保持人体内的阴阳平衡,必须与自然界的变化相适应。自然有阴阳四时的变化,人的生理活动也应随之变化,因此人应该根据体质的差异、疾病属性来选择饮食。《吕氏春秋》云:"味众珍则胃充,胃充则中大鞔,中大鞔而气不达。"[②]从健康饮食角度来说,膳食过于丰盛,胃就会过于撑饱。过于撑饱的话,胸

---

① 《素问·六节藏象论》第九。参阅姚春鹏译注:《黄帝内经》,北京:中华书局1965年版。
② 《吕氏春秋·重己》。陈奇猷:《吕氏春秋校释》,上海:学林出版社1984年版。

腹就会憋闷,胸腹憋闷就会使阴阳之气不通畅,如此一来就不能实现长生久视的愿望。修心就要反思消费,注意饮食,把吃素纳入神圣庄严的场合。纵欲不仅有损身体,而且导致昏聩,乃至成为一切灾害的根源,因此吃素就是修心理念的深刻体现。素食和修道的关系即修真养性与修道的关系,一生吃素是上乘的修道方法。《黄庭经·隐藏章》云:"两神相会化玉浆,淡然无味天人粮。"世上的生灵都是天所赋的,飞禽走兽,花鸟草木,不论大小,都是一种生命,修道之人应该有恻隐怜悯之心,对其加以保护和珍惜。根据此种认识,饮食应当"淡然无味",但足以养生。当然,素食和节食传统的坚持在于诸多戒律的规定。

道教重视素食和节食斋法,其理由在于道教认为万物有灵和重生贵生的思想。万物皆禀道而生,故一切蠢虫含灵都禀赋道性。道性的根本即本性自然、处物平等、无形无名、云化自如、和谐为一。人类作为万物中的有机部分,同样禀道而生,与万物处于共生共荣的状态。因此,人类不光重视自己的生命,也要极为爱惜其他所有生命物种,甚至小到昆虫草木犹不可伤的程度,见其生而不忍见其死,闻其声而不忍食其肉。修持慈心斋就要常怀慈悯之心,拒绝涂炭生灵,常年保持素食习惯,尽量不吃或少吃肉食;不以狩猎为乐,不以钓鱼为趣;关爱保护动物,参与买命放生活动。

(五)饮食养生与养德的结合

道教饮食不仅强调延续生命,更强调以合理饮食养生,养生的目的在于追求长生,而长生则以养德为基础和前提,故饮食养生与养德在道教中是统一的。饮食主要体现在服饵与日常饮食养生两个方面。服饵术,又称服食,源于战国神仙家,意在通过服食特别制作的丹药来达到祛除病痛、延年益寿乃至长生不老的目的。服食术往往与辟谷术配合进行,丹药实际上起到食物替代品的作用。饮食养生源于辟谷之术。辟谷并非不进食,而是不食五谷,改用一些具有高营养或者是消化慢,乃至难以消化的植物譬如灵芝、柏木等制成的丹药作为食物。《史记·留侯世家》云:"留侯性多病,即导引,不食谷。"这应是最早的史料记载。

葛洪在《抱朴子》一书中提到服食松脂、菖蒲、茯苓等"仙草灵药"者,能童颜长生。适逢乱世,百姓衣食无着,但由于道教服食术中提到的众多草药并不罕见,足以满足下层民众的谋生需求,因此备受推崇。葛洪说:"是以历览在昔,得仙道者,多贫贱之士,非势位之人。"①可见道门饮食消费对普通百姓人生的影响。

道教斋食至迟在魏晋以前就有青精饭。唐代王悬河著《三洞珠囊》云:"王褒,字子登,汉王陵七世孙,服青精䭀饭,趋步峻峰如飞鸟。"陶弘景著《登真隐诀》云:"太极真人青精干石䭀饭法,用南烛草木叶,杂茎皮煮,取汁浸米蒸之,令饭作青色,高格曝干,当三蒸曝,每蒸辄以叶汁溲令浥浥,日可服二升,勿服血食,填胃补髓,消灭三虫。"②此饭用南烛枝叶的汁浸米,蒸熟曝晒后,颜色变黑,故名青精饭。青精饭具有轻身延年的功用,葛洪在《神仙·王褒传》中记载:"太极真人以太极青精饭上仙灵文授之,可按而合服,褒按方合炼,服之五年,色如少女。"唐代人追求长生,青精饭是追求长生的修炼者推崇的食品,陆龟蒙《四月十五日道室书事寄袭美》诗云:"乌饭新炊芼臞香,道家斋日以为常。"乌饭即青精饭,其所以得名,是由于制作青精饭之米的颜色受南烛植物汁液的浸泡发黑之故。普通人为了长寿,也以食用青精饭为享受,陆龟蒙《润卿遗青䭀饭兼之一绝,聊用答谢》云:"旧闻香积金仙食,今见青精玉斧餐。自笑镜中无骨录,可能飞上紫云端。"杜甫《赠李白》诗云:"岂无青精饭,使我颜色好。苦乏大药资,山林迹如扫。"青精饭之所以有强身健体功效,是由于用来浸制青精饭的植物有一定的药用功能,如南天竹果实可镇咳,根叶强筋活络、消炎解毒。南烛有止泻、除风、强筋、益气之功,久服轻身延年,令人不饥。孙思邈方书曰:"南烛煎,益髭、发及容颜,兼补暖,又治一切风疾,久服轻身明目,黑发驻颜。"③枫树嫩叶可代茶,乌桕根皮及叶可入药,有消肿解毒、利尿泻下、杀虫之效。杨桐叶色青而有光,食之资阳气。唐末五代至宋,青精饭的制作越发精致讲究。南宋陈元靓《岁时广记》卷十五的"染青饭"条引《零陵总记》记载:"杨桐叶、细冬青,临水生者尤茂。

---

① 《抱朴子内篇·论仙》。
② 引自仇兆鳌《杜诗详注》第一册卷之一《赠李白》"岂无青精一作秔,亦作䭀饭,我颜色好"条下注。参阅[清]仇兆鳌著:《杜诗详注》第一册,北京:中华书局1979年版,第33页。今本《登真隐诀》似无陶弘景之语,此可参[梁]陶弘景撰、王家葵辑校:《登真隐诀辑校》,北京:中华书局2011年版。
③ 引自[明]李时珍《本草纲目》,北京:人民卫生出版社1996年版,第1535页。

居人遇寒食,采其叶染饭,色青而有光,食之资阳气,谓之杨桐饭,道家谓之青精干石餇饭。"可知青团逐步变为寒食节的一种时令食物,但其养生滋补之功效依然被认可。魏晋南北朝是由汉到唐饮茶风气逐步形成的时期,第一部有关茶的专著《茶经》在唐代问世,可以说,道教与饮茶风气的形成有着密不可分的关系。

合理的饮食消费可以达到延年益寿的效果,道医尤重食疗在消费与养生中的作用。重医养生,是道教精神消费一个面向。自魏晋以来,名医、药师多出自道门。通过医药尤其是食疗来达到养生目的,体现了道教饮食对世俗生活最为广泛而深刻的影响。① 葛洪有《肘后备急方》(后陶弘景作《补阙肘后百一方》),钦定《四库全书》序说"其方简要易得,针灸分寸易晓,必可以救人于死者。为肘后备急方,使有病者得之,虽无韩伯休,家自有药,虽无封君达,人可以为医,其以备急固宜。华阳陶弘景曰:'葛之此制,利世实多'"。他特地挑选了十分常见易得的草药,如"救中热暍死方"有"捣菖蒲汁,饮之一二升","干姜、橘皮、甘草,末,少少内热汤中,令稍稍咽,勿顿多,亦可煮之"②。改变了以前的救急药方不易懂、药物难找、价钱昂贵的弊病,且疗效显著,深受欢迎。陶弘景隐居山林,深知乡民缺医少药之苦,因此撰写《名医别录》,与流传已久的医书《神农本草经》中原有本草合成《本草经集注》一书,纠正和补充了《本草经》的讹误和不足,其中的许多药物都是常见食物。譬如果菜类中有枸杞、菘、葵、李、枣、梨等等。③ 另有《名医别录》补证:"薏苡处处有,多生人家,交趾者,子最大……实重累者为良,用之取中仁,今小儿蛔虫病,用根煮汁,糜食之甚香,而去蛔虫大效。"④这是一则食用与药用价值充分结合的典例。《本草经集注》和《名医别录》还记录了很多六朝时流入中国的朝鲜药物,陶弘景也对其药性进行了研究记录。

唐代道士名医对食疗的医理机能有很系统的研究。如孙思邈作《备急千金要方》和《千金翼方》,对唐代以前医药学成就作了系统总结,从内容和分类方面体现了对六朝医学的继承与发展。首先,食疗内容独立成卷。《千

---

① 王晓:《道教服食药与中医食疗》,载《中国道教》2003年第1期。
② 葛洪:《肘后备急方》,天津:天津科学技术出版社2001年版,第57页。
③ 尚志钧:《本草经集注(辑校本)》,北京:人民卫生出版社1994年版,第82页。
④ 尚志钧:《名医别录(辑校本)》,北京:中医药出版社2013年版,第63页。

金要方卷二十六·食治》一篇从果实、菜蔬、谷米、鸟兽、虫鱼五类记载了各种动植物的属性功用,如谷米类第一条记载"薏苡仁味甘温,性无毒。主筋拘挛不可屈伸,久风湿痹,下气,久服轻身益力。其根下三虫。名医云:薏苡仁除筋骨中邪气不仁,利肠胃,消水肿,令人能食"。"名医"即《名医别录》。[1] 之后,唐代孟诜、张鼎在《备急千金要方》食治篇的基础上增订写成《食疗本草》这部食疗专著,以类似菜谱的形式记述可供食用,又能疗病的本草。其记载仍然保留了道教养生修仙之思想,譬如"黄精"一条记载黄精"能老不饥……饵必升天","青蒿"一条记载"益气长发,能轻身补中,不老明目"[2]等等。其次,继承了本草分类法。《本草经集注》的主要成就在于将《本草经》原本把药品分为上中下三品改分为玉石、草、木、虫兽、果、菜、米食共七品(不包括有名无实的条目),进一步开发和验证了药物的属性。而《千金翼方》的本草卷,将药物分为上中下三品,并按玉石、草、木、人兽、虫鱼、果、菜、米谷、有名未用分类,明显承袭《本草经集注》。自魏晋南北朝时期开始,道教逐步将用于修炼养生的动植物引入到日常饮食范畴之中,为唐宋食疗著述的成形打下了坚实的基础,反映出道教对医学尤其是本草和食疗方面的深远作用。

总之,道教以轻物重生的消费思想和伦理实践,提供了如何正确看待生命与物质消费的关系问题的一个答案。魏晋以来道教提出"贵不以爵、富不以财"的经济伦理观,认为"以欲广则浊和,故委世务而不纡昤;以位极者忧深,故背势利而无余疑。其贵不以爵也,富不以财也"。[3] 不以积财为富贵,修身得道乃是最大的富贵。以生命换取世俗的功名利禄,为真正修道者所不齿,道教信仰与世俗功名之间,有着不可调和的矛盾。这正是道教经济伦理思想在价值层面的一种深刻反映。

五、和顺而节制的生态伦理

经济生活和经济生产的协调持续发展,与人对天气、土地以及各种自然

---

① 李景容等:《备急千金药方校释》,北京:人民卫生出版社 1998 年版,第 556 页。
② 郑金生、张同君:《食疗本草译注》,上海:上海古籍出版社 2007 年版,第 2 页。
③《抱朴子外篇·嘉遁》。

物的关系的正确认识与合理把握,有着直接或间接的正相关性。道教发挥道家把"道"视作宇宙本体,把宇宙与万物看成是有内在联系的生成关系的观点,总结了"道"的观点。"道法自然"是生态思想的一个核心观念,在经济伦理上体现为一是和顺,二是节制。生态智慧在农业社会必然表现在农业思想方面。战国中期,道家形成了较为完整的理论体系,出现若干各有侧重的流派,但其共同点主要体现在以"天道自然"构成哲学思想的核心,进而又演化出"无为而治"、遵循规律的治道观和经营思想。汉初曾一度以之为治国的指导原则,据以实行清静无为与民休息的政策,曾起到一定的成效。魏晋时期盛行以道家观点解释儒家经义,促进儒、道融合,使以崇尚老庄为主的玄学风行一时。以后的道家思想虽未再占统治地位,但始终作为儒学的补充而被统治者所利用,道家的自然主义、天道观、辩证法的合理因素,为道教生态伦理思想奠定了重要基础。

道教关于和顺而节制的生态伦理观念,具有很强的经济伦理特点,是因为这种生态伦理是基于农业经济生产的生态伦理,是否有利于生物体之间的良性关系,是经济活动依循的基本准则。道教经济性生态伦理观念的依据之一在于三才相通而和顺的理论。早期道教提出"天生、地养、人成"说,主张三才相通和顺的理论,《太平经》云:"道者,天也,阳也,主生;德者,地也,阴也,主养。……夫道兴者主生,万物悉生;德兴者主养,万物人民悉养,无冤结";"元气,阳也,主生。自然而化,阴也,主养凡物。天阳主生也,地阴主养也。"(卷五十六至六十四)农业耕种不仅要根据地力强弱,土壤肥瘠,因地制宜,持续发展,还要做到物尽其性,地尽其力,这样才能最终获得良好的收成。"五土各取其所宜,乃其物得好且善,而各畅茂,国家为其得富,令宗庙重味而食,天下安平,无所疾苦,恶气休止,不行为害。如果人不卜相其土地而种之,则万物不得成竟其天年"(卷五十),要想做到因地制宜,就必须充分认识土地,了解土壤的肥瘠状况,因为"得良土即善,得薄土为恶"。何为善恶?《太平经》卷五十六至六十四云:"天下凡事,皆一阴一阳,乃能相生,乃能相养。一阳不施生,一阴并虚空,无可养也。一阴不受化,一阳无可施生统也。阳气一统绝灭不通,为天大怨也。一阴不受化,不能生出,为大咎。天怨者,阳不好施,无所生,反好杀伤其生也。地所咎,在阴不好受化,而无所出,养长而咎人,反伤其养长也。天不以时雨,为恶凶天也;地不以生养万物,为恶凶地也。男不以施生为断天统,女不以受化为断地统。阴阳之道,绝灭无后,为大凶。"善、恶分别的根据之一是土地是否能够生养万物,是否适合农作物的生长,适合农作物生长就是善,反之则为恶。这种土地观念建立在对土壤品质条件认识的基础之上,"良土"说的就是土壤肥沃,地力强壮的土地,"薄土"指的就是贫瘠的土壤。土地优劣与土壤品质有关,道教称之为"地气",认识"地气",就要把握物性,掌握规律,为此人应自力更生,多劳多获。

三才相通和顺在笼统的意义上指处理好天、地、人关系,而在经济活动中,则是要求发挥人的能动性,正确认识物性,因顺天地之道,促使各方面协调发展。《太平经》卷六十七云:"地者好德而养,此人忽事,不乐好德,自爱先人体,与地为咎也。天生人,幸使其人人自有筋力,可以自衣食者。而不肯力为之,反致饥寒,负其先人之体。而轻休其力不为,力可得衣食,反常自言愁苦饥寒。但常仰多财家,须而后生,罪不除也。或身即坐,或流后生。所以然者,天地乃生凡财物以养人者,各当随力聚之,取足而不穷。"地性主养,人当尽其筋力,自耕种得衣食,顺天生、地养、人成之天道,不应仰求富贵,否则流灾后世。这种对于土壤地力的认识也就说明"凡事不得其人,不可强行非其有,不可强取非其土地,不可强种,种之不生。言种不良,内不得其处,安能久长? 六极八方,各有所宜,其物皆见,事事不同"(卷五十五)。种植以土壤地力而定,不得强求,因地而制宜,这是在经济活动中通过掌握土地使用规律,而追求人与自然相协调的根本体现。

天生、地养、人成三者表达了一种整体的农业三才观,重视地力,也不能忽略对于天气时节、耕种主体的关注。《太平经》卷六十四云:"天不以时雨,为恶凶天也;地不以生养万物,为恶凶地也。"农作物的生长离不开雨水的滋润,如果播种时节,不降甘露,会造成旱灾,延误农事。农业生产中注重时节是极为重要的,不要违背农时,应该抓紧农时,积极耕种。"或不及春时种之,至冬饥念食,乃欲种谷,种之不生,此岂能及事活人邪"(卷七十二)。"比若春种于地也,十十相应和而生。其施不以其时,比若十月种物于地也,十十尽死,固无生者。"(卷六十九)春季到来,以时而种,播种若不及时,作物就不能很好地生长,人民就会缺衣少食。《太平经》云:"……春行生气,夏成长,秋收,使民得以供祭,冬藏余粮,复使相续,既无解时。……耕种不时,田夫恨怨，不肯为人理之。轻贱诸谷，用食犬猪，田夫便去。在有德之国，其处种者少收，树木枯落，民无余粮。更相残贼，争胜而已。不念真后，更为贫人，收无所得，相随流客。未及贱谷之乡，饥饿道傍，头眩目冥，步行猖狂，不食有日，饿死不见葬。家无大无小，皆被灾殃，反呵罪于天。其国空虚，仓无储谷，少肉，无储钱，岁岁益剧，无以给朝廷。复除者多，仓库无入，司农被空文无以禀，食夺禄除，中国少所用，人民仰国家，而不各施，有难生之期，是皆天之所恶也。地不得久养，恶人知不。"（卷一百十二）春天万物复苏，是播种的良好时节，经过夏天的生长，到了秋天就会有所收获，冬天将粮食储藏好，留有余种，使得农业播种能够循环下去。如果耕种不及时，无所收获，就会造成国贫民饥的局面，社会也会发生动乱，人民更相残贼。这带来一连串的反应是，饿殍遍野，国库亏空，没有仓储，土地得不到很好的休养，国家也就处于危殆的边缘了。

"养地"与"地养"的关系是辩证的，"地养"讲土地的生产能力，"养地"说的是土地休耕，是为了让土地提供更多的生产力。认识各种生产要素，需要与采取相应的措施相结合。《太平经》卷一百二十提出："有明君国得昌，流客还耕农休废之地，诸谷得下，生之成熟，民复得粮。"[1]令流民有土地可以耕种，才能避免"人民恐惧，谷少滋息，水旱无常，民复流客有谷之乡"[2]的情况，国家才能安定。耕织结合的小农经济是自然经济占统治地位的具体表现，秦汉时期的思想家都看到了这一点，因而强调"务耕织"、系民以地。这一思想与秦汉以来的经济伦理主流传统大体是一致的。

先圣王之所以导其民者，先务于农。民农非徒为地利也，贵其志也。民农则朴，朴则易用，易用则边境安，主位尊。民农则重，重则少私义，少私义则公法立，力专一。民农则其产复，其产复则重徙，重徙则死其处而无二虑。民舍本而事末则不令，不令则不可以守，不可以战。民舍本而事末则其产约，其产约则轻迁徙，轻迁徙则国家有患皆有远志，无有居心。民舍本而事末则好智，好智则多诈，多诈则巧法令，以是为

---

[1] 王明：《太平经合校》，北京：中华书局1960年版，第584页。
[2] 王明：《太平经合校》，北京：中华书局1960年版，第19页。

非，以非为是。后稷曰：所以务耕织者，以为本教也。①

民贫则奸邪生。贫生于不足，不足生于不农，不农则不地著，不地著则离乡轻家。民如鸟兽，虽有高城深池，严法重刑，犹不能禁也。夫寒之于衣，不待轻煖。饥之于食，不待甘旨。饥寒至身，不顾廉耻。人情一日不再食，则饥。终岁不制衣，则寒。夫腹饥不得食，肤寒不得衣，虽慈母不能保其子，君安能以有其民哉。明主知其然也，故务民于农桑，薄赋敛，广蓄积，以实仓廪，备水旱，故民可得而有也。（晁错上汉文帝疏）②

上引述的《吕氏春秋》《汉书》详述了重农贵耕思想，其中的"本教""地著"说明了耕织的意义，"地著"就是把农民束缚在土地上。"务耕织""务民于农桑"是民、地伦理关系得以协调的基本原则。

天地阴阳交作，生成万物，春生夏长秋收冬藏是自然本性，人应当主动认识、把握天地、万物与人一体相关这个本性。南北朝时期道教经典《赤松子章历》卷三云："乾知泰始，坤作成物，天地交泰而品物咸亨。春生夏长，秋收冬藏，阴阳和顺，草木滋荣，五谷成熟。太阴主雨，立春之日，男以农种，女以桑麻，冀以秋冬得资赋税，承天受地，品类以生。立春二月始种五谷，雨水和均，五谷以益，和气蓄结。"③取法自然，阴阳调和，则草木繁荣、五谷丰登。男耕女织是农业社会的传统劳作分配，各自应按时节而劳动，秋冬之际才会饥有所食，寒有所衣。春天播种时，春雨是十分宝贵的水资源，有了春雨的滋润，五谷更易获得丰收。《赤松子章历》载"千二百官仪，三百大章"，其卷二引《太真科》曰："诸疾病，先上首状章；不愈，即上解考章；不愈，上解先亡罪谪章；不愈，上迁达章；若沉沉，上却杀收注鬼章；若顿困，上解祸恶大章。"《赤松子章历》后为道家向天官祷告禳灾的章本，祷告禳灾试图了解天意，使天、地、人三才和顺。六朝后期的道教经典《老君变化无极经》云："民困于役不农耕，种植失时花无荣。脬卵半伤结死名，谷如金玉断之粮。"④这个时期国困民乏，道教重视农业，强调持续发展，反对过多的劳役妨碍农耕生产，要

---

① 《吕氏春秋·上农》。
② 《汉书·食货志》。
③ 《道藏》第 11 册，第 192 页。
④ 《道藏》第 28 册，第 373 页。

求种植不违农时,保护幼虫幼卵,肯定谷物是人民生活不能缺少的物质基础。《太上大道玉清经》卷二《慈悲方便品第六》说:"有情无情,禀道而生。""三阳之时,善役调牛,钩引悬澎,限捍绵密,踏乘通泞,加以好粪,次选良种,治择芜秽,温湿宜之,然后调树,芸耗秀稗,奎护苗根,晨夕看视,无令六畜侵食践蹋。如是苗子三月假生,萎蔚繁盛,水陆通美,无有鳌腾。凉秋结实,高下通熟。即命童仆收藏财积,藏吏监守,不令余耗,唯供食用,储备盈长,家给丰足,傍惠贫乏,周济饥匮,施广散大,恩德弘普,功闻上天。"①道教在这里通过真师之言,阐述了农业耕种要把握时节,适当利用畜力,施好肥料,做好耕种准备选取良种,治理土地的温度和湿度,同时注意处理后期管理中人与作物的关系,提醒认真照管禾苗,勿使受到伤害。如此一来,禾苗就会生长旺盛,秋季才能获得丰收。收获的粮食,除了缴赋纳税,要储存起来,以作衣食之家用。道士主要救济周困,所得粮食也要用来帮助其他贫穷的人们,这也是修道的功德所在。

和顺而节制的思想也具体反映在道教关于保护和合理利用自然资源的思想理论之中。葛洪在《抱朴子内篇·微旨》中云:"慈心于物,仁逮昆虫,手不伤生。"《老君说一百八十戒》中第4戒"不得杀伤一切物命",第79戒"不得渔猎伤煞众生",第95戒"不得冬天发掘地中蛰藏虫物",第97戒"不得妄上树探巢破卵"。《老君二十戒》云:"勿食含血之物。"《老子化胡经》云:"戒之不食肉,心当莫念之,含血有形类,元气所养活。"《太上感应篇》云:"不可射飞逐走、发蛰惊栖,穴覆巢、伤胎破卵,不可杀龟打蛇、伤害昆虫。""积德累功,慈心于物,昆虫草木,尤不可伤。"这是对因果报应规律的敬畏,《六度生戒》不厌其烦地宣扬施惠于动物、慈悲对待动物的好处,其中第三条说:"含血之类,有急投人,能为开度,济其死厄,见世康强,不遭横恶。"第四条说:"施惠鸟兽有生之类,割口饲之,无所爱惜,世世饱满,常在福地。"第五条说:"度诸蠢动一切众生,咸使成就,无有夭伤,见世兴盛,不履众横。"第六条说:"常行慈心,愍济一切,救生度死,其功甚重,令人见世居危得安,居疾得康,居贫得富,举向从心。……野外一切飞禽走兽、鱼鳖虾蟹,不与人争饮,不与人争食,并不与人争居。随天地之造化而生,按四时之气化而活,皆有性命

---

① 《道藏》第33册,第353页。

存焉。……如无故张弓射之,捕网取之,是于无罪处寻罪,无孽处造孽,将来定有奇祸也。戒之,戒之。"唐末五代的谭峭抨击了各种残害动物的行径:"且夫焚其巢穴,非仁也;夺其亲爱,非义也;以斯为享,非礼也;教民残暴,非智也;使万物怀疑,非信也。夫膻臭之欲不止,杀害之机不已,羽毛虽无言,必状我为贪狼之与封豕;鳞介虽无知,必名我为长鲸之与巨魁也。胡为自安焉?焉得不耻?吁!直疑自古无君子。"(《化书·仁化》)这都是讲人要节制食用和控制的欲望,合理利用,善于保护与人关系密切的一切生物。

早期道教有保护农业生产环境,避免森林破坏,防止水土流失的思想。《太平经》卷一百十八中"禁烧山林诀""烧下田草诀"以及相关内容,大量涉及保护农业环境,禁止滥烧森林草木,要求保护植被,营造良好的农业生态。

天上急禁绝火烧山林丛木之乡何也?愿闻之。然,山者,太阳也,土地之纲是其君也。布根之类,木是其长也,亦是君也,是其阳也。火亦五行之君长也,亦是其阳也。三君三阳,相逢反相衰。是故天上令急禁烧山林丛木,木不烧则阴中。阴者称母,故倚下也。

请问下田草,宁可烧不?天上不禁烧也。当烧之。独可故当烧之乎?愿闻之。然草者,木之阴也,与乙相应。木者,与甲相应。甲者,阳也,与木同类,故相应也。乙者,阴也,与草同类,故与乙相应也。乙者畏金,金者伤木,木伤则衰阳,阳衰则伪奸起,故当烧之也。又天上言,乙亦阴也,草亦阴也,下田亦土之阴也。三阴相得,反共生奸。故玄武居北极阴中,阴极反生阳。火者,阳也,阴得阳而顺吉,生善事。故天上相教,烧下田草以悦阴,以兴阳,故烧之也。天上亦然也。甲者,天上木也。乙者,天上之草。寅与卯何等也?然寅者亦阳,地上木也。卯者,阴也,地上之草也。此四事俱东行也。但阳者称木,阴者称草,此自然之法,天上之经也。吾不敢欺真人也。子为天问事决疑,吾为天说事,二人共职,共理阴阳,除天地之病,令帝王不愁苦,万二千物各得其所。莫不悦喜而出见,无有冤结者也。善哉善哉。然真人可谓知道矣。不敢不敢。然学而问道,有何谢乎?唯唯,击之胸心,无有去时。善哉善哉,学问得其数矣。

天所以使子丑寅最先发去兴多,兴多则火王,火王则日更明,丙丁兴,己午悦,何也?……此天格也,性也。其母盛多而王,则其子相。其子相,则受气久长得延年,故天上止之也。阳盛即阴奸日消,阳衰则阴奸日起。故奸猾者常起暮夜,是阳衰而奸起之大证也。故天上乃欲除奸,故禁之也,此自然之术法也。天上亦然,地上亦然。

时气不和,实咎在人好杀伤,畋射渔猎,共兴刑罚,常有共逆天地之心意。①

早期道教文献反映出信教崇道者不仅从肯定性的方面提出人与土地、生物相协调的经济伦理要求,更从否定性的方面提出"禁烧""禁杀"等底线规范。农业阴阳五行学说中,草性属阴,下田也属土之阴,与之相对的是属阳的上田和上田所长之谷物。下田草长得过于茂盛,抢夺水土肥料,遮住阳光,影响禾苗的生长。这与《吕氏春秋》中"三盗"的栽培技术中的"草窃"道理相似,既有"三盗","弗除则芜,除之则虚,则草窃之也"。《太平经》多篇文字详论天人一体之道,其中采用"神人""真人"一问一答的形式,依据阴阳五行学说,论证了禁止烧毁一林一草一木,保护良好的植被环境,避免水土流失的思想。其中认为,下田草则当烧之,因为它危害到了农作物的生长,烧毁野草的过程当中,一些草种也会被烧死,这样来,来年生出来的草会少一些,耕耘起来比较方便。总之,道教主张生产和生活消费节制有度,要求保护土地、生物等各种资源,更反对过分渔猎,因为过分渔猎会造成生态的失衡。适当捕猎,保持食物链和生物世界的和谐,是农业可持续发展的基本要求。

经济行为对生态关系最具影响力,因此这种引发生态伦理问题的取利行为同其他行为一样,都应是有节制的行为。道教批判污染江河湖海、过度捕捞、不务农耕的经济行为,他们将这些行为定为罪过。《正统道藏》洞玄部威仪类《太上慈悲道场灭罪水忏》卷下曰:"或秽污江河,捞摝百川,取诸鱼鳞,将充口味。或不生惭愧,轻贱衣食,抛撒五谷,咒诅牛马,损害蚕蛾,不惜农桑。或见利忘义,不廉不耻,喜新弃旧,知恩不报。如是等罪,无量无边。"②过度猎捕,不珍惜粮食,不重视农桑,铺张浪费,这些行为和无礼义廉

① 以上引文见王明《太平经合校》,北京:中华书局 1960 年版,第 668 页。
② 《道藏》第 10 册,第 127 页。

耻一样,都是十分大的罪过。和顺而节制,不走极端,恰当处理人与自然的关系,合理取用,维护生态环境,有助于经济发展,如此以来,道教认为信教崇道之人才能逐步实现其修道路、取兴大道、以类相占、渐置太平的理想社会。

六、重农以证道的合修伦理

道教起于民间社会,因此道民大多是农民,农业经济是道教立足的基础。中国传统农业经济自然以农耕为本、以农立国,如何处理好修道与生产、发展农业经济与促进道教传播,是道教经济伦理思想要面对的一个重要问题。道教创建时期在其思想中就提出修道者要重视"地养"(土地的生产能力)和农业生态,对农业生产资源的利用、保护、可持续发展,农业生产与物候、气象、气候之间的关系,如何依照时令从事农业生产活动等问题,都有较多的关注,做了详尽的研究,并认为这是修道的重要条件。《太平经》《抱朴子》等道书中有道不废农业的思想,并提出农道合修的伦理观念。北齐《刘子》有《贵农》篇,明确"贵农""重农"。隋唐道教推崇的《洞灵真经》以《农道》为篇名,论证了农业作为治国之本、修道之要;唐末五代的谭峭在《化书》之《食化》中论证了衣食作为生存、修道之本,等等,这些思想的精髓都在论述以农耕之道来践行道教之道,既表示道教对于农业的重视,同时也体现了农道合修的经济伦理思想。这是道教经济伦理解决农业经济活动与修道立德关系的理论基础。以农证道是道教的一大特色,农、道兼修使修道与经济活动中求利的行为统一起来,这是很多道士选择的修仙之道,亦是道教对中国经济伦理思想的独特贡献。

以农证道的源头在于先秦道家等传统哲学伦理智慧。农业是自然物质条件与人的生产实践活动最原初的社会结合形式,依于自然、利用自然而生产,满足人的生存需要,是农业经济活动的本体形式。基于这种认识,道家十分重视农业在社会生活中的基础性地位,认为农业不仅是国家存在和发展的基础,也是民众生存和立身的根本。道家重农思想的源流发轫于老子,《道德经》从"小国寡民"的社会理想模型出发,崇尚素朴、自然、无为的田园生活,老子也看到了农业生产对个人与社会发展的影响,他猛烈抨击了统治者不重视农业生产的行为,认为"朝甚除,田甚芜,仓甚虚;服文采,带利剑,厌饮食,财货有余,是谓盗夸。非道也哉"(第五十三章)。庄子认为:衣食是人之根本,要得衣食就必须耕种,这是自然物性。"彼民有常性,织而衣,耕而食,是谓同德。"① 庄子借盗跖之口批评孔子:"尔作言造语,妄称文、武,冠枝木之冠,带死牛之胁,多辞缪说,不耕而食,不织而衣,摇唇鼓舌,擅生是非,以迷天下之主,使天下学士不返其本,妄作孝弟而侥幸于封侯富贵者也。"② 道家反对不耕而食、不织而衣,主张勿弃农之根本。用心耕作,尽人之力,遂地之性,才能衣食有依。"耕而卤莽之,则其实亦卤莽而报予,芸而灭裂之,其实亦灭裂而报予。予来年变齐,深其耕而熟耰之,其禾繁以滋,予终年厌飧。"③ 这里表达了道家重视农业生产的基本态度。不重自然,弃毁耕织,转事机巧,是背离道的。《吕氏春秋》(包含《上农》《任地》《辨土》《审时》等讨论农业问题的篇目)倡导"古先圣王之所以导其民者,先务于农。民农非徒为地利也,贵其志也。民农则朴,朴则易用,易用则边境安,主位尊。民农则重,重则少私义,少私义则公法立,力专一。民农则其产复,其产复则重徙,重徙则死其处而无二虑。民舍本而事末则其产约,其产约则轻迁徙,轻迁徙则国家有患皆有远志,无有居心。民舍本而事末则好智,好智则多诈,多诈则巧法令,以是为非,以非为是"。④ 将务农、从事农业生产活动看作古代先贤圣王教导人民的方式。"是故天子亲率诸侯耕帝籍田,大夫、士皆有功业。"⑤ 这是说善耕织、事农上农,是合乎圣人教化的要道。重视农业是为了稳固治国之本。《吕氏春秋》之《上农》篇指出重农不只是保证民众个体生命的存在与延续,更重要的是农业生产使农民淳朴易用,弃事机巧,安于现实,这样无疑有利于社会和谐、稳定。从这一认识出发,《上农》篇提出强本抑末的重农思想,本即农业,提供衣食之需;末即商业,交易使人易生巧诈。《淮南子》卷十四《诠言训》云:"为治之本,务在于安民;安民之本,在于足

① 陈鼓应:《庄子今注今译》马蹄第九,北京:中华书局1983年版,第246页。

② 陈鼓应:《庄子今注今译》盗跖第二十九,北京:中华书局1983年版,第777页。

③ 陈鼓应:《庄子今注今译》则阳第二十五,北京:中华书局1983年版,第683页。

④ 夏纬瑛:《吕氏春秋上农等四篇校释》,北京:中华书局1956年版,第1页。参阅张双棣等《吕氏春秋译注》,长春:吉林文史出版社1986年版,第915—916页。

⑤ 夏纬瑛:《吕氏春秋上农等四篇校释》,北京:中华书局1956年版,第225页。

用。"①卷八《齐俗训》引"神农之法曰"指出:"丈夫丁壮而不耕,天下有受其饥者。故身自耕,妻亲织,以为天下先。是故其耕不强者,无以养生;其织不强者,无以掩形。有余不足,各归其身。衣食饶溢,奸邪不生,安乐无事,而天下均平。农事废,女工伤,则饥之本而寒之原也。""夫饥寒并至,能不犯法干诛者,古今之未闻也。"②这里关于重农思想的核心在于认为男耕女织一方面是保障天下万民不饥不寒的前提条件,另一方面也是以农立国的基础。

道教继承发扬道家的重农思想,早期道教经典《太平经》从"治身安国致太平"的社会政治理想出发,将饮食、男女、衣着视为天下之"三急",视种植业为事关国家治理、天下太平的大事,要求珍惜五谷粮食和土地,提出护林护地如护人的思想。道家向道教转化过渡时期的经典《老子道德经河上公章句》,也是重视以农证道的最重要的早期道教经典之一,其在注文提出不少重农思想,如言:"师之所处,荆棘生焉。五谷伤害,国无储也。则农事废,饥寒并至,故盗贼多有。"③《还淳第十九》章中对于"民利百倍"的注文是:"农事修,公无私。"④这里的民本思想的基础是对于农业生产的重视,又如在《象元第二十五》章中关于"人法地、地法天、天法道、道法自然"的注解,将天生、地养、人成的经济伦理思想表现出来,提出"人当法地安静柔和,种之得五谷,掘之得甘泉,劳而不怨,有功而不制也。天澹泊不动,施而不求报,生长万物,无所收取"⑤。它的意思是说人只要顺应天地的法则种植五谷,就会大获丰收。战争耽误农事,人以农为之根本,多战必伤农,伤农亦害人,故《俭武第三十》有反对战争的议论:"师之所处,荆棘生焉。大军之后必有凶年。"其注文是"农事废,田不修。天应之以恶气,即害五谷,五谷尽则伤人也"。⑥这里分析战争造成损失,直接导致凶年,其中可见道教对废弃农事的厌恶和人民受饥的关怀。《俭欲第四十六》也在批判战争之恶,它通过对"天下有道,却走马以粪,天下无道,戎马生于郊"的注解而提出:"谓人主有道也,粪者,粪田也。治国者兵甲不用,却走马以治农田,治身者却阳精以粪其身。

---

① 刘安著、高诱注:《淮南子》,上海:上海古籍出版社 1989 年版,第 152 页。
② 刘安著、高诱注:《淮南子》,上海:上海古籍出版社 1989 年版,第 121 页。
③ 王卡点校:《老子道德经河上公章句》,北京:中华书局 1993 年版,第 121 页。
④ 王卡点校:《老子道德经河上公章句》,北京:中华书局 1993 年版,第 75 页。
⑤ 王卡点校:《老子道德经河上公章句》,北京:中华书局 1993 年版,第 103 页。
⑥ 王卡点校:《老子道德经河上公章句》,北京:中华书局 1993 年版,第 121 页。

谓人主无道也。战伐不止,戎马生于郊境之上,久不还也。"①圣明之君不主张战争,而重视农业。人主有道,则军马都用来运粪治田。昏君连年征伐,连幼马都出生在战场上,以致农事荒废。

从事农业与修道一样重要,实行农道双修从理论上来说具有一定的可能性与必要性。农道合修,不仅与修道者所处的以农耕为主的经济背景相关,还与其生活环境密切相关。在以农业为本的社会里,道门人士无不重农,加上受"道人宁施人,勿为人所施"戒律的要求,道门中人以力耕自食为荣,而且道士多农桑子弟出身,力耕与修道并举无须外部强制。道士出于解决自身生存问题和道教组织发展的需要而农道双修,道士修仙通常选择远离市井的洞天福地,人烟罕至,不事农桑难以生存。道教"辟谷"之初衷,也有减轻粮食不足问题之因素,并非不食,而是以精代粗。道人嗜酒,离不开种植业。这就存在农道双修的必要性。

从道门历史传统来看,进行农道双修的道士不乏其例。早期道教组织的成员大都为社会的下层农民,忙时务农,闲时修道,务农与修道兼作,而道教组织试图使其成员保持原有农民的纯朴,团结互助,勤俭节约。陶弘景开创茅山派,修建宫观选址时,就因看中茅山优越的气候、地理位置和肥沃的土地。他还密切关注农道的发展,在其多篇著作中论及农业科学技术,如在其《名医别录》记录杀虫方法说:"矾石,杀百虫。"此书在我国首次提到用"煎"法熬糖。《药总诀》首次记载了用盐杀蛹储蚕的方法:"凡藏茧,必用盐宫。"葛洪生于耕读传家的环境,耳濡目染农耕与修道并行的葛仙翁、郑隐道派的合修观念,这使葛洪成为农道合修的高道,其所撰《神仙传》记载高道阴长生"治生佃农之业",从中可捕捉到道教贵农、重农的道风来源甚早。葛洪和同门在农隙之暇,熟读经史百家之言,"就营田园处,以柴火写书"②。"郑隐弟子皆亲仆使之役,采薪耕田"③。这说明农耕与修道并行在葛仙翁、郑隐一系的道派中并非个别现象。一些道门隐士躲进深山自养自食,发挥自己的知识和能力,总结种植、养殖经验,留下了数量可观的农书,足以成为农道合修的典范。

---

① 王卡点校:《老子道德经河上公章句》,北京:中华书局 1993 年版,第 181—182 页。
②《抱朴子外篇·自叙》。杨明照:《抱朴子外篇校笺》(新编诸子集成),北京:中华书局 1991 年版。
③《抱朴子外篇·自叙》。

农道合修的基础和前提是按农业生产规律和自然物性要求合理农事，做好耕作。五斗米道的道书《老子想尔注》，其中表达了基层农民重视农业、勤于耕作的要求和愿望，其中贯穿着反对"民不念田"[①]的行为的思想，主张修道者要自耕自食，"陈力殖谷，裁令自足"[②]。农业生产提供物质基础，满足人类生存的物质欲求，是立身、立国之本。正因为此，五斗米道才能在官方的数次打击中存在下来，并持续在巴蜀地区发展壮大。《太平经》也认为农业生产对修道具有极端的重要性，提出以农证道，民定则国安，鼓励、教导人民从事农业生产，要求要处理好统治者与人民之间的关系。《太平经》卷一百十四云："奉职之人，案行民间，使飞虫施令，促佃者趣稼，布谷日日鸣之。"要使"平民受大恩"，圣王引导百姓的最好方法首先就是要致力于农业，促使人民入农生产，安土重耕，改善衣食。百姓致力于农业，不改初衷，这是因为务农则淳朴，淳朴则易于管理，易于管理国家就会安定，君位就会稳固。如果人民舍本逐末，不务农耕，产生很大的流动性，就会为国家安定埋下隐患。所以，重农使人性尚朴，使经济活动合乎自然之道。《太平经》将提倡农业生产视为关乎政治安定、国家财富积累、社会太平的重要手段，集中反映了贵农的经济伦理思想，并且把这一思想上升到修道和治国理政达到理想的太平盛世的伦理层面。《太平经》卷三十五云："至于老长巨细，各当随其力而求衣食，故万物尚皆去其父母而自衣食也……又子者年少，力日强有余。父母者日衰老，力日少不足也。夫子何男何女，智贤力有余者，尚乃当还报复其父母功恩而供养之也。故父母不当随衣食之也。是者名为弱养强，不足筋力养有余也，名为逆政……今但为乏衣食而杀伤之，孰若养活之者，而使各自衣食乎。"[③]首先，人民当自力更生，积极从事农业生产活动，满足自己的衣食需求。父母年老日衰，子女身强力壮，应该供养父母。父母年老力衰还供养子女，这就是倒行逆施，因为使父母缺乏衣食就会招致杀身之祸，所以当提倡自己耕种。其次，君主应提倡物尽其性，发展种植，以维护其统治。《太平经》卷五十四云："天地之性，万物各自有宜……是以古者圣人明王之授事也，五土各取其所宜，乃其物得好且善，而各畅茂，国家为其得富，令宗

---

① 饶宗颐：《老子想尔注校证》，上海：上海古籍出版社1991年版，第24页。

② 饶宗颐：《老子想尔注校证》，上海：上海古籍出版社1991年版，第29页。

③ 王明：《太平经合校》，北京：中华书局1960年版，第34页。

庙重味而食,天下安平,无所疾苦,恶气休止,不行为害。如人不卜相其土地而种之,则万物不得成竟其天年,皆怀冤结不解因而夭终,独上感动皇天,万物无可收得,则国家为其贫极,食不重味,宗庙饥渴,得天下愁苦,人民更相残贼,君臣更相欺治,外内殊辞,咎正始起于此。"①《太平经》以古代圣王为训,提出君主应顺应天地之性,使万物相协调,即根据土地状况之不同,安排不同的耕种事宜,使得作物各得其善,繁茂生长,这样国家就会富裕,天下就会太平,人民没有疾苦、怨言,不做危害社会安定的事。如果不顾及土地状况之自然属性,逆天种植,违反物性,农作物就不会良好生长而无所收获,国家贫穷,人民愁苦,社会动乱,咎乱四起。由此看来,以农为重,一定程度上导向了民本的思想。《太平经》卷四十八强调以民为本的思想:"君少民,乃衣食不足,令常用心愁苦。故治国之道,乃以民为本也。"②民与君的命运祸福互相联系、互受影响。君不忧民,不以民之急为君之急,或民本身有受冤不和,其他社会成员亦不得太平。《太平经》常以家人关系譬喻君、臣、民,借用民众习惯观念去解释政治:"男女相通,拼力同心,共生子;三人相通,并力同心,共治一家;君、臣、民相通,并力同心,共成一国。"③家人伦理关系正是庶民百姓最关切、最信任和安全的人际联系。君、臣、民应并力同心,才有可能建立幸福安康的生活。

道教经济伦理思想确立的理想人格是自耕自食、自立自强之道士之典范,史载葛洪"少好学,家贫,躬自伐薪以贸纸笔"④。葛洪在《抱朴子外篇·自叙》中亦云:"洪者,君之第三子也。生晚,为二亲所娇饶,不早见督以书史。年十有三,而慈父见背,夙失庭训,饥寒困瘁,躬执耕稿,承星履草,密勿畴袭。又累遭兵火,先人典籍荡尽,农隙之暇无所读。"葛洪早年丧父,生活困苦,从十三岁起就亲自耕种,从事稼穑之事。葛洪好学,他耕种所得和伐薪所换之钱都用来买纸笔和书籍了,曾自叙"尤疾无义之人,不勤农桑之本业,而慕非义之奸利","子弟躬耕,以典籍自娱"⑤。他躬耕自食、苦中作乐的

---

① 王明:《太平经合校》,北京:中华书局1960年版,第203页。
② 王明:《太平经合校》,北京:中华书局1960年版,第151页。
③ 王明:《太平经合校》,北京:中华书局1960年版,第148—149页。
④《晋书·葛洪传》。
⑤《抱朴子外篇·自叙》。

生活是很多隐居道士的代表,葛洪主张"仙可学致",自耕生活合于自然之道,是求道修道的一种合适方式。葛洪认为"玄"为自然之始祖,胞胎元一,范铸两仪,吐纳大始,鼓冶亿类;玄之存在,眇眇乎其深也,绵邈乎其远也,高则冠盖乎九霄,旷则笼罩乎八隅,因兆类而为有,托潜寂而为无。《抱朴子内篇》之《畅玄》中的"玄",《道意》中的"道",《地真》中的"真",都是指宇宙本原——"玄"。《畅玄》中的"元一",《地真》中的"真一",都是"玄"的衍化。葛洪认为"玄"是宇宙生成运动的根源,无所不在,无所不有,无所不能,一切皆从玄出,而玄又超出一切之上。修道之士以玄为出发点和基础来处理耕种与修道的关系。《抱朴子内篇》卷四云:"俗人莫不怪予之委桑梓,背清涂,而躬耕林薮,手足胼胝,谓余有狂惑之疾也。然道与世事不并兴,若不废人间之务,何得修如此之志乎。"①世俗之人对于这种远离世俗、不求仕途、亲自躬耕、置身于桑梓之间的生活态度表现出极大的不解,而那些修道者却认为如果不摒弃世俗,就无法成就修仙之志,所以虽然出世却不废耕种,这是农道合修的人格风范的典型体现。《抱朴子内篇》卷八云:"夫宠贵不能动其心,极富不能移其好,濯缨沧浪,不降不辱,以芳林为台榭,峻岫为大厦,翠兰为绸床,绿叶为帏幙,被褐代衮衣,薇藿当嘉膳,非躬耕不以充饥,非妻织不以蔽身。"②富贵不移其志,贫苦历练人生,这被看作道家特有的乐观;非躬耕不食,非妻织不衣,这被看作一种超越的品质。"以农证道"是道教论证经济伦理合理性的思想方法。

修行如同耕作,辛勤劳作,合理利用,去除杂草,才能获得丰收。隋唐间道书《太上灵宝元阳妙经》卷十讲"去种种烦恼"之时云:"譬如农夫于秋月时深耕其地能除秽草,是无常想亦复如是,能除一切欲界贪爱色、无色爱、无明、骄慢及无常想。天尊,譬如耕田,秋耕为上,如诸迹中,象迹为胜,于诸想中,无常为最。"③这里虽然说的是去除色欲贪嗜的有效时间,但是却强调了秋耕的重要性,秋天日益转寒,深耕土地能达到最好的除草效果。《太上一乘海空智藏经》卷八云:"于秋月时,勤耕深地,能除秽草。"④其中还说:"我今

---

① 《抱朴子内篇·金丹》。

② 《抱朴子内篇·释滞》。

③ 《太上灵宝元阳妙经》卷10,《道藏》第5册,第984页。

④ 《太上一乘海空智藏经》卷8,《道藏》第1册,第680页。

供养,犹如诸国,勤力农作,得大耕牛,良田平正,无诸丘墟,恶芜荒秽,荆棘毒草。于是良田唯希天雨。"①修行供养之时以耕作为例,须辛勤劳作,合理利用畜力,平整土地,去除杂草,若得好雨及时就能获得丰收。

唐代道经《太上济度章赦》表现出对农业的关注,其中云:"臣谨据斋意,臣切惟务农种谷,宣藉天时,秋敛春耕,惟资地利,所愿五风而十雨,庶令百谷以三登。况兹郊野之田,势处陂塘之侧,绕致霆潦,澎湃莫支,乃经旬罹积雨之伤,致稻苗多乘流而槁。岁事足虑,生民荐饥,若非开霁以断流,何以有年而多稼?"②农业耕种要借助天时地利之资助,风调雨顺,才能百谷丰登。陂塘之地,要因势利导,利用小河流疏导苦雨积水,周全考虑农事,人民才能不受饥苦。

唐末杜光庭撰《道德真经广圣义》(八十一章),以注疏的方法阐释《道德经》思想,其中特重农业经济、勤俭及备荒的经济伦理思想。《道德真经广圣义》卷二十二注"奈何万乘之主,而以身轻天下",提到井田制,杜光庭疏云:"提封者,疆土四方之内也。万井者,井田也。方里为井,百万井则辟十万里。出戎马百万匹,兵车万乘,舆赋之多,富有四海,故云万乘之主。齐大司马田穰苴为兵法,有车乘之赋,其法起于步,人举一足曰跬,跬三尺也,两足曰步,步六尺也,百步为亩,即其地广六尺,长百步,六百尺为一亩。亩者,母也。既长百步,可植苗稼,有母养之功,曰亩也。百亩为夫,夫者农夫也。《王制》云:上农夫食田百亩也。三夫为屋,并而言之,则长百步,广三百步,谓之屋者,言人一家有夫妇兄,三百具则为家,为屋也。三屋为井,一屋长百步,广一里,则三屋之地方一里也。名井者,因夫间有遂,水纵横相通,为井字。何者? 亩广六尺,长百步,用耜耕之。耜广五寸,两耜为耦,耦广一尺,长沮桀溺耦而耕是也。亩广六尺,以一尺耦耕,垡为畎以通,水流畎然,因名畎也。而夫田首倍之,广二尺,深二尺,谓之为遂。九夫为井,井间广深四尺,谓之为沟,取其遂相通,如井字。故谓之井田。"③经济制度是农业生产能够顺利进行的基本保障,因此这里叙述了井田制的由来,这种对经济制度的记载无疑表现出杜光庭对于农业的重视。人君治世要依道而行,杜光庭认

---

① 《太上一乘海空智藏经》卷8,《道藏》第1册,第672页。
② 《太上济度章赦》,《道藏》第5册,第824页。
③ 《道德真经广圣义》卷22,《道藏》第14册,第419页。

为："人君之重静也,则事省而理,求寡而赡,不施而仁,不言而信,不求而得,不为而成,怀自然抱真朴,而天下泰矣。人身之重静也,则和气积心,虑平视听,不惑于外情,欲不撄于内,而寿命延矣。"这种观点警告人们不要违道而行,为所欲为,而应遵循自然,顺应自然。《道德真经广圣义》卷四十注疏"天下多忌讳,而民弥贫"时,"注以政理国,动多忌讳。人失作业,故令弥贫。疏此覆释以政理国也。为天下之主,不能敦清静以化人,崇不简易而临物,政烦网密,下人无所措其手足,避讳无暇,动失生业,日就困穷,所以弥贫也。义曰上多忌讳,谓法令多门也,动有拘于忌犯则获罪,民不聊生,怨叛忧虞,农桑果废,故其民弥贫。释曰无财曰贫。君上无为,法令宽简,人无拘忌,适性自安,凿井耕田,以饮以食,故民富而国昌矣。"①为政者要清静无为,不能以过多的政令劳役妨碍农事活动,使人民生活贫穷;只有法令宽松,授民以时,才能不废农桑,饮食无忧,民富国强。这种无为从政、不烦民事的思想体现出杜光庭对《道德经》精神内涵的深刻领悟。杜光庭认为:"我无事而民自富,疏上无赋敛,下不烦扰,耕田凿井,家给人足,故云而人自富也。义曰'多财曰富。'君无劳民之事,民得勤而耕农。农功不妨,谷稼丰赡。故人富也。凿井耕田者,古诗云'凿井而饮,耕田而食'。此言唐尧在上,人遂无为,不知上之有君,不知君之养己,自饮自食,无患无忧,所以家自给而人自足也。"②无为而治,不妨民时,要求重视认识农时,"三时者,春耕,夏种,秋收,农之三时也。"③这一"君无劳民之事"的理论基础,在于道家小国寡民、君不劳民、民自耕种、不知有君之思想。

《通玄真经注》从维护社会安定秩序的角度论证了重视农本的必要性。其中引神农之法曰:"丈夫丁壮不耕,天下有受其饥者;妇人当年不织,天下有受其寒者。"这里说明耕织之重要性,然后提出对于农业耕织的看法。其中云:"故身亲耕,妻亲织,以为天下先。其导民也,故天子耕田所以劝农,皇后亲蚕所以劝织,而况匹夫匹妇惰于耕织而受于饥寒也。不贵难得之货,不重无用之物。是故耕者不强,无以养生;织者不力,无以衣形。有余不足,各

---

① 《道德真经广圣义》卷40,《道藏》第14册,第517页。
② 《道德真经广圣义》卷40,《道藏》第14册,第518—519页。
③ 《道德真经广圣义》卷40,《道藏》第14册,第522页。

归其身。衣食饶裕,奸邪不生,安乐无事,天下和平。"①天子应该亲自耕田劝导农业,皇后应当亲自督促蚕织,身体力行,率先垂范,依此打消"匹夫"的懒惰状态。耕者用力,织者用心,衣食无忧,不受饥寒。人民生活有所保障,奸盗不为,邪念不生,就会安乐生活,天下太平。

道教认为农业以道为本,也即为农有"农道",耕作有"耕道"。"农"与"道"合一为农道。《道藏》收录了唐代何璨撰的《洞灵真经注》,该书《农道》篇强调"农道"一词,表现出当时道教对农业生产活动的重视。《太上妙法本相经》中对农道思想也有体现,其中说:"良田所以败,以其不善。故不善者,不善其道也。"②如果不善为事之道,即使有肥美的土地,也会造成生产败落。

农业经济生产和各种经营活动处处讲究"道"的重要性,这是道教坚持修道要以"道"本的体现。《洞灵真经》的《农道》篇中有很多重农思想内容和《吕氏春秋》中《上农》《任地》《辨土》《审时》四篇相似,其中系统阐发了颇具特色的农道思想,可以看作是对《吕氏春秋》农业经济伦理思想的汲取与阐发。

第一,农业经营是治国之本。何璨撰著的《洞灵真经注》之《农道》云:"夫谷者,人之天。理国之道,务农为本。"③他指出人以食为天,农业生产是生存之基本、治国之根要。《农道》开篇云:"人舍本而事末则不一令,不一令,则不可以守,不可以战。人舍本而事末,则丌产约,丌产约则轻流徙,轻流徙则国家时有灾患。皆生远志,无复居心。人舍本而事末则好知,好知则多诈,多诈则巧法令,巧法令则以是为非,以非为是。古先圣王之所以理人者,先务农人。农人非徒为坠利也,贵行其志也。人人农则朴,朴则易用,易用则边境安,安则主位尊。人农则童,童则少私义,少私义则公法立。力博深农则丌其产复,丌产复则重流散,重流散则死亡处无二虑,是天下去一心矣。天下一心,轩皇、几蘧之理不是过也。"④何璨注曰:"本,谓农也;末,谓趋浮利也。"⑤本、末判然有别,本是从事农桑,末是从事工商贸易。如果置农业

① 《通玄真经注》,《道藏》第16册,第726页。
② 《太上妙法本相经》,《道藏》第24册。
③ 《洞灵真经注》,《道藏》第16册,第748页。
④ 《洞灵真经注》,《道藏》第11册,第564—565页。
⑤ 《洞灵真经注》,《道藏》第16册,第748页。

生产不顾,盲目追求利益,就会灾患不断,社会秩序混乱,主位不尊,民不可用。《农道》篇还从反面论述了从事农业生产的必要性和重要性,举轩皇、几蘧两位古代圣君的例子论述君王鼓励、发展农业生产带来的积极影响。其中说:"古先圣王之所以茂耕织者,以为本教也。是故天子躬率诸侯耕籍田,大夫士第有功级劝人尊坠产也,后妃率嫔御蚕于郊,桑公田,劝人力,妇教也。男子不织而衣,妇人不耕而食,男女贸功,资相为业,此圣王之制也。"①君王亲自躬耕,率民以农,以农耕为"本教",如此社会将会秩序井然。男不织而衣,女不耕而食,"天下一心",管理国家不妨碍农时,人民勤力耕作,就坚守了农业是治国之本的原则。

第二,农业生产有其"耕道",合乎生产之道,合乎伦理之理。此"道",既是生产操作规范,也是伦理规范。发展农业在治理国家过程中具有基础地位,《农道》篇云:"谷者,人之天。是以兴王务农,王不务农,是弃人也。王而弃人,将何国哉。"②为农有道,生产有"耕道",即耕之有道,不违其理。这里的"道"不仅包括按照自然规律办事,还包括注意耕耘技术与田间管理。土地的耕耘和田间管理是《农道》篇关注的重点所在。其中曰:"夫耨必以旱,使坠肥而土缓。稼欲产于尘土而殖于地坚者,慎其种勿使数,亦无使疏。于其施土,无使不足,亦无使有余。甽欲深以端,亩欲决以平。"③何璨注云:"夫锄必用旱时,旱时则草易死,而土脉肥缓也。殖,长也。下种欲其土细如尘,则地虚而根深,及苗长也,得雨则土坚,坚则茎固也。数,为烦也。施土,谓施种于土也。种不足则伤疏而费地,种有余则伤密而损谷。不费不损,取其中也。端,正直也。甽深直则水流疾,亩沃平则润泽匀。"④耕耨、锄草须在干旱之时,因此时日照较强,杂草易枯死,会使土壤肥沃、缓和。土壤缓和程度使之如细尘般均匀。播种之后,作物根茎扎得较深,下雨或者浇灌之后,泥土凝结,土地、根茎俱实。"甽深直则水流疾,亩沃平则润泽匀",不同地形应用不同耕作方式。

"耕道"还在于人的生产活动合于自然物性,合乎耕种之道。种植注意

① 《洞灵真经注》,《道藏》第11册,第565页。
② 《洞灵真经注》,《道藏》第11册,第565页。
③ 《洞灵真经注》,《道藏》第11册,第565页。
④ 《洞灵真经注》,《道藏》第16册,第750页。

禾苗间距,这是合乎自然耕种之道的具体体现。其中的规定,如要"慎其种勿使数,亦无使疏。于其施土,无使不足,亦无使有余……下得阴,上得阳,然后咸生"。施种要均匀、适中,如果禾苗过于稀疏,则会浪费土地;过于紧凑,则会造成肥力不足,产量下降。种植间距适当,才能使得水分和光照分配均匀,恰当运用土地和肥力。耕作者应学会选苗,"凡苗之患,不俱生而俱死,是以先生者美米,后生者为秕。是故其耨也,大其兄而去其弟"①。禾苗往往出生不齐,先出土的长得大,结出的米粒饱满;后出土的长得小,多是秕谷。因此,耕耨时要留住大苗,勿使小苗夺了肥力,即"不知耨者,去其兄而养其弟,不收其粟而收其秕。上下不安,则稼多死"②。不懂耕作中的选苗之道,则会造成除大留小、收获糠秕。

耕种之道在技术伦理层面,体现为人对田地、作物等耕作对象的恰当有效管理,合乎事物的本性,即合乎自然之道。"立苗有行"是田间管理之道。首先,播种疏密得当,禾苗管理及时有效。《农道》篇云:"立苗有行,故速成,强弱不相害,故速大。正丌行,通其中,疏去冷风,则有收而多功。率稼望之有余,就之则疏,是地之窃也。不除则芜,除之则虚,是岂伤之也。苗万弱也欲孤,兀夫也欲相与居,熟也欲相与扶……树肥无使扶疏,树境通晓不欲专生而独居。肥而扶疏则多秕,境而专居则多死。"③禾苗成行、整齐,则易于管理,生长迅速;间距适当,强不欺弱,则生长强壮。禾苗整齐,中间疏通有风,利于授粉,收成就会好。其次,要注意地力肥瘠及和树苗间距之关系。土壤肥沃而禾苗稀松,果实就不饱满。何璨注"树填不欲专生而独居"云:"境痔地专主独居不耐风旱。"④作物种植于贫瘠的土地而禾苗稀疏,会受到风旱的危害。地力贫痔,苗不茂盛,就是所谓的"地窃"。保持土壤肥力,须及时除草。除草不能等到杂草茂盛,因为杂草茂盛后再突然除去,禾苗根部就会受伤,顿感空虚,影响它的正常生长。何璨注曰:"草盛而后除之,苗则虚矣,是人事伤之也。"⑤其三,注意禾苗间距。合理的禾间距离,是作物本身的要求。

① 《洞灵真经注》,《道藏》第11册,第565页。
② 《洞灵真经注》,《道藏》第11册,第565页。
③ 《洞灵真经注》,《道藏》第11册,第565页。
④ 《洞灵真经注》,《道藏》第16册,第751页。
⑤ 《洞灵真经注》,《道藏》第16册,第750页。

何璨注"兀夫也欲相与居"云:"与众同居,共相荫映。"①与众同居,使其成熟,不至良莠不齐。

第三,顺应自然,重视农时。《农道》篇通过对比的方式说明"得时之稼丰,失时之稼约"的农业经济伦理思想。其中云:"得时之禾,长稠而大穗,圆粟而薄糠,米怡而香,舂之易而食之强。失时之禾,深芒而小茎,穗锐多秋而青蕾。得时之黍,穗不芒以长,团米而寡糠。失时之黍,大本华茎,叶膏短穗。得时之稻,茎葆长稠,穗如马尾失时之稻,纤茎而不滋,厚糠而苗死。得时之麻,疏节而色阳,坚桌而小本。失时之麻,蕃柯短茎,岸节而叶虫。得时之寂,长茎而短足,其荚二七以为族,多枝数节,竞叶繁实,称之重,食之息失时之寂,必长以蔓,浮叶虚本,疏节而小荚。得时之麦,长稠而茎族,二七以为行,薄翼而黄色,食之使人肥且有力。失时之麦,附肿多病,弱苗而荚穗。是故得时之稼丰,失时之稼约。"②这都是强调要取法天道、因循自然的经济管理伦理思想,论证了耕种之道,阐述了农业经济活动对于治理国家的必要性。《化书》提出饮食是民生大事,其中云:"一日不食则惫,二日不食则病,三日不食则死。"④食物是生命的保障,"民事之急,无甚于食"③,这和《刘子》在《贵农》篇中关于"农之与食,唯生人之所由。其最急者,食为本也"一段论述所讲述的是同样的道理,两者都秉承了《太平经》的"三急"思想。农民生产的粮食往往被各种不务农事的人夺去,所谓"王者夺其一,卿士夺其一,兵吏夺其一,战伐夺其一,工艺夺其一,商贾夺其一,道释之族夺其一"④。桑蚕、农耕劳动者生活窘迫,皆由此而来。"蚕告终而缲葛苎之衣,稼云毕而饭橡栎之实。"(同上)显然,这里的道家具有类似于儒家的民本思想,对剥夺农食的情况是极其痛恨的,由此"饥穷者必轻于性命。痛苦可忘,无所不欺性命可轻,无所不为"⑤。谭峭以比喻的方式来说明:"疮者人之痛,火者人之急,而民喻饥谓之疮,比饿谓之火,盖情有所切也。夫鲍鱼与腐尸无异,鲦鲕与足垢无殊,而人常食之。饱犹若是,饥则可知。苟其饥也无所不食,苟其

---

① 《洞灵真经注》,《道藏》第 16 册,第 750 页。

② 谭峭:《化书》,《道藏》第 23 册,第 565 页。

③ 刘昼:《刘子》,《道藏》第 11 册,第 600 页。

④ 谭峭:《化书》,《道藏》第 23 册,第 600 页。

⑤ 谭峭:《化书》,《道藏》第 23 册,第 601 页。

迫也无所不为。斯所以为兴亡之机。"①饥饿可以使人铤而走险,甚至使人轻贱性命、无所不为,造成社会动乱,也就是其所说的"兴亡之机"。道家用"疮"和"火"比喻饥饿的痛苦感觉,用鲍鱼和腐尸、鲑鲭和足垢的对比,来形容人在饥饿状态下不择而进食的行为。

第四,粮食的充足与否和天下的兴亡密切相关。客观地来看,造成人民饥苦、粮食短缺的原因有两个方面。一是"七夺"。针对避免饥馑,谭峭提出"我耕我食,我蚕我衣"的重农自养思想,亦即"于己无所与,于民无所取。我耕我食,我蚕我衣。妻子不寒,婢仆不饥。人不怨之,神不罪之"。② 要求治国者不要尽心于满足自己的欲望,对于人民要少征敛,强调自耕自食、自蚕自衣,解决民生饥寒。二是奢侈浪费。"金笾玉豆,食之饰也;鼓钟戛石,食之游也;张组设绣,食之惑也;穷禽竭兽,食之暴也;滋味厚薄,食之忿也;贵贱精粗,食之争也。欲之愈不止,求之愈不已,贫食愈不足,富食愈不美。所以奢僭由兹而起,战伐由兹而始。"③"金笾玉豆""鼓钟戛石""张组设绣""穷禽竭兽"等奢侈品和消费行为,导致富人吃饭越来越不觉甘甜,贫饥者越来越无所果腹。奢侈行为愈烈,征伐越容易发生。"故自天子至于庶人,洎乎万族,皆可以食而通之。我服布素则民自暖,我食葵藿则民自饱。善用其道者,可以肩无为之化。"④因此,道家提出统治者应带头实行节俭。"七夺"是粮食分配不均的原因,而粮食分配不均又导致富者"奢侈浪费"、穷者没有衣食,因此物质资料的分配是解决社会矛盾的关键所在。谭峭认为,"能均其食者,天下可以治"⑤,因此人们应当"食之有道"即"节"与"俭"。由此,"饮馔,常食之物,食之不得其道,以至于亡身,盖失于不节也。夫礼失于奢,乐失于淫。奢淫若水,去不复返,议欲救之,莫过乎俭。俭者,均食之道也。食均则仁义生,仁义生则礼乐序,礼乐序则民不怨,民不怨则神不怒,太平之业也。"⑥对于粮食消费应食之有道,如果食之无道,则会导致身亡。不知节约、俭省造成这种状况,危害极大;要想结束这种状况,就应实行节俭。俭者,均

---

① 谭峭:《化书》,《道藏》第 23 册,第 601 页。
② 谭峭:《化书》,《道藏》第 23 册,第 603 页。
③ 谭峭:《化书》,《道藏》第 23 册,第 600—601 页。
④ 谭峭:《化书》,《道藏》第 23 册,第 602 页。
⑤ 谭峭:《化书》,《道藏》第 23 册,第 601 页。
⑥ 谭峭:《化书》,《道藏》第 23 册,第 602 页。

食之道也，就是我服布素则民自暖，我食葵藿则民自饱。农业文明有简朴之道，在饮食伦理方面，如果食物分配均匀，自然就会形成仁义之序；有了仁义之序，就会有礼乐秩序，人民就少有怨言，如此便会天下太平。这也就是"兴亡之机"的伦理体现。因此，"食"不仅是生命存在的基础，更是仁、义、礼、智、信等一切伦理教化的先决条件。"知君无食必不仁，臣无食必不义，士无食必不礼，民无食必不智，万类无食必不信。是以食为五常之本，五常为食之末。苟王者能均其衣，能让其食，则黔黎相悦，仁之至也，父子相爱，义之至也，饥饱相让，礼之至也，进退相得，智之至也，许诺相从，信之至也。教之善也在于食，教之不善也在于食。"[1]君、臣、士、民以及万类，具有仁、义、礼、智、信等纲常伦理，无不以"食"为本，即食为五常之本，五常为食之末。平均衣食才能有五常之序、伦理之乐，而这一切"善"与"不善"的根本都在于"食"。所以，物质生产、衣食分配，是道德上的"善"的基础和条件。这种观点正是中古时期道教经济伦理思想的独特创造。

总括上述，自汉末民间道教运动兴起，道教不仅作为一种社会信仰思潮，而且作为一种社会力量，积极参与、干预社会经济生活、政治生活和文化生活。动荡的时局给下层民众带来了深重苦难，早期道教控制了当地的政局，形成一个相对安定的社会环境，又在教内提倡互助、救济，保证了教民的基本生活与精神需求，自然民众乐得信从，在此基础上道教在发展壮大的过程中，形成了天地人共有的产权伦理观念、道本与自力的经营伦理观念、贵生而轻物的财富伦理观念、均富与救急的分配伦理观念、重农以证道的合修伦理观念、节制而平衡的生态伦理观念。这些观念是道教经济伦理思想的基本要素，这些要素是修道者在认识、创造、使用及支配财富过程中个体之间、个体与自然、个体与社会及宇宙自然之间建立相互联系、合理处理相互关系的一种道德哲学观念，是遵循和践履道教伦理规范和戒规进行修道成仙活动的基本价值观念和价值依据。

---

① 谭峭：《化书》，《道藏》第 23 册，第 602 页。

第六节　汉唐道教经济伦理思想的总结和评价

　　道教经济伦理思想与儒家经济伦理思想及佛教经济伦理思想在中古社会长期并存,在既冲突又融合中发展,形成了中古社会中国经济伦理思想史之主脉,对整个社会的政治结构、经济发展和文化建设都产生了深远的影响。当然,道教经济伦理思想对社会文化各方面的影响是十分复杂的,正如马克斯·韦伯在《世界宗教的经济伦理》的导言中所说:"从来没有一种经济伦理只取决于宗教。相对于一切由宗教的或者别的(就宗教而言的)'内在'因素所决定的人对世界的看法来说,经济伦理显然有一种在最高程度上由经济地理的与历史的现实决定的纯属固有规律性的标准。诚然,生活方式的宗教定规也是经济伦理的诸因子之一——请注意:仅仅是之一。但是,宗教的这种定规本身,在现有的地理、政治、社会和民族的界限内自然又受到了经济与政治因素的深刻影响。"[①]从总体上看,汉唐道教经济伦理思想具有宗教伦理思想的主要特点,即以信仰为中心超越世俗的神学观,同时也具有封建社会伦理思想意识形态的特征,即反映等级社会的伦常原理和道德观念。道教大量吸收了先秦道家、儒家经济伦理思想的要素,其上层神学把维护礼教作为重要教戒,强调修道要忠君、孝亲、敬长,提出慈爱万物、乐善好施、散财济贫、聚财炼丹、飞升成仙的伦理思想;民间道教信仰则要求信徒应按儒家伦理恪尽职守、立功修善、累积福德,最终飞升。

---

① [德]马克斯·韦伯:《儒教与道教》,王容芬译,北京:商务印书馆 1995 年版,第 5 页。

一、超越性与世俗性的统一和悖离

"道"和"术"是汉唐道教经济伦理思想包含的两个基本层面,"道"是其经济伦理思想的理论方面,包括从哲学层面探讨经济伦理规律、旨趣、方向、理想与目标,而"术"的方面则是道教经济伦理思想应用或实践层面,包括从现实的经济关系、经济活动等的运行技术、方式与方法等方面对经济伦理的具体性进行分析和阐述,以揭示经济伦理的社会内涵。

道教经济伦理思想"道"的层面,在汉末道教产生以前大体上就有一定的理论基础了。道家思想和汉代黄老之学的经世理政之道是道教经济伦理思想的理论前提。汉初文景时期用黄老之术治国,经济上轻徭薄赋、与民休息,推行是非有分、以法断之,君主虚静谨听、无为而治,黄老学者一时蜂起,至东汉时期黄老之学进一步被神秘化,从尊崇黄帝转而推崇老子,社会上逐渐形成了崇奉老子为神明的黄老道,黄老道与方仙道合流,造成早期道教崇奉的"道"之基本因素。这些条件加上儒、墨思想和民间素朴的经济观念,以及佛教传入的影响,为最初的民间道教太平道和五斗米道的经济伦理思想的产生奠定了基础。

道教经济伦理思想"术"的层面,是指在道教建立以后,随着大规模信众的产生,教团的发展,教义的阐释,道教组织实体有了具体的经济行为,系统的生产、交换、分配、消费等观念和实践行为逐步发展起来,形成具有宗教性的经营或谋利活动和系统思想,尤其是在道观经济规模形成和发展中,道教发展出了独特的经营、治理方法以及取财、分配、消费方式等,这些都是"术",标志着道教经济伦理之"道"的落实或具体化。

经济伦理之"道"和"术"两个方面在道教理论上的统一性、一体性,往往与现实形态和实际表现有很大的不一致。这种不一致就是道教经济伦理之超越性与世俗性的统一和悖离,这里的超越性是经营取财等经济活动的目的在修道成仙,世俗性则是指宫观经营、世俗享受甚至追求财富的入世观念及其生活实践。道教经济可以为实现成道成仙提供基本保障和物质条件,但道教从创立之初以《道德经》为宗祖,它的核心是人的修身养性、立德升玄之境,建立以"道"为核心的信仰。这种信仰是人对超越有限存在的无限的道体的体悟和把握。这种体悟和把握既超越了世俗之人的经验，又立足于世俗之人的经验生活并通过修道活动得以体验和实现。因此，从修"道"的本意层面来讲，道教经济伦理思想应该要求超越性与世俗性的统一。

事实上，从道观世俗谋利的经济活动来看，其间始终存在着一个不容回避的矛盾问题，从追求得道成仙的超越信仰出发，修道者清心寡欲，不积资财，远离世俗，专心问道，而真正的修道者的确把谋求钱财视为万恶之源、成仙之碍；而从立足于有复杂矛盾的世俗社会求取发展来说，雄厚的经济基础、壮观的宫观设施、富裕的财富供给，是道教自身存在与发展的实际支柱，因此要促进道教信仰的繁荣发展，道观就必须参与世俗生活，以经济盈利获取地位和影响，由此导致与教义相悖甚至与以尊道贵德为核心的道德哲学和基本社会伦理不一致的悖论。可举下述两个方面来看：

第一，修道活动追求炼丹服食，靡费社会大量财富。魏晋以来，道教兴起金丹道术，上层贵族热衷于炼制长生丹药，至唐代金丹道术臻于极盛，炼丹已由昔日在深山野岭秘密进行发展到在道观、达官贵人的宅邸、皇宫等地公开进行。长安风俗，"自贞元侈于游宴……或侈于卜祝，或侈于服食"①。唐前期的太宗、高宗、武则天、玄宗已耽于服食，唐后期从宪宗始，穆、敬、文、武、宣、懿、僖等诸帝，都不同程度地醉心于服食，使其风愈演愈烈。所谓"侈于服食"者，主要还是有钱贵族人等的事。封建皇帝享有至高无上的特权，唐前期一统天下，各方稀奇药石均可罗致。唐贞观八年（634 年）至显庆四年（659 年）间成书的《黄帝九鼎神丹经诀》（简称《九鼎神丹经诀》）卷十四载：

> 雄黄，生武都山谷，敦煌山阳，采无时，好者作鸡冠色，不臭而坚实也。若暗黑及虚者，不好也。敦煌在凉州西数千里，古以为药最难得也。昔与赤金同价，今圣朝一统环宇，九域无虞，地不藏珍，山不秘宝。武都崇岫一旦山崩，雄黄耀日，令驮运而至京者，不得雇脚之直，瓦石同价。②

葛洪在《抱朴子》一书中记载："雄黄当得武都山所出者，纯而无杂，其赤如

---

① ［唐］李肇、赵璘：《唐国史补·因话录》，上海：上海古籍出版社 1979 年版，第 60 页。
② 《黄帝九鼎神丹经诀》《道藏》第 18 册，第 795 页。又见《正统道藏·洞神部》，上海：上海商务印书馆影印 1923—1926 年。

鸡冠,光明晔晔者,乃可用耳。"①新、旧唐书《地理志》记载的各地贡品中多有用于服食炼丹的药物。封建皇帝为满足服食长生的欲望,动辄诏令天下求诸奇药异石。唐太宗请天竺僧合延年之药,"发使天下,采诸奇药异石,不可称数"②。武则天为求长生,"使洪州僧胡超合长生药,三年而成,所费巨万"③。唐玄宗亲受茅山上清法箓,竭力提倡斋醮法事,"天下名山令道士、中官合炼醮祭,相继于路"④,亲自"妙选仙经",检取"神方"⑤,"为金灶煮炼石英"⑥,并将药物分给宗室大臣。开元二十九年(741年)正月,玄宗自称梦见玄元皇帝,并告之曰:"吾有像在京城西南百余里,汝遣人求之,吾当与汝兴庆宫相见。"⑦玄宗遂遣使求得玄元皇帝像于周至楼观山间,闰四月,迎置兴庆宫。五月,令图写玄元真容,分送诸州开元观安置,并诏令所在道士女冠等皆具威仪法事迎候,连续七个昼夜,设斋行道,各赐钱用,充斋庆之费。自此之后,常令讲习道经,以畅微旨;所置道学,须加倍敦劝,使有成益。唐宪宗甚至遣方士柳泌,"驱役吏民于山谷间,声言采药,鞭笞躁急"⑧,引起当地吏民愤慨。这些劳民伤财之举不仅造成极大的浪费,而且是道德上的恶,直接损害道教声誉。

第二,道观及修道者立身于私有制经济环境,大多不免热衷于世俗盈利,寺院经济活动客观上存在着人身依附关系和人与人之间的剥削、压迫关系。魏晋以来,道观从事经济活动,尤其是经营常住庄田,需要大批的劳动力,这些人中除了专门供道教宫观役使的低级道士外,主要是依附于道观的观户、奴婢、部曲等。道观也不是世外桃源,在私有制的环境下,道观充满了经济剥削与压迫。即使在盛唐时期,道观也存在着大量的依附百姓,相对于道观,他们是依附于道观的观户、奴婢、部曲等。道经称这些依附百姓为净人,净人本为佛教术语,道教袭用之。道观有"净人坊",专供依附百姓居处。《三洞奉道科戒营始》卷一《置观品》云:"凡净人坊,皆别院安置,门户井灶一

---

① 《抱朴子内篇·仙药》。
② 《旧唐书·天竺传》。
③ 《旧唐书·礼仪志四》。
④ 《旧唐书·礼仪志四》。
⑤ 《旧唐书·睿宗诸子》。
⑥ 《赐皇帝进烧丹灶诰》,《全唐文》卷38。
⑦ [宋]范祖禹:《唐鉴》卷9,北京:中华书局2008年版。
⑧ 《旧唐书·皇甫镈传》。

事以上并不得连接师房,其有作客,亦在别坊安置。"唐代道观普遍拥有部曲、奴婢。吐鲁番518号唐墓出土的唐高宗乾封、永淳官府文书就提到道观部曲:"□□□□□县所管寺观部曲并十八中男速点堪(勘)。"① 至于道观奴婢的记载则更多。《集异记》补编载:"唐开元中,华山云台观,有婢玉女,年四十五";道士叶国重碑说,叶家也有"家僮"作业;敦煌文书 S6836 号的《叶静能诗》载:叶静能居长安玄都观时,"弹琴长啸,以畅其情;观家奴婢,往往潜看"。韩愈《石鼎联诗序》载:访衡山道士轩辕弥明,"道士不见,即问童奴";茅山紫阳观"有奴婢四人"②;《顺宗实录》卷二载:"贞元中要乳母,皆令选寺观婢以充之,而给与其直,例多不中选。寺观次当出者,卖产业割与地买之,贵有姿貌者以进,其徒苦之。"③

　　道观依附百姓主要来源于封建政府的赏赐,历史上道观赐户的最早记载为晋元康(291—299年)时的宗圣观,当时为了重修该观,"莳木万株,连亘七里,给户三百供洒扫"④。南朝时衡山的九真观和衡岳观分别获赐二百和三百观户。⑤ 唐代对道教宫观赐户更加普遍,唐政府经常将税户割隶道教宫观充洒扫宫户。唐太宗贞观元年(627年),敕亳州修太上老君庙,"给二十户以供享祀"⑥。唐玄宗时为崇道高潮期,封建政府更是普遍向天下道教宫观赏赐依附人口,如天宝元年(742年),唐玄宗下令向太清宫、太微宫"量赐奴婢";天宝七年(748年)五月十三日制曰:"其天下有洞、宫、山之处,各置坛、祠宇,每处度道士五人,并取近山三十户,蠲免租税差科,永供洒扫。"⑦唐代道教有十大洞天、三十六小洞天、七十二福地,大小洞天称洞,福地称山,宫观遍布全国各地。⑧ 这次普遍赐户使道观依附人口猛增。根据这次赐户原则,桃源观"取近山三十户,蠲免租赋,永充洒扫,守备山林"⑨。茅山"紫阳观

---

① 中国文物研究所等编著:《吐鲁番出土文书》第7册,北京:文物出版社1986年版,第345页。
② [元]刘大彬:《茅山志》卷2《修造紫阳观敕牒》,《道藏》第5册,第558页。
③ [唐]韩愈:《韩昌黎文集校注》文外集下卷,马其昶校注,马茂元整理,上海:上海古籍出版社1986年版,第701页。
④ [清]王昶撰:《金石萃编》卷41《宗圣观记》引《来斋金石刻考略》,北京:中国书店1985年版。
⑤ 分别见《上清道类事相》卷1《仙观品》引《道学传》及《南岳小录》,《道藏》第24册,第878页。
⑥ [宋]谢守灏:《混元圣记》卷8,原文为"给二千户以供享祀"。恐为"二十"之误。又据《旧唐书》卷3《太宗纪》下载:贞观十一年秋七月丙午,"修老君庙于亳州,宣尼庙于兖州,各给二十户享祀焉"。
⑦ 《帝王部·尚黄老》,《册府元龟》卷54。
⑧ [唐]司马承祯:《天地宫府图》,《云笈七签》卷27,《道藏》第22册,第558页。
⑨ 《桃源观山界记》,《全唐文》卷761。

取侧近百姓二百户，太平、崇元两观各一百户，并蠲免租税差科，长充修葺洒扫"①。可见，这次赐户是切实实行了的，像茅山这样一些声名卓著的道教名观，还得到了额外多几倍的赐户。一直到唐后期，政府对道教宫观的赐户仍时有记载，如代宗广德二年(764年)，道士李国祯建议于昭应县圣山灵迹处，"置洒扫宫户一百户"②，得到恩准；西川节度使韦皋令公修葛璝化道观，"自制碑刊于洞门之侧，上构层楼，獠僮七十人以供洒扫，良田五百亩以赡斋储"③。这种赐户在唐代是经常性的。

王公贵族入道者甚众，以公主为代表的贵族妇女入道在唐代更是蔚然成风。公主入道多舍庄宅置观，其原有的封户也随之转化为观户。唐初规定，公主实封三百户，开元二十三年(735年)加至千户。有些公主实际拥有的封户还不止此数。据玉真公主书、徐峤撰的《大唐故金仙长公主志石铭并序》载：金仙公主有"实赋一千四百户"。④ 金仙公主是在睿宗朝入道，玄宗朝得此封户数的，可见她是一个拥有大量观户的道教地主。玄宗女万安公主，"出就金仙观安置，赐实封一千户，奴婢，所司准公主例给付"⑤。公主封户随之也转化为观户，这是两京道观观户的重要来源。至于由一些公卿百官、地方政府修建的道观，其中亦包括常住庄田、观户的施舍。一般信众也常常献给道观奴仆，如小青衣花红，"本是洞庭山人户，共买人家一女，令守洞庭山庙"⑥。

唐代道观观户除了政府将税户割隶道教宫观充洒扫宫户外，还将罚没的罪犯配给道观。沙州归义军节度使衙曾将一批罪人配充寺观为依附人口。唐代道观还通过买卖拥有奴婢，如隐居嵩山修道的贵族武筱绪，曾"买用使奴耕种，与民无异"⑦；一些贫无所依者也被迫卖身为奴投充道观，如《太平广记》卷四五五引《稽神录》之《张谨》条云："忽有二奴诣谨(道士张谨——引者)，自称曰德儿、归宝。尝事崔氏，崔出官，因见舍弃，今无归矣，愿侍左右。

---

① 《谢恩制表》，[清]董诰等纂修：《全唐文》卷927。并参见《金石萃编》卷100，颜真卿《茅山玄靖先生广陵李君碑铭并序》，北京：中国书店1985年版，第9667页。

② 《旧唐书·王玙传》。

③ [唐]杜光庭：《道教灵验记》卷2《韦皋令公修葛璝化验》。《云笈七签》卷122，《道藏》第10册，第558页。

④ 樊光春：《陕西新发现的道教金石》，载《世界宗教研究》1993年第2期。

⑤ 《公主杂录》，《唐会要》卷6。

⑥ 《太平广记》卷366引《乾䥄子》曹朗条。

⑦ 《资治通鉴·唐纪二十一》。

谨纳之。"道观奴婢主要从事杂役,还用于庄田劳作,可见其中存在着剥削与压迫。依附百姓地位低下,如《三洞奉道科戒营始》之《置观品》言"凡车牛骡马并近净人坊,别作坊安置",他们在一些观主眼里形同一群会说话的工具。

道观不仅占有依附百姓,还受国家法律保护。《唐律疏议》卷六《名例》规定的部曲奴婢和三纲(上座、观主、监斋)的关系,部曲奴婢犯罪的处罚,皆比照世俗部曲奴婢,可见道观部曲奴婢与世俗部曲奴婢相同。道教宫观内部形成了金字塔式的阶级结构,处于塔尖的为少数有权有势的道教地主,处于塔中的为广大的一般道众,对于广大处于塔底的低级道士和依附百姓而言,他们是被剥削者和被压迫者,他们构成了道教经济活动的主要劳动者。道观中存在的阶级压迫非常严重。《太平广记》卷四十五引《原化记》王卿条载:王卿入道观仆使,诸道士曰:"此人谨厚,恐堪役使,可且令守灶。"河中永乐县道静院道士侯道华,"初着庶人之服,师事道净院主周悟仙,器貌钝儒,尝役之以农耕,劳之以樵采。悟仙弟子十余辈,共轻而贱之……师令下山刈麦三十余亩,不终日而尽,担负积院",是夜,即因积劳成疾,夭折,年仅三十四岁,事后,道静院的道士们还胡说他是"成仙"[1]。长安咸宜观女童绿翘,被女道士鱼玄机活活打死[2]。所以,阶级反抗也异常激烈,前所述道士张谨"东行,凡书囊符法,行李衣服,皆付归宝负之。将及关,归宝忽大骂曰:'以我为奴,如役汝父。'因绝走……所责之物,皆失之矣"。道观依附人口的反抗,使得封建政府不得不做出反应,他们从扩大赋税交纳人口及保障兵员来源的角度考虑,迫使道观做出让步,放免依附人口。

道观经济活动还存在着雇佣劳动等新的经济现象,一些道观常住庄田的劳动人口不足,就雇人耕种。例如,武则天久视年(700 年)中,"襄州人杨玄亮年二十余,于虔州汶山观佣力"[3]。还有一些道观干脆把常住庄田租佃给当地农民,收取货币地租,如茅山太平观在郁冈有常住田 730 亩,"自唐迄明,皆为彼处人佃耕,每亩入租银五钱"[4]。唐中叶以后是中国封建社会发生

---

[1] 《侯真人降生台记》。陈垣:《道家金石略》(唐部分),北京:中华书局 1988 年版,第 184 页。

[2] 《太平广记》卷 130 引《三水小牍》绿翘条。

[3] 《太平广记》卷 218《医》(一)。

[4] 笪蟾光:《茅山传》卷五《钦赐墓东田地碑文》。转引自李斌城《茅山宗初探》,载《中国史研究》1983 年第 2 期。

巨变的重要时期,从收取实物地租到榨取劳役地租,进而代之以货币地租,是封建经济发展的重大飞跃。可见,道观经济活动中出现的新现象,和封建经济领域内所发生的变化相同步。这也说明当时道教经济具有世俗化的倾向和特征,在伦理方面自然具有同质性。

道教经济伦理思想中的超越性和世俗性是一体两面的,超越性是道教提升世俗生活的精神情怀,而世俗性则是道教存在的物质基础及能得到信仰承认的实际条件。超越信仰与世俗经济构成了道教内部的一种张力,但道教在教义上强调先修人道,再修仙道,对人及其世俗生活的肯定又使得它们之间的张力隐而不显。道教将得道成仙作为理想,成仙意味着生命的无限延长,这就在信仰的前提下肯定了生命存在和世俗生活的合理性,由此为发展道观经济提供了某种依据。道观经济的发展也面临着这样一种矛盾:一方面,道观只有具备了一定的经济实力和基础,才能为修道者的修真悟道提供一定的条件和环境,为道观的建设与维修,为道教组织开展活动、社会服务事业和公益慈善事业提供物质条件,也才能够更好地吸引广大信众;另一方面,修道者过度追求道观经济效益、关注世俗的物质利益,则会导致道教信仰的超越性的淡化。道教之所以成为一种有高度信仰的本土宗教,关键还在于它弘扬以"道"为核心的信仰来提升人类的道德水平和精神境界。

道教在其经济伦理思想发展中,一直试图做出两个方面的努力,以弥补信仰的超越性与经济谋利活动的世俗性之悖离造成的问题。一方面,道教从以"道"为本的信仰出发,倡导见素抱朴、少私寡欲、知足安生,并以此来指导修道者理性地对待经济的取与予、物质和精神的关系。民间道教发挥道家的思想,认为人性本来纯朴天真,是天真无邪的赤子,但人的生存需要消费,因此人又容易受声色货利之惑。人追求物质利益的过程,容易迷失纯朴天性,日就浮华,愁苦不断,最终危害自我生命的成长。妨碍人得道的是对财富的迷恋,迷恋财富会产生种种恶劣后果,给人的生命成长和社会的健康发展带来危害。因此,道教教义的一个中心就是通过弘扬超越的信仰和伦理,使人保持言行纯朴,减少私心杂念,降低对声色犬马、功名利禄的追求。另一方面,道教徒参与道观经济活动,以戒律戒条来规范那些可能偏离"道"的精神信仰的经济行为,以促使道徒积德行善、勤力修真悟道,保持信仰的神圣与崇高,如《太平经》提出"不孝不可久生戒""贪财色灾及胞中戒"等针对下层信众的劝谏式禁制。《老子想尔注》提出"今布道戒教人,守戒不违,即为守一矣;不行其戒,即为失一也"。"人不行戒守道,道去则死。"五斗米道根据中国传统信仰制定了如诚信不欺诈、有病自首其过等基本科律,依《月令》规定春夏禁杀又禁酒,并以神的名义设立命籍,检查有无违反戒令、禁忌之行为。《老子想尔注》还提出九条"老君想尔戒"(又称"道德尊经想尔戒"),分上品戒是行无为、行柔弱、行守雌,中品戒是行无名、行清静、行诸善,下品戒是行无欲、行知止。《太上经戒》汇集上清、灵宝及天师道戒律六种,认为下品中之下品人无人心,受戒无益,下品中之上品人应受一百九十九戒、观身二百大戒或受千二百威仪戒;中品之人受十戒、五戒;上品之人无犯故无所持戒。这里显示出道教戒律系统已具雏形,其十戒首条是不得违戾父母师长、反逆不孝。唐代朱法满汇总各教派戒律及愿念一千一百条,归纳出戒律条目之形而上意涵,即:一戒是及无上自然道意;二戒是二观,观气观神;三戒是三舍,舍身命财;四戒是四寄心,慈爱善忍;五戒是五念等。道教中一切关于不得贪求无厌、积财不散、当行节俭、惠恤贫穷等方面的规定,都是要求修道者要以一种超然的心态来对待财富,非己之财不妄取,非义之财不苟得,不陷于贪求无厌之欲。合得之财,随分取可,节俭谨守,随缘度日,勿苦贪求,久则自然与道合真。从历史上看,道教以戒律直接规范信徒的生产、贸易、捐赠、布施、纳税等经济行为,使其在从事道观经济的活动中遵循以道为本的信仰和伦理规范,对于弥补信仰的超越性与经济谋利活动的世俗性之悖离,还是彰显出一定的积极效用。

道教提出对待经济利益的两条值得重视的重要原则:一是追求经济利益的目的不是用于满足个人的吃喝玩乐,而是为了促进修道事业;二是追求经济利益的方法要有理得当,取之有道,合法诚信,坚持公平。这并非一种超现实的理想化的观念,而是一种立足于经济生活的合理节欲主义的利益观。从伦理上说,只有当谋取经济利益,诱使人游手好闲、贪图享受、不思进取时,它才是一种恶劣和不良之物;只有当获取经济利益的目的是生活惬意、无忧无虑,进而有助于修道立德、成圣成仙时,它才是一件值得肯定的好事。但是,就其作为履行职业义务的意义而言,获得经济利益不仅在道德上是允许的,而且在实际上也是必行的。依据宗教伦理而出现的经济利益,能够对道观经济活动和修道者的经济行为起到一种既有所促进又有所制约的双重作用,这同时也是道教适应封建社会经济发展要求,建设经济伦理所提供的一种有益的方面。

道教在教导道徒修道成仙要清心寡欲、淡泊名利的同时,一般都不否认修行需要一定的经济条件和物质基础。道教的修行者一般依于四个条件修行,即法、财、侣、地。“法”是修炼的具体方法,这个是指道教教义、教理以及修行的基本法门等等。“财”是修行的花费或资金,修行者在集中专注于修炼时须不受干扰,不能从事生产和工作,更不能将精力耗散于事务之中,而要安置好家室,才能安心于修养事业;自身修炼时不能从事谋利之事,一切生活费用要预先备好,同时还要备好访道之资及若干道友的生活费用,以便其他事务由道友代为处理。法、财具备,侣、地自然就不难寻了。“侣”是志同道合、能照料修道者日常生活的伙伴,“地”是空气清新、安静整洁的修道场所。得“法”的修道者寻求“侣”的一个重要条件是,“侣”本身具有富裕的经济条件,“得法无财事不全,法财两足便成仙”就是如此之理。有着一定经济实力的人,有条件助成修道事业。三国时期的道士葛玄言:“昔吾得此道三十余年,叹无法财了兹妙道,以报无上之本。后得为,无不遂意。后学无生疑惑,亦若是也。”①葛洪在《抱朴子内篇》中多有所论述,如说:“徒知其方,而与不知者正同,可为长叹者也。有其法者,则或饥寒,无以合之。”②“吾师非妄言,而余贫苦无财力,又遭多难之运,有不已之无赖,兼以道路梗塞,药物不可得,竟不遑合作之。余今告人言,我晓作金银,而躬自饥寒,何异自不能行,而卖治躄之药,求人信之,诚不可得。”③“欲金丹成而升天,然其大药物皆用钱直,不可卒办。”④其中对有“法”无“财”,难以“成道”的感叹。“财”是必不可少的,其重要性有时甚至还在“侣”和“地”之上,所以问题的关键还在于如何获得“财”。

汉唐道教经济伦理实践主流遵奉修道爱财、取之有道之传统,一方面强调“财”的重要性在于有助于修道,另一方面也重视“财”的获取必须通过正当合法有效的途径,不能因财损德,因财损道,否则会与道无缘。道与财的

---

① 《三国志·吴书》,上海:上海古籍出版社 2016 年版。
② 《抱朴子内篇·黄白》。
③ 《抱朴子内篇·黄白》。
④ 《抱朴子内篇·地真》。

关系上,道之未成,必资于财;道成之后,财乃无用。如果是富贵之家,不忠不孝,不仁不义,有道之士,闻风而退,不敢迹其门。道教教导道徒们追求理想仙境的同时,也注重考虑道徒们的现实修行条件,不反对甚至鼓励他们获取正当的财富,因为宗教修行同样也需要一定的经济基础。

二、道义性、功利性和非理性的结合

道义性寓含行为或思想追求非结果性的义务性,道教经济伦理思想具有道义性,意指修道思想或行为须遵照尊道贵德等道德原则或按照修道的正当性去活动。这个方面侧重行为动机,诉诸一定的行为原理、规则和规范及标准,其理论的核心是经济伦理思想和实践行为对义务和责任的关注。思想或行为的正确与否并不由这个行为的后果来决定,而是由这个行为的动机和标准来决定的,注重的是这个行为的动机是不是"善"的,行为的本身是否体现了预设的道德标准,这样就突出了道义理性的地位,把道义行为的内在本质认定为是预设的和普遍的。道教经济伦理思想以"道"对世俗盈利、经营之"术"的制驭和规导,对社会精神文化生活的调控和引导,充分体现了其对道义理念的不懈追求。

道义性与功利性在大多数宗教伦理思想中是结合的,道教经济伦理思想也不例外。道教通过对农业生产、民间社会精神信仰等层面问题的关注,对魏晋至隋唐社会的影响是全方位的,不仅影响了信众的生活方式和思维方式,而且影响其生产方式,在一定程度上影响整个社会的农业生产,农中取道使这个历史时期农业生产自觉不自觉地运用道教思想来为之服务,使传统农业深深地打上"道"的烙印。受农业社会世俗经济的影响,道观经济尤其具有世俗谋利的特点,从这里可以见出,道教经济伦理思想具有功利性的一面。这种功利性根源于道观经济与世俗经济的相通性。自然经济是中古封建社会经济的主体,封建经济生产也有剩余产品存在,这种剩余劳动产品依循道教路径从世俗经济系统向道教道观经济系统源源不断地转移,是道教经济存在并持续发展的关键性环节。道教自养制道观的经济收入,主要源自处于世俗经济系统中的广大劳动者的信众从事世俗劳动创造的剩余价值。进而言之,道观经济乃至大部分道教经济是建立在剩余劳动基础上的,没有剩余劳动的人在俗世贫困,离开俗世同样贫困,无法持续发展。而剩余劳动的本质特征之一是以利益上自我满足的功利性为追求的。道观经济同世俗经济的相通性表现在如下方面:

首先,世俗家庭、个人供养道教,其间通过这种供养关系建立起了密切的经济联系。道士有私财,道观田产为公产。道士的经济状况一定程度上是其出家修道前所在家庭经济状况的反映,出家修道前家庭较为富裕的道士在出家后其家人会出钱为其增加生活补贴;出家修道前家庭情况较差的道士则在出家后经过省吃俭用,平时参加道观劳作,最终用相对最低的成本维持自身生存发展。衣食,修建道观、道舍等作为一种消费行为,其中一切所需之物需要同世俗经济体系中的有关主体进行交换才能获得,建设道观、道舍所需的技能性劳动也多由世俗经济体系中具有特定素质技能的劳动者提供,道教需要与其发生经济关系甚至向其支付报酬才能获得。

其次,道观经济实体与世俗经济实体存续发展之道具有一致性。南北朝以来,道观经济兴盛,其在产品(如外出念经、田园物产等)的选择上对准世俗需要,以满足当地世俗劳动者物质和精神生活之需为准则,体现出其适应世俗日常生活、经济生活运行规律的一面,而且其输出产品遵循世俗经济实体的某些交换规则要求。道观本身经营着某些求取功利的产业,更有道士外出念经,输出道法,以谋取经济收入,同时要求信众向道观缴纳一定数额收入。唐朝天宝年间茅山道观把田地出租,"收纳苗子"以充斋粮①,元和中庐山东林寺在荆州的食田也是出租经营,"收其租入"②。这种行为某种程度上不仅得到道教总体的许可,而且得到积极认同和大力推行。这种行为在本质上都与世俗经济行为没有根本的区别。道士给信众提供服务,以换取收入,而信众则获得信仰需求的满足并为此付费。观主收入可能部分地转化为生息资本,以借贷资本和高利贷资本的形式获得利息收入,实质上这与世俗经济追求利益最大化的信贷本质没有什么不同。

最后,道观法会与世俗社会生产收获时节具有高度的重合性。民间一些节日的起源,与道教某些法会与世俗社会生产丰收相关的日子契合点相

---

① 《修造紫阳观敕牒》,《全唐文》卷 345。
② 《东林寺经藏碑铭序》,《全唐文》卷 721。

关。道观定期举办法会是其获得信众的支持与获取稳定收入的重要途径，法会的定期举办不仅能满足信众的需要，还能促进世俗集市经济贸易之繁荣。在以农耕为本的农业社会里，信众大多来自农耕家庭，而来自这些家庭的自给性实物收入或者自然经济小商品买卖收入，是道观经济收入的基本来源之一。某些道观的祈愿法会使世俗经济主体和道观经济的经营性收入有可能达到旺盛的峰值，而且长时段的道教祈愿法会便于世俗经济体系中劳动者所创造的剩余价值有足够的时间以实物和货币两种形式流入向道观。道教祈愿法会不仅具有丰富的世俗社会节日文化功能和意义，也是道观经济主体与世俗经济主体发生交换的重要途径。

道观有财富神以及其他一些财富神兼保护神，使道教便于与商人阶层相沟通，世俗商人甚至一般民众也多通过财富神、保护神亲近道教，与道教发生更密切的经济交换和交流。马克斯·韦伯研究中国"道教的伦理"，其中有一段论述分析了道教的财富神：

> 商人亲道教，……起决定性作用的是他们的财富的专门神，亦即商人阶级的职业神，是一位由道教一方培植起来的神。道教使一大批这样的专门神得到了好评，例如被封为战神的皇家部队的英雄、弟子神、学问神，特别要提出的还有寿星。同伊琉欣努秘仪一样，道教的重点也在于对今世和来世的健康、财富和幸福生活的希望。因果报应论许诺，神会对一切行为进行奖惩，或在今世，或在来世，或应在行为者本人身上，或——与灵魂轮回说相反——应在他的后代身上。来世的许诺尤其能吸引大批民众。个人的"正确生活"决定着个人的行为；君王的"正确生活"决定着国家的命运和宇宙的秩序。因为这种教义对于儒家和道家都是不言而喻的，所以，道教也必须提出伦理要求。不过，这种把来世的命运同某种伦理联系起来的思想萌芽缺乏系统性，所以一事无成。……受过典籍训练的官僚阶层支配着有教养的人的生活方式，在这个阶层内部，老子教义的本义是不可思议的，并被断然拒绝了的。可是，打着老子旗号的道士们的法术则被当作适于民众的食粮，受到了宽容……。

> 有人说，道教在其教阶组织、众神构成（特别是最高神的三位一体，即三清）、祭祷形式等方面，即使不是全部，也有许多是模仿佛教而来

的。一般说来,汉学家们并不怀疑这种说法,只是在道教依附佛教的程度上有争论。①

韦伯对道教伦理总体评价是有失误的,但对商人亲道教是由于财富神的作用的看法则是有眼光的。不过中古社会道教的功利性、非理性的神秘化始终与巫术有着割不断的联系。巫术就其目的而言的确是功利性的,这是其有别于宗教的一个重要方面;巫术还包含强烈的非理性因素,特别是早期道教的巫术色彩是较为浓厚的。巫术的目的在于通过事巫祀鬼、符水治病、念咒驱邪等方式谋求完全的利益,而且是直接地满足物质或精神方面的治疗性需求,因此史书及后其道教一般称之为"鬼道"。王明指出:

> 民间道教和贵族道教的主要区别:前者叫作鬼道或巫鬼道,如张鲁据汉中,"以鬼道教民",以符水治病。后者叫仙道或方仙道,即服食药物企求长生不死的神仙道。……天上的神仙是人间贵族虚幻的反映,贵族支配庶民,所以神仙也"役使鬼神"。②

"鬼道"(民间道教)与"仙道"(贵族道教)之间的此种区分为准确把握"鬼道"及其与"仙道"分流发展的轨迹提供了重要参考。民间道教的功利性、非理性的神秘化诉求,与贵族道教寻求精神世界的超升大致是相分的,一定程度上体现了道教内在的品级,但不是截然对立的。③

功利性和非理性的神秘广泛存在于汉唐道教,尤其是民间道教因混杂巫术而在经济上以直接求利为目的,精神方面则不乏非理性的神秘、盲信。

---

① [德]马克斯·韦伯:《儒教与道教》,王容芬译,北京:商务印书馆1995年版,第255—256页。

② 王明:《抱朴子内篇校释》序,北京:中华书局1985年版,第314页。

③ 李养正将道教形成的母体归纳为三个渊源:鬼道、方仙道、黄老道。所谓"鬼道",即盛行于殷商时期的鬼神崇拜,巫祝则是沟通人神之间的中介,而后代兴起的道教具有典型的古代巫祝的遗风。(李养正:《道教概说》,北京:中华书局1989年版,第14页)宁可先生在论述早期道教的形成时也曾说:"形成于东汉的早期道教,其渊源上承老子的遗教,近受当时阴阳五行之说、图谶、神仙方术及巫术的影响,其肇建与传布者则多为方士和巫觋。方士尚神仙,巫觋交鬼魅。方士主要游结上层,巫觋更多面向平民。"(宁可:《五斗米道、张鲁政权与"社"》,见《中国文化与中国哲学:1987》,北京:三联书店1988年版,第140—165页。)这里虽说的是道教形成时的情况,但从道教形成以后的发展历来看,基本上是符合这一论断的。任继愈也认为:"道教建立后,沿着两条路线传播。上层路线与历代朝廷、官方相配合,可以称为正统的官方道教。还有在社会下层广大群众中传播的道教,它与民间巫术、符咒结合得比较紧密。农民起义也往往利用道教这个组织形式。"(任继愈:《道家与道教》,载《道教与传统文化》,北京:中华书局1992年版,第3—9页)

道教在早期形成阶段扎根于巫史传统,深深地打上了巫术的烙印,其经济伦理思想亦是如此。五斗米道最初即称"鬼道"。学道者须遵循要求,出五斗米,因此也被称为"米民"或"米贼"。初学道者称"鬼卒",后号"祭酒",各领部众,多者称"治头大祭酒",祭酒为"鬼吏",主为病者请祷。做法时书病者姓名,说服罪之意,作三通,一上于天,著山上,一埋于地,一沉于水,称为"三官手书"。诸祭酒各起义舍于路,以止行人,悬置酒肉其中,行路者量腹取足,若过多,"鬼道辄病之",所以,又称五斗米道。五斗米道在传教过程中,采取了许多巫术迷信的做法,吸引了大量民众,在汉中地区建立起政教合一的政权。可见,"鬼道"一称反映了早期道教事巫祀鬼的特色。

民间道教的另一支太平道也具有较为浓厚的巫术色彩。太平道曾在东汉末年爆发的黄巾农民大起义中起了重要的组织作用,它以"苍天已死,黄天当立,岁在甲子,天下大吉"的谶语为号召,以黄老之术与民间巫术相结合的方法,发展道徒,很快形成席卷全国的黄巾农民大起义,动摇了东汉王朝的统治。其组织群众的做法与五斗米道有许多相似之处。太平道与五斗米道还有许多不同之处,如太平道的领袖们自称"大贤良师",奉祀黄老道,师持九节杖,以符水疗病,并教人叩头悔过,毁神坛,相信"中黄太乙",奉持《太平经》又称《太平清领书》,"其言以阴阳五行为家,而多巫觋杂语"[①],是以黄老之术与民间巫术相结合的方法发展道徒的。其组织单位称为"方"。太平道与五斗米道的区别,关键还在于以"鬼道"疗病,即以巫术为人们治病的方法不同,不过太平道与五斗米道一样也是受巫术影响较深的民间道教组织。

道教向上层社会发展时期,神仙道教派(如葛洪等)在贵族立场上指斥原始道教为"妖道",把利用道教进行斗争的人民群众诬为"奸党""群愚",说他们"假托小术,坐在立亡,变形易貌,诳眩黎庶,纠合群愚,进不以延年益寿为务,退不以消灾治病为业,遂以招集奸党,称合逆乱……犯无轻重,致之大辟"[②]。神仙道教因很适合上层贵族的口味而被奉为正统,从此道教出现了贵族道教和民间道教分流发展的趋势。由此可见,超越早期民间运动中的生存性、功利性巫术道教,形成由系统理论支持的比较精致的超越性、精神

---

① 《后汉书·襄楷传》。《后汉书》,北京:中华书局1965年版,第1084页。
② 《抱朴子内篇·道意》。

性道教,对于道教经济伦理思想不断理性化、合理化、道德化具有实质性的意义。行为或思想追求非结果导向的义务性或道义性是道教信仰和精神追求的主要特点,道教经济伦理思想在"道"的层面以道义为追求,但是在生活实践和经济领域的"术"的层面,其功利性和非理性也是很明显的,这合于道教伦理体系本身兼容、驳杂之特色。

三、包容性、批判性和科学性的互渗

汉唐道教经济伦理思想生成和发展于形式多样、内涵复杂的农耕文化传统。汉末在儒家今文经学和古文经学、新道家思想主流之外,兴起了对抗统治思想的民间运动。民间运动创立了道教,在动乱的三国魏晋时代,道教适应了下层民众的精神需要、经济自主和互助以及政治诉求。隋唐时期,道教步入兴盛,如孔雀开屏,声光普耀。道教在建观立教的过程中继承了先秦、两汉儒家经济伦理思想的民本主义、道家经济伦理思想的自然主义,使之与古代神仙修行、方术等思想结合起来,形成持续推进、未曾中断的道教经济伦理思想,它的包容性、批判性和科学性是显而易见的。

道教经济伦理思想的包容性,一方面指道教对原始文化以及儒、道、墨经济伦理思想等多种要素的包括和容纳,另一方面也指道教经济活动对多种民间功利主义取向和性质的方术、道术、仙术修炼思想的包括和容纳,由此使道教经济思想内容复杂而多端。[①]《文献通考》(卷二百二十五)在《道藏书目》条下,作者评说如下:

> 道家之术,杂而多端,先儒之论备矣。盖清静一说也;炼养一说也;服食又一说也;符箓又一说也;经典科教又一说也。……张道陵、寇谦之之徒,则言符箓,而俱不言炼养、服食。至杜光庭而下,以及近世黄冠师之徒专言经典科教。所谓符箓者,特其教中一事。于是不惟清净无为之说略不能知其旨趣,虽所谓炼养服食之书,亦未尝过而问焉矣。然

---

① 梁朝目录学者阮孝绪在《七录》里根据《汉书·艺文志》将道分为方外道与方内道。宋马端临在《文献通考·经籍考》卷 38 立道家,卷 51、卷 52 立房中、神仙。其所谓道家含有阮孝绪的道部及仙道。《宋史》《辽史》《金史》《元史》诸史及《续文献通考》(卷 175 道家,卷 185 神仙家)也是在道家之外另立神仙家。《明史》卷 98《艺文志》首先将二者并为一类。

俱欲冒以老氏为之宗主，而行其教。盖尝即是数说者详其是非。如清净无为之言，曹相国、李文靖，师其意而不扰，则足以致治。……炼养之说，欧阳文忠公尝删正《黄庭》，朱文公尝称《参同契》。二公大儒，攘斥异端，不遗余力，独不以其说为非。山林独善之士，以此养生全年，固未尝得罪于名教也。至于经典科教之说，尽鄙浅之庸言，黄冠以此逐食，常欲与释子抗衡，而其说较释氏不能三之一，为世患蠹，未为甚距也。……张角、孙恩、吕用之之徒遂以此败人天下国家。然则往史五千言，亦尝有是乎？盖愈远愈失其真矣。①

"杂而多端"渗透到道教经济伦理思想之中，并成为其中的一个显著特点。马氏品骘道家为清静、炼养、服食、符箓家、经典科教五说，以为道离清净愈远愈失真，只承认道家思想而轻看道士宗教。下五品等次，可以说是通往道家思想发展之纲领。道教的起源思想多源，派别林立，显得杂而多，众派之间还可看到其共祖、共生，相互包容、相互蕴含。这体现在道教经济伦理思想中，民间大众功用主义、儒家的重义轻利和先义后利、道家的清静超脱等思想包容其中，相维相济、相辅相成。道教与民间信仰相互影响，复杂多样，道教在其中起着主导作用。道家始初本着黄、老、庄、列清静无为的精神，锻炼个人的身体以期达到治理邦国之方策。此后则神仙家如赤松子、魏伯阳诸人，专从事于锻炼。到后来如卢生、李少君、来大诸人，专以服食为升仙的道路，因此迷信的成分越来越多。到张陵、寇谦之等人，推老子为教主，同时用符箓斋醮的仪式与宗教信仰。南北朝道教多模仿佛教礼仪而不及其精神，在经典上又多模仿佛经。到杜光庭、司马承祯等，只从事于改袭佛经，使道教成为经典科教的末流。

道教在经济伦理思想方面的"杂而多端"不是"杂乱无章"，而是"有章可循"。"杂而多端"充分反映出道教经济伦理思想之包容性。可以说，道教在汉唐宋明清时期中国多元宗教文化系统中是富于包容性的本土宗教，其经济伦理思想也是如此。葛兆光在《屈服史及其他：六朝隋唐道教的思想史研究》一书中，运用"屈服"一词作为书名，是想使历史叙述者站在道教的立场上，分析道教如何在古代同强大的主流话语中被迫"调适""回应"以及"进

---

① 《文献通考·经籍考》卷225。

入"主流文化的。从整个道教经济伦理思想系统形成来说,此"调适""回应"以及"进入"主流文化,形成了道教经济伦理思想的包容性具体体现在:道教经济伦理思想以道家基本思想为渊源,吸收儒、墨经济伦理思想,融合民间方术(包括巫术和医术等)、功利主义观念及其他理论、修持方法而逐渐形成的一个独特思想系统。

汉唐道教经济伦理思想主流较为全面继承和发展了先秦、两汉儒家经济伦理思想主流传统,以道家和黄老之学为经济伦理思想的旗帜和理论支柱,兼收儒、墨、阴阳、养生、医家等的经世治身思想、信仰成分和伦理观念,在长生求仙、得道成真、体道合真的总目标下,形成了一种包容性的伦理思想系统。从经济伦理思想体系来说,道教的包容性体现在对原始文化以及儒、道、墨思想等多种要素的包容,其中最主要的是:

第一,崇拜生命,厌弃死亡,清心寡欲,斋戒辟谷。生死问题为人类众多的苦难中最无法逃避的问题,生有生的痛苦,死则更为可怖,人们总是希求美好地活着。原始文化有生命崇拜,儒、道都追求人生不朽、精神长存。人是天下之最贵者,人生最大的努力就是留恋、爱惜生命,因此生是人生第一要务。《太平经》(卷七十二)云:"凡天下人死亡,非小事也。壹死,终古不得复见天地日月也,脉骨成涂土。死命,重事也。人居天地之间,人人得壹生,不得重生也。"人首先要爱惜身体,热爱生命,甚于任何外物。"人最善者,莫若常欲乐生,汲汲若渴,乃后可也。"因此,"是曹之事,要当重生,生为第一,余者自计所为"[①]。"生为第一",神仙学说、丹道学说便是道教崇拜生命的最好说明。

第二,以人为本,重视生命。一切事务、活动,以人为本。道、儒都讲人与天地相参、为万物之灵,如《道德经》说:"故道大、天大、地大、人亦大,域中有四大,而人居其一焉"(第二十五章);《易经·系辞下》则说:"有天道焉,有人道焉,有地道焉,兼三才而两之……三才之道也。"儒家以人为天下最贵者,荀子说:"水火有气而无生,草木有生而无知,禽兽有知而无义,人有气有生有知亦且有义,故最为天下贵也。"[②]人有知有义,实为万物之灵,最为可

---

① 以上见王明《太平经合校》,北京:中华书局 1960 年版,第 80 页。

②《荀子·王制》。

贵。《礼记·礼运》把人比作"天地之德""天地之心"。董仲舒认为宇宙由十端构成,即天、地、阴、阳、五行和人,人是万物之本。他说:"何谓本?曰:天、地、人,万物之本也。"人是天下之最贵者,所谓:"人之超然万物之上,最为天下贵也。"①道教吸收传统儒、道思想,更强调我命在我不在天,轻物质追求,而对生命价值极其重视,坚信天道恶杀而好生,蠕动之属皆有知,无轻杀伤用之。《太上虚皇天尊四十九章经》云:"子欲学吾道,慎勿怀杀想。一切诸众生,贪生悉惧死。我命即他命,慎勿轻于彼,口腹乐甘肥,杀戮充啖食。能怀恻隐心,想念彼惊怖,故当不忍啖,以证慈悲行。"

第三,追求长生,扩张生命。既然人的生命很宝贵,道教认为人就应积极保养自身而不必怨天怨鬼。《太平经》庚部之八卷一一〇云:"人命近在汝身,何为叩心仰呼天乎?有身不自清,当清谁乎?有身不自爱,当爱谁乎?有身不自成,当成谁乎?有身不自念,当念谁乎?有身不自责,当责谁乎?复思此言,无怨鬼神。"②生命短暂,寿夭有时,人生大期,百年为限。道教进行了一系列实践和探索后认为,生命可以永生而不死,长生是可以通过努力修行而实现的,成仙就是可以与天地同寿。《周易参同契》(第八十九章)云:"引内养性,黄老自然,含德之厚,归根返元,近在我心,不离己身,抱一毋舍,可以长存。"《老子想尔注》云:"有荣必有辱,道人畏辱,故不贪荣,但归志于道。唯愿长生,如天下谷水之欲东流,归于海也。道人同知俗事,高官重禄,好衣美食珍宝之味耳,皆不能致长生。""生者,道之别体也。"③追求长生之道是为道之本,不知长生之道,身皆尸行耳。

第四,清苦持行,实证真作,积极救世。墨家倡言自食其力,济世利人,互利互助,为道教民间组织所吸收。墨子说:"赖其力者生,不赖其力者不生",反对"不与其劳而获其实。"④《太平经》亦强调人各自食其力,反对强取人物。墨子主张人与人之间应兼相爱、交相利,"为贤之道,就是有力者疾以助人,有财者勉以分人,有道者劝以教人",这样才可使"饥者得食,寒者得衣,乱者得治";反之,若"至有余力不能以相劳,腐朽余财,不以相分;隐匿良

---

① 《春秋繁露·天地阴阳》。苏舆撰,钟哲点校:《春秋繁露义证》,北京:中华书局1992年版。
② 王明:《太平经合校》,北京:中华书局1960年版,第527页。
③ 《道藏》第28册,第416页。
④ 《墨子·非乐》。

道,不以相教",那就会使"天下大乱,若禽兽然"①。道教也提倡人我相联,修道者应互助互利、帮助他人、救人济世,主张有财物之人"乐于养人""周穷救急"。

道教经济伦理思想的批判性立足于以"道"的眼光或视角观察人世和经济社会,道论是道教经济伦理存在论的基础,修道者依存的不同宗教组织之间、修行者个体之间、个体与社会之间、人与自然和万物之间的关系依道体共存而受界定,这必然包括现实伦理关系,道家的慈、俭、不争、公、善等概念及反异化的主张,皆有维护道体与存在的统一性的重要伦理学意义。出于维护道体与存在的统一性,道教关爱和平、保护生态、维护环境、尊重生命、谦和忍让、不贪权势、不慕货利等,亦含有重要的伦理思想意义。道教经济伦理思想的核心在于"道","道"的伦理内涵规范着经济活动、建构着合乎存在的统一性的人间社会。由于道教作为宗教伦理和其主要教义长生成仙思想通过报应思想扣在一个环上,道教的人生哲学和伦理学合二为一,这就赋予道教经济伦理在"道"的层面以完善生命与净化心灵世界的意义,使每一个体的道德行为直接关涉个人从今生到来世的整个生活。道教经济伦理思想的批判性,具体表现在以下方面:

第一,对世俗拜金主义的批判。汉魏以来,经济伦理领域里拜金主义倾向突出,促成具有批判世俗风气的道教思想的发展。拜金主义表现在封建权贵、豪绅和富商大贾认为金钱至上,金钱万能是衡量一切行为的标准,因此对金钱的追逐不择手段,争富斗贵,掠夺社会财富,同时由于施政不当和财富分配不均,导致贵族豪强之间的争斗以及下层民众的反抗,日益加剧了社会贫富差距。西晋鲁褒的《钱神论》正出现于汉晋时期货币崇拜、财富膨胀与贫富悬殊差距不断加剧等严酷的社会现实背景下。《钱神论》虚构了两个人物,一个是"富贵不齿,盛服而游京邑"的"司空公子",一个是饱读诗书,"尚质""守实""班白而徒行"的清贫学究"綦毋先生"。二人相遇之后发生了关于钱财的辩论,抛出一个"孔方兄",对当时社会进行了抨击和嘲讽。这种"钱神"论,是将以金钱衡量一切的财富标准推到极点的结果,而也正是物极必反,最尖刻的讽刺和嘲笑,对于当时财富拥有者来说无疑是当头一棒,对

---

① 《墨子·尚贤下》。

于那些挣扎在水深火热中的普通百姓来说,也非常解气,从而更多地超越货币拜物教,寻求可以比肩的其他"神物"。有人认为"死生无命,富贵在钱",也有人讲"死生有命,富贵在天",前者是被财富牵着走累死也活该的"钱下鬼",后者是不为财富所役使、逍遥得道的"云上仙",两者谁重,自然可以分出高下。

道教对财富的本质认识具有批判性,表现为财富是天地人共有,不为人私有,这已经大大不同于世俗财富观,更遑论极端的拜金主义。道教曾批判那些蓄财之人,他们集聚财富,藏富于宅第,甚至导致腐朽,在地下挖洞藏自己的财物而使大地不安,这种蓄财行为本身就是一种罪过。私藏财富冒犯天规,宁愿让财富烂掉也不愿让其在他人尤其是穷人流通的那些丑陋的聚财人,就像粮仓里的耗子,饱食终日,无所用心,认为整个粮仓只属于他们。他们不懂得公共粮仓属于穷人,天师称这些人是愚蠢的人。所以,道教从一开始就倡导一种人人可行的民富思想。《太平经》卷六十七云:"常力周穷救急,助天地爱物,助人君养民。救穷乏不止,凡天地增其算,百神皆得来食,此家莫不悦喜。因为德行,或得大官,不辱先人,不负后生。人人或有力反自易,不以为事,可以致富。"不同于普通的民富思想,《太平经》关怀的是每个民众都可以努力追求得到"天之道",这是一种最大多数人的财富观。道教对待财富本质以及财富的创造、支配等的看法,都已经不同于一般世俗价值取向的财富伦理思想,它不以财富为本,认为个人的财富不能作为一种标准。财富不能在完全富足的意义上存在,奇物珍宝本身不是界定贫富的主要条件。地上的财富都是暂时聚集、随时都会腐烂、丢弃、变质的东西,与天上的"财富"相比相形见绌。天上的"财富",不论是天官等级设置,还是神仙荣华宝物,都是映射了现实世俗的财富伦理,只不过它是永恒的、有终极意义的,是以人的肉体和精神的提升、以人的生命价值提升最终能够成仙为根本,此为最崇高的"富贵"。

世俗拜金主义痴迷于物质和钱财,为获得金钱不顾一切,甚至为达目的不择手段。清代纪昀在《阅微草堂笔记》中记载:粤东有一位大商人追求成仙,供养了几十位方士。某日,一位道士来访。这位道士展示了驱役鬼神、呼风唤雨、凭空取物、召美女歌舞、令人梦游、点石成金等法术,震慑了商人和诸方士。于是,这些商人和诸方士拜无名道士为师。随后无名道士对众人说："我展示的那些法术,是术不是道。如果我不展示我的法力,你们一定会说我只会说大话。"无名道士随后揭露诸方士的方术,大声呵斥他们说："你们名曰道流,其实都是妖人。"无名道士指示他们要靠自度,并大书十六字曰:"内绝世缘,外积阴骘,无怪无奇,是真秘密。"写完遂将毛笔扔在桌案上,发出雷电般的巨响,随即不见身影。这个志怪小说描写无名道士揭露诸方士说:你们所谓长期不食,其实是偷偷服用了辟谷丸;所谓前知,其实是偷偷求助了桃偶人;所谓炼成的金丹,其实是房中药;所谓的点金术,其实是缩银法;所谓助人进入冥界,其实是偷偷给人服用了麻醉药茉莉根;所谓请来了神仙,其实是施用了摄魂术;所谓助人返魂,其实是施用了役狐魅术;所谓凭空搬运,其实是借助五鬼术;所谓辟兵,其实是借助铁布衫功夫;所谓飞跃,其实是借助鹿卢蹻术。诸方士"时有小验"的方术之所以被无名道士斥责为"伪术",一个原因是夸大了效果,即"皆曰冲举可坐致";另一个原因则是方术本身弄虚作假,即服用辟谷丸冒充可以长期不食,等。无名道士指责"儒家、释家大伪日增",愤恨"道家之滋伪"。[1] 这种夸大效果和弄虚作假的现象在社会各行各业屡见不鲜,特别是少数方士打着道教方术的幌子,兜售夸大效果或弄虚作假的"伪术",攫利沽名,害人不浅,而真正的道教学者则对此持批判的态度。

基于对拜金主义无限趋利、损人利己的深刻认识,道教对竞相争夺财富的行径表示极大痛恨。葛洪早有认识:"厉苟进之贪夫,感轻薄之冒昧;虽器不益于旦夕之用,才不周于立朝之俊,不亦愈于胁肩低眉,谄媚权右,提赞怀货,宵征同尘,争津竞济,市买名品,弃德行学问之本,赴雷同比周之末也。"[2]贵生轻物、鄙薄利禄之人奇缺,贪求争竞成风,以钱财贿赂像龙般跃升,靠同伙帮助像风一样兴起,这种恶劣风气废弃了常理正道。"纷扰日久,求竞成俗,或推货贿以龙跃,或阶党援以凤起,风成化习,大道渐芜,后生昧然,儒训遂埋,将为立身,非财莫可。"[3]因此,道家推崇那些隐士、志人、圣人,出仕隐

---

[1] 清末民国初徐珂编《清稗类钞》全文移录了这个故事,编入《方外类》,后加了题目"道士论自度法"。纪晓岚的记载仅以"梁豁堂言"起始,表明故事是梁豁堂讲给他的。梁豁堂是纪晓岚的朋友,名奇通,字希颜,号豁堂。梁豁堂乾隆十二年(1747年)中举,先后任广西雒容、兴安知县。无名道士对"伪术"的斥责,表达了梁豁堂和纪晓岚对现实的看法和态度。"伪术"肆虐,是清代社会现实的反映。

[2]《抱朴子外篇·逸民》。

[3]《抱朴子外篇·逸民》。

居,各随所好,"所谓志人者,不必在乎禄位,不必须乎勋伐也。太上无己,其次无名"。守志隐逸的人,不必在于俸禄爵位,不必等待功勋表彰。最高境界首先是没有自身,其次是没有名声。"圣人之清者,孟轲所美,亦云天爵贵于印绶。志修遗荣,孙卿所尚,道义既备,可轻王公。而世人所畏唯势,所重唯利。"①贵贱果不在位,圣人境界是令人向往的。上天赐予的爵位比官印、世俗财禄和富贵更可贵。志向美好会带来荣耀,道德仁义具备了以后,可以轻视王公公爵。

汉唐道教经济伦理思想乃是中国道教中以得道成仙为理想追求的关于经济道德关系得以协调和规范的一种信仰化的伦理体系,它内在地存在于道教体系之中,并成为推动道教实现其宗教理想的重要实践理性方式。这一实践理性是道教信仰者由世俗通往神圣必不可少的阶梯。

第二,对来生观念和解脱思想的批判。道教经济伦理思想是道教入世方式的体现,道教以入世的精神对来生观念和死后的解脱给予了批判。道教的信仰是在现实中达到满足,而不是寄予虚幻的来世。北周甄鸾《笑道论》引葛玄《老子序》说:"道主生,佛主死。"《三天内解经》说:"老君主生化,释道主死化。"②齐道士著《三破论》论佛、道之不同,认为"道家之教,妙在精思得一,而无死入圣。佛家之化,妙在三昧通禅,无生可冀,故铭死为泥洹。未见学死而不得死者"③。道、佛信仰之不同,佛教追求出世,而道教则求入世,而善于治生、经营利人是其入世精神的重要体现。虽然自唐宋以后佛教受中国文化入世观影响,认为只要心中排除了一切杂念,获得"顿悟",人人可以成佛,不一定等死后才能成佛,但总的来说,以解脱为目标的佛教终究是要出离世间。道教经营利人、善于治生,重视世俗生活的自然主义,对佛教出离世间的解脱主义而言,是一个很大的反拨。

道教重视今生,自食其力,农道合修,而不重视来生和彼岸解脱;道教重视现实生活中的努力,以日夜不息之力促进修行得道,甚至逆命抗修,而不重视涅槃寂静,解脱离世。道教看重养生延命,不因重将来飞升而看轻现实人生。成玄英说:"道不可见,因生以明之;生不可常,用道以守之。若生亡,

---

① 以上见《抱朴子外篇·逸民》。
② 转引自汤一介《佛教与中国文化》,北京:宗教文化出版社2000年版,第138页。
③ 《弘明集》,刘勰:《灭惑论》引《三破论》,《四部丛刊》本。

则道废,道废则生亡。生道合一,则长生不死,羽化神仙。"①这里以修心为修道之说,强调对精神灵性修持上的提升,以获得精神悟境的圣哲,由内而外无不宁静无为,起思动念无不利益众生,神思所到无不字字精巧,句句珠玑。道教崇拜大道,即崇拜生命,各种道戒都是围绕着一个"生"字而展开,既重视个体的生命,也重视群体的生命和自然界的生命。它主张求道修道要从当下的生命做起,即筑基炼己,形神相守,性命双修,使生理生命和精神生命在良性互动中得到均衡发展,下学而上达,最后达到脱胎换骨、生道合一,这便是得道成仙。神仙是持道戒修行者所追求的一种理想的生命状态,道教坚信这种状态靠恰当的修炼是能够实现的。因此,道教重养生之道,致力于祛病健身,参与医药学的研讨和发展,关心民族体质的提高,因此表现在宗教经济伦理上,就一直重视生命伦理的开拓,认为这是最大的财富和价值。《太平经》提出"生为第一",并把"寿"与"孝"紧密联系起来,认为"寿者,乃与天地同忧也。孝者,与天地同力也。故寿者长生,与天同精。孝者,下承顺其上,与地同声"②。为人子尽孝要设法使父母健康长寿。它提倡富人要周人穷困,"积财亿万,不肯救穷周急,使人饥寒而死,罪不除也",因此救人性命是"助天养形"的德行。道教尚道德而非刑杀,它认为天道恶杀而好生,蠕动之属皆有知,它反对当权者"取法于刑",反对残害妇女和女婴,认为这是"故犯天法"的犯罪行为。北周武帝宇文邕撰《无上秘要》,其中提出道戒:"学道不得煞(杀)生蠕动之虫。"要求爱惜动物的生命。陶弘景认为人为万物之贵物,其曰:"夫禀气含灵,唯人为贵。人所贵者,盖贵为生。"③《太上洞玄灵宝无量度人上品妙经》明确标出"仙道贵生"的宗旨,点明了生命哲学是道教信仰的最大特色。贵生,即热爱生命,保护生命,优化生命。道化生万物,并且内在于万物之内。王玄览说:"道能遍物,即物是道。"④潘师正回答唐高宗说:"一切有形,皆含道性。"⑤唐代道士孟安排指出:"一切含识乃至畜生、果木石者,皆有道性。"⑥道教以万物皆有道性的观点阐明了万物平等的

---

① 《坐忘论》,《道藏》第 22 册,第 848 页。

② 王明:《太平经合校》,北京:中华书局 1960 年版,第 310 页。

③ 《无上秘要》,见《道藏》第 18 册,第 474 页。

④ 《道藏》第 23 册,第 620 页。

⑤ 《道藏》第 24 册,第 786 页。

⑥ 《道藏》第 24 册,第 832 页。

主张,否定了人类有凌驾于万物之上的特权。"道非独在我,万物皆有之"①。成玄英说:"夫大道自然,造物均等。"②人与万物在道性上是平等的,自然界中的一切各有其价值,万物都有按照道赋予它的本性自然发展的权利,人类不应阻碍它们实现自己的价值。因此,人应把爱人的品德扩展开去,及于爱物,既保护人的生命,也保护万物的生命,这才是符合修道的要求。而修道的最高追求,则是体现和实践大道生生、仙道贵生的精神。道教的无为而治、自食其力、按义取利、均而无私、敬事节用,使其在经济伦理思想在利国利民、经世致用方面做出了积极的贡献,从而对来生观念和解脱思想的空想性、虚无性进行了巨大的批判。

道教经济伦理思想科学性的含义要旨,是指主流道教信仰者在基本修道理念的影响下,理性地分析和把握经济活动事实和规律的基础上,对经济生活作出合乎客观事实和一定伦理规律的科学认识和评价。对经济活动事实和规律的恰当、合理把握,是决定经济伦理思想科学性的一个重要因素。道教经济伦理思想蕴含的科学性,体现在它针对现实生产实践和经济生活之需要,并在总结以往经济生产和生活经验的基础上,立足于具有某种合理性的宇宙观、自然观,对经济活动的伦理要求,对人与自然的关系,对自然规律、土地属性、农作物、茶艺、药材种植、耕作技术等,作出一定程度的理性化、伦理化的探讨。

《道藏》收录的有关汉唐道教的伦理学文献,内容往往涉及广泛的人文和自然方面的复杂知识,其中涉及宇宙观、自然观、医学、药物学、化学、天文、地理、数学、技术、农学思想等科学思想史料。道教关于农业经济伦理问题的探讨,与农学和农业科技发展的关系十分密切。道教农学思想主要包括道家道教典籍的"重农"和"耕道"思想两大部类。③ 可以说,道教与中国传统农业生产技术的关系是一种互动关系,传统农业生产方式和思维方式决定道教的性质、内涵及方向,传统农业经济伦理的基本观念影响着道教经济伦理思想的基本规范,使"道"具有明显的"农"意。道教的经典和仪式又在

---

① 《道藏》第 11 册,第 510 页。

② 《道藏》第 16 册,第 371 页。

③ 参阅盖建民、袁名泽《道教与中国传统农业关系略考》,载《福建师范大学学报》(哲学社会科学版)2009 年第 3 期。

默默地影响着中国传统农业经济伦理的发展,使传统农业的中国化性质得以彰显。在道家思维方式的影响下,中国传统农业的精耕细作方式吸取了《吕氏春秋》最早论及的"耕道"。《太平经》等道教经典十分关注分析地力问题,不仅强调合理利用土地资源,而且还注重务农严守农时,根据阴阳五行以定农事,提出护林、保护植被的思想,这对农业生态经济伦理的发展方向有重要指导作用。《洞灵真经》之《农道》篇对人与自然物性、农业与国家治理的关系以及人对农业科学技术的掌握等内涵作了一个全面的概括,中国传统农业的"耕道"技术无不包含其中。

道教各种农书研究生产、园艺、耕种、物性、农道养生等农事物活动和农业技术,多以民本、农本、食本为主题,以此为贯穿其中的经济伦理思想之主题或核心。道门农书中著名的有如《新唐书·艺文志》道家类著录的《亢仓子》即《洞灵真经》之《农道》篇,茶圣陆羽著《茶经》等。《茶经》收入《正统道藏》之《三洞群仙录》,全书共三卷十门,即一之源、二之具、三之造、四之器、五之煮、六之饮、七之事、八之出、九之略、十之图。其中"一之源"记茶的生产和特性;"二之具"记采茶所用的器物;"三之造"记茶叶的加工;"四之器"记茶叶加工时所用的器物;"五之煮"记述茶叶的烹煎方法;"六之饮"介绍了饮茶方法;"七之事"掇拾古书中有关茶的文字,叙述了茶的历史;"八之出"叙述茶的产地,并按上、次、下三个等级评价各地茶叶的优劣;"九之略"讲述野外茶叶加工的有关事宜;"十之图"即将上述九个方面的内容用图画的形式表现,置诸座隅,以备便览。《茶经》系统总结了唐以前种茶经验和自己的体会,包括茶的起源、种类、特性、制法、烹煎、茶具,以及水的品第、饮茶风俗、名茶产地、茶叶典故和药用价值等,是中国第一部关于茶叶的专著。一生出入道观、与道门人士交往甚密的陆龟蒙,著有《耒耜经》(一卷),这是中国第一部农具专著。陆龟蒙曾隐居故乡松江甫里(今江苏吴县东南甪直镇),人称"甫里先生",他在躬耕、垂钓之余,写下了许多诗、赋、杂著。《耒耜经》是一篇小品文,包括序文总共才六百余字,详细地记载了当时江东地区所普遍采用的一种水田耕作农具"曲辕犁",书中还提到了爬(耙)、碌碡和礰礋等三种农具。《渔具十五首并序》及《和添渔具五篇》,对捕鱼之具和捕鱼之术作了全面的叙述。《和茶具十咏》对茶具作了叙述。

道士王旻约于唐玄宗天宝后期(742—756年)编撰《山居要术》(亦作《山

居录》《山居要录》和《山居杂录》)一书,这是古代农学史上的一部具有重要价值的农书。王旻,号太和先生,最初隐居衡山,后来迁到高密的牢山。《太平广记》卷七二"王旻"条说:"太和先生王旻,得道者也,常游名山五岳,貌如三十余人。"隐居衡山,"天宝初,有荐旻者,诏征之,至则于内道场安置,学通内外,长于佛教"。又称旻"长于服饵","好劝人食芦菔根叶,云:'久食功多力甚,养生之物也'"。天宝七年(748年),"旻乃请于高密牢山合炼,玄宗许之,因改牢山为辅唐山,许旻居之"。卷四六六"王旻之"条又载王旻劝琅琊太守许诚言捕逆鳞鱼事,条目首句为"唐王旻之在牢山"而误,应作"王旻"。这两条材料,《太平广记》注明出自《纪闻》,这是唐肃宗时牛肃编撰的一部杂史笔记,多载唐玄宗时人逸事。牛肃几乎与王旻同时,他的记载具有很高的可信度。元人道教传记云:"王旻者,居洛阳青罗山,乡里见之,已数百岁,常有少容。葺居幽胜,多殖芝术药苗,栽培花木,皆有方法。著《山居杂录》三篇。每日蔬馔,多是粉芝英充估青餸,其术行于世。或游名山,或寓荆渚。唐高宗朝,诸武擅权,威倾海内。惟太子宾客武攸绪,天后之侄,退身远祸,结宇于嵩阳,师模于旻,得其导养炼气之诀。……明皇开元中召旻至京师,颇优恩礼。明皇先于茅山并得杨、许七真及陶隐居所写上清诸经真迹,既诣司马白云受三洞宝箓,后遥诣李玄靖受真迹上经,其所阙杨君笔札十数幅,遣旻赍诏书信币就紫阳观请玄靖先生补之。……及还京,岁余,请归旧山,不复游于城阙。旻与达奚侍郎往还,旻死后,杖屦诣达奚,方知其尸解矣。"[1]今有《居家必用事类全集》认为"戊集载王旻《山居杂录》……皆有用之书,久无传本"[2]。《山居要术》一书在唐宋时期流传甚广,颇受士大夫的重视。韩鄂《四时纂要》一书引用《山居要术》,说明它至迟唐末时已通行于世。《山居要术》全本共分种艺、种药、种菜、果木、花草和竹木六类,另有山居总论、种地黄、种薏米、种紫苏、种黄精、种葵、种苜蓿、种茄子法和种桃李杏等89条条文。这些技术全与道士日常生活所需有关。务农过程强调勤、固根、苦行、报应的思想,这与修道宗旨是一致的。《山居要术》是一部在中国农学史上占有一席之地的重要农书。1960年,在日本山本敬太郎的藏书中,发现了一

---

① [元]赵道一撰:《历世真仙体道通鉴》卷32,《道藏》第5册。
② [明]熊宗立撰:《居家必用事类全集》,明成化内府大字本。

部朝鲜古刻本的《四时纂要》（刻于明万历十八年）全集本，唐代农书失传的空缺因此可得以弥补。中国农学研究专家认为，《山居要术》可以填补从《齐民要术》至《四时纂要》间的空当，中国古农学一脉相传的历史因此而形成了一条比较完整的长链。[①]

以农为本、以食为本是唐末五代韩鄂撰著的《四时纂要》一书经济伦理思想之基本论题。《四时纂要》是一部按月列举应做事项的月令体农家杂录，该书中占候、择吉、禳镇等项占 348 条，几乎占全书的一半；食忌、出行日等禁忌内容与道教类书《孙真人摄养论》相似，是农学与民间道教相结合的产物。韩鄂在《序》篇开首提出："夫有国者，莫不以农为本；家者，莫不以食为本。"书中列举古人有关重农的事迹之后讲述了本书的写作经过，其中云：

> 余以是遍阅农书，搜罗杂诀，《广雅》《尔雅》，则定其土产；《月令》《家令》，则叙彼时宜；采范（原文如此，当为氾）胜种树之书，掇崔寔试谷之法；而又韦氏《月录》，伤于简阅，《齐民要术》，弊在迁疏，今则删两氏之繁芜，撮诸家之术数，讳农则可嗤孔子，速富则安问陶朱；加以占八节之风云，卜五谷之贵贱，手试必成之醯醢，家传立效之方书；至于相马、医牛、饭鸡豵，既资博识，岂可弃遗？事出千门，编成五卷，虽惭于老农老圃，但冀传子传孙。仍希好事英贤，庶几不罪于此。故目之为"四时纂要"云耳。

《四时纂要》全书体例受《礼记·月令》等传统农书的影响，以"四时"（四季）为名，按月记载各种天文（星躔）、占候、丛辰、禳镇、食忌、祭祀、种植、修造（包括酿造、合药和某些小手工艺制品）、牧养、杂事，最后抄录一段《月令》中的"愆忒"作结。其中真正与农业生产有关的是种植和牧养两项，以及杂事中的几条。这本书内容主要以北方地区的农业为主，反映了唐末长江流域地区农业生产技术状况，书中有"种茶"和"收茶子"各一条，是中国古书中关于茶树栽培技术的最早、最详细的总结。《四时纂要》除介绍种茶方法之外，还提到"茶未成，开四面不妨种雄麻、黍、穄等"。《四时纂要》沿袭了《齐民要术》的说法，认为"种水稻，此月为上时"，反映北方水

---

① 胡道静：《我国古代农学发展概况和若干古农学资料概述》，载《学术月刊》1963 年第 4 期。

稻种植。《四时纂要》作为一本月令体农书,它和东汉崔寔的《四民月令》相比,有继承和发展的一面。两书在内容上是一致的,即以农、工、商来维持士大夫家庭一年四季的生计。全书关于农业生产共有245条,是本书的主体,其中蔬菜70条,所占比重最大,大田作物(包括粮食、油料和纤维作物)共59条,居第二位。全书主要内容来自《齐民要术》,但是也有一定的发展,书中最早记载了棉花、薏苡、薯蓣、百合、食用菌、牛蒡、莴苣和茶叶,以及白术、决明、黄精等多种药用植物的栽培技术,书中还记载有养蜂技术、兽医方剂(这方面不少不见于《齐民要术》),以及油衣、油漆用的干性油的提制(不见于以前记载)。《四时纂要》最早记载了用麦麸作"麦豉"的方法、干制酱黄的方法、酱油的加热灭菌处理方法等。《四时纂要》是继《齐民要术》之后的又一部月令体农书,大多数内容采自以前的文献,但也增加了一些新内容,并保存了不少现已失传的资料。后周时窦俨向周世宗(954—959年在位)建议选刻前代农书,使《四时纂要》与《齐民要术》并举[1],其中的积极进取开拓精神,以及充分开发土地、有效利用自然、大力培育农作物和农产品的思想确为世人称道。

道教农书不仅是记载和反映了盛唐时代高超的农业智慧和发达的农业技术,同时也对进一步传播和完善农业生产体系具有一定的积极功能和价值,对于实际的生产和生活也更有着重要的指导作用和意义。重要的农书还有陈旉(1076—?)著的《陈旉农书》(三卷),该书虽成于南宋绍兴十九年(1149年),但其中包含着对南北朝、隋唐时期,有关改良土壤、增强肥力以及遵循自然规律进行生产的农学思想精华的概括和总结。陈旉自号"西山隐居全真子"(又称"如是庵全真子"),他长期在长江南北奔波,在住地"种药治圃",因此有机缘接触农夫与农业。《陈旉农书》成书时,陈旉已74岁,该书是中国现存时代最早记载江南地区农业生产技术的农书。《陈旉农书》篇幅不大,共有1.2万余字,分为上、中、下三卷。上卷总论土壤耕作和作物栽培,

---

[1] 宋代天禧四年(1020年)将《四时纂要》与《齐民要术》二书一并开始校刻,随后颁给各地劝农官。本书流传到朝鲜,曾在李朝统治时期盛极一时,"从高句丽末到李朝初,由于同元朝的关系,以《农桑辑要》《四时纂要》为开端,《陈旉农书》《王祯农书》等很多中国农书流入朝鲜,其中利用最多的是《农桑辑要》和《四时纂要》"。李光麟:《论养蚕经验撮要》,《历史学报》1965年第28号,转引自《农史研究》第二辑,第149页。

中卷论述耕畜的饲养管理,下卷讨论有关种桑养蚕的技术。上卷是全书的主体,占全书三分之二的篇幅,中卷第一次用专篇来系统讨论耕牛的问题;下卷把蚕桑作为农书中的一个重点问题来处理,也是这本书的首创。此书虽然是宋代农书,但也间接体现了对唐代农学思想和农业生产经验的继承和发展,例如书中强调掌握天时、地利对农业生产的重要性,指出与天地作斗争,耕稼是"盗天地之时利";提出"地力常新壮论",认为"法可以为常,而幸不可以为常"的观点,这里的"法"就是指自然规律,"幸"指偶然、侥幸,不认识和掌握自然法则,"未能有得者"。《陈旉农书》开篇"财力之宜",强调生产规模(特别是耕种土地的面积)要和财力、人力相称,"贪多务得未免苟简灭裂之患,十不得一二"。他还引用当时的谚语说:"多虚不如少实,广种不如狭收。""农之治田,不在连阡跨陌之多,唯其财力相称,则丰穰可期也审矣。"财力之宜着眼于财力,落脚点在于耕地面积的大小。而耕地面积除了本身的面积大小,还包含很多其他的因素,地势即其中之一。随后"地势之宜篇"着重谈土地的规划利用,他认为地势的高低不仅影响到土地的规划利用,同时也影响到耕作的先后迟缓和翻耕的深浅;接着"耕耨之宜篇",由于耕耨有先后迟缓之别,又引出"天时之宜"的问题,他认为:"农事必知天地时宜,则生之、蓄之、长之、育之、成之、熟之,无不遂矣。"强调顺天地时利之宜,在此基础上谈各种农作物的栽培。"六种之宜篇"讨论几种旱地作物的栽培时序问题,庄稼种得好坏有赖于人,因此农家居住靠近农田,便于照顾耕作。因此农家住宅布置的"居处之宜"为第六篇。居处的远近只是一种客观,真正要提高土壤肥力还得靠人的主观努力,这就是"治"。"粪田之宜篇"提出关于土壤肥力的学说,一是"虽土壤异宜,顾治之如何耳,治之得宜皆可成就",二是"地力常新壮"的论断。治与人事甚至鬼神相关,因此有"节用"(勤俭节约)、"稽功"(奖勤罚懒)、"器用"(物质准备)、"念虑"(精神准备)、"祈报"(敬事鬼神)等篇。人事问题涉及从物质到精神的准备过程以及技术性问题,书中专有两篇谈论水稻的田间管理和水稻育秧技术,即"薅耘之宜篇"和"善其根苗篇"。还有一些道教隐士虽然名不见经传,但是却留下了丰富的农业经济思想。他们注意到与其山居环境相适应的农业经营活动以及农业养生经验,其中总结了植物种植、动物养殖之经验,开创了中国农学思想传统,对农业经济伦理思想的研究意义重大。①

农业科学技术是道教表达其经济伦理思想之实践理性的一种重要方式。道教重视农业科学技术，以农业科学技术来有效解决人与自然关系之矛盾问题，达到合乎伦理地利用自然之目的。道教农书论及农业科学技术的内容很多，总结和提炼了很多对于发展经济伦理思想很有意义的农学理论。如唐玄宗天宝元年(742年)诏封庚桑子为洞灵真人，尊《庚桑子》一书为《洞灵真经》，其中《农道》篇称农业生产的技术和方法为"耕道"，并为此进行了专门的具体论述。《农道》讲求"无失人时，迨时而作，过时而止"，具有十分科学的农田整治、田间耕作、田亩管理思想，专门讨论了农田的施肥问题。"耕道"最早源于《吕氏春秋》所论之"耕道"，为后世道家推崇的重要农学书籍，其中的《任地》《辨土》《审时》三篇论述了各种农业生产技术，包括根据不同土地选择不同的耕作时间、施用不同的耕作方法，提出精耕细作、因地制宜等原则。《太平经》也十分关注地力问题，有许多这方面的论述，例如地气充沛的土称为良土，否则为薄土，即"得良土即善，得薄土为恶"，地力决定农作物的产量，所以强调合理利用土地资源。《太平经》还强调务农要因顺自然、恪守农时，根据季节气候、物候以及阴阳五行以定农事，同时提出护林、保护植被的思想。《洞灵真经》之《农道》篇除了阐述以农为本、以农立国的道理外，还以相当多的篇幅专门论述了"耕道"，其耕道具体内容如要求"无失人时，迨时而作，过时而止"，适时耕作；讨论了农田整治与耕耘技术思想，提出"慎其种""立苗有行"的农田播种思想以及田间管理思想；《农道》篇还专门讨论了农田的施肥问题，指出正确施肥对于保证粮食丰收有重要意义，这些方面对农业科学技术的内涵及其发展都具有积极的意义。因此，可以认定《洞灵真经》之《农道》篇乃是探讨道教农学思想的一篇重要文献。

---

① 道教农书还有宋代王灼撰的《糖霜谱》(一卷)，由卧云庵僧人守元为其作跋。这些农书继承了传统的重农思想，记载了各个时代的农业技术。后世农书还有如明朝静虚子著的《花谱》一卷(千顷堂书目食货志类著录)；道场山人星甫即程岱岺合著《西吴蚕略二卷》；一生轻视名利，信奉"吾躬耕养亲而已，奚名利为"的自号半山庄主人杨秀元著有《农言著实》；静子著《茶花谱》三卷；田道人奚子明著《多稼集》二卷；号茶磨山人的顾绿，与梅花庵主李瑞清和洞虚子韦光�(疑敌)为友，著有《艺菊须知》二卷；自号癯仙的朱权著《癯仙神隐书》四卷；自号为广寒仙裔的隐士陈元靓著《牧养志蔬品谱果食谱》；号平园老叟的周必大著《唐昌玉蕊辩证》一卷(唐昌为一道观名)。《辩养马论》一卷，作者谷神子，疑与注《老子》十三卷的道家冯郭是同一人。

　　道教经济伦理思想的科学性不仅体现在有关农学的见解上，还体现在对财富的性质、财富占有等问题极具合理性的灼见上。早期道教经典中提出财富属于民众，蕴含着财富如水的思想，《太平经》卷二百二十云："夫财者，天地之间盈余物也。比若水，常流行而相从，常谦谦居其下。得多财者，谦者多得也。故期者，天不佑之矣。"①即顺性而为，以柔克刚，点滴积累，爱之于微，成之于著，谦居其下，不恃强凌弱，倚财骄横，才可享无为之富；财富属于民众，无为而能生财、有财、守财，休养生息，还利于民，在上者无为而在下者有为，减少苛政才有利于民。人类要顺应财富之性，自然而为，不可强取豪夺。一切财富都是"相生相养"而成，属于人类共享。人应该积极参与和担负生养万物的使命，也就是创造财富的同时还要保护财富，使财富可持续发展。道教认为，奇物珍宝是额外财产，拥有或缺乏可能影响家庭基本生活条件，但奇物珍宝本身并不是界定贫富的主要条件。在道教提出的各种贫困的等级中，缺乏奇物珍宝是最轻的、最不严重的一种贫困。道教在关于社会分层的观念中，一般让处于最底层的人照管奇物珍宝，这说明了奇物珍宝之不重要性。财富如水，属于民众，创造财富与保护财富以及财富的可持续发展等思想，这些无疑都具有一定的科学性。

　　道教关于以农证道、发展农业、重视农学的思想，与其研究物性、注重验证、看重试验的科技思想是有一定的联系的。农业的发展需要研究气候、土地、动植物等，道教经济伦理思想的形成发展与农业科学技术的研究和利用也是密切相关的。关于道教与科学技术的关系，英国的中国科技史专家李约瑟曾认为：

　　　　道家哲学虽然含有政治集体主义、宗教神秘主义以及个人修炼成仙的各种因素，但它却发展了科学态度的许多最重要的特点，因而对中国科学是有着头等重要性的。此外，道家又根据他们的原理而行动，由此之故，东亚的化学、矿物学、植物学、动物学和药物学都起源于道家，……道家深刻地意识到变化和转化的普遍性，这是他们最深刻的科学洞见之一。②

---

① 王明：《太平经合校》，北京：中华书局1960年版，第695页。
② 姜生、汤伟侠：《中国道教科学技术史》（汉魏两晋卷），北京：科学出版社2002年版，第10页。

李约瑟考察了大量史实后做出结论说：道家思想乃是中国科学和技术的根本。[1] 中国道教学者姜生、吕锡琛也有相似论断，下引两段予以说明：

> 道教徒为实现其宗教理想所进行的探索活动及诸多科学发现，……在浩瀚的道教经卷和中国古代各种相关文献中，人们不难发现，大量的中国古代科技成果，在道教那里不仅得到吸收、保存和发展，而且被改造，从某些方面得到强调，又做出了许多创造性的发明，而且有些颇具道教的独特性，是其特定信仰和思想文化的产物。[2]

> 一般认为，具有农业文明特色的"天人合一"，是探讨科学及精神绕不过去的根本范畴，兵、农、工、医等均是对这一模式的实践殊相。从道家说，其创始人老、庄既无科学实践，又有某种反科学的倾向，如庄子"有机械者必有机心"的看法就是如此。但是，继承老庄脚步的道教却是在老、庄的基本精神引领下进入丹术试验领域的。尽管道教中的丹术等并非自觉意识的化学，但化学史却以它们为化学的开山鼻祖，西方亦然。如果这种说法可以成立的话，那么道家理论中的相关方面就成了它赖以实践的"科学精神"。[3]

姜生在其主编的《中国道教科学技术史》（汉魏两晋卷）序言中如此认为："事实上，从其神仙思想的层面来看，在某种意义上可以说，道教试图利用科技说明以达其理想，他们的理想人物就包括譬如黄帝这样的民族英雄。在道教里，黄帝不仅是中华文明的创始者，而且是最伟大的发明家。……《史记·黄帝本纪》说黄帝'艺五谷'，'时播百谷草木'。《神仙列传》言'帝以观天文，察地理，筑宫室，制衣服，候气历，造百工之艺'。各种典籍记述黄帝名下的发明创造可谓多矣，计有蚕丝、衣裳冠履……粮食种植等等。"[4]可见，物性（包括土壤、地理、动植物等）的研究以及技术（农耕、园艺技艺等）的发明创造，对于农业的发展具有重要的意义。吕锡琛的论说虽然是在论证说明道教丹术与化学的关系及其科学性这一问题，但是根据此资料和思想逻

① 姜生、汤伟侠：《中国道教科学技术史》（汉魏两晋卷），北京：科学出版社2002年版，第10页。
② 姜生、汤伟侠：《中国道教科学技术史》（汉魏两晋卷），北京：科学出版社2002年版，第12页。
③ 吕锡琛：《论道家思想中的科学精神》，载《哲学研究》2000年第4期。
④ 姜生、汤伟侠：《中国道教科学技术史》（汉魏两晋卷），北京：科学出版社2002年版，第9页。

辑,也可以推出道教经济伦理思想中的合理性,这种合理性使得道教在经济伦理发展史中占有一定的地位。

道教经济伦理思想固然带有浓重的信仰主义精神或色彩,但是不能无视其初步的科学自觉性。道教著作在相关理论方面的分析、研究和论述,确实自觉或不自觉地或有意识或无意识地体现着农业经济、经营活动的合理化经验和认识。道教因注重农学、农业技术等因素而使其经济伦理思想在基本概念、原理、定义、论证以及内容叙述等方面,注重是否清楚、确切、合乎事实,因此具有一定的准确性、合理性因素,这是其超出儒、佛经济伦理思想从而具有一定的科学性的体现。

四、汉唐道教经济伦理思想的承上启下意义

道教经济伦理思想在其形成和发展过程中,不仅融摄并整合了道教正式创建以前中国文化中的传统经济伦理要素,而且受到秦汉信仰危机、汉代以来社会经济发展变化的刺激与时代精神的作用,产生了许多自身特有的经济伦理思想内容。因此,道教经济伦理思想是这个时期儒、佛经济伦理思想之外的一种新的经济伦理思想形式。

道教经济伦理思想在中国经济伦理思想史上具有承上启下的意义,主要表现之一是道教对中国农业社会的经济伦理观念、经济理性思想有很大的承接性,在有意识地承接和转化诸家相关经济伦理思想方面做出了历史性贡献,并以之作为发展自己思想的养料,形成了既入世又超越的独特的宗教经济伦理观和实践价值观。

(一)承接华夏远古时代的民本思想

三代文献《尚书·五子之歌》首句云:"皇祖有训,民可近,不可下。民惟邦本,本固邦宁。"这是大禹的五位孙子在被放逐途中回忆皇祖训诫,述说禹的训示:民众可以亲近,不可以对之轻贱失礼;民众是国家的根基,民众安定了,君位就稳固了,天下也就太平了。此训示不一定就是夏禹原话,但也确实反映了来自华夏远古时代的民本思想。远古民本思想以人的基本的生

存、发展为内核，强调敬天畏罚，立君、立国以考虑衣食之源为先，因此这种民本思想也是"天命"论笼罩下的民本思想，是中国民本主义经济伦理思想的源头活水。

除《五子之歌》的民本观念外，《尚书》之《汤誓》《泰誓》也代表了夏禹、商汤、周武三王的民本思想。商汤在讨伐夏桀之罪的《汤誓》中说："有夏多罪，天命殛之。今尔有众，汝曰：'我后不恤我众，舍我穑事，而割正夏。'予惟闻汝众言夏氏有罪，予畏上帝，不敢不正。"周武王在讨伐商纣王的《泰誓》中说："天视自我民视，天听自我民听，百姓有过，在予一人。今朕必往。"小邦周统治者从"大国商"的灭亡中总结了历史教训，发展了夏商时期的民本思想。《尚书·周书·蔡仲之命》说："皇天无亲，惟德是辅。民心无常，惟惠之怀。"这是说天命是不分亲疏的，他只辅佑有德之君。民心也无常主，他只归附于爱己之君。传统民本思想的关键在于实行仁政德治，以民生优先，其中包括敬民、爱民、忧民、恤民、富民、乐民的政策举措，了解民意所在，民之所好好之，民之所恶恶之，心系民之忧，权为民所用、利为民所谋。这种民本思想被黄老道家吸收，从民本思想衍生为农本思想。在传统农业社会里，民的主体为农，以民为本发展为以农为本，如汉代道家提出"食者，民之本也。民者，国之本也。国者，君之本也。是故人君者上因天时，下尽地财，中用人力。是以群生遂长，五谷蕃植"①。这一思想在黄老道家向道教转化过程中形成道教的民本、农本思想。

（二）吸收转化先秦道家的自然主义精神

道家的自然主义秉承贵柔守慈精神，一方面体现出淡泊、谦和、息欲、包容的思想特色，另一方面则对道家天道自然无为、生死气化代谢的观点有所改造和另铸，对道家尊道贵德、清静无为、不争居后的气象和风格有所继承和发扬。特别是道教无为清修一派，更多地保持着道家贵柔守慈的作风。

东晋《黄庭外景经》云："持养性命守虚无，恬淡无为何思虑。羽翼已成正扶疏，长生久视乃飞去。"这是对老子的"致虚极，守静笃"的入静之法的发

---

① 《淮南鸿烈·主术训》。

挥。寇谦之修订道戒,他在《老君音诵戒经》一书中强调道士要"行无为,行柔弱,行守雌,勿先行",以此来规范信徒的行为。陶弘景在《养性延命录》中提出内养须"游心虚静,思虑无为","不以人事累意,不修仕禄之业,淡然无为,神气自满"。司马承祯著《坐忘论》发挥老子无为和庄子坐忘的思想,阐释主静的修道理论,提出三戒:"一曰简缘,二曰无欲,三曰静心。"作为行为戒律,表现出道家隐逸派的鲜明特色。道教的恬淡洒脱精神,使修道之人能够超越世俗功利、是非、礼教等束缚,回归真性,获得一种心境上的泰然自得之乐,以便内敛生命的潜能,优化生命的质量,增加生命的智慧。道教要求修道者的性格极为和平忍让,包容百家,促进社会稳定。

(三) 吸收和发展儒家经济伦理传统

儒家经济伦理思想传统秉持民本主义的价值观,它主张取法先王、以民为本、尊仁贵义、因循自然、耕读务本、崇尚大同,强调经济活动的政治合理性、道德价值合理性和社会合理性,要求适应、服务于自然经济、宗法等级社会而建言立说。

孔子赞颂先王之道,推崇周代体制,他说:"郁郁乎文哉,吾从周。"[①]周代重视农业、以农立国,周的祖先重视农耕,要求民生在勤,勤则不匮,如《国语·周语》云:"民之大事在农。"作为一个以农业为生的民族,周人非常重视农业生产,上到统治阶级,下到庶民百姓,无不如此。儒家从人本、民本思想出发,继承周人以农为主的思想意识。孔子、孟子再三告诫统治者要"使民以时""不违农时",主张薄赋敛,发展农业生产,实行富民政策。孔子说:"百姓足,君孰与不足。百姓不足,君孰与足。"[②]在关于如何贯彻重农本的思想方面,孟子提出具体措施,他主张"制民之产",并且提出一种"井田"方案,想让农民能够都有"五亩之宅"和"百亩之田"[③]。他认为,这样做可以形成良好的民风,使社会安定,所以,孟子云:"民之为道也,有恒产者有恒心,无恒产

---

① 《论语·八佾》。
② 《论语·颜渊》。
③ 《孟子·梁惠王上》。

者无恒心。若民苟无恒心,放辟邪侈,无不为己。"①孟子关于"井田"的方案几乎成了后世理想的土地制度,凡是讨论土地问题的人,往往都援引孟子的"井田"之说。虽然这种学说本质上是一种小农经济模式下的理想,是封建经济的基础,与当时的社会发展要求相适应,但是它确实也客观地反映了当时人们的愿望和要求。儒家重农本,也不轻视工商。道教继承了这些思想,正视现实需求和修道现实,认为从事农业不仅利国利民,而且有利于修道者磨炼自身,从而提出农、道合修的思想。儒家思想强调用天之道、分地之利、谨身节用,要求忠君、孝亲、仁义、诚信、尊礼,这是符合家族社会和农业文明国情的。道教经济伦理思想不仅强调利用自然时节的规律,从土地中获取应得的利益,严格约束自己行为,勤俭节约等思想,而且从一开始就以儒家伦理的基本规范作为自己道德的信条。例如《太平经》庚部之十二(卷一百十四)提出"敬上爱下",认为"君父及师,天下命门,能敬事此三人,道乃大陈",并强调"天下之事,孝为上第一"。《老子想尔注》则谓"守中和之道","道用时,家家慈孝,皆同相类,慈孝不别。今道不用,人不慈孝,六亲不和,时有一人慈孝,便共表别之,故言有也……道用时,帝王躬奉行之,练明其意以臣庶,于此吏民莫不效法者。知道意,贱死贵仙,竟行忠孝,质朴悫端,以臣为名,皆忠相类不别。……道用时,臣忠子孝,国则易治。"②意谓大道流行之时普天之下都能奉行孝心、尽忠报国。北天师道寇谦之明确标示其道"专以礼度为首,而加以服气闭炼"③,南天师道陆修静提出道教的宗旨是"使民内修慈孝,外行敬让"④。综合性道书《无上秘要》中的众多道戒都强调忠孝之道,其中言:"夫学道之为人也,先孝于所亲,忠于所君,悯于所使,善于所友,信而可复,谏恶扬善,无彼无此。吾我之私,不违外教,能事人道也;次绝酒肉、声色、嫉妒、杀害、奢贪、骄恣也;次断五辛伤生滋味之肴也;次令想念兼心睹清虚也;次服食休粮,奉持大戒,坚质勤志;导引胎息,吐纳和液,修建功德。"⑤杜光庭论"道德"曰:"载仁伏义,抱道守谦,忠孝君亲,友悌骨肉,乃

①《孟子·滕文公上》。
②《老子道德经想尔注》。《中华道藏》,北京:华夏出版社 2004 年版,第 44 页。
③《魏书·释老志》。
④《陆先生道门科略》。《正统道藏》,上海:上海商务印书馆影印 1923—1926 年。
⑤《无上秘要》卷 42 引《洞玄安志经·修学品》。

美之行也。"①道教的戒律如它认同的儒家伦理规范一样,有其特殊性和普遍性,它所肯定的仁慈、诚直、中和、信义等规范都具有普遍伦理的性质,具体解释可以变化,而基本原则是不会过时的。道教强调的忠君,从浅层说是服从最高掌权者,从深层说是表示对国家政权的一种认同和尊重,君王代表国家,故标"忠君"实际表达的是忠于国家,这是道教一个重要的传统。由于道教戒律的世俗性,道教便很容易与主流社会相协调,成为中国民众易于理解和接受的本土宗教。

（四）吸纳墨家功利主义经济伦理思想

墨家经济伦理思想的价值取向是重救世、求互助、倡节俭、守纪律、兴技术,具有义利兼备的功利主义传统。墨家多侠,按天意行事,行兼爱和非攻,在先秦诸家中墨家最重技术。他们的实践活动涉及农学、耕织、冶炼、医药、养生、方术等方面,不少墨家之徒流为方仙之士。墨家的严密组织性、严格纪律及道德规范的政教合一组织,对道教影响最大。

汉末太平道组织结社的风气与墨家相近,与太平道同时举的五斗米道在创教之初便奉"老子"为教祖,自言"太上老君"授他"三天正法",宣称为道家之遗绪,以《老子五千文》(《道德经》)为主要经典,张鲁托名"想尔"作《老子想尔注》,在社会造成道家、道教一脉相承的名声与影响。天师道虽奉《太平经》,但名《太平洞极经》,只有一百四十四卷(《太平经》为一百七十卷),可能是以神仙家、道家思想为准则,对其中墨家、儒家等思想成分有所删减。黄巾起义失败,太平道禁止流传,渐次泯灭,《太平经》的光彩自然也随之黯淡;天师道得到曹魏扶持,信徒日增,成为道教的正统,其所宗道家流派的影响在道教日渐扩大,太平道所宗墨家流派的影响在道教便日渐淡化。

南北朝以后,玄学、佛学也影响了道教的发展,天师道在社会思潮的冲击下,教义亦有所演变,古老的墨家思想影响相对更趋微弱。墨家对重符箓的天师道及重烧炼的金丹道教,仍保持着一定的传统影响。五斗米道有所

---

① 《道德真经广圣义》。《正统道藏》,上海:上海商务印书馆影印 1923—1926 年。

谓"三官手书"的请祷之法，"鬼吏主为病者请祷。请祷之法，书病人姓名，说服罪之意。作三通，其一上之天，著山上；其一埋之地；其一沉之水，谓之三官手书"①。"三官"即天官、地官、水官，亦称"三元大帝"。传说天官赐福，地官赦罪，水官解厄。道教奉帝尧为天官、帝舜为地官、夏禹为水官。《历代神仙通鉴》卷四谓："（元始曰：）三子（指尧、舜、禹）皆天地莫大之功，为万世君师之法。本自三元真气，今敕为三官大帝。"墨家学派法夏宗禹，以尧舜禹为三大圣。道教奉此三圣为神，实源于墨家。道教将尧舜禹神仙化的传说很多，例如《遁甲开元图》曰："禹，得道仙人也"②，"方回，尧时隐者也，尧聘以为闾士，炼食云母粉"（同上卷三），"何侯者，尧时隐苍梧山，慕长生，三百余口耕耘，舜南狩，止何侯家，天帝五老来，谓舜曰：'升举有期。'翌日五帝下迎，舜白日升天"（同上卷四）。道教方术中有所谓"禹步"，《洞神八帝元变经·禹步致灵》第四："禹步者，盖是夏禹所为术，召役神灵之行步；以为万术之根源，玄机之要旨。昔大禹治水不可预测高深，故设黑矩重望，以程其事。……屈南海之滨，见鸟禁咒，能令大石翻动。此鸟禁时，常作是步。禹遂模写其行，令之入术。自兹以还，术无不验。因禹制作，故曰禹步。"葛洪谓："禹步法：前举左，右过左，左就右。次举右，左过右，右就左。次举右，右过左，左就右。如此三步，当满二丈一尺，后有九迹。"③"又禹步法：正立，右足在前，左足在后，次复前右足，以左足从右足并，是一步也。次复前右足，次前左足，以右足从左足并，是二步也。次复前右足，以左足从右足并，是三步也。如此，禹步之道毕矣。凡作天下百术，皆宜知禹步"。④ 这是墨家法夏宗禹在道教方术中的再现，道教斋醮仪式中的高功（大法师）皆习此术，在所谓"踏罡步斗"中，皆行"禹步"。

（五）融汇同时代佛教思想和民间信仰观念学说

道教经济伦理思想的承上意义还在于广泛吸纳同时代佛教、民间信仰

---

① 《三国志·张鲁传》注引《典略》，上海：上海古籍出版社 2016 年版。
② ［元］赵道一：《历世真仙体道通鉴》卷 1，《道藏》第 5 册，第 231 页。
③ 《抱朴子内篇·仙药》。
④ 《抱朴子内篇·登涉》。

观念,坚持道家伦理思想底色,走官方和民间两大路径,完善、发展和补充封建社会经济和思想文化。道教创教立说时期,佛教也在传播发展,不仅体现在佛寺经济伦理实践和伦理规范的本土特点的形成上,更体现在佛学理论的转化和创新上。魏晋佛教适应时代并与玄学结合,提出不真即空,一体持一用,用不离体,体不离用。僧肇(384—414年)对当时的佛、玄进行了总结,一方面,从真谛说万物性空为无,无并不绝对虚,存在着因缘和合而生的假有;另一方面,从俗谛说万物为有,但有是因缘而生的假有,其性为空,因此不是真有。万物应当是亦有亦无、有无一如。这种思想已明确老庄、佛教为一体,客观上为道教吸纳佛学同时保持道家特色的经济伦理提供了思想基础。道教在宗教理论建设、修持方式、宗教仪式方面模仿佛教,其中如《太平经》等道教典籍中就可看到道教吸纳佛学的痕迹。

陈寅恪先生研究了道教与外来思想的关系,论及解决中华民族吸收输入外来思想学说这一重大问题之永世普遍准则,其中云:

> 至道教对输入之思想,如佛教、摩尼教等,无不尽量吸收,然仍不忘其本来民族之地位,既融成一家之说以后,则坚持夷夏之论,以排斥外来之教义。此种思想上之态度,自六朝时亦已如此。虽似相反,而实足以相成。从来新儒家即继承此种遗业而能大成者。窃疑中国自今日以后,即使能忠实输入北美或东欧之思想,其结局当亦等于玄奘大唯识之学,在吾国思想上,既不能居最高之地位,且亦终归于歇绝者。其真能于思想上自成系统,而有所创获者,必须一方面吸收输入外来之学说,一方面不忘本来民族之地位。此二种相反而适相成之态度,乃道教之真精神,新儒家之旧途径,而二千年吾民族与他民族思想接触史之所昭示者也。[1]

陈寅恪先生以大量史料论述中国道教吸收外来之思想学说,即佛教的各方面事例概括如下:《魏书》卷九一《术艺传》记载,成公兴介绍给殷绍所传授之医学算学之人释昙影、法穆等,皆为佛教徒。南朝宋刘义庆《世说新语·术解》"郗愔信道,甚精勤"条,郗愔乃天师道徒,患腹疾,诸医谓不可医,

---

① 《冯友兰中国哲学史下册审查报告》。《金明馆丛稿二编》,上海:上海古籍出版社1980年版。

但为佛教徒医法治愈。《魏书》卷一一四《释老志》记载,天师道教主寇谦之从佛教徒成公兴学周髀算经、医药之学,以改进道教;寇谦之用佛教徒输入之新律学以改革天师道,即"清整道教,除去三张伪法,租米钱税及男女合气之术"。① 陈寅恪在《崔浩与寇谦之》一文中云:

> 但有一通则,不可不先知者,即吾国道教,虽其初原为本土之产物,而其后逐渐接受模袭外来输入之学说技术,变易演进,遂成为一庞大复杂之混合体,此治吾国宗教史者所习知者也。综观二千年来道教之发展史,每一次之改革,必受一种外来学说之激刺,而所受外来之学说,要以佛教为主。②

陈寅恪提出中华民族吸收输入外来思想学说之准则,即"必须一方面吸收输入外来之学说,一方面不忘本来民族之地位",他在《冯友兰中国哲学史下册审查报告》中言道教"仍不忘其本来民族之地位"③,两者合而言之,就是道教之真精神。道教"不忘其本来民族之地位",在其经济伦理思想中表现为继承并发展中华民族自周秦以来的自耕而食、自织而衣的农业社会经济伦理优良传统,坚持不懈地阐述共财同富、互助共济、天下太平、成为神仙的理想境界这一中国民间千百万大众的梦想。

（六）开创宋元道教经济伦理思想发展之主流价值取向

道教经济伦理思想之重要启下意义,还在于它开创了唐末至宋元道教经济伦理思想发展之主流价值取向,即它强调以农修道、以道促农、农道一体,并融合儒家、佛家若干思想于道家之中,在三教合流趋势中为中古经济伦理思想的发展开出有特色的理论主题。唐末五代出现的道教经典著作《化书》就是这一方面的重要代表。《化书》融合儒家、佛家思想于道家之中,进行了中古道教伦理思想之理论创新,它是一部综论万物变化之道和帝王如何以身作则以教化万民的道教论著。它在其近似语录体的一百余段文字

---

① 《魏书·释老志》。
② 《崔浩与寇谦之》,见《金明馆丛稿初编》,上海:上海古籍出版社1980年版。
③ 陈寅恪:《金明馆丛稿二编》,北京:生活·读书·新知三联书店2001年版,第184—185页。

中痛斥当时社会道德堕落之状况,认为伦理教化之根基在于帝王无为寡欲,清正爱民,其实施策略即为与民同甘共苦,倡导平均,厉行节俭,其在经济伦理理想上的追求则为由人人平等而至天下大治。

魏晋南北朝以来道教经济伦理思想强调重视农道、自力更生、自耕自食,至隋唐时期,随着道教的壮大与兴盛,在其经济伦理思想中形成了一种以强调财产共有、自力自食、贵生轻物、均富救急、知足节俭、节制平衡为主题的、积极而进步的取向。唐末五代以后及至明清时期,道教主要的著作多是内丹和伦理学说。宋代隐士陈旉在其《农书》中提出"地可以治""地力常新壮"等理论,强调在农业经济及一切生产活动中,各种要素应相资相利,同时肯定了人作为农业生产活动中的主要参与者的主观能动性,由此反驳了地力逐渐衰竭的说法。

概言之,纵观汉唐时期中国经济伦理思想发展史,道教经济伦理思想在中国经济伦理思想上具有特殊的重要地位和承上启下的重要意义,一是道教经济伦理对传统农业社会的各种经济伦理思想都具有很大的包容性、融汇性,在有意识承接、转化和发展诸家经济伦理思想方面做出了仅次于儒家的历史性贡献;二是道教经济伦理广纳佛教、民间观念和理论学说,坚持道家伦理思想,通过官方和民间两大路径发展和补充了中古封建社会经济思想和伦理文化;三是道教经济伦理思想强调以农修道、以道促农,农道一体,开创了宋元道教经济伦理思想发展之主流价值取向,可以说在三教合流趋势中,在调节社会生产、分配以及开拓社会精神文化空间方面为中古中国封建社会经济伦理思想发展开出了有特色的理论主题。

第九章

汉唐佛教经济伦理思想

佛教自西汉末从古印度传入中国，经历魏晋南北朝的发展，至隋唐达到鼎盛，已完全具有中国本土特色和民族特点，成为中华伦理文化的重要组成部分。佛教由于传入的时间、途径、地区和民族文化、社会历史背景的不同，在中国形成三大系，即汉传佛教(汉语系)、藏传佛教(藏语系)和上座部佛教(巴利语系)，或称北传佛教(汉传佛教、藏传佛教)和南传上座部佛教。[①]

佛教借助特殊的历史、文化与社会机缘在中国中古封建社会形成三大系。汉末的社会动乱导致三国鼎立局面的出现，西晋的短暂统一又被不久爆发的"永嘉之乱"所打破，更把动荡不安的社会进一步推向战乱的深渊。长期的社会动荡和战乱，极大地破坏了社会经济发展。门阀豪绅兼并土地，造成了富者田连阡陌、贫者无立锥之地的严重社会现象，不但一般穷苦百姓民不聊生，朝不保夕，连豪门士族们也常常觉得世事多变，岁月无常，感到生命没有保障。在这种社会环境中，提倡诸行无常、诸法是苦的佛教教义，特别容易引起人们的同感，使人产生共鸣，因而易被人们接受。佛教因此在这一时期有了迅速的发展，而这个时期并不是佛教影响中国历史局面转变的原因，实在是因为政治的转变和战争的影响，使佛教成为那个时期部分民众的精神选择。隋唐时期思想开放，文化多元，兼容并包，特别是唐初接受了六朝以来的政治经验和惨痛教训，实行宗教宽容态度，政府的体制里，僧有僧正，道有道箓，佛教的传播具有良好的社会文化和政策环境，因此而臻盛行。

汉唐佛教经济伦理思想是佛教思想体系的一个重要组成部分。佛教思想体系中伦理是主流，它是以佛教基本教理教义为指导和核心，为实现人生解脱的终极理想，是佛教在调整不同信仰者、信仰者与不信仰者、佛与人、佛界与俗界之间的关系的过程中所形成的基本价值观念、道德规范和修行方法。佛教经济伦理思想随佛教寺院经济活动和佛教徒经济生活的形成和发展而逐步产生，并随着佛教教理教义和经济生活的发展而发展，从而具有特殊、深厚影响力的一种宗教经济伦理思想。

汉唐佛教经济伦理思想发生于汉末魏晋时期佛教的经济活动，它通过佛教经营活动、信仰方式以及持戒守律行为等，影响、规范和约束佛教寺院和信仰者的经营活动和修行活动，无论在内容上还是在形式上都具有丰富多样的特性，其

---

① 上座部佛教又称小乘佛教，"小乘"含有贬义，故 1950 年世界佛教徒联谊会规定对南传佛教一律使用"上座部"而非"小乘"称谓。

内容包括了以佛教寺院经济为主体的经济实践和伦理精神,佛教经济伦理得以形成的基础或基本教义原理,既包括以人世无常、三界皆苦的人生论,诸法相联、因缘和合的缘起论,善恶相报、响声相应的果报论,心佛相即、众生是佛的心性论,信仰引导、理性主宰的正道论,也包括贯穿于佛教寺院及修行者经济行为的一些基本的伦理规范和修行行为。这些伦理观念包括利乐有情、普度众生的价值取向,从施赐行乞到自食其力的生产伦理,利合同均、自利利人的分配伦理,寡欲勤俭、持守中道的消费伦理,外同他善、内自谦卑的僧团协作精神。

汉唐佛教经济伦理思想在与儒、道思想既冲突又融合中弘道立德,阐明心法,发展变化,广泛影响了中国社会经济和伦理思想。它对中古中国世俗社会经济伦理活动、经济伦理思想具有重要的批判和调节作用,与儒、道经济伦理思想相冲突和融合、相补充和互动,在中国经济伦理思想史上传承发展了儒家甚至道家等某些中国传统经济伦理思想,积累了丰富的思想资源,开启和奠定了宋元以后中国佛教经济伦理思想发展之基础。汉唐佛教经济伦理思想也是佛教中国化的重要体现与积极成果。

第一节　汉唐佛教经济伦理思想的发展脉络

　　西汉末传到中国的佛教源于古印度。古印度的天竺佛教是世界佛教之始,而世界性的佛教实在是在中国文化中发展壮大兴盛起来的。古印度佛教由原始的小乘教,中经分化后的部派教阶段,然后发展形成大乘教。在大乘佛教内部,又分为中观派"空宗"与瑜伽行派"有宗"两大派别,它们凝聚着古印度文化的智慧,达到了古印度佛教思想发展的顶峰。这两家佛教思想先后经由姚秦罗什及唐代玄奘分别翻译介绍到中国,创立形成中国佛教教派。那些在古印度影响不大的佛教经典(如《涅槃经》《维摩经》《法华经》《华严经》《楞严经》等)甚受中国信众欢迎,以其为据所相应建立的中国佛教宗派,有着重大的发展,其流传影响也甚为久远。佛教要在中国得到发展,首先是使自己中国化,汉唐佛教经济伦理思想是佛教中国化的一个重要伦理表征。

一、汉唐佛教经济伦理思想的萌芽和产生

　　佛教初传有小乘、大乘之分,小乘(声闻乘)起源于名位高的上座部,保留着释迦牟尼的遗教风格,最早传入中国的佛教大多是小乘佛教。小乘佛教以知苦因、断苦业、修达涅槃道、证得涅槃果(阿罗汉)为修行目标,满足了汉末魏晋许多厌乱求生的人的愿望。大乘(菩萨乘)源于名位低的大众部,是婆罗门外道与佛教思想的混合体,它称自身解脱是小事,还要度一切有情

皆成佛。因此,大乘佛教对于佛说不像小乘佛教那样拘泥,往往是自由解释、自我发挥,同中国传统哲学、伦理思想及各个历史时期的政治、经济、文化的相互融摄较深,中国本土文化色彩很浓。小乘佛教的俱舍宗、成实宗,大乘佛教的三论宗、律宗、慈恩宗、密宗、净土宗、天台宗、贤首宗、禅宗等,在中国历史上产生了很大的影响。

(一)早期消费观念及译经活动对经济行为的影响

佛教传入之初,小乘佛教有一定的影响,其经济伦理思想与古印度佛教经济伦理思想大体上是一致的。首先,佛陀对僧人、僧团组织的经济生活也很重视,认为一定的经济生活条件为修行提供条件与基础。例如,佛陀弟子舍利弗代佛陀宣说的《佛说大集法门经》提出"一切众生,皆依食住"之论,这篇经文强调说明"是佛所说","广为众生,如理宣说,而令众生,如说修习,行诸梵行"。衣、食、住、行等是僧徒修习需要解决的头等问题,在早期佛教中得到一致认可。其次,早期佛教没有禁止从事工商业。在释迦牟尼佛时代的印度,人分为五个等级,即作为宗教师的婆罗门,作为从事军政的刹帝利,作为从事工商业的吠舍,作为从事杀生等贱业的首陀罗。释迦牟尼除了不鼓励从事首陀罗的职业,其他事业都在容许的范围之内,而且加以肯定,可见佛教徒从事工商业是正当的。最后,早期佛教强调避世修行,清心寡欲,离苦得乐,基本生活制度是托钵乞食,原始佛教徒乃至出家的比丘、比丘尼过的是沿门托钵、"一钵千家饭"的饮食生活[①],他们不选择托钵的对象,没有所谓洁净或不洁净、神圣或不神圣的饮食禁忌,为的是一律平等、广结善缘,供养者供养什么就接受什么,没有选择、挑剔,鱼肉等食也不拒绝,因此即使是小乘佛教不规定必须素食。僧人、僧团也不组织从事经营生产,因此没有独立的寺院经济,基本上依靠信徒的布施或赐予来生活,通过布施获得信众供养。佛陀弟子薄拘罗最遵守乞食制度,随施主施舍,不求"净好、极妙、丰饶"之食,乞食竟达八十年之久。[②] 一切财富都是无常的,不可强求,修炼佛

[①] 迄今斯里兰卡、缅甸、泰国等上座部的佛教区域还保留着此古风。

[②]《中阿含经》卷八《薄拘罗经》,《大正藏》第1册。

法就要修福修慧,布施佛法,施财行善,都是成佛的福德资粮。

消费是僧人和寺院必需的日常行为,也是最普遍、最基本的经济活动。自原始佛教开始,佛教在消费上强调和鼓励素食、禁肉食,这是基于慈悲的立场而不是为了健康和经济的原因。大乘经典如《梵网经》《楞严经》等都强调素食,禁止肉食。饮食中的荤腥有分别,所谓"荤菜",指具有恶臭味的蔬类,如大蒜、葱、韭菜、小蒜等。《楞严经》云:"荤菜生食生嗔,熟食助淫。"比丘戒律规定吃荤菜要单独住,或距离他人数步以外,并位于他人下风而坐,或须漱口直至没有恶臭为止。不得食荤主要是为了不扰乱大众。而且在诵经之前为了不使听经的鬼神发嗔和起贪,最好不吃荤菜。所谓"腥",指肉食。辣椒、胡椒、五香、八角、香椿、茴香、桂皮等都算是香料,不算荤菜,不在戒律所限。不得饮酒,是因为佛教重视智慧,饮酒容易乱性,而且饮酒之后还能自制而不致昏乱的人不多。为保持清醒,利于精进修行,达成修定的目的,因此必须戒酒。一般大众若受五戒而不能戒酒,也可以舍掉酒戒或不受此一酒戒,不失为三宝弟子。不吃肉是为了慈悲众生,吃菜是为必须生存,因此在生活条件不许可的条件下,用肉食的炊具来煮素食,那也不是不能接受的事。乳制品不属肉食、腥食,因为牛羊吃草及五谷,所产乳汁也不含腥味,饮乳既未杀生,也不妨碍牛犊、羔羊的饲育。因此,释迦牟尼时代,普遍饮用牛乳,而且将乳制品分为乳、酪、生酥、熟酥、醍醐等五级类,是日常必需品,不在禁戒之列。

中国早期译经活动将佛教人生哲学中蕴含的伦理思想引入中国,虽然当时没有产生太大的影响,但是其中包含的经济伦理思想确为后来寺院及僧人经济活动提供了一定的理论基础。其中代表性的经典有《四十二章经》《四阿含经》等。

在中国佛教史上被认为第一部译至中国的经典是《四十二章经》(又名《佛说四十二章经》),初传当在公元64年至75年之间,是佛教在中国初传时期比较流行的一部佛经。《四十二章经》文字简练,包含了佛教基本修道的纲领,对当时佛教的传播和发展起了相当重要的作用。该经集结的是佛陀关于持戒、忍辱、断欲、精进、观空等事的四十二段语录。经文言简义丰,通摄大小乘一切教义法要,经文反复强调持戒的重要性,告诉佛教弟子应该如何修行。① 通行本《四十二章经》署款为迦叶摩腾并竺法兰共译,经文由四十二段短小的佛经组成,主要阐述早期佛教(小乘)的基本教义,重点是人生无常和爱欲之蔽,认为生命短促,万物无常变迁,劝人们抛弃世俗欲望,追求出家修道的修行生活。

早期译经中四部《阿含经》或《四阿含经》是原始佛教的根本经典,包括《长阿含经》《中阿含经》《杂阿含经》及《增一阿含经》四部。阿含,亦作阿笈摩,亦作阿含暮。译言"法归",谓万法所归趣也(《长阿含经》序),亦言"无比法",谓法之最上者也(《翻译名义集》四);亦言"教",亦言"传",谓辗转传来以法相教授也(《一切经音义》二十四)。本为佛经总名,吉藏《法华论疏》云"阿含名通大小四阿含等为小涅槃称'方广阿含',此即大也"。僧肇《长阿含经》序说:"法归者,盖万善之渊府,总持之林苑,其为典也,渊博弘富,韫而弥广,明宣祸福贤愚之迹,剖判真伪异齐之原。……道无不由,法无不在,譬彼巨海百川所归,故以法归为名。"(唐时意译为传、教法、无比法等。)阿含从第一结集成立时起,即为上座部传承的教法。在教团传承上被视为唯一无比的价值。在公元前1世纪前后,《阿含经》才被逐渐书写成文。北传佛教将《阿含经》分为《长阿含经》《中阿含经》《杂阿含经》和《增一阿含经》,合称《四阿含经》。南传佛教将《阿含经》分为《长部》《中部》《杂部》《增一部》和《小部》五部。《阿含经》在南北朝时已全部译出,大约在隋唐之后在中国有着广泛的流传。最早在中国流传的《四阿含经》只是单品小经。东汉末年的安世高、三国时吴国的支谦、西晋时的竺法护和法炬、东晋时的昙无兰等人,都翻译过单行本的《四阿含经》。可以说,《大正藏》之《阿含部》中的《四阿含经》是从东晋末年到南北朝初期五十年之间陆续译出的。

《四阿含经》包含了原始佛教主要的经济伦理思想:第一,释迦牟尼以因缘果报说明财富的获得,反对命定的财富观,认为业力决定福报,一切不劳而获的定命论是不对的。虽有布施业因,而福报现前,大抵还是要有现缘的。前生的福业有的能自然感报,更多是还要依现生的功力——现缘。第二,财富的获得必须取之有道、符合八正道的正业与正命,以正道谋取衣食、

---

① 《四十二章经》《佛遗教经》和《八大人觉经》被合称为《佛遗教三经》。《四十二章经序》说后汉孝明帝寝南宫而梦见金人,派蔡愔、秦景、王遵等18人到大月氏国写取佛经四十二章,但不载年月。

用具等物，养家活命。第三，倡导"利和同均"的分配观，认为财物共有，经济平均，有利同享，无贫富之分，国家薄赋节用，让人民生活富足。第四，释迦牟尼提出理性筹划的消费观，合理消费，以分别满足衣食消费、投资生利、储蓄救急之需；个人消费秉持奢俭适中原则，不要挥霍，也不可过于吝啬。财富的合法积累，不但是维持生计的必要条件，同时还能有利社会、造福人类。《四阿含经》经济伦理思想的主要特点是以因缘果报为中心，既重视经济发达，又提倡超越财利；既崇尚积累财富，又要勤俭节用；既提倡勤俭，又号召不吝惜地布施众生、慈悲利他；既济世利人，又超越解脱，是利他主义与解脱主义的统一。

《善生经》是《长阿含经》之一部，汉末翻译至中国（后汉安世高译名《佛说尸迦罗越六方礼经》，另有西晋支法度译名《佛说善生子经》，一题善生经在中阿含第三十三，一亦题善生经，在长阿含第十一；一说于优婆塞一集会品），经中的"善生"有"令善生起"之意，佛法"四正勤"里有"未善令生，已善令增；未恶不生，已恶令断"之教导，善生即"未善令生，已善令增"之意。佛说法的地点是罗阅祇耆阇崛山中，常随弟子有千二百五十人，释迦牟尼先到罗阅祇城里乞食，遇富人子弟善生，为其开示人生哲学。经中记载佛告善生："若长者、长者子，知四结业，不于四处而作恶行，又复能知六损财业。是谓善生，若长者、长者子，离四恶行，礼敬六方。今世亦善，后获善报。今世根基，后世根基。于现法中，智者所称，获三十一果。身坏命终，生天善处。"佛教告诫信众要懂得"四结业""四处恶行""六损财"，才叫善生，因此以因果报应论说修善行，避免损害财富的恶行，其中蕴含着以从形到行、无心不行的信仰观为核心的经济伦理思想。

《善生经》论述了关于如何过好世俗生活的教诫。佛教的终极目的在于得解脱、度彼岸，对于出家修行多有赞誉，然而佛教有"人天乘"的层面，更是注重引导人数众多的在家众过好世俗生活，因此《善生经》的教导可被称为"在家者的修行"。经文讲述在家人"善生"（或译为"善生子"）遵循父亲遗命，清晨向东南西北上下六方行礼，而佛陀指出贤圣法的"礼六方法"实际就是如何处理好六种人伦关系，分别为父母子女、师生、夫妻、亲友、主仆、僧俗六种关系，若把这几种关系处理好了，不论今生或来世，都能获得善报。《善生经》涉及佛陀教导在家人如何生财、护财、用财等世俗经济生活的准则，在其他经文处不常见。《善生经》多次提到财富，佛陀教导在家人护持财物不使遭受损失，并合理规划和运用自己的钱财。佛陀指出有六种行为是会折损财物的，一是喜欢喝酒，二是喜欢游戏赌博，三是放荡，四是沉溺歌舞，五是跟恶友相交，六是懈怠懒惰。在具体分析了这六种行为所带来的危害后，佛陀最后都要警告会使"其家产业日日损减"。

佛陀将个人的伦理行为与财富之间建立了某种联系，这似乎是为了劝导众生遵循不饮酒、不邪淫等伦理道德规范而以"不损财"来做方便设教，但每一种招致损财的理由都是在理性思考下能够成立的。喝酒、赌博、放荡、沉溺歌舞、与恶友为伍、懈怠懒惰都会直接或间接地导致财物的损失。佛陀进行戒酒、戒赌、戒邪淫等伦理教化，反映了佛陀对财富的态度。佛陀告诫众生要当心六种折损财物的行为，正从反面说明了，守护财富是在家人应尽的责任，要避开这六损财行来保护财物。结尾的偈语中佛陀也对如何生财、用财做了说明，"先当习伎艺，然后获财业"，需要通过学习正确的技能，然后用来谋求财富，非常强调要通过正当的劳动和技能来获得财富。"八正道"里提到的"正命"，即正当的经济生活和谋生方式。《瑜伽师地论》卷廿九提到："如法追求衣服、饮食，乃至什物，远离一切起邪命法，是名正命。"众生谋生的方式是要如法的，违反世俗法律的偷盗、诈骗、造假等职业，毋庸置疑是违背佛法的，从事赌场、酒家、屠宰场、渔猎等职业，虽不违背世俗法，但有违佛法。"财业既已具，宜当自守护"，"积财从小起，如蜂集众花；财宝日滋息，至终无损耗。"要求通过自己合法劳动获得财物之后，需要好好地守护，不能参与上述那些损财行为，而且渐渐将财物积少成多。

家人理财的原则是把钱财分为以下几个用途：一部分用来满足日常生活所需，即"求衣食"，"求衣食"是个泛指，实际上应该包括我们所必须的日常开销，如水电煤、子女教育费用等；一部分要储蓄起来，以备急用，这一点其实很重要，因为佛陀对"无常"看得很透，作为在家人，要有应对种种可预见或不可预见的变化的思想准备和物质准备；还有一部分要做资本用以盈利，要实现可持续的发展和良性循环。除此之外，多余的钱可用来造塔庙、僧舍。可见，佛陀的教导通达世情，兼顾在家人的种种经济生活需求。

《善生经》云："凡人富有财，当念以利人，与人同财利，布施者升天。得利与人共，在在获所安，义摄世间者，斯为近乐本。"佛教并不反对在家人求财、护财和用财，但是强调是要如理如法。在获得财富的过程中和获得财富之后，都要记住利人。从个人的生财、用财之道，推及到社会领域也有相通之处。任何一种社会经济实体作为一个利益群体，是由个人组成的。如果其中的每一个个人如理如法地追求财富，那么众多个人聚合在一起，就形成了经济实体的共业。而社会是由各利益集团构成的更大范围的共业圈，各个企业所造或善或恶之业，则影响着社会的共业。《杂阿含经》第91经中佛陀提道："有四法，俗人在家得现法安、现法乐。何等为四？谓方便具足、守护具足、善知识具足、正命具足。"就是说在家人要把在家生活过好，需要有职业技能，能够守护钱财，能有伦理知识，能有合度的经济生活。《佛说未曾有因缘经》中说道："其财施者，如寸灯明于小室中，其法施者，犹若日光照四天下。"经济实体供给人的生活保障和职业发展，这些影响是有限的，但是对个体进行的价值导向，对于社会伦理的影响是无形而又巨大的。

从佛教的业力论和缘起法而言，人和社会经济实体的生存和发展是各种因缘和合而成的，有主因，也有助缘，既有自身的辛勤劳动，也有其他各方的支持，如他人的付出、国家的政策、整个经济生态圈的良性循环、大自然的助力等。人们处在普遍联系的因果关系中，从更长远、更广泛的范围来看，害人就是害己，利人就是利己。

获得财富之后应当合理恰当地运用。一部分保证发展的日常所需，一部分投入再生产、再投资的过程中，还有一部分作为储备，另外还有一部分用来回馈社会。多余的钱可以用来修寺庙、修僧舍。其实并不仅限于此，这一份钱可以引申用到造福社会、引导社会精神的事业，不管是从事慈善也好，从事公益活动也好，其出发点都离不开佛教自利利人的思想。

第一，礼敬六方会得福报。释迦牟尼巧妙地把善生恒常礼拜的六个方向，创造性地具体解读为人际关系的六个方面：礼敬东方指孝亲、礼敬南方指尊师、礼敬西方指爱妻、礼敬北方指怜仆、礼敬下方指助友、礼敬上方指敬僧。善生的父亲临终时嘱咐他，务必要记得每天做一件事：黎明即起，梳洗干净，面朝六方（东南西北下上），依次礼拜；同时心里还要念叨，不管何方，一切众生我都礼敬关爱……久而久之，所有的众生也会同样地礼敬关爱你。这样做的目的就是想通过礼拜的形式，提醒善生"要想别人怎么对待你，你就首先要怎么对待别人"。善生牢守孝道，父亲去世后，每天牢记父言，六方礼拜,从不间断。某天清晨,佛陀到王舍城乞食,还未入城,远远望见善生穿戴整齐,待在河边空地,正一丝不苟地礼拜,东西南北下上,极为认真。佛陀问善生为何如此,善生尽以父言如实相告。释迦牟尼开示道:"善生,佛法中也有礼拜六方的法门,如果你能够学习并运用于生活的话,不仅仅是现世能够满足你父亲的遗愿——令大家敬重爱戴你,来世你也能获得更为理想的福报。"佛陀便为善生宣讲了一番幸福人生的道理:一是对内,自己要学会坚守底线,不破四戒(杀盗淫妄),远离四行(贪嗔痴畏),正当求财,善用四摄(布施爱语利行同事);二是对外,努力协调人际关系。这种解读深合其父本意,比起礼拜六方的形式来,更加贴近生活实际,善生心悦诚服,最终皈依佛陀。

第二,道德与经济财物之得失相联系。道德上的恶行会引发或导致经济财物上的损失,避免恶行会得福报。《善生经》认为这些恶行主要由六个方面的不好行为所导致:一是酗酒,二是赌博,三是奢侈放逸,四是沉迷歌舞,五是常近损友,六是懒惰好闲。如果青年人知道六种招致经济受损的途径,在身、口、意也没有恶事和念想,而且常去供养人天,他就是值得嘉许的,可以说是善根深厚,一定会得到幸福的人生。六种招致经济受损的途径,其中酗酒一事有六种过失:一是虚耗金钱,二是伤身易病,三是醉后打闹,四是丑名远布,五是易嗔易怒,六是日夜糊涂。如此一来会损减经济上的财产。赌博亦有六种过失:一是财富日减,二是胜了心仍不满足,三是常被亲友们诫责,四是不被人们尊敬和信任,五是常被他人疏远,六是常生不当取夺的心念。这六件事是招致经济财产损减的原因。奢侈放逸亦有六事招尤:一是不爱惜自己身体,二是不爱惜财物,三是不爱护家眷,四是时常心神恍惚,五是常做无谓虚耗,六是夸张不老实。沉迷歌舞亦有六事招致大量金钱流失:一是追求时尚的歌手,二是沉迷舞伴,三是爱接近乐队,四是崇拜作曲、演奏家,五是迷恋鼓乐家。如此生活,不做工作,只会浪费金钱。常近损友亦有六种不是:一是你随便时便被欺负,二是喜欢做不可以告人的事,三是诱惑他人共做恶事,四是意图谋取别人拥有之物,五是悭贪成性,六是喜欢说别人的不是。懒惰也有六种过失:一是小有积蓄便不肯工作,二是穷困亦不奋力更生,三是冬天寒冷不愿工作,四是夏日炎炎只爱清凉,五是日出时不起床,六是日落后倒头便睡。如此懒惰生活,全无生计,有钱也活不得几年。《善生经》记载佛陀如下颂曰：

> 迷惑于酒者，还有酒伴党；财产正集聚，随己复散尽。饮酒无节度，
> 常喜歌舞戏；昼出游他家，因此自陷坠。随恶友不改，诽谤出家人；邪见
> 世所嗤，行秽人所黜。好恶著外色，但论胜负事；亲恶无返复，行秽人所
> 黜。为酒所荒迷，贫穷不自量；轻财好奢用，破家致祸患。掷博群饮酒，
> 共伺他淫女；玩习卑鄙行，如月向于晦。行恶能受恶，与恶友同事；今世
> 及后世，终始无所获。昼则好睡眠，夜觉多希望；独昏无善友，不能修家
> 务。朝夕不肯作，寒暑复懈堕；所为事不究，亦复毁成功。若不计寒暑，
> 朝夕勤修务；事业无不成，至终无忧患。

《善生经》提出对同事或同一目标工作的人有四方面要勉励自己去继续
做：一是为了帮助他们，不惜牺牲性命（如军人拯溺和扑救水火灾等任务）；
二是在经济上的资助，不吝惜财宝；三是在他们有所顾虑之时给予鼓励和安
慰，以消除心理上的畏惧；四是当他们无意或企图犯错之时，婉言劝谏。不
能以贪心而赚钱，而应以自利利人的存心而赚取应赚之利，并把赚来的钱做
合理地支配，而不仅是为个人的物质享受和满足虚荣而花费。

佛教的"慈悲"总是在"智慧"的观照下进行，两者并行，缺一不可。"智
慧"是实相，既是度彼岸的智慧，也是《善生经》经文所指的实实在在的如法
积累财富、好好守护财富和恰当运用财富的这些世俗智慧。

（二）寺院经济形成和发展的理论准备

佛陀及其传承者的教义思想被翻译传入中国而在寺院及僧人的修行活
动和经济活动中产生影响，从而形成独特的经济伦理思想。这在相关佛典
上都有反映，如《法华经·法师功德品》云："资生业等，皆顺正法"；龙树的
《大智度论》卷十九云："一切资生活命之具，悉正不邪。"北凉昙无谶译的《大
般涅槃经》卷七云：

> 如来观知，所有弟子，有诸檀越，供给所需，令无所乏，如是之人，佛则
> 不听受蓄奴婢、金银财宝，贩卖市易不净物等；若诸弟子，无有檀越供给所
> 需，时世饥馑，饮食难得，为欲建立护持正法，我听弟子，受蓄奴婢、金银、

车乘、田宅、谷米,贸易所需。虽听受蓄如是等物,要当净施笃信檀越。

经文中就僧徒可否积蓄财物的问题,讲到如果有人布施就能维持生活,如此僧人不必自己积蓄财物;如果没人布施无法维持生活,则僧人就可以自己积蓄财物,以备时需。这样分别不同情况而待之,提出了合理的解决方案,改变了律藏上关于僧徒"不捉持生像金银宝物"的规定,由此就为后来中国寺院经济的形成和发展提供了理论根据。

早期佛教大体上主张僧人乞食自活,而不是自立自生、生产自给,这与古印度当时的环境、文化和宗教传统有关。古印度地处热带地区,物产丰富,可使僧众通过托钵乞食来解决生存问题。当时文化和宗教传统认为出家修道应远离尘俗,专修净行,佛教随顺时宜,视布施福业、乞食自活为正命。佛教传入中国之前,僧团追求避世、清净、苦修,把得道解脱看作唯一目标,将物质生活要求降到最简最低的状态。根据《四阿含经》及《摩诃僧祇律》等经文,僧人行止依照"四依法"(粪扫衣、乞食、树下坐、陈弃药),进行隐居修行,远离社会经济,佛教甚至以戒律禁止僧人从事生产和经济活动。

随着时代的进步和社会环境的变迁,大乘佛教进一步传播和发展,布施福业、乞食自活这一正命概念内涵逐渐变为"受蓄田宅""生产自给"。佛教初传华土,修行者多为乞食、自养、家养,或有人提供食物等消费产品,如楚王英养僧和笮融斋会等,僧人只是教义的宣扬者、精神解脱思想的传播者,没有介入或产生一定的社会物质生产、财富交换及分配等经济行为,经济伦理思想处于萌芽状态。可以说,早期佛教几乎没有独立自主的经济活动,后汉迦叶摩腾、竺法兰同译的《佛说四十二章经》所讲的"剃除须发,而为沙门。受道法者,去世资财,乞求取足,日中一食,树下一宿"应是僧人遵循的最基本的经济伦理规范,这些规范要求僧人个人不许私蓄金银钱财及拥有土地经营生产。[①]

中国绝大部分地处北温带,四季分明,气候适宜,农耕经济发达,以小农

---

① 《摩诃僧祇律》卷 10 亦云:"佛言沙门释子不应蓄金银。若有人应蓄金银,是诽谤我非实非法非随顺,于现法中是为逆论。"《五分律》载:"四方僧物有五种物,不可获,不可卖,不可分。何谓五物?一住处地,二房舍,三须用物,四果树,五华果。"佛教讲求的是乞食自养、修行求道。"僧伽蓝内本不自营其餐具也,至时持钵往福众生。……何者出家之人本资行乞,戒律炳然,无许自立厨帐并畜净人者也。"(《弘明集》卷 24《述僧设会论》)

户个体经营为主,家庭为生产的基本单位,农业和家庭手工业相结合,形成自给自足的自然经济。加之自然环境提供的物产不如古印度热带地区那样富饶,隐居或出家修行难以获得自然提供的富足食物,因此必然要求人要勤力耕作、自给自活。正如《孝经》(庶人章第六)云:"用天之道,分地之利,谨身节用,以养父母。"佛教在此种条件下必然要进行多方面的调适,在佛法义理层面,魏晋以来佛教与玄学结合,例如佛教学者对般若性空的解释,因引进了玄学的概念、名词而各出异义,大体上不承认"有"和"无"的存在,说"有"是表"非无",并非真有"有";说"无"是表"非有",并非真有"无"。故强调非有非无,不落两边。在六家七宗(即本无、即色、心无、识含、幻化、缘会六家,其中本无又分为本无宗与本无异宗)之中,心无宗提倡"心无",反对玄学之心有;即色宗针对心无宗不空色(物)的缺陷,提出"色即为空",又恐堕入"空执",提出"色复异空"。本无宗针对即色宗色空不相即的缺陷,提出物性本无末有,诸法本性是空,在事相上表现为有形的万物。各家都讲非有非无,对非有非无的理解不同。佛教是出世间的,不承认现实的合理性,它强调"一切皆空",不承认现世存在的意义。在生活制度方面,在物质条件有限的农耕社会里,如果完全依靠托钵和自然物产很难维持生存,当时的文化传统让乞食自活制度受到诸多限制。僧人被要求参加生产,政府为方便管理实行编籍,离家修行要求依止于寺院。如此一来,以耕种土地、参与经营来保障、维持寺院的生计,成为形成寺院经济的必然形式。

(三) 僧团向经济共同体的转化

佛教僧团在中国经历了一个从消费共同体向经济共同体转化的过程。佛教初来之际,西域高僧源源东来,如名僧摄摩腾、竺法兰等在汉明帝时来到洛阳,佛图澄、鸠摩罗什分别于东晋、南北朝时来到东土,他们翻译佛经,授徒传戒,大力弘扬佛法。这些高僧大都严守戒律和遵守佛制,乞食为生。中国的人文、自然环境决定了这种乞食生活无法在中国实施。中国社会自古崇尚自耕自足,乞食被视为不劳而获,乞丐被视为贱民。僧人乞食,无论如何都难以获得社会各阶层的认同和尊敬。僧众们要想修行、传道,就必须有寺院经济的支持。

西域僧人佛图澄投归石勒、石虎，石虎下书国中："和尚国之大宝，荣爵不加，高禄不受。荣禄匪显，何以旌德。从此已往，宜衣绫锦，乘以雕辇，朝会之日，和尚升殿，常侍以下，悉助举舆，太子诸公扶翼而上，主者唱大和尚，众坐皆起，以彰其尊。"[1]又敕："司空李农，旦夕存问，诸公五日一朝，表朕问焉。"[2]于是"百姓因澄故，多奉佛。皆营造寺庙，相竞出家"[3]。鸠摩罗什投归姚兴，姚兴请他到长安，姚兴是崇信佛教的人，亲自率群臣听罗什讲道。上唱下随，百姓遂多信佛。《晋书·姚兴载记》载："兴既托意于佛道，公卿以下莫不钦附。沙门自远而至者五千余人……州郡化之，事佛者十室而九矣。"[4]由于国家的支持，高僧的影响，寺院的社会基础在东晋时期确立了，自此以后，便急剧发展，走上极盛的时代。但是也就从此时起，寺院的性质发生变化，走向了另一个阶段：由宗教的组织，变成一种含有政治、社会、经济性质的组织，变成庄园组织，做了统治及剥削阶级的一环。

汉晋时期佛教的传播、影响主要在社会上层，南北朝以来，战乱频繁，人们流离失所，弱小无力自保者只有依附豪族大家生活，无土地的贫民投靠大地主以得到土地来耕种，因佛教当时被上层社会所庇护，也有大量投靠寺院的农民。同时，佛教所宣扬的因果报应、轮回等观念，一定程度上可以暂时缓解人们精神上的痛苦，满足了劳苦大众的社会心理需要，因此，大量民众信仰佛教。门阀世族阶层物质上获得满足的同时，在精神上也需要佛教支持，社会上出现了从门阀世族到各代帝王大都崇佛甚至尝试政教合一。

南北朝佛教的盛行是寺院经济兴起的重要社会原因。梁武帝萧衍（464—549年）曾在阿育王寺开无遮大会，"所设金银供具等物，并留寺供养，并施钱一千万为寺基业"[5]。梁武帝晚年一心归佛，宣布以佛教为国教。史载：中大通元年（529年），"（帝）幸同泰寺，……释御服，披法衣，行清净大舍。以便省为房，素床瓦器，乘小车，私人执役"[6]。梁武帝四次舍身出家，两次有记载的"赎身钱"为万亿钱，其中一次是"群臣以一亿万钱奉赎皇帝菩萨大

① 《高僧传·佛图澄传》。[南朝梁]释慧皎撰：《高僧传》，北京：中华书局1992年版。

② 《高僧传·佛图澄传》。

③ 《晋书·佛图澄传》。

④ 《高僧传·佛图澄传》。

⑤ 转引自牟钟鉴等《中国宗教通史（修订本）》，北京：社会科学文献出版社2000年版，第411页。

⑥ 《南史·梁武帝本纪》。[唐]李延寿：《南史》，北京：中华书局1974年版。

舍,众僧默许"。梁武帝舍身事佛,不仅向寺院捐赠财物,还自愿入寺服役。当时,"都下(建康)佛寺五百余所,穷极宏丽;僧尼十余万,资产丰沃。所在郡县不可胜言"①。僧尼可免税免役,因此投身佛寺的人很多,以致"天下户口,几亡其半"②。同泰寺"楼阁殿台,房廊绮饰,凌云九级,俪魏永宁"③。大爱敬寺"经营雕丽,奄若天宫";大智度寺"殿堂宏伟,宝塔七层"④。梁武帝买下宰辅王导(276—339 年)子孙王骞的八十顷田地捐赠给爱敬寺,天监八年(509 年)敕僧祐监造一丈八尺的铜佛像置于光宅寺,用铜四万三千斤,铜佛庄严精美而被誉"东方第一"⑤。天监十二年(513 年),萧衍又敕僧祐(445—518 年)监造剡县(今浙江嵊县)石佛,前后雕刻四年,造就栩栩如生的五丈(17 米)坐佛和十丈(33 米)立佛,建三层大殿和门阁龛台以作保护。⑥《佛祖统记》记载陈宣帝太建元年(569 年)有道士诬告南岳慧禅师,官司勘其实后,帝敕有司冶铁为十四券,识道士十四名,封以赦命,令随师还山,"道众以老病告,愿奉田数顷以充香积,用赎老身。师曰:留田当从汝愿,因名留田庄"⑦。寺院拥有土地、奴婢及大量钱财,大批土地可以耕种,大量为僧寺服务的奴婢是无偿的劳动者,加之帝王的支持和百姓的信奉,寺院由此吸收不少人力、物力,配合佛法自度、度他之愿力,以增强自身经济势力。

从东晋时期佛教寺院经济萌芽,至南北朝时期,寺院经济发生并得以初步发展,当时僧尼"或垦殖田圃,与农夫齐流;或商旅博易,与众人竞利"⑧,而且寺院也是"资产丰沃""广占田宅"⑨,许多寺庙金碧辉煌,华丽无比。寺院经济是僧官制度产生的经济基础。寺院有了独立的雄厚的寺院经济,管理寺庙财产和组织生产活动的要求提到了僧侣阶层面前。僧尼增多,经济上贫富不等,为了保护少数上层僧侣贵族的利益,一种专事管理的人员从宗教

①《南史·郭祖深传》。
②《南史·郭祖深传》。
③[隋]费长房:《历代三宝记》卷 11。参阅张春雷等校注《〈历代三宝记〉校注》,郑州:河南人民出版社 2013 年版。
④《续高僧传·释宝唱》。[唐]释道宣:《续高僧传》,北京:中华书局 2014 年版。
⑤《高僧传·法悦传》。
⑥《高僧传·僧护传》。
⑦《佛祖统记》卷 6《南岳禅师传》,《大正藏》第 49 册,第 180 页。
⑧《弘明集》卷 6。[南朝梁]僧祐、[唐]道宣:《弘明集·广弘明集》,上海:上海古籍出版社 1991 年版。
⑨《魏书·释老志》。

阶层中游离出来,形成僧官。由此,中国化的佛教经济伦理思想就有了存在与发展的基础和条件。这种情况当然也与佛教教义在当时深入人心有深层次的关系。北魏昙靖作《提谓波利经》二卷,以善恶报应宣扬持斋修行、止恶行善,成为高僧以造经作论的形式劝导民众的宗教善行之典范。《佛说父母恩重经》《善恶因果经》《劝善经》等代表的劝善疑伪经,借佛言经论向世俗社会进行劝诫,化导民众,并将善恶果报论贯穿其中。善恶有报的思想一直影响着佛教传入中国前后的南北广大地域。佛教传入之前,一般中国人都认为,人死后化为魂魄,靠后代祭祀的情况来决定魂魄的去向是附以祖庙还是化为鬼魂,而且大多数人希望以后代的延绵来保证魂魄不成为野鬼。佛教则认为人今生的善或恶都会影响来生的善或恶,人死后是可以轮回的。这样就和中国传统观念结合产生了因果、轮回的思想,使人开始觉得人的生命不是一次而是多次轮回,以后的轮回取决于今生的善恶修为,出家人施法解救在家人,在家人施财帮助他人度脱困难以积累解脱的资粮。经济的生产、财富交换、分配和消费就有了一定的道德意义和宗教意义,如此一来,随着佛教的传播和发展,佛教建立、完善了寺院组织,有了依托的基础、一定的经济行为和经济活动,而且此类经济行为和经济活动逐步增多,寺院经济逐步建立,在积累中发展并有了一定的规模,这些因素使佛教经济伦理思想的形成和发展具备了实际的条件和基础。

二、汉唐佛教经济伦理思想的积累和发展

南北朝时期佛教思想逐步深入中国民众的观念之中,佛教经济有了超越前代的发展,佛教经济伦理思想由此有了初步的发展。为辅助教化,佛教劝善理论与民俗、文学、艺术等形式相结合,产生了《佛经应验记》,鲁迅在《中国小说史略》中称之为"释氏辅教书"[1]。《观世音应验记》就是当时佛门感应记的代表之作,其中叙述了佛教的神异、善恶报应的真实灵验以及人们现实中的祈福禳灾活动,与志怪小说类的"释氏辅教书"相呼应,为佛教震悚世俗、止恶扬善起了极大的作用,也推动了同时期佛教寺院经济伦理在思想

---

[1]《鲁迅全集》第9卷,北京:人民文学出版社2005年版,第355页。

和实践层面的发展。佛教的发展需要进一步适应以自然经济、小农经济为主的封建国家土地所有制的经济发展模式，需要进一步适应传统上以儒、道为主体的社会伦理和文化。

佛教教义在南北朝特殊的社会和文化环境下的传播发展，带动了寺院地产、财富的大量积累，而寺院经济的兴盛发展，又推动了学佛、信佛的广泛兴趣，出现了佛学中心。佛教的存在多以寺院为主要单位，世俗社会以钱财、土地进行供奉。同时，佛教的供奉方式也发生了转变，如由个人或私人供奉转向寺院整体供奉，由此必然要求一定的经济行为（如生产、交换、消费、分配等等），以支持一定规模的信众和寺院组织之生存与发展。南北朝时期的门阀士族有大量土地和充足的财富，拥有大批依附农民，享有一切特权，一些门阀士族在思想意识和生活情趣方面显出超脱、高傲的态度，标榜不为物累、崇尚虚无、以无为本，看不起富贵和名位，同时也不担心厄运降临到他们的头上。士族的哲学、伦理，将不二法门作为处世接机的态度与方法，泯灭一切对立，渴望获得生命自由的无限超越。佛教适应这个时代世族的需要，其理论往往就是从各方面给这种生活方式提供根据的。后秦鸠摩罗什译的《维摩诘经》（或称《维摩经》《净名经》《不可思议解脱经》）在此时流行，可以说在某种意义上适应了这种需要。

《维摩诘经》（凡3卷14品）形成于公元1世纪左右，其内容发展了《般若经》的空观思想，采用中道正观之方法，以诸法实相为究竟，主张生死与涅槃、烦恼与菩提、世间与出世间不二。该经说法之主角维摩诘为毗耶离城之长者、居士，此居士既可能是实有之历史人物，也可能是大乘佛教徒按在家信徒之理想而塑造之典型。《维摩诘经》旨在宣传大乘般若空观，历代祖师多引述此经言句以接引后学。这部对中国佛教影响很大的佛经描绘了在家大乘佛教居士维摩诘。他勤于攻读，虔诚修行，能处相而不住相，对境而不生境，得圣果成就；他拥有田园财产、妻子儿女、大神通，连佛弟子们的知识和理论都无法与之相比。维摩诘生病之时，国王、大臣、长者、居士、诸王子及数以千计的人前去问疾，维摩诘借机向人们广说大乘不可思议法门。《维摩诘经》有如此的描写：

> 尔时毗耶离大城中有长者名维摩诘……资财无量，摄诸贫民；奉戒

清净,摄诸毁禁;以忍调行,摄诸恚怒;以大精进,摄诸懈怠;一心禅寂,摄诸乱意;以决定慧,摄诸无智……虽为白衣,奉行沙门清净律行;虽处居家,不着三界;示有妻子,常修梵行;现有眷属,常乐远离;虽服宝饰,而以相好严身;虽复饮食,而以禅悦为味。

……若至博弈戏处,辄以度人;受诸异道,不毁正信;虽明世典,常乐佛法;执持正法,摄诸长幼。一切治生谐偶,虽获俗利,不以喜悦。入治正法,救护一切;入讲论处,导以大乘;入诸学堂,诱开童蒙;入诸淫舍,示欲之过;入诸酒肆,能立其志。①

维摩诘这位修行居士比佛弟子生活富有、道德高尚:他一方面过着世俗显贵的富裕生活,另一方面保持着比出家人还纯洁的精神状态。他尽管在吃喝玩乐,过世俗生活,但利益众生、济世度人,精神境界超越于世,与众不同。这种既拥有优裕的生活、巨大的财富,同时又具有极高境界的佛教居士的生活方式、生活态度和精神追求,在某种意义上就是当时某些士族贵族生活世界的写照,也是南北朝时期佛教经济伦理思想发展的一种表现形式。

中国佛教供奉方式的转变有其理论基础,这就是佛教基本教义提供的关于财产、修行等的基本观念。戒律允许寺院集体拥有土地财产,所谓"白衣施田宅店肆于比丘……佛言听僧受,使净人知"②。寺院田产、财物、房屋等是寺院经济的基础,寺院经济就是与佛教直接或间接相关的经济生产和再生产,是以寺庙为主体、以僧尼为核心的经济关系和经济活动的总和。

南北朝时期,随着寺院经济的发展,寺院势力也扩大了,与这种形势相适应的僧官制度也逐渐建立起来,为以寺院为主体的佛教的独立发展提供了重要保障。僧官制度始创于后秦姚兴时代,至南北朝形成了一套比较完备的制度体系(隋唐时期又趋废弛)。中央僧官制初始于后秦,《大宋僧史略》卷中载:"立僧官,(姚)秦(僧)䂮为始也。"僧䂮是东晋名僧,是鸠摩罗什在长安逍遥园译经时的主要助译人员之一。姚兴于弘始七年(405年)任命僧䂮为"僧正",僧迁为"悦众",法钦、惠斌为"僧录",令管理境内僧尼事务,并供给优厚的秩禄、车舆及吏役随从。《大宋僧史略》这样解释僧正一职:

---

① 赖永海、高永旺译:《维摩诘经》(方便品第二),北京:中华书局2010年版,第24—30页。
② 《五分律》卷26,见《大正藏》第22册。

"言僧正者何？正，政也，自正正人，克敷政令，故云也。盖以比丘无法，如马无辔勒，牛无贯绳，渐染俗风，将乖雅则。故设有德望者，以法而绳之，令归于正，故曰'僧正'也。"由此看来，僧正是僧尼的最高长官，主要负责对僧尼的教化和戒律约束。"悦众"管财物，负责寺庙的建造修葺、僧众的膳食住宿等庶务。东晋、南朝历代的僧官也沿袭"僧正"的称谓。宋明帝泰始二年（466 年）曾任命尼姑宝贤为京都僧正，齐武帝任命道达和尚为南兖州僧正等。南朝的僧正有"天下僧正""大僧正"之别。东晋、南朝设置了僧官，但没有成建制的僧官机构，不设官署。北朝是僧官制度较为完备的时期。拓跋珪建国，设置了一套管理僧务的僧官机构。中央僧务官署当初称监福曹，太和二十一年（496 年）更名昭玄寺，正副长官称沙门统、都统、维那等。《隋书·百官制》记载："昭玄寺，掌诸佛教。置大统一人，统一人，都维那三人。亦置功曹、主簿员，以管诸州郡沙门曹。"北魏僧官的地方机构与当时的行政体制相适应，分州、郡、县三级。州郡的僧务官署称僧曹，相应的正副僧官有州统、州都统、郡统、郡维那等。一县一级仅置县维那一人，不设官署，亦无统、都之职。北齐是"制官"，"多循后（北）魏"，不仅俗官如此，僧官亦然。北齐昭玄寺设员冗多，除沙门统外，又设若干名沙门都。佛教共同体的最基本的社会组织是寺院，基层僧官制度其实就是寺庙的职位结构。南北朝以来，至唐中叶之前，寺庙职位结构的变化不像中央和地方僧官制度那样显著，其主要寺庙职位有寺主、上座、维那等。《大宋僧史略》说东晋以上"无寺主之名"。寺主、上座的称谓实始于南北朝中期。北魏太和十年（485 年），政府的一个令文中有"寺主、维那当寺隐审"[①]之说，是说寺主、维那负责对学业不佳的僧尼的审查淘汰工作，这是文献中所见的关于寺主的最早记载。永平二年（509 年）沙门统惠深曾在奏疏里提到要上座、寺主加强对僧众的戒律教育。可见，北朝中期以后，寺主、上座的设置较为普遍了，南朝也是如此。南北朝虽然有寺主、上座的设立，但没有形成固定的寺庙职位制度，反映在文献中，当时还没有把寺主等视为寺庙之"纲"。

　　以寺院为主体组织，围绕寺院形成一种物质财富聚集手段和经营机制，形成了程度不同的财产占有和经济剥削，形成了教义掩盖下的精神奴役和

---

① 《魏书·释老志》。

劳动奴役特殊形式这种情况的出现,就标志着佛教思想不仅已深入到中国社会的观念深层,更深入到经济生活的深层,这是佛教经济伦理思想获得超越前代发展的重要条件和基础。

三、汉唐佛教经济伦理思想的兴盛与转衰

隋唐时期思想多元发展,祆教、景教、摩尼教、犹太教、伊斯兰教等异域宗教与中国儒、佛、道三家同时并存,构成了隋唐时期绚烂多彩的社会文化。尤其是儒、释、道三教冲突融合,互斥互济,营造了时代经济伦理思潮的多元性、丰富性和开放性,催生了"性情之原"的核心话题和快速发展的寺院经济。儒、释、道所依傍的诠释文本都回到其源头,而重燃思想之火焰。三教殊途同归,百虑一致。佛教作为强势文化,在创宗立派、体系建构、理论精密、思维创新等方面,略占上风。在中国化过程中,佛教般若智慧的张扬、涅槃妙心的传承,都顺天应人;其心性学说的契合、性情之原的彰显,皆唯变所适。自佛教《四十二章经》汉译后,汉代有安世高和支娄迦谶两支译经系统,其不足之处是大多为节译,翻译名词、术语有欠准确的地方。汉以后,印度佛教经典源源不断地被大量翻译为汉文,有的经典被一译再译。两晋南北朝时期据《内典录》记载,参与翻译的有 125 人,翻译佛教经典 764 部,3685 卷。[1] 南北朝时期是寺院经济极盛期,虽然北朝末年至隋大业年间由于大乱而趋衰落,但唐初寺院经济在南北朝基础上经几十年的升平发展而复至繁盛,形成了修行与经营相结合而以自利利人、普度众生为核心的经济伦理思想。随着封建寺院经济自开元天宝以后转趋衰落,经济伦理思想发展也趋于转衰。在强大的寺院经济的支持下,佛教译经增多,讲习、注疏、翻译佛经成为风尚,创派立说,学说纷呈,繁荣空前。寺院经济的空前繁荣,强劲地支撑了隋唐译经活动,一时知识阶层趋之若鹜,蔚然成风,民间佛经多于儒家六经数十百倍,佛教信仰已大大地民间化、普遍化了,由此也使佛教利他的伦理观念与民间善良意识相结合,解脱观念与民间任运自然的精神相结合,形成了本土化的中国佛教伦理思想。

---

[1] 参见郭朋《汉魏两晋南北朝佛教》,济南:齐鲁书社 1986 年版,第 241、242、603、826 页。

　　隋朝统治者利用一些佛教高僧到江都的寺院从事宗教和学术活动的机缘,建立自己的威信。开皇十一年(591年)十一月,杨广在江都给一千名南方僧人千僧斋供养,斋席之后,杨广身为"使持节上柱国太尉公扬州总管诸军事扬州刺史",跪受天台宗创始人智𫖮为居士作的"菩萨戒",接受佛号"总持菩萨"①,并撰《答遗书文》一篇敬覆。此后杨广与智𫖮定期通信,而且信末署名总是虔诚和虚心地称自己为"菩萨戒弟子总持"②。杨广在《宝台经藏原文》中云:"至尊拯溺百王,混一四海。平陈之日,道俗无亏。而东南愚民,余烬相煽。爰受庙略,重清海滨。……是以远命众军,随方收聚,未及期月,轻舟总至。乃命学司,依名次录,并延道场。……所资甘雨,用沃焦芽。"其欲以佛教来感化、笼络陈之故民之意图极明显。杨广在《与释智𫖮书》其八中直接对智𫖮说:"江东混一,海内乂宁。塔安其堵,市不易业。斯亦智者,备所明见。而亡殷顽民,不惭怀土,有苗恃险,敢恣螳螂,横使寺塔焚烧,如比屋流散。钟梵辍响,鸡犬不闻。废寺同于火宅,持钵略成空返。僧众无依,实可伤叹。"这里将佛寺毁坏的责任推到叛乱者身上,恢复佛寺、优待佛僧、资助写经则是江东僧俗的福祉。智𫖮在《答晋王书论毁寺》中称赞杨广:"仰惟匡持三宝,行菩萨慈。近年寇贼交横,寺塔烧烬。仰乘大力,建立将危,遂使佛法安全,道俗蒙赖。收拾经像,处处流通,诵德盈衢,衔恩满路。"《答晋王请撰〈净名义疏〉书》云:"仁王弘道,含生荷赖。盖登地菩萨,应生大家。所以发心,兴隆大道。曷可量哉? 孰可比哉?"③智𫖮送给晋王杨广一顶天冠,杨广写信感谢说,"爰逮今制,思出神衿,图比目连。……冠尊于身,端严称首。跪承顶戴,览镜徘徊,有饰陋容,增华改观。"④杨广与智𫖮的交往,既有真诚的宗教感情,又有强烈的政治直觉(为了争取南方的高僧而把奉承、引诱和赞助等手段巧妙地结合起来)⑤,所以取得了成功。大业元年(605年)九月,炀帝会见天台僧智璪,当时黄门侍郎张衡宣敕问道:"先师之寺,僧众和合不? 相净竞是非不? 璪欲起对,敕云:师坐,师坐勿起。璪对云:门人一

① 杨广:《答菩萨戒疏》。[清]严可均编纂:《全隋文》卷7,北京:中华书局1965年版。
② 杨广:《与释智𫖮书》三十五首,《答释智𫖮遗旨文》,载《全隋文》卷6、卷7。
③ 《答晋王请撰〈净名义疏〉书》,《全隋文》卷32。
④ [隋]灌顶编纂:《国清百录》卷2,《大正藏》第46册。
⑤ [英]崔瑞德:《剑桥中国隋唐史》,北京:中国社会科学出版社1990年版,第116页。

众,扫洒先师之寺,上下和如水乳,尽此一生,奉国行道,不敢有竞是非,常以寒心战惧。敕云:好。张衡又宣敕云:师等既是先师之寺,行道与诸处同?为当有异?对云:先师之法,与诸寺有异,六时行道,四时坐禅。处别有异。道场常以行法,奉为至尊。敕旨云:大好,大好!张衡又宣敕云:师等既是行道之众,勿容受北僧,及外州客僧,乃至私度出家,冒死相替,频多假伪,并不得容受。对云:天台一寺即天之所覆,寺立常规,不敢容外邑客僧,乃至私度,以生代死。敕云:好。……张衡又宣敕云:师等僧悉在寺不?勿使名系在寺,身住于外。对云:先师在世,有十条制约:名系于寺,若身居别处,则不同止。敕云:大好,大好。……张衡又宣敕云:施师物,充师等衣资,勿作余用,欲作功德亦得,须得弟子意。弟子看师,与余有异,供给继连,必令不断。勿使寺僧,在外多求,损先师之后。对云:尔。"①由此可见,炀帝一方面对天台山众很不放心,出于给自身"祝福",他对台僧要求甚高甚严,须超越他寺任何僧人,不许杂有私度之人。"杨广在即位之前,奉佛颇为虔诚。尊礼智顗,受菩萨戒,建立江都慧日道场等,俨然一副佛化藩王面貌。然而在即位之后,虽然也仍有弘法度僧之事,然而其内心对佛教的虔诚,则远不如前。……炀帝即位之后,其行为已明显地表现出其政治感情重于宗教感情的倾向。"②杨广即位前有奉佛的一面,即位之后对佛教的举动仍是为自身"祝福"。可见,隋代统治者看准了佛教当时在朝廷和社会上的德望、影响和作用,而有效利用之。

唐玄宗朝开始有持续反佛教特权的斗争,佛寺经济活动受到限制,经营特权不如以前那样受到支持,佛教势力开始衰落,佛教经济伦理思想也随之转衰。王权在一系列核心的问题上推进了对教权的胜利,其表现主要在如下方面。首先,僧尼礼拜君亲。唐玄宗于开元二年(714年),诏令道士、女冠、僧、尼致拜父母。③开元二十一年(733年),颁布《僧尼拜父母敕》,令僧、尼学习道士、女冠"不自贵高""称臣子之礼",自今已后,僧、尼一依道士、女

① [隋]灌顶编纂:《国清百录》卷3"僧使对问答第八十六",《大正藏》第46册。
② 蓝吉富:《隋代佛教史述论》,台北:台湾商务印书馆股份有限公司1993年版。
③ [宋]王钦若等编修:《册府元龟》卷60,北京:中华书局1960年版。

冠例,兼拜其父母。① 此后"道士、女官、僧、尼,见天子必拜"②。《新唐书·百官志》言:"自汉至唐肃宗朝,始见称臣。由此沿而不革。"③见天子必拜与称臣是说僧、尼放弃特权,承认王权治下的臣民,世俗政权相对于宗教教权而言大大加强了。《新唐书·百官志》材料多取自《唐六典》,而《唐六典》成书于玄宗朝,故"见天子必拜"反映的应该是玄宗朝的事实。《宋高僧传》说肃宗朝始见称臣,时间上略微推后了些,它说"由此沿而不革"却合乎实际。玄宗朝以后个别僧徒见"天子不朝,父母不拜"④,已属非法。其次,僧团特权终结。开元十九年(731年)四月,唐玄宗诏曰:"自今已后,僧尼除讲律之外,一切禁断。六时礼忏,须依律仪;午后不行,宜守俗制。如犯者,先断还俗,仍依法科罪。所在州县,不能捉搦,并官吏辄与往还,各量事科贬。"⑤僧尼按佛教律仪行事,其他方面遵行俗法,违犯者按僧规、俗法治罪,由此取消了僧团不受法律约束之特权,后世"沿而不革",僧尼犯罪例由俗官推治。开元十九年诏后,僧尼特权基本上终结了。最后,寺院、僧尼免赋权削弱。北齐曾颁布税僧尼令:"僧尼坐受供养,游食四方,损害不少。虽有薄敛,何足怪也。"⑥薄敛,属于杂税,对僧尼薄敛具有一定的必要性。北齐政局动荡,或许此令未及全面付诸执行。唐代前期开始向僧寺征敛杂税,⑦唐中叶以后迫使寺院、僧尼交纳赋役情况日见其多。《大宋僧史略》卷上《传密藏》云:"代宗永泰年中,敕灌顶道场处,选二七人,为国长诵佛顶咒,及免差科地税云。"《宋高僧传》卷一八《僧伽传》云:"大历中,州将勒寺知十驿,俾出财供乘传者。至十五年七月甲夜,(僧伽)现形于内殿,乞免邮亭之役。代宗敕中官马,奉诚宣放。"这里涉及差科、地税(邮亭之役亦是差科的一种)之类的杂税、杂役。灌顶道场处的僧人和泗州普光寺能免差科、地税是皇帝的特恩,此可反证其时寺院和僧尼已失去免除杂税、杂役之特权。这样唐代税制不仅从经

① 《唐大诏令集》卷113,"臣子"作"君子";《册府元龟》卷60,"兼拜"作"无拜"。

② 《新唐书·百官志·崇玄署》。

③ 《唐常州兴宁寺义宣传》。[宋]赞宁等撰:《宋高僧传》卷15,范祥雍点校,北京:中华书局1987年版。

④ [唐]范摅撰:《云溪友议》卷11引李翱《断僧通状》。唐雯校笺:《云溪友议校笺》,北京:中华书局2017年版。

⑤ 《禁僧徒敛财诏》,《全唐文》卷30。

⑥ 《通典·食货典十一·杂税》。

⑦ 如高宗显庆元年以前,即已向五台山等地僧寺税敛。

济上对佛教经济产生了有效制约,而且从伦理上对寺院存在的经济特权施加了限制,使其经济剥削和占有受到影响。唐前期朝廷已剥夺全国寺院、僧尼免除赋役特权中免杂税、杂役的部分,比起免除正税、正役而言,这是较轻的。唐前期僧尼不负担租庸调,严重地影响了国家财政。王权从法令上削弱寺院、僧尼免赋役特权的努力始见于北齐,唐中叶推行两税法后,法令规定寺院和僧尼私人均须按资产纳税服杂徭,僧团享有的经济特权被大大削弱了。

汉唐时期佛教特权的盛衰变化,深刻影响了其经济伦理思想的变化,基本发展大势是:佛教特权在汉魏之际萌芽,两晋十六国时期确立,东晋南北朝时期在与王权斗争中发展至极盛,经过隋至唐初的过渡,至唐中叶后全面衰落。佛教特权的盛衰有政治因素的作用(如王权的强弱、政治的治乱,以及最高统治者个人信仰的不同,都与佛教特权的盛衰有着密切而重大的关系),更为深刻的根源则是社会经济结构和阶级结构的变化。佛教组织享有的政治、法律、经济特权中,经济特权是根本,佛教组织凭此特权,发展了独立而强大的经济力量,才能对王权保持相对独立的地位。因此,佛教组织经济特权的有无与强弱乃是教权盛衰之关键。佛教组织享有经济特权之根本,乃是佛教组织占有的劳动力依附于寺院,向僧团或寺院交租、服役,而免除了对世俗国家承担的赋役义务。这种状况只适宜存在于人身依附关系较强的社会中,因此佛教组织的经济特权之盛衰与社会经济结构、阶级结构紧密相连。

唐中叶起,社会经济结构和阶级结构发生了深刻变化,大致可以唐中叶均田制、租庸调制的崩溃和两税法的成立划一界限。当时,生产劳动者的人身依附关系逐渐削弱,身份地位有所提高,劳动方式与剥削形式也有所变化。身份性的士族地主式微,非身份性的庶族地主代兴;国家控制的均田农民和大姓、士族地主奴役的部曲、佃客过渡为租佃契约制的佃农,反映到佛教社会则是僧团统治阶层中士族式僧侣地主让位于庶族式僧侣地主,寺院经济中净人制向契约租佃制过渡。例如,北魏从事寺院经济生产的佛图户、僧祇户,隋代的寺户,唐初的净人,都属于部曲、佃客阶层。唐初道宣的《四分律删繁补阙行事钞》述及寺院的生产,只说以净人知管田园,未及租佃经营,表明农奴劳役制是寺院中占主导地位的生产关系。这说明在伦理关系上,佛教在实践上接纳封建制的剥削、奴役,甚至无情占有、自私自利。这与理论上的平等、利他和共有观念是不矛盾的。天宝年间茅山道观(道观经济与寺院经济性质和形式基本相同)把田地出租,"收纳苗子"以充斋粮;元和中庐山东林寺在荆州的食田也是出租经营,"收其租入"。寺院和佃户的关系主要是租地和交租的经济关系,靠超经济的强制使生产者紧紧依附和隶属于寺院已不是那么必要;在佃户方面,主要是选择合适的条件租地佃种,而无须为了避赋役而逃入寺院了。在新的社会经济结构下,寺院通过免除赋役吸引百姓、维持生产的社会功能逐步散失,同时由于士族地主自身的式微,国家打击佛教特权时没有一个强有力的阶级力量来支持佛教组织,而新兴庶族地主却积极支持朝廷限制佛教,佛教就易于受到限制和剥夺而逐渐失去其特权。[①]

总之,唐中叶以后,由于社会经济结构和阶级结构的深刻变化,佛教经济伦理思想随佛教特权的盛衰而逐步衰落。总体来说,汉唐佛教特权的盛衰与这个时期社会经济结构、阶级结构的变化相关。佛教特权的盛衰变化对于中国佛教的传播与发展也有深远的影响。佛教特权衰落以后,日渐显示出平民化宗教的特点,唐宪宗元和年间禅宗进行了教规改革,改革后的禅宗寺院规模、内部等级壁垒都发生了显著变化,僧众参加生产劳动更加普遍化、经常化了。禅宗风貌及其经济伦理思想的变化,显然是佛教特权衰落的产物。

(一) 佛教宗派及其经济伦理思想依傍的主要经典

隋唐佛教各宗普遍遵奉经、律、论,各以几部经典作为自家"宗经",其经济伦理在理论上也主要以此为据,同时为自家建宗立派的合理性和实然性寻求文本的价值根据。经典文本的依据,不仅使本宗具有合理性,而且还具有正统性。

1. 律宗与《四分律》

佛教四律与五论并称,为律宗之重要典籍。四律,即属萨婆多部(有部)

---

① 参阅谢重光《魏晋隋唐佛教特权的盛衰》,载《历史研究》1987 年第 6 期。

之《十诵律》六十一卷,后秦弗若多罗等译;属昙无德部之《四分律》六十卷,姚秦佛陀耶舍等译;属大众部(根本二部之一)之《摩诃僧祇律》四十卷,东晋佛陀跋陀罗等译;属弥沙塞部之《五分律》三十卷,刘宋佛陀什等译。五部中之迦叶遗部,唯传戒本之《解脱戒经》,广律则未传,婆粗富罗部之戒律与广本皆未传。五论,即《毗尼母论》八卷,译者不详,本名《毗尼母经》;《摩得勒伽论》十卷,刘宋僧伽跋摩译,本名萨婆多部毗尼摩得勒伽;《善见论》十八卷,萧齐僧伽跋陀罗译,本名善见律毗婆沙,系解释四分律者;《萨婆多论》九卷,译者不详,本名萨婆多毗尼毗婆,系解释十诵律者;《明了论》一卷,陈代真谛译,本名《律二十二明了论》,系依十八部中之正量部之律而成。

"四律"译出之初,中国佛教普遍以弘扬《十诵律》为主。北魏孝文帝年间(471—499年),《四分律》渐受重视,推行于北方,后来南北各地盛行,成为最有影响的佛教戒律。《四分律》(凡六十卷)原为印度上座部系统法藏部(昙无德部)所传戒律,姚秦佛陀耶舍与竺佛念共译于长安(410—412年),北魏法聪开始弘扬,道覆、慧光等各作注疏,并判为大乘律。《四分律》收于《大正藏》第二十二册,全书内容分四部分:(一)初分,讲述比丘二百五十条戒律条目,共二十卷。(二)二分,讲述比丘尼三百四十八条戒律条目及受戒、说戒、安居、自恣(上)等四犍度,共十五卷。(三)三分,讲述自恣(下)、皮革、衣、药、迦絺那衣、拘睒弥、瞻波、呵责、人、覆藏、遮、破僧、灭诤、比丘尼、法等十五犍度,共十四卷。(四)四分,讲述房舍犍度、杂犍度及五百集法、七百集法、调部毗尼、毗尼增一,共十一卷。

法砺的《四分律疏》卷二将《四分律》内容分为序、正宗、流通三分。序分包括劝信序和发起序。正宗分包含两部戒(比丘戒250条,比丘尼戒348条)和二十犍度("犍度"意为分类编集)。流通分包含五百结集、七百结集、调部和毗尼增一。法砺、怀素等把它分为三十七法,即比丘戒八法,比丘尼戒六法,二十犍度为二十法,二结集为一法,调部及增一各为一法,主要从身(行动)、口(言论)、意(思想)三个方面对比丘、比丘尼的修行及日常衣食坐卧规定详细的戒条,对违犯者订出惩罚制度,重者逐出僧团,轻者剥夺一定时期的僧籍并责令向僧众忏悔等。

《四分律》对于佛教南山律宗阐述经济伦理思想提供了基本依据,主要表现在如下方面:第一,制定包括规范经济活动在内的各种行为的戒律,阐明制戒有十种利益，即对僧众有十个方面的利益。其条文包括：（1）摄取于僧（谓世间有诸善男子善女人，于如来正法中，深生敬信，出家受具戒，以摄取成清净众故）；（2）令僧欢喜（谓于正法律中，修净梵行，令善增长，常怀欢喜故）；（3）令僧安乐（谓由欢喜，便得禅定寂灭故，亦由净修梵行，还信施债，心得安乐故）；（4）令未信者信（谓其未信之人，睹斯清白梵行，即生净信故）；（5）已信者令增长（谓已生信者，当善护其信，令增广故）；（6）难调者令调顺（谓有无耻犯戒之人，以此毗尼而为调伏，应治罚者治罚；应驱摈者而驱摈之）；（7）惭愧者得安乐（谓令诸有惭愧修梵行人，不怀疑悔，亦无净论，得安隐住故）；（8）断现在有漏（谓现缠烦恼，使不行故）；（9）断未来有漏（谓未来烦恼令不生，已生烦恼令永断其种故）；（10）正法得久住（谓由持梵行，如来正教得久住世间故）。① 第一条是总原则，即以规范和制度管理僧团，彰显僧团是一法治团体。第二、第三条是集体生活遵循的平等原则。第四、第五条是化导社会的原则。第六、第七条是制裁不法的原则。第八、第九条是断除现前痛苦烦恼，不再造作恶业的原则。第十条是令正法久住、众生世代受益的原则。第二，专讲寺院僧尼财产法，对私财、寺产有专门的规定、称谓和分别。第三，通过对僧尼个人衣、食、住、行等的规定，阐明了律宗的财产、消费、分配等方面的基本思想。第四，规定了三宝财物的出贷。

2. 天台宗与《妙法莲华经》

天台宗以《妙法莲华经》（简称《法华经》）为其建宗依傍的经典。"妙法"指一乘法、不二法，"莲华"作比喻讲"妙"的殊胜处，第一是花果同时，第二是出淤泥而不染，第三是内敛不露，故称《妙法莲华经》。《法华经》是释迦牟尼五时②所讲最高妙理，释迦牟尼认为此时听讲徒众机缘已熟，可听微妙不可思议之法。智顗述《妙法莲华经玄义》《金光明经玄义》《妙法莲华经文句》，湛然撰《法华玄义释签》等，阐发《法华经》思想，以确立本宗宗经的价值权威。天台宗以《法华经》作为其依傍的经典文本。《法华经》是其建宗立论的根据、理论思维的源头、智慧创新的活水。《法华经》对于天台宗阐述经济伦理思想提供了基本依据，主要表现在如下方面：

---

① 姚秦、佛陀耶舍共竺佛念等译：《四分律》卷1，《大正藏》第22册，第569页上、中。
② "五时"是指释迦牟尼说教五十年，按听讲徒众的体会、领悟水平分为五个时期，《法华经》是第五个时期所讲的经。

第一，《法华经》本着"一念三千"的思想，强调人与自然、人与人之间的平等和谐关系，以六和的精神，团结广大信教群众，宣讲孝顺报恩，净化心灵。"一念三千"即三千性相都具足于一念之中，谓众生一个心念活动，就含括宇宙万有、轮回和解脱的一切总和。天台宗的主要学说或教义有：一心三观、十如实、圆顿止观、三谛圆融、一念三千、性具善恶、无情有性、五时八教等。慧文曾依《大智度论》修观心法门，悟"一心三智"之旨而立一心三观说以传慧思。其后观心法门一直处于天台理论的枢机地位。三智是一切智（声闻缘觉之智，知一切法空）、道种智（菩萨之智，知种种法差别）、一切种智（佛智圆明）。于一念心中圆修空、假、中三谛者，即一心三观。"圆顿止观"是天台宗修行方法的核心。智顗认为，止观二法是转迷开悟、成就佛果的两种最基本的修行方式——佛法虽广，但"论其急要，不出止观二法"，而圆顿止观又是三种止观法门（另外两种为渐次止观和不定止观）中最殊胜者。圆顿止观指不经过由浅入深的阶段，一开始即缘纯一实相，以体证"实相外更无别法"境界的止观。"三谛圆融"是方法论原则，三谛即空、假、中。三者并不是认识上的先后次第关系，而是"虽三而一，虽一而三"，于一心中同时存在，相连相即，互不妨碍。也就是说，讲空，假、中即在其中，讲假，中亦如是。三谛圆融说是对大乘佛教空宗理论的进一步发展。天台宗以《法华经》为宗经而提出的"会三归一"理论，把天台宗的教义说成是至上的"一乘"，为它调和融合其他学说打开了方便之门。在"方便"法门的旗号下，天台宗对佛教各种经典和学说以及传统文化的不同思想进行了融会贯通，有选择地把它们"会归"到天台宗的教义中来，表现出天台宗作为中国第一个佛教宗派在调和圆融的基点上创宗的重要特点。

第二，《法华经》融合中国传统文化与印度佛教，融合南义、北禅，提倡定慧双修、止观并重、理论与实践并进。这种思想指导天台宗开辟修禅道场，农禅并重，倡导保护生态环境。自天台山至东海三百余里立六十余所放生池，智顗被尊之为"东土释迦"。

3. 唯识宗与《瑜伽》《唯识》

玄奘西行求法，在那烂陀寺师从戒贤。戒贤的师承传统为无著—世亲—陈那—护法—戒贤—玄奘。无著和世亲兄弟俩属大乘有宗。无著和世亲的主要著作有《瑜伽师地论》《摄大乘论》《显扬圣教论》《大乘庄严经论》《大乘阿毗达摩集论》及《唯识三十论颂》《唯识二十论颂》《摄大乘论释》《辩中边论》《佛性论》《大乘五蕴论》《大乘百法明门论》《十地经论》等。

玄奘承无著、世亲及其师说而创唯识宗，"奘师为《瑜伽》《唯识》开创之祖，基乃守文述作之宗"[①]。古印度大乘教派称誉玄奘为"大乘天"，为印度佛教发展作出了巨大贡献。玄奘抛弃在天竺的极高声誉和地位，回国从事翻译佛经和传教活动。玄奘和窥基的著作主要介绍和阐释了印度唯识学的三性说（遍计执自性、依他起自性、圆成实自性），阿赖耶识说（说明一切现象唯阿赖耶识所变现，"万法唯识"），以及真唯识量（真故、极成色，定不离眼识——宗，自许初三摄、眼所不摄故——因，如眼识——喻），使唯识宗在中国得到了发展。

《瑜伽师地论》（简称《瑜伽论》）题名"瑜伽师地"，意即瑜伽师修行要经历的境界——十七地，故亦称《十七地论》。《瑜伽师地论》为唯识宗阐述经济伦理思想提供了基本依据，主要表现在其中道思想。《瑜伽师地论》的中心是论释眼、耳、鼻、舌、身、意六识的性质及其所依客观对象是人们根本心识——阿赖耶识所假现的现象，禅观渐次发展过程中的精神境界，以及修行瑜伽禅观的各种果位。全书以分析名相有无开始，最后加以排斥，从而使人悟入中道。全书核心在于释十七地有关三藏，特别是《杂阿含经》等众多要义。初明契经事，次明调伏事，后明本母事。五分中以本地分十七地（归纳为境、行、果三相）为重点，后四分主要是解释其中的义理。其中，本地分中的"五明"概括了世间出世间一切知识，作为菩萨必须学习和精通，才能广济群生。"独觉行"是自利利他的行为。菩萨应该具备的七种知识，即自利、利他的途径，世间出世间的真理，请佛菩萨的威力，成就有情的方法，自我圆成佛果的道路，无上佛果的妙境。《相品》说明菩萨具备的五大特征，即哀愍、爱语、勇猛、惠施、能解甚深入理密意。《处分品》说明速证佛果的四种法门，即善修事业（六度行门）、方便善巧（于十二处具足方便善巧作自他义利）、饶益于他（依四摄法门）、无倒回向（所修法门都能回向无上菩提）。上述内容中涉及的有关中道及自利利他、广济群生及世间出世界真理，对于佛教唯识

① 《唐京兆大慈恩寺窥基传》（系曰）。［宋］赞宁等撰：《宋高僧传》卷4，范祥雍点校，北京：中华书局1987年版，第66页。

宗来说,是经济伦理思想得以确立的根据。

4. 华严宗与《华严经》

华严宗所依傍的诠释文本是《华严经》(全名《大方广佛华严经》),刘宋初译 60 卷本和唐译的 80 卷本,但据以立宗的文本是 60 卷本。《华严经》是由诸多单行经依菩萨行思想结集而成,以彰显佛法广大圆满、无尽无碍的因行果德。就佛教修行次序先"地前"菩萨诸行,修习十波罗蜜,其次是"入地"菩萨诸行,再其次是"佛界"菩萨诸行,由此而转凡夫成菩萨、佛的系统修行。

《华严经》是华严宗建宗的根本依据,华严宗以经名宗。华严宗的理论思维、哲学命题体系,因诠释《华严经》而来。《华严经》对于华严宗阐述经济伦理思想提供了基本依据,主要表现在如下方面:

第一,华严宗法界缘起、理事无碍、事事圆融无碍的思想具有宇宙总体、世界普遍性基础的意义。"法界"具有的世界本体、本原的意义,具有"随缘"和"不变"的本性,宇宙一切无非是所谓真如法界的显现,法界便是世界的总体,是世界普遍性的基础。理事无碍、事事无碍蕴含事物普遍联系、互相依存的思想。"理"原是指法性、真如,它作为世界本体、本原,从总的方面来分有"理"的法界和"事"的法界。理是法界之"体"(本体),事是法界之"相"(表相)与"用"(作用),二者相即不二,具有本质、一般、普遍性、统一性、同一性等含义;"事",则具有现象、个别、特殊性、差别性、特异性等含义。理与事、事与事之间是互相沟通、互相渗透、互相圆融的关系。世界万物共同的本质在通过千差万别的具体事物和现象表现出来的同时,又强调在形形色色的事物和现象的背后皆存在共同的本质。充满差异和矛盾的世界,彼此密切联系,互相融通,从整体上看是统一和谐的。华严宗以此表明烦恼与解脱、佛与众生、净土彼岸与世俗此岸之间彼此融通,不存在不可超越的鸿沟。这一理论使华严宗建立起信仰世界与世俗世界、人与自然之间新的平衡关系,并以宽容、仁爱、慈善的精神处理人际关系。

第二,性起说作为华严宗的核心思想之一,是人人修得佛性、农禅一体的重要理论依据。"性起"是讲一切众生及诸法都"体性现起",是如来性的显现,而不待其他因缘而起。"如来菩提",菩提译为觉悟,与如来智慧有圆通处,众生身具足如来智慧,即佛的菩提,即人人具有佛性。性起说把本体与现象完全重合为一,认为一切事物或现象是本体直接的、全部的显现,它们的生起是无条件的、绝对的。"佛性"或"一心"是真实的、永恒的、无条件的存在,世界既是现象界又是本体界,既是现实世界又是理想世界,热爱前者即是热爱后者。人们在现实世界里"广修万行",就是解脱的表现。

第三,空寂无为、少欲知足,以协调身、心,达到内外和谐。"身"是指人的自身表现,包括行为、言语;"心"是指人内在的精神,包括意识、思想、意念等。华严宗强调空或讲中道不二,着重心性修养,主张心、佛、众生三者无差别;个人的本心(自性)与佛的法身相通,称之为法性、佛性、真心或理,可以显现为世界万有。华严宗的解脱论以观想法界缘起为中心,以体悟理事无碍、事事无碍法界为最高境界。体悟法性真空之理即可成佛(圣)。心智契合,身心一如,可以解释为断除一切烦恼的至高精神境界。

5. 禅宗与《楞伽经》《金刚经》

禅宗所依傍的诠释文本初以《楞伽阿跋多罗宝经》(简称《楞伽经》)[1]为主,后依于《金刚波若波罗蜜经》(简称《金刚经》)。《楞伽经》4卷,刘宋求那跋陀罗译,收于《大正藏》第16册。数代禅宗祖师一直将《楞伽经》作为重要经典递相传承,直到五祖弘忍传法六祖时才改用《金刚经》传授。唐代净觉撰于景龙二年(708年)的《楞伽师资记》(又称《楞伽师资血脉记》),收于《大正藏》第85册,记述了《楞伽经》八代相承、付持的经过。

北宗神秀在武则天内寺参修《楞严经》,"《楞严经》初是荆州度门寺神秀禅师在内时得本,后因馆陶沙门慧震于度门寺传出"[2],这与南北两宗依《楞严经》主张顿悟与渐修的论争相联系,所以《楞严经》成为其依傍的经典文本。《楞伽经》也讲顿悟与渐修,如其中记载:"世尊!云何净除一切众生自心现流,为顿为渐耶?佛告大慧:渐净非顿。如庵罗果,渐熟非顿,如来净除一切众生自心现流,亦复如是,渐净非顿……"[3]陶器家造作陶器、大地渐生万物、人学音乐书画等等,都是渐熟、渐成、渐生、渐净的,不是顿熟、顿成、顿生、顿净的,因为"净除"烦恼(自心现流)是渐不是顿的。这里显然主张渐修,不主张顿悟。《楞伽经》又说:"譬如明镜,顿现无相色像,如来净除一切

---

① 《楞伽经》有三个翻译本:南朝刘宋求那跋陀罗译《楞伽阿跋多罗宝经》四卷本(443年刊出);北魏菩提流支译《入楞伽经》十卷本(513年刊出);唐实叉难陀译《大乘入楞伽经》八卷本(704年刊出)。
② 《唐京师崇福寺惟慈传》。[宋]赞宁等撰:《宋高僧传》卷6。
③ 《楞伽经》卷1,《大正藏》第16册。

众生自心现流,亦复如是,顿现无相、无有所有清净境界。如日月轮,顿照显示一切色像,如来为离自心现习气过患众生,亦复如是,顿为显示不思议智最胜境界。"①以明镜、日月为喻,说明顿显一切无相色像和一切色像的清净境界和不思议智最胜境界,又是主张顿悟。前者主张渐修,后者主顿悟。可见,《楞伽经》认为渐、顿都有道理,南顿北渐之争都可从《楞伽经》中导引出来,都有其同一的经典依据。

《楞伽经》《金刚经》对于禅宗阐述经济伦理思想提供了基本依据,主要表现在如下方面:

第一,自性清净,性空彻悟。一切众心真心无始,本来清静。真心不生不灭,认识、行为主体依赖于自身努力,就有觉悟的生机。《楞伽经》有"如来藏自性清净"说,认为"此如来藏虽自性清净,客尘所复故,犹见不净"②。自性清净的如来藏与真如、实际、法性、法身、涅槃等不生不灭,本来寂静,自性涅槃。由于"如来之藏是善不善因,能遍兴造一切趋生"③,故如来藏能遍兴造一切世界。禅宗以自性清净心、真心(直心)、自心(净染心、善恶心)作为"识心见性"佛性说的基石。《楞伽经》三界唯心思想,影响禅宗的"识心"说。《楞伽经》云:"如是观三界唯心分齐,离我我所。"④此"心"可谓"自性如来藏心"。《楞伽经》建立"八识","谓如来藏名识藏,心、意、意识及五识身。非外道所说。大慧!五识身者,心、意、意识俱,善不善相展转变坏,相续流注不坏身生,亦生亦灭,不觉自身现"⑤。识藏,即藏识,也即阿赖耶识,亦称心识。它是万法的种子,能生起一切法。《楞伽经》由此而被禅宗作为依傍的诠释文本。这与《楞伽经》把《一切佛语心品》的"心"解释为"一心者,名为如来藏"相契合。《楞伽经》说到佛为声闻授菩萨记,也论及二乘最终能获如来法身的思想,这对于后来"一切众生悉有佛性"的理论提供了重要有力的依据。"一切众生悉有佛性"成为中国佛教佛性论的主流,与《楞伽经》有着密切的联系。

---

① 《楞伽经》卷 1,《大正藏》第 16 册。
② 《楞伽经》卷 4,《大正藏》第 16 册。
③ 《楞伽经》卷 4,《大正藏》第 16 册。
④ 《楞伽经》卷 1,《大正藏》第 16 册。
⑤ 《楞伽经》卷 2,《大正藏》第 16 册。

第二，行持中道，绝言离相。超越断常执见，彰显不一不异之空有相。《楞伽经》阐述的中道思想逻辑是：（1）"空空"是破除法与非法的分别；（2）"问问"是破除百八句相的执着；（3）"宗通"展现了大乘中观的空性智慧。这三个方面确立了《楞伽经》的中道智慧。《金刚经》本身内容由两大层面组成：一是缘起层面，一是性空层面。在缘起层面，《金刚经》开示说法、布施、度众生、持经，引人生信。在般若层面，《金刚经》否定一切。在此层面又分两种境界，初悟是扫除诸相，不住六尘、不住三十二相，是否定；彻悟是度生而无生可度，说法而无法可说，得法而无法可得，是否定之否定。就度生而不住度生相而言，《金刚经》强调"灭度一切众生已，而无有一众生实灭度者"。堂堂大道，赫赫分明。人人本具，个个圆成。只因差一念，现出万般形（川禅师颂）①。就布施而不住布施相而言，《金刚经》强调："菩萨于法应无所住，行于布施。所谓不住色布施，不住声、香、味、触、法布施"，"若人满三千大千世界七宝以用布施"，所得福德仍不为多。这是因为，"宝满三千界，赍持作福田。惟成有漏业，终不离人天"（傅大士颂）②。凡夫六根胶着六境，在布施时住于布施之相，顾恋身财，希求受者报恩，希求来世果报。而真正的布施，要三轮体空：无能施之心，不见有施之物，不分别受施之人。"三轮"，是就布施而言，施者、受施者和所施之物。既讲布施，施者、受施者和所施之物之间就有财物或佛法等关系。三轮皆无自性，体空而幻有，所以不能执着。布施而"有心"，贪求福报，所求得者只是福德，而非功德。金刚般若的智慧主要体现在性空层面上，特别是以性空彻悟层面为极致。

第三，消费节俭，止息欲念。修行人不论身体有病抑或健康，都不应进腥荤辛辣之食。这些食物会影响人的思想，使人起贪嗔痴欲，不利修行、入静。菩提达摩以四卷《楞伽经》传法与慧可，嘱咐以"楞伽印心"。慧可传记指及，达摩说法："我观汉地，惟有此经，仁者依行，自得度世。"此经记载大慧菩萨与佛陀对话，大慧菩萨请问食肉说："彼诸菩萨等，志求佛道者，酒肉及与葱，饮食为云何？唯愿无上尊，哀愍为演说。愚夫所贪著，臭秽无名称，虎

---

① 引自明朱棣编纂《金刚经集注》，上海：上海古籍出版社1984年影印本。

② 引自明朱棣编纂《金刚经集注》，上海：上海古籍出版社1984年影印本。

狼所甘嗜,云何而可食? 食者生诸过,不食为福善,唯愿为我说,食不食罪福。"大慧菩萨说偈问已,复白佛言:"唯愿世尊,为我等说食不食肉功德、过恶,我及诸菩萨于现在、未来当为种种希望食肉众生分别说法,令彼众生慈心相向;得慈心已,各于住地清净明了,疾得究竟无上菩提。声闻、缘觉自地止息已,亦复逮成无上菩提。恶邪论法诸外道辈,邪见断常。颠倒计著,尚有遮法,不听食肉,况复如来世间救护,正法成就,而食肉耶? 佛告大慧:善哉! 善哉! 谛听! 谛听! 善思念之,当为汝说。大慧白佛言:唯然受教。"佛陀回答大慧菩萨,说偈言:"曾悉为亲属,鄙秽不净杂,不净所生长,闻气悉恐怖。一切肉与葱,及诸韭蒜等,种种放逸酒,修行常远离。亦常离麻油,及诸穿孔床,以彼诸细虫,于中极恐怖。饮食生放逸,放逸生诸觉,从觉生贪欲,是故不应食。由食生贪欲,贪令心迷醉,迷醉长爱欲,生死不解脱。"[1]这里肉类及荤菜使人发贪淫欲,增嗔痴想,均有碍修慈悲心。事实说明,焦虑、狂躁、精神紧张或许与进食肉类及荤菜有关。

(二) 佛教经济伦理思想的汉化、藏化和傣化

隋唐时期佛教在来自异域和中土的多元文化氛围中,得到了长足的发展。佛教寺院经济在南北朝经济的基础上进一步发展,成为封建经济的重要组成部分,佛教学派、宗派分化,佛学理论不断系统化,这一切促使佛教经济伦理思想深入发展并达到理论化。佛教经济伦理思想作为佛教中国化的一个方面,包含了汉化、藏化和傣化三大发展方向。

第一,佛教经济伦理思想的汉化。

佛教经济伦理思想的汉化主要是汉传佛教与中国汉地各民族文化相结合,形成的一套规范经济生活的道德观念、伦理规范和实践方法。可以说,佛教经济伦理思想的汉化,使其成为汉地流行的比较普遍的一种信仰和伦理形态,此外在南方的汉族及白族、部分彝族等少数民族中也存在着此种信仰和伦理形态。汉族在历史上是中国的主体民族,汉化佛教某种意义上成为中国人超越印度佛教的重要标志之一。从魏晋南北朝末到隋唐,北方各

---

[1] 《续高僧传·僧可传》。

民族在这个时期进一步融合、发展，一些少数民族甚至建立了自己的政权，与汉族政权并存，这都使得佛教不仅通过民间信仰的形式，更可通过意识形态的力量在广大范围内产生普遍的影响。当然，北传佛教的伦理和信仰超越了汉族，影响到古代北方的突厥、鲜卑、朝鲜族等少数民族。当然，汉族中盛行的儒家伦理和各民族传统伦理也对佛教伦理产生影响。蒙古族先信仰萨满教，后又有佛、道等多元信仰，萨满教、佛教、道教等宗教伦理对蒙古族民族伦理产生了重要的影响。南北朝时，佛教对鲜卑族的影响主要是上层贵族，其后推及下层民众。南北朝屡经世道变迁，各地兴佛隆佛之风未绝。汤用彤先生曾对此作过概括性的总结：

> 魏晋释子，袭名士之逸趣，谈有无之玄理。其先尚与正始之风，留迹河洛。后乃多随永嘉之变，振锡江南。由是而玄学佛义，和光同流，郁而为南朝主要之思想。返观北方，王、何、嵇、阮，本在中州。道安、僧肇，继居关内。然叠经变乱，教化衰熄，其势渐微，一也。桓、灵变乱，以及五胡云扰，名士南渡，玄学骨干，不在河洛，二也。胡人入主，渐染华风。而其治世，翻须经术，三也。以此三因，而自罗什逝世，北方玄谈，转就消沉。后魏初叶，仕族原多托身于幽、燕，儒师抱晚汉经学之残缺于陇右。而燕、陇者，又为其时佛法较盛之地。则佛教之与经学，在北朝开基已具有因缘。及北方统一，天下粗安，乃奖励文治，经术昌明。而昌明经术之帝王，又即提倡佛学最力之人。于是燕、齐、赵、魏，儒生辈出，名僧继起，均具朴质敦厚之学风，大异于南朝放任玄谈之习气。……致用力行，乃又北方佛子所奉之圭臬也。元魏经学，上接东都，好谈天道，杂以谶纬。而阴阳术数者，乃北方佛子所常习，则似仍延汉代"佛道"之余势者也。及至隋帝统一中夏，其政治文物，上接魏周，而隋唐之佛理，虽颇采取江南之学，但其大宗，固犹上承北方。于是玄学渐尽，而中华教化以及佛学乃另开一新时代。[①]

北朝那些与鲜卑贵族交好的大儒，兼综博涉，旁取佛法，既传授儒经，又

---

① 汤用彤：《汉魏两晋南北朝佛教史》，北京：北京大学出版社 1997 年版，第 378 页。

与佛教有着千丝万缕的联系,史籍所载,不可胜数。大儒高允①、刘献之②、孙惠蔚③、徐遵明④等,与佛教之因缘亦不浅。

汉化的佛教经济伦理思想中,佛教的基本伦理规范与民间伦理意识有一定的相合性,佛教关于弃恶扬善、众善奉行的思想多为一些民众所认同。"五戒"(不杀生、不偷盗、不邪婬、不妄语、不饮酒)和"十善"(包括不杀生、不偷盗、不邪淫、不妄言、不绮语、不两舌、不恶口、不悭贪、不嗔恚、不邪见),既是修行者日常的行为规范,也是僧人、僧团经济伦理活动的基本原则。汉地佛教普遍认为没有戒规不成菩提,因此以"五戒""十善"劝导人们诚信待人、奉公守法、诚信经营,建设以因果为原理的平等的经济伦理观。汉地佛教经济伦理思想的一切规范都建立在缘起、因果理论基础之上。依据佛教理论,万事万物都是相依相生、因果循环相续不断,由过去到现在、由现在到未来,因果相生永不断灭,由此形成了富贵贫穷因缘果报,同时也就形成了人们物质生活、经济生产劳作的经济伦理观。佛法强调种瓜得瓜、种豆得豆,德行与幸福的一致性,认为善自获福,恶自受殃,同时要求僧人和僧团在其经济活动中必须为自己的行为负责,担承自己行为的后果,警示自己以佛法义理和基本道德自律。汉地佛教僧人和僧团奉行大乘佛法义理,经济行为以利他为目的,强调发展经济的目的不是为了积累财富,而是为了弘扬佛法,利益和救度众生。因此汉地佛教坚持财、法二施,财施就是以财富、物质来帮助在生活上有困难的人,如果需要帮助更多的人,就需要勤力劳作以生产、获取更多的财富和物质;法施就是生生不息,不畏艰难险阻,弘扬普度众生的佛法义理。汉地佛教发挥原始佛教"八正道"(也称"贤圣八道",即正见、正思惟、正语、正业、正命、正精进、正念、正定)之义,将之作为佛寺经济和僧人个人经营活动的基本伦理原则。其中"正业"即正确的行为,身、口、意三业清净,远离杀生、不与取、邪淫等一切邪妄:"于中除身三妙行,诸余身恶行,远离除断,不行不作,不合不会,是名正业。"⑤正业强调的正是要人们生

---

① 北魏名臣之一,撰《左氏公羊释》《毛诗拾遗》等。

② 《魏书》本传云:"魏承丧乱之后,《五经》大义,虽有师说,而海内诸生,多有疑滞,咸决于献之。"又云:"时中山张吾贵与献之齐名,四海皆曰儒宗。"曾注《涅槃经》。

③ 正始中,侍讲禁内,夜论佛经,有悕帝旨,诏使加"惠",号惠蔚法师焉。(《魏书·儒林·孙惠蔚传》卷84)

④ 北魏后期大儒,当时儒生传《周易》《尚书》及《三礼》,皆出遵明之门。

⑤ 《中阿含经》卷7,《大正藏》第1册。

财有道,谋利以义,从事正当的职业,而不能以有损他人利益和以不当手段谋利。这与儒家讲的君子爱财、取之有道的思想是一致的。早期佛教译经,在理解及语词使用上,也借鉴了中国本土的儒道文化。后秦鸠摩罗什译的佛教大乘戒律经典《梵网经》(全称《梵网经卢舍那佛说菩萨心地戒品第十》)云:"若佛子,自酤酒、教人酤酒、酤酒因、酤酒缘、酤酒法、酤酒业,一切酒不得酤。"如果以不正当职业和手段赚取钱财,违反基本规范(如五戒、十善),这种行为就不仅是破戒,更是犯罪。《梵网经》云:"若佛子,故贩卖良人、奴婢、六畜,市易棺材板木盛死之具,尚不应自作,况教人作。"不法手段,不道德行为是违背佛教经济伦理观念和要求的,因此,汉地佛教对僧人和僧团提出经济行为以正当、合法为前提,鼓励和引导修行者遵守商业道德,维护经济法规,谋利是手段,是为了弘法,最终达到修行解脱。

汉化佛教经济伦理随唐代寺院经济的繁荣而快速发展,与佛教义理在哲学上的推进和深入是相辅相成的。唐高宗时代,师子国(现在的斯里兰卡)的国王把梵本《本生心地观经》贡献给唐朝皇帝,德宗时代请般若三藏翻译出来,由宪宗皇帝亲自制序流通。中唐时期,北天竺国般若三藏[①]翻译了《大乘本生心地观经》(八卷),该经略称《本生心地观经》《心地观经》,收在《大正藏》第3册。根据《贞元新定释教目录》卷十七云:"《本生心地观经》一部八卷,御制序,贞元六年(790年)庚午译。"元和年间,般若三藏等八人奉诏译成,复由谏议大夫孟兰等四人修饰而成。经典译出,受到宪宗皇帝重视,约于公元812年写序言,其中说:"如来秘藏,历尘劫而初开;大乘真理,超沙界而方证。烛其昏昧,示以津梁。俾披阅之者,甘露洒于心田;晓悟之者,醍醐流于性境。"唐宪宗时这部经像久封在尘沙里的宝藏一样重新被打开,得

[①] 《贞元释教录·般若三藏传》记载,般若三藏法师生于公元734年,七岁出家,二十岁受戒,在那烂陀寺学习佛法,后来游历诸国,五十多岁时来到中国。根据传记记载,《大毗婆沙论》二百卷,般若三藏他都能背诵下来,《瑜伽师地论》一百卷也能背下来。五明(声明、工巧明、医方明、因明、内明)方面的经典他都能背诵。般若三藏除翻译《大乘本生心地观经》外,还翻译了《大乘理趣六波罗蜜多经》和《四十华严》,即《大方广佛华严经》的《入法界品》。般若三藏学习了小乘的三藏、大乘的三藏,还受过密宗的灌顶,所以他翻译的经典既有显教的,也有密教的。他翻译的三部经典都很受重视,特别是《四十华严》更受重视。般若三藏在贞元六年(790年),译完《大乘理趣六波罗蜜多经》《本生心地观经》之后,于同年七月二十八日奉德宗命出使北天竺迦湿蜜罗国。《贞元录》云:"时般若三藏法师行年五十七矣。"唐宪宗为译著写序的时间是公元812年,般若三藏如果当时还健在,至少八十多岁了。据《宋高僧传》记载,般若三藏圆寂于洛阳,灵骨葬在龙门的西岗,《高僧传》没有记载他圆寂的时间。

到师子国国王和唐朝几代皇帝重视,可见其重要。般若译本经成立在世亲之后,制作年代应是在公元五六世纪。此经梵本系唐高宗时代之师子国王所献内容,叙述佛陀在王舍城耆阇崛山中,为文殊等诸大菩萨开示出家住阿兰若者,如何观心地、灭妄想,而成佛道之事。全书计分序品、报恩品、厌舍品、无垢性品、阿兰若品、离世间品、厌身品、波罗蜜多品、功德庄严品、观心品、发菩提心品、成佛品、嘱累品等十三品。本经的成立系以《般若经》《维摩诘经》《法华经》《华严经》《涅槃经》等大乘佛教思想为基础,建立三界唯心唯识说。在实践方面,本经主张弥勒信仰,教人应持守瑜伽、梵网等大乘戒,并劝修《真实经》等所说的三密修行,保留部分以欲望克欲望的劝解理念。弥勒代表大慈,在佛教作为表法教育,表示“量大福大”、宽厚包容。本经不仅述说了实际道德的四恩,而且也含有甚深的教理,以及对佛教生活的主张,同时教示在无人之静处持戒及修十度,劝勉应依禅定观心(此正是本经名为《心地观经》的原因)。《观心品》云:“善男子!三界之中以心为主,能观心者究竟解脱。不能观者,究竟沉沦。众生之心犹如大地,五谷五果从大地生。如是心法生世出世善恶五趣,有学无学独觉菩萨及于如来。以是因缘,三界唯心,心名为地。”在心地观方面,本经提出:当知一切诸法皆从心地而生,皆从心地而起。在摄境归心、摄用归体、摄事归理、摄相归性的看法上,无论哪项事,出发点都归于心。一切唯心造,三界之中无一法而不以心为主的。《观心品》云:“三界之中以心为主,能观心者究竟解脱,不能观者永处缠缚。譬如万物皆从地生,如是心法生世出世善恶五趣、有学无学、独觉、菩萨及于如来,以是因缘三界唯心。”成佛果是此心,迷于生死苦海也是此心。三界上下法,唯此一心作,此心普遍于一切诸法之中,能有变生转现的功能,所以以地喻心,而心名为地。以地喻心者,有两种意义:一是指“能生”,此心能生一切世出世间善恶因果,乃至菩萨一切无漏诸法,如一切草木丛林皆依大地而生;二是“所依”,如江河汉海一切之水,五岳千峦一切之山及动物、植物与人类所应用之器具种种,一切皆以大地为所依而住。心亦如是,能为一切法之所依止。有此能生、所依二义,所以喻心以地,称“心地”。假若观心而了知,即心自性之诸法实相者,则了知心心所法,无内无外亦无中间,于诸法中求不可得,故心性本空,不生不灭,无来无去,无有上下差别之相,一切平等。以善观不善观之不同,于是有佛与异生的差别,以诸差别之事由心而起,依心而住,若能善观心者,则能通达诸法之相,亦能究竟解脱。所以若人善观于心,了知心之本性,即能如实了知一切诸法实性,所谓不生不灭,不垢不净,本来寂静,自性涅槃。若人善观于心,即能了达世出世间一切因果邪正,即能了知诸法法相;若了知诸法法相,即能依如实了解而修集福智,乃至即能证得究竟之涅槃,依此义故说心地观。此心地观即本经之宗旨,是观大乘之境,修大乘之行,证大乘之果。

在戒律思想方面,本经说三聚净戒,劝忏悔,教以事理二门的灭罪法。《瑜伽论》《璎珞经》亦曾提到三聚净戒,故并非本经独特的说法。大乘戒授受的形式,以释迦为菩萨戒和上,文殊为净戒阿阇梨,弥勒为清净证戒师,十方诸菩萨为修戒伴侣等,不采所谓三师七证说,而明显地取大乘戒师;此种授受的形式应当是依据法华系的《观普贤行法经》,因除了该经,无此做法者。三聚净戒是《瑜伽论》《持地经》《善戒经》《璎珞经》《梵网经》诸经共通的戒法。后来三乘唯识宗传承的是《瑜伽论》《持地经》《善戒经》三经,一乘天台、华严宗传承《璎珞经》《梵网经》二经,虽同是继承《华严经》的唯心说,但在戒律系统是相异的。本经《报恩品》中说明报恩的理由在于众生不断的轮回时互为父母,一切男子即慈父,一切女子即悲母,与《梵网经》中说放生业,谓一切男子是父,一切女子是母的说法符合。在信仰方面,本经的信仰是弥勒净土,如卷第二末尾云:"若命终时即得往生弥勒内宫,睹白毫相超越生死;龙华三会当得解脱。"所谓谛观眉间白毫相光,可超越九十亿劫生死之罪,或是生天,未来世于龙华菩提树下成佛等,正是《弥勒上生经》所宣说之经义。要言之,本经是以《般若经》《维摩诘经》《法华经》《华严经》《涅槃经》为基础,以《摄论》的唯心说和《唯识》的唯识说立三界唯心唯识的理论。在实践方面,立弥勒信仰,教人应守《瑜伽》《梵网》等大乘戒,劝以《真实经》等所说的三密修行。总之,本经是属于大乘佛教末期的经典。

第二,佛教经济伦理思想的藏化。

佛教经济伦理思想的藏化是指佛教伦理在藏族主要聚居区与本土文化相结合而形成中国化的藏传佛教经济伦理思想。佛教初传西藏,根据西藏佛教史及神话传说,约在公元5世纪中叶,而据可靠历史文献记载,则是在松赞干布执政、吐蕃统一时期。公元838年后,由于朗达玛登基掌政(838—842年)、禁佛运动、遇刺身亡等事件,统一的吐蕃王朝土崩瓦解,其后藏族社会经历了近百年的文化荒芜、政治黑暗、经济萧条。佛教史上把朗达玛灭佛①之前佛教在西藏的传播称为藏传佛教的前弘期(公元 7 世纪至 838 年),之后称为后弘期(公元 9 世纪至 11 世纪)。藏传佛教前弘期主要以中观、汉地禅宗、密宗思想为主。前弘期的本体论要点之表现,首先是心性本净的佛性思想。"性"是指人心的本性,人性和佛性是没有任何差别的,清净心(即佛性)内在地、先天地存在于每个人的心中,不需要后天从外面人为地洗涤或布施。定心修得了佛法,可证得真如成为佛了。这与禅宗提出的"即心即佛,心佛不二"的命题是一致的。其次,无思无为的顿悟佛法。顿悟成佛,唯一方法是"无念",工夫也在于修得"无念"(摩诃衍那;顿悟论的主要范畴,是说好念头、坏想法均是成佛之障碍,只有无思无为才是成佛的唯一方法)。第三,快速成佛。不立文字,但凭静坐睡卧,徐徐入定,方寸(心)不乱,可直指人性,体验佛性。不研究和学习佛典,只要悟得佛性本有,就能顿悟成佛。这些思想曾长久地影响着后弘期以来的藏传佛教诸宗派的教义思想。②

中观自续派(静命、莲花戒)是前弘期占主导地位的佛教思想。土观大师曾如是说明:"关于前弘期的正见,初藏王赤松德赞时,曾首次向全藏宣布法律:凡诸见行,皆应依从静命堪布传规。和尚事后,王又重为宣布,谓今后正见,须依龙树菩萨之教,若有人从和尚之见者,定当惩罚。由此原故,在前

---

① 赤祖德赞在位时期(815—838 年)发布了许多兴佛措施,并把军政大权交给佛教僧人,引起贵族们的不满。贵族们谋害了赤祖德赞,拥立朗达玛为赞普后,展开了大规模的禁佛运动。桑耶寺等著名大寺院都被封闭,大昭寺改为屠宰场,释迦牟尼等像被埋藏起来。僧人被勒令改信苯教,不愿从命而又戒杀生的僧人被强迫操起弓箭,带着猎狗去山上打猎。佛教寺庙内的壁画被涂抹掉后,又在上面画僧人饮酒作乐的画。许多佛像被拖出寺院钉上钉子扔入河中,大量佛经被烧毁或扔到水中。西藏宗教史籍把朗达玛以后的近百年间称为"灭法期"或"黑暗时代"(842—978 年)。

② 土观大师说:"心要派汉人呼为宗门,就其实义与噶举派相同,即大手印的表示传承。"(土观·罗桑却吉尼玛《宗教源流与教义善说晶镜史》,兰州:甘肃民族出版社 1984 年版,第 267—268 页。)阿芒·贡确坚赞大师说:"大手印及大圆满的名称虽不同,然修习者们在修持时任何亦不作意与汉地摩诃衍那之(思想)相同。"(阿芝·贡确坚赞:《萨迦、宁玛、噶举诸宗派见地之差别略议》,北京:民族文化宫图书馆藏文藏书,第 39 页。)"莲花戒在《观修三次第》中破斥的摩诃衍那的诸教理与后弘期之大圆满法和大手印法相同,就像摩诃衍那离开吐蕃时在此地留下了一只鞋一样。当前红帽派们自诩是宁玛派,并认为大手印法和大圆满法无异,二者之中像摩诃衍那和尚的做法很多。"(阿芝·贡确坚赞:《萨迦、宁玛、噶举诸宗派见地之差别略议》,北京:民族文化宫图书馆藏文藏书,第 46 页。)萨迦班智达·贡噶坚赞大师说:"只依汉地堪布教理之文字,隐去彼之立名,变为大手印之名。现时之大手印,基本上都是汉地之佛法(指禅宗)。""有很多大手印和大圆满等新旧派们,将修习性空立名为会到心之本面。"(萨班·贡噶坚赞:《三律仪论说自注》,拉萨:西藏人民出版社 1986 年版,第 87 页。)这些说法清楚地说明,后弘期以来形成的藏传佛教诸宗派的教义已深受摩诃衍那禅宗思想的熏陶、浸润。

弘期,虽有少数唯识派宗见的班智达来藏,然主要的仍然是静命堪布及莲花戒论师之风规,属于中观自续派见,此派较为发达。"①中观就是脱离常断二边,坚持中道。这一理论如果落实于经济生活以形成相关伦理观念,就是在认识上打破非此即彼,全面、审慎地判断,整体地分析,得到可靠的认识;在行为上,不偏不倚,坚持入正道,以合乎佛法的方式谋取生活之便利。因为"一切有部、经部、唯识三个宗派堕入了执着法之边见故,未能超出执着之戏论。此宗则依据中转法轮之一切经典,一切法不落常断之任何一边,承认其中道,所以称为中观宗"。②此派称为说无自性宗,他们认为一切法都没有真实存在的体性。中观见是将诸法现象理解为缘起有,本质理解为离八边戏论之自性空,依世俗和胜义二谛建立为本体,通达人无我和法无我之真谛。中观见又分中观应成派和中观自续派。中观应成派用逻辑上的方式和必然结果③,反击其他学派的辩论,但是他们本身不设任何主张,对现象究竟本质,不建立任何见解。他们用一切现象并无真实生起的论点,来推翻一切现象的"真实存在"。寂天菩萨、月称法师是中观应成派的两位拥护者,他们主张内在与外在一切事物从来没有生起过。中观自续派认为:"一切诸法于世俗错乱思想者之识中皆有,而于胜义无错乱思想者之慧中则皆无,即说自续中观之所。"④凭借真正的因,此正因由三原则构成,能破除一般人认定诸法真实存在的错误观念,故称自续派。在世间名词、概念的范围内,一切事物和现象皆有独立自存的意义和内容,因此构成正因的三原则,即遍是宗法性、同品定有性、异品遍无性,也有其自相。自续派的本质是将对方所许实执之诸边由道理(即指概念、判断、推理)破除之,于其原址上成立心之自性离戏论如幻的真谛,主张运用因明原则和论轨,立出正确的因量。在破论敌时,首先要提出自己的正当理由,用概念、判断、推理的论式,使对方了解己方,以破他立己。用因明的论轨来破他立己,那么因明的宗、因、喻三支中的因支须具足上述三条原则,才能构成一个正确无谬的因。自续派主张破他须自立量,因此承认自立之因、喻是实存的。肯定了这一点,立量才有意义,

---

① 土观·罗桑却吉尼玛:《宗教源流与教义善说晶镜史》,兰州:甘肃民族出版社 1984 年版,第 439 页。
② 措如·次朗:《宁玛派教法史》,北京:民族出版社 1989 年版,第 77 页。
③ 所谓逻辑上的必然结果,是用逻辑证实对方的论点没有条理、不可主张。
④ 郭若扎西:《郭扎佛教史》,北京:中国藏学出版社 1990 年版,第 74 页。

否则便自语相违。要承认因的实在，就只好主张构成正因的三原则也是有其自相的，而不是假名施设的了。

前弘期流行瑜伽中观派，其创始人是静命论师（亦称寂护），他是 8 世纪东印度人，曾任那烂陀寺主讲，与智藏、莲花戒被誉为清辨之后东方自立量派三大家。瑜伽中观派的方法论和对二谛的解释，是承袭清辨一系的自立量派，不同于月称一系的随应破派。静命和莲花戒与西藏前弘期佛教关系极为密切。静命著有《中观庄严论》，莲花戒著有《中观光明论》《修道次第论》等书。静命明确地把瑜伽行派学说和中观学说结合起来，两派的融合，早在公元 8 世纪据传为弥勒所著的《现观庄严论》中就已出现了以胜义无自性空为基础，兼采若干瑜伽观行以组织学说的趋势。后来静命把瑜伽行派"唯心无境"的学说纳入中观派，因而被尊崇为瑜伽行中观自续派之创始者。静命批判各家学说的缺陷，提出了应从"唯心无境"的观点出发，才能真正理解法无自性的道理。静命由此就将唯识说吸收到中观宗的体系中了。瑜伽行派主张"唯心无境"说，肯定了内心的真实存在，否定了外境的真实存在，继而否定了心的真实存在。中观自续派的代表清辨反对瑜伽行派的观点，认为与其先说有后说无，还不如直接说二者均无。静命吸收了清辨的说法，说在世俗谛里是唯心无境，在胜义谛里心境俱无。瑜伽中观思想和藏族传统的"本无空寂"论论题各异、旨趣接近。"本无空寂"的思想为中观宗在西藏的传播准备了思想土壤，而中观宗思想的传播和发展又丰富和深化了"本无空寂"的本体论思想，两者相资为用、相得益彰。

藏传佛教面向普世信众宏教立规，它的宗教经济伦理思想不同于汉地佛教经济伦理思想的特点之一，在于它对追求经济利益欲望的过分克制，以至于轻贱物质追求，从而没有形成像汉地一样存在的相应于佛寺规模的寺院经济，它所擅长的是对经济行为的禁戒和规范，它给不同类型的信仰者提供了不同层次的价值理想，期望信众树立脱离恶趣、趋于善趣的理想境界，为此就要遵循修道次第，逐次提升。公元 8 世纪的赤松德赞、莲花戒时代，修道次第论强调智慧和方便的关系问题、止住修和观察修的关系问题等。赤松德赞时期，印度高僧大德莲花戒遵赤松德赞之诏撰写了《修道次第（初中后）三篇》和《中观光明论》，前者主要阐述了修道次第思想，后篇则批判了汉地禅师摩诃衍的禅宗思想，指出其要害是割裂了智慧与方便的关系。大乘佛教的根本宗旨是普度众生、慈悲为怀，实现这个目标就要实行方便法门。"方便法门"就是按照一切有情众生的不同根器，不同认识水平、思维能力、知识积累，因人制宜、因材施教。农牧民信众、商人、普通僧人、贵族等，根器不同，追求不同，须因人施教。一切都要随顺一切有情众生的根器，按照信众的认识水平讲相应的佛法，不能把佛讲到最高的境界、最后的真谛、最终的思想和盘托出，传给一个根本不懂佛法或刚入佛门的弟子。修道次第三篇讲述的主题就是修道必须讲究次第，按照众生的先天根器，针对众生的佛学水平编制与其相应的佛法，顺着这样的次第逐渐地从低级到高级、由简单到复杂地修学，方可最后实现成佛的目标。世俗之人不懂得世事和人身无常之理，故每天所想所思所作所为都没有超出为眼前和现实利益而奔忙的范围，那些唯利、贪色、嗜势的食客，更是热衷于追逐功名利禄之荣华富贵，没有考虑过或者很少想死后的归属。如果只顾及此生此世的眼前利益而不考虑后世来生的长远利益，则连最起码的脱离恶趣往生善趣的希望都没有。若不能止息对于现实色、声、香、味、触五欲尘的享受和贪求，即不能超越个体物欲的羁绊。最迫切的是把一切有情众生引导到信仰三宝、深信业果的佛教轨道上来。

藏传佛教经济伦理奉行严格的戒行品德，要求信众严持戒行、精通显密教义、悯念众生、德才兼备。"戒行"是守戒向善的行为，行十善法、禁十恶法是藏传佛教经济伦理最基本的伦理规范，也是藏族传统社会最重要的道德要求。藏传佛教经济伦理之"五戒""十善"是传统信仰地区普遍的立法依据和道德标准，特别是在吐蕃社会，依据这些戒律并根据当地实际情况制定的法律和伦理规范在吐蕃广大臣民中起到了"对善人予以奖励，对恶人加以惩处，对豪强大族用法律压抑，对贫弱者设法扶助"①的教育、警戒作用。松赞干布建立了统一的吐蕃王朝以后，深感以统一的社会规范和制度治国的重要性，认识到："如无法律，则罪恶蜂起，我之子孙及尚论等人将沦于苦难，故当制法。"松赞干布命令吐米桑布扎制定法律，"吐米等率领一百大臣居中理事，尊王之命，仿照（佛教）十善法的意义在吉雪学玛地方制立吐蕃法律二十

---

① 萨迦·索南坚赞:《王统世系明鉴》，沈阳：辽宁人民出版社 1985 年版，第 61 页。

部。"①又规定 16 条人道伦理法,其中第一条就是"敬信三宝"②。吐蕃法律二十部,即:(1) 杀人者偿命,斗争者罚金;(2) 偷盗者除追还原物外,加罚 8 倍;(3) 奸淫者断肢,并流放异地;(4) 谎言者割舌或发誓;(5) 要虔信佛、法、僧三宝;(6) 要孝顺父母,报父母恩;(7) 要尊敬高德,不与贤俊善良人及贵族斗争;(8) 敦睦亲族,敬事长上;(9) 要帮助邻居;(10) 要出言忠信;(11) 要做事谨慎,未受委托,不应干涉;(12) 要行笃厚,信因果,忍耐痛苦,顺应不幸;(13) 要钱财知足,使用食物与货物务期适当;(14) 要如约还债;(15) 要酬德报恩;(16) 要斗秤公平,不用伪度量衡;(17) 要不生嫉妒,与众和谐;(18) 要不听妇言,自有主张;(19) 要审慎言语,说话温雅,讲究技巧;(20) 要处世正直,是非难判断时,对神立誓。③ 这些条文的前四条是根据佛教的五戒制定的行为规范,是"戒恶";后十六条也是根据佛教十善的精神制定的,作为人民遵守的道德行为规范,是"劝善"。这二十条律法,有三分之一多的内容或近半部分是经济伦理规范。第一条讲到"罚金",是经济制裁手段;第二条,涉及不属于自己的钱物的态度和行为要求,当然有经济制裁;第十三、第十四、第十六条直接涉及对经济行为的规范,如钱财知足、如约还债、斗秤公平等。其他几条,如第四、第五、第九、第十、第十一、第十二、第十五、第十七、第二十条,一般地讲处世和信仰,但引申言之,亦可当经济规范理解。吐蕃王臣们把印度佛教的某些戒律加以藏族化、本土化,而佛教也努力克服消极方面,因势利导,借助把基本的佛教伦理规范纳入法制的轨道,使之成为一种适应社会稳定、民族团结和满足民众生活需要的有利因素。这些因素又刺激了民众信仰和提高的需要,在信仰民族的心理逐渐树立了一种"出世""解脱"的理想境界,并且形成了一种为之而奋斗的行为准则,即慈悲、行善、知足、正义、宽容、自谦、诚实、和谐、义务、贡献等,这种外在的规范在漫长的历史进程中,逐渐变成了藏民族内在的文化心理特质。这种藏族化,不是对传统佛教思想的扭曲和变异,而是藏族人根据自己政治、经济和社会制度的需要,对异域佛教伦理文化的一种发展和改造。

藏传佛教宣传的经济人亦是信仰人,各个经济领域、生活领域的人都应

① 萨迦·索南坚赞:《王统世系明鉴》,沈阳:辽宁人民出版社 1985 年版,第 61 页。
② 第五世达赖喇嘛:《西藏王臣记》,郭和卿译,北京:民族出版社 1983 年版,第 16 页。
③ 黄奋生:《藏族史略》,北京:民族出版社 1985 年版,第 55—56、71—72、116 页。

当成为与正法有缘之人,都应当贤正善良,自利利人,祈求众生幸福,注重修习者的才识和德行,崇尚诸恶莫作、诸善奉行、清净我心、广积功德。其中经济伦理思想内容主要包括:(1)强调学习、修持与生产相结合。这里的"生产",包含农牧商等经营取利活动,学习、修持与生产的结合,可以看作藏地的农道合一。藏传佛教重实践而不尚空谈,学习理论、求取知识,目的完全是为了指导生活和修行实践。将闻所得智、思所得智,变成修所得智产生的因缘,把闻思修有机地结合在一起,在修行实践中发挥闻思的作用,这是藏传佛教认为的一切正法的学修道路。(2)平等、均富与利人。藏传佛教追求的人生理想是"觉悟""涅槃",摆脱三界六道生死轮回的痛苦,达到永无烦恼之极乐。这一理想是建立在众生平等的基础上的。"众生平等"面临的首要难题,是现实社会经济的不平等以及贫富的分化。藏传佛教要求信众破除人我两执,利益众生,对不平等的反对立足于佛性具足于人性的认识。平等立足于佛性与人性的一致。佛性既具有超越的意义,又内在于人而为人性,既超越于世界,又内在于人心。人生来有家世、体格、贵贱、强弱等的差别,根本上就不能平等。藏传佛教认为这是假相的差别,其理体则是彻底的平等。心佛众生,三无差别,人与人、人与佛、人与物等都是平等的。平等包括有情平等,也包括一切心法、一切色法、心法与色法、因法与果法等的平等。佛法平等,无有高下,众生因迷失本性而有差别,实则各本性依然平等。平等的思想应用于社会的一个方面就是要打破隔阂,消除贫富、贵贱等级之差,行自利利人之实。因此,经济行为中以利他主义严控取利活动,反对极贫和极富,应是遵循佛法基本要义。吐蕃第38代赞普(797—798年在位)托波·木奈赞普(又译作牟尼赞普、穆尼赞普)时期,奉行发展佛教的政策,他下令属民除牛马兵器外,以金银、财帛、珠宝、玉石等宝物献给寺院:"以王命威重,百姓或献诸多金银财宝,或献珠玉绫罗,或献衣物严饰,亦有仅以破袍碎布为供者。王见而问曰:'汝等藏土属民,信心深浅,何太悬殊,或以无量珍宝为供,或仅供破袍碎布。'属民对曰:'此非信心深浅之别,富裕者则有所献,贫乏者无以为供耳。'王曰:'同为我之治下臣民,不应贫富如此悬殊。'"穆尼赞普令均贫富,但没多久,贫富差距仍然和往常一样。他又进行了两次均贫富,情况还是没有改变。对此,赞普问:"为什么会这样?"寺院班智达回答:"这首先是当初因有没有布施能力(而造成)的差别。"[1]有人将此种有关因果关系的话告知了赞普。于是赞普生起极大信仰(佛教)之心,遂即大肆供奉三宝。[2] 面对不同价值的供养品,穆尼赞普只是将其归结为属民信仰佛教的虔诚度不一。班智达的回答也只是从属民布施能力的大小来解释供养品的不同,而没有考虑属民布施能力不一的深层次原因。(3)宗教仪规和生活礼仪、经济活动规范的相互渗透。对崇拜仪式和生活仪规的关注与敬奉,是藏传佛教经济伦理的一个重要社会因素。举凡一切经济取利活动,都有信仰的影响,宗教仪规作为生活禁忌、规范要求等,发挥了重要作用。公元六七世纪的藏人伦理教育中既可以看到佛教崇拜仪式的理性化特质,也可以看到生活仪规的广泛存在,事实上两者相互渗透,甚至在一定程度上难以区分。特别是 7 世纪开始,从吐蕃势力扩展、统一律法的制定到佛、苯之争,佛教扩大了自己的影响,吸收并逐渐形成了一套祭祀、焚魔、祈祷吉祥、修习等仪式,并使之适应藏人的生存和经济生活之实际。(4)重视善知识的传授、利用以及生态伦常教育。以诸佛所证之究竟真理即善知识,教育和启发众生,使一切众生获得正智,摆脱愚暗,达到人格精神圆满的菩萨境界,是藏传佛教伦理教育的根本宗旨。农牧生态伦常教育是贯彻藏传佛教众生平等、自利利人的经济伦理原则的一个重要方面。缘起论是藏传佛教生态伦常道德的基础,指现象界一切存在由种种条件和合而成,即"此有故彼有,此生故彼生。……此无故彼无,此灭故彼灭"[3]。生态伦常道德教育的核心是众生平等、尊重生命、不杀生的观念。诸罪当中,杀罪最重;诸功德中,不杀第一。戒杀放生的思想由戒律规定,其内涵是众生平等,一切众生皆有佛性,皆当成佛,无缘大慈,同体大悲,一切生物都有其生存的权利,所有人都应设身处地维护它们的生存空间。

藏传佛教经济伦理思想有忽视或不承认现实经济利益追求、否定谋利活动、否认人生现世生活本身具有价值的倾向,它认为人的一世不过是进

---

[1] 这句话的意思是吐蕃王臣属民没有用最大力量布施,还必须大力提倡,佛教发展了,贫富之差才会消失。穆尼赞普信此谬说,大肆供佛,结果招致杀身之祸。

[2] 巴卧·祖拉陈瓦:《贤者喜宴:吐蕃史译注》,黄颢、周润年译,北京:中央民族大学出版社 2009 年版,第 242 页。

[3] 《杂阿含经》第 262 经,《大正藏》第 2 册。

入永生前的准备或一种特殊的考验，生命的意义不在现世世界，而在彼岸世界，现世生活只是进入彼岸世界的一个过程和桥梁，禁欲、苦行才是进入天国的条件。因此它具有鲜明的双重功能，即提倡驯服忍耐、爱敌如友与麻痹人的心灵、容忍残暴、放弃斗争的并存；强调众生平等、反对横征暴敛与追求公道的并存。它借助于成佛的力量，它从宗教原则上对普遍的道德规范进行解释，这种道德规范始终是建立在人类软弱无力的观念基础之上，因此，它往往在信仰者的心灵深处形成了一种出世的务虚信仰太重而入世的务实精神极弱，利益限制的伦理原则有余而利益驱动的欲望杠杆不足的二极失衡格局。这是长期以来藏传佛教信仰区域内社会相对稳定，但经济滞后、发展缓慢的一个重要原因。

第三，佛教经济伦理思想的傣化。

佛教经济伦理思想的傣化，是指南传上座部佛教在傣族等信仰民族经济生活、经营活动中形成的佛教经济伦理思想。小乘佛教传入傣族、布朗等西南地区后，曾与当地的原始信仰发生过激烈的冲突，但小乘佛教依靠它所宣扬的超越现实，自我解脱，寄希望于"来世"，以及"心诚则勿论贫贱富贵者皆可成佛"等主张，迎合了村社制度下脆弱的个体农民的心理渴求。寻求有效统治手段的领主阶层，也意识到了佛教存在的巨大力量，积极利用其作为维护和巩固统治的精神武器。这些地区的领主制政权和佛教之间由此就逐渐形成了互相利用、互相依赖的关系。

一是禅修、戒修与农业生产并重。小乘佛教修流行禅修，禅法大致有两大系统，第一为正念系统，第二为止观系统。正念系统重视对"四念处"的修习，强调在日常生活的行、住、坐、卧中保持正念与明觉，观察身、心的变化。修行只是顺其自然，单纯地专注于当下，正念于所做的任何事情，放下一切，回到当下，智慧就能自然呈现。止观系统强调巴利三藏圣典的重要性，依三藏圣典及其注疏建立禅修的方法与次第。此系统强调禅修者首先必须严持戒律，在戒清净的基础上修习止禅业处，拥有某种程度的定力后再转修观禅业处，次第成就七清净及十六观智，乃至断除烦恼、现证涅槃。在傣族社会中，佛教戒律是信仰者的准则，在实际生活中起到了行为规范的作用。小乘佛教的经典主要是三藏即《律藏》《经藏》《论藏》。三藏中尤以集中教徒生活规律的《律藏》最具规范性质。小乘佛教很重视戒律，以此适应他们净居寡欲的生活并以此约束信徒的言行。戒律分为 4 级,即五戒、八戒、十戒和足戒。其中,五戒是基础和核心,八戒、十戒和足戒都是在此基础之上所产生的更为严格的要求。《律藏》中的这些戒律,根据信徒的不同要求也存在差异。

傣族全民信教,因此服务于宗教、服务于佛门,是传统傣族男子的权利和义务。傣族男子几乎是将自己的整个生命投入到佛教生活中,没有当过和尚的人会受到社会的歧视,被视为没有知识的"生人"、没有灵魂的"野人",甚至成年后连娶妻都十分困难。因此,男孩到七八岁后,必须入佛寺当和尚,在僧人的主持下,学傣文,念佛经,接受基本戒律。还俗后值青年时期,除了娶妻生子,还要进行生产,参与和支持宗教活动。到了 50 岁,进入老年阶段,要退出生产,专心事佛,为求得来世幸福做准备。

二是赕佛积德。"赕"(傣语音译)是从印度梵语转借而来的词,意谓以银币、首饰、食品、鲜花等向佛奉献,是祭祀、奉献、布施、供给、敬献活动。"赕"是信徒们在"毫洼"和"奥洼"①期间的核心内容,信徒希望通过"赕"这种行动来积个人的善缘,以修来世,最终达到涅槃。他们认为,赕佛不在乎数量多少,而是看心地是否虔诚,心诚则无论赕多赕少都没关系;心不诚则赕再多也达不到涅槃的境界。人们由此都虔诚地向佛求福,向代表佛的僧侣求福,希望他们能赐予大家吉祥幸福。

赕佛期间不从事劳动等劳作活动,但由于赕佛时伴有大型香信庙会,祈求生意兴隆、航行平安等行为,故赕佛也有一定的经济伦理意义。赕佛的实际目的范围很广,涉及生前的追求和死后的愿望各个方面。主要包括:(1)为死后升天、享福赕佛,不赕佛死后下地狱,要受罪;(2)为下一代而赕佛,赕佛后能使儿女长得更健壮、更漂亮,生活也会更富裕、更幸福;(3)为父母死后有吃有穿而赕佛;(4)为免灾祛病而赕佛,赕佛后病了才能尽快康复;

---

① "毫洼"和"奥洼"是傣族赕佛的最重大的两个宗教节日,俗译为关门节和开门节,其意相当于进斋节和出斋节,分别在傣历的 9 月 15 日和 12 月 15 日(公历的 7 月和 1 月),历时 3 个月。"毫洼"又称"入夏安居",在西双版纳地区和德宏地区,教徒们每年从农历六月十五到九月十五(傣历九月十五日至十二月十五日)举行"入夏安居"。此时正值雨季,又是农闲时节,小乘佛教便用这段时间集中信徒进行念经拜佛活动。届时,所有僧侣一律回到自己所在的寺院持戒坐禅,官家也要停止办理公务。信徒在"毫洼"期间也不能建造房屋、举办婚事,中老年信徒逢七、八日、十四、十五日、二十二、二十三日、二十九、三十日集中到佛寺食宿持戒,听经坐禅,过清净的出家生活,其余日子则可以在家里念经。

（5）为获得尊重、认可而赕佛，赕佛后才能得到大家的尊重，获得社会的承认，否则被视为"卡么胡撒沙纳"，意为不用教化的"生人""奴隶"；（6）为免遭灾祸瘟疫、战争而赕佛，否则人们会互相残杀、流血，村寨会发生亲人离异出走、有房没有人住、有路没有人走的衰败景象。古代西双版纳封建领主的法规规定："今生贫苦是由于前生没有赕佛，灾难临头是因为做错了事""只有老老实实赎罪，来世才会有好日子过"等。总之，赕佛是受种种戒条约束的宗教伦理活动。

三是施教易俗。小乘佛教信教区经常进行连续性的听经、诵经，除了高僧带领僧侣们用巴利语、缅甸语诵经外，僧侣们为适应广大信教少数民族群众文化水平偏低的现状，把小乘佛教的宗教教义、教规、伦理等翻译成民族语，甚至采用故事、传说、戏剧等群众喜闻乐见的形式加以宣讲，使广大信徒易于接受。这些浅显易懂的传教方式，并没有影响小乘佛教深奥义理的阐发；相反，它对世俗民风起到了潜移默化的影响，为世俗道德提供了一个至上权威，使世俗道德在人们心中变得更加庄严起来，促进了信教群众接纳、认可、维护、遵守现存道德规范和道德准则，对整个信教区道德建设起到了不可低估的作用。小乘佛教伦理由此深入人心，通过化为日常生活理念，内化在信徒的人格修养之中。特别是小乘佛教通过"毫洼"，强化了众多信徒的宗教意识，促进了民族文化的发展。

小乘佛教伦理教育影响着信徒的性格和行为，在思想上告诫人们，不要战争，不要杀生，要爱好和平，互相帮助。信徒们大都养成了乐善好施的习惯，无论是傣族、布朗族，还是德昂族和阿昌族，人们大都乐善好施，过着与世无争的日子。他们鄙视贪婪行径，从不染指偷窃、奸淫、虐待老幼；为人谦恭、和气，乐于助人；勤俭持家，善于理财；安土重迁，胆小怕事。在大多数小乘佛教徒看来，危难之时，乐于施舍，多行善举，几乎与赕佛同样重要。小乘佛教要求信教群众自觉修桥补路，扶危济困，弃恶扬善，并将此融入信众完善自身的长期的自觉修养中。

四是维护生态。小乘佛教经济伦理思想注重保护生态、关爱生命，促进人与自然的健康和谐发展。这一宗教生态伦理的内涵主要体现在三个方面：一是热爱植物与植物崇拜。热爱天然植物是小乘佛教信众心目中的要事，由于长期的信仰，这种爱乡土特有的自然物的意识和行为就不知不觉同宗教交融为一体。佛教的相关教义和民间古老信仰对人们爱护自然的观念在一定程度上也起了加重教化的作用。小乘佛教经典和说教中，对植物在信徒生活中的作用有不少描述。其中的一个说法是：佛在的地方大青树茂盛、竹林青葱、鲜花遍地，人跟着佛祖，住的地方要和佛祖一样。这自然是出自人们对大自然有切身的感受和体验，另一方面也是由于受到佛教相关训诫，因而傣族寨子至今差不多都十分注意对大青树、竹林、花木等的种植、爱护和崇敬。几乎每座缅寺和村寨中无一例外地种植着各色鲜花，有木槿花、大丽花、蛋黄花、美人蕉、茴香花、凤仙花、一串红等；池塘里荷花绽放，田间地头也有各种野花争奇斗艳，四季鲜花不败。傣家人经常采摘鲜花赕佛，节日里鲜花更是不可或缺的组成元素。赕佛最主要的花之一荷花，相传源于佛祖释迦牟尼在菩提树下的莲花座上得道成佛，因此荷花成为佛祖成佛环境中重要的植物之一。二是护佑生命与保护动植物成长。蛇在小乘佛教中代表着土地和运气，佛经中就有双蛇缠花表示顺利的图画。祭幡"栋"上画蛇口衔蛋，代表大地之母给人间带来好处。据说释迦牟尼成佛前曾经遇雨，没地方打坐，蛇便盘成一圈呈蒲团的样子给他坐，蛇头高高伸起，为佛祖挡雨。所以后来佛寺中的蒲团便有了不一样的地位，过去连小和尚都碰不得的，蛇由此变成信徒崇敬之物。民间流传着许多关于蛇的传说，人们认为在山上见到蛇不能去捉，更不能打，因为它是佛派到人间的使者。而在佛寺、佛塔周围看到蛇，是一件吉利事，说明与佛有缘。佛经中的动植物象征，不少内容涉及自然物和生态环境的内容，如经书"岭里来"即算卦测吉凶祸福的书，用鱼、树等作比喻，算人的财运和福气。三是自然生态和人文环境的协调一致。在小乘佛教信仰区，无论傣族还是汉族村寨，皆山水相依，四周草木茂盛，人们也多依凭好山好水建寨，很注意山水树木，非常重视自然环境和人文环境的建设。信徒家庭房前屋后绿树成荫，院子里各种鲜花四时不断，人们以清洁卫生、邻里和睦为荣。大量朴素的生态观，对水资源的保护、对野生动物的关爱、对森林山川的亲情等，在小乘佛教的贝叶经中早有记载。这种生态观仍然在信教地区的经济社会发展中有着深厚的影响，不同程度地左右着广大教徒的思想观念和行为模式。

第二节 汉唐佛教寺院的经营伦理思想

依赖于一定的经济基础即寺院经济,并且从中发展出一套复杂而有效的经济伦理思想,这是佛教在中国文化中的存在与发展不同于它在古印度文化中的存在与发展的显著特点之一。"寺院"一词为统称,泛指佛教供信徒在其中举行礼拜、祭祀或集体修道活动专用的建筑物。何兹全认为:"寺院经济的研究,是中国经济史研究的一个重要方面。僧侣世界和世俗世界一样,是整个社会的一面,这一时代的社会经济面貌、特性,有时在僧侣世界表现得比世俗世界更清楚。对一个时代寺院经济的研究和认识,对我们研究、认识这一整个时代的社会是极重要的。这道理是很清楚的。"[①]同样,我们可以说,寺院经济是封建社会经济面貌的一个重要映像,寺院经济伦理思想不仅是佛教经济伦理思想,也是中国古代社会经济伦理思想的一个重要方面,不研究寺院经济伦理思想,对佛教经济伦理思想和古代社会经济伦理思想的研究就是不全面的。寺院经济是以寺院经营为基本单位的经济形式,是围绕寺庙宗教活动而形成的经济运行形式。寺院经济类似于庄园制度经济,魏晋时是生长期,北朝时代是极盛期,北朝末年渐趋衰落,但经隋大业年间之大乱,唐初庄园制一度又盛,几十年的升平发展而至繁盛,开元天宝以后便转趋衰落。

就其构成而言,寺院经济当包括寺庙生产资料的经营、消费资料的分配

---

① 何兹全:《五十年来汉唐佛教寺院经济研究》序言,北京:北京师范大学出版社 1986 年版,第 1 页。

等。可以说,佛教传入中国,不仅传播了一种宗教观念与宗教传统,而且在中国化的过程中逐渐发展出了一套以寺院经济为核心的生产、经营运作模式。寺院经济运营模式大概有农禅并重、农禅合一式,"无尽藏"经济,政教不分形成的制度经济,寺院农牧业、手工业,寺院商业、旅游业,以及寺院放债经营等多种形式。[①] 佛教不仅是一种宗教信仰文化,也是一种经济伦理文化,即通过寺院经济模式发展和积累供物和商业收入而形成供品资产,通过公益慈善事业等方式有效支配和使用这些资产,从而形成了一种以寺院经济伦理实践为核心的特殊的伦理精神。

一、产生时期:乞养并存、置田自活

寺院别称有伽蓝、兰若、精舍、丛林、宝刹等。古印度寺院原有两种:一种叫作僧伽蓝摩。僧伽,义为众;蓝摩,义为园,意谓大众共住的园林。僧伽蓝摩,略称为伽蓝,一般都是国王或大富长者施舍,以供各处僧侣居住的。一种叫作阿兰若,义为空闲处,就是在村外空隙的地方,或独自一人,或二三人共造小房以为居住、清静修道之所。或不造房屋,只止息在大树之下,也可以叫作阿兰若处。阿兰若,又简称为兰若。

佛陀时代的比丘除了三衣钵具,不许有别的财产。因此僧伽蓝是从任何地方来的比丘都可居住的场所,所以称为十方僧物。比丘自建的阿兰若,假如本人远游之后,就等于弃舍,任何比丘都可以迁入居住。精舍,意为修行精进者的居舍。丛林,僧伽蓝摩本义就是丛林。《大智度论》卷三说:"多比丘一处和合,是名僧伽。譬如大树丛聚,是名为林。……僧聚处得名丛林。"宝刹,刹意为土田、国土,佛教用宝刹代指寺院是庄严的地方。

中国佛教寺院经济是在佛教传入之后,随着出家僧尼、僧团以寺院为中心,组织经济行为的出现而出现的。佛教内部的经济行为主要就是出家僧尼、僧团组织的经济行为,它作为寺院经济的主体和核心,以寺院组织为依托,开展经济生产、交换、分配和消费活动。

曹魏以前,寺庙僧人主要是来自西域的沙门,汉人出家为僧、依止寺院

---

① 参阅罗莉《中国佛道教寺观经济形态研究》,北京:中央民族大学出版社 2007 年版。

者极少。"往汉明感梦,初传其道,唯听西域人得立寺都邑,以奉其神,其汉人皆不得出家。魏承汉制,亦修前轨。"①三国时期是佛教传入的早期,佛教是上层社会流行的一种外来文化形态,出家僧尼和寺院主要靠朝廷、民间、达官贵族的资助、供养与捐施,基本上没有自主的经济。佛教传入中国后,适应中国的形势而改变古印度佛教僧侣多以乞食为主的习惯。汉地僧侣开始或随师乞食,或赖家庭供养。

寺院经济之所以产生,其必要性在于如下方面:第一,早期的寺院大多是政府或贵族修建的,外国名僧到寺庙住持,是政府或贵族请来的,费用自然由富有的政府或王公贵族支付。民间的僧人,主要靠化缘为生。僧尼基本上秉承原始佛教教义,靠化缘、乞食为生。随着出家僧尼人数增多,经济上的供给就成为佛教考虑的一个大问题。曹魏甘露五年(260年),颍川人朱士行出家,②此后不少人出家为僧,其中多以贫民为主。例如,晋朝的竺发旷,家贫无蓄,常躬耕垄畔,以供色养。③ 释昙戒居贫务学,游心坟典。④ 两晋之际,僧人从以西域外来为主向以华人僧侣为主转变。僧人的增多,寺院数量和规模扩大,呈现僧多粥少的局面,促使佛教不仅从理论上进行一定的改变,而且从经济供养方面做出一定的改变,寺院开始组织生产,开展自养活动。第二,受农业社会耕作自食的经济风尚影响,大部分僧人出身于贫苦农民,他们在一定条件下参与资生事业是实属必然。东晋释道恒认为:"沙门既出家离俗,高尚其志,……然触事蔑然,无一可采。何栖托之高远,而业尚之鄙近。至于营求孜汲,无暂宁息:或垦殖田圃,与农夫齐流;或商旅博易,与众人竞利;或矜恃医道,轻作寒暑;或机巧异端,以济生业;或占相孤虚,妄论吉凶;或诡道假权,要射时意;或聚畜委积,颐养有余;或抵掌空谈,坐食百姓。斯皆德不称服,行多违法,虽暂有一善,亦何足以标高胜之美哉?"⑤诸沙门垦殖田圃、商旅贸易、矜持医道,经营很多,并以此种经营为个人谋生手段,说明至迟在东晋时期寺院地主经济已经产生。当社会上有人指责沙门

---

① 《高僧传·佛图澄传》。
② 《历代三宝记》卷3年表魏甘露五年条下注。
③ 《高僧传·竺发旷传》。
④ 《高僧传·释昙戒传》。
⑤ 《弘明集》卷六。

从事各种经营活动时,道恒反驳道:"然体无毛羽,不可袒而无衣;腹非匏瓜,不可系而不食,自未造极,要有所资。"道恒还引证古代历史人物从事农耕、商贾、科技等活动而受人称赞的事例,说明沙门从事这些活动受指责是不公平的,"古今殊论,众寡异辞,希简为贵,猥多致贱,恐非求精核理之谈也"[①]。道恒主张僧徒在一定条件下应该参与经营事业。

至迟在公元5世纪,南方和北方陆续出现了一些与寺院或僧侣有关的置田活动、农作运营。例如,东晋义熙元年(405年)建立的浙江鄞县阿育王寺,在宋元嘉二年(425年)开始立田。寺东五十里,"塔墅常住田者"[②]。北魏献文帝皇兴三年(469年),政府设置"僧祇户"及"佛图户"。从土地占有关系上看,阿育王寺田在刘宋时"立"而未"垦",尚未确定"常住田"性质,直到梁朝普通年间(520—527年),"沙门僧绥,兹寺之应真也,以发行为道场,以直心为净土,闻纯陁良田之喻,遂笃志焉。既种既戒,载芟载柞,察地道之化成,观天道之时变,晤是□无□□□始以常住名焉"[③]。北魏的"僧祇户"田,本是安置平齐户的国有土地,用来供养僧寺,土地占有关系还没有改变原来的性质,这些土地并没有从国家控制下分离出来。由"僧祇户"上缴的粟米即僧祇粟。"僧祇户"和"僧祇粟"不过是朝廷"割赋兴佛"的一种形式。总之,寺院地权在5世纪时还没有明确形成,寺院经济处于萌芽形成时期,不能称其为当时封建社会经济中的一个组成部分。

二、发展时期:扶养兼备、自力经营

寺院经济的长足发展大约是在魏晋南北朝时期。在早期,寺院所在地信教民众为主要群体的财产捐助、奉献,是佛教发展的一个稳定经济来源。后来发展为政府的扶持、信众的施舍、僧团自身的建设等多因素,促使佛教发展。寺院经济形成和发展的主要因素在于如下方面:

第一,政府的扶持。汉末以来,政局动荡,政权更迭,每个掌权者都力图

---

① 《广弘明集》卷6。

② [清]王昶撰:《金石萃编》卷108《阿育王寺常住田碑》,北京:中国书店1985年版。同时参阅《石刻史料新编》第3册,台北:新文丰出版公司1977年印行,第1833—1834页。

③ 《阿育王寺常住田碑》,《全唐文》卷335。

通过各种手段维持自己的统治。佛教不仅是一种伦理文化形态,同时也是一种精神控制手段。魏晋南北朝时期,一些统治者看到佛教是一种很好的精神安抚工具,这时他们产生了扶持佛教的兴趣,并出台一些具体的政策,如北魏时期设立僧祇户、僧祇粟。北魏孝明帝时,禅学大师僧稠,住怀州马头山辞谢帝召,孝明帝乃就山供送。孝武帝又为僧稠立禅室于尚书谷,集众供养。至北齐时,僧稠移居龙山门寺,朝廷供事繁委,送钱绢被褥,"令于寺中置库贮之,以供常费。稠以佛法要务志在修心,财利动俗,事乖道化,乃致书返之。帝深器其量也,敕依前收纳,别置异库,须便依给,未经王府"①。寺院发展迅速,"南朝四百八十寺"更是当时朝廷扶持佛教的一个反映。②

东晋的统治者对佛教在政策上、经济上均有扶持。国家依政策给予佛寺一定的定额供给,晋孝武帝(372—396 年在位)时,襄阳高僧道安"俸给一同王公,物出所在"③。南方的道安,北方的僧朗,是最初获得国家供给的僧人。有的寺院甚至由皇帝指定一个县的租税的一部分归寺院支配。陈宣帝太建九年(577 年),令割始丰县调,以充众费。皇帝、政府给予寺院补助,信佛的某些王公贵族也对寺院、僧人进行供养。有的民间信众也节衣缩食,给寺院以经济支持。④ 国家的常年定额供应,给自营经济未备的寺院,提供了稳定的经济保障;王公贵族的供养,信众的捐助,使寺院经济势力得以由弱而强。寺院规模不断扩大,简单的管理已无法满足需要,在这样的背景下,就形成了寺院经济模式。

总之,由于统治者的扶持与保护,寺院经济在魏晋南北朝时期有了宽松的发展环境,其由萌芽、产生转入长足发展就是必然的了。

第二,寺庄经营方式的出现。南北朝时期,寺院出现了以寺庄经营手段为主要代表的经营模式。至北魏末,全国佛寺达三万余所,僧尼人数达二百多万。寺院通过接受上层赏赐、豪门贵族及普通百姓的施舍,获得了远远超

---

① 《僧稠传》。[唐]道宣撰:《续高僧传》卷16,郭绍林点校,北京:中华书局1970年版。

② 北魏太延四年(438年)仅有僧尼数千人,到北魏末年(528年),佛寺已达3万处,僧尼200多万人。北周建德三年(574年),佛寺有4万处,僧尼300万人。南朝,宋时有佛寺1913处,僧尼36000人;齐时有佛寺2015处,僧尼3.25万人;梁时最盛,佛寺达2846处,僧尼8.27万人;陈时有佛寺1232处,僧尼3.2万人。参阅[唐]法琳《辨正论》,见《大正藏》第50册。

③ 《高僧传·道安传》。

④ 黄强:《中国佛教寺院经济刍议》,载《徐州工程学院学报》2007年第9期。

出其日常生活所需的大量的土地和钱财。在当时自给自足的封建经济社会下,寺院渐渐开始用其富余的物资来从事经济生产活动,而这就使得经济史上出现了专门的寺院经济。佛家参与经济活动,表明佛教作为一个以追求精神解脱为价值导向的宗教,不能不考量经济问题。特别是像中国这样的大乘佛教为主的国家,在家信徒构成佛教信徒的主体部分,这使得经济生活与佛教教义之间的关联更为密切。因此,如何既符合经济发展之规律,又符合佛教的伦理规范,成了佛教徒面临的现实问题,于是佛教关于经济伦理的学说也发展了起来。

南朝初期僧人中已有百万富翁。南朝宋时期,"吴郭西台寺多富沙门。僧达求须不称意,乃遣主簿顾旷率门义劫寺内沙门竺法瑶,得数百万"[1]。一个僧人遇劫,一次被人劫去财物几百万钱,可见其富有。梁武帝时,富裕的寺院还蓄养大量的"白徒"和"养女",即没有出家而为寺院服役的男丁和妇女,史载佛寺之众、僧尼之多:

> 都下佛寺五百余所,穷极宏丽;僧尼十余万,资产丰沃。所在郡县,不可胜言。道人又有白徒,尼则皆畜养女,皆不贯人籍。天下户口几亡其半。而僧尼多非法,养女皆服罗纨,其蠹俗伤法,抑由于此。若无道行,四十已下,皆使还俗附农,罢白徒养女,听畜奴婢。婢唯著青布衣,僧尼皆令蔬食。如此,则法兴俗盛,国富人殷。不然,恐方来处处成寺,家家剃落,尺土一人,非复国有![2]

僧尼几乎占有全国一半的户口,为寺院服务的劳役占全国一半,寺院经济规模几富可敌国,由此可见一斑。上层人物,从皇帝、权贵到世家豪族大多是佛教的提倡者或支持者。佛教认为人死后神识不灭,范缜针对这一问题提出了"神灭"论,同当时宣扬佛教的贵族和僧侣进行了两次论战。其中一次是南齐时,当时担任南齐王朝宰相的竟陵王萧子良亲自同范缜辩论,并发动僧侣围攻范缜的无神论。史载:(竟陵王萧)子良精信释教,而(范)缜盛称无佛。子良问曰:"君不信因果,世间何得有富贵,何得有贫贱?"缜答曰:"人之生譬如一树花,同发一枝,俱开一蒂,随风而堕,自有拂帘幌坠于茵席

---

[1]《南史》卷21《列传·王弘》。
[2]《南史》卷70《循吏·郭祖深传》。

之上,自有关篱墙落于溷粪之侧。坠茵席者,殿下是也;落粪溷者,下官是也。贵贱虽复殊途,因果竟在何处?"子良不能屈,深怪之。范缜指责佛教:

> 浮屠害政,桑门蠹俗,风惊雾起,驰荡不休,吾哀其弊,思拯其溺。夫竭财以赴僧,破产以趋佛,而不恤亲戚,不怜穷匮者何? 良由厚我之情深,济物之意浅。是以圭撮涉于贫友,吝情动于颜色;千钟委于富僧,欢意畅于容发。岂不以僧有多余之期,友无遗秉之报,务施阙于周急,归德必于在己。又惑以茫昧之言,惧以阿鼻之苦,诱以虚诞之辞,欣以兜率之乐。故舍逢掖,袭横衣,废俎豆,列瓶钵,家家弃其亲爱,人人绝其嗣续。致使兵挫于行间,吏空于官府,粟馨于惰游,货殚于泥木。所以奸宄弗胜,颂声尚拥,惟此之故,其流莫已,其病无限。若陶甄禀于自然,森罗均于独化,忽焉自有,怳尔而无,来也不御,去也不追,乘夫天理,各安其性。小人甘其垄亩,君子保其恬素,耕而食,食不可穷也,蚕而衣,衣不可尽也,下有余以奉其上,上无为以待其下,可以全生,可以匡国,可以霸君,用此道也。[①]

上述批评除在哲学上指责当时佛教愚妄荒诞、不足相信,在经济上的主要责难是:人们用大量的钱财去供奉僧人,甚至以破产去靠近佛教,不从事农业生产,佛寺建筑耗尽了财富,惰游盛行,引发粮食危机,犯法作乱的人不能禁止,歌颂的声音堵塞,妨害治理国家。这里可见当时趋佛风气之盛。

在寺院经济发展过程中,北方寺庄由于土地捐献增多,形成了以土地为中心的综合经营模式。南方寺庄则由于地理环境、商业氛围日渐浓厚等原因,商业经营成为维持佛教的主要支柱,形成了以高利贷为主的商业性综合经营。南北方寺院经营的这种差别,源自寺院经济发展过程中所体现出来的集团力量。集团力量表现为寺院建立的来源、僧尼人群、造像的人群和寺庄土地的来源等几个主要方面。此种集团贯穿始终,对寺院经济产生了不可忽视的影响。

第三,信众的施舍及供养阶层的出现。经过两晋时期,佛教已经基本为中土民众所接受,上至当朝统治者,下至普通民众,施田施物,所在多有。由

① 《梁书》卷48《范缜传》。[隋]姚思廉撰:《梁书》,北京:中华书局1973年版。

于统治者和普通民众的信奉和施舍,为此时期寺院经济的发展提供了坚实的物质基础。

寺院垦殖土地,兼涉商利,形成经济实体,大约始于两晋。西晋时期,民间斋会饭僧、衣食布施等活动就已增多。例如,晋朝卫士度之母"诵经长斋,家常饭僧"①等。东晋以后,此等活动仍有存在。例如,"……太兴遇患,请诸沙门行道,所有资财,一时布施,乞求病愈,名曰散生斋"②。资产丰厚的士族皈依佛门,形成了僧侣供养中的主流阶层。例如,释道敬者,"本琅琊胄族,晋右将军王羲之曾孙,避世出家,情爱丘壑。栖于若耶山,立悬溜精舍。敬后为供养众僧,乃舍具足,专精十戒云"③。追随者有的全家信奉者,史载"护既道被关中,且资财殷富。时长安有甲族欲奉大法,试护道德,伪往告急,求钱二十万,护未答。乘年十三,侍在师侧,即语曰'和上意已相许'"。④竺法护一次能出借钱二十万,甲族知其道德高尚,举家崇信,表明寺院已相当有势力了。家族崇奉佛教渐成为历史的主流,整个社会上自皇族,下到百姓,以个人名义或家族名义信奉佛教,维持着佛教的生存。

第四,僧团自身建设。僧团的存在及其与时俱进,是寺院经济得以迅速发展的一个先决条件。土地等生产要素被大量吸纳,是佛教由消费群体转变为生产群体的一个根源。土地和家族信仰的结合,促成了寺院经济成为社会经济史中一个独特的现象。南北朝时期,僧团得到加强,寺院得到政府的扶持,而且寺院不断受到民众的施舍。寺院经济在这个有利的环境中,积极地加入封建社会经济运行轨道发展自己,僧人自垦田地,积极参与劳作,寺院也加入土地兼并,扩张自身势力。此时寺院经济实力尚不雄厚,上层与民众的捐施仍是其主要支撑。不过,寺院经济已初显其参与封建社会经济运行轨道之姿态。

第五,佛教组织自觉经营。佛教为维系日常费用,开始自己经营,如经营土地、农业等。西行求法的法显和首倡僧徒姓释的道安,都有参加田间劳动的经历。道安"年十二出家,神性聪敏,而形貌甚陋,不为师之所重,驱役

---

① 《法苑珠林》卷42。[唐]道世撰:《法苑珠林》,上海:上海古籍出版社1991年版。
② 《北史》卷17《京兆王太兴传》。[唐]李延寿撰:《北史》,北京:中华书局1974年版。
③ 《高僧传·释昙翼传》。
④ 《高僧传·竺法乘传》。

田舍,至于三年,执事就劳,曾无怨色。笃性精进,斋戒无缺。数岁之后,方启师求经,师与《辨意经》一卷,可五千言,安赍经入田,因息就览,暮归以经还师,更求余者。师曰:'昨经未读,今复求耶?'答曰:'即已谙诵。'师虽异之,而未信也。复与《成具光明经》一卷,减一万言,赍之如初,暮复还师,师执经覆之,不差一字"。①释法显尝与同学数十人,于田中刈麦。某些寺庙已有大片田地,寺院经营依靠下层僧侣来完成。稍后的僧徒也是如此,例如,晋朝僧碧"……向者忽言,阿上是谛沙弥,为众僧采菜,被野猪所伤,不觉失声耳。碧曾经为弘觉法师弟子,为僧采菜,被野猪所伤,略初不忆此"②。除垦殖土地外,僧徒从事的经济活动有商业、手工业和占卜等。

东晋释道恒曾说,当时"沙门既出家离俗,高尚其志,……然触事蔑然,无一可采。何栖托之高远,而业尚之鄙近。但今观诸沙门,通非其才,群居狠杂,未见秀异,混若经渭浑波……斯皆德不称服,行多违法。虽暂有二善,亦何足以标高胜之美哉。自可废之,以一风俗,此皆无益于时政,有损于治道,是执法者之所深疾,有国者之所大患。……上减父母之养,下损妻孥之分,会同尽肴膳之甘,寺庙极壮丽之美,割生民之珍玩,崇无用之虚资,罄私家之年储,罔军国之资实,张空声于将来,图无像于未兆……"③当时僧侣已超出佛教教义规范,从事经济活动,与世俗无异,僧界有"衣服华丽,不应素法"④之现象。从东晋开始,佛教组织按照世俗经营模式来打理寺院经济,通过获得财物来供给传法需求,由此为南北朝寺院经济向世俗化的大规模转变开了先河。

第六,名僧及佛教中心的出现。名僧为佛教界出名的人,也是社会名流,他们的名人效应使大量信徒纷纷趋向名僧所在地,也就是"学人裹粮随之不少"⑤,造成人口的流动、管理的困难等问题。历代王朝都曾采取过一定的行动加以制止,如孝文帝延兴二年(472年),诏"比丘不在寺舍,游涉村落,交通奸猾,经历年岁。令民间五五相保,不得容止。无籍之僧,精加隐括,有

---

① 《高僧传·道安传》。
② 《高僧传·释昙谛传》。
③ 《弘明集》卷6。
④ 《法苑珠林》卷61。
⑤ 《续高僧传·释智藏传》。

者送付州镇,其在畿郡,送付本曹"。① 永平二年(509 年),沙门统惠深上奏:"或有不安寺舍,游止民间,乱道生过,皆由此等。若有犯者,脱服还民。"②"时蜀沙门法成率僧数千铸丈六金像,宋文帝恶其聚众,降加大辟。"③

三国佛教之重镇,北为洛阳,南为建康。④ 早期佛教以洛阳为中心,依此中心辐散,南阳、颍川、许昌、梁国、会稽、南海、苍梧、交趾等皆为僧侣出生或游锡之地。曹魏有昙柯迦罗于嘉平抵洛阳首立戒律,西晋洛阳已立四十二寺,可见洛阳僧侣之数量已成规模。南方佛教全赖东吴之力,康僧会欲使道振江左,遂杖锡东游。纵其之前有支恭明,之后又有维祇难、竺律炎二人,其仅为避难,无关弘法。西晋有竺法护弘法长安,长安为佛教之孔道,法护译经囊括诸多大乘经典,为鸠摩罗什前之第一人。竺叔兰、无罗叉等人,分布于洛阳、长安、陈留、广州之地。"西晋佛教以洛阳为中心,长安次之,其他关陇、河西走廊、大河南北,东至琅琊,南及汝南、淮水之北,流布甚广。"⑤南方岭南、广州有疆梁娄至一人译出《十二游经》;之前之淮南、江东自吴之亡,康僧会之逝,江南佛教遂归于消沉。晋末五胡乱华,洛阳倾覆,北方之中心复移至长安等地,北魏孝文帝迁都四十年间,洛阳微显光彩。北方大都市由于政治不稳之故,佛教盛衰亦极不稳定。

佛教中心的产生,甚至形成全国性的佛教僧团,有力地促进了地域性寺院经济的发展。著名的僧团有后赵佛图澄僧团、东晋释道安僧团和释慧远僧团,这些僧团逐渐演变成以建康为中心的佛教圈。僧团是佛教学术团体,同时也是宗教经济实体。佛图澄与释道安是师徒关系,他们的寺院经济根基在河北地区。释慧远在战乱时期南逃至庐山,建立了佛教庐山经济区。如宋朝祖琇所云:"法源滥觞之初,由佛图澄而得道安,由安而得远公。"⑥南北方的政治中心由于寺院众多,体现不出个体寺院经济所呈现的宗教经济特点。僧团经济的盛行代表了寺院经济发展的一个重要趋势。

---

① 《魏书·释老志》。
② 《魏书·释老志》。
③ 《北史·胡史传》。[唐]李延寿:《北史》,北京:中华书局 1974 年版。
④ 汤用彤:《汉魏两晋南北朝佛教史》,北京:北京大学出版社 1997 年版,第 91 页。
⑤ 严耕望:《魏晋南北朝佛教地理稿》,上海:上海古籍出版社 2007 年版,第 13 页。
⑥ [宋]隆兴府石室沙门祖琇撰:《佛祖历代通载》卷 6,《大正藏》第 49 册。

三、繁荣时期:参与发展、僧俗共营

隋唐时期,佛教寺院经济发展迅速,超越了前代,寺院经济最大特点是其相对独立性和自主性。隋唐以前的寺院经济有长足的发展,但是对现实政权的关系而言,依然存在着很大的依附性或依赖性。隋唐时期,寺院经济发展的自主性日益凸显出来,并且成为寺院经济发展的主要形式。寺院经济收入,是由寺院之自给性收入、布施性收入、薪金式收入,甚至包括了部分经营性收入集合构成。它们既是广大信徒广种福田的结果,同时也是僧尼专事修行的经济保证。在历史上,庞大的寺院组织并不单纯是宗教活动的场所,它曾占有着数量众多的土地和农户,广泛涉足农业、商业、手工业、运输业、信贷业等各个社会经济领域。寺院僧侣从事各类经济活动,开创了寺院自给自养的基本途径,在一定意义上减轻了社会民众的经济负担。寺院经济思想和经济行为可以呈放射型,促使着社会民众的经济思想和经济行为的变化,历史上广大民众封建落后的经济观念,对经济的发展起着不可估量的阻碍作用。因此,发展寺院经济的意义要比单纯以寺养寺要大得多。推动寺院经济朝着良好的运行模式发展,具有重大意义。唐玄宗开元至天宝时期,是唐朝甚至整个中国封建社会发展的重要转折,随着社会矛盾的加剧,均田制受到破坏,土地兼并合法化,寺院日渐成为社会土地兼并的一支重要力量。寺院经济借此机遇快速膨胀,整个佛教发展也获得了很好的契机。

第一,上层阶级和封建政权依然对寺院经济加以扶持和保护。隋朝开国,僧人释昙崇建议振兴佛法,欲立佛寺,隋文帝诏令"立九寺以副崇愿,皆国家供给"①。李渊舍宅建寺为昙崇及徒众提供安居之所。隋文帝、晋王杨广、独孤皇后等施舍大批财物,"下令送钱五千贯,毡五十领,剃刀五十具"。于是,昙崇造塔作为酬报,隋文帝"内送舍利六粒,以同弘业。于时释教初开,图像全阙。崇兴此塔深会帝心,敕为追匠杜崇,令其缮绩,料钱三千余贯,砖八十万。帝以功业引费,恐有匮竭,又送身所著衣及皇后所服者总一

---

① 《续高僧传·释昙崇传》。

千三百对"。① 隋朝除隋文帝、炀帝这两位护法王外,独孤皇后对佛教及寺院发展也有重要的贡献,费长房在《历代三宝纪》中记载独孤皇后对佛教的一次重要布施:

> 开皇十三年十二月八日,隋皇帝佛弟子姓名,敬白十方尽虚空遍法界一切诸佛,一切诸法一切诸大贤圣僧……今于三宝前,志心发露忏悔。周室除灭之时,自上及下,或因公禁,或起私情,毁像残经,慢僧破寺,如此之人,罪实深重。今于三宝前,悉为发露忏悔,敬施一切毁废经像绢十二万匹,皇后又敬施绢十二万匹……愿一切诸佛……为作证明,受弟子忏悔。②

独孤皇后受家庭熏陶而接触佛教,受佛教信仰传统和尼姑智仙的影响,并长期听受僧尼讲经说法,从僧人法纯受菩萨戒。独孤皇后向寺院布施了大量钱财、物品,施造了两藏"一切经"供流通,建立了普耀寺、弘善寺、纪国寺和法界尼寺等寺院,在世时被称作"妙善菩萨"。隋代上层人物与寺院经济的关系涉及很多方面,有出于借助佛教笼络人心而为的,有出于纯粹个人爱好、信仰而作为的,有出于营造功德而为的,也有因循传统而为的。这些崇佛行为客观上加强了对寺院经济的扶持和保护,对隋代佛教发展产生了重要影响。

唐代实行更加开放的宗教政策,上层人物的崇佛活动又过于隋代,寺院经济发展加快,趋于繁盛,影响到政治统治,导致大规模的废佛运动。其中以唐武宗李炎(840—846 年在位)时期颁布的灭佛令为高峰。当时唐政府因讨伐泽潞,财政困顿,加上道士赵归真和李德裕的鼓动和支持,于会昌五年(845 年)下令清查寺院及僧侣人数;五月,令长安、洛阳左右街各留二寺(僧人各三十人),诸郡各留一寺(分三等,上寺二十人,中寺十人,下寺五人);八月,令限期拆毁诸寺四千六百余所,私立僧居四万所。金银佛像上交国库,铁像铸造农器,铜像、钟、磬用来铸钱。令没收寺产数千万顷,奴婢十五万人,令僧尼二十六万零五百人还俗,释放供寺院役使的良人五十万以上。这次废佛运动使政府从中得到大量财物、土地和纳税户。会昌六年(846 年),

---

① 《续高僧传·释昙崇传》。
② 费长房:《历代三宝纪》卷 12,《大正藏》第 49 册,第 108 页。

武宗死,宣宗即位,重新尊佛。安史之乱后,封建社会呈下滑趋势,唐后期至五代政局动荡,中央政权对佛教的护持力量日渐削弱并不具实质性意义。

第二,信众的捐施、施舍仍然是寺院经济发展的一个来源。自佛教在中国传播以来,信众的捐施、施舍一度成为供养的主体,其中既有个人的捐施、施舍,也有家庭的捐施、施舍,甚至家族的捐施、施舍。信众的供养始终是佛教经济的一个重要因素,纵使是出自僧人本身的募款,也还是要由一般信众本人或者信徒家庭出钱、出力。隋唐时期,寺院经济施舍的主体有了变化。隋唐以前,那种门阀世族地主势力捐施巨额田地、钱财的形式,随封建制度的变迁而趋于变化,至唐时期,门阀世族地主日趋衰落,寒门地主兴起,他们与地方官员、文人学士一起成为维持信仰的新的重要力量,日渐取代皇室、世族地主成为寺院捐施的主体。

唐代尊奉佛教的人往往不吝钱财,捐施寺院,大做法事,出身高门家富于财的女性有的出钱建立寺庙或塔院,如罔极寺、昭成寺就是由太平公主修建和改建的,安乐寺则是由安乐公主出钱建造的;有的干脆舍宅为佛寺,如尚宫柴氏就把自己的住宅捐出作为光德寺。其他阶层的人虽然没有这么大的经济实力,但也都尽自己所能为弘扬佛教做了很多事情,或修造佛像,或印制经文,家财耗尽也不后悔。文林郎夫人张氏平日的生活便是"崇经造像,纵草筹之岂穷;设会修檀,类尘数之无尽"①;刘夫人"常思八正之因,主意竹园,复想一乘之业,为此修营佛像,造作经文,罄竭家资,望垂不朽"。②

第三,寺院注重自身建设,经济自主性大大加强。寺院加强自身生产经营,或购买土地,增加经济势力。例如,普光禅师利用劝募,购海埔地一千多亩,筑岸成田,年收入千斛。唐肃宗(756—762年在位)时,扬州六合县灵居寺贤禅师就"置鸡笼墅、肥地庄,山原连延,亘数十顷"。③ 南泉普愿禅师(748—834年)于贞元十一年(795年),入池阳南泉山,"堙谷刊木,以构禅宇;蓑笠饭牛,溷于牧童;斫山畲田,种食以饶"。不下南泉山达三十年之

---

① 《文林郎夫人张氏墓志铭并序》。见周绍良主编:《唐代墓志汇编》,上海:上海古籍出版社1992年版。
② 《刘夫人墓志铭并序》。见周绍良主编:《唐代墓志汇编》。
③ 《大唐扬州六合县灵居寺碑》,《全唐文》卷745。

久。① 宪宗元和年间（806—820 年），灵裕（771—853 年）禅师至湖南沩山，弘扬禅风，初时"猿猱为伍，橡栗为食，经五七载，而懒安偕数僧自百丈来辅之，于是学禅者辐辏焉"。其后禅者师徒边禅边农，到咸通年间（860—874 年），沩山禅林则为僧多而地广，佃户千余家，还有七岁童子为其放牛。寺院加强自身生产经营，或购买土地，增加经济势力。

大寺院一般都拥有雄厚的资本，并在一定程度上能摆脱皇权的控制，随着下层地主成为其捐施的主体，寺院经济逐渐与封建经济相融合，成为封建社会经济的一个重要组成部分。天下闻名的寺院田庄所在多有，其中如道膺在洪州的麦庄、普愿的池州南泉庄、智孚在信州的鹅湖庄、义存在福州的雪峰庄等等。中晚唐时期，僧人怀信在《释门自镜录》②一书序文《蓝谷沙门怀信述》中自叙道：

> 余九岁出家，于今过六十矣。至于逍遥广厦，顾步芳阴，体安轻软，身居闲逸。星光未旦，十利之精馔已陈。日彩方中，三德之珍馐总萃。不知耕获之顿弊，不识鼎饪之劬劳。长六尺之躯，全百年之命者，是谁所致乎，则我本师之愿力也。余且约计五十之年，朝中饮食，盖费三百余硕矣。寒暑衣药，盖费二十余万矣。尔其高门邃宇，碧砌丹楹，轩乘仆竖之流，机案床褥之类，所费又无涯矣。或复无明暗起，邪见横生，非法弃用，非时饮啜，所费又难量矣。此皆出自他力，资成我用，与夫汲汲之位，岂得同年而较其苦乐哉。是知大慈之教至矣，大悲之力深矣。……向使不遇佛法，不遇出家，方将晓夕犯霜露，晨昏勤陇亩，驰骤万端，逼迫千计，弊褴尘絮，或不足以盖形。藿茹飧食，或不能以充口，何暇旰衡广殿，策杖闲庭，曳履清谈，披襟闲谑。避寒暑，择甘辛。呵斥童稚，征求捧汲……③

---

① 《普愿传》。见赞宁：《唐京兆大慈恩寺窥基传·系曰》，见[宋]赞宁等撰：《宋高僧传》卷11，范祥雍点校，北京：中华书局1987年版。
② 《释门自镜录》一书分上、下两卷共十录。卷上包括业系长远录一、勃逆阐提录二、轻毁教法录三、妒贤嫉化录四、恣恚贪鄙录五、俗学无神录六、懈慢不勤录七；卷下包括害物伤慈录八、饮啜非法录九、悭损僧物录十。十录所收凡七十三条（雅诰二章，事迹七十一人，附见十四人）。正条叙录文章二篇，僧人业报故事七十一则，附见的别的僧人的业报故事有十四则。每则事例均立有标题，标题下附注附见者的名字，甚至有的还注有出典。凡属作者第一次编录的，均注云"新录"。因都系僧人所受报应事，以供佛教僧众镜戒，故称《释门自镜录》，又名《僧镜录》。
③ 转引自范文澜《唐代佛教》，北京：人民出版社1979年版，第44—45页。

上述文字反映了中晚唐时期寺院生活的一个片段。范文澜在《唐代佛教》《中国通史》（第四册）及《中国通史简编》（第三编第二册）中的译文是："我九岁出家，现在已过六十岁了。我能够住大房子，逍遥自在，衣服被褥，都轻软安适，生活闲逸。天还没有大亮，精馔已经陈列在前，到了午时，多种食品摆满桌上。不知耕获的劳苦，不管烹调的繁难，身体长到六尺，寿命可望百年。谁给我这样的福气呢？当然是靠我释迦佛的愿力呵！我估计过去五十年中饮食用米至少有三百石，冬夏衣服，疾病用药，至少费二十余万钱，至于高门深屋，碧阶丹楹，车马仆隶供使用，机案床褥都精美，所费更算不清。此外，由于思想和邪见，胡乱花用，所费更是难算。这些钱财，都是别人所生产，却让我享用，与那些辛勤劳动的人，岂能用相同的标准比较苦乐。可见大慈（佛）的教太好了，大悲（菩萨）的力太深了。假如我们不遇佛法，不遇出家，还不是要早晚犯霜露，晨昏勤耕种，衣不盖形，食不充口，受种种逼迫，供别人奴役。哪有资格扬眉大殿之上，曳杖闲庭之中，跣足清谈，袒胸谐谑，居不愁寒暑，食可择甘旨，使唤童仆，要水要茶。"从这里可见某些僧人的生活是何等优裕自在，如果没有经济自主性的寺院，如此优游自得的僧修生活肯定是不可能的。不过，过于优游自得，在多元文化环境里，僧人容易走向自我放任、违背戒律。怀信的《释门自镜录》一书撷拾了许多僧人因造恶业招致报应的故事，书中所记之事多是僧人品行方面（如偷盗行窃、侵用僧物、毁坏经卷、折损佛像、谤黩高行、诬陷善人、矜傲嗔恚、贪鄙悭吝、滞酒荒惰、食肉伤生以及其他犯戒行为等），少数是关于小乘学者或非传统教派批评大乘教义以及原是沙门后来转为道士者利用佛教概念义理编撰道教经典和充实道教教义的，他们受报应或变作畜生、毒蛇、蜘蛛之属，或下到地狱遭受地狱无量苦楚。

大寺院财力雄厚，相当于田产富饶、财富云集的大庄园。显然，这样的寺院具有浓厚的封建意识形态色彩。安史之乱后，农禅经济达到高峰，禅宗把修行和劳动结合起来，默耕田地，力锄葛藤，农禅并重不仅能砥砺心志，也体现了汉文化中的耕读传统。禅徒通过劳动达到自给，也视运水搬柴为佛事，舂米做饭正好参究。农业和禅林在禅师的心中有着重要的地位，故谓大众尽心为常住开田，山僧尽心为大众说禅。边农边禅，丰衣足食，自然有一番自得其乐的心情。禅宗不仅把劳动作为一种谋生的手段，更是作为触类见道、直指本心的修行方式,从劳动中悟修行,以修行促劳动。禅门中有为数不少的小规模寺庙,农业生产即个体生产。满足的是"疏泉垦荒为田以自给,春炊樵汲皆躬为之"。若遇灾害,他们的生活可能比个体农民更简单清苦,甚至其农业经济就会破产。禅宗农业本质上仍然是小农经济形态,没有手工和商品生产,禅林经济对社会依赖性不大,丛林内部基本上贯彻的是原始共产的分配方式。

特定时期寺院经济的积极意义是很明显的,如战乱时期或大乱之后,人逃地荒,国家给予僧尼一定的田地,使他们垦荒耕种,有助于恢复发展经济。大寺院型庄园经济在一定程度上会提高社会劳动生产力水平。晚唐之时,大庄园经济破坏殆尽,流民散居山野,他们以简陋寺院为中心,自耕自养,自给自足,这样也有助于社会经济的恢复。

总之,寺院作为佛教存在与发展的物质基础和四众弟子念佛修行的场所,担负着广大僧众衣食住行、生老病死的重任。寺院经济担负着完成这一任务的重任。

佛教自汉末至隋朝,已十分繁荣和兴盛。佛教自公元前三四世纪,传入西藏,吐蕃王朝积极推崇佛教,佛教也依靠王室扶持弘扬佛法,二者结合形成了政教合一的最初形态,王室赐给寺院大批农田、牲畜、牧场、财物、奴户等作为寺产,规定给每个僧人的属民由三人增加到七人。贵族与僧侣、寺院与农奴主的结合也愈加紧密。① 隋末兵乱一度中衰,"佛寺僧坊,并随灰烬,众僧分散,颠仆沟壑"②,唐初"天下寺庙遭隋季凋残,缁侣将尽"③,"法轮绝响,正教陵夷"④。唐代僧人法琳认为:"自五百余年以来,寺塔遍于九州,僧尼溢于三辅,并由时君敬信,朝野归心,像教兴行于今不绝者,实荷人王之力也。"⑤寺庙、僧尼数量之多,皆因寺庙经济之蓬勃发展。封建王朝大力扶持,封赏财物,是寺庙经济最初形成的主要条件。盛唐时期,唐太宗李世民笃信、扶持佛教,贞观初年,嵩山少林寺拥有赐田三十顷,水碾一具。贞观年

---

① 《法苑珠林》记载,当时有寺庙 3935 所,僧尼 236300 余人,造像 110430 躯,译经 82 部。

② 《续高僧传·法响传》。

③ [唐]慧立、彦悰撰:《大慈恩寺三藏法师传》卷 7,北京:中华书局 1983 年版。

④ [唐]彦悰撰:《唐护法沙门法琳别传》卷上,《大正藏》第 50 册。

⑤ [唐]《唐护法法琳别传》卷上,《大正藏》卷 50,台北:台湾佛陀教育基金会 1990 年影印本,第 200 页。

间,全国寺庙达 3716 座。开元之初,寺庙达 5358 座,僧 75524 人,尼 50576 人。僧徒日广,佛寺日崇,唐中宗景龙二年(708 年),兵部尚书同中书门下三品韦嗣立上疏,描述当时营造寺观,"其数极多,皆务宏博,竞崇环丽,大则费一二十万,小则尚用三五万,略计都用资财,动至千万以上。运转木石,人牛不停。废人功,害农务。事既非急,时多怨咨"①,出现唐中宗时左拾遗辛替否《谏兴佛寺奏》所指出"十分天下之财而佛有七八"②之盛况。"凡京畿之丰田美利,多归于寺院"③。"寺家巨富,谷麦烂仓,奴婢满坊,钱财委库"④。京师化度寺内设有无尽藏院,"贞观之后,钱帛金绣,积聚不可胜计,常使名僧监藏。藏内所供天下伽蓝修理,燕凉蜀赵,咸来取给。每日所出,亦不胜数。或有举借,亦不作文约,但往至期送还而已"⑤。可见,当时寺庙的规模之大,数量之众,财富之多。除朝廷扶持外,接受皇室贵族、富豪信徒的施舍供奉,对寺院经济的形成与发展起到了推波助澜的作用。

　　唐代寺院从事的经济活动更为显著,经营果园、丛林、手工作坊和店铺,并且初步形成了以寺院为依托的民间集市——庙市。这种集市一般和寺院中的法事、斋会及种种宗教活动相结合,段成式在《酉阳杂俎》中有这样的记载:

　　　　瓦官寺因商人无遮斋,众中有一年少请弄阁。乃投盖而上,单练髇履膜皮,猿挂鸟跂,捷若神鬼……⑥

　　上元县是六朝古都南京,自古即为繁华之地,唐时仍为一方经济、文化中心。瓦宫寺为当时的著名寺院,屋宇宽敞,文物富赡。而作为无遮会又为僧俗群众提供饮食。类似瓦宫寺庙市在唐代并非个别,楚州龙兴寺也是如此:

　　　　素为郡之戏场,每日中,聚观之徒,通计不下三万人……已午间……俄而匡晨两声,人畜顿路,及开算……寺前负贩、戏弄、观看人数

---

① 《唐会要》卷 48。
② 《旧唐书·睿宗记》。
③ 《旧唐书·王缙传》。
④ [唐]义净撰,王邦维校注:《南海寄归内法传校注》,北京:中华书局 1995 年版,第 111 页。
⑤ 《两京新记》卷 3。[唐]韦述著、辛德勇辑校:《两京新记辑校》,西安:三秦出版社 2006 年版。
⑥ 《酉阳杂俎·前集》,《四部丛刊初编·集部》卷 9《盗侠》,上海:商务印书馆 1962 年缩印,第 32 页。

万众,发悉解散。①

唐代寺院已经具有了商业功能,大寺院通常拥有自己的"邸舍""店铺"等货栈,里面可以赊卖商品,还有"客舍"和"车坊"作为寺院从事的旅馆业;同时还有"碾硙",是唐代重要的以水为动力的设施,用以脱谷、制粉,成为寺院重要之财源。

唐代寺院之消费有三部分,一是寺院内居住者的经济生活,二是三宝物(伽蓝佛像等)的修复费和法会费,三是各种慈善事业之消费,此项为寺院最主要的消费。首先是寺院内居住者的经济生活及三宝物的修复费、法会费。道端良秀的《唐代佛教寺院与经济问题》内有详细论述,僧尼之衣食有唐怀信的《释门自镜录》的序文:"余且约计五十三年,朝中饮食,盖费三百余,硕矣,寒暑衣药,盖二十余万矣。"②伽蓝佛像等的修复费,如"扬州节度使相,为开元寺修理费,喜舍米百斛,更为修理开元寺旃檀瑞像阁,于孝感寺,凡一个月间,讲金刚经乞一般大众结缘喜舍……募缘总额一万贯。讲经募缘成绩良好,自正月初一至二月初八日,买入木材五百贯,即开始兴工"。③ 从僧尼衣食及三宝维修和供养费用之数,可看出唐代佛教之高度发展,寺院之雄厚经济实力。其次是各种慈善事业之消费。佛教寺院与社会救济、慈善事业有密切关系。大乘佛教以修菩萨行为主,在四弘誓愿与大波罗蜜行之下,以弘布大乘菩萨的精神为根本理念,对于疾病治疗、灾害救济、贫民救助等皆视为佛教徒的当然任务。佛教社会福利事业的指导思想是发扬佛菩萨"普度众生"的慈悲大愿,对有需要者行布施,加上《福田经》《梵纲经》的宣传,使悲田、敬田的福田思想充分显现。对于社会福利的热忱参与,本是佛教徒在人世间修行的必然过程,也是人格的完成中应该努力去做的事,佛教认为内在修为的完成及外在社会幸福的达到,乃为功德圆满。

盛唐佛教慈悲事业异常兴盛,如《佛说福田经》所说:佛图、僧房、堂阁、园果、浴池、树木、医药疗病、渡船、桥梁、义井等设施,类别良多。创举有养病坊、无尽藏院,成为表率。

---

① 见[宋]李昉等编:《太平广记》第八册,北京:中华书局 1961 年版,第 3148 页。
② [唐]怀信:《释门自镜录》序文,《大正藏》第 51 册,第 802 页。
③ [唐]怀信:《释门自镜录》序文,《大正藏》第 51 册,第 802 页。

（1）悲田养病坊。所谓悲田，即以救济贫穷者和贫病者为目的的佛教社会福利事业的一种。悲田养病坊原是半官半民性质的，由于佛家慈悲为怀，种福田的信念，为时已久，深受社会欢迎，导致寺院无形中担负起官方的救助和教化工作，以至悲田后来完全成了寺院的事业、民间经营的佛教社会福利事业。史载"以普福田业，委于美，美顶行之，故悲敬两田，年常一施，或济粉粮，及诸造福处多有匮竭，皆来祈造，通皆赈给"①。武宗灭佛，改名养病坊，仍拨一部分寺产使之存在。李德裕的《论两京及诸道之悲田坊奏状》载：

> 全国僧尼尽已还俗，因而悲田坊，则无人管理与经营，然则病坊中所收容之人众，今后当知何处置？缘本，悲田一事出自佛教，乃有养病坊之设。知今，两京及诸州应由经办之官吏中，遴选笃厚而又诚实且为世人称誉之士，委以养病坊经营之责。至其所需费用，请朝廷令两京给予寺田十顷，地方大州给予寺田七顷，至其他各州，则委由地方观察使酌情裁之，以养病坊中所收容之人数多寡之比例，或寺田五顷、三顷、二顷分等给与，以充该等之费用。上项经费设或有余，应将之充为基金，用以孳息。②

（2）义井及桥梁。开凿义井，铺桥造路，我国自古有之，唐代佛教徒依慈悲之愿造福社会，屡见不鲜，如《续高僧传》云："乃于汉水之阴九逵之会，建义井一区。"③

（3）施浴。佛教说人浴的功德当以《十诵律》开始，载有洗僧的五项功德：洗涤垢秽，身体清净，去寒冷病，除风病，得安适等五项。其次是《福田经》《温室经》等，都在演说入浴的功德。如《佛说温室洗浴众僧经》云：

> 佛告耆域，澡浴之法。当用七物除去七病，得七福报……何谓除去七病？一者四大安稳，二者除风病，三者除湿痹，四者除寒冰，五者除热气，六者除垢秽，七者身体轻便，眼目精明，是为除去众僧七病，如是供养，便得七福。④

① 《续高僧传》卷29。
② 《论两京及诸道之悲田坊奏状》，《全唐文》卷704。
③ 《续高僧传》卷20。
④ 《佛说温室洗浴众僧经》，《大正藏》第16册，第803页。

唐代寺院经济在总体上是封建社会经济的一个重要组成部分,大寺院聚集人数动辄成百上千,他们以劳作为务,竞建禅院,自谋生计,同时经营生利,成为富有特色的农业田庄经济。佛教寺院田庄经济达到一定规模,生产方式渐渐向世俗地主化转变。

汉唐寺院经济经历了一个产生、发展、繁荣鼎盛的过程,寺院经济从无到有,并最终成为中古封建社会经济中的一个特殊的部分,既反映了汉唐时期寺院经济发展的特点,又是整个中古时期封建社会经济发展的一个断面,是反映中古时期封建社会经济发展状况的特殊窗口。佛教寺院经济发展最终纳入中国封建社会经济运行轨道,与世俗封建经济日渐趋同、融合。但是,物极必反,随着封建社会经济发展的日趋衰落,作为封建社会经济组成部分的寺院经济来说,也不可避免地走入下滑的轨道。

四、寺院经营伦理的利他—禁欲主义

佛教寺院经济是中国封建社会中以寺院为基本经营单位的一种经济实体,同时也是一种以寺院为基础,以慈悲布施、自利利人教义为基本指导思想的伦理实体。从经济实体方面来说,寺院经济是一个包括生产、交换、分配、消费等因素在内的经济形态,生产方面包括不变财产的生产和可变财产的生产,不变财产有寺院、田地、山林等,以及具有奴隶性质的附属人员、金银钱财、布施收入等可变财产。从狭义上讲,寺院经济中寺庄生产所得、长生库与布施所得等,也归入寺院经济生产。寺院、僧人的法施、与外界的用品及货物往来以及外界向寺院、僧人的布施,其间的互动关联和往来,一定意义上也具有交换的含义。

(一)慈善服务之伦理原则

寺院经济伦理的价值追求在现实层面上体现于一切利他的慈善事业,慈善事业的基础和经济来源当然是寺院经济,慈善事业是随着寺院经济的发展而发展起来的。魏晋以至十六国,寺院和僧尼迅速增加,不能只靠信徒供养,由此需要有稳定的经济基础。由于社会的主要生产资料是土地,寺院地产因此发展起来。最早的寺院田产开始虽然主要是僧人自垦，但后来得到了国家支持。寺院地产来源，大约在如下方面：第一，皇帝代表的朝廷或政府对寺院的赏赐；第二，社会达官贵族、富商个人向寺院的施舍；第三，社会上土地兼并，寺院借此非法占有土地，甚至强占或侵占国有土地、夺占小农民田；第四，寺院壮大之后用钱购买；第五，信众以各种形式向寺院捐赠，甚至是以求寺院庇荫的农民把土地交给寺院。

寺院经济几乎没有役调租税负担，广大信众奉献支持，国家有时免除僧人及寺院依附民的役调租税，甚至割赋供僧，由此使寺院经济发展很快，成为封建国家经济中一个重要的组成部分，也为佛教自身的发展壮大提供了坚实的物质基础。寺院财产成为社会救助慈善事业的重要支柱，特殊情况下寺院财力还可以临时充军国急用，因而大体上来说，魏晋至隋唐，统治者对寺院经济的发展总体上是支持的。寺院经济的蓬勃发展，促进了蓬勃的佛教慈善事业的发展，一定程度上为封建国家与社会的和谐稳定起到了不可忽视的作用。

一切经济公益活动都具有功德的性质，寺院经济公益事业更是如此。寺院的法施、财施等公益活动，基于其经济活动而具有招徕信众的目的，可以视为体现其宗教特性的公益活动，所以其社会—经济事务本身就具有了一定的功德性质。这种寺院的经济活动，在其社会本质层面则具有解决整个社会财富分配不均的具体意义，并且是以这种有限的经济财富再分配作依据。它们在社会急需社会公益服务的情况下，可以针对社会公共服务不足、分配不均，而被作为社会公益事业的一个重要组成部分。寺院经济活动及其公益活动，常常是佛教进入社会的基本路径，它们对僧人参与社会的程度及其信仰者的消费关系具有基础作用。佛教并不把财富分为"天堂"和"尘世"两种，但是佛教准确地洞见了寺院经济在社会经济活动中的两重性，对寺院经济活动的社会功能进行了相应的制约。佛教通过寺院特有的经济活动，走出传统的寺院而进入真实的人间社会。

寺院经济的慈善服务事业具有功德的特性。寺院经济的一个基本特征，就是当寺院在从事各种经济活动的时候，基本行动逻辑往往以功德文化、个人的神圣崇信行为以及精神个体的安身立命作为优先考量原则，而非社会连带价值关联的抽象理念。以个体信仰、功德为基础的生存需求，往往要强于社会整体的公共需求。从事这些公益活动的行动常常是个人的崇信原则,进而制约了寺院经济活动的制度化运作形式,难以建构一种制度型的行善模式,难以形成一种社会共识。

寺院慈善事业服务对象往往是社会中的特殊人群,如流浪者、残疾人、儿童等。寺院价值系统在社会整体中所具有的特殊主义特征,导致其获取资源提供公共物品的能力大受影响,从而难以覆盖所有处于需要状态的亚群体,影响到佛教寺院经济的整体制度效率。以寺院经济所提供的社会服务而言,寺院经济提供的公益产品是一种准公共产品。

寺院慈善事业服务的特殊性在于这种慈善服务事业得以构成的深层结构之中,这是因为国家权力机构把寺院经济及其福利事业界定在社会救济的范畴之中,从而使佛教福利机构所推动的社会服务,会因为涵摄有更为复杂的政治、经济与社会意涵,而不被积极鼓励和允许,甚至被有意地压制。即便是那种不对政治合法性产生威胁的福利工作,一旦组织规模过于庞大,往往会引来政权的关注。由于信徒们受功德文化的影响,强调个人神圣崇信的信仰性格,而导致社会对佛教福利服务的预期效果大打折扣。例如,捐款行为往往是基于个体的安身立命作为优先考量的原则,而非是凸显社会连带与社会安定的抽象理念。

当然寺院经济的慈善思想具有一定的局限性。寺院慈善事业既能超越个人慈善行为的分散性,亦能够超越宗族、社会公益那样的狭隘的内部互助性质,成为面向社会的、民间的、有组织的公益行为的主要形式。这种公益事业的局限性主要在于其受制于皇权,很大部分是官督寺办,从而使公益本身就带有政府借此耗散寺院财力的动机,故而出现了历代抨击寺院势力的观念。

总之,寺院不仅是一种经济实体,也是一种伦理实体。寺院经济模式与信徒建立在财布施与法布施的互动关系上,结合弘法的神圣性以及捐输的世俗性,建构出一种量入为出、自食自活、自我发展的运营模式。从寺院经济作为一种伦理实体的经济来说,寺院基于经济活动及相关慈善公益事业,发展重点立足于对佛教慈悲救人、功德救济观的实行和弘扬,仿佛是佛自己在做慈悲布施、自利利人的工作。

汉唐寺院经济作为中古时期封建社会经济中的一个重要组成部分,既有其作为封建制经济整体之一部分的特殊个性，又有作为中央集权制、地主统治下封建社会经济发展一部分的一般性即共性的因素。寺院经济或佛教经济是佛教传入中国，形成中国化佛教后的一个重要传统。释迦牟尼学说如欲在世俗人间与寺院、僧侣们维持基本的关系，就需要一方面在经济范畴内谋求立足、生存、发展，另一方面则要在宗教范畴内探求、弘扬真正的佛法教义。寺院处在僧与俗两个世界之中，这两个世界并非完全独立的文化语境，寺院的经济活动因此而既具有世俗的意义，同时更具有深刻的宗教层面的趋向信仰的意义，中国佛教通过寺院这种独特的经济活动把这两方面的意义关联了起来。

（二）普度众生之基本追求

佛寺经济在单纯而合理的世俗谋利之外，开展济贫赈灾、治病救人、保护生态、留客寄宿以及凿井修桥等公益活动，形成了富有特色的宗教伦理实践，在以劳作为务、自谋生计、慈善助人、济世安人的生活体验中，体现出大乘佛教区别于小乘佛教的普度众生之宗教追求。

第一，自利利人。以慈悲心为立足点，根据《大智度论》卷四十、《北本大般涅槃经》卷十五等，慈悲有三种：（一）生缘慈悲，又作有情缘慈、众生缘慈。即观一切众生犹如赤子，而与乐拔苦，此乃凡夫之慈悲。然三乘（声闻、缘觉、菩萨）最初之慈悲亦属此种，故亦称小悲。（二）法缘慈悲，指开悟诸法乃无我之真理所起之慈悲。系无学（阿罗汉）之二乘及初地以上菩萨之慈悲，又称中悲。（三）无缘慈悲，为远离差别之见解，无分别心而起的平等绝对之慈悲，此系佛独具之大悲，非凡夫、二乘等所能起，故特称为大慈大悲、大慈悲。这三种慈悲并称为三缘慈悲、三种缘慈，或三慈。[1] 慈悲是佛道门户、诸佛心念。南本《涅槃经》卷十四云："一切声闻、缘觉、菩萨、诸佛如来，所有善根，慈为根本。"[2]《观无量寿经》云："佛心者，大慈悲是，以无缘慈摄诸众

---

① 参阅《菩萨地持经》卷7，《十地经论》卷2，《佛地经论》卷五，《大毗婆沙论》卷17、卷82，《十住毗婆沙论》卷1，《顺正理论》卷78，《往生论注》卷下。

② 《大正藏》第12册，第698第 b。

生。"①又慈悲为万善之基本、众德之伏藏。《大智度论》卷二十七云:"慈悲是佛道之根本,……亦以大慈悲力故,于无量阿僧祇世生死中,心不厌没。"②

自利,指寺院通过经济形式自立、自养、自活,即利益于自身或对自己有利,是为僧人自己的生存而存在,同时也为自己的解脱、精进修行、弘扬佛法而提供方便,由此所得善果而自得其利。利他,对他人有利,指寺院通过经济的运营得利,获得发展和救助他人的物质便利,为救济一切众生而致力行善。自利就是自度,利他就是度他、普度众生。自利利他就是上求佛道、下化众生的菩萨道。爱护自己,也应爱护他人;度自己,也应度脱他人。个人要助人解脱,帮助众生解脱,在众生的解脱中解脱自己。自利利他要求自他相换,即把自己当成别人,把别人当成自己,自己固然要成佛,使别人成佛也是至关重要的。

自利利他的精神贯穿在整个佛教伦理中,也体现在佛教的五戒、十善、四摄和六度中。五戒的要求是不杀生、不偷盗、不邪淫、不妄语、不饮酒。十善是五戒的扩展。去掉五戒中的不饮酒,再增加六条而成十善。十善体现在身、口、意三业中。身业有三:不杀生、不偷盗、不邪淫;口业有四:不妄语、不两舌(即不搬弄是非,不挑拨离间)、不恶口(不说粗言秽语,不冷嘲热讽,不恶意攻击,不尖刻批评)、不绮语(不花言巧语,不说淫秽话,不唱艳曲情歌)。意业有三:不贪欲(对他人的财物、权位、妻室不起占有的邪念)、不嗔恚(对他人不起愤恨之心)、不邪见(不违背佛教见解)。可以说,十善是普遍的社会公德。四摄和六度是菩萨行的重要内容,是佛教徒对社会应尽的道德义务。四摄包括布施、爱语(用佛教义理为众生说法)、利行(教导众生修持)、同事(深入众生之中,根据众生的不同情况进行教化)。六度是修习从生死此岸到涅槃彼岸的六条途径和方法:一是布施,以度悭贪;二是持戒,以度毁犯;三是忍辱,对治嗔恚;四是精进,以防懈怠;五是禅定,以避免精神散乱;六是智慧,以度愚痴。这十项中,除禅定和智慧外,其他都具有伦理原则的作用。这些方面也是寺院经济活动的基本原则,当然是佛教伦理中的主要的、根本的因素,它与一般社会伦理、传统文化与社会习俗结合在一起,与

---

① 《大正藏》第 12 册,第 343 第 c。
② 《大正藏》第 25 册,第 256 第 c。

民族社会伦理生活水乳交融,对中华民族经济伦理思想的发展起了十分重要的影响和作用。

第二,去恶从善。任何经济经营行为,哪怕是任何谋利行动,都关联到善、恶,关系到自己的解脱,都应以佛法信仰作为衡量和评判的标准。寺院经济道德的根据基于信仰,是对佛法教义无条件的"信"。行为者只有信奉和接受佛法教义思想和道德说教,经济行为有利于佛法教义思想和道德说教的意识、思想、语言、行为,才能称之为"善",否则便是"恶"。因此,寺院经济伦理实践在根本上必然遵循和体现佛教"去恶从善"之基本原则。

"去恶从善"也是寺院经济的一项基本的伦理原则,或可看作寺院的经济伦理原则,它的具体内涵包括两个层次:其一是诸恶莫作,众善奉行。这要求寺院及僧人在经济活动中保持思想清净、行为规范,在存在复杂的利益纷争、充满苦难且尚有善恶对立的现实世界中,这个方面属于世俗层次的经济伦理。其二是自净其意。要求从事经营行为的佛僧,从世俗经营中超拔自己,超越于经济的谋利、消费的物欲、分配的困境,清除内心的无明、烦恼,或者说是从世俗矛盾或个人意识造成的内心,去除善、恶的相对性,超越善、恶的对立,达到彻底的解脱。这个方面属于超世俗的、更高层次的信仰界面的经济伦理。

第三,平等慈悲。社会等级、经济劳作和日常生活等方面存在着人与人之间的不同和差别,这些不同和差别造成争斗、矛盾和冲突。寺院经济的伦理实践提倡忍辱、驯服、不抗恶、非暴力等,主张在宗教经济生活、道德修行上的平等,坚持无论出身什么阶级、阶层,从事什么职业,在宗教生活、经营以及觉悟佛道诸方面,人人都有生产、享受消费等的平等权利。这种经济平等观念尽管是在宗教生活、经营、修行、觉悟等方面的平等,但是在当时是一种了不起的思想。佛教传入中国以前,印度实行严格的种姓制度,对人的经济行为、日常生活、职业、宗教生活乃至婚姻等,都规定了不可逾越的界限,这是对人性的一种束缚。汉唐寺院的经济平等观以众生皆可以成佛、佛性与人性一体的学说为基础,发展成为一切众生都有佛性的思想,对中国佛教经济伦理思想的发展有重要作用。经济平等是经济生产、生活中的无差别、无隔阂的意思,包括对他人、他物的生产、消费等活动的尊重。

寺院及僧人的任何一种助人行为,无论是济贫赈灾、治病救人,或是保护物类生命、留宿客旅,需要财物上的付出或单纯伦理上的给予,都是出于慈悲的宗教心理。慈悲之慈是慈爱众生并给予快乐,悲是悲悯众生并拔除其痛苦,慈悲即对他人、对其他生物的关怀。慈悲就是对众生的深切、真诚的关怀和爱护。宇宙大化中,一切众生可能曾经是我们的亲人,山河国土则是我们生命的所依,应当怀着平等的心态,报恩的情愫,慈悲的心愿,给予众生以快乐,拔除众生的痛苦。佛教宣扬"三缘慈悲",《大乘义章》认为悲有三种:

> 一、众生缘悲,缘苦众生,欲为济拔。……观诸众生十二因缘生死流转,而起悲心。……二、法缘悲,观诸众生俱是五阴因缘法数,无我无人,而起悲心。……三、无缘悲,观诸众生五阴法数毕竟空寂,而起悲心。……慈亦有三:一、众生缘慈,缘诸众生,欲与其乐。二、法缘慈,缘诸众生但是五阴因缘法数,无我无人,而起慈心。三、无缘慈,观一切法毕竟空寂,而起慈心。①

这是相对地分别以众生、诸法和空理为对象而起的三类慈悲,其中以"无缘慈悲"为最高的类别。《大智度论》卷四十云:"慈悲心有三种:众生缘、法缘、无缘。凡夫人,众生缘;声闻、辟支佛及菩萨,初众生缘,后法缘;诸佛善修行毕竟空,故名为无缘。"②"无缘大慈""无缘大悲"是对对象不起区别的绝对平等的慈悲,是体悟真如平等的空理而生起的慈悲。慈悲是佛教不受等级、阶级的限制的特殊理念,它排除狭隘的偏私性,还富有实践性,重视对人、社会、自然生命的关怀。

寺院经济推动的种种平等慈悲、自利利人之行为,都会由布施种下福业而后果报分明,即善恶有报,分毫不差,行善布施将会得到福报。寺僧宣传做慈善事业在现世消灾得福,到了来生也可以有好的着落。不论以何种形式进行布施行为,最后都要造福凡俗、大众,有利于社会发展。

(三) 艰难曲折的解脱路径

寺院经营是利他—禁欲主义的,其理论和实践形式是对世俗纵欲、享乐

---

① 《大乘义章》卷14,《大正藏》第44册,第743页。
② 《大正藏》第25册,第350页。

思想和物欲主义、利己主义的反拨，这无论对寺院本身、修行者个人，还是对社会来说，带来的影响无疑都具有积极的一面。这些积极的方面体现于如下：

第一，信徒秉持自利利人的利他精神造福于一切众生，如寺院医术高明的僧人在发生瘟疫或流行病时，基于悲田养病坊的容纳人数有限，很多僧人遂游行乡里，拯救危急。寺院或寺僧也会积极奔走、组织或参与社会公共设施的建设，如修桥铺路、兴建水利、植树造林、打井、清理涉水河道、摆渡等。

第二，寺院团体修道生活，农佛双修，自食其力，贯穿于全部日常生活之中，僧人通过自己的辛勤劳动，不仅解决吃饭问题，而且还有助于养成劳动习惯，磨炼身心，锻炼体质，为更好地弘扬佛法的艰辛工作打下基础。

第三，以寺院为中心开展的慈善救助事业形式多样，可以净化人心，维护社会和谐。北魏僧祇粟制度下，因犯在寺院劳作，不仅能增加寺院人力，还可以使劳动者受到佛法的教育、熏陶和感化，能净化其心灵，使其痛改前非。

第四，寺院经济促进了相应的经济制度和社会组织的建设和发展。南北朝以来，寺院以救济为宗旨建立起来的"无尽藏"是以后钱庄的前身，寺院广泛进行的唱衣也促进了后市拍卖行业的前身。唐代兴起的寺院留宿寄寓，是世俗旅店的前身。从一般意义上言，寺院旅店与世俗旅店不同首先在于寺院旅舍主要提供给云游僧尼和香客使用，一般有救世济人的一面。寺院旅店所营之利为寺院公有即集体所有，其利益满足僧侣的一些经济需求以及佛教发展之需。其次，寺院旅店业获得钱物有宗教特色，俗客在寺院寄居叫"税院"，这种租赁与民间旅店经营不同，在客寄寓纳银带有随喜的性质，获取经营收入的方式有的是直接收钱银，有的则以布施的形式；有的当场兑现，有的则"期货"式交易——待住客功成名就或发财致富后，收取相应的回报。从经济运行方式本身来说，这种具有宗教特色的寺院经营，无疑有成功的一面，不仅因其具有积极的社会伦理效应，而且其自身具有理性的逻辑或内在的合理性。

从另一方面来说，寺院经营的利他—禁欲主义只是佛教通向解脱的一个环节，在地主阶级土地占有制的条件下，这一通向解脱的路径注定是艰难曲折的。如在南北朝至盛唐寺院经济强盛的环境里,佛教关于寺院财务、雇佣劳动及僧人劳作等方面的解释,既体现出其义理的灵活性,寻求与现实社会的适应性,又可见出其中面临的种种悖论和艰难性。寺院财务有一项重要的开支是雇佣世俗人到寺院来劳动的工资开支。道宣在解释《四分律》的《行事钞》里有一项《瞻待道俗法》(其中所说的"道",指外来的客僧,"俗"指俗人),教义要求僧尼不参加生产劳动,僧人不能掘地,因为掘地会杀生,而杀生是莫大的罪过。因此,戒律中有"掘地戒"。《行事钞》说"不掘地"有三大好处:

> 《多论》,不掘地坏生,三益:一、不恼害众生故,二、止诽谤故,三、为大护佛法故。若佛不制此二戒者,国王大臣役使比丘。由佛制故,王臣息心,不复役使,得令静缘修道,发智断惑,是名大护。[1]

农业经济劳作以开掘土地、利用自然资源进行种植和加工为主。不掘地自然不能从事农业劳动,这样就提供了这样一条理由:只能由寺院之外或寺院内受雇的俗人来进行农业活动,从事繁重的体力工作以生产物品,来供奉僧人、寺院。另外,女性出家人也不得参加纺织,因为比丘尼戒中有"织作戒"。释元照在《四分律行事钞资持记》卷下四《释厄众篇》释"纺织戒"说:"佛在舍卫,六群尼手自纺织,居士笑言如我妇无异。白佛,因制:若比丘尼自手纺织者,波逸提。"元照颇为感慨,说:"今时尼女机织刺绣以为事业,弃亲入道本图何事? 若此出家何如在俗!"[2]

由于贸易、贩卖等营利活动,是纯粹的自利行为,因此佛教内律自然认为比做屠夫还坏。《行事钞》释"贸宝戒"和"贩卖戒"说:

> 《四分》,衣药交贸,争价高下,数数上下,皆犯。多云,此贩卖堕,一切堕中最重。宁作屠儿。何以故? 屠儿只害一生,贩卖一切俱害。不问道俗、贤愚、持戒、破戒,无往不欺。常怀恶心。设若居谷,恒希天下荒饥,霜雹灾变。若居盐积贮,恒愿四方反乱,王路隔塞。多有此过。故此,贩卖物作塔像,不得向礼。[3]

---

[1] 见《行事钞·随戒释相篇·掘地戒》,《大正藏》第 40 册,第 76 页。
[2]《大正藏》第 40 册,第 425 页。
[3]《行事钞》卷中二《随戒释相篇》,《大正藏》第 40 册,第 72 页上至中。

杀生和贩卖牟利都有恶心，为害不小，故在禁止之列。佛教内律允许僧人作木工、泥瓦工、彩绘、修治僧房。《行事钞》说：

> 《十诵》，佛自执木作具治寺门。僧得畜一切作具。僧坊坏，得持一房卖治一房，亦得用敷具卖治之。僧坊上座、私房上座，每有破坏杂事，先自手作。迦叶数数踏泥泥僧房云云。比丘得自造舍上木。《僧祇》，比丘作房，欲自泥壁，五彩画之，并得。唯除男女和合像，余山林人马，并得。①

在特殊情况下，掘地、贩卖等行为或活动是允许的，内律对此也有明文规定。《行事钞》说：

> 《四分》，若野火烧寺，听逆除中间草，若作坑堑断。若以土灭，若逆烧除之。②

> 《僧祇》，若籴乘谷时，此后当贵，籴时贱，粜时堕。若恐后贵，拟自食行道，到后谷贵，食长或与师僧作功德，余者出粜得利，无罪。③

僧尼不得参加劳动，寺院必需的内外劳作自然落在寺院所使役的净人和奴隶们身上。因此，寺院需要雇工来承担，使寺院经济产生剥削成为可能。寺院经济由此具有封建经济的剥削特征和属性。《行事钞》引经律中对动用三宝财物开支雇工工资，做出如下规定：

> 《善见》，赡待净人法，若分番上下者，当上，与衣食，下番，不得。长使者，供给衣食。《十诵》，客作人雇得全日，卒遇难缘不得如契者，佛令量功与之，准于俗法。从旦至中前有难事者，给食一顿，不与作直；中后已去，有难不役，则给全日作工。又须准佛语，最其功劳，吞其勤惰，虽复役经半日，而工敌全夫者，亦与本价。④

寺院用工资换雇工的劳动力，要付一些不应作的开支。寺院僧众有了财物，难免引起俗世一些人的羡慕，因而欲求染指。上至王公大臣，下至地

---

① 《行事钞》卷下二《钵器制听篇》，《大正藏》第40册，第127页上。
② 《行事钞》卷中二《随戒释相篇》，《大王藏》第40册，第76页下。
③ 《行事钞》卷中二《随戒释相篇》，《大正藏》第40册，第72页中。
④ 《行事钞》卷中二《随戒释相篇》，《大正藏》第40册，第58页。

痞恶棍,都想从寺院财物中谋求财富,由此会产生寺院经济与世俗社会之人谋利行为的冲突。内律中反映出寺院对此是以忍让为主的,如果忍让无法解决,还是坚持以佛法之理化解,绝不可以为财发生争执或暴力冲突。对于白衣俗人要想到寺院占便宜的,可以向他讲道理,说明不是悭吝,而是内律所不许。如果来者不讲道理,要尽力满足他的要求。《行事钞》说:

> 《五分》,若白衣入寺,僧不与食便生嫌心,佛言应与。便持恶器盛食与之,又生嫌心,佛言以好器与之。此谓悠悠俗人见僧过者。[①]

寺院有好田园,如果恶人入侵,如果有权力的国王、大臣、檀越和强横的恶贼有所求索,就要尽情供给。如《僧祇》说:"语本施主,任其转易。"[②]这反映了封建社会世俗权力对佛教教权的强力影响。《行事钞》说:

> 《十诵》,供给国王大臣薪火灯烛,听辄用十九钱,不须白僧。若更索者,白僧给之。恶贼来至,随时将拟,不限多少。《僧祇》,若恶贼、檀越、工匠乃至国王大臣,有力能损益者,应与饮食。《多论》云,能损者,与之;有益者,不合。[③]

佛教经律中五钱常常是个界限,《十诵律》里讲佛陀制"满五钱成重"的戒律在王舍城,所以依王舍城当时的五钱作为标准。物价会随时波动,后来律师不采取王舍城的五钱了,再后来按有佛法的地方采用的货币标准。盗满五钱就要判重罪。总之,五钱以下要白僧,五钱以上就要犯罪。这里对国王大臣听辄用十九钱,已是超量的了。

由寺院经营而通向解脱的路径,其艰难曲折是显然可见的。寺院经济伦理的终极关怀仍然是追求得道成佛,以求解脱生死轮回之苦,但是其实现的途径离不开现实生活中的修行,离不开解决其所面临的如上困境。

无论如何,寺院经营需要始终秉持佛学义理,他们对于日常生活的态度是慈悲为怀,把普度众生、救苦救难、利益有情作为其基本认识,这实际上的确是一种自利利人的思想,在这种思想的指导下行事,就会在客观上做出有

---

① 《行事钞》卷中二《随戒释相篇》,《大正藏》第40册,第57页。
② 《行事钞》卷下四《诸杂要行篇》,《大正藏》第40册,第146页。
③ 《行事钞》卷中二《随戒释相篇》,《大正藏》第40册,第58页。

利于社会公德的事情。佛教倡导寺院及僧人救难济贫、施医治病和养护放生的理念与实践,是佛教经济伦理思想富有特色的一个方面,它以社会公益事业对当时社会经济和伦理建设做了有益的补充,从而成为修行者走向解脱的关键环节之一。

第三节　汉唐佛教寺院经营中的功德伦理思想

　　佛教作为宗教组织是一个以寺院为中心的、拥有众多僧尼和檀越的团体,是社会构成的一分子,不重视社会经济的关系,也就不能论中国佛教。"如果除掉经济生活,而单谈隐遁的佛教,或社会救济的宗教,恐怕就不免要堕于观念论了。"①佛教与经济关系之密切,是出乎一般人想象的,甚至教义本身也由经济关系所支配。寺院的经济生活,对于其寺院僧尼的教化活动有极大影响,对于社会经济也有辐射作用。寺院经营就其终极意义而言,不过是实现佛法教义关于解脱的一种方便法门,而在其现实性上,寺院经营则是根据"诸恶莫作,众善奉行"的教义,努力践行佛教倡导的种种善行,积累善业,以获得福报。这些求福报的善行、善业构成了功德的基本要素。功德是善业与功利的统一。功德是因果报应信仰和轮回报应信仰的结果,汉唐佛教寺院经营中的功德观是一种付诸现实的伦理思想。

---

① 道端良秀:《唐代佛教寺院经济与经济问题》,收于张曼涛主编:《佛教经济研究论集》,台北:大乘文化出版社 1978 年版,第 52 页。

一、功德观及其实践内涵

功德（梵语 guna，音译俱曩、求那，意谓行善所获之果报），是依据佛法自觉追求的善行，这种善行的主体有两个方面：一方面是寺院和僧侣，他们为实践佛法而生的善行，诸如写经、转经、造窟、造佛堂、造兰若、造像（塑像、画像）、浴佛、行像、造幡、造塔、安伞、燃灯、施舍、设斋等种种活动；另一方面是信众，他们为积累成佛资粮而生的善行，同样是参与写经、转经、造窟、造佛堂、造兰若、造像（塑像、画像）、浴佛、行像、造塔、安伞、燃灯、施舍等活动。

善行发动于善心，佛教各经典以大智慧作比较，予以究竟解说：

> 见性是功，平等是德，念念无滞，常见本性真实妙用，名为功德。内心谦下是功，外行于礼是德。自性建立方法是功，心体离念是德。不离自性是功，应用无染是德。若觅功德法身，但依此作，是真功德。……心行平直是德；自修性是功，自修身是德。善知识，功德须自性内见，布施布施供养之所求也，是以福德与功德别。（《坛经》）

> 功谓功能，能破生死，能得涅槃，能度众生，名之为功。此功是其善行家德，故云功德。（《大乘义章·十功德义三门分》）

> 校量布施功德缘品。（《地藏菩萨本愿经》第十品）

> 是以知三尊为众生福田供养，自修己之功德耳。（晋道恒《释驳论》）

> 梁武帝问于菩提达摩："朕即位已来，造寺、写经、度僧不可胜纪，有何功德？"师曰："并无功德。"盖此仅为人天小果有漏之因，虽有非实。所谓真功德，乃净智妙圆、体自空寂，不求于世。《往生论》注卷上亦详论虚伪、真实之二种功德。《大乘义章》卷九："言功德，功谓功能，善有资润福利之功，故名为功；此功是其善行家德，名为功德。"《胜鬘宝窟》卷上本："恶尽曰功，善满称德。又德者，得也；修功所得，故名功德也。"（《景德传灯录》卷三）

佛教将功德之深广喻为海，称功德海，其贵重如宝而谓功德宝，其他尚有功藏、功德聚、功德庄严、功德林等多种名称。功德是与心性和行为相关的,公是指善行,德是指善心,功德应包含功劳和善行这两层意思,其中善心更接近功德的本来意思。若简单表示,是善心即功德,因为善行也离不开善心。时时刻刻充满至善之心并付诸行动,功德即至圆满。至善之心,即无我、人、众生、法等一切利益教化一切众生之心,是大菩提之心。至善大菩提之心不容易发,世俗善心则容易发,多发世俗善心,再念持佛戒功德智慧就会不断增加,待世俗善心自然连接成片,不着于人我众生分别的大菩提之心逐渐就可生发出来。布施、修善、忍辱、持戒、修禅等也是在克服消除这些执我之种种烦恼业识。执我之念业彻底消除了,则其意自净,其慧自生,其心自明,其性自现,这就是六祖所说的真功德。因此,积累功德就是多发善心,凭借自身之大修为,身体力行,模范于众生,以有形之方法,借无形之菩萨加持力,度化周围人群,建立庄严佛道乐土,广利广度众生,不断消除我执,也就是诸善奉行,诸恶莫作,自净其意。

寺院及僧侣的功德吸引信众的布施,来自信众的布施又是信众本身为自己积累功德的行为,因此不论是来自哪个主体的功德,对于佛教教义的实现和传播来说,都具有至关重要的意义。

"功德"无疑指向善行,善行一方面是践行佛法的核心,另一方面也是寺院在持续的经营中得到土地并发展壮大的关键。多半寺庙的地产来自布施,而向佛教寺院捐赠土地等财物或产业,目的无疑是为了赢得善业即功德。甚至可以说,无论何种布施都是为捐赠者赢得功德。

寺院经营的最现实、最直接的意义,一方面在于以功德获得自愿捐助的土地,从另一方面来说,也是给予信众积善行德、累积功德的良机。在农耕社会,土地无疑是财富的代表,当然也是寺院经营的资本。寺院获取土地无非如下几种方式,即皇室封赐、贵族舍地、一般信众布施、寺院购买、抵押,有时甚至是非法取得。然而,最普遍的方式仍然是通过捐赠使得土地与功德交换自愿、合理化。"功德"与"交换"的概念起源于印度佛教,在中国汉唐佛教中得到了更多的发展。最早的因果回向及赐予的佛教学说出现在公元前3世纪,清楚地包括了功德的传递。佛教经书中记载有清楚的功德传递,修行者将积聚的功德传递给第三者为其增福或帮其获得解脱。功德传递这一方式和主张,即善行形成一种精神上银行账户,可以为他人支付。土地同功德实现交换,唯一的可能是部分通过商品化程序,土地作为交换对象。随着交换(功德—土地)关系的存在,发生了等值交换(交换价值和使用价值)。土地不等同于功德,但可以交换成功德。[1]

传统家族结构组成了"土地—功德"交换意识形态基础的社会—物质对等物。商品必须有一种意识形态结构,才能在社会圈中有效运作,作为交换程序一部分的商品仅能和支持它的有效意识形态一同运行。在佛教背景下,在物质层面上,"土地"被看作僧尼的食物和给养来源;在更加意识形态的层面上,"土地"另作为佛教修行讲道的一部分,因为捐赠土地就是修行佛教,就是累积资粮、赢得功德,就是成为虔诚的佛教弟子。通过交换土地变成商品的程序,就限制在这两个层面。

佛教寺院积累土地是经济资本的一种形式,严格的经济本身是没有意义的,最多意味着寺院富有,但问题在于寺院和僧侣们用这些资本进一步做获取文化的资本。寺院的规模表明了其富有程度、权力和声望。寺院的地产清楚地标志出寺院的有效能力。寺院拥有一个有声望的组织所有的标志:接待重要客人的茗茶厅、美丽的风景、皇家的金属装饰品、写有诗文的学者定期到此拜佛。学者写下的有关该寺的散文或皇帝到该寺出游,提高了寺院的声望。如果没有土地,寺院就可能没有经济资本,从而也就没有文化资本。

捐赠人向佛教徒进行捐赠就是积德。在佛教教义中,一般用来指"捐赠"的术语是"布施"。布施价值可以用来获得来世的拯救,或者更为普遍的是帮助已故的家人获得一个更好的生存状态。有时布施是最普遍的宗教修行之一。从社会的角度来看,功德也与税务豁免的一些问题紧密相连。

"功德"描绘了未来的快乐或因功德获得的解救,指向源于善行的具体的福报,例如长寿、健康等。《佛说诸德福田经》列举了修行者积福、行功德的七种具体方法:(1)修庙筑塔;(2)植树;(3)给患病者施药物;(4)修建坚船;(5)修桥补路;(6)兴修水渠;(7)搭建公厕。第一种修行的方法即"修庙筑塔",与其他各种方式均要求修建寺院,捐赠土地是这一程序的一部分。当然也可通以通过其他的方式积德,其中包括虔诚地奉行佛法的一切行为,

---

① 胡素馨主编:《佛教物质文化——寺院财富与世俗供养国际学术研讨会论文集》,上海:上海书画出版社2003年版,第119页。

诸如：仅仅靠帮助他人，为僧侣提供食宿等等，均可为捐赠者带来功德。《中阿含经》指出给僧侣捐赠田地或建庙是在为捐赠者积福。俗家信众在获取功德，就是僧尼也在寻求获取功德，所谓"终日供奉惟求福田"，讲的就是功德的积累。布施是积福的一种方式，既可为亲戚（如死去的和活着的）人，也可为某人的今生或来世积福。功德是暂时的追求，是未来拯救的可能性，是获取知识、消除愚昧的可能性。自他两利，不是为自己就是为别人，对于寺院和僧人来说，接受捐赠（如田地等）本身就是一种功德行为。

　　捐赠土地获取功德是确保捐赠者家人后半生生活得更好的一种非常具体的方式，佛教寺院形式化了接受作为捐赠物的田地交换。在大多数情况下，佛教寺院的财富为其提供了一定的文化威望。寺院的财富同一种功德的"转化"的程序相连，这一程序确保了社会的生存。土地成为寺院修行的关键组成部分，而功德观念部分证明了佛教寺院拥有土地的行为合法性。向寺院组织施舍土地，从而引发一系列的交换，使其成为一种习俗。功德物质化后便有了更加有形的经济成分。例如，为逃避税收，有钱人将田地捐赠给豁免了税务的佛教寺院以获取物质利益，而寺院则支付田地产出的一定百分比。"功德院"是同类行为中最佳的例子。功德院比邻有钱人家墓地而建，一两和尚居于功德院内并为家中病人的康乐做必要的法事，而为功德院留出的田地无须上税。较穷人家向寺院施舍后，作为回报可得到心理上象征的收获，即期望积德获福，虽然不能肯定捐赠者向寺院布施后感到有直接的"幸福"或解救，但捐赠者认为他们将在适当的时候获得好运的说法则是正确的。

　　可见，从信众如捐赠者的观点来看，捐赠（田地、食物等）是积德，是获得解救的可能性，是税务豁免，或许最重要的是赢得文化资本。从寺庙的观点来看，土地捐赠是一个需要大量财力来养活自己的组织的经济资本。功德与土地交换中获得的经济资本允许寺院增加文化资本的可能性，因此，对捐赠者而言，功德包含诸多因素，诸如无形的抽象的价值、拯救的价值、有形的税收豁免、物质收益的使用价值、财富及可能性。可以说，功德是资本的一种形式，是潜在的（对捐赠者行为）认可和（因果报应与声誉）拯救的可能性。

　　寺院功德伦理思想的形式内容丰富多样，寺院本着普度众生的悲愿，举办种种福利事业与救济活动，以实践其功德思想。例如，佛教有用于救济、赈灾之金融机构的僧祇粟和寺库,积极从事修桥、补路、造井、种树、捐设义家等公共事业,寺院在做这些兴福积德之事时,通常也建造佛像以及用于推广佛法的各种寺院器物。这不只是福田功德思想的体现,同时兼具宣传教义的作用。寺院发起或参与的各种项目中,以桥梁的兴建、道路的铺筑、水利事业的兴建以及财政的支持最为显著,其对于建设事业的努力和贡献可称得上厥功甚伟。举凡设计、人员的招募、督工、修造、经费的筹措等,有时几乎由寺庙一手包办。完工之后的守护、巡逻、修理,甚至也由寺院负责。寺院对于社会的积极参与使得寺院与社会深结在一起,使佛教经济伦理产生了显著的效果和广泛的影响。

总括寺院功德伦理思想,主要体现于如下方面:悯诸同类、济贫赈灾,收容孤贫、聚财布施、舍财尽力、治病救人、惠众利人、留宿寄寓、凿井修桥、公益为上、戒杀劝善、维护生态,等等。这些内容都是佛教经济伦理思想的一个不可忽视的方面。

二、悯诸同类、济贫赈灾

佛教以慈悲济度为事,悯诸物类,故佛戒第一条戒杀不只是一般地说不杀生,而是不伤害一切有情物和无情物,并救助众生。这是佛教慈悲为怀、自利利人经济伦理原则的基本体现。《梵网经》下卷述说释迦牟尼受教、示现、降生、出家、成道、十处说法,于摩醯首罗天王宫观诸大梵天王网罗幢,因说无量世界犹如网孔,各各不同,佛门亦复如是。佛陀从天宫下至阎浮提菩提树下,复述卢舍那佛初发心时常所诵一切大乘戒,即“杀”等十重戒和“不敬师友”等四十八轻戒,一再强调众生皆我父母,救助贫弱群体乃是基本道德。佛教传入之前,汉地也有救济事业,华夏文明提倡“自食其力”,反对“游惰”习气及正常人之间的乞讨和施舍。儒家礼书倡导鳏寡孤独废疾者皆有救助,社会救济事务主要由宗族和各级政权机构承担。但是,动乱时代的国家救济功能殊难发挥,注重个体生命救助的慈善观念就显得特别可贵。

东汉时期,中国佛教导入慈善救济理念,参与和推动社会慈善救济事业,关于济贫赈灾的记载屡见于佛教史。三国时期,佛教寺院常以节日盛会举办布施,如设浴佛节,设食万人共欢,此乃宗教庆典为重,但也可见寺院济贫事业。这里以笮融的布施事业为例来说明。据《三国志·吴志·刘繇传》记载：

> 笮融者，丹阳人。初聚众数百，往依徐州牧陶谦。谦使督广陵、彭城运漕。遂放纵擅杀，坐断三郡委输以自入。乃大起浮屠祠，以铜为人，黄金涂身，衣以锦采，垂铜槃九重，下为重楼阁道，可容三千余人，悉课读佛经。令界内及旁郡人有好佛者听受道，复其他役以招致之，由此远近前后至者五千余人户。每浴佛，多设酒饭，布席于路，经数十里。民人来观及就食且万人，费以巨亿计。

《后汉书·陶谦传》则作"每浴佛，辄多设饮饭，布席于路。其有就食及观者且万余人"。可见佛教寺院布施事业规模很大，且已相当发达。《释氏通鉴》卷四云："释诠精练三藏，化洽江南。性好檀施，周瞻贫乏。居无缣币。屡造金像，禅礼无辍。"《佛祖统纪》及《洛阳伽蓝记》等佛教典籍中对这类事也有颇多记载。

佛教寺院布施的对象一般是贫苦大众，佛诞日等纪念日最容易集众，在释迦牟尼诞辰之日为其铺张加以济众是理所当然的；当然也有布施给某一家庭或个人的。《高僧传初集》卷十《宋京师杯度》载："既至彭城，遇有白衣黄欣，深信佛法，见度礼拜，请还家。其家至贫，但有麦饭而已，度甘之怡然。止得半年，忽语欣云：'可觅芦圌三十六枚，吾须用之。'答云：'此间正可有十枚，贫无以应，恐不尽应，恐不尽办。'度曰：'汝但检觅，宅中应有。'欣即穷检，果得三十六枚，列之庭中，虽有其数，亦多破败。比欣次第熟视，皆已新完。度密封之，因语欣令开。乃见锦帛皆满，可堪百许万。识者谓是杯度分身他土所得圌施，回以施欣，欣受之，皆为功德。"这是讲僧人杯度以他土所得财物，施与黄欣，当然也可看作是黄欣的功德所为。

南北朝时期佛寺济贫行事甚多，如宋明帝敕成实大师道猛任兴黄寺主，"月给钱三万"，道猛"随其所获，皆赈施贫乏，营造寺庙"[1]。后赵石虎供养单道开于临漳昭德寺，"资给甚厚，开皆以惠施"[2]。北齐那连提黎耶舍任昭玄统，文宣帝供养于邺京天平寺，"所获供禄，不专自资，好起慈惠，乐兴福业，

---

[1]《高僧传·道猛》。

[2]《高僧传·单道开》。

设供饭僧，施诸贫乏，狱囚系畜，咸将济之；市廛闹所，多造义井，亲自漉水，津给众生"①。当时更是出现了一些高僧，他们不谋己利，恩惠他人，救济贫弱，如史宗以在广陵唱歌所得来做布施事业，"常着麻衣，或重之为纳，故世号麻衣道士。身多疮疥，性调不恒。常在广陵白土埭，凭埭讴唱，引筝以自欣畅，得直随以施人，栖憩无定所，陶渊明记。白土埭遇三异法师"②。

北魏文成帝时，以平齐户及凉州军户为僧司管理的"僧祇户"，从事农业，"岁输谷六十斛入僧曹"，称"僧祇粟"③，至于俭岁，赈给饥民。

> （沙门统）昙曜奏平齐户，及诸民有能岁输谷六十斛入僧曹者，即为僧祇户，粟为僧祇粟，至于俭岁，赈给饥民。又请民犯重罪及官奴，以为佛图户，以供诸寺扫洒，岁兼营田输粟。高宗并许之，于是僧祇户、粟及寺户，遍于州镇矣。④

"僧祇"意为"大众"，"僧祇粟"是每年向各州郡僧曹缴纳六十斛粟，属于各州郡僧团的共有财产。僧祇粟实际上是一种借贷本金，供荒年贷予贫民之用，与后来无尽藏类似。"僧祇粟"制的核心是政府划出一部分民户作僧祇户，逢灾荒则以施粥发粟的形式济贫赈灾。后来的僧祇粟，如永平四年（511年）诏云："僧祇之粟，本期济施，俭年出贷，丰则收入。山林僧尼，随以给施；民有窘弊，亦即赈之。但主司冒利，规取赢息，及其征责，不计水旱，或偿利过本，或翻改券契，侵蠹贫下，莫知纪极。细民嗟毒，岁月滋深。此非所以矜此穷乏，宗尚慈拯之本意也。自今已后，不得传委维那、都尉，可令刺史共加监括。尚书检诸有僧祇谷之处，州别列其元数，出入赢息，赈给多少，并贷偿岁月，见在未收，上台录记。若收利过本，及翻改初券，依律免之，勿复征责。或有私债，转施偿僧，即以丐民，不听收检。后有出贷，先尽贫穷，征债之科，一准旧格。富有之家，不听辄贷。脱仍冒滥，依法治罪。"⑤这一政策对于寺院经济发展是一个重要推动，僧尼享有免役调、租税之特权，无形中比普通大众享有更多的经济利益，这也使他们有条件更好地践行佛教教义

---

① 《高僧传·道宣》。
② 《晋上虞龙山史宗》。［南朝梁］慧皎撰：《高僧传初集》卷11。
③ 《魏书·释老志》。
④ 《魏书·释老志》。
⑤ 《魏书·释老志》。

教理要求的伦理义务。寺院成为社会的一种特殊经济实体和伦理实体。

僧祇粟虽然后来被僧司用以放贷牟利，但仍保留着赈济的功能，例如北魏释门就用僧祇粟以备荒赈民的特殊贮积。武平六年（575年）秋，天水灾为患，次年，朝廷诏令饥不自立者，所有付大寺及诸富户济其性命。可见，当时的佛寺具有赈灾的义务。南北朝时佛寺举办的慈善活动十分普遍，许多僧人舍身于这一领域，"僧祇户、粟及寺户，遍于州镇矣"①。僧尼主持收养无力自养残疾鳏寡的六疾馆、孤独园。

寺院经济具有的赈济救助功能的延伸，至于社会的养老、慈善和劝善化俗，显示出佛教经济伦理的特殊社会影响。唐代多有养老诏令，《册府元龟》记载唐朝各位皇帝下发有关养老诏令多达73次，其中唐太宗最盛，在位23年下达了28次养老诏。唐代及其以后养老多由悲田养病坊承当。"悲田养病坊"包括悲田院、疗病院、施药院3种组织，是设置在寺院、半官半民的慈善机构。②唐代悲田院相当于免费住宿的疗养院，是对流浪老人、孤寡老人、贫困者、患病者免费诊视、收容助救的机构。入住的老人及病人，不仅可以免费吃住看病，死后还由官府负责埋葬。悲田养病坊和福田院等慈善机构，最初也是由佛寺掌管，佛寺依自己经济势力和自利利人、普度众生精神，普施善行，济贫赈灾。这同时也与唐代俗讲、俗唱、变文等通俗形式的佛教劝善理论的盛行不无关系。佛教的劝善理论，正是通过俗讲、变文等宣传配合，发挥了很好的社会作用，吸引并劝化了众多的善男信女。人们在听讲佛经中，渐渐受到劝善理论的熏染，自然而然地汲取慈善观念，播下善种，长成善根。从某种意义上讲，劝善理论是佛寺对慈善事业的宣传，是一种行善的功德论。中国佛教慈善理论的独有内容和形式，也昭示着佛教伦理的入世行善倾向。

僧徒个人布施济贫赈灾之事，史不绝书。东晋末年，异僧史宗化募广陵，得直随以施人。隋朝开皇初，京师光明寺主昙延，"凡有资财，散给悲、敬，故四远飘寓，投告偏多，一时粮粒将尽"③。京师慧云寺德美，每设斋会，七众俱集，施物山积，利养所归，京辇为最；开皇末至大业十年间，悲、敬两

---

① 《魏书·释老志》。
② ［宋］高承撰、［明］李果订，金圆、许沛藻点校：《事物纪原·贫子院》，北京：中华书局1989年版。
③ 《高僧传·道宣》。

田,年常一施,或给衣服,或济糇粮。唐开元间,五台山清凉寺设粥院,供游方僧兼济贫民。至德初,成都僧英干于广衢施粥救贫馁,李隆基入蜀避难,赐额"大圣慈寺"并赐田。宪宗元和年间,五台山住阁院僧智颙,"于世资财,少欲知足,粝粮充腹,粗衣御寒,余有寸帛,未尝不济施诸贫病"①。天台国清寺僧清观,将贵人所施皆充"别施"。唐宣宗大中七年(853年),江表荐饥,殍踣相望,清观并食施之。扶风县天和寺建于高冈之上,其下龛宇轩豁,可居穷者,无妻孥、病足而伛的老丐常寄住龛下。这些足以表明佛教寺院经济伦理实践在济贫赈灾方面特有的道德意义。

收容孤贫、聚财布施是寺院悯诸同类、济贫赈灾的一项具体活动。佛寺经济伦理实践立足于慈悲济世之教义,不惜财力,收容孤贫。寺院僧徒以寺院为居所,弘传教义,以身作则,用自身的行为来感化他人,达到以佛法义理救助他人的目的。南北朝时,有寺院僧人求乞以赈贫饿,甚至有舍身割股肉以救饥困之行为,感动官方,放麦以施饿者,达到赈济贫民之目的。《高僧传》记载:

> (释法进)……屡从求乞以赈贫饿,国蓄稍竭,进不复求,遁净洗浴取刀盐,至深穷窟饿人所聚之处,……投身饿者前云:"施汝取共食。"众虽饿困,犹义不忍受。进即自割肉和盐以啖之,两股肉尽,心闷不能自割,因语饿人云:"汝取我皮肉犹足数日,若王使来必当将去,但取藏之。"饿者悲悼无能取者,须臾弟子来至,王人复看,举国奔赴,号叫相属,因与之还官,周勃以三百斛麦以施饿者,别发仓廪以赈贫民。②

> 隋末东都婴城自固,饥殍相望有若地焉。寺有金像而躯各长一丈,素不忍见斯穷厄,取一融破籴米作糜馁诸饿者,须臾米尽。又取欲坏,时沙门辩相,与诸僧等拒诤不与。素曰:诸大德未知至理也。昔如来因地为众生,尚不惜头目髓脑,或生作肉山,或死作大鱼,以济饥馁,如何成果。复更贪惜化形,必不然矣。素今身肉堪者亦所不惜,大德须知,今此像若不惠给众生,城破之后亦必从毁,则坠陷多人,何如素今一身

---

① 《高僧传·智颙》。
② 《高僧传·释法进》。

当之也。①

上述两例，分别记载释法进和沙门法素赈济贫饿之事，他们身体力行，奉行自利利人，义不苟得，使佛教经济伦理发挥了积极的社会功能。如此事例，所在多有。可见，许多寺院僧人努力遵戒律要求，开展慈善救助活动。

寺院有专设金融机构，以实施聚财布施。寺院金融机构称"无尽藏"（或云无尽、寺库、质库、长生库、解典库、解库等），原意谓德极广，"藏"指包含无尽之德者。印度称寺院之财为无尽财，中国本土称无尽藏。②"无尽藏"一名是通过《华严经》《维摩诘经》的译介而传入中国的。"无尽藏"含义广泛，在佛教中凡认为具有无限功德、利益的事物皆可称之为"无尽藏"。《大乘法界无尽藏法释》云："是故菩萨依大悲心立无尽藏法。"③无尽藏法依据菩萨大悲心而立，建立无尽藏进行修行，信众布施，周济穷人。矢吹庆辉论佛教的无尽藏云："一、以无尽藏物，施贫下众生，由得施故，劝发善心，即量可得；二、教贫穷人，以少财物，同他菩萨，无尽藏施，令其渐发菩提之心。"④中国佛寺设无尽藏之制始于南北朝，而盛行于隋唐，其目的原在于以自己的经济之力，尽佛法要求的利人之事，重在社会救济，即以信众喜舍之财为基金，于发生饥馑时，借给贫民，且不须立字据，不定期限归还。⑤后世典当业当从佛寺设无尽藏开始。无尽藏利息极低，故受大众欢迎。一般寺院多设有此种机构，其中以唐代长安化度寺的无尽藏院最为有名。根据佛法教义，无尽藏种法别有二：一者田无尽，以供养佛法僧及众生，日日常不断；二者种子无尽，布施于人，日日相续不尽，是无为尽藏之德。

"无尽藏"在本质上体现了佛教寺院的经济伦理实体属性，即它是经济伦理观念和经济伦理制度以及相关伦理实践的主体。寺院"无尽藏"以汉明

---

① 《高僧传·法素》。

② 《摩诃僧祇律》卷33："日日应与我尔许果，餘者与我，当着无尽财中。"《释氏要览》卷下云："寺院长生钱律云无尽财，盖子母展转无尽故。"（《大正藏》第54册，第304页。参阅［宋］释道诚撰，富世平校注：《释氏要览校注》，北京：中华书局2014年版。）无尽财的历史可溯至佛教初创，其理论根据在于早期经典。《有部毗奈耶》说："比丘为修补伽蓝而接受无尽施物，然因佛陀曾禁止比丘转售施物，遂将受施库中，后施主发现寺院未作修缮，即有所责难，比丘将此事禀告佛陀，佛陀遂指示：若为修补伽蓝，可将无尽施物辗转生利。"

③ 《大乘法界无尽藏法释》，台北：新文丰出版股份公司1983年版，第164页。

④ 矢吹庆辉：《三阶教之研究·别篇》，东京：岩波书店1926年版，第189页。

⑤ 至宋代的长生库、元朝的解典库，变成一种主办放款业务的营利事业，全然成为寺院经济来源之一。

帝时(公元 69 年)建的化度寺(或称化都寺)为典型。化度寺位于陕西省乾县阳洪好寺村内,公元 531 年隋文帝时,三阶教(又称三阶宗、第三阶宗、三阶佛法等)创始人信义(《两京新记》作信行)禅师曾为该寺住持,寺内有无尽藏院。三阶教兴起于 6 世纪之末,经过七八世纪的发展,持续存在了约 300 年,屡受朝廷的禁止和各宗派的攻击。到了唐末以后,日趋衰微,湮灭不传。三阶教徒依普法的教义主张"普行",即普施组织的"无尽藏行"和普施礼仪式的"七阶礼忏"等。三阶教以苦行忍辱为宗旨,每天只吃一顿乞来的饭,以吃寺院的饭为不合法。三阶教竭力提倡布施,死后置尸体于森林,供鸟兽食,叫作以身布施。他们反对净土宗所提倡的念佛三昧,主张不念阿弥陀佛,只念地藏菩萨。说一切佛像是泥龛,不须尊敬,一切众生是真佛,所以要尊敬。三阶教无尽藏院的目的在于救济饥荒时的贫民、修复伽蓝及供养三宝,具有救济基金的性质。唐京师长安化度寺"寺内有无尽藏院,即行信所立。京城施舍,后渐崇盛。贞观后,钱帛金绣积聚不可胜计,常使名僧监藏,供天下伽蓝修理。藏内所供天下伽蓝修理,燕、凉、蜀、赵,咸来取给,每日所出亦不胜数。或有举便,亦不作文约。但往至期还送而已"[1]。其施舍范围东至黄河南北,西北达陇、蜀一带。三阶教将积聚的财物分为三份,一份给全国修理寺塔,一份施天下贫穷老病,一份自由支配。《太平广记》证明此为不虚:"武德中(618—626 年),有沙门信义习禅,以三阶为业。于化度寺置无尽藏。贞观之后,舍施钱帛金玉,积聚不可胜计。常使此僧监当,分为三分:一分供养天下伽蓝增修之备,一分以施天下饥馁悲田之苦,一分以充供养无碍仕女礼忏。阗咽舍施,争次不得。更有连车载钱绢,舍而弃去,不知姓名。"[2]可见,无尽藏积聚的大量财物,皆为信男善女之施与,这些财物的三分之一用于"饥馁悲田之苦"。玄宗开元元年(713 年),对三阶教所创设的无尽藏开始取缔,禁止信徒对它施钱,并下诏切责之云:"闻化度寺及福先寺三陛(阶)僧创无尽藏。每年正月四日,天下士女施钱,名为护法,称济贫弱,多事奸欺,事非真正,即宜禁断。其藏钱付御使台、河南府勾会知数,明为文薄(簿),待后处分。"[3]六月丁亥,《分散化度寺无尽藏财物诏》云:"……化度寺无尽藏:财物、

① [唐]韦述著、辛德勇辑校:《两京新记辑校》,西安:三秦出版社 2006 年版,第 56 页。
② 《太平广记》卷 493 引唐陆长源《辨疑志·裴玄智》。
③ 《禁士女施钱佛寺诏》,《全唐文》卷 28。

田、宅、六畜并宜散施京城观寺。先用修理破坏尊像、堂殿、桥梁。有余人常住,不得分与私房,从贫观寺给。"①诏书责备其名为济贫弱以"护法",实多肆奸欺,命令以化度寺无尽藏的财物、田宅、六畜等,分散与京城观寺,以修理破坏尊像及堂殿桥梁,有余归化度寺常住所有,无尽藏聚敛财富,致使声名受损。

《像法决疑经》讨论无尽藏施的意义,强调集体布施的功德,云:"若复有人,多饶财物,独行布施,从生至老,不如复有众多人,不问贫富贵贱若道若俗,共相劝化,各出少财,聚集一处,随宜布施贫穷、孤老、恶疾、重病困厄之人,其福甚大。"②三阶教依此主张个人的一善一行须融化于"无尽藏行",才能获得更大的福德。慈善救助活动中虽然存在着腐败现象,但是也不能否定救助事业本身的作为。无尽藏创设之初,确实有救济布施和救济贫穷人的目的,它一方面供养佛、法、僧及众生,是为敬田;另一方面则在施舍穷人、病人,是为悲田。总之,无尽藏体现寺院经济伦理功能,其在救贫济弱方面的伦理意义是不容忽视的。

三、敷导民俗、劝化服务

寺院经济的发展有赖于封建国家的支持,适应国家实行阶级统治的需要,寺院以其佛法义理及经济自立之利也力求尽到一些劝化民众的责任。《魏书·释老志》载:"太宗践位,遵太祖之业。亦好黄老,又崇佛法。京邑四方,建立图像,仍令沙门敷导民俗。"这里讲的沙门"敷导民俗",就是劝化民众行善止恶以服从统治的一个有力证明。国家建立、维持和巩固自己的政权所使用的必要手段,一是暴力或武力的威慑和压服,一是感化、教育或劝导以得到民众内心的拥护,但前者只能是用于暂时且是最后不得已使用的手段,后者是以精神教化的方法以获得民众的拥护,这才是建立、维持和巩固政权之有效方法。

寺院自然很适合为国家做敷导民俗、劝化服务的工作,因为佛教思想本质上追求出世,又有轮回因果报应之说,在当时的历史条件下,以此向民间

---

① 《分散化度寺无尽藏财物诏》,《全唐文》卷28。
② 《大正藏》第85册,第1336页b。

百姓开展劝化宣传,很能说服人,使人认为社会的构成联系中,人与人的关系有作主人有作服从者、有作富人有作贫民的各种复杂关系,是有其前因的,是应当的、合理的,是因果报应,从而也是前世修福或作孽之果。从消极的方面来说,这种劝化则使人轻视现存社会的剥削、压迫和榨取关系,使人不作生活解放、追求自由的努力,而只求来世的幸福。

封建私有制建立起社会的剥削、压迫和榨取关系,统治阶级的目的是要维持自身的地位,确保现存社会秩序之稳固,中古寺院经济的发展使佛教本身对阶级统治尽到了这种责任。寺院要使僧尼到民间去,寺院要劝化居民,寺院要以消极的出世的不争的佛教思想,浸加到人民的脑中,要使他信轮回,要使他信因果,要使人们一个个都变成柔顺的安于现状者,无反抗地顺服于社会秩序。

唐宣宗时潭州岳麓寺一个僧人上疏,宣教寺院劝化民众、止息怨争,以服从统治之功能。他说:

> 三代之季,风俗大败,诈力相乘,废井田则唯务兼并,贪土宅则日事战争。奸邪于是肆其志,贤士不能容其身。以故上下相仇,而激为怨俗也。释氏之教,以清净自居,柔和自抑,则怨争可得而息也。以因果为言,穷达为分,则贵贱可得而安也。怨争息则干戈盗贼之不兴,贵贱安则君臣民庶有别。此佛圣人所以救哀世之道也,不有释氏,尚安救之哉![1]

寺院的敷导民俗、劝化服务功能,统治阶层也是很清楚的。何尚之对宋文说:

> 慧远云:释迦之教,无所不可。适道固是教源,齐俗亦为要务,窃味此言,有契至理。何则?百家之乡,十家持五戒,则十人人淳谨。千室之邑,百人修十善,则百人和睦。传此风教以周寰区,编户千亿则仁人百万。能行一善则去一恶,去一恶则息一刑。一刑息于家,万刑息于国。刑息于国,此明诏所谓坐致太平者是也。[2]

---

[1]《佛祖统纪》卷 42。[宋]志磐撰、释道法校注:《佛祖统纪校注》(全 3 册),上海:上海古籍出版社 2012 年版。

[2]《释氏通鉴》卷 4。[南宋]本觉编集:《释氏通鉴》,收入《续藏经》第 131 册。

上述说明，佛教行善去恶、去恶息刑，有利于安定家庭，止息国家刑法。国家保护寺院，寺院为国家劝化居民，两者是相辅相成的。

寺院依佛陀教义而立，从自身来说，负有保护与教育民众之责任。魏晋以后，特别是在五胡乱华或南北分离时期，统治阶级大多比较崇信佛教，极力保护寺院，尊敬沙门有加，赋予其一定的地位或特权。封建国家对寺院这种保护和特殊待遇，无疑给寺院一种保护民众的力量。饥荒、战乱之时，人民生活最苦，贵族阶层倚仗各自势力争权夺利，蛮兵蛮将残酷无情，到处焚杀、劫掠。即便如此，他们对寺院、僧人大多表示致敬、保护，例如北魏太祖初平中山，经略赵燕，所到郡国僧寺，见诸沙门皆致精敬，禁止军旅，不加侵扰。[①] 势力强盛或持有特权之寺院，简直是一方享有优待的特殊地界，富人投身其中自保或以财物存放，或为落魄之人避难之所。例如，北魏太武帝太平真君七年（446 年），太武帝因讨盖吴到长安，因事怀疑长安寺僧，命人搜查全寺，得"州郡牧守富人所寄藏物，盖以万计"[②]。州郡牧守富人大有财势，是可以自保之人，危难之际他们的财产还要寺院保护，至于一般民众，落难之时寻求寺院保护也是情有可原的。由此可见，寺院对这些群体的保护职能。

中古时代的赋税制度以户口作课征单位，寺院及僧尼有法律及免租役的特权，在平时民众在干犯国家法纪的时候，多向寺院逃窜。如宋文帝沙汰僧尼诏所言："佛法讹替，沙门混杂，未足扶济鸿教，而专成逋薮。"[③]唐武则天时狄仁杰上疏说："避罪逃丁，并集法门，无名之僧，凡有几万。"[④]这都在某种意义上说明寺院能保护民众。

寺院具有教育机关的意义也是显而易见的。自永嘉之乱以后，北方社会完全陷入混乱的状态，教育事业更陷于停废，北朝时虽已安静向荣，但教育制度迄未恢复旧观。维持一线社会教育事业的便是寺院，大的僧侣多能读书识字，寺院多附设一些读书的地方以教育一方儿童，影响一方民众，直到后世，寺院的这种教育功能依然能够看到。

---

① 《魏书·释老志》。
② 《魏书·释老志》。
③ 《广弘明集》卷 24。
④ 《旧唐书·狄仁杰传》。

四、舍财尽力、布施医疗

寺院贯彻佛教救苦济世（将疾病之苦列为人生八大苦之一）的教义精神，佛教僧人探索了很多关于医疗疾病的思想和方案。东晋时期的高僧单道开对人说："明六度以除四魔之病，调九候以疗风寒之疾，自利利人，不亦可乎？"[①]"利人"，就是佛教徒为人治病的精神。"自利利人"这是对佛教寺院及僧人舍财尽力、治病救人思想的最好阐释。

寺院发扬这种治病的利人精神，当然既要有高明精深的医学，同时还要有一定的经济力量才行。中国佛教寺院对于医学如何注重研究，没有文献专门记载，但由佛教徒为人治病的灵验可以推知一二。《高僧传初集》卷十记载，杯度、僧惠在当时是被视为神医的人物，杯度擅理妇科，曾为齐谐妻胡母氏治愈疑难症："孔宁子时为黄门侍郎，在廨患痢，遣信请度，度咒竟云：'难差。见有四鬼，皆被伤截。'宁子泣曰：'昔孙恩乱，家为军人所破，二亲及叔皆被痛酷。'宁子果死。又有齐谐妻胡母氏病，众治不愈，后请僧设斋，斋坐有僧聪道人，劝迎杯度，度既至，一咒，病者即愈。"[②]杯度一弟子善治伤寒，《高僧传初集》卷十《宋京师杯度》记载："至（元嘉）四年，有吴兴邵信者，甚奉法，遇伤寒病，无人敢看，乃悲泣念观音。忽见一僧来，云是杯度弟子。语云：'莫忧，家师寻来相看。'答云：'度师已死，何容得来？'道人云：'来复何难？'便衣带头出一合许散与服之。症即瘥。""释僧惠，姓刘，不知何许人。在荆州数十年，……往至病人家，若嗔者必死，喜者必差。时人咸以此为谶。"[③]

早期外来高僧，多借助译经地点或寺院行医民间治病，借医弘教。《高僧传》中的医事记载，明显地多于《续高僧传》和《宋高僧传》。例如，西域高僧安世高，汉末在译经点洛阳行医，《出三藏记集》卷六云："有菩萨者，安清字世高……博学多识，贯综神模，七正盈缩，风气吉凶，山崩地动，针、脉诸术，睹色知病，鸟兽鸣啼无音不照。"同书卷十四记载来中国弘法的中天竺的

---

① 《晋罗浮山单道开》，《高僧传初集》卷9。
② 《宋京师杯度》，《高僧传初集》卷10。
③ 《齐荆州释僧惠》，《高僧传初集》卷10。

求那跋陀罗"天文、书算、医方、咒术,靡不博贯"。安世高在豫章、广州、会稽等地行医,睹色知病,投药必济。西晋洛阳满水寺天竺医僧耆域,擅治"挛屈"。后赵邺中寺西域高僧佛图澄,精通医术,能治痼疾,应时瘳损。史载"勒(石勒)爱子斌暴病死,将殡,勒叹曰:'朕闻虢太子死,扁鹊能生之,今可得效乎?'乃令告澄(佛图澄)。澄取杨枝沾水,洒而咒之,就执斌手曰:'可起矣!'因此遂苏,有顷,平复。自是勒诸子多在澄寺中养之。"① 入晋以后,治病民间的中土医僧渐多,医术颇有高明者。例如,后赵临漳昭德寺单道开,擅治眼疾。《高僧传初集》卷九《晋罗浮山单道开》记载:"开能救眼疾。时秦公石韬就开治目,著药小痛,韬甚惮之,而终得其效。"宋齐间人僧深,擅治脚疾,"僧深宋齐间人。少以医术名,善疗脚莂之疾,当时所服。撰录《录法存》等书,诸家归方三十余卷,经用多效。时人号曰深方公云"②。僧深述诸家旧方,成《僧深药方》(或作《释僧深集方》《深师方》),医学上影响广泛。衡阳太守南阳滕永文在洛,寄住满水寺,"得病,经年不差,两脚挛屈,不能起行,域往看之,曰:'君欲得病疾差不?'因取净水一杯,杨柳一枝,便以杨柳拂水举手向永文而咒。如此者三,因以手搦永文膝令起,即时起,行步如故"③。"尚方暑中有一人病症将死。域以应器著病者腹上,白布通覆之,咒愿数千言,即有臭气熏彻一屋。病者曰:'我活矣!'域令人举布,应器中有若垩亚淤泥者数升,臭不可近。病者遂痊瘥。"④ 有善医治头风的佛僧,"丰干出云游。适间丘胤出守台州,欲之官,俄病头风,召名医莫瘥。丰干偶至其家,自谓善疗此疾。间丘闻而见之。师持净水噀之,须臾祛疹,因是大加敬焉。问所从来,曰:天台国清。"⑤ 于法开善治难产,"事兰公为弟子。深思孤发,独见言表。善《放光》及《法华》,及祖述耆婆,妙情医法,常乞食投主人家,值妇人在草危急,众治不验,举家遑忧。开曰:'此易治耳。'主人正宰羊,欲为淫祀。开令先取少肉为羹。进竟,因气针之。须臾羊膜裹儿而出。"⑥ 在许多被佛教徒医愈的病症中,还有一种奇怪而有趣味的病例:"仪同兰陵萧思话妇刘氏

---

① 《晋书·艺术传·佛图澄》。
② 《图书集成·艺术典》卷526,"按《千金方序》"之下言。
③ 《晋洛阳耆域》,《高僧传初集》卷9。
④ 《晋洛阳耆域》,《高僧传初集》卷9。
⑤ 《释氏通鉴》卷7。[南宋]本觉编集:《释氏通鉴》,收入《续藏经》第131册。
⑥ 《晋剡于法开》,《高僧传初集》卷4。

疾病,恒见鬼来吁呵骇畏。时迎严说法,严始到外堂,刘氏便见群鬼迸散,严既进,为夫人说经。病以之瘳。"①此外,宋长干寺昙颖,擅治癣疮;宋名医僧坦,行医彭城;北周涪州医僧宝彖,钞集医方疗诸疾苦;隋京师太白寺道岳,医术有工。在各种记载中,佛教徒虽然为人医治好了种种病,并没有发现佛教徒要向病愈者索取诊金或医药费的事实,由此可知他们这种社会服务,全是治病的"利人"精神的发扬,是一种很伟大的慈善事业。

寺院发扬治病利人精神,固然必须有高明的医术,并且使医术传授于各人实更为切要。例如,佛图澄的医术传授了不少弟子,竺佛调事佛图澄为师。② 寺院医术不单传授给同道的佛教徒,而且也传授给俗人。如《魏书·李修传》载:"修就沙门僧坦研习众方,略尽其术,针灸授药,莫不有效。徐兖之间,多所救恤。四方疾苦,不远千里,竞往从之。……撰诸药方百余卷,皆行于世。"佛教寺院对于医术研究极高明,又使之普遍化,所以民间患病者,多因此被医治痊愈。史载佛图澄"时有痼疾,世莫能治者,澄为医疗,应时廖损。阴施默益者,不可胜计"。③"慧集法师,凡人有疾求疗,师曰:'但一心念我,即愈。'所救不可胜记。"④历史记载可能有夸大的一面,但治病利人,不以谋利为重,的确是一种可贵精神。

两晋与南北朝佛教慈善事业颇具特色的是布施医疗,《高僧传》以神异体裁记闻亦最多。僧人善医术者比比皆是,除一般病症外,有专长眼疾、脚疾、头风、伤寒、难产妇科等,社会上患病的人增多,医药和治疗的需要更广,由此一些寺院更始设置"大药藏"之医疗制度实行救济。《魏书》载:"可敕太常于闲敞之处,别立一馆,使京畿内外疾病之徒,咸令居处,严敕医署,分师疗治。"⑤

最初僧人施医给药、治病救人,是个体行为。僧人仅凭借个人的医术与慈悲心,对贫穷的病人予以免费医治。瘟疫流行之时,则游行乡里,拯救危急。随着病患数量的增多,药用量也自然增大,个人常常无法解决医治很多

---

① 《宋京师枳园寺释智严》,《高僧传初集》卷3。
② 《晋常山竺佛调》,《高僧传初集》卷9。
③ 《晋邺中竺佛图澄》,《高僧传初集》卷10。
④ 《释氏通鉴》卷4。[南宋]本觉编集:《释氏通鉴》,收入《续藏经》第131册。
⑤ 《魏书·世宗纪》。

病人的问题，所以瘟疫开始流行之时，设立"药藏"。《释氏通鉴》卷四记载："（释惠）达初于陈国修故寺三百余所。又疠疫大行于扬都。修大药藏以济之。"这是说南朝陈时疠疫大行于扬都，惠达修大药藏以救济。寺院中有的是能医病的佛教徒及效验很大的药物，患病者当然乐于前去求治，远路去的甚至就在寺院中住宿，一直至痊愈为止。这实在是留医病院的起源。

常山寺僧人竺佛调，"未详氏族，或云天竺人，事佛图澄为师。住常山寺积年，业尚纯朴，不表饰言。时咸此高之。常山有奉法者二人，居去寺百里，兄妇疾笃，载出寺侧，以近医药。兄既奉调为师，朝昼常在寺中，咨询行道。异日调忽往其家，弟具问嫂所苦，并审兄安否。调曰：'病者粗可，卿兄如常。'"①病者为妇，所以只住在寺侧来"近医药"。若患病者为男，就可以在寺院中留医了。

"药藏"是集中存储药物、进行医治的机构，常设于寺院之中，对于不能一下子治好的病人，可以居留治疗，直至痊愈。这种举措直接影响到世俗社会，世俗设置的专门性的慈善机构因此而成立。南北朝时期出现了专门收容贫病者的慈善机构——六疾馆。南齐文惠太子萧长懋与竟陵王萧子良，俱好释氏，立六疾馆以养穷人，这类"药藏"是中国历史上最早的慈善机构，其创始者都受到佛教的影响，最后影响到官方政府，也设立类似的慈善机构。北魏宣武帝永平三年（510年）冬十月丙申，"诏太常立馆，使京畿内外疾病之徒，咸令居处。严敕医署分师救疗，考其能否而行赏罚。又令有司集诸司工，惟简精要，取三十卷以班九服。"②太常立馆，收治京畿内外疾病患者，类似于养老院的慈善机构。在此之前，官方只对于贫苦无依的老人赐给器物，只是进行简单的"赐粟"等救助。梁时才开始设立官方的养老院——孤独园。南朝梁武帝萧衍于普通二年（521年）诏曰："春司御气，虔恭报祀，陶匏克诚，苍璧礼备，思随乾覆，布兹亭育。凡民有单老孤稚，不能自存，主者郡县，咸加收养，赡给衣食，每令周足，以终其身。又於京师置孤独园，孤幼有归，华发不匮。若终年命，厚加料理。九穷之家，勿收租赋。"③梁武帝首创"孤独园"，郡县出资收养孤儿和无人赡养的老年人，并为这些老人料理

① 《晋常山竺佛调》，《高僧传初集》卷9。
② 《北史·魏本纪第四》。
③ 《梁书·本纪第三·武帝纪下》。［唐］姚思廉撰：《梁书》，北京：中华书局1974年版。

后事。

两晋南北朝有僧人拯救贫弱、赈济灾民的事例,但此时没有出现寺院创办的专门慈善机构,只有一些崇信佛教的皇帝、贵族等设立了专门的救济慈善机构。如齐文惠太子与竟陵王良,崇信佛教,立六疾馆,以养穷民。隋唐时期,"疠迁所"更名为"疠人坊"。唐代设立悲田养病坊,以赈济及留宿贫疾之人。疠人坊专门收养患者,男女分居,四时供承,务令周给。唐代京城及各地设有"病坊","至德二载(757年),两京市各置济病坊,嗣后各州普遍设于庙宇"①。此有平民医院之性质,唐还在各州郡设立"悲田坊"和"养病坊"②,前者为佛教徒私人组织,后者为政府设立,专门收容穷苦病患,收养治病。悲田,是佛教三福田之一,"父母是恩田亦敬田,众僧二乘是德田亦敬田,贫孤是悲田亦苦田,此等皆能生福"③。供父母为恩田,供佛为敬田,施贫为悲田。悲田专门是为了救济贫病之人,因此病坊有悲田坊、悲田养病坊之称。所谓"悲田养病,自长安以来,置使专知。国家矜孤恤穷,敬老养病,至于安庇,各有司存"④。南方佛寺也有设置疠人坊,如释智严和尚在贞观十七年(643年),"还归建业依山结草,后到石头城(今南京市西清凉山)疠人坊住,为其说法,吮脓洗濯,无所不为。永徽五年(654年)二月,终于疠所"⑤。疠,古通"癞",即麻风病。疠人坊当为佛寺中收容麻风病人的机构,与悲田养病坊性质相似。北方佛寺置病坊的情况有如此情形:"昉于陕城中,选空旷地造龙光寺,又建病坊,常养病当数百人,寺极崇丽,远近道俗,归者如云……弟子闻师善讲大涅槃经……因请大师讲经听受。昉曰:此事诚不为劳,然病坊之中,病者数百,待昉为命,常行乞以给之,今若流连讲经,人间动涉年月,恐病人馁死,今也固辞。"⑥病坊由寺院主领,却与政府无涉。武周末期,寺院中病坊数量增多,影响扩大,政府遂于长安年间(701—704年)设置悲田使,管理其事务,把它纳入国家救济措施之列。因病坊置于寺院,悲田使对病坊仅行监督之权,具体事务仍由寺院主持。至此,唐代悲田养病坊确

---

① 《通鉴正误》。转引自李经纬、林昭庚:《中华医学通史》,北京:人民卫生出版社1999年版,第230页。
② 《病坊》,《唐会要》卷49。
③ [唐]释澄观撰:《华严经疏》卷29,《大正藏》第35册,第381页。
④ 《病坊》,《唐会要》卷49。
⑤ 《续高僧传》卷25。
⑥ 《太平广记》卷95《洪昉禅师》。

立了"寺理官督"的管理体制。武平之乱初平,开元宰相宋璟等恐两京养病坊"逋逃为薮,隐没成奸",奏请罢悲田使,唐玄宗不准。开元二十二年(734年)十月,朝廷"断京城乞儿,悉令病坊收管,官以本钱收利以给之。今缘诸道僧尼,尽已还俗,悲田坊无人主管,必恐病贫无告,转致困穷。臣等商量,缘悲田出于释教,并望更为养病坊,其两京及诸州,合于寺录事者年中,拣一人有名行谨信为乡间所称者,专令勾当。其两京望给寺田十顷,大州镇望给田七顷,其他诸州,望委观察使量贫病多少,给田五顷三二顷,以允粥饭。如州镇有羡馀官钱,量与置本收利,最为稳便。若可如此方圆,不在更望给田之限"。① 京师养病坊兼收容之责,发展成悲田坊,同时给官钱放贷为助。此后,各州佛寺亦陆续设置悲田养病坊,《酉阳杂俎》记载:"成都乞儿严七师,幽陋凡残,涂垢臭秽不可近,居西市悲田坊。"② 设置于寺院的悲田院(坊)具有收容乞丐的社会救助功能,而此时的释门悲田发展也进入盛期。会昌毁佛,僧尼还俗,病坊里的贫穷病人无人认领,宰相李德裕提出要由政府出面来管理,结果朝廷怕贫疾者得不到救济,改名养病坊,拨一部分寺产使之存在。《唐会要》详记此事:

> 会昌五年十一月李德裕奏云:恤贫宽疾,著于周典;无告常馁,存于王制。国朝立悲田养病,置使专知。开元五年,宋璟奏悲田乃关释教,此是僧尼职掌,不合定使专知。玄宗不许。……今缘诸道僧尼尽以还俗。悲田坊无人主领,恐贫病无告,必大至困穷。臣等商量,悲田出于释教,并望改为养病坊。其两京及诸州,各于录事耆寿中拣一人有名行谨信为乡里所称者,专令勾当。其两京,望给寺田十顷,大州镇,望给田七顷,其他诸州,望委观察使量贫病多少,给田五顷,以充粥食。如州镇有羡余官钱,量予置本收利,最为稳便。敕:悲田养病坊,缘僧尼还俗,无人主持,恐残疾无以取给,两京量给寺田拯济,诸州夫七顷至十顷。各于本州迄耆寿一人勾当,以充粥料。③

这表明,在一般情况下寺院僧尼在悲田养病坊中曾起主导作用,后来悲

---

① 《全唐文》卷704。
② 段成式:《酉阳杂俎·续集卷三》,北京:中华书局1981年版,第225页。
③ 《病坊》,《唐会要》卷49。

田坊管理不善,悲田坊制度遂告废止,只在全国寺院设立养病坊。

五、惠众利人、留宿寄寓

寺院经济在魏晋南北朝以来有了迅猛发展,至隋唐进入繁盛期。两晋南北朝时期寺院经济尚未充分发展之时,对朝廷亦有着相当的依赖性,在这一阶段佛寺寄宿多与朝廷、官府存在联系,而朝廷、官府的寄宿也带有一定的强制性,例如,强行顿兵、安置皇室宫眷,等等。佛教经济繁盛之世,许多寺院地处优越,占地广大,庭院宽阔,屋舍众多,生活便利。朝廷、官府、客旅每每以佛寺为寄居之所。而寺院也本着惠众利人的意愿,愿意积极为他人提供住宿,中古不同时期,寺院经济发展的某些特点,在寺院寄宿上也有体现。

战乱时期佛寺少有提供住宿功能,而多被官军、乱臣、强藩占做兵营。例如魏齐之争与萧齐内乱时期,太和二十一年(496年),北魏南击萧齐,顿兵南阳城南寺。侯景之乱,太清元年(549年),侯景击巴陵王僧辩,船舰并集北寺。北魏、西魏诸皇室,多将废皇后或先帝后妃、贵人,送皇家寺院为尼。北魏安置废皇后或先帝后妃,在洛京瑶光寺,例如孝文帝皇后冯氏被废为尼,终于瑶光寺;孝明帝时,高太后为尼,居瑶光寺,非大节庆不处宫中;孝明皇后胡氏无宠,居瑶光寺为尼。西魏恭帝皇后若干氏,出家为尼,终薨佛寺。中古时期佛寺对于当时的政权有着或多或少的依赖和依附,政府或强权强行顿兵及置眷于佛寺的事屡见不鲜。这一方面说明佛寺对强权的依赖,另一方面也说明当时佛寺之宏大、便利与舒适,为顿兵及置眷提供了可能性,也有可能和条件做利益他人,服务众人之事。

南北朝时期出现寺院对民众开放寄宿,民众逐渐成为寺院寄宿的主体,由此反映了寺院经济发展的独立性和自主性不断加强。首先,当时佛寺接纳外客之风甚盛。例如,刘宋永初(420—422年),庐山隐士周续之入京,馆于安东寺。萧梁时,齐高帝孙萧子范无居宅,寄居建康招提寺僧房;另一孙萧子云,侯景之乱时寄居晋陵显云寺饿毙。梁末,扬州刺史张彪将部曲、家口,聚居于会稽香岩寺。陈朝政局动荡,散骑常侍韩子高光于大元年(567年)从内宫移顿新安寺。北齐李概出使陈朝,见江南多以僧寺停客。由此可知,南朝末年,官民居停佛寺的现象已相当普遍,北朝也频繁出现。例如,魏宣武帝时,嵩山隐士冯亮坐罪获免,不敢还山,寓居景明寺。北齐文宣帝纵酒,侍中高德正屡进忠言,文宣不悦,德正"甚忧惧,乃移疾屏居佛寺,兼学坐禅,为退身之计"[①]。北周初年,宇文泰子宇文直自择居宅,"历观府署,无称意者;至废陟岵佛寺,欲居之"[②]。朝廷强寄的影子已渐渐淡去,但名门、高官依然是佛寺寄宿的主体,这也反映了南北朝政局的动荡,佛寺的慷慨、利人,为那些经常寄寓寺院以避祸的人提供了便利。

隋唐时期寺院进一步对普通民众开放,普通人寄寓寺院成为史料记载的主体。唐代海内一统,社会经济文化不断发展,文人、商人等的异地交往增多,而佛教寺院则成为当时人们外出时一个很重要的寄宿场所。"天宝后,诗人多为忧苦流寓之思,及寄兴于江湖僧寺。"[③]"诗人"泛指"文人士子";"忧苦流寓",源自"安史之乱"引起的社会动荡,以及中唐以后科举的兴盛;"寄兴江湖",则反映均田制废弛以后,"版籍移换"之禁松动,文人远游也有了相对宽松的社会环境。诗文典籍关于寄寓佛寺的记载甚多。例如,至德二年(757年),李白受"永王事件"株连,流放夜郎,寄住永华寺;杜甫流寓蜀地,自称"随意宿僧房",先后客居成都草堂寺、梓州草堂寺、蜀州新津寺等处。大历以后直至唐末,文坛盛行流寓佛寺、诗文酬唱的风气。《全唐诗》中的数百篇"宿寺诗",表明文人士子"寄兴江湖"的云游,行迹倥偬,步履交叠,大抵以佛寺为逆旅。白居易诗《游丰乐招提佛光三寺》云"山寺每游多寄宿,都城暂出即经旬",就是当时寓寺风习之写照。《全唐诗》有诗四万八千余首,其中与山林寺观有关者几占半数。

唐代寺院旅店业突出,谋利与服务社会并重,从而形成一种特殊而重要的经济伦理现象。寺院旅店业在一定程度上推动了寺院经济的上升与社会经济文化的发展,弘扬了佛教利益大众的精神,同时也强化了佛教的世俗化倾向。寺院为佛教四众弟子共同的家园,除了负责本寺僧众的生活外,还当为外来行脚者提供免费的食宿。寺院渐渐围绕着"食宿"展开了经营的行为,僧人经营行为又普遍受到佛法教义和戒律规范的制约,经营不纯是追求

---

① 《北史·高德正传》。
② 《周书·列传第五·文闵明武宣诸子》。[唐]令狐德棻等:《周书》卷13,北京:中华书局1971年版。
③ 《新唐书·五行志二》。

利益的行为,而更主要是宣扬佛法、实践普度众生的大乘佛教伦理的活动。佛寺规模一般很大,房舍众多。例如,长安的章敬寺有四十八院,房四千一百三十余间;晋昌坊的大慈恩寺有房一千八百九十七间。开元二十七年(739 年),易州抱阳寺曾造长廊一百三十余间,以为"邸店"。[①] 陇州大像寺有"东市善和坊店舍共六间半"[②],是供给东市客商租赁的邸店。"京城诸市,亦有不尽(藏)产业,就中即有富寺。……魏功德使检责富寺邸店多处,除计料供常住外,剩者便勒货卖,不得广占求利,侵夺贫人。"[③] 中唐之时,常俨法师"与常住店铺,并收质钱舍屋,计出镪过十万余资"[④]。一些大寺院旅舍较多,不仅民间常常以之作为往来行旅之舍,甚至政府有时也把它们当成临时性的旅馆,寺院的社会功能也由此可见。唐宪宗元和三年(808 年),朝廷颁敕:"举人试讫,有逼夜纳策,计不得归者,并于光宅寺止宿;应巡检勾当官吏并随从人等,待举人纳策毕,并赴保寿寺止宿。仍各仰金吾卫使差人监引,送至宿所,如勾当,勿令喧杂。"[⑤] 士人习业山林寺院,家境贫寒的举子在考试期间寓居佛寺者众多。赴举者既至长安,盖多寄寓寺院,一面做人事活动,一面温习课业以便应试。[⑥]

某些寺院还是为确保旅行者有一个避身地而特意建造的。如《唐会要》关于唐代士人科举赶考一事,有如此记述:"……县(指金华县,今浙江省境内)路通衢婺,其中百余里,殊如伽蓝。释侣往来,宴息无所,(神)邕愿布法桥,接憩行旅。遂于焦山,可以为梵场也。得邑人骑都尉陈绍钦等,率众信构净刹。"[⑦] 寺院房舍有的短期供行旅住宿,有的则长期租赁给客人。"元和十二年,上都永平里西南有一小宅,……有堂屋三间,甚库,东西厢共五间,地约三亩,榆楮数百株,门有崇屏,高八尺,基厚一尺,皆炭灰泥焉。……长

---

① 《金石萃编》卷 83《大唐易州铁像颂》。[清]王昶撰:《金石萃编》,北京:中国书店 1985 年版。

② 《金石萃编》卷 113《重修大像寺记》。

③ 《文苑英华》卷 429《会昌五年正月三日南郊敕文》。[宋]李昉等编:《文苑英华》,北京:中华书局 1966 年版。

④ 《大唐福田寺□大德法师常俨置粥院记》。[清]胡聘之:《山右石刻丛编》,清光绪二十七年刻本。

⑤ 《贡举中》,《唐会要》卷 76。

⑥ 严耕望:《唐人习业山林寺院之风尚》,《唐史研究丛稿》,香港:新亚研究所 1969 年版,第 378—379 页。

⑦ 《唐越州焦山大历寺神邕传》,见赞宁:《唐京兆大慈恩寺窥基传·系曰》,见[宋]赞宁等撰:《宋高僧传》卷 17。

（官）布施罗汉寺。寺家赁之。"①京师罗汉寺将长官布施的一所小宅,用作租赁经营。寺院经营旅店体现出佛教慈悲、救助的功能。例如,释慧序在梁（治今陕西汉中）、益（治今四川成都）,见百牢关位居冲要,四方所归,无一寺院,"道俗栖投,往还莫寄",于是在关口建菩提寺,"用接远宾,故行侣赖之"②。晚唐时期,河北、山西建有不少普通寺院,院内"常有饭粥,不论僧俗来集,便僧房宿。有饭即与,无饭不与,不防僧俗赴宿"③。世俗社会中有一些因家庭贫困、生活拮据而寓居寺院者,寺院提供便利,对他们来说无疑是一种莫大的帮助。

寺院有时并非无偿向世俗人士提供食宿,一定情况下也要收取相当的费用。因为寺院自身要维持生计,兼营旅馆业务主要目的之一在于获利。唐宣宗时,朝廷诏令在商业繁荣、商客云集的县各置一寺院,便于商客寄宿。到会昌初年,全国兰若已发展到四万多所,兰若传舍几乎无所不在。"（贾昌）息长安佛寺,学大师佛旨……（师卒）顺宗在东宫,舍钱三十万,为昌立大师影堂及斋舍。又立外屋,居游民,取佣给。"④此之谓"取佣给",即收取游民赁居外屋的房费,其义与赁舍钱同。寺院把接纳四方客人寄住,当成是普惠众生的福田功德,同时也可赢得信徒,从而获取经济收入。

唐代宗、德宗时期,佛寺寄居蔚成风气,寄寺者广及官民阶层。朝廷疑虑佛寺寄居滋生事端,宝应元年（762年）八月,诏云:"如闻州县公私,多借寺观居止,因兹亵渎,切宜禁断,务令整肃。"常衮代朝廷拟制书,述情稍详:"如闻天下寺观,多被军士及官吏,诸客居止,狎而黩之,曾不畏忌。……切宜禁断。其军士,委州县长吏与本将商量,移于稳便处安置。其官吏、诸客等,频有处分。"⑤诏书和制书是当时实际情况之反映。佛寺寄寓功能的发展是社会需要使然,非庙堂诏制所能禁断。德宗以后,寄寓佛寺的风尚益盛,寄居者中还有举子与商贾。元和年间（806—820年）,各州举子赴京应试,有"税居"寺观的风习。"税"即"租赁"。元和初,牛僧孺举进士进京,谒见韩愈、皇

---

① 《太平广记》卷 344《寇邺》。

② 《续高僧传·慧序传》。

③ ［日］圆仁撰:《入唐求法巡礼行记》卷 2,白化文、李鼎霞、许德楠点校,石家庄:花山文艺出版社 1992 年版,第 78 页。

④ 《东城父老传》。

⑤ 《禁断公私借寺观居止诏》,《全唐文》卷 704。

甫湜,询问什么地方可以居住。"二公沉默良久,曰:'可于客户坊税一庙院'。"①建议他到坊间寺庙去租房住下,此时寺院被朝廷公然指作参考举人和巡检官员的栖息之地,寺院具有寄寓留宿的社会功能和影响。行客寄住佛寺亦兴于唐后期。元和诗人施肩吾《安吉天宁寺闻磬》有云:"玉磬敲时清夜分,老龙吟断碧天云。邻房逢见广州客,曾向罗浮山里闻。"施某寄住湖州安吉(今浙江安吉)天宁寺,曾见到来自广州的客人。"衡山隐者,不知姓名。数因卖药,往来岳寺寄宿。或时四五日无所食,僧徒怪之。复卖药至僧所。寺众见不食,知是异人,敬接甚厚。"②可见这位药商是寄宿岳寺的常客。

唐代佛寺区群分布,自然形成了间隔式布局,以接力的方式接待远程行客,有点类似驿站传舍的功能。例如,大历三年(768年),唐代宗诏迎杭州径山法钦禅师:"令本州供送,凡到州县开净院安置。"③自杭州至长安所经诸州县,都为法钦开净院。至迟大历年间,各州县佛寺普遍有可供寄客的传舍。至大中六年(852年),朝廷更下令:"其诸县有户口繁盛、商旅辐辏,愿依香火以济津梁,亦任量事各置院一所,于州下抽三五人住持。其有山谷险滩,道途危苦,羸车重负,须暂憩留,亦任因依旧基,却置兰若。"④寺院留宿功能的演进,反映了佛法服务社会、利益苍生的需要,总体上顺应了社会发展的需要。

总之,隋唐时期,由于佛家施惠众人的慈善思想,使佛教寺院乐于将留宿寄寓作为其一慈善之举。寺院自身的发展也为民众寄寓寺院提供了可能性,且文人志士也多乐于寄宿寺院。隋唐时期,科举取士,崇尚诗文,佛寺环境便于他们学习,故有很多贫寒之士寄居寺院苦读之例。"王蕃少孤贫,尝客扬州惠昭寺,随僧斋餐;徐商相公尝于中条山万固寺泉,入院读书,家庙碑云:'随僧洗钵';韦令公昭度少贫寒,常依左街僧录净光大师,随僧斋粥。"⑤佛教寺院丰富的藏书吸引着大批文人志士前往,如"段维……闻中条山书生渊薮,因往请益"。正是诸如此类因素的共同作用,中古时期佛教寺院繁荣

---

① 《升沉后进》。[五代]王定保撰:《唐摭言》卷7,北京:中华书局1959年版。
② 《太平广记》卷45《神仙》。
③ 《唐杭州径山法钦传》,《宋高僧传》卷17。
④ 《议释教下》,《唐会要》卷48。
⑤ 《升沉后进》,《唐摭言》卷7。

的寄寓事业才得以发展起来，从而更有益于佛寺经济的发展，也在一定意义上促进了寺院惠众利人的慈善公益事业的发展。

六、凿井修桥、尽心公益

凿井修桥等事业是佛法助人利人教义精神的要求，也是寺院经济伦理实践的一个重要方面，是寺院僧徒乐善好施、积极参与慈善公益事业之表现所在。而从长远来说，这也是寺院经济伦理可持续存续的一个必要因素。

寺院有义井，供公共汲用，取施无求报，义井往往是当地居民生活用水之源。例如，北齐僧人那连提黎耶舍，在邺城市廛闹所多造义井，亲自漉水津给众生。北魏时，"（景乐寺）北连义井里。义井里北门外有丛树数株，枝条繁茂，下有甘井一所，石槽铁罐，供给行人，引水庇阴，多有憩者（周祖谟注：义井里盖以此得名）"①。此处"义井"，是北魏时期洛阳城内佛寺所建。日本僧人圆仁入唐巡礼求法所作日记记载邹平醴泉寺，"堂西谷边有醴泉井，向前泉涌，香气甘味，有饮之者除病增寿。尔来名为醴泉寺"②。宋代陆游记宿新安驿，十三日舟上新滩："游江渎北庙，庙正临龙头。其下石罅中有温泉，泉浅而不涸，一村赖之。"③寺院佛僧不仅自己从事慈善事业，而且由于其影响，一些信仰者也随之进行凿井修桥等慈善事业。东魏初年，河南滑县有一群李姓的佛教信仰者，出资造僧坊佛寺，还于路旁造石井一口，种树二十株，以息竭乏。〔兴和四年（542年）十月八日李氏合邑造像记〕。武定年间，武德郡（今河南省武陟县）由于"沁水横流"，"往来受害，至于秋霖时降，水潦□腾，马牛弗辨，公私顿废，宜有□乘车之义，事切于朝涉之艰。"宣威将军、怀州长史、行武德郡事河南于子建，车骑将军、左光禄大夫、平皋令京兆杜护宗，前将军、怀县令赵郡李同宾，征西将军、州县令扶风马周洛，殄难将军、温县令广宁燕景裕，征房将军、郡丞东平李思哲，这些地方官率领出人出力修建桥梁，"或分竹专城，或择木百里，鹊起来官，共治民瘼。况同睹艰辛，

---

① 《洛阳伽蓝记·景乐寺》，范祥雍：《洛阳伽蓝记校注》，上海：上海古籍出版社1978年版。

② 〔日〕圆仁撰：《入唐求法巡礼行记》卷2，白化文、李鼎霞、许德楠点校，石家庄：花山文艺出版社1992年版，第294页。

③ 《入蜀记》卷6，〔宋〕陆游撰：《入蜀记》，台湾：文海出版社1981年版。

俱看危滞,一物可矜,纳隍在念,敬思包鹿济难之仁,俯□□同报恩之惠。虽无武库造梁之工术,且□沙弥访津之殷勤,普图问俗,便获□□,轨躅虽亡,遗柱在目,父□□传,咸属周时,称其板构,与城俱废。乃于农隙之月,各率禄力□□,及□朝文武,□怀熹愿,七月六日,经始此桥。助福者比肩,献义者联毂,人百其功,共陈心力,至廿四日所□便旋。不烦遐迩荷担之劳,未伤士民尺寸之木"。当地寺院"咸施材木,构造桥梁",不日而竣工。事后立碑刻佛像[大魏武定七年(549年)岁次己巳四月丙戌朔八日癸巳义桥石像颂]①。这里是对河南武陟县义桥建造的碑刻记载的说明,寺院在地方修桥义举中多有所为,使佛法助人利人、慈善救助伦理精神融入世俗社会。

佛教徒依赖寺院经济或济贫赈灾,或治病救人,或保护生灵,或留宿客旅,这些伦理实践体现了佛教合理禁欲主义经济伦理思想特质。寺院及僧人为民众服务不仅在此方面,在其他方面还有很多。隋代僧人法纯(519—603年),周世出家,住帝京陟岵、天宫二寺。大象元年(579年)简拔为"菩萨僧"之一。入隋后"住大兴善,鞭勒形心,有逾前稔。文帝闻纯怀素,请为戒师。自辞德薄,不敢闻命。帝勤注不已,遂处禁中,为传戒法……开皇十五年,文帝又请入内,为皇后受戒"②。隋文帝曾从法纯受菩萨戒。开皇十一年(591年),法纯"至于三秋霖滞民苦诸多,纯乃屏除法服微行市里,或代人庸作,事迄私去。有与作价反迄贫人。或见道俗衣服破坏尘垢,皆密为洗补,跪而复处,及巾履替藉污秽臭处,皆缝洗鲜全,其例甚众。或于静时擅厕担粪,有密见者告云。若情事欣泰愿共同作。或为僧苦役,破薪运水,或王路艰阻,躬事填治,因而励俗,相助平坦。"③法纯所做慈善事业不仅局限于上述所列,而且涉及生活的多个方面,而法纯也只是整个中古时期寺院佛教徒伦理实践方面的一个缩影。寺院作为一种社会经济、伦理兼具的实体,其伦理实践也一直是中古时期社会经济伦理思想实际发挥作用和产生功效的一个具体的方面。

---

① 《全后魏文》卷55《武德郡建沁水石桥记》。[清]严可均编:《全上古三代秦汉三国六朝文》,北京:中华书局1999年版。
② 《法纯传》,《续高僧传》卷18。
③ 《法纯传》,《续高僧传》卷18。

七、戒杀劝善、维护生态

汉末以来,中原动荡,北部少数民族多是文化较低的游牧民族,每攻获一地,一地的民众即受其苦。佛教寺院历来弘扬佛法戒杀劝善思想,反对以暴力治暴,反对以杀生取利,在此情况下肩负了一件对民众很有恩惠的慈善事业,就是劝诫这些统治者不要随便残杀民众。这对于脱胎于北方游牧民族中文化不高的统治者而言是不可理喻的,佛教徒只好以神通来劝化他们,著名的例子之一是高僧佛图澄劝化石勒:

> 时石勒屯兵葛陂,专以杀戮为务,沙门遇害者甚众。澄悯念苍生,欲以道化勒。于是策杖到军门。勒大将郭黑略素奉法,澄即投止略家。略从受五戒,崇弟子之礼。略后从勒征伐,辄预克胜负。勒疑而问曰:"孤不觉卿有出众智谋,而每知行军吉凶,何也?"略曰:"将军天挺神武,幽灵所助,有一沙门术智非常,云将军当略有区夏,臣前后所白皆其言也。"勒喜曰:"天赐也!"召澄问曰:"佛道有何灵验?"澄知勒不达深理,正可以道术为征,因而言曰:"至道虽远,亦可以近事为证。"即取器盛水,烧香咒之。须臾生青莲花,光色曜目。勒由此信服,澄因而谏曰:"夫王者德化洽于宇内,则四灵表瑞。政弊道消,则宇宇见。恒星著见,休咎随行。斯乃古今常征,天人之明诫。"勒甚悦之。凡应被诛愚残,蒙其益者十有八九。①

石勒是羯族人,佛图澄以己神通,劝化石勒不要滥杀无辜,石勒也发现佛教可以利用,安慰胡人,化解社会矛盾。石勒死,石虎继立,佛图澄也是苦口婆心地劝他不要妄杀:

> 虎常问澄:"佛法不杀,朕为天下之主,非刑杀无以肃清海内。既违法杀生,虽复事佛,讵获福耶?"澄曰:"帝王事佛,当在体恭心顺,显扬三宝,不为暴虐,不害无辜。至于凶愚无赖,非化所迁,有罪不得不杀,有恶不得不刑。但当杀可杀,刑可刑耳。若暴虐恣意,杀害非罪,虽复倾

---

① 《晋邺中竺佛图澄》,《高僧传初集》卷10。

财事法，无解殃祸。愿陛下省欲兴慈，广及一切，则佛教永隆，福祚方远。"虎虽不能尽从，而为益不少。①

据史书记载佛图澄临死，亦如此劝诫石虎，"……今意未尽者，以国家心存佛理，奉法无咎，兴起寺庙，崇显壮丽，以称斯德也，宜享休祉；而布政猛烈，淫刑酷滥，显违圣典，幽背法戒，不自惩革，终无福祐。若降心易虑，惠此下民，则国祚延长，道俗庆赖，毕命就尽，没无遗恨"②。佛图澄要求帝王不为暴虐，不害无辜，对于那些凶顽而不可教化之人，有恶也不可不用刑，但一定要该杀的才杀、该判刑的才判刑。佛图澄本人学识高超，身体力行佛法大义，由此可见出其精神之伟大。

劝善戒杀是寺院和僧人宣教的主题，戒杀是善行的底线，佛教寺院因为要使慈善事业普遍施行的原故，有扩大宣传的必要。佛教徒对于宣传非常努力：

> 硕以宋初亦出家入道，自称硕公。出入行往，不择昼夜。游历益部诸郡，及往蛮中，皆因事言谑，协以劝善。③

> 齐永元初，(慧通)忽就相识人任漾求酒甚急，云："今应远行，不复相见。为谢诸知识，并宜精勤修善为先。"④

佛教在宣传中对一般人说做慈善事业有种种好处，其中云：(1) 在现世，可以消灾得福："至(元嘉)五年三月八日，度复来齐谐家。吕道慧、闻之、坦之、杜天期、水丘熙等并共见，皆大惊，即起礼拜度。度语众人，言年当大凶，可勤修福业，……以禳灾祸也。"⑤(2) 到来生，可以有好的着落："洛阳兵乱，辞还天竺。洛中有沙门竺法行者，高足僧也。时人方之乐令。因请域曰：'上人既得道之僧，愿留一言以为永诫。'域曰：'可普会众人也。'众既集，域升高座曰：'守口摄身意，慎莫犯众恶，修行一切善，如是得度世。'言讫便禅默。"⑥"鹿有弟傅檀，假署车骑，权倾伪国。性积忌，多所贼害。霍每谓檀曰，

---

① 《晋邺中竺佛图澄》，《高僧传初集》卷 10。
② 《晋邺中竺佛图澄》，《高僧传初集》卷 10。
③ 《宋岷山通灵寺邵硕》，《高僧传初集》卷 11。
④ 《齐寿春释慧通》，《高僧传初集》卷 11。
⑤ 《宋京师杯度》，《高僧传初集》卷 1。
⑥ 《晋洛阳耆域》，《高僧传初集》卷 10。

'当修善行道,为后世桥梁。'"①

戒杀劝善、慈悲为怀之基本观念,落实到寺院生存与自然环境的关系上,决定了其经济伦理思想内在地包含人人都应认识到具有保护生态环境的公德意识对于寺院经济、对于整体生存条件的重要性。这一点表现在寺院庄田建设除有"穷极宏丽"的庙堂宅地外,还建有各种大小的园、林、山、池,以求不仅物产富饶,而且环境幽雅,养心怡性。北朝杨衒之的《洛阳伽蓝记》一书以笔记的形式记叙了北魏洛阳佛寺兴衰的历史和人物故事,其中比较详尽地描写了一些寺院拥有的园林山池的环境情况:

祇洹寺:"伽蓝之内,花果蔚茂,芳草蔓合,嘉木被庭。"

法云寺:"入其后园,见沟渎塞产,石磴礁峣,朱荷出池,绿萍浮水。飞梁跨阁,高树出云,咸皆喷喷,虽梁王兔苑,想之不如也。"

景明寺:"⋯⋯房檐之外,皆是山池,竹松兰芷,垂列坮墀,含风团露,流香吐馥。"

寺有三池,萑蒲菱藕,水物生焉。或黄甲紫鳞,出没繁藻,青凫白雁,浮沉于绿水。

景林寺:"景阳山南有百果园,果列作林。""寺西有园,多饶奇果"。

宝光寺:"园地平衍,果菜葱青,莫不叹息焉。园中有一海,号曰'咸池'。葭菼被岸,菱荷覆水,青松翠竹,罗生其旁"。

各寺的园林山池丰美,物产"水""陆"俱全。园林中"果菜丰蔚,林木扶疏"②,有梨、枣、桃、杏等果品,亦有"栝、柏、松、椿⋯⋯翠竹香草"③等草木。池泽里则盛产"萑蒲菱藕""黄甲紫鳞"。这些丰美的物产,与园、林、山、泽一道,构成了一幅人与自然和谐、物我一体的美好风光。

佛教关于护生、放生的观念合于"五戒""八戒"等基本要求,在利益上是最可取的,更主要是合乎其发展农业经济的思想。早期佛经禁止"放大火烧山林、旷野",反对"烧他人家屋宅、城邑、僧房、田木及鬼神、官物。一切有主

---

① 《晋西平释昙霍》,《高僧初集传》卷 11。
② 以上引文参阅《洛阳伽蓝记》卷 2,杨衒之撰、范祥雍校注:《洛阳伽蓝记校注》,上海:上海古籍出版社 1978 年版。
③ 《洛阳伽蓝记》卷 2。

物,不得放烧"①,特别指出不得在四月至九月虫、蛇、鼠、蚁繁殖的时期烧山,因为若放火烧山,便会杀死无数小生灵。僧人不仅自己要"行放生业",而且要"教人放生。若见世人杀畜生时,应方便救护,解其苦难"②。

放生护生不仅是寺院弘教的一项基本举措,也是利益众生(包括动植物等生命存在),尤其是寺院经济持续发展的一个必要条件。寺院和僧人修置放生池就是为了从事这一工作。隋代天台宗的创始人智顗大师曾经在江浙一带向沿海的渔民宣传放生思想,许多渔民受他的影响,舍渔梁 63 座为放生池,对沿海民俗影响很大。武周时期,监察御史王守贞出家为僧,在京兆西市开凿了一个池塘,支分永安渠水注之,以为放生之所。普安"居处虽隐,每行慈救。年常二社,血祀者多,周行救赎,劝修法义,不杀生邑,其数不少。常于龛侧村中,缚猪三头,将加烹宰。安闻往赎,社人恐不得杀,增长索钱十千。安曰:'贫道见有三千,已加本价十倍,可以相与。'众各不同,更相忿竞。……安即引刀自割髀肉曰:'此彼肉尔,猪食粪秽,尔尚啖之,况人食米,理是贵也。'社人闻见,一时同放。……故使效之南西五十里内,鸡猪绝嗣,乃至于今"③。武则天时,有郑姓人氏笃信佛教,尝自述说:"吾年七岁时,在京城中有以周易过门者,先夫人为吾筮之,遇干之剥,以□之寿不能过三十,繇是以佛道一教,恳苦求助,因衣黄食蔬,三元斋戒,讽黄以□道德经,余日则以金刚药师楞伽思益为常业,日不下数万字,晦朔又以缗钱购禽飞,或沉饭饱鱼腹。"④唐肃宗乾元二年(759 年),诏令在全国 81 处设立放生池,蓄养鱼虾之类,禁止人们捕捉,书法大家、京兆万年(今陕西西安)人颜真卿为之立碑,歌颂主德,助宣佛化,并专门为此次放生池撰《诏立天下放生池碑文》。肃宗诏曰:"朕以中孚及物,亭育为心,凡在覆载之中,毕登仁寿之域。四灵是畜,一气同依。江汉为池,鱼鳖咸若。卿撰徽盛典,润色大文,能以懿文,用刊乐石。体含飞动,韵合铿锵。成不朽之立言,结好生之上德。倡而必和,自古有之。情发于衷,予嘉乃意。所请者依。"⑤寺院关注经济环境建设,

---

① 《梵网经》卷下"第十四放火焚烧戒",《大正藏》第 24 册。
② 《梵网经》卷下"第十二不行放生戒",《大正藏》第 24 册。
③ 《续高僧传·释普安传》。
④ 《荥阳郑夫人墓志铭》。周绍良主编:《唐代墓志汇编》,上海:上海古籍出版社 1992 年版。
⑤ 《居士传十六·清臣韦城武传》,《全唐文》卷 44。

维护生态,不仅促进了佛寺经济本身的良性发展以及僧人生存环境条件的改善,而且宣扬了保护生态的观念,维护了生产、生活环境的完善,日益为民众和政府所接受,在社会文化中造成普遍而广泛的影响。

客观上来说,放生在经济上是有利的,人可以从循环再生中得到可持续的好处,而非仅是名誉和声望上的慈物爱生。唐宪宗时宰相元稹在江东,也曾"修龟山寺鱼池,以为放生之所。戒其僧曰:'劝汝诸僧好护持,不须垂钓引青红。云山莫厌看经坐,便是浮生得道时。'李公到镇,游于野寺,睹元公之诗而笑曰:'僧有鱼罟之事,必投于镜湖。'后有犯者,坚而不恕焉"①。整个隋唐时期,上元节和中和节等节日期间一般都要禁屠,也是受到佛教护生观念的影响。唐宋之后,各地佛寺普置放生池,可见当时寺院宣扬的惜生护生理念在社会上的确造成了普遍的影响。

从最广泛的意义上说,佛教以诸法相联、因缘和合为基础,林木及一切动植物,皆为与我利益相关。植树造林是寺院和僧人发展经济的要求,更是保护生态的另一类重要形式。寺院建于环境清幽之处,既有助于寺院经济的发展、生态的保护,更有助于心性的修炼。灵境寺位于五台山南台脚下,原名"金河寺",魏孝文帝(471—499 年在位)时兴土木建成,当时香火兴旺,高僧云集,《显密圆通成佛心要集》一经就出于本寺。寺院坐落于山川锦绣、峰峦叠嶂的山区,泉水终年流淌,周边山上的野生台蘑极珍贵,受益于良好的自然环境、土壤、气候的影响,当地农作物品质极佳,在五台山享有盛誉。灵境寺山灵水秀,大福大圣,更是修行养生的灵境。两晋时期造寺不只追求清静,而是出于对自然的钟爱,多选林草翁郁、花木葱茏之地。中古佛寺植树造林、营化天然的传统源远流长,如刘宋萧惠开家寺,"寺内所住斋前,有向种花草甚美,惠开悉划除,列种白杨树"②。陈太建时智𫖮在天台山初建国清寺,"数植松巢,引流绕砌",自始丰县北起"皆长松夹道,至于寺",寺东香炉峰上,"多有香柏、柽桂之木相连"③。僧智晞受智者遗命常住佛陇道场,营建佛陇寺经台时,僧众建议:"其香炉峰柽柏,木中精胜,可共取之。"智晞说:

① [唐]范摅:《云溪友议》卷上《江都事》,扬州:广陵书社 1983 年版。
② 《宋书·列传第四十七·萧惠开传》。[梁]沈约:《宋书》卷 87,北京:中华书局 1974 年版。
③ 徐灵府、潘瑊:《天台山记》。见广陵书社编:《中国道观志丛刊》(全三十六册),南京:江苏古籍出版社 2004 年版。

"山神护惜,不可造次。"后得山神托梦,"香炉峰桧柏树,尽皆舍给经台",方才入山取材。① 这个假托山神的故事反映了天台寺僧众护惜山林的观念。北齐初年,"苑内须果木,课民间及僧寺备输",可见邺都地区佛寺普遍造林。隋唐时期,佛寺重视造林绿化,寺志与史传记载甚多。例如,武德寺僧人慧远不远千里,从青州求得枣树苗,把它们种植在并州城内开义寺周围,寺周形成了一大片枣树园。唐高祖武德初年,僧慧曼自吴县通玄寺,"入海虞山,隐居二十余载,地宜梓树,劝励栽植树十万株,通给将来三宝功德"②。忻州秀荣县建寺院之时,附山植松柏,谓"三盖青松",因名伞盖寺。唐代佛寺特色鲜明,寺院建筑风格深受中国文化的影响,寺院选址的山林化、寺院布局所呈现的园林化特点也很明显。③ 大都市中的寺院周围缺乏自然的景观,但是其合理的选址、园林的绿化营造了优美的环境。贞观年间,僧人法琪在当阳玉泉寺夹道植松。宪宗元和年间,泗州开元寺地势低下,雨季饱受灾难,僧人明远在泗水、淮水两岸种植了一万多株松、杉、楠、桎等树木,优化了环境,并且杜绝了每年发生的水灾。智闲禅师建鄂州唐年县净刹寺之时,在山前种植二百棵松树,并自豪地称之为"清净世界"。元和十年(815 年),柳州重建大云寺之时,种树木若干,竹三万竿。松柏为主,兼植各种乔木,是唐寺营林绿化的特点。

南北各地禅宗丛林于唐代中后期快速发展起来,禅寺僧人们不仅热衷于植树造林活动,而且对植树造林的意义也有着非常清楚的认识。例如,临济宗创始人义玄(? —867 年)在栽种松树之时,"黄檗问:深山里栽许多作什么? 师云:一与山门作境致,二与后人作标榜。"④义玄回答种树既可美化山门,又给后人树立榜样,表述了营林造化的观念。衡山七宝台寺僧人玄泰,"尝以衡山多被山民斩伐,烧畲,为害滋甚,乃作《畲山谣》曰:'畲山儿,畲山儿,无所知,年年斫断青山嵋。就中最好衡岳色,杉松利斧摧贞枝。灵禽野鹤无因依,白云回避青烟飞。猿猱路绝岩崖出,芝术失根茆草肥。年年斫罢仍再锄,千秋终是难复初。'又道:'今年种不来,来年更斫当

① ［唐］僧祥集:《法华经传记·释智晞五》,《大正藏》第 51 册。
② 《续高僧传》卷 23 下。
③ 李芳民:《唐五代佛寺辑考》,北京:商务印书馆 2006 年版,第 309 页。
④ 《镇州临济慧照禅师语录》上卷。［宋］赜藏主编集:《古尊宿语录》卷 2,北京:中华书局 1994 年版。

阳坡。国家寿域尚如此,不知此理如之何?'远迩传播,达于九重,有诏禁止,故岳中兰若无复延燎。"①玄泰反对烧山杀生,符合大乘佛教不得放火烧山、涂炭生灵之要求,这种要求既可获得民间的认同,又可得朝廷的支持,在客观上既有利于寺院经济的发展,也有利于环境的保护。可见,隋唐寺院僧徒在佛寺经济发展与环境保护的关系上确有超越于前人的方面。

第四节　汉唐佛教学说中的经济伦理教义原理

　　基于解脱的、出世间的、超越性的信仰导向,与基于入世间的或世俗的行为取向的区别,这是一切宗教伦理思想存在的一般价值空间。围绕超越于世俗的信仰导向与入世的世俗取向,佛教伦理建立起了教义教理的根据,这就是佛教伦理学关于人生论、缘起论、心性论、正道论的基本哲学理论或哲学原理。中国佛教的经济伦理思想就是以佛法的人生论、缘起论、果报论、心性论、正道论为核心的,进而依此来建立有自身特色的、具有一定合理性的、以某种程度的禁欲主义为特征的经济行为伦理原则。

一、万法如幻、三界皆苦的人生论

　　佛教将基本教义建立在三条根本义理之上,三条义理即诸行无常、诸法无我、涅槃寂静。"诸行无常",指世界万有都是虚妄幻化,处于刹那不停的

---

① ［宋］普济:《五灯会元》卷6《南岳玄泰禅师》,北京:中华书局1997年版。

生灭流变之中,是无常的。"诸法无我",指一切现象都是因缘和合,没有独立的实体或主宰者,人类也是如此,只是由于无名的烦恼熏染,人才执迷于我体,只有悟破我体实无,才能外不迷于境,内不迷于我,于境知无常,于我知无我。"涅槃寂静",指只有如此才能解脱起惑造业转生死所招来的苦恼,进入寂静无扰之境界。这三条义理,决定了佛教经济伦理思想的价值取向总体上偏于对经济行为的克制与禁欲。

诸行无常、诸法无我、涅槃寂静的义理,落实在人生层面,就是万法如幻、三界皆苦,其旨趣就是破除人我现实的各种偏执,觉悟到一切皆苦,由此使人从中超拔,通过止恶修善使个体人生达到精神寂灭之境界。这种伦理旨趣是由人生解脱论所认识的人生的"实相"所决定的。佛教提出色、受、想、行、识为"五蕴"。以坚为性的地、以湿为性的水、以暖为性的火、以动为性的风等物质性的"色法",结合感触境界的"受"、思维推理的"想"、造作事业的"行"、知行一体的"识"等精神性的"心法",聚积而成为个体人。个体人的这些组成元素包括物质性和精神性的东西,是时时生灭变化的,故其表现于人生则为"无常"。这些组成元素是充满着矛盾而不宁静的,故其表现于人生则为是"苦"。这些组成元素虚幻不实,故其表现于人生则为无所得"空"。这些组成元素全由因缘力所支配,故其表现于人生则为无实主宰的"无我"。无常、苦、空、无我四相,佛法总称之为"苦谛",也就是人生的实相。

生命的不断变化以及人生的"苦",使人经常处在身心苦恼焦虑的状态中。人的生老病死等自然现象是"苦",人的相互关系和主观追求等社会现象也是"苦"。所谓"出生是痛苦(生苦),老年是痛苦(老苦),疾病是痛苦(病苦),死亡是痛苦(死苦),和不喜欢的东西会合是痛苦(怨憎会苦),和可爱的东西的离开是痛苦(爱别离苦),求不到所欲望的东西是痛苦(求不得苦)。总之是一切身心之苦(五取蕴苦)"。(佛陀在波罗奈司的说教)人生也有"乐",但是这种乐的感受是稍纵即逝、不能持久的,实质上是"苦"的一种特殊表现形态。人生的本质不仅是"苦",人所处的环境、所面对的世界也是"苦",总之世俗的一切的本质都是"苦"。这是佛教对人生和社会所作的最基本的价值判断。东晋学者郗超引经说:"五道众生,共在一大狱中。""三界皆苦,无可乐者。"①这样一来,佛法理论要求陷于人生苦海的人,在人生道路上,坚持止恶修善,使个体人生达到精神寂灭境界,就是一种必然的选择了。

佛教分析人生实相,大讲人生之苦,一方面切合于世人避苦求乐、离苦得乐的心理需求,另一方面则在建立一种幸福的神义论基础。马克斯·韦伯分析道:"宗教把苦难当作被神厌恶的征兆和隐秘的罪过,这就从心理学上迎合了一种极其普遍的需要。有福之人很少满足于他有福这个事实,他还另有一种需要:还要这方面的权利。他愿意相信,这也是他'应得的',尤其是:与别人比较,他该有福。而且,他也愿意能让他相信:福浅的人由于没有相同的福分,同样只能得到自己应得的东西。福,也愿意'名正言顺'。如果把'福'这个一般性的表达理解为一切荣誉、权势、占有、享受之类的财富,那么,这就是宗教要为一切统治者、占有者、胜利者、健康者,简言之:一切有福之人效劳的最普遍的公式,即幸福的神义论。"②

佛教在中国经历了与传统文化的依附、冲突、融合,又冲突又融合的历程。天竺僧鸠摩罗什是僧肇的老师,尊崇龙树、提婆创始的中观派学说,对"少欲知足"提出批评。佛教的人生价值论是负面价值苦,解脱苦的途径是对世间的超脱,最终归于涅槃。此实乃厌世宗教哲学,其哲学实践是头陀行者。头陀要离诸贪著,以苦行折磨自己,培养厌世超脱意识。鸠摩罗什在《诸法无行经》中宣传大乘经论主张:"一切诸佛皆成就贪欲","贪欲是涅槃,恚、痴亦如是,如此三事中,有无量佛道"。他认为贪欲与成佛并非矛盾,追求主体自身欲望的满足就是涅槃,从而批判头陀行者的"少欲知足"论。鸠摩罗什宣扬的似为有欲,而实以世界万有为空无的,从有、无范畴说明空观道理。这是因为万有"无有定相,随心为异"③,当憎恶心生时,视此人为可憎可鄙,"淫欲心生,见此人还复为好"④,淫欲心即爱欲心。这是说爱憎主体情感的变化,便可引起对客体事物的是非价值评价。主体人的意识制约着对客体的认识定势、价值判断,认识活动只不过是主体精神活动整体的一部分。

---

① 《弘明集》卷13《奉法要》。
② [德]马克斯·韦伯:《儒教与道教》,王容芬译,北京:商务印书馆1995年版,第9—10页。
③ 《大智度论》卷43,《大正藏》第25册。
④ 《大智度论》卷43,《大正藏》第25册。

佛教从万法如幻、三界皆苦出发，以禁欲戒条对任情纵欲加以否定。汉末魏晋以来，佛教的传播，除统治者的支持外，名士的倡导也起推波助澜的作用。东晋士族佛教居士便试着把佛教道德论戒律与儒家伦理调和起来。郗超认为，佛教的持斋受戒，可为祖先、亲戚、一切众生积累功德，免受苦难，"是以忠孝之士，务加勉励"①，便是一种孝的行为。佛教戒律如不杀、不盗、不淫、不欺、不饮酒，"不杀则长寿，不盗则常泰，不淫则清净，不欺则人常敬信，不醉则神理明治"②。这种类似禁欲主义的戒条，是对两晋任情纵欲的否定。郗超的解释是启发居士遵守戒条的内心道德自觉，而不是外在的强制，这里可以反映出外来宗教与中国传统文化融合的趋势。

随着魏晋以来寺院经济的发展及教权与世俗权力关系的接近，儒家的理欲论与佛教修行解脱的思想从起初的差异、冲突，走向了逐步的融合、会通。由于当时的权贵们（如东晋简文帝司马昱、孝武帝司马曜等）信奉佛教，上行下效，僧尼剧增，有的甚至出入朝廷，干预朝政，纵欲腐化。因此桓玄下令清理、整肃僧尼。"佛所贵无为，殷勤在于绝欲，而比者陵迟，遂失斯道。京师竞其奢淫，荣观纷于朝市……"③。慧远同意桓玄看法和沙汰僧尼的措施，认为"值檀越当年，则是贫道中兴之远"④。慧远认为，从人生本原上看，众生都具有贪欲、无明的本性，"有情则可以物感"⑤，情即情欲或贪爱，使人陷入无穷苦恼的渊薮。"无明为惑网之渊，贪爱为众累之府。二理俱游，冥为神用；吉凶悔吝，惟此之动。无明掩其照，故情想凝滞于外物；贪爱流其性，故四大结而成形。"⑥人贪爱生命而不断轮回流转，贪爱使人性相荡，使地、水、火、风四大结成人形。有了人的形体，便有人、我之分，产生对我的偏爱和执着，追求自我情欲的满足；人的情欲活动，便会带来报应。

南北朝时期佛、儒、道三教既冲突又融合，三教并用达到了新的认识。儒家的以义取利、先义后利的思想，道家以道导欲的观念，对佛教经济伦理

---

① 《弘明集》卷13《奉法要》。
② 《弘明集》卷13《奉法要》。
③ 《弘明集》卷12《与僚属沙汰僧众教》。［南朝梁］僧祐、［唐］道宣：《弘明集·广弘明集》，上海：上海古籍出版社1991年版。
④ 《弘明集》卷12《与桓太尉论料简沙门书》。
⑤ 《弘明集》卷5《沙门不敬王者论》。
⑥ 《弘明集》卷5《明报应论》。

思想都有影响,甚至达到了相互融合的地步。梁武帝"洞达儒玄",信仰上倡导佛教,政治上主张佛、儒、道三教并用。他用玄学的体用论,说明神明与情欲的关系。神明佛性是精神活动的根据,是体,常住无变;心(神明)感于物而动,随外境发生情欲、欲望行为。如何使神明之体由被无明所蔽覆而达到明,必须进行主体的修行。"《礼》云:'人生而静,天之性也;感物而动,性之欲也。'有动则心垢,有静则心净。外动既止,内心亦明。始自觉悟,患累无所由生也。"①梁武帝用《乐记》的理欲论会通佛教修行解脱。这里天性就是天理,也即佛教的心、神明。心性(神明)静而净,动而追逐外界的物欲,被染上尘垢,比如眼、耳、鼻、舌、身、意等六识,追逐色、声、香、味、触、法六尘,嗜欲无节,不仅死后轮回火宅,沉溺苦海,而且会殃国祸家,亡身绝祀。只有断灭情欲,才能恢复天理,清净解脱。"见净业之爱果,以不杀而为因。离欲恶而自修,故无障于精神。"②超离嗜欲的追求,无明无障而明,于是"心清冷其若冰,志皎洁其如雪"③,便达到客尘既除,"反还自性"的涅槃成佛的终极境界。

　　佛教将五戒与五常相提并论,视为同一性质的规范要求。其中值得注意的几种思想是:(1) 北齐学者颜之推(531—约 590 年之后)说:"内外两教,本为一体。渐积为异,深浅不同。内典初门,设五种禁,外典仁义礼智信,皆与之符。仁者,不杀之禁也;义者,不盗之禁也;礼者,不邪之禁也。智者,不淫之禁也;信者,不妄之禁也。"④(2) 齐隋之间的佛教学者、天台宗的创立者智顗(538—597),不仅把佛教的五戒与五常视为同一,而且认为"五戒"与儒家的"五经"也有相对应之妙。"五经似五戒:《礼》明搏节,此防饮酒;《乐》和心,防淫;《诗》风刺,防杀;《尚书》明义让,防盗;《易》测阴阳,防妄语"。⑤
(3) 佛教学者还把"五戒"与"五常"、五行、五方、五星、五脏相配合、相比附,为佛教伦理寻找宇宙论和心理学的证明。敦煌本《提谓经》(3732),其对应情况如下:

① 《广弘明集》卷 37《净业赋》。
② 《广弘明集》卷 37《净业赋》。
③ 《广弘明集》卷 37《净业赋》。
④ 《颜氏家训·归心第十六》
⑤ 《摩诃止观》卷 6 上,《大正藏》第 46 册,第 77 页。

五戒—五常—五行—五星—五方—五脏

不杀生—仁—木—岁星(木星)—东方—肝

不偷盗—智—水—辰星(水星)—北方—肾

不邪淫—义—金—金星—西方—肺

不妄语—信—土—镇星(土星)—中央—脾

不饮酒—礼—火—荧惑(火星)—南方—心

《提谓经》的上述说法被广为引用,如智𫖮在《仁王护国般若经疏》卷二中,智旭在《灵峰宗论》卷二之五《法语五·示吴庵》中都详加援引,以确立五戒的合理性、权威性。上述"五戒"与五常、五行、五方、五星、五脏相配合、相比附的理论,使儒家理欲论与佛教修行解脱论相会通的思想达到了一个高峰。

佛教在隋唐步入鼎盛,形成诸宗派,各派大体上坚持少欲知足,甚至舍弃欲望的思想。这使佛教在经济伦理思想方面虽有发达的寺院经济,但以佛法谋利,并以寺院为基础,广行义举,救助他人,利益社会。(1)隋唐时期佛教各宗派建立,这是由于佛教寺院经济的发展和对佛教经典信奉、解释不同所致。天台宗创立者智𫖮,信奉《法华经》为其宗所依据的经典。智𫖮以止观为其修习最高原则。止是止息妄念,专心一境,有禅定之意;观是观照,有智慧之意。他在《修习止观坐禅法要》中认为:坐禅修习止观,"必须诃责五欲"。诃责是指深知过罪,即不亲近;五欲是色声香味触等欲望。由于"世人愚惑,贪著五欲,至死不舍",为"五欲所使,名欲奴仆",如人获得五欲,并不觉得满足,转而剧烈,如火添薪,愈焰愈炽。通过修习,认识色声香味触欲望的过罪,不亲近而远离,"智者应观身,不贪染世乐,无累无所欲,是名真涅槃"[①]。舍五欲而弃之不顾就是真涅槃。(2)唯识宗由玄奘创立,以分析世界一切精神现象和物质现象为其特点,因此也称法相宗。玄奘与弟子窥基编译《成唯识论》。"初遍行触等,次别境谓欲,胜解念定慧,所缘事不同。"[②]他们依据世亲的《百法明门论》《五蕴论》,把百法分为五类。在心所有法中,把心法(八识)所变现的心理活动,知、情、意、思想现

---

① 《修习止观坐禅法要》,又名《重蒙止观》或名《小止观》。
② 《成唯识论》卷4。[日]高楠顺次郎等编:《大正藏》第31册。

象或作用分析为51种。作意、触、受、想、思，是人人所具有的普遍心理、意识活动，称为遍行心所；欲、念、胜解、三摩地（定）、慧，是不普遍的，由特殊的境和人而引起的心理意识活动，称为别境心所；贪欲是属于不善心所；无贪属于善心所，并把无贪、无嗔、无痴作为一切善的心理活动的根本，称作三善根。唯识宗通过对心理、意识活动的多方面、多角度的现象分析，说明分为百法的一切现象都是识所变现的假相，只有破除这些现象的假相，才能显现真如。（3）华严宗信奉《华严经》，宣扬法界缘起论，阐释理、事、理与事、事与事之间的相互关系理论，分析一切现象都具有总、别、同、异、成、坏六种相。智俨认为，六相相反相成，互斥互补，圆融无碍。一切法在时空上都是互相包摄的，一法中包含一切法，一即一切，一切即一。"爱善名而贪物"①。宗密在《原人论》中提出五教说，即人天教、小乘教、大乘法相教、大乘破相教、一乘显性教。人天教是为"初心人"所说的三世业报、善恶因果之教。小乘教说我们的身心皆由"因缘力"生成，又用色心二法说明身心的根本，心为六识的作用。此亦未能究明人的本源。大乘法相教虽比前面的小乘教优越，已经进入大乘教之中，但与一乘显性教相比，尚属浅教。大乘破相教与小乘教、大乘法相教阐明法相的教法相对，认为诸法本来是空寂的，站在此破相教的立场便认为人的本源本来为空，但是破相教仅破析了执着法相的迷情，也尚未究明真实灵明之性。乘显性教主张一切有情众生皆有本觉真心，说此本觉真心也就是神会所说的"灵知不昧之一心"，只有一乘显性教所说的本觉真心才是人的终极的本源。总之，小乘教以色、心二法和贪（贪名利以荣我）、嗔、痴三毒为根身器界之本，便以身心为实有。只要修习无我观智（道谛），"以断贪等，止息诸业，证我空真如"②。宗密认为，此身是众缘，似和合相，原无我人，谁来贪嗔？否定小乘教的实有。（4）禅宗南宗是慧能所创，以自悟自修为宗教修行实践宗旨。自修实践方法包括无念、定慧和顿悟。慧能之所以能提出"自悟自修"的依据是"自性常清净"③，因此人之所以为人的自性，即是佛性，心之所以为心的本心，即是觉悟、智慧、菩

① 《华严五十要问答》卷下。［日］高楠顺次郎等编：《大正藏》第45册。
② 《原人论·斥偏浅》。［日］高楠顺次郎等编：《大正藏》第45册。
③ ［唐］慧能著、郭朋校释：《坛经校释》卷20，北京：中华书局1983年版。

提等。佛并非作为世俗崇拜偶像的神,而是宗教内心的觉悟。"佛者,觉也"①。宗教觉悟依赖于自身心性,成佛根据也在自性,"我心自有佛,自佛是真佛"②。这样就把人的自性与佛教觉悟本体相通,相应地也把自心、心性论与佛教的觉悟、智慧、菩提的本体相圆通。"自心归依觉,邪迷不生,少欲知足,离财离色,名两足尊。自心归依正,念念无邪故,即无爱著,以无爱著,名离欲尊。自心归依净,一切尘劳妄念,虽在自性,自性不染著,名众中尊。"③觉、正、净自心三皈依,少欲知足,离财、色、欲。其实自心、自性便具有佛、法、僧三宝,毋需像凡夫那样日复一日地向外寻求受三归依戒。由自心三宝,便可达涅槃境界。

人的贪欲为染,离欲而归清净,这是隋唐以来佛教秉持的一个基本观点。三论宗的创立者吉藏引用"贪欲即是道",解释说:"贪欲即是道者,然贪欲本来寂灭,自性清净,即是实相。"④依世俗道理,贪欲是有,其实是虚幻不实的,所以说贪欲本来寂灭,是空而不有的。理即是佛理,即是真如、涅槃。宗教道德的修习,即是离贪欲,其在家、出家教徒的戒律,有五戒、八戒、十戒、具足戒等等,比如不杀生、不偷盗、不邪淫、不妄语、不饮酒等,包含着对于人满足生理欲望的合理要求的禁止。其实戒律是以实有为前提的存有,若一切皆空,贪欲何依何有,戒律何依何有? 因此,禅宗的呵佛骂祖,也有其内在的根据和发展的必然性。

二、诸法相联、因缘和合的缘起论

佛教所有教义思想均建基于缘起论之上,所谓"若见缘起便见法,若见法便见缘起"。从伦理学来说,缘起论是佛教道德形而上学的第一原理,也是佛教经济伦理思想的一项基本义理或教义,佛教依此而有伦理意义上的关系性思维,建构佛教经济伦理思想的基本原则。所谓缘起,指诸法因缘和合而成。概言之,一切事物或现象的生起和存在,都依赖于各种条件和关

---

① [唐]慧能著、郭朋校释:《坛经校释》卷23。
② [唐]慧能著、郭朋校释:《坛经校释》卷52。
③ [唐]慧能著、郭朋校释:《坛经校释》卷23。
④ 《大乘玄论》卷4。[日]高楠顺次郎等编:《大正藏》第45册。

系，一旦某一部分发生改变，整个系统就会改变。以缘起论视之，现实中的个人、社会与自然相互关联，相互影响；经济行为与修行佛法、农业活动与禅修、经济与生态，相互联系而不可分离。

（一）缘起论

缘起论是佛教伦理经济思想的一个重要理论基础，而缘起法中核心的义理就是宇宙万象，皆不脱因缘和合。《杂阿含经》概括此原则说："此有故彼有，此起故彼起"[①]"此无则彼无，此灭则彼灭"[②]。一切诸法皆因各种条件和合而成，任何事物皆因各种条件之互相依存而有变化，一切人、事或物、景（法），不脱因缘和合。大凡人、事物的成就与毁坏，都是有因有缘的。"缘起"指出了万法生起的真相，究明了万法还灭的底里："一切集（原因）法为一切灭法"[③]，即"因条件而生的现象，也会因条件的消失而灭"。同时也道出了缘起说的意义：一切万物，绝没有孤立而独存的，大至宇宙，小至微尘，都有其横的关系与竖的关系。彼此在时空中，有着重重无尽的关系网。诸法的显现，是由于关系，诸法的存在，亦由于关系，无一不是关系的和合，因关系而生的现象，也会因关系消失而灭。正如《佛本行经》所言："诸法因生者，彼法随因灭，因缘灭即道，大师说如是。"[④]

上述"此有故彼有，此生故彼生"的缘起法则，演绎出多种佛教经济伦理的几个基本规则。第一，一切经济行为或经济现象，无独立自存的实体，是种种因（内因、根本因）、缘（外因、次要因）和合而成，依种种因缘而表现为此时此地之现象。第二，任何经济行为或经济现象，有此相应之因缘，便有相应的表象，若无此因缘，或缺少某一因缘，或一因缘发生变化，此行为或现象就不成立或发生改变。第三，一切经济行为或经济现象，作为种种因缘和合而存在的一个结果，要对之进行认识或进行改造，必须对其因缘进行认识或改变，或消除其条件才可改变、消灭之。

---

① 《杂阿含经》卷 10、12、13、14、15。[日]高楠顺次郎等编：《大正藏》第 2 册。
② 《佛本行经》卷 3，《大正藏》第 4 册，第 19 页。
③ 《杂阿含经》卷 8。[日]高楠顺次郎等编：《大正藏》第 2 册。
④ 《佛本行经》卷 48，《大正藏》第 3 册，第 876 页。

佛教各派对于"缘"的讲法各不一致,部派佛教时期,南方的《法聚论》讲二十四因缘,北方的《舍利弗毗昙》讲十缘。简化为南北两论中的前四种,即因缘、等无间缘、所缘缘、增上缘,合称"四缘",认为因缘是四缘中的重点,是一切有造作事物所借以生起的四类条件,概括了一切因缘。《中论·观因缘品》说:"一切所有缘,皆摄在四缘,以是四缘,万物得生。"小乘说一切有部分四缘为"六因",大乘中观学派则强调缘起性空,因缘只对于"果"来说才有意义。

作为一切事物所由生起的四类能作条件,四缘具体指:一是因缘。依产生的结果而言,亲生是因,疏助是缘。因即是缘,名为因缘。因缘是起主要作用的因。小乘佛教重视直接产生果的因,大乘佛教偏重强调产生果的许多因缘中主要的不可或缺的亲因缘。二是等无间缘,也称次第缘。只在精神现象中存在,是指前念为后念生起。当前念已灭,能为后念的生起让位开路,后念得以产生,前念是后念的缘。前行的思维大体规定了后起的思维的种类,前后等同,称为"等"。前后之间一贯连续没有障碍,称为"无间"。前念心直接为后念心的生缘,称为"等无间缘"。前念心导引后念心产生,所以又称为"次第缘"。思维的无间断开展,会逐渐发生对客观的反作用。三是所缘缘。指诸心所攀缘的境界,即认识的对象。佛教在《分别缘起初胜法门经》中概括了缘起的十一种含义:

> 诸缘起义略有十一,如是应知:谓无作者义是缘起义,有因生义是缘起义,离有情义是缘起义,依他起义是缘起义,无动作义是缘起义,性无常义是缘起义,刹那灭义是缘起义,因果相续无间绝义是缘起义,种种因果品类别义是缘起义,因果更互相符顺义是缘起义,因果决定无杂乱义是缘起义。[1]

小乘佛法依此要义,建立三法印,以楷定佛法与世间法。三法印,即诸行无常、诸法无我、涅槃寂静,它表明一切现象皆非恒常的,无不处于生灭变迁之中;一切现象皆非实体,也非实体所生;通过观察无常、无我,止息烦恼的扰动和诸苦的逼迫后,便可呈现出一片不生不灭、寂静无扰的新天地。无常与无我是法相义,涅槃寂静是法性义。大乘佛法从法相与法性本体为一

---

[1] 《分别缘起初胜法门经》卷2,《大正藏》第3册,第876页。

的原则出发建立一法印，即实相印。实相印就是缘起性空义。华严宗则把各家关于缘起的学说，用判教形式概括为四种，即业感缘起、赖耶缘起、如来藏缘起和法界缘起。

缘起是说明一切诸法都由因缘而生起的，也就是世界上一切事物，或一切现象的生起，都是相对的，互相存在的关系和它的一定条件。这种同时互存和异时互存关系，其实也就是所谓因果的关系。种子是因，芽就是果，先有种子，然后才有芽的发展，这是异时互存的因果关系。相反，就是同时互存的因果关系。这种因果关系，错综复杂，从这一角度来看，这一因会产生这一果，但是从另一角度来看，这一因会产生另一果。事实上是没有一个绝对的因，当然更没有一个绝对的果。所以世界上的万事万物，从来就是这样的，从时间上来说，由于无数的异时因果连续的关系，从空间上来说，无数的互相依存的关系，组织成一个极其错综复杂的罗网相互交错。这就是因因果果，果果因因，相续不断，就叫作因果规律。像旋转火轮一样，流转不停，周而复始。

（二）因果法则

由对因果关系的观察，佛教建立了因果法则。事物之间都有直接和间接的因果关系，每个事物都既是前一事物的果，又是后一事物的因，事物相互之间有的是原因，有的是条件，有的是结果；有的是直接原因，有的是间接原因。这是佛教强调的"因果律"（Causality，梵文为 hetuphala），即一切事物皆有因果法则支配，善因必产生善果，恶因必产生恶果，所谓善因善果、恶因恶果。因果关系是一切实有事物的普遍关系（实有事物具备三性即与虚无和抽象概念相区别的时间性、空间性、特殊性）。佛教认为，第一棵植物种子和第一个人都是不存在的，如果有第一棵植物和第一个人，就是违背因果的普遍性逻辑规律的，因为种子的前因是种子，人的前因是人，永远不可能有"第一个"无因的种子和无父母的人。任何事物和任何生命的存在都是处在时间线上前后相续的一个运动过程，而且事物和生命本身又是一个新旧物质和新旧生命的因果链，这个因果链在逻辑上无法找到它的"开头"和"结尾"。局部事物有始有终，事物总体无始无终；人的一生有始有终，但作为人的生命的整体而言,这一生只是整个生命过程中保持相对稳定的"生命段",过去和今后都要经历无数这样的生命段。这就是佛教的生命续流和轮回转世说的逻辑推理根据。从意识的前后连续性,推论前世和后世的意识的必然存在;从同类因推出物质之因是物质、精神之因是精神,推出初生婴儿的意识必然也有前世同类的意识因,因为从父母身上获得的只是物质肉体的同类因物质成分而没有精神因素。

缘起论的建立陈述了"相同的原因造成相同的结果"这一命题,虽然它很容易被科学或常识证伪,但在宗教伦理意义上,它是一种铁定的信仰规则,决定着宗教生活中的道德选择和道德评价。换言之,既规定着人们是作恶还是从善,也对人们的苦乐处境做出宗教伦理的解释(今世苦果源于前世的恶业,今世的善业可感后世善果)。佛教伦理的因果律是一种必然的伦理律令、伦理规则,这一律令在佛教经典中得到反复申述,如《中阿含经·思经第五》言:"尔时,世尊告诸比丘:若有故作业,我说彼必受报,或现世受,或后世受。若不故作业,我说此不必受报。"《瑜伽师地论》亦言:"已作不失,未作不得。"从最终指向上看,缘起论为佛教善恶报应的果报论提供了哲学基础。因果报应论含有道德导向作用,它决定了信仰者的人生价值取向。佛教宣扬善有善报、恶有恶报,从而唤醒人们对自身命运的终极关怀,使人乐于从善而畏惧作恶。果报论又强调自己作业,自身受报,从而有助于信徒确立去恶从善的道德选择,并成为自觉实践道德规范的强大驱动力量、支配力量和约束力量。果报论还宣扬过去、现在、未来三世报应说,使人关注生死的安顿,关切来世的命运,增长道德自律心理。

佛教以诸法相联、因缘和合论,以说明财富的获得应培福修德、广结善缘,从此中获得维持生存和发展传播佛法义理的物质条件和基础,强调用智慧庄严世间,而不要用金钱来堆砌。

佛教总体上强调自利与利他的关联性,甚至这种关联性成为佛教经济伦理的基本精神,从本质上说,正是从缘起性空思想中直接衍生的。一切法空打通生死与涅槃、烦恼与菩提等各种隔碍。菩萨为度众生,无处不是道场,妻子眷属、营利治生乃至淫舍酒肆,一切无碍。菩萨不住生死,不住涅槃,以不著之心深入世间普度众生。《金刚般若波罗蜜经》说:

若菩萨有我相、人相、众生相、寿者相，即非菩萨。复次，须菩提！菩萨于法应无所住，行于布施，所谓不住色布施，不住声、香、味、触、法布施，须菩提！菩萨应如是布施，不住于相，何以故？若菩萨不住相布施，其福德不可思量。①

菩萨从缘起观中了达一切法皆无自性的真理，不执取人我的分别。"我相、人相、众生相及寿者相"，是在主、客、外、时上对人我的分别，此分别意识的最终根源就是人执取自己为实有，有其自体。这也是一切痛苦生起的原因。只有悟得缘起性空的义理，超越人我的分别，才能从苦痛中解脱出来，并本着慈悲心度化他人，使别人也能从苦痛烦恼中解脱出来，降伏妄念之心，安住于菩提心，由此而"福德不可思量"。而就缘起性空的脉络说，满足众生物质、精神的需求，从而引导其趋入佛道，是从缘起，即从幻有的一面来肯认普度众生这项工作的；而"实无众生得灭度"则是从性空一面来肯认这项工作，所以二者并不矛盾。无论站在哪一个层面，佛教的用意都是要菩萨持有同时度引众生而又不执着众生为实有这样的态度。从缘起性空的角度出发，自和他是没有区别的，由此使佛教建立起了自利利他之基本伦理原则。

佛教因果说的特点主要有：第一，因果性质一致，相续流转。因果贯穿于生命之长河，而不断灭，故说三世因果：过去因—现在果，现在因—未来果，生命处于三世轮回之中，必然承受个体行为的结果，无人可逃。第二，具体的行为为"业"，分为业因与业果，又分身、语、意三业，其中意业最为重要，是发起行为的动机、目的等，并认为，只要意业发动，身、口二业必有果报，倘无意业，则不一定受报，并不多讨论。第三，因为对意业的强调，故强调自由意志的自主性。认为结果由原因引起，因果是自然规律，果报从前因而来，并非上天、神意的奖惩。因为业因由行为主体所做，所以承担果报，也只是自己对自己的奖励与惩罚。第四，因果报应虽属必然，但也未必是造了业马上就报，佛教从三世讲因果报应，目的是说明因果的普遍性、复杂性，尤其是强调它作为自然法则的绝对性。

①《金刚般若波罗蜜经》，《大正藏》第 8 册，第 748 页。

三、善恶相报、声响相应的果报论

善恶论与因果法则相结合而形成果报论,这是佛教经济伦理思想的另一块不可或缺的基石,是佛教经济伦理基本价值的重要奠基者。

善恶原指心性的净染,《大乘义章》卷十二言:"顺理为善,违理为恶。"《成唯识论》卷五也说:"能为此世他世顺益,故名为善";反之,违损此世他世则恶。佛教最初的善恶观是以能否契合佛理为标准,凭染净来作为善恶的尺度。具体而言,顺应佛法、佛理是善,心地清净无染是善;违理背法是恶,烦恼痴迷是恶。"善恶是根,皆因心起。"于是佛教制定了戒律约束众徒,以断恶修善。只有不断改过,心地才能恢复清净,才能修成善果。因此,佛门中有"十善十恶"之说。所谓"十恶:杀、盗、淫、妄言、绮语、两舌、恶口,乃至贪欲、瞋恚、愚痴,此名十恶。十善者,但不行十恶即是也"。佛教徒以十善十恶为准则,明善辨恶并求改过积德,产生一种崇贤尚善的力量。佛法对于修行实践的佛教徒在修善方面还有更高的要求,即"修三福""持五戒"。修"三福"的具体内容有:一是奉事师长,慈心不杀,修十善业;二是受持众戒,不犯众仪;三是发菩提心,深信因果,读诵大乘,劝行善事。"五戒"是指戒杀生,戒偷盗,戒邪淫,戒饮酒,戒妄语,这与十善颇有相通之处,佛教要求信徒将其奉为戒律,并身体力行视作功德无量。

佛教认为人在世上做的每一件事,无论善恶都不会自行消失,必将引起善恶报应。为了避免自己的恶行得到报应,信徒们只有做更多的好事来求解脱,所以布施累积功德成为佛教徒修行的主要方式。布施是向他人施予财物、体力和智慧。出家人将佛法解说给在家人听,帮助他们理解佛教理念,这就是法施,即将佛法施与人;在家人将财物施予他人,帮助有困难的人度贫,这就是财施,即施财与人。救人于危难之中,叫无畏布施,这样积下的善果最大。在布施的名义下,人们的交往和物质交换都被赋予了伦理意义和宗教色彩。出家人为世人服务称为建福业,如济贫救苦、为世俗人讲经以及为死者超度;而世俗人对于这些作为回报而给予的斋饭、钱帛都可以称为财施。

郗超非常形象地描述了人的善恶与来生命运的因果关系,他说:"三界之内，凡有五道。一曰天，二曰人，三曰畜生，四曰饿鬼，五曰地狱。全五戒则人相备，具十善则生天堂。全一戒者，则亦得为人，人有高卑，或寿夭不同，皆由戒有多少。反十善者，谓之十恶，十恶毕犯，则入地狱。抵挟强梁，不受忠谏，及毒心内盛，徇私欺诈，则或堕畜生，或生蛇虺。悭贪专利，常苦不足，则堕饿鬼。其罪差极少，而多阴私，情不公亮，皆堕鬼道。虽受微福，不免苦痛，此谓三途，亦谓三恶道。"[1]这是说，奉行十善（十善是五戒的扩展。一不杀生，二不偷盗，三不邪淫，四不妄言，五不绮语，六不两舌，七不恶口，八不悭贪，九不嗔恚，十不邪见）的上天堂，奉持五戒或一戒的为人，由于持戒多少有别，人也就有地位尊卑不同和生命寿夭之分。违反十善者，下地狱。其他虽非十恶全犯，但只要有不善，则视情况或堕为畜生，或堕为饿鬼。生前持戒或犯戒、行善或为恶，决定了下世生命形态的上升或下堕。善必受乐、恶必受苦是支配人生命运的法则。因果报应理论内含着道德导向作用，突出了伦理价值取向对人生命运的意义，佛教学者都自觉地以之作为伦理学的基石。

前述因果关系是一切实有事物的普遍关系（实有事物具备三性即与虚无和抽象概念相区别的时间性、空间性、特殊性）。因果法则讲一切事物皆由因果法则支配，善因必产生善果，恶因必产生恶果，所谓善因善果、恶因恶果。

印度佛教的因果论与中国的"积善余庆""积恶余殃"思想相结合[2]，形成了中国佛教伦理思想特有的善恶因果报应论。最早的佛经翻译家之一安世高将《十八泥犁经》《阿难问事佛吉凶经》《罪业应报教化地狱经》等包含因果报应的佛经译介到中国，面临的一个问题就是如何以传统伦理观理解佛教果报论。三国时期东吴的康僧会（？—280 年）结合中国传统善恶伦理观去理解佛教的善恶果报。僧祐的《出三藏记集》载录了康僧会与孙皓的辩论：皓问曰："佛教所明善恶报应，何者是耶？"会对曰："夫明主以孝慈训世，则赤鸟翔而老人星见；仁德育物，则醴泉涌而嘉禾出。善既有瑞，恶亦如之。故

① 石峻等：《中国佛教思想资料选编》第 1 卷，北京：中华书局 1981 年版，第 17—18 页。
② "积善余庆""积恶余殃"的思想在中国自古有之，除《易传》中言"积善之家必有余庆，积不善之家必有余殃"外，《尚书·商书·伊训篇》云："惟上帝不常，作善降之百祥，作不善降之百殃。"《国语·周语》云："天道赏善而罚淫。"《道德经》第七十九章言："天道无亲，常与善人。"《韩非子·安危》言："祸福随善恶。"如此等等，影响了中国民众的善恶选择和善恶行为，形成了中国根深蒂固的伦理传统。

为恶于隐,鬼得而诛之;为恶于显,人得而诛之。《易》称'积恶余殃',《诗》咏'求福不回',虽儒典之格言,即佛教之明训也。"皓曰:"若然,则周孔已明之矣,何用佛教?"会曰:"周孔虽言,略示显近,至于释教,则备极幽远。故行恶则有地狱长苦,修善则有天宫永乐。举兹以明劝惩,不亦大哉!"皓当时无以折其言。① 可以看出,佛教善恶报应思想介入中国,就与中国伦理发生相互作用。人们既以传统的视界去理解佛教的善恶果报,佛教伦理同时又启发中国善恶报应观的新思路。

印度佛教的善恶果报论与中国传统的善恶报应论是有差别的。其一是印度佛教善恶报应的主宰力量是"业力",中国报应的主宰力量是"上天""上帝",说的是"上帝无常,作善降祥","天道赏善罚淫"。这种报应的力量,一种是自力,一种是他力,一种是内力,一种是外力。其二是依善恶报应的载体而言,印度佛教强调自作自报。对前世、后世、来世报应的载体的预设,由不承认有报应载体,发展到后来以"不可说补特伽罗""胜义补特伽罗"等为轮回报应的载体。中国报应的载体是不灭的灵魂。其三是就善恶报应的主体承担者而言,印度佛教主张自报自受,即现在所受乃前世自作,今生所作来生自受,而中国伦理除说自作自受只限于现世范围,把来世报应的承担者设定为现世善恶行为主体的子孙,即主张一人作恶殃及子孙的"承负说"。这一区别反映了印度佛教伦理对自身、个体解脱生活的关怀,中国伦理对个体所属的伦理关系、社会生活、家庭生活的关怀。

佛教伦理善恶果报论的中国特色体现在经济伦理方面,在于佛教逻辑上论证严谨的善恶因果报应论,与中国民间社会源远流长的祸福果报论结合起来,更以果报的必然性和自然性方面强化了行为动机与结果报应之间的密切关系。在这方面,那些深谙本土文化的佛教学者做出了巨大贡献。东晋慧远(334—416 年)以其著名的《三报论》《明报应论》论证善恶报应"乃必然之数"。慧远之前,孙绰(314—371 年)在其《喻道论》中也把善恶报应视为"自然之势",孙绰说:"故立德暗昧之中,而庆彰万物之上,阴行阳耀,自然之势。譬犹洒粒于土壤,而纳百倍之收,地谷无情于人,而自然之利至也。"②

---

① [南朝梁]僧祐撰:《出三藏记集》卷 13,北京:中华书局 1995 年点校本,第 514 页。
② 《弘明集》卷 3,《弘明集·广弘明集》。

视善恶报应为"自然之势""必然之数",即是承认佛教伦理"因果律"的自然合理性、必然性,这样,善恶因果报应就成了人生的必然规律、宇宙的自然律令。慧远因此说:"故心以善恶为形声,报以罪福为影响。本以情感而应自来,岂有幽司?……然则罪福之应,唯其所感,感之而然,故谓之自然。自然者,即我之影响耳。于夫主宰,复何功哉?"慧远视善恶福罪的报应如形影相随、声响相应,是自然而然的事,并且否认了天神赏善罚恶的主宰权,把善恶报应的终极原因落实在人身的善恶动机和行为上,以佛教的义理阐明了"为仁由己"的主张,反映了他站在佛教立场上糅合佛教与中国报应论的思想特色。在《三报论》中,慧远引佛经宣称:"业有三报,一曰现报,二曰生报,三曰后报。现报者,善恶始于此身,即此身受。生报者,来生便受。后报者,或经二生、三生、百生、千生,然后乃受。"业有三报,生有三世,慧远这一善恶因果报应、轮回转生的说法,使因果报应理论更能自圆其说,特别是能解释业报反常的现象,弥补了中国传统报应论的不足,也弥补了中国传统报应论在解释社会诸种不平等现象时的无能为力。

因果论作为佛教经济伦理的重要基础,它依据因果关系的理解强调道德行为的主体与道德存在主体的一致性。佛教因果律与哲学意义上的因果辩证法不同,它不是陈述的"凡果必有其因",而是陈述的"相同的原因造成相同的结果",这一命题容易被科学或常识证伪,但在伦理意义上,它是一种信仰的规则,决定着宗教经济生活中的道德选择和道德评价,它既规定着人们是作恶还是从善,也对人们的苦乐处境做出宗教伦理的解释(今世苦果源于前世的恶业,今世的善业可感后世善果)。佛教因果律是一种必然的伦理律令、伦理规则,在佛教经典中得到反复申述,如《中阿含经·思经第五》言:"尔时,世尊告诸比丘:若有故作业,我说彼必受报,或现世受,或后世受。若不故作业,我说此不必受报。"《瑜伽师地论》亦言:"已作不失,未作不得。"因果论也为佛教善恶报应提供了哲学基础。因果报应论含有道德导向作用,它决定了信仰者的人生价值取向。善有善报、恶有恶报,有助于唤醒人们对自身命运的终极关怀,使人乐于从善而畏惧从恶;也有助于信徒确立去恶从善的道德选择,成为自觉实践道德规范的强大驱动力、支配力和约束力。果报论宣扬过去、现在、未来三世报应说,使人关注生死的安顿,关切来世的命运,增长道德自律心理。从理论上考察,因果报应论为佛教伦理提供了深厚、牢固而周密的理论基础。首先,佛教伦理价值取向或道德选择,归根到底是一种行为选择。人们行为方式的选择是受行为结果所左右的,得到报偿的行为将趋于重复,受到惩罚的行为将趋于避免,人们总是选择能得到最大报偿和最小惩罚,甚至不受惩罚的行为方案。佛教善恶报应论正是在规范人们行为的可行与不可行、赋予不同行为的不同报应承诺中,确立了行为与反馈相对应的合理关系。这就唤醒人们对自身命运的终极关怀,使人乐于从善而畏惧作恶。这是符合人们道德选择的心理动因的,是符合人类个体在行为选择上的一般规律的。其次,因果报应论强调有因必有果,自己作业而受报,这就使人把人生的期待不是指望于外界、天神的赐予,同时也排除了对外部现实的不满,转而反求诸己,向内追求。由此在内心确立去恶从善的道德选择,并成为内在自觉的强大驱使力量、支配力量与约束力量。这种道德自律的压力与精神,是佛教徒进行道德选择和道德实践的重要保证。再次,佛教的报应论不仅从理论上自圆其说地解释了现实生活中触目可见的善人遭遇不幸、恶人享受欢乐的现象产生的原因,而且使人关注生死的安顿,增强道德自律的心理,使善有善报,恶有恶报,成为中国民间社会的普遍信念。

业报轮回思想在世俗谛上给人这样的伦理承诺:德行必将得到奖赏以及与它相应的福乐,恶行必遭恶果;凡因必有果,凡果必有因。在经济伦理方面,这一理论具有以下重要意义:第一,因果法则是一种不依人主观意志为转移的自然法则,这种法则不仅可经由理性思维而认同,而且可以从人际关系、生活经验中去反复体认,以大量事实证明:种善因得善果,种恶因也必然得恶果,以警示人们道德自律。第二,告诉人们必须为自己的行为负责,必定要担承一切身心行为的后果。业报的责任在于造业者自身,人可自主其业。在"因"上,每个人都是有选择的自由意志,然而最终在"果"上,基本无选择的自由。一切悉由自作自受,非由神意,非出偶然,非由他力,人应承担自己造业的责任。第三,善是超越的,同时也是和利益结合来说明的。从个人的切身利益,眼前今后的苦乐、损益出发,考虑当为不当为、当言不当言,实际上是商业活动中绝大多数人言行的基本出发点,从人们的这一言行出发宣扬行为准则、道德规范具有最佳的经济伦理教化功能。《成唯识论》

曰:"能为此世、他世顺益,故名为善。"①就自身而言,善行不仅对现世有益,更能惠及未来生命,就自他双方而言,善行不仅自己获利,同时也能利及社会大众。"功德无量"蕴含着深刻的经济伦理思想:以最小的成本获取最大的利益:"言功德,功谓功能,善有资润福利之功,故名为功;此功是其善行功德,名为功德。"②业报轮回是宇宙万有生灭变化的普遍法则,然而这是属于世俗谛的法则,如从佛教真谛而言,则业报因果本来是空。《摩诃般若经》云:"世谛故分别说有果报,非第一义,第一义不可说因缘果报。"③业由心造,只要以如实彻了业报真实本性,则业报可以转消,轮回可以打破,从不可思议的业力束缚中获得自由。中观派从轮回观念基础的"十二因缘"实在性加以否定,不仅缘起之物空,缘起之本身也空。佛教认为:

> 缘法实无生,若谓为有生,为在一心中,为在多心中? 是十二因缘法? 实自无生,若谓有生,为一心中有? 为众心中有? 若一心中有者,因果即一时共生。又因果一时有,是事不然。何以故? 凡物先因后果故。若众心中有者,十二因缘法,则各各别异,先分共心灭已,后分谁为因缘灭? 法无所有何得为因? 十二因缘法若先有者,应若一心若多心,二俱不然。是故众缘皆空,缘空故从缘生法亦空。④
>
> 车从诸业起,心识转于车,随因而转至,因坏车则亡。⑤
>
> 一切皆心作,一切皆因心,心能诳众生。⑥
>
> 如是业果,前中后际,生死轮回,不待外缘,既由内识,净法相续,应知亦然。谓无始来,依附本识,有无漏种,由转识等,数数熏发,渐渐增胜,乃至究竟。⑦

轮回根本是虚妄性的,由妄心执我,于是有我贪、我爱、我欲等惑,而造不净的善恶行为,牵引种种五蕴而有生死轮回。遣除"我执",通达胜义谛,

---

① 《成唯识论》卷5,《大正藏》第31册,第26页。
② 《大乘义章》卷9,《大正藏》第44册,第649页。
③ 《摩诃般若经》,《大正藏》第4册,第397页。
④ 《观因缘门》,《大正藏》第30册,第160页。
⑤ 《杂阿含经》卷49,《大正藏》第2册。
⑥ 《宗镜录》卷75,《大正藏》第48册,第832页。
⑦ 《成唯识论》卷8,《大正藏》第31册。

方知轮回是专弄众生的境界,于无生死中见有生死,而枉受苦恼。菩萨道的大悲利他行,正缘此而发,菩萨了知缘生法的无常故苦的法性;体达我法皆空,得我空、法空的二空智,了苦即法身,烦恼即菩提,业即解脱。无苦、无烦恼、无业可灭,体现缘生法的中道实相,故能不厌生死,不欣涅槃,利乐有情,穷未来际。"因智慧故,不住生死,因慈悲故,不住涅槃"①,正是鼓舞大乘行者以处生死为荣,而能行其广度众生的悲愿。

四、心佛相即、众生是佛的心性论

心性是中国佛教伦理的一个重心、大小乘佛法的一个核心,也是佛教经济伦理思想的一个内在依据。心是行为的发动者和主宰者,对从事经济活动和修行活动的主体来说,心的动能是行为的基础和前提。如何修养佛性,实质上首先涉及如何修心、如何修性。在世俗生活甚至在世间经营谋生中能否修得佛性,这是中国化的佛教经济伦理思想要着力阐释并试图加以解决的一个重要问题。

"心性"一词,是心与性的结合词,词义指心的性质。心者集聚义,性者不变义,这种不变意义一指性寂,二指性觉。性寂是印度佛教的一贯"心性"本义之正解;"性觉"义则是中国佛教对"心性"本义的诠释。心性本净,客尘所染。"心"者就人的自我意识及其综合功能,心者集起义。心是主体,心法是有为法。佛教通常是从心性合一的意义上论心的,心和心性是同一的。"心"为心理和生理两种成分组成的复合体,是意识及其"根"的合成体。心是动态的连续体,非永恒的实体,其功能和作用可扩展到无尽的方面,延展到生命终了之后,这又使心带有实体性的意义。心有认识的功能和作用,是人性的真正承担者。由此,心就是心性,心论也就是心性论。

心性论是佛教伦理自觉的根据,修行或经营行为,以心的意识为发动基础。众生修持行善的伦理自觉问题,也就是道德起源问题。中国佛教从心性论上展开了论证,首先认为心为善恶报应的基础。心为种本,行为其他,报为结实。心如种子,报应是种子的果实,心是报应的本原。心作天,心作

---

① 《菩萨善戒经》卷1,《大正藏》第30册,第966页。

人,心作地狱,心作畜生,由心乃至得道。心是各种报应乃至得道的根源,心的善恶对因果报应具有决定性的作用。心也是道德源于众生的本性。原始佛教为了说明众生成就正果的可能与原因,主要流派主张心性本净说,认为众生的心性本来是清净的,只是因烦恼的污染而没有显露出来。大乘佛教提出如来藏(自性清净心)和佛性说,强调自性清净心或佛性是成佛的根据。禅宗肯定众生的佛性本然自足,在心性本觉说的基础上把个性开发与伦理生活统一起来,心性修养是人的内在性开发和自我意识的自觉活动。

就心性论在佛教伦理学中的地位而言,佛教是探讨人是什么,人应该怎样的学说,是探讨人的本来状态和应有状态的学说,即探讨人存在的根本原理。佛教最关切的是人类痛苦的根源以及解脱痛苦的途径,对这些问题的探讨又始终是与主体的精神世界问题联系在一起的。心作为众生主体性的标志,是成就佛果的关键。众生要成就理想人格,关键是要心灵世界获得解脱,实现自我内在的超越。佛教的伦理学、宇宙论等理论都是以心论为轴心展开的,其以去恶从善为准则的伦理学,是建立在心性论基础上的。苦、空的价值论,是就人心的感受、领悟而言。"心生万法""万法为识""万法"即万有万物,是不离心而存在的。总之,心论是整个佛教伦理的基点。

心、佛相即是中国佛教伦理心性论的基本前提。心和佛在佛教超越的意义上是同一种存在,人、佛关系就是人与自我的关系,体现为一切众生皆有佛性的根本原理。这个原理是佛教伦理规范的基础。原始佛教倾向于强调在众生之外的佛对于人的信仰的作用,佛不像在其他宗教中那样是唯一的。大乘佛教认为,十方三世都有佛,但众多的佛,实际上都是一,它存在于众生的自心,存在于众生心外,具有某种抽象性和一般性的特征。中国禅宗否定了心之外佛存在的意义,宣布佛只存在于众生心中,一切众生皆有佛性,就是肯定人人都有圆满的道德本性,至善的本性。只有不断觉悟,才能赋予人真正尊严,人生的意义就在于自我的不断完善。《佛性论》言:"如来为除五种过失,生五功德故,说一切众生悉有佛性。除五种过失者,一为令众生离下劣心故;二为离慢下品人故;三为离虚妄执故;四为离诽谤真实法故;五为离我执故。"①五种功德是:一起正勤心,二生恭敬心,三生般若智慧,

---

① 《佛性论》卷1,《大正藏》第31册。

四生阇那(智,指俗智),五生大悲心。五种功德对治的是五种过失,即第一过之下劣心是众生的自卑心、甘沉沦之心。众生不知道佛性原理和自己必将成佛,而自认当下的存在状况为必然。对这些人讲一切众生皆有佛性之理,有利于他们增强成佛的信心。第二过之慢是道德上的一种恶,表现为自负感和对他人的轻蔑。众生中有七慢:一慢,二过慢,三慢过慢,四我慢,五增上慢,六卑慢,七邪慢。第一慢是总说对于比自己差的人,而有殊胜感、优越感,对于和自己相等的人,也生轻蔑、高慢之心。二过慢,指对与自己相等的人,强说自己胜于他人;对强于自己的人,硬说与自己相等。三慢过慢,是指对胜于我者却我胜于人。四我慢,指对五蕴和合之身,执着于我和我所,因执而生慢心。五增上慢,指尚未证得殊胜之果,却强说已经证得。六卑慢,指对于与自己相比是极为优胜的人却强说自己仅比他相差一点,而不是虚心求实。七邪慢,指自己无德而强说有德,以虚代实,恬不知耻。已经闻说一切众生皆有佛性之理,并已发心成佛者,却认为他人不能成佛,生出这些轻慢之心,对这样的人,也说一切众生皆有佛性之理,使其生平等心、恭敬心。第三过之虚妄是因不知佛理,而产生的我执和法执。对这些众生讲佛性之理,能除此执,佛性也就是我法二空所显现的真如之性。第四过之诽谤,指不知二空之理,而诽谤真如。知一切众生皆有佛性,也就能了知真如。第五过之我执,是因不知我空而生的执着。知一切众生皆有佛性之理,能反省此执的过失,因此产生大悲心。

北凉昙无谶(385—433年)译《大般涅槃经》,旨在说明法身常住、众生悉有佛性、阐提成佛等教义。佛身指如来之身,或如来、如来藏、佛性,也就是指佛的法身。《大般涅槃经》的一个重点是阐扬一切众生悉有佛性,如卷七《如来性品》说:"我者即是如来藏义,一切众生悉有佛性,即是我义,如是我义从本已来,常为无量烦恼所覆,是故众生不能得见。"又说:"一切众生皆有佛性,以是性故,断无量亿诸烦恼结,即得成于阿耨多罗三藐三菩提。""一切众生虽有佛性,要因持戒,然后乃见。""一切众生悉有佛性,烦恼覆故,不知不见,是故应当勤修方便,断坏烦恼。""一阐提",《如来性品》说无信之人,名一阐提。又以焦种、无目、难治之病、生盲、非法器、不可治、聋人等,比喻一阐提。卷二十一、二十二《高贵德王菩萨品》说:"一切众生悉有佛性,忏四重禁,除谤法心,尽五逆罪,灭一阐提,然后得成阿耨多罗三藐三菩提。""三宝佛性无差别相,犯四重罪,谤方等经,作五逆罪及一阐提,悉有佛性。"六祖惠能(638—713年),提出直指人心、见性成佛之旨。《坛经》的中心思想是"见性成佛"或"即心即佛"的佛性论,"顿悟见性"的修行观。"唯传见性法,出世破邪宗"。性,指众生本具之成佛可能性,即"菩提自性,本来清净,但用此心,直了成佛"及"人虽有南北,佛性本无南北"。这一思想与《涅槃经》的"一切众生悉有佛性"之说一脉相承。

慧能引《菩萨戒经》云"本元自性源自性清净"①,佛与众生的关系是"众生是佛"(敦煌本《坛经》第30节),"众生即是佛"(同上)。众生和佛本来是同一个对象,众生是不悟的佛,佛是觉悟的众生,"佛是众生界中了事汉,众生是佛界中不了事汉"(《大慧普觉禅师语录》卷十九)。众生即佛,是众生和佛在心性上的同一,既可以表述为众生心是佛心,也可以表述为众生性是佛性。佛教发展到禅宗,讲即心即佛,其含义是众生心是佛心。与此相关的是人和祖师的关系,包括历史上的高僧大德。佛教反对将其盲目神化,强调从自心发掘成就祖师的能力。心首先是每一个人的具体的心、一念之心、当下之心。具体的佛性就是个性化的佛性,也就是说,佛性体现在具体的心中。

唐朝百丈怀海禅学强调佛法就在各人心中,要消除自心所受妄想的系缚,明心见性,就可证得佛法。有一天,他一上法堂便说:"灵光独耀,迥脱根尘。体露真常,不拘文字。心性无染,本自圆成。但离妄缘,即如如佛。"有人问:"如何是大乘顿悟法要?"答道:"汝等先歇诸缘,休息万事。善与不善,世出世间,一切诸法,莫记忆,莫缘念,放舍身心,令其自在。心如木石,无所辨别。心无所行,心地若空,慧日自现,如云开日出相似。"②人的不受善恶、是非、欲念污染的本心就是佛性,由此出发,他认为读经看教的关键在于会心,而死记硬背,纵使把十二《韦陀典》读得烂熟,也不算修行。怀海教诲徒众的方法,与其师马祖相似,常常运用打、笑、大喝、举拂等形式,随机启发学徒开悟。他喜欢在说法下堂时,大众已经出去,却呼唤大众,等大众回过头来,却问道:"是什么?"他借这种方法提醒学人反省。

人性与佛性的一体体现于人心。慈、悲是人心和佛性最具本质性的特

---

① [唐]慧能著、郭朋校释:《坛经校释》卷19,北京:中华书局1984年版。这里《菩萨戒经》指《坛经》卷下曰:"一切众生戒本源自性清净。"
② 《百丈怀海禅师语录·广录》。[宋]赜藏主编:《古尊宿语录》卷1,北京:中华书局1994年版。

质之一,梵文"慈"含有纯粹的友爱之情,"悲"为哀怜、同情之意。欲成圣佛,必须胸怀慈悲,以慈爱之心给予人幸福,以怜悯之心拔除人的痛苦。佛教把慈悲扩大到无限,扩大到一切众生。《大智度论》云:"大慈与一切众生乐,大悲拔一切众生苦。大慈以喜乐因缘与众生,大悲以离苦因缘与众生。"这种慈悲是深厚的、清净无染的,视众生如己一体,即"慈爱众生如己身",知其困厄,如同身受,由此而生成了"众生度尽方成正觉,地狱不空誓不成佛"的菩萨人格。佛教教人欲出离三界,就应心怀慈、悲,以正、悟、智、善的慈悲普度众生,实行与乐、拔苦的义举,为一切众生造福田。《大宝积经》云:"能为众生作大利益,心无疲倦","普为众生,等行大悲"。《法华经》揭示这种不舍世间、不舍众生的以慈悲精神利他的思想:"大慈大悲,常无懈怠,恒求善事,利益一切。"所以,佛教高僧都深怀大慈大悲之心,以寺院经济为支撑,把赈济、养老、育婴、医疗等救济事业看成是慈悲之心的外化,以慈悲喜舍的四无量心善待众生,以宽宏的胸襟劝谕世人发慈悲之愿而生救世之心,真正体现了人性与佛性的高度一体。

佛教心性论与高扬内在超越和主体精神的儒道伦理相联系。内在超越和主体思维离不开心性修养,佛教与儒、道两家都具有鲜明的心性旨趣。儒、道与佛经过冲突与融合,趋于合一,主要是有心性理论上的基础。正因为如此,中国佛教的若干宗派如天台宗、华严宗、净土宗、禅宗等,在中国固有伦理思想的框架下,结合印度佛教理论,才形成了有特色的、影响深远的伦理思想。

五、信仰引导、理性主宰的中道论

佛教经济伦理是佛教徒在经济生活、经济行为方面遵循释迦牟尼的说法而形成、发展起来的基本伦理思想意识和行为规范。原始佛教有追求出世的一面,绝对的出世势必对世俗经济生活采取否定的态度,如此一来,佛教的遁世立场不会导向任何经济伦理和理性社会伦理。出世的独身修行,当然是佛教不变的主题,这是寻求宗教觉悟的向上路径。然而,随着佛教中国化的进程之深入,汉唐时期中国佛教不仅没有一味排斥、贬低世俗生活,而且注重世俗生活,产生了关于追求合理的经济生活的多样而丰富的伦理观念,形成了许多有价值的指导思想,涵括从维持基本生存、利益大众,到趋向解脱的完整序列,显然这些方面更多是指向如何引导普通大众的信仰。出世与入世,一个整体的两个向度,或者说不同层次,既有区别又有联系。

佛教认为,信仰必须为众生和谐共生的总目标而发挥作用。经济活动作为人类社会活动中的一种,从经济行为规律的角度进行考察与衡量,也应以一个更宽广的视域来对待。人生是苦,但并不要求人人都遁世出家,而是通过正命将世俗生活与解脱连接起来。待至大乘佛教时期,进一步蜕变为"入世即出世"的菩萨精神,形成所谓的中道解脱。由此,从逻辑上确立了信仰引导、理性主宰的中道论,这是合理的经济生活体现在宗教上的合法性和神圣性原则。

中道,梵语为 madhyama-pratipad,巴利语为 majjhima-patipadā,其中 majjhima 有中间的、适中的、温和的、有节制的意思,patipadā 指途径、方法、样式,两词合而言之,即远离过激与偏执的适中之法、中正之道。简言之,中道即离开两边之极端、邪执,为一种不偏于任何一方之中正之道。《大宝积经》云:"常是一边,无常是一边,常无常是中,无色无形,无明无知,是名中道诸法实观。我是一边,无我是一边,我无我是中,无色无形,无明无知,是名中道诸法实观。"中道是佛教之根本立场,亦是其经济伦理思想之教义基础,于大、小二乘广受重视,其意义虽各有深浅,但各宗以此语表示其教理之核心则是一致的。

(一)苦乐中道

"苦乐中道"亦称"八正道中道",中道最基本的层面。其来源是佛陀悟道后于鹿野苑向憍陈如等五比丘"初转法轮"时所说之法。《中阿含经》卷第五十六中有一段典型的论述:

> 五比丘当知,有二边行,诸为道者所不当学:一曰著欲乐贱业,凡人所行;二曰自烦自苦,非坚实求法,无义相应。五比丘,舍此二边,有取中道,成明成智,成就于定,而得自在,趣智趣觉,趣于涅槃,谓八正道,正见乃至正定,是谓为八。[①]

① 《中阿含经》卷 56,《大正藏》第 1 册。

佛教把离开"二边"视为"中道",既不要执着于极端化的苦,也不要执着于极端化的乐,而要离两边取中道。类似的内容在印度保存的一些文本中亦有记述。①所谓"著欲乐贱业"的边行,即"乐行",是针对顺世论等所主张的纵欲享乐而言的。顺世论等否认来世和前生的存在,因此也就否定因果报应和轮回解脱之说,而认为人应在现世尽情享受快乐幸福。所谓"自烦自苦"边行,是针对耆那教等推崇的苦行而言的。耆那教是当时许多主张苦行的宗教中很突出的一派。佛陀早期观察了当时外道的各种苦行,并且经历到各种苦行外道,例如就其穿衣,或以叶为衣,或以草为衣,或以树皮为衣,或以珠为衣,以发毯为衣,或以手为衣,或着冢间衣,或无衣裸形。就其饮水,不饮酒,不饮恶水,或根本不饮而学无饮行;就其所食,不受请食,不受熟人食,不食鱼,不食肉,或一餐一口、一天最多七口为足,或一餐即一次给食所得、一天最多七得为足,或一日一食,或二日、三日、四日、五日、六日、七日一食,或食根,或食叶,或食果,或食自落果,或食牛粪,或食鹿粪;就其须发,或留须发,或剃须发,或拔发,或拔须,或拔须发;就其举止,或常举手,或不坐床席,或常蹲;就其卧处,或卧荆棘,或卧果蓏上,或卧草上,或裸形卧牛粪上。或有事水,昼夜手抒;或有事火,竟夕燃之。或事日、月、尊佑大德,叉手向彼。此等外道学烦热行,受无量苦。释迦牟尼出家前贵为太子,深知"乐行"之弊;出家后在尼连河附近林中随苦行者苦修,体会到"苦行"之不究竟,悟道后首宣不苦不乐的"中道"法门。

佛陀为五比丘讲说四圣谛,其中的道谛所说的八正道,就是教弟子们离开偏执、履中正而求解脱之道。中道之理是佛陀自己曾经在雪山经过六年的苦修,深感苦行并不是究竟解脱之道,所以佛陀将自己的亲身体验告诉弟子们:

> 形在苦者,心则恼乱;身在乐者,情则乐著。是以苦乐,两非道因。……行于中道,心则寂定,堪能修彼八正圣道,离于生老病死之患,我已随顺中道之行,得成阿耨多罗三藐三菩提。②

外道的极端享乐主义和极端苦行主义,对宇宙人生问题的看法上极端

---

① 参见［日］宫本正尊《中道思想及其发达》,法藏馆刊印,昭和十八年,第51、63、64、33、304页。
②《过去现在因果经》卷3,《大正藏》第3册,第644页。

的"宿命论"和"无因论",各执一端,均不可取,佛陀主张修八正道以远离边邪,乃至到达涅槃。这就是佛教"中道"思想的胚胎。

佛陀用自身的修行经历来说明:人类的肉体和内心,从无始以来,本自一体,不可以截然分割为二,如果想以虐待肉体求内心的解脱,最后只有增加内心和精神上的负担和痛苦。享乐主义是佛陀所扬弃的,因为物质的享乐并不是永远的,而且享之不当时会成为罪恶痛苦的原因。佛陀认为苦行主义和享乐主义都是极端的,一定要靠着精神和物质的相互平衡发展,才是解脱宇宙人生痛苦的完满方法。佛陀就曾以此种求精神之乐而又不放弃物质的修行观点,告诫一位修苦行而不能解脱的伤心弟子说:

> 汝在家时,善调弹琴,琴随歌音,歌随琴音耶? ……若弹琴弦急,为有和音可爱乐那? ……若弹琴弦缓,为有和音可爱乐耶? 若弹琴调弦不急不缓,适得其中,为有和音可爱乐? 沙门答曰:如是,世尊! 世尊告曰:如是,沙门! 极大精进,令心调乱,不极精进,令心懈怠。是故汝当分别此时,观察此相,莫得放逸。①

纵我的乐行和克己的苦行根源于情识的妄执。佛陀否定了二者,提供一种究竟彻底的中道行,即八正道,要求最初应该用道德的行为(法),去改善纠正不道德的行为(非法)。但这是道德善法,还是因缘所生、自性空寂;假如取相执实,那么与性空不相应始终不能悟证性空而获得解脱,善法功德法也是执取不得。

"中道"由具体的修行方式,逐渐上升为一种自觉思维和规范系统。《杂阿含经》卷三十四记载佛陀曾对外道以颠倒问难的十四个问题不予明确答复,这十四个问题即"十四无记",亦称"十四不可记"或"十四难",即(一)世间常,(二)世间无常,(三)世间亦常亦无常,(四)世间非常非无常,(五)世间有边,(六)世间无边,(七)世间亦有边亦无边,(八)世间非有边非无边,(九)如来死后有,(十)如来死后无,(十一)如来死后亦有亦非有,(十二)如来死后非有非非有,(十三)命身一,(十四)命身异。《大智度论》卷二述佛陀不答"十四难",是因为"此事无实,故不答。诸法有常无此理,诸法断亦无此

---

① 《中阿含经》卷29,《大正藏》第1册。

理,以是故佛不答"。十四个问题归纳即为四:(一)此等之事,皆虚妄不实,故不答。(二)诸法实相既非"有常",亦非"断灭",故不答。(三)此十四难皆乃邪见、戏论,无益于当下的解脱,故不答。(四)不答即是一种答复。十四个问题虽就具体的事物而发,但已包含了"断、常、一、异"等问题。后来佛教常就离"常见""断见"二边而论"中道",如《杂阿含经》卷三十四云:"佛告阿难:我若答言有我,则增彼先来邪见;若答言无我,彼先痴惑,岂不更增痴惑?言先有我,从今断灭。若先来有我,则是常见;于今断灭,则是断见。如来离于二边,处中说法。所谓是事有故是事有,是事起故是事生。谓缘无明、行乃至生老病死、忧悲恼苦灭。"[1]"常见"就是认为世界或人有一常一主宰的主体,反之则为"断见"。[2] 佛陀离"常""断"二边之"处中说法",乃是"处中",即守"中道"。《别译杂阿含经》卷十云:"复次阿难!若说有我,即堕常见;若说无我,即堕断见。如来说法,舍离二边,会于中道,以此诸法坏故不常,续故不断,不常不断,因是有是,因是生故,彼则得生;若因不生,则彼不生。"[3]舍离"常""断"二边的理论基础是缘起论。可见,坚持缘起论必然走向"中道",这种"中道"就由舍离苦乐二边的修行方式,上升为一种自觉思维和规范系统。原始和部派佛教时期的"中道"大多是针对外道之苦修、乐行二边、五蕴断、常二边及因果断、常二边而发,主要体现在不苦不乐之修行、五蕴之不断不常及因果之相生相连等具体问题上;大乘佛教时期,"中道"发展成为一种成熟而自觉的宗教道德哲学思维和规范系统。

(二)八不中道

隋唐佛教宗派三论宗的理论与观行中心是八不中道,源于佛灭后七百年间龙树菩萨造中观论,简称《中论》及《十二门论》。龙树的弟子提婆菩萨,又造《百论》,广破外道小乘,是为三论。后秦鸠摩罗什传译三论,盛倡龙树、

---

[1]《大正藏》第 2 册,第 245 页。
[2] "常见"的主要代表有婆罗门教的正统哲学及其各流派的理论,前者认为世界有一个恒常自在的绝对实体"梵",后者包括弥曼差派、瑜伽派、数论派、胜论派和正理派,均认为人的生命有一个永恒不变的"阿特曼",主宰着人的精神意识,是生死轮回的主体。"断见"的主要代表则为顺世论,认为世界及人皆由地、水、火、风四大种结合而成,根本不存在永恒不变的主宰者,人死后即复归于四大中,无不灭的灵魂存在。
[3]《大正藏》第 2 册,第 444 页。

提婆之学,为创立三论宗奠定了理论基础。南朝刘宋时僧朗将鸠摩罗什、僧肇的学说传入江南。僧朗传弟子僧诠,僧诠传门人法朗,教义渐趋成熟。法朗门人吉藏集鸠摩罗什、僧肇、僧诠、法朗等人的三论学说之大成,创立三论宗。吉藏门下有慧远、硕法师等,硕门人有元康,继续弘扬三论。三论宗据《中论》《十二门论》《百论》三部论典创宗而得名,因其阐扬"一切皆空""诸法性空"而名空宗或法性宗或破相宗。

八不中道的基础在于龙树的《中论》,而龙树的思想渊源于《般若》等经。《般若》立说有为无为一切诸法(即宇宙万有)当体性空,破除由于假名(即概念)认识所执着的实在。龙树的立说更发扬性空而无碍于缘起的中道妙理。依他,缘起的诸法,当体空无自性不可得,然而"空"并非"无"的异名,"空"的意义是"不","不"是泯义、破义,不是非对于"有"的"无",而是超越有无的中道。他为彰显此无所得中道实相的妙体,把《般若》等经中散说的不生不灭等,归纳作八不一颂,《中论》篇首说:"不生亦不灭,不常亦不断,不一亦不异,不来亦不出。能说是因缘,善灭诸戏论:我稽首礼佛,诸说中第一。"[1]生、灭、常、断、一、异、来、出,这八种概念是就缘起诸法的假相立名,都和离一切妄见戏论不可得的中道实相不相应,而众生把它执着作实在,堕于无因邪因断常等诸见中。所以龙树对于缘起诸法说"不生不灭,不常不断,不一不异,不来不出"八不,否定这些实在论的见解。八不义到开创三论宗的吉藏(世称嘉祥大师)而圆备。

诸法实相的妙体由"不生不灭、不常不断、不一不异、不来不出"而显。横破生灭常断一异来出八迷,竖穷生灭、不生不灭、亦生灭亦不生灭,非生灭非不生灭五句(因为求生灭不得,所以说不生不灭。生灭既去,不生不灭,亦生灭亦不生灭,非生灭非不生灭诸句自崩。如就生灭,对一异等六迷亦如此),洗颠倒之病,令毕竟无遗,即是中道实相。如此就八不即是无依无得无所有中道正观,亦即诸法实相,所以八不是二谛法门的极致。若能断此八迷,而悟万法不生不灭、不去不来、不一不异、不断不常之理体,则得真相。由此八不开显正观,了因缘性空而生二慧。二慧是实慧、方便慧,方便慧是鉴有不取,实慧是观空不证。《中观论疏》云:"二慧由二谛而发,二谛因八不

---

[1]《大正藏》第30册。

而正……以不悟八不即不识二谛，不识二谛即二慧不生。"又云："八不者，乃是正观之旨归，方等之心骨。定佛法之偏正，示得失之根原。迷之即八万法藏冥若夜游，悟之即十二部经如对白日。"又《大乘玄论》云："八不者盖是诸佛之心要，众生之行处也。……竖贯众经，横通诸论也。"总之，以无所得为至道为正理，所以八不之外别无中道。八不即中道。

（三）唯识中道

唯识宗以"唯识"为中道。唯识宗认为诸法实相有两个方面，即既不是有自性，如名言诠表所说，也不是一无所有，远离二边即为中道。一切诸法皆是唯识中道，这是唯识宗的要旨。唯识宗的中道思想主要体现于本识说和三性说之中。作为轮回载体的非断非常相似相续恒转如流的本识的安立，符合释迦牟尼的缘起中道教法。唯识宗以唯识所现来解释世界，对于诸法的现象与本质的问题，用两种方法来说明，一种是肯定的说明法，另一种是否定的说明法。肯定的说明法为"三性"，即遍计所执性、依他起性、圆成实性；否定的说明法是"三无性"，即相无自性、生无自性、胜义无自性。"三性""三无性"是不一不异的关系，形成唯识宗识有境无的中道思想。佛法的中道是非有非空，简择偏有偏空的意思。唯识宗认为一切诸法，无一法偏有，无一法偏空，无不具足中道妙理。

从"三性"看唯识宗的中道性，整个佛法不出生死流转的杂染法，涅槃还灭的清净法。《解深密经·一切法相品》中以三性来具体地说明诸法之杂染与清净，真实与虚妄，生死及涅槃，自性的有无。任何一法都具有三性三无性的含义，其中"遍计所执性"，谓一切法的名假安立及假名安立的自性、差别等。遍是周遍，遍及一切事物。计是计度，即是主观的分别。所执是指有情对一切法，即众缘所生的一切性相，执着为实有自性。遍计所执性是众生妄情所变现出来的错误执着，是妄情分别出来的"实我""实法"的执境。遍计又有三个方面，即能遍计、所遍计、遍计执三个方面。能遍计，是能认识的心所法，是指六、七两识，是我法二执相应的识，妄将一切色等法分别计度。所遍计，是所认识的一切行相，是依他起的万象诸法，即是因缘所生法。遍计执，是由能遍计之心缘于所遍计的妄境，但有假名皆无实义。依他起性，谓一切有为诸法,仗因托缘,依他而起的性质。唯识立宗的主要依据,就是以依他起性为基础的。依他起性是后得智诸缘的诸法。自性虽是无,但是依他而显示假有;假的体虽无,但仗缘而示有。诸法非实生,假体是暂有,缘谢法即灭,这就是诸法生灭之理。诸法生起所需之缘有四,即因缘、增上缘、等无间缘、所缘缘。色法的生起只需因缘和增上缘,心法的生起须四缘具足。"圆成实性",即是一切法的平等真如,一切法圆满、成就、真实之意。圆有普遍的意思,即在一法上是这样,在一切法上亦然,成是成就,谓诸法的体相,本来如此。实是真实,谓诸法的体性不虚不谬。总之一切法的真实性,普遍、本来如是,名圆成实性。

三性是一切诸法都具有的法相,摄尽一切诸法,所以说三性就是中道。因为遍计所执性,名有体无,故非有;依他圆成实体性是假有非实有,故是有非空;非有非空中道;所以依他起的体虽是无,乃是依因缘而起的假有,不是固定实有存在的东西,故亦可以说非有非空中道;圆成实性虽是诸法的实性、存在的实相,但其相状无形不可捉摸,不可认识,所以是非有非空中道。总的来说,三性具有中道;分开来说,三性各具有中道,总括一切诸法之相,故法界全体,一切微尘,都具足三性,故称为一切诸法唯识中道。

从三无性来看唯识中道,三无性是建立在三自性上的。诸法的遍计所执性,是以名计义、以义计名的名义相应法,没有它实在的自性。有情错误认识上觉得怎样的相貌,是由假名所安立的。而假名安立的是假有,所以是相无自性性,譬如眼睛有病的人见到空中有花一样,而这在眼睛没病的人看来的确是没有的。遍计所执性是由主观的迷情所现的迷妄界,本来是没有这样的东西,也就没有这样东西的实体存在,所以说遍计所执性是"情有理无"。

诸法的依他起性,是依其他因缘的力量而有的,不是自然而然的自力而有的。因它非自然而有,故说为生无自性性。生无自性是无自性生的自然性,不是说自性安立的因缘性也没有了。依他起性是靠着诸缘所成立的"依有现象",故说此性是"相有性无"。胜义无自性,性是依圆成实性说的。一切诸法的法无我性是诸法的胜义,而法无我性是一切法的净智所缘,所以是一切法的胜义谛性。法无我性,是离去独立自在的我的自性之所显现的,故亦是无自性性之所显。由此因缘,故说其胜义无自性性。不是胜义本身没有自性,而是约离遍计执性,显了通达说的。

三无性与三性互不相离,虽说是有也不是迷情常见有见的有,而是真空妙有,由此形成非有非空的唯识中道性。中道是指离开有空二边,绝对真实的意思。唯识中道的义理,是唯识学的要旨,也是佛陀说法四十九年的本旨所在。悟入此唯识中道,就能知道万法唯识;明白了万法唯识的道理,即悟入佛之知见,然后转识成智,从而成就菩提佛果。

天台宗以"实相"为中道,体现于《法华玄义》《法华文句》《摩诃止观》等大论。《修习止观坐禅法要》认为:"泥洹之法,入乃多途。论其急要,不出止观二法。……止是禅定之胜因,观是智慧之由籍。"修习止观法门,日益精进,必成正果;否则必坠入邪道。止观二法如车之双轮,鸟之双翼。止观即指定、慧。有慧而无定,心则散乱,如风中之灯,照不了物;有定而无慧,此是痴定,如盲人骑瞎马,必坠坑落堑。止观法门的指导思想来自中观论阐发的中道观。

(四)正命的原则

"正命"本义是正当的生活、正当的生计,如法追求清洁的工作,包括合理的经济生活。正命的原则是中道原则的一个具体体现,即在正确的见解及清净身、口、意基础上,以正当、合理的行为,追求适度的生活。佛教虽认为人生是苦,但并不要求人人都遁世出家,而是通过正命将世俗生活与解脱连接起来。待至大乘佛教时期,进一步蜕变为"入世即出世"的菩萨精神,形成所谓的中道解脱。由此,确立了合理的经济生活在宗教上的合法性和神圣性。

正命的解释重点还在于追求合理的有节制的世俗富足生活和修行解脱生活。《中阿含经》认为,不管是当下的世俗生活,还是趋向解脱的修行,都要以理性为指导,确立合理的价值,不应被贪欲奴役。《阿那律八念经》提道:"正命亦有二,求财以道不贪苟得,不诈绐心于人,是为世间正命;以离邪业,舍世占候,不犯道禁,是为道正命。"世间正命,即以合法的方式谋取财富,不贪婪,此为世俗伦理层面。出世间正命遵循佛教的戒律,远离杀生、偷盗和邪淫,杜绝各种咒术、邪伎等,此为宗教伦理层面。《杂阿含经》认为"正命具足"应当:"所有钱财出内称量,周圆掌护,不令多入少出也、多出少入也。如执秤者,少则增之,多则减之,知平而舍。如是,善男子称量财物,等入等出,莫令入多出少、出多入少,若善男子无有钱财而广散用,以此生活,人皆名为优昙钵果,无有种子,愚痴贪欲,不顾其后。或有善男子财物丰多,不能食用,傍人皆言是愚痴人如饿死狗。"相对于侧重谋财的职业伦理向度,正命也包含朴素的理财观念和消费伦理,既反对不量入为出的过度消费,也反对守财奴式的吝啬,提倡动态收支平衡。

正命出自八正道。八正道是释迦牟尼悟道修行所得的八条修道方式,又作八圣道、八道谛。释迦牟尼在波罗奈作"四谛"说教之后说:"比丘们,这就是引向消灭痛苦途径的神圣真理;有八种正确的途径(正道),即正确的见解(正见),正确的意志(正思惟或正志),正确的语言(正语),正确的行为(正业),正确的生活(正命),正确的努力(正精进),正确的思想(正念),正确的精神统一(正定)。"八条修行原则,即正见、正志、正语、正业、正命、正精进、正念、正定。

八正道从思想、言论和行动三方面规定了如何去修行。《中阿含经·分别圣谛经》释云:"正见"是对四谛的正确理解,并能在禅观过程中有深入与整体的观想;"正志"(正思想)在"正见"的基础上对四谛作认真、细致的思考;"正语"是在修行过程中做到言语正确,不说谎、不骂人等;"正业"是在行为上正确,不淫、不盗、不杀;"正命"是在修行过程中克己知足,不以不正道的手段谋取财物;"正精进"是收摄精力,正确修行;"正念"是对四谛的道理正确的忆念;"正定"是依照四谛之理,正确地修持禅定。按照佛理修行,不断进行宗教实践和道德修养,才能消除无明,摆脱贪、嗔、痴等有害心理的影响,使本心不断得到净化,从而消除人生痛苦,解脱轮回,进入至善境地。在修行过程中,不仅要在理论上懂得佛教所说的道理,更重要的是要在修行中严格遵循道德规范,多积善业。

释迦牟尼临终提出"诸恶莫作,众善奉行",作为佛教徒应当遵守的基本道德准则。《增一阿含经》序品记阿难曾对迦叶说:"诸恶莫作,诸善奉行;自净其意,是诸佛教。所以然者,诸恶莫作,是诸法本,便出生一切善法;以生善法,心意清净。是故迦叶,诸佛世尊身口意行,常执清净。"这一偈亦称为"七佛通戒偈",为佛教徒所诵念。除诸佛之外,一切众生如能遵循这一道德准则,即使不能很快修行达到最高的道德理想境界,至少也能在生命的轮回过程中获得一个较好的结果。佛教不仅作为一种宗教,在社会民众的精神生活中起着重要作用,而且在某种程度上说,它具有更加深刻的伦理精神和浓厚的道德说教色彩。

正命原则强调以合理、合法的途径获取财富,以及理性消费与合理分配等,必然以认可财物、利益的必要性和合法性为前提。由此可知,正命含藏丰富的经济伦理意蕴,它所指向的经济生活不离世俗的道德。特殊的一面,即符合某些特定的律法与精神,最终又趋向解脱。因而,正命成为佛教经济伦理的一项基本原则。

佛教经济伦理原则由中道的般若智慧所产生,离苦、乐二边。佛教虽讲苦空无常,所谓三苦、四苦、八苦、无量诸苦。但是佛教讲苦,是因为“苦是人道的增上缘”,它是取得永恒幸福一种方法过程,而不是最终的目的。由中道智慧,佛教提倡要满足人们丰衣足食的愿望,但是却强调不限于物质至上的经济主义,因为过分放纵物欲,便无提升心灵的法乐可言。佛教提倡丰富的物质生活,是为了在物质生活中实行佛法,符合合乎“八正道”的生活。《金刚经》所说“应无所住而生其心”的道理,不是要我们放弃所有,而是强调佛法的中道生活。因此,在般若智慧的指导下,离于苦乐二边的生活,就是合乎中道的富足而通向解脱生活。

第五节　汉唐佛教学说中的经济伦理核心观念

佛教经济伦理思想以寺院经济的土地私有制为基础。以寺院形式出现的土地所有制形式上由各个寺院的执掌者代理掌管,但实际上却主要由掌握管理权与财权的主事僧侣,通过名义上属于寺院所有的土地,借以实现其对下层僧侣、寺户及寺院附近贫苦农民的剥削。寺院的主事僧侣,就是寺院地主。寺院经济的评价:供养募化形式,是间接地取得佃客、佃户及其他劳动者生产的生活资料;寺院自营经济,是直接从生产者那里获得生活资料。所以从根本上讲,是无数的农奴、农民和工匠们的血汗,浇灌了佛教文化的百花之园。

一、私财限定、寺产公有的产权伦理

早期佛教僧尼主要生活于丛林,大部分隐居,崇尚避世修行,稍后又在简陋的僧房精舍里修炼,衣食粗朴,不事讲究,吃饭时即到居民区乞食,接受供养。这时期是无所谓寺院财产和僧尼私有财产的。后来佛教发展,需安居修行、传法弘道,因此有了居住点——寺院。佛教传入中国以后,寺院规模逐渐扩大,僧尼人数逐渐增多,大规模接受田产、财物等,有的居士作为在家修行者,他们在家时就是富有阶层,财产问题也就随之发生了。寺院有了公产,僧尼也有了私财。佛教经论关于僧尼私产规定,首先是限制,即规定哪些财物僧尼可以私有,哪些财物不能私有,从而有轻重之分,有了可蓄、不可蓄和开蓄等规定;其次是承有,即僧尼私有财产在所有者死亡以后,应归寺院所有。这种规定无论在古印度还是在中国,都曾引起国家、死亡僧尼的亲属的争议。

(一) 佛教对私财、寺产的称谓和分别

佛教在产权伦理上,首先基本坚持严格分别、限定的原则。佛教产生时期是私有制确立的阶级社会,佛教既是社会的产物,它就必然不能脱离社会而孤立存在。僧尼们每天每时都生活于世俗的或自认为与世俗有别的走向解脱的社会之中,也就必然不但不能脱离社会,还不能不接受社会的影响。他们要生活,就离不开一定的资财。僧尼生活在私有财产制社会之中,久而久之,便由抗拒私有财产到融入私有财产制的环境之中。早期过着依靠社

会供养来生活的寺院僧尼,随着佛教传播环境的变化和教权与世俗政权关系的加强,寺院形成了经济活动,渐渐有了私有财产,成为大土地所有者,财富所有者。佛教经律关于僧尼财产,有允许私有财产的规定,也有不允许私有财产的规定。不许僧尼蓄有私财,这是原始教义,是佛教教会的早期情况;允许蓄有私财,是后来的发展。随着僧尼私有财产的出现,如何处理僧尼死亡后的遗产,轻物、重物之分等问题和应作的规定也就跟着出现了。

佛教在东晋十六国时期才有律藏的翻译,十六国姚秦时期,关中行《僧祇律》,南朝和北魏时期行《十诵律》。北朝末年,《四分律》兴起。隋唐统一,全国多用《四分律》。僧人道宣的《行事钞》(全名是《四分律删繁补阙行事钞》)和《量处轻重仪》对佛教财产的规定有详细的阐释。释道宣(596—667年),俗姓钱,唐代江苏丹徒人,自称吴兴人。受业于长安日严寺智頵律师,在弘福寺从智首律师受具足戒,综览诸家学说,以成一家之言。道宣著述很多,其中《四分律删繁补阙行事钞》《四分律含注戒本疏》《四分律删补随机羯磨》(后世合称"南山三大部")及《四分律比丘尼钞》《四分律拾毗尼义钞》最负盛名,其中影响最大者当为《四分律删繁补阙行事钞》,该书在南山律宗形成和发展中的作用最大,是道宣大师以智首律师的《大疏》为本,初稿于唐武德九年(626年)终南山丰德寺,四年后又作修订。律宗(南山宗)的历史都是围绕着这本著作展开的,因此它是学习南山宗的标准教科书。释道宣的律学,是以《四分律》统括五部,会通大乘的圆义。经过30年的钻研,他完成了南山律宗五部论著,成为律宗开山始祖。唐贞观十七年(643年)道宣48岁时,到终南山丰德寺,因定居终南山,故其宗派也称南山律宗。唐贞观十九年(645年)道宣50岁时,参加玄奘主持的弘福寺、西明寺译经场,称为"缀文大德"。释道宣受到玄奘法相唯识学说的影响,倡立心识为戒体之本说,其投门弟子有两大系:一系由文纲、道岸到鉴真传至日本,一系由周秀继承,历宋、元、明、清都有弟子传承。

《行事钞》是阐释《四分律》的,其中《量处轻重仪》专讲寺院僧尼财产法,其中对私财、寺产有专门的称谓和分别。寺院财产,佛教经律称为三宝物,即佛物、法物和僧物。三宝的财物,各有所属。其中属于佛的称为佛物,如佛像、殿堂、香花、幡盖等;属于法的称为法物,如经卷、纸笔、箱函等;属于僧的称为僧物,如田宅、园林、衣钵、谷物等。三宝财物中的大项是僧物,这是寺院财产的支柱。

僧侣有常住僧物和现前僧物。常住僧物又有局限常住僧物和四方常住僧物之分；现前僧物又有四方现前僧物和当分现前僧物之分。局限常住僧物，也称常住常住僧物（第一个"常住"指人，即十方三世僧为物主，故名常住；第二个"常住"指山门、殿堂、山林、地产、厨库、寺舍、众具等归属寺院之物，即常住此处之意。永定住于一处，不可分割，对此众僧只允许使用，而不允许将其分割、处理等）。它是只限于一个寺院所掌握的常住物，如田园、庄宅、生畜、奴隶等，都属于这类常住物。《量处轻重仪》说："局限常住僧物，谓约界限，不通余寺，恒供别住，故云然也。物相如何？即田园、房宇、山林、池泽、人畜等是也。"①局限常住僧物，由于它"恒供别住"，即只供个别寺院僧众而"不通余寺"，所以它被称作"局限"常住，但它是寺院常住财产，是属于佛教僧众全体的。《行事钞》说："常住谓（原注："谓"是"常"之误）住，谓众僧厨库、寺舍、众具、华果、树林、田园、仆畜等。以体通十方，不可分用。"②

四方常住僧物，亦称十方常住僧物。如饭饼蔬菜等现熟之食，从常住常住物的体转换而来。米面蔬果，本是常住常住物，经寺院打板作相以后，即成为十方常住物。十方的僧众，听到打板的声音都可以进来过斋。十方常住物的主人，即十方的僧众。《量处轻重仪》说："谓义通域外，事限坊中，故云然也。物相如何？而现熟僧供分啖之物是也。"③《行事钞》说："如僧家供僧常食，体通十方，唯局本处。"④"体通十方"就比"不通余寺"好多了。四方或十方常住僧物，虽然"事限坊中"即限于两个寺院，但却是"义通域外""体通十方"，而不限于一个寺院的。供给僧众的食物，本寺僧众可以享用，寺外的所有僧众都可享用。常住常住物与十方常住物的区分在于，饭饼蔬菜等饮食未入当日供僧限者，并归常住常住物摄，是常住常住。取入日用，经打板作相以后，即十方常住。

四方现前僧物，亦称十方现前僧物。《量处轻重仪》说："四方现前僧物，

---

① 《量处轻重仪》，《大正藏》第 45 册，第 844 页。

② 《行事钞》卷中一《随戒释相篇》，《大正藏》第 40 册，第 55 页。

③ 《量处轻重仪》，《大正藏》第 45 册，第 848 页中。

④ 《行事钞》卷中一《随戒释相篇》，《大正藏》第 40 册，第 55—56 页。

谓情通内外,立法遮分。即道俗七众为僧得之施,存亡五众入分轻物等是也。"①《行事钞》说:"十方现前,如亡五众轻物也。"②这类僧物在法理上是属于一寺院内外一切僧众的,即所谓"情通内外",但实际上却只有一个寺院内的僧众才有机会受到分配,即所谓"立法遮分"。这类财物主要是道俗七众施给僧众的财物和僧尼亡后应由僧尼分的财物。当分现前僧物,亦称作现前现前。"谓供身众具,限分衣资也"③。这里指的大约是由寺院供给的僧尼现服现用的三衣六物之属。

（二）经律关于僧尼个人财产的限定

僧尼个人财产奉行公而无私或少私的原则。《行事钞》阐释《四分律》对寺院僧尼财产法予以明确规定,其中《量处轻重仪》专讲寺院僧尼财产法。《行事钞》引用的经律,有的就反映佛教原是不允许僧尼私蓄财产的。《行事钞》有如下记载:

> 《涅槃》又云,祇桓比丘不与受金银者共住说戒自恣、一河饮水,利养之物悉不共之;若有共僧事者,命终,堕大地狱。《智论》云,出家菩萨,守护戒故,不蓄财物,以戒之功德胜于布施。④
>
> 《毗尼母》,比丘只得三衣、钵、坐具、针线囊、瓶、盆等是,下(不?)合蓄者,女人、金银、一切宝物、一切战斗具、盛酒器等。生人嫌疑故。⑤

上述规定是很明确、肯定的,总体上奉行严格限制私财的戒律,以防止恶欲,其中对于接受金银财物的比丘告诫是很严厉的,要祇桓比丘不和他们"共住说戒自恣"、共饮一江水,一切利养之物,悉不共之。如果和他们"共僧事",就要"堕大地狱"。佛教起初对于僧尼蓄有私财,是谆谆相诫,严格限制的。除三衣六物之外,几乎一切财物都在不得蓄有的范围之内。《四分律》有下面一段记载:

---

① 《量处轻重仪》,《大正藏》第45册,第489页。
② 《行事钞》卷中一《随戒释相篇》,《大正藏》第40册,第56页。
③ 《量处轻重仪》,见《大正藏》第45册,第489页。
④ 《行事钞》卷中二《随戒释相篇》,《大正藏》第40册,第71页。
⑤ 《行事钞》卷下二《钵器制听篇》,《大正藏》第40册,第127页。

佛尔时以此因缘，集比丘僧，为诸比丘说大小持戒犍度，……不把持金银七宝，不取妻妾童女，不蓄养奴婢、象、马、车乘、鸡、狗、猪、羊、田宅、园观，蓄积蓄养一切诸物，不欺诈，轻秤小斗，不合和恶物，不治生贩卖。……量腹而食，度身而衣，取足而已。①

释道宣在《行事钞》的《随戒释相篇》里有一项《蓄钱宝戒》，引用内律说明一些可蓄财物的条件，可以见得其中的限制。如其中引《毗尼母》云：毕陵伽为国人所重，施一小寺、罗网、车舆、驰驴等，僧坊所须，开受。《僧祇》云：为僧故，得受。《善见》云：居士施田地，别人不得用，若供养僧者，得受。《多论》云：檀越欲作大房舍，应开解示，语令小作顺少欲法。若为客多人故作者，不应违意。《五分》云：有人施僧田宅、店肆，听受，使净人知之。《善见》云：若人以池施僧，供给浣濯及一切众生听饮用者，随意得受。《涅槃》云：若有人言，如来怜悯一切众生，善知时宜，说轻为重，说重为轻，观知我等弟子有人供给，多须无乏。如是之人，佛则不听受蓄一切八不净物。若诸弟子无人供养，时事饥馑，饮食难得，为欲护持建立正法，我听弟子受蓄奴婢、金银、车乘、田宅、谷米，卖易所需，虽听受蓄如是等物，要须净施，笃信檀越，如是四法所应依止。《蓄诸钱戒》专说僧尼不得蓄有的财物，举出如下几项：

> 一田宅园林，二种植生种，三贮积谷帛，四蓄养人仆，五养繁禽兽，六钱宝贵物，七毡褥釜镬，八象金饰床及诸重物。此之八名，经论及律盛列通数。②

佛教经律特别把金银钱宝等物称为八不净物，有着专门的考虑和对待。对于八不净物，僧尼连接触一下都是要犯罪的。《行事钞》说：

> 《僧祇》云，不净物者，金银钱，不得触故。余宝得触，故名净。若不净者，自捉使人一切皆提。③

允许或不允许蓄金宝八不净物是佛教和外道的分界线或严格区分的原则，这既是教众的生活规范，也是防恶导善的伦理原则。《量处轻重仪》有下

---

① 《四分律》卷 52《杂犍度》之二，《大正藏》第 22 册，第 962 页。
② 见《大正藏》第 40 册，第 69 页。
③ 《行事钞》卷中二《随戒释相篇》，《大正藏》第 40 册，第 71 页。

面一段话：

> 《大般涅槃》穷终之极数也。一部之文，十明八不净物。佛说、魔说，用此分途。故文云，若有人言佛开比丘蓄于金宝八种不净毒蛇物者，是为魔说，非我弟子。反此上言，是名佛说。乃至文云，祇桓比丘分金之书，佛亦正断，分河饮水。乃至《四分律》中，迦旃延不受王之宝施。因此如来制大小持犍度，我之弟子不同诸外道沙门受蓄金宝等。①

僧尼不得蓄有财物规定如此之严，在私有制和私有观念盛行的社会里，这是极特殊的原则，也是殊难执行的要求。释道宣对于唐朝初年僧尼不得积储金银钱宝这条内律不能执行，很有感慨。他说：

> 此之一戒，人患者多。但内无高节，外成鄙秽，不思圣戒严猛，唯纵无始贪痴故，律言：非我弟子。准此失戒矣。又云，佛告大臣，若见沙门释子以我为师而受金银钱财，则决定知非沙门释子。又《杂含》云，若为沙门释子自受蓄者，当知五欲功德悉应清净。又《增一》云，梵志书述，若是如来者，不受珍宝。……佛世尊欲增尚弟子，令弃鄙业，远超二界，近为世范。今乃反自坠陷，自蓄自提。剧城市之商贾，信佛法之烟云。反自夸陈，妄排佛律，云：但无贪心，岂有罪失？出此言者，妄自矜持，不思位是下凡，轻拨大圣，一分之利尚计，不及俗士高逸。……岂唯蓄捉长，贫方生重盗之始。②

私有财产制是中古封建社会的基本制度，是整个社会文化中普遍存在的不可抵挡洪流，加上私有观念的盛行，佛教内律对于僧尼蓄积私财，不得不以各种理由，打开方便之门。《中阿含经》说僧尼不得蓄有田园、奴婢等私财，应以对增长善法有利无利来定。《行事钞》说：

> 《中阿含》云，我说一切衣服、饮食、床榻、园林、人民，得留不得蓄者，皆不定。若蓄便增长善法，我说得蓄，反此不得蓄。③

既然蓄不蓄私财依据对增长善法有利无利来定，那就蓄什么都可以说

---

① 《量处轻重仪》，《大正藏》第45册，第843页。
② 《行事钞》卷中二《随戒释相篇》，《大正藏》第40册，第71页。
③ 《行事钞》卷下一《二衣总别篇》，《大正藏》第40册，第110页。

是对增长善法有利。因之，可以用对增长善法有利，来为蓄有田园、奴婢等财物提供理由。如车乘牛马本来都是不许蓄有的，但以年老为理由，就可以蓄有了。这无疑为蓄私财提供了合法性、合伦理性的根据。《行事钞》说：

> 《四分》，老病不堪步涉，听作步挽车，若辇、若乘。除牛、马，若得辇，听蓄。须辇辕及皮绳、若枕楗，并得。[1]

《行事钞·随戒释相篇·蓄钱宝戒》本是讲僧尼不得蓄私财的，但又为不蓄私财的律法大开方便之门，在讲了不得蓄之后，却多处多次引用内律宣讲可蓄的条件，把一切不得蓄变成得蓄。这反映了经律面对现实私有制社会的折中态度。这种记载所在多有，例如：

> 《毗尼母》云，毕陵伽为国人所重，施一小寺、罗网、车舆、驰驴等蓄，僧坊所须，开受。《僧祇》云，为僧故，得受。《善见》云，居士施田地，别人不得用，若供养僧者，得受。《多论》云，檀越欲作大房舍，应开解示，语令小作顺少欲法。若为客多人故作者，不应违意。《五分》云，有人施僧田宅店肆，听受，使净人知之。《善见》云，若人以池施僧，供给浣濯及一切众生听饮用者，随意得受。[2]

> 《增一》云，长者将女施佛，佛不受。若受者，渐生重罪。因说欲过罗刹女等事。《僧祇》云，若人公施僧奴，若施使人，若施园民妇，一切不应受。若言施供给僧男净人，听受。若施别人，一切不得；若施净人为料理僧故，别人得受。若施尼僧乃至别人，反前，唯言女净人为异。[3]

> 《僧祇》云，毕陵伽在聚落自泥房。王与使人，三反，不受。云：若能尽寿，持五戒受斋。然后受之。[4]

> 《善见》云，若施牛羊，不得受。若云施奶酪等五味，得受。余一切蓄生亦尔。《涅槃经》云，比丘之法，不得卖买生口等，《伽论》云，为塔故，受驼、马、驴。[5]

---

[1]《行事钞》卷下二《钵器制听篇》，《大正藏》第 40 册，第 126 页上。
[2]《大正藏》第 40 册，第 69 页下—70 页上。
[3]《大正藏》卷 40 册，第 70 页上。
[4]《大正藏》第 40 册，第 70 页中。
[5]《大正藏》第 40 册，第 70 页中。

《十伦》云,若施四方僧物田宅,净人不与持戒,反与破戒,自恣受用,并与白衣同共食啖。因此刹利居士皆入阿鼻。《日藏分》云,于我法中假令如法,始从一人乃至四人,不听受田宅、园林、车马、奴婢等常住僧物。若满五人,乃得受之。《大集》亦同。①

《涅槃》云,若有人言,如来怜悯一切众生,善知时宜,说轻为重,说重为轻,观知我等弟子有人供给,所须无乏。如是之人,佛则不听受蓄一切八不净物。若诸弟子无人供须,时世饥馑,饮食难得,为欲护持建立正法,我听弟子受蓄奴婢、金银、车乘、田宅、谷米,卖易所须。虽听受蓄如是等物,要须净施,笃信檀越,如是四法所应依止。②

上述规定,可蓄之物包括田宅、园林、奴隶、生畜、金银、钱财等一切。《涅槃经》等多处资料表明在时世饥馑、饮食难得、诸弟子都无人供养的时候,"八不净物"都可允许弟子开蓄。显然,这是一种灵活、开明的处置方式或制戒方法。说净,是一种对不净物说净的仪式。举钱宝说净为例:

钱宝说净有二,若白衣持来施与比丘,比丘言:此不净物,我不应蓄,若净,当受。即当说净。二者净人言易净物蓄,即当说净。若彼此不语,取,得舍堕。

"说净"将不净物变成了净物,不可蓄便变成可蓄,这里体现了佛教在经济伦理上的权变智慧,是其适应社会私有制度和私有观念的客观表现。当然,佛教由不许僧尼蓄私财,到允许僧尼蓄私财,有一个历史的过程,体现了佛教修行理想对现实的认同或让步。

佛教将僧尼个人财物分作轻物和重物两类,即僧尼私产有轻物和重物之分,其中轻物是指那些"可随身资道"的日常生活中的必需品;重物虽然也是"资道"所需,但因"附俗心强",往往"虽是疏缘,始益终损",反无益于"资道"。可见,在允许蓄财这方面,经律是很谨慎的,一直担心其有损于佛法修炼。伦理意义是很明显的。

《量处轻重仪》分僧尼财物为三类:(1)内律允许僧尼蓄有,(2)内律不

① 《大正藏》第 40 册,第 70 页中。
② 《大正藏》第 40 册,第 70 页。

许蓄有,(3) 经过内律开许才可蓄有。其中云:

> 五众亡物,大要有三,一制令蓄物。谓不得不有,即衣钵坐具等,此并入轻。二不制(疑当作"制不")令蓄物。谓蓄使妨道,故制止之,即人蓄宝物等,此断在重。三听开蓄物。谓蓄不蓄俱得。即供身众具等。此通轻重。[①]

制令蓄物包括如下:(1) 三衣。依佛教戒律的规定,比丘可拥有的三种衣服,谓之三衣,即僧伽梨、郁多罗僧、安陀会。"僧伽梨(原注:上衣也)、郁多罗衣(原注:中衣也)、安陀会(原注:此云下着衣)。律本云,自今已去畜三衣,不得过。《多论》云,一切外道无此三名,佛自制立。《阿含》云,此名法衣也。"[②](2) 钵器。"谓钵多罗(原注:此单翻为钵也)。律本云,自今应持钵行,用铁泥作应量受。《僧祇》云,此恒沙佛标志,经中名为应器也。"[③](3) 坐具。"谓尼师坛也(原注:此翻为坐具,即三衣总名。亦为卧具,如世敷被之总名也)。律本,为身为衣为卧具,故制必蓄之。《僧祇》云,此是随身衣,不得恶用也。"[④]以上三者,都是真正的"资道"正要,圣制令蓄的,是每个僧尼都必须有的。法衣以覆身,应器以资养,尼师坛具,用以安坐。

制不听畜物,《量处轻重仪》条列为五:(1) 田园种植。《善见论》云:居士施田地,别人不得受。《五分律》云:若施僧田宅,听受,使净人知之。这是说,田园种植,是内律不许僧尼私蓄的。因此,居士施田宅,别人(即个别僧人)不得受。若施给僧众,就可以接受,交给净人知掌。(2) 养育人畜。收养奴隶和生畜。"律本中大小持戒犍度中云,沙门释子不同于外道广蓄人畜等。《僧祇》云,施僧奴婢及诸畜生,一切别人不得身受。为料理僧故,受已,付僧。"这是说,依照内律,僧尼个人不能接受施给的奴婢和生畜,但是为乐僧众集体,就可以接受,接受了就交给僧家集体,作常住僧物。(3) 伎乐众欢。"律本云,受十戒者,不应观听伎乐等。《善见》云,苫庖乐器者,不得提,得卖。"(4) 五兵戒器。"《善见》云,若施器仗者,僧应打坏,不得卖。"五兵戒

---

① 《量处轻重仪》,《大正藏》第 45 册,第 849 页。
② 《量处轻重仪》,《大正藏》第 45 册,第 849 页中。
③ 《量处轻重仪》,《大正藏》第 45 册,第 849 页中。
④ 《量处轻重仪》,《大正藏》第 45 册,第 849 页中。

器,打仗作战用的是殴斗的凶器,不得蓄有,有了就要打坏,不能卖。卖了,器物还存在,买者可以拿去打人杀人,卖者也要负责,所以不能卖,应打坏。(5)钱谷七宝。多是八不净物,故僧尼不当蓄。道宣对于制不可蓄的五种财物,作了如下论述:

> 已前五件,是入众摄,并招讥障道之元首也。初田园务,俗鄙儒士尚不窥情,复出家五众,理非身所监护。故《智度论》中云,下邪命者,谓耕田种植,取利活命。离此经营,方名正命。今亲身执役,或教人栽种,污家恶行,生过妨道,染谤尤深,故入重摄。第二制者,人蓄生命,事待资给。比丘清举,高标济远,今人蓄同聚,秽乱事深。世事尚为供承,何成入道津要。既劳毙两用,故入摄中。留放多途,如前诸判。第三制者,伎乐荡逸之器。……第四制者,其戎仗军器,本妨慈道。……第五制者,金银宝重,钱谷利深。能开不义之门,正塞清升之道。故经律同悲灭法,道俗俱知秽心。……然律通时议,意在革愆。生则说净付他俗人掌护,死则收入常住,任委纲维。

上述五类财物既是制不听蓄的,即僧尼不能私有的,又出现"生则说净付他俗人掌护,死则收入常住"的情况,因为"制不听蓄",是法;事实上是已听蓄的。

第三类是"听开蓄物"。《量处轻重仪》把这类财物分为三轻三重,第一类是性轻性重,第二类是事轻事重,第三类是从用轻重,即用轻用重。三重的财物中,属于性重的有:(1)房屋所有,如窗户幰幕、竿架、床席、灯具、火炉等。(2)诸杂作具,如治制钵用的铲椎钳等器具,缝服用的绳墨尺度等。(3)开蓄器皿,如釜瓮瓶、诸裁皮衣之具、浣衣具、餐具等。(4)助身之物,如车舆锡杖扇等。(5)庙祀诸相,即向塔庙致礼时所用的器物。这类财物都是性重之物,是为了"曲顺物情,权开通道"的。这些财物都是"生则接其身资,且听服用,死则断入常住"的。属于事重的财物有:(1)内外经籍,(2)图画饰字,(3)皮毛重服,(4)白衣之服,(5)外道之服,(6)文像绮服。这些财物由于"事涉世讥,本非道服,宜通断重",而由于"事容大小,过起迟速,贮借延促,未可该含",其中有的也可以"宜从轻限"。属于用重的财物有:(1)以诸衣帛严饰房宇,(2)以诸衣帛庄饰车乘,(3)以诸衣帛盛裹重物,(4)以诸衣帛随身所障。这些财物都是"体非重分,理入轻收,但为担果沉积,系缚缠深,故从重断"。

三轻的财物中,属于性轻的有:(1)十种衣财(其中多属中国所没有的),(2)所成之缕,(3)棉絮绲绱。这些财物,称作性轻,因为"体是轻虚,资道正要,又随身机济,深有事劳"。属于事轻的财物有:(1)身所服衣,(2)戒衣之物,(3)宅身之具,即坐具,(4)漉水袋。属于用轻的财物有:(1)随衣之物,如衣带、衣钩、盛衣箱函,(2)钵器,(3)随物所属,(4)屣履之属,(5)剃发之器,(6)助身众具,如针线、刀子、尺度剪刀等。以前六件,"随用轻收"。

总之,佛教内律关于僧尼私财的规定既是为了限制,也是为了占有,总的原则是有利于佛法,实际上反映了私有制社会里占有私财与摆脱私财约束、追求解脱的矛盾性。佛教原是不允许僧尼蓄积私有财物的,但僧尼私有财产适应现实的社会环境既然发生了,为了制约僧尼私财的发展,产生了内律中关于僧尼私财的一些限制性的规定。僧尼私财制最终发展起来了,由此引起了寺院对僧尼私财占有的欲望,轻重之分就越来越细致,相应地就有了现实生活中实际存在的各种盘剥。《量处轻重仪》和《行事钞》根据佛教经律,对僧尼私有财产中哪些属轻、哪些属重所作的详细的区分,总的原则是严格限定、注重区分、公而无私或少私。

(三) 奉献于佛教的"常住"性财产

"三宝"一词在古印度经文中一般均指宗教界(佛、法与僧),对于中国人来说,它们实有所指多方面内容,首先是佛像、供这些佛像居住的殿堂、圣物盒和用做法事开销以及维修宗教建筑的费用;其次是经卷、说法坛以及与传播教理有关的一切设施;最后是僧侣们的住处僧房,他们的土地、奴婢和牲畜等。所有这些财产都是不可转让的,对于把它们用于"三宝",无论是现在、过去还是将来,都是"常住"性的,完全如同佛陀、佛法和僧众一样。

"常住"一词泛指所有奉献于佛教的财产,汉籍中出现的"三宝"指僧众财产,也可能是暗示在僧众每年迁徙时仍留在原地不动的财产。事实上,"寺主"最早是一位具有固定住址的僧侣(即"常住比丘"),负责看守寺院及其财产。"常住"一词也是"僧物"的同义词,更确切地说应为"四方僧物"。"僧物"这一术语的词义则具有较为广泛的意义,其最古老的词义把那些可以在僧侣之间进行分配和可以以私人名义分配的财产排除在"僧物"之外。

《弥沙塞部和醯五分律》指出:"四方僧有五种物不可获、不可卖、不可分。何谓五?(一)住处地,(二)房舍,(三)须用物,(四)果树,(五)华果。"违背这一原则,就犯了偷罗遮(大罪)。佛教有对不可转让财产(常住财产)的五种分类法,这是根据可以在比丘之间进行分配的关系而确定的。如《十诵律》云:

> 若物,诸比丘现前应分。何等是? 除死比丘重物,余轻物,是名可分物,不可分物者。若物,诸比丘现前不应分。何等是? 除死比丘衣物,余重物。是五事不分,不可取,若众僧、若三人、若二人、若一人不应分。何等五? 僧伽蓝地、房舍地、僧伽蓝房舍、床、卧具,是名不可分。[1]

寺院地产是上述五类财产中的组成部分,其中规定"五事不分,不可取",即这几类财产是不可侵犯的。这是中国化的佛教伦理整体之物质基础。僧物包括寺院实际所拥有的全部财产,特别是指那些可以作为在僧侣之间进行分配的财产。道宣在《四分律》疏注中,区别出四种僧物,即:(1) 不动庄园,(2) 食物、衣、药、房等僧用物,(3) 信众所供养僧人的财物,(4) 过世僧人的轻物。第一类僧物由真正的"常住"组成,包括厨房和仓库、寺院及其建筑、各种物品、鲜花和水果、树木和森林、田园、仆人和牲畜等。这些财产从本质上来说是可以向十方扩大的,属于十方僧众,人们不可以分配或为个人利益而使用。僧人对这些财产仅可获得和利用,不能分配也不能出售。第二类是"十方常住",是寺院中送给僧人们的饮料和熟食,从其本质来看,这是十方僧众所共有的财产,尽管从它们的地位来看都置于寺院之内。不打钟食僧食者犯盗。寺院中举行斋会,一旦当饭煮好,便敲钟和击鼓,十方僧人在这类财产中都会有自己的份额。第三类是由"现前常住"形成的,包括两种财产,即现前物的常住和现前人的常住。这些财产只能作为布施品。第四种是十方僧的现前常住,指已过世僧侣所布施的轻物,从本质上来说,这类财产属于十方僧众,但从它们的地方来看,则是置于寺院本身之中。僧尼都可拥有自己的一份,因此才被这样称呼。道宣在《四分律》的疏注文把过世僧侣的服装和食物称为十方僧众的财产,这应看作是对某些做法的回忆:在处理亡僧的微薄财产、举行大型斋供和无偿地留宿过境和尚时,同一

---

[1]《十诵律》卷 61,《大正藏》第 23 册,第 413 页。

块僧地的和尚便要举行大型集会。

　　"常住"一词仅仅按其引申意义方可泛指佛教寺院所拥有的全部财产，包括应在僧侣之间进行分配的财产。律藏中提到土地和不动产是四方僧众的财产，这些财产均属于不可分之列。从严格的意义上讲，"常住"仅仅包括道宣分成四类中的第一类。土地和建筑应成为有德僧人的共同财产，其所有权在这种意义上是不可分割的。随着佛教信仰的发展而产生的变化，道场、佛像和圣骨塔的建立可能改变了人们最早对于僧物的观念，这类建筑首先是僧众集体的。人称为"佛物"仅限于指比丘的共同财产。

　　由上来看，寺院财产是寺院经济伦理的根本和基础，佛教伦理的整体发展有赖于这一经济基础的稳固，当然其本质具有双重性，既是一些共同财产，也是神圣财产，其重点有时侧重于"常住"的这一方面，有时又侧重于另一方面。属于三宝的产业就是禁止作为单独个人所占有的财产，在任何情况下都不允许在他们之间进行分配。依据解脱原则和清修法门，律藏规定只许出家人拥有"轻物"，即是那些形成化缘僧必不可缺的行李，包括衣服、钵、日常所用的细小物品。出家人拥有价值贵重的或明显具有世俗特点的财产为"不净"，相反，对于那些僧众共有的财产，律藏中的规定则程度不同地有所放宽；对那些宗教法事之需要而使最早的原则放宽的财产，律藏规定则更为宽容。僧人们为了出家人的"净"和他们的权威纯洁无损而不能保留的东西，僧团允许将之用于其成员的共同需要或宗教仪式的需要，这在佛教无私利人的教义中当然是合理的。

　　禁止比丘拥有"重物"不仅仅由一些纯伦理的考虑所决定。基于无私念和出世修行的考虑，某些重物、某些价值很大和具有世俗特点的财产都是不可接触的，因为它们都"不净"，都沾染了尘念，有污修行之纯净心，有悖于伦理律法之纯洁。这种重物不净的观念也明显地出现在《摩诃僧祇律》中，在伦理上的禁戒中又增加了一种具体的忌讳，它抨击与这类财产的任何接触，要求修行者奉行严格的无私无我。僧团无论支配自己的贵重金钱还是耕耘自己的田地，一般不是自己亲自接触完成操作的，而是要通过中间人管理自己的财富，从而尽量使自己远离私念，避免接触世俗不洁之物。如果那些受具足戒的僧人们不参加劳动，肯定是由于他们应该全力以赴地从事修福业。律藏也承认僧众有权拥有地产、畜群和贵重金属，多是以公有和不可分割财产（常住）的名义而占有之。律藏同时禁止僧众直接接触上述财产。寺院仆人被称为"净人"，他们一般都从事必须接触不净物的活动，例如商业、农业、牧业、烹饪等。

商业在出家人中受到了非难和抨击，而在僧团中则受到了推崇，这可能是僧团比单个出家人更能抵挡物欲和利益的诱惑。布施和高利贷成为中古社会佛教寺院经济的两个主要来源。财物的储备、以物换物和买卖在古印度都受到戒律的约束，而在中国寺院经济中获得肯定和发展，寺院利用它来投资生利，从而利益众生。这是佛教伦理中国化，从而形成有中国文化特色的佛教经济伦理思想的一个主导动因。《十诵律》卷五十六言：

> 毗耶离诸估客，用塔物翻转得利供养塔。是人求利故欲到远处。持此物与比丘言："长老，是塔物，汝当出息，令得利供养塔。"比丘言："佛未听我等出塔物，得利供养塔。"以是事白佛，佛言："听僧坊净人若优婆塞，出息塔物，得利供养塔是名塔物。"无尽。供养塔法者，所应供养塔，若白色、赤色、青色、黄色、诸色等。听供养塔，及诸严饰具，是名供养塔法。[①]

无尽物之宗旨不在于积累财产，而是在菩提心的指导下用于分配和流动，这在很大程度上是基于公平无私的考虑。中国佛教继承印度佛教传统，承认存在八种不净物，即"八不净"。八不净的名表中既包括活动，也包括物品。灌顶（561—632年）在《大般涅槃经疏》中认为"八不净"应为："蓄金银、奴婢、牛、羊、仓库、贩卖、耕种、手自作食。"《佛祖统纪》提出了一张细节不同，但实质却一致的名称表："八不净者：（一）田园，（二）种植，（三）谷帛，（四）畜人仆，（五）养禽兽，（六）薨，（七）褥釜，（八）像金饰床及诸重物。"因此，佛寺中的"常住"财产一般是由不净物组成的，唯有作为具有特殊宗教美德的僧众或作为崇拜对象的佛陀才可以拥有世俗财产，这些人即使有私产也不会因此对他们产生任何污染，因为他们的修行和无私心足以使他们保持心中佛法永驻。不净物一旦变成僧物和佛物，就会因其用途而变得具有圣性，同时也会由于它们属于三宝而变得纯洁。出家人不能占有"常住"财

产,因为这都是一些不净物,对于他们来说本身就是不可接触的,更主要的是这些会使人私欲萌生、私念动起,有违佛法义理。这些常住财产往往都是一些供物。中国佛教及其信众没有严格遵循印度律藏经文中提出的对物品和财产的苛严限制以及按规则生活,由于中国本土文化的影响而对财物的蓄有抱有相对灵活的态度,因此在他们之中也出现过由作为大乘之特点的这种习惯的自由性而造成的许多变通。他们始终占有不同数量的不净物,三宝财产的"常住"和出世间的特性似乎非常明显地反映在世俗界和僧侣生活之中。

因果报应、弃恶扬善的思想渗透在财物的取予中。常住之物不可轻取,否则会得恶报。利用寺物,罪报极重。《佛祖统纪》中记载了一些感化人的故事:唐高宗调露元年(679年),汾州启福寺主惠澄染患,牛吼而终。寺僧长宁,夜见澄来,形色憔悴,云:"为互用三宝物,受苦难言。诸罪差轻,唯用伽蓝物为至重,愿赐救济。"宁即为惠澄诵经忏罪。此外有一段注释说明:"为沙门而不明因果,私取常住之物,以适己用。用者、受者均被其苦。轻则为牛畜、奴役,重则受镬汤炉炭。的论其报,可不痛哉?至于权门要路,复不知果报之为何义?以故甘受愚僧之饵而不悟其非。占山为坟,卖帖住院,若主若客皆入罪门。若此之流深足鄙耻。"[1]仪凤二年(677年),"国清寺僧智环为直岁,将常住布十端与始丰县(今浙江省天台县)丞李意及,久而不还。环死作寺家奴,背有智环字。既而丞亦死,亦作寺家奴,背亦有李意及字。"[2]显庆五年(660年),长安圣光寺一位僧人,多次把寺院的水果作为孝道的礼物奉献给双亲。他病倒后,开始吐血。疏注中指出:"佛立禁戒,凡僧蓝、钱谷、蔬果、器具、屋庐、田山,是为十方僧众常住之物,非己可得私用。"[3]

《佛说佛名经》的一段文字中记载了许多有关偷盗常住物行为的细节:侵吞挪用、敲诈勒索、营私舞弊等,它们很可能受到了中国风俗习惯的影响。对偷盗犯的惩处是让其转生为畜类(牛、马、骡、驴、骆驼),或者是转生到地狱中或恶鬼之中:"以其所有身力、血、肉偿他宿债。若生人中,为他奴婢。衣不蔽形,食不充命。贫寒困苦,人理殆尽。"[4]侵吞霸占了寺院财产的人、那

---

① [宋]志磐撰、释道法校注:《佛祖统纪校注》,上海:上海古籍出版社2012年版,第928—929页。
② [南宋]志磐撰、释道法校注:《佛祖统纪校注》,上海:上海古籍出版社2012年版,第927—928页。
③ [南宋]志磐撰、释道法校注:《佛祖统纪校注》,上海:上海古籍出版社2012年版,第922页。
④ 《佛说佛名经》,《大正藏》第14册,第302页下。

些忘记了偿还所欠寺院债务的人，在道德上犯有严重的罪错，因此在某些情况下都可以变成牛、禽或奴婢，他们就以这种形式转生到寺院中作为僧众的常住。在这种观念中，保留了对一种流传很广的法律习俗的回忆，即对无清偿能力的债务人的身体进行强制的做法。这显然是世俗强制在佛教中的投射。人身奴役是有意或无意接触奉献财产的结果。消耗或占有来自三宝常住的财产，便会创造一种危险的宗教性的羁绊，尤其是当这种侵占发生在定期的宗教仪式"斋"之外，或者是背着僧众而进行的不正常的借贷和布施时，更是如此。

寺院常住的神圣特点也无妨将之投资于世俗界：如果将经济交易所得的利润归还给僧或佛，也是允许的。中国佛教中财税活动的发展与宗教信仰的发展是互相联系的，因为这是受益者（即三宝）特别神圣的本质，证实和加强了一种像放债、质钱那样明显的世俗活动。《佛祖统纪》中所引证的轶事故事都发生在 7 世纪末。唐代佛教三阶教中的无尽藏要向其世俗信徒们质钱，这类债务是无契约而自愿成交的，而且是要偿还的。这样一种做法仅仅是在一种特别合乎道德的气氛中方可设想，而且是以绝对的信义为前提的。这种信义从其基础上来说是宗教性的，然而它可以在契约法中执行。①

佛教经律允许以三宝财物出贷取息，如《行事钞》说："《十诵》，以佛塔物出息，佛言：听之。"②偿还时有些财物要有说净的手续，如《行事钞》说："《萨婆多》，若说净财宝及以衣财，若人贷之，后时宝还宝，钱还钱，乃至衣财相当者，不须说净；若还不相似物，更须说净。"③经律允许以三宝财物出贷，无疑就给寺院和僧尼放高利贷开了方便之门。南北朝隋唐时期，佛教寺院和僧尼成为高利贷者，留下了很多寺院和僧尼放高利贷的记载。和三宝财物不得互用一样，三宝出贷的财物也不能互混，佛物出息归佛，法物出息归法，僧物出息归僧。《行事钞》记载：

> 《僧祇》，塔僧二物互贷，分明券记，某时贷，某时还。若执事交待，当于僧中读疏，分明唱记，付嘱后人。违者结犯。《十诵》《僧祇》，塔物

① 参阅谢和耐（Gernet，Jacques）《中国 5—10 世纪的寺院经济》第三章，耿昇译，兰州：甘肃人民出版社 1987 年版。
② 《行事钞》卷中一《随戒释相篇》，《大正藏》第 40 册，第 57 页。
③ 《行事钞》卷中一《随戒释相篇》，《大正藏》第 40 册，第 111 页。

出息取利，还著塔物无尽财中，佛物出息，还著佛无尽财中，拟供养塔等。僧物文中例同，不得干杂。《十诵》，别人得贷塔僧物。若死，计直输还塔僧。《善见》，又得贷借僧财物作私房。《五百问》云，佛物，人贷，子息自用，同坏法身。[1]

佛教规定了寺院借贷的利息率。贷三宝财物的利息有说是十倍，如《善生经》说"瞻病人不得生厌。若自无物，出求之；不得者贷三宝物，差己，十倍偿之。"[2]可见，对病僧收取利息十倍，寺院出贷财物利息可能比世俗的借贷利息要高，但也要受平均利息情况的制约。

寺院的田园、房舍等常住财产既不能卖，也不能借。《行事钞》云：

> 僧有五种物不可卖不可分。一、地；二、房舍，三、须用物，四、果树，五、华（花）果。《僧祇》，众僧田地，正使一切僧集亦不得卖，不得借人。若私受用，越毗尼。若田园好，恶人侵者，语本施主，任其转易。[3]

寺院公产是公有的，如佛教规定寺院财产常住财产田地、房舍，即使一切僧集议决定，也不准卖。如果借是租借的意思，不得借人就是不得出租，在寺院田地使用形式上这就是一个大问题了。

（四）体通十方、集体占有的寺产原则

寺院财产权客观上虽然存在着公有产权和私有产权并存的现象，而且，在地主阶级私有制的环境里，虽然存在着以寺院集体占有名义的私人侵占寺产，但是从佛教教义来说，寺院主要财产（如土地、三宝财物、受施钱财等）为僧众集体所有，也为僧众集体消费。这是佛教寺院经济伦理核心观念的一个原则性规定。

就财产或财富的本源问题而言，佛教教义认为，财产与一切存在的事物都由以前业感而有，例如，大地、河山、火、水、田、园、一朵花、一株草等，都是共业所感的。这些方面不但是人，而且也是畜生等所同感的。例如，和煦的春风、

---

[1] 《行事钞》卷中一《随戒释相篇》，《大正藏》第 40 册，第 57 页。
[2] 《行事钞》卷下四《瞻病送终篇》，《大正藏》第 40 册，第 143 页—144 页。
[3] 《行事钞》卷中一《诸杂要行篇》，《大正藏》第 40 册，第 146 页上。

和暖的日光、山石、土壤等都是共有或共业所感的,不是一人的力量所能转移。善业增上就会进步,逐渐地清净庄严;恶业增上,就会衰退,变得贫瘠荒凉。由于业力有差别,这些自然物就有属此属彼的差别,所以说"现缘或别"。一法从一切法成,一法助成一切法,一切现缘所有物,都有共同的意义。依功力——现缘的主要或旁助的不同,显出属此属彼的差别罢了。从当前的摄受说,就是"摄取则别,受用或共"。摄取是有所摄属而成为某方所有的——是个人的,是一家、一社团、一国家的。多人公有,但主权有了摄属,便成为不共于他(别)的土地或财物了。这种私有的摄属,由于自私的占有欲,知识的不充分,每每超出其应得的限量,因此不一定是合理的。世间永远是世间,摄属的私有性,也永久会存在的。真能完全超出私有的摄属关系,就只有净土了。财产的摄属私有化,可能共用的。众生是互助相成的,宿因则共、现缘或别的东西,虽不妨摄取而成私有,但受用却可能共同。

道宣在《行事钞》中专门论述僧伽财产及一切受用之物,其中云:

> 盗僧物者,有护主者,同上[佛物、法物]结重。若主掌自盗,准善见论,盗僧物犯重。然僧[物]有四种:一者常住常住[僧物]。谓众僧厨库、寺舍、众具、华果、树林、田园、仆畜等。以体通十方,不可分用,总望众僧,如论断重。僧祇云,僧物者,纵一切比丘集,亦不得分;此一向准入重摄。二者十方常住[僧物]。如僧家供僧常食。体通十方,唯局本处。若有守护,望主结重;同共盗损,应得轻罪。僧祇云,若将僧家长食还房,得偷兰。善见云,若取僧物如己物,行用与人,得偷兰。准共盗僧食。若盗心取,随直多少结,是名第五大贼。准似有主。毗尼母亦尔。萨婆多、善见,不打钟,食僧食者,犯盗;又空寺中,客僧见食盗啖者,随直多少结罪。准此如上偷兰。三者现前现前[僧物]。若盗此物,望本主结重。若多人共物,一人守护者,亦望护主结重。四者十方现前[僧物]。如亡五众轻物也。善生经云,盗亡比丘物,若未羯磨,从十方僧得罪轻。谓计入不满五,但犯偷兰。若已羯磨,望现前僧得罪重。谓人数有限,则可满五夷。若临终时,随亡人属授物,盗者,约所与人边结罪。①

---

① 《行事钞》卷17、18、19《随戒释相篇》,《大正藏》第40册,第55c。

这里认为在所有僧物中，厨库、寺舍等为常住常住物；供僧之常食等为十方常住物；现前僧物为现前现前物；亡僧之遗品为十方现前物。前两种为四方僧物，后两种为现前僧物。律藏规定出家人只拥有"轻物"——那些作为化缘僧必不可缺的行李：衣服、钵、日常所用之物。对于那些僧众共有的财产，律藏的规定有所放宽；对于那些由于佛教法事之需要的财产，律藏规定更为宽容。为了出家人的修行和僧团的和睦而不能保留的东西，允许将之用于其成员的共同需要或宗教活动的需要。《行事钞》的该段文字解释结合其他经典，可以归纳出佛教伦理关于寺院财产的两项基本准则：

第一，寺院财产作为集体财产，且作为弘法的物质基础具有神圣的意义，因此任何人不能侵吞、私用，否则将受到恶报，来世变为畜生。

第二，寺院是出世的，"常住"是神圣的，出于弘法的目的而对寺院常住的经营过程中，无妨将之投资于世俗界，前提是将经济交易所得的利润归还给了佛、僧，用于普度众生的弘法事业。

上述两条原则从财产的增值和防止其流失方面，保证了寺院经济的正常运行，既坚持了僧人出家修行的个人最高目的，又保证了僧人的物质生活之需。依据藏律，施主布施的财产、田地、织物、贵金属等都是出家人所不能直接使用的。它们是"不净"的，这些不净物变成净物的必要性，无疑是寺院进行商业活动的起源。而这种变化又使一种或数种商业活动和一系列的购销经营变成一种强大的经济力量。魏晋以来，僧团的日益发展、法事及社会救济事业的发展需要，促进了这一演变，而那种使僧众财产不受个人侵占的戒律，又促进了佛教产业的形成。对于田地、三宝财物等寺产，这些方面"体通十方"，而在佛的背后存在的不是僧人个体，而是僧侣集体。这种占有方式是在宗教的装饰下，恢复了一些古老的财产关系和传统习惯的外壳，加进了理想的财产公有、共用，以彻底消弭私心、私欲、私人占有心理。实际上，它是一种集体、共有的僧众占有方式，它既打破了家庭私有制式的血缘纽带，也打破了国家编户制度下的地缘界限，从而按照宗教的法缘关系建立起一种特殊的财产制度。

共同的宗教信仰的心理是联系这种占有制的精神维系，共同进行宗教活动的场所（寺庙）和一定量的寺产是建立这种占有制的物质基础，僧众共同遵守的戒律又是这种占有制存在的法权保证。在财产的使用和处分上，都反映出一种集体的权力制。作为僧侣地主的个人,对于土地不具备独立的所有权,个人的权力是被分割的、有条件的、不稳定的。

寺院占有制是以法缘关系为纽带确立继承办法的。东晋僧法朗说:"出家同道,以法为亲。"①出家人不尊父母、不养家室,自称佛门释子。这种以法缘关系为维系的团体,其财产的继承方式是以寺庙作为一个统一体,寺院的整个产业类似一个单一的不可分割的物体,而寺庙的僧众又似一个统一的继承者,代代相传承接的。住寺僧徒可以留住或离去,但随着他的去留就意味着其获得或失去了一份财产。

住寺僧徒离寺云游四方或移住其他寺院,就意味着要失去或占有其中的一份土地。例如,玄奘从印度回国,住进弘福寺,对弘福寺的财产来讲,他取得了主人的身份。后来他移居慈恩寺,又意味着失去了对弘福寺产的占有权。所以,僧侣的产权往往是有条件的、不稳定的,其中有着绝对产权的是集体而不是个人。财产田园一入寺院,严格限制僧徒的析产行为或产权转移,一些僧徒置办寺业,其处分财产的心理与世俗地主争得一份家产,临死嘱子孙共同守业、不要分家的做法是一样的。寺庙财产以特有的继承方式避免了财产析分的弊端,保证了寺产的不可出让和不可分割性。

寺院占有土地具有两重性,占有关系表现出了非同宗间的排他性和同宗间的非排他性。寺院经济产生以后,为了保护寺庙继承权,佛教内部更加宗派林立,一个寺的住持僧死了,只能由同宗的僧人来主持。东晋僧人法显撰的《佛国记》(又名《法显传》《历游天竺记》《昔道人法显从长安行西至天竺传》《释法显行传》《历游天竺纪传》等)记载,法显信奉大乘佛教,西游时路过盛行小乘佛教的焉耆国,因信仰的教派不同,使他的食宿几乎都难以解决。信仰在一定程度的排他性是经济关系上具有的排他性的体现,表明寺院经济有着封建私有制的一面。同一宗派内又表现出非排他性,只要是同宗僧徒,不分地域,一般可以按照意愿取得居留某寺的权利。只要取得了住寺权,也就意味着取得了一分财产权。如隋开皇时期天台僧智顗受蒋州栖霞寺僧众邀请去住持栖霞寺,邀请书写明"所有田园基业,具在另条"②。栖霞

① 《高僧传·康法朗传》。
② [隋]灌顶编纂:《国清百录》卷4,《大正藏》第46册。

寺的僧众不但把智颉视为有德望的学者,而且作为本寺财产的主人看待。如果智颉应邀,意味着他就凭空取得了一分栖霞寺的财产占有权。此中可见,在同宗内寺院财产关系又表现为非排他性。①

总起来说,寺院产权关系是一种集体的寺院地主占有制。至少在唐开元、天宝以前,佛教经济伦理中产权关系一方面表现出寺院以土地作为获取地租的物质手段;僧众内部有着渐趋严重的阶级对立;上层僧人作为土地占有者,在生产领域中处于指挥的地位等等,是它封建的质核;另一方面又表现为对土地的使用权、收益权和处分权往往表现为一种集体的意志和权力制度,个人的权力被降到一个次要的地位。大型生产资料的"共有性",土地的不可分割和不可出让性。同宗内的财产关系的非排他性等,又使它表现出了一种披着佛的外衣的原始财产共产、公用的理想色彩。

寺院和僧尼财产制度是脱不开它所处的社会的财产制度的影响的。寺院和僧尼财产制度在某种意义上是社会财产制度的模式在寺院内的反映。寺院内律中的财产法也逃不脱外部社会财产法的影响。它也是社会上财产法的模式在寺院内律的反映。佛教经律关于寺院财产和僧尼私有财产的规定,虽然在古印度和中国古代实际上都没有完全施行,但一部分还是执行了的,而无论在印度古代还是在中国古代,佛教僧众都承认它的法律地位,承认它是应该遵守的法规和准则。②

二、自食其力、自主经营的生产伦理

原始佛教伦理产生于重精神轻物质、倾向于避世修行的印度社会,佛教产生之前印度各派思想表现出尚苦修、行节欲、轻物质、略享受等共同特点(如婆罗门教的"四期制"和耆那教的苦行)。佛教是反婆罗门教的重要力量之一,但婆罗门教对佛教的影响不可忽略,由于当时婆罗门教在印度文化中的重大影响和重要地位,决定了"四期制"等生活方式对佛教的影响很大。释迦牟尼成道前曾参学过其他一些沙门教团的领袖,在其后传道的漫长岁

---

① 何兹全主编:《五十年来汉唐佛教寺院经济研究》,北京:北京师范大学出版社1986年版,第263页。
② 何兹全主编:《五十年来汉唐佛教寺院经济研究》,北京:北京师范大学出版社1986年版,第180页。

月中亦经常与其他沙门教团辩论。其中耆那教注重苦修的精神,对于佛教确立苦行和节欲的教义意义重大。由此看来,印度传统宗教观念对原始佛教的影响很大,影响了原始佛教及传入中国的早期佛教对经济伦理问题的具体处理方式和思维特点。具体来说,早期佛教肯定社会上的商业贸易、农工生产及盈利活动,但对僧人及寺院生活、经营、蓄财等行为则持严格的态度,随着佛教的中国化,这种态度逐渐发生了变化,这种变化突出表现在佛教经济伦理观念对世俗经济活动和取利谋食行为的灵活反应。

(一)乞食自活与肯定经济劳作

早期僧尼生活资源的来源,多以他人施赐或个体乞食为主,生产经营活动在佛教徒的生活中没有实际地位,但也并不意味着佛教对生产经营活动的漠视。相反,早期佛教经论非常重视自我营生,如种田、商贾贸易、王事等。释迦牟尼生活于公元前6世纪至前5世纪,古印度人重视经济发展、富贵繁华,工商业是当时流行的职业。耆那教对教徒守不杀生戒律限制甚严,教徒的职业选择受了限制,大都愿意从事商业与金融业。《杂阿含经》卷四云:"善男子种种工巧业处以自营生,谓种田、商贾,或以王事,或以书疏算画。"释迦牟尼常针对商人的发财心理进行说法,对商业聚财颇为肯定,《增一阿含经》卷二十云:"长者名跋提,饶财多宝,不可称计。金、银、珍宝、砗磲、琉璃、玛瑙、琥珀、象马、车乘,皆悉备具。"释迦牟尼针对当时社会制度的不平等提出了"四姓平等",反对任何人为的阶级或等级,声称自己的生活与未来并非由梵天安排,而完全取决于自己。释迦牟尼接受弟子时,从不问其从事何种职业、属何种姓、地位尊卑。《杂阿含经》卷二十云:"如是四姓悉皆平等,有何差别? 当知,大王,四种姓者,皆悉平等,无有胜如差别之异。"在此基础上,释迦牟尼更倡导以慈悲心平等对待一切众生,不分怨亲、亲疏,不论信佛与否。

早期佛教肯定经济生活,追求经济价值和道德价值的统一,认为经济生活中应方便、守护、正命具足,掌握谋生的技术,从事生产,求得钱财,并善于理财,不浪费、不吝啬;既要满足世俗生活的需求,求得富贵福德,又要始终与般若智慧不相分离,了明因果,自利利他。佛教提出转轮圣王观念,深受商业界人士的欢迎。转轮圣王从事王事，能实现统一，能让人民过上太平富足的日子。《长阿含经》卷六描述转轮圣王出现带来种种好处："为转轮圣王，领四天下，时，王自在以法治化，人中殊特，七宝具足。"这里的"七宝"，指佛经中讲的最为殊胜尊贵的财宝。《般若经》以金、银、琉璃、砗磲、玛瑙、琥珀、珊瑚为七宝。金在佛经中被称为"苏伐罗"。金黄、银白、铜赤、铅青、铁黑各有所表，故又被称为黄金，列为五金之长。宋代景德寺僧法云编的《翻译名义集》释云："金有四义：一色无变，二体无染，三转作无碍，四令人富，以譬法身常、乐、我、净四德耳。"因其具有久埋不变、百炼不轻的特性，所以以黄金制成的佛珠更加显示出主人尊贵的气质。银在佛经中被称为"阿路巴"，银色净白而闪闪有光，容易氧化而形成一层"黑垢"，经常洗抹才能保持光亮如新，以白银来制作佛珠，如经久不用，便会黯然失色，给人有一种"时时常捻掐，勿使生垢埃"的推动作用。琉璃在佛经中常作"吠琉璃"，《一切经音义》解释说："所言琉璃者，梵语宝名也，须弥山南面是此宝也，其宝青色莹彻有光，凡物近之皆同一色，帝释髻珠云是此宝。"琉璃是一种青色带光的宝石，最大的特性是同化作用，即任何物品，接近了琉璃，就会被琉璃的颜色所同化。故而采用琉璃制造的佛珠，亦代表了诸佛"同化"立德。砗磲在佛经中称作"牟婆洛揭拉婆"，是海中大蛤壳内白皙如玉的物质，其壳上有深大的沟纹，犹如车轮之渠，故称为砗磲，后世将白色的珊瑚和白色贝壳制品，均通称为砗磲了。砗磲是白色的代表，用砗磲制作的佛珠代表心地的无染，提醒不被外境所转。玛瑙在佛经中被称为"摩罗伽隶"，次玉石的一类，由结晶石英、玉髓及蛋白石的混合物构成。玉髓有红、黄、白、灰等各种颜色，故玛瑙亦呈现出种种美丽的色彩和纹理。周履靖著《格古要论》说："玛瑙以红多者为上，其中有人物、鸟兽形状者最贵。有锦花者，谓之红玛瑙；有漆黑中一线白者，谓之合子玛瑙；有红白相间者，谓之截子玛瑙；有红白杂色如丝相间者，谓之酱斑玛瑙。"琥珀在佛经中被称为"阿湿摩揭婆"，原是一种树脂，经过几千万年的埋藏，加之地壳运动石化而成，入火则燃，嗅之有香气。琥珀象征着尊贵、吉祥。珊瑚在佛经中被称作"钵摆婆福罗"，是海中的一种腔肠动物——珊瑚虫所分泌出的石灰质，日久成为一种共同的躯体。古人误以为是植物，故又称为珊瑚树。《翻译名义集》曾提到珊瑚及其产地："珊瑚，梵语钵摆婆福罗，外国传曰，大秦西南涨海中，可七八百里，到珊瑚州，州底磐石,珊瑚生其上,人以铁网取之。"珊瑚颜色主要有红、白、黑三种,以珊瑚制造的佛珠具有驱邪、避祸、逢凶化吉的功能。由此看来,七宝不单是七种贵重财宝,亦是佛德的化身,体现了佛教关于福德统一的思想。其中,黄金具备平安和财富两种福缘;白银具备健康和安乐两种福缘;砗磲具备避邪和健康两种福缘;琉璃具备祛病、坚韧和灵感三种福缘;玛瑙具备长寿、勇敢和吉祥三种福缘;珊瑚具备智慧和高贵两种福缘;琥珀具备健康、诚信和修为三种福缘。

转轮圣王统治下人民寿命延长,颜色增益,安稳快乐,财宝丰饶,威力具足;反之,则国家分裂,小国争雄,关卡林立,这对商人发展事业无疑是极大的障碍。商队的数量按佛教文献惯用数字是 500 乘车。商队常常遭遇掠劫,《杂阿含经》卷二二云:"过去世时,拘萨罗国,有诸商人,五百乘车,共行治生,至旷野中,旷野有五百群贼在后随逐,伺便欲作劫盗。"航海贸易有很大风险,《增一阿含经》卷四一云:"过去久远婆罗奈城中有商客名曰普富,将五百商人入海采宝,然彼大海侧有罗刹所居之处,恒食啖人民。是时,普富商主便作是念,此大海之中非人所居之处,那得有此女人止住,此必是罗刹。"普富商主告诸商人速离此地,诸商不听,全部遇害,独商主逃脱而幸免遭难。因此,商人都希望借助佛光普照,保证商路的安全。

业报轮回观念有利于生产者阶层接受佛教,尤其是当时地位低下的商人对于善事必有好报的思想欣然接受,普遍认识到只要乐善好施,即可获致幸福、升入天堂。因果报应论比起婆罗门的苦行、祭礼等苛刻条件,要简便易行多了。《长阿含经》卷八记载释迦牟尼的一段苦行行为的话:"或一日一食,或二日—七日一食——或食牛粪——以无数众苦,苦役此身。"显然这是富人难以做到的。布施给佛僧则是商人所乐意的,商人出钱出物供给佛僧,一方面在听道中心灵获得智慧和慰藉,另一方面经商活动也在释迦牟尼教诲和佛门的庇护下获得好处。商人都非常乐意亲近释迦牟尼,积极布施佛僧,大富豪商如须达多、给孤独等人,都是佛教最有力的施主。《杂阿含经》卷三十云:"我在家中所有财物,常与世尊及诸比丘、比丘尼、优婆塞、优婆夷等共受用,不计我所。"释迦牟尼每年夏坐的地方以及平时停留的精舍也都在商贾居住的大城市之内,其中有的就是大商人赠送给他的。东园的鹿子母讲堂,即为一富豪家新娘卖掉一件昂贵的嫁妆施建的。

慈悲观根源于对宇宙人生的正觉——"诸法缘起"，凡存在的皆建立于缘起相互依存的关系中。《杂阿含经》卷一用"此有则彼有，此无则彼无；此生则彼生，此灭则彼灭"，表述整个世界处于关系网络当中，是一个不可分割的整体，人与他人、社会、自然，如同一束芦苇，相互依持而存在。因此，佛教的商业经营思想始终不离慈悲利他为目的，强调不吝惜地布施众生，只有利他才是真正的自利。

与肯定社会上商业贸易及农工业生产积累财富不同，早期佛教反对寺院及僧人捉持金银、积蓄财富，要求僧人以托钵云游修行，以证涅槃之境。生活方面奉行"四依住"之清规以及"八不净物"之告诫国。"四依住"即：(1) 依乞食；(2) 依粪扫衣，拾取世人舍弃的弊垢衣料，洗濯、缝补之后用；(3) 依树下住，随宜居于树下或石窟中，修习禅定；(4) 依陈弃药，出家人患病当用陈弃药治疗，不得预储新好之药。"四依住"为佛陀制定，僧众所赖以维系生活之准则。"四依住"之规定，旨在破除僧众对衣服、饮食、房舍卧具与医药之贪欲。八不净物是指僧众不得受持田宅、园林、种植、储积谷物、蓄养奴仆、蓄养禽兽、钱宝贵物、毯褥釜镬、象金饰床等。《大般涅槃经疏》云：

> 八不净者，谓蓄金银、奴婢、牛羊、仓库、贩卖、耕种、手自作食、非受而啖，污道，污威仪，损妨处多，故名不净。[①]

佛陀诫此八物为不净物，因为由此八事，能增长贪爱，有障于道。随着僧团扩大，信众供养的增加，早期僧团这种俭朴知足、不自扰、不扰人的生活，逐渐有了变化。来自四面八方的财物，累积数量常是可观的，信众对僧尼的布施，也逐渐由日常生活品发展到土地山林等生产资料。这是布施活动的一种革新，因为土地山林等可以产生定期的租金和生息，如何运用这些供养财物，即成为经济问题。到部派佛教时期，上座与大众两部首先发生分裂，佛教戒律开始为僧尼私蓄钱财开了方便之门：

> 如来怜愍一切众生，善知时宜，说轻为重，说重为轻。观知我等弟子有人供给，所须无乏。如是之人，佛则不听受蓄一切八不净物。若诸弟子无人供须，时世饥馑，饮食难得，为欲护持建立正法，我听弟子受蓄

---

① 《大般涅槃经疏》，《大正藏》第38册，第98页。

奴婢、金银、车乘、田宅、谷米,卖易所须。虽听受蓄如是等物,要须净施,笃信檀越。①

寺院是佛弟子修行之场所,但寺院担负着僧众的吃、穿、住、行等基本生活资料和僧众之生、老、病、死的重任,这就有赖于寺院经济的形成和发展。因此佛教教义有了相应的调整,既禁止僧人耽于物欲,又允许寺院为善法长存而积累财富,寺院财产便由此而产生。

常备供僧伽受用之物,若据为私有或买卖之,则犯大罪。寺院公有之金钱。米谷钱帛之类,虽贮置但严掌其出入,永备大众受用。《大方等大集经》云:

> 若有四方常住僧物,或现前僧物,笃信檀越重心施物,或华或果或树或园,饮食资生床褥敷具,疾病汤药一切所须,私自费用或持出外,乞与知识亲里白衣,此罪重于阿鼻地狱所受果报。②

上述说明伽蓝房舍等可供四方僧伽受用的资具,私自占有或买卖,即犯重罪。"僧物有四种:一者常住常住,谓众僧厨库、寺舍、众具、华果、树林、田园、仆畜等,以体通十方不可分用,总望众僧如论断重。《僧祇》云:'僧物者纵一切比丘集亦不得分。'此一向准入重摄;二者十方常住,如僧家供僧常食,体通十方唯局本处,若有守护望主结重,同共盗损应得轻罪;……三者现前现前,必盗此物望本主结重,若多人共物一人守护,亦望护主结重;四者十方现前,如亡五众轻物也。"③此谓僧物中,厨库寺舍等为常住常住;供僧之常食等为十方常住;现前僧物为现前现前;亡僧之遗品为十方现前。前两种为四方僧物,后两种为现前僧物。"常住"一词后来逐渐成为出家人所住寺院僧团之代用语,如说"想来打扰常住"或"亲近常住"。这些"物"是可以生产、取得、消费、转移之物,势必产生诸如如何实际地对待(包括产出及获取等)等具体问题。

---

① 《行事钞》卷中,《大正藏》第40册,第70页。
② 《大方等大集经》卷44,《大正藏》第13册,第292页c。
③ 《行事钞》卷中一,《大正藏》第40册,第55页c。

（二）取之有道、如法求财

佛教肯定平等交换，诸如以集市交易、买入卖出而生利取财，这些都具有合理性。《起世经》卷七云："阎浮提人，所有市易，或以钱宝，或以谷帛，或以众生；瞿陀尼人，所有市易，或以牛羊，或摩尼宝；弗婆提人，所作市易，或以财帛，或以五谷，或摩尼宝。"财富的增加，人们不免追逐名利、烦恼丛生。《增一阿含经》卷二六讲到王舍城有个大长者，饶财多宝，也放高利贷，当鸡头梵志向他借钱时说："不过七日自当相还，若不相还者，我与妇没身为奴婢。"佛教深感这种不平等的交换苦不堪言，《中阿含经》卷二十九云："世间贫穷苦，举贷他钱财，举贷钱财已，他责为苦恼，财主往求索，因此收系缚，此缚甚重苦。"财富带来的人性不好与烦恼，启示佛教对财富的获取进行深入的省察。

《杂阿含经》将世人对财富追求分为上中下三等。其一，卑下受欲者，非法取财，自不享受，也不给亲朋眷属享受，也不供养出家修行人，不求未来生天，整个一个守财奴、吝啬鬼；其二，中人受欲者，有时以法有时非法取财，自己享受，也给亲朋眷属享受，但不供养出家修行人，不求未来生天，这是有世俗责任感但没有宗教信仰者；其三，胜人受欲者，以法取财，自己享受，也给亲朋眷属享受，同时随时供养出家修行人，求未来生天，这是有世俗责任感又有宗教信仰者。[①]《中阿含经》将追求财富的世俗人细分为十种。一者非法无道求财，不自享受，也不给亲朋眷属享受，也不供养出家修行人，不求未来生天；二者非法无道求财，自己享受，也给亲朋眷属享受，但不供养出家修行人，不求未来生天；三者非法无道求财，自己享受，也给亲朋眷属享受，也随时供养出家修行人，求未来生天。对于有时以法有时非法求财者与如法以道求财者，同样有以上三种，加上前面三种，共有九种。其中第一种行欲人最下，自己不得利，别人也不得利，现世不得利，来世也不得利。其中第九种行欲人，即如法以道求财，自己享受，也给亲朋眷属享受，同时随时供养出家修行人、求未来生天，自己得利、别人也得利，现世得利、来世也得利，这是

---

① 《杂阿含经》卷32，《大正藏》第2册。

九种行欲人中最上的。第十种行欲人,如法以道求财,自己享受,也给亲朋眷属享受,也随时供养出家修行人,求未来生天,同时对于所得财物不染不著,见过患、知出离而受用,自己得利、别人也得利,现世得利、来世得究竟利,这是十种行欲人中最胜、最尊、最妙的。① 世人的贪图享受也影响到修行人对感官刺激的追求,如顺世外道认为出世解脱不在于离世苦行、断绝欲望,而只要顺应世间,满足个人的感官欲望,常快乐无忧,即是成就解脱。如《梵动经》记载有外道沙门、婆罗门说:"我于现在五欲自恣,此是我得现在泥洹。"② 这与拜金主义、享乐主义显然没有什么不同。

财富的获得必须取之有道,符合八正道的正业与正命。正命,即正确的行为,不作杀生、偷盗、邪恶等恶业,常作善业;正命,指正确的生活,以正道谋取衣食、用具等物,养家活命,不贪取无厌,不敲诈剥削,不挥霍浪费。非法所得的财富,如经上常说:窃取他物(以抢劫、偷盗、诈骗等方式窃取他人财物)、违法贪污(包括走私贩毒、倒卖军火及收受贿赂、偷税漏税等等)、抵赖债物(以不正当手段抵赖自己的债务或侵吞他物)、吞没寄存(以欺骗性手段,非法占有他人寄放或委托管理的钱财)、欺罔共财(在共同合作中,以巧立名目、伪造账目等方式,将共同财产转移到自己名下)、因便侵占(利用职务之便挪用公款,损公肥私等)、借势苟得(利用职权替人办事,从中捞取钱财等)、经营非法(包括漫天要价、短斤少两等不正当经营手段)、诈骗投机(包括造假贩假、以次充好等非法经营方式)、赌博营业、放高利贷等不道德的交换行为都是不许的:"求财物者,当知有六非道。云何为六? 一曰种种戏求财物者为非道;二曰非时行求财物者为非道;三曰饮酒放逸求财物者为非道;四曰亲近恶知识求财物者为非道;五曰常喜妓乐求财物者为非道;六曰懒惰求财物者为非道"(《中阿含经》卷三三)。前五不俭,第六不勤,如此求财,皆为非道,如缘木求鱼,其害尤有过之。

佛教的生产思想是以因缘果报为中心,其核心思想是有业必有报,积善之家必有余庆,积恶之家必有余殃。《中阿含经·思经第五》云:"若有故作业,我说彼必受报,或现世受或后世受。若不故作业,我说此不必受报。"依据这一理

---

① 《中阿含经·行欲经》,《大正藏》第 1 册。
② 《长阿含经·梵动经》,《大正藏》第 1 册,第 93 页。

论,佛教认为要勤劳致富、如法求财,尽力布施,行善助人终可得福报;在此基础上,佛教竭力提倡慈悲利他的思想,认为佛与众生同出一源,本为一体,不可有一独悟而众生迷。所以佛教提倡兼济天下而非独善其身,要求把自我拯救建立在每个人的努力并引导众生的共同努力基础上。自利利他、自济济人,或说通过救济别人求得自己的救济。《杂阿含经》卷第二十四说:"自护时即是护他,他自护时亦是护己……不恐怖他,不违他,不害他,慈心哀彼,是名护他自护。"利人即是利己,度人亦即在自度。这对于推动更多的人以"行善事得好报"的广义功利目的投入到现实生产中起到了重要作用。

（三）自食其力、自主经营观念的建立

魏晋以来,随着僧尼人数的增多和大规模传教的需要,纯粹的佛教修行本身不能满足自身发展所需,于是产生了生活方式和供养方式的转变。这种转变一方面是由实际环境和社会条件决定的,另一方面在佛教中则有关于财富理论的依据,正如《法华经》云:

> 若四百万亿阿僧祇世界,六趣四生众生——卵生、胎生、湿生、化生,若有形、无形,有想、无想,非有想、非无想,无足、二足、四足、多足,如是等在众生数者——有人求福,随其所欲娱乐之具,皆给与之。一一众生,与满阎浮提金、银、琉璃、砗磲、玛瑙、珊瑚、琥珀,诸妙珍宝,及象、马车乘,七宝所成宫殿楼阁等。是大施主,如是布施满八十年已,而作是念:我已施众生娱乐之具,随意所欲,然此众生,皆已衰老年过八十,发白面皱,将死不久,我当以佛法而训导之。即集此众生,宣布法化,示教利喜,一时皆得须陀洹道、斯陀含道、阿那含道、阿罗汉道,尽诸有漏,于深禅定皆得自在,具八解脱。于汝意云何,是大施主所得功德宁为多不?
>
> 弥勒白佛言:世尊！是人功德甚多,无量无边。若是施主,但施众生一切乐具,功德无量;何况令得阿罗汉果。
>
> ……
>
> 若人为是经故,往诣僧坊,若坐、若立须臾听受,缘是功德,转身所

生,得好上妙象、马车乘、珍宝辇舆,及乘天宫。(以上见《随喜功德品第十八》)

> 若三千大千国土,满中怨贼,有一商主,将诸商人,赍持重宝、经过险路,其中一人作是唱言:诸善男子! 勿得恐怖,汝等应当一心称观世音菩萨名号。是菩萨能以无畏施于众生,汝等若称名者,于此怨贼当得解脱。众商人闻,俱发声言:南无观世音菩萨。称其名故,即得解脱。(《观世音菩萨普门品第二十五》)

释迦牟尼向弥勒菩萨讲奉持《法华经》有种种功德,关于财富,包含了这样几个方面的意思:第一,满足众生的愿望,给予各种享乐用具和一切物质财富(珍宝、宫殿等),是功德无量之事。第二,以佛法来教化众生,使其从一切烦恼中解脱出来,更是功德无量之事。第三,因为听经的功德,转生来世会得美妙的财物和巨富之回报。第四,因"南无观世音菩萨"缘故,好利的商人化险为夷、化难为安。《法华经》以七个譬喻(火宅三车喻、长者穷子喻、三草二木喻、化城宝处喻、衣里明珠喻、髻中明珠喻、良医治子喻),揭示"开权显实,会三归一"之理。财富是每一个人都希望追求得到的,不过要取之有道。发财方法有一般世间所共有的发财方法,也有佛教获得财富的方法。一般世间所共有的发财方法有勤劳、节俭、宽厚,佛教获得财富的方法是信心、结缘、布施。佛教有"七圣财"之说,七圣财即信仰、精进、持戒、闻法、喜舍、智慧、惭愧,这是圣人的财富。如何处理财物,《杂阿含经》里一首偈语说:"一分自食用,二分营生业,余一分藏密,以拟于贫乏。"身体的健康、生活的如意、前程的顺利、眷属的平安、合法的钱财、内心的能源,都是佛教认可的财富,依法取得是肯定的生产行为。佛教有讲最究竟的财富,如《金刚经》云:"若有人受持四句偈,其功德胜过三千大千世界的七宝布施。"宝施虽多,终是有限;法施虽少,功用无穷。

取财、求财方面合乎佛法的基本要求如法求财,不以非法。从非法职业得来的财富,是种下苦因的。一为非国法所许,不可阳奉阴违,触犯禁令;二为非佛法所许,如以杀、盗、淫、妄、酒等为内容的职业,良好的佛弟子是要避免的。不应有而有,一切属于非法。"非法"包括"窃取他物""抵赖债务""吞没寄存""欺罔共财",还有一些非法的取得,如"因便侵占""借势苟得""经营非法"。非法得来的钱财无论出于什么良好的动机都是罪恶的。人不能不依财物而生活,但财富要以清净的如法得来。总之,财富的处理要坚持两大原则:第一,奢俭适中,不悭吝,不奢靡,量入为出,乐意施舍;第二,蓄用兼顾,由正业得来的财物,作四分支配,即资用、积蓄、经营、作福。

业力决定福报,因此勤劳必然得到财富丰饶的回报。这是佛教业力得福报的财富生产观。佛教以因缘果报说明财富的获得,反对财富命定观,认为自己的业力或"造作"决定自己的福报如何,其中包括宿因和现缘:不劳而获的定命论是不对的,因为虽有布施业因,而福报现前,大抵还是要有现缘的。前生的福业,有的能自然感报,但更多时候,还要依自己现生的功力——现缘。一分的力量,一分收获。比如农夫种田,播下种子(如宿世施业),勤劳灌水、下肥、除草(如现生功力),才会丰收。种田是这样,获得财富也是这样,不能专依宿世的福业,还得靠今生的努力。《佛说善生经》言:"先当学技术,于后求财物。"凡人必须拥有一种技术,技术须通过学习,否则不学无术,无以谋生,不能为社会生产,也就不能获财业。《杂阿含经》卷四八云:"营生之业者,田种行商贾,牧牛羊兴息,邸舍以求利。"只要能勤劳赚取,无论是农牧收成,或是经商贸易、企业经营、投资生息等,都能将本求利,获得财福。佛教反对不劳而获,对懒惰的行为尤其有批评:"若有懒惰者,当知有六灾患,云何为六? 一者大早不作业,二者大晚不作业,三者大寒不作业,四者大热不作业,五者大饱不作业,六者大饥不作业。居士子,若人懒惰者不经营作事,做事不营则功业不成,未得财物则不能得,本有财物便转消耗。"(《中阿含大品·善生经》)凡寒热饥饱有可借之时皆不肯生产,如此事业不成,求财不得,家财转消。因此,人必有正当事业,殷勤经营,使衣食丰足、生活安定,然后才能生起种种善事,所备衣食足然后礼乐兴。假使懒惰放荡,无恒业无恒心,必致饥寒交迫铤而走险,则恶事生,苦报随之矣。提倡勤劳致富,还要把握时机,智慧求财,做到互通有无,迂回利市,就能一本万利。《长阿含经》卷七记载了一个故事:说昔时有两个人结伴外出经营,其中一人,以货易货,把握时机,以贱易贵致富,原先只买到些廉价的麻,但见机买卖罗纱,又买卖丝,再买卖正帛,又卖帛买银,其利百倍,最后致富回家,既能光耀门第又能济族亲,令人赞扬。另一人执着,不能随机应变,同样持麻,出海空走一趟,回家麻仍原封不动,一无所获,被族人视为愚笨而生苦恼。这里讲明智慧对于取得财富之重要。

（四）农禅并作、耕种自给的经济伦理

唐朝中叶,特别是唐德宗建中元年(780 年)后,国家采取取消对寺院和僧尼个人田产免税规定等诸多不利措施,僧侣被迫面临如何生存的严峻形势,经过改革产生了更加适应中国自然经济和农耕文化,同时极具特色的禅宗丛林制度。《大智度论》卷三云:"僧伽秦言众,多比丘一处和合,是名僧伽;譬如大树丛聚是名为林。"后泛称寺院为丛林。"丛林"是禅宗僧众集团的特称,相传"马祖设丛林,百丈立清规",且有"马峻凌崖,百出雄峰"之描写。"丛林"等于佛经所说的修行大众,与清净大海众一样的意思。《禅林宝训音义》释云:"丛林"二字系取其草木不乱生长之义,表示其中有规矩法度。《华严经》曰:"菩萨妙法树,生于直心地,信种慈悲根,智慧以为身;方便为枝干,五度为繁密,定义神通华,一切智为果。"[①]四僧以上至百千,同一住处作法游事,皆名丛林。因释尊生于无忧树下,修道在雪山的原野,成道在尼莲禅河不远之伽耶城菩提树下,初转法轮于鹿野苑,开宣华严法会于尸林中,涅槃于拘尸那罗城外之婆罗双树间。可见,佛陀一生与树林特别有缘分,中国禅宗之丛林道场与之一脉相承。

禅宗丛林制度的创立始于马祖道一与百丈怀海师徒。在马祖时代,丛林制度农禅结合的特点已见雏形。农禅即通过劳作过程寻机教诲众僧、启发禅机、锻炼悟性。马祖道一首倡丛林制度,他的努力促使此制度兴起。马祖一方面广置禅林,他创建并倡导的禅林分布于唐代 12 个州近 20 个县,亲建 19 处禅林、寺院;另一方面开始实行农禅合一,其中各种生产劳动是僧徒常课,农禅结合成为传法形式,禅林经济成为寺院经济的重要形态。马祖道一的僧徒散布各地,他们创建禅林,自耕自养,讲禅修道,以赣、湘山区为中心,分布于今赣、湘、皖、浙、冀、晋诸地。在唐宪宗时期,散置于江河南北、丘壑浅山中的禅宗体系得以确立。

创立清规的代表人物是百丈怀海(720—814 年)和沩山灵祐(771—853

---

① 《八十华严经》卷 59,《大正藏》第 10 册,第 314 页。

年)两位禅师及其追随者。百丈禅师在唐朝元和九年(814 年),参照大小乘戒律,制定新的修行生活仪轨《禅门规式》即《百丈清规》,以保障禅宗的繁盛和发展。这是禅宗在寺院管理制度上进行的一次"不循律制、别立禅居"的重大改革,其中提出"普请"(俗称出坡)作为丛林制度集合僧众参加集体劳动的一种农禅制度。[①] 当从事作务劳役之时,普请大众,凡耕作、收获、打柴、采茶都举行集体活动;此外,四月佛诞摘花,六月晾晒藏经,平时斋厨择菜,节前寺院扫除等,也实行普请制度。普请要求上下合力,共同劳动,亦农亦禅,这是禅宗提倡过农、禅并修生活方式的具体体现。

百丈怀海(俗姓王,福州长乐县人,原籍太原)的远祖因西晋永嘉战乱,移居到福州,是马祖道一的法嗣。怀海早年在广东潮阳西山依慧照禅师落发,又到衡山依法朗受具足戒,后又往庐江(安徽庐江县)浮槎寺阅藏。因听说马祖道一在南康(江西赣县)弘法,于是就前往参学,是道一门下首座,侍奉道一有六年,得到印可。怀海参见马祖的悟道因缘,据《古尊宿语录》卷一记载:一日,百丈怀海禅师随侍马祖路行次,见一群野鸭飞过,马祖云:"什么声?"师云:"野鸭声。"良久,马祖又云:"适来声向什么处去?"师云:"飞过去。"马祖回头,将师鼻便搊,师负痛失声。马祖云:"又道飞过去!"师于言下有省。[②] 怀海心系于"我"之上,见胡饼、野鸭等,心随境转,故而不悟。经马祖及时提醒,伸手扭鼻,才顿时省悟。"悟"是无法用语言或文字解释,只能在修行中产生。和百丈同时参学的还有智藏、普愿,他们是马祖门下鼎足而立的三大士。不久有檀越请怀海禅师住洪州新吴(今江西奉新县)大雄山,另创禅林。《景德传灯录·怀海禅师章》云:"檀信请(怀海)于洪州新吴界住大雄山,以居住严峦峻极,故号之百丈。"怀海在百丈山修建禅林,四方禅客慕名而至。以沩山灵祐、黄檗希运等为上首。为了能和合共住,怀海制定《百丈清规》后,于唐宪宗元和九年(814 年)入灭,世寿九十五岁。唐穆宗长庆元年(821 年),谥号为大智禅师,塔号大宝胜轮。唐末以后,丛林寺院分工细致,普请逐渐减少,或偶一为之。

《百丈清规》在杨亿著的《古清规序》(景德改元甲辰年即 1004 年)中有详

---

① 佛诞日摘花、晒藏、平时的洒扫、搬柴、择菜等皆是普请之事项。
② 《卍新纂续藏经》第 68 册 No1315《重刻古尊宿语录序》卷 1《大鉴下三世(百丈怀海禅师)》。

细的引录,其中关于百丈立规之基本宗旨如下:第一,尊卑有序,德高为尊,以具道行、有高尚道德之人为尊,同时僧众按僧伽次第排列有序;第二,立法防奸,慎护讥嫌,集体住宿,自觉遵守,互相督促,维那监督;第三,勤劳节俭,上下均力,既保持了勤劳、节俭的传统美德,又在禅众中加以具体化,使之光大发扬;第四,禅教结合,便于长期坚持,平时注重德育、有违必究,决不姑息纵容。百丈既主张不著为宗,无求为要,又从制度上为僧众们清修打下基础。怀海身体力行清规要则,"师凡作务,执劳必先于众。众皆不忍。早收其作具而息之。师云:'吾无德,争合劳于人。'师既遍求作具不获,而亦忘食"。① 禅僧带头,平等参与,不劳动者不得食的风气,在道信、弘忍时已有萌芽,至怀海时始从制度上加以规范化。这在佛教史上确实是有深刻意义的大事,它是对古印度佛教以乞食、布施为生的精神的一大改革,是佛教适应以自给自足的自然经济为基础的国情,实现了经济伦理思想的重大发展。现存《敕修百丈清规》是元至元二年(1336 年)增订本,有后人大量的删添,大体上保存了古清规之精华。

《百丈清规》的创制是佛寺经济伦理思想发展史上重要的制度创新,它适应了当时唐代社会生活和经济变迁的趋势,为佛教寺院经济以崭新模式的发展开辟了道路,也提高了禅宗寺院经济的生存能力和发展空间,对后世寺院经济伦理思想乃至管理方式产生了重大影响。百丈禅师著有《丛林要则二十条》,要则如下:

> 丛林以无事为兴盛。修行以念佛为稳当。
>
> 精进以持戒为第一。疾病以减食为汤药。
>
> 烦恼以忍辱为菩提。是非以不辩为解脱。
>
> 留众以老成为真情。执事以尽心为有功。
>
> 语言以减少为直截。长幼以慈和为进德。
>
> 学问以勤习为入门。因果以明白为无过。
>
> 老死以无常为警策。佛事以精严为切实。
>
> 待客以至诚为供养。山门以耆旧为庄严。
>
> 凡事以预立为不劳。处众以谦恭为有理。

---

① 《天目中峰和尚广录》,《大藏经补编》第 25 册。

遇险以不乱为定力。济物以慈悲为根本。

丛林要则具体说明处在任何大丛林里,人都应从管理身心开始,然后才能及于大众;凡事反求诸己,为他人着想,这种精神使再大的组织、再多的人也一样循规蹈矩了。百丈禅师对丛林建设、修行处世等各方面都提出了独到的看法,希望这些要则能够在丛林中得到实行。二十条丛林要则讲了如下问题:一是内心真正的无事,是真正的兴盛和人生的好时节。二是修行方式有参禅、修密宗、研教等多种,但到达究竟的彼岸,无过于念佛法门。三是戒规逐渐落实到生活是精进的修学,入手处是检查自己内心面对生活中的人和事有没有进步,面对逆境、疾病的时候有没有心态平和,不忘戒学和念佛。四是要预防疾病,自然减食,以粗茶淡饭为主,不要贪吃美味。五是烦恼只是一个过客,以忍辱为菩提、为大智慧。六是真诚待人,老实做事,以这样的心来做人做事方能处理好人际关系。七是尽心尽力去做,踏踏实实,事半功倍。八是话要少说,该说之时要一针见血。九是长幼之间也要建立在平等、慈悲、谦和平和的基础上,才能沟通交流。十是无论善果、恶果都不去执着贪念,明白因缘果报只是相续的假相。十一是生老病死是不可避免的自然规律。十二是真正的供养客人是至诚。十三是济物救人、弘扬佛学的根本在于内心,出发点是以慈悲为本。

清规是对于禅宗僧众行为有着制度性约束的伦理规范。杨亿推原百丈立规之意,认为制有四益:一不污清众,生恭信故;二不毁僧形,循佛制故;三不扰公门,省狱讼故;四不泄于外,护宗纲故。[①] 新的规制加强了禅宗内部的自我管理和约束,要求僧众抛弃以往假号窃形、混于清众的行为,而以全新的形象示于世人,清规为此制定了众多关于僧众日常生活和行为的具体规范律例。《大宋僧史略》云:“后有百丈山禅师怀海,创意经纶,别立通堂,布长连床,励其坐禅。……可宗者谓之长老,随从者谓之侍者,主事者谓之寮司,共作者谓之普请。或有过者,主事示以柱杖,焚其衣钵,谓之诚罚。凡诸新例,厥号丛林。与律不同,自百丈之始也。”[②]这说明怀海的创意对禅宗制度建设和经济伦理实践之事其功至伟。

---

① 《百丈清规证义记》卷 1。
② 《大正新修大藏经》第 54 册,台北:佛陀教育基金会出版部 1990 年版,第 240 页 a—240 页 h。

　　清规在寺院和僧众管理方面的创建,尤其是在寺院经济管理方面的建设,是颇有新意的创建性的伦理举措,充分显示出佛教中国化在经济伦理发展方面的特色和贡献。在寺院经济组织管理方面,《百丈清规》设定了分工明确细致、僧众集体职掌负责的管理模式。这种管理体制对后世影响深远而得以流传沿革。根据《敕修百丈清规》载,寺院日常生活管理是由东西两序负责,关乎佛教寺院经济及僧众日常生活的管理者众多,其重要者如设立都监寺,古规惟设监院,后因寺广众多,添都寺以总庶务。"早暮勤事香火,应接官员施主,会计簿书,出纳钱谷,常令岁计有余,尊主爱众。"[1]监寺,即寺主,总领院门诸事。维那,"纲维众僧,曲尽调摄。堂僧挂搭,辨度牒真伪。……凡僧事内外,无不掌之。"[2]知客,职典宾客。凡官员、檀越、尊宿、诸方名德之士相过者,负责接待,通报方丈。副寺,古规之库头(后称柜头),北方称财帛,"盖副贰都监寺分劳也"[3]。职掌"常住金谷钱帛米麦出入,随时上历收管支用"。直岁,职掌一切作务。"列职杂务"还包括化主、园主、磨主、庄主等各种杂务职责。这些管理职务涉及寺院僧尼生活的各个方面,组织严密、分工明确,僧人各司其职,保证了寺院僧众经济生活的有序和稳定。这种管理制度,体现了农禅制度自我发展、自食其力、自利利人和自给自足的伦理精神,提高了禅宗寺院经济的生存能力,扩大了发展空间。

　　百丈怀海创制清规不仅是为了禅宗自身的发展,而且是对佛教戒律的变通,如果将其置于中古时期的历史长河进行观察,可知《百丈清规》的产生是和当时的社会政治背景、经济环境以及佛教伦理的发展等因素都有着密切的关系。唐代中叶以后,商品经济发展,均田制废坏,土地买卖流转日渐频繁。随着私有制土地的发展,庶族地主势力的兴起,使得劳动者的人身依附关系逐渐减弱。这种历史变化的潮流,对社会经济生活形成了严重的冲击。而寺院经济"双轨制"的发展,经济势力急剧膨胀,引起唐代朝野的极大关注,反对呼声不绝。安史之乱之后,社会环境剧变,佛教的生存发展空间受到严重影响,加之佛教尤其禅宗内部的危机,也要求佛教界对其自身的管理进行制度变革。面对如此困境,禅宗僧众创建新的清规,对佛教的发展无

① 《敕修百丈清规》卷下《两序章·东序》之"知事都监寺条",《大正藏》第48册,第1132页。
② 《敕修百丈清规》卷下《两序章·东序》之"知事都监寺条",《大正藏》第48册,第1132页。
③ 《敕修百丈清规》卷下《两序章·东序》之"知事都监寺条",《大正藏》第48册,第1132页。

疑具有重要的历史意义。

就《百丈清规》中的经济伦理思想的创造性贡献而言,对于整个中国佛教寺院经济伦理思想的发展有着重要意义的内容即是百丈怀海所提出的"一日不作,一日不食"的"普请法"伦理要求。《敕修百丈清规》记载:

> 普请之法,盖上下均力也。凡安众处,有必合资众力而办者,库司先禀住持,次令行者传语首座维那,分付堂司行者报众挂普请牌。仍用小片纸书贴牌上云!某时某处或闻木鱼或闻鼓声,各持绊膊搭左臂上。趋普请处宣力,除守寮直堂老病外,并宜齐赴。

"普请"要求僧众劳作时,除了"守寮直堂老病"外,一律参加。百丈本人也身体力行,《祖堂集》记载说:"(怀海)师平生苦节高行,难以喻言。凡日给执劳,必先于众。主事不忍,密收作具,而请息焉。师云:吾无德,争合劳于人? 师遍求作具,既不获而亦忘食。故有'一日不作,一日不食'之言流播寰宇矣。"[①]"上下均力"的普请之法,确实在当时有着其独创的意味,它改变了以往寺院经济对于国家赏赐和社会捐助的依赖性,增强了自我生存发展的能力和独立性。

百丈行"普请"之法,上下共同劳动,耕种自给,这些规矩在一定意义上能达到整肃禅林风气的目的。[②] 禅宗的确在相当长的时期内保持了中国封建社会自给自足的小农经济的生产方式,"他们的原则是自己劳动,自己消费,'一日不作,一日不食',从而在经济上立于不败之地"[③]。普请之法随着百丈怀海的倡导而渐趋广泛流播,同时也吸引了众多僧徒。例如,普岸因当时"怀海禅师居百丈山,毳纳之人骈肩累足,时号大丛林焉",故而也来到百丈山,"日随普请施役,夜独执烛诵经,曾不惮劳,遂谐剃染"[④]。唐宋两代不少禅师提倡并从事农业和林业等生产劳动。不过,由于当时寺院经济仍然占主要地位,应赴经忏之事也逐渐盛行,僧徒劳动生产的比例不会很大。但这一优良传统,一直由禅宗寺院的不少僧徒继承下来。

---

① 《续藏经》第1辑第2编第24套第5册,上海:上海涵芬楼影印1925年版,第409页。
② 吕澂:《中国佛学源流略讲》,北京:中华书局1979年版,第383页。
③ 任继愈:《禅宗的地位和特点》,载《禅学研究》1992年第1期。
④ 《唐天台山福田寺普岸传》。

三、利和同均、自利利人的分配伦理

分配行为实质上也是一种变相的财富占有行为,是社会产品脱离生产渠道之后泽及世人的馈赠行为,也是对现有利益的索取行为。在佛教寺院中所涉及的分配行为多是对布施物的分配,而由此产生的分配公正思想受到佛教教义、信仰的强烈影响。

佛教在分配伦理上主张利和同均、自利利人,希望有一个合理的社会、和乐的人间,希望财物共有、经济平均、有利同享,无贫富之分。《佛说息净因缘经》云:"若得法利及世利养,悉同所受……与众同受,勿私隐用。"《中阿含经·本起经》中说:"既利以平均,如是众附亲。"惠施臣民,平均分配,薄赋节用,让人民生活富裕,被佛教认为是国家安定的根本保障。"利和同均"的分配观是佛教平等观在经济上的表现,释迦牟尼关怀众生,对于贫困者更是慈悲地施与。布施被视为六度之首,为菩萨所必行。布施,即以福利布施与需求者,毫不吝惜。《杂阿含经》中释迦牟尼多次宣说布施之功德,劝人施舍贫穷病弱、出家修道之人,卷三五云:"种植众善本,终获大福利。"释迦牟尼谈到布施时常用"福田"作比喻,福田观念把福以慈悲来表示,内涵更为深厚而高超。福田的"田"含有生长的意思,"福田"即可生福德之田。犹如农夫播种于田,有秋收之利。行善布施表明种下利人救济的事,则能受诸福报于后,以田生长为义故名福田。凡敬待福田(佛、僧、父母、悲苦者),即可收获福德、功德的"福报"。福田观是大乘佛教的慈悲观表现,提倡实现社会的福利事业及其安全制度,后来演变为济贫的思想。晋代以来很多社会公益慈善事业便是借此因缘而形成。

利和同均、自利利人的分配伦理主要体现之一,在于慈善救济行为。东汉时期,佛教传入中国后不久,佛教的慈善事业就已很有影响,史载浴佛活动有慈善救济,"每浴佛,辄多设饮饭,布席于路。其有就食及观者且万余人"(《后汉书》卷七十三《陶谦传》),可见那时做慈善事业的规模之宏大。在灾荒或战乱年代,各地寺院都会赈灾济贫、施药治病及为那些无家可归的人提供避难场所。寺院也会发起或由僧人组织一些民间公益慈善事业,如修路、放生、植树造林等。上述种种行为都是受佛教所宣扬的"布施"思想的影响。人们进行的布施行为就是种下了帮助、救济他人的事的因,所以在之后会结出受福报的果。

慈悲是佛教经济伦理思想的一个核心。"慈"是慈爱众生并给予快乐,悲悯众生,拔除痛苦,这是佛教伦理的宗旨。慈悲就是"与乐拔苦",要有怜爱、怜悯之心。

> 为诸众生除无利益是名大慈,欲与众生无量利乐是名大悲。(《大般涅槃经》)

> 诸佛心者大慈悲是。(《佛说观无量寿佛经》)

福田是践行慈悲伦理的一种重要方式,其表现有不同的种类或形式。如《大智度论》认为福田分两种,一种是"敬田",另一种是"悲田"。福田有以受恭敬之佛法僧为对象的敬田,有以受怜悯之贫、病者为对象的悲田,还有三福田(悲田、敬田、恩田)、八福田、看病福田等多种说法,但都不出悲、敬二大福田。佛教认为真正的布施要求"不简福田";对于悲田,不生轻贱心;对于敬田,不应生求报心。以缘起之理,才能远离差别见解,对一切众生不分亲疏贵贱一视同仁,这才是真布施、清净布施。"敬田"是以受恭敬的佛法僧为对象的,"悲田"是以受怜悯的贫、病等弱者为对象的。在悲、敬二田中,佛教更关注以贫病、孤老为对象的悲田。《佛说象法决疑经》云:"善男子,我于处处经中说布施者,欲令出家在家人修慈悲心,布施贫穷孤老乃至饿狗。我诸弟子不解我意,专施敬田不施悲田。敬田,即是佛法僧宝,悲田者贫穷孤老乃至蚁子,此二种田,悲田最胜……布施贫穷孤老恶疾重病困厄之人,其福甚大。"①这种强调救助悲苦众生的悲田思想是佛教救助鳏寡孤独废疾之人的基本理论。

寺观经济的繁荣为唐代佛教救助鳏寡孤独废疾人群提供了经济上的可能。佛教对鳏寡孤独废疾人群的救助主要体现在布施、收容、疾病救治及精神抚慰方面。

第一,布施、收容。佛教以普度众生为宗旨,劝导世人要以慈悲为怀,强调对众生的布施。以慈悲心来施行布施,是实践佛教义理教义的一个重要

---

① 《佛说像法决疑经》卷 1,《大正藏》第 85 册,第 1366 页。

基础,也是传播佛法的基本保障,更是改善现实社会人际关系的一剂良药。慧远所著《大乘义章》卷十二云:

> 言布施者,以己财事分布与他,名之为布,辍己惠人,名之为施。因其布施缘物从道名布施摄。布施摄中差别有四:一者财施;二者法施;三者无畏施;四者报恩施。菩萨思愿与无贪俱起身口业,舍所施物济惠贫乏名财施;以佛陀真理劝人修善断恶名法施;舍己为人济拔厄难名无畏施;菩萨先曾受他恩惠,今还以其财法无畏酬报与我有关的有情无情均予我有恩名报恩施。用此四种为布施摄,所化之人有贫有恶,若对贫人先行布施济其贫苦,次行爱语授之以法,以明利行劝物起修;若对恶人先行爱语化令舍恶,次行布施随顺资养,以后利行劝令起修。①

布施不仅是以自己的财物分施于他人,使他人受惠,而且分析了布施的种类有财施、法施、无畏施、报恩施四种,并对如何行使布施及布施对象亦作了详细的论述。唐高僧道世在《法苑珠林》卷八十中论述布施云:"夫布施之业,乃是众行之源。既摽六度之初,又题四摄之首";"所言施者,俱有二种:一者财施,二者法施。是为布施。"②财施可以理解为对于贫乏之人的物质救助,法施是对众生的精神上的救助,无畏施则是对于处于厄难中之人的救助,至于报恩施则是菩萨先受到恩惠,而后从物质、精神等方面对其报恩。佛教的布施强调对于孤贫、处于危难之人实行救助,救助可以是财物,也可以是佛法。僧人智顗,"自幼辞亲,来五台山善住阁院,礼贤林为师,诵经合格,得度。神情爽拔,气调高峙,于世资财,少欲知足。粝食充腹,粗衣御寒,余有寸帛,未尝不济诸贫病也"。元和年间(806—820年),智顗被推举为五台山都检校守僧长之职,后遇饥馑而被延为华严寺都供养主,日供千僧,历十余年,食无告乏。③可见,寺院经济活动有收入,可以养活僧人,并且经常举行施舍等活动。大历年间,江表饿殍遍野,国清寺澄观"逐并粮食施之",收容饥饿之人。

唐代寺院收养孤儿的事例在史籍中不乏记载。著名茶学专家陆羽

① 释恒清:《大乘义章的佛性说》,《佛学研究中心学报》1997年第2期。
② 释道世:《法苑珠林》,北京:中华书局2003年版,第2327、2347页。
③ 《高僧传·智顗传》。

(733—约 804 年),复州竟陵(今湖北天门)人,字鸿渐,自称"桑苎翁",又号"东冈子""竟陵子"。原为弃儿,曾被竟陵龙盖寺住持僧智积禅师在当地西湖之滨收养,后来长大成人。据载陆羽身在庙中,不愿终日诵经念佛。智积禅师要他抄经念佛,陆羽答曰:"终鲜兄弟,无复后嗣,染衣削发,号为释氏,使儒者闻之,得称为孝乎? 羽将校孔氏之文可乎?"公曰:"善哉! 子为孝,殊不知西方之道,其名大矣。""公执释典不屈,羽执儒典不屈。公因矫怜抚爱,历试贱务,扫寺地,洁僧厕,践泥圬墙,负瓦施屋,牧牛一百二十蹄。"①陆羽并不因此气馁屈服,求知欲望反而更加强烈,后来逃出龙盖寺而被竟陵太守李齐物因才举荐。上元初(760 年)陆羽至苕溪(今浙江湖州)隐居,著有《茶经》三卷传世。这说明他不仅得到僧人的养育,而且受到了很好的文化教育。李唐王室的仪光禅师因为其父参与反对武则天的叛乱,受株连被追杀,其乳母将其抚养至八岁时,怕事情败露,"因与流涕而诀",后来由寺院僧人将其收养。唐后期的宰相王播"少孤贫,尝客扬州惠昭寺木兰院,随僧斋餐。诸僧厌怠,播至,已饭矣。后二纪,播自重位出镇是邦,因访旧游,向之题已皆碧纱幕其上。播继以二绝句曰:'二十年前此院游,木兰花发院新修。而今再到经行处,树老无花僧白头'"。"上堂已了各西东,惭愧阇黎饭后钟。二十年来尘扑面。如今始得碧纱笼。"②诸僧人对于像王播这样长期居住在寺院的贫苦人的厌怠,一方面表明寺僧的势利,但另一方面也说明了唐代寺院收留孤儿,并且孤儿还可以读书考取功名,王播在那时虽受到了寺僧不友好的对待,但寺院收养孤儿读书的事实是不能被掩盖的。穷苦老人赵叟,就是居住在扶风县西的天和寺。坐落在高岗之上的天和寺,"其下龛宇轩豁,可居穷者"③。

　　教化也是佛教布施事业中的重要组成部分,佛教推行不以宗教为限的教化,在书院兴起前,寺院实际上承担起了社会教化的责任并培养出了很多人才。自传入中国始,佛教就与中国传统慈善文化逐步结合,形成了以善恶果报论为基础的利合同均、自利利人的分配伦理思想,产生了一系列"劝善"的典籍。这些佛教典籍提倡"善自获福",要求人们从自身做起,劝化一切众

---

① 《陆文学自传》,载李昉等编《文苑英华》,北京:中华书局 1966 年版。
② 《起自寒苦》,《唐摭言》卷 7。
③ [唐]张读:《宣室志》,明万历刊《稗海》本(明人商濬辑)。

生,共致福业,共获善报。"善"是惠及人人的基础,惠及人人是"善"的一种表现形式。惠及人人是从分配角度来说,保证每个人都有平等的权利获得自己的利益,需要教化人们,要想获得善报,须在分配公正方面实践自利利他的双赢,而不是通过侵占他人的利益来获得不义之财。当然,此处的惠及人人不是指对所有的人都给予平均的分配,而应是根据其需要的程度来进行合理适度的分配。对于施授者是这样的要求,对接受者亦如是。为了避免背负因果债,应戒除贪欲,做到"谦下恭敬,不自害、不他害、不两害、不自取、不他取、不两取、不自着、不他着、不两着,亦不贪求名闻利养。……令离一切恶,断贪嗔痴憍慢覆藏,悭嫉诳诳,令恒安住忍辱柔和"①。

佛教劝善论认为"善自获福",行善可得福(报),因此鼓励信徒、世人行善积德,多进行布施,共建福田。佛教强调在布施、做慈善事业时,应践行"慈悲喜舍",即以慈心出离嗔恨心,以悲心出离害贼心,以喜心出离不乐心,以舍心出离贪欲心。佛教所说的"慈悲心"以天下为己任,并怜悯一切众生。把"慈悲心"放在分配公正的角度而言,就要求在分配的过程当中要做到惠及人人,保证最多的人获得最大的利益。分配的过程中做到惠及人人,包括集社会资金做社会救助之事、医病扶贫、建无尽藏院等。例如,前人栽树后人乘凉,"植树"自然也是佛教徒的善举之一,在经文、传记中屡见不鲜。《白香山集》的"明远大师塔碑铭并序"中就有记载"种植松杉楠桂桧一万棵,加惠地方",是佛教从事的公正的分配是以天下众生利益为利益的表现,力求通过慈善这样的第三次分配来改善人们的居住和生活环境,使每个人都可以有权利获得更好的生活,不仅造福这一代人,还惠泽下一代人。惠及人人之外,佛教在分配上也强调怜悯一切众生。悲田养病坊收容孤苦无依者,供其衣食,为其治病,却不收取任何费用,充分发挥了其再分配的功能。通过这样的慈善行为进行公正的分配,一定程度上保障了某些人(如贫弱者)基本生活所需,调节了社会贫富差距,也缓解了社会矛盾。

第二,疾病救治。佛经常把佛比作医王,佛法是治疗人生疾苦的药方,佛陀则是包医百病的大医王,如说"佛如医王,法如良药,僧如瞻病人,我当

---

① 《大方广佛华严经》十行品(一),《大正藏》第10册。

清净持戒正忆念"①,而且"诸佛如来为无有上、为大医王。善知有情烦恼病因,能与法药……施大法药,令烦恼病皆得除愈"②。佛陀言:"自今已去,应看病人,应作瞻病,人若欲供养我者,应先供养病人。"③"舍而不看,皆结有罪故"④。见病不救是犯戒行为,并要求佛教僧人应该像对待佛那样对待一切有病的人。"若佛子,见一切病人,常应供养,如佛无异……而菩萨以嗔恨心不看,乃至僧坊、城邑、旷野、山林、道路中见病不救济者,犯轻垢罪。"⑤不杀生为佛教最基本戒律"五戒"中第一戒,而且杀生被视为"十恶"之首。但是,对于生病的比丘,佛陀则格外宽待,只要是医生开具的处方,只要是能医好比丘的病痛,一律准许,不算破戒。

佛教要求僧侣具有医疗疾病的知识,其中医方明是佛门弟子修行的五明中的一种,是以僧人把明六度以除四魔之病,调九候以疗风寒之疾当作一种自利利人的大善行。唐代僧人大都具有精湛的医术。长安广福寺的日照和尚"博晓五明",五台山清凉寺的澄观亦"兼通五明"之学,诸如此类的记载很多。唐泗州普光寺僧伽曾"昔在长安,驸马都尉武攸暨有疾,伽以澡罐水噀之而愈,声振天邑。后有疾者告之,或以柳枝拂者,或令洗石师子而瘳,或掷水瓶,或令谢过"⑥。僧人亦常救助那些病乏之人,少林寺慧安乞多钵食,救其病乏,存济者众。贞观十七年(643年),释智严曾在石头城的疠人坊居住,并为其说法,吮脓洗濯,无所不为。佛教徒将医学与佛学结合,在以佛法医治人心之痛苦的同时,以医术治疗人身之疾苦。鳏寡孤独三疾人群作为社会的弱势人群,疾病往往成为他们主要的苦恼之一,佛教在疾病方面对他们进行救助,亦是其发扬慈悲、珍视生命、普度众生宗旨之体现。

第三,精神抚慰。寺院以其经济势力,组成强大的弘法团队,倡导对鳏寡孤独废疾人群在精神上进行抚慰,这是其实施社会救助的重要方式之一。布施有物质(衣、食等)和精神(说法、教化等)诸方面,佛教重视佛法信仰的力量,传布精神抚慰。自魏晋至隋唐,中国佛教学者译述、撰写了许多著作,

① 《大智度论》卷22,《大正藏》第25册。
② 《佛说宝雨经》卷7。
③ 姚秦、佛陀耶舍共竺佛念等译:《四分律》,《大正藏》第22册。
④ [清]仪润:《百丈清规证义记》,《续藏经》第63册,上海:上海涵芬楼影印1925年版。
⑤ 《大智度论》卷22,《大正藏》第25册。
⑥ 《唐泗州普光王寺僧伽传》,《宋高僧传》卷18。

非常重视"法施"。可以说，佛教对"法施"的论说所在多有。

> 法施，即无倒宣说正法，或写经施，或工巧医药及世间无罪事业边际，以授于人，或教受持学处等是。（《略论释》）

> 菩萨有四种施具足智慧。何等为四？一以纸笔墨与法师令书写经，二种种校饰庄严妙座以施法师，三以诸所须供养之具奉上法师，四无谄曲心赞叹法师。（《大集经》）

> 佛说施中法施第一。何以故？财施有量，法施无量；财施欲界报，法施出三界报；财施不能断漏，法施清升彼岸；财施但感人天报，法施通感三乘果；财施愚智俱闲，法施唯局智人；财施唯能施者得福，法施通益能所；财施愚畜能受，法施唯局聪人；财施但益色身，法施能利心神；财施能增贪病，法施能除三毒。故《大集经》云：施宝虽多，不如至心诵持一偈。法施最妙，胜过饮食。（《大智度论》）

> 天帝问曰："施食施法有何功德？唯愿说之。野干答曰：布施饮食济一日之命，施珍宝物济一世之乏，增益系缚。说法教化名为法施，能令众生出世间道。"（《未曾有因缘经》）

> 财施者，人道中有；法施者，大悲中有。财施者，除众生身苦；法施者，除众生心苦。贪爱多者施与财宝，愚痴多者施与其法。财施者，为其作无尽钱财；法施者，为得无尽智。财施者，为得身乐；法施者，为得心乐。财施者，为众生所爱；法施者，为世间所敬。财施者，为愚人所爱；法施者，为智者所爱。财施者，能与现乐；法施者，能与天道涅槃之乐。（《大丈夫论》）

上述可见，佛教认为"除众生心苦"的法施，相对于"除众生身苦"的财施，更为优胜，即"法施最妙，胜过饮食"。

法施其实就是一种精神上的安慰，佛教宣扬轮回学说，相信还有来世，鳏寡孤独废疾人群作为弱势群体，不仅在物质上需要救助，在精神方面更要得到相应的抚慰。佛教对鳏寡孤独废疾人群的救助不仅内容丰富，救助的形式多样化，而且救助方式亦十分灵活。佛教对这一人群的救助是民间救助的主要形式，而且和官方救助关系密切，尤其是在病坊的管理方面。官方与民间相结合的救助形式体现了佛教伦理的一种特色。

佛教从事的布施行为有专给贫病、孤老者居住并提供饮食的悲田院,有在灾荒时救助贫苦百姓的"僧祇粟"制度。《魏书·释老志》中记载的"僧祇之粟,本期济施。俭年出贷,丰则收入。山林僧尼,随以施给。民有窘敝,亦即赈之",即每逢丰年,人民缴纳一定的谷物储存在管辖寺院的总机关,灾荒之时供给灾民,等到丰年的时候,再归还给寺院,平时也可以作为资助平民的粮食而活用。唐朝创建的由国家设置在寺院内的佛教慈善医疗机构称"悲田养病坊",将患病却无力求医的贫苦者以及各种老弱病残孤苦无依者聚集、安养起来;佛教还有特有的布施行为即"斋会",即由施主承担所有费用的纯粹的社会公益救济行为,不分贫富平等设斋的施食行为。佛教的布施事业还包括戒残杀。西晋末年,北方文化水平较低的游牧民族成了中原统治者,其占领地民众备受其苦,在这种情况下,佛教寺院便肩负起了一件特殊的慈善事业,即劝诫这些异族统治者不要残杀百姓。由于这些统治者不可以理喻,佛教便用其特殊的道术来感化他们。

总之,佛教的分配公正观是建立在因果轮回及"劝善论"的基础之上的,它宣传拿出一部分财产去多行善事、造福众生才可以在今生和来世获得善报。此布施及慈善事业无疑是社会的第三次分配,支撑其行动的是对佛的信仰和敬畏。做善事与对佛法的基本信仰保持一致,即应当做到众生平等和惠及人人,也即普度众生的分配公正观。从分配公正的角度上看,佛教所主张的"慈悲喜舍"与儒家倡导的"仁者爱人"的原则都包含了对众生的慈悲怜悯与济世之心。佛教的慈悲思想融入了儒家的仁爱思想,在劝世的作用上是和儒家思想互为表里的,正所谓导之以慈悲,所以广其好生恶杀;敦之以喜舍,所以申乎博施济众。

四、制欲克俭、持守中道的消费伦理

汉唐佛教的一些经济伦理思想是儒家和佛家思想融合之后的新观念,这一点明显体现在消费伦理观念上。消费伦理观念并不是简单地关注消费者物质上的利益或者消费者的行为对其他人的经济影响,而是立足于公正价值的角度,对消费者的消费行为进行合理性和合目的性的理性审视和道德评价。佛教消费伦理思想的节制观对治人"欲",在消费伦理观上首先要

求制欲克俭。这里的"欲",一般指驱使人想望、追求某种东西的内在动力,而佛教经济伦理所说心所法中的"欲",是"于所乐境希望为性"、能发起精勤作用的"欲",有着特定的含义。《正法念处经》卷二九谓"心求忆念,欲有所作,是名为欲";"不求知足,故名为欲"。《界身足论》卷二对"欲"的解释有:"谓欲、能欲性、现欲性、喜乐性、趣向性、希欲性、欣求性、欲有所作性,是名欲。"简言之,佛教对于所喜欢的东西希望得到、欢喜追求、想要有所作为的驱动力或心理功能,称为"欲"。唯识学把"欲"归于五大别境心所法之首,认为它有十分重要的基本心理功能。《俱舍论》以"欲"为一切心理活动生起的遍大地法。佛教是在人的需要、需求、动机意义上论说"欲"的。

(一) "欲"的含义、表现和性质

佛教关于"欲"的论说包括两种寻求、四食、三欲、五欲、六欲、六食、七食、九食、十一欲诸说。其中"两种寻求"见《本事经》卷四,其中云:"一非圣寻求,贪求妻子、奴婢、仆使、金银钱财、家畜田产等;二圣寻求,追求寂灭涅槃。"这里的"寻求"是由欲望而驱动的追求。偈云:"不知老病死,愁染法过患,希求深爱著,名非圣寻求。善知老病死,愁染法过患,希求彼寂灭,名真圣寻求。"两种寻求说明,人有贪着世间及舍离贪着而寂灭涅槃两大类欲望。

"四食",谓四种食物,"食"(梵 ahara)为牵引、滋养、持续之义,指养育和维持生命所需的食物,属世间的各种众生维持生命所必需。一切众生需要"四食",《杂阿含经》卷十五佛告比丘云:"有四食资益众生,令得住世,摄受长养。"其中,(1) 段食,另作"抟食""揣食""见取食",谓分段(一口一口吃或一顿一顿吃)而食,《增一阿含经》卷二十一云:"如今人中所食,诸入口之物,可食啖者,是谓揣食。"食有粗、细,粗食如米面鱼肉之类,细食如酥、油、水、饮料等。"段食"以香、味、触三种尘为体,是欲界众生所需要,维持色身之必需。《成唯识论》卷四云,段食"以变坏为相",谓食物须被破坏或变化而作用。段食之实质是通过吃物质而吸取物质性的营养。(2) 触食,另作"更乐食""温食""细滑食"。触食以心所法中的"触"为体,根境识和合,感官摄受的使人感到快乐喜悦的各种刺激,如衣着、被褥、抚摩、拥抱、洗浴、按摩、音乐、香味以及观赏(风景等)、欣赏(美人仪态等)等。《增一阿含经》卷二十一云："衣裳、伞盖、杂香华熏，火及香油，与妇人集聚，诸余身体所更乐者，是谓更乐食。"触食的实质属感觉需要，包含部分生理需要，以维持受蕴，保持愉快的情绪。（3）思食，另作"意思食""意食""念食"，以第六意识的思、念为体，其实质是吃意念。《成唯识论》卷四云："意思食，希望为相，谓有漏思与欲俱转，希可爱境，能为食事。"思念可爱的、悦意的境和事，能起食物滋养之作用，属意识、精神层面的需要。（4）识食，以心识的活动为维持生命（名色）不可或缺的食粮。《成唯识论》卷四谓识食"以执持为相"，指第八识处理信息、维持生命的作用，或阿陀那识执受个体生命的作用。生的欲望无疑是维持人生存的最根本的食粮。上述"四食"中，后三种通于三界一切众生，色界以触食为主，无色界当以识食为主。名闻利养恭敬，为系缚世人的缰锁，是腐蚀出家者导致佛教衰落的魔网。名闻恭敬和利养（供养），即获得别人尊重和认同的需要。"四食"说明众生的生命需要吸收、摄取物质的、感觉的、意识的、精神的各种养料或信息才能维持，维持生命的需要，使众生不自觉地产生种种"食欲"。《增一阿含经》卷三十一记载佛告阿那律："一切诸法由食而存，非食不存。"意谓吸收所需是众生存在的必要条件，佛亦需以涅槃为食，而涅槃又以不放逸为食。

"六食"，谓眼等六根，各需保养或各有所需：眼需睡眠，耳需音声，鼻需香味，舌需美味，身需细滑，意需法（对事物的认识、思考等）。《增一阿含经》卷三十一佛告阿那律云："眼者以眠为食，耳者以声为食，鼻者以香为食，舌者以味为食，身者以细滑为食，意者以法为食。"《杂阿含经》卷四十三记载，佛谓六根"各各自求所乐境界，不乐余境界"，如眼根常求可爱之色，不可意色则生厌；耳根常求可意之声，不可意声则生厌。眼耳鼻舌身意六根，各有其欲望或所需。意识所需的"法"，可包括安全、归属、尊重和爱的需要等。

"七食"，谓前眼、耳、鼻、舌、身、意六根所需睡眠等六食，加第七不放逸食。不放逸，为善心所之一，谓严格约束自己，净化自心，不受尘垢的污染，勤修三学六度等佛法，它是获得涅槃解脱之本，故不放逸称涅槃之食。列不放逸或涅槃食为七食之一，与眼需睡眠、耳需妙音等并列，说明以不放逸的精神追求涅槃，也是人本性中的一种需要、需求或欲望。

"五种出世间食"见于《增一阿含经》卷四十一等，其内容包括：（1）禅悦食，一作"禅食"，深入禅定，享受定的微妙快乐喜悦。（2）法喜食，一作"喜食"，由听闻、修学佛法而获得喜悦。《维摩诘经》卷一偈谓"禅悦以为食，法喜以为妻"。(3) 愿食，树立高尚理想，发愿断烦恼、度众生、证佛果。(4) 念食，时常忆念、牢记所修学的佛法。(5) 解脱食，由修习佛法而获得解脱。一作"八解脱食"，指由修内有色想观诸色解脱等八种禅定而从色、无色的束缚中获得解脱。这五种食物加前世间段等四食，为九食。五种出世间食说明，人类有超越生理和社会需要，获得禅悦、法喜、彻底解脱等高级满足的需要或欲望。出世间五食可包括自我实现和超自我实现的需要的根本，以及超越、寻根、定向需要，而更有这些需要中所没有的内容。

"欲"的理论还有三欲、四欲、五欲、六欲、十一欲说，均指人类等欲界众生所具有的基本欲望或需求。"三欲"，谓饮食欲、睡眠欲、淫(性)欲，属最基本的人欲。"四欲"，《中部·巴陀伽摩经》记载，佛说人的欲望有富有、美名、健康长寿、死后生天四欲。《大集经》卷二十九说有色欲(物质欲望)、形欲(对美好形态的欲望)、天欲(上进心)、欲欲(对各种所爱好的东西之欲望)四欲。"五欲"，指对色、声、香、味、触五种境或"触食"的需求和欲望。《增一阿含经》卷二十五《五王品》记载五位国王讨论五欲何为最妙，佛陀云：由各人的性行(习性)而定，自己"所乐之处，心即染着"，例如好色者认为美色最妙，贪吃者认为美味最妙。欲望使人为满足它而努力，"欲意炽盛时，所欲必可克，得已倍欢喜，所愿无有疑"。财、色、饮食、名、睡眠之欲，称五欲。《瑜伽师地论》卷六十四讲五种欲求：一摄受求，想占有妻子、奴婢、下属、田地等。二受用求，想受用美食、衣服、装饰品等。三戏乐求，想歌舞、嬉笑、娱乐。四乏解了求，追求满足诸欲而不知过患。五名声求，追求名声。"六欲"，指对色(身体)、形貌、言语音声、(皮肤)细滑、人相(性感)的欲望，指人在性爱方面的欲望。十一欲，见《善见律毗婆沙》卷十二，是性欲的种种表现：乐出乐(淫梦中遗精)、正出乐(达到性高潮之欲)、已出乐(性高潮后的满足感)、欲乐(性的想望)、触乐(性接触之欲)、痒乐(因抓癣痒等而遗精)、见乐(见异性性器之欲)、坐乐(与异性并坐的欲望)、语乐(与异性语言调戏之欲)、乐家乐(忆念在家时的性快乐)、折林(与异性结誓相好)。

以上诸食、诸欲，都是世间的、人间的。除此之外，出世间的食物也有滋养生命的作用，此即七食中的不放逸食和九食中的出世间五食。佛教关于两种寻求、四食、三欲、五欲、六欲、六食、七食、九食、十一欲的理论说明，人的欲望、需求是多方面的,包括了生的欲望(识食);匮乏性的生理需要(食色睡等,段食);感官和内心快乐的情绪需求或受蕴的需要(触食、五欲、六欲、禅悦食);被尊重、被爱的社会性感情需求(美名欲等);求知欲、理想(思食、愿食);长生不死永享快乐的欲望(天欲);彻底解脱涅槃的需要或欲望(法喜食、解脱食),等等。

(二) 贪欲的可能危害和起因

欲是思虑和行为的诱因。人的一切希望、追求、意义、价值皆因欲而有,一切罪过、邪恶、苦难也由欲造成。唯识学认为,欲心所通善、恶、无记三性。佛教主要叙说的是,性属不善的贪欲和属于善的善法欲。

"贪欲"属心所法中列为根本烦恼的"贪",或云贪欲、爱欲、欲贪,即对世间的食、色、睡,色声香味触五尘、六欲,钱财名位等的执着、迷恋和过多的非分贪求。贪求这些东西的欲望,通常称之为"人欲"。佛经对这些欲望有很多论说,例如:

> 世间杂五色,彼非为爱欲,贪欲觉想者,是则士夫欲。(《杂阿含经》卷二十七)

> 可爱妙境,皆非真欲,于彼所起分别贪爱,乃是真欲。(《法蕴足论》卷六)

色声香味触五尘并非欲望,而在五尘上生起的贪求、向往则名为人欲。《集异门论》卷八引经中佛言,说贪欲有欲贪(想占有)、欲欲(想得到)、欲亲(想亲近)、欲爱(贪爱)、欲乐(喜欢)、欲闷(想望得发闷)、欲眈(耽着)、欲嗜(嗜好)、欲藏(想收藏)、欲随(跟着欲望走)等十三种相。从出世间、超越生死的高度,佛教对人欲或贪欲的批判可谓最为鞭辟入里、深刻彻底,认为贪欲使人热恼不安,驱动人发起有漏业,尤其是发起不善有漏业,由有漏业导致生死苦果。贪欲是人生诸苦之本源,佛经说"欲为苦因"即指贪欲。对贪欲之害,佛教多有论说:

> 当知众生种种苦生,彼一切皆以欲为本。若诸众生所有苦生,一切皆以爱欲为本。(《杂阿含经》卷三十二)

> 爱欲意为田,淫怒痴为种。……所生枝不绝,但用食贪欲,养怨益丘冢,愚人常汲汲。(《法句经·爱欲品》)

> 佛说习近诸欲有五大过患:诸欲极少滋味,多诸苦恼过患。诸欲能令人贪得无厌、不知满足。诸欲常被贤圣呵责,为凡夫卑行。诸欲能令诸烦恼积集增长。诸欲能令人无恶不作。(《瑜伽师地论》卷三十三)

总括而言,贪欲是生长生死流转苦果的田地,世俗愚痴之人贪着财色名利等种种身外之物,贪欲驱使而欲罢不能。贪欲滋长如树生枝,不知这一切实际上是在养育害己怨家,增益生死。南传《增支部·五集》指出:贪欲使人的心变得不柔软、不适用、不清澈明亮、不稳固。当心被贪欲控制时,人不能正确地看清贪欲,不能正确地考虑自他的利益。因此,佛教将被贪欲控制比喻为饿狗得到一根沾满血而没有肉的骨头、手持草制的火炬逆风而行、掉进火炭坑、以借来的华丽马车和饰物假装富翁等。《大毗婆沙论》卷四十四释云:贪欲生起使人身心劳、烧、热、焦,热恼焦躁,如被火烧,忧苦不安;因此感得当下和来世非爱、非乐、非喜、非悦的诸异熟果,是为自害;贪欲生起使人远离真正的自利和利他心,远离诸圣贤所享受的真常之乐,使人对自心和所贪着的对象愚痴不明,是为自害。自害与害他皆为俱为贪欲所引诱,害他者如有人因贪色勾引别人的妻子,使其夫愁苦恼恨;自他俱害者,如因贪色勾引他妻者,被其夫捆绑、殴打乃至杀害。《瑜伽师地论》卷五十八云,贪欲是造成现前苦果的因缘,如人贪恋某一位异性时,"彼若变异(情变等),便生忧恼等苦";卷六十一云:世间诸欲有少味多苦、他所逼切、杂染受用、堕诸恶道、寻思扰乱、受用磨灭、丧身磨灭、能障善法八种过失,有他所逼切、诸界互违、所爱、身、心、无常六种变坏。总之,贪欲是驱使人轮回六道、受诸苦荼的恶魔,因称"欲魔";贪欲污染人心,令不清净,称"欲尘""欲染";贪欲如绳索捆绑人,称"欲缚""欲轭";贪欲恼人如荆棘刺身,称"欲刺";贪欲能害人性命,称"欲箭";贪欲如水深流急的大河,能使人沉没,称"欲河";贪欲如深险的壕沟,难越易陷,称"欲堑";贪欲如大海深广难度,称"欲海";贪欲如大火炽燃,称"欲火";贪欲如洪水暴发,称"欲暴流"。

贪欲之中性爱之欲,尤为造成生死轮回的根本。贪着性欲而生于这个世界、如此族类之中,又因贪着世间的所爱,以及因有碍于自己贪欲的实现而生憎恨嫉妒，在贪嗔嫉妒等烦恼的驱动下造作种种恶业，被业力牵引向三恶道中。贪着性欲的满足，使人混同于畜生。众生被贪欲驱使，贪求营谋的动机，无非是为了获得乐。趋乐，可谓人类本性深处的本能性趋求。因求乐而贪欲，因贪欲导致身心燃烧忧苦。佛教承认众生从满足食色睡、财位名利等贪欲中也可以得到乐，但这种乐有诸多缺欠：如众人力求的富贵，追求营谋时，要为它付出很多，心中难以安宁，已经是苦；即便求得，也无常难保，终会失去；求而不得，及得而复失，则更为苦恼，为"所求不得苦"。《百喻经》云："富贵求时甚苦，得已守护亦苦，后还失之，忧念复苦。于三时中，都无有乐。"人们追求的世间之乐，具有很大的主观性，依赖自心的分别和习惯、教养等而有。《中观宝鬘论》云："世间一切乐，唯苦逼变坏，及唯分别故，彼乐非真乐。"满足贪欲所得乐，是一种匮乏性需要的满足，如饥渴时得到饮食，酒足饭饱，人皆以为乐，但这种乐以不满足和痛苦（如饥渴）为前提，总不如没有它的"无欲之乐"自在。

佛教认为：贪欲自害害人，驱使人为填满欲壑而营谋算计、用尽机关，人格较好者因贪钱财名利而劳心费神、伤身矻命；人格卑劣者则被贪欲驱使而不顾他人和公众，损人利己，不择手段，劫杀欺诈，巧取豪夺，制假贩毒，倾轧陷害，甚至攻城略地，令生灵涂炭。世间种种罪恶，无不由贪欲酿成。贪欲歪曲、丑化了人应有的美好形象，使人现前便丧失了人的资格，沦于三恶道中，贪欲着迷使人成了饿鬼畜生一类。贪欲使人沉沦生死海中，轮回不已，长劫难出，饱受苦荼。即人最基本的需要"四食"，也难免产生痛苦，《瑜伽师地论》卷九十四云："段食为因，能生病苦（人言：吃五谷，生百病）；触食为因，生欲吸取苦；意思食为因，生求不得苦。"说明人类现有的生命类型，本身就难免滋生贪欲，招致诸苦。

（三）善法欲的含义、意义和来源

"欲"包括有益的"善欲""善法欲"。佛教认为，善法欲应予肯定并培育增长。善欲、善法欲，指对弃恶修善、自利利人及修习佛法、解脱涅槃、利乐众生等高尚理想的向往、追求。善法欲是善心中精进（勤）的前提，善法欲为成就一切善法、佛法的根本。佛教对善法欲的论说如下：

善欲即是初发道信乃至阿耨多罗三藐三菩提之根本也,是故我说欲为根本。(《大般涅槃经》卷三十八)

志欲喜乐是菩萨服,成满一切诸佛法故。……欲法闻法是菩萨服,成满般若波罗蜜故。(《不思议光菩萨所说经》)

一切功德行,皆从愿欲生。(《华严经》卷七十七)

欲为初行,欲增长名精进。如佛说一切法欲为根本。(《大智度论》卷二十六)

一切诸法欲为根本……当知此中一切法者,谓善法欲。清净出家,为证涅槃,先受持戒,由是渐次,乃至获得究竟涅槃。(《瑜伽师地论》卷九十七)

或说善欲,能发正勤,由彼助成一切善事。(《成唯识论》卷五)

佛教认为从初发心到最终成佛,皆以善法欲为根本,"三十七品根本是欲",由善欲接触佛法,摄取、接受、思考,忆念不忘,修学定慧,最终获得解脱。对佛法的爱好、需求、欲望等善法欲,为菩萨成就一切佛法所必需。《华严经》卷五十四云:菩萨应于无上菩提"得最胜欲、甚深欲、广欲、大欲、种种欲、无能胜欲、无上欲、坚固欲",为菩萨的十印之六。这里的"欲"是愿欲,指修习佛法的善法欲。对成佛度众生的希求、欲望发起的菩提心,是菩萨的本因、本性。《大集经》卷十五称不为名利、不爱身命而一心追求解脱名"大欲"。

善法欲是修学一切善法的前提或第一步,善法欲增长叫精进,精进与智慧、慈悲并称佛教主要精神。佛教在许多经中倡导精进,以精进为大乘菩萨必修的六度之一,贯穿其余诸度。从怀着求解脱的正确目的学佛,修习持戒等一切佛法,到最后证得涅槃,这一切都以善法欲为根本。《成唯识论》卷五释云:欲为诸法本这是指一切事业由欲发起,"或说善欲,能发正勤,由彼助成一切善事",所以说勤(精进)是欲心所的作用。带着善法欲,才能去修行,因为这种好的欲望,包括人有寻求意义的意志、人的奋斗,奠基于对生命意义的追寻与人性价值的肯定。追求意义的需求若不得满足,会使人无聊、空虚、不安、焦虑。人对意义的不断而普遍的寻求,是一种由上而来的吸引,它促使人转化琐碎的日常生活细节,朝向那涵盖一切的超个人目标的努力,才算完成个人在宇宙大我内的使命。

（四）以中道制欲的消费原则

佛教从印度传入中国之后，适应温带地区小农经济生活条件和自然经济生产环境，在思想观念上就遵奉佛性戒、持心戒，少欲知足，主张制欲克俭、持守中道而行的消费伦理思想。这种思想观念的中国化，恰是佛陀基本教义对治恶欲而在世间法上的运用。《增一阿含经》卷十二云：

> 云何比丘饮食知节？于是，比丘思惟饮食所从来处，不求肥白，趣欲支形，得全四大。我今当除故痛，使新者不生，令身有力，得修行道，使梵行不绝。犹如男女身生恶疮，或用脂膏涂疮。所以涂疮者，欲使时愈故。此亦如是，诸比丘！饮食知节。于是，比丘思惟饭食所从来处，不求肥白，趣欲支形，得全四大。我今当除故痛，使新者不生，令身有力，得修行道，使梵行不绝。犹如重载之车所以膏毂者，欲致重有所至。比丘亦如是，饮食知节，思惟所从来处，不求肥白，趣欲支形，得全四大。我今当除故痛，使新者不生，令身有力，得修行道，使梵行不绝。如是，比丘饮食知节。

上述经文强调"饮食知节"是核心，对学佛来说，修行解脱、成就道业是正事，借助适度合理的衣食，才能把四大色身养好，而且更有利于修学，即令身有力，得修行道；为成道业，应受此食。

"知节"以另一佛教伦理来表述，就是合乎"中道"原则。佛教中道原则最初表现于释迦牟尼提出的不苦不乐的修行方式上。《中阿含经》卷六十五云：

> 五比丘当知，有二边行，诸为道者所不当学：一曰著欲乐贱业，凡人所行；二曰自烦自苦，非贤圣求法，无义相应。五比丘，舍此二边，有取中道，成明成智，成就于定，而得自在；趣智趣觉，趣于涅槃，谓八正道，正见乃至正定，是谓为八。[1]

---

① 《中阿含经》卷65，《大正藏》第1册。

从一般伦理意义上说,中道就是不走极端,不执着两边,适度、恰当或不偏不倚,简言之,就是行合乎佛法的中正之道,如菩萨了悟一切空无可执后,也要不住于空。因此菩萨调伏自心,还要"不当于调伏不调伏心",也就是实践中道。在消费活动中,实践中道与反对两极端是一体两面。

与中道相反的两极端,一是奢侈,一是吝啬。奢侈者过度、放纵,把钱财花尽、无度消费视为幸福和人生价值的实现;而吝啬者则不及、极尽收敛,把积攒钱财、避免消费视为幸福和人生快乐的满足,两者殊途同归,实质上都是无度的拜金主义。在奢侈者和吝啬者看来,财富具有偶像的特殊价值,生活的目的就是装满自己的钱袋,人沦为金钱、财富和欲望的奴隶。佛教用无种之"优昙钵果"比喻奢侈者,而吝啬者则被讥为饿死狗:

> 若善男子无有钱财而广散用,以此生活,人皆名为优昙钵果,无有种子,愚痴贪欲,不顾其后。或有善男子财物丰多,不能食用,傍人皆言是愚痴人,如饿死狗。①

奢侈性消费往往是超出个人收入或财力所能承受限度的消费支出,这种消费由于满足个人的贪欲而毫无节制,导致经济的入不敷出;奢侈性消费也可能是在资源有限的条件下对该种资源过度性消费,但是无论哪一种奢侈消费,都是只关注自己眼前物欲的满足,没有对未来长远的筹划,更没有对人生意义和价值的审视。而一旦过分沉溺于物质财富的占有和消费之中,则精神的贫乏和心灵的空虚必然出现。奢侈的消费通常会引发负债或其他社会问题,因此佛教称之为"无有种子"。吝啬则是重物轻人,重利轻义;珍爱金钱超过生命,即使拥有再多也舍不得帮助他人,不但舍不得造福社会,也舍不得给自己享用。佛教称这种人如"饿死狗"般不知自己受用,不知供给家属、供施作福。殊不知当钱财不能发挥应有的作用效用时,不过是些毫无意义的金属和纸片。吝啬或悭吝是美德的反面,使一切高尚的志趣消失,最终会对自己、他人和社会一切美好的东西都产生妒忌,视为无意义。而奢侈虽有慷慨的表现,但这种慷慨是不适当的,是任性和过度的;对个人和社会的生活而言,也是破坏性的,个人在挥霍中丧失了获得生活资料的手

---

① 《杂阿含经》卷 4,《大正藏》第 2 册。

段,有时不得不在不利的情况下铤而走险,导致不正当的、违背道德的获取金钱的手段和行为;或者在资源有限的情况下,由过度消费而损害他人获得基本消费的权利。

中道的消费原则避免了奢侈和吝啬两种极端,是消费的美德。中道的消费伦理就是节制的消费,即制欲克俭,是避免奢侈者该节俭的不节俭、吝啬者该消费的不消费之弊端,按照个人的收入、经济地位、社会伦理风尚、道德责任等条件形成的消费需要和伦理义务,是佛教所提倡的合理的消费原则。佛经云:

> 谓善男子所有钱财出内称量,周圆掌护,不令多入少出也,多出少入也。如执秤者,少则增之,多则减之,知平而舍。如是,善男子称量财物,等入等出,莫令入多出少,出多入少。①
>
> 善男子所有钱财能自称量,等入等出,是名正命具足。②

这里提出"等入等出"的消费方法,既是一种符合中道智慧的消费方法,也是一种避开奢侈与吝啬两极端的节俭型消费伦理。它具有合乎道德的慷慨的德行,不会在欲望的操纵下浪费金钱,同时它强调依靠自己的努力体面地生活,面对需要帮助的人时则热心帮助,正当使用财富,恰当地体现出它的实际价值。个体有节制的消费观念是与其劳动观念、勤劳观念相联系的,有节制表现为对艰辛劳动所创造的成果的珍惜和爱惜。《长阿含经》云:"一食知止足,二修业勿怠。"③消费物是通过"修业勿怠"的辛勤和"食知止足"的节俭而来的,勤劳节俭是创造和积累财富的有效途径。财富的积累不仅在于勤劳生产,更在于节俭用度的美德,有节制的消费伦理要求节制个体的欲望,将人的欲望节制在合理的、道德的尺度之内,对于人的欲望而言,不仅有正当与不正当之分,也有满足与不满足之分。节俭的消费观不仅是对不正当的欲望的节制,也是对不能满足的欲望的限定,所谓"少欲最安乐,知足大富贵"④。在生产力不发达、社会物质产品短缺的时代,消费的节俭、节制无

---

① 《杂阿含经》卷四,《大正藏》第 2 册。
② 《杂阿含经》卷四,《大正藏》第 2 册。
③ 《长阿含经》卷 11,《大正藏》第 1 册,第 66 页。
④ 《天请问经》,《大正藏》第 15 册,第 124 页。

疑客观上缓解了物质生产不足与消费需求无度增长之间的矛盾。

中道是合乎佛教道德规范的理性道德，"德"谓自获其利，"道"谓利益他人，如七佛通戒偈云："诸恶莫作，诸善奉行；自净其意，是诸佛教。"①佛教自利和利他因素渗透于消费过程，其道德自觉地对消费行为起着规范、控制和调节作用，从而使消费行为更具理性色彩。佛教曾批评那些既不理性亦不道德的消费方式和行为："复有六事，钱财日耗减：一者喜饮酒；二者喜博掩；三者喜早卧晚起；四者喜请客，亦欲令人请之；五者喜与恶知识相随；六者骄慢轻人。犯上头四恶，复行是六事，妨其善行，亦不得忧治生，钱财日耗减。"②大吃大喝、花天酒地、赌博、奢靡不羁、沉迷于风月场所、性消费、与恶友为伍、胡作非为等等，都是非理性的消费方式。它们浪费粮食，空耗钱财，同时消解了消费者的意义和道德责任感，导致日益膨胀的物质消费欲望，另一方面却导致低级消费文化渲染下的精神空虚和道德沦丧。非理性消费行为不仅对消费者本人带来伤害，也可能严重浪费、耗费社会资源，导致人与自然、人与人之间利益关系恶化，社会矛盾丛生，并严重危害着人类的生存与安全。

佛教坚持要求有理性的消费行为，在中道总原则指导下，具体提出"四分法"之消费原则：

> 后求财物已，分别作四分：一分作饮食；一分作田业；一分举藏置；急时赴所须，耕作、商人给，一分出息利。③

对个人收入所得应合理筹划：一份为家计费用，一份为营业费用，一份储藏于家中，备不时之需或用作商业现金周转，还有一份用来购买股票、债券，或存入银行而获得利息。《杂阿含经》有类似的记载：

> 得彼财物已，当应作四分：一分自食用；二分营生业；余一分藏密，以拟于贫乏。④

财富的四分之一要用于日常生活的消费，四分之一用于储蓄，另外将财

---

① 《增一阿含经》卷1，《大正藏》第2册，第550页。
② 《佛说尸迦罗越六方礼经》，《大正藏》第16册，第250页。
③ 《中阿含经》卷33，《大正藏》第1册。
④ 《杂阿含经》卷48，《大正藏》第2册。

富的一半,以投入再生产。所异者唯少利息运用一项。然营生业实已包含投资出息一项。"四分法"可谓包含了合理分配的规划,是非常理性的消费原则,其中四分之一的收入作为生活资料,既保证了家庭生活的质量,又不至于奢侈浪费;四分之一储备起来或作周转及备急时之用,这可以理解为社会保险之消费,使个人或家庭无后顾之忧,利于家庭的健全和社会的稳定;剩下的一半收入,投入再生产或各种投资,创造更大的利润和价值。此举使个人闲置资金可以转化为社会流通领域内的经济资本,对社会经济的繁荣非常有价值。如马克斯·韦伯所言:"一旦限制消费与谋利行为的解放结合起来,不可避免的实际结果显然是……导致了资本的积累。在财富消费方面的限制,自然能够通过生产性资本投资使财富增加。"[①]

起塔庙、建僧房舍,既是一种精神消费——通过布施佛僧的消费获得精神的提高和满足,又是一种投资生利的消费,只是其所获得的利是非实物形态的利,是更高层次的精神利益、终极幸福的长远利益。这也代表着佛教所提倡的一种更高尚、更有价值的消费,即利济众生,广种福田。因此,这种消费回馈了社会大众,也为自己耕耘了福田。

利人即利己,度人亦即在自度。爱人利物,皆为自己后世福报的基础。佛陀曾因一婆罗门举行无意义之祭祀,而教以祭如次之三火替代婆罗门之三火,即根本火、居家火、福田火[②]:根本火即方便得材,供养父母,令得安乐;居家火即手足勤苦,如法得财,供给妻子、宗亲、眷属、仆使、佣客等;福田火即奉事供养诸沙门,如散播布施、供养等种子,则能结福德之实,"种胜福田,广收大利"[③]。

个人消费更要奢俭适中,奉行从容中道原则,不要过于吝啬,过于吝啬则被讥为饿死狗、守财奴,如《杂阿含经》言:"若有钱财,不能衣食,不能惠施,极自俭用,众人咸言,如此之人死如狗死,宜自筹量,不奢不俭。"[④]不知自己受用,不知供给家属,不知供施作福,一味悭吝,不但无益于后世,家庭与社会也不会安乐。释迦牟尼强调要量入为出,不可过分耗费,而致家庭经济

---

① [德]马克斯·韦伯:《新教伦理与资本主义精神》,成都:四川人民出版社1986年版,第162页。
② 参见《杂阿含经》卷4,《大正藏》第2册。
③ 《杂阿含经》卷46,《大正藏》第2册。
④ 《杂阿含经》卷5,《大正藏》第2册。

日见困难。"谓善男子所有钱财出内称量,周圆掌护,不令多入少出也,多出少入也。如执秤者,少则增之,多则减之,知平而舍。"①

消费与积累是一体两面。消费的同时要注意积累,只要是净财(合法的财富)就不仅可用作维持生计的必要条件,同时还能利益社会、造福人类。累积如同蜜蜂采花酿蜜,要尽量储蓄"彼如是求财,尤如蜂采花"②,并且要"守护具足":"谓善男子所有钱谷,方便所得,自手执作,如法而得,能极守护,不令王、贼、水、火劫夺漂没令失。"③释迦牟尼提出应在每年的收入中,分出一分为事业费,以本求利,增加收入,使财富增长累积起来,还要利济众生,广种福田,回馈大众。正如《佛说善生经》言:"凡人富有财,当念以利人,与人同财利,布施者升天,得利与人共,在在获所安。"④利人即是利己,度人亦即在自度;爱人利物,皆为自己后世福报的基础。所以,"惠施及爱言,常为他行利,众生等同利,名称普远至二"⑤。

(五)行中道以制欲

佛教丛林有很多关于以中道制欲的规定,并把以中道制欲看作是修行生活的通则、大法。慧能大师云:

> 善知识!归依觉,两足尊;归依正,离欲尊;归依净,众中尊。从今日起,称觉为师,更不归依邪魔外道。以自性三宝,常自证明,劝善知识,归依自性三宝。佛者觉也,法者正也,僧者净也。自心归依觉,邪迷不生,少欲知足,能离财色,名两足尊。自心归依正,念念无邪见,以无邪凡故,即无人我贡高贪爱执着,名离欲尊。自心归依净,一切尘劳爱欲境界,自性皆不染著,名众中尊。若修此行,是自归依,凡夫不会,从日至夜,受三归戒,若言归依佛,佛在何处? 若不见佛,凭何所归? 言却

---

① 《杂阿含经》卷 4,《大正藏》第 2 册。
② 《中阿含经》卷 33,《大正藏》第 1 册。
③ 《杂阿含经》卷 4,《大正藏》第 2 册。
④ 《佛说善生经》,《大正藏》第 1 册,第 252 页。
⑤ 《中阿含经》卷 33,《大正藏》第 1 册。

成妄。①

上述说明，节制欲望，远离财色，才能福慧圆满。大多数人之所以不能真正皈依佛法，是因为有欲，有了欲就会有贪心，所以修行的人应去欲断爱，即离欲。人如果对欲望不加节制，便没有足够的精力去追求高尚的精神境界；若沉迷于财色之中，坚强的意志和刚毅的精神都会荡然无存。所以，佛家认为对于人的欲望必须克制，并减少欲望。《坛经》说"我本源自性清净"，即心性明净是持戒的根本要求。这也就是说，人对物质欲望的减少，是道德自律的基础，也是求得德性的圆满、清净的根基。这些都印证了佛家清心寡欲的消费观。

僧团及真正的修行者在丛林生活中虔诚践行制欲克俭、持守中道的消费伦理思想。《大般涅槃经》卷二十七、《师子吼菩萨品》第十一中有如下经文：

> 出家之人有四种病。是故不得四沙门果。何等四病？谓四恶欲：一为衣欲。二为食欲。三为卧具欲。四为有欲。是名四恶欲。是出家病有四良药能疗是病。谓粪扫衣。能治比丘为衣恶欲。乞食能破为食恶欲。树下能破卧具恶欲。身心寂静能破比丘为有恶欲。以是四药除是四病。是名圣行。如是圣行则得名为少欲知足。

出家人有衣欲、食欲、卧具欲、有欲，皆有无限膨胀为恶魔之可能。佛教为治疗"四病"，在衣、食、住、行方面都做了明确的消费规范。例如，在饮食方面，要求食大锅饭，定时、定量，过午不食（劳动者例外）；在穿衣方面，给常住的僧众只在每年春秋之时各发一次布或单衣钱；在住宿方面，僧人住的是集体宿舍，每人仅有一个床铺位；在行走方面，佛教提倡"始学功巧业，方便集财物。得彼财物已，当应作四分：一分自食用，二分营生业，余一分藏密，以拟于贫乏。营生之业者，田种行商贾，牧牛羊兴息，邸舍以求利"。佛教主张对所拥有的财富应分四份，除留一部分用作必要的生活开支外，还应有四分之二用来从事田业、商贾出息等生产行为，余下的四分之一投入无尽藏事业。这是理财消费之道，教导人们对生活必需品从俭即可，应该多事生产以

---

① 《坛经·忏悔品第六》。[唐]慧能著、郭朋校释：《坛经校释》，北京：中华书局1983年版。

免坐吃山空,并养成储蓄的习惯以保证慈善事业得以长久下去。

佛教制欲克俭、持守中道的消费伦理思想与儒家思想有相通之处,实际上佛教在其中国化的过程中针对佛教徒现实生活修行之需,充分吸收了儒家的经济伦理思想。佛教导的"制欲克俭"和儒家的"寡欲"思想是如出一辙的,如孟子曾言:"养心莫善于寡欲。其为人也寡欲,虽有不存焉者,寡矣。其为人也多欲,虽有存焉者,寡矣"①;佛教的"制欲克俭"思想和儒家在《大学》中主张的"生财有大道,生之者众,食之者寡,为之者疾,用之者舒,则财恒足矣"的思想也是相通的。"持守中道"固然不能完全等同于儒家的中庸观念,但在讲节制、不放纵、不偏不倚这一点上,还是大体上合于中庸之道的。

五、外同他善、内自谦敬的僧团伦理

佛教经济伦理以僧团为最大的主体,以寺院经济活动为基本载体,寺院又是僧团存在的条件和物质基础。佛教重视佛法僧三宝,佛是法的体现者,法是普遍的理则,僧是追随佛之足迹欲体证法的修行者。僧的定义非囿限于贤圣僧,凡剃除须发、舍俗出家者,皆可称为僧之一员。僧的本义是和合,和合有理和与事和二义。理和是同证择灭,就是修道弟子共同断灭烦恼,达到解脱的目标。僧团弟子在具体事相上成就,即是事和。事和共有六项,即:

> 身和同住,身体的和平共处。
> 口和无诤,彼此之间言语不起争论。
> 意和同悦,心意上能以喜悦的心共驻共学。
> 戒和同修,共同遵守戒律。
> 见和同解,见解上能有共同观点或彼此接受。
> 利和同均,利益上的公平分享。②

这六项以修炼持戒为基础,以在僧团中发展和谐关系为追求。僧团是

由佛教出家僧人所组成的团体,泛指所有的佛教僧众(出家人)。和合作为僧团伦理的基本精神,也是寺院经济伦理的一个基本的组织原则和伦理规范。

僧团伦理在传统上主要包括三个主要方面:一是安居修行伦理。安居,梵文为 Vārsika 或 Varsa,巴利文为 Vassa,意译为雨季。亦称为夏安居、雨安居、坐夏、夏坐、结夏、九旬禁足等。安居的首日,称为结夏;圆满结束之日,称为解夏。安居之制始于古代印度传统宗教,佛教成立后,佛陀为避免世人讥诃,故制五众弟子结夏安居。南传佛教国家均按律制而举行安居策修活动。汉地佛教僧团的结夏安居,亦随着《十诵律》及《四分律》等广律的传译而付诸实行。结夏安居作为僧团一年中的重要行事,是佛教修学生活的根本内容之一。安居修行伦理内涵在于:严禁无故外出,以防散乱;自修自度,自我观照;养深积厚,自我沈潜。二是自恣请过伦理。自恣,梵语音译钵利婆剌拏。夏安居结束,自己主动恣请他人指出自己所犯过失,称为自恣;或随他人之意,举发自己所犯之过错,是为随意。夏末自恣应该算是一次年底总结,过失也许已经很少,因为每半月已经清算;安居修行功德应该是积累了很多,反省无过即是欢喜无尽,所以显得特别隆重。因为安居期间大众皆专注于用功办道,可能一时无法认识自己的过失,而安居结束后大众一般不能如安居时住在一起,可能各随因缘而离开原住处,因此非常需要共住大众或自恣五德指出自己过失,总结经验教训,指导自己未来的修行。自恣日委派具有五德的受自恣人的做法以及大众向之自恣的过程。三是持戒修行伦理。《百丈清规》的创制标志着中国化的佛教僧团伦理制度的初步确立,《敕修百丈清规》的颁行则标志着中国佛教寺院僧团伦理制度的最终确立。百丈清规独创的僧团伦理特色是:其一,在对待印度佛教"律制"的持犯态度方面,随方随时,实事求是,因时因地而制宜。对中土佛教青睐大乘菩萨戒、重戒在内心、倡无相戒法、以乘摄戒、摄戒归禅的持戒风尚而言,是承先启后。其二,将"行普请法""一日不作、一日不食"的劳作伦理观念贯穿于清规中,把持戒修行融合在农禅并作中。清规的特色既在"别立禅居""整顿威仪"等佛门律仪上的革故鼎新,意在其"行普请法""上下均力"的独到之处。律仪的改制是涉及佛门伦理的外在形式,普请法的实行意味着佛门现实伦理生活的开创以及佛门伦理观念的内容更新。普请法展示的集体劳作伦理观念,与当时禅宗以劳动工作而自给自足的僧团生活方式相连,种种掘地垦土、耕作收获、伐木采薪等劳作与触类见道的信仰生活紧紧相配。农禅并作、信仰与生活的融合、伦理观念与劳作实践的结合,体现着禅宗的道德自律、实践精神、入世风格。禅宗舍弃了印度僧伽的生活方式,过着集体劳作的僧团生活,维系着唐末五代之后诸宗衰微之时禅门的隆盛,以从生活方式到伦理观念的彻底变革,推进佛教中国化的历程。其三,重视僧团纪纲和人格品行,糅进儒家忠孝伦常的思想内容及中土家族伦理的组织形式,从而使清规具有强烈的中土社会伦理色彩。清规在丛林中的地位等同于世俗社会的人伦纲纪、德行规仪。正如咸淳本《百丈清规·序》所言:"吾氏之有清规,犹儒家之有礼经。"①清规所制定的寺院组织结构中,对班首、执事等人事安排非常重视其人的德行完备、人际和谐能力,修己达人的道德风貌成为选举人事的重要条件。在体现中土纲常思想方面,清规整体结构强调国祭、佛诞日、祝圣、报恩、报本、尊祖,以忠孝为先;开堂参拜礼仪,升座拈香,忠孝不忘。在禅院的组织人事方面,清规制定了以方丈为中心的家族组织形式,僧徒按身份处于子孙地位。禅院上下关系,类似于封建家族成员的关系,由此使得禅门清规被称作丛林礼法之大经。《百丈清规》成为天下丛林律仪的蓝本,是佛门僧团伦理与封建世俗伦理结合的伦理典范。

汉唐时期的僧团肩负弘法传教的责任,本身又是一个有生产劳作、消费和交换等经济活动的组织,因此为了维护长远的共住与和谐,僧团一要宣扬核心,保持凝聚力;二要捋顺管理关系,以保持管理的畅通。由此强调"六和敬"思想。"六和敬"思想是僧团共同依止的指导,在佛教寺院里,新学沙弥必须依止于教授师和羯磨师,系统学习教诫和教理,这是团结与合作的基础。

六和敬是僧团伦理的基本准则。隋智者大师著《法界次第》释云:"外同他善,称为和;内自谦卑,称为敬。菩萨与物共事,外则同物行善,内则常自谦卑,故称和敬。""若不和同爱敬,则两不和合。不得尽成般若,是为魔事。若善用六和,则与一切冥同,必得善始令终,则能安立一切于菩提大道。"佛陀弟子阿难曾就僧团之间的争论不和现象向佛陀寻求开示。六和敬又名六

---

① 《丛林校定清规总要》,《续藏经》第63册,第592页。

慰劳法、六可喜法，"六慰劳法"出现于东晋僧伽提婆所译的《中阿含经·周那经》，该经与宋朝施护所译的《佛说息诤因缘经》为同本异译。《佛说息诤因缘经》记载佛陀教化弟子云："诸有诤事，若已起，若未起，悉令息灭已，同修六和敬法。"这里采用"六和敬"概念，而"六可喜法"出现于唐玄奘所译《阿毗达摩集异门足论》中。各部经典采用不同的概念，其中以"六和敬"为常用概念，内容即六种和同爱敬之法。

六和敬的内容在不同的经典中的表述有所不同，有的甚至差距很大。僧肇在《注维摩诘经》中将"六和敬"表述为以慈心起身业、以慈心起口业、以慈心起意业、若得食时减钵中饭供养上座一人下座二人、持戒清净、漏尽智慧。这种表述强调以慈心起身、口、意三业，注重行为的思想动机。智𫖮在《法界次第初门》中将六和敬表述为同戒、同见、同行、身慈、口慈、意慈，将同戒放在首位，其中"同行"的内涵在于"修种种行，无有乖诤"。吉藏在《维摩经义疏》中把六和敬表述为以慈心起身口意三业、得重利养与人共之、持净戒、修漏尽慧六种方法，并解释说："身口意慈是内心同也，同戒谓行同也，同见谓解同也，同利则财同，同行解谓法同，又同见谓心同，同戒谓身同，同利资身心外具同行。"慧远在《大乘义章》中以"同"的精神总括六种和敬法。慧远将六和敬表述为身业同、口业同、意业同、同戒、同施、同见，并把六种和敬分为两类，前三类为三业，即"身彰同"，后三种为"行说同"。前三种和敬法为身语意三业，"同"的表现集中在两个方面，一是"离过同"，二是"作善同"。在"身业同"方面，离过包括远离杀、盗、淫等事，作善则表现为同为一切礼拜等善。在"口业同"方面，离过包括远离妄语、两舌、恶口、绮语，作善包括同为赞颂、赞咏等。在"意业同"方面，离过包括同离一切烦恼业思，作善则指同修信进定慧等善法。在后三种中，所谓同戒包括：一是受戒同，戒律是佛教三学之首，也是取得佛弟子身份的标志，所以要求佛弟子们共同受戒；二是持戒同，持戒是戒律落实到实践中的根本保障。戒体分为作戒和无作戒，因此还可以把戒同分为作戒同和无作戒同。大乘戒律内容为三聚净戒，即摄律仪戒、摄善法戒和摄众生戒，因此戒同又可以分为律仪戒同、摄善戒同、摄众生戒同。所谓"同施"包括内施同和外施同，前者是指舍己身奉给尊事，后者指舍余资生。布施分为财施、法施和无畏施，因此，施同又可以分为财施同、法施同和无畏施同。见同即见解同而无别，包括俗谛和真谛中的见解无别。俗谛即世俗谛,指世间的真理,真谛与世俗谛相对而言,指出世间法。见同要求佛教徒无论在世间真理的认识上还是在出世间法的认识上,见解相同无别。唐朝澄观所撰《大方广佛华严经随疏演义钞》将六和敬表述为同戒和敬、同见和敬、同行和敬、身慈和敬、口慈和敬、意慈和敬。智旭在《阿弥陀经要解》中将"六和敬"表述为"身和同住、口和无诤、意和同悦、见和同解、戒和同修、利和同均"。智旭在《灵峰蕅益大师宗论》和其他著述中沿用这一说法,只是前后的顺序有所变动。自此以后,"六和敬"内容基本固定下来。

中国佛教僧团常被称为六和僧团,即"凡为僧者,须具六和"。僧是僧伽的简称,僧伽本身的含义是"和合众",包含两层含义,一是"和合"义,包括"理和"和"事和","理和"是指"证择灭",即"诸有情用智拣择四圣谛,远离见思系缚","事和"即六种和敬之法。二是指众义,四人以上方能称为众。两层含义缺一不可,若众而不和,如群商群吏军众等,若和而不众,如二人同心等,不名僧宝。众而和合,是福之因,方名僧宝。因此,智顗强调住在佛家,行六和敬。慧远说:"六和敬者,同止安乐不恼行也,起行不乖名之为和,以行和故情相亲重,目之为敬。"①

"六和敬"原则在僧团和合以及寺院经济发展中都具有协调人际关系的巨大意义和价值。僧团将"六和敬"作为对治和防止僧团之间出现忿争的手段,历代经典对"六和敬"的价值均有重要论述。例如,东晋佛陀跋陀罗在《佛说观佛三昧海经》中说:"菩萨法者唯有四法",其中包括昼夜六时说罪忏悔、常修念佛不谤众生、修六和敬心不恚慢、修行六念如救头然。其中第三法为修六和敬,将此作为修行菩萨法的重要方法。昙无谶在《优婆塞戒经》中主张,菩萨若能修六和敬,虽然身份是优婆塞,居家修行,其功德与出家修行无异。僧肇认为六和敬是令僧众和合之法,非六法无以和群众,如众不和非敬顺之道也。智顗在《法界次第初门》中主张:"菩萨既能善用四种同情之法摄得众生为成就,故必须久处。若不和同爱敬,则两不和合,不得尽成般若,是为魔事。若善用六和,则与一切冥同,必得善始令终,则能安立一切于菩提大道。"把六和敬作为和合僧团、成就般若,最终安立于菩提大道的条

---

① 《大乘义章》卷12,《大正藏》第44册,第712页。

件。《杂宝藏经》说："汝等若依佛法，应当奉行六和敬。"出家僧人如果在僧团中起忿争，犹如冰水出于火。《大方广佛华严经》中说："常劝修习六和敬法，是故能令僧种不断"，把六和敬法作为僧种不断的保障。《四分律搜玄录》说："若僧有威仪，行六和敬，秉御大众，僧能持戒，则戒法兴隆，佛宝自然不灭，……僧能具足受持威仪，六和秉御，不违此教，则三宝不断，法得久住也。"《四分律名义标释》提出"常修六和敬，讼诤自然解"。行六和敬之法，不仅能令戒法兴隆，在此基础上可以令三宝不断，正法久住。由于六和敬在维护僧团和合中具有举足轻重的作用，因此，无论是大乘佛教还是小乘佛教，都很重视六和敬。

六和敬之"见和同解"（见即意见、见地或见解）要求在思想上、观念上保持高度的统一。所有住众成员在思想上、观念上保持了高度的一致，僧团的力量才不会分化，否则每个成员都拥有属于自己的一套想法，自以为是，那么僧团也就难有安宁，不能清净。"戒和同修"，就是所有僧人必须共同遵守的准则和行为规范，在共同组织框架、共同的行为规范和准则之下，共同修正自己的语言行为、形体行为和精神行为。"身和同住"，就是一起共修，原则上要求僧团内每个人各安其分、各守其责，寺院管理运作才能顺利无碍。"口和无诤"，是说不做无益的辩论，有嗔名诤，无嗔名辩，法不应机不如不说；要求大众同住，语业清净，谦和礼貌，和颜悦色。口和无诤的理念来源和注解是四摄当中的"爱语摄"，戒律规定不妄语、不两舌、不恶口、不绮语，要说爱语、柔软语、正语、真实语、实义语。"意和同悦"，意谓僧人同住，做到精神和心理的清净，用意善良、胸怀坦荡，一致行为和认识，要求寺庙住众遵守共同的价值，全体住众在一个共同的前提下讨论问题，达成认识上、行动上的一致，和睦相处，为共同的目标与成就而喜悦。"利和同均"之"利"，包括财利和法利，不论是经济上的财利或者是知识上、宗教实践上的佛法之利，僧团之内僧人要有共同分享的意识，决不能私藏私匿，也不能厚此薄彼，不会因营私肥己的恶习而导致争权夺利的纠纷，影响到僧团的根本利益。朋友有疏财之义，同修道友应同甘共苦，六度、四摄均以布施为首。慈悲为怀，透过空性智慧的慈悲布施，拉近贫富差距，平均经纪财富。利和同均是慈悲的、智慧的、和平的、繁荣实现人间净土的行为原则，不仅是僧团和合的规范，更是止息人类冲突，使之臻于天下大同之有效指引。"利和同均"强调利益的共同分享,其超越于僧团的意义在于,努力促进社会利益和财富尽可能合理分配,建立人我共处、共存共有的经济共同体,使社会达到慈悲、智慧、和平、共同的繁荣。

六、庄严国土、利乐有情的价值目标

汉唐佛教经济伦理思想基本价值取向的一个侧重点在于投入世间,利益苍生,这是身处自然经济、农耕社会的中国佛教自身的特点决定的。中国化的佛教终极的追求或目标在于涅槃解脱,但是它不是绝对地追求出世,其教法既有世间法,也有出世间法,世间法为权巧,出世间法为究竟。所以,中国化的佛教不是不问世间俗事,在某种意义上说,中国佛教更重视世间法,这是其经济伦理思想的重点所在。佛教在经济伦理层面对于国家的兴衰、社会的安定表现出极大的关心和重视,希望以十善导民,使人民丰衣足食、社会祥和安定。

魏晋以来,佛教经济伦理思想发展的重点,一是寺院经济的发展,经济伦理实践不断突出;二是随着译经的增多,佛教在学理上以心地法门为核心,强调修学一定要具足大慈大悲,以如如之智,思维如如之理,断除二障,证得二无我;三是突出广修大慈大悲之行,度脱无量无边众生。《维摩诘经》讲述"成就众生,净佛国土",世间即出世间。本经第一《佛国品》即示佛以不可思议神力,令五百宝盖合成一,遍覆三千大千世界,三千大千世界之一切,悉现盖中。十方诸佛,诸佛说法,亦现盖中。佛又复令此土,净秽无碍,变现自如。《佛国品》即述舍利弗曰:"我见此土,邱陵坑坎,荆棘沙砾,土石诸山,秽恶充满。"如是唯见此佛土不净,乃因其不如菩萨之于一切众生悉皆平等,不依佛慧故。佛乃为其现佛土严净,并告之曰:"若人心净,便见此土功德庄严。"

佛教在动乱的时代更强调依靠国家、利乐大众、举行法事。东晋时代佛教传入不久,社会混乱,战争频繁,有些皇帝把佛教视为西方的神,进行崇敬,保佑江山皇位永固。佛教传教以皇帝和宫廷为主,以神变、神通为弘法方式。以道安法师的亲教师佛图澄为代表的部分佛教大师,就是利用其超人的能力——神通与神变在宫廷为皇帝服务,弘法的对象只限于宫廷及上层。佛教的神变和神通一旦达不到皇帝的要求,僧人就可能付出生命的代价。后赵冉闵(约322—352年)曾访僧人法饶,问以军国大计,不验而被杀,致使后赵境内佛教徒普遭厄运。僧人们纷纷逃离邺地,成为难民。道安及其弟子被迫离开襄阳,"率众入王屋、女林山。顷之,复渡河,依陆浑山,栖木食修学","俄而慕容俊逼陆浑,遂南投襄阳,行至新野,谓徒众曰:'今遭凶年,不依国主,则法事难立;又教化之体,宜令广布。'咸曰:'随法师教。'"①道安是针对当时北方混乱、佛教徒传教必须讨好、逢迎和依傍"国主"的事实而言的。道安总结出两个关系到中国佛教前途命运的重要结论:第一,提出"不依国主,则法事难立"论,这种依傍"国主"进行的弘扬佛法的方式是不得已而为之的,离开了皇帝个人的支持,佛教是难以生存的。第二,单纯依靠个别"国主"的扶持、依靠道术神通来引起人们对佛教的注意弘法方式,是脆弱和靠不住的。他提出必须采取新的弘法方式,扩大弘法对象,即"教化之体,宜令广布"的主张。

中唐时期由北天竺国般若三藏翻译的《本生心地观经》提出"庄严国土,利乐有情",这一思想指出只有国家文明、富足,才能使众生获得利益和安乐,才能安生修行。佛教在《般若经》《法华经》《菩萨本行经》及《华严经》等经典中相继阐述了这一思想。"庄严国土"就是把自己的国家建设成为一个物质生活极大丰富、自然条件极其美好、政治清明,没有战争、文明富强、美丽庄严的乐园。这样的国家才是理想的国家,这样的社会才是合理的社会,佛经有时称之为"佛国"或"庄严国土"。"庄严国土"之"国土",指佛国净土(又称净域等),又有自心净土与他方净土两重含义。佛教认为,自心净土与他方净土非一非二,心清净则世界清净。《本生心地观经》提出:

> 心清净故,世界清净。心杂秽故,世界杂秽。我佛法中,以心为主。一切诸法,无不由心。
>
> 三界之中,以心为主。能观心者,究竟解脱;不能观者,究竟沉沦。众生之心,犹如大地。五谷、五果从大地生。如是心法,生世出世,善恶五趣,有学、无学、独觉、菩萨,及于如来。以是因缘,三界唯心,心名为地。

---

① 《高僧传·释道安传》。

心若清净,则世界清净。心若染污,则世界染污。所以,以心为关键,世间万法,都是由自己的心变现。心如同大地生万物,也能生一切法。心所生的世间法和出世间法,如同大地所生的五谷、五果。五谷喻世间的善恶五趣(天、人、地狱、饿鬼、畜生),阿修罗一部分归到天道,一部分归到人道。阿修罗又叫"非天",是天不像天,福报大,有天福,但是没有天人的德行。五果喻出世间的五类圣者(有学、无学、独觉、菩萨、如来)。初果到三果是有学,四果阿罗汉是无学,独觉是辟支佛,往上是菩萨和佛,这一切都由心所生。心恶生恶道,心善生天堂,心净得解脱。

"庄严国土"又指人间国土,汉唐佛教力图通过勤力劳作、自养自立、细心教化,使现世转化成为佛国净土——人间净土。佛教的现实目的是创造人间净土,回归自心净土,达到人人自心清净,整个世界变得无限美好。十方微尘数世界中存在着无量佛国净土,如无量寿无量光阿弥陀佛的西方极乐世界、消灾延寿药师佛的东方净琉璃世界、当来下生弥勒佛的兜率内院等。处处净土都是依正庄严,美妙绝伦,令人神往,这样做无疑给众生设定了一个追求的目标,树立了一个理想的榜样,即通过诸恶莫作、众善奉行、自净其意,将人间国土建设成为人间净土。"利乐有情"就是普度众生,"利乐"就是有益,后世之益曰利,现世之益曰乐。"利乐有情"就是为众生谋利益,而且这种利益不但在现世能得到,以使众生乐,而且也要有益于后世,以使众生的未来得利。"有情"是梵语 Sattva 的意译(旧译萨埵),后译为"众生"之意。"有情",即众生,是指六道中所有的有情众生,包括人、鬼、神灵、动物、昆虫等等,一切能飞蠕动、胎卵湿化出来的生命。"国土"字义在佛教中含意广泛,大到生存的地球乃至宇宙,小到个人自己的心灵,都是一片国土;"庄严"二字含意也很深广,有物质的庄严、精神的庄严。国土是众生居住的地方,佛教中将国土划为三种,即五乘共土、三乘共土和大乘不共土。五乘共土就是天、人、罗汉、菩萨和佛共居的国土,人类所处的娑婆世界就是五乘共土。三乘共土是只有圣人居住的国土,没有天、人凡夫,如兜率天弥勒内院就是三乘共土。大乘不共土是修习大乘的人将来往生的国土,比如西方弥陀净土和东方药师净土。不管是三乘共土、大乘不共土,还是五乘共土,本来就是清净无染的,国土不清净是因为人的心不清净。"庄严"就是清净无为,是心净和行净。心净就是清净自心,行净就是行一切善法。能做到心净和行净,就在庄严国土了,这就叫心净则国土净。一个人做到了心净和行净,就是得到解脱,在五浊恶世中他也能自净其心而不受染污,但大乘菩萨在自己得到解脱后是要普度众生的,也就是众生净。大乘菩萨以各种善法教化众生,旨在教化众生也能做到心净和行净,众生与菩萨同愿同行,一起净化世界。只有众生得到了解脱,那才是菩萨心中的国土净,所以地藏王菩萨才会发愿"地狱不空,誓不成佛;众生度尽,方证菩提"。"庄严国土"和"利乐有情"内在一体,它们相互联系,不能截然分开理解。每做一件对众生有利的事都是利乐有情,自然积功累德,也就是在随时随地庄严国土,成为将来往生净土的资粮。

《本生心地观经》中叙述佛陀教导弟子们要知恩报恩,提出在世出世间中有四种恩德,即"一、父母恩。二、众生恩。三、国王恩。四、三宝恩。如是四恩,一切众生平等荷负"。这四种恩德需要我们去报答,因为不管人们有没有意识到,所有人都在蒙受、受赐这些恩德。人们都荷负四恩,就应报父母、师长、国家、社会乃至人类之恩,这是不容推诿的责任。父母生养人,故报答其恩是必然的。众生之间相互依赖、相互帮助,共同生存,彼此之间也有恩德。报国王恩就是报国家恩,国王是国家的代表,是一国之主,报国王恩就等于报国家恩。国家的恩德在于它是人们赖以生存的处所,如果没有国家的依托,没有社会的互助,人们就无法生存,衣食住行都成困难。国家对人民有保护之恩,运用法律法规、典章制度,维持社会秩序,保护人们的生命财产,人们才能安乐生活。如果没有司法体系、执法部门维护社会治安,人们的财产、生命也就没有保障,也就不能安居乐业。国家统领人民保卫领土完整,为人们提供了安宁祥和的生活环境,人们才能够休养生息。所以,弘法利生、修行办道的条件就是首先要报国家恩,这是最重要的善行之一。早期佛教《仁王护国般若波罗蜜多经》《守护国界主陀罗尼经》以及《金光明最胜王经》中的《四天王护国品》等经典,都谈到了国家有危难时,如何护国的问题。佛陀在《仁王护国般若波罗蜜多经》中为波斯匿王等印度十六国王详细地讲说了护国之方法:

> 我为汝等说护国法,一切国土若欲乱时,有诸灾难贼来破坏,汝等
> 诸王应当受持、读诵此般若波罗蜜多,严饰道场置百佛像、百菩萨像、百

师子座、请百法师解说此经。于诸座前然种种灯,烧种种香,散诸杂花,广大供养衣服卧具,饮食汤药房舍床座一切供事。每日二时讲读此经,若王大臣比丘比丘尼优婆塞优婆夷,听受读诵如法修行灾难即灭。

国家有难之时,比丘、比丘尼、优婆塞、优婆夷等佛教徒都应举行法会,读诵经典,参与护国救灾工作。"护国",就是守护、爱护、护卫国家的意思。《梵网经》说:"若疾病、国难、贼难……应读诵讲说大乘经律,斋会求福。"在国难当头之际,佛教徒有责任有义务以自己特有的方式,如举行祈祷法会,读诵讲说大乘经律,设斋求福等宗教仪式积极参加护国救难运动。佛教徒并非要人忘记国恩,只顾自己修持,而是要他们守护自己的国土,热爱自己的祖国。在缘起的世界里,世间万物都处在多种因果相续相连的关系之中,互相依存。每一事物、每一个人的存在都有其不可替代的独特价值,都是一种和合共生的关系。法不孤起,依境方生,人不独活,因缘而生。每个人之所以能够安居乐业,是因为无数从事各行各业的人辛勤劳作和密切配合。因此,要做对他人、对社会有益的事情。

佛教劝勉菩萨们以建立人间净土,实现庄严国土为己任。许多菩萨也发愿以建设"庄严国土"为自己的奋斗目标。

> 欲得具足三十二相八十种好,严净国土,教化众生,皆由精进而得成办。(《菩萨本行经》)
>
> 菩萨摩诃萨……教化众生,庄严国土,施作佛事,现大威德,无有休息。(《大方广佛华严经》)
>
> (普贤菩萨)普贤愿行诸佛子,等众生劫勤修习,无边国土悉庄严,一切处中皆显现。(《大方广佛华严经》)

《阿弥陀经》中的法藏菩萨发四十八大愿,并以种种殊胜德行,从事于成就庄严国土的工作。由此可知大乘菩萨在因地修行时,发大誓愿,以种种方便,修无量功德,去庄严国土,利乐有情。庄严国土既是大乘菩萨自利利他的菩萨精神的具体展现,也是佛陀及其无数弟子们的最终理想和目标。因此,作为一个佛教徒应该积极参加祖国的各项建设,时刻以慈悲的精神,用圆满的智慧去启迪人心、净化社会,为庄严国土、利乐有情而不懈努力。

佛教从早期开始就倡导"利乐有情"的思想,利乐有情就是自利利人、普度众生。大乘佛教的主旨之一是要求世间法与出世间法不分离,在持戒修行的同时,也不要放弃对物质世界的注重和对世间财富的获取。佛教主张取利要通过合法途径和和平的方式,反对非法交易而获取暴利。中国佛教以自苦自力之行,发大慈悲之心,主张社会发展、经济繁荣,大众安居乐业、丰衣足食,而不主张避世、贫穷。例如,《药师琉璃光如来本愿功德经》中药师如来有十二大愿,其中第三大愿、第十一大愿、第十二大愿,先后有"令诸有情,皆得无尽受用物。莫令众生有所乏少。我当先以妙饭食,饱足其身"。"如其所好,即得种种上妙衣服,亦得一切宝庄严具,华鬘、涂香,鼓乐众伎"。这充分体现了佛菩萨希望大众衣食丰足、生活富足的心愿。再如《地藏菩萨本愿经》中也多次提到大众得"衣食丰足""衣食丰溢"的福报。在《杂阿含经》卷第四十八中也有"始学工巧业,方便集财物。得彼财物已,当应作四分:一分自食用;二分营业生;余一分藏密,以拟于贫乏"之说。《指月录》卷八中也曾讲道:"百丈怀海禅师:凡作务执劳,必先于众,主者不忍,密收作具而清息之。师曰:'吾无德,争合劳于人'!既遍求作具不获,则亦不食,故有'一日不作,一日不食'之语流播诸方。"总之,佛经讲论财富,庄严国土、利乐有情之论,昭然若显。

佛教这种朴素的经济伦理思想表明佛教信仰并非建立于超越的空中楼阁,而是深深根植于现实人间。一滴水只有放进大海才不会干涸,修行不离生产,生产不离修行,农禅并举,已成为四众弟子行持的准则。"一日不作,一日不食"则成为广大佛教徒所遵循的基本伦理规范。

总之,庄严国土、利乐有情是大乘菩萨自利利他的菩萨精神的具体展现,也是佛陀及其无数弟子的最终理想和目标。佛教经济伦理思想贯穿着这样一种观念,即作为佛教僧团或一个佛教徒,时刻以慈悲的精神,用圆满的智慧去启迪人心、净化社会,去经营生计,去度脱他人,就是在以庄严国土、利乐有情为价值目标而不懈努力。

第六节　汉唐佛教经济伦理思想的总结和评价

古印度佛教自西汉末年传入中国之后,先是依附于汉代的方术道与黄老道,后又依附于以儒、道相融为其基本特征的魏晋玄学。经过南北朝和隋唐时期的融合和发展,佛教成为具有中国文化基本特征的中国佛教。经济伦理思想作为佛教的一个重要组成部分,在适应中国封建地主土地所有制经济伦理主流形态的过程中,以其独特方式体现了佛教伦理之自利利他和解脱主义精神,而具有调和性、融摄性和因顺性特征,同时佛教经济伦理思想在"理"与"术"方面存在着统一性和悖离性。佛教经济伦理思想及其寺院经济慈善事业既包含了多种伦理意义,同时又能着重于与国家相对应而言的社会行动逻辑,致力于把佛教从国家政治的行动逻辑解脱出来,以真正获致一种国家之外的社会行动意义。

一、对寺院文化与社会伦理发展的影响

寺院是佛教物化的形式,寺院经济为寺院的发展、兴盛提供了重要的基础和条件。寺院经济活动具有公益性、非营利性等重要伦理属性,这些伦理属性也决定了寺院及僧人的经济活动大多是以公共利益为宗旨的、出于道德良知和责任感而发生的、不牟取私利、不要求回报的道德行为。寺院经济的这种道德优先性,在佛教组织体制内部形成了良好的伦理关系和浓厚的道德氛围,此种伦理关系和道德氛围使僧人潜移默化,养成其责任感、人道

关怀和牺牲奉献等个体美德，不仅有助于佛教道德人格的发展和完善，更为其迈向出离解脱提供可能的精神条件。

（一）寺院经济的神圣和世俗两个层面

寺院经济是建立在剩余劳动基础上的。佛教作为宗教本身，既有神圣追求，也有世俗关切，根据这两个方面，寺院经济也可看作有神圣与世俗构成的二元结构，可将寺院经济划分为神圣性经济和世俗性经济。所谓"神圣性经济"，是指寺院所从事的与信仰的神圣存在直接相关的经济活动，包括寺院以及僧侣接受信众布施，为信众提供各种宗教服务获得报酬，寺院围绕神圣存在进行的各种建造、经营、生产、服务等经济活动。所谓"世俗性经济"，是指寺院所从事的与宗教神圣性并不直接相关的各种世俗经济活动，如耕种、采集、商业、运输、田产等经营项目。"神圣性经济"与"世俗性经济"最根本的区别，在于其经济活动是否与信仰的神圣存在直接相关。

寺院经济的发展没有遵循宗教经济神圣与世俗的规律，不是通过增强宗教神圣性，而是让世俗性去取代神圣，以实现所谓经济发展。而"世俗性"并没有严守"世俗"的界限，不断侵蚀宗教"神圣"的领域，对宗教神圣性毫不留情地进行消解和去除。在这个过程中，僧侣身份、寺院的宗教与社会功能、宗教修行和生活方式、宗教戒律、信仰愿景等都在发生十分复杂多元的世俗性变化。由此，进一步在世俗化的现代性语境下，加重了宗教的信仰危机，削弱了宗教存在的合理性。

寺院经济就其结构而言，有生产型、流通型、消费型、综合型。生产型模式是指佛教寺院经济结构中以生产活动为主，兼营其他经济实体的经济活动模式。这类寺院一般离城镇较远，但有良好的生产条件，其生产方式因生产条件不同而有较大差异，主要包括种植业、畜牧业、采集业、加工业、医药生产等。流通型经济模式是指佛教寺院经济结构中以流通领域的营销活动为主，兼营其他经济实体的经济活动模式。这类寺院一般处在道路沿线、市镇附近等适宜流通领域内进行营销活动的地理环境。经营方式因营销条件不同而略有差异，主要包括商业、服务业、旅游业等。消费型模式主要指佛教寺院经济结构中以消费活动为主，这类寺院一般在大的城市，与社会有良好的供养关系。综合型模式则指兼具上述几个方面,生产、流通、消费一体。

在整个封建社会自然经济大系统里,寺院经济可以看成是基层经济的一个组成部分,庙会常常是市场活动的交易场所。寺庙神灵的活动范围即祭祀圈往往与市场区域一致。寺院组织本身作为基层市场主体的特殊性,在于宗教法会的举办往往选择有利于将世俗教区劳动者创造的剩余价值向寺院转移的方式和时机。农村寺院有的建筑在农业经济区,城市寺院建筑在商业区,其施主自然多样,信众前来参加日常性法会时,不仅将牧区劳动产品以供养形式奉献给寺院,而且还可以方便地同前来参加法会的农区信众发生经济与信息交换,在各取所需中共同繁荣基层经济。由此,不难发现寺院经济的基础是世俗经济,世俗经济是寺院经济的晴雨表,当地世俗劳动者劳动创造的剩余价值是寺院经济与世俗经济存续发展的共同源泉。

寺院经济助益文化发展。神圣性保存较为完好的佛教寺院,不但神圣性经济收入可观,而且带动了周边世俗性经济(尤其旅游业)的发达。寺院和僧人的宗教"神圣性"越高,其经济实力往往也越强,"神圣性经济"的实力越强,其"世俗性经济"往往也发展得越好,对寺院反馈也越多。如果寺院和僧人的宗教"神圣性"不足,其经济实力也较弱,"神圣性经济"衰弱,致其"世俗性经济"也发展得不好,对寺院反馈也极少。寺院的神圣性与世俗性程度与经济的富裕与贫困程度是一种正相关的关系。佛教寺院以寺养寺各有其道,大体上都在集聚并努力发挥不同寺院所在区位的优势。

供养制式寺院经济和自养性寺院经济同时并存。寺院经济的神圣性总是力求超越其世俗性,这是寺院经济的本性之一。闻一多先生认为:"人生如果仅是吃饭睡觉,寒暄应酬,或囤积居奇,营私舞弊,或许用不着宗教,但人生也有些严重关头,小的严重关头叫你感到不舒服,大的简直要你的命,这些时候来到,你往往感着没有能力应付它,其实还是有能力应付,因为人人都有一副不可思议的潜能。问题只在用一套什么手法把它动员起来。一挺胸,一咬牙,一转念头,潜能起来了,你便能排山倒海,使一切不可能的变为可能了。那不是技术,而是一种魔术。那便是宗教。往往有人说只有弱者才需要宗教,其实是强者才能创造宗教来扶助弱者,替他们提高生存的情绪,加强生存的意志。就个人看,似乎弱者更需要宗教,但就社会看,强者领着较弱的同类,有组织地向着一个完整而绝对的生命追求,不正表现那社会的健康吗？宗教本身尽有数不完的缺憾与流弊，产生宗教的动机无疑是健康的。"①借助信仰力量来提高战胜自然、战胜人生苦难的信心，这是人类社会经济发展中的一种客观选择，大多数民族都经历了这样的选择。佛教及其寺院经济的现实存在，某种意义上也是农耕社会经济健康运行的表现。

寺院在农耕社会中承载着化解人们心理与精神负担，解答人生的终极追求和终极关怀问题之重任。寺院正是以佛教的人文关怀和精神慰藉职能为中介，干预世俗经济生活的。寺院经济作为封建官僚集权统治者统治劳动者的经济工具，在历史上以统治者的工具理性造成了劳动者的苦难；但是寺院经济作为劳动者信仰佛教的意志体现，其由古至今一以贯之的价值理性却成就了辉煌的寺院文化——哲学、伦理、艺术、文学等等。由此可见，宗教经济伦理思想的合理内核蕴含于宗教在具体历史时期采取的特殊形式之中。

（二）佛教经济伦理思想对寺院文化的支持和定向作用

佛教伦理思想的主题之一是在实践层面为寺院及僧人的修行、为社会广大信仰群体或个体提供调整各种伦理关系，从而最终达到解脱的道德行为规范和准则。道德的基础不是对个人私利的追求，而是对人的幸福和群体福利的追求。道德的伦理精神崇高性在于它的公益性、利他性和不谋私利的牺牲奉献性。佛教伦理思想为寺院、僧人及广大信众的道德完善提供支持、论证和辩护。

汉唐佛教经济伦理思想的形成与发展，以原始佛教的释迦牟尼思想为依据，立足于中国社会文化与农耕经济基础，大体上与寺院经济的发生与发展同步进行，同时它与佛教在不同阶段所依存的特定社会意识形态、学术思想、文化观念及风土人情紧密联系，既体现着特定社会中信众的价值选择及善恶评价，同时也体现着某些佛教宣扬者本人（高僧大德）的道德意志。从佛教弘法本意来说，建立寺院不仅是为了弘法利生、传法教育，接引信徒实践佛陀教诲，而且也是为了庄严国土、美化环境、维护生态，保存传统文化，

---

① 林文光编：《闻一多文选》，成都：四川文艺出版社 2001 年版，第 55 页。

抚慰人心,稳定社会。

寺院文化以寺院经济为基础和载体,并以寺院经济的意识为基本内容,与此同时,寺院文化也必须存在于寺院经济过程,在寺院经济发展中表现出来。

汉唐时期的佛教经济伦理思想相对于寺院文化来说,其作用或影响是支持性、定向性的,即不仅为寺院文化发展提供物质支持,更为其良性发展提供价值定向。也就是说,佛教的经济伦理思想对其寺院文化具有自身支持与定向作用,一旦没有了这种支持和定向,寺院文化就会偏离佛陀精神本义,在私有制和私有观念环境里被异化,从而沦落为社会普通的经济实体。寺院文化特指根据佛陀教义建立而存在于寺院空间内的文化,寺院院落或主体建筑以及其外部所附属的各种佛教建筑设施、山林、耕地及空地等,均属于寺院文化的空间范围。寺院空间内那些与佛教信仰有关的,包括那些虽与佛教信仰无直接关系,但是却为寺院服务,或附属于寺院的一切物质的和精神的物件或成果,构成了寺院文化。这里讲的与佛教信仰有关的内容,自然包括佛教信仰本身,包括三宝物、寺院建筑本身及其附属物。此类内容大体上属于佛教文化的范畴,系寺院文化的主体,它是以对佛陀的信仰为核心的文化。而与佛教信仰无关的内容,则属于世俗文化之范畴,因此在寺院文化中居次要地位。一般说寺院文化,是仅就其主体即与佛教信仰有关的内容而言。一座寺院内的文化是微观的寺院文化,所有寺院内文化之总和是该佛教宏观的寺院文化。

寺院文化的显著特点在于其现实性、形象性、共性与个性的统一和辐射性、连续性。就其现实性而言,寺院中举行的佛教活动和佛教教职人员的日常起居,按照一定的组织形式从而表现为一定的规模,遵照教义、戒律、科仪和佛教制度而行,表达教职人员和信徒的感情与愿望,间接地反映出寺院所在地区的政治、经济和文化状态,因而是最重要、最生动的佛教现状,自然是寺院文化中最具现实性、最具活力的部分。寺院停止了佛教活动,没有了教职人员,则意味着寺院文化失去了活的部分。就寺院文化的形象性来说,佛教活动和日常起居均是可视可听的。寺院建筑、园林、崇拜对象及其他象征系统,以及经书、法器、圣物与其他佛教艺术品,包括供坛、饰物、教职人员服饰等,均是有形可见的。佛教信仰体现于这些具体形象之中,甚至具备高超的艺术性,以满足不同年龄、不同文化程度的信徒之精神需要,或满足不信仰者获得艺术享受。在寺院文化的共性与个性的统一方面,每一佛教派别都有自身不变的核心内容,在戒律、仪式、组织、制度等方面都有统一的规定和要求。就是说,同一种派别的佛教寺院从内到外,基本要素大体上是一致的、重复的,甚至寺院建筑样式、布局、偶像等也都基本相同。尽管分处于不同的地区,每一座寺院所属派别均易于被识别。另一方面,任何寺院又都有自己的个性,这些个性反映着传法系统、教义理解、历史积淀、不同文化影响、与其他佛教文化冲突与融合深浅、住寺历代教职人员素质高低和主观努力程度诸方面之差异。寺院文化的个性使不少寺院在自身文化方面大有光彩,总体寺院文化亦绚丽多姿。就寺院文化的辐射性而言,一般寺院文化辐射周边,影响世俗文化,对周围地区产生较深的文化影响。当寺院坐落在信徒众多的地区时,往往成为该地区的文化中心,对周围地区产生全面的综合的文化辐射,形成一个以寺院为中心的文化圈。个别寺院文化辐射广泛,有的波及全国,甚至影响世界。大体说来,寺院文化在地方文化中占有一定的位置,丰富和发展了地方文化。就寺院文化的持续性来说,当寺院变迁,甚至停止佛教活动后,其文化辐射也还会持续相当时期,在信仰方面的影响持续的时间短一些,艺术方面的影响持续时间将长一些,尤其是作为名胜和文物的价值影响长期存在。

(三) 佛教经济伦理思想对社会伦理的影响

佛教经济伦理思想对寺院外的社会伦理的影响是复杂的,就积极方面而言,佛教经济伦理思想对于促进社会经营思想观念转变和经济发展具有正面的影响。寺院经营是整个社会经济多样化的一种特殊形式,必然促使人们思想观念的变化,特别是寺院经济的价值观念、财富观念、赢利观念、协作观念等,对社会无序竞争、恣意消费等产生了一定的矫正、批评和冲击作用。其次还有社会伦理精神示范作用,寺院僧侣的经济行为以其独特的道德价值观,促使其直接影响下的信众及间接影响之下的人们经济行为的某些变化,如很少发生偷盗或商业欺诈、较多的慈善救助、乐善好施等现象,这与寺院倡导和实践的宗教道德价值趋向不无一定关系。

在历史上,寺院经济行为及其伦理思想的消极影响与不足之处,首先在于寺院经济行为客观上会吸引不同觉悟层次的信众离俗修道,导致寺院规模扩大,僧侣数量庞大,良莠不齐,产生不可期望和把握的负面性。寺庙经济的迅速发展,使得寺庙僧侣数量迅速增加,客观上会造成社会劳动力数量锐减。随着僧侣人口迅速增长,导致社会人口发展出现畸形异常,而寺院僧侣数量过于庞大,客观上会给社会带来经济负担。经济收入的一部分供养僧侣、修建寺院,社会投入再生产的资金减少,制约了经济的持续发展。南北朝至隋唐,由于僧侣的增加和寺院的扩张,加上僧侣和寺院享受的特殊待遇,始终存在着国家税赋减少、某些地区劳动力不足的情况,这就是一个有力的证明。其次在于造成内富外贫的经济模式。消极的寺院经济行为因享受国家优待,以致不劳而获。事实上有些寺院及僧侣的经济行为与释迦牟尼教义存在着一定的背离,他们既不参加生产劳动,又不研究、发明技术改善生存境遇或为大众生产服务,而对信教者布施来者不拒,忙于诵经、精神修炼、修缮寺院,重精神、轻物质,形成只投入不产出的行为,客观上迟滞了社会经济的发展。这些寺院过度的布施性消费显然与佛陀本身的目的和要求是存在偏差的。而对社会而言,一方面,受出离世间的意识形态的影响,民众对宗教性消费的投入力度不断加大,使寺院成为明显的不劳而获的受益者,这种宗教性消费是对信众扩大再生产的一种扣除,此种消费越大则社会生产越萎缩,越影响生产力水平的提高,造成外贫困现象。另一方面,人们对宗教性的消费越大,寺院建筑越庄严,僧侣生活越优裕,香火消费越旺盛,越形成内富裕现象。此种内富外贫的经济模式在一定程度上会扭曲社会经济发展的一般规律。最后,寺院及僧人行善缺乏可控制性。依赖于对佛法的真切遵从、切实实践以及僧人的自我觉悟,是寺院及僧人行善的正确轨道,但是在现实社会里往往有偏差,导致行善为私人利益所用或不当行善。可以说,慈善服务行动方式在佛教经济发展中是普遍存在的伦理现象,但不能像国家的各种社会福利活动一样具有可以管理的可控性,尤其不能把其中所隐含的公义、仁慈等伦理行为的行动方式建构成为一种制度化行善的经济模式,从而把佛教对于行善布施和功德福报的强调作为回报给八方众生的非对称性交换关系。因此,如何让以寺院为核心的佛教经济伦理成为信众日常生活、社会经济的一个必要的有机组成部分,如何使佛教寺院经济伦理真正成为社会经济伦理的一个合理有效的组成部分,进而把佛教经济伦理与社会福利伦理、寺院伦理与佛陀教义真精神之间的壁垒彻底打通,始终是佛教寺院经济伦理思想面临的一个挑战性问题。

寺院经济在其自利利人、普度众生的价值观指导下,对中国社会的经济伦理产生不可忽视的影响,尤其在公共慈善伦理事业方面做出了重要的贡献。寺院经济本身具有多方面的伦理功能。首先,寺院经济为古代经济贸易发展带来了活力,中原地区的佛教曾是经济活动发展的一支重要力量。维持道场的需要使寺院附近出现了种种制造佛教用品的手工作坊及交易场所。城市和农村开设了专门抄经文、铸造佛像以及从事寺院的维修及建设、建筑物的装饰、生产宗教节日所需物品的店铺。这些店铺造就了大量匠人、技术人员和艺术家,带动了一大批手工业的发展和商业的发展。[①] 大寺院附近形成了以寺院为依托的民间集市——庙市,这种集市一般和寺院中的法事、斋会及各种宗教活动相结合,成为商业发达的中心。第二,寺院经济的发展为商业经济的发展带来了新的观念,寺院经济直接目的在于将本图利和谋求新财产,终极目的在于实践佛法,出离解脱,而不在于生产,它以产权观念为基础。这是一种新的观念,寺院拥有自己的田地,有效扩大了其产权。大寺院在自己的庄园内往往设有作坊设施(如油坊、碾硙等),通过给居民提供油和面粉而获得的利润比经营农业带来的收益要高,富裕世俗户很快理解其意义——经营土地远不如在最赚钱的企业中使用财富重要。根据佛法的无尽藏思想产生的寺院金融事业,不仅吸收游资,而且又贷放出去,既有助于资本的流通,促使地方经济的繁荣,同时对贫困者免息贷用,达到扶弱济贫之目的。第三,丛林经济注重农禅结合,寺院获得了自给自足,提升了劳动的意义。僧团集体劳作,耕种土地,达到自食其力,不仅减轻了信众的负担,也为社会创造了财富。禅宗的普请法树立了独特的经济伦理观念,掘地垦土、耕作收获、伐木采薪等劳作与触类见道的信仰生活相配,肯定了世间劳动的价值,给予劳动以宗教的意义。第四,普度众生乃佛

---

① 敦煌净土寺入破历,伯希和敦煌写本 p. 2032 号,载有相当数目的职业名称:铸钉工、镀锡工、釜子博士、修治火炉博士、造火炉博士、钥匙博士、泥壁博士、疗治釜博士、疗治佛炎博士、造檐时博士、造钟楼博士、博士等等。

门的宗旨,寺院经济受利乐有情、普度众生的价值观指导,在社会救济事业及公共事业中承担了重要的角色。两晋时代,佛图澄、竺法旷、安惠则、单道开等人从事医疗与救济,寺院施疗救济设施(如"药藏")乃最早的医药福利事业,隋唐以来寺院为庶民所设的金融机构(如无尽藏库)为最早的金钱贷款福利事业,唐宋以来寺院有养病坊与悲田院制度乃最早的贫弱救济事业,凡此种种,说明寺院不但成就诸多的慈善公益事业,承担社会救济的重大责任,而且通过福利事业的开展使佛教无缘大慈、同体大悲的精神在社会上广为流传。

总之,佛教经济伦理思想以佛寺为重要载体,对寺院文化与社会伦理产生重要影响,寺院本身是一个伦理实体,也是一个经济实体,同时还是一种具有公益性的社会组织。根据佛法思想,为社会公共利益服务是佛教伦理思想的一项重要价值目标;致力于公共事业是其基本宗旨;利他主义、无私奉献是其基本伦理精神,使修行者出离解脱是其终极目标。它所具有的公益性的伦理属性,使其在解决贫弱、灾难、环境等问题开展持久的工作,做出了有益贡献,从而成为一种道义性的组织体制和思想力量。

二、调和性、融摄性和因顺性

佛教传入中国之时,中国本土大体上已形成了以儒家伦理为其核心、儒家与道家思想互补的伦理文化结构模式。两汉时期"独尊儒术"的大一统政治则使这一伦理文化结构模式得到了初步的发展和完善。这种文化结构模式立足于成熟的农耕经济为基础的宗法等级社会,具有浓厚的伦理性特征,对任何外来的异质文化都有一种潜在的转化力量。

(一) 调和性

佛教传入中国,首先面对的一个问题,就是它的教义的某些伦理性质与本土儒家伦理的冲突,大致说来,这种冲突体现在如下方面:

第一,经济伦理基础方面,表现为世事无常、万法如幻与"天道"不变、精神永恒观念之冲突。这是经济伦理哲学依据或理论基础上的冲突。印度佛教的核心在于以因缘果报、世事如空为基础,宣扬人生即苦海,而消除这种人生之苦的途径与方法,只有视万物为"空",排除种种欲念,经过长期修行,熄灭一切心头烦恼,具足一切清静功德,从而达到理想的涅槃境界。佛教认为终极真理或至高精神是涅槃境界,万事万物都处于流转变化的状态中,任何事物都不是永恒的。儒家相对而言则比较偏重追求不变,认为天道永恒,社会应有稳定的秩序,由此从"天不变"强调"道亦不变"。

第二,经济伦理主体人生追求方面,表现为人生是苦、解脱离苦与豁达乐观、积极进取观念之冲突。佛教认为人生充满了痛苦,强调对于"苦"的认识和论证,四谛说论证了如何来认识人生是苦,着重阐述人生是苦的原因,如何来消灭这种种苦,以及描述最后达到彻底消灭苦的境界。儒家有人重天命,认为一切天命已定,应当不违天命,顺天命而行;有人重视"制天命而用之"(《荀子·天论》),导致一种积极的、令人奋发的生活态度。总体上,儒家伦理强调以豁达乐观的态度及积极进取的精神来看待人生,强调以"天行健,君子以自强不息"(《易·乾·象》)之精神来对待人生、对待生活。

第三,经济伦理生活观方面,表现为托钵乞食与自力更生之冲突。佛教认为肉体是欲望和罪恶的产物和载体,是精神的枷锁,因此肉体的苦行有利于精神的修炼。人的物质生活应当越简单越好,而乞食既是为了有利于宗教修行,也是为了有利于众生"种福田"。中国本土文化重视农业生产,鼓励农耕,儒家重视勤奋劳作,而不事劳作、甘愿乞食则被认为是好吃懒做、好逸恶劳。

第四,生活礼仪与修养方面,表现为剃发易服与讲求衣冠礼制、出家弃俗与孝亲忠君之冲突。佛教认为肉体的苦行有利于精神的修炼,因此强调剃发毁服,教徒应穿"粪扫衣"(所谓"粪扫衣"应当是一种由捡来的破烂布条缝制成的衣服),并以"偏袒右肩"为正,认为坚持这样的生活方式,有利于保持清心寡欲。佛教还要求人们抛弃世俗生活,过出家修行的宗教生活。儒家伦理以仁、礼、和为核心,讲求长幼有序,尊卑有别,不仅衣冠不整有违礼法,而且不同身份的人都有不同的衣冠服饰,绝不能混淆。同时儒家强调以血缘关系为基础的社会生活,重视祖先崇拜,强调后代的繁衍,人丁兴旺是家族强盛、国家富强的标准之一。

第五,道德理想方面,表现为追求解脱、涅槃境界与追求精神洒脱、成圣成贤、兼爱天下之冲突。佛教要求彻底解脱、寂然不动,寂静永恒的涅槃境界,以成"佛"即彻底的"觉悟"为自己追求的最终目标。儒家伦理追求的个人道德理想是治世的君子、圣人贤者,社会道德理想是大同之世,要求将个人的道德修养与治国平天下的追求紧密结合在一起,实现大公无私、万物一体的境界。

总之,印度的佛教教义学说与中国本土伦理思想存在着一系列的矛盾,这些矛盾冲突体现了中国和印度两国之间在文化背景、社会习俗、生活方式和民族心理等各方面所存在的差异。这些矛盾曾经引起过儒、佛之间激烈的争执,一直伴随着佛教在中国发展的整个历程。中国历代封建统治者,大多以儒家为治国思想,出于其辅助教化、巩固王权的政治目的,对佛教基本采取限制与利用的两手政策。当佛教的传播有利于净化人心、消除祸患、安定秩序时,他们就予以倡导和扶植(像梁武帝那样将佛教视为国教),当佛教势力膨胀危及封建经济与政治的发展,当权者又即采取拆毁寺庙、沙汰僧尼的断然措施(如北魏至后周先后发生的"三武一宗"废佛事件),大体上每隔一百多年即对佛教有一次严厉打击。

佛教为了自身的生存发展,不得不在某些方面作出必要的妥协与调和,一方面,要求出家人自食其力,废除托钵乞食,修养身心与修养身体结合起来,努力追求最终的解脱;另一方面,佛典的翻译诠释以及教义的解说论述,与仁义、忠孝之说结合起来,渗透着儒学色彩。从佛经汉译的开创者安世高开始,佛经翻译特别注意经文字句的调整,经文中凡有"六方"(即亲子、兄弟、师徒、夫妇、主从、亲属朋友以及相互平等自由意思者),尽量加以删节,以和中国社会要求主从、尊卑关系的伦理习俗相一致。早期儒、释伦理观念相会通的《牟子理惑论》一书,基本立场在于强调儒、释、道三家调和,但在三教关系上为佛教辩护,援引儒、道思想以诠解佛理。三国时期名佛康僧会在《六度集经》中,宣扬佛教的一项原则是"为天牧民,当以仁道",并以佛教"诸行无常""因果报应"的教义说服君主信佛以推行"仁道"。这其实是以"仁"释佛,以佛教的出世主义来推行儒家治世之道,体现了佛教的调和色彩。东晋佛僧慧远在佛教礼制及其与儒家礼仪关系方面的论述,对于中国佛教伦理观念和礼仪的确立都有着重要意义。他阐发的神不灭论、因果报应论及其"佛儒合明"论,体现了调和儒、释的色彩。晋宋高僧竺道生以"穷理尽性"来释《法华经》之"无量义定",其佛学思想带有儒家烙印。隋唐时期的三论宗、唯识宗恪守印度佛典教条，多数宗派诸如天台宗、华严宗、禅宗等都是适当结合中国传统而创立的，他们自创家风，提出了具有中国特色的佛学思想体系，例如天台宗不仅将中国道教丹田、炼气之说纳入其止观学说之内，而且还强调儒家人性论，其"三谛"之说即"天然之性德也"(湛然《始终心要》)，使佛学思想与儒家伦理调和起来。华严宗、禅宗则将儒家心性说作了发挥，华严宗人以《华严经》中"三界唯心"为据，从色心对立上区分主从，并以竺道生"理不可分"之命题，阐发"理为事本""事事无碍"的道理；禅宗之人则强调"识心见性，自成佛道"以达"自心顿观真如本性"(《坛经》三十)之目的。

与儒家伦理相比较，佛教伦理追求解脱，两者关系并非世俗与神圣的对立关系，而是一种特殊的相互嵌入的关系。佛教经济伦理思想将两者连接了起来，因为佛教与世俗社会均需借助经济实现相互融合的目的。佛教伦理思想体系中呈现出冥想修行与经济经营并存的现象，一方面认为钱、财、宝是修行解脱的障碍，强调人生是苦、少欲知足是修行的基本条件之一；另一方面，佛教寺院广占田宅，开展经营，形成势力强大的寺院经济，产生了与一切皆空、制欲苦修的基本教条不甚一致的、以雄厚财力为支撑的庄严具足的外表。这一切表明，佛教经济伦理思想是使佛教成为一种合理的禁欲主义，使无限的世俗欲望得到控制，使经济行为成为一种合乎伦理的行为。

佛教经济伦理思想关于心灵超越、精神解脱的教义的积极宣传，各阶层都有虔诚的善男信女，从一心为己到利己利人，从人我两利到无私利人，实现人生道德境界的提升。他们中有些人在日常生活中实践佛教利益众生的教义，有些人把本属于世俗的财产布施于寺院，根据佛法义理经营管理，以求今世的安定和来世的富贵。《高僧传》卷七《释慧义传》记载：释慧义劝范泰"以果竹园六十亩施寺，以为幽冥之佑，泰从之，终享其福"。单从社会经济总量来说，这种捐献举动只是社会财富的一种变相的转移，但是从信仰者人生而论，对财产的捐助是一种理性化、道德化的经济伦理行为，它对修行者意味着一种人生态度的转变、一种精神的觉悟。对于佛教来说，获得信众捐助不仅是从经济上促进佛教自主发展的基本条件和必备的物质财富，而且也是大乘教义关于度脱他人脱离苦海、早日解脱教理思想的胜利。

（二）融摄性

中国佛教经济伦理思想的融摄性，是就佛教经济伦理思想的内部而言的。佛教有戒、定、慧三学，慧学涉及对宇宙与人生的基本看法，古印度佛教慧学中包含着种种哲理，又有一系列特定的名词、概念、范畴、命题作为基础，说明般若理论的事数、名相，分析人们有关心理和物理现象构成的"五蕴""十二处""十八界"等名词、用语。由于中、印文化隔离，语言、文字相互隔膜，因此佛教传入之初部分采取"格义"的方法，用老庄哲学和玄学名词、概念和范畴，比附佛教概念、范畴。六朝时期盛极一时的"佛玄情结"，成为推动佛教中国化进程的重要动力。

从中国佛教经济伦理思想所依赖的哲学理论之形成发展来看，道家哲学和魏晋玄学对佛教中国化有着巨大作用。玄学为调和儒、道，建立了新的思想体系，曾把老子"有生于无"之说，诠释为以无为本、为体，以有为末、为用的观念，提出体用、本末、有无、动静、一多等范畴。这对魏晋佛学用来解释印度大乘空宗的般若思想起了重要作用，对后来佛教各家建构和诠解自家的缘起理论和心性学说，也有着重要意义。魏晋南北朝佛教发展一方面以寺院为中心，形成独特的封建经济形式，解决僧侣生活必需和佛事活动的开支，侍奉大法，维护宗教道德，另一方面在哲学上从各个方面论证世界上一切事物都是因缘和合、虚而不实的（即般若性空），说明事物的本质都具自在自得的本性（称之为"性空"，事物自性虽空，产生这些事物的因缘关系却是存在的。般若是了悟到性空真谛的真正智慧）。"六家七宗"佛学就是按照玄学家的思路理解和诠解古印度般若理论的，之后的佛教则是部分地把道家和玄学的重要概念和范畴与印度佛教的概念、范畴相结合，而形成了具有中国文化特征的佛教理论形态。佛教为了达到身心解脱的根本目的，在现实生活（即"俗谛"）之外寻求"真空实相"之真谛，由此把真、俗二谛之关系归结为诸法随缘生灭的缘起关系，即由多种原因和条件和合而生或离散而灭的生起或散灭的关系。它把物质对象和感觉、意识之间的关系，看作是"刹那闪现"的一种"配合作用"，否定它们之间真实存在着的认识与被认识、反映与被反映的关系，而从这种所谓诸法分离各别而又相互依持的本体论立场出发,外部世界的实在性问题是被佛教取消了的。

中国佛教各派各家的缘起学说,留存着魏晋玄学的体用、本末观念之影迹,用以说明其"真谛"为本、为体,"俗谛"为末、为用的道理。隋代承续印度中观学派"三论"(即《中论》《十二门论》《百论》)而得名的三论宗,它所崇奉的"中道缘起"(以"性空""实相"为本、为体,以"假名""幻象"为末),认为一切事物均为因缘和合而生的幻象,并无质的规定,实为性空而不可得,但为了引导众生,只好以假名说有。这样不离性空而缘生的各种幻象历然可见,但因其是幻象而仍不可得。这即谓之事物的"真空实相",也即谓之为"有无双遣"的中道之义。天台宗的"真如缘起",与禅宗提出的"即心缘起",都把"真如""佛性"与众生的"心体",看成是产生一切的本原,认为世界唯是一心所作,他们讲"一心三观""一念三千",即一心可以看出世间事物是空、是假也是中的三种状态。华严宗推崇"法界缘起",认为"一真法界"才是世界的本原,比较看重理的作用,他们分别把"理"与"心"看作一切的本原,从而在缘起理论方面形成中国佛教伦理思想的特色。

中国佛教经济伦理的心性学说具有儒、道互补的特征,印度佛教只有"佛性""唯心""唯识"等名词用法,而且其佛性思想流行范围有限。佛性问题却是中国佛教伦理思想的一大特征。佛教结合儒家心性概念、道家体用范畴,论及佛性的有无以及是本有还是始有,进行了长达数百年之久的争论,在修养方法方面也形成了诸如"明心见性""即心即佛""知心为体""性体圆融""净性自悟""无情有性"等各不相同的心性之说。止恶从善,排除欲念,发明本心,则是各宗心性学说的基调。唐代的主要佛教宗派(如天台宗、禅宗等)都有论说心性之长。中国佛教的心性学说集心性论、本体论、成佛论为一体,不仅是传统心性理论的重大发展,也是中国经济伦理思想史上一种造诣很深、思辨性很强的理论思潮。正因此,佛教虽有强大的寺院经济伦理及其世俗性取向,也没有妨碍其对涅槃解脱的追求。

（三）因顺性

中国佛教经济伦理的形成发展在某种意义上顺于民间伦理、民俗心理。一般来说,民间伦理、民俗心理是不同民族文化的基础和主体部分之一,是各个民族在特定历史、地理、文化等条件下，经过长期选择和凝聚而形成的一种重要社会伦理力量，具有维系整个民族文化心理，模塑社会成员行为方式，形成群体共同思维习惯的功能和作用。因此，社会制度、法律、宗教、政治、哲学等不仅都脱胎于原始民俗文化的母体，而且都建立于各民族特有的民俗心理之上。

　　中国本土文化在佛教传入前其所赖以形成的民间伦理、民俗心理，总体上具有讲求朴素、实用、实效，崇尚简易、方便的特点。这对佛教伦理经济思想在中国的重大变化及人生修炼方法的注重实际都有着巨大影响。汉唐佛教之来源古印度佛教，本是大、小二乘兼有，空、有二宗并举，无所谓谁主谁从。但在晋宋前后，其哲学发展趋势由性空般若学为主迅速转变为涅槃佛性说占据主导。这是佛教顺民俗心理，以适应中国实情而进行自我调整的一种表现。晋宋前，随着"贵无"玄学的兴起发展，性空般若学曾风靡一时，沙门名士或是以"无"解"空"，或是以"空"言"无"，形成佛玄争鸣的局面。但是，佛教性空般若学的基本思想是主张诸法因缘和合，否定一切事物的真实存在。诸法空无的佛教思想无法解释祸患无穷的现实，人们需要在现实之外寻求思想安慰和精神寄托，而且与传统灵魂观念和鬼神思想也不合。诸法皆空佛性思想的否定灵魂与鬼神的实体性存在，对讲求实用、注重实效的下层民众来说，是难以理解和接受的；对僧人来说，如此一来，任何成佛的希望都会落空。依此佛性之说所创建的三论宗，也就很快走向了衰落。

　　唐代玄奘创建的法相唯识宗坚持一阐提没有佛性、不能成佛的主张，致使其未能长久独立发展而销声匿迹了。虽然，玄奘求法之前即已知道中国佛教界多主众生有性说，但是玄奘出于忠实师说而将阐提无性思想带回中土，恪守于古印度佛法而不顾中国民俗心理和实际情况，因此，他在创建中国化的佛教宗派，阐发具有中国文化特征的教理教义方面没有达到应有的水平和高度。而在六祖"革命"中，惠能法师对佛教之宗教仪式、佛性学说、修行方法等进行重大改革，因顺应了讲求实用、注重实际的中土民俗心理，将"众生有性"学说加以发扬光大，而且在即速见效、顿悟成佛的修持方面，大大满足了中国僧人成佛心切的宗教心理。这在某种程度上与中国思想传统中的"人人皆可以为舜尧"等说相契合。"众生悉有佛性"之说即"人人皆可以为舜尧"这一传统观念与佛教原有学说结合阐述的表现。唐代禅宗所提出的即心成佛的佛性说、顿悟见性的修行方法、不离世间自性自度的解脱理论,把一个外在的宗教移植于每个人的心间,更适合于中土民俗心理,因而得到广泛流传,并深入中国思想文化的各个层面。

汉唐佛教则在修持方面与印度佛教讲究烦琐仪式、注重历劫苦修的方法有所不同。中国佛教多主简易方便,崇尚省悟自心。《易经》有"乾以易知,坤以简能,易则易知,简则易从"(《系辞》)之说,陆象山有诗:"墟墓兴哀宗庙钦,斯人千古不磨心。涓流滴到沧溟水,拳石崇成泰华岑。易简工夫终久大,支离事业竟浮沉。欲知自下升高处,真伪先须辨古今。"[①]"《乾》以易知,《坤》以简能。易则易知,简则易从。易知则有亲,易从则有功。有亲则可久,有功则可大。可久则贤人之德,可大则贤人之业。易简而天下之理得矣。"[②]这都表明传统思想注重简易方便,这恰是民间伦理、民俗心理之所好。秦汉以来,中国本土传统注重人生哲学和道德伦理,注重直观,习惯于体会省悟,缺乏思辨逻辑,这与简易方便的民间伦理、习俗心理有关。这对汉唐佛教经济伦理思想有很大影响,使其解脱理论和修持方法,多具有简单易行的特点,虽然汉唐佛教也有"住心观静"和达摩"凝住壁观"等主张渐悟修行的理论和方法,但自晋宋时竺道生提出顿悟成佛之后,顿悟思想一直占重要地位,成为中国佛教修持理论的主流和特色。

三、佛法与佛术的统一和悖离

佛教经济伦理思想有"法"的方面,也有"术"的方面。"法"是佛法,释迦牟尼提出的佛学理论,以及各派佛教发挥佛祖教义的经论,其核心是佛法信仰;"术"是佛术,是对佛法思想的实践,包括具体化的观念及其操作运行和实践。佛教经济伦理思想之"法"与"术"的方面,存在着统一性和悖离性。这种统一性表现在于,佛教经济伦理思想之"法"是佛教解脱修行的根本教义教理,实现这种教义教理的手段、方式(包括经济活动等)似乎是合乎现实社会和佛教思想理论的选择,佛教通过这种选择把社会世俗伦理与宗教伦

---

① 《鹅湖和教授兄韵》。[宋]陆九渊:《象山先生全集》卷 25,四部丛刊本。
② 《与曾宅之》,《象山先生全集》卷 1。

理统一了起来。

中国社会(世俗)伦理与佛教(作为宗教)伦理的关系并非神圣与世俗的二元对立,而是一种特殊的相互嵌入的关系。在佛教经济伦理思想中,寺院经济将这种关系连接起来了,发挥了桥梁的作用。佛教伦理与世俗社会伦理均需借助经济生活提供的基础和条件来维持和发展,佛教寺院经济实现了两者相互融合的目的。

佛教经济伦理思想之"法"的方面与"术"的方面,在特定时期的特殊情况之下存在着一定程度的悖离性。这种悖离性是"法"与"术"的脱节、矛盾或不一致,主要表现在:从佛教经济伦理思想史来看,佛教伦理的确呈现出冥想入定与经济经营并存的现象,一方面佛教认为钱、财、宝是修行的障碍,强调少欲知足是修行的基本条件;另一方面,佛教在世俗社会广占田宅、发展势力,产生了强大的寺院经济,从而产生了与一切皆空、制欲苦修的基本教条不甚一致的、以雄厚财力为支撑的经济基础,其金碧辉煌、庄严具足的外表足以使人充分感觉到佛教经济伦理思想之理与术的悖离性。

因此,现实社会中,佛教寺院、僧人及信众对于经济活动的参与,如何既符合个人生活需要、社会经济发展之规律,同时又符合个人修行、寺院僧众的内在道德规范,这是寺院、僧人及信众经济生活和信仰活动面临的一个实际问题。在中国中古时代早期,隋唐时期,寺院僧人如同企业家一样系统地管理信众们捐献的土地与财产,并从事着一切可能带来盈利的经济活动。寺院一度成为田产买卖、土地交易、金融贸易以及生产活动的开展、工具使用的中心。自汉末至隋唐,中国存在着一个儒家、道家和道教文化影响的社会,同时也存在着一个佛教社会,存在一个强大的佛教寺院经济。佛教寺院及僧人们在当时社会政治、文化和经济生活的方方面面,都发挥着举足轻重的作用。这种情况使汉唐佛教经济伦理思想之"法"与"术"的同一性和悖离性更显复杂。

第一,佛教教义要求的一切皆空、制欲苦修、精勤练行,与实际上经营谋利、扩张实力甚至不守戒律、贪于享受存在悖反。寺院经济行为有谋利求利的方面,与佛教伦理超越世俗利益本身,存在着矛盾。一切经济活动的直接目的都与求"利"相关,而"利"是为满足人的物质欲望的。人之所以有烦恼和痛苦,主要有"三毒",即贪、嗔、痴。贪是指超出人的维持生命存在这一客观需要之上的需要。魏晋至隋唐，寺院和僧人从事经济活动，不仅涉足农业，甚至经营过类似典当业、借贷、利息等金融业。寺院经济的膨胀，一度造成寺院与民争利，致使国家税收紧张，僧人戒律松弛、享乐成风，等等。禅宗实行改革，主张自种自食，自力更生。对于在家信徒的经济活动，佛教也提出了相应的要求。《善生经》载释迦牟尼言："居士子！求财物当知有六非道。云何为六？一曰种种戏求财物者为非道；二曰非时行求财物者为非道；三曰饮酒放逸者为非道；四曰亲恶知识求财物者为非道；五曰常喜伎乐求财物者为非道；六曰懒惰求财物者为非道。"佛陀要求修行者参与劳动，劳动是财富源泉，经济行为必须要有伦理考量。而在客观上，在私有制的环境下，寺院经济的主体在某种意义上具有经济实性质，追求利润最大化，无法用超越而严肃的精神来尽世间本分。这样，佛教经济伦理规范之"法"，与寺院经济实现自我利益之"术"之间，存在着客观的背离和矛盾，使寺院经营之伦理追求受到质疑。

寺院田产扩张、经济膨胀，造成与民争利，国家税收紧张，社会不稳定，使封建国家一度采取措施加以控制。例如，唐高祖武德九年（626年）四月，颁布《沙汰佛道诏》，计划有目的地对僧徒生活加以整顿，诏令"僧尼、道士、女冠等，有精勤练行、遵戒律者，并令就大寺观居住，官给衣食，勿令乏短。其不能精进、戒行有缺者，不堪供养，并令罢遣，各还桑梓。……京城留寺三所、观二所，其余天下诸州，各留一所。余悉罢之"。[1] 这一措施未及施行，就因政局变化而停止。寺院经济发展繁盛，佛教一方面强调僧人自力自足，另一方面由于人性的懒惰、贪婪，以及在封建社会私有制和私有观念的影响下，僧徒脱离劳动生产、贪图享受的现象也普遍，引起了许多有志之士的反对，就连同情佛教的文学家柳宗元也感到："曰髡曰缁，……不为耕农蚕桑而治人，若是，虽吾亦不乐也。"[2]

第二，寺院经济势力庞大，影响甚至威胁到政治统治，造成佛教寺院力量与封建国家统治矛盾的突出。魏晋南北朝时期佛教势力的崛起，世族土地所有制受到挑战，威胁到了他们的经济利益。僧侣寺院地主与世族地主间争夺

---

[1]《沙汰僧道诏》，《全唐文》卷3。
[2]《送僧浩初序》。［唐］柳宗元：《柳宗元集》，北京：中华书局1979年版，第673页。

劳动人口的矛盾十分突出。繁重的赋税徭役,使得人民的负担过于沉重。《晋书·范宁传》云:"今之劳扰,殆无三日休停。"《宋书》卷一百也说"西府之兵,或年几八十而犹伏隶,或年始七岁而已从役"。不少人投身到寺院,有的名义上是和尚,实际上是寺院里的奴仆;也有的带着家属,干脆就做"俗家奴"①。这些人就不再给朝廷服徭役了。僧尼人数越来越庞大,南朝时已到了"填街溢巷,是处皆然"②的程度,加之寺院广度僧尼、荫庇掠夺,争夺了大批原来属于世袭庄园地主的依附农民,从而影响了他们的整体经济收入。

寺院经济的日益发展和充裕,僧尼地主甚至想要争夺政治上的统治权,世族地主阶级害怕寺院地主经济势力过分膨胀会损害自己的利益,担心"恐方来处处成寺,家家剃落,尺土一人,非复国家",因而赞同限禁佛教,成为推动"三武废佛"的主力派。"三武废佛"运动不过是佛教寺院地主与世族地主矛盾冲突的总爆发,它暴露了寺院地主经济与世族地主封建经济之间无法协调的关系,同时也揭示了佛教寺院地主所有制经济只有在服从整个世族地主所有制共同经济利益的前提下,才能获得发展。

佛教寺院地主所有制经济在其发展过程中,与封建国家存在着尖锐的政治、经济利益矛盾,成为"三武废佛"的根本动因,影响制约着佛教寺院地主所有制经济的发展。北魏太武帝废佛的导火索就是在长安种麦寺内便室里,发现"藏有弓矢矛楯"③。寺院强盛到有自己的武器设备,而且富人牧守都要寄放财物寻求寺院的保护,足见寺院的威势了。南齐的南康郡王、尚书令褚渊就曾把齐太祖萧道成赐给他的白貂坐褥、衣物和所乘黄牛等,到招提寺作为抵押以贷钱用。不难看出,寺院的这种做法,对封建国家来说,确实是一种危险。太武帝出于为国家考虑,遂不得不扑灭。另外,随着寺院势力的日益膨胀,他们纷纷与上层僧人、仆役和佃农一起,积极参加和领导各种起义,反抗封建国家,争夺政治领导权。

第三,寺院在经济上发展成为与封建国家争夺土地、租赋和劳动人口的重要对手,因此寺院经济伦理走向与社会伦理相对的方面,从而引起社会的不满和反抗。

---

① 《宋蜀安东寺释普恒传》。
② 《南齐书·虞玩之传》。[梁]萧子显:《南齐书》卷34,北京:中华书局1972年版。
③ 《魏书·释老志》。

中古时代多以户口作课征单位,僧尼有免租赋的特权,寺院多一僧尼,国家便少一税户。将北朝三朝僧尼数与国家人口进行对比,可见寺院对国家租赋分割之甚:

时代僧尼	人口	全国人口
北魏	2,000,000	32,000,000[①]
北齐	3,000,000	20,000,000[②]
北周	2,000,000	9,000,000[③]

据上述文献记载,北魏全国人口共计 3200 万,其中僧尼人数为 200 万,占全国人口总数的 6.25%。[④] 北齐时全国人口有 2000 万,其中僧尼人数达 300 万,占全国人口的 15%。北周时全国人口总数为 900 万,其中僧尼人数为 200 万,占全国总人口的 22%。[⑤] 这里所引人口统计固然难以准确比较,不过看其大势情形。这个统计数尚只是单指僧尼而言,寺院所领有的属户及奴隶尚不在内,而这些属户奴隶之数量也是很多的。

租赋分割使国家蒙受重大损失,削弱了封建国家的兵役和赋税来源,因此国家为了加强中央集权,便大力毁佛,勒迫僧尼还俗输课。废佛后,通过"稍分佛利",国家的财赋和税源增多了,军事力量增强了,而这种变化正是封建国家所期盼的,正如周武帝所说"自废(指毁佛寺)已来,民役稍希,租调年增,兵师日盛,东平齐国……岂非有益"[⑥]。魏晋至隋唐,社会大造佛寺,损耗了大量物力、财力,到唐代时,引起封建国家官僚集团的高度重视。唐高祖武德时,傅奕撰《请废佛法表》,批评佛教与求神,认为生死属自然,大造佛寺乃"剥削民财,割截国贮"[⑦];中宗一朝,造寺不止,枉费财币数百万,百姓劳弊,帑藏为之空竭,韦嗣立曾上疏论谏:"营造寺观……大则费耗百十万,小

则尚用三五万余,略计都用资财,动至千万已上,……废人功害农务……"①如此一来,禁佛、废佛的斗争愈演愈烈,至武宗而一发不可收。为维护封建国家统治的需要,最高统治者下令禁佛、废佛,随后便出现了大规模的废佛运动。

佛教寺院经济是在封建统治阶级全力提倡和培植下发展起来的,是中国封建社会经济结构中的一个重要组成部分。从汉魏至隋唐时期,它的发展经历了无数次的曲折与坎坷,其中以历史上的"三武之祸"最为著名。所谓"三武之祸",即先后发生在北魏太武帝、北周武帝、唐武宗时的三次大规模的禁佛、废佛运动。以唐武宗时的禁佛、废佛为例,武宗时君主与寺院发生第三次冲突,正是反对佛教最有力的李德裕执政时期,武宗听从李德裕及道士赵归真、刘玄清之言,于会昌五年(845 年)实行灭佛,拆庙宇,罢僧尼,"天下所拆寺四千六百余所。还俗僧尼二十六万余人,收充两税户。拆招提、兰若四万余所。收膏腴上田数千万顷,收奴婢为两税户十五万人"②。武宗灭佛有诏书说明他灭佛的意旨及原因,从诏书分析,武宗灭佛的大原因是:第一,修筑佛寺破坏了国家及人民的财力。魏晋以来,国家人民为要福去罪而修筑佛寺,竞尚华丽,如此大兴土木对国家财富是具有莫大的破坏力的,所以,唐代以来一些有远见的官僚已看出这种危机,对修筑佛寺提出攻击和反对的人很多。第二,租税与生产劳动的冲突。唐代人户为逃避国家的租调而投入寺院,寺院对国家租调分割之甚,僧尼不但不出租赋,而且不参加生产劳动,专靠社会供养而生活,而且生活奢华。第三,寺院惑民乱政,深入民间,其宣传、斋会皆足以改变人心,而危及国家的治安。开元天宝后,社会经济变化,庄园经济日趋没落。寺院的社会基础(使寺院成为领有农户、领有庄园组织的社会基础)已被破坏殆尽,又经武宗政治力量的毁击,遂一蹶不振,走向衰落之途,一天一天地脱却政治性、社会性的外衣而回归到宗教组织的本来性质上去。总之,废佛、灭佛运动的出现,不仅说明寺院经济发展体现出封建地主经济的基本特点,也说明它与封建国家所有制和地主大土地所有制之间存在既统一又矛盾的动态关系。

---

① 《旧唐书 · 韦嗣立传》。
② 《议释教上 · 会昌五年八月制》,《唐会要》卷 47。

第四,寺院经济在地主阶级私有制的制约和环境下,有时与世俗地主势力相结合,甚至被异化成为巧妙实行经济剥削的工具,而非实现修行出世或解脱超越之手段。魏晋以来,有些大寺院的寺主既是出家的僧人,也是兼任大统、通统等僧曹职务的官人,有些甚至享有国师、国三藏的称号。《文苑英华》卷八五〇载的庾信《陕州弘农郡五张寺经藏碑》,"寺主三藏大法师法映"。寺主既是寺院的掌管人,寺院经济人格化的代表,又是封建国家控制寺院的工具。寺主之下是寺维那、典录、典坐、香火、门师等神职人员,他们属于寺院上层,与寺主构成一个有等级的寺院地主阶层。

一些佛教徒自称是释迦之子,乱说僧人生自佛口,自称释子或佛子,俨然以特殊贵族(释种)自居,以为理应受优厚的供养。唐代僧人怀信著《释门自镜录》自叙:自己九岁出家,住大房子,逍遥自在,衣服被褥,轻软安适,生活闲逸,不知耕获的劳苦,不管烹调的繁难,这样的福气是靠释迦佛的愿力。我估计过去五十年间饮食用米至少有三百石,冬夏衣服,疾病用药,至少费二十余万钱,至于高门深屋,碧阶丹楹,车马仆隶供使用,机案床褥都精美,所费更算不清。由于思想和邪见,胡乱花用,所费更是难算。这些钱财,都是别人所生产,却让我享用,同那些辛勤劳动的人,岂可用相同的标准比较苦乐。可见大慈(佛)的教太好了,大悲(菩萨)的力太深了。这种高级的地主生活,即寄生生活,还妄自尊贵,毫无愧耻,一味感恩释父给他们设立满足寄生贪欲的佛教。所以僧徒决不肯放松寄生生活的利益,也决不敢改动释父所立的教规,否则寄生动物的利益就动摇了。他实际热爱的主要是寄生生活,其次是来生的福报。一些僧人贱视劳动生产,专替统治阶级辩护,大批僧众不耕而食,不织而衣,不营造而居大寺庙,实在是一群无利于社会的寄生虫。

某些上层寺主为了自身经济利益、荣华富贵、名望地位,不惜扭曲佛法义理,攀附权贵,堕落为封建地主。唐代僧人不空是一个典型,不空是来自南天竺僧人金刚智的弟子。安史之乱,唐肃宗在灵武,不空投机取巧,特遣密使奉表问安,后入行宫获得宠信。公元757年,唐肃宗令沙门一百人入行宫,以不空及新罗僧无漏为首,诵经祈佑。公元785年,不空入宫建道场,为唐肃宗受转轮王(圣王)位,七宝灌顶,受菩萨戒,国家大乱之际,人心浮动。唐代宗用元载、王缙、杜鸿渐为相,三人都信佛,王缙与杜鸿渐接连造寺庙,王缙舍住宅为宝应寺，利用宰相地位讹诈财物。王缙纵容弟妹女尼广纳贿赂，行同商贩。唐代宗曾问三相："佛说报应，究竟有没有？"三人回答："我国家运祚久长，若非有积福，何能如此？福业已定，虽然偶有小灾，终不能为害。所以安史作乱，都被他们自己的儿子杀死，仆固怀恩反叛，半路上病死，回纥吐蕃大举侵入，不战自退，这都不是靠人力，怎能说没有报应。"唐代宗从此更信佛法，僧徒入宫吃斋，有战事则讲诵《护国仁王经》（不空译《严密》《仁王》二经），公元767年，唐代宗给亡母章敬太后造冥福，"鱼朝恩奏以先所赐庄为章敬寺，以资章敬太后冥福，于是穷壮极丽，尽都市之材不足用，奏毁曲江及华清宫馆以给之，费逾万亿"。章敬寺在长安东门，总建四十八院，四千一百三十余间，费钱亿万。进士高郢上书规谏说："先太后圣德，不必以一寺增辉；国家永图，无宁以百姓为本。舍人就寺，何福之为！"又曰："无寺犹可，无人其可乎！"又曰："陛下当卑宫室，以夏禹为法。而崇塔庙，踵梁武之风乎？"又上书，略曰："古之明王积善以致福，不费财以求福；修德以消祸，不劳人以禳祸。今兴造急促，昼夜不息，力不逮者随以榜笞，愁痛之声盈于道路，以此望福，臣恐不然。"又曰："陛下回正道于内心，求微助于外物，徇左右之过计，伤皇王之大猷，臣窃为陛下惜之！"①司马光评价说："胡僧不空，官至卿监，爵为国公，出入禁闼，势移权贵，京畿良田美利多归僧寺。敕天下无得棰曳僧尼。造金阁寺于五台山，铸铜涂金为瓦，所费巨亿，缙给中书符牒，令五台僧数十人散之四方，求利以营之。"②这里批评不空为代表的僧寺攘夺田产，浪费民财。公元771年，唐代宗生日，不空呈进所译密教经典七十七部，一百二十余卷，又请造文殊阁。唐代宗舍内库钱约三千万，贵妃、韩王、华阳公主等人都出钱助工。不空先已接受特进试鸿胪卿的官职，并得大广智三藏法号。文殊阁造成后，又赐给开府仪同三司名号，封肃国公，食邑三千户，死后赠司空，赐谥为大辩广正智三藏。不空临死留有遗书，处分本人财产，书中有如下言：

> 其车牛、鄠县洨南庄并新买地及御宿川贴得稻地、街南菜园，吾并舍留当院文殊阁下道场转念师僧，永充粮用香油炭火等供养，并不得出

---

① 《资治通鉴·唐纪四十》。
② 《资治通鉴·唐纪四十》。

院破用,外人一切不得遮拦及有侵夺……。汝等若依吾语是吾法子,若违吾命即非法缘,汝等须依吾此处分,恐后无凭,仍请三纲直岁徒众等著名为记。①

不空积蓄大量的财物田园,即使到死也不肯分散给私外之人,而且唯恐有外人染指,这与佛教强调的布施有绝大的反差。其实不空这类僧徒最悭吝,只知要别人布施给他,他却决不让外人来分润一些。总之,在寺院内部,有一个贵族地主阶层,他们和世俗封建主一样,"贪钱财,积聚不散,不作功德,贩卖奴婢、耕田垦殖、焚烧山林,伤害众生,无有慈愍"②。甚至还"淫秩浊乱,男女不别"③,生活上非常腐朽、糜烂。寺院地主的形成标志着寺院的经济关系成为整个封建生产关系的一个组成部分。

历史上寺院经济有时确与豪富、官府结下不解之缘。"寺院财产在某种限度之内,是豪贵家兼并土地及其他财富一切重要的手段。寺院多一分人力与富力,政府便少一分税田或税丁。自东汉末年以来,政府对寺院的争执,随寺院经济发达而演进。"④陶希圣在《唐代寺院经济概说》一文中对世俗地主借寺产实行土地兼并之事有精当之论:

> 在寺产有免税特权的时代,地主们奏设寺院与施舍庄田,一面有逃税的意义,一面还有更重要的意义,即在寺院财产权的掩护之下,实行土地兼并。寺院及寺产的发达,是不可单用宗教的信仰来解释的。创立寺院或施舍庄田,不独是一种投资,并且是在特权保护之下的投资。政府禁止奏设寺院及禁止施舍庄田的诏令便是针对这种投资的。⑤

由于寺产与社会各阶层发生密切的关系,既有僧人向外的兼并,也有被豪家势户的侵占。因此在佛教史上,有些名僧以清理并争回俗人侵占的寺产而著名,有些护法官员也因能够替名寺清理失产,而受僧众的崇拜。"寺

---

① 范文澜:《唐代佛教》,北京:人民出版社1979年版,第41页。
② 《小法灭尽经》,《大正藏》第85册《疑似部》。
③ 《小法灭尽经》,《大正藏》第85册《疑似部》。
④ 陶希圣:《唐代寺院经济概说》,载张曼涛主编《佛教经济研究论集》,台北:大乘文化出版社1978年版,第50—51页。
⑤ 陶希圣:《唐代寺院经济概说》,载张曼涛主编《佛教经济研究论集》,台北:大乘文化出版社1978年版,第44页。

院规律里面,很注意对护法官员的招待。护法官员固然能够保护寺产,但最可怕处还是他们对于寺院能作苛酷贪狠的需索。护法官员又可与寺院主持僧人相与勾结,用种种的手段,榨取信众的施舍物或度牒费。寺院与官府的经济的联系又是很密切的了。"①这确为不刊之论。

第五,受私有制及剥削阶级富裕、腐化生活和奢靡风气之影响,寺院及僧人生活若不严守戒律,则易于俗化而走向堕落。魏晋以来寺院在财富上、势力上是大大发展了,但随此各方面的发展及僧尼的众多混杂,寺院的戒律生活却日渐破坏,生活日渐堕落和俗化,骄奢淫侈,恣情肆乐,花天酒地,无恶不为,凡俗界所能发生的秽行丑事,无不于寺院中发生。更以僧尼不许婚嫁的关系,其淫乱之事,演出更多。僧尼生活的腐化,远在石勒时已经发生。《高僧传·佛图澄传》说:"澄道化既行,民多奉佛。皆营造寺庙,相竞出家。真伪混淆,多生愆过。"南朝寺院生活更有很多堕落的现象发生。东晋孝武帝与司马道子酣歌为务,亲昵僧尼。许荣上疏曰:"僧尼乳母,竞进亲党,又受货赂,辄临官领众,……臣闻佛者清远玄虚之神,以五诫为敬,绝酒不淫。而今之奉者,秽慢阿尼,酒色是耽……尼僧成群,依傍法服,五诫粗法,尚不能尊,况精妙乎。"②北魏初年寺院生活的腐化,太武帝太平真君七年(446年)所破抄之长安寺的情形,可作一个缩影。《魏书·释老志》载:"盖吴反杏城,关中骚动。帝乃西伐至于长安。先是长安沙门种麦寺内,御驺牧马于麦中。帝入观马。沙门饮从官酒,从官入其便室,见大有弓矢矛楯,出以奏闻。帝怒曰:'此非沙门所用,当与盖吴通谋,规害人耳!'命有司案诛一寺,阅其财产,大得酿酒具及州郡牧守富人所寄藏物,盖以万计。又为屈室,与贵室女私行淫乱。"太武帝即以此灭佛,毁废寺院。孝明帝神龟年间任城王元澄奏疏,其中述及当日一般僧尼的情况,他说:"今之僧寺无处不有,或比满城邑之中,或连溢屠沽之肆,或三五少僧,共为一寺。梵唱屠音,连檐接响。像塔沾于腥膻,性灵没于嗜欲。真伪混同,往来纷杂。下司因习而莫非,僧曹对制而不问。其于污染真行,尘秽练僧,熏莸同器。不亦甚欤。"③北齐时渤海

---

① 陶希圣:《唐代寺院经济概说》,载张曼涛主编《佛教经济研究论集》,台北:大乘文化出版社1978年版,第50页。
② 《晋书·司马道子传》。
③ 《魏书·释老志》。

人刘昼上书,于详说僧尼避逃役调之后,又述寺院之生活说:"又诋诃浮荡,有尼有优婆夷,实是僧之妻妾。损胎杀子,其状难言。今僧尼二百许万,并俗女向有四百余万;六月一损胎,如是则年损二百万户矣。"①章仇子陀上疏也说:"自魏晋以来,胡妖乱华。背君叛父,不妻不父,而奸荡奢侈,控御威福。坐受加敬,轻侮王俗。妃主昼入僧房,子弟夜宿尼室。"北齐皇后没有好人,武成皇后就与沙门昙献通奸。昙献且以这种关系得为沙门统。《北齐书·皇后传》记载:"(后)自武成崩后,数出诣佛寺。又与沙门昙献通。布金钱于献席下,又挂宝装胡床于献屋壁,武成生平之所御也。乃置百僧于内殿,托以听讲,日夜与昙献寝处,以献为昭玄统,僧徒遥指太后以弄昙献,乃至谓之为太上。帝闻太后不谨,而未之信。后朝太后见二少尼,悦而召之,乃男子也。于是昙献事亦发,皆伏法。"北周时释道安著《二教论》,以毁非儒道,然讲到寺院僧尼的生活,也承认有如下的情形:"然释训稽陵,竟为奢侈。上减父母之养,下损妻孥之分。会同尽肴膳之甘,寺庙极庄严之美。……罄私家之年储,阙军国之资宝……或垦植圃田,与农夫等流。或沽货求财,与商民争利。或交托贵豪,以自矜豪。或占算吉凶,殉与名誉,遂使澄源渐浊,流浪转浑。"②

唐代僧尼生活,唐高祖的《沙汰僧道诏》有相关的说明:"自正觉迁谢,像法流行,末代陵迟,渐以亏滥,乃有猥贱之徒,规自尊高,浮惰之人,苟避徭役,妄为剃落,托号出家,嗜欲无厌,营求不息,出入闾里,周旋阛圜……进违戒律之文,退无礼典之训。至乃亲行劫掠,躬自穿窬,造作妖讹,交通豪猾,伽蓝之地,本曰净居,栖心之所,理尚幽寂。近代以来,多立寺舍,不求闲旷之境,唯趋喧杂之方。缮筑崎岖,甍宇舛错。错舛隐匿,诱纳奸邪。或有接近廓邸,邻迩屠酤,埃尘满室,膻腥盈道。"③这里指出僧尼生活之乱象:虚假剃发,托名出家,却出入街道乡村,周旋闹市商场,经营田产,聚集财货,完全是混迹于佛家队伍里的商人,他们进违戒律之文,退无礼典之训,乃至亲身翻墙入室偷盗,制造流言惑众,结交豪强奸猾之人。其结果必然是"渎乱真如,倾毁妙法",歪曲毁坏了大道妙法。这样的人在传教和信众的队伍里,

---

① 《广弘明集》卷6。
② 《广弘明集》卷8。
③ 《广弘明集》卷25。

"譬兹稂莠,有秽嘉苗;类彼淤泥,混夫清水",如同杂草影响了好苗,污泥弄浊了清水。诏书对寺院的选址建设也提出了批评:"伽蓝之地,本曰净居;栖心之所,理尚幽寂",而近年立寺设观,"不求闲旷之境,唯趋喧杂之方。缋采崎岖,栋宇殊拓,错舛隐匿,诱纳奸邪。或有接延廛邸,邻近屠酤,埃尘满室,膻腥盈道。"①选择在酒店闹市屠宰场旁繁华处设院建寺,装饰华丽,只能徒长轻慢之心,有污崇敬之意。道宣指出:"今流俗僧尼多不奉佛法。并愚教网,内无正信。见不高远,致亏大节。或在形像之前,更相戏弄,出非法语,举目攘臂,遍指圣仪。或端坐倨傲,情无畏惮。虽见经像,不起迎奉。致令俗人轻笑,损灭正法。"②不持清戒,形同俗人,僧团污秽,如道宣所言:"今诸伽蓝,多蓄女人,或买卖奴婢者,其中秽杂,孰可言哉。岂唯犯淫,盗亦通犯,深知圣制不许。"③玄奘大师的译经助手辩机,曾因与高阳公主私通,触怒太宗而被腰斩,这为当时佛教界的一大丑闻。

唐中宗景云二年(711年)七月,左拾遗辛替否疏谏,述当时之僧尼生活:"臣以为出家者舍尘俗,无朋党无私爱,今殖货营生,仗亲树党,畜妻养子,是致人以毁道,非广道以求人。"④《畿辅丛书》亦载唐时京城佛寺,多有幽房,说:"京城佛寺,率非真僧。曲槛回廊,户牖重复。有一僧堂,当门有柜,扁锁甚牢,知者云:自柜而入,则别有幽房深阁,洁曲深严。襄橐奸回,何所不有。"

寺院及僧人的生活若世俗化而走向堕落,则其劝化职能就会弱化,以至丧失。第一,因僧尼德行的堕落及本质的污劣,已无担负这种责任的能力。历史上出家人除逃避役调外,还有两个原因:一是为吃饭,二是为逃罪。寺院既保有雄厚的常住财产,一般没法在社会上生活的人相率而逃入寺院以求饭吃,寺院也乐得收留他们,以增加劳动力。唐时僧人拾得说:"佛舍尊荣乐,为愍诸痴子。早愿悟无生,办集无上事。后来出家者,多缘无业次。不能得衣食,头钻入于寺。"这"不能得衣食,头钻入于寺"两句,指明了当日一般僧尼多是为吃饭问题而入寺院的实情。中世纪供施沙门成一种社会风

---

① 《沙汰僧道诏》,《全唐文》卷3。
② 《四分律删繁补阙行事钞》,《大正藏》第40册,第132页。
③ 《四分律删繁补阙行事钞》,《大正藏》第40册,第70页。
④ 《寺》,《唐会要》卷48。

气,故僧尼行乞度日也比俗人容易,穷人不能生活,为行乞也多出家。如《陈书》所载徐孝克故事:"梁末侯景寇乱,京邑大饥,饿死者十八九。孝克养母饘粥不能给,……孝克又剃发为沙门……兼乞食以充给焉。"寺院在法律上有特权,僧尼犯法,由内律制之。因之人多为逃罪出家以求庇护。宋文帝沙汰僧尼诏所谓:"佛法讹替,沙门混杂,未足扶济鸿教,而专成逋薮。"①

唐武则天时狄仁杰上疏云:"避罪逃丁,并集法门,无名之僧,凡有几万。"②其中就指明此种事实,为吃饭逃罪而入寺院的僧尼,固难一概说全部是品性恶劣之人,但至少这些人在德业、品识上总要稍差。这些人在国家看来是没有用处的,他们没有能力再去劝化居民。唐德宗时彭偃议沙汰佛道已很清楚地认明这一点,他说:"当今道士,有名无实,时俗鲜重,乱政犹轻。唯有僧尼,颇为秽杂。自西方之教,被于中国,去圣日远。空门不行五浊,比丘但行粗法,爰自后汉至于陈隋,僧之教灭其亦数乎!或至坑杀,殆无遗余。前代帝王,岂恶僧道之善,如此之深耶?盖其乱,人亦已甚矣。且佛之立教,清净无为,若以色见即是邪法。开示悟入,唯有一门,所以三乘之人比之外道。况今出家者皆是无识下劣之流,纵其戒行高洁,在于王者已无用矣,况是苟避征徭,于杀盗淫秽无所不犯者乎!"③第二,某些僧尼品性秽杂,在民间不能劝化居民,而且常常构成致乱之源,危及国家社会治安。北魏政府对那些原希望到乡下去敷导居民的僧众行动,加以限制,例如孝文帝延兴二年(472年)诏云:"比丘不在寺舍,游涉村落,交通奸猾,经历年岁。令民间五五相保,不得容止。无籍之僧,精加隐括,有者送付州镇,其在畿郡,送付本曹。若为三宝巡民教化者,在外赍州镇维那文移,在台者赍都维那等印牒,然后听行。违者加罪。"④

北魏永平二年(509年)沙门统惠深上奏说:"或有不安寺舍,游止民间,乱道生过,皆由此等。若有犯者,脱服还民。"⑤神龟元年(518年)任城王澄上奏,更深切指出僧尼设教惑众是社会治安上的一种危险,他说:"往在北代,

---

① 《广弘明集》卷24。
② 《旧唐书·狄仁杰传》。
③ 《旧唐书·彭偃传》。
④ 《魏书·释老志》。
⑤ 《魏书·释老志》。

有法秀之谋;近日冀州,遭大乘之变。皆初假神教,以惑众心,终设奸诳,用逞私悖。"①唐初反对佛教最力的傅奕也说:"昔褒姒一女,妖惑幽王,尚致亡国,况天下僧尼,数盈十万,剪刻缯彩,装束泥人,而为厌魅,迷惑万姓者乎。"②又说:"不忠不孝,削发而揖君亲;游手游食,易服以逃租赋。演其妖书,述其邪法,伪启三途,谬张六道,恐吓愚夫,诈欺庸品。……乃追既往之罪,虚规将来之福。布施一钱,希万倍之报,持斋一日,冀百日之粮。……且生死寿夭,由于自然;刑德威福,关之人主。乃谓贫富贵贱功业所招,而愚僧矫诈,皆云由佛。窃人主之权,擅造化之力,其为害政,良可悲矣!"③他从实际方面估计寺院的势力说:"妖胡虚说造寺之福,庸人信之,竞营塔寺。小寺百僧,大寺二百。以兵牢之,五寺强成一旅。总计诸寺,兵多六军。侵食民生,国家大患。"④僧尼作乱是实在情形,中古时代不少的暴动都是由僧尼领导,傅奕已指出几次大者以作反佛的根据,他说:"寺饶僧众,妖孽必作。如后赵沙门张光,后燕沙门法长,南燕道密,魏孝文帝时法秀,太和时惠仰等,皆作乱者。"⑤一方面僧尼品质秽杂已无负起劝化责任的能力,一方面这些秽杂的僧尼到民间去又常常构成悖乱,于是寺院劝化人民敷导民俗的职能便消失了。

四、奠基意义与承上启下作用

汉唐佛教经济伦理思想是中国社会经济伦理思想变迁、发展中的一个重要阶段。从积极的方面分析,如果把佛教经济伦理思想置于一种社会伦理、经济生活的大背景中来分析,本着一种宗教—社会的利他主义伦理思想观念,来看待佛教经济伦理思想支持的价值取向,就可以发现佛教经济伦理思想及其所能够形成的善行义举,是一种发自愿、利他情操而从事的追求公共利益、个人完善、社会完善的合理性伦理禁欲主义。当然,其中隐含着信

① 《魏书·释老志》。
② 《旧唐书·傅奕传》。
③ 《旧唐书·傅奕传》。
④ 《弘明集》卷 7。
⑤ 《广弘明集》卷 11。

仰者个体可从世俗经济行为和社会慈善服务活动中获致满足个人心理层次上的需求,使之最终成为个人获得修行的方便法门,或达到涅槃解脱的可选择的具体门径。佛教经济伦理思想及其寺院经济慈善事业、伦理精神,既内涵了离苦得乐的伦理意义,同时又能着重于国家相对应的社会行动逻辑,致力于把佛教思想从国家的行动逻辑解脱出来,以真正获致一种国家之外的社会性的行动意义。

第一,汉唐佛教经济伦理思想是在对原始佛教经济伦理思想革新基础上的完善和进一步发展,不仅体现了中国佛教弟子和学者的创造性智慧,而且也体现了中华民族对佛法义理的开拓性贡献。原始佛教一般禁止寺院或佛教徒从事任何与经济有关的经营活动,不仅禁止从事商品贸易,而且也不能从事常规性的农业生产盈利行为,至于看相、算命、租赁、以盈利所得开展寺院建设及救济活动之类,也是不应为之的事。《佛遗经》记载佛陀临终告诫弟子之语:"持净戒者,不得贩卖贸易,安置田宅,蓄养人民、奴婢、畜生。一切种植及诸财宝,皆当远离,如避火坑。不得砍伐草木,垦土掘地。合和汤药,占相吉凶,仰观星宿,推步盈虚,历数算计,皆所不应。"①此一要求和生活方式在中国的地域、文化和价值影响领域里发生了变化,中国佛教徒进行了改革,使之适应于本土文化发展,形成了中国佛教的经济伦理思想。其特色在于,它通过佛教的组织、戒律的建设加强信仰,以此来规范、约束、引导寺院和僧众从事经济活动的行为,以谋求经济生活和修行生活之平衡,促进世俗生活同福共享、自利利他之价值的实现,推动实现人我之间、人与社会、寺院组织与修行者、人与自然系统之间的平等交流以及人的本质价值之实现。中国封建制度下寺院经济的发展和佛教的基本信仰,为佛教经济伦理思想的产生、发展奠定了物质及理论基础。中国佛教经济伦理思想最终形成、发展,以致成为独特的理论系统,离不开中国社会的政治、文化和经济背景,离不开佛教自身的努力和魏晋以来中国佛教徒、佛教学者、广大信众的创造性实践。中国佛学者和佛学经典虽然没有直接、专门而系统地阐述和讨论过经济伦理思想,但在其从事的丛林制度即佛寺制度、无尽藏制度即寺院储蓄生息事业等的规划建设中,以及在寺院经济活动、经营行为中蕴含

①《佛遗教经论疏节要》,《大正藏》第 40 册,第 846 页。

了丰富的经济伦理思想,在佛教著述中间接地论述了对生产、消费、分配等经济活动的基本看法。

隋唐佛教鼎盛时期的禅宗受儒家经济思想的影响,提出农禅并重,倡导"一日不作,一日不食",革新了佛教思想,不愿接受皇室和施主的供养,使僧众更能清净自给,方便办道修行。天台宗依据的《法华经》强调世间法与佛法不相违背,提倡"一切世间法,皆是佛法",世间的一切皆是佛法;"一切治生产业,皆与实相不相违背。"隋末唐初,三阶教的无尽藏院辉煌成就堪称空前。长安是当时举世的最大都市,无尽藏院执其金融领先地位前后达一百多年。佛教的"塔物无尽"的孳息观,更是开利息的理论先河。丛林聚众储财,宣扬福田思想,社会福祉普化迅速。集社会资金做社会之事,其无尽藏院、悲田院等几乎成为慈悲事业的同位语。寺院经济事业的根本思想源自慈悲、布施、福田、一如平等和报恩,在这些思想所产生的一系列佛教经济事业的支持下,佛教经济伦理思想迅速发展,成为有特色的宗教经济伦理思想。

第二,汉唐寺院经营活动及其经济伦理思想,奠定了佛教在中土进一步发展的重要物质基础和精神文化基础,在某种意义上它不仅补充了中古封建社会的世俗经济,而且也为整个封建社会的发展提供了一种重要的宗教精神动力。任何宗教或行业,如果没有以经济为基础,就无法得到发展壮大。寺院经济是佛教进入中土,与中国传统文化碰撞、调和之后的产物,借助优厚的经济条件,佛教进入隋唐时期,快速发展,登上了繁荣的巅峰。鼎盛时期的佛教在世间法层面,各派皆以慈悲、救世、拔苦为中心,把普度众生、救苦救难、利益有情作为基本的经济伦理行为准则,以求通过世间法与出世间法的融合,得道成佛,解脱生死轮回之苦,这就在客观上推动了当时乃至后世社会伦理、公益慈善事业的发展,无论是对信徒内心的安抚、道德意识的提高、生命价值的肯定,还是对世道人心可能有的潜移默化功能等,都产生了一定的甚至无法衡量的价值和意义。佛教形成了独立且雄厚的寺院经济体系,佛教宗教哲学有条件进行创造性的发挥。隋唐以后,中国佛教已基本走向独立发展的道路,而不再靠翻译外来的经典了,开始有了大量的中国佛教学者自己对佛经的注释和关于阐发佛教宗教学说的著作,这是佛教传入中国广泛发展后的最繁荣的一个阶段。

第三,隋唐时期最为中国化的佛教流派即禅宗,其经济伦理思想是此后中国社会佛教经济伦理思想的胚胎,对于宋元时期佛、儒经济伦理思想的影响是独特而巨大的。寺院经济从南北朝发展到唐代,为佛教的世俗化提供了一定的经济条件。寺院经济与唐代封建经济有密切的联系,寺院不仅被免除了徭役和杂税,而且寺院的经营方式和封建地主经济的经营方式颇为一致。寺院经济为佛教的发展提供了强大的物质基础,萌生出丰富的经济伦理思想,同时又加速了佛教经济的世俗化进程,这种情形在宋代后表现得更为明显,其负面性表现在僧尼的世俗化、素质下降、戒律松弛等佛教流弊,与此有莫大的关联。宋代以后佛教经济衰落,唯有净土和禅宗尚有一点气象,但禅宗脱离了初期禅宗的根本精神,虽然一些禅宗大师倡导禅教一致,但禅风并未因此而改变。佛教各宗向净土融合的倾向更明显,不仅各派可修净土,各种结社流行于上层和民间。对义理研究的漠视使了解佛法深意的高僧为数甚少,更谈不上理论上的创新和实践上的开拓精神了。

禅林经济伦理思想在理论和实践层面都有很强的生命力,使佛教在安史之乱后的衰势中一度重振。宋元佛教依赖于其固有的劳动伦理,延续农禅相合的做法,扩张了佛教自身的经济实力和文化实力,开展了一系列对社会有益的事情,诸如济贫赈灾、治病救人等慈善事业。布施是禅宗的一大活动,布施分财施与无畏施,禅林对社会的布施对象主要是一般的贫苦大众,在唐末以后封建社会动乱的岁月里,民众流离失所,生活饥寒交迫,禅林帮助百姓解决生活困苦是有积极作用的。医院的起源与寺院有着一定的关系,救济伤病、赈济灾民需要一定的经济实力为基础,禅林如果没有自己的经济为支撑力,是无法为社会做慈善事业的。

隋唐时期的佛教经济伦理思想体现了中国佛教及其伦理思想世俗化的一个重要方面,开启了宋元明清佛教经济伦理思想的发展。总的来说,这个时期的佛教经济伦理思想延承了部派佛教特别是大乘佛教的某些教义教理,使大乘佛教的基本精神即大慈大悲、普度众生、自利利他在中国信众中得到进一步发展、弘扬。中国化的佛教对出世和入世的关系作了调整,特别表现在经济伦理思想方面,强调普度众生、自利利他,与小乘佛教的个人修行、解脱有着一定的区别。既然要普度众生,就要深入民间、世俗社会,这就为佛教伦理进一步入世提供了理论依据。中国佛教提出的"不二法门",说明出世与入世的统一。隋唐佛教的入世倾向首先顺应了大部分信徒的利益和需求,同时大大扩展了佛教信仰的传播,这就给了信徒足够的信心和希望。唐代佛教经济伦理与世俗伦理、与儒家伦理在某种程度上的融合更为契合。中国化的佛教经济伦理思想有很大一部分内容与世俗生活伦理思想相一致,一般僧人普遍奉行"五戒"(不杀生、不偷盗、不邪淫、不妄语、不饮酒)、"十戒"(五戒加上不涂饰香蔓、不歌舞、不坐高广大床、不非时食、不蓄金银财宝)、"六法戒"乃至波罗夷、僧残、不定、舍堕、波罗提提舍尼、众学等,都与人的日常生活有密切的联系,其中一部分也是世俗伦理的内容。佛教经济伦理思想包含的这些内容进一步有利于佛教的中国化,其中的克己利人、慈悲利他等利他主义伦理观更受社会上层统治者和大众百姓的欢迎。

第四,汉唐佛教学者和寺院经营活动对经济伦理思想的深入阐释,使佛教本土化更加切入中国人经济生活、精神文化之深层空间,从而使佛教人间化、入世化、生活化的面貌和内蕴判然可见。在经济生活中,大乘佛教的玄理奥义化为人间修行者的实践智慧,化为广大信众的实际行为和行动指南,修行道场从山间树下、深殿幽堂,移至井边灶台、田野牧园,饥食寒衣、行住坐卧、农业耕作无非修行打禅,彼岸佛界、解脱出离、西方净土不外心净行善。昔日幽居林壑、青丝白发、看穿人世、飘然世外、绝情断欲、百物不思、寂静冷峻的觉者,在此化为饥来吃饭、困来即眠、自耕自活、恩孝父母、敦睦友邻、随缘任化、洒脱自在而又笑容可掬、乐善好施的善者。在农业为本、以农立国的社会里,佛教的信仰转化为人的信仰,超越的追求和现实的生活结合起来,佛的修行转化为人格的自我修养,成佛超脱转化为在平常生活中圆成人格善境。隋唐佛教经济伦理思想对古印度大乘佛教伦理思想作适应于农耕文化社会的解读,达成对传统佛教伦理思想的创造性改造,推动了中国佛教向人间佛教的蜕变。这一点正是汉唐佛教经济伦理思想开启宋元佛教经济伦理思想发展之意义。

主要参考文献

1. 马克思恩格斯选集(1—4卷).人民出版社,1995

2. [北齐]魏收.魏书.中华书局,1974

3. [东晋]常璩.刘琳校注.华阳国志校注.巴蜀书社,1985

4. [东晋]张华.范宁校证.博物志校证.中华书局,1980

5. [汉]班固.颜师古注.汉书.中华书局,1962

6. [汉]董仲舒.春秋繁露.上海古籍出版社,1989

7. [汉]范晔.李贤等注.后汉书.中华书局,1965

8. [汉]桓宽.盐铁论.上海古籍出版社,1990

9. [汉]刘文典.淮南鸿烈集解.中华书局,1989

10. [汉]刘向.列女传.文渊阁四库全书本

11. [汉]司马迁.史记.裴骃集解.司马贞索引.张守节正义.中华书局,1959

12. [汉]王充.黄晖撰.论衡校释.中华书局,1990

13. [汉]王充.袁华忠、方家常译注.论衡全译.贵州人民出版社,1993

14. [汉]王符.潜夫论.商务印书馆,1979

15. [汉]许慎.段玉裁注.说文解字注.上海古籍出版社,1981

16. [汉]荀悦.汉纪.中华书局,2002

17. [汉]荀悦.申鉴.中华书局,1954

18. [汉]扬雄.韩敬注.法言注.中华书局,1992

19. [金]元好问.遗山集.四库全书本.上海古籍出版社,1987

20. [晋]郭璞.方言注.民国线装本四部丛刊经部涵芬楼影宋刊本

21. ［晋］何晏注,邢昺疏. 论语注疏. 北京大学出版社,1999

22. ［梁—隋］颜之推. 颜氏家训. 文渊阁四库全书本

23. ［民国］蒋伯潜. 十三经概论. 上海古籍出版社,1983

24. ［明］顾炎武. 黄汝成集释. 日知录集释. 上海古籍出版社,1985

25. ［秦］吕不韦编. 吕氏春秋. 中华书局,1989

26. ［清］陈立撰. 吴则虞点校. 白虎通疏证. 中华书局,1994

27. ［清］董诰等纂修. 全唐文. 中华书局,1983

28. ［清］胡聘之编. 山右石刻丛编. 山西人民出版社,1988 年影印本

29. ［清］陆增祥. 八琼室金石补正. 文物出版社,1985

30. ［清］彭定求等编. 全唐诗. 上海古籍出版社,1986

31. ［清］阮元校刻. 十三经注疏(附校刊记). 中华书局,1980

32. ［清］苏舆. 钟哲点校. 春秋繁露义证. 中华书局,1992

33. ［清］孙希旦. 礼记集解(点校本). 中华书局,1988

34. ［清］王昶. 金石萃编. 中国书店,1985

35. ［清］王夫之. 周易外传. 中华书局,1977

36. ［清］王利器. 新语校注. 中华书局,1986

37. ［清］王鸣盛. 十七史商榷. 中国书店,1987

38. ［清］王先谦. 汉书补注. 中华书局,1983

39. ［清］王先谦. 诗三家义集疏. 中华书局,1987

40. ［清］徐松. 唐两京城坊考. 中华书局,1985

41. ［清］严可均辑. 全后汉文. 中华书局,1958

42. ［清］赵翼. 王树民校证. 廿二史札记校证. 中华书局,1984

43. ［宋］乐史编. 太平寰宇记. 四库全书本. 上海古籍出版社,1987

44. ［宋］黎靖德. 朱子语类. 王星贤点校. 中华书局,1986

45. ［宋］李昉等. 太平广记. 中华书局,1961

46. ［宋］李昉等. 太平御览. 中华书局,1960

47. ［宋］李昉. 文苑英华. 中华书局,1982

48. ［宋］司马光. 太玄集注. 中华书局,1998

49. ［宋］宋敏求编. 唐大诏令集. 学林出版社,1992

50. ［宋］王溥编. 唐会要. 上海古籍出版社,1991

51. ［宋］王钦若等编修. 册府元龟. 中华书局,1960

52. ［宋］佚名. 宣和书谱. 上海书画出版社,1984

53. ［宋］张君房编. 云笈七签. 书目文献出版社,1992

54. ［宋］志磐. 佛祖统纪校注(全3册). 释道法校注. 上海古籍出版社,2012

55. ［宋］周密. 过眼云烟录. 上海人民美术出版社,1982

56. ［唐］白居易. 顾学领校点. 白居易集. 中华书局,1999

57. ［唐］岑参. 岑参集校注. 陈铁民,侯忠义校注. 上海古籍出版社,1981

58. ［唐］道世. 法苑珠林. 上海古籍出版社,1991

59. ［唐］道宣. 广弘明集. 上海古籍出版社,1991年影印本

60. ［唐］道宣. 续高僧传. 江北刻经处,清光绪十六年刻本

61. ［唐］杜牧. 樊川文集. 陈允吉校点. 上海古籍出版社,1978

62. ［唐］杜佑. 通典. 中华书局,1988

63. ［唐］段成式. 酉阳杂俎. 中华书局,1981

64. ［唐］房玄龄等. 晋书. 中华书局,1974

65. ［唐］谷神子. 博异志. 中华书局,1984

66. ［唐］韩愈. 韩昌黎文集校注. 马其昶校注,马茂元整理. 上海古籍出版社,1986

67. ［唐］韩愈. 韩昌黎全集. 中国书店,1991

68. ［唐］李玫,袁郊. 纂异记. 上海古籍出版社,1991

69. ［唐］李翱. 李文公集. 上海古籍出版社,1993

70. ［唐］李白. 瞿蜕园,朱金城校注. 李白集校注. 上海古籍出版社,1980

71. ［唐］李德裕. 会昌一品集. 四库全书本. 上海古籍出版社,1987

72. ［唐］李吉甫. 元和郡县图志. 中华书局,1983

73. ［唐］李隆基. 大唐六典. 李林甫注. 三秦出版社,1991

74. ［唐］李延寿. 北史. 中华书局,2003

75. ［唐］李肇. 唐国史补. 上海古籍出版社,1983

76. ［唐］刘𫗧. 隋唐嘉话. 中华书局,1979

77. ［唐］刘肃. 大唐新语. 中华书局,1984

78. ［唐］柳宗元. 柳宗元集. 中华书局,1979

79. ［唐］卢照邻. 祝尚书笺注. 卢照邻集笺注. 上海古籍出版社,1994

80. ［唐］裴庭裕. 东观奏记. 中华书局,1994

81. ［唐］皮日休. 皮子文薮. 四库全书本. 上海古籍出版社,1987

82. ［唐］苏鹗. 杜阳杂编. 中华书局,1958

83. ［唐］王维. 王右丞集笺注. ［清］赵殿成笺注. 上海古籍出版社,1961

84. ［唐］韦执谊. 翰林院故事. 收入翰苑群书. 四库全书本. 上海古籍出版社,1987

85. [唐]吴兢编. 贞观政要. 上海古籍出版社,1978

86. [唐]颜真卿. 颜鲁公文集. 四部丛刊初编本. 上海书店,1989

87. [唐]元稹. 元稹集. 冀勤点校. 中华书局,1982

88. [唐]张九龄. 曲江集. 四库全书本. 上海古籍出版社,1987

89. [唐]张鹭. 朝野金载. 中华书局,1979

90. [唐]长孙无忌等. 唐律疏议. 中华书局,1983

91. [唐]赵璘. 因话录. 上海古籍出版社,1983

92. [唐]郑处诲. 明皇杂录. 中华书局,1994

93. [唐]郭廷诲. 广陵妖乱志. 说乳三种. 上海古籍出版社,1988 年影印本

94. [五代]何光远. 鉴诚录. 四库全书本. 上海古籍出版社,1987

95. [五代]王仁裕等. 开元天宝遗事十种. 上海古籍出版社,1985

96. [五代]赵崇作编. 花间集. 武汉出版社,1995

97. [元]马端临. 文献通考. 中华书局,1986

98. [元]辛文房. 唐才子传. 黑龙江人民出版社,1986

99. 道藏. 文物出版社,天津古籍出版社,上海书店,1988

100. 李学勤主编. 十三经注疏(点校本). 北京大学出版社,1999

101. 世界书局编. 诸子集成. 上海书店,1986

102. 中国科学院图书馆编. 续修四库全书总目提要·经部. 中华书局,1993

103. CBETA 电子佛典(大正藏)(光碟). 重阁出版社,2002

104. 千唐志斋藏志. 文物出版社,1984

105. 中国大百科全书·中国传统医学卷. 中国大百科全书出版社,1992

106. 中华佛典宝库(光盘).(http.//fo.my163.com),2000

107. 中医大辞典(中药分册). 人民卫生出版社,1982

108. 陈柏达. 佛陀的人格与教育特色. 天华出版社,1992

109. 陈兵,尹立等编. 人间佛教. 河北省佛教协会,2000

110. 陈兵. 佛教禅学与东方文明. 上海人民出版社,1992

111. 陈兵. 自净其心——重读释迦牟尼. 四川人民出版社,1998

112. 陈鼓应主编. 道家文化研究(第 9 辑). 上海古籍出版社,1996

113. 陈鼓应. 老子注译及评介. 中华书局,1984

114. 陈鼓应. 庄子今注今译. 中华书局,1983

115. 陈国符. 道藏源流考. 中华书局,1963

116. 陈国符. 中国外丹黄白法考. 上海古籍出版社,1997

117. 陈奇猷校注. 韩非子集释. 上海人民出版社,1974

118. 陈寅恪. 元白诗笺证稿. 上海古籍出版社,1982

119. 陈寅恪. 金明馆丛稿初编. 上海古籍出版社,1980

120. 陈寅恪. 金明馆丛稿二编. 上海古籍出版社,1980

121. 陈瑛主编. 中国伦理思想史. 湖南教育出版社,2003

122. 陈垣等编. 道家金石略. 文物出版社,1988

123. 程方平. 隋唐时代的儒学. 云南教育出版社,1991

124. 程蔷,董乃斌. 唐帝国的精神文明——民俗与文学. 中国社会科学出版社,1996

125. 程毅中. 唐代小说史话. 文化艺术出版社,1990

126. 崔连仲. 释迦牟尼——生平与思想. 商务印书馆,2001

127. 措如·次朗. 宁玛派教法史. 民族出版社,1989

128. 第五世达赖喇嘛. 西藏王臣记. 郭和卿译. 民族出版社,1983

129. 董光壁. 当代新道家. 华夏出版社,1992

130. 董群. 禅宗伦理. 浙江人民出版社,2000

131. 段玉明. 中国寺庙文化. 上海人民出版社,1994

132. 方东美. 中国大乘佛学. 黎明文化公司,1984

133. 方立天. 中国佛教与传统文化. 上海人民出版社,1988

134. 费孝通等. 中华民族多元一体格局. 中央民族学院出版社,1989

135. 冯天瑜. 中华元典精神. 上海人民出版社,1994

136. 傅勤家. 中国道教史. 上海书店,1984

137. 傅伟勋主编. 从传统到现代——佛教伦理与现代社会. 东大图书公司,1990

138. 傅璇琮. 唐代科举与文学. 陕西人民出版社,1986

139. 傅璇琮. 李德裕年谱. 齐鲁书社,1984

140. 敢斗勇. 儒家经济伦理精华. 中国文联出版社,2000

141. 高国藩. 中国民俗探微——敦煌巫术与巫术流变. 河海大学出版社,1993

142. 高世瑜. 唐玄宗与道教. 唐玄宗与泰陵. 陕西旅游出版社,1992

143. 葛晨虹. 德化的视野——儒家德性思想研究. 同心出版社,1998

144. 葛兆光. 道教与中国文化. 上海人民出版社,1988

145. 葛兆光. 屈服史及其他——六朝隋唐道教的思想史研究. 三联书店,2003

146. 葛兆光. 想象力的世界——道教与唐代文学. 现代出版社,1990

147. 葛兆光. 中国思想史. 复旦大学出版社,2001

148. 龚鹏程. 人文与管理. 佛光大学南华管理学院与淑馨出版社等联合出版,1996

149. 顾颉刚. 汉代学术史略. 东方出版社,2006

150. 光远主编. 经济大辞典. 上海辞书出版社,1992

151. 郭锋. 杜佑评传. 南京大学出版社,2003

152. 郭建新. 财经信用伦理研究. 人民出版社,2009

153. 郭沫若. 中国古代社会研究. 人民出版社,1964

154. 郭朋等. 中国近代佛学思想史. 巴蜀书社,1989

155. 郭朋. 汉魏两晋南北朝佛教. 齐鲁书社,1986

156. 郭朋. 明清佛教. 福建人民出版社,1982

157. 郭朋. 隋唐佛教. 齐鲁书社,1980

158. 郭若扎西撰. 郭扎佛教史. 中国藏学出版社,1990

159. 何兹全主编. 五十年来汉唐佛教寺院经济研究. 北京师范大学出版社,1986

160. 弘学. 人间佛陀与原始佛教. 巴蜀书社,1998

161. 侯外庐等. 中国思想通史(四卷本),人民出版社,1957

162. 侯外庐. 中国古代社会史论. 河北教育出版社,2003

163. 侯忠义. 隋唐五代小说史. 浙江古籍出版社,1997

164. 胡孚深,吕锡琛. 道学通论——道家、道教、仙学. 社会科学文献出版社,1999

165. 胡孚深. 魏晋神仙道教——抱朴子内篇研究. 人民出版社,1989

166. 胡素馨主编. 佛教物质文化——寺院财富与世俗供养国际学术研讨会论文集.
上海书画出版社,2003

167. 黄奋生. 藏族史略. 民族出版社,1985

168. 黄留珠主编. 周秦汉唐文化研究(第1辑). 三秦出版社,2002

169. 黄世中. 唐诗与道教. 漓江出版社,1996

170. 姜伯勤. 敦煌艺术与宗教文明. 中国社会科学出版社,1996

171. 姜伯勤. 唐五代敦煌寺户制度. 中华书局,1987

172. 姜生,汤伟侠主编. 中国道教科学技术史. 科学出版社,2002

173. 蒋星煜. 中国隐士与中国文化. 上海书店,1992

174. 焦国成. 中国伦理学通论(上卷). 山西教育出版社,1998

175. 金春峰. 汉代思想史. 中国社会科学出版社,1997

176. 金正耀. 中国的道教. 商务印书馆,1996

177. 劳政武. 佛教戒律学. 宗教文化出版社,1999

178. 李芳民. 唐五代佛寺辑考. 商务印书馆,2006

179. 李建华等. 走向经济伦理. 湖南大学出版社,2008

180. 李世杰. 印度哲学史讲义. 新文丰出版公司,1987

181. 李树有主编. 中国儒家伦理思想发展史. 江苏古籍出版社,1992

182. 李养正. 道教概说. 中华书局,1989

183. 厉以宁. 经济·文化与发展. 生活·读书·新知三联出版社,1996

184. 厉以宁. 经济学的伦理问题. 生活·读书·新知三联出版社,1995

185. 刘光明. 经济活动的伦理分析. 中国人民大学出版社,1995

186. 刘光明. 经济伦理活动研究. 中国人民大学出版社,1999

187. 刘可风. 当代经济伦理问题的求索. 湖北人民出版社,2007

188. 刘盼遂. 中国历代散文选(上册). 北京出版社,1980

189. 刘小枫,林立伟编. 经济伦理与近现代中国社会. 中文大学出版社,1998

190. 刘长林. 中国系统思维. 中国社会科学出版社,1990

191. 刘仲宇. 中国道教文化透视. 学林出版社,1990

192. 卢国龙. 道教哲学. 华夏出版社,1997

193. 罗国杰主编. 中国传统道德(五卷本). 中国人民大学出版社,1993

194. 罗国杰主编. 中国伦理思想史(上、下卷). 中国人民大学出版社,2008

195. 罗莉撰. 中国佛道教寺观经济形态研究. 中央民族大学出版社,2007

196. 罗争鸣辑校. 杜光庭记传十种辑校. 中华书局,2013

197. 罗宗强. 李白与道教. 中华书局,1992

198. 吕澂. 吕澂佛学论著选集(1—5册). 上海人民出版社,1991

199. 吕澂. 印度佛学思想概论. 天华出版事业股份有限公司,1982

200. 吕思勉. 中国民族史. 东方出版社,1996

201. 吕锡琛. 道家、方士与王朝政治. 湖南出版社,1991

202. 麻天祥. 二十世纪中国佛学问题. 湖南教育出版社,2001

203. 马王堆汉墓帛书整理小组. 老子马王堆汉墓帛书. 文物出版社,1976

204. 孟乃昌. 周易参同契考辩. 上海古籍出版社,1993

205. 缪荃孙编. 藕香零拾丛书. 中华书局,1982

206. 牟钟鉴等. 道教通论——兼论道家学说. 齐鲁书社,1991

207. 钱穆. 国史大纲. 商务印书馆,1996

208. 钱穆. 中国经济史. 北京联合出版公司,2013

209. 钱穆. 论语要略. 商务印书馆,1925

210. 秦浩. 隋唐考古. 南京大学出版社,1992

211. 卿希泰,詹石窗撰. 道教文化新典. 上海文艺出版社,1999

212. 卿希泰主编.中国道教史(修订本)(1—4卷).四川人民出版社,1996

213. 卿希泰.道教的源与流.中华书局,1992

214. 饶宗颐.老子想尔注校证.上海古籍出版社,1991

215. 任继愈主编.道藏提要.中国社会科学出版社,1991

216. 任继愈主编.中国道教史.中国社会科学出版社,2001

217. 任继愈.道家与道教.中华书局,1992

218. 任俊华.易学与儒学.中国书店,2001

219. 萨迦·索南坚赞.王统世系明鉴.辽宁人民出版社,1985

220. 上海社会科学研究院经济研究所经济思想史研究室编.秦汉经济思想.中华书局,1989

221. 上海图书馆编.中国丛书综录.中华书局,1961

222. 沈善洪,王凤贤.中国伦理学说史.人民出版社,2005

223. 石峻,楼宇烈等编.中国佛教思想资料选编(第一卷).中华书局,1981

224. 石峻,楼宇烈等编.中国佛教思想资料选编(第二卷)(4册).中华书局,1983

225. 石峻,楼宇烈等编.中国佛教思想资料选编(第三卷)(4册).中华书局,1987,1987,1989,1990

226. 释东初.中国佛教近代史(上、下卷).东初出版社,1974

227. 释能融.律制、清规及其现代意义之研究.法鼓文化事业有限公司,2003

228. 释圣严.戒律学纲要.四川省佛教协会,1991

229. 释昭慧.佛教伦理学.法界出版社,1995

230. 孙昌武.道教与唐代文学.人民文学出版社,2001

231. 孙文德.晋南北朝隋唐俗佛道争论中之政治课题.台湾中华书局,1972

232. 谭苑芳.佛教经济伦理学研究.湖北人民出版社,2007

233. 汤用彤.汉魏两晋南北朝佛教史.北京大学出版社,1997

234. 汤用彤.隋唐佛教史稿.中华书局,1982

235. 唐凯麟,陈科华.中国古代经济伦理思想史.人民出版社,2004

236. 唐凯麟,王泽应.20世纪中国伦理思潮问题.高等教育出版社,1998

237. 唐长孺.魏晋南北朝史论拾遗.中华书局,1983

238. 土观·罗桑却吉尼玛撰.宗教源流与教义善说晶镜史.甘肃民族出版社,1984

239. 万俊人.道德之维——现代经济伦理导论.广州人民出版社,2011

240. 汪荣宝.法言义疏.中华书局,1987

241. 王处辉主编.中国社会思想史.中国人民大学出版社,2002

242. 王德有点校. 老子指归. 中华书局,1994

243. 王国维. 唐写本《大云经疏》跋. 观林堂集(卷二十一). 上海古籍出版社,1983

244. 王家祐. 道教论稿. 巴蜀书社,1987

245. 王卡点校. 老子道德经河上公章句. 中华书局,1993

246. 王昆吾. 中国早期艺术与宗教. 东方出版中心,1998

247. 王路平. 大乘佛学与终极关怀. 巴蜀书社,2000

248. 王露璐,汪洁等. 经济伦理学. 人民出版社,2014

249. 王明校. 抱朴子内篇校释. 中华书局,1985

250. 王明. 道家与道教思想研究. 中国社会科学出版社,1984

251. 王明. 太平经合校. 中华书局,1960

252. 王仁波主编. 隋唐文化. 学林出版社,1997

253. 王文东. 天之道与人之理——春秋经传主体思想. 人民出版社,2016

254. 王文东. 宗教伦理学(上、下册). 中央民族大学出版社,2006

255. 王文东. 中国传统美德体系及其价值. 天津人民出版社,2018

256. 王小锡. 中国经济伦理学——历史与现实的理论初探. 中国商业出版社,1994

257. 王小锡. 经济伦理学——经济与道德关系之哲学分析. 人民出版社,2015

258. 王小锡. 道德资本论. 译林出版社,2016

259. 王永会. 中国佛教僧团发展及其管理研究. 巴蜀书社,2003

260. 王月清. 中国佛教伦理研究. 南京大学出版社,1999

261. 王泽应. 义利观与经济伦理. 湖南人民出版社,1995

262. 王仲荦. 魏晋南北朝史(下册). 上海人民出版社,1979

263. 王重民等编. 敦煌变文集. 人民文学出版社,1957

264. 王洲明,徐超. 贾谊集校注. 人民文学出版社,1996

265. 温克勤. 中国伦理思想简史. 社会科学出版社,2013

266. 文史知识编辑部编. 道教与传统文化. 中华书局,1992

267. 翁连溪编校. 中国古籍善本总目. 线装书局,2005

268. 吾淳. 中国社会的伦理生活——主要关于儒家伦理可能性问题的研究. 中华书局,2007

269. 吴宗国. 唐代科举制度研究. 辽宁大学出版社,1992

270. 夏伟东. 道德的历史与现实. 教育科学出版社,2002

271. 夏纬瑛. 吕氏春秋上农等四篇校释. 中华书局,1956

272. 向宗鲁. 说苑校证. 中华书局,1987

273. 徐复观. 两汉思想史. 学生书局,1979

274. 徐兴无. 谶纬学. 载卞孝萱,胡阿祥主编. 国学四十讲. 湖北人民出版社,2008

275. 许地山. 道教史. 上海书店,1991

276. 许凌云等. 中国儒学史(隋唐卷). 广东教育出版社,1998

277. 许维撰. 韩诗外传集释. 中华书局,1980

278. 宣戴维. 现代遗传科技与生命伦理. 辅仁大学出版社,2003

279. 严耕望. 魏晋南北朝佛教地理稿. 上海古籍出版社,2007

280. 严耕望. 唐史研究丛稿. 新亚研究所,1969

281. 杨国荣. 道论. 北京大学出版社,2011

282. 杨鸿年. 隋唐两京坊里谱. 上海古籍出版社,1999

283. 杨树达. 论语疏证. 科学出版社,1955

284. 姚卫群编. 印度哲学. 北京大学出版社,1992

285. 业露华. 中国佛教道德思想. 上海社会科学出版社,2000

286. 叶世昌. 古代中国经济思想史. 复旦大学出版社,2003

287. 叶舒宪、田大宪撰. 中国古代神秘数字. 社会科学文献出版社,1996

288. 印顺撰. 印度佛教思想史,印度之佛教. 载印顺法师佛学著作集(光碟). 重阁出版社,2002

289. 印顺撰. 原始佛教圣典之集成. 正闻出版社,1994

290. 印顺撰. 中国禅宗史. 江西人民出版社,1999

291. 游彪撰. 宋代寺院经济史稿. 河北大学出版社,2003

292. 于智荣. 贾谊新书译注. 黑龙江人民出版社,2004

293. 余英时. 中国近世宗教伦理与商人精神. 安徽教育出版社,2001

294. 余英时. 中国思想传统的现代诠释. 江苏人民出版社,1989

295. 詹石窗. 道教文学史. 上海文艺出版社,1992

296. 詹石窗. 南宋金元的道教. 上海古籍出版社,1989

297. 张岱年. 中国伦理思想研究. 上海人民出版社,1998

298. 张鸿翼. 儒家经济伦理. 湖南教育出版社,1989

299. 张怀承. 无我与涅槃——佛家伦理道德精粹. 湖南大学出版社,1999

300. 张家山汉墓竹简整理小组. 张家山汉墓竹简. 中华书局,2001

301. 张立文等. 玄境——道学与中国文化. 人民出版社,1996

302. 张烈点校. 两汉纪. 中华书局,2002

303. 张曼涛主编. 现代佛教学术丛刊——佛教经济研究论集. 大乘文化出版社

社,1978

304. 张曼涛主编. 现代佛教学术丛刊——佛教与中国思想及社会. 大乘文化出版,1978

305. 张岂之,陈国庆. 近代伦理思想的变迁. 中华书局,1993

306. 张涛注译. 孔子家语注释. 三秦出版社,1998

307. 张锡勤,孙实明,饶良伦主编. 中国伦理思想通史. 黑龙江人民出版社,1992

308. 张泽洪. 道教斋醮科仪研究. 巴蜀书社,1999

309. 章海山. 经济伦理及其范畴研究. 中山大学出版社,2005

310. 章海山. 经济伦理论. 中山大学出版社,2001

311. 赵靖、石世奇主编. 中国经济思想通史. 北京大学出版社,1991

312. 赵靖主编. 中国经济思想通史续集. 中国近代经济思想史. 北京大学出版社,2004

313. 赵靖撰. 中国古代经济思想史讲话. 人民出版社,1986

314. 赵靖撰. 中国经济思想史述要. 北京大学出版社,1998

315. 郑春颖撰. 文中子中说译注. 黑龙江人民出版社,2003

316. 钟国发撰. 神圣的突破——从世界文明视野看儒佛道三元一体格局的由来. 四川人民出版社,2003

317. 钟肇鹏. 谶纬论略. 辽宁教育出版社,1991

318. 周菁葆,邱陵. 丝绸之路宗教文化. 新疆人民出版社,1998

319. 周楞伽辑注. 裴铏传奇. 上海古籍出版社,1980

320. 周绍良等编. 唐代墓志汇编. 上海古籍出版社,1992

321. 周绍良. 唐代变文及其他(代序). 敦煌文学作品选. 中华书局,1987

322. 周祥光. 印度通史. 圆光寺印经会,1991

323. 周一良,赵和平. 唐五代书仪研究. 中国社会科学出版社,1995

324. 周一良. 魏晋南北朝史札记. 中华书局,1985

325. 周予同主编. 中国历史文选(上册). 上海古籍出版社,2006

326. 周中之,高慧珠. 经济伦理学(修订版). 华东师范大学出版社,2016

327. 朱伯崑. 先秦伦理学概论. 北京大学出版社,1984

328. 朱林等. 中国传统经济伦理思想. 江西人民出版社,2002

329. 朱谦之. 老子校释. 中华书局,1984

330. 朱贻庭主编. 中国传统伦理思想史. 上海人民出版社,1989

331. 朱越利. 道经总论. 辽宁教育出版社,1991

332. [奥]哈耶克. 个人主义与经济秩序. 邓正来译. 北京经济学院出版社,1989

333. [朝鲜]崔致远. 桂苑笔耕集. 丛书集成初编本. 中华书局,1985

334. [德]彼得·科斯洛夫斯基. 经济秩序理论和伦理学:中德比较研究. 陈筠泉主编. 中国社会科学出版社,1997

335. [德]理查德·T. 德·乔治. 经济伦理学. 李布译. 北京大学出版社,2002

336. [德]马克斯·韦伯. 经济与社会. 林荣远译. 商务印书馆,1997

337. [德]马克斯·韦伯. 儒教与道教. 王容芬译. 江苏人民出版社,1995

338. [德]马克斯·韦伯. 新教伦理与资本主义精神. 于晓,陈维纲等译. 生活·读书·新知三联书店,1987

339. [法]弗雷德·巴斯夏. 和谐经济论. 王家宝等译. 中国社会科学出版社,1995

340. [法]傅飞岚. 法国汉学(宗教史专号)·二十四治和早期天师道的空间与科仪结构. 吕鹏志译. 中华书局,2002

341. [法]谢和耐. 中国 5—10 世纪的寺院经济. 耿升译. 甘肃人民出版社,1987

342. [美]乔治·恩德勒. 发展中国经济伦理. 陆晓禾译. 上海社会科学院出版社,2003

343. [美]乔治·锐博. 国际经济伦理:挑战与应对方法. 锐博慧网公司译. 北京大学出版社,2003

344. [日]讲座敦煌(4). 敦煌与中国道教. 大东出版社,1983

345. [日]阿部正雄. 禅与西方思想. 王雷泉等译. 上海译文出版社,1989

346. [日]安居香山,中村璋八编. 纬书集成. 河北人民出版社,1994

347. [日]大渊忍尔. 敦煌道经图录篇,敦煌道经目录篇. 福武书店,1978—1979

348. [日]道端良秀. 中国佛教与社会福利事业. 关世谦译. 佛光出版社,2000

349. [日]福井康顺等监修. 道教(一、二、三卷). 上海古籍出版社,1990

350. [日]高楠顺次郎等编. 大正藏. 大正一切经刊行会,大正十三年(1924 年)至昭和九年(1934 年)

351. [日]宫川尚志. 中国宗教史研究(一). 同朋舍出版社,1983

352. [日]井上信一. 佛教经营学入门. 王炯如译. 慧炬出版社,1999

353. [日]橘朴著. 道教与神话传说——中国的民间信仰. 改造社,1958

354. [日]木村泰贤. 原始佛教思想论. 欧阳瀚存译. 商务印书馆,1999

355. [日]水野弘元. 佛教教理研究. 释惠敏译. 法鼓文化事业股份有限公司,2000

356. [日]水野弘元. 原始佛教. 郭忠生译. 菩提树杂志社,1990

357. [日]窪德忠. 道教史. 萧坤华译. 上海译文出版社,1987

358. ［日］园仁. 入唐求法巡礼行记. 上海古籍出版社,1986

359. ［日］中村元. 慈悲. 江支地译. 东大图书公司,1997

360. ［日］中村元. 原始佛教的思想与生活. 释见憨等译. 香光书乡出版社,1995

361. ［印］阿马帝亚·森. 伦理学与经济学. 王宇等译. 商务印书馆,2000

362. ［英］李约瑟. 中国科学技术史.《李约瑟中国科学技术史》翻译出版委员会译. 科学出版社,1990

363. ［英］马林诺夫斯基. 文化论. 费孝通译. 民间文艺出版社,1987

后　记

　　本书是国家社科基金重大项目"中国经济伦理思想通史研究"(11&ZD084)子课题"中国经济伦理思想通史(汉唐卷上、下)"的最终研究成果。子课题组负责人为葛晨虹、王文东,主要参加人员有(按姓氏笔画为序):尹梦曦、任俊华、刘昱均、刘沛恩、李兰芳、李朝辉、张霄、陈良栋、郭子一、唐春玉等。本书提纲由葛晨虹拟订,经重大项目组成员集体讨论定稿。具体研究和写作分工如下:引言,葛晨虹、王文东;第一章,葛晨虹;第二章,李兰芳;第三章,王文东;第四章、第五章,李兰芳;第六章,任俊华、李朝辉、陈良栋、刘沛恩、郭子一、尹梦曦;第七章,唐春玉、刘昱均、王文东;第八章、第九章,王文东。张霄参与了有关章节初稿的撰写和统稿工作;张伟东、吴迪、李瑜、潘美胤做了一些相关辅助工作。本书初稿在子课题组成员集体统稿、修改的基础上,由葛晨虹、王文东统改完稿,并由王小锡完成全书审改、定稿工作。

　　在本书撰写成稿过程中,重大项目组首席专家、各子课题负责人及全体成员、许多专家学者都给予了重要的学术支持。同时,成果参考、借鉴了国内外有关专家学者的研究成果,在此一并表示由衷的感谢。

葛晨虹、王文东

2021 年 6 月 10 日